作家故事文库

主编／新禾

副主编／霍红　高玉兰

丁玲的故事

（上）

新禾／周瑛／赵爱光／著

时代文艺出版社

作家故事文库·丁玲的故事

作　　者:新　禾　主编
责任编辑:姚家余
责任校对:王旭玮
装帧设计:章桂征
出　　版:时代文艺出版社
（长春市泰来街1825号　邮编:130062　电话:86012927）
发　　行:时代文艺出版社
印　　刷:三河市灵山装订厂
开　　本:787×1092毫米　32开
字　　数:154千字
印　　张:70
版　　次:2011年5月第2版
印　　次:2011年5月第2版第3次印刷

书　　号:ISBN 978-7-5387-1075-5
定　　价:417.20元(全14册)

目 录

目　录

目　录

丁玲小传

丁玲，1904 年 10 月 12 日生于湖南临澧县一个官僚地主家庭。原名蒋冰之，曾用名蒋伟、丁冰之，笔名除丁玲外，还用过丛喧、彬芷、晓菡等。

丁玲四岁丧父，跟随寡母在常德长大。“五四”运动的洪波涌到常德的时候，丁玲和好友王剑虹、王一知等，积极投入运动。她毅然剪掉辫子，参加辩论会，就如何免当亡国奴、妇女怎样求解放等反帝反封建的大课题，慷慨陈词。在王剑虹和王一知所主持的贫民夜校，她是年龄最小的最热情的教员。1919 年，她在母亲的支持下，来到长沙，进入周南女子中学。在这里，丁玲阅读了许多新文学作品，都德的《最后一课》，强有力地打动了她的心，使她对文学产生了强烈的兴趣。她开始学习写诗，写散文，也写小说。《浙江日报》发表过她的诗歌习作。1921年，丁玲与舅舅发生激烈的争吵。在母亲与王剑虹的支持下，解除了外祖母为她包办的与表哥的婚约，并在报上发表文章，揭露她舅舅虐待佣人，借办育婴堂等慈善事业剥削穷人的恶劣行径。之后，她随王剑虹和王一知到达上海，进入共产党所办的新民女子学校，同陈独秀、李达和瞿秋白等著名共产党人开始接触。

1924年，丁玲在北京一边到北京大学听课，一边学习绘画时，结识了首饰店学徒出身的青年诗人胡也频。胡也频的勇猛、热烈、执拗、乐观和穷困，使丁玲大为惊异，她觉得自己发现了一个少有的、有着最完美品质的人，于是，她和也频之间，一下子便有了很深的友谊，深深地热烈地相爱着……

1927年，蒋介石叛变革命，中国共产党领导的大革命失败了。丁玲看到很多人牺牲，精神上痛苦极了，除了小说，找不到一个朋友，于是，开始写小说。从此，丁玲成为一个作家。1928年，出版了短篇小说集《在黑暗中》，1929年出版了《自杀日记》，1930年出版了《一个女人》。她的这些小说，“充满了对社会的卑视和个人的孤独的灵魂的倔强”，比较深刻地表现了“五四”以来新女性的精神苦闷和要求解放的精神。《在黑暗中》的《莎菲女士的日记》是丁玲的成名之作，显示了她的艺术天才。

1928年春天，丁玲再次来到上海。1930年她和胡也频一起加入了以鲁迅为首的左翼作家联盟。1931年她主编左联机关刊物《北斗》，并创作中篇小说《韦护》和《一九三〇年春上海》，表达了以革命与恋爱相互矛盾为主题的思想内容，看出作家对革命斗争和群众运动的热烈向往之情。

1931年初，左联青年作家胡也频被蒋介石秘密枪杀于上海龙华。这一年，他们的孩子未满百日。丁玲在极度悲愤中把孩子送到湖南，寡母支持她挺直腰杆继续革命。回到上海，她以本年全国十六个省份的大水灾为背景，创作了中篇小说《水》，深情地描写了旧中国农民无穷无尽的灾难和他们的觉醒、团结和抗争。

1932年，在国民党反动派的文化“围剿”中，丁玲在上海加入了中国共产党，担任了“左联”的党团书记。1933年，被国民党反动派秘密绑架，囚禁于狱中，并且明令查封和禁售她的全部著作。

1936年秋天，党组织由冯雪峰同志出面，委派曹靖华和张天翼等同志帮助丁玲逃出了监狱。丁玲出狱后，即奔赴党中央所在地的陕北保安，毛泽东等领导同志热烈地欢迎了她。毛泽东还写《临江仙》词一首赠给丁玲。在陕北，丁玲当过红军中央警卫团政治处副主任，领导过八路军西北战地服务团，主编过《解放日报》的文艺副刊……。丁玲的足迹遍及西北和华北的广大农村，她的心始终和人民的心交融在一起。她不但努力创作，而且亲自登台演戏、唱歌。在创作中，她的文章始终贯穿着爱的主题，爱人民，尤其爱中国的不幸的妇女们。在延安期间，丁玲的短篇小说创作收入《一颗未出膛的枪弹》和《我在霞村的时候》这两个集子中。

1946年夏秋之间，丁玲参加了华北地区的土地改革运动，在温泉屯工作了一个多月，经历了这个村子土改的全过程。这一年的十一月初，她以温泉屯土改运动为背景，开始了长篇小说《太阳照在桑干河上》的创作。1948年夏，该书在胡乔木、艾思奇和萧三等同志的大力帮助下，顺利问世，为延安文艺座谈会以后中国革命文学树起了一座坚实的丰碑。它荣获过斯大林的文艺奖金，被译成多种外文版本。

新中国成立后，丁玲担任中国作家协会副主席，领导中央文学研究所的工作，同时，担任全国人民代表大会代表，全国政治协商会议委员，全国妇女联合会理事。作为中国作家及中国妇女的一名代表，她为保卫世界和平，为发展中国人民和世界人民的友谊，积极地活动着。尽管工作繁忙，她仍抽时间写作，1953年，写成短篇小说《粮秣主任》，1954年，回到故乡访问，写了散文《记游桃花坪》，对新中国明媚春光进行了热情的描绘和讴歌。

丁玲从1955年起便屡遭厄运。先是被定为“反党集团”的头目，受到残酷的斗争和无情的打击。接着被戴上“右派分子”的帽子。1958年，她主动要求到黑龙江垦区劳动。她在王震同志和农场领导的妥善安排下，喂鸡、喂猪，当扫盲教员、夜校教员，编写墙报、黑板报、做家属工作……全心全意，兢兢业业为人民服务，得到农民的理解和支持。在北大荒期间，和农场家属模范邓婉荣结成知心朋友，并以她为模特儿创作了短篇小说《杜晚香》。

在十年浩劫中，丁玲又被揪斗，遭受了难以想象的羞辱与苦痛，十几万字的小说稿和数十万字的生活笔记，统统毁于一旦。1970年，林彪江青之流又把她和她的丈夫陈明关进了北京的秦城监狱，分隔在同一座囚牢中，过了五年多的铁窗生活。在巨大的委屈中，丁玲始终用共产党员的标准严格要求自己，心中牢牢地保存着对人民的希望和信心。在狱中，她顽强地锻炼身体，用自制的篮球——破毛巾包扎的报纸、卫生纸，往墙上掷去，掉下来，接住，再掉下来，再接住！她不断地活动身体，使被打伤的腰得以康复。

1975年，丁玲和陈明同时得到无罪释放，定居于山西省农村。1976年春天，周恩来总理逝世和邓小平同志被贬，使丁玲陷入了极大的痛苦之中。伟大的

"四五"运动唤醒了她。1979年，党中央批准为她平反，推倒了强加于她身上二十多年的诬蔑不实之词，她幸福地回到了母亲——党的怀抱中。1980年，丁玲患了乳腺癌，医生给她做了切割手术。刀口尚未完全康复，她就备笔疾书，又开始了新的创作。

1981年9月至12月，应美国爱德华大学国际写作中心邀请，赴美国访问，其间，又应加拿大政府文化理事会邀请访问了加拿大。1982年1月，从美国经香港返回北京。之后，又曾在国内外进行多次讲学和访问。1986年3月4日，丁玲在北京协和医院逝世，终年82岁。

丁玲的一生，是和祖国和人民的命运紧密联系在一起的。她在将近60年的文学创作道路上，写出了许多思想深刻、为人民喜爱的作品。在新文学的几个转折时期，她的作品都受到人民的欢迎和喜爱，她的名字和作品，曾吸引和鼓舞许多青年走向革命，其影响远及海外。她留下的近三百万字著作，是中国人民宝贵的精神财富。她的业绩，必将镌刻在中国革命和中国文学史册上。

少年文豪

丁玲的少年时代，在母亲和学校老师的教诲下，读了很多书，学习兴趣广泛，由爱学数学到爱学语文，被誉为班里的八大文豪之一。其中的故事，很是有趣。

1918年暑期，丁玲十四岁了，在武陵小学毕业之后，母亲又亲自送她到桃源县投考第二女子师范学校。武陵离桃源约九华里。她们母女俩乘小火轮，很快就来到桃源。

桃源在湖南省西北部，沅江下游。东晋陶潜作《桃花源记》的桃源名胜就在这里。学校是二栋青砖三层楼房，一栋是教室，一栋是学生宿舍。校舍整齐洁净。教室前面是一个很大的运动场。学校临沅江，风景优美。沅江源出贵州省云雾山，自湖南省黔阳县黔城镇以下始名沅江，流经辰溪、沅陵、武陵（今常德）等县市，到汉寿县入洞庭湖。江长近4公里，两岸物产丰富，盛产稻米、鱼虾等。

母亲领着丁玲来到学校，丁玲感到一切都是新鲜的，非常高兴。母亲在学校住了一天，因为还要回武陵处理那里学校的事务，把丁玲委托给学校的一位女管理员，并且交给她一枚金戒指。按照学校的规定，入学要交十元保证金，这个保证金要到毕业时才能退还。母亲没有钱交保证金，只能留下戒指，待丁玲考取了，开学时，母亲有钱就寄来，如果没有，就请这位女管理员将戒指代卖交学费，如有多余的，就留给丁玲做零用钱。丁玲突然离开了母亲，难受了两三天，因为母亲只剩她一个女儿，这年春天她弟弟死了，母亲很伤心，丁玲也想念弟弟，心里难过。但学校里很热闹，丁玲和几十个等待考试的新生同住在一个大屋子里，所以很快就不那么忧愁了。

丁玲在学校住了一个月才考试。在等待考试时，同学们都认真准备功课，只有丁玲比较爱玩。她常常在楼上寝室的窗口一站半天，从疏疏密密的绿树影中看沅江上过往的白帆，听船工唱着号子：

江水滔滔滚，
哥哥要远航。
小妹在家等，
两眼泪汪汪。

不是怕变心，
也不是断粮。
只为浪太大，
实难把舵掌……
……

江上拉纤的、撑篙的船夫都爱唱，那歌声伴着滔滔的江水和清凉的江风飘到窗口，令人神往又舒畅。丁玲喜欢在大运动场上散步。这个运动场的周围都是参天的大树，丁玲和几位待考的同学常在这一带谈天，各人讲各人家乡的故事。有几位同学对丁玲很关心，劝她认真复习功课，不要辜负了母亲的期望。丁玲感谢她们的好意。其实，丁玲的自信心很强。因为丁玲从七岁就开始读书，母亲亲自教她读《古文观止》、《论语》、《孟子》等。丁玲很小的时候，已从母亲的口授中能背下几百首唐诗，古典小说也不知看了多少部，比一般同学知识面要广。在小学时又经常考头几名。所以，丁玲信心十足，不把考试放在眼里。

不久就考试了。果然丁玲取得了第一名。同乡、几位武陵来的同学都来庆贺，很多同学都为她高兴。那位管理员给丁玲三元多钱，叮嘱她不要乱花，说她妈妈生活很艰苦，每分钱都来之不易。丁玲从来没拿过这么多钱，想着她们母女的困苦生活，眼眶都湿润了。丁玲小心地把钱放在小木箱里，用换洗衣服压着。这笔钱，丁玲一直没有花，只有在寒假回武陵时才用了几角钱作路费。

丁玲在桃源省立女二师读书期间，学习很努力，各门功课都比较好，差不多都得百分，只有语文和作文只有 80 多分。有的同学的作文为什么比丁玲的分数高？因为她们常常抄那些作文范本，文章条理好，字句通顺。丁玲不愿抄书，都是写自己的话，联想丰富，但得分少，不能放在玻璃柜内展览。可是老师总喜欢在她的文章后边加批语。学校一位姓彭的校长代课时，很欣赏丁玲的文章，常常加批加点，写很多鼓励的话，说她是学校的一颗珍珠，但又指出她写的文章拉杂，字迹潦草，要多用心。

丁玲喜欢画画。她的不少画，都被放在玻璃柜里展览。有些同学常常找她代画，丁玲很愿意代劳，画了一张又一张，而且把每张画都画得稍微有些不同，好使老师看不出来都是出于丁玲一个人的手笔。玻璃柜里常常摆着七八张画，署名虽不同，其实都是丁玲画的。丁玲看后，心里十分得意。

丁玲也喜欢上音乐、体育课。丁玲的歌虽然唱得不算太好，但是很喜欢唱，每当上音乐课，无忧无虑，宠辱皆忘。体育课是早晚做柔软体操，都是丁玲喊口令，当别的学生值班时，常常托丁玲代喊。每当开运动会时，也由丁玲带队喊口令。

算术是丁玲最喜欢的课，每当上课，认真听课，仔细算题，兴趣很高。作文得了80分，丁玲不怎么样，数学如果得了98分，她就得流眼泪，恨自己疏忽了。下一次考试，就会反复审题，反复验算，丝毫也不马虎。至于其它功课，丁玲一般不花费多少脑子，随随便便跟着课堂学习，学期考试，也总是得第一名。

第二年的暑假，丁玲向母亲提出一个要求，希望转学到省城长沙周南女子中学去读书。这个女子中学是湖南有名的私立学校，向警予、蔡畅都从这所学校毕业。周南女中的校长朱剑凡是丁母在长沙读书时第一女师的校长，管理员陶斯咏是丁母在长沙第一女师的同学。这个要求提出后，母亲自然同意，并亲自送丁玲去长沙。

丁玲母子到长沙后，来到周南女子中学，校址设在一座花园中，亭台楼阁，小桥流水，风景幽雅，校长、教员思想都比较进步。她们见到了陶斯咏老师。母亲说明了来意。陶斯咏老师答应，想尽一切办法，让丁玲进入该校学习。当天就把丁玲送到学生寝室，丁母住在陶老师家里。当天晚上，学校就对丁玲进行考试。丁玲是插班生，只有一个人考。主考人是中学二年级的语文老师陈启民，地点在二年级教室，考试题目是："试述来考之经过"。在一盏煤油灯下，丁玲坐在这边写文章，陈老师坐在那边看报。丁玲没有按考试题目答卷，而是写了她对周南女中的希望。她是为求新知识而来，写了志愿，要为国家而学习，要寻找救国之路。陈老师当场看了，建议丁玲插入二年级学习，后来得到校长的批准。当时还向她问道："过去都读了什么书？"丁玲将读过的几十本书一一说了出来。陈老师不断点头称赞，说道：

"只要刻苦努力，必定成为好学生！"

丁玲听了高兴极了，她认定这是位好老师，当晚丁玲就把这些印象、经过，都告诉给母亲。母亲放心地把丁玲托付给陶斯咏老师，第二天就匆匆忙忙赶回武陵，为她们学校开学的事忙去了。

到了周南中学之后，教语文的陈启民老师，课讲得生动，对学生的作文讲评非常认真。丁玲有一篇作文是把陶渊明写的《桃花源记》改为白话文，陈老师认为写得很好，有《红楼梦》的笔法，使丁玲非常高兴。自此，使她对语文课发生了浓厚的兴趣。陈老师还请丁玲到他的宿舍去，丁玲便约几位同学一道去看他。他问丁玲要不要借书看，他说他书架里的书都可以借给她看。丁玲看了他书架上的文学书中的一些古典小说，都是她读过了的。只有一本《二十年目睹之怪现状》未读过，丁玲就借了这一本。陈启民老师惊奇丁玲读书之多，便劝她道："你可以读梁启超的《饮冰室文集》和吴稚晖的《上下古今谈》，掌握了这些知识，你的文章将会比较雄浑。"

丁玲又向他借了这两本书，读后受益匪浅。

丁玲原先是最爱学数学，可是周南中学的数学老师，课讲得还不错，只是，对待学生不公平，怕硬欺软。家长是大官的学生，从来不敢批评，而对刚来的新生，不但不多多关照，反而先是诧异，好象哪里来了个"丑小鸭"；后是歧视，对其极为冷淡。由此，丁玲就看不上这位老师也不爱学习数学，常常在上课时看小说。这位老师发现后，狠狠地批评了她，她就装做没听见。就在这所学校，丁玲开始对功课有了偏爱，对文学发生了真正的兴趣，而对数学却敷衍了事。

丁玲常常读陈老师划了红圈圈的一些报头文章和消息，皆为外地和省城的一些重要社会活动。陈老师还鼓励她多写，因此，丁玲在第一学期就写了三本作文，五大本日记。还写了两首白话小诗，被陈老师拿走了，寄给《湘江日报》发表了。因陈老师常在班上公开鼓励丁玲，拿她的作文当范文朗读，还在报上发表过小诗，同学们宣传她是本班的八大文豪之一。可是，丁玲对她们的推崇并不在意，只是更加努力地学习语文课。

说起来丁玲之所以能走上文学创作的道路，首先应当归功于陈启民老师，没有他的鼓励和鞭策，丁玲绝不会对文学发生兴趣。陈启民老师是湖南长沙第一师范毕业，与毛泽东同志是同学，当时也是新民学会会员，是一名思想先进的教师。离开周南女中后，曾到法国留学，留学回国时特意到上海来看过丁玲。当时丁玲已发表过一些文章，已是一个有点小名气的作家了。全国解放后的1954年，丁玲回湖南探家，陈老师在湖南大学任教，并在文物研究所兼职，捎信给丁玲，说想来看看她。丁玲感到很不安，认为怎么能让老师来看自己，便亲自登门拜访。师生畅叙几十年的别情之后，陈老师说他曾经看了丁玲写的《太阳照在桑干河上》，说了不少赞誉之词。丁玲说，首先应当感谢老师当年呕心沥血的教导，但是，她的书还有很多毛病，请老师多多指教。

解除封建婚约

丁玲的父亲患病去世时，她只有四岁。母亲余曼贞是个二十七岁的少妇。因为父亲生病，欠了很多债，难以还清，在婆家难以生活下去，只好领着丁玲和比她小两岁的弟弟，来到武陵（现在称为常德）外祖父家里。

丁玲外祖父曾经当过云南太守。当年，家里丫环、奶妈、老妈子、门房、轿夫、马夫、花匠和厨师等等一大群，曾显赫一时。等到丁玲的母亲和舅舅出生时，没有赶上外祖父的发迹，但家里还有钱送儿子上外国留学。可见是个不太穷的人家。丁玲来到外祖父家时，外公已经去世，主持家务的是三舅，他是个曾到日本留学的具有维新思想的人物，在康、梁思想的影响下，剪了辫子，到处讲“民权”，说“共和”，但是，要找知县办事，为了应酬，就戴上了后面拖着一条假辫子的帽子，使人看到，他仍然是孝忠大清朝的顺民。这次姐姐带着儿女来到他家，表面上是欢迎的。当他看到四岁的丁玲，长得胖胖的，两只大眼睛十分美丽，便提出要求，由外祖母做主，将丁玲许配给他儿子玉儿当媳妇。寄人篱下的孤儿寡母，难以推脱，只好答应下来。自此，丁玲像童养媳似的，被收留在三舅家中。

丁玲的母亲卖了首饰，自己在后花园藏书楼下，带着一双儿女，另立炉灶过起日子。后花园里，不仅有藏书楼，还有假山、水池、凉亭，亭中有大理石桌椅。景色虽然很美，但丁玲对这里并不感兴趣，因为在花园里玩耍时，比她大两岁的表哥玉儿，常常以自己是男子汉大丈夫自居，玩得高兴时，还对四岁的表妹连打带骂，表妹吓得跑回到母亲身边偷偷地哭。

母亲为了不依靠别人，独立生活，三十岁上了师范班，七岁的丁玲进了幼稚班。母女一同开始了学习生活。母亲在师范毕业后，在常德东门外女子小学任教，丁玲在常德女子小学校读书。1918 年，丁玲的弟弟蒋宗大患肺炎夭亡后，她继续读书，以第一名的优异成绩考取了桃源湖南省立第二女子师范学校预科。

1919 年春，“五四”运动的洪流，波及到桃源县。在王剑虹、杨代诚等高班女同学的带动下，丁玲上街参加游行、讲演，高呼“惩办卖国贼”，“取消二十一条亡国条约”口号；组织宣传队、检查组，抵制日货；举行辩论会，讨论妇女问题、社会问题。有人提出女子也要剪发，大多数同学都赞成，而教员们不支持。王剑虹等同学与教员们展开激烈的论争。丁玲年龄小、班次低，和王剑虹等没有直接接触，但却跟在她们身后，以极大的热情参加各种活动。那时，丁玲的个头比讲桌高不了多少，穿着白色的衣裙，白鞋白袜，和男孩子一样，到贫民夜校讲授珠算课，农民们都管她叫“崽崽先生”。当王剑虹等同学不顾教员的反对毅然剪掉辫子，留起短发，丁玲也不假思索地坚决剪去了辫子，剪成和男人一样的短发的样子。当时女师剪发的学生只有十几个，在校内造成很大轰动，这种对旧社会的叛逆行为，引起了家庭、社会和学校当局的反对。

在一些人的眼里，女孩子把头发剪成和男人一样，被视为怪物、妖孽，要受到怒骂嘲笑。而王剑虹、丁玲等同学则昂然处之，照常在街上游行、宣讲，一时间，成为城内的新闻人物，受到同学们的热烈拥戴。

这一年的暑假，丁玲回到舅舅家。三舅见侄女脑后一对黑油油的大辫子不见了，脸色顿时阴沉下来，狠狠地说道：

“哼！你真会玩，连个尾巴都玩掉了！”

经过“五四”运动熏陶的丁玲，已经不像从前那样温顺，立即反唇相讥道：

“三舅，你怎么有权力说我，你的尾巴不是早已经玩掉了吗？你既然能剪发在前，我为什么不能剪发在后？”

“你……你……”气得三舅说不出话来。

三舅妈见丁玲如此放肆，便凑过来，冷言冷语道：

“大侄女，什么时候学的，会顶人了，你三舅说的没错，身体发肤，受之父母，不可随意毁伤!”

“可是，舅妈，”丁玲又对三舅妈道：“你为何把耳朵要穿一个眼？你的脚为何要裹得像个粽子？你那是束缚，我这是解放!”

这对夫妇气得眼睛瞪得老大，也无可奈何。

暑假后，丁玲在母亲的帮助下转学到长沙周南女子中学读书。这时，丁玲反封建的思想愈加激进。1921 年夏，为了抗议校方无理解聘陈启民先生，丁玲等同学愤然退学，转入男女同校的岳云中学。寒假，丁玲回到常德，看望母亲，恰好王剑虹刚从上海回来，代表姐姐来看望老师。她姐姐是丁玲母亲的学生。王剑虹在上海认识了许多进步人士，那里的革命运动如火如荼，她劝丁玲去上海，进陈独秀、李达等创办的平民女子学校。

随着年龄的增长和思想的进步，丁玲感到在三舅家不能再呆下去了，她看不惯曾经打她骂她，以大丈夫自居的表哥，她要解除包办婚约，想到上海去闯一闯，摆脱目前的处境。

丁玲的想法和母亲一说，母亲表示支持。母亲也认为，女儿在余家呆下去不会有好的结果。丁玲向三舅提出要到上海去，三舅听了之后，大发雷霆道：

“不准去，上海不是女孩子去的地方！”

“为什么？”丁玲问道。

“上海我去过多次，女孩子到了那里，没有不学坏的。你要知道，你是我的儿媳妇，过了一年半载，就要过门了，不应当走那么远。”

“你怎么能说，女孩子到了上海都要学坏？我偏要去！”

“你妈妈同意吗？”

“当然同意。”

“那好，你要去上海，就别当我的儿媳妇，你们的婚约，就算解除！”三舅原以为用一纸婚约能束缚丁玲，使其老老实实当他的儿媳妇，没想到这一下正合丁玲的心意，便大声道：

“解除婚约更好，这是我求之不得的事！”

三舅见丁玲甚为高兴，便大怒道：

“小兔崽子，你在我家，把你养大了，翅膀硬了，全不把你舅舅放在眼里。从今天起，你给我滚！你不配当我的儿媳妇，看你男不男女不女的模样，我早就看够了！”

就这样，丁玲终于解除了与表哥的包办婚姻，准备和王剑虹到上海去寻找新的生活。

丁玲参加“五四”运动后，高呼“打倒列强！”“打倒土豪劣绅！”的口号，在丁玲的心里，她三舅就是地地道道的土豪劣绅。自从和三舅翻脸后，她将亲眼看到的三舅如何欺压农民，殴打下人、丫环等劣迹，写成稿子，投给常德《民国日报》。编辑怕得罪当地的士绅，压下没有发表。丁玲和王剑虹就跑到编辑部，责问道：

“我现在就要去上海了，上海也有《民国日报》，我的文章你们不敢登，我就要在上海《民国日报》登，说你们是土豪劣绅的报纸！”

编辑无奈，只好将丁玲的文章发表，见报时，舅舅的名字印成××，丁玲的名字印成□□。

1922年春，丁玲告别了母亲，告别了故乡，与王剑虹等乘船去了上海。

母亲余曼贞

丁玲的母亲是一位刚强、坚毅、有远见的女性。她对丁玲的影响很大，不仅支持她走向进步，而且为她抚育、照顾一双儿女，使丁玲安心于革命和创作，成为著名的作家。

丁母姓余，闺名曼贞，后改名为蒋胜眉，字慕唐。1878 年生于常德县，她是一个不爱说话的人。长得并不怎么好看，却是端庄得很，又沉着，又大方，又和气，使人可亲，也使人可敬。嫁到安福县（今临澧）后，在丁玲四岁时便守寡，过着经常被人逼债的生活。但是她没有被困难吓倒，带着丁玲和一个小儿子，回到娘家，一边学习，一边工作，还抚育一双儿女，过着十分艰难的日子。

母亲能诗会画，在丁玲童年的时候，常常给她讲一些优美的童话、神话故事。当丁玲进入小学后，除了学校所授课程，母亲还亲自教她学习《古文观止》、《论语》、《孟子》及古代诗词，并介绍她读了不少古典小说和林语堂翻译的外国小说、以及五四运动后出现的新文学作品，给丁玲以很好的启蒙教育。

当丁玲提出要解除与表哥玉儿的婚约时，母亲表示支持，并为此与三弟翻了脸，从此很少往来，并离开娘家走上自食其力的生活道路。当丁玲提出要与王剑虹等同学去上海闯天下的时候，母亲也毫不阻拦，她认为，女孩子也应当像男孩子那样，到处去走一走，长长见识，出人头地。

丁玲在上海等地学习，均由母亲邮寄生活费用。母亲在小学工作，得到的一点微薄收入，节衣缩食，每月要寄给丁玲二十元钱，支持女儿继续深造学习。

1924 年，丁玲来到北京，结识了青年诗人胡也频，两人由相识到相恋，并结为夫妻。母亲得讯后十分高兴，从常德来到北京看望女婿。她见胡也频是一位憨厚、正直的年青人，一说话脸就红，夫妻恩爱，很高兴。把女婿当成亲儿子来看待。当丁玲夫妇创办《红黑》杂志，赔了一千多元钱，难以偿还时，母亲从兜里掏出积攒多年的三百五十元钱，帮助还债，解决了燃眉之急。

1930 年 11 月 8 日，丁玲在上海生下一个男孩，取名胡小频，后来叫蒋祖麟。就在小频来到人世间尚未足三个月的时候，胡也频被国民党反动派杀害。丁玲和小频成了和母亲一样的孤儿寡母。为了继承也频的遗志，投身革命事业，丁玲不得不把孩子送回湖南由母亲抚养。可是，年届 52 岁的母亲已经过了大半辈子辛酸的苦日子，她能经受住突然失去女婿的遭际吗？丁玲思考再三，为了不让母亲知道女婿被害的消息，只好请别人摹仿胡也频的笔迹，给老人写了一封信，还附上也频原先照的照片。信是这样写的：

姆妈：

得到你的信，你真会疑心。我近来忙得如转

磨，冰之去信应当说得很明白，有些日子不写信回去难道就发生什么了不得的大事？不要看那些传谣的报纸，不必相信那些报纸上的传说，那是假的。谁能捉我这样一个人呢？除了姆妈只想捉我们回家去陪大干干说西湖故事以外，谁也不想捉我，谁也捉不了我。

小频身体好，一天比一天壮实，将来长大了，恐怕只有回去在辰河作船夫，占据中南门小码头，包送老祖宗来往桃源与西湖。西湖如今还与长江不通船，我明白，我明白，不必姆妈来说我就明白喔！可是二十年后，世界不会同今天一个样子，姆妈不相信么？小频吃得多，我也吃得多。我极想吃腊肉同菌油。家中的廊檐下，这几天太阳很好，一定还悬挂得有一个火腿，一块黄黄的腊肉，留给我们回来吃的。姆妈，你等着，事情若不太忙，我会把小频送回来换这块腊肉！

我想远行，去的地方也许极远，因为这些事冰之信说得一定很清楚了，不明白的，你将来也自然会弄明白，这时我可不告诉你。我只预备回来时同你下棋。我的围棋近来真进步太多了，我敢打赌，我不会输给姆妈了。

请替我问大干干好，说这里有三个人很想念她。其中一个是还不曾见过面的，名字叫作小频。小频真是个厉害的小家伙，他那眼睛鼻子全像他那祖母，一个天生的领袖！

我这信简直写不下去，小家伙古怪得很，只麻烦我，其实他早就应当来麻烦姆妈了！……

崇轩　敬禀

信是由丁玲起草的，用顽童的语言，加上相像的笔迹，蒙混了老人的眼睛。这封信，消除了老人对也频“失踪”的疑虑，也增添了外祖母要见外孙的渴求。

丁玲抱着孩子回到湖南老家时，白发盈头的母亲，快乐得手舞足蹈。她什么话也不说，掀开外孙的包被，见那婴儿花朵般的笑脸，母亲只会咧着嘴痴笑。她要把外孙接抱过来，才想到手上还拿着早于丁玲先到的快信，说道：

“世上只有你那爸爸性急，人还未回来，就电呀信呀催促妈妈回去，真是个急性子人！”

丁玲接过信看——

姆妈，莫太自私，把女儿留下！快放冰之来上海同我玩几天，我们一别，必须三两年方能见面！我走后她回家陪姆妈的日子长。你再不放她出来，我真的不高兴了……。

这封快信是丁玲离开上海时发出的，自然比丁玲先到。这样，母亲对也频还活着，信以为真。丁玲欺骗母亲达到了预期目的，而心中自然十分悲苦。

母亲抱起了外孙，就再也不放手了。她准备了摇床，喂奶、把尿，全由自己动手。夜里孩子哭闹，她让女儿继续安睡，自己起来，抱着小频在屋子里悠悠地转。孩子哄得已经睡着了，老人还是转呀唱的。

这一年，母亲才五十出头，并不很老。可是，抚养孩子，在人世间挣扎，已经满头白发，精力耗尽，老态早至。但是，有了外孙，突然间，精神为之一振。她有所寄托，得到安慰，看到了希望。母亲抱着熟睡的小频责怪他父亲，道：

“真是忘恩负义，记不着我的好处，不回来看看，还不让小妈妈在家里多住一阵子！”

母亲还不知道女婿早已不在人世，对其却如此情深；如果真相大白，不知该怎样伤心。想到这一切，丁玲真想大哭一场。然而她只能强忍着，装出笑脸，逗母亲高兴。丁玲在家逗留三天，吻别儿子，含泪告别母亲，回到上海。

丁玲回到上海后，准备继承胡也频的遗志，到苏区去。后来根据党的需要在上海主编《北斗》杂志，并参加了共产党，成为一个真正的革命者。1933 年 5 月 14 日，丁玲被国民党密秘绑架。这一期间，丁玲曾与史沫特莱的翻译冯达同居，生下一个女孩，取名蒋祖慧。而在湖南的母亲尚不知女儿的遭际，给丁玲写信，信头还是写着他们的小名：崇轩、冰之。还寄来孩子的照片，要她快点转到俄国去，叫那年轻的爸爸看看他淘气的儿子。还说，这小家伙太能吃了，长得太胖了，外祖母都抱不动了。

母亲为儿女操劳，心力交瘁。留下的孤儿蒋祖麟，给孤独的母亲以安慰。想来多么可怜，又令人心酸。原先怕母亲知道女婿的遭遇，而把真相隐瞒下来。而今女儿又身陷囹圄，怎么能让母亲知道呢？可是监视她的人说，国民党特务头子徐恩曾说，要派人去湖南老家把丁母接来与其同住。丁玲听了不知敌人要的什么花招，不知是福，还是祸？丁玲很想看到母亲，然而，如果把母亲和麟儿抓来，陪她坐牢，当人质怎么办？不久，监视人又来，说母亲思念她，希望看她，要接她来，只要写一封信就可以，丁玲思考再三，写了一封短信：

“我失去自由已一年，您一定想念我。现在有一个机会，您如能来南京一趟，我们或可相见。但这里能否适应，请您仔细定夺。”

丁玲想，信发出后，请母亲考虑该如何办。半个月后，母亲果然乘船来到南京，当丁玲看到苍老憔悴的母亲和麟儿，母女俩紧紧拥抱，泣不成声。母亲来南京前，还以为麟儿的父亲在莫斯科，当看到监视人员和同居的冯达，一切都明白了，她只字未提往事，强作镇静地支撑着。她原是准备承担一切风险到南京来看女儿一面的，面对现实，她的心凉了，母亲在南京住了下来，照顾两个孩子，并替女儿分忧解愁。1936 年，丁玲为了准备逃离南京，要母亲带孩子先回湖南。母亲了解女儿的心情，只好与女儿分手，离开南京这个是非之地。

1936 年冬，丁玲终于逃离虎口，来到保安。抗日战争爆发后，丁玲给母亲去信，母亲回信说：“我早知道你全心在‘大家’，而‘小家’你也不会忘掉的。望努力为国，无须以我等老小为念。”1938 年，武汉沦陷前，丁玲捎信，母亲将两个孩子送到延安。从此，母亲一人在家乡漂流，有时与难民同居一处，有时同朋友住在山村，有时寄居在堂兄家里。丁玲有时寄一点稿费给母亲，给予精神上的安慰。

母亲熬过了十多年的贫困流浪的艰难生活，于 1949 年建国后，终于到了北京。丁玲一家人欢乐团聚。她虽然年老力衰，但兴致勃勃，每天都读书看报，手抄《矛盾论》、《实践论》，听艾思奇讲解大众哲学的广播……。1950 年，北京组织工作队，到新解放区参加土改，母亲也要求参加。1951 年，母亲还问陈明，入党须有什么条件？她希望争取入党。在逝世前两个月还谈到过，为自己不能成为共产党员而深感遗憾。

母亲在北京生活了四年，起居有规律、生活俭朴。上午写字抄书，下午为丁玲和孩子们织毛衣，缝缝补补。她的屋子自己清扫，衣服自己洗，经常穿一件旧蓝布夹袍，她的衬衣、衬裤、棉衣都是打了补丁的。

1953 年 5 月 4 日，母亲因心血管栓塞，突然去世，终年 75 岁。葬于京都万安公墓。

九姨向警予

1919年春，湖南武陵，丁玲舅舅家的花园里，桃红柳绿，牡丹吐蕊，蜂蝶戏嬉，百花争奇斗艳。

在书楼里，有七名穿着华丽的妇女在结拜。她们跪在书楼的大厅里，面对着正南方。年龄最大的是三十三岁的余曼贞，为丁玲的母亲，年龄最小的是十七岁的向警予。她梳着齐耳短发，长得俊秀、端庄。年岁虽然小，看上去却非常老成，不苟言笑。

为首的大姐余曼贞，拿着印有烫金花边和名字的红色蓝谱，大声宣读结拜誓言：

姐妹七人，

武陵结拜。

刻苦攻读，
冲出樊篱。
振奋志气，
男女平等。
教育救国，
图强获胜。
为我中华，
不遗余力！

她们向天叩拜后，互相鞠躬道喜，分发红色金字的蓝谱。丁玲的舅妈也向他们祝贺。结拜后，就在书楼上饮酒，凭栏赏花。

结拜这一天，既热闹、又严肃，她们畅谈终日。七岁的丁玲，在园中玩耍，看见母亲七姐妹结拜，感到新奇好玩，留下极为深刻的印象。从此，丁玲有了许多亲爱的阿姨，充满了对她们的敬爱。母亲抱过丁玲向七姐妹中最小的向警予说道：

“这是九姨（向警予在她家里排行第九），你应该向九姨学习！”

由此，在丁玲幼小的心灵里，有了一位九姨的美丽而崇高的形象。

1911 年初秋的下午，丁母从学校回来，正在家中帮助弟媳操持家务。弟弟的一位朋友，气喘吁吁地跑来禀报：

“城门已锁，满街都是清兵，店铺皆纷纷关门，不少商人已逃离城外。”

弟媳问：“究竟发生了何事？”

那位朋友说道：“似乎是要天下大乱，我再去探听一下，如消息恶劣，当再来送信。”

朋友急冲冲走了。此时，弟弟不在家，不知如何是好。丁母突然想到，在女师，校长与监督均已去省城，校中仍有数十名住宿生，他们都是年轻姑娘，在异地生活，万一有事，不堪设想。不如接到弟媳家暂避，过了今宵，明日听了信息，另打主意。丁母将这一想法和弟媳说了，她表示赞同。

当天，大雨滂沱。丁母撑伞到学校向学生们报告县城发生的情况，并把弟媳要接大家回家的意思申明。与丁母结拜的六姐妹和十多位同学很高兴，她们像一帮喜鹊似的，叽叽喳喳，来到余家。丁玲见来了这么多女学生，其中还有她的九姨，高兴得直跳。这一天，天气不冷不热，余家有好几间房，床铺也多，四、五人一床，有的品茶谈天，有的看书下棋，十分热闹。丁玲在学生中玩耍，大家都喜欢这个胖胖的大眼睛女孩，尤其是九姨和丁玲依偎在一起，给她讲故事。丁玲最爱听孔融让梨，司马光砸缸，韩信胯下之辱等故事，尤其是韩信胯下之辱的故事，给丁玲留下极为深刻的印象。丁玲问：

“九姨，那个恶霸不让韩信过桥，韩信为什么不打他呢？”

“恶霸身强力壮，韩信打不过他。”

“非得从胯下钻过去吗？那不是羞辱人吗？”

“是的。恶霸就是要羞辱韩信，可是韩信想，若是和他动武，肯定要吃亏，不如暂时受辱，等到将来再报仇。”

“韩信后来报仇了吗？”

“报了，韩信协助刘帮打天下，建立了汉朝，被封为淮阴侯，不但那个恶霸被杀死，就是韩信的不少仇人也没有得到好下场。”

“好，好，好！”小丁玲拍手笑道：“总的看来韩信并没有吃亏，就是一时受辱，还是值得的。”

“这就叫，大丈夫能屈能伸，我们女孩子也要做到能屈能伸，懂了吗?”

“懂了，懂了，九姨，你讲的故事，真好听。”小丁玲蹦蹦跳跳又和别的阿姨玩去了。

第二天，10月10日，县城风声愈紧，街上的清兵吓得跑光了，各家店铺货物皆空，店主匆匆逃走。学校停课，学生纷纷回家。丁母弟弟的朋友又来禀告道：

“现在是武昌革命党起义，是一场反满战争，皇帝要退位了。”

老百姓平安久了，偶有战事，不胜恐惧。女师同学们听说清朝统治要倒台了，又喜又悲。她们在余家住了数日，就各自回家了。小丁玲和学生们热闹了几天，待她们都走了以后，感到十分寂寞。

辛亥革命之后，1912年春，武陵师范学校停办，丁母很想继续读书，于是跟亲友借款，带着一双儿女，来到省会长沙，考入第一女子师范学校。向警予等六姐妹也先后来到该校学习。丁玲进入小学一年级，常常到师范部去玩。那时生活十分艰苦，丁母在住宿时，将被褥给两个孩子盖，自己只剩一条薄被。时值初冬，丁母只穿件旧的薄棉袄、两条单裤，听课时，两脚站在地上，由下到上生出一股寒气，从后背直达头顶，不由得战栗。为了晚上睡得暖和一点，向警予抱着被来和丁母睡一个床，两人互相取暖，可以早点入眠。

丁母在长沙女师只读了一年，因为没有钱继续念下去，托人在桃源县找了个小学教员的工作，便带着儿子去了桃源，把丁玲留在长沙，由向警予照料。丁玲借宿在第一女师的幼稚园，每天放学回来，幼稚园里静悄悄的，她独自留在运动场上，坐一会儿摇篮，荡一会儿秋千。这时向警予阿姨就来看丁玲了，带两块糕，一小包花生，请她吃。丁玲一边吃，一边听九姨讲故事，给她孤寂的心灵以安慰。

不久，丁玲也去桃源，入县立女子小学读书。1915 年随母亲由桃源回到武陵。母亲在武陵东门外女子小学任教，丁玲在附近女子小学读书。遇到寒暑假，向警予回家乡溆浦县或去长沙，都必定路过武陵。从溆浦到武陵坐帆船，从武陵去长沙是坐小火轮。向警予在等候班轮的时候，必定在丁母的学校留住一两天或三四天。向警予就像一只报春的飞燕，把她在长沙听到的、看到的、经历过的种种新闻新事新道理，把她个人的报负理想，都仔细地讲给丁母听。像毛泽东在长沙师范组织文化书社，和军阀赵恒惕做斗争；1917 年，苏俄进行了十月社会主义革命；毛泽东、蔡和森等人组织新民学会等等。丁母把她讲的这些，再讲给丁玲听。

丁母把向警予当做她的先知先觉的老师。她们姐妹结拜时所盼望的无非是要求妇女与男人平等、教育救国等等，但逐渐使丁母也接受了向警予介绍的解放工农、唯物史观等新理论。

1918 年春天，向警予又来看丁母，并且说她和蔡和森等人要到法国去勤工俭学，当时法国是欧洲马克思主义思潮传播的中心。经向警予的宣传、鼓动，丁母也非常想去法国，但因为缺少路费，还有女儿的牵累，终于没能随她远渡重洋，但对她却寄予了无限希望和美好祝愿。

同年夏天，丁玲考入桃源第二女师。向警予在溆浦的学生朱含英等也同时入学，和丁玲在一个班。朱含英待丁玲如同亲姐妹，经常向她讲向警予校长如何教育学生，走访学生家庭，如何以身作则，严肃不苟等事迹。丁玲听了就更加明白，母亲的许多行动就是以她的九姨为楷模的，母亲既是慈祥的又是伟大的，九姨比她的母亲更加慈祥和伟大。所以在那时丁玲除了崇敬母亲以外，最信奉的便是九姨了。

向警予在法国，还经常给丁母来信，介绍外边世界的新思潮；也寄来她和蔡和森一起阅读马克思著作的照片，还有她们一群女同志的合影。丁母经常阅读向警予的书信和文章，又读了国内出版的《向导》、《新青年》等书刊，对共产主义思想有了初步的认识，便积极参加社会工作。

1922 年，向警予回国，并加入中国共产党，担任党中央妇女部长。第二年暑假，丁玲在上海又见到了九姨。她像过去一样，穿着布料的短衫，黑色的褶裙，温文沉静，向丁玲描述了她回国时的一段情景。她说道：

“我刚到广州，踏上码头，就围了许多人看我，说来看女革命党呀！那时广州的女子很少剪发，梳着横∽发式，插着花，吊着耳环，穿花色短衫和花长裙，我这副样子，确是特别。我当时一看，围拢的人这样多，不正是宣传的好时机么！我不管他们是否听得懂我的话，就向他们讲解妇女解放的必要，居然有人听懂了，还鼓掌咧。”

听了这些，丁玲佩服极了，当时不少人是做不到的。丁玲想，因为剪短发和穿朴素服装而经常引起一些人的好奇或侧目而视，躲避都唯恐来不及，哪里还能伫立在众目睽睽之下，向他们宣传讲演呢？

在这一个时期，丁玲在上海大学学习，可以常常看到九姨。可能是有人在向警予面前说丁玲有无政府主义思想，孤僻骄傲。她找到丁玲，有过一次非常委婉的谈话。她谈了许多，但一句也没有触及当时被某些人看不惯的丁玲的缺点，她只是说：

“孩子，你母亲是一个非凡的人，是一个有理想、有毅力的妇女，她非常困苦，她为环境所囿，不易有大的作为，她是把全部希望寄托在你的身上的……”

九姨的每句话都说在丁玲的心里，感动极了。丁玲知道，她是她母亲精神的寄托，丁玲是她唯一的希望。丁玲最怕的是她不替她母亲争气，不成才，无所作为，丁玲为此很难过。她感谢九姨对她的关心和爱护，永远记住九姨的教诲。在一段时间内，自然，丁玲并没探索到一条正确道路，只是碰壁又碰壁，在悲苦中不断挣扎奋斗。1927 年，大革命失败了，在听到许多沉痛消息的时候，第二年又听到九姨光荣牺牲的恶耗，像霹雳一样震撼了丁玲的灵魂，像巨石紧紧地压在她的心头。九姨美丽崇高的形象在她的面前耸立着，她像一缕光、一团火引导着、温暖着丁玲，每当丁玲看到她母亲书桌上九姨赠送的《唯物史观》、《共产党宣言》，就感到九姨的存在。九姨坚韧不拔的精神和对共产主义的信仰，深深地影响着丁玲。丁玲从一个不懂事的孩子成长为共产党义者的过程中，九姨对丁玲人生观和世界观的形成，在其心底产生了作用。丁玲常常想到九姨，愿意以九姨这样伟大的革命女性为榜样而鞭策自己。

给瞿秋白当红娘

丁玲在上海大学读书时，曾经当过瞿秋白和他第一位妻子王剑虹的红娘，这是一个浪漫而又十分有趣的故事。

丁玲在桃源第二女子师范学校读书时认识了王剑虹。她比丁玲大二岁，原籍四川酉阳县，出身于富贵人家，父亲是旧国会议员，她从小失去了母亲，继母对她不好。1918 年夏天，丁玲考入桃源第二女子师范学校预科。王剑虹已经是师范二年级的学生，那时她的名字叫王淑璠。她们的教室、自修室离得很近，每天都可以在走廊上相见。王剑虹经常穿白衣裙、白鞋白袜，表情严肃，昂首出入，目不旁视。丁玲也是一个不喜欢在显得有傲气的人的面前笑脸相迎的人，所以她们从来都不打招呼，但王剑虹长得很美，身材苗条，有一双智慧、犀锐、坚定的眼睛，常常引得丁玲悄悄地注意她，认为她大概是一个比较不庸俗、有思想的同学吧。

1919 年“五四”运动爆发后，热潮涌到桃源第二女子师范，学生们也行动起来，积极参加反帝爱国运动。王剑虹是参与学生会工作的积极分子，成了全校的领头人物。在辩论会上，特别是有校长、教员参加的一些辩论会上，王剑虹口若悬河的讲词和临机应变的一些尖锐、辟透的言论，常常激起全体同学的热情，她的每句话，都引起雷鸣般的掌声。大辩论，把一些持保守思想、极力要稳住学潮、深怕发生越轨行为的老校长和教员们问得瞠目结舌，不知如何回答是好。这个时期，王剑虹给丁玲的印象是深刻的。她像一团火，一把利剑，一支无所畏惧、勇猛直前的队伍的尖兵。后来，丁玲也跟在许多同学的后边，参加了学生会的工作，游行、开讲演会、上夜校教课，但她们两人仍然没有说过话，丁玲总觉得她是一个浑身有刺的人，王剑虹也觉得丁玲也是一个不容易接近的人。

这年暑假过后，丁玲转长沙周南女子中学，后来又转岳云中学学习，离开了王剑虹。时间过了两年半，丁玲几乎已经把她忘记了。

1921年寒假，丁玲回到武陵，同母亲住在舅舅家。一天丁玲正在为如何摆脱与表哥的婚约犯愁时，家人通禀，说有两位小姐要见丁母。丁玲赶快迎出房门，见是王剑虹和一位不认识的长得也很漂亮的姑娘。有两年多未见，王剑虹长得白白胖胖、两只秀眼越发叫人喜爱。她介绍说，那一位是她堂姑王醒予。她们俩的姐姐都曾经是丁玲母亲的学生，她们代表她们的姐姐来看望丁母。丁玲将她们引入母亲的房间，与母亲相见，介绍她们姐姐的情况，说她们皆已出嫁，生儿育女，忙得离不开家，特意嘱托她们前来看望老师。母亲很高兴，准备饭菜，招待两位客人。

饭后，丁玲和王剑虹谈起桃源女师，以及离开桃源女师以后的情况。王剑虹说，她从桃源女师毕业后，就到了上海，参加了妇女工作，认得李达的爱人王会悟等许多人，还在上海出版的《妇女之声》上发表过文章。可以看出，王剑虹已经热忱于社会主义，热忱于妇女解放，热忱于求知。她是一位口才流利，很会宣传鼓动的人，经王剑虹这样一说，丁玲也对上海发生了浓厚的兴趣。王剑虹极力动员丁玲到上海去，进陈独秀、李达创办的平民女子学校。这时，丁玲对岳云中学已感到失望，正在急于解除与表哥的包办婚姻，对人生的道路感到彷徨，到上海去对处于苦恼、迷惘中的丁玲来说，仿佛是看到了希望。所以丁玲决定终止湖南的学业，同王剑虹到一个熟人都没有的上海去寻找真理，去开辟人生的新道路。

从这时起，丁玲和王剑虹就成了挚友。丁玲对她的性格才有了更深的认识，她是坚强的，热烈的。她的感情非常丰富，但外表却总是冷若冰霜。丁玲随王剑虹到上海后，和她们同时去的王醒予、周敦祜四人共租了一间房子，在地板上打地铺睡。不久，周敦祜到一所私人医院去当护士，她们仨进入平民女子学校学习。但，现实总是残酷的，平民女校是培养共产党员的讲习班，她们对这所学校不甚满意。于是就决定自己学习，自己遨游世界。她们曾考虑到纱厂去当女工、当家庭教师，或者当佣人、当卖花人。她们要按照自己的理想去读书、去生活，自己安排自己在世界上所占有的位置。

她们来到上海，但，找不到工作。1923 年夏天，丁玲和王剑虹又到了南京。她们过着极度俭朴的生活。如果能买两角钱一尺布做衣服的话，也只肯买一角钱一尺的。她们没有买过鱼、肉，也没有尝过冰淇淋，去哪里都是徒步，把省下的钱都买了书。有时天冷，下雨，要去找工作都无法出门，身上没钱了，窘得又坐卧不宁。两个人只好坐在床上，把一件早已织好的毛衣拆了又打，打了又拆，周而复始，在企盼的思绪中度过时光。

一天，有一位老熟人来看她们，这是柯庆施。在解放后的五、六十年代，他曾当过上海市的党政领导。他们是在上海平民女子学校认识的，那时女同学都管他叫柯怪，常到女生宿舍来玩，一坐半天。他不知从什么地方知道她们住在这里，便跑来看她们，还雇了一辆马车，请她俩去游灵谷寺。跟着，又来第二个熟人施存统，又名施复亮，他已经和丁玲的朋友王一知结了婚，还生了一个女儿。后来，他带来一个新的朋友，这个人长得瘦长个儿，戴副散光眼镜，说一口南方话。见面时话不多，但很机敏，态度又很随和，他就是瞿秋白。他给丁玲和王剑虹留下很好的印象。

不久，他们又来过一次。瞿秋白给她们讲俄罗斯的故事。那时，他刚从莫斯科回来不久，俄罗斯语言在他唇边的韵味，比他江南的话还醇一些。当他知道她们读过一些托尔斯泰、普希金、高尔基的书的时候，他的话就更多了。他讲起伏尔加河上的流浪者，颠簸在大篷车上的吉普赛人，安娜、卡列尼娜的悲剧……一边讲一边眼里含着无限的忧郁。丁玲和王剑虹就像小时候听大人讲故事似的都听着迷了。

他对她们在南京一年来东游西荡的生活，抱着极大的兴趣，听着、赞赏着。他鼓励她们到上海去，到上海大学文学系学习，可以学到一些文学基础知识，可以接触到一些文学上有修养的人，还可以学到一点社会主义。这个学校是国民党办的，于右任当校长，共产党在学校只负责社会科学系，负责人是瞿秋白和邓中夏。在上海大学可以自由听课，自由选择。施存统也帮助劝说，最后她们决定到上海大学去学习。

上海大学在青云路，是一幢旧式楼房，丁玲和王剑虹住在一楼一间小房子里。楼上楼下住着上海当地的女学生。在上海大学，沈雁冰讲外国文学，俞平伯讲宋词，田汉讲西洋诗，陈望道讲古文，邵力子讲《易经》。其中，最好的教授是瞿秋白，他讲哲学，他是书上论经史，卷外议人生，从一字一句，引导人在五千年历史中沉浮，以租界内外众生相为例，催促你正视自己眼前的现实。他是位勤奋、渊博的学者，他讲的联系现实的哲学，引人到深处去想世事，在高处看现实。她在讲课之余，常到丁玲、王剑虹的宿舍去，教她们学俄语。他的教法很特别，学会字母拼音后，就直接教你读原文的诗，在诗句中读文法，讲变格，讲俄文用语特点。他讲普希金的诗，只讲了三四首，就学了二百多个单词，俄文已经基本入门了。

冬天的一个傍晚，她们和施存统夫妇和瞿秋白一道去附近的公园散步。他们五人在公园里玩得很高兴。而瞿秋白却离开了公园，没有告别就从另一条道走了。第二天，秋白没有来看丁玲和王剑虹，第三天，丁玲在施存统家遇见了他，他很不自然，随即就走了。施存统问丁玲：

“你不觉得秋白有些变化吗?”

丁玲摇摇头。

施存统又说：“我问过他，他说他确实坠入恋爱里边了。问他爱谁，他怎么也不说，只说你猜猜?”

“他会爱谁?”丁玲知道施存统是老实人，就逗他道：“是不是爱上你的老婆了?一知是很惹人爱的，你小心点。”

丁玲对施存统说的话是相信的，秋白可能是爱上一个人了，丁玲把她听到的一切都告诉了王剑虹，王剑虹回答她的是沉默。于是她们的小房间沉默了。

过了两天，在寝室里王剑虹对丁玲说，她的父亲已来上海，住在一位老国民党员谢持家，她的父亲要回四川，她要去看他，打算随他一道回四川。她说，她非常怀念她度过了童年时代的四川酉阳。王剑虹突然要回四川，使丁玲感到很突然，便说道：

“你为什么要走？要把话讲清楚。”

王剑虹只苦苦一笑道：

“一个人的思想总会有变化的，请你原谅我。”说完甩手就走了。

丁玲傻眼了。她俩之间从来是没有什么秘密的，一直是互相同情，互相鼓励，相依为命的姐妹，有什么重大的事情使她突然甩开她就走呢？丁玲感到烦躁、气恼，难以理解。正在这时，听到一双皮鞋声慢慢地从室外响过来。无须分辨，这是秋白的脚步声，不过比往常慢点，带点踌躇。丁玲想到，是发泄心中闷气的时机了。她站起来，猛地把门拉开，吼道：

“我们不学俄文了，你走吧，再也不要来了！”

说完，立刻又把门猛然关上。丁玲看到秋白惊愕而又带点傻气的样子，感到有点得意，又听到一双皮鞋声慢慢地远去。

丁玲无聊地躺在床上，等着王剑虹回来。她偶然间翻开床垫，使丁玲大吃一惊，垫被底下放着一张布纹信纸，纸上密密地写着一行行长短诗句，那一行行，一句句，是袒露的真情，隐密的爱恋，是淋漓宣泄的爱情不被人接受的苦痛。看笔迹，自然都是王剑虹写的诗。她平日写诗都给丁玲看，都放在抽屉里，为什么这首诗却藏在垫被底下呢？突然丁玲懂了，全懂了，她是变了，她对丁玲有隐瞒，她在热烈地爱着秋白。王剑虹是一位感情深重的人，她不会表达自己的感情；她是一个自尊心极强的人，她可以把爱情关在心里，窒死它，她不会显露出来让人议论讪笑的。丁玲懂得她，不生她的气了，只是为她难受。丁玲把诗揣在怀里，很想帮助剑虹，想成全他们俩，一个是良师，一个是挚友，应当使良师挚友成为美满的眷属。

下午，剑虹回来了。她告诉丁玲，已经决定跟她父亲回四川，她父亲已经同意，可能一周内就要成行。她不征询丁玲的意见，也不讲几句与好友分离前应该讲的话，只是沉默着。丁玲仔细观察她的脸色，似乎没什么特殊的变化。丁玲同她一起吃了晚饭。饭后，丁玲说要到施存统家玩玩，丢下剑虹就走了。

秋白的住地离上海大学不远，丁玲早就知道，但从来都没去过。他住的是一排西式楼房，丁玲从前门进去，看见秋白正在楼下客堂间吃饭。秋白看丁玲来了，立即站起来打招呼，他的弟弟瞿云白赶紧走在前面引路，把她带到楼上秋白的卧室。房间里有一张宽大的弹簧床，三架装满精装外文书籍的书橱，中间夹杂着几摞线装书。大写字台上，放着几本书、一些稿子和文房四宝，还有一盏笼着粉红色纱罩的台灯。丁玲不认识他弟弟，他自我介绍，给丁玲让座倒茶。不一会儿秋白上楼来了，态度仍同平常一样，好象中午丁玲突然的发火根本没有发生过一样。秋白站在书桌对面，用有兴趣的、探索的目光，亲切地望着丁玲，试探着说道：

“你们还是学俄文吧，我一定每天来教，怎么，你一个人来的吗?”

秋白的弟弟不知何时走开了。

丁玲轻轻地把剑虹的诗交给了他。他退到一边去读诗，读了许久，才又走过来，用颤抖的声音问道：

“这是剑虹写的?”

“自然是她写的。”丁玲答道：“你要知道，剑虹是世界上最好的女人。你去吧，到我们宿舍去，她在那里。我将留在你这里，过两个钟头再回去。秋白！剑虹是我最好的朋友，我不忍心让她回老家，她是没有母亲的，你不也是没有母亲吗?”秋白曾经详细地同她们讲过他的家庭，他母亲是吞火柴头自尽的。她们听了都很难过。接着丁玲又说：“你们将是一对最好的爱人，我愿意你们幸福。”

秋白握了一下丁玲的手，说道：

“谢谢您。”

等丁玲回到宿舍的时候，一切都如她想象的，气氛非常温柔和谐，满桌子散乱着他们写的字，看来，他们是用笔谈话的。他要走了，丁玲从桌子前的墙上取下剑虹的一张全身像，送给了秋白。他把像揣在怀里，望了她们两人一眼，就迈出她们的小屋，走了，蹬蹬蹬的皮鞋声，渐渐远去。

过了一段时间，秋白和剑虹就在一起生活了。丁玲常去他家玩，丁玲看到他们美满幸福的生活，感到由衷的高兴。

惩恶扬善的韦护

《韦护》是丁玲的一部中篇小说的名字，也是瞿秋白的一个别名。瞿秋白用这个名字时，曾经对人说，韦护是韦陀菩萨的简称。韦陀菩萨最是嫉恶如仇，看见人间的许多不平就要生气，就要下凡去惩罚坏人，所以庙中韦陀菩萨的神像历来不朝外，而是面朝着如来佛，只让他看佛面。丁玲写《韦护》是怀念瞿秋白与王剑虹，表达了对良师挚友的崇敬之心。瞿秋白生前看过小说《韦护》，对丁玲十分感激，由此他们的友谊更加深厚，韦护引发出来的故事是感人肺腑的。

瞿秋白和王剑虹结婚后，加上丁玲和施存统夫妇，他们一起搬到上海大学新址附近的慕尔鸣路，在一幢两层小楼居住。秋白、剑虹和云白住楼上，施存统夫妇领着孩子住楼下，丁玲也住在楼上的一个小房间里。这个“七口之家”一起吃饭，雇了一位阿姨做饭、洗衣服等。

放寒假时，秋白很少出门，每天写诗，有写给剑虹的，有一首是写给丁玲的，感谢丁玲对他们结合在一起给予的帮助。剑虹也写诗。他们还一起读诗，研究诗，秋白还会刻图章，他们的生活和谐而美满。

秋白在学校的工作很忙，还给鲍罗廷当翻译，每天西装笔挺，进出来往，精神抖擞很是潇洒，显得精力旺盛。经常在外面忙了一整天，回来仍然兴致很高，同剑虹谈诗、写诗。有时为了赶写文章、坐在桌子前，泡上一杯茶，点上支烟，熬个通宵，剑虹陪着他。秋白一夜能翻译一万字，丁玲看过他写的稿纸，字迹工整秀气，一笔不苟。

冬天的夜里，丁玲和秋白夫妇，常常在一起谈天。丁玲住的小房间里有一个烧煤油的烤火炉，比较暖和，这个炉子是云白买给秋白和剑虹的，他们一定要放在丁玲的屋子里。炉盖上有一圈小孔，火光从这些小孔里射出来，像一朵花的光圈，闪映在天花板上。他们常到丁玲的小屋里来，总是把电灯关了，只留下这些闪烁微明的晃动的花的光圈，屋子里的气氛也美极了。他们常常谈到深夜，多半谈当时文坛的轶事。秋白和沈雁冰、郑振铎很熟悉，他喜欢徐志摩的诗，对创造社的郁达夫很感兴趣。丁玲曾经问秋白，她将来学什么好？干什么好？秋白毫不思考地答道：

“你么，按你喜欢的去学，去干，飞吧，飞得越高越好，越远越好，你是一只需要展翅高飞的鸟儿，嘿，就是这样……”

秋白的这句话，给丁玲以无穷的信心和力量。她相信了他的话，决定了自己的前途，将来要走文学创作的道路。

暑假来临的时候，丁玲想要回湖南看望母亲，然后再到北京去读书。这是秋白对丁玲的希望。离开上海，与相处两年多的挚友剑虹分别，丁玲有些难过。分别时，都沉默了。他们没有送丁玲，只有云白送她到船上，沿着滚滚的长江逆流而上，回到阔别五年的武陵，回到母亲的身旁。

一天，丁玲收到剑虹的来信，说她病了。这不出丁玲的意料，因为剑虹早就说过她身体有时不舒服，她不太在意，也没有引起别人的重视。但是，丁玲认为不会太严重，过几天就会好的。秋白在信后附写了几句话：

“你走了，我们都非常难受。我竟哭了，这是我多年没有过的事。我好像预感到什么不幸，我们祝愿你一切成功，一切幸福。”

丁玲对这些话不太理解，会预感到什么不幸呢？

又过了半个月，忽然收到剑虹的堂妹从上海来电：

“虹姊病危，盼速来沪！”

待丁玲赶到上海时，剑虹的棺木已停在四川会馆。秋白也是在广州开会赶回来的，丁玲接过他送来的东西，是用白绸巾包着的剑虹的一张照片，就是他们定情之后，丁玲从墙上取下送给秋白的那张。他在照片背后题了一首诗，开头一句是：“你的魂儿我的心。”

丁玲平常叫剑虹只叫“虹”，秋白曾笑说应该是“魂”，而秋白叫剑虹总是叫“梦珂”，“梦珂”是法文“我的心”的译音。诗的大意是说，丁玲送给他“丁玲的魂”，而“他的心”，现在却死去了，他难过，他对不起剑虹，对不起他的心，也对不起丁玲。

丁玲看了这张照片和这首诗，很难过，心情复杂极了。她把如泉的泪水，洒在四川会馆，把沉痛的心留在那凄凉的灵柩上。丁玲像一个受伤的人，坐海船回北京去了。

丁玲到北京之后，常常接到秋白的来信，丁玲只回过几封信。丁玲知道，秋白也来到北京工作，他又有了新的爱人杨之华。丁玲为了纪念她的好友剑虹和秋白，写了一部中篇小说《韦护》，1929 年末，发表在《小说月报》上。写了他的革命工作与恋爱的矛盾，写了剑虹对他的挚爱，表达了朋友的诚挚的情谊。

1930 年，胡也频参加党在上海召开的一个会议，在会上碰到了秋白。秋白托他带一封信给丁玲，字还是写得那样工整秀气，对丁玲表示深切的关怀。信末署名“韦护”两个字。丁玲猜想，秋白肯定看过小说《韦护》，但没有一句提到对小说的意见。但丁玲从署名“韦护”，可以看出，他对和剑虹的一段生活，还是眷恋的。他给丁玲的信中，曾说：“剑虹在他的心中是天上的人儿，是仙女；而对他后来毕生从事的政治生活，却认为是凡间人世，是见义勇为，是牺牲自己为人民，因为他是韦护，是韦陀菩萨。”

这次丁玲没有回信，也无法回信，他在政治斗争中的处境，她更无从知道。但在元旦前的一天夜晚，秋白和他的弟弟云白，突然来到丁玲的住处，使丁玲非常兴奋。秋白笑着说：

“士别三日，当刮目相看，你现在是一位有名的作家了。”

秋白说这句话没有一丝嘲笑或恭维，而是诚意的称道。他看了丁玲的孩子，问有没有名字。丁玲道：

“外祖母给他取了一个名字，叫祖麟。

"应该叫韦护，"秋白笑着说："这是你的又一伟大作品。"丁玲想，秋白果真喜欢《韦护》吗？接着秋白又感慨万分地说道："田园将芜胡不归！"

丁玲一听，她明白了，他是喜爱文学，可能是对他的政治生活有些厌倦了。后来，当丁玲了解到秋白当时在党内的处境，就更为他难过。留下一缕惆怅在心头。

当丁玲在上海，主编左联的机关刊物《北斗》时，冯雪峰常常给丁玲带来鲁迅和秋白的稿件。这时，丁玲对秋白的情况略有所知。他和鲁迅并肩战斗，用司马今的笔名，在《北斗》"乱弹"专栏上写稿，对当时的政治腐败、社会黑暗等都加以讽刺，给予抨击。还为鲁迅的杂文集作序，对鲁迅几十年的斗争，最早作了全面的、崇高的评价。秋白还翻译了很多著作，阐述了马克思的现实主义文学的理论。他在这一时期的创作成绩是惊人的。

1932 年"一二八"后，丁玲要求参加共产党，很快被批准了。三月间，在南京路大三元酒家一间雅座里举行了入党仪式。主持仪式的是文委负责人潘梓年，代表中宣部出席的却是瞿秋白。他在仪式上讲了话，对丁玲等新党员，给予热情的鼓励。到这时，丁玲才知道，秋白是一位党的领导人，明白了他过去来去匆匆的原因，并油然而生崇高的敬意。

1934年初，秋白撤出上海，转移到江西中央苏区，主管苏区的文化教育工作。在红军主力长征之后，他因病留在苏区，后来，在转移途中，被国民党俘虏，历经折磨，坚贞不屈，惨遭杀害。

秋白的一生是战斗的一生，他为中国革命献出了宝贵的生命，他为中国和世界文学事业做出了卓越的贡献。他不愧为韦陀菩萨，是为劳动大众救苦救难的，丁玲的中篇小说《韦护》，是对秋白和剑虹的最好的称颂和纪念。共产党领导人是韦护、丁玲也应当是韦护、每个共产党员也都应当是韦护，这是丁玲写《韦护》，瞿秋白自称韦护的最终目的。

诗人胡也频

丁玲的第一个恋人是胡也频，是左联五烈士之一。他们于1925年相识。到1931年胡也频就义，在一起生活了六年时间。他们是朋友、是爱人，也是战友，其真挚的友情，值得后人仰慕，堪为千古佳话。

丁玲初到北京时，只有十九岁。她住在西城区辟才胡同一间补习学校的宿舍。每天补习数理化，准备考大学。她曾投考美术学校，未被录取，无奈，便到一位画家私人办的画室学画。学生有十多位，一人一个月交两块钱学费，自带纸笔。丁玲去了十几次，在画室见到了一位青年。这个人穿一身月白长衫，长得浓眉阔脸，英俊潇洒，给丁玲留下非常好的印象，这位青年就是胡也频。

胡也频生于1905年，比丁玲小一岁。福建福州市人。早年念过私塾，辍学后被送到一个金铺里当学徒。由于受五四运动浪潮的影响，他不甘于受老板的奴役，只身逃离家乡，到天津大沽口海军学校学习。因海军学校停办，又去北京考大学未被录取，便留在北京，开始了创作生活。在创作之余，胡也频也对绘画产生了兴趣，经朋友介绍也到丁玲去的私人画室想要学习绘画，却发现了一位穿着布衣布裙的湘西姑娘，她不施粉黛，圆圆的微黑的脸上，长长的眉毛下，有一对炯炯有神的大眼睛。这个姑娘使这位体魄健壮的海军学生着了迷。

1925年暑假，丁玲回常德看望母亲，住在母亲工作的学校。一天，胡也频也乘火车来到常德，拜访丁母，使丁母感到很诧异，不知此青年是何人？也使丁玲感到很突然。他们在北京只见过两三次面，萍水相逢，相处时间很短，为什么远道来访？

丁玲将胡也频介绍给母亲，母亲对其印象却很好，认为是个朴实无华的青年，可以做为好朋友。

而胡也频在常德住了下来，待丁玲过完暑假和胡也频一起返回北京时，他的勇猛、热烈、执拗、乐观，已经将美丽的大眼睛湘女彻底征服了。两位漂泊者到了北京就结合在一起，成立了新的家庭。

他们在香山下租了一间房子。房前房后有枣树，房后不远处是茂密的山林，林中虫鸣鸟语，百花争艳，蜂蝶嬉戏。两位年青人在这里开始了新的生活。他们有时在山下散步，有时画画，有时写文章，但是由于收入很少，连每月 9 元钱的房租都交不起，只好将暂时不穿的衣服，送到当铺去，然后再去买米糊口。虽然生活贫困，但小日子却过得很幸福。有时没有钱花，胡也频只好一边写作一边教书以补助家庭生活费用之不足。

1927 年，发生“四一二”反革命政变，大革命遭到了失败，一些革命者被害，使丁玲精神上遭到很大打击，感到很痛苦。她除了读书之外，找不到一个朋友。于是就开始写小说了。就在这一年，丁玲发表了《梦珂》，两个月后又发表了《莎菲女士的日记》，一时间丁玲的名字，在文坛崭露头角。

1928年春，他们到上海去，编辑《红黑》杂志，参加编辑的还有丁玲的同乡沈从文。沈从文是湖南凤凰县人，比丁玲大一岁，他出身于士兵，1923年因受五四运动的影响来到北京，原想升学读书没有成功，于是学习写作，用沈从文笔名发表作品。他们三人，性格特点不同，丁玲喜欢幻想，胡也频喜欢实际行动，而沈从文常常动摇不定，既反对统治者，又希望自己也能在上流社会有些地位。

办《红黑》杂志失败了，留下不少债务。为了还债，也频一个人去济南省立高中教书。一个多月后，丁玲也到济南去，看到也频被同学们包围着。有时天一亮，他的房子里就有很多同学在等着他起床。他成天宣传马克思主义，宣传普罗文学。在胡也频的领导下成立了一个文学研究会，有四五百人参加，轰动了济南。为此，胡也频遭到了反动当局的通缉，他们只好返回上海，又参加了左联创作革命文学的活动。胡也频被选为左联的执行委员，担任工农兵文学委员会主席。他一边参加社会活动，还一边写长篇小说，写完《到莫斯科去》之后，又写《光明在我们的前面》。这时，丁玲已经怀孕，有了稿费积存起来，准备生孩子用。

11月7日，十月革命节那天，丁玲进了医院。8日，中午，丁玲生下个男孩，起名叫蒋祖麟。胡也频来看丁玲和孩子，高兴得哭了。晚上，胡也频没有陪伴她们母子，又去开会。第二天，他来告诉丁玲，他被选为出席苏维埃第一次代表大会的代表。并且在请求入党。这时，丁玲也哭了，她看见胡也频在黑暗中挣扎、摸索，现在终于找到一条人生之路，他是那样充满信心。

丁玲出院后不久，胡也频的入党申请被批准，有时党组织的会议就在丁玲家里开。为了雇奶妈，胡也频把两件大衣都拿去当了，白天穿着短衣往外边跑，晚间开夜车写小说，他们的生活虽然苦一点累一点，但过得很充实。由于胡也频工作努力，他在上海市七个团体的会上被选为代表，党组织决定要他去江西。他们为胡也频去江西做准备工作。

1月17日早晨，胡也频说他要去左联开会，会后去沈从文那里借两块钱买挽联布送房东，因房东的独生子去世了，让丁玲等他回来吃午饭。就这样，他兴高彩烈地走了。但中午没有回来，下午沈从文来写挽联，还是没有回来。天黑了，刮起了风，屋里沉寂得很像死了人似的，丁玲的神经紧张极了。待孩子睡下，丁玲去朋友处打听胡也频的下落，都说不知道。第二天，找到了冯雪峰，他说："可能出事了，听说昨天柔石被捕。"冯雪峰劝她安心，组织会设法营救，应当挺起腰来，面对现实。丁玲回到家时，沈从文又来了，带来一张黄色粗纸，上面是胡也频的笔迹，大意是：他是在苏维埃代表大会准备会的机关中被捕的，他的口供是随朋友去看朋友，他要丁玲安心，并转告组织他绝不会投降。现住在老闸捕房。丁玲紧握着这张纸，向沈从文说道：

"我要设法救他，我一定要把他救出来！"

丁玲想，她不能没他，孩子不能没有爸爸。

下午，李达和王会悟把丁玲接到他们家里去住。丁玲和她的一些朋友们商议要千方百计地营救胡也频。沈从文还陪丁玲去上海龙华警备司令部探监。看守不让家属见面，但是丁玲在铁栅门外，看见了院子里的胡也频，他还穿着沈从文的海虎绒袍子，样子还很精神，脚下戴着重镣。探监回来后丁玲到南京，找到邵力子，找到张群，他们都说无能为力，劝丁玲去找陈立夫。丁玲委托沈从文找到陈立夫，也说案情非常重大，不好办。

2月7日，丁玲和沈从文从南京搭夜车回到上海，找人研究援救胡也频的新办法。第二天，又去龙华警备司令部探望胡也频，看守还是不准见。找前两天送信的看守，他借故不见丁玲。她猜想，胡也频可能已经不在人世了。

10日下午，那位送信的看守来了，送来一封信。信上写道："年轻的妈妈，他在牢中的生活并不枯燥和痛苦，有许多同志在一道。这些同志都有着很丰富的生活经验，他天天听他们讲故事，有强烈的写作欲望，相信可以写出更好的作品。他要丁玲多寄些稿纸给他，他要写，他还可以记载许多材料寄出来给丁玲。他不会投降，估计总得有那么二三年的徒刑。坐二三年牢，他是不怕的，他还很年轻。他不会让他的青春在牢中白白过去。他希望把孩子送回湖南给妈妈，免得妨碍创作。孩子送走了，自然会寂寞些，但能创作，会更感到充实。他要丁玲不要脱离左联，应该靠紧他们。他勉励丁玲，鼓起勇气，担当一时的困难，为建立新中国而努力奋斗。”最后署名是年轻的爸爸。2 月 7 日。

后来知道，他这封信是 2 月 7 日白天写好的。就在那天夜晚，他们二十四个人，在龙华警备司令部被集体枪杀。当时烈士们高喊：“中国共产党万岁！共产主义万岁！”等口号。慷慨激昂，从容就义。胡也频身上中了三枪，冯铿身上中了十三枪。丁玲得到消息，如万箭穿心，悲痛欲绝。从胡也频被捕后，丁玲第一次流下了眼泪。她说：

“我实在太可怜他了，以前我一点都不懂得他，现在我懂得了，他是一个很伟大的人！”她还说：“我要复仇！为了胡也频，为了和他一道死难的烈士们！”

胡也频，一位年仅二十八岁的奋发有为的作家，倒下了，他用他的笔和血，为后人铺下了奔向光明去的路，人们将沿着他的血迹前进。这样的人是永远值得纪念的，永远为后代人的楷模。他人是死了，但他的理想还活着，他的理想就是人民的理想，他的事业就是人民的革命事业，过了十八年后，烈士所向往的新中国终于在 1949 年 10 月 1 日诞生了。

二十年后，1950 年，他们二十四位烈士的遗骨被重新安葬于龙华革命烈士墓，供后人瞻仰。胡也频烈士的英勇不屈的伟大精神，永远照耀着人们前进。

吃鲁迅奶长大的

鲁迅说他自己吃的是草，挤出来的是奶。丁玲说，她便是吃鲁迅的奶长大的，成熟起来的。丁玲一生热爱鲁迅，敬重鲁迅，在鲁迅的影响、鼓励下，写出了人民喜爱的作品，成为一名无产阶级作家。

丁玲开始接触新文学是在 1919 年，到长沙周南女子中学之后。那时，刚刚十五岁。以前在家乡时读的都是《四书》、《五经》，作文用文言。到周南女校，遇见一位陈启民先生，他思想比较进步，把《新青年》、《新潮》等杂志介绍给同学们看，丁玲这才开始接触新文学、新思想。她很喜欢胡适、俞平伯、康白清、郭沫若的白话诗和《茶花女》、《悲惨世界》等外国文学作品。

1924年，丁玲来到北京，投考大学未被录取，在学习绘画之余，读一些文学作品，发现鲁迅的《狂人日记》、《祝福》、《阿Q正传》等小说，思想深刻，发人深省。她从鲁迅的文章中认识了当时的中国，多么黑暗，多么痛苦，多么不幸！当时只有鲁迅把中国社会、中国人解剖得这样清楚。丁玲开始明白了压在中国人民身上沉重的大山就是封建主义和帝国主义的殖民统治，有为的中华儿女要起来推翻这两座大山，改变这个人吃人的社会。由此，鲁迅这个伟大的名字深深地印刻在这位少女的心里。

1925年，丁玲在北京到处找工作碰壁之后，在苦闷中给鲁迅写了一封求助信，把她的境遇和困惑都仔仔细细、坦白详尽地陈述了一番。信发出后，如石沉大海，丁玲感到失望和苦恼。后来有人证实，1925年4月30日的《鲁迅日记》中确实记载有“得丁玲信”，原是误会以为别人冒名找鲁迅麻烦而未曾回信。

1927年大革命失败，鲁迅从广州来到上海。丁玲在上海开始发表文章。她也发现上海文坛上，一群人在围攻鲁迅，眼看着鲁迅既要反对当权的国民党新贵，反对复古派，反对梁实秋新月派，还要不时回过头来，招架从自己营垒里横杀过来的刀斧和背后射来的暗箭。丁玲为之愤愤不平，也为他战斗不息的革命锋芒和韧性而折服。鲁迅在对敌斗争中，还大力介绍、传播马克思的无产阶级文艺理论。丁玲认真学习这些理论文章。她没有因为鲁迅没有复信而受到的委屈影响对他的崇敬。她把鲁迅指引的方向当作自己的努力方向，在写作的过程中，逐渐拨正自己的航向。

当丁玲知道了鲁迅参加并领导左翼作家联盟的工作时，十分激动，她认为这个联盟一定是最革命最正确的作家组织。1930 年 5 月，潘汉年同志来找丁玲和胡也频，希望他们参加左联，他们夫妻都乐意参加。9 月 17 日晚，“左联”在荷兰餐馆的花园里，庆祝鲁迅五十寿辰。胡也频参加了，他用一种分外高兴的心情向丁玲描述了他们与鲁迅见面时的情形，丁玲也分享了那份乐趣。丁玲深信，她同鲁迅是很相近的，他会了解她的，她也一定会取得他的了解。

1931 年 5 月，丁玲第一次参加左联会议，地点在北四川路一个小学校里，与会的大多数人丁玲都不认识。丁玲静静地坐在那里，没有发言。会开始不久，鲁迅来了，他迟到了。他穿一件黑色长袍，着一双黑色球鞋，短短的黑发、浓厚的胡髭、一双闪烁有神的眼睛，然而在这样一张威严肃穆的脸上却现出一副极为天真的神情，像一个小孩犯了小小的错误，微微带点抱歉的羞涩的表情。看到这一切，将丁玲和鲁迅之间的距离拉近了，好像他们原来是很熟的人，丁玲用亲切的目光随着他的行动，送他坐在座位上。越发看到鲁迅平易近人，好像是在全体在座人的家里一样。

丁玲第一次和鲁迅单独见面谈话，是在北四川路他的家里。鲁迅住在楼上，楼下是一家西餐馆。这时丁玲刚刚负责《北斗》的编辑工作，希望《北斗》能登载几张插图。冯雪峰说，鲁迅那里有版画，可以向他要。过几天，雪峰说，鲁迅让丁玲去他家挑选。1931 年 7 月 30 日，丁玲和冯雪峰一道去鲁迅家。那天，丁玲兴致很好，穿上她最喜欢的白色带小红花的连衣裙。当时上海正时兴穿旗袍，丁玲不喜欢又小又窄的紧身旗袍，她通常喜欢穿裙子。她在鲁迅面前，无拘无束，感到很自由。鲁迅拿出许多版画，逐幅向丁玲解释。丁玲是第一次看到珂勒惠支的版画，说不出好坏。鲁迅重点介绍了几张，拿出《牺牲》那幅画给丁玲，还答应为这幅画写说明。这就是《北斗》创刊号上发表的那一张。丁玲还向鲁迅要文章，说她很喜欢鲁迅的文章。丁玲原以为去见鲁迅这样的大人物，一定会很拘谨，因为丁玲向来在生人面前比较沉默，不爱说话。可是在鲁迅面前却很自然。后来，冯雪峰告诉丁玲，鲁迅说："丁玲还像一个小孩子。"丁玲想，鲁迅原以为丁玲是个被风雨打蔫了的弱女人，而一见面却相反，好像一个小孩子，这句话牢牢地记在丁玲的心里。1931 年到 1933 年间，丁玲去过鲁迅家数次。鲁迅曾要过丁玲的作品《水》十几本，替她介绍、宣传。丁玲遇到困难，鲁迅为她排忧解难。有时他们晚上坐在一起谈天，丁玲觉得鲁迅始终是一个毫不妆点自己，非常平易近人的人。

1933年，丁玲被国民党绑架，幽禁在南京。鲁迅先生和宋庆龄女士，还有民权保障同盟的其他知名人士杨杏佛、蔡元培诸先生，在共产党和左翼文人的协同下，大力营救，向国民党政府提出强烈抗议。国际名人古久烈、巴比塞、斯诺等相继发表声明。国内外的强烈舆论，制止了敌人对丁玲的进一步迫害。有一段时间，鲁迅先生难以相信丁玲还活着，十分悲痛，便写了一首《悼丁君》诗：

如磐夜气压重楼，
剪柳春风导九秋。
瑶瑟凝尘清怨绝，
可怜无女耀高丘。

在国内外民主人士的抗议声中，国民党不敢承认他们是在租界地把丁玲绑架走的，也不敢杀她灭口。只好采取了不杀不放，“养起来”的政策。在鲁迅日记里多次记载，他与国内外朋友积极营救丁玲，为之操劳的事情。鲁迅还转告赵家壁先生早日出版丁玲写的《母亲》，又告之丁玲母亲在老家的地址，仔细叮咛赵先生把这笔稿费尽快寄到丁母的手中。

朝鲜《东平日报》驻中国特派记者申彦俊，是一位进步的人士。他于1933年5月22日，应约赴上海内山书店拜访鲁迅先生，并写了访问记。申彦俊问：

“在中国现代文坛上，您认为谁是无产阶级代表作家？”

鲁迅先生答道：“丁玲女士才是唯一的无产阶级作家。”

鲁迅先生为什么对一个外国访问者给丁玲作这样的溢美的评价呢？这恐怕是，丁玲是在他们这次会见的八天之前被国民党秘密绑架，吉凶未卜，出于对一位只有二十九岁的青年作家的爱惜，为了援助她，所以才关切倍至，作了过分的揄扬。

那一个时期，民主作家斯诺在中国采访，鲁迅同他谈到中国文学时，也对丁玲倍加赞誉，说她是中国有才华的青年女作家。1934年，鲁迅与茅盾曾共同编选一本中国短篇小说集《草鞋脚》，曾译成英文，在美国出版。书内选进了丁玲的《莎菲女士的日记》和《水》两篇小说。鲁迅在这本书的序言中写道：

“……这一本书，便是十五年来；‘文学革命’以后的短篇小说的选集。……它恰如压在大石下面的植物一般，虽然并不繁荣，它却在曲曲折折的生长。……”（《且介亭杂文》）

这都是鲁迅给予一位青年女作家的种种鼓励和关心。所以丁玲只愿深深地珍藏在心里，经常用来鼓励和鞭策自己。由此，丁玲也更加崇敬鲁迅、爱戴鲁迅，认为她是吃鲁迅的奶长大的。丁玲还常常用鲁迅的一句话告诫自己：

“文人的遭殃，不在身前的攻击和被冷落，一瞑之后，言行两亡，于是无聊之徒，谬托知己，是非蜂起，既以自炫，又以卖钱，连死尸也成了他们沽名获利之具，这倒是值得悲哀的。”（《且介享杂文·忆韦素园君》）

遵照这句教导，丁玲从不借鲁迅抬高自己，一直沉默着，只愿写工农大众，一生勤勤恳恳作一个为人民服务的作家。

1936年夏天，丁玲终于和党取得了联系。也是由于曹靖华受托，把丁玲要出逃的消息和要求报告给鲁迅，由鲁迅通知了刚从陕北抵达上海的中央特派员冯雪峰同志。于是冯雪峰派张天翼到南京和丁玲联系，并帮助她逃出南京转道上海，奔赴陕北。遗憾的是，当丁玲到达上海时，鲁迅正病重，又囿于当时的环境，丁玲不能去看他，只在七月中旬给他写了一封致敬和慰问的信。就在丁玲在西安停留，待机进入陕北的途中，传来了鲁迅逝世的噩耗。丁玲压着悲痛给许广平同志去了一封唁函：

无限的难过汹涌在我的心头……我两次到上海，均万分想同他见一次，但因为环境的不许可，只能让我悬想他的病躯，和他抚病力作的不屈精神！现在却传来了如此的噩耗，我简直不能述说我的无救的缺憾了！……这哀恸是属于我们大众的，我们只有拼命努力来纪念世界上这一颗陨落了的巨星，是中国最光荣的一颗巨星！……

署名：耀高丘

鲁迅在生前对丁玲关怀备至，丁玲对鲁迅崇敬爱戴，他们之间的友情是真诚无私的。一直到丁玲八十高龄时，每当召开纪念鲁迅的会议，她都届时出席，向青年们讲述她和鲁迅的交往，认为她是鲁迅的忠实学生，鲁迅是她的引路人。丁玲永远和鲁迅站在一起。鲁迅的奶汁，给她以学识，给她以力量，给她以作人的本领，使她成为一个坚强的共产主义信徒，使她成为中国文坛和世界文坛的著名作家。

最怀念的人冯雪峰

在延安的时候，有人问丁玲：你最怀念什么人？她答：我最纪念的是也频，而最怀念的是雪峰。丁玲一生中曾经崇敬过冯雪峰，他们之间，曾经有过一段鲜为人知的故事。

1924 年，当丁玲浪迹北京，结识了海军学生胡也频之后，他的勇猛、热烈、连同他的穷困，都变成征服丁玲的感情力量。于是，丁玲和胡也频结成夫妻，开始同居。当他们住在汉花园公寓时，先后都发表了小说。以为凭稿费收入，可以上日本读书，自然也就想要学点日文。1927 年冬天，由一位朋友介绍，请来一位年轻人，教授丁玲的日文。

这个人长得中等身材，相貌平平，性格沉稳，有一副苦学生模样。他就是诗人、文学翻译家冯雪峰。他1903年生，比丁玲大一岁，是浙江省义乌县人。1921年在杭州参加了朱自清、叶圣陶、柔石等人组织的青年文学团体晨光社。1922年与汪静之、应修人和潘漠华组织湖畔诗社，共同出版白话新诗集《湖畔》和《春的歌集》。1927年6月加入中国共产党。之后不久，就与丁玲、胡也频相识。

当冯雪峰来教授日文时，和丁玲谈得很投机。他了解苏俄的文艺理论和世界文坛的情况，熟悉屠格涅夫、托尔斯泰等人的作品，他们在一起畅谈文学时，丁玲发现这个人有文学天才。于是，一开始学日文者忘了学日文，教日文者也忘了教日文，兴致盎然的谈话代替了课程计划。这一年的11月，冯雪峰在一部译稿上写有“这本书献给为共产主义而牺牲的人们”的字样，被国民党反动当局发现并要追捕他，他只好准备到上海去。他见了丁玲这样热情的学生，便决定留在北京继续教她日文。丁玲听说这件事，很担心冯雪峰的安危，便劝他马上离开北京。丁玲已经对雪峰产生了好感。

冯雪峰到上海之后，过了两个星期，丁玲也去了上海，随后胡也频也追了来。他们一同在上海过了两天时间，然后又一同去游杭州西湖。这时，在他们夫妻间发生了争吵。也频说道：

“我知道，你不爱我，你已经爱了别人。”

丁玲说：“你不爱我，你才那么不信任我。”

也频说：“我就因为太信任你，你就去会他。”

丁玲说：“你那么多疑自私，还说在爱我！”

也频说：“我信任你，你就成天到他住处去……”

丁玲说：“我到他那儿去，你不是明知道是为了什么事情吗？”

话说得重一点，于是丁玲就把大衣脱去，把皮夹中所有的货币倒出，一面哭泣，一面十分伤心地说：

“频，频，你莫说了，你瞧，我一个钱不要，空着这两只手，我自己走了，你不必再找我！”

也频十分生气地说：

“好，你走你的，我知道你离开我就到什么人的身边去。”

丁玲气得脸色发青，一面开门答道：

“是的，我就去他那里，我爱他，我讨厌你。”

“我早知道你是——”

“那你为什么像疯子一样追我赶我？”

……

这是丁玲和胡也频的小家庭吵架的片断。这些家务事是难断的。是非曲直，局外人难以说清，然而丁玲对个人的隐私是坦荡的，她在《不算情书》的一文中说过：

……从我的心上，在过去的历史中，我真真的只追求过一个男人，只有这个男人燃烧过我的心，使我起过一些狂炽的欲念……

他们在杭州玩了六天，在朋友沈从文的劝说下，他们回到了上海。丁玲经过冷静的思考，与胡也频的争吵终于停止，他们和好如初，而丁玲对于冯雪峰依然是尊敬和爱慕的，她只是把这种感情深藏在心底。关于这一段感情上的纠葛，丁玲在给一位日本友人的一封信中曾写道：

“1925 年暑假，胡也频到了湖南。我那时对恋爱毫无准备，也不愿用恋爱或结婚羁绊我。我是一个要自由的人。但那时为环境所拘，只得和胡也频作伴回北平。本拟到北平后即分手，但却遭到友人误解和异议。我一生气，就说同居就同居吧。我们很能互相谅解和体贴，却实在没有发生夫妻关系。我那时就是那样认识的。我们彼此没有义务，完全可以自由。但事实变得似乎仍然应该要负一些道义上的责任。我后来认为那种想法是空想，不能单凭主观，1928 年就决定应该和也频白首终身，断绝了保持自由的幻想。”

后来丁玲在《不算情书》的文章中阐述了她对冯雪峰的态度和一些想法。她写道：

“……每次当也频出去，预知了又要见着你

时，我仿佛也就不安的又站在你面前了。我不愿扰乱你，我也不愿扰乱也频，我不愿因为我是女人，我来用爱情扰乱别人的工作，我是愿意我一人吃苦，所以在这一期间是没有人可以看到我的心境的。一直到最近的前一些日子，在北四川路看到你，看到你昂然的从我身后大踏步的跑到我的前面去，你不理我，你把我当一个不相识者，你把我当一个不足道者的那样子，使我的心为你的后影剧烈的跳着，又为你的态度伤心着，我恨你，我常常气愤地想：'哼，你以为我还在爱你吗?'但是我永远不介意你给我的不尊敬，我最会原谅你，我只想再在马路上看见你一次，看你怎么样，而且我常在你住的那一带跑起来。你总是那么不睬我。事实上，假如我不愿离开你，我又得常常和你见面，这事使我非常不如意，我只好好好地向你做一次解释，希望你把我当一个男人，不要以为我还会和你麻烦（就是说爱你），我们现在纯粹是同志，过去的一切不讲它，我们像一般的同志们那样亲热和自然，不要不理我，使我们不方便。……”

友谊和真诚，使丁玲和冯雪峰的感情纠葛终于平息。胡也频和冯雪峰也成为好朋友。冯雪峰主持的左联或党的会议，有时就在丁玲家召开。过去的事情毕竟有过，又好像是未曾有过。

然而，丁玲和冯雪峰之间真诚的同志式的友情，却牢牢地扎下了根。自1931年胡也频被国民党杀害，冯雪峰一直在关照丁玲，支持她参加左联工作，主编《北斗》杂志。丁玲被国民党秘密绑架后，1936年冯雪峰又参加营救工作，直至派人将其护送至陕北。

冯雪峰还对丁玲的文学创作给予热情的关注。1928年，他从上海写信给丁玲，告诉她上海文坛如何四处探问刚刚在文学界露面的丁玲，以此鼓励她努力搞好创作。冯雪峰还谈到他读《莎菲女士的日记》时的心情，他说他为这一代苦闷的女性而流泪，但他又直率地告诉丁玲，莎菲太消沉了，太虚无了，作为文学的倾向是不好的。在一片赞扬声中，在不少完全同情的来信中，读到一个真正友人的忠告，丁玲感到特别亲切。当丁玲的《水》发表后，冯雪峰非常高兴，写了《一个新的小说的诞生》一文表示赞誉。冯雪峰在重庆，丁玲在延安时，他常写信，赞扬她的一些文章写得好，他说他经常在注视着丁玲的创作。全国解放后，他对《太阳照在桑干河上》给予很好的评价，特意还写了一篇评论。冯雪峰是最了解丁玲的人，是她的文章的最好的读者和老师。丁玲也在关切冯雪峰的情况，当丁玲被打成右派去北大荒改造后，冯雪峰也成为丁、冯右派反党集团的头子之一。当 1961 年，丁玲知道他摘掉右派帽子，很高兴。1976 年冬天，又听说冯雪峰去世，一下子堕入了深深的迷惘，感到无限的悲怆

丁玲和冯雪峰之间的友情是真诚的也是永恒的，这是丁玲在生活上发生了感情矛盾时，经过冷静思考，做了比较好的对待和处理，应该是后辈人效仿的楷模。

莎菲女士的恩怨

莎菲女士这个名字，来源于丁玲1927年发表在《小说月报》上的《莎菲女士日记》中，莎菲女士是这篇小说的女主人公。小说发表后曾轰动一时，也使丁玲一举成名，从此走上文学道路；也正因为丁玲写了这篇小说，成为后来她被打倒、批判的罪状之一。有人说莎菲就是丁玲，丁玲就是莎菲，莎菲是坏女人，丁玲也是坏女人。这里面有一段令人可笑而又使人辛酸的故事。

《莎菲女士日记》的故事梗概是：通过一位名叫莎菲的少女的自白，叙说没有得到真正的爱情的痛苦；一位粗壮的安徽男人令人生厌；苇弟是思想贫乏，行为怯懦的庸人。在苦闷中遇见了南洋阔少凌吉士，他漂亮的仪表和潇洒的谈吐，燃起了她追求的热望。但在逐渐交往中，她终于发现凌吉士灵魂的丑恶，最后终于一脚踢开了他。

小说发表后，震动了当时的文坛，一些编辑和作家都四处打听，丁玲是什么人？有什么背景？他们哪里知道，丁玲只是浪迹于上海的只有二十三岁的失业女青年。《莎菲女士的日记》，为什么一时间能产生轰动效应呢？当时文坛的评论，有褒有贬。褒者认为，莎菲女士的形象是典型的，她的所作所为是要求个性解放和追求恋爱自由，是对封建礼教的大胆叛逆，是有进步意义的；而有的人则持否定态度，认为，在第一次国内革命战争失败、第二次国内革命战争开始的时候，有重大意义的主题和题材是很多的，丁玲却塑造了莎菲的形象，说明丁玲本人是属于资产阶级和上层小资产阶级的范畴，具有以个人利益为中心的世界观。但大多数评论家对一个年轻的女作家，没有过多的苛求，大家都以敬佩的目光对文坛刚刚崛起的新人给以鼓励和赞誉。所以丁玲也鼓起勇气，连续写了十四个短篇，先后结成《在黑暗中》、《自杀日记》、《一个女人》三个小说集，使自己真正走上了文学创作道路。

可是三十年后，丁玲被打成“丁陈反党集团”、“丁冯右派反党集团”的头子的时候，丁玲的成名作《莎菲女士的日记》，竟成为丁玲的罪状之一。1958年，当时的中宣部的一位领导在《文艺战线上的一场大辩论》中写道：

……许多同志提到了《莎菲女士的日记》。要了解丁玲的性格和思想，读一读她三十年前的这篇成名之作，倒是很有帮助的。书中的主人公是一个可怕的虚无主义的个人主义者。她说谎，欺骗，玩弄男性，以别人的痛苦为快乐，以自己的生命当玩具。这个人物虽然以旧礼教的叛逆者的姿态出现，实际上只是一个没落阶级的颓废倾向的化身。当然，作家可以描绘各种的社会典型；问题在于作者对于自己所描写的人物采取什么态度。显然，丁玲是带着极大的同情描写了这个应当否定的形象的。

按着这位领导的这个论断，莎菲就是丁玲；丁玲就是莎菲了！莎菲不是好人，当然，丁玲也就不是好人了。

在中国，作一个文人是比较难的，不知何时就会大难临头。从秦始皇焚书坑儒开始，历代都有文字狱，说不上哪篇文章，哪本书的哪几句话，得罪了皇帝或某些权贵，就要被杀头或处以刑罚。没想到，在以唯物论、辩证法为指导思想的新中国，竟然发生这样的文字狱，实在叫人迷惑不解。

丁玲所写的《莎菲女士的日记》，是一部文学作品，是丁玲刚刚踏上文学领域之初的习作。目的是以小说代替自己来给这个社会进行分析。她所分析的，还只能是她身边的狭小的天地。作家所关注的，是小资产阶级知识女性的身世和命运。这个女性，受五四运动精神的影响，是对封建礼教的叛逆；当然也反映出她们内心的苦闷和失望。对于一个年轻的女作家，在那个时代，写出这样有影响的作品，是难能可贵的，也是值得称道的。而一些人拿着评论的大棒，对丁玲横加指责和肆意侮辱，实在是不应该。正如沈从文在《记丁玲》一文中写道：

活在中国许多事情皆算犯罪，但从无人以为关于这种胡说八道的批评文章是罪过。故第一个做了，还有第二个照抄来重作。没有可做了，还在小报上去造谣言增加材料。中国人好讲道德，一个女子不穿袜子在街上走走，就有人在旁批评："真不要脸！"为什么有些人把别人文章读过一篇，就乱来猜一阵作者为人如何，对于社会革命如何，对于妇女职业观如何，胡扯那么一大套，自己既不害羞，旁人也不批评一句，"真不要脸"？

除了沈从文之外，茅盾、冯雪峰等都对《莎菲女士的日记》做了比较中肯的评价。茅盾在《女作家丁玲》一文中说：丁玲所塑造的莎菲女士的形象，是心灵上负着时代苦闷的创伤的青年女性的叛逆的绝叫者，是"五四"以后解放了的青年女子在性爱上矛盾心理的代表者。这个形象，应该说是新文学宝库中一个很有光彩的艺术典型。这种意义，应该是在任何时候也是不变的。冯雪峰说他读《莎菲女士的日记》，读得很感动，流了泪，但看了使人消极，太空虚了，太消极了。这是作家无法摆脱的自身局限性，这是可以理解的。但要说，丁玲就是莎菲，莎菲就是坏女人，显然是没有读懂作品，也不了解作者的意图，是对文学，对作者本人的不负责任地妄加评论。

大概很少有这样的作家，与他作品中人物的关系，会像莎菲和丁玲那样特殊。莎菲，曾给丁玲赢来莫大的文学荣誉，也为丁玲招致了灾祸。其恩恩怨怨，值得我们后代人深思。

独具慧眼的伯乐

丁玲能够成为作家，走上文学创作的道路，与叶圣陶有很大关系，是叶老的慧眼，发现了丁玲这匹千里马。这里面有一段非常有趣的故事。

1927年秋天，叶圣陶担任《小说月报》主编不久，他在案头上的大量来稿中，发现了一篇名为《梦珂》的小说。他一口气读完之后，感到很新颖，文笔也不错，主题是反封建礼教的，小说结尾的署名是丁玲。他从署名，笔迹和文章的语气，断定这是一位年轻的女作者，很有才华，难得的人才。于是就决定在《小说月报》十八卷第十二号上把一位名作家的文章拿掉，换上了丁玲的《梦珂》。这一期刊物，在1927年12月10日正式出版。

《小说月报》编辑部设在上海，这份刊物在国内读者中颇有影响，原来的主编是郑振铎，因他赴欧洲游学，改由叶圣陶主编。叶圣陶是江苏省苏州人，又名叶绍钧，他是一位严谨、谦和、宽厚、才情不外露的人。当年，他既写小说，又写评论，有时还写童话。虽然只有三十三岁，但读稿有主见，看问题十分敏锐。两年后，1929 年，叶圣陶还发现一部小说《灭亡》，为巴金所写，也在《小说月报》上发表。《灭亡》是巴金的处女作，叶圣陶发现这位文笔细腻、感情饱满的作者，认为将来必定是位才华横溢的作家。果然不出叶老所料，由于《灭亡》的发表，他的几个三步曲，陆续问世，使巴金成为文坛知名作家。

叶圣陶很赏识丁玲的《梦珂》，在《小说月报》刊登时，题目被列在扉页要目上。从标题看，这是法语 Mon Coeuv 的音译，并不吸引人。丁玲这篇小说的标题用了《梦珂》二字，显然是对剑虹、秋白的纪念。因为这句法文是瞿秋白教王剑虹的，剑虹去世后，秋白送回丁玲当时赠给他的剑虹全身照背后，就题有一首“你的魂儿我的心”这样的诗。丁玲的《梦珂》，是写剑虹也写社会上苦难的姐妹。梦珂是一个善于交际，长得漂亮的姑娘，会喝酒，会花钱，最后得到落入艺苑如同卖入娼门一样的遭遇。小说发表后，并未引起评论家的注意，有人看了之后，觉得文字尚可，但开头有些文字显得简略，有一种场景记录的片断感。

两个月后，1928 年 2 月份。叶圣陶又发现了署名丁玲的另一篇小说《莎菲女士的日记》。叶老看到标题别致，体裁新颖，时值临近中午，别的编辑都去吃午饭了，内容吸引住了他，忘记了吃饭，他反复读了二遍，至到下午二点，才感到肚子饥饿，不得不去吃午饭。一边吃饭，还一边咀嚼莎菲这个人物，他深深地为这个少女的遭遇所感动。

叶圣陶出生于 1894 年，曾参加过五四运动，是最早用白话文写作的作家之一。1921 年，他和茅盾、郑振铎等人发起组织了文学研究会，提出文学“为人生”的主张，同时，在自己的创作中，严肃认真地实践了这个主张。他的短篇小说《多收了三五斗》，长篇小说《倪焕之》，就是抒写农民的苦难和小资产阶级知识分子追求光明的努力和失败。但是他感到，写妇女解放，与封建礼教抗争的作品太少了，而他自己又没有这方面的生活，难以写出这类作品。他读过鲁迅的《伤逝》，是写一个名叫子君的女人，为了追求婚姻自由，遭到封建礼教的迫害而走投无路。鲁迅通过子君血泪的控诉，使读者感到沉痛和悲愤，对旧礼教的抨击是有力的。而《莎菲女士的日记》是写一个少女对恋爱本身感到的空虚和绝望，给读者的印象是有些消极的。所以，叶老认为，《伤逝》比《莎菲女士的日记》写得深刻，富有教育意义。然而，《伤逝》出于鲁迅大作家的手笔，而丁玲却是个无名小辈，她能够在封建礼教坚如磐石的社会里，敢于写出一个叛逆女性的苦闷绝叫，为千百年来压在封建社会最底层的中国妇女呐喊，渴求解放，是难能可贵的。这样的年轻女作者，应当给予扶持、鼓励和帮助。所以，叶老当机立断，决定将《莎菲女士的日记》，立即在《小说月报》上发表。在排版时，叶老要求责任编辑，把题目列在扉页要目上，这一期要目列有四位作家的作品，其中茅盾、陈望道都是著名作家，而《莎菲女士的日记》却列为要目的头题位置。

这一期的《小说月报》一出版，读者纷纷抢购，都要一睹《莎菲女士的日记》为快。有些读者曾经读过鲁迅的《狂人日记》，确实使人振聋发聩，文章用“吃人”二字，揭露了封建社会的血腥罪恶，文章写得太深刻了，战斗力太强了。这篇《莎菲女士的日记》，虽然没有《狂人日记》写得好，但是，莎菲的苦难，也是中国妇女的苦难，当时替她们说话的人实在不多。

据有关资料记载，《莎菲女士的日记》，犹如一颗炸弹，投在死寂的文坛上，震动了文艺界，许多人都为丁玲杰出的艺术才华所倾倒。上海的编辑、记者或出版商，四处寻问这位突然崛起的作家的情况。电话打到《小说月报》编辑部，询问叶圣陶，叶圣陶也不了解丁玲是何许人也，只猜测她是一位有才华的青年女作者。当他通过书信了解到丁玲是一位流浪在上海，生活极为困难的女青年时，叶圣陶对丁玲给予极大的关怀和鼓励，除了对她的《梦珂》和《莎菲女士的日记》发给优厚的稿酬外，并鼓励她继续投稿，尽力发挥她的才能。

1928年2月，在《小说月报》十九卷二号上，发表了《莎菲女士的日记》之后；又于1928年5月，《小说月报》十九卷五号上发表了《在暑假中》；1928年7月，《小说月报》十九卷七号上，发表了《阿毛姑娘》等等。从1927年到1932年，丁玲在《小说月报》上共发表十六篇作品，其中有六篇列在扉页目录上。叶老还亲自与开明书店交涉，帮助丁玲出版了第一个短篇集《在黑暗中》。这样，叶圣陶独具慧眼识别一匹千里马，将丁玲推上了文坛，走上了一条曲折坎坷的道路。

1933年，丁玲被国民党特务秘密绑架，在押往南京的列车上。她曾用烧黑的火柴棍，在烟壳纸上，给叶圣陶写过一封信，在便池中投下去，希望在铁道上的过路人拾到后，寄给开明书店叶圣陶。但这封烟壳纸信，叶老没有收到。后来在1936年，丁玲在幽禁中，却接到叶圣陶托友人捎给她的信，她当即复信内容如下：

“圣陶先生：

我不特没有忘记你，而且我可以说是热切地想念你们，我想看一切我见不到的东西。我人是一动也没有动，可是心却是一刻也没有停，尽向远处飞，尽向高处飞。我什么都不愿意说，不希望向任何人解释，只愿时间快点过去，历史证明我并非一个有罪的人就够了。三年过去了，我隔绝着一切，我用力冷静我自己，然而不知为什么却又忍不住给《文艺》写了那一点小东西。而且还在预备写下去，你不以为我写得太早了或者太迟了吗？

你的信真使我喜欢得跳了起来，我是晚上收到的，我一夜也没有睡好。一点什么东西来到了我心头，我来回想着一句话：‘我一定要赶忙写一篇文章给他们。’你真没有想到你们所给我的勇气和鼓励啊！只是我很难过，我怕我锈烂了的笔尖写一点生硬到可怕的东西；我最怕的，最使我难受的，就是我会使一些爱护我的朋友们失望，我愿以我的不努力来伤了什么人的心。不过我总写就得了，如果写得不好，你就莫放进去，等下次有比较看得的再放在什么地方好了。我很愿意以后可以写点好的才好！

见着什么熟人，偶尔谈到我的时候，你替我问候一声。我不写上一大堆名字了吧。

祝好

冰之 1936年5月3日”

叶老收到此信后，立即转告党组织。冯雪峰等人开始了营救丁玲逃出南京的活动。这封信，后来以《幽居小简》为题，1942年12月1日刊载在柯灵主编的《万象》上。这样大家才知道丁玲还活着，还要继续搞创作。

俗语说，人怕出名猪怕壮。丁玲在文坛有了名气，各方人士都在关注她，尤其是一位年轻的女作家，写出了一篇描写叛逆女性的作品，有些无聊之徒，把作品人物形象与作者联系起来看，是可以理解的。但是文章发表了三十年之后，在解放了新中国，在党中央领导文艺工作的负责人口中，仍然把莎菲和丁玲看作是一个人，并用《莎菲女士的日记》这篇文章为罪状，捧打丁玲，把她说成是反党头目、右派分子、叛徒，是国民党派到革命营垒中的特务。这些令人啼笑皆非，令人悲愤的事情，使当初将丁玲推上文坛的伯乐，——叶圣陶感慨良多，他不知说些什么好，他一直系念着她的遭际：被国民党绑架——奔赴延安——新中国的知名作家——丁陈反党集团的头子——丁冯右派反党集团的头子——北大荒改造——进入共产党的秦城监狱——恢复党籍彻底平反。

在五十年后，已经年届八十五岁的叶老，听说当年他一手扶持、帮助的女作家丁玲又恢复了青春活力，写出了《杜晚香》、《“牛棚”小品三章》等好作品，欣喜若狂，想要见丁玲一面。丁玲得讯，于 1979 年 5 月 26 日到北京叶老的寓所，看望这耄耋之年的老前辈。丁玲见叶老虽发须皆白，但精神矍铄，体健不亚于壮年。便向叶老祝贺健康长寿，并说道：

“感谢您老人家对我的帮助，要是您不发表我的小说，我也许就不能走这条路了。”

这一年，丁玲已七十五岁。叶老在1928年看到的圆圆脸，大眼睛，长睫毛，一笑两个酒窝，充满青春活力的丁玲已经不见了，而是满头华发，满脸皱纹的老太婆，只有两只眼睛还是那么炯炯有神。叶老听了丁玲的感谢话，缅怀往事、心潮起伏，当场提笔填《六幺令》词赠丁玲，写道：

丁玲同志见访，喜极，作此赠之。

启关狂喜，
难记何年别。
相看旧时容态，
执手无言说。
塞北山西久旅，
所患惟消渴。
不须愁绝，
兔毫在握，
赓续前书尚心热。

回思时越半纪，
一语弥深切。
那日文字姻缘，
注定今生辙。
更忆钱塘午夜，
共赏潮头雪。
景云投辖，
当时儿女，
今亦盈颠见华发。

是的，是当年叶老发现了丁玲这个人才，可是他那里会想到，命运竟注定了丁玲要走过半个世纪的坎坷道路。世界上的事物是多么令人难以琢磨呀！

主编《北斗》杂志

北斗星在夜空中闪闪发光，可以给迷路的人指引方向。1931 年，在国民党反动派军警宪特眼皮底下的上海，能够主编共产党领导的左联机关刊物《北斗》，在黑暗中，为正义的人们指引航程，没有一定的智慧和胆识是不行的。而丁玲就在这样的环境下创办了《北斗》杂志，并担任其主编，其离奇和惊险，令人胆战心惊。

胡也频是动身前往江西的前夕被捕牺牲的，他前面没有走完的路，丁玲要继续走下去。于是她决定到江西红色根据地去，完成也频的未竟事业。几天前，冯雪峰和潘汉年已经答应了她的要求，一定设法让她到江西苏区去。一天，她接到通知，让她到兆丰公园和有关人员碰头，对她的要求给予答复。

丁玲准时来到公园内，只见垂柳依依，喷泉高涌，金鱼戏水，对对情侣，漫步低语。她在接头地点用目光搜寻潘汉年或冯雪峰，但没有他们的影子，只见一位身材高大，西服革履，戴深色玳瑁眼镜，大学教授模样的人站在那里。丁玲走近一看，仔细辨认，原来是张闻天。丁玲过去认识他，在平民女校读书时，张闻天曾到学校来过，找丁玲、王剑虹她们参加狂飚社，所以，他们并不陌生。张闻天只比丁玲大四岁，江苏南汇人。早年参加五四运动，加入少年中国学会，曾留学日本、美国、苏联，1925 年入党，出版过长篇小说《旅途》，还在中华书局编辑过《新文化丛书》，是名正言顺的作家、学者。很难想象，当时他是中共中央的宣传部长。他们见面寒暄一番之后，丁玲就着急地问道：

“张老师，我什么时候出发?”

“出什么发，到哪儿去?”

“去江西。”

“你的要求，还在研究，有了结果，再通知你。

不过——"“张闻天停了停，说道：“我们曾考虑把你留在上海。”

“啊……”丁玲大失所望，几个月来，她一直想脱离这个杀死胡也频，令她喘不过气来的地方，到苏区去，寻找自由的天地，为亲人报仇。她抱怨地问道：“为什么？”

“为了需要你来办一个刊物！”

丁玲笑了笑道：“上海的刊物多得没人看，作家的稿子也卖不出去，还有什么好办的。”

“我们要办的刊物，不是一般的刊物，而是左联的机关刊物，我们几位同志研究，觉得你最合适。”接着，张闻天就叙述了要让丁玲创办刊物的一些想法。他说，自从国民党反动派杀害了左联五位作家后，左翼的文学刊物《萌芽》、《拓荒者》、《世界文化》、《文化斗争》等全部被查封。左联要有自己的阵地，自己的刊物，要为民主、自由而斗争，长期的沉默，就是对迫害的容忍。为了办好机关刊物，要有一个主编，考虑丁玲不是党员，是当时国内已闻名的作家，由她当主编，是最合适的人选。况且，她在青年中有一定的影响，读者会拥护这个刊物。

经过张闻天的劝说，丁玲改变了去江西苏区的打算，准备在极端困难的环境中挑起办刊这副重担。丁玲是个脾气很犟的人，要干什么，一定要干到底，至死不回头。她接受了主编的任务后，就开始筹备工作。她多方征求意见，几经斟酌，刊物定名为《北斗》，她要在国民党的黑暗统治中，高举启明星，放射出耀眼的光芒，把大地照亮。她还写信给朋友们约稿，联系发行出版等事宜。

左联的机关刊物，资金来源，自然是由书店承包，自负盈亏。在出版萧条之际，有一家由一位国民党军官开的湖风书局，愿意承包《北斗》的发行工作。其老板是国民党少将宣侠父。一提起国民党军官，就使丁玲想起，胡也频的脚镣是他们给戴的，身上致死的三个子弹洞是他们打的，从心眼里不愿和他们打交道。但一想到《北斗》要资金，刊物出来要往外卖，不依靠他们还不行。于是不得不怀着仇恨、好奇的心情，到一品香旅馆去会见这位老板宣侠父。

丁玲到了旅馆，见到一位五大三粗身穿西装的汉子，黑黑的脸庞，一脸横肉，约有三十多岁，给丁玲以令人憎恨的印象。丁玲想，这样的军官，在十里洋场，可以花天酒地，寻欢作乐，要作买卖赚钱，靠枪杆子，可以武装走私、贩毒，干哪样都行，跟“左翼”穷作家办杂志，图的什么呢？但是经过交谈，宣侠父说一口带江浙味的官话，谈吐文雅，有礼貌，爱文学，武人不粗，给人以朴实、诚恳的印象。她想，此人可能是国民党中的好人，于是他们就开始了合作，《北斗》有了销路。后来经过打听，方知宣侠父是参加过北伐战争的共产党员，是在国民党的军队做秘密工作的党员。这样，丁玲就由仇恨——好奇——转而到引以为同志，改变了对宣侠父的看法，使她办刊也有了靠山。

创刊号要发排前，丁玲想要在《北斗》上登几幅画，冯雪峰告诉她，说鲁迅那里有，请她自己去挑选。冯雪峰带着丁玲到了鲁迅家，鲁迅拿出他珍藏的版画，逐一向丁玲解释，请她挑选。鲁迅特别选出法国珂勒惠支的《牺牲》交给丁玲，说道：

“当《北斗》创刊时，我就想写一点关于柔石的文章，然而不能够，只得选一幅珂勒惠支夫人的木刻，名曰《牺牲》，是一个母亲悲哀地献出她的儿子去的，算是只有我一个人知道的柔石的纪念。”

丁玲愉快地采纳了鲁迅的竟见，《北斗》创刊号没有《发刊词》，以木刻《牺牲》和鲁迅写的说明，代发刊词。《北斗》创刊号问世了，鲁迅在纪念柔石，丁玲在纪念胡也频。他们的母亲也是悲哀地献出了她的儿子。丁玲，也是母亲献给时代的敢于向黑暗做斗争的女儿。《北斗》的出刊，是扬起倒下去的死者的一面不倒的旗。

《北斗》出刊之后，丁玲约来冰心、陈衡哲、凌淑华、艾青、戴望舒等人的稿子，使刊物声望大增。在大量来稿中，发现了李辉英、芦楚等新人，使《北斗》办得有声有色。受到一批青年作者的欢迎。按原先的想法，要把《北斗》办得“灰色”一些，没想到出了三期，就慢慢红起来，出到五期，就被当局扣留了。刊物的通讯地点，只好由湖风书店收转，书店三楼是接头办事的地点。因此，书店里就常常有身分不明的人员徘徊，侦查丁玲的行踪。有些国民党的便衣特工，把邮到书店的书信稿件抢走。有一次丁玲到书店察看发行情况，刚刚离开，就闯进十多个彪形大汉，寻找《北斗》的主编。又有一次，书店里坐满了持枪的便衣特务，丁玲要到书店楼上办事，伙房的厨师在门内看见了丁玲，就急忙眨眼做手势，挡住了她，才没有上楼，她故意在铺面买了一本书，才匆匆离开，总算没被抓走。这时，《北斗》办刊，不得不转入地下，而丁玲，就在国民党特务的包围堵截中，将北斗高高地升起在夜空中，闪闪发光。

《北斗》自 1931 年 9 月 20 日出创刊号，到 1932 年 4 月出到二卷三、四期合刊，共出了八期，就被国党查封了。

丁玲由灰色变成了红色，成为国民党的眼中钉，因而，她也处于极端危险之中。

别具一格的入党仪式

丁玲在少年时代，积极参加五四运动，1911 年开始受过向警予的教诲。1923 年认识了瞿秋白，并和他有着深厚的友谊。而她，1932 年才加入中国共产党。入党前她经过认真地思考、和党组织的严格考验。这里面有生动的故事。

丁玲来到人世间是不幸的，她四岁就失去了父亲；也是幸运的，因为她有一个支持、鼓励她向上进取的母亲。母亲不仅教她学习诗歌、古文，而且也教她为人处事，独立生活，认清是非曲直。所以，丁玲从十九岁开始，独自一人在北京、上海求学，寻求自由和真理。她曾有过当电影明星的念头。年轻时，长得圆脸，大眼睛，长睫毛，一笑两个酒窝，曾是一位迷人的少女。但是，当她到了电影公司，试了两次镜头，看到那里人们搂搂抱抱，嬉笑打闹的情景，就毅然离开了那个“是非”之地。后来，又曾想当画家，画了几个月画，并没有坚持下来，而是走上了文学创作道路，一下子投入了左联的怀抱。

1927 年大革命失败；1928 年向警予被害，对丁玲的震动很大。她逐渐开始认识到民主、自由不是乞求来的，国民党反动派不会恩赐。必须要参加血与火的斗争。等到胡也频等左联五作家被杀害，丁玲彻底觉醒了，认清了国民党反动派的真面目。她不能做党的同路人，而是要积极创造条件，早日加入中国共产党。

1927 年，大批共产党人被杀害，革命处于低潮时，不少人纷纷脱离了共产党，左联只剩下冯雪峰、阳翰笙、沈起予、郑伯奇、楼适夷、杨骚、张天翼、韩起、关露、董曼尼、白薇、顾凤城等人。这些人，是精兵强将，仍然坚持斗争，没有被国民党的屠刀所吓倒。丁玲是其中的积极分子之一。

1931年，“九·一八”事变后，上海成立了反日大同盟，在左联骨干分子的参与下，举行了声势浩大的游行示威。由楼适夷、杨骚打旗，丁玲走在队伍的最前面。开群众大会时，本来内定由沈起予讲演。沈起予是四川巴县人，比丁玲大一岁，他是留日学生，曾发表过小说，还从事文学翻译工作，在日本曾受到日本反动当局的迫害。大会请他讲演，有一定的号召力。可是，国民党特务包围了会场，沈起予不敢上台，参加会议的丁玲等人都很着急，几千人来到了会场，群情振奋，可是连个讲话的人都没有，怎么能行？当时任左联党团书记的冯雪峰，跳上讲台，慷慨激昂地讲了一番，受到几千人的热烈欢迎。大会开得很有声势，会后进行游行示威活动，队伍包围了张群的公馆。大同盟领导成员派出丁玲等人进入公馆内，找张群谈判，要求国民党抗日，不要做亡国奴。这时，穷凶极恶的国民党反动派，命令军警在墙上架起机枪，并向游行队伍开枪。不少人逃散了，而丁铃和左联的骨干们还迎着敌人的子弹，坚持斗争。最后，左联在清点参加游行示威的人员时，发现只少了一个姚蓬子。事后，丁玲批评了冯雪峰，认为他不应暴露，他这种赤膊上阵的行为，将对党造成重大损失。冯雪峰只是笑了笑没有说什么。

丁玲还参加了几次左联贴标语的活动。今天来看这些活动是很幼稚的，但在当时，人们把这当成了不起的大事，国民党反动派见了标语也是吓得要命。参加贴标语的人，也有选择，凡是有名气的共产党员不能参加，要找有点灰色的人去干，让国民党抓住了，没有什么背景，关几天就放了。而这样的活动，一般胆小怕事的人也不敢干。丁玲不是党员，是一个不怕被抓的群众。上街时，丁玲特意打扮一番，穿上旗袍，高跟鞋，擦胭抹粉，涂上口红，跨上小皮包，成了一个十足的少奶奶形象。悄悄走上街头，乘巡捕、警察不注意，就将抗日的标语贴到墙上去。有时丁玲还给贴标语的同志们放哨，发现情况，立刻转移，他们每次都胜利地完成任务。

丁玲参加左联活动时，还到大学里去讲演。中国大学、中国公学、大夏大学、光华大学、暨南大学，她都去过。这些大学都有学生组织的文学小组。他们对丁玲都很崇拜，特意邀请她去讲演。丁玲讲演，一般不准备讲稿，只是事先想好了要讲什么，到时，洒洒脱脱地把要想说的话一股脑都说出来，感情饱满，毫不做作，语言朴实无华。她有时讲点创作，有时联系她的出身和父亲爱马赠马等有趣的事，吸引听众，但中心议题还是要求国民党一致对外抗日救国，坚决反对投降当亡国奴。丁玲的讲演，发动教育了很多学生，他们都对国民党的不抵抗政策十分愤恨。反动军警发现了丁玲在大学的活动，就事先将丁玲要去讲演的大学团团围住，准备逮捕她，学生们看到了，就到校门外，给丁玲报信，要她别进去，保护老师的安全。

1932 年，“一·二八”事变，淞沪抗战爆发后，国内民众抗日热情更加高涨，因为丁玲不是共产党员，只能参加党领导的外围群众团体的活动，如上海抗敌协会，神州国光社等，这些团体里面，有第三种人，有国民党员等等。丁玲感到应该紧密地靠近党的组织，在左联中发挥更大的作用，认为是应该提出入党申请的时候了。这一时期，左联的党团书记是钱杏邨（阿英），他是安徽人，参加过五四运动和北伐战争，是文学家和戏剧家、文学史家，威信很高。左联党团文委是阳翰笙。四川人，笔名华汉，是剧作家，著名导演。1925 年入党，在黄埔军校担任过党的领导工作，参加过北伐和南昌起义。丁玲就正式向文委阳翰笙提出申请，阳翰笙回答："很好！"就将丁玲要求入党的情况逐级向党组织做了汇报，不久，党组织批准丁玲为中共正式党员。1932 年 2 月份的一天，举行了入党宣誓仪式。

这一天的夜晚，华灯初上，不夜城开始了它的喧闹的夜生活。霓虹灯的闪光，照得夜空和地面五颜六色，光怪陆离。丁玲离开住处，又特意打扮一番，穿一件花格呢子大衣，戴上花头巾，略施胭脂，怀着激动的心情，来到南京路大三元饭店。饭店里，男男女女，进进出出，灯红酒绿，觥筹交错。丁玲进入一个包间，茶房高喊："来客上茶！"，将她让到包间内。她看见屋内有一个大圆桌，桌面上摆满了酒菜，有五、六位西装革履绅士模样的人，已经围着圆桌就座。丁玲坐下后，第一眼看见了瞿秋白，另外熟悉的人还有田汉、叶以群、刘凤斯等。瞿秋白是中共中央宣传部长，田汉等三人是和丁玲一起申请入党的新党员。入党仪式是由组织部负责人潘梓年主持。会场没有党旗，也没有举手诵读誓词，整个仪式是在灯红酒绿，斟酒碰杯，欢声笑语中进行。潘梓年举起酒杯轻声说道：

“今天又有一批新的战士，要加入到我们的队伍里来，这些战士，经过考验，都是合格的，已经得到领导的批准。今天举行仪式，请每位新战士宣誓——干杯！”

田汉举杯说：“我要为真理而奋斗，直到献出我的生命——干杯！”

叶以群举杯说：“我也要为民主、自由奋斗，不惜牺牲我的一切——干杯！”

丁玲举杯说：“我当一个同路人的作家是不满足的，我要当一颗革命的螺丝钉！——干杯！”

……

最后主持人潘梓年请瞿秋白讲话。瞿秋白也举起酒杯向几位新党员表示祝贺后，说道：

“丁玲原在上海大学读过书，我当时的爱人王剑虹与她很要好。她还经常在我家居住，我对她是比较了解的。现在经过多年的磨炼，已经是一位坚强的战士了。我代表上级领导，对她成为新战士也表示热烈地祝贺。丁玲的性格，我是熟悉的，她是飞蛾扑火，非死不止！这是我几年前说的话，是对丁玲的赞誉也是鼓励。——干杯！”

举杯——碰杯——干杯！在特殊的环境下，这种别具一格的入党仪式，就在这欢乐而不失庄严的气氛中结束了。从此，丁玲就成为一名光荣的中国共产党党员。

英文翻译冯达

胡也频遇害后，丁玲曾经和一位名叫冯达的人在一起生活了五年。此人在生活上给丁玲以帮助，也给丁玲带来了灾难，他们之间的风风雨雨，用几句话是说不清楚的。

1931年，丁玲在失去丈夫以后，回湖南把孩子交给了老母，住在上海环龙路，等待要求到江西苏区去的答复。一天，冯雪峰通知她，以德国《法兰克福时报》特派记者名义的史沫特莱要采访她。史沫特莱是美国人，工人的女儿。她当过烟厂工人、书刊推销员。1928年来中国，在上海参加中国进步文化活动。为了约定采访日期、地点，史沫特莱先派她的翻译来看丁玲的住所，事先联系一下，这位翻译就是冯达。丁玲在住所里接待了他，该人中等身材，戴一副近视眼镜，举止谈吐温文尔雅，不藏不露，不卑不亢，约有二十五六岁。尚未结婚，一副书生模样，给丁玲留下较好的印象。

到了约定日期，冯达用小轿车将丁玲接到西摩路一家酒店，去会见史沫特莱。史沫特莱，长得身材高大，目光闪烁，有着矿工后代的身躯，还有着女人特殊的魅力。史沫特莱只会说几句汉语，大部分交谈，需要冯达翻译。冯达曾在英国留学，会说一口流利、纯正的英语。通过冯达的翻译，使她们谈得倾心。丁玲谈到她的身世、经历、创作和追求。一些富有传奇彩色的经历，使异乡的女作家深受感动，对丁玲那样坦诚而又动情的叙述，也使冯达激动、敬佩不已。

史沫特莱的采访结束后，冯达经常去看望丁玲，帮她做点事情，陪她出去走一走，买买东西。当时，在白色恐怖下，丁玲一个人生活，要筹措房租和伙食，还要奉养母亲和抚育儿子，这个担子压得她喘不过气来。她要忙于编辑《北斗》杂志，还要忙家务事，她的住处，总是乱糟糟的，来了客人，她笑着说：

“我也要讨个老婆，陪我过这个穷日子，不嫌我穷，不嫌我脏，还要帮我干活！”

说完哈哈大笑起来。说者无心听者有意。这话传到冯达的耳中，他到丁玲的住处就来得更勤了。冯达这些行动，有一段时间使丁玲非常反感，心里想，此人有些死皮赖脸，驱赶他，不礼貌；不赶他走，他几乎每天都来。他常常默默地为丁玲收拾屋子、买菜，甚至做饭、倒脏水。丁玲通过冯雪峰，潘汉年等人的了解，知道冯达也是一个地下党员。才改变了对冯达的看法，开始对他亲热起来。甚至，有几天冯达不来，她竟有些想念。就这样，冯达一步步走进了丁玲的生活。

冯达经常把国内外的新闻，讲给丁玲听，使她感到新鲜。丁玲在编辑之余，想要创作新的作品，苦于没有素材。一天，冯达来了，讲述他曾到因水灾逃到上海的灾民中去采访，并详细叙述了他所看到的灾民的困苦情况，从而激发了丁玲的灵感，使她在创作《水》这篇小说时，有了丰富的内容和人物形象。《水》在《北斗》上连载时，受到读者的赞誉，有的文学评论家认为，她在小说创作上，又有了新的突破。丁玲有了新的收获，甚为感激冯达。经过一段时间丁玲了解到冯达比她小一岁，家乡在广州，尚有母亲和弟弟，没有别的社会关系。他在史沫特莱那里工作时，每月工资一百元。翻译工作辞退后，就在党中央的工农通迅社工作，地点在棉业银行四楼。每月只给十五元生活费，每天写稿、译稿、打字，工作负责、任劳任怨，有病不休息，也不叫苦，使丁玲逐渐加深了对他的信任。起初他搬到丁玲住所后楼的亭子间居住，帮助丁玲买菜，做饭。1931 年 11 月，丁玲就和冯达正式同居，他们一同搬到善钟路沈起予家，沈起予住三楼，他们住二楼。每月给沈家 20 元房租，和楼下一家共同搭伙吃饭，每月还给 20 元饭钱。“一·二八”淞沪抗战爆发后，他们离开了善钟路，为了工作安全，他们东住几天，西住几天，经常搬家，最后搬到租界地昆山花园路住了下来。

1933年5月14日，对丁玲来说是个痛心的日子，她在家中被国民党特务绑架，从此失去了自由。丁玲开始怨恨冯达，因为他被捕叛变，竟将特务引到家里来，抓住了她。而冯达再三辩解。由此，丁玲开始对冯达又改变了看法，认为，他是个动摇不定的人。丁玲在被幽禁当中，多次痛骂冯达，而冯达竟对天起誓，决不是叛变，有意带领特务拘捕丁玲。在特务将他们关押在一起时，冯达再三表示，他一定要掩护她逃离虎口，奔赴自由天地。这样，丁玲和冯达在囚禁中又一起生活了三年，并生下女儿蒋祖慧。

1936年，丁玲在罹难中，乘机找到党的关系。在冯雪峰、张天翼等人的帮助下，准备逃离南京，奔赴保安时，冯达患肺结核病已到晚期，生活都难以自理。丁玲将手上还剩下的一点钱，放在屋里桌子的抽屉里，留给冯达。希望他用这笔钱作路费回广东老家，不要这样苟延残喘地过日子。丁玲想，他俩当初的结合，可能是过于草率，没想到会有这样的结局，这也许是历史的误会。冯达自己也知道，和丁玲是不会继续生活下去了，他也没脸到保安去。他曾和丁玲说：

“我不一定能活得长，但我希望能看到你自由。我知道你一定能坚持住，一定可以达到目的。”

丁玲多次骂他、咒他，发泄因他而被敌人囚禁之恨，冯达也只是一再忏悔。丁玲在奔赴西安前，曾去了一次上海，发现过去与她有联系的党员或地点，无一处因她被捕而受到牵连或遭破坏。从而反证冯达的忏悔不是假的。另外，丁玲还想到，她准备逃出南京，再不跟冯达说，他也不会看不出来，要是冯达与敌人为伍，丁玲插上双翅也是逃不出去的。所以几十年后，丁玲认为冯达个人是叛变了，但没有当特务，这是恰如其分的分折。

丁玲走后，国民党看冯达奄奄一息，没有养他的必要。冯达便顺利地回到广东老家。说也奇怪，冯达离开南京，在家乡病竟逐渐好起来。1938 年，丁玲率西战团在西安工作时，曾收到冯达从广州寄到西安八路军办事处转给丁玲的一封信，信中说，日军已进逼广东省，广州沦陷在即，他要到香港去，希望丁玲能为他介绍几个香港文化界的朋友。冯达这封信，显然是表达他还想念丁玲的心情。但丁玲对他早已毫无感情。她收到信后，将信交给八路军办事处主任林伯渠看过。没有给他回信。

广州沦陷后，冯达没有去香港，而是去了重庆，1942年，他和一位广东小姐结了婚，生有两个女儿。他曾经跟女儿在美国生活了一段时间，后来只身又在台北郊区“花园新城”居住。那里有清溪、绿树，空气清新，环境优美。冯达勤于锻炼，起居有序，身体一天比一天好起来。台大医院一位李医生，经常给冯达看病，认为冯达能活到八十多岁是生命的奇迹。冯达在台北很少与他人来往，常是闭门谢客，从不与外来人谈丁玲的半个字。台湾有研究丁玲的人前去采访，他关上门，绝不理睬。他的桌上摆着香港三联书店出版的，杨桂欣编选的《中国现代作家选集丛书·丁玲》，还有从香港买到的人民文学出版社出版的《新文学史料》。在上面读到丁玲写的南京三年的回忆录《魍魎世界》。他当他的女儿说过：“写的完全是事实。”两岸开放旅游、探亲之后，他很高兴，但顾虑重重，他说怕现在还不宜去大陆。他常常念叨丁玲的母亲、丁玲和祖慧母子。他一再说自己是“对不起丁玲”。他还说：“确实相信有一天，可以在丁玲墓前献上鲜花礼拜，我是理解她的，实在是个伟大的人！”

一位大陆作者在写《丁玲传》时，曾赶赴台北采访冯达，遗憾的是冯达已于半年前去世。常去照顾他的邻居——一位老小姐说，他半年前，身体尚好，她在给冯达送东西时，曾向她讲过他和丁玲恋爱的故事。这位孤苦的老小姐，不知丁玲是谁，所讲的故事，难以记全。只记得冯达说：“他曾住在丁玲的楼下，他看她生活狼狈，有时吃不上饭，就拿出做广东菜的手艺，做了好吃的给丁玲送去，后来又陪丁玲游西湖……”冯达每当讲到这里，容光焕发，好似年轻了许多似的。1990 年 5 月，有天早晨，冯达去洗手间，滑了一跤就没站起来。这位老小姐给他送早点时看见了，吓了一跳。当时他还在喃喃地说道：“没什么，不要紧，过一会儿就好了！”后来，被送到台大医院，过了些日子就不会说话了。

那位给他看过病的李大夫，坚持要亲自为他治疗，希望再一次看到“生命的奇迹”，不想，8 月 24 日，他的心脏停止了跳动。终年 85 岁。死后，遵照遗嘱，将他的全部器官捐献给医院。没有举行任何丧葬仪式。

在敌人的魔掌上

丁玲从1933年到1936年，曾被国民党特务秘密绑架，被关押、幽禁了三年，受尽了苦难，其中的故事，听了让人心有余悸。

丁玲从1932年2月份加入中国共产党后，不久就成为左联的党团书记。她的住所昆山花园路七号，成为党的秘密机关，很多党员到这里来开会或接头。1933年5月13日晚九点多钟，冯达外出办事回来，看见马路对面有一个人影，他来不及躲避，只好进入家门。他将可能有人跟踪他的情况和丁玲说了。丁玲说道：

“有可能是国民党特务，你不应当匆匆忙忙地走回家门。”

冯达道："这是我的疏忽，你看怎么办才好？"

丁玲说："明天中午十二点以前一定回家，到时候有一个没回来，另一个也必须立即离开，并且设法通知组织和有关同志。"

冯达说："这个安排很好，为了以防万一。"

第二天，八点多钟他们一起从家中出去，冯达到中共江苏省委办的《真话报》办事；丁玲上正风文学院一个文艺小组开会，还绕道到穆木天、彭慧夫妇那里，特意告诉昨夜冯达遇见的情形，并通知有关人员，有所准备。丁玲十一点半回到家里，见冯达没有回来，她就去清理东西，准备等到十二点，冯达还不回来，就立即离家出走。这时，恰好潘梓年来了。他是党的领导，丁玲入党宣誓仪式是他主持的。此人老成、持重，有着长期作地下工作的经验，丁玲不好意思催他走。十二点过了，潘梓年还坐在沙发上看报纸。

一点钟左右，楼梯上传来杂乱的脚步声。丁玲忙说："不好！"话音未落，有三个陌生人闯进屋来，为首的是一脸横肉，五大三粗的特务督察员马绍武，另两个也是满脸凶相毕露的彪形大汉。他们看着丁、潘二人不说话，只是劈腿叉腰站着。几分钟后，又进来两个人，其中一个叫胡雷，丁玲认识，曾在《真话报》工作。他看到丁玲神色慌张，朝丁玲点了点头，便被和他一起进来的一条大汉架出去了。再过几分钟，又进来三个人，中间被架着的就是冯达。他一进门，看见丁玲和潘梓年，猛的一惊；丁玲见他被两个人架着进来，也惊诧不已。丁玲想，有可能这几个特务是他引来的，是他出卖了爱人和同志？丁玲向他瞪了几眼，他失神落魄地跌坐在床上。

这伙穷凶极恶的特务，前拉后拥地将丁、潘等人架下楼，推进一辆停在门口的囚车里，车前有个特务架着冯达，后边有四个特务分别架着丁玲和潘梓年。汽车以最快的速度冲出了租界地。

汽车开到黄浦江边十六铺南头，又拥上一伙人来，把丁玲和潘梓年分开了。丁玲和冯达被关在一个牢房里。牢房潮湿黑暗，只有七、八平方米，进了铁门，三面墙上没有窗户，只有一个桶口般大小的气孔、射进来一缕阳光。他们进了牢房，等看守出去时，丁玲憋了一肚子的火，顿时发泄出来：

“你，你是个叛徒，想不到是你把我出卖了！”

“不，不是我。”冯达嗫嚅地说道：“你听我说嘛……”

“有什么好说的，我早就看出你不是个好东西，没想到你竟坏到这种地步，你不是人，人面兽心！……”

虽然，冯达连声辩解，他们曾约定十二点钟之前，一定要离开住处，但，丁玲已经不去想那些了，她只是把对国民党特务的仇恨，包括杀害胡也频的仇恨，统统都发泄在冯达身上。看守回来了，见丁玲在发火，便叫来了马绍武。马绍武说道：

“不要生气，有话慢慢讲嘛！”

丁玲正色道：“你把我们俩分开再讲！”

“呃，不要这样，不要这样！”

马绍武见丁玲一直在发火，便把她和冯达领到另一间大牢房，里面坐着七八个穿短衣的打手，张牙舞爪，吆五喝六。这时，丁玲才停止了发火。他们用这伙杀气腾腾的壮汉对付一个手无寸铁的女子，真是被共产党吓破了胆。第二天，又有一伙人架着他们俩上了京沪列车。丁玲断定这是要将他们送往南京。在车上，上厕所时，丁玲用燃烧了的火柴棍头在烟壳纸上，写了“被绑架南京”五个字，署名冰。还写了“仁人君子拾到寄上海开明书店叶绍钧”等字样。用手绢包上烟壳纸，里面放四块钱，从火车便盆里投了下去。希望叶绍钧（叶圣陶）收到信后，转告党组织，设法营救她。后来证实叶绍钧没有收到这封信。

丁玲被押送到南京后，住进了一家所谓的“旅馆”，里面住满了特务。丁玲要求与冯达分开住，特务们不同意。到南京后不久，首先有好几个人前来劝降，说只要投靠国民党，很快就能得到自由，均被丁玲严词拒绝。接着，又来一个人，向丁玲逼问鲁迅和茅盾的住处，也被丁玲顶回去了，皆说：“不知道!”

丁玲在租界的住处被绑架后，应修人曾来到丁玲家。应修人是中共江苏省委宣传部长。他不知道丁玲家的情况，进入后，埋伏的特务扑上来抓他，他与特务奋力搏斗，因寡不敌众，毅然越窗从高楼跳下，肝脑涂地，壮烈牺牲。还因为应修人的牺牲，使丁、潘被绑架的消息传了出去，党组织和民主进步人士开始了营救工作。成立了“丁、潘营救委员会”，由楼适夷主持。蔡元培、宋庆龄、杨杏佛等人都为营救丁、潘而奔走。国际友人巴比塞、罗曼·罗兰、久古里等从美国、法国等地发来声援快电。国内外的文化界、妇女界一再发出呼救书，发表反对国民党白色恐怖的宣言，为人权被肆意践踏而强烈抗议。由于丁玲是在租界被绑架的，租界的捕房也抗议当局侵犯了他们的“治外法权”，惹怒洋大人，这可是从当局的老祖宗——西太后就犯忌的大事。为此，国民党当局要员，都矢口否认，未曾绑架过丁玲。连胡适也质问此事，上海市长吴铁城答复胡适，坚决否认丁玲曾被公安局逮捕过的事实。

在国内外舆论的压力下，国民党不敢杀害丁玲，只是加紧了逼供、劝降自首的工作。先后动用了曾是中共组织部长的投降变节分子顾顺章，特务头子徐恩曾，党国要员张道藩等等，前来逼迫、劝诱丁玲投降变节，均遭到了丁玲的拒绝。在关押期间，牢房和囚室一再变换，从南京一座屋内发霉、地上长青苔的囚室再押解到冬季满山冰雪的莫干山，使丁玲吃尽了苦头。真是活着不易，死也很难。在特务们的摧残下，丁玲实在不想活下去了，便乘冯达不注意，准备上吊而死。她把一件连衣裙撕成碎布条，编成粗布绳子，写了一封遗书，希望冯达能转交给党。便把凳子放在床头，将绳子系在房梁上，然后心一横，咬了咬牙，蹬开了凳子。丁玲感到气堵，憋得难受，不一会儿两眼发黑，就什么都不知道了。丁玲满以为她就此可以死去，免得在国民党的魔掌上受苦。可是冯达及时赶来，将丁玲从房梁上解救下来。冯达拿着丁玲的遗嘱一边痛哭一边劝解，说她不应当自尽。他一再自己骂自己，他承认犯了罪，连累了丁玲，是一个不可饶恕的罪人。他恨自己太愚蠢，轻信了敌人的谎言。他曾当丁玲一再叙说，被绑架的那一天上午，他曾被特务抓住盘问，他竭力分辩，是普通老百姓。特务说："你既然是个老百姓，那你总有家，有老婆孩子，只要到你家看一看，证明你不是共产党，与共产党没有关系，就没事了，就放你走。”那时已过了中午十二点，冯达盘算已经超过了约定的归家时间，丁玲早已离家出走，而且家里没有可疑的东西，不会出事。所以就带领特务回了家。他实在没有想到丁玲还没有离开，还有潘梓年也等在家里。他痛恨自己是在无知中犯了罪，说今后不能再犯罪。他还赌咒，说他没有说出其他任何同志的住址。他还诉说，他现在活着，就是为了向丁玲表明心迹，并帮助她脱离险境。丁玲不得已，只好和他在国民党的监视中，生活下去。

国民党特务对丁玲的软硬兼施，早已计穷：不仅弄不到丁玲的自首书，甚至在张道藩的剧本上留下点“合作”的墨迹也弄不到。为了掩人耳目，就将丁玲的住地搬来迁去，最后，将她安排住在姚蓬子一家的对门。这时，姚蓬子已在报纸上发表了“脱离共产党的宣言”。用叛徒来监视丁玲，也是国民党玩弄的黔驴技穷的又一卑劣手法。

丁玲在敌人看守疏忽时，在夜晚，从后门悄悄走出家门，在街上希望能看到熟人。恰好，在一家小茶馆里看见了张天翼和高植。张天翼是“左联”著名作家，高植是一个大学毕业生，曾在《北斗》上投过稿，丁玲同他见过面。丁玲看见了张天翼，十分高兴。便与其约定时间，谈了自己的处境，并希望他转告党营救他离开南京。后来，在1936年5月，丁玲果然在张天翼等人的帮助下，逃离南京国民党特务的幽禁，到了西安，接着又奔赴保安，回到党的怀抱。

丁玲在国民党的囚禁下生活了三年，九死一生，历尽艰辛，表现了一个共产党员威武不能屈、富贵不能淫的高贵品质。尤其是一个不满三十岁的女同志，能做到如此坚强，是难能可贵的。没想到二十年后，几个别有用心的人，竟然诬蔑丁玲在这三年中，成了叛徒和特务。被打成“丁陈反党集团”的头子，“丁冯右派反党集团”的首领——给一个女同志强加上这些难以承受的罪名。然而，丁玲居然熬过来了，又经受了二十多年的考验，经过中央专案组的反复的内查外调，丁玲被国民党绑架的三年中，没有泄漏党的机密，没有出卖任何同志，没有自首变节，没有同敌人同流合污，表现了一个共产党员的坚强毅力和高贵品质。最后，终于推倒了强加在她身上的一切诬蔑不实之词。恢复了党籍，恢复了工作。丁玲复出后，带病写作，出国访问，创办杂志，为繁荣文学创作事业，兢兢业业，不辞辛苦，做出了卓越的贡献。丁玲不愧是中国共产党的好党员。

飞向自由天地

丁玲1936年秋天逃离南京，奔赴陕北苏区，走了很长一段路程，其中的离奇曲折，也是很有趣味的。

丁玲通过张天翼和党组织联系上之后，冯雪峰在上海给丁玲来信，同意她去苏区的要求，并且约定时间，派人在上海火车站接她。丁玲得信，甚为高兴，便说要到上海去看病，瞒着冯达和姚蓬子，便登上了去上海的火车。

丁玲穿一身咖啡色丝绒旗袍，外面披了件乳白色呢子大衣，穿戴很有派头，却不施脂粉，夹着一个男用的公文包。车到了上海站，她下了火车，便急匆匆往前走。

冯雪峰派来接她的是周文同志的爱人——原左联的机要秘书郑育之同志。周文也是“左联”的作家，曾担任中共中央派驻上海的冯雪峰的秘书兼交通。他爱人郑育之常常协助他一起开展交通工作。这一天小郑穿得很时髦：一身红色呢裙，头戴红色大沿呢帽，米色玻璃丝高筒袜子、白色高跟鞋，还戴着墨镜，涂脂抹粉，十分艳丽。她看见丁玲从人流中涌出，便靠近剪票口，喊了声：“冰姐!”，再走到面前向她说了句暗号。可是丁玲用那清澈的眼睛，严肃地瞥了小郑一眼，好像没有听见一样，继续急促地一个劲地往前走。小郑有些着急了，她想，虽然几年没见面，可是丁玲那圆圆的脸形，那双浓眉大眼，是不会忘记的，这正是她要接的人。小郑又想，是不是她忘记了她呢？可是她说的暗号没有错，丁玲应该按暗号和她接头啊！为什么她不理人呢？是不是她发现有敌人在盯她的梢啊？一想到此，小郑更紧张了。她想万一要被敌人发现，她就逃不脱魔掌，生命危险啊，好在小郑租好了小汽车，她要帮助丁玲利用汽车甩掉尾巴。于是小郑使出全身力气挤出人群。这时丁玲快要走出站了。小郑急忙追了上去，拦住丁玲的去路，把暗号又说一遍，急促地告诉她，有汽车在等她。她稍稍迟疑了一下，就跟着她上了汽车，一路上都沉默无言。小郑指挥司机，转了几条马路，确认没有人跟踪，才驶到一品香旅馆停下来，进了预定的房间。这时，小郑才详细地告诉丁玲，到车站接她是冯雪峰交给她的任务，同时告诉她不能离开旅馆，冯雪峰会来看她。她点头答应一声："唔!"既冷谈，又严肃，脸上毫无表情，又无话语。小郑认为，有可能是丁玲这几年被国民党反动派折磨得变样了。后来，她才知道，丁玲被特务长期软禁，一直在和敌人斗争，所以变得更加严肃，更加警惕。当丁玲在车站看见小郑搽脂抹粉，衣着华丽，完全不是过去那种朴素、纯洁的学生模样时，以为小郑变坏了，可能是政治上堕落了，生活上追求享受，是受敌人指派来骗她，要将她抓回南京的人。

丁玲来到一品香旅馆，好像是到了家，心情豁然开朗。冯雪峰来了，向她介绍了同志们大力营救她的情况，曾经出版了她的长篇小说《母亲》，将稿费寄给了她的母亲等等。冯雪峰还给丁玲送来350元钱，是宋庆龄听说她逃出南京，要去西北，让他转送来的。这使丁玲感受到党和同志们的温暖，受到极大的鼓舞。

为了旅途上的安全，党组织派聂绀弩同志护送丁玲去西北。聂绀弩也是左联的作家，比丁玲大一岁，曾参加过北伐，还在黄埔军校和莫斯科中山大学学习过。是穿着军装的文人，有着长期做地下工作的经验。他打扮成商人模样，与丁玲乘上去西安的列车。

丁玲在列车上装做西北军的军官家属，要到西安去看丈夫。火车停下，有人上车时，她就蒙上头装睡。这样，他们一路顺利地到达西安。在西安，他们住进了一个小店，在这里遇见了潘汉年同志。丁玲和潘汉年早就熟悉。他穿着长衫，戴着墨镜，拿着文明棍，一个十足的大商人派头。他这次是刚从党中央所在地保安来，是要参与和国民党谈判营救和丁玲一起被逮捕的他的哥哥潘梓年。丁玲逃离南京后，潘梓年还被关押在监狱里。

接着，丁玲被地下交通站，安排在一位外国牙科医生家里，等待时机去陕西。聂绀弩完成护送任务后，即和潘汉年一起返回了上海。这位外国牙医是位奥地利人，也是一位革命者。他受到德国法西斯的迫害，逃到中国来避难。他带来一条狼狗取名“希特勒”，丁玲在这里住了三周，帮助女主人喂狗、喂鸡、烧饭，相处得像一家人一样。最后“希特勒”成为丁玲的好友，她在看书、散步时，它常常陪伴着她。

在等待去陕西时，在牙科诊所遇见了五年前在上海相识的史沫特莱。她们热烈拥抱，畅叙别情。还看见了《西行漫记》的作者，美国友人埃德加·斯诺，他们刚从党中央所在地保安来。在诊所里他们向丁玲讲苏区的生活，介绍毛泽东、周恩来，并且拿出在苏区拍摄的照片，给大家看，还教她唱红军歌曲：“炮火连天响，军号频吹，决战在今朝……”和“送郎当红军”等等……他们还一起高唱国际歌，为自由和友谊而欢呼歌唱。

丁玲在西安等待了四十多天，在地下党的安排下，开始了奔赴保安之行。他们一行七人乘上汽车，第一天到了耀县，第二天到了洛川。两个小镇都只有百十户人家。沿途可以看到张学良的军队。在洛川休息一天。有人说，从洛川到保安还有三百多华里，不通汽车，只能骑马。路上土匪和地主武装很多，极不安全。所以，他们必须改成骑马才能很快到达保安。和丁玲同行的七人中还有两个女伴，只有她们仨，不会骑马。按着地下党的要求，她们仨必须剪短长发，穿上灰布军装，戴上军帽，伪装成男人。还要很快学会骑马。有人向她们讲了一些骑马的方法，她们就在住地的炕上，跳上跳下地练习起来。丁玲想，我一定要学会骑马，不应当让人家笑话她说："连马都不会骑，怎么能上陕北去呢！"

第二天，经过地下党的联系，东北军派一个连的兵力，护送他们去保安。连长派人送来了七匹马，他们每人一匹。丁玲是第一次骑马，当她上了马背后，前一天练习骑马的要领都忘到九霄云外去了，只好紧紧揪住马鞍，勒紧缰绳。心里想，千万不能从马上掉下来。她的马不用驱赶，只是跟着前边的马奔跑，她很希望前边的马停下来，想换一下姿式，但是马就是不停地跑，跑了很长一阵才歇下来。在一个村子住宿时，丁玲躺在床上，好像已经瘫了，两条腿全无知觉。第二天，天不亮又动身。这时，丁玲骑马的技术才稍好一些，马可以听她的驱使，在马背上，才不感到那么危险、可怕。

他们来到一个山头，东北军停了下来，要他们自己走下沟去，沟底有接应的人。丁玲等七人与东北军连长和士兵们告别，送还马匹，感谢他们一路上的保护。当他们目送东北军走远时，响起了枪声。他们步行到沟底，看见树林里有穿灰军衣人的身影。丁玲立刻叫着跑着喊道：

“红军！那是红军！”

从树林里走出十多位穿着灰布军装的年轻小伙子，他们来到丁玲等人的面前，向他们行军礼。丁玲感到晕旋，无比激动，她长长地出了一口气，自言自语道：“终于到了！”是的，丁玲终于来到人民的天地，这才是真正逃出了特务的囚禁，投入到党的怀抱。

过了山，有一个小村庄。他们在红军的安排下，在村庄的农民家休息了两天。他们又换上了毛驴。他们一行七人，加上民工，共有十多人。丁玲有了两天骑马的经验，觉得骑毛驴太小，速度又慢，只有她们三个女性愿意骑它，其余人皆步行。他们翻山越岭，走了四、五天。这一带皆是黄土地，很少看见河流，走上一天才能看见一个村庄。土地贫瘠，人民生活贫困，很多家庭都依靠山坡住着窑洞，农民穿着褴褛。丁玲看到这一切，再和南京的大地主、大官僚们的灯红酒绿的生活相对照，她更加认为中国必须进行革命，必须推翻压在中国人民头上的三座大山。她坚信在中国实行共产主义非常必要，中国共产党的主张是正确的。

他们一行到达保安，已近黄昏。暮色中只见几间房子，有几家老百姓。靠东山旁有一排排窑洞。在村庄口有一个篮球场，球场上还有人在打篮球。人们都穿着新的黑色假直贡呢的列宁装，衣领上钉两条短的红带，帽上褪一颗红五星。有人说，这才是正规红军，护送他们来的是红军游击队。

一位头戴红五星的军人，看见丁玲他们一行队伍，便大声喊道：

“你们是白区来的吗？听说有位叫丁玲的要来？你们这里谁是丁玲？”

丁玲急忙走上前去回答道：

“我就是丁玲！”

那位红军向丁玲敬了一个军礼，便朝着篮球场上的人们高喊：

“丁玲来了！丁玲来了！”

人们停止了打球，忽拉一下子都围过来，喊道：

“是嘛，丁玲真的来了！”

于是，丁玲来了的消息，很快传遍了保安。

作家故事文库

主编/新禾

副主编/霍红 高玉兰

闻一多的故事

(上)

李思乐/著

時代文藝出版社

作家故事文库·闻一多的故事

作　　者:新　禾　主编
责任编辑:姚家余
责任校对:王旭玮
装帧设计:章桂征
出　　版:时代文艺出版社
(长春市泰来街1825号　邮编:130062　电话:86012927)
发　　行:时代文艺出版社
印　　刷:三河市灵山装订厂
开　　本:787×1092毫米　32开
字　　数:149千字
印　　张:70
版　　次:2011年5月第2版
印　　次:2011年5月第2版第3次印刷

书　　号:ISBN 978-7-5387-1075-5
定　　价:417.20元(全14册)

目　　录

目录

目　　录

目　　录

闻一多小传

闻一多（1889—1946）是我国现代著名的诗人，杰出的学者，伟大的民主战士。族名家骅，亦名亦多，字益善，号友山，亦号友三。进清华学校读书后改名多，“五四”后又改为一多。早年曾用风叶、H、S、L、夕夕等笔名。

1889 年（清光绪二十五年己亥）11 月 24 日（农历 10 月 22 日）未时，出生于湖北省蕲水（今浠水）县巴河镇望天湖畔闻家铺一个望族世家。浠水闻氏系客籍，据其族谱记载为文天祥后裔。

闻一多 6 岁入家塾，读《幼学琼林》、“四书”等。七岁始学历史、博物、修身等课程。

1910年，至武昌，入两湖师范附属高等小学读书，开始学算术、英文。1911年，辛亥革命武昌首义，使他兴高彩烈。不久，北洋军阀向武昌反扑，因而“避难”返里，在家曾绘武昌起义画。1912年春回到武昌，先入国民公校，俄而转入实修学校。少年闻一多老成持重，在校刻苦攻读，沉默寡言。尤喜读史书及古典诗词及梁启超等人的时文，业余，又喜好美术。

1912年，考入北京清华学校，每年寒暑假回家，必“闭户读书”两个月，遂将其读书的一个储物室命名曰“二月庐”。此间曾圈点过《史记》和《汉书》。1913年，在清华创作演出话剧（担任主要角色）《革命军》，歌颂武昌起义胜利，揭露封建势力的丑恶。1914年，担任了《清华周刊》编辑。1916年开始在《清华周刊》发表旧诗和随笔性的评论文章，其文辞之犀利，为教师和同学辈所注目。他是清华园早期的文学、美术、戏剧方面的活跃分子，多次被推举为学生社团的组织者。

1917年在清华中等科毕业。主编级刊《辛酉镜》，装帧设计、插图均出其手，并作自传《闻多》。

1918 年，第一次世界大战结束，北京各校奉命“放假三日，以资庆贺”，清华学生举行提灯游行，他拒绝参加，一个人在“俯思国难，感而成韵”，写下了早期著名的爱国反帝的五言古体长诗《提灯会》。

1919 年，参加“五四”运动，被推举为清华代表团成员并兼任文书工作。其间手抄岳飞《满江红》，张贴于餐厅门旁。代表清华学生到上海出席全国学联成立大会，聆听孙中山先生讲话。回清华后，任《清华学报》美术编辑。

1920 年 4 月，发表第一篇白话文《旅客式的学生》，同年 9 月发表新诗《西岸》。

1921 年 6 月，因支持李大钊、马叙伦领导的“八校教职员索薪团”的“索薪”斗争，与同学举行“同情罢考”，遂同另外 27 位同学遭到清华校方“留级一年，推迟出洋”的处分。同年 11 月，清华文学社成立，闻一多是发起人之一。

1923 年 5 月，在清华毕业。7 月去美国，先在芝加哥美术学院攻读绘画。翌年暑假后，转入珂泉珂拉多学院美术系，一边学美术，一边攻读西方文学，尤其爱好近代英国诗及中国古代诗词。因受帝国主义种族歧视，激发了反帝爱国的热情，说“诗人的主要天赋是‘爱’，爱他的祖国，爱他的人民”，作新诗《太阳吟》、《忆菊》、《洗衣歌》等。

1923年9月，闻一多的充满爱国主义思想的第一部诗集《红烛》在上海出版。

1925年春，转入纽约美术学生联合会，继续作画写诗，此时，又对戏剧发生兴趣，参加中国留学生演出的《琵琶记》工作，亲自制作布景。不久，参加了一个“国家主义”团体，筹备创办《大江》杂志，主张“文化上的国家主义”。同年5月14日在美国西海岸登船回国，6月1日回到上海，正值“五卅”运动，作爱国反帝新诗《醒呀!》，公开谴责帝国主义的罪行。暑假后，到北京，任国立美术专科学校教务长。

1926年，“三·一八”惨案，闻一多站在群众一边，立即在《国魂周刊》发表《唁词》一诗，歌颂“青年的鲜血再宝贵没有了”，希望看到这热血“开成灿烂的花”，又发表《天安门》一诗，控诉军阀的滔天罪行。此间，与徐志摩、刘梦苇等在北京创办《晨报·诗镌》，在4月1日创刊号上发表《文艺与爱国——纪念三月十八》，明确表示文艺必须和爱国结合起来。暑假后，到上海吴淞国立政治大学主持训导工作，不久，回故乡浠水。

1927年春，应邓演达之邀约，到武汉北伐军总政治部任艺术股股长，绘制大型宣传画。旋即离去，仍回吴淞政治大学。“四·一二”后，政治大学解体，在上海与徐志摩、饶孟侃筹办《新月》杂志。同年秋后到南京国立第四中山大学任外文系主任，讲授英美诗及戏剧、散文。

1928年1月，第二本诗集《死水》在上海新月书店出版，收新诗28首。是归国后作新诗的一个结集。《死水》的主要倾向与《红烛》一脉相承，表现了诗人的强烈的爱国主义思想。在形式上，主张新诗格律化，讲求节的匀称，句的均齐。是他倡导新格律诗实践的范例。同年3月，《新月》在上海创刊，为编辑之一，编满一卷后，辞职。秋后到武昌任国立武汉大学教授兼文学院长，开始研究中国古代文学。

1930 年 6 月，辞去武汉大学职务，到上海应杨振声之邀请去青岛，在杨振声的一次欢迎宴会上决定应国立青岛大学之聘到该校任教授。8 月携眷到青岛，任青岛大学教授兼文学院长、中文系主任。继续研究中国古代文学。

1931 年发表长诗《奇迹》，这是闻一多脱离诗坛走向学术研究领域的告白。

1932 年秋，回母校清华大学任中文系教授，开始与朱自清先生共事论学。在燕京大学、北京大学、艺术专科学校兼课。研究工作从唐诗研究上溯到汉魏六朝诗的研究，再上溯到先秦文学研究，特别致力于《诗经》、《楚辞》的研究工作，同时开始研究古文字学、古音韵学。

1935 年，北京爆发了“一二·九”学生运动，支持学生的正义斗争。

1937 年 7 月 7 日，抗战全面开始，19 日，由北京至天津，转津浦路南下，经南京抵武汉。不久，清华、北大、南开三大学在长沙组成国立长沙临时大学，11 月开学，闻一多单身至长沙临大上课。

1938 年 1 月，长沙临大奉命迁昆明，29 日，闻一多参加了临大师生组成的“湘黔滇旅行团”同青年一道步行入滇，说：“应该认识认识祖国了。”一路上深入西南少数民族地区的乡村调查研究，了解人民疾苦，体查民情。作民俗写生画百余幅，说：“人民的斗争史是‘磨不烂的口碑’”。4 月 28 日，抵昆明。5 月 24 日，长沙临大奉命改为西南联合大学，随文学院到边陲小城蒙自，住歌胪士洋行，潜心于古代文学研究，很少下楼，被同仁称为“何妨一下楼主人”。后随文学院迁回昆明，在联大讲授《楚辞》、《尔雅》并开始整理《诗经》、《乐府》等旧稿，又进一步研究《周易》。

1941 年，清华大学文科研究所成立，闻一多主持文学部研究工作。所址在昆明东北郊龙泉镇司家营。住所学者除闻一多外，尚有朱自清、浦江清、许维遹、李嘉言、何善周等先生。闻一多开始研究

《庄子》，手批马叙伦《庄子义证》。不久发表《庄子内篇校释》。

1943 年，以诗人的资格开始了“中国新诗选”工作，与英国朋友合作编辑《中国新诗选译》。此时，接触到解放区诗人田间、艾青的作品，写《时代的歌手——读田间的诗》，赞誉田间为“时代的鼓手”，希望中国产生更多的“时代鼓手”。这是自早期的《〈女神〉的时代精神》、《〈女神〉的地方特色》诗评后的一个飞跃，升华到诗为时代、诗为人民而作的高度。

1944 年暑假，参加了华岗领导成立的一个秘密团体，此后直接地接受了党的领导，阅读到一些重要文献——《论联合政府》、《新民主主义论》、《整风文献》等。此后又读了一些马列著作。走出了书斋，参加社会活动，投身于群众运动的实际斗争。

1944 年暑假中，参加了中国民主同盟。在纪念“双十节”的群众大会上，作题为《组织民众与保卫大西南》的演说。8 月初，国民党第 5 军军长邱清泉在昆明北校场军部举行时事座谈会，闻一多与吴晗等11位教授应邀与会。当闻一多听到军部报告前线作战失利时，大声说道：“现在只有一条路——革命!”会场为之哑然。10月19日，联大举行鲁迅逝世八周年大会，闻一多到会讲话，作自我批评，说：“鲁迅对了，我们错了!”12月出任民盟云南支部委员兼民盟云南支部机关刊物《民主周刊》编委。同月，昆明各界举行云南护国纪念大会，闻一多到会演讲，说：“袁世凯还活着”，“谁不要人民，人民就不要谁!”会后参加了游行。

1945年，除在联大上课外，积极参加社会活动：发表演说，起草宣言，主持会议，参加游行。8月日本无条件投降，立即剃去蓄了八年的胡须。9月，出任民盟中央执行委员及云南支部宣传委员兼《民主周刊》社社长。

同年12月，昆明发生“一二·一”惨案，闻一多称这一天为“中华民国最黑暗的日子!”。作《一二·一运动始末记》，控诉了反动派的罪行，歌颂死难烈士以自己的鲜血为中华民族打开了一条生路的丰功伟绩。此间，闻一多的侄儿黎智从延安调来南方局跟周恩来工作，托地下党带给闻一多一封信，读信后表示自己“心向北方”。

1946年2月，闻一多委托人带信给侄儿黎智，信中表示自己决心投身于中国人民的解放事业。7月11日晚，中国民盟负责人之一的李公朴在昆明被特务暗杀，12日晨逝世。15日上午，云南各界在云南大学至公堂开会，报告李公朴被害经过。此时昆明风声很紧，特务四处扬言第二个目标便是闻一多，反动当局又派一名女特务到闻一多住处的西仓坡联大宿舍附近恐吓闻一多“命不保夕”。闻一多不顾个人安危，毅然到会。当李公朴夫人张曼筠泣不成声报告李公朴被害经过后，闻一多再也抑制不住内心的怒火，拍案而起，发表了悲愤激昂的讲话，这便是著名的《最后一次讲演》，他面对会场里横行的特务，为人民伸张正义，怒斥反动派的卑鄙无耻。警告特务们“你们杀死一个李公朴，会有千百个李公朴站起来！你们将失去千百万人民！”他最后发誓说：“我们不怕死，我们有牺牲精神，我们要准备像李先生一样，前脚跨出大门，后脚就不准备再跨进大门!”表现了闻一多威武不屈的战斗精神，体现了中华民族的英雄气概。当天下午，到民主周刊社主持记者招待会，会后天色已近傍晚，闻一多在前来迎接的长子立鹤陪同下回家，路经西仓坡，快到家门口时，被埋伏的特务开枪杀害，立鹤身中数弹，虽经抢救治疗，留下了终身残疾。18日，闻一多遗体在云大医院门前广场火化。

闻一多遇难后，毛泽东、朱德在延安联名致电闻一多亲属表示慰问，说闻一多“为民族而奋斗，不屈不挠，可敬可佩”。

以周恩来为首的中共代表团致电闻夫人，表示“中国人民将踏着李公朴、闻一多诸烈士的血迹前进”!

闻一多遗著先由郭沫若、朱自清、吴晗、叶圣陶四人编成《闻一多全集》8卷4巨册，1948年由上海开明书店出版。1994年湖北人民出版社出版了由武汉大学闻一多研究室编辑的新的《闻一多全集》，共12巨册，基本上收入了闻一多的全部著作。

作为民主战士的闻一多，其为争取民主无私无畏的崇高精神，在中国已经是妇孺皆知了。作为诗人的闻一多，他的诗作，已经影响过几代诗人，今后仍将会有更大的影响。作为学者的闻一多，他在中国学术史上，今后必将产生更大、更深、更远的影响。他对《周易》、《诗经》、《楚辞》、《乐府》、《唐诗》研究的贡献巨大。郭沫若说他“考索的赅博，眼光的犀利，立说的新颖而翔实，不仅是前无古人，恐怕还要后无来者的”。

少年时代

湖北省浠水县下巴河的闻家，据乾隆46年闻大烱撰闻氏族谱载是宋末民族英雄文天祥的后代，当年文天祥抗金失败，军聩于粤东，被执，其家属潜逃于楚北蕲水之永福乡，改文为闻。此事虽然史已失传，而闻氏的后人却家乘相沿至今。

闻一多的祖父子淦，极爱读书，搜罗群籍，自建了一个书斋：命名“绵葛轩”，并延请名师教读儿孙辈。闻一多的父亲廷政，字固臣，亦作固城，是清朝末年的一名秀才。闻一多在五兄弟中行四，堂兄弟大排行十一。幼年的闻一多即同诸兄攻读于“绵葛轩”中。

由于祖辈的长期经营积蓄，闻一多出生时，闻氏家族在下巴河附近已经拥有相当多的田亩，在闻家铺建有一处具有中国古老传统格局的房宅。下巴河的闻家，在浠水一带是旧社会所谓的“望族世家”，颇有声名。

闻家铺所在，位于下巴河连结长江的一个小小的三角洲上，巴河虽然并不宽阔，但每逢夏季多雨水涨的时候，水流滚滚直泻长江，倒也显得相当浩渺。位于这条季节河流连结长江的这块三角洲上，由于江河长年润泽的自然优越的条件，土地肥沃，物产富饶，堪称鱼米之乡。

奔腾东去的大江，蔚兰青澄的碧空，环绕青峰的浮云，中流点点白帆，陪衬着水天一色的瑰丽多姿的大江两岸景色，如在画中。朝看旭日东升，沐浴着朝曦；晚赏夕阳余晖，陶醉于落霞。大江两岸的自然风光，哺育着少年闻一多的成长，培养了他气势磅礴的品质。特别是大江两岸的那些“在一块棋盘似的稻田边上，蹲着一座看棋的瓦屋”，湖光山色中的农村田园风貌，为闻一多后来在文学上的成就，无疑奠定了坚实的生活基础，丰富了他创作上的诗情画意。

“湖水灏瀚，望天不波，岩峰巉屿，帽云欲碧”，这便是少年闻一多笔下的楚天空阔，群山耸峙，白云碧波的故乡景色。

美丽的大自然，陶冶过少年闻一多的性灵，然而，遭到蹂躏的大好江山，苦难的肥田沃野，在他的心灵上罩上了一层悲痛的阴影，孕育着他的爱憎感情。

少年的闻一多，身着长袍，头戴瓜皮小帽，脑后拖着一条标志着臣属“大清帝国”皇帝的小辫，在家塾中读着祖父一手搜罗的中国古籍，接受爱国传统的封建文化教育。

少年的闻一多，勤奋好学，从塾中回家，又从父亲夜读《汉书》，常常引用在塾中所学的历史故事和《汉书》做比较，很得父亲的赞赏。从此，父亲经常在晚上给他讲述《汉书》中的名人言行录。固城公参加过晚清的维新变法运动，是浠水一带接受新思潮较早的开明知识分子，为人刚正耿直。闻一多的思想品质，曾受益于父亲的教诲和为人的影响。

固城先生明智精干，身体清癯而精神矍铄，持家勤俭，深居简出，不苟言笑。全家人对他都十分敬畏，父亲身体力行的严谨作风，成为闻一多兄弟们效法的榜样。闻一多童年时代就少年老成，在父母兄弟面前，从不纵情放肆，更不高声喧闹。严格的家教，使闻一多逐渐成为一个拘谨的书生，同时也养成了淡泊宁静的性格。虽然他在这种严格的家庭教育环境中培养了勤奋好学的兴趣，打下了古典诗文的良好基础，但是，这样禁锢的封建家庭教育，从另一方面也孕育了少年闻一多的反抗意识，种下了憎恨封建礼教的种子。

1905 年，闻氏家塾中发生了对闻一多成长产生过巨大影响的变化，他的启蒙塾师徐老先生因年迈辞去了教席，新来的塾师王梅甫先生是一位出身师范学堂、具有一定先进思想的老师，他一就教职，便革旧布新，更新了教学内容，改进了教学方法，采用了当时的新编教材，开设了国文、历史、博物、修身等课。王梅甫先生使七岁的闻一多，对认识客观世界发生了一个转折。

1910年，闻一多刚12岁，便结束了私塾的学习生活，在开明的父亲亲自护送下，来到了省会武昌，考取了两湖师范附属小学，同时在丹臣先生主持的“改良私塾”补习中文、英文、算学等课程。这时，他受到风行于当时的梁启超号称“新体文”的影响，开阔了他的视野。

1911年，辛亥革命武昌起义的枪声使尚属年幼的闻一多长了见识，他对推翻了几千年帝制的民主革命感到兴奋，在回乡“避难”时，曾将武昌起义见闻，绘图作画，贴在墙上，客观上起了向乡里解说、宣传武昌起义经过的作用。不久，他也仿效革命党人的作法，剪掉了辫子。

辛亥革命的第二年，用庚子赔款办起来的留美预备学校——清华学校，在湖北省招考4名学生，这是一场竞争激烈的考试，闻一多在武昌参加了这场考试，作文题是《多闻阙疑》。少年闻一多的文章，是模仿当时最时髦的梁启超的笔法写作的，文章的立意和气势，深得主考的赞赏。但是，其他科目，包括英文在内的考试成绩却很平常，所以只获得北京清华学校备取第一名。

当年冬，闻一多补习了英文后，由他三哥家騄伴送进京参加复试，获正取第二名。

当时，一个乡下孩子能考取清华学校，确实是一种殊荣，固城先生的姻亲高老先生看中了这位有为的少年，把女儿孝贞许给了闻一多，闻、高两家，于是成为亲上加亲的亲家。闻一多就这样带着荣誉和兴奋，辞别了故乡，告别了亲人，从祖国的腹地华中，来到文化教育中心的北京，开始了清华园里的新的生活。

清华园里的一个“东方老憨”

坐落在北京西郊的清华园，背靠着曾经名闻中外而被帝国主义放火烧毁了的圆明园遗址，西邻不远处是颐和园。清华园内，卧波的小桥，欢畅的流水，壮观的楼房，环境却也舒适、宁静。清华学校这个当时的宠儿，原来是帝国主义用侵华中掠夺来的“赔款”的一小部分，投资兴办的留美预备学校。虽然这所学校对当时的中西文化交流起过重要作用，但，当年帝国主义以此作为文化侵略的一种手段的事实，决不能因此而得到开脱。

当年，能考上清华的人，一般说来，多是豪门巨室、富贵显宦人家的子弟，其中有人考入清华，并不全是为了求学，这些人明白，在废除了科举以后，再想一登龙门，必须通过进洋学堂镀金，取得仕途所需的资本，才能混上一官半职。怀着这样目的进了清华的人，他们怎么能够把国家的兴衰作为己任呢？

闻一多来到清华后，看不惯西方的生活方式，面对周围的现实，不免感到有些茫然。但是由于强烈的上进心的驱使，使他逐渐的在不习惯的生活中，学到了自强自立的生活本领，他借助于清华这块“领地”的条件，发挥着他自幼勤奋用功的习性，不论环境发生了什么变化，闻一多的内心依然保持着农村孩子所固有的质朴、憨厚的本色，保持了他在家里书斋里刻苦读书的韧性。

80多年前的清华园，各个方面都在追求美国化，生活上仿效美国方式，思想上灌输的是美国文化，作为这块“领地”里的闻一多，虽然不得不从各个方面遵从“领地”的“规矩”，然而，他的内心里却充满了抑郁。

当时的清华把英语课置于汉语之上，英语居于比汉语还重要的地位。少年老成的闻一多以敏锐的嗅觉体察到这是一种危险的倾向，是忘本亡国的思想表现，如果长此这样下去，有些青年将会数典亡祖，中国的传统文化将受到毁坏。于是，他拿起战斗的笔，写出了慷慨激昂的评论：

在英文课堂讲诚实，讲人格，到中文课堂便谲骗欺诈，放肆嚣张，丑态恶声，比戏园、茶馆、赌博场还不如。才吃过一餐饭，便把骗洋人的假面撕破了，这样还讲改良，讲自治，不要愧杀人吗？

闻一多的批评，非常尖锐，严厉，这并不是他反对学习英语，反对将来到美国留学。他反对的是轻视中文，反对忘记了我们的国家和民族。

对于当年的一些美国坏电影，年青的闻一多也曾进行过猛烈地抨击。在闻一多在清华读书的那个年代里，中国的电影事业还十分落后，一般的平民百姓是看不到电影的，就是在北京那样的文化发达的城市里，一般学生也难得经常看电影。清华园里却不然，因为它是美国在中国办的学校，园内经常放映美国电影，那些电影，几乎全是宣扬什么“杀人如打鸟”的《黑衣盗》、《毒手盗》一类诲淫诲盗的片子。许多清华学生身受其害而不自觉。这些情况，闻一多看在眼里，痛在心上，挥笔成文，予以抨击：

我们的手拒绝罪恶，我们的眼却欢迎它，眼把罪恶的图形进贡到脑宫里去，又使天心大悦，立刻喉、舌、唇收到圣旨，奏了这些曲颂歌，好极了！好片子呀！

少年闻一多不仅以辛辣的讽刺和有力的反语批评了那些盲目崇拜诲淫诲盗影片的同学，而且难能可贵的是他无情地抨击了制造和放映这些毒害中国青少年影片的“洋老爷”们：

这不是什么“好片子”，这是五光十色、光怪陆离的地狱风光，这种万恶的电影，百方的诲淫诲盗，长此以往，那只好让我们慢慢变成禽兽了。

闻一多用火一般的激情，犀利的语言，痛斥了帝国主义进行文化侵略的罪恶，他的行为，是维护人类的尊严、维护中华民族优秀文化传统的强烈抗议。

这正是少年闻一多出众的民族自尊感和强烈的爱国精神的反映。他的爱国行动，受到清华学校进步同学的热烈拥护。不久，他被选为《清华周刊》的编辑。

闻一多的一生，是富贵不能淫，威武不能屈的一生。他在清华学校读书的时候就说过：

三军可以夺师，匹夫不可夺志！

清华学校的“奴化”、“洋化”教育，不仅不能使少年闻一多“就范”，反而激化了他的爱国思想，他在《清华周刊》上曾痛心的著文高呼：

美国化的清华呀，够了，够了！物质文明我怕你了！厌你了！请你离开我罢！

他也曾悲愤地呼唤着：

东方的文明啊！支那的国魂啊！“盍归乎来！”让我还是做我“东方的‘老憨’罢！”

自称为“东方的‘老憨’”的闻一多，不仅没有因为自己是落后的中国公民而自卑、而自怨自艾，反而使他自豪。他认为正是这些“东方的‘老憨’”们创造了“东方的文明”和灿烂的中国文化。“东方的‘老憨’”们不仅有“爱一幅国旗在风中招展”的光荣传统，而且有勤劳、勇敢、艰苦、质朴的民族性格。中国的“老憨”们不可侮，因为他们有光荣的过去，必然有光荣的未来！

“蜈蚣！蜈蚣！”与“二月庐”

闻一多先生遇难后，他的大哥闻展民曾写了一篇题为《哭四弟一多》的悼念文章。展民先生在文章中回忆了闻一多先生少年时代的读书生活：

虽值炎午，汗挥雨注，犹披览不辍；比薄暮，蚊蚋袭人，以扇摇曳，油灯照影，伴汝书声。母氏悯汝劳，命之辍，汝不应。一日傍晚，汝方立露井观书，蜈蚣缘汝足而上，家人乍见呼汝，汝罔顾。代而扰之，汝反讶其扰。

这个故事说的是闻一多考上清华学校后，暑假回家，仍然抓紧时间学习的情景。

闻一多，多才多艺，写诗、绘画、书法、篆刻，样样精通。这和他自幼勤奋好学分不开。他平生干一行，爱一行，专一行，总是踏踏实实。有时专心致志地学习，便把别的事情全忘了。“蜈蚣”的故事，就是一个在他的亲属和学生中广为流传的读书佳话。

那是闻一多从北京清华学校回家度暑假的一个炎热的夏天。一天傍晚，天气非常闷热，他走出了书房，在院子里看书。他一只手端着书，一手拿着一把蒲扇，不断地扇着风。这时，他的注意力全集中到书上去了。不知过了多久，忽然有一只大蜈蚣向他的脚边爬来。正在专心看书的闻一多，一点儿也没有发觉。恰巧这时他嫂嫂从他的身边经过，突然发现这可怕的情景，不禁惊叫起来：“家骅，蜈蚣！蜈蚣快爬到你的脚上啦！”闻一多以为嫂嫂在跟自己开玩笑，眼睛仍然不肯离开书，继续用心看着，只是用手中的蒲扇扇了几下。这时，那只大蜈蚣可能感觉到他用扇子扇的凉风了，立即停止了爬行，蛰伏在他的鞋上观察动静，过了一会儿，看看没有别的什么情形，又向闻一多的脚上爬来，眼看就要咬着他的脚背了。这时，闻一多的小侄儿听到妈妈的喊声，从屋里跑了出来，急忙上前把正在看书入了迷的叔叔推开，由于用力过猛，又很突然，把闻一多推了个趔趄，蜈蚣也随着闻一多脚步的移动落在地上，小侄儿跨前一步，一脚把那只大蜈蚣踩死了。小侄儿闪电般的动作，打断了叔叔看书的思绪。闻一多根本不知道发生了什么事情，有点生气了，批评起侄儿来："你这小鬼，干什么胡闹？"

他的话声刚落，闻讯赶来的家人早已围在他的身边，大家禁不住哄笑起来。嫂嫂指着那只被孩子踩死的大蜈蚣说："哈哈，若不是这小鬼，你的脚早就被蜈蚣咬肿了！"这时，他才恍然大悟，明白了真相，弯下腰去认真地看了看被侄儿踩死的大蜈蚣，笑了起来。跟着，他轻轻地抚摸着侄儿的头，好像在向侄儿说："小鬼，冤枉你了！"转身又回到他心爱的小小书房"二月庐"看书去了。他走后家里人又都笑了起来，大家七嘴八舌地议论起来："家骅呀，简直被书迷住了！""家骅呀，真是个书痴呀！"

唯有闻一多的父亲固城老先生看到这情景，喜在心头，捻着胡子，笑眯眯地望着儿子走进“二月庐”，接着对大家说：“你们不要笑话他，真想有点出息，非像他这样不可呢!”这些话，闻一多一句也没听见，他早已坐在“二月庐”的书桌前，一头扎进书里去了。

提起“二月庐”，也有一段佳话。闻一多心爱的“二月庐”，本来是家里存放杂物的一间小屋。闻一多少年时代经常在这里读书、写字、作画，对它的感情很深。他考入清华学校以后，每年的寒暑假回家，都要在这小屋里读书两个月，不论是炎热的夏天，还是严寒的冬天，从未间断过。为了巩固自己的学习毅力，他给这间小小的书室起了一个名字叫“二月庐”。

闻一多青少年时代在“二月庐”中度过的严寒和酷暑，是他巩固所学知识和扩大知识范围的最好机会，寒暑假对他来说，决不能用来消闲。他总是计划着利用这段时间，学习一些在清华园里学不到的东西。他的家乡浠水，距离武汉不远，夏天常常是烈日当空，大地生烟，热得人们透不过气来，都争着找个乘凉的地方。闻一多却一头钻进他的“二月庐”，手中挥着一把用过多年的蒲扇，在广阔的知识海洋中寻求着真理。在这里他阅读了大量的中外史籍和中国古代文学作品。他读过的书，留下了密密麻麻的眉批旁注，书上的那些朱色的圈圈点点，正是他的心血结晶。刻苦的读书生活，使他感到怡然自得，他经常和家里人开玩笑说：“心静天气凉啊！”直到他后来成为著名诗人、教授时，他还念念不忘他在“二月庐”中的读书生活。他勉励他的学生：“读书这件事，比起干别的事来，是最轻松的了。”

“俛思国难”

闻一多入清华学校不久，他看到清华学校半殖民地半封建的教育使许多青年“身在中土，心已洋化”，有的“未出先洋”了。他又看到国文部里的一些拖着辫子的封建遗老，有的是清末贡生、举人，他们在课堂上大放厥词“吾辈祖宗受清室三百年恩泽，不能报德，反而诋之，不亦谬乎？”这些可恶的情况，激发了他的情绪，他立誓要打破清华园“沉闷阴霾”的“寂寞”，于是，他勇敢的和同学一起编演了独幕新剧《革命军》，少年闻一多扮演了剧中主要人物革命党人，塑造了一个在清朝官员面前威武不屈的义士形象。歌颂了辛亥革命。揭露了清朝官吏的丑恶嘴脸。抨击了袁世凯阴谋复辟的罪行。这个戏在全校演出之后，在师生中引起了强烈反响。这是闻一多进入清华学校后，点燃的反封建的第一把烽火，这烽火，虽然没有冲出清华园的高墙，没有在社会上产生更大的影响，但是清华园内却放射出耀眼的光芒。

《革命军》的创作和演出，是闻一多创作爱国反帝、反封建的长诗《提灯会》的思想准备。

1918 年 11 月，协约国取得了第一次世界大战的胜利。当时执政的中国北洋政府参加了协约国，算是投机的“战胜国”之一。段祺瑞执政府蓄意利用这个所谓的胜利，当做他投靠日本帝国主义“国策的胜利”，而大肆宣传，妄图借此来抬高段政府的政治身价，从而转移全国人民反对其黑暗统治的视线，于是，指令北京各学校“放假三日，以资庆祝”。年仅 20 岁的善于思考的闻一多，却从这一事件中显示了他与众不同的思想觉悟。

11 月 14 日，北京各校学生一万五千余人齐集天安门，开庆祝大会，会后举行“提灯会”。同天夜，未进城的清华同学也在海淀提灯游行庆祝。

当天夜里清华同学都去参加“德寇既克，寰宇同庆”的提灯游行时，闻一多却偏偏独自留校，不去参加。他从这虚伪的“胜利”之中，看到了祖国人民艰难的现实，他“俛思国难，感而成韵”，写下了他早期的反帝反封建的爱国诗篇《提灯会》。

在第一次世界大战结束后，人民正在欢欣的时候，许多人盲目感到“升平从今兹”。战争是结束了，然而中国今后怎么办？风华正茂的闻一多，在万人欢庆的时刻，却把眼光转到风雨飘摇的中国大地。他说“但使试内顾，勿得泪涟洏”，大家都在欢庆，闻一多却在这“普天同庆”之时，落下了忧国忧民的眼泪。他痛恨那些把中国人民掷入水深火热中的封建军阀。他“俛思国难”，不去参加游行的“欢乐”，他感到“孤怀厌喧嚣，彼乐增我悲”。在四围一片欢庆声中，他却“幽思坐冥独，愁魂忽南驰，峥嵘践肉阜，浩汗涉血池，菑疫相为弄，杀气翻天时”。这是闻一多对中国军阀混战的黑暗现实的无情控诉！

在中国近代史上，无疑，军阀是祸国殃民的一害，军阀是封建主义最残酷的代表。他们抢劫、掠夺、奸淫、烧杀，无恶不作，弄得国无宁日，民不聊生。特别是中国的广大农民，受害更甚。闻一多清醒地看到了这一点，他对广大的农民群众表示了极大的同情：

田禾灼涂炭，中藏老农尸，
饿鸱唤不醒，饱餐还哺儿。

农民的田地、稻谷被不义的战争烧成了灰烬，灰烬中埋藏着老农的尸体，饿鸱在自由自在地啄食着老农的尸体，老鸱饱餐之后，还叼着老农的肉回巢去哺育小雏。这难道不是灾难深重的旧中国黑暗生活的缩影么？这些凄惨的景象，使年青的闻一多“思此肝胆裂，仰天泪淋漓”！这不正是闻一多的忧国之泪、忧民之愤么？

更为可贵的是清华园的高高围墙，并不能阻挡闻一多的眼界，他透过现象，看到了问题的实质。他告诉人们卖国求荣的军阀和引狼入室的“国贼”，是国难的制造者，因此他把封建军阀比做“豺”和“貔”，把侵略中国的帝国主义比做“饥豹”和“强狼”。封建军阀和帝国主义“狼狈为奸”，使中国的锦绣河山，蒙上了一层灾难深重的阴影。

闻一多的《提灯会》，是他早期公开反帝反封建的优秀诗篇之一。这首诗产生于“五四”运动的前夕，可以说这首诗是闻一多献给“五四”运动的一个思想武器！

高唱一曲《满江红》

1919 年 5 月 4 日，在北京爆发了震惊中外的“五四”运动，表明中国反帝反封建的资产阶级民主革命已经发展到了一个新阶段。站在运动的前列，反对卖国政府勾结帝国主义势力出卖中华民族利益，高喊“外抗强权，内除国贼”口号的爱国学生运动，在清华园中引起了巨大的反响。

地处北京郊外的清华园，并不是别有洞天的“桃花源”，和其他院校一样，很快地卷入爱国运动的浪潮中，多数教师和学生，对北洋军阀丧权辱国，卖国求荣的媚外政策，不共戴天，在这国家存亡的时刻，纷纷组织了起来，热烈响应北京学生的爱国宣言，强烈要求清华学校当局支持学生的正义斗争。

清华学校的领导者，仰承帝国主义和北洋军阀政府的鼻息，竭力掩饰国内外反动派的丑行，极力阻挠广大青年学生参加“园外”的斗争。为了镇压清华学生的爱国运动，拿出了最后的杀手剑，竟然无耻地宣称：“过激主义侵入清华，将妨碍彼等留美之权利！”清华园内的形势十分严峻，一方面关系到祖国的命运，另一方面又关系到个人的前途。在这紧要关头，学校当局的这一手，确实使一些同学担心起参加爱国运动，将会导致不能赴美留学的后果，许多人处在观望徘徊中。

爱国运动的洪流终于涌进了清华园。北京城里的爱国学生组织起来的“北京学生救国会”，于5月1日、2日两天，多次派代表到清华园鼓励清华同学打破顾虑，团结一致，共同斗争。

清华学生会连夜召开会议，讨论形势，研究参加北京学生统一行动的决策。混迹于学生会中的几个“假洋鬼子”，企图用“读书就是爱国”的幌子破坏爱国行动。闻一多完全同意全面接受“学生救国会”的统一行动要求。对于清华园一些同学在祖国命运岌岌可危情况下，行动之迟疑，感到悲愤，他说：

清华住在北京，北京学生救国，清华不去参加，清华，清华，难道你真的不算是中国人的学校了吗？

“五四”的前夕，清华学生会决议进城去，参加爱国斗争。闻一多担任了清华学生会的文书工作，他和许多学生会的领导成员，为组织好进城参加游行的工作，忙着进行着各方面的准备。半夜时分，他才回到寝室，由于这些天的紧张工作，他那炯炯有神的大眼睛布上了缕缕红丝，他确实有些疲劳了，然而，他却毫无睡意。这位平时有点沉默的湖北青年，今天的夜里又紧紧地锁着双眉，他内心充满了忧虑。

同室的几位同学，由于操劳了一天，这时，都早已进入了梦乡。闻一多唯恐弄出声响惊醒梦中的同学，他进屋后的每个动作都尽力作到轻微，他轻轻地打开从家里带来的一只小皮箱，找出一张红纸，又拿出一支毛笔，这是一支精制的纯狼毫，笔杆上刻着“青山挂雪”四个绿色的字，他仔细地端详了一番，脸上露出了一丝笑容，这支笔是他从家乡带到清华园的，今天他要把它用到爱国事业上去。想着，想着，他把笔放进一只盛水的陶瓷杯中。然后，他又轻轻地打开桌上一面端砚的盖子，注上了一些水，用左手用力把住砚石，右手慢慢地磨起墨来。他一面磨着墨，一面沉思着。当砚石上出现一圈圈波纹时，他放下了墨，轻轻把红纸展开铺在桌子上，眼睛在纸上上下左右打量了一番，弯下腰，紧握笔，悬着腕，写上了一首慷慨激昂的诗篇。

这时已经是黎明时分，纸上的墨迹已干，闻一多带上浆糊，拿着卷起的红纸，走到饭厅的大门前，把写好的诗贴在最显眼的门扇上。

1919 年 5 月 4 日，天刚亮，东方天边抹上一层绚烂的朝霞，清华园饭厅的大门前，围满了一群青年学子，大家的目光都集中在门上贴着的那张大红纸，一位同学用激昂的声音朗诵着：

怒发冲冠，凭栏处，潇潇雨歇。抬望眼，仰天长啸，壮怀激烈。三十功名尘与土，八千里路云和月。莫等闲白了少年头，空悲切。

靖康耻，犹未雪，臣子恨，何时灭？驾长车踏破，贺兰山缺。壮志饥餐胡虏肉，笑谈渴饮匈奴血。待从头收拾旧山洞，朝天阙。

“五四”运动中，出现在清华园饭厅门前的南宋民族英雄岳飞的《满江红》，词中慷慨激昂的感情，写在纸上的那些苍劲而隽秀的恭楷大字，深深地印在当年参加过“五四”运动的那些清华校友的头脑中。那悲壮的情绪，动人心魄的胸怀，多年来一直萦绕在人们的心目中。然而，在很长时间里，清华校友，谁也不知道贴在门上的《满江红》是谁抄录的。

20 多年以后，闻一多在昆明西南联大的纪念“五四”的一次讲演会上，他才公开宣布：“五四”运动中，贴在清华园饭厅上的岳飞的《满江红》，是他亲手抄录贴出的。

闻一多在“五四”运动中，不仅是清华园里的一名宣传鼓动者，而且是清华学生参加反帝反封建斗争的组织领导者。清华的部分同学在清华学生代表团的率领下，进城参加了5月5日的游行示威。闻一多是代表团的文书，由于正在忙着赶写《致巴黎和会的通电》和《致全国学生界宣言》的起草工作，没有进城，留在校内参加了当晚在清华体育馆前举行的全校同学大会。这次大会决定5月6日全校总罢课。罢课期间，清华学生组织了18个宣传队，每队10人，每天轮流进城，或在附近农村讲演宣传。

6月3日，北京各校联合出动几千人在城内宣传。清华宣传队遭到军政府的残酷镇压，40多人被捕入狱。闻一多听到这个消息后，怒不可遏。6月4日，天刚亮，闻一多任清华学生的领队，率领一百六十余名宣传队员，身带毛巾、牙具，准备坐牢。早晨从清华园出发，步行到西直门，乘车到朝阳门，再步行到东安市场一带进行宣传。

他们的演讲，受到广大市民的欢迎，却又一次遭到反动军警的镇压，又有 90 多人被捕，闻一多率领清华同学面无惧色，高呼“严惩卖国贼”等口号，同反动军警展开了英勇的斗争。

“五四”运动的风暴，不久即席卷全国，六月中旬，闻一多被选为清华学生代表，到上海参加了全国学联成立大会，担任了学联刊物的编辑工作。会议期间，聆听了中国民主革命先驱者孙中山先生的讲话，给他留下了深刻的印象。

闻一多经过“五四”爱国反帝反封建运动的锻炼，冲破了清华园长期禁闭的大门，走上街头，接触了社会，增强了见识，初步认识到帝国主义、封建官僚主义狼狈为奸，是当时中国社会黑暗的根源。

敢于讽刺杜威的青年

杜威（1859—1952），是美国著名的社会学家、教育学家和唯心主义哲学家。“五四”时期在新文化运动中，颇有名望的人物胡适就是杜威的得意门生。

杜威所主张的主观和客观的区别只是经验内部的区别。是一种唯心主义哲学。在杜威看来，“经验”又是人和自己制造的环境的交涉，完全是主观的。杜威否认理论的作用，他把一切科学理论都归结为经验，认为任何理论都是个人应付环境的“工具”或手段。他还否认客观真理和绝对真理的存在，主张凡能一时取得“成功”的就是“真理”。他反对马克思主义关于阶级斗争和无产阶级革命的学说，鼓吹阶级“协作”和点滴的社会“改良”。

胡适是当时很有名气的北京大学教授，又是《新青年》的编委，是当时的一个有影响的人物。他对杜威的佩服是五体投地的。

1919 年 5 月，胡适以衣钵弟子的身份邀请杜威来中国讲学。杜威从美国到达上海时，胡适亲自从北京赶到上海迎接，接着，陪同杜威到十一个省讲学。这期间，胡适还专门赶写了《实验主义》一文，宣传杜威的反动哲学观点，介绍吹捧杜威的哲学思想。胡适自己也借机到处宣称自己是“实验主义的忠实信徒”，由于胡适的吹捧，杜威到中国后，便变成“洋圣人”了。

杜威来中国讲学之时，正是“五四”运动时期，马克思主义已由革命先驱者介绍到中国来了，中国人民反帝反封建的新民主主义革命已经开始，杜威不远万里来讲学，勿疑，妄图推销他的“实验主义”，以对抗马克思主义的传播，以“实验主义”的“一点一滴的改良”，来取代中国人民的革命运动。不言而喻，此时此刻杜威来华讲学起着破坏中国革命的作用，当然对杜威的宣传中国人民是不会欢迎的。

然而，有谁敢公开碰一下这位洋权威呢？胡适把他吹捧为“当今的圣哲”，到处是一片颂扬之声。

杜威万万没有想到，他到自己同胞主宰的清华学校讲学时，却遭到《清华周刊》一位小小的青年学生编辑的当头一棒。

出于爱国激情和崇高的民族自豪感，闻一多对杜威在中国大地上，面对中国人民，对中国人民自己的事情，评头论足，指手划脚的一派胡言乱语，简直无法容忍。杜威到清华园讲学的当天夜里，闻一多怀着满腔义愤命笔属文，痛斥杜威之流的澜言。不久这篇文章便刊登在《清华周刊》上：

我们大多数人一个星期里被功课忙的要死，到今天还加上几点钟的“听讲”，听的又是格格不入的艰深玄妙的哲理，此正杜威之所以有“催眠”之号，固以后的演讲之所以不能“叫座”的原因。

一个年仅20岁的青年，敢于公开著文藐视反动权威，敢于把堂堂的名教授胡适博士恭维为“当今圣哲”的杜威，戏称为“催眠”专家，予以无情的讽刺，这在当时没有出众的胆识是很难做到的。青年闻一多一针见血地把杜威的哲学称为“格格不入的艰深玄妙的哲学”无疑是一种含有幽默感的挖苦。青年闻一多公开著文声明杜威的讲学是不受欢迎的，不能不说是一种勇敢的革命行动。

闻一多青年时代对杜威来华讲学这一事件的反响，同时也公开表示了他对杜威的得意门生胡适博士的强烈不满。

闻一多青年时代所以能够具有如此的真知灼见，毫无疑义是完全基于他的强烈的爱国主义思想。

“击鼓骂‘阀’”

《渔阳曲》，是闻一多经过“五四”洗礼，继《提灯会》之后，创作的又一首反封建的长诗。长诗的创作是诗人古为今用的尝试。

这首诗，对于研究、探讨闻一多早期诗歌创作及其所走的道路，有着重要的意义。

《渔阳曲》，系古曲名，即《渔阳掺挝》。这个故事，最早见于《后汉书》卷八十《祢衡传》：

（孔）融既爱衡才，数称述于（曹）操。操欲见之，而衡素相轻疾，自称狂病，不肯往，而数恣言。操怀忿，而以其才名，不欲杀之。闻衡善击鼓，乃召为鼓吏，因大会宾客，阅试音节。诸吏过者，皆全脱其故衣，更著岑牟单绞之服。次至衡，衡方为《渔阳掺挝》，蹀躞而前，容态有异，声节悲壮，听者莫不慷慨。衡进至操前而止，吏诃之曰：“鼓吏何不改装，而敢轻进乎?”衡曰：“诺。”于是先解袒衣，次解余服，裸身而立，徐取岑牟单绞而著之，毕复三挝而去，颜色不怍。操笑曰：“本欲辱衡，衡反辱孤。”

晚于《后汉书》的《世说新语》也有类似的记载。《三国演义》已把这个故事小说化了。

明人徐渭所作《四声猿》之一的《狂鼓吏》（又名《渔阳弄骂曹》）是最早以这个故事为题材的戏曲作品。后来的京剧《击鼓骂曹》，盖源于此。

闻一多借用《渔阳弄骂曹》的故事赋予它崭新的思想内容，借以痛斥封建军阀。

《渔阳曲》中洋溢着闻一多的反封建的爱国激情。诗人赞扬了一个与众不同的鼓手，表现了他对封建当权者的反抗和藐视。这个与众不同的鼓手，敢于直面封建权贵进行不屈的斗争。长诗充分显示了鼓手把生死置之度外的英雄气概，从而抒发了诗人对黑暗现实的愤懑。诗中潜藏着诗人喻古讽今“击鼓骂‘阀’”的强烈情感。

《渔阳曲》的鼓声对封建军阀“白日的光芒照射着朱梦”，予以无情的嘲弄。当时中国北方的各路军阀，外依帝国主义势力，内恃他们各自割据的地盘，不断地扩张自己的势力，妄图从帝国主义入侵、瓜分中国的矛盾中，称王称霸。曾经受过“五四”运动洗礼的闻一多，对半封建半殖民地旧中国的黑暗，看的比较真切，他感到中国的前途有葬送于“国贼”、“枭雄”之手的危险。于是，他描绘了一个不畏强暴、蔑视权贵的鼓手，“敲着灵鼍鼓”，“两眼朝天”，潇潇洒洒地“闯”进了军阀虎踞着的“高堂”。鼓手擂出的“丁东”的响声，是神妙莫测的。起初的鼓声是斯文幽雅的，“清如鹤唳”，“细似吟蛩”，这时，“高堂上虎踞着的主人”们，误以为这鼓声是给他们的燕筵助乐，满以为“腹有诗书”的鼓手会调度出“更幽雅的音乐”为他们歌功颂德，不料这鼓声“越打越酣然”，急转直下，波澜壮阔，万马奔腾，“陡然急切”，“忽又沉雄”，终于擂出了慷慨、激昂、愤恨、诅咒、抗议，直至“惩斥”的声音。

《渔阳曲》的鼓声，决不是为如同“磨牙的老虎”的一帮封建军阀“歌功”，更不是给他们“颂德”，分明是诗人对那些“银盏玉碟——尝不遍燕脯、龙肝，鸬鹚杓子泻着美酒如泉……”——民脂民膏的“诅咒”、痛骂。《渔阳曲》的鼓声，就是要撩一撩这群“老虎”的屁股。那震天动地的鼓声，“像惊涛裂岸”、“像霹雳腾空”，要荡尽人间的污秽，要摧毁军阀的“高堂”，使军阀“满堂是惊讶”、“满堂是恐怖”。在军阀“庭中嘶吼”着的鼓声，吓得军阀们“停了玉杯”，“住了象箸”。那“像鱼龙走峡”、“像兵甲交锋”的鼓声，擂得军阀们“胆寒”，“挝得”军阀们“发耸”，敲得军阀“满脸堆皱的笑容”顿时“变成死灰”。诗人要让“丁东”的战鼓像摧枯拉朽一样推翻那些“虎皮交椅”——打倒一切骑在人民头上的军阀。

《渔阳曲》的战鼓，不仅痛击了各路军阀，而且也讥讽了帮闲，抨击了帮凶。“五四”以后，我国的知识分子发生了分化，有的走上了革命道路，有的加入了反革命行列，或卖身投靠当了走狗，或依附军阀做了奴才。

《渔阳曲》对军阀的座上客的奴才相描述的也很逼真。军阀的“高堂”之上，一面虎踞着“主子”，一面坐满了“宴饮的宾客”，虽然他们一样的端着“银盏”，举着“象箸”，尝着“燕脯”、“龙肝”，然而在诗人看来这些厚颜无耻的“宾客”，不过是“缩瑟”在老虎身边的“一群猪羊”。直到那些“主子”被鼓声震破胆的时候，那些“坐满了两厢”的无耻“宾客”，依然恋恋不肯离去。这不正是当年那些死心踏地充当帝国主义走狗、甘当封建军阀奴才的反动政客的无耻嘴脸么？

“五四”时期，鲁迅说过：“世界上如果还有真要活下去的人们，就先该敢说、敢笑、敢怒、敢骂、敢打，在这可诅咒的地方击退可诅咒的时代！”（《忽然想到（五）》）。《渔阳曲》中的鼓手，便是这样一位勇士！

闻一多为什么要借用《渔阳曲》的故事来抨击封建军阀呢？祢衡“击鼓骂曹”的故事是一个流传很广、为广大群众所熟知的故事，这个故事早已搬上舞台，不仅京剧，其它一些剧种也有这个剧目。长期以来，人们传颂祢衡敢于当面“责骂”被文艺作品铸定为奸雄典型的曹操，自然祢衡也就被广大群众视为英雄了。所以当人们看到或听到祢衡数落曹操的罪状，斥责曹操的恶行时，无不拍手称快，当人们看到曹操被斥责得怒气填膺而又无词以对、垂头丧气时，无不称心如意。这该归功于文艺典型的作用。在文艺上，人们自不必计较历史上的曹操当骂不当骂，反而会收到联想和揭露现实中的奸雄、国贼……的效果。

《渔阳曲》，不仅有时代性，还有相当的认识价值。从《渔阳曲》中，可以判断，当时的人们看后，是心领意会的，人们能够从诗中认识到作者所嘲弄、诅咒的正是那些作威作福的军阀、奸雄、国贼……反映了“古为今用”的作用，证实了古代文学作品的人民性在现实生活中的影响。

闻一多早年在论诗时，不止一次的强调新诗要时刻注意我们的“今时”和“此地”的重要性。

闻一多十分赞美鼓的战斗作用，他在《时代的鼓手》中说道：

鼓这种韵律的作品，是一切乐器的祖宗，也是一切乐器中之王……鼓象征了音乐的生命。……鼓的情绪便是生命的音乐。

可见《渔阳曲》中的那些“丁东”“丁东”的鼓声饱含着诗人的强烈情感的。

“丁东”、“丁东”的鼓声本身，就寓着整齐、庄严、雄壮、刚毅以及抑郁、深沉的情绪。通过祢衡“击鼓骂曹”故事情节的媒介，诗人笔下的“丁东”鼓声也就寓托了慷慨、愤恨、抗议、惩斥的内涵。这声音也容易引起读者的共鸣。

被听觉所能接受的鼓声和用笔写出，被读者视觉所接受、从而引起联想的鼓声，是有重大差别的，前者是直觉，后者是联想。闻一多在诗中用了许多象声的词，加上绘声的诱导，从而唤起读者的联想。这艺术手段不能不说是十分高明的。

闻一多青年时代，敢于面对残暴的封建官僚集团“击鼓骂‘阀’”，足以说明他青年时代便是一位“与众不同的鼓手”。

在芝加哥的“中国陈列室”里

1922年7月16日，闻一多和他的50多位同学乘坐一艘外国客轮，乘风破浪，开始了赴美留学的航程。8月7日，经过20多天横跨太平洋旅程的颠簸，拖着疲惫的身躯，踏上了美国的领土。

在码头上“迎接”这批“支那”留学生的人们，没有丝毫友好的微笑，更谈不上热情的接待了。欢迎这些“支那”留学生的方式，是围在他们身边的美国移民局的一群趾高气扬的官员所进行的检查和盘问。当年的这一伙穷“支那”留学生，在那些“美国佬”的心目中是“劣等民族”，待之以粗俗的语言、傲慢和无礼。这情景顿时使闻一多的民族自尊心受到严重的伤害。初到美国所留下的这等恶劣的印象，使他铭记着个人的命运和荣辱是和祖国的地位紧紧地联系在一起的。

闻一多到美国是为专攻绘画的，按照他的愿望，他进入了芝加哥美术学院。芝加哥是当年美国的第二大城市。这个大城市的湖滨风景配衬着豪华、堂皇的城市建筑，标志着美国的“现代文明”。然而，他却缺少自己的悠久历史，自然更无灿烂的文化。城市的主人为了表现他们的科学发达、“现代文明”的成就，建立了很多艺术馆、博物馆、展览馆，做为美利坚合众国炫耀自己成就的窗口。在芝加哥林肯公园里，有一个规模巨大的“自然博物馆”。这些，对于渴求知识、以博见闻的闻一多来说，当然具有很大的吸引力，他遍览了芝加哥所有的艺术馆、展览馆、博物馆。参观时，他看着、记着、思考着，对于有志于美术的闻一多，他也用心在这个城市艺术世界的每一个角落里，他开始探索西方世界的“现代文明”，更想弄清美国现代艺术的风格和流派。

有一天，风和日丽，闻一多怀着满腔激情，矫健地走进了设在林肯公园里的“自然博物馆”，当他看到设在这所自然博物馆二楼的“中国陈列室”里，陈列着琳琅满目的中国文物，许多陈列品是闻一多在国内一些博物馆从未见到过的。他以十分惊异的心情仔细地一件一件观看着，上古的各种陶器、青铜器、北魏的石雕佛像、唐三彩、宋人的书画……啊，真是应有尽有，他看着，想着，先是惊异，继而怀疑，终于产生了一种强烈的民族悲愤。他暗自思忖着，祖国的历史文物，为什么流入美国竟如此之多？美国展出中国文物是为了尊重中国悠久的历史和灿烂的文化么？绝对不是，他们展示中国文物的目的，不过是为了显示他们所谓的西方文明，是靠他们的炮舰政策和武力掠夺的胜利而已。他感到一个炎黄子孙在外国看被人家抢了去的自己的家珍，简直是一种耻辱。他不能继续看下去了，匆匆地离开了林肯公园。

这便是他到美国之后，对“现代文明”产生的第二个反响——“憎恨”。

闻一多到芝加哥仅仅度过一周的时日，便在给友人吴景超的信中说：

啊，我到芝加哥才一个星期，我已厌恶这里的生活了！

多么豪壮的民族气节！多么坚贞的民族精神啊！

孤雁的悲鸣

闻一多在美国住了一个时期之后，在对美国各个方面的情况做了更多了解的基础上，他开始认真地观察和解剖美国社会了。

他看到在美国现代城市里，高耸入云的摩天大厦的脚下，还有许多的破烂不堪的贫民窟。他观察了大腹便便的富翁和挥金如土的阔小姐，在他们的眼中人不如狗。不正是这些人在吮吸千千万万面黄饥瘦的劳动者的脂膏么？在这里，一方面是灯红酒绿、花天酒地，另一方面是饥寒交迫，濒临死亡，呈现着杜甫所说的“朱门酒肉臭，路有冻死骨”的惨相。他以真实而具体的观察，认识到这个“自由世界”、“文明之邦”的贫与富的尖锐对立在不断发展着。

他在芝加哥“自然博物馆”里，看到这个科学发达的国家，原是发达的科学帮助了他们的野蛮侵略，而美国式的“现代文明”，恰恰是建立在掠夺之上。“人间天国”的美国，只不过是富人的“天堂”，穷人的地狱。为拯救祖国而来“大洋彼岸”求知的闻一多，逐渐地感到自己的感情、志向与这个世界是多么格格不入啊！在远隔重洋的异邦，他真像一只失群的孤雁，真像一个离开母亲的孤子，他感到寂寞、孤独、悲凉。于是，他把自己在这“人间天国”的所见、所闻、所感写进了他到美国后的第一首诗篇——《孤雁》中，他忠诚地向祖国同胞做了这样的汇报：

啊！那里是苍鹰的领土——
那鸷悍的霸王啊！
他的锐利的指爪，
已撕破了自然的面目，
建筑起财力的窝巢。

那里只有钢筋铁骨的机械，

喝醉了弱者的鲜血，

吐出些罪恶的黑烟，

涂污我太空，闭熄了日月，

教你飞来不知方向，

息去又没有藏身啊！

一个20多岁的人，能够透过美国现代文明和社会繁荣的烟幕，看到这个制度的黑暗和丑恶，不仅表现了诗人敏锐的嗅觉，而且也表现了一个炎黄子孙深厚的爱国感情。

生活在“苍鹰”中的“孤雁”，在“霸王领土”上求知“不幸失群的孤客”，“弱者的鲜血”只能任“霸王”们吮吸了。于是诗人呼吁：

归来罢，失路的游魂！

归来参加你的伴侣，

补足他们的阵列？

他们正引着颈望你呢！

闻一多没有像当时个别留美同学那样，被美国的所谓一片“繁荣富有”的景象所迷惑，没有拜倒在美国的铜臭面前，而是坚定的站在中国人的立场上，表现了中国人的骨气。

闻一多在《孤雁》中所说的“归来罢，失路的游魂”，决不是一时感情冲动随便说着玩的一句空话。后来，他到底提前回国、“归来”了，向祖国、向同胞“拼着寸磔的愁肠，泣诉那无边的酸楚”，揭露帝国主义那“腥臊的屠场”的罪恶。

闻一多青年时代在美国留学期间，对西方文明能有如此正确的认识、对祖国能有如此深切的爱，这在当时的历史条件下，可以说是“凤毛麟角”，这是很值得学习的。

“我是中国人！”

怀念祖国的“孤雁”，这在异国的愁思，并没有使闻一多忘却祖国对他的期望，虽然他对当时美国种族歧视感到厌恶，但，他不能放弃自己远渡重洋来美留学、矢志艺术的初衷。闻一多厌恶的是美国的社会，对研究西方艺术并没有恶感。就这样他完全抛弃了来美国以前的许许多多幻想，开始了踏踏实实地艺术深造，他以炎黄子孙固有的自尊和自己完全能够控制自己情绪的客观冷静，开始了新的“艺术之宫”里的生活。

闻一多在美国芝加哥艺术学院生活了一年，这一年，由于他刻苦地学习，他那杰出的绘画才能以及关于绘画艺术有关的一些理论具有独到的见解，很快受到美国当代画家们的称赞。他的绘画老师，芝加哥艺术学院美术系主任利明斯称赞他是“少有的艺术家”。闻一多从幼年开始养成的超乎常人的独立思考的习性，使他在学习西方画法时，不放弃联系中国的传统画法，特别是他在长期刻苦钻研唐诗时，不断思考过的“诗中有画，画中有诗”的艺术境界，正是中国固有的文化传统，是中国文化的精华部分。这个时期，他经过一系列的探索，终于闯出了一条新路子。他把“画中有诗”的艺术创作特色同西洋画法融汇起来，初步形成了自己的简洁、朴实、真诚的艺术风格。难怪利明斯对这位来自“支那”留学生的为人和绘画才能那样的格外推崇：多次帮助闻一多参加或举办画展，使美国一些有名气的评论家对这位“东方的老憨”刮目相看。这些活动，使闻一多不断开阔了眼界，更加深入地了解了美国社会，对利明斯那样的没有泯灭艺术良心的美国老师对他的栽培，他永远铭记在肺腑之中。

正在闻一多专心致志钻研绘画艺术时，在芝加哥艺术学院美术系里，发生一件使闻一多不能容忍的事情：

一位美国学生写了一首诗，这是一首不怀好意的歪诗，诗中嘲笑中国人的脸"不仅沉默，而且神秘，简直像埃及尼罗河岸金字塔旁的狮身人面的怪物"。一位好心的朋友把这件事情悄悄地告诉了闻一多。他听后顿时义愤填膺，立即敏锐地认识到，这是一种美国特有的种族歧视的变相反映，是对中国人民的公开侮辱、欺凌和无端地挑衅。于是，他挺身而出，毫不含糊地公开站了出来，予以坚决地驳斥和回击，他庄严地宣布：

我首先想到的这是一种可耻的侮辱！其实用中国人的眼光看来，碧眼黄毛不正像妖魔鬼怪吗？中国是个有高度文明的国家，中国人的确善于思想，也喜欢沉思默想。这，是成熟，是谦虚，不是什么神秘！奉劝浅薄的美国绅士们，赶快收起那种自以为"幽默"的优越感吧！

闻一多雄辩的论点和火一样的语言，使那位恃强凌弱的美国学生，张口结舌，无言以对，默默地认输了，悄悄地败下阵去！

经过这一场针锋相对的短兵相接以后，其他一些歧视中国留学生的美国学生，知道了闻一多的“厉害”，再也不敢公开任意放肆地侮辱中国人了。

这个流落到太平洋彼岸的“不幸失群的孤雁”，因为他想到“我是中国人!”才感到骄傲和自豪，才敢于不畏强暴，才敢于向那些侮辱中国人的“洋鬼子”进行不屈的斗争。

经过这场斗争，闻一多也看到许多到美国留学的中国人，被美国纸醉金迷的现实生活所迷惑，大有“乐不思蜀”之势，这种人，自然对美国的种族歧视，不以为耻了。这些人，如不惊觉，恐怕会变成洋奴。想到这里，闻一多怀着悲愤的心情，写下了气壮山河的诗篇——《我是中国人!》。

闻一多写这首诗的时代，在帝国主义国家里“中国人”、“支那人”是一个被某些人歧视的名称，闻一多虽然有远离祖国的孤独感，但是，他一想到祖国，便感到自豪，他和鲁迅一样，没有丝毫奴颜媚骨。他面对当年美国的一些种族主义分子和怒其不争的一些留美同胞，庄严宣布：

我是中国人，我是支那人，

我是黄帝的神明血胤；

我是地球上最高处来的，

帕米尔便是我的原籍。

闻一多认为“我们的历史可以歌唱”：

我是过去五千年的历史，

我是将来五千年的历史。

我要修葺这历史的舞台，

预备排演历史的将来。

闻一多一贯认为伟大的中华民族有光荣的过去，有光荣的现在，必将有光荣的未来！这是因为：

伟大的民族，伟大的民族！

五岳一般庄严正肃，
广漠的太平洋的度量，
春云的柔和，秋风的豪放。

作为一个杰出的爱国诗人，闻一多不能不想到帝国主义的侵略和国内政治的黑暗，面对这残酷的现实，仅仅是悲愤是不够的，他对中华民族的崛起充满了信心：

我们将来的历史是首诗，
还歌着海晏河清的音乐。
我们将来的历史是杯酒，
又在金罍里给皇天献寿。

这个“东方的老憨”，时刻不忘东方文化铸成了一个伟大的中华民族，它不仅是中国固有的，将来也将是世界的生命：

伟大的民族！伟大的民族！

我是东方文化的鼻祖，

我的生命是世界的生命。

我是中国人，我是支那人！

闻一多的“我是中国人”的豪言，不能不说是他生活的那个时代的典型化的真正的中国人的形象，至今也代表着中国人的铮铮的骨气！“我是中国人”表达了中华民族炎黄子孙崇高的人格美，这种人格美，反映到闻一多早年的诗歌中，必然产生闻一多所独具的爱国主义抒情诗人的心灵美。

闻一多之所以被称为伟大的爱国主义诗人，因为他代表了他生活的那个时代“我是中国人，我是支那人！”的精神。

忆 菊

习习的秋风啊！吹着，吹着！
我要赞美我祖国的花！
我要赞美我如花的祖国！
请将我的字吹成一簇鲜花，
金的黄，玉的白，春酿的绿，秋山的紫，
然后又统统吹散，吹得落英缤纷，
弥漫了高天，铺遍了大地！
秋风啊，习习的秋风啊！
我要赞美我祖国的花！
我要赞美我如花的祖国！

这是青年诗人、画家闻一多1922年10月27日，在美国芝加哥病中所写的思乡曲——《忆菊》的最末的一节。不是么，秋思，往往最能牵动游子的情愫，古今中外许多诗人写过秋思的诗篇。普希金说“金色的秋天”，闻一多笔下的秋天如花似锦。许多古人笔下的秋天却是孤雁南飞，落叶满地，满目凄凉，诗人触景生情，充满了悲秋的情绪。

秋天是祖国收获的季节，谁不想与亲人团聚分享故乡大地丰收的喜悦。祖国儿子的闻一多虽然身在现代文明的芝加哥，他的心却无时不在思念祖国。作为画家，他要赞美“祖国的花”，作为诗人，他要赞美“我如花的祖国”。一颗赤诚的心，无时不在想念祖国的人民。

菊花在习习的秋风中开放，开放了的菊花鲜艳夺目，千姿百态，令人喜爱。身在密执安湖畔的闻一多，把受到帝国主义种族歧视的悲愤，化为对祖国繁荣昌盛的希望。他在怀念祖国时，忆的不是雍容端庄的牡丹，也不是洁白芬芳的玉兰。他在习习秋风中的芝加哥，忆起了习习秋风中祖国大地盛开的菊花。他爱的是傲霜凌雪的秋菊，“秋菊不竞一时红”，他赞美秋菊的高贵品质，寄寓了他对祖国的无限希望。

“啊四千年华胄的名花呀！”“你有高超的历史”，因此，“我的希望之花又开得同你一样”，“弥漫了高天，铺满了大地！”“我们庄严灿烂的祖国”啊！

闻一多笔下的那些“未放，将放，半开、盛开的菊花”，充满了生机，蓬蓬勃勃，一派繁荣的景象。这里闻一多一反古人“寒风肃杀，黄花飘零”的悲秋情绪。《忆菊》正寄托着闻一多对祖国诚挚的希望。

闻一多把自己在美国的留学，比作“我是一个流囚”、“一个不幸失群的孤雁”，一个受到帝国主义种族歧视的中国青年，使他时时感到自己如同远离母亲怀抱的孤儿。试想一个远方游子，在习习秋风中，正值落日楼头之时，怎能不回肠九曲，痛定思痛呢？正如他在一封家信中所说的那样：不出国不知道思念家乡的滋味。

习习的秋风，吹拂着闻一多的衣衫，密执安湖的涟漪，勾引起闻一多对祖国的深切怀念。习习秋风中盛开着的菊花，寄托着他对祖国的希望。

秋风啊，快把年轻诗人的爱国希望带回祖国，让祖国土地上的所有的菊花，开得更加灿烂！

红　烛

1923年9月，闻一多（25岁）的第一本诗集《红烛》出版了。当时他正在美国留学，是经过创造社的创始人、著名诗人郭沫若的介绍，由上海泰东图书局出版发行的。这是闻一多从1920年以来，3年的时间里新诗创作的一个选集。《红烛》内含《序诗》、《李白篇》、《雨夜篇》、《青春篇》、《孤雁篇》、《红豆篇》，计103首。前4篇是在国内写作的；后两篇是在美国留学时写作的，结集出版时，文字有所修订。

《红烛》出版后，在当时的中国诗坛，曾引起很大的震动，评论界普遍认为闻一多诗才横溢，想象力极为丰富，文辞明快而又浓艳，与以往出版的一些诗集相比，公认为别具一格，为新诗创作打开了一个崭新的局面。

闻一多在《红烛》的《序诗》的篇首，引用了晚唐诗人李商隐的名句——“蜡炬成灰泪始干”，人们看到这句诗，会不约而同地想到上句的“春蚕到死丝方尽”。闻一多借用古人的诗句赋予《红烛》一种新的伟大精神，为了带光明给人间，牺牲了本身也在所不惜，用今天最为流行的“照亮了别人，毁灭了自己”一句“成语”，就足以揭示出闻一多为什么要赞扬红烛精神了。

《红烛》的书名，极富象征性，又以暗示代替说明的语言，非常自然的加深了诗的含蓄性，读后令人发省，回味无穷。

诗人说“红烛啊！……烧罢！烧罢！烧破世人的梦，烧沸世人的血——也救出他们的灵魂，也捣破他们的监狱！”诗人以为，只有像“红烛”那样的不惜自我牺牲的燃烧，才能使世人从梦中醒来；只有不断的烧，才能烧沸世人的热血，才能有美好的灵魂，最后才能烧毁那禁锢了几千年的“监狱”！

闻一多深知要唤醒世人的梦，尤其是要烧毁那“监狱”，仅仅靠个人的艰苦卓绝的奋斗是不行的，要靠世人一起来抗争，“请将你的脂膏，不息地流向人间”，你的“脂膏”流向人间，和人们的“脂膏”流在一起的时候，才能“培出慰藉的花儿，结成快乐的果子”！“莫问收获，但问耕耘”，只有这样，才能结出果子的！

从思想内容，到表现艺术，闻一多的《红烛·序诗》和郭沫若的《女神·凤凰涅槃》，可称为异曲同工，二位诗人的思想追求和表现技巧，何其相似！凤凰“涅槃”之后，更生了，是在烈火中更生了，“死了的光明更生了”，“死了的宇宙更生了”，烈火烧掉了污秽，带来了光明，得到了永生！《凤凰涅槃》表现出的诗人感情是慷慨激昂的，诗人的形象是在黑暗中点燃火炬，高歌猛进。《红烛·序诗》所表现出的诗人感情，则是诗人正在噙着痛苦的泪水，歌颂红烛的牺牲精神，诗人的形象，则是在黑暗中悲愤交炽，沉着奋战。二者都是为了一个目的，争取光明。

郭沫若的《女神》中有火，闻一多的《红烛》中，何尝没有火？尤其在他后来出版的《死水》中的火，有如火山爆发时喷出的冲天大火。

《红烛》中有几篇表现海外游子眷恋祖国的诗

篇，像《太阳吟》、《忆菊》、《孤雁》等都是的。

闻一多在异邦美国，把自己思念祖国之情，向着“火一样烧着的太阳”，尽情地倾诉了出来，竟要“骑着太阳”，“每日绕行地球一周，天天望见一次家乡”！

身在异邦的闻一多，为了改变中华民族被歧视被凌辱的地位，把希望寄托在祖国的富强昌盛上。他把这种情感都熔铸在赞美祖国、怀念祖国的诗篇中，《忆菊》是最有代表性的一篇，他写道：

啊！诗人的花呀！我在想你，
我的心开成顷刻之花，
灿烂的如同你一样；
我想起你同我的家乡，
我们庄严灿烂的祖国，
我们希望之花又开得同你一样。
我要赞美我祖国的花！
我要赞美我如花的祖国！

闻一多对庄严灿烂的祖国的希望，如同“未放、将放，半放、盛开的菊花”一样，意境深邃，诗味隽永，表现了一腔赤子之情。

闻一多不仅“赞美我祖国的花”！而且“赞美我如花的祖国”！对于一位流落在“太平洋彼岸”的“不幸失群的‘孤雁’”来说，他多么希望自己的祖国快快地昌盛起来呀！

闻一多的《孤雁》，也是写在美国的名篇之一。

他在“人间天堂”的美国，把自己比作是“一个不幸失群的孤雁”，他当时的一种孤独、悲凄，以及出国后的失落感，尽在这一形象的比喻之中。生活在“苍鹰”中的“孤雁”，在“霸王领土”上求知的“孤客”，怎么能够不思念自己的祖国呢？何况在回首国内时，看到那些“弱者的鲜血”正在被“霸王”们吮吸着，于是，他呼吁：

归来吧，失路的孤魂！
归来参加你的伴侣，
补足他们的阵列！
他们正在引颈望着你呢！

后来闻一多终于为了向同胞“拼着寸磔的愁肠，泣诉那无边的酸楚”，揭露帝国主义“腥臊屠场”的罪行，愤然提前回国了。

《红烛》出版之前，梁实秋曾为其作序，序中阐发了闻一多的文艺观。闻一多在一封给梁实秋的信中说：“在《红烛》序里宣布我的信条，我看现在可以不必。恐怕开衅以后，地势悬隔，不利行军，反以示弱。若是可能，请劳驾收回序稿，或修改或取消均可。千万，千万！”《红烛》初版时，确实未收梁实秋那篇序，梁实秋的那篇未公开发表的《红烛》序，到底是些什么内容呢？暂时已难以考查。此外，《红烛》出版后，闻一多对印刷中的错误，表示不满，当年的 11 月，他在给胞弟家驷的信中，抱怨说：“排印错误之多，自有新诗以来莫如此甚。如此印书不如不印。初出头之作家宜不在书贾眼里。人间乃势利如此，夫复何言！”

"你们肯干?""你们肯干?"

1923年1月，闻一多在美国的芝加哥，他给家里写了一封信，信中痛斥了帝国主义的种族歧视和中国同胞的不幸遭遇。他说：

> 一个有思想之中国青年，留居美国之滋味，非笔墨所能形容，俟后年年底我归家度岁时当与家人围炉闲谈，痛苦流涕以泄余之积愤。

当时，在"文明"的美国，中国人普遍受到歧视，而其中最受歧视的是中国的"洗衣者"，为别人洗衣，在高贵的美国人的心目中，是最下贱的职业。对华侨洗衣者的不幸遭遇，闻一多看在眼中，痛在心头，愤而不平，写了一首激动人心的爱国诗篇

——《洗衣歌》。

《洗衣歌》的篇首，有序曰：

洗衣是美国华侨的普遍职业，因此，留学生常常被人问道："你爸爸是洗衣裳的吗？"

为了生存才给别人洗衣，给别人洗衣有什么不光彩？在那些老爷看来，洗衣是下贱，洗衣的中国人，更下贱！这是什么逻辑？是帝国主义种族歧视制造者的逻辑。闻一多愤怒地写道：

胰子白水要不出花头来，
洗衣裳原比不上造兵舰。

洗衣裳怎么能比得上造兵舰呢？于是，闻一多盘问那些帝国主义老爷们：

流一身血汗洗别人的汗，
你们肯干？你们肯干？

自然帝国主义者谁也不肯干，因为他们有大炮、兵舰，他们靠掠夺生活，他们有的是钱。闻一多和千千万万洗衣者一样，鄙视那些不义之财，他说：

铜是那样臭，血是那样腥，
脏了的东西你不能不洗，
洗过的东西还得脏。

闻一多认为帝国主义者衣服上的灰尘可以洗掉，但，他们身上的铜臭和血腥永远洗不净，因为在他们的华丽的外衣里裹着肮脏的灵魂：

我洗得净悲哀的湿手帕，
我洗得净罪恶的黑汗衣，
贪心的油腻和欲火的灰，
你们家里的一切脏东西。

闻一多愤慨的指责，在帝国主义炮舰保护下的资本主义“文明世界”中，投机于黄金市场而折了本的老板和那些角逐于情场的而败下阵来的花花公子、妖冶小姐的“悲哀的湿手帕”，“罪恶的黑汗衣”，“贪心的油腻和欲火的灰”他们的这些罪恶是永远洗不净的，因为他们那里是一个“铜是那样臭，血是那样腥”的肮脏世界。

闻一多说，在美国为他人洗衣裳的华侨同胞是：

年去年来一滴思乡的泪，
半夜三更一盏洗衣的灯……

假若如今在美国还有“流一身血汗洗别人的汗”的华侨洗衣者看到这《洗衣歌》，将同当年的闻一多一样思念祖国潸然泪下。

最后闻一多警告那些贱视洗衣者的老爷们：

下贱不下贱你们不要管，
看那里不干净那里不平，
不信吗？你们
问支那人，问支那人。

愤然提前回国

1925年春节，闻一多在寄自美国的一封家信中说：

> 我乃有祖国之民，我有五千年之历史与文化，我有何不若美国人者？将谓吾国人不能制造杀人之枪炮，遂不若彼之光明磊落者乎？总之，彼之贱视吾国人者一言难尽。

这年5月，闻一多毅然决定提前回国。闻一多把自己在美国的留学生活比作是“一个流囚”。好心的美国教授誉他是“少有的艺术家”，热心的同学鼓励他取得博士学位，然而，“艺术家”的头衔，“博士”的桂冠，对具有强烈爱国气节的闻一多来说，都是身外之物。他决心回到灾难深重的祖国，要为祖国的昌盛富强尽一份力量。这一消息很快在留学生中传开了，许多留美同学不理解他为什么放弃公费留学的优裕的生活条件和良好的学习机会，对他提前回国的决定表示惊讶。了解他为人的同学劝他再忍辱坚持一年，考取学位再回国，闻一多婉言谢绝了。对于那些对他的行为不理解的同学，背地里议论他“性情怪僻”，闻一多听后，只是苦笑着不置一词。

正如闻一多在信中所说的那样，他提前回国主要是由于不满美国的生活方式，不满意美国上层社会的种族歧视和阶级压迫，不满意虚伪的美国社会意识。更重要的原因，则是为了尽快地回到祖国，为祖国和人民作些有益的工作。

远离祖国，被人歧视的“流囚”生涯，简直使他无法忍受。他在信中告诉亲友：

蛰居异邦，何殊谪戍，能早归国，实为

上策。

当时在美国的个别中国同学，听说闻一多提前回国是想念自己的家，想念新婚久别的爱妻。他在给一位朋友的信中辩解道：

不出国不知道想家的滋味，但是不要误会以为我想的是狭义的“家”。不是！我所想的是中国的山川，中国的草木，中国的鸟兽，中国的屋宇——中国的人。

那时，有些完全为了自己将来能够出人头地而出国留学的知识分子，有的人，为了能获得出国镀金的机会，不知要如何绞尽脑汁，百般争取。出国以后，为了获得博士桂冠，又不知要花费多少金钱、消费多少心血！然而，这些在闻一多的心中，他早已掂量过了。他在回国前对一位朋友语重心长地说：

我没这耐心，好歹学了点东西，如果能对

中国有点用途，就可以回去了；如果学的东西对国内用途不大，就更该早点回去了。省下两年的时间留给别人吧！

听听吧，你能说闻一多的思想不高尚么？

闻一多是对在美国留学失望之后，“擎一把火”，远渡重洋，匆匆回国的。

这个祖国的赤子，在海外的学习成绩是非常优异的，他学过的七门功课的考试成绩，有六门是“超等优异”。

尽管如此，他还是要中止学业，回到虽然充满了苦难，然而却是自己祖国的大地。

闻一多在回国前的一首诗中说道：

太阳啊，刺得我心痛的太阳！
又逼走了游子的一出还乡梦，
又加他十二个时辰的九曲回肠！……
太阳啊——神速的金马——太阳！
让我骑着你每日绕地球一周，

也便能天天望见一次家乡！

——《太阳吟》

这首诗充分地表现了闻一多在美国回国前，思念祖国的赤子之情！

沪港晨雾

1925年6月1日。

一艘远洋客轮在中国东海航行着。巨浪汹涌，波涛滚滚，客轮在风浪中颠簸着驶向长江口。

黎明时分，船行到黄埔江中，这时，风浪已渐渐平息了，然而，突如其来的漫天晨雾遮住了前方，船不得不减低航速。

到太阳冉冉升起的时候，晨雾渐渐变得稀薄了，透过晨雾远远望去，外滩已依稀可见了。船上的旅客顿时忙碌了起来，都在做着下船的准备。闻一多和他的同行者余上沅、赵太侔的心情却是极为沉重的，他们在船上已经听到5月30日，上海发生了日本帝国主义者枪杀中国同胞的流血惨案，三个留美的穷学生，学成归来，刚到国门，身上几乎到了一文不名的程度，怎么能不想到个人的前途和祖国的命运呢？

闻一多等一行三人在上海登岸了，四围望去，上海仍是三年前的老模样，江中停泊的大多是挂着各色旗子的洋轮，外滩上的洋楼和出国前一样，灰溜溜地站在那里，一点生气也没有。

已经过了用早饭的时间，三个人的身上连吃一顿早饭的钱都不够了，为了吃好这回国后的第一餐，闻一多毫不犹豫地将一件褂子送进了当铺，余上沅也把一件大衣当了，三人就用这笔钱到饭馆吃了早饭。谁能想到那位衣着朴素、文质彬彬，靠当了褂子去吃早饭的、留洋归来的青年，竟是名驰中国诗坛著名诗人闻一多呢？

闻一多满腔热情地回到了祖国，一下船看到的却是“五卅”惨案后的悲惨景象。和他同船归来的余上沅在写给朋友张嘉铸的信中说道：

我同太侔、一多刚刚跨入国门，便碰上了

"五卅"惨案。6月1日那天，我们亲眼看见地上的鲜血。一个个哭丧着脸，恹恹地失去了生气，倒在床上，三个人没说一句话。在纽约的雄心，此刻已经受过一番挫折。

"五卅"惨案对闻一多报效祖国的热忱，不能不说是一个沉重的打击。在上海，他受到老朋友洪深、欧阳予倩的热情款待，此时，他们是同道，都立志要为振兴中国的话剧运动尽一份力量。大家都劝闻一多留在上海一起干一番事业。

闻一多却认为北京是人文荟萃的地方，将来也许会成为话剧运动的中心，于是，婉言谢绝了朋友们的一番好意。匆匆地告别了上海的朋友，回到阔别了三年的故乡浠水。

在外滩晨雾中，亲眼看到的流在南京路上的同胞的鲜血，永远留在他的心中。

"睡狮醒来!"

当闻一多正在太平洋舟中颠簸归来的时候，上海发生了震撼世界的重大事件——"五卅运动"。

在晨雾中步出上海港的闻一多，还不知道上海于几天前发生过惨案的详情。

他和余上沅等人走在南京路上时，因为刚刚踏上祖国大地，对阔别三年祖国的一切都感到亲切、新奇。走着，走着，他忽然放慢了脚步，他以诗人特有的敏感和画家捕捉形象的眼力，朦胧地感到四围有一种异常的气氛。南京路上的寂静，寥寥的行人，人们沉郁的神色，都使他纳闷。忽然，他透过近视的眼镜发现路边一只电线杆上贴着一条醒目的标语："打倒帝国主义！向帝国主义讨还血债！"闻一多小声地问自己："这是怎么一回事?"忽然明白了，原来"5月30日，上海发生了惨案。"

在旅馆里，闻一多询问了"五卅"惨案的经过。听后，心里沸腾起来了，对帝国主义的愤恨和对上海人民的敬佩心情，促他不停地向别人了解了一些细节，忘记了风尘朴朴、远渡重洋万里归来的一路辛苦。被"五卅"惨案激起的爱国热情，使他兴奋不已。

6月27日，闻一多便在《现代评论》上发表了《醒呀!》一诗，他把矛头直指帝国主义。为了告诉读者他写这首诗的目的，他特意为这首诗写了一篇"附记"，他说：

这些是历年旅外因受帝国主义的闲气而喊出的不平的呼声，……目下正值帝国主义在沪汉演成这种惨剧，我把这些诗发表了，是希望他们在同胞中激起一些敌忾，把激昂的民气变得更加激昂。

如果说闻一多在美国留学时写的许多诗中，有些是“因受帝国主义的闲气而喊出的不平的呼声”，那么《醒呀!》的“附记”便是他声援人民群众爱国反帝斗争的“宣言”。

《醒呀!》是闻一多早期对中华民族历史的分析，对辛亥革命以后的中国依然处于半殖民地半封建的黑暗现实认识的结果。有了“五四”精神的启迪和影响，又有他在美国身受的种族歧视，“五卅”惨案南京路上同胞的鲜血，使他进一步认清了帝国主义狰狞的嘴脸，同时，他从现实斗争中透视了我们这被压迫民族的“病症”——中国是一只“熟睡的神狮”。

当年，马克思研究了中国的历史和当时的现实，然后得出一个准确而形象的结论：中国是一只熟睡的狮子。然而，睡狮一旦醒来，便会精神抖擞，站在世界高峰之巅，大吼一声，威镇四方。闻一多正是发出急催睡狮醒来呼声的先驱者之一，他相信，只要各族同胞齐声呐喊，睡狮必定会很快醒来。

闻一多看到，现在已是“天鸡怒号，东方已经白了”的历史前进的黎明时分，睡狮必将在东方的曙光中醒来，到那时，神狮将立即驱逐那些践踏“神州”的“虎、豹、豺、狼”！

《醒呀！》表现了闻一多爱国思想的新发展，经过多年的实践，终于使他进一步明确了爱国必反帝的重大意义。

祖国人民的爱国反帝斗争，激励着闻一多，闻一多也以自己的言行投身到时代的激流中。

一句不朽的话

闻一多在美国留学的三年，身在异邦，心在祖国，时时关注着祖国的形势，他经常处于痛苦的思索中，他希望祖国繁荣昌盛，为了为祖国寻找一条摆脱困境的出路，他甚至希望祖国很快发生一场革命，推翻那些军阀官僚。他曾在一封家信中愤慨地说道：

凶年兵燹，频年洊臻，乡民将何以为生啊！不知人心是怨天呢？还是怨人？天灾诚无法可救，至于人祸，若在欧美，这般封狐长蛇，早被斫作百块了。美国革命如此，法国革命如此，俄国革命亦如此。

闻一多从美国回国时，正值“五卅”爱国反帝运动的高潮，他从这场爱国反帝的革命风暴中，发现了人民的力量，又从人民的力量中看到了祖国的希望。此时，他心潮澎湃，万分激动，他喊出了中国人早就想喊而未喊出的“一句话”：

有一句话说出就是祸，
有一句话能点得着火。
别说五千年没有说破，
你猜得透火山的缄默？
说不定是突然着了魔，
突然晴天里一个霹雳
　　爆一声
　　“咱们的中国！”

这话叫我今天怎么说？
你不信铁树开花也可，
那么有一句话你听着：

等火山忍不住了缄默，

你不要发抖、伸舌头、顿脚，

等到晴天里一个霹雳

　　爆一声

　　“咱们的中国！”

——《一句话》

这“一句话”——“爆一声‘咱们的中国！’”可以说是闻一多诗歌创作上的一个飞跃，是他创作道路上的一个里程碑。

闻一多的这“一句话”是预言，是号角，是黑夜的响雷，是黎明的曙光。

闻一多的这“一句话”，是从鸦片战争后，百余年来，千千万万革命的先驱、爱国的志士，前仆后继，流血斗争，梦寐以求的崇高理想。

这“一句话”，只有短短的十六行诗，全诗不过125个字，但是它却凝聚了闻一多的全部爱国热情，他的这种真挚的爱国热情，又集中地表达了中国人民的心愿。

这“一句话”确实“能点得着火”，这“火”必然成为燎原之势，这“火”的威力，也必然像火山爆发，像晴天霹雳一样，来势迅猛，不可阻挡。在一声巨响中，彻底摧毁旧中国，伟大的祖国一定能在爆炸声中得到新生！

这“一句话”尽管“五千年没有说破”，然而，一旦“说破”，它就会像地下运行的“地火”，熔岩一旦喷出，必将烧尽一切污秽，两千多年的黑暗封建统治，百年来半殖民地半封建的压迫剥削的历史，必将一去永不复返。

闻一多高喊这“一句话”的时代，正是中国遭受帝国主义侵略，国内是反动统治的黑暗年代，谁要说出这样“一句话”，那就是祸。闻一多勇敢地喊出了这“一句话”，如实地喊出了全国人民的心声，预兆了时代的历史的发展动向。

由于闻一多站在爱祖国、爱人民的立场上，他才能够在“一句话”中无情地抨击帝国主义和一切反动派；他才能够强烈地谴责那些丧失民族自信心的人。他说“你不相信铁树开花也可”，但是，“等到晴天里一个霹雳”那一天，你们“不要发抖、伸舌头、顿脚”。闻一多预见到，等到“爆一声‘咱们的中国’”的那一天，必定有的人害怕，有的人惊恐，有的人焦燥不安。

文艺与爱国

1926年，年初，闻一多回湖北浠水故乡接夫人和孩子来北京，家住西单西京畿道34号。这时，他仍然担任着北京艺术专科学校的教务长，但是，他对这个职务不那么感兴趣。他在给梁实秋的信中说道：

我近来懊丧极了，当教务长不是我的事业，现在骑虎难下，真叫我为难，现在为校长问题，学校不免有风潮，刘百昭一派人主张挽留他，我与太侔及肖友梅主张欢迎蔡孑民先生，学校教职员已分为两派……报纸载我要当校长，这更是笑话，富贵于我如浮云！我只好这样叹一声。

闻一多对当官确实不感兴趣，这时，他的志向集中在诗歌创作上。

这年春天，他正在和青年诗人蹇先艾、饶孟侃、刘梦苇一起联合徐志摩筹备创办《晨报副刊·诗镌》，就在这个时候，北京发生了震惊中外的“三·一八”惨案。

灾难深重的旧中国，封建军阀连年混战，给人民造成了巨大的灾难。1926 年 3 月 12 日，冯玉祥的国民军与张作霖的奉军作战，日本帝国主义插手干预，派遣军舰护送奉军驶进天津大沽口，并炮击国民军，经过一场激战，奉军被击退。这时，日本帝国主义竟然联合英法等八国于 3 月 16 日向北洋军阀段祺瑞执政府提出撤除大沽口国防设施的无理要求，遂造成“大沽口事件”。帝国主义肆无忌惮的侵略，激怒了全国人民。三月十八日，北京群众五千多人在共产党人李大钊等领导下，在天安门前集会抗议，会后举行示威游行，到执政府所在地铁狮子胡同请愿，强烈要求拒绝八国通牒。对于群众的爱国行为，反动军阀段祺瑞非但不支持，反而丧心病狂地下令执政府卫队向游行队伍开枪，打死示威群众刘和珍、杨德群、于杰三等47人，打伤群众150余人，造成了“三·一八”惨案。

这次惨案，进一步暴露了帝国主义妄图吞并我国的野心，更加暴露了封建军阀引狼入室与帝国主义相互勾结的阴谋。仅仅一年之间，接二连三的惨案，将中华民族推近更加黑暗的苦难深渊。

救国从何谈起？面对这样的问题，闻一多悲愤交加，他从同胞的鲜血中，愈来愈清楚地看到救国不能只靠写几首诗，而是要靠流血斗争。为争取反帝反封建的胜利，他立下了为人民革命献出自己热血的誓言。

4月1日，北京《晨报副刊·诗镌》创刊。闻一多发表了题为《文艺与爱国——纪念三月十八》的重要文章。主张文艺必须与爱国结合起来。

闻一多在文章中强调：

我希望爱自由，爱正义，爱理想的热血要流在天安门，流在铁狮子胡同，但是也要流在笔尖，流在纸上。

闻一多要求诗人作家都应当直接为反帝反封建的斗争服务，要用笔揭露万恶的敌人。这种临危不惧的无畏精神极为可贵。闻一多还认为仅仅用笔还不够。他说：

同情心发达到极点，刺激来得强，反动也来得强，也许有时仅仅一点文字上的表现还不够，那便非现身说法不可了。所以陆游七十衰翁要“泪洒龙床请北征”，拜仑要战死在疆场上了。所以拜仑最完美，最伟大的一首诗，也便是这一死。所以我们觉得诸志士们三月十八日的死难，不仅是爱国，而且是最伟大的诗。我们若得着死难者的热情的一部分，便可以在文艺上大成功；若得着死难者的热情的全部，便可以追他们的踪迹，杀身成仁了。

闻一多面对封建军阀的屠杀，丝毫没有屈服，更没有丝毫懦弱的表现。他要用血来写诗，要“现身说法”，要为人民的事业“杀身成仁”，表现了他高度的爱国热情。所以有人说他是一位不惧献出生命为争取民主、自由而战的“斗士”。

闻一多对在“三·一八”惨案中的一些小资产阶级分子，特别是对几个“个别的”“学者”、“文人”对一些青年流血斗争的冷漠表现，曾予以严厉地批评。他说：

同是一个热烈的情怀，犀利的感觉，见了一片红叶掉下地来，便要百感交集，“泪浪滔滔”，见了十三龄童的赤血在地下踩成泥浆子，反而漠然无动于中。这是不是不近人情？

闻一多在《文艺与爱国——记念三月十八》的开头就声明：

铁狮子胡同大流血之后，《诗刊》就诞生了，本是碰巧的事，但是谁能说《诗刊》与流血——文艺与爱国运动之间没有密切的关系？

这篇评论，当然不是《诗刊》的发刊词，然而，它却明朗地表明了《诗刊》的立场，闻一多在文章的结尾旗帜鲜明地高呼：

《诗刊》开幕的一日最虔诚地献给死难的志士们!

“三·一八”惨案后，鲁迅在《纪念刘和珍》一文中说道:

真的猛士，敢于直面惨淡的人生，敢于正视淋漓的鲜血。

闻一多在“三·一八”惨案中表现出来的强烈爱国主义思想，坚定的爱国立场，是他后来以生命写出来一首伟大的诗的思想基础，他没有食言，在祖国人民的解放事业最紧要的关头，他终于“现身说法”，“杀身成仁”了!闻一多不正是鲁迅说的“真的猛士”么?

与徐志摩的始终

长期以来，许多人认为“新月派”的徐志摩是闻一多的好朋友，而且他们的“诗风”又十分接近，因此，不加区别地把闻一多和徐志摩紧紧地联在一起，称他们为“新月派”的代表。

“新月派”和“新月诗派”是两回事。前者是一个文学团体，后者是一个文学流派。

“新月派”的徐志摩在中国现代文学史上留下了一个有争议的名声，不是因为他写过“豆腐干”式的新诗（何况他还写过一些好诗），而是因为他在北京时参加了“现代评论派”，在北京女师大风潮中，在“三·一八”惨案时，和陈西滢（源）一起站在封建官僚主义一边，反对人民群众的革命运动；在上海的《新月》上鼓吹维护文学的“尊严”、“独立”、“健康”的原则；反对革命文学揭露黑暗及抨击国民党反动派的政治腐败；反对文学描写无产阶级生活等错误所造成的。

徐志摩（1896—1931）浙江省海宁县硖石镇人。1896 年阴历 12 月 13 日出生于一个工商业资产阶级家庭。原名章垿，字槱森，后来改名志摩。1910 年春，入杭州府中学（后改杭州一中）和郁达夫是“同庚”同学。1915 年夏毕业。

徐志摩中学毕业后去美国留学，先入克拉克大学习银行学及社会学，毕业后，考入哥伦比亚大学研究院，未及毕业，转学英国剑桥大学研究院。

1922 年回国，应胡适之邀，任北京大学教授，此后在光华大学、大夏大学、中央大学教授英国文学史和文学批评等课。

1926 年春，正在北京读书的蹇先艾认识了曾在《创造月刊》上发表过新诗的文学青年刘梦苇，碰巧闻一多和饶孟侃也认识刘梦苇，由于他们都在写诗，互相来往着。当时正在病中的刘梦苇和蹇先艾倡议要办一个《诗刊》，但是，愁着没有经费，愁着得不到段祺瑞执政府的批准。正在为难之时，有人提议设法借一家报纸的篇幅办一个周刊。不久，由蹇先艾和闻一多出面找正在北京办《晨报副刊》的徐志摩联系。蹇先艾后来回忆道：“徐志摩没作任何考虑，很快就答应了。”这样，《晨报副刊·诗镌》便于1926年4月1日创刊了。这便是闻一多与徐志摩交游的开始。

《晨报副刊·诗镌》是几位爱好写诗的人发起的，根本没有先成立什么社团，与后来“新月社”在上海出版的《诗刊》毫无关系，也并非一脉相承。只有个别人参加了上海的《诗刊》。

《晨报副刊·诗镌》每周一期，共出了十一期。《诗镌》在诗歌创作中曾提出过形式的“创格”，注重“新形式和新音节”的探讨，发表过一些好的文章和诗歌。如闻一多《文艺与爱国——纪念三月十八》、徐志摩的《列宁忌日——谈革命》，徐志摩在文章中说道：“我这里收到陈毅曲秋（曲秋是陈毅别号）先生寄来的一篇油印《纪念列宁》，那是他在列宁学会的谈话稿……”这些都是研究徐志摩生平的专家很少涉及过的。

这个时期，闻一多在创作新诗的同时，非常热心于新诗形式的研究，企图示人以规矩，使新诗的形式有轨道可循，发表论文《诗的格律》，提出新诗要有“音乐的美（音节）”，“绘画的美”（词藻）和“建筑的美”（节的匀称和句的均齐），同时写有著名诗篇《死水》，作为《诗的格律》理论的实践。从实践到理论，在我国新诗发展史上，提出一个值得探讨的、引起诗坛非常重视的问题。

徐志摩对闻一多关于新诗格律化的主张，并非一直赞同，他在《晨报副刊·诗镌》停刊的一期上，写了一篇“结束语”，他说：

我们已经发现了我们所标榜“格律”的可怕流弊。

徐志摩的这些话，流露了《诗镌》同仁在新诗形式上的分歧，这也许是《诗镌》停刊的原因之一吧。

1928 年3 月，《新月》在上海创刊，闻一多和徐志摩是第一卷的主要编辑者。从第二卷起，闻一多就辞去了编辑的名义。自 1928 年 3 月到 1931 年 11 月徐志摩遇难去世，这 3 年间，闻一多在南京、武汉、青岛几所大学任教，由于忙于教学和科学研究，基本上不再写诗了，和徐志摩的来往也不多，更没有参与“新月派”和以鲁迅为首的革命文学的论战。

三十年代初，乘飞机还是极少数人的事，徐志摩多年“想飞”，因为家在上海，他又在南京、北京几所大学任课，可谓来去匆匆。

1931 年 11 月 21 日，他急于赶到北京参加老朋友林徽音的报告会，正好中国航空公司送给他一张飞机票，他乘一架上海——北京的邮机，飞到济南附近的白马山，因天气原因，飞机失事遇难去世。

徐志摩去世以后，《新月》同仁对他的死极为哀痛，《新月》四卷一期特出“志摩纪念专栏”，哀悼这位诗哲，发表了胡适、周作人、梁实秋等十三人的悼念文章。然而闻一多对这位老朋友的死，却表现出异乎寻常的冷淡。这情况在当时确使许多朋友感到意外，“有人问他：你是公认的他的好友，为什么没有一点表示呢？闻一多说：志摩的一生全是‘浪漫’的故事，这个文章怎么个做法呢？”（据王康《闻一多传》）我们对此能说闻一多寡情么？闻一多的老朋友朱自清说，闻一多对朋友热情得如“一团火”，为什么对徐志摩的死，一个悼念的字都不写呢？我们不能不说闻一多的表现是对徐志摩这位老朋友在政治思想上的婉言否定。

尽管闻一多和徐志摩在诗歌的表现艺术上，有许多相近和相似之处，然而，他们诗歌所表现的内容，却完全不同。比如徐志摩的《残诗》和闻一多的《荒村》，在表现手法上很酷似，但是，徐志摩反映的是清朝末代皇帝溥仪被驱逐出故宫以后，宫廷中的荒凉、凄清，虽然对封建皇帝有一定的讽刺，但全诗的基本情调是十分低沉的，流露出诗人同情封建皇帝的“无可奈何花落去”的情感。闻一多在《荒村》中，看到的是被封建军阀不义战争给农村带来的悲惨景象，诗人渴望的是和平，诅咒的是军阀战争，同情的是中国北方农民的不幸遭遇。闻一多是早已看清了徐志摩一些诗作内容上的不健康的倾向，所以他在西南联大编译《中国诗选》时，没有选入徐志摩的诗。

一个重大的发现

1927年春天，北伐节节胜利，全国形势一派大好。闻一多应国民革命军总政治部主任邓演达的邀约，“投笔从戎”，到武汉国民革命军总政治部担任了艺术股股长。这年，闻一多年刚29岁，正在年富力强的壮年时期，革命热情很高，积极组织文艺宣传工作，他曾亲自在武汉的街头绘制了反封建军阀的大幅壁画。但是，不久他便从官场中看出国民党官僚的腐败，他的刚正不阿的气质，不能委屈地适应官场生活，于是辞去了职务，离武汉到上海吴淞政治大学任教。

4月12日，蒋介石发动了反革命政变，政治大学被国民党解散。闻一多目睹了蒋介石的血腥大屠杀，感到恐怖、悲愤。

闻一多回国前，时时惦念着“我如花的祖国”，立志提前回国，为祖国的昌盛、富强尽一份力量。于是，他“鞭着时间的罡风”，“擎一把火”，怀着急不可待的心情，远渡重洋，匆匆地回来了，他带着许多美丽的希望回来了。可是他的那些美丽的希望却被中国的黑暗现实碰得粉碎。旧中国无情的现实使他有了一个重要“发现”：

我来了，我喊一声，迸着血泪，
“这不是我的中华，不对，不对!”
我来了，因为我听见你叫我；
鞭着时间的罡风，擎一把火，
我来了，不知道是一场空喜。
我会见的是噩梦，那里是你?
那是恐怖，是噩梦挂着悬崖，
那不是你，那不是我的心爱!
我追问青天，逼着八方的风，
我问，拳头擂着大地的赤胸，

总问不出消息；我哭着叫你，

呕出一颗心来，——在我心里！

《发现》反映了归国后的闻一多思想中错综复杂的矛盾。

归国前的海外赤子闻一多，不仅爱祖国四千年的灿烂文化，也爱伟大祖国的锦绣河山，他理想中祖国的前途如花似锦。作为一个漂泊在大洋彼岸的祖国儿子，无时无刻都在听着母亲的召唤，他应着母亲的呼唤声，匆匆归来，喊一声，“母亲，儿子回来了。”然而，他久别重逢的母亲，面目全非：“这不是我的中华，不对，不对！”我心爱的中华被反动统治者摧残的满目疮痍，哀鸿遍野，田园荒芜，民不聊生，亲爱的同胞生活在水深火热之中。这不仅是“一场空喜”，会见的竟是“挂着悬崖”的“恐怖”的“噩梦”，于是，他悲痛，愤慨，呼喊，抗争。甚至他不相信自己的眼睛，“那不是你，那不是我的心爱！”不幸的遭遇，使他万分痛心，他激动地追问着湛湛的青天，“逼迫”着“八面的风”，用自己的“拳头”“擂着”“大地的赤胸”，然而，呼天不应，叫地不灵，苍天、大地都不能解除他的“迸着血泪”的痛楚！

显然，在那个时代里，闻一多不可能问出个可靠的“消息”，黑暗的现实，击碎了他回国前的许多希望的梦，使他陷入了矛盾痛苦之中。

尽管闻一多回国后“发现”矛盾，但是他的爱国主义思想却又增加了新的内容，他后来终于从这些矛盾中有了新的“发现”！

珞珈山上

闻一多1925年6月从美国回国后，不久就任北京艺术专科学校教务长，起初，很想干一番事业，曾和赵太侔、余上沅在艺专创办了一个戏剧系。《中国新文学大系·戏剧集导言》说："这是我国视为卑鄙不堪之戏剧，与国家教育机关发生关系的第一期。"由于闻一多不愿参与艺专校长刘百昭等的派系斗争，到1926年暑假后，便辞去了北京艺术专科学校的职务。大约同年秋冬之交，闻一多应友人潘光旦之约到上海吴淞国立政治大学任训导工作，1927年春，到武汉北伐军总政治部任过短期艺术股长，不久，又回到吴淞政治大学。"四一二"政变后，政治大学被国民党解散，离上海去南京，在南京土地局任职，时间很短，辞去。秋后，任南京国立第四中山大学（后为中央大学）外文系主任，讲授英文诗、戏剧、散文等。大约在第四中山大学工作了一年，到自己的家乡武汉，任国立武汉大学教授兼文学院长。从此闻一多正式开始了学者生涯。

闻一多搬进了武汉大学所在地珞珈山。这时珞珈山名叫“罗家山”，意为“罗家的山”，传说此地有家地主姓罗，这山也便跟着“姓罗”了。闻一多首先对这“罗家山”的地名感到不快活，于是，他便将“罗家山”改作“珞珈山”。

闻一多研治中国文学是从研究唐代文学开始的。一个个长方形的大本子，记的密密麻麻，看了令人吃惊。他后来说唐代是“诗唐”，在唐诗研究方面，他下了一番苦功。关于杜甫的研究，连杜甫的朋友都划列了目录，写成《少游先生交游考略》，不久便在《新月》第一卷第六号上发表了《杜甫》，这是一篇以文学语言创作的典型的诗人传记，是他以爱国主义思想为主导研究唐代文学的一个创举。

这个时期，闻一多对唐代文学的研究取得空前的成就，研究计划都带有开拓性，有的具有突破性，如：

《唐代文学年表》

《唐初大事记》

《全唐诗笺录》

《全唐诗选》

《现存唐人著述目录》

《唐代遗书撰人考》

《唐京城坊考续补》

《长安风俗志》

《唐器物著录考》

《唐代研究用书举要》

《全唐文选》

《唐人小说疏证》

《杜少陵年谱会笺》

《全唐诗人小传》

《全唐诗人补传》

《唐初四杰合谱》

《新旧唐书人名引得》

《说杜丛钞》

《唐诗人生卒年考》

光看这目录，就令人惊讶。虽然其中大部还作为遗稿珍藏在北京图书馆，但在很短时间里整理出这么多重要论著，在我国科研史上，也算得上是一个奇迹。

为桑梓培养人才的情感以及珞珈山幽静的环境没有挽留住闻一多，他看不惯武汉大学内部的派系斗争，1929 年暑假后，愤然辞去了武汉大学的职务，回到浠水，暂时闲居家中，继续研究唐代文学。

从青岛回到清华园

1930年秋，闻一多从家乡来到风景幽美的青岛，担任了国立青岛大学的文学院长兼国文系主任。

青岛大学依山傍水，景致异常幽美，环境特别雅静。青岛大学的校舍多是近代典型的欧美式建筑，青砖红瓦，错落地矗立在青山绿杨之中，在朝阳的映照下，向着大海的滚滚波涛，那种豪迈而雄壮、文雅而质朴的美，简直令人陶醉。然而，这美的自然景色并不曾唤起他的诗兴，他基本上放下了诗笔，创作少了。他怀着“不管好坏都要弄个明白、寻个究竟”的心情，开始了对祖国文化的研究工作。

1932年春天，闻先生从浠水老家接夫人高孝贞来青岛同住，家居大学路一座红楼内，闻一多住楼上，游国恩住楼下，二人早晚一起谈论《诗经》、《楚辞》。

闻一多在青岛大学二年多的教授生涯，饱览了大海的情趣，然而，这山青水秀的“美的所在”，终于留不住他。

1932年，春夏之交，国民党南京政府和山东地方势力争夺青岛大学的领导权，由于闻一多先生守正不阿，成为排挤对象，受到人身攻击，他虽然处之泰然，却因此坚定了去意。暑期和陈梦家游罢泰山归来之后，愤而辞职，告别了大海，回到离别了十年的母校清华大学，任中国文学系教授。

闻一多以名教授的身份回到清华园里，受到中文系师生的热烈欢迎。中文系主任朱自清和闻一多早已神交了，现在二人一起论学共事。朱自清为人宽厚，对闻一多回母校任教，很是高兴，满怀的喜悦时时挂在眉梢，亲自陪同闻一多重游清华园。

闻一多站在朱自清描写荷塘的小桥上，凝望着平坦、碧绿的草地，涓涓清彻的流水，回忆往事，浮想联翩，多快啊，转瞬已经十年了，昔日的清华园发生了很大的变化。

他漫步在一所中式的庭院前，听着小河潺潺的流水声，多么富于青春气息，望着悬挂在门上的充满了诗情画意的横匾："水木清华"四个苍劲隽永的大字，沉浸在沉思之中，突然他被钟亭里的钟声惊醒，顿时涌起了无穷的忆念——"五四"的警钟，风华正茂的少年同窗一张张熟悉的面容显现在他的眼前。

清华园的围墙比从前加高增厚了，活像一座堡垒，孤立在哀鸿遍野的荒原上，难道这便是"美的所在"么？不让"丑恶来开垦"吗？

闻一多在他的新南院72号，布置了一个宽敞的书房，四壁布满了书籍，雅致与宁静之外，显出浓重的古香古色的情调。优厚的生活待遇，安定的研究环境，都不能掩饰他内心的矛盾。

一个追求光明，崇尚感情，忧国忧民的爱国诗人，于今竟毅然放下诗笔，钻进了故纸堆中讨生活，这种枯燥的工作，就连他自己也会感到寂寞，难怪许多人对他的转变百思不得其解了。

作为诗人的闻一多，本来极其爱好祖国的文化，但是，多年以来他所接触的现实的一切又使他茫然，现实中许多使他怀疑的问题，急待另寻旁证，于是，他下决心“不管好坏都要弄个明白，寻个究竟”。

闻一多钻进“故纸堆”后，他以诗人特有的敏锐的灵感，加上他固有的“国学”基础，认真而谦虚的态度，很快熟悉了前人研究的收获，在吸取前人成果的基础上，不断地开拓着自己的研究领域，逐渐地有了创见。

闻一多在学术研究工作上，看不惯那些玩物丧志的文人，反对那些把研究当作点缀自己门面、吓唬青年的学究。

闻一多以诗人的丰富的想象力，把几千年遗留下来的古籍处理得生气盎然。他采取了与前人完全不同的研究方式，不仅摆脱了拘泥守旧、枯燥死板的经院式的陈腐观点，而且赋予古籍以新的生命。他讲《诗经》时主张：研究“三百篇”，必须摒弃古代的“圣人们”胡乱地点化古籍的错误的传统观念，我们的研究责任是还“三百篇”的本来面目。

所以他用社会学、民俗学来研究《诗经》，他要“带读者到《诗经》的时代。”他说：

当儒家、道家香火正盛时，自然《诗经》的面目正因其不是真的，才更庄严，更神圣。但是在今天，我们要的恐怕是真，不是神圣（真中自有他的神圣在！），我们不稀罕那一部分点化，虽然是圣人的。谈诗时，我们了解的是诗人，不是圣人。

闻一多的这些话表明，我们现今研究古代的诗，必须了解古代的诗人，了解当时的社会风貌，了解诗在当时的社会生活中的价值和作用。他的《匡斋尺牍》的每一篇研究成果，都可以证实他以上观点的正确。

闻一多在清华大学任教期间对自己的研究工作有这样一个计划：

一、《毛诗字典》，将《诗经》拆散，分门别类注明古音、古义、古形体，说明其造字的由来，在某句中作何解，及其古形体（即甲骨文、钟鼎文、小篆等形体），编成一部字典。

二、《楚辞》校议，希望成为最翔实的《楚辞》注。

三、《全唐诗校勘记》，校正原书的误字。

四、《全唐诗补编》，收罗《全唐诗》所未收的唐诗。

五、《全唐诗人小传订补》，全唐诗作家小传最潦草，拟订其讹误，补其缺漏。

六、《全唐诗人生卒年考》，附考证。

七、《杜诗新注》。

八、《杜甫》（传记）。

闻一多的这个宏大的研究计划，基本上完成了。他后来的研究工作，也远远地超出了上面这个范围。当年学术界有些人说闻一多的研究工作太大胆，说他好下结论，但，他的结论一定要经过许许多多反证之后才敢自信，还要经过与许多朋友反复讨论之后才敢肯定，然后还要经过一些时间的认真思考才敢公开发表。他的严肃的科学态度和辉煌的研究成果，不断地巩固着他在我国学术界的地位。闻一多殉难后，郭沫若在《闻一多全集》序言中说：

他那眼光的犀利，考索的赅博，立说的新颖而翔实，不仅是前无古人，恐怕还要后无来者的。

真“名士”

闻一多从美国留学回国之后，先是放下了画笔，不再作画，这并未引起人们的惊异，因为他本是以诗人闻名于文坛的。他从任武汉大学、青岛大学教授以后，连诗笔也放下了，基本上不再写诗了，回到母校清华大学任教后，一头钻进了故纸堆。闻一多的急剧转变，引起了许多人的非议，有人甚至误解了他的真正目的，说他“钻进了故纸堆”“寻求美的所在”去了。这些误解一直持续了多年，直到他殉难后，才由郭沫若加以澄清。郭沫若在《闻一多全集》序言中说：

闻先生治理古代文献的态度，他是继承了清代朴学大师们的考据方法，而益之以近代人的科学致密。为了证成一种假说，他不惜耐烦地小心地翻遍群书。为了攻破一种古籍，他不惜在多方面苦心的彻底的准备。……他虽然在古代文献里游泳，但他不是作为鱼而游泳，而是作为鱼雷而游泳的。他是为了要批判历史而研究历史，为了要扬弃古代而钻进古代里去刳它的肚肠的。他有目的地钻了进去，没有忘失目的地又钻了出来，这是那些古籍中的鱼们所根本不能想望的事。

闻一多生前，对一些人说他“钻进了故纸堆”，也曾进行过强烈的抗辩，1943 年，他在昆明西南联大给臧克家的一封信中说：

你们做诗的人老是这样窄狭，一口咬定世上除了诗什么也不存在。有比历史更伟大的诗篇吗？我不能想像一个人不能在历史（现代也在内，因为它是历史的延长）里看出诗来，而还能懂诗。在你所常咀嚼的那故纸堆内讨生活的人原不止一种，正如故纸堆中可讨的生活也不限于一种。

闻一多“钻进故纸堆”岂是去“寻求美的所在”，而是去探讨我们这民族，这文化的病症。他说：

从青岛时代起，……经过十余年故纸堆中的生活，我有了把握，看清了我们这民族，这文化的病症，我敢于开方了。……我相信我的步骤没有错。你想不到我比任何人还恨那故纸推，正因为恨它，更不能不弄个明白。你诬枉了我，当我是一个蠹鱼，不晓得我是杀蠹的芸香，虽然二者都藏在书里，他们的作用并不一样。……

这里，已经用不着再为闻一多辩解了，只要看了他的自我抗辩，相信今天的广大读者，不会再像当年的一些批评家一口咬定“闻一多钻进了故纸堆”，不过这个“钻”字用的却再恰当不过了，闻一多的钻研精神，也确实令人敬佩。1933 年 7 月 26 日，他在清华大学给游泽承（国恩）先生写信说：

比来日读《骚》经数行，咀嚼揣摩，务使字字得解而后止，忽有所悟，自喜发千古以来未发之覆。恨不得行家如吾兄者相与拍案叫绝也。

这时，闻一多做的是学者的工作，但他出现在最高学府讲坛上的形象，依然是一位热情的浪漫主义诗人。闻一多谢世后，冯夷在《混着血丝的记忆》一文中回忆了闻一多在清华园讲授《楚辞》的情景：

记得是初夏的黄昏……七点钟电灯已经亮了，闻先生高疏着他那浓厚的黑发，驾着银边的眼镜，穿着黑色的长衫，抱着他那数年来钻研所得的大叠的手抄稿本，像一位道士样昂然走进教室里来。当学生们乱七八糟起立致敬又复坐下了，但并不立即开讲，却慢条斯理地掏出自己的纸烟盒，打开来，对着学生露出他那洁白的牙齿，作蔼然地一笑，问道：“那位吸？”学生们笑了，自然并没有谁坦直地接受这 Gentleman（绅士）风味的礼让。于是闻先生自己擦火吸了一支，使一阵烟雾在电灯下更浇重了他道士般神秘的面容。于是，像念“坐场诗”一样，他搭着极其迂缓的腔调念道：“痛——饮——酒——熟——读——离——骚——方 得 为 真——名——士！”

今古也真有不少巧合的故事，明末文坛“后七子”首领弇州山人王世贞悲愤自己的不幸，有诗道：

迂客真难作，看人眼亦劳。为言名士业，饮酒读《离骚》。

闻一多说的“痛饮酒”并非事实，据熟悉闻先生生活的人们证实，闻一多并不好酒。他说的“痛饮酒”只是意念上的事儿，“熟读《离骚》方得为真名士”才是真。这呼声，表示不与黑暗势力同流合污，决不助纣为虐。王世贞的“为言名士业，饮酒读《离骚》”的心情也不难理解。看来今古的“名士”，确有相通之处。

儿女情长

鲁迅说："无情未必真豪杰，怜子如何不丈夫。"闻一多也说："我最反对'英雄气短，儿女情长'这种说法。"

闻一多和鲁迅一样，都爱他们的妻、子。

闻一多出生于一个封建大家庭，1926 年春，任北京艺术专科学校教务长时，曾把夫人高孝贞从浠水老家接出来，在西单西京畿道 34 号租房，第一次建立了小家庭，可惜这个小家庭未能维持多久，到同年的夏初，《晨报副刊·诗镌》停刊，闻一多决定辞去艺专的职务，便将夫人送回了浠水老家。此后大约有一年时间，闻一多在吴淞政治大学任教。1927 年春夏之交，国内时局动荡，闻一多的工作又时常变动，直到1927年秋后，出任国立第四中山大学外文系主任，才在南京单牌楼过家花园里租了房子，第二次接出了夫人，这是第二次组建的小家庭。到1928年秋，闻一多到家乡武汉大学任文学院长，夫人也一起到了武昌。1930年秋闻一多就聘于青岛大学，任文学院长兼国文系主任，直到1932年3月，才第三次从家乡接夫人到青岛同住。这第三次建立起来的小家庭，虽未很快分散，但也于同年8月随闻一多回母校清华大学任教搬到了北京。此后，这小家庭也跟着闻一多工作的稳定而稳定了起来。

对于自己的家庭，闻一多感情有时也很沉重，他爱女立瑛的夭折，对他不能不说产生过比较大的刺激。

闻一多在遥远的异国留学的时候，对未来新的生活充满了希望，对旧观念、旧思想，特别是几千年来中国社会的封建传统，不用说，怀有厌恶的情绪。对于他出国时刚刚完婚的妻子，时时在思念着，他知道，他出国后把一个年青的新娘留在一个大的封建家庭里，如同把一只快活的小鸟儿关进樊笼，每念及此，他觉得太歉疚了。于是，便时常地在太平洋彼岸用通信的方式来表达自己心中的惦念，有时灵感来了，还用诗歌向妻子作遥远的慰藉。这种表达爱情的方式，在西方人心目中是天经地义的，但在当时的封建社会里，用中国封建传统观念标准来衡量，闻一多给妻子写情书，竟被视为“不轨”的举动，道貌岸然的父亲，扣压了这些情书，使新婚的儿子和儿媳，远隔太平洋，经常陷入悬念的痛苦之中。

闻一多到美国以后，妻子生了第一个孩子。身在异国，心中时时在怀念祖国、时常惦记自己家庭的闻一多，很长时间不能得知自己已经成为父亲的消息。直到女儿已经“满月”以后，才从父亲来信附在结尾的寥寥的几行字中，突然得知自己已经是一个女儿的父亲了，一时感情冲动，悲喜交集，一齐拥上心头。他从父亲信中，看到父亲重男轻女的封建思想，他怎么能不懊恼呢？如果妻生的是一个男孩，父亲的态度无论如何也不能如此冷淡。想到这些，他极其哀怜自己刚刚出生的女儿，更不能不挂念产后的妻子。

1925年，闻一多从美国回国后，不久即在北京艺术专科学校谋到职位。1926年1月曾将妻、子接到北京，住在西京畿道34号一所四合院中，然而，这小家庭的乐趣是暂短的，到1926年9月，因为他要到上海吴淞政治大学任教，不得已把妻子和女儿立瑛又送回浠水老家，他一个人去了上海，再次过着流浪式的独身生活。

孩子回到浠水乡下家里以后，不久，染上了时疫，由于当时乡下缺医少药，孩子的病没有得到及时治疗，终于夭折了。年青的妈妈更疼自己的骨肉，悲伤致疾，直到生命到了危险的地步，父亲才通知闻一多，让他赶快回家。

闻一多闻讯后，怀着悲伤的心情，日夜兼程赶回浠水老家，当他明白了孩子染病的原因和死亡的经过，他面对憔悴的妻子，不禁失声痛哭。然而，闻一多当时除了伤心之外，只能默默地守在家里看护着病中的妻子。这时，爱女那活泼可爱的天真形象时常浮现在他的眼前，这创伤使他永远难以忘记，为了纪念爱女的夭折，他流着眼泪写了《忘掉她》一诗，诗中有这样沉痛的诗句：

忘掉她，像一朵忘掉的花——
那朝霞在霜瓣上，
那花心的一缕香——
忘掉她，像一朵忘掉的花！

谈何容易，这内心的痛苦能忘掉么？他从痛苦中明白了过来，他不再放心让妻子离开自己，于是，下决心离开老家，过自主的小家庭生活。当年闻一多的这个决定，在一定意义上说，也算是一次思想解放呢！

1932年初秋，闻一多回到母校清华大学任教之后，他的家庭生活发生了很大变化。

清华园的环境是幽静的，非城非乡的地理位置，使它有了独具的特点：这里没有城市的喧闹和烦燥，也没有农村的偏僻的缺陷。

清华大学清静的环境，优厚的待遇，安定的生活，给闻一多带来了一个理想的研究环境。他除了上课，几乎足不出户，整天坐在书斋专心研究，在中国这个“好论人非”的社会中，闻一多也是常被议论的对象，由于一些人在公共场所经常看不到闻一多，便说他“钻进了象牙之塔”，但是，他自己却不认为这是“美的所在”。

闻一多清华园南院72号住宅门前，有一片青翠的南竹，还有一块他们全家人辛勤建设起来的草坪，这草坪在冬天来临之前，有如一块柔软的碧色地毯，走过闻宅门前的人，无不连连称赞。

夏天的夜里，闻一多经常带着妻子、儿女躺在草坪上，仰望天上的星星，有时闻一多还兴致勃勃地给孩子们讲着各式各样的神话故事。

冬天来了，夜里一场大雪，皑皑的大雪铺满了庭院。闻一多清晨起床，站在台阶上，望着正在下着的铺天盖地的鹅毛大雪，倾诉着他内心的衷忱——

天真、活泼的孩子们，早晨起来，望着满天满地的大雪，不断地发出惊喜的呼声，喊着，喊着，便一齐动起手来，从地上把冰冷的雪大把大把地抓起来，搏着雪球儿，小手冻得如同北京冬天街头叫卖的“胡罗卜”，谁也无法阻止他们对雪的情趣。看着，看着，闻一多被孩子们纯净的心灵所感动，唤起了他的童心复萌，突然，他挽起长袍，大步跨到雪地上，弯着腰，两手盘弄起一大块雪，孩子们看着爸爸的举动，有点莫名其妙，闻夫人站在门前用围裙擦着双手，注视着丈夫的动作，闻一多把那雪块在雪地上滚动着，很快，小块变成了大球，滚啊，滚啊，用力滚啊，孩子们看出了奥妙，一拥而上，父子们推动着大雪球，不停的滚动着，直到那雪球快有父亲那样高了，累了，闻一多脸上冒着热气，哈了哈两手，气喘着用手在那大雪球上修饰了几下，他喊了起来：“你们看啊！”孩子们立刻围了上来，啊，原来是一个又滑稽又讨人喜欢的大雪人，他在望着人们笑呢！孩子们把妈妈也拉到雪地里，孩子们惊奇了，“爸爸还有这一手哩？”闻先生哈哈大笑了。

第二天中午，太阳把站在院中的雪人融蚀了，孩子们在院中发出了惊异惋惜的呼声，闻一多放下了手中的书，从窗前望着变了形象的雪人，脸上露出比孩子还要颓丧的神情，这时，反而是勇敢的孩子给了他安慰："爸爸，下一次再给我们做一个好吗?"闻一多听后，又笑了!

闻一多的书房桌上，还有几个大鱼缸，养着各种颜色的金鱼，他十分爱惜这些小生命，每天都亲自给金鱼换水喂食，但是，过了不久，那些金鱼却相继地死去，闻一多以为那些金鱼的死，是不适应气候和水的成分的缘故，这时，他那正在读小学的儿子闻立鹤却说："不自由，毋宁死!"闻一多听后，久久地望着儿子，脸上堆满了忧虑。

“应该认识认识祖国了！”

1937 年 12 月末，长沙临时大学文学院在南岳上课还不到两个月，由于国民党政府军队在正面战场抵抗不利，中央军节节败退，很快南京失守，武汉告急，长沙临时大学奉命立即迁到云南昆明去。

长沙临时大学的学生，有相当大一部分是北方沦陷区的流亡青年，他们背乡离井，早已和家庭失去了联系，经济极为困难，哪里有钱乘车南下昆明？于是，他们联合了起来，决定组成“湘、黔、滇旅行团”，用自己的两条腿跋涉 3000 里，横跨祖国大西南，走到昆明去。当闻一多得知 200 多人徒步南下的团体已经组成时，毅然决定参加这一组织，和广大青年学生一起走到昆明去。

闻一多的这个出乎一般人意料的决定，不胫而走，不翼而飞，很快传遍了临时大学，许多人对他的这个决定感到惊诧，有位学生问他："闻先生，你是知名的教授，大可按照校方的规定，坐火车经广州、香港转越南，舒舒服服的到达昆明，何必受这个罪呢？再者，你这么大年纪，步行数千里，风里雨里，爬山涉水，吃得消吗？"一群诚挚的青年学生把闻一多围在中间，打量着他那清癯的面孔、深沉的大眼睛、额上清晰的皱纹、乱蓬着的头发。都以为他是五十开外的人，其实那年他才刚满四十岁。忧国忧民的思虑，贫困的生活境遇，使他显得比一般同辈人苍老的多。

闻一多左右望着一个个青年的脸，微微一笑，然后十分严肃地说道：

国难时期走几千里路算不了受罪。再者，我在十五岁以前受着古老家庭的束缚，以后在清华读书，出国留学。回国以后一直在各大城市教大学，过的是假洋鬼子的生活，和广大的山区农村隔绝了。特别是祖国的大西南是什么样子，更无从知道，虽然是一个中国人，而对中国社会和人民生活，知道得很少，真是醉生梦死呀！国难当头，应该认识认识祖国了！

说完，他轻轻地摇了摇头，向围在身边的同学们又是微微一笑。

闻一多的一席话，感动了许多学生，有些原来有顾虑、有畏难思想的青年，听了闻一多的这番话，两眼含着泪水向闻一多表示，愿跟着先生一道奔赴昆明。

“应该认识认识祖国了！”这是发自一位爱国诗人闻一多之口，他的话里有悲愤，自己祖国的锦绣河山，被帝国主义铁蹄所践踏，怎能不令他悲痛愤恨。同时，他的话也是忏悔，抗战前的许多年，过着脱离人民群众的生活，因此，对自己的祖国还缺乏真正地认识，回忆往事，感到无限悔恨。他的话是一种觉悟，现在抗战了，是我们了解社会，深入群众生活的时候了！

抗日战争的烽火，点燃了闻一多手中爱民主爱正义的火炬，从此以后，他擎着这火炬走出了书斋，走向了人民，奔上了革命道路。

湘、黔、滇旅行团的“长征”，终于使闻一多对中国社会，特别是对大西南山区的人民有了更深入的认识。

“先天下之忧而忧，后天下之乐而乐！”

1938 年 2 月 20 日，“湘、黔、滇旅行团”自长沙起程。闻一多身着灰布长衫、脚穿布鞋、头带一顶灰色礼帽，面带着笑容，从从容容地和青年学生一齐登舟出发了。

从常德到桃源是步行的第一站，沿途有许多名胜古迹，陶渊明《桃花源记》中的“秦人古洞”，虽然离大路较远，却引起青年学生的兴趣，闻一多也乐于接受学生的提议，决定和大家一起去寻访那千古流传的“桃源”。

传说中的那个“秦人古洞”的附近，的确十分幽静，山青水秀，古木丛生，篁竹掩映，四周也杂生着少许桃树。时令正是初春，自然看不到“落英缤纷”的景色了。山洞也有一条小溪，溪水十分清彻，然而仅仅是一股涓涓的细流，根本不能行舟，当然更谈不上有渔人了。山里有一座小庙，小庙的后面，有一个小小的山洞，直径不过一米左右，而且洞也很浅，人是无法进入的，这便是后来人们附会的陶渊明所写的“桃花源”了。久居大城市的人，忽而置身于四围一片荒野的山中，也会一时感到心旷神怡。诗人气质很浓的闻一多刚来到这“世外桃源”时，自然也十分高兴，甚至忘记自己是身边一群青年的先生，有时和青年们一样，纵情地放声笑着。大家既然已来到“桃源”，有人免不了提议看看那些“好客”的“桃源”人们。于是，闻一多索性带着一群青年去访问居住在“桃源”的几户农民。原来居住在穷乡僻壤的几户农民，全是佃户，他们的生活十分困难，虽然是刚过春节，他们却已经无米下炊了。几家农民的小孩也都失学在家，衣服褴褛不堪，一个个面黄饥瘦，看到这些山外来客，一齐围了过来，有的小孩主动向学生们讨要吃的东西。

从这些孩子闪动着的眼神中可以看到他们的惊异、羞怯、哀怜的感情。闻一多看到这些情景，立即失去了笑容，脸上表现出沉重忧郁的神色。

人世间的事情，常常是无奇有偶的，正在闻一多忧心忡忡的时候，忽然他又目睹了一场抓壮丁的悲剧：山中有一个青年农民为了逃避抓丁，已经跑到山上躲藏了几天，几天的风寒饥饿，已经使这个青年筋疲力尽了。仔细听过之后，看到村里没有动静，偷偷回到村里来，谁知刚入家门，便被埋伏在四外的保长派来的“地保”们抓了起来，于是，绳绑索捆，一拥而去。留下来的是被抓青年的父、母、妻、子的悲惨哭声。闻一多目睹“壮丁”被抓的情景，听到那惊天动地的哭声，先是哀叹不已，接着是用手中的一根临时当作手杖的棍子，不断地用力戳着大地！

回来的路上，闻一多很有感触地说：陶渊明的《桃花源记》，当然是乌托邦式的幻想。但是，我在来农村之前，总以为农村生活简易，风俗比较淳朴，总不像城市那样，满目尽是丑恶的现实。以前也曾想过一生在农村过个田园生活，做个田园诗人。现在看来，这也是乌托邦式的幻想，这在现实中是办不到的。我们要“先天下之忧而忧，后天下之乐而乐”，努力进行社会改造，在全中国实现陶渊明的理想，把全中国都建设成“世内桃源”，方能告慰古代那位靖节先生于地下。

安南夜坐

1938年4月11日晨，湘、黔、滇旅行团从贵州永宁启行，盘山的公路迂回曲折，为了走捷径，旅行团决定山行。当天的中午时分，抵达盘江，此江两岸，高峰夹峙，江水流于山峡之间，水流湍急，势如奔马，不时地发出訇然巨响，声震山谷，形势极为险峻。从江岸上俯视，江面宽约三十米，原有的唯一渡桥——一座古旧的铁索桥早已断、破不堪了，无法过渡。

经旅行团与地方商讨，决定借用一叶扁舟分别将二百余人分批渡过江去。每次上船五、六人，鱼贯蹲在船上，两手扶住左右船帮，请彝族同胞掌舵，船的前后各站一人，手执长篙，先从上游靠江岸岩石边，用篙推岸，使小船顺流进入江的中流，借中流水势向下流冲去，再在水势缓慢处向对岸划行。这样不断往复，直到夕阳西下，才将二百多人安全摆渡过江。上岸后，未敢休憩，立即整队前行，天黑时，才到达安南。

安南是一个山区的小县城，无人接待这些不速之客，二百来人的食宿无法解决。全体师生经一天的跋涉，一个个早已筋疲力尽，饥肠辘辘了。

虽然时令正是春天，山城的夜里，也还是寒风习习，夜间低温的气候，使那些已感到饥饿的青年们，冷得有些打颤，个别学生实在难以忍受了，三五成群，议论不止，有人已经在公开寻找旅行团的总务长黄子坚教授，要求解决吃饭问题。

原来黄子坚教授到达安南之后，便立即与地方政府取得联系，那些官僚们早已关门回家了，师生的食宿无人过问，好在县政府还有一个值夜的办事员，对这些“逃难”的师生表示同情，但，毕竟由于他无职无权，解决二百多人的吃饭问题，无能为力，确实爱莫能助。最后在大家的恳切要求下，这位办事员才鼓起了勇气打开县政府大堂的门，让师生一行进入大堂里过夜。

人们进入大堂后，好不容易安顿了下来，忽然不知是谁发现黄子坚教授也来到了大堂内，于是，一些人冲了过去，把黄子坚围在当中，要求解决吃饭问题，一时间，七嘴八舌吵闹不休。正在难解难分之时，忽然有人在人丛中高声而严肃地说道：

我今年已是四十岁的人，我跟你们一样，……谁要有意弄得这样，谁还要活吗！

大家定睛一看，说这番话的正是大家尊敬的闻一多先生。几个带头吵闹的学生一个个低下了头，内心感到惭愧，悄悄地走到旁边坐了下来，准备休息。

黄子坚听了闻一多的话，看到学生平静的反响，很受感动，眼里噙着泪水，不住地向这位老朋友点头表示谢意。

这一夜，闻一多和几位同行的先生，都和学生一样肚里饥饿，身上寒冷，陪着学生们席地而坐，以待天明。

“这是最大的犯罪！”

在湘、黔、滇一路上的见闻，使闻一多感触最深的，是国民党政府的腐朽和反动的兵役制度。

抗战开始以后，闻一多也曾对国民党领导全国抗战抱有一些幻想。“七七”以后，国民党的各种报纸不断宣传的“军事第一”、“抗战第一”的战略，确实使许多人兴奋过一阵。当“全民抗战”提出来以后，国民党军队为了扩大兵员便鼓吹起“好铁要打钉，好男要当兵”的口号。这些，当时在富有浪漫主义气质的诗人闻一多看来，都是无可非议的。他自己就经常说“国家兴亡，匹夫有责”，他觉得好男儿应该有这么点骨气，到前线去，驰骋疆场，马革裹尸，这样才对得起自己的祖国。

抗战初期，由于闻一多长期坐在书斋中，他的许多认识还带有书生意气，他理想中的抗战军队中的战士，个个都是青春焕发、英姿勃勃。现在从湖南出发，要穿越大西南，走到昆明去，在这千里迢迢的一路上，他天天在接触现实，许多他原来连想也不敢想的情况，使他的许多善良的想法破灭了。这一路上，经常碰到的“抗战军队”，差不多都是国民党的地方武装押送壮丁的行列，被抓来的壮丁，都用很粗的棕绳绑着，前后连成一串，一个跟着一个，像沙漠中的骆驼队一样，东倒西歪地走着，一个个无精打采，就连队伍旁边那些荷枪实弹押解壮丁的军警，也看不出有丝毫战士的气派。这哪里是奔向战场，简直是押上“刑场”。路上有时还会遇到被打死的壮丁的尸体，陈尸路旁，无人过问。

旅行团师生，有时宿营在国民党的“新兵训练处”的附近，看到那些刚被抓来的壮丁，一个个面目灰暗，骨瘦如柴，夜间席地而睡。吃的是有砂子和耗子粪的“八宝饭”，而且每人每餐只能分得一碗。穿的五光十色，破烂不堪。一个个蓬头垢面，像是一群叫花子。

闻一多看到这些惨象，对国民党统治下的丑恶现实，常常不能遏制，怒形于色，感慨激昂，表示极大的不满和悲愤。他曾对同行的学生说：

过去，我在课堂上讲杜甫的《石壕吏》，对“有吏夜捉人”固然不满，然而，我还是赞扬了老妪“急应河阳役”的爱国气节。通过现在目睹的事实，我进一步清楚了“夜捉人”的全部真象，白天是捉不到人的。惨酷啊，惨酷！

在贵州省的安顺县，闻一多碰到了一个在地方政府工作的清华大学的毕业生。这位清华的学生向闻一多揭露了国民党兵役当局的许多罪恶，他们贩卖壮丁、克扣战士的粮饷、贪污爱国华侨捐赠的棉花、布匹、药品，甚至利用这些物资投机倒把，从中牟取暴利，中饱私囊，大发国难财。闻一多听到这些抗战大后方的黑暗内幕，再也遏制不住内心的怒火，圆睁着一双充满血丝大眼，厉声吼道：“真是丧尽天良，这是最大的犯罪!”

从此以后，路上休息时，闻一多常常夜不能寐，抗战初期的许多幻想，一个个成为泡影。

作家故事文库

主编／新禾
副主编／霍红　高玉兰

鲁迅的故事

（下）

段为／程阿辉／著

時代文藝出版社

作家故事文库·鲁迅的故事

作　　者:新　禾　主编
责任编辑:姚家余
责任校对:王旭玮
装帧设计:章桂征
出　　版:时代文艺出版社
（长春市泰来街 1825 号　邮编:130062　电话:86012927）
发　　行:时代文艺出版社
印　　刷:三河市灵山装订厂
开　　本:787×1092 毫米　32 开
字　　数:149 千字
印　　张:70
版　　次:2011 年 5 月第 2 版
印　　次:2011 年 5 月第 2 版第 3 次印刷

书　　号:ISBN 978-7-5387-1075-5
定　　价:417.20 元(全 14 册)

在血雨腥风中坚持斗争

1927年4月10日，这天是星期日，鲁迅在白云楼寓所里，听见街上锣鼓喧天，鞭炮齐鸣，广州沉浸在庆祝北伐的胜利——沪宁克复的一片欢呼声中，群众游行、集会不断。近日广州报纸还报道了广州当局准备举行更加盛大的庆祝活动。沪宁克复的捷报传来，鲁迅也感到欢欣鼓舞，“私自高兴过两回”，但是，他敏锐地看到，几天来许多事实说明，在这欢庆革命胜利的气氛中，已经潜伏着严重的反革命复辟危机。

报刊的记者来约他写篇庆祝的文章，虽然他已答应了，但是，思绪总不能集中，像是断了线的风筝，收不回来。

记者给他出的题目是“庆祝沪宁克复”，他想到的却是“欢庆”的另一面，想来想去只好把两者结合起来，于是，在稿纸上写下了《庆祝沪宁克复的那一边》这样一个含意别致的题目。

主题已定，思绪还是集中不起来，历史的教训和眼前的事实总不断浮现在眼前；他忽然想到16年前也曾克复过南京，孙中山的革命党人还给牺牲的烈士们建立了一块纪念碑，可是被妄图复辟的军阀张勋毁掉了。

辛亥革命之所以失败，就是因为革命者陶醉在凯歌声中，对敌人讲“大度”和“宽容”。

封建阶级的“遗老”、“遗少”摇身一变，也说“咸与维新”，都来革命了，结果，袁世凯篡夺了政权，立即实行复辟，对革命者斩尽杀绝，许多革命者死在他的屠刀之下了。

辛亥革命以后的十六年过去了，可是再看看现实，3月26日，躲在北伐后方的蒋介石赶到上海，进一步同帝国主义、买办资产阶级勾结起来，策划全国性的反革命政变。

与此同时，北方军阀张作霖也在北京大肆搜捕和杀害共产党人。

4月6日香港《循环日报》上一条消息说：李大钊在北京被张作霖逮捕。

看到这个报道，鲁迅焦虑地在屋子里踱来踱去。

忽而想起来在“五四”运动期间李大钊和他在北京共同向帝国主义文化和封建主义文化发动了猛烈进攻，革命斗争使他对李大钊同志怀着深厚的感情。

李大钊那“圆圆的脸和中国式的下垂的黑胡子”浮在鲁迅眼前。

他思念着“不知道他现在怎么样。”

现在，反动派南北互相呼应，磨刀霍霍要血洗革命人民，究竟应当怎么办？鲁迅不禁想起了伟大的无产阶级革命家列宁。

列宁在鲁迅心目中是熟悉的，他伸手从书架上取出毕磊送给他的《少年先锋》，怀着崇敬的心情，凝视着封面上的列宁形象。

早在1920年，鲁迅就看到了马克思恩格斯的《共产党宣言》中文全译本；1925年又阅读了列宁的《国家与革命》。马克思列宁主义的光辉著作，照亮了他的心。

在斗争的实践中，他又逐步加深了对马列主义的理解，如今，在中国革命面临一个新的转折点的时刻，鲁迅自然而然地想起列宁的名言：

“第一要事是，不要因胜利而使脑筋昏乱，自高自满；第二要事是，要巩固我们的胜利，使他长久是属于我们的；第三要事是，准备消灭敌人，因为现在敌人只是被征服了，而距消灭的程度还远得很。”

鲁迅重新温习了列宁的名言，并按列宁的教导，分析和总结自己的经验，更加明确地认识到过去中国革命屡次遭受挫折和失败的原因，就是因为“小有胜利，便陶醉在凯歌中，肌肉松懈，忘却进击了，于是敌人便又乘隙而起。”过去的血的教训必须记取；而今天的革命果实必须用战斗来捍卫，无论如何决不能再重蹈以往的覆辙了。鲁迅提笔以大无畏的革命精神，运用简练而又锋利的笔调，写下了《庆祝沪宁克复的那一边》的政论文章，向“陶醉”于革命暂时获得一些胜利的人们，发出了必须坚持“永远进击”，将革命进行到底的召唤！

鲁迅以唯物辩证法的观点，阐明在革命进程中，暂时的胜利存在着丧失胜利的可能，要夺取革命的彻底胜利和巩固胜利，还必须进行艰苦的长期的斗争。

因此，他指出：革命的“最后的胜利，不在高兴的人们的多少，而在永远进击的人们的多少”，要夺取革命的胜利，就需要组成浩大的革命军，向敌人进行不息的进攻。

隐藏在革命阵营内部的蒋介石反革命右派集团正在扩大党羽，发展他们的势力。中国革命虽然节节胜利，但是，当前对于胜利的“庆祝和革命没有什么相干”，“至多不过”只能给充满着危机的局势，增添“一种点缀”作用罢了，其结果却是麻醉了革命的人们的头脑，放松了对反革命的警惕。

鲁迅指出，革命在胜利进行中，有真革命者参加革命队伍；也有投机家混入革命队伍，以至北洋军阀的研究系政客，买办资产阶级的走狗文人，都会摇身一变钻出来，使革命遭到中伤或瓦解。

现在正面临着新老敌人——帝国主义、北洋军阀、国民党右派及其走狗对革命进行公开反扑和暗中破坏的双重危险。

鲁迅特别提醒人们注意那些暗藏在革命背后的反革命和摇身一变混入革命阵营的敌人。

他以佛教的败坏来比喻革命，告诫人们必须防止坏人混入革命队伍。他说："我对于佛教先有一种偏见，以为坚苦的小乘教倒是佛教，待到饮酒食肉的阔人富翁，只要吃一餐素，便可以称为居士，算作信徒，虽然美其名曰大乘，流播也更广远，然而这教却因为容易信奉，因而变为浮滑，或者竟等于零了。

革命也如此的，坚苦的进击者向前进行，遗下广大的已经革命的地方，使我们可以放心欢呼，也显出革命者的色彩，其实是和革命毫不相干。这样的人们一多，革命的精神反而会从浮滑，稀薄，以至于消亡，再下去是复旧。”

他进一步地用坚定的语言提醒人们说：“广东是革命的策源地，因此也先成为革命的后方，因此也先有上面所说的危机。”

怎样才能防止和克服这个危机？鲁迅向革命的人们呼吁：“庆祝，讴歌，陶醉着革命的人们多，好自然是好的，但有时也会使革命精神转成浮滑，”忘却进击敌人，敌人就会乘隙而起。因此，革命者必须加强对反革命的专政。溃败的敌人像落水狗那样，狗性是永远不会改变的。因此，“‘落水狗’还是非打不可”，对待敌人决不能松懈了自己的斗志。老实人以为对敌人的专政是什么“苛酷”，这结果必然是对敌人的放纵。反动派就依然作恶多端，对革命人民的报复、屠杀就“将永无了结的时候”。

鲁迅还以“清初的几个皇帝”和“民国二年后的袁世凯”使用反革命的诱骗与屠杀的两手对付

革命的人民的例子，谆谆告诫人们必须懂得列宁的那些“简单明了”“直爽得多”的话。这就是革命的人们要“准备消灭敌人”，“要巩固我们的胜利，使他长久是属于我们的”！

就在这篇文章脱稿后的第三天，4月12日，以蒋介石为首的右派集团，在帝国主义支持和配合下，利用党内陈独秀的右倾机会主义路线，公开发动反革命政变，对上海的工人阶级和共产党人进行血腥的屠杀。上海变成“虎狼成群”的世界，革命者的鲜血洒满街头。

继上海之后，广州的国民党右派与帝国主义相勾结，组成所谓五人特别委员会。

4月15日凌晨，反动军警对广州的革命团体发动突然袭击，解除了黄埔军校和省港罢工委员会的革命武装。中山大学也遭到军警的大搜捕，“树的党”的头目变成了“猎犬”，拿着黑名单，在校园内上窜下跳，到处抓人。白色恐怖笼罩着广州，弥漫中国许多地方，中国革命进入了十分危急的关头。

珠江两岸在流血，白云楼也不得安宁。许广平家里的老工人赶到白云楼，他说：“不好了，中山大学贴满了标语，也有牵涉到老周（鲁迅）的，叫他快避一避。”

许广平急忙走到楼下，打听消息。一眼看到街上有许多军队，正在集合，准备出动。

她仿佛嗅到了火药味，不必再打听了。看看河对岸的店铺，那里是工会办公处，这时也有些异样，隐隐约约可以看到有人被带走，有一捆捆文件被抄收。

满街军警，情况紧急，许广平便回来敲门，叫醒鲁迅，将她知道的情况告诉他，鲁迅马上要去学校，许广平加以阻止，自己赶往中山大学。

沿途店铺关门，交通断绝，她绕到学校门前，“树的派”气势汹汹，手里拿着木棍，在周围布防。师生被捕已有二百多人，军警兜着宿舍正在搜索。许广平按照鲁迅的意思，要教务处送发通知，请学校当局召开各系主任紧急会议，商量营救被捕学生。

下午，下起倾盆大雨来，鲁迅心急如焚，不顾一切，毅然赶到学校，召开各系主任紧急会议。

各系主任陆续到来，还有几位教授。戴季陶躲着不出面，朱家骅也勉强来了，他坐在鲁迅的对面。

鲁迅说："学生被抓走了，学校有责任，校长不出来，现在我来召开会议，请大家来参加。我们应当对学生负责，希望学校出来担保、营救。我们也要知道为什么抓走他们？被抓的不是几个，而是几百人！"鲁迅脸色严峻，两眼直视对面的朱家骅。

朱家骅装出若无其事的样子，居然说："学生被捕，这是政府的事，我们不要对立。"

鲁迅立即说："被捕的学生究竟违背了孙中山总理三大政策的哪一条？为什么要抓他们？"

朱家骅仗势压人，竟说："这是党校（指国民党办的学校），党有党纪，我们要服从。"

鲁迅又一次站起来发言，他援引五四运动时营救被捕学生的事实，说明这是学校不容推卸的责任。

朱家骅强词夺理地说：“那时候是反对北洋军阀。”

鲁迅针锋相对地说：“现在根据三大政策的活动，就是要防止新的封建统治。”

鲁迅与朱家骅的公开对立已达到相当尖锐的地步。在这种情况下，本来准备发言支持鲁迅的人，也就不开口了。会议没有收到预期的效果，营救的希望已成泡影。鲁迅怒火中烧，开始考虑采用什么方式来抗议国民党的血腥罪行。

会后，鲁迅回到白云楼，一语不发，气得晚饭也未吃一口。他把会议经过向同住在白云楼的许寿裳细说了一遍，不久，还把自己将提出辞职的决定告诉了他。

连日来报纸刊登了这次事变的消息：“是日共捕共党分子二千余人之多，被捕者有萧楚女、熊锐、刘尔崧、华磊……等”。

接着又听说他们当中有许多人牺牲的消息。毕磊英勇地拒绝向反动派诱降，经受严刑拷打，始终坚贞不屈，最后被锁住手脚，装入麻袋，用刺刀捅，用棍子打，最后投入汹涌奔流的珠江，……鲁迅对于毕磊的壮烈牺牲，怀着无法抑制的悲痛。

他常常对许寿裳提起，这个瘦小精干、头脑清晰的青年，常常来谈天的，而今不来了！他是被铁链锁住了活活弄死的……。

这个血的教训，比“3·18”惨案更加严酷。鲁迅想到这一点，彻夜不眠，思潮翻滚：在孙中山三大政策的旗帜下，在国共合作取得胜利之时，“屠伯们”居然明目张胆地背叛革命，血腥地屠杀有为的青年，这比北洋军阀还黑暗，真是难以常理来推测的啊！

大夜弥天，璧月澄照，他像往常一样坐在白云楼寓所的窗前。

敌探在四周出没。看着远处小港里停泊着十几只蜑户的船上点点灯火，一船一家，一家一个世界，各系着自己的悲欢。

鲁迅一面工作，一面沉思。他仿佛听到什么地方有枪声，那里又有革命者倒在血泊之中了，……过去的梦幻破灭了，眼前出现了一幅这样的情景：

一批青年拿着木棍和刺刀，正在杀戮另一批无辜的青年。

鲁迅厌恶极了。他沉重地感到这血的游戏已经开始，因为其中角色都是青年，使他觉得看不见这血的尽头，看不见这血的游戏的收场。

他对自己过去的思想作了严格的解剖。

就这样，一场轰轰烈烈的大革命被国民党反动派葬送了。但是，鲁迅头脑里很久以来一直进行着的革命，却取得了胜利。

他的进化论思路从此轰毁，所谓“将来必胜于过去，青年必胜于老人”有了阶级的内容，在“革命策源地”转变为“反革命策源地”的广州，他目睹了国民党反动派的残暴无耻，也目睹了共产党人为理想而牺牲的英勇和无畏。

4 月 29 日上午，鲁迅为表示对中山大学当局的强烈抗议，严正地提出了辞职，并退还聘书，许寿裳和许广平也先后辞职，他们同鲁迅共进退，表示了不与恶势力妥协的决心和勇气。

反动派从来有两副面孔，善于软硬兼施。他们对许寿裳的辞职，立即批准，对鲁迅则要尽花招，进行“挽留”。

朱家骅想继续利用鲁迅的声望来装饰门面，害怕鲁迅离校会引起强烈反响，发生不利于他们统治的事件，便亲自出马，指挥了一场“挽留”运动。在短短的半个月里，他四次“来访”，假献“诚意”。

同时还有“文科学生代表”，事务管理处主任等，轮番来劝说，或递送聘书，或亲致慰留信。鲁迅看穿朱家骅的把戏，坚决表示“我是不走回头路的”，或当面回绝，或拒不会见，他三次退还聘书，直到6月6日，才获准辞职。

6月5日，许寿裳离开广州去了上海，陪伴在侧的，只有许广平一人。

在这难以预测的风云变幻中，鲁迅和许广平经历着一场严峻的尖锐的考验，他们风雨同舟，生死与共。

这时他们的关系不仅是在人生道路上相濡以沫，而且是在革命征途上誓结同心，成了面对白色恐怖，互相砥砺战斗的亲密战友和伴侣了。

在许广平的帮助下，他善于利用一切时机，进行巧而有力的斗争。

这期间他除了到广州知用中学演讲以外，还集中精力写了十几篇匕首式的文章，向形形色色的人物开火。

对那些投靠到青天白日旗下来“服务”的官僚、军阀、文人、学者等一群“正人君子”，进行无情的揭露和鞭挞，使他们露出丑恶的原形。

在这个月里，他在编完《唐宋传奇集》的序里写道：“时大夜弥天，璧月澄照，饕蚊遥叹，予在广州。”

生动地描写了他在白云楼生活时的险恶处境，勾画了他对吸血的“饕蚊”极端的轻蔑和鄙视，尤其表现出他那光明磊落、凛冽难犯的崇高的精神境界。

为了新的战斗，鲁迅毅然决定要离开这涉足不满9个月的广州。

而对着这座由共产党人和革命青年的鲜血所染

遍，由反革命刽子手的血手所玷污的城市，鲁迅对许广平说："一同走吧！还有什么可留恋的！"

9 月 27 日，鲁迅和许广平登上"山东"号轮船，离开广州，前往上海。

浩瀚的大海，卷起层层巨浪，海燕凌空飞翔，时而穿过浓云，时而掠过锁雾，决心迎击即将到来的暴风雨。鲁迅伫立船头，展望远方，心情十分开阔爽朗，他觉得现在的中国，"是一个进向大时代的时代"，因而精神抖擞，准备走向新的征程。

无言的抗议，深沉的纪念

《北斗》杂志是“左联”的机关刊物之一，它于1931年9月20日创刊，在第一期的封面上，登着一幅德国版画家凯绥·珂勒惠支的木刻，题目叫做《牺牲》，画面是一个母亲悲哀地闭上眼睛，双手捧着她的孩子献出去。

这幅木刻是由鲁迅挑选并建议刊物主编丁玲刊用的，其目的是用此木刻，对国民党反动当局的暴行表示无言的抗议，对死难的战友柔石表示深沉的纪念。

柔石生前是鲁迅的一个较为知己的战友，一位年轻的作家、共产党员、“左联”的常务委员。

柔石姓赵，浙江宁海人，原名平福。幼年时，有个地主要他改用别的名字，准备将这个名字留给他还未出生的儿子用，他蛮横地说：同族里有两个“赵平福”，容易弄错，按照自己的地位和身份，别人不配和他的少爷同名。柔石没有理睬他。等到他稍稍长大以后，他对这个曾经为地主所看中的名字，反倒不感兴趣了，觉得这个福字很俗气，便改“福”为“复”，另外取了一个笔名叫“柔石”，从此以后，大家都叫他柔石，并不知道他还有个“平复”这个名字。

柔石曾经当过小学教师，在北京大学旁听过鲁迅的讲课，后来在浙江沿海一带中学里教书。他爱好文学，会写一些动人的小说，他的第一部小说是自费出版的，可是印出之后，他又觉得不满意，索性统统送给开小店的哥哥，把书拆散，当作包货的纸张用掉。柔石对社会改革的热情很高，做事又很认真，大革命时期在故乡宁海中学当校长。1928年4月，宁海农民在亭旁地方起义，宁海中学有

二、三十个师生参加这次农民暴动，柔石又积极支持。暴动失败后，宁海中学被反动军警捣毁，解散。一切新的东西都被摧残，柔石又被通缉，只好一个人跑到上海。

柔石住在上海东横浜路景云里他的同乡的家里，正好和鲁迅住在同一个街道，中间只隔着四五家门面。经过别人介绍，他才和鲁迅认识起来，他经常到他家去看望，日子一久，谈得也很投合，鲁迅看他长的老老实实，戴副近视眼镜，又很爱好文学，因此决定和他一起搞文学，成立了一个杂志社，叫“朝花社”。他们出版刊物，印行外国版画，介绍北欧和东欧的作品。这个社以培养文学青年为主，经常发表青年文学作家的作品，刊物给人的印象是：质朴、清新、刚健。他们只是踏踏实实埋头苦干，从来不肯做一点虚伪浮夸的宣传。所以，很得人们的欢迎。

朝花社名义上由五个人合办，实际上主要骨干只有鲁迅和柔石。任务紧的时候，这一老一小，在一起，从早忙到晚，还有说有笑，从不觉得累。鲁迅忙着选材料，找插图，规划内容和设计封面；柔石则是打杂，当校对，制图版，跑印刷所。各自回家后还分头翻译和写作。柔石碰到疑难问题时，总是去找鲁迅商量。等到一本刊物或者一本书出版了，又彼此在心底洋溢着丰收的欢乐。柔石工作勤勉、踏实，人又忠厚，甚得鲁迅的喜欢。但是也有点迂，柔石和熟识的女青年走路时，总是一前一后，距离三四尺，从不并肩而行。可是和鲁迅一起上街时，却挨得很近，一边搀扶着鲁迅，一边东张西望，惟恐鲁迅被来往的车辆撞倒；至于鲁迅呢，也为柔石的近视而又要照顾他而担心，在路上，他两人你顾我，我顾你，仓皇失措的样子，叫人看起来十分可笑，从中也可以看出来柔石的性格，也可以看出他和鲁迅的关系。

每到工作告一段落之后，他们总爱坐下来聊天。鲁迅注意到柔石过去的作品，总是带有一点悲观的色彩。特别是大革命的失败，给他留下了不少消极的因素。但在实际接触中，又觉得事情并不完全是这样。每当鲁迅谈到阶级社会的黑暗，斗争的复杂，有些专搞两面手法的阴谋家，他们会要尽手段骗人、阴损人、出卖人、干着吃人吮血的勾当，柔石总是前额亮晶晶地，直瞪着近视眼，抗议道：

“会这样吗？——不至于此吧！”

柔石总是相信人们是好的。他有许多美好的理想，有许多要做的计划，常常一个人沉思默想，或者在鲁迅面前，总是絮絮不休地谈着将来。鲁迅总是一面听，一面和善地笑他：

“你这个理想主义者！”

话虽然这么说，鲁迅其实是喜欢他，赞成他的。因为他自己也是一个有革命理想的人。柔石的认真和诚实，更是鲁迅性格里同样具有的特征。不过鲁迅的理论水平高，斗争经验丰富，对社会懂得更多，看得更深，那时候，他正在学习马克思主义，初步学会了辩证法。

一切都不出鲁迅所料，朝花社终于倒闭了。柔石的理想碰了一个大钉子，但是他没有灰心，也没有气馁，他一面译书，一面写小说，想方设法弄来钱还了债。不久，中国左翼作家联盟成立，柔石是发起人之一，先被选为执行委员，后来任常务委员兼编辑部主任，并且加入了中国共产党。从这个时候起，他就更加积极了，经常来找鲁迅，两个人往往谈到深夜。

1930 年 5 月，柔石代表左翼作家联盟出席了一次党的大会。参加会议的有城市工人，有游击区农民，还有一个 16 岁的少年先锋队队长。代表们各自介绍本地区的形势，交流斗争的经验。柔石第一次参加这样的会议，他看到了自己的理想。喜悦，兴奋，激动，仿佛已经处在一个新的环境里。大会结束以后，他马上跑到鲁迅那里，详细地介绍会议的情形：来自各地的代表，在一起开会，唱国际歌，听负责人作政治形势报告，传达党中央的精神，学习文件，围着排列成“工”字形的桌子讨论，夜晚睡在地板上，听一个战士讲他参加革命的经过。柔石把鲁迅和他合编的《萌芽月刊》带到会场里，送给代表们阅读，还向不识字的农民代表，讲解每一篇文章的内容，农民们静静地听着，高兴地摸着《萌芽》，把它叫做“我们自己的书”。

鲁迅听着，微笑着，分享着柔石心中的快乐。

1931年1月，国民党以十万兵力进入江西，“围剿”红军，遭到惨败之后，便加紧策划，妄图绞杀人民的民主权利。他们公布《危害民国紧急治罪法》，专门捕杀革命者。连日来，上海的反动当局，勾结帝国主义的巡捕房，大肆搜查寰球、北新等文化机构。

在这“山雨欲来风满楼”的大屠杀的前夜，王明却错误地估计形势，继续强调全国性的“革命高潮”和党的“进攻路线”。他在共产国际东方部部长巴维尔·米夫的支持下，迫使党中央在上海召开六届四中全会，从而夺取了中央的领导权，他以批判“立三路线”为名，抛出一条比李立三更“左”的机会主义路线。1月17日那天，党内的何孟雄、李求实、林育南等同志，为了反对王明的路线，邀请了持相同观点的柔石、胡也频、殷夫、冯铿四人，在上海东方饭店开会，由于叛徒告密，不幸被英帝国主义的工部局逮捕，并很快“引渡”给国民党上海龙华警备司令部。

柔石口袋里还藏着鲁迅印书的合同，敌人几次向柔石追问鲁迅的地址，柔石推说不知道，他心里十分着急，更加惦记和放心不下鲁迅。

柔石在从巡捕房转向龙华警备司令部时，设法捎了一个信给他的同乡，暗示他迅速通知鲁迅避一避，又说自己跟同监的人学德文，决计练好本领，加倍努力。他知道鲁迅心里一定很焦急，便用这些话来安慰他。

不久，被捕的人全都受了刑，遭到惨无人道的拷打。

鲁迅在得到柔石等战友被捕的消息后，不得不烧掉朋友们的信札，被迫离开自己的寓所。他在内山完造的帮助之下，于1月20日，到日本人开设的花园庄旅馆避难。在副楼楼梯底下的一间小屋里，摆着一张大床，那是海婴和女工睡的；鲁迅和许广平只好睡在一张靠门口的小床上。这里过道，摆着火盆，鲁迅常常和一个日本青年长尾景和一边烤火取暖，一边长谈到深夜。

天气越来越冷了，鲁迅对关在监狱里的柔石等人越来越关心，不知道有没有被褥？送去的洋铁饭碗收到没有？他独自思量着，熬受着痛苦……忽然得到一个可靠的消息，说柔石和其他革命者共24人，于2月7日深夜，被秘密活埋或枪杀于上海龙华警备司令部的荒野上。上海反动当局严密封锁消息，禁止国内外报刊透露。烈士的战友，想尽一切方法，甚至花钱贿赂了行刑的刽子手，才打听到他们已经被害的消息。

听到噩耗的深夜里，鲁迅独自一人站在花园庄的院子中。四周一片寂静，人们都已入睡，连他的夫人和孩子。他沉痛地感到：自己失掉了很好的战友，中国失掉了很好的青年。悲愤交加，他吟出了一首七律，以寄托他心中难于排遣的哀思：

惯于长夜过春时，挈妇将雏鬓有丝。
梦里依稀慈母泪，城头变幻大王旗。
忍看朋辈成新鬼，怒向刀丛觅小诗。
吟罢低眉无写处，月光如水照缁衣。

这首诗“郁怒深情，兼而有之”有力地表现鲁迅对杀人者的愤怒控诉，和对蒙难战友的沉痛哀悼。

由于过度的愤怒和悲哀，朋友来访时，他总是沉默着。当他谈到他们在东方饭店开会被捕时，他很为战友们惋惜，说道：“怎么会这样不留心！”对于流血这件事，他思考得比较多：

“革命者流血，自然是为了被压迫的大众，替他们开拓生路；反动统治者杀革命者，可全是为帝国主义清道了。”

鲁迅在花园庄，共避难 39 天。后来回到原来的寓所以后，接连写了几篇文章，来控诉反动派杀害革命作家的罪行。他大力支持左联出版秘密发行的机关刊物，并替它想好了“前哨”的名字，还按照位置的大小亲笔写好这两个字。

当时，刚从菲律宾结束休养回到上海的史沫特莱，听到柔石等作家被害的消息后，立即于 3 月 18 日晚上赶到鲁迅家中。鲁迅面色灰暗，眼睛里闪耀着愤怒的火光，把一篇稿子递给史沫特莱说：

“把它译成英文设法在国外发表吧!”

史沫特莱接过一看，题目《黑暗中国的文艺界的现状》立刻映入眼里。文章严正指出：“属于统治阶级的所谓‘文艺家’，早已腐烂到连所谓‘为艺术的艺术’以至颓废的作品也不能生产，现在来抵制左翼文艺的，只有诬蔑，压迫，囚禁和杀戮；来和左翼作家对立的，也只有流氓，侦探，走狗，刽子手了。”鲁迅坚信:“左翼文艺有革命的读者大众支持，‘将来’正属于这一面。”热情讴歌左翼文艺，“好像压于大石之下的萌芽一样，在曲折地滋长。”最后，他向全世界庄严宣告：“惟有左翼文艺现在在和无产者一同受难，将来当然也将和无产者一同起来。单单的杀人究竟不是文艺，他们也因此自己宣告一无所有了。”

鲁迅说明文章的大意之后，史沫特莱却踌躇起来，她担心文章发表后，会给鲁迅带来危险。便请鲁迅再慎重考虑一下。

鲁迅毅然回答说：“这有什么关系，中国总得有人出来说话。”

客人离开之前，鲁迅又和她起草了一份宣言，向国外文化界控诉国民党当局的血腥罪行。这份宣言经茅盾作了一些修改，并帮助史沫特莱译成英文，刊登在当年6月的美国《新群众》上，题目是《中国作家致全世界的呼吁书》。宣言和鲁迅文章的思想在国外引起了强烈的反响，好几个国家的许多作家回电，一致抗议国民党的法西斯暴行。

就在这年的夏天，鲁迅和冯雪峰主持编辑的《前哨》（纪念战死者专号）出版。该刊发表了鲁迅参与起草的中国左翼作家联盟向全中国、全世界控诉国民党屠杀作家的两篇宣言，还发表鲁迅撰写的《柔石小传》和《中国无产阶级革命文学和前驱的血》两篇文章。

前一篇简介柔石的经历，为他战斗的一生留下了光辉的记录。后一篇感情深厚沉痛，语言简洁扼要，充分反映左联全体同志的心声。

这期刊物的出版是极其困难的。一般的印刷所不敢承印，党的印刷机关又不便于印刷，同志们通过各种关系才找到一个贪图高利、敢冒风险的小印刷所的老板。但他的条件非常苛刻：不准印上“前哨”的刊名和烈士的照片；从排、校对到印刷必须在一个晚上完成；天未亮印好之后，必须立刻搬走。就这样，几位工人，遮住了灯光，在秘密而紧张的工作。编辑人员守在旁边，排好一段校对一段。鲁迅写的刊名，也只好空着，等到刊物印好拿出来后，再用木头刻的字一份一份贴上去。几位烈士的照片，也设法在别处印好以后，再一份一份贴上去。这说明以鲁迅为旗手的左联同志们并没有被血所吓退，他们不怕流血牺牲而又看重自己的血的价值，决心要用烈士的鲜血来沉重控诉反动派，并唤醒广大的群众。

对于牺牲的战友，鲁迅永远不曾忘却。他曾给德国画家珂勒惠支写信，请她画一幅柔石等被害的图画，作为左联战友们的纪念。但她来信说，没有看过真实的情形，而且对中国的文物，十分生疏，所以未能画出。9 月 20 日，左联机关刊物之一《北斗》杂志创刊，主编丁玲希望鲁迅提供一些插图，他就挑选了珂勒惠支的木刻连环画《战争》中的第一幅《牺牲》，把这幅含意深远的木刻寄去发表。

这是一个无言的抗议，也是一个不用文字的深沉的纪念，懂得这个纪念意义的人们，必然会从悲痛中奋发起来，团结起来，站立起来！

日寇的铁蹄踏进中国之后

日本帝国主义勾结德意法西斯妄图实现其独占中国，称霸世界的迷梦，蓄意挑起事端，于1931年9月18日，悍然发动了“9·18”事变。由于国民党南京政府采取不抵抗政策，致使日寇迅速占领东北三省，广大的东北人民悲惨地陷于日寇的铁蹄之下。1932年1月28日，日寇又发动了“1·28”事变，妄图侵占上海，遭到上海军民的英勇抵抗。

伟大的爱国主义者鲁迅对日寇的侵略，极端愤慨，对国民党反动政府的不抵抗政策，给予彻底揭露；对爱好和平的日本友人则表示热忱的友好；对为日寇的侵略行径张目的无耻文人则给予迎头痛击，表现了一个伟大的爱国主义者和国际主义者的博大胸怀。

“9·18”的炮火，震动了中国大地，激起了中国人民的愤怒。在这国家、民族生死存亡的关键时刻，全国各阶层人士，各种政治力量都要表明自己的态度，作出自己的抉择。鲁迅，这位从青年时代就立志“血荐轩辕”的伟大爱国者，没有丝毫奴颜媚骨的炎黄子孙，此时，对于灭绝人性的侵略者，对于面对强敌而卑躬屈膝的反动派，怎么能保持沉默，怎么能够控制得住火山一般的愤怒呢？

就在此时，党所领导的中国左翼作家联盟立即行动起来，以《文艺新闻》周刊的名义，向上海文化界一些著名人士征询对“9·18”事变的看法。鲁迅当即用他饱蘸怒火的笔，写下了这样几句话：

“在这一面，是日本帝国主义在‘膺惩’他的仆役——中国军阀，也就是‘膺惩’中国民众，因为中国民众又是军阀的奴隶；在另一面，是进攻苏联的开头，是要使世界的劳苦群众，永受奴隶的苦楚的方针的第一步。”

这几句话仅有80个字，却是字字千钧，一针见血地揭露了日本帝国主义与国民党新老军阀的主奴关系，揭露了日本帝国主义侵略的罪恶本质和狂妄野心，显示了一个伟大的爱国主义者与国际主义者的深邃的见识与英勇的气概。

“9·18”事变后，国民党南京政府采取投降主义政策，在它统治下的社会也乱成一团。当时的上海报刊上充斥了一片“国难声中”的呼喊，然而在这嘈杂的“国难声中”都是些什么货色呢？

有的人查阅《唐书》，引证史料，说日本名“倭奴”，而字典云，倭就是矮小的意思，……国民党高级官员胡汉民到了上海，告诫青年“固宜秉为民前锋之精神努力，惟宜多注意力的准备，毋专为气的发泄”。第二天，报上便大登广告说：“须养力，毋泄气，养力就是强身，泄气就是悲观，要强身祛悲观，须先心花怒放，大笑一次。”于是将探险滑稽化以博市民一笑的美国旧电影《两亲家游非洲》，便成了养气救国的宝贝，黄色歌舞明星的

"爱国"歌舞表演，也成了刺激民族性活跃的"国难声中的兴奋剂。"

《申报·自由谈》上还登着这样的消息："苏民自汉口寄"云："日者寓书沪友王子仲良，问及余之病状，而以不能投身义勇军为憾。王子……竟以灵药一裹见寄，云为培生制药公司所出益金草，功能治肺痨咳血，可一试之。……余立行试服，则咳果止，兼旬而后，体气渐复，因念……一旦国家有事，吾必身列戎行，一展平身之壮志，灭此朝食，行有日矣……"

有一位叫叶华的女士云"名犬中，要以德国警犬最称职，余极主张吾国可选择是犬作战……"

对"国难声中"的这些乌烟瘴气，鲁迅厌恶到极点。他感到，对于这种把辱国之恨当作钻营之梯的丑类，把民族大敌的凶残化为一笑的丑行，不痛加打击，是不足以唤起民族的尊严感与责任感的。

于是他在《十字街头》杂志上，写了一篇犀利的杂文《沉滓的泛起》，戳穿这些假爱国的政治家与文艺家的表演不过是沉滓的泛起。

他说："在这'国难声中'，恰如用棍子搅了一下停滞多年的池塘，各种古的沉滓，新的沉滓，就都翻着筋斗漂上来，在水面上转一个身，来趁势显示自己的存在了。"

他们"都不过是出卖旧货的新广告，要趁'国难声中'或'和平声中'将利益更多的榨到自己的手里。"

鲁迅尤其厌恶和悲愤的是，在民族存亡的关头，从上到下，还充斥着"做戏"式的宣传。

教育经费用光了，却还要开几个学堂，装装门面；全国的人们十分之九不识字，然而总得请几个博士，使他们对西洋人去讲中国的精神文明；至今还是随便拷问，随便杀头，却总支撑维持几个洋式的"模范监狱"，给外国人看看；远离前敌的将军，偏要打电报，说要"为国捐躯"；连体操也不愿上的学生少爷，却偏要穿上军装，说是"灭此朝食"（意思是把敌人消灭了再吃早饭。形容斗志坚决。）书店的什么月刊画报呀，也要争先恐后地刊登托枪的戎装女士的美人照片。更可笑的是，《申报》上还登载了一篇《杨缦华女士游欧杂感》，其中写道：“有一天我们到比利时一个乡村去。许多女人争着来看我的脚。我伸起脚来给伊们看。才平服伊们好奇的疑窦。一位女人说。‘我们也向来不曾见过中国人。但从小就听说中国人是有尾巴的（即辫发）。都要讨姨太太的。女人都是小脚。跑起来一摇一摆的。如今才明白这话不确实。请原谅我们的错念。’……我说‘此种传说。全无根据。’”——报纸上竟说这是“为国增了光。”

针对这些花样不断翻新、无休止的自欺欺人的把戏，鲁迅于1931年10月间，连续写了《以脚报国》、《新的女将》、《宣传与做戏》三篇杂文，进行了尖锐的揭露与讽刺。他说：这就是我之所谓“做戏”。

但这普通的做戏，却比真的做戏还要坏。真的做戏，是只有一时；戏子做完戏，也就恢复为平常状态的。

杨小楼做《单刀赴会》，梅兰芳做《黛玉葬花》，只有在戏台上的是关云长，是林黛玉，下台就成了普通人，所以并没有大弊。

倘使他们扮演一回之后，就永远提着青龙偃月刀或锄头，以关老爷，林妹妹自命，怪声怪气，唱来唱去，那就实在只好算是发热昏了。

不幸因为是“天地戏场”，可以普遍做起戏者，就很难有下台的时候，例如杨缦华女士用自己的天足，踢破小国比利时女人的“中国女人缠足说”，为面子起见，用权术来解围，这还可以说是很该原谅的。

但我以为应该这样就拉倒。现在回到寓里，做成文章，这就是进了后台还不肯放下青龙偃月刀；而且又将那文章送到中国的《申报》上来发表，则简直是提着青龙偃月刀一路唱回自己的家里来了。

难道作者真已忘记了中国女人曾经缠脚，至今也还有正在缠脚的么？还是以为中国人都已经自己催眠，觉得全国女人都已穿了高跟皮鞋了呢？

强盗已经打进国门，而国人还在自我麻醉，在投机，还在欺骗，这是一种怎样的不幸啊！直到1932年6月，鲁迅在给友人的信中还慨叹道：我们

“‘抗’得轻浮”而敌人却“‘杀’得切实，这事情似乎至今许多人还是没有悟。”

一个赤诚的爱国主义者，面对这样的景况，对民族的前途，是多么地忧虑啊！

鲁迅的一生注重真情，讲究实做，反对“做戏”，他是一个真诚的脚踏实地的爱国者。

鲁迅对于爱好和平的日本人民则表示热忱的欢迎。

鲁迅在1933年4月29日的日记中曾经记着这样一件事：“得西村真琴信并自绘鸠图一枚”；6月21日又记道：“为西村真琴博士书一横卷云：

奔霆飞焰歼人子，败井颓垣剩饿鸠。
偶值大心离火宅，终遗高塔念瀛洲。
精禽梦觉仍衔石，斗士诚坚共抗流。
度尽劫波兄弟在，相逢一笑泯恩仇。”

这里面记载了一个十分感人的故事——正当日本帝国主义向中国发动侵略战争之际，鲁迅与日本友人为争取世界和平、反对罪恶的侵略战争，而建立深厚友情的动人故事。

西村真琴博士是日本爱好和平的生物学家和一位真诚的人道主义者。

1932年2月，正当日本侵略军突然袭击上海闸北地区，悍然发动了“1·28”事变之后，西村博士作为大阪每日新闻社的代表团团长，来到了上海。

在闸北，他看到了日军炮火造成的一片废墟，默默地在断壁颓垣中徘徊。突然，他在一个名叫“三义里”的弄堂里，发现了一只因受伤而飞不动的鸽子，正在咕咕咕地悲切地哀鸣着。

他轻轻捧起这只鸽子，并给它包扎好受伤的翅膀，回国时又把它带回丰中市自己的家里。

西村希望把这只鸽子和日本鸽子交配，如果生出小鸽子来，就把它作为“和平的使者”，送回中国去。

可是，在第二年3月里，这只鸽子突然死去了。西村博士把它埋在院子里的紫藤下面，并立了一块小石碑，因为鸽子是从上海闸北三义里得到的，所以就取名叫“三义冢”。

今天，这块小小的石碑，已经成为象征中日两国人民爱好和平和友好的珍贵文物，仍然保留在西村博士故居的院子里，那郁郁苍苍地生长着博士亲自栽种的各种树木之中。

西村博士善于植物写生，画画得很好。所以他把这只鸽子的形象画了下来，写了一封信给鲁迅，谈到他未能实现的愿望，并请求题诗。1933 年 6 月就收到了上面所说的那首七律——《题三义塔》。

鲁迅在这首诗中，愤怒地控诉了日本侵略军蹂躏中国土地，屠杀中国人民的血腥暴行，热情赞颂了中日两国人民共同反抗反动潮流的友好情谊，并且满怀信心地预言，虽然现在中日两国隔阂很深，但是，罪恶的战争一定会消灭，度过漫长的苦难岁月，日中两国人民仍然是亲兄弟。表现了一个伟大的爱国主义者与国际主义者的博大胸怀。

鲁迅以他敏锐的眼光，从西村真琴对一只象征和平的中国鸽子的拯救、喂养、埋葬、悼念中，看到了日本人民一定会和中国人民以及全世界革命人民结成反法西斯统一战线，夺取反侵略战争的彻底胜利。

就在鲁迅写这首诗的前四个月，日本共产党人、优秀作家小林多喜二因反对法西斯统治而被日本政府残酷杀害。

鲁迅得到消息后，立即发去唁电，悲愤而严正地指出：“日本和中国的大众，本来就是兄弟。资产阶级欺骗大众，用他们的血划了界线还继续在划着。但是无产阶级和他们的先驱们，正用血把它洗去。小林同志的死，就是一个实证。我们是知道的，我们不会忘记。”

鲁迅始终坚定地支持日本人民和世界各国人民反法西斯的革命斗争，感谢并争取他们对中国革命和反侵略战争的支援。

他一生与许多外国朋友，尤其是日本朋友结下了深厚的友谊。但是，他对无耻的法西斯侵略者及其帮凶却从不姑息。

1935 年 10 月的一天，日本一个叫野口米次郎的诗人，通过鲁迅的好友内山完造，想见见鲁迅先生。

鲁迅知道，野口米次郎在日本知识界是一个名流，对于中国革命是有益的，于是很高兴地答应了。

10月21日，天气晴朗，温和的阳光透过天窗照进内山书店里一张小方桌上，鲁迅正在与内山完造在那里饮茶漫谈，日本《朝日新闻》上海分社社长木下陪同野口进来了。

寒暄一阵之后，已经是中午时分了。木下作东邀请鲁迅先生、野口与内山一起到六三园吃饭。席间，一无拘谨地谈文学、谈诗歌……气氛轻松愉快。

突然，野口问道："日中亲善友好能出现吗？"

"日中亲善友好"是日本侵略者自"9·18"事变进攻中国以来，一直唱着的骗人的老调子，侵略的战火正在中国加紧蔓延，还有什么"亲善"可言呢！鲁迅收起了脸上的笑容，缓缓地说："要是有可能，那也完全是日本人个人的说法。"

不料，野口接着提出了一个更加荒唐的问题。他露出讥讽的笑容说：“鲁迅先生，中国的政客和军阀总不能使中国太平，而英国替印度管理军事政治倒还太平，中国不是也可以请日本来帮忙管理军事政治吗？”话一出口，木下和内山都难堪地低下了头。

鲁迅被这无耻的强盗口吻激怒了。他冷峻地瞥了野口一眼，立即说：“这有个感情问题！同是把财产弄光，那么与其让强盗抢了去，还不如让败家子败光。如果同是被杀，我想还是死在本国人手里好。”

鲁迅鲜明的态度，锐利的回答，使对中国一贯友好的木下和内山都松了一口气，野口却窘得面红耳赤，一句话也说不上来了。

鲁迅回去后，在当天的日记中记载了这次会晤：“午，朝日新闻支社仲居君邀饮于六三园，同席有野口米次郎，内山二氏。”

也许是由于对野口作为一个诗人却甘心为日本侵略者张目，充当日本侵略者的口舌的鄙视吧，会晤的情形却只字未提。

但是，野口遭到了鲁迅机敏的斥责，心里总觉得有一种难言的不快，于是回国之后，写了一篇“会谈记”，肆意歪曲鲁迅讲话的原意。

后来，鲁迅在1936年2月3日写给日本朋友增田涉的信中说：“和名流的会见，也还是停止为妙。野口先生的文章，没有将我所讲的全部写进去，所写部分，恐怕也为了发表的缘故，而没有按原意写。”揭露了这个依附于日本反动政府的“名人”的卑劣伎俩。

泱泱大度，凛凛正气。鲁迅不愧为中华民族优秀儿女的代表，一个国际主义与爱国主义相结合的战士。

通缉令吓不倒的铮铮铁汉

以蒋介石为首的右派集团于1927年4月12日发动反革命政变以后，就在全国建立了反革命政权。它们对外实行投降卖国政策，对内实行极端残暴的法西斯统治。蒋介石在帝国主义支持下，建立了一支庞大的反革命军队，并先后成立了许多特务组织，对人民实行野蛮的监禁、暗杀、迫害。

从1927年到1928年上半年仅在大江南北，就屠杀了共产党员和革命群众竟达三十余万人。

它们还颁布各项反革命条例，在全国各大城市查封进步书店，查禁进步报刊，逮捕、杀害进步作家，进一步限制人民的言论、集会、结社、出版等民主权利，使全国笼罩在一片白色恐怖之中。

鲁迅从广州到上海不久，国民党反动派就对他下了通缉令。日本朋友内山完造对他说："发了通缉令，危险。"鲁迅说："不，这不要紧。发布通缉令，只是要给点颜色看看，对我倒挺温和的。这就是通缉令所包含的意思。真正逮捕的时候，是悄悄抓起来，暗地里杀掉。"

在那样黑暗的没有任何民主自由的时代，鲁迅无所畏惧地站在斗争的第一线。

当时他不顾随时被逮捕被杀害的危险，加入了中国共产党领导的进步群众组织——济难会。又称革命互济会，是国际总会的一个分会。它是以保护革命者、救助革命烈属的进步组织。10 月 19 日，鲁迅出席济难会负责人王望平的宴会，讨论了组织出版机关刊物《白华》的问题。他还多次从生活中省出一些钱来捐给济难会。以许多时间和精力，为保护革命者和救助革命烈属而奔波。

济难会的同志经常到他家来，他总是热情地接待。有一次，鲁迅同一位来访的朋友，谈起他刚刚送走的一个客人，说他是济难会的，来过三次了。“人真老实，每次来都对我大讲一通革命高潮。”说着，他就爽朗地笑起来，在善意的嘲讽里流露出他对那位同志的爱。

这一时期，国民党实行白色恐怖统治，中国革命处于低潮。“但是，中国共产党和中国人民并没有被吓倒，被征服，被杀绝。他们从地上爬起来，揩干净身上的血迹，掩埋好同伴的尸首，又继续战斗了。”他们拿起枪杆子，发动了“八一”南昌起义，9 月秋收起义，12 月广州起义，并在毛泽东等同志的正确领导下，组织中国工农红军，开始创建革命根据地。到 1930 年初，革命根据地扩展到江西、福建、湖南、湖北、安徽、河南、广东、广西、浙江等省的部分地区，全国红军发展到 6 万人，稍后发展到 10 万人。

国民党反动派对革命根据地的发展感到恐慌，便集结兵力进攻革命根据地。从 1930 年冬开始，在三、四年的时间内，发动了五次反革命“围剿”，为了配合军事上的“围剿”，他们在国民党统治区又对革命的文化运动进行了“围剿”。回击这种反革命“围剿”的是革命的深入——农村革命的深入和文化革命的深入。

当时，鲁迅保持着比较清醒的头脑，他既不因革命形势暂处低潮而悲观、绝望；也不因革命力量有所发展而盲目乐观；他在斗争实践中，进一步认识中国革命是长期的，艰巨的，因此必须进行持久的、韧性的战斗，必须坚持种种具体的、切实的、有益于革命的工作。尽管国民党实行白色恐怖，对他下了通缉令，限制他的自由，但是，他仍然决心在党的领导下参加政治斗争和文艺斗争。

鲁迅和国民党的通缉令针锋相对，他置个人安危于不顾，从1930年到1933年先后参加了“中国自由运动大同盟”、“中国左翼作家联盟”和“中国民权保障同盟”，并成为这些进步组织的发起人、领导人。卓有成效地和国民党反动派展开有力的斗争。

“中国自由运动大同盟”是在中国共产党领导

下的纯粹政治性的团体。它的斗争纲领是反对帝国主义和国民党反动统治，争取人民的言论、出版、集会、结社等自由。这个革命组织在1929年底开始酝酿成立，当时在上海的党中央希望鲁迅参加并作为它的一个发起人，就派冯雪峰同志去征求鲁迅的意见。鲁迅开始不大同意这种方式，认为一成立就会马上被解散了，可是当他知道这是党领导下的一个革命组织，他就立刻答应参加并为发起人之一。

这个同盟在1930年2月13日秘密成立。鲁迅愉快地参加了成立大会。会议通过了《宣言》，它的第一句话是："自由是人类的第二生命，不自由，毋宁死。"最后则号召："我们组织自由运动大同盟，坚决为自由而斗争。感受不自由痛苦的人们团结起来，团结到自由大同盟旗帜下来共同奋斗！"

在白色恐怖的环境中，参加这个团体，就是公开地宣布他在政治上站在中国共产党方面。这是要有很大勇气的。

鲁迅为了将同盟的宗旨扩大宣传到青年中去，

他在2、3两个月内，积极参加“自由运动大同盟”所组织的活动，先后到艺术大学、大夏大学和中国公学等校去演讲。每次演讲，会场内外都挤满了人，连窗子上面都爬着挟书本的学生。鲁迅的演讲受到了大学生们的热烈欢迎。但是，却遭到国民党上海市教育局长的反对，这位教育局长叫陈德征，对鲁迅等发起“自由大同盟”极为不满，他勃然大怒地说：“在三民主义的统治下，还觉得不满么？那可连现在所给予着的一点自由也要收起了。”后来他们真的将那一点点自由便收起来了。由国民党市党部宣布“自由大同盟”为“非法组织”，禁止其一切活动，到1930年下半年“同盟”无法开展活动。紧接着国民党反动派“秘密通缉”鲁迅，国民党的浙江省党部还借鲁迅参加“自由大同盟”为由，给他加了一个“堕落文人”的罪名。使得鲁迅不仅不能在上海公开活动，就是在老家绍兴也无立锥之地了。鲁迅不得不离家到北四川路施高塔路内山书店楼上，避难一个月。

当时，有人为了鲁迅的安全，劝他发表声明，退出“自由运动大同盟”。鲁迅不为所动，他坚定地说：浙江省党部“今竟然出此手段，那么我用硬功对付，决不声明，就算由我发起好了……”自此以后，鲁迅带着许广平和幼小的海婴东躲西藏过着半地下式的生活，敌人不断地盯梢、信检，以至于散布黑名单，扬言要加以捕杀等，使鲁迅一家生活极不安定。但他从来没有动摇过自己的信念，他对于敌人极端蔑视，把自己的生死置之度外。

敌人的通缉令不但没有使鲁迅屈服、低头，相反更激起了他对国民党反动派的愤怒和憎恨，更激起了他积极地参加在党领导下的“中国左翼作家联盟”的决心。

“中国左翼作家联盟”简称“左联”，是中国共产党领导下的文艺组织。

1929 年，在上海的文艺组织“创造社”、“太阳社”先后被国民党查封，许多同志遭到通缉，形势要求进步的文艺家，联合起来，共同对敌。当时，上海党的地下组织，江苏省委宣传部长李富春同志出面找阳翰笙同志谈话，指示创造社、太阳社停止论争，与鲁迅团结起来。事后阳翰笙又与当时任党中央宣传部干事、负责文化工作的潘汉年商量，召开一个党员会，由阳翰笙传达李富春的指示，经过讨论，取得了与会者的拥护。后来，潘汉年又找冯雪峰传达党中央的指示，希望创造社、太阳社和鲁迅及在鲁迅影响下的人们联合起来，以这三方面人为基础，成立一个革命文学团体。潘汉年要他去同鲁迅商量，并说团体名称拟定为“中国左翼作家联盟”，看鲁迅有什么意见，“左翼”两个字用不用，也取决于鲁迅，鲁迅如不同意用这两个字，那就不用。

冯雪峰立即去同鲁迅商谈。鲁迅完全同意成立这样一个革命文学团体；同时他说“左翼”二字还是用好，比较明确，旗帜可以鲜明一些。经过几个月的筹备，到1930年2月16日下午，鲁迅，沈端先（夏衍）、冯乃超、冯雪峰、华汉（阳翰笙）、钱杏邨等十二人，在北四川路横浜桥咖啡馆聚会，交换意见，各自检讨过去的错误，决定成立新的联盟，以便统一步调，共同对敌。经过讨论，对于共同纲领的内容，成员条件，成立大会的地点和日期，完全取得一致意见。鲁迅作为发起人之一，起了积极的作用。

3月2日下午在上海中华艺术大学二楼的一个教室里秘密地召开了“中国左翼作家联盟”成立大会，到会的作家有50多人。鲁迅在大会上也作了发言，即《对于左翼作家联盟的意见》，鲁迅的讲话，针对当时革命文学运动中非常实际、非常重要的问题，明确地坚持了马克思主义的观点，体现了无产阶级文艺的正确方向。这个《意见》后来成为指导左翼文艺运动的一个纲领性文件。鲁迅被选为常务委员。

中国左翼作家联盟的成立，特别是鲁迅也参加了它的领导，确实是一件轰动一时的事情。它使国民党统治区的文艺运动，有了一个坚强核心，中国共产党掌握了全国文艺工作的领导权，无产阶级在文艺工作方面，从被动的地位转到了主动的地位。几年之中，在理论方面，“左联”批判了资产阶级的人性论，御用文人的法西斯民族主义文学，“第三种人”的为艺术而艺术，在反驳这些错误理论的同时，批评家们也正面地阐发了马克思主义文艺理论的原则。鲁迅善于用分析和比喻的方法，说明问题，战胜对手，赢得了青年读者的信服。鲁迅以他长期从事小说和散文写作的经验，强调艺术规律，结合生活实践，从思想内容到艺术技巧提出要求，还写文章辅导，培养了一批年轻的作家，像柔石、殷夫、冯铿、胡也频等人。“左联”还在很难找到一个公开发表言论的地方，先后办了几个公开发行的刊物，如《拓荒者》、《萌芽月刊》、《巴尔底山》等等，此外，鲁迅还积极扶植木刻艺术，从艺术思想和技术上大力支持“一八艺社”的创作活动，培养了一批从事木刻艺术创作的人材。

“9·18”事变后，鲁迅、瞿秋白和左联其他革命同志，根据当时新的形势，联系和团结一些进步作家，采取既灵活又有原则的斗争方式，使左翼文艺运动得以克服第三次“左”倾路线的一些影响，继续取得文艺创作和斗争的新胜利。鲁迅还亲自写了大量的杂文、诗歌揭露国民党政府对外投降卖国，对内反共反人民的罪行。

为了配合新的政治斗争，发展无产阶级文艺事业，鲁迅历尽艰难险阻，想方设法打破敌人的禁锢，先后出版了《毁灭》和《铁流》。这是无产阶级文学运动的大事，也是打破国民党文化“围剿”的辉煌战果，它记录着鲁迅和他的战友艰辛的劳作，是鲁迅在白色恐怖下，对于人民革命事业和文艺事业的又一杰出贡献。

1933年1月3日，日本帝国主义在并吞东北三省之后，又大举进攻山海关。国民党反动政府继续执行“攘外必先安内”的政策，一面命令当地驻军撤退，一面派军警镇压各地反对他们投降卖国的革命群众和爱国学生，特别是在上海及其它大城市里。许多爱国青年、作家、记者等被逮捕、暗杀。人民群众的一点点人身自由权利几乎全被剥夺净尽。

为了维护人民的各项民主权利，反对国民党推行的投降卖国、反共反人民的政策，宋庆龄、蔡元培等人于1932年12月17日，成立了“中国民权保障同盟”。并希望鲁迅也参加进来。

1933 年 1 月 4 日，鲁迅收到蔡元培来信，邀他参加民权保障同盟。鲁迅知道这是个维护人民群众正当权利的进步组织，主席是孙中山夫人宋庆龄，副主席是蔡元培，总干事是杨杏佛。因此，他便于 1 月 11 日正式加入。1 月 17 日他到中央研究院，参加同盟上海分会的成立大会，会上他和宋庆龄、蔡元培、杨铨、林语堂、伊罗生被选为分会的执行委员。

鲁迅经常参加同盟的活动，每次都准时到会。开会时常常由杨铨作报告，谈到有些什么案子，抓了什么人？介绍这些案子的情况以及营救的办法。鲁迅和大家一起热烈讨论：如何反对白色恐怖，如何营救被关押的政治犯和青年学生，并为他们提供法律的辩护和其他援助。每次开会都有外国记者参加。结果是向国民党提出强烈抗议，发表宣言。会议的消息和宣言，有时不能在国内发表，就由史沫特莱、伊罗生等外国记者，用电报发到国外，或刊登在美国人办的英文报刊《中国论坛》上。这在国际上产生很大的影响。英国著名作家肖伯纳，科学家爱因斯坦、法国著名作家罗曼·罗兰等据此发表宣言，打电报向国民党抗议，使它在国际社会中声名狼藉。由于反动当局采取法西斯野蛮手段：严禁同盟活动，发布通缉令，甚至暗杀同盟的领导人。但是，同盟仍积极地进行声援牛兰夫妇，设法营救被捕的廖承志、罗登贤、陈赓等共产党人，以及营救作家丁玲、潘梓年，抗议德国法西斯暴行，揭露胡适背叛同盟宗旨，为杨铨举行送殓仪式等活动。在这些活动中，鲁迅顶着国民党的通缉令和暗杀的黑名单，不顾个人安危，站在斗争的最前面。朋友们很为他的安全担心，和他谈起来时，他却泰然自若地说："危险自然是有的，作战哪有万全的事？……"

后来，为通缉令的事，鲁迅在病中接到一封从南京寄来的信，是用"国民政府军事委员会用笺"写的，信的内容主要是以解除通缉令为条件，要鲁迅退出战斗，或出国养病。这封信是 1936 年 7 月 13 日写的。

写信人是鲁迅的学生，他叫李秉中，四川人，家里本来很有钱，但他是个孤儿，父母留下的财产被舅父霸占了，他只身一人到北大读书，生活很苦。鲁迅在北京做事时，常去北大讲课，两人结识了。李秉中常去砖塔胡同的住处拜访鲁迅，一谈就几个钟头。鲁迅从各方面帮助他，甚至他连吃饭的钱没有了，鲁迅也资助他。后来他考入广东黄埔军校，参加过东征，毕业后，被派到日本和苏联留学，回国后曾任国民党的南京中央军校的政训处的教官，成了将军。他为国民党效劳，和鲁迅走的是两条路。在鲁迅病情较重的时候，他秉承蒋介石的意图，利用和鲁迅的师生关系，以解除通缉令为诱饵，劝鲁迅放弃斗争，出国养病。

鲁迅一眼就看穿了国民党所玩的把戏，当天，他拿着这封信，步履蹒跚地走进内山书店，像讲笑话一样对内山完造说："老板，今天有件饶有趣味的事。南京那姓李的，寄来一封非常有意思的信，说他可以在南京为我说情，设法撤销国民党对我的通缉令，我方才给他写了封回信，说不。"

内山完造困惑地问："为什么不呢？要是真撤销了，将怎么样呢？"

鲁迅说："我写信告诉他说，我今后的日子不会太长了，跟了我十年的通缉令撤销了，我会寂寞的，还是不撤吧。"

以后鲁迅的病渐渐重起来。在敌人的重重包围中，他一刻也没有停止战斗，直到生命的最后一息，身边还伴随着一道国民党的通缉令。鲁迅真不愧是泰山压顶不弯腰的铮铮铁汉，表现了很宝贵的革命硬骨头的精神。

一幅高等画家画的像

1932年11月，鲁迅从上海回北平探望母病。北平的个别报纸用了大字标题，登出消息，说什么当年新文化健将鲁迅，今日卷土重来了。鲁迅对于报纸上这种别有用心的提法，并没有放在心上，不料向来把北平看做个人地盘的胡适，心里却不高兴起来。

一天，鲁迅被请到北京大学去演讲，偶然在走廊里与北大教授胡适顶头相遇。北京大学是“五四”新文化运动的发祥地，当时的胡适更认为这里是他的发家之地，是“闲人莫入”的禁区，他感到意外，慌乱之中，急不择言，不知不觉流露出内心不满的情绪，很不自在地说：

“哦！你又卷土重来了吗？”

“我马上卷土重去，决不来抢你的饭碗。”鲁迅严正地回答。

“呃，呃，还是老脾气。”胡适狼狈地自言自语。

“这叫做至死不改！”鲁迅斩钉截铁地回答。

“……”

这就是在新文化运动中“首举义旗”的胡适，1932 年在北大和鲁迅不期相遇时的狼狈形象。

更狼狈的是 1933 年 6 月 18 日那天发生的一件事。胡适作为中国代表团团长，准备先到美国讲学，然后到加拿大参加太平洋学会第五次代表会议。这个会议是由太平洋沿岸各国组织，每两年开一次，讨论和研究经济、教育、移民等问题。自从“9 · 18”事变发生后，日本法西斯军阀占领我国东北，步步向华北进逼，有的会员事前建议，这次应该添加一个议题：中日问题。

日本表示坚决反对。中国代表团团长胡适，来到上海竭力避开新闻界，不肯向记者发表意见。所以18日那天晚上9时，他便偷偷摸摸地登上昌兴邮船公司“日本皇后”号，准备于次日凌晨四时起航。就在这一天，《申报》副刊《自由谈》上，登出了一篇700字左右的短文，题目叫作《二丑艺术》，作者署名丰之余。

丰之余是鲁迅的笔名，文章是早几天由鲁迅寄去的。他在交稿时，要求编者尽可能在胡适来上海准备出洋那天见报。鲁迅说：

“这是我为他送行之作。”

鲁迅为什么为胡适送行？又为什么写《二丑艺术》为胡适送行？说来话长，现在我们看看几十年来从鲁迅的眼里是怎样看待胡适的历史。

鲁迅早在1918年1月《新青年》复刊后进入编辑部时才认识胡适的。“五四”前后，在提倡民主与科学，拥护新思想、新道德、新文化运动中，胡适站在改良主义立场上，写过一些文章，做过一些工作，和当时的陈独秀一道，在读者中享有盛名。鲁迅与胡适作为《新青年》的同人，也曾经有过一段交往。那时，鲁迅对胡适有关《红楼梦》、《水浒》的研究、考证，还是给予了肯定的评价。他们常以书信交往，讨论学术问题。鲁迅给胡适抄寄《西游记》作者的材料，胡适把自己的作品寄给鲁迅看，鲁迅称赞这些文章“警辟之至，大快人心”。并说：“我很希望早印成，因为这种历史的提示，胜于许多空理论。”（1922年8月21日致胡适）这种学术上的切磋，对鲁迅有一定的影响。当然，鲁迅对于胡适的为人，并不赞许。他曾拿胡适与陈独秀作对比，说：

“假如将韬略比作一间仓库罢，独秀先生的是外面竖一面大旗，大书道‘内皆武器，来者小心！’但那门却开着的，里面有几枝枪，几把刀，一目了然，用不着提防。适之先生的是紧紧的关着门，门上粘一条小纸条道：‘内无武器，请无疑虑’，这自然可以是真的，但有些人——至少是我这样的人——有时总不免要侧着头想一想。”

这里，对胡适的城府甚深、阴险狡诈的形象写得活灵活现。这是“五四”时期他们一起办《新青年》时候的事。

后来，当思想革命和文化革命逐步深入的时候，胡适的本来面目暴露了。1920 年，胡适指责《新青年》的政治色彩太浓，提出三点办法：一、让他退出《新青年》，另办学术艺文杂志；二、《新青年》改变内容，声明不谈政治；三、停办。

胡适这三点办法遭到《新青年》同仁的反对，胡适又写了一封信，请大家传阅，信里含糊其词，推说别人误会了他的意思，他不想另起炉灶，自取分裂。这封信传到鲁迅手里，鲁迅在信末批道：“现在《新青年》的趋势是倾于分裂的，不容易勉强调和和统一。……所以索性任他分裂，照第一条做或者倒还好一点。”并在正式复信里加一句：“至于发表新宣言，说明不谈政治，我却以为不必。”到了“五四”文化革命第二个时期，共产党成立后的 1922 年，胡适终于另起炉灶，创办《努力周报》，没有声明不谈政治，反而大谈政治，在许多问题上同《新青年》大唱对台戏，不再说别人误会他的意思了。

胡适自立门户之后，迫不及待地想找一个政治靠山。这位“白话圣人”也像封建社会圣人孔子一样，“三月无君，则皇皇如也”，他的另起炉灶，目的就是卖身投靠，找一个有权有势的新主子。大概由于过于心急，不免有点利令智昏了，有一天，胡适接到一个自称“宣统”打来的电话，他受宠若惊，简直不敢相信自己的耳朵：

“宣统？……是皇上？”

“对啦，我是皇上。……你有空到宫里来，叫我瞅瞅吧。”

原来宣统皇帝虽已退位，按照优待清室的条件，仍然住在宫里。那时候养心殿新安了一台电话，一个行动受到限制的刚满16岁的少年，随便从电话簿上查到几个号码，打着玩儿。先找京剧武生杨小楼，次找杂耍演员徐狗子，最后才轮到大名鼎鼎的胡博士。胡适这回可真的误会了。他问好入宫的路线，就在1925年5月30日，他终于到了紫禁城，见到了溥仪，于是对溥仪千“皇上”万

"皇上"的恭维一番，结果呢毫无所得。不过他在写给溥仪外语教师英国人庄士敦的信里，却又自鸣得意地说："我不得不承认，我很为这次召见所感动。我当时竟能在我国最末一代皇帝——历代伟大的君主的最后一位代表的面前，占一席位!"

胡适原以为对一个顽固的外国人在私信里随便说说是无所谓的，不料竟被那些遗老们借此大做宣传："皇上感化了胡适"，"胡适跪见了皇上"，新闻记者又据此写了"胡适为帝王师"的报道，这对一个提倡新文化的博士确实是不利的，为此，胡适不得不出来声辩、开脱。在7月23日《努力周报》第十二期上，还亲自写了《宣统与胡适》一文，声明自己并未磕头，也从来不是皇帝他们的一伙。

不幸得很，冰山没有形成就融化了，还差点让洪水淹没了顶。

不过胡适很快又得到北洋军阀段祺瑞的赏识，他以为这回真的找到了靠山。段祺瑞是袁世凯的亲信，但没有附和袁世凯的帝制，也不赞成张勋的复辟，他有自己的打算。当孙中山改组国民党，实行联俄、联共、扶助农工三大政策，应各界群众之邀正在北上途中的时候，段祺瑞不顾各方面的反对，利用临时执政的权力，突然公布所谓善后会议条例，抵制孙中山和共产党协议召开的国民会议。他一面送公文向驻京的外国公使团保证，尊重一切不平等条约，以换取各国对自己的承认；一面召集军阀、政客、聘定30名包括胡适在内的所谓“有特殊学识、资望，经验”的人，商量在善后会议上，用分赃办法，草拟国民会议的组织条例。

1925年1月22日，正当善后会议在北京紧锣密鼓敲得很紧的时候，中国共产党第四次代表大会发表宣言，提出反对意见；31日，孙中山决定国民党员一律拒绝参加；许多非国民党人纷纷响应，连梁启超也写信婉言谢绝。胡适却和遗老们坐在一起，大谈“外崇国信”，主张维护不平等条约；他还参与草拟《国民会议组织法》草案，在第十一条里规定：凡是不能解说日用通行文字的人，都没有选举权和被选举权，轻轻一笔，剥夺了全国百分之八十以上公民的政治权。

舆论的责难立刻跟着起来；有的说他“以普选欺骗国民”，有的说他在替段祺瑞“扶正”，将“临时执政‘扶成’一个正式执政”，众目睽睽，集中在胡适身上。胡适又赶紧站出来声辩、开脱。最后声明：因为不好意思拆台，暂不正式辞职，但是已经决定退出会议。真有点如古人所说：“五里一返顾，六里一徘徊”了。不过胡适讲那些话的目的是很清楚的，就像不是皇帝的一伙一样，无非是说，他也从来不是临时执政的一伙。

果然不出所料，这座冰山不久也垮掉了。

胡适第三次找寻靠山，是在1925——27年大革命失败以后，终于找到了篡夺了革命果实的蒋介石。这时新军阀代替了旧军阀，眼见宣统被逐出宫，段祺瑞接着下野。胡适结束在北京的《努力》，便到上海和人合伙经营《新月》。在这个刊物上，他连续发表《人权与约法》、《新文化运动与国民党》、《知难，行亦不易》……从“小骂”入手，为“大帮忙”创造条件。蒋介石终于被感动了。“9·18”事件发生，他“召见”胡适，对大局有所垂询，胡适也献上密计。不久，在北平的街头新出现了一本薄薄的周刊，刊名《独立评论》，开头的《引言》说：

“我们叫这刊物做《独立评论》，因为我们都希望永远保持一点独立的精神。不倚傍任何党派，不迷信任何成见，用负责的言论来发表我们名人思考的结果：这是独立的精神。”

这回是说明在先，改被动为主动。翻开刊物看看，其中的言论，大部分是胡适的对日让步研究会（胡适曾组织该研究会，专门研究对日本法西斯军阀在政治上、军事上妥协的办法，并和南京政权一些要员互通信件）的成员。这件事情又感动了蒋介石。他要当时的行政院长汪精卫写信给胡适，请他到南京担任部长。胡适觉得蒋介石尚未明白他的苦衷，也没有充分理解他的妙用，感激之余，婉转陈词，在复信里说：“与先生一同为国家服劳出力，无论谁人都应该感觉这是最荣幸的事。但我细细想过，我终自信我在政府外也能为国家效力之处，似比参加政府为更多。我所以想保存这一点‘独立’

的地位，……实在是想有时当紧要关头上，我可为国家说几句有力的“公道话”。为国家说话，便是为蒋介石说话，历来掌握实权的阔人都有“朕即国家”的想法，狡猾的胡适早已看透对方的心思。彼此默契，心照不宣。不过在同一封信里，胡适却又把自己一再表白和权势者并非一伙，表面上保持一点“独立”的苦心，不只在无意中宣泄，其实已经和盘托出了。

《二丑艺术》产生的另一个直接原因。1933年，日本侵略军占据东北三省之后，1月3日攻入山海关，开始侵吞华北，人民群众奋起要求抵抗，国内国外，局势确如胡适所说，已经到了紧要关头。2月27日，英国文豪萧伯纳来到上海，鲁迅和宋庆龄、蔡元培等热情地接待了他。萧伯纳向新闻记者表示：“被压迫民族应当自己解决自己的问题，中国也应当这样。中国人民应该组织起来，他们要挑选的统治者既不是戏子，也不是封建王公。”胡适觉得这些话刺痛了他的主子蒋介石，现在正是由他出来说“公道”话的时候了。当时萧伯纳正从上海启程去北平，胡适在报上公开暗示：北平学术界和教育界将不招待萧伯纳。

不过事情并没有像胡适所说的那样，有趣的是，北平不但有人招待萧伯纳，偏偏还邀请胡适参加。萧伯纳说：“日本是不能征服中国的，除非他们对每一个中国人都派一个警察监视。这是做不到的事。”胡适连忙接口：“日本只有一个法子可以征服中国，那就是悬崖勒马，彻底停止侵略中国，反过来征服中国民族的心。”他自以为这几句话很“公道”，既不得罪日本侵略者，又保护了蒋介石，因而沾沾自喜。

鲁迅从报上读了胡适这段“公道”话以后，心里怒火中烧。他想：自古以来，有哪一个入侵者曾经彻底征服过中国民族的心？有哪一个真正的中国人曾经讴歌过入侵者？有历史癖和考据癖的胡博士，他自己恐怕也未必相信自己的话吧。那他为什么要这样说呢？鲁迅思索着，仔细地分析胡适，从开始和胡适接触，包括耳边听到的和报纸上读到的，以及最后要出席太平洋学会，还在躲避新闻记者的消息，他都反复掂量过，慢慢地，鲁迅脑海里出现了一个性格鲜明的形象。这个形象使他想起童年看戏时候在戏台上见过的角色。为了给胡适送行，鲁迅决定给他写个《二丑艺术》登在报上，是最好不过的了。

鲁迅在这篇文章中告诉我们：绍兴的戏班里，有一种角色叫做“二花脸”，也就是二丑，他和小丑不同，不扮演横行无忌的花花公子，也不扮一味仗势的宰相家丁，他所扮演的是保护公子的拳师，趋奉公子的清客。因此论身份，他比小丑高，论性格，他又比小丑坏。

文章还对二丑作了绘声绘色的描绘，指出他的特点是：“他有点上等人模样，也懂点琴棋书画，也来得行令猜谜，但倚靠的是权门，凌蔑的是百姓，有谁被压迫了，他就来冷笑几声，畅快一下，有谁被陷害了，他又去吓唬一下，吆喝几声。不过他的态度又并不常常如此，大抵一面又回过脸来，向台下的看客指出他公子的缺点，摇着头装起鬼脸道：你看这家伙，这回可要倒楣哩！”

这末一手，据鲁迅解释，正是二丑的性格的特色。他明知倚靠的是冰山，早晚得化掉，将来还得到别家去帮闲，所以即使在受着豢养，分着余炎的时候，也得装成和主人并非一伙，在表面上保持一点“独立”的假象。一部中国现代史，当胡适站到政治舞台幕前的时候，我们回忆一下他和溥仪、段祺瑞、蒋介石的先后关系——笔底提倡民主，嘴里恭维“皇上”，退出善后会议，又声明并不辞职；留在政府外边，却不忘紧要关头出来说“公道”话，等等，等等。《二丑艺术》并没有直接描写这些，它讲的只是戏台上的角色，字里行间，却无处不有一个胡适在。寥寥几笔，神情毕肖。鲁迅勾下了胡适的灵魂，使《二丑艺术》成为一幅栩栩如生、呼之欲出的胡适的肖像画。

鲁迅在世的时候，胡适始终戴着这个二丑的面具出现。直到 1946 年，鲁迅逝世后十年，蒋介石在南京召开国民大会，胡适担任大会主席，合唱了一出政治双簧戏：胡适站在主席台上，蒋介石双手捧着“宪法”，向主席台一鞠躬，胡适向蒋介石一鞠躬，双手接过“宪法”，这叫“还政于民”。从此以后，官“民”合流，主仆一体，不需要再玩什么二丑艺术了。这回他亲自将二丑的面具撕下，不再遮遮掩掩。不过，当决计拼命到底的时候，还是要当众表白，骨子里仍然有二丑的阴魂在作祟。鲁迅曾经谈到中国画家画人物，说他们总是“静观默察，烂熟于心，然后凝神结想，一挥而就”，《二丑艺术》用的正是这个方法。他画的像的确很逼真、生动、入神，一个活灵活现的胡适跃然纸上，无怪乎毛泽东曾经说鲁迅“简直是一个高等的画家”了。

和陈赓将军的两次秘密会见

1932年8月末的一天上午，冯雪峰同志带着一位膀大腰圆、穿着一身中式长衫、商人打扮的大汉，来到上海北四川路底鲁迅的寓所，鲁迅在自己的既是客厅又是书房卧室的大屋里，热情接待了这位客人。这位客人一进屋就用他那大而有力的手握住鲁迅的手说："鲁迅先生，这次能来上海见到您，我真感到高兴。"鲁迅爽朗地笑着说："很早就听说你们在苏区搞得热火朝天，真叫人兴奋不已，最近又看到雪峰给我带来的油印材料，使我对苏区更加向往了，所以，我叫雪峰还是把您请到家来谈谈。"

这位膀大腰圆的客人不是别人，正是陈赓将军。他身材高大，脸色紫黑，浓眉大眼。是当时红四方面军的指挥员。当时红四方面军正从鄂豫皖突破国民党军队的封锁，准备到四川去。在激烈的战斗中，陈赓将军腿部受伤，由于当地医疗条件极差，至使伤口化脓，行动很不方便。经部队领导研究，决定把陈赓将军送到上海去医治。

陈赓将军化装成一个商人，由几个同志抬着到了上海，住进了一家私人开设的医院，医生一看陈赓将军的伤口已经溃烂化脓，便立刻做了手术，上了药，包扎好以后，便抬到一个秘密的地方去休养。由上海的一些地下党员照顾。

陈赓将军的腿在医生治疗和同志们的护理下，逐渐好转起来。在养病期间，那些照顾陈赓的地下党同志们很关心苏区的情况，要求陈赓将军讲些红军在反国民党“围剿”时的战斗故事。每次陈赓将军讲到当时红军和国民党军队进行肉搏战时，大家总凝神静听。他讲道：有一个红军战士为了守住自己的阵地，和十几个敌人拼杀，他一连刺死七、八个敌人，不料敌人从背后同时冲上，寡不敌众，这个战士最后抱住一个敌人滚下万丈悬崖，与敌人同归于尽。讲到这里听的人都对这个战士肃然起敬。当讲到那些战斗的艰苦和激烈，我们红军战士所表现的忠诚和勇敢，真是超过常人的想象，所有这些都激起了同志们极大的热情。当时在党中央宣传部工作的朱镜我同志，就把这些事情都记录下来，经过整理刻印成宣传材料，供同志们学习。

当鲁迅看到这些材料时也非常感动。他听说陈赓将军在上海治病，便几次和冯雪峰讲，要把陈赓将军请到家里来，详细听听有关苏区的情况和红军英勇战斗的故事。

当时地下党组织也希望鲁迅先生能把苏区的斗争反映出来，以便在政治上起宣传作用，所以党组织便同意陈赓将军和鲁迅见面。

对陈赓将军的到来，鲁迅特别高兴，还特地请他的夫人许广平预备了许多酒菜，中午请陈赓将军在家吃了饭。饭后他们整整谈了一个下午，鲁迅全神贯注地听着陈赓将军的讲话，不时提出一些问题。陈赓将军向他介绍红军反击国民党“围剿”的情形，还谈了苏区人民的生活、文化建设。鲁迅最关心的就是苏区的群众生活。当他知道自己从小就很熟悉的，那些受压迫最深重的贫苦农民，在党的领导下当家作主，站起来参加战斗时，他的脸上露出了欢悦的笑容。他兴致勃勃地询问：苏区的土地改革是怎样进行的；地主在土改中怎样进行反抗；人民群众怎样支援红军；他们现在的生活情况有哪些变化；陈赓都一一作了答复。谈到翻身的农民怎样父送子、妻送夫参加红军，谈到参军大会的热烈、动人的情景，鲁迅感到特别新鲜，不时发出爽朗的笑声。

陈赓谈到苏区的许多房子，四面都开了窗子。这是无意中提到的，但鲁迅立刻注意到了，而且很高兴。他说：人民的生活好了，注意改善居住的卫生条件。四面都开窗子，空气一定很流通，这是一个进步。鲁迅对这件事的特殊注意，给陈赓将军留下了深刻的印象。

两人一直谈到深夜，鲁迅深深受了感动，他很想写一篇苏区生活和红军战斗题材的小说。为了增强感性认识，他在陈赓告别时还约请陈赓将军以后再来他家做客。

过了不久，正是初秋的一个阴天，楼适夷同志接受组织分配，陪同一位负责同志（楼当时不知道这人就是陈赓，按照地下党的纪律，他也不便询问），来到北四川路底鲁迅的寓所。主人还是在那间大屋子里，接待了他们。这是鲁迅和陈赓将军第二次会见。

陈赓将军在许广平送上刚刚沏上的一杯热茶以后，便很平静地叙述红军战斗的故事。谈到红军战士以劣势装备和敌人拼刺刀时，往往是红军战士大声呐喊，待敌人吓得哆嗦时，便勇敢地投入刺杀。谈的人和听的人都兴奋起来。鲁迅先生高兴得笑了，问道："是这样的么？"然后点点头说："先声夺人嘛！"接着陈赓将军又谈了一位老大娘掩护伤员的故事。说是在一位老大娘的家里藏了3个重伤员，听说国民党兵要来她家搜查，老大娘便把这几位伤员藏在屋后草堆里，敌人在屋里搜了半天什么也没搜到，准备要走，忽然，发现了那个伤员掉在门后的军帽，便把老大娘捆在树上，用皮带拼命地抽打，老大娘被打得血流满面死去活来。就是不说一个字，气急败坏的敌人，举起步枪准备枪毙这位老大娘，藏在草堆里的伤员突然跳出来，一下夺过敌人的步枪，连放两枪就把这两个敌人打死了，老大娘也得救了。听到此处鲁迅兴奋极了，忙叫楼适夷将这个故事赶快记下来。陈赓同志又谈了红军司令员坐在田头和农民一起抽着黄烟谈家常的事，鲁迅先生也很感兴趣。

……谈到鄂豫皖军事形势时，鲁迅先生请他在桌子上绘了一张草图。谈了整整一个下午，鲁迅一直坐在躺椅上，连身子也没有躺下过一次，始终有兴趣地听着、问着、默默地点着头。

这次会见一直延续到天黑。鲁迅把客人送走以后，回来随手把这张图细心地夹在一本期刊里，而且一直保存着。他准备写一部作品来反映红军英勇战斗的故事。他曾对友人说：“写一个中篇，可以。”“要写，只能像《铁流》似的，有战争气氛，人物的面目只好模糊一些了。”

鲁迅曾一度想动笔，但因为材料还不充分，实际生活也不熟悉，怕写不好，终于搁下。那些油印的材料，他还郑重地用牛皮纸包好，藏来藏去，唯恐丢失。

鲁迅第二次会见陈赓，与首次会见的最大区别，是陈赓随手画了一张地理形势图。这是一件实物，现在还保存在上海鲁迅博物馆里。其实，四年后鲁迅病逝时，楼适夷在国民党监狱里，代表狱中难友，写了一篇悼念文章《深渊下的哭声》，其中就扼要地谈到这次会见和这张草图。他说：

“先生的关心是无限的，每次有人从那些遥远偏僻的战地中来，先生常常请来打听真实的情形，整整几个小时倾听着，不觉得有丝毫的疲倦。有时要求讲的人画出详细的地图，有时叫旁边的人替他记录下来。我们很久就知道他要写一部用革命斗争作主题的长篇，乃终不能完成，真是多大的痛事。”（《鲁迅先生纪念集》）

这里真实记录了鲁迅和陈赓将军第二次会见的

情景。

鲁迅和陈赓将军的两次会见，说明他对红军，对革命根据地，对共产党深切的关心和热爱，尽管白色恐怖极其严重，但是，他常把个人安危置之度外，盛情接待来自苏区的陈赓将军，并且准备写一部反映红军战斗生活的小说，虽然因为条件不充分没有写成，但是，却反映了鲁迅要用笔来为共产党领导的革命根据地的伟大事业服务，为那里翻了身的贫苦农民写下一曲颂歌。他的这种伟大情怀和愿望是值得我们敬仰的。

又为斯民哭健儿

1933 年 6 月 18 日的上午八点多钟，中国民权保障同盟总干事杨铨带着儿子外出。当他们在亚尔培路 331 号门前登上汽车，正在启动的时候，突然从车后胡同里跳出几个人来，举枪就向车里射击，枪击之后，这几个人逃得无影无踪。

车里的杨铨伏在他儿子的身上，身中两弹，当场牺牲，他儿子没有受伤，司机受重伤。这件惨案是谁制造的？他们在光天化日之下，为什么要杀害杨铨？这里有一个什么样的政治背景？

1933 年 1 月，德国法西斯头子希特勒上台当上内阁总理。几个月间，他在国内逮捕工人、杀害革命人士，迫害犹太人，查禁进步书刊，实行法西斯专政。国民党为了巩固在国内的黑暗统治，也想走希特勒的老路，继狂热宣扬意大利的墨索里尼之后，又大肆吹捧希特勒，还组织许多考察团，到德国和意大利去考察，并派遣党徒前往受训。当时中国出现了模仿“黑衫党”的特务组织复兴社，还有关押革命者的反省院，如此等等，不一而足。在政治、军事等方面准备完毕之后，便于 1933 年 10 月，蒋介石又调集一百万大军，向革命根据地发动了第五次反革命围剿。与此同时，又嗾使特务、暴徒，大肆搜捕、杀害进步人士和革命者，袭击并捣毁进步的文化机关和书店。真是“如磐夜气压重楼”，“雾塞苍天百卉殚”，国内到处是一片黑暗，满目是凋零的景象。

为了抗议希特勒惨杀无辜、摧残进步文化的罪行，鲁迅、宋庆龄、蔡元培、杨铨、林语堂、史沫特莱和伊罗生等，以中国民权保障同盟的名义，于 5 月 13 日赴德国驻上海领事馆递交抗议书。强烈抗议法西斯暴行，指出他们近几个月来，在德国镇压工人运动，迫害知识分子，惨杀犹太人的罪行。这次抗议活动，声援了世界人民反法西斯暴行的正义行动，也是对效仿希特勒的国民党反动当局的一种示威。

民权保障同盟自成立以来，积极开展了各种活动，鲁迅更在文化思想战线上密切配合，因此在国内引起了强烈反响。蒋介石统治集团对他们的活动极端仇视，恨不能把他们都斩尽杀绝，特别是对鲁迅、宋庆龄和蔡元培多次要狠下毒手，但顾忌尚多，因此决定杀一个“适当”的人来达到恐吓的目的，于是国民党的特务组织便选择了杨铨作为刺杀的对象。

杨铨又名杏佛，江西临江人。早年参加同盟会，民国时在总统府秘书处任职。1927 年在上海加入以救助革命者和进步人士为主要任务的中国济难会，开始认识鲁迅。他还担任大学院副院长、中央研究院总干事，是蔡元培的得力助手。同盟成立以后，他工作很积极，和鲁迅交谊渐深。

1933年，为了揭露国民党杀害革命者和进步人士实行法西斯专政，杨铨到华北等地活动，到处宣传同盟的宗旨和任务，与国民党践踏民权的政策进行坚决的斗争，这就更遭到国民党当权者的忌恨，也成了当时他们要杀一儆百的对象。

6月18日这天是星期天，杨铨准备带儿子出去，此事被特务们侦知，他们便埋伏在亚尔培路331号门前，杨铨父子登车后，他们便下了毒手，一齐向车里开枪，制造了这件惨案。

惨案发生的当天，鲁迅在内山书店听到这个消息后，立即乘车赶到民权保障同盟本部，去找宋庆龄、蔡元培商议对策。许广平知道鲁迅出去，害怕也遭暗杀，心里忐忑不安。不一会鲁迅回来了，当许广平和内山告诉他刚才大家都为他的安全担忧时，鲁迅不以为然地说："管他呢，就是被杀死了，也打什么要紧呢？"

鲁迅对杨铨临难不惧，伏在儿子身上，保护儿子，深表赞叹。他说："杨铨当时是清醒的，首先掩护了自己的孩子。""有后代，就是有将来！……

无情未必真豪杰，怜子如何不丈夫。”在这一点上，鲁迅和杨铨的心是相通的。

杨铨被暗杀以后，上海笼罩着恐怖的气氛，当时的报刊透露了国民党拟定的暗杀名单，在“杨杏佛（后林）”之后，就是“鲁迅（后林）”。“后林”据说就是特务小组的秘密代号。有人劝说鲁迅赶快避一避，躲一躲为好，但鲁迅表现十分镇静。他决定不搬家，也不出外避居，而是照常在家里工作。

6月20日，是杨铨入殓的日子，反动派放出风声，说就要在这一天暗杀鲁迅和同盟中其他几位领导人。这可能是一次恐吓，也可能是又一次屠杀。在这严重的政治考验面前，鲁迅毫不犹豫地作出决定，果敢地前往万国殡仪馆去送殓，并且出门不带钥匙，以示他视死如归决不后退的坚强意志。国民党特务组织慑于鲁迅的崇高威望，未敢轻易下毒手。

送殓回来，当天晚上在家他同朋友们谈到送殓时的情况。他很感佩宋庆龄和蔡元培二位，他说：

“今天蔡先生是去了的，他很悲哀。……打死杨杏佛，原是对宋庆龄和蔡先生的警告，但他们两人是坚决的。”他又带着赞许的口气提到他的老友许寿裳，说：“季茀也去的。”这一天许寿裳来访，他们是结伴而去的。接着说到了林语堂：“这种时候就看出人来了，林语堂就没有去，其实，他去送殓又有什么危险呢！”

对于蔡元培的为人，鲁迅是非常熟知的；他和鲁迅又是同乡，辛亥革命前曾组织光复会，坚持反满革命，同盟会成立后，又积极追随孙中山，民国时担任教育部长，和鲁迅交往颇多，对他近两年的政治表现，鲁迅是敬重的。蔡元培曾作七绝二首赠送鲁迅。作为国民党的元老，蔡元培对国民党内统治集团对外不抵抗而对内却争斗不休所造成的局势，表示了极大的不满，赠诗沉痛地表达了十分悲愤的情绪：“养兵千日知何用？大敌当前暗不声。”“顾犬补牢犹未晚，只今谁是蔺相如！”鲁迅很赞赏蔡元培的爱国情怀，对他的赠诗，一直珍藏着。

送殓那天，天下大雨，鲁迅心情非常悲愤，回来后，立即提笔作旧体诗《悼杨铨》，以志哀思：

岂有豪情似旧时，花开花落两由之。

何期泪洒江南雨，又为斯民哭健儿。

这首诗写出了鲁迅深沉悲愤的心情，也是对反动派一贯摧残仁人志士，今日又狠下毒手杀害祖国健儿的血泪的控诉。

杨铨被害不久，有个日本人来访鲁迅。他问：“杨铨是不是共产党，如果不是，他同共产党又是什么关系？”这立刻引起了鲁迅的警惕，他估计这个人可能是个侦探，就很不客气地说：“杨杏佛岂但不是共产党，他还是国民党的人呢！可见今天的国民党，只要谁是爱国者，谁就是共产党，就要斩尽杀绝。他们对帝国主义，确实是很忠心的……”

鲁迅感情很激动，声音越说越高，他说：“你们日本人大可以放心！”

鲁迅有力的反击，使这个日本人瞠目结舌，不知所措。鲁迅冷冷地看着他，心想：“日本统治者，居然还怕国民党对他们不忠实!”他感到既诧异又愤慨。

鲁迅认为，杨铨同情共产党，不过是为了民族而已。他曾经明白地说：“为民族，在现在还是首先的事情。反动派只想保留政权甚至可以出卖民族，我们却要革命又要民族，革命同时是为了民族。”

在杨铨被杀前后，国民党对共产党员、左联成员和进步青年逮捕、杀害，是经常发生的事。5月14日，作家丁玲、潘梓年被国民党特务绑架。同一天，作家应修人到丁玲家联系工作，突然遭到埋伏在那里的特务的逮捕，他英勇地反抗，在格斗中，他从高楼上跳下，当场牺牲。左联和民权保障同盟曾积极营救丁玲和潘梓年的活动，并向国民党发出强烈抗议。当鲁迅听到这个消息时，心情总是很沉重地保持着沉默。有一次他躺在藤躺椅上，语气沉重地对人说：“人手总还是最需要的。不要说革命，就是文学罢，现在我们能够写写的人还剩下几个呢？应，我不大熟悉；潘，我是知道的。他们都在做党的工作。丁，是有写作才能的，可是，……”他在书信中，多次谈到丁玲被捕，对她表示最大的关心。他还特意叫人把丁玲写的小说《母亲》早日出版，并设法打听丁玲母亲的住址，把丁玲的稿费寄到她母亲手里。当鲁迅听到丁玲牺牲的消息时，还特意写了一首《悼丁君》的诗表示深切的悼念。后来才知道这个消息并不准确，心情才从沉重转为平和。

鲁迅在国民党的法西斯的黑暗统治下，他愈加憎恨刽子手的残暴，愈加充满对战友、同志的关心和爱护，而对他自己的安危总置之度外。

为了同志敢于承担责任

1934年2月5日下午，在上海龙华警备司令部的一间幽暗的监狱里，两个狱警拖着一个被打得遍体鳞伤的人，往牢房走去。这个被打得遍体鳞伤的人，叫彭柏山，是一名共产党员。敌人企图从他口里获取有关党组织的情报，对他施以各种酷刑，他就是不说，敌人无奈，只好把他关进阴暗潮湿的地牢里。

由于他体质衰弱，加上各种刑罚的折磨，终于使他在狱中患了急性胸膜炎，几天来喘息不止，呼吸困难，生命垂危。残酷的敌人对这种政治犯有病，一般是不闻不问，狱中的难友，将彭柏山的病情，想方设法托人转告给鲁迅。

鲁迅得知彭柏山在狱中患病的消息后，立即拿钱叫许广平到药店买来药品，特意交给一个中等身材，方脸大耳的人，化装成一个商人，将药品送到狱中，以抢救他的生命。这个人就是胡风，他按照鲁迅的嘱咐，把药送进监狱，彭柏山服了药以后，病情才缓解下来。

胡风完成了鲁迅交给他的任务，深受鲁迅的信任。所以鲁迅一般有事总是交胡风去办。

胡风本名叫张光人，1902 年生于湖北蕲春。出身贫寒，少年时给人放牛，11 岁时才上村学，后来因不堪地主的虐待便逃到武昌，在亲友的帮助下，1920 年便到武昌中学学习，1923 年改进南京东南大学附中，1925 年夏考进北大预科，听过鲁迅的课，很敬仰鲁迅。1929 年秋到日本留学，以官费入日本东京庆应大学英文科。但他主要的兴趣和精力却在宣传马克思主义和推动无产阶级文学运动，同时也学习鲁迅著作和研究鲁迅的思想。他在日本加入了日本共产党，后因在留学生中组织左翼抗日文化团体而被日方驱逐回国。他回到上海后，立即加入中国左翼作家联盟，从1934年1月18日开始，先后任左联的宣传部长和书记之职。由于工作的关系，胡风经常到鲁迅家去，成为鲁迅晚年交往最密切的同志之一。他们互相走访，互赠书刊，一起饮茶聚餐，转递信件有一百二十多次，胡风致鲁迅的信有二十三封（在《鲁迅书信集》中仅存六封）多数都在白色恐怖中焚毁。

胡风担任左联书记时，不但大事，就是一些小事，也经常向鲁迅请示汇报。致使鲁迅觉得他有“繁琐”的毛病，但也反映了他对鲁迅的尊重。胡风辞去左联书记职务后，又被中央特科委派为与鲁迅进行联系的机要交通员。在这期间，鲁迅曾请胡风向中央特科转送过绝密的情报；转交过方志敏同志从监狱中寄给党中央的密信和书稿。因此，鲁迅对胡风的信任，完全是“看人看事的结果”，并不是像某些人所说的是什么“失察”和没有“知人之明”。

胡风为了维持家庭生活，曾一度在孙科主持的南京中山文化教育馆任编译员，每月可以得到一百元的固定收入，这对于他能安心于左翼文艺运动是有益的，正如鲁迅刚到上海时也接受国民党大学院的聘请为特约撰述员一样，每月有300元的固定收入。都是拿国民党的工资，为进步文化做事的手段。而且此事胡风早已向负有左联领导责任的鲁迅汇报过。但是，由于左联内部宗派主义作祟，有些人便抓住这事，大做文章，说胡风与南京政府有联系并接受南京政府一百元的津贴，是南京政府派到左联的“内奸”，施以政治诬陷。其实，胡风对此并未隐瞒，至少鲁迅是知道这件事情的。后来有个人叫韩侍桁的，将胡风拿国民党钱，给共产党干事，向国民党告密，逼迫胡风辞掉中山文化教育馆编译员职务。鲁迅知道此事后，对韩侍桁大为不满。

茅盾、周扬、夏衍在1936年曾几次找鲁迅谈话，说胡风是“内奸”，直到1976年粉碎“四人帮”以后，在夏衍的笔下还出现，胡风是“内奸”

的说法。鲁迅早在48年前，就对这个问题有清醒的认识，根本不相信他们只凭一个转向者的话捧为至尊，毫无事实根据的诬陷。鲁迅出于对自己“朋友”的交友之道，在《答徐懋庸并关于抗日统一战线问题》一文中，对这个问题表明了自己的看法和意见：

“胡风我先前不熟识，去年的有一天，一位名人约我谈话了，到得那里，却见驶来了一辆汽车，从中跳出四条汉子：田汉、周起应、还有另外两个，一律洋服，态度轩昂，说是特来通知我：胡风乃是内奸，官方派来的。我问凭据，则说是得自转向以后的穆木天口中。转向者的言谈，到左联就奉为圣旨，这真使我口呆目瞪。再经几度问答之后，我的回答是：证据薄弱之极，我不相信！”

鲁迅义正词严地把他们驳了回去，保持了他和胡风的纯洁的友谊。

另一件事，是在解散左联，提倡“国防文学”等问题上，周扬等人没有和左联的主要领导人鲁迅作充分的协商，也没有能尊重鲁迅的正确意见，就解散了左联，并提出“国防文学”的口号。所以，当1936年4月下旬，冯雪峰带着党中央的指示来到上海，并且在鲁迅家中的三楼同胡风见面，两人谈起“国防文学”的口号时，一致认为这个口号有缺陷，因而商定提出“民族革命战争的大众文学”这个口号，他们认为这个口号如果作为左翼作家的标志，有鲜明的阶级立场，比较好。随即到二楼同鲁迅商量，鲁迅表示完全同意。胡风自告奋勇愿写文章提出这个口号来，鲁迅也表示同意。到6月初，胡风立即写成《人民大众向文学要求什么》一文，发表在《文学丛报》第三期上，把这个口号正式提出来了。这个口号提出以后，像捅了马蜂窝似的遭到了“国防文学”派的反对和围攻。攻击他是“故意标新立异，要混淆视听，分化整个文艺运动的路线”。徐懋庸还写信给正在病中的鲁迅。一方面指责鲁迅，竟说“到联合战线中提出左翼的口号来，是错误的，是危害联合战线的”。另一方面还攻击胡风性“诈”，“左得可爱”，“是出于私心的，极端的宗派运动”。鲁迅对徐懋庸“无凭无据”地攻击胡风，在《答徐懋庸关于抗日统一战线问题》信中（于1936年8月出版的《作家》月刊上发表）作了驳斥，他指出：

“在中国近来已经视为平常，而其实不但‘助长’，却正是‘恶劣的倾向’的，是无凭无据，却加给对方一个很坏的恶名。例如徐懋庸的说胡风的‘诈’，黄源的‘谄’，就都是。田汉、周起应们说胡风是‘内奸’，其实不是，致使他们成为说谎。《社会日报》说胡风拉我转向，而至今不转，是撰稿者有意的诬陷；并非胡风诈作拉我，其实不拉，以致记者变了造谣。胡风并不‘左得可爱’，但我以为他的私敌，却实在‘左得可怕’的。”

“民族革命战争的大众文学”这个口号，正确地说，不是鲁迅一个人提出来的，是在鲁迅的思想指导下，在冯雪峰的授意下，由胡风提出来的。但当时胡风在解释这个口号时，把“国防文学”的口号撇在一边，给人一种用新口号来代替“国防文学”的感觉，因而扩大了本来存在的分歧。所以，5月底胡风的文章在《文学丛报》第3期上发表后，6月底，就出现了反对与赞成此文的文章，开始形成了所谓“两个口号”之争。当时某些人一口咬定，这个口号是胡风提出的，要把胡风打成破坏统一战线的罪魁祸首的时候，鲁迅却大义凛然，在《答徐懋庸并关于抗日统一战线问题》中，除详细申述这个口号的正确性以外，还说明这个口号不是胡风提出的，而是由他提出的。当有人攻击胡风《人民大众向文学要求什么》这篇文章时，攻击胡风不应该把鲁迅提出的口号，不说明是由鲁迅提出，而在自己的文章中抢先发表的责难时，鲁迅显然内心对胡风的做法有不满之处，如胡风写好文章，发表前没有给鲁迅看，但当鲁迅听到大家责难胡风时，鲁迅却站出来说：“胡风作过一篇文章是事实，但那是我请他作的，……”把一切责任都揽到自己身上来，以减轻胡风的压力，缓解“国防文学”论者同胡风之间的对立情绪。

鲁迅不仅在政治上竭尽交友的道义，为胡风伸张正义，辩明事实，而且还从各个方面关怀胡风的进步和成长，在事业上也密切合作。1936年在鲁迅指导下，胡风和聂绀弩等编辑文艺月刊《海燕》，在胡风主持左联日常工作期间，鲁迅每月捐款二十元，作为胡风编印左联内部刊物《文学生活》之用。胡风把自己编辑的《文学新辑》和狱中友人左翼作家彭柏山编印出版的短篇小说集《崖边》和载有鲁迅文章的日文杂志《改造》等送给鲁迅，鲁迅也以自作《中国小说史略》日译本等赠送胡风。

在生活上，鲁迅和胡风交往也很密切。1934 年 12 月 19 日，在胡风长子张晓谷满月的时候，鲁迅特在梁园豫菜馆定菜设宴，以示祝贺（后因胡风未收到请柬的信而未赴宴）。除此之外，还在 1935 年 5 月 8 日，1936 年 1 月 29 日，分别在梁园，陶陶居夜饭；在胡风孩子晓谷周岁时，鲁迅和许广平携海婴到胡风家祝贺，并给孩子送去一铁盒装巧克力夹心饼干和两件玩具。从下午三点多钟，一直到吃完晚饭才回家。晚饭后鲁迅还到胡风的书房里谈了一席话，鲁迅和胡风过去谈话次数多得无法统计，他们谈话总是没有客套，毫无拘束，亲密无间。胡风和夫人梅志也带着孩子曾三次回访鲁迅家，并在鲁迅家吃过饭。

1936年鲁迅在大病中，许多朋友来访都被鲁迅谢绝了，唯独胡风可以随便来往。几乎每隔三、四天必访鲁迅一次，在一个月中多达9次，在鲁迅逝世前的两天，即10月17日下午，胡风还陪同鲁迅拜访了日本作家鹿地亘。

鲁迅逝世后，胡风作为一个阶层的代表，列入由13人组成的鲁迅先生治丧委员会中，在四天丧礼中，胡风日夜守卫在鲁迅的灵前。在启灵式和安葬式上又是扶柩上车和抬柩入穴的16个青年作家之一。他还参加了《鲁迅先生纪念集》的编辑工作，在鲁迅逝世前后，为日译《鲁迅大全集》做了大量的逐句解释和校订工作。在编辑《工作与学习》丛刊时，注重刊登鲁迅的遗作。还撰写了很多回忆、纪念和研究鲁迅的文章。

但自1955年以后，胡风却蒙受不白之冤被关押达25年之久，现在胡风的问题已得到平反。他在病魔缠身，年迈体衰的情况下，还写了《鲁迅书信注释——涉及我和我有关的情况》、《关于“左联”及与鲁迅关系的若干回忆》（口述），并还准备和正在进行写《历史是最好的见证人》的长文和《鲁迅论》的专著。从这里我们可以看到鲁迅和胡风的友谊之深，也可看出鲁迅的伟大人格和交友之道在胡风身上的反响。

肝胆相照、患难与共的崇高友谊

人生得一知己足矣，

斯世当以同怀视之。

这是鲁迅写过的一副对联，送给瞿秋白挂在小屋里的墙壁上。鲁迅认为生平能有一个知心朋友就足够了，他今生今世对这个知心朋友会当作至亲兄弟一般看待。这个对联表述了他们肝胆相照，患难与共的珍贵友谊。

俗话说，“岁寒知松柏，患难见友情”。

鲁迅和瞿秋白的亲密友谊，同样是一曲动人的友谊之歌。

瞿秋白又名瞿霜，江苏常州人。是中国共产党早期领导人，1930 年从苏联回国，主持过六届三中全会。1931 年 1 月召开的六届四中全会上，王明篡夺了中央领导权，瞿秋白受到王明为首的“左”倾教条主义、宗派主义分子的打击，被排斥于中央领导岗位之外。不久与爱人杨之华一起，同在上海临时中央局宣传部工作。他在上海一直过着地下生活，和鲁迅的交往，就是从这个时期开始的。

那是 1931 年 5 月间，上海党中央宣传部机关遭到敌人破坏，瞿秋白夫妇暂时避居在茅盾家。一天，冯雪峰把几份刚出版的左联机关杂志《前哨》第一期送到茅盾家，第一次见到了瞿秋白夫妇。瞿秋白看了《前哨》上鲁迅写的《中国无产阶级革命文学和前驱的血》，边看边赞叹说：“写得好，究竟是鲁迅。”不久，在冯雪峰的帮助下，瞿秋白租到了南京路紫霞路 68 号的住宅，冯雪峰经常把左联编印的刊物送给瞿秋白看，并经常向瞿秋白汇报左联和革命文学运动的情况。当时鲁迅正从事马克思主义文艺理论的译介工作。有一次，冯雪峰把瞿秋白对鲁迅从日文转译的马克思主义文艺理论著作的意见转告鲁迅，鲁迅并不先回答和解释，而是怕错过机会，急忙说："我们抓住他，要他从原文多翻译这类作品，他的俄文和中文确是最适宜的了。"鲁迅为得到这样一位精通俄文而又积极宣传马克思主义文艺理论的同志而高兴。

这时，鲁迅和瞿秋白的交往，主要是靠冯雪峰作桥梁，开始了频繁的"没有见面"的"亲密"的合作。首先，是合伙开设了一家地下出版社，名叫"三闲书屋"，专门从事出版当时被禁止出版的革命的书籍和画册。第一本出版的是由曹靖华译正文，由瞿秋白译长序，由鲁迅编校的苏联绥拉菲摩维支的长篇小说《铁流》。鲁迅在《三闲书局印行文艺书籍》的广告里说："敝书屋因为对于现在出版界的堕落和滑头，有些不满足，所以仗了三个有闲，一千资本，来认真绍介诚实的译作。"

对上文中"三个有闲"鲁迅在《铁流》编校后记中曾作过进一步说明：

"在现状之下，很不容易出一本较好的书，这书虽然仅仅是一种翻译小说，但却是尽三人的微力而成，——译的译，补的补，校的校，而又没有一个是存在着供此来自己消闲，或乘机哄骗读者的意思的。”

这里所说“补的补”，就是指瞿秋白为《铁流》补译《十月的艺术家》这篇长达二万字的长序。这时，他们虽然没有见过面，正如瞿秋白读了鲁迅送给他的《毁灭》以后，于1931年12月5日给鲁迅的信中所说的那样：“我们是这样亲密的人，没有见面的时候就这样亲密的人。”这封信的开头，就称鲁迅为“敬爱的同志”，而鲁迅在同月28日的复信中，称瞿秋白为“敬爱的J·K同志”，现存鲁迅的1700多封信中，称对方为“敬爱的同志”还是唯一的一封。从中可看出当时他们亲密的程度。

鲁迅和瞿秋白的会面，却是在没有见面的交往了一年之后的1932年5月初，那是由冯雪峰事先联系好，由紫霞路68号的房主谢澹如做向导，瞿秋白夫妇第一次到鲁迅家做客。

那是一个阳光和煦的早晨，瞿秋白夫妇在谢澹如带领下来到鲁迅家，鲁迅高兴得如同见到亲兄弟一样，又是请坐，又是倒茶，忙的不亦乐乎。

这次相会，鲁迅和秋白欢谈畅叙，滔滔不绝，从日常生活到彼此遭遇，从文坛现状到政治风云，几乎无所不谈，无所不论。在他们倾心交谈的时候，许广平便忙着上街买菜，准备午餐。两人吃完中饭后也不肯休息，一直说到夜幕降临，秋白和杨之华才暂时作别。

倘如是势利小人，就会认为秋白正被敌人追捕，同他交往会危及自身的安全。但鲁迅和许广平却不怕牵连，也不顾个人安危，多次安全地掩护了秋白，同秋白一家结下了患难之交。

鲁迅夫妇于 1932 年 9 月 1 日携海婴到瞿秋白家访问，并共进午餐，以后秋白夫妇也回访鲁迅夫妇，并给海婴送玩具、食品。鲁迅还为杨之华看译稿，还赠送瞿秋白书籍。这一时期，鲁迅和瞿秋白共同翻译马克思主义文艺理论，翻译苏联文学作品，以通讯的形式，共同讨论翻译问题，一起磋商中国古典文学的研究及中国文学史的编写等问题，其中最重要的合作，是一致对“第三种人”的批判和斗争。

1931年12月，胡秋原在他所主持的《文化评论》创刊号上发表了《阿狗文艺论》一文，他自称是“自由人”，一方面批评“民族主义文学”，一方面则对当时“左联”所领导的革命文学运动进行攻击，认为“将艺术堕落到一种政治留声机，那是艺术的叛徒”。其后，他又连续发表了《勿侵略文艺》、《钱杏邨理论的清算》等文，诽谤当时的革命文学运动，攻击“左联”。自命不偏不倚的“第三种人”。苏汶之流，紧锣密鼓跳出来配合胡秋原向“左联”发起进攻。他在《关于“文新”与胡秋原的文艺论辩》一文中，认为当时许多作家之所以“搁笔”，是因为“左联”批评家的“凶暴”，和“左联”“霸占”了文坛的缘故。针对“第三种人”对“左联”的诽谤和攻击，冯雪峰，瞿秋白和鲁迅先后发表文章，进行回击。撕下了“自由人”、“第三种人”的假面具，彻底暴露他们攻击马克思主义文艺理论，攻击普罗革命文学运动，攻击左联的反动实质。

此后，瞿秋白和鲁迅还写了一些文章对挂着“左翼”招牌的“自由人”——胡秋原和自命“第三种人”——苏汶的谬论进行彻底的批判。指出他们“生在战斗的时代而要离开战斗而独立，生在现在而要做给与将来的作品，这样的人，实在也是一个心造的幻想，在现实世界上是没有的。”

瞿秋白，鲁迅和左翼作家与“自由人”、“第三种人”的论争，不仅提高了左翼文艺工作者马克思主义文艺理论水平，而且使马克思主义文艺理论得到更广泛的传播。

随着国民党反动派对革命根据地的军事围剿，白区地下党组织也受到严重的破坏。当时设在上海的临时中央局，也屡遭破坏，瞿秋白的安全随时受到威胁。他们的住所紫霞路 68 号被敌人察觉之后，瞿秋白夫妇每天成为有家难归，到处逃亡的流浪者。幸亏有鲁迅的帮助，他们从 1932 年初到鲁迅家避难开始到 1934 年初瞿秋白去江西瑞金止，在一年多的时间里，瞿秋白夫妇共四次到鲁迅家避难。在鲁迅的掩护下，共同领导左翼文艺运动，粉碎了国民党的文化“围剿”。

第一次是1932年11月25日前后的一个晚上去的，这时鲁迅正好回北京探望母病。当时许广平便把她和鲁迅睡的双人床让给了瞿秋白夫妇。大约住了一个来月，鲁迅已经从北京回到上海，到12月24日夜，由陈云同志把瞿秋白夫妇接到别处。临别时鲁迅叮嘱瞿秋白说：“今晚上你平安的到达那里以后，明天叫××来告诉我一声，免得我担心。”瞿秋白到了新居后，第二天托人送来一封告安信，并赠火腿爪一枚，鲁迅答以文旦饴二盒。

在这次避难期间，瞿秋白在鲁迅家里翻译了苏联别德纳衣的讽刺诗《没有工夫唾骂》发表于《文学月报》第三期上。12月8日，鲁迅在第四期《文学月报》上看到署名芸生写的一首《汉奸的供状》，这篇诗，不是讽刺和笑骂，而是采取辱骂和恐吓，歪曲了中国工农的形象。鲁迅就和瞿秋白、冯雪峰一起讨论了这首诗的不足之处，鲁迅以通讯的形式，写了一篇《辱骂和恐吓决不是战斗》，发表于《文学月报》第五、六期上，以纠正左翼刊物的不良倾向。鲁迅的文章发表后，引起了一些人的不满，他们在《现代文化》第二期上发表了署名首甲、方萌、郭冰若、丘东平四人的《对鲁迅先生的〈辱骂和恐吓决不是战斗〉有言》一文，对此，瞿秋白写了《慈善家的妈妈》和《鬼脸的辩护》两文，进一步阐明鲁迅文章的观点，批驳了首甲等人的错误观点，捍卫了鲁迅正确的方向。12 月 7 日瞿秋白还以魏凝的笔名，手书了自作七绝两首送给鲁迅，鲁迅一直珍贵地保存着。

瞿秋白夫妇第二次到鲁迅家避难是 1933 年 2 月初由上海临时中央局组织部长黄玠然护送去的，这是因为敌人要拘捕秋白而逃到鲁迅家去的，到 3 月 4 日才离去。

在这一个来月里，鲁迅为瞿秋白创造了一个舒适而安全的写作环境，瞿秋白编译了两本书。一本是瞿秋白主编，许广平和杨之华搜集剪贴，鲁迅作序的《萧伯纳在上海》，这本书只用了十一天时间编成。第二本书是翻译了苏联卢那萨尔斯基所著的剧本《解放了的堂·吉诃德》，这个剧本原是鲁迅根据日译和德译两种译本校译的，原稿在丁玲主编的《北斗》上连载，不久鲁迅从曹靖华那里得到苏联原文，就把原文送给了瞿秋白，自己便停止翻译，要秋白重新翻译，又把《北斗》上的发表地盘让给瞿秋白，由瞿秋白接着往下翻译。后来《北斗》被查禁，瞿秋白的译稿停了下来，鲁迅就张罗出版单行本，并亲自为瞿秋白写小传和撰写后记，又介绍给华联书局出版。这两本书都凝结着鲁迅和瞿秋白深厚的革命友谊。

在追捕瞿秋白的风声缓和一些以后，鲁迅又转托内山完造夫人租赁一间住宅，在东照里 12 号租到一间住宅，3 月 4 日秋白夫妇就搬入新居。3 月 6 日，鲁迅还特地来新宅看望秋白夫妇并送来一盆堇花，不久，鲁迅搬到大陆新村来住，和东照里隔街相望，鲁迅常去看望他们。瞿秋白就在东照里 12 号小屋里，开始编选《鲁迅杂感选集》并为本书撰写《序言》。《选集》和《序言》是瞿秋白针对敌人对鲁迅的诽谤漫骂和污蔑攻击；针对当时某些进步文化人士，甚至一些党内的文艺工作者，对鲁迅及其著作在新文化运动和左翼文艺运动中的巨大作用和贡献认识不足而编写的。特别是这篇长达万言的序言，是瞿秋白多次和鲁迅谈话，阅读了鲁迅全部杂文以后，在马克思主义的指导下写出来的。《序言》极其精辟而概括地论述了鲁迅思想发展的艰苦历程和战斗传统，指出："鲁迅从进化论到阶级论，从绅士阶级的逆子贰臣到无产阶级和劳动群众的真正的友人，以至战士，他是经历了辛亥革命以前直到现在的四分之一世纪的战斗，从痛苦的经验和深刻的观察之中，带着宝贵的革命传统到新的阵营里来的。"最后，分析了鲁迅在新文化运动和左翼文艺运动及整个思想、文化斗争史上的重要地位及其杂文的价值中，提出了"我们应当向他学习，我们应当同着他前进。"的结论。鲁迅对瞿秋白的评论是满意的，认为编者是"用心"之作。"从他沉默的眼光和轻松的微笑里，露出了他在检讨自己思想发展的过程，诚意地接受秋白对他的批判，忘记了香烟头烧着了他的手指……"鲁迅看完瞿秋白写的《序言》后，把瞿秋白视为自己唯一的知己，于是便以洛文为名挥毫写下了：

人生得一知己足矣，

斯世当以同怀视之。

洛文录何瓦琴句

在东照里12号居住了两个月的时间里，瞿秋白在鲁迅思想影响下，摸拟鲁迅笔调，写了《王道诗话》、《苦闷的答复》、《伸冤》、《迎头经》、《出卖灵魂的秘诀》、《最艺术的国家》、《关于女人》等十二篇杂文，这些杂文有的是鲁迅和瞿秋白一起在谈话中形成的，有的是瞿秋白提出要写的，但都经过鲁迅修改定稿，请许广平重抄后，以鲁迅笔名发表的。后来这些杂文都由鲁迅编入自己的文集中，把它当作珍贵的友谊，保存起来。

6月初，因冯雪峰由上海临时中央局宣传部通讯社，调任江苏省委宣传部长，通讯社要瞿秋白照顾一下，瞿秋白就从东照里12号，移居到冯雪峰的住处，和冯雪峰住在一起，住了一个多月，大约是7月10日前一两天的晚上，冯雪峰获悉，他们所住的地方已被暴露，需要马上转移，当天他们分头疏散，瞿秋白夫妇就乘三轮车第三次到鲁迅家避难。从7月10日至月底，后来由黄玠然把瞿秋白夫妇接到上海临时中央局机关内部交通主任高文华家里住，这是负责同志看文件的地方。大约住了一个来月，在八月底的一天，突然得到消息，高文华的这个住址已被敌人发现，要瞿秋白连夜撤离，瞿秋白夫妇各坐一辆人力车，投奔鲁迅家第四次避难。由于两辆人力车有快有慢，到鲁迅家已是后半夜一两点钟，而且他们夫妇俩，一个从前门叫门，一个从后门叫门，给已经入睡的鲁迅和许广平闹出一场虚惊。这次避难，只住了十九天，到九月初就离开鲁迅家，后来大约是1933年底，瞿秋白接到去苏区瑞金工作的通知。

1月4日，瞿秋白特地到鲁迅那里去辞行。这天晚上，鲁迅把自己的床腾出来，让给瞿秋白睡，自己和许广平睡在卧室的地板上，这次鲁迅和瞿秋白谈至深夜，竟成了永诀。

1月9日鲁迅收到瞿秋白给他的告别信，1月

28日又得到瞿秋白到达苏区后的来信，但从此，鲁迅再没有收到秋白的来信，鲁迅十分惦念他。直到第二年的夏天，才接到他从福建转来的信。信中说，他已被俘，化名叫林其祥，要鲁迅找保铺营救，并嘱杨之华寄去两条裤子。鲁迅立即通知杨之华，并交给她五十元钱，要她买两条裤子寄去。但当时找保铺非常不容易，待杨之华找好保铺，连同两条裤子寄出去的第二天，报上已发表瞿秋白被捕的消息，瞿秋白的身份已经暴露了。敌人对瞿秋白进行严刑拷打，百般折磨，企图从他口中得到更多的党的机密。但瞿秋白坚贞不屈，终使敌人一无所获。6月28日瞿秋白高唱《国际歌》在江西长汀罗汉岭英勇就义。

鲁迅得到这个消息，心里非常悲痛，为了纪念这个曾经共同战斗的朋友，保存这位革命志士的光辉业绩，便把他的译文整理出来，编成上下两卷的《海上述林》，用“诸夏怀霜社”的名义出版。寓意为全国人民都怀念瞿秋白的意思。当时鲁迅自己已是大病在身，他抱病校完秋白六十多万字的译著，并写上了上下两卷的序言。这部书在中国无法印出，就老远送到日本去印，印刷费很大，鲁迅自己拿出许多钱还不够，又向朋友借了一些。书的编排、设计、校对，都由他亲自动手来做，常工作至深夜，尽心竭力地把这部书印出来了，而且装帧十分讲究。

鲁迅对瞿秋白的感情，这样真挚深厚，绝不只是个人之间的友谊，这里包含着他对共产党主义事业的由衷信仰，包含着他对共产党人的热爱和崇敬。他和瞿秋白的友谊，是肝胆相照、患难与共的崇高友谊。

他是共产党人最可信赖的战友

1935年4月10日的下午，鲁迅到内山书店去办事。当他走进书店里面一个小客厅的时候，书店老板内山完造从里屋拿出一包东西交给他，说："前几天，一位从杭州来的年轻女人，态度诚恳地要求把这包东西交给你。说完转身就走了。"

鲁迅很奇怪地接过这个纸包，微笑着说："既然是交给我的，那我就带回去吧。"

鲁迅办完事，便将纸包带回家。到了夜深人静的时候，鲁迅便在电灯下面打开了这个用牛皮纸包了好几层的纸包，一看是大叠文稿，上面有四张空白信纸和一张简短的字条。

鲁迅准备了碘酒，端来了一盆水，他按照字条上写的，把那右角有墨点做了记号的一张信纸拿出来，涂上碘酒，再把它放到水盆里，原来那是用米汤写的一封信，字迹很快显现出来了。信里的主要内容是，他已抱定为革命牺牲的决心，在狱中写给鲁迅先生的，一是希望鲁迅将三张密信和一包文稿转交给党中央，一是请鲁迅、宋庆龄等以民权保障同盟的名义，发动一个营救他的运动。信末的署名是方志敏。

鲁迅看完这封信，他的眼睛湿润了。这是一位红军将领，一位著名共产党员写给自己的信，信虽简短，但义重千钧。他深情地凝视着这封在黑暗的监狱里写的饱含着对自己无比信赖的信，他处在千里之外、垂危之际，竟把最神圣的、比生命还重要的密件托付自己转交给党中央，这又是多么珍贵的情谊啊！

鲁迅冷静地思考着，慎重地说：“如果发动一个运动营救方志敏，可能对他不利，或者会加速他的死刑执行期。应当让他利用敌方企图软化他的短暂时间，在狱中赶快为后人写下一些东西。”后来，鲁迅委托一位同志向有关方面转述自己的这个意见，并设法转告方志敏。

鲁迅利用夜深人静的时刻，赶紧看了那一大叠文稿。那是方志敏在南昌监狱中写的《狱中纪实》，写他自己生活的《清贫》，写他为之奋斗的《可爱的中国》。鲁迅从方志敏写的文稿中，看到了一个共产党人的精神面貌，崇高的品质，伟大的胸怀。他很激动而又沉着，他把另外三张空白纸上写的密信和几篇文稿，重新包妥捆好，用心存放在最隐蔽的书箱里，他毫不犹豫地接受方志敏的要求，要设法转交给党中央领导同志手上。

方志敏同志是江西弋阳人，1923 年加入中国共产党，领导江西农民运动，任江西省农民协会委员长，1928 年 1 月领导横峰、弋阳农民起义，创建赣东北革命根据地和红十军，历任中共县委书记、特委书记、省委书记、省军区司令员、闽浙赣苏维埃政府主席和红十军政委。1931 年 11 月，当选为中华苏维埃共和国临时中央政府执行委员会委员、主席团委员。1934 年 11 月任红军北上抗日先遣队军政委员会主席，率部北上抗日。1935 年 1 月，在江西德兴县陇首村与国民党作战时因叛徒出卖被俘，他被押解到南昌关到牢里。敌人曾绑他出去游街，他就在街上大声疾呼，宣传革命的道理；敌人曾在公园里搭了台子，绑着他上去示众，他就在台上抓住机会，号召人民群众起来抗日救国；敌人无可奈何，只得把他押回去坐牢。后来蒋介石还亲自从南京赶到南昌劝他投降，并许他做大官，但他对蒋介石对外投降日本帝国主义，对内镇压人民的罪行，揭露得淋漓尽致，骂得他狗血喷头，坚决拒绝敌人的种种利诱和任何威胁。

方志敏关在敌人的牢里，明白自己已到生死关头，他宁死不动摇，革命到底。敌人给他拿来笔墨纸张，要他写什么《自白书》，他不写，却写了《狱中纪实》、《清贫》、《可爱的中国》等文稿，又弄来米汤写了最后写给党中央的密信。那时候，红军还在长征途中，党的地下组织也无法找到；那么，怎样把写下的密信和文稿送交给党中央呢？经过反复考虑，他终于想到了鲁迅。他没有见过鲁迅，鲁迅也不认识他，但他少年时代曾读过鲁迅的著作，对鲁迅由衷地敬仰。鲁迅从“五四”到30年代的战斗业绩，更引起方志敏的钦佩。他认为鲁迅是能坚持真理的，是一位可以信任的革命者。他想鲁迅在上海和共产党人总有联系，可以找鲁迅帮助，把他写的密信和文稿转交到中国共产党中央委员会，于是他给鲁迅写了密信。

托谁把密信和文稿交给鲁迅呢？当时，监狱里有个担任“文书上士”的青年职员，他叫高家骏，(后改名高易鹏)，见方志敏在狱中坚贞不屈，所以，很敬重他。方志敏也对他进行宣传教育，因此，他愿为方志敏的写作提供方便。一天深夜，方志敏找他秘密商量，取得他的同意，叫他在杭州的未婚妻来南昌，要她到上海去一趟，专为把已写下的密信和文稿，送到鲁迅那里去。为她途中的行动，充分作了研究，给了她足够的路费，告诉她怎样可以避免引起敌人的注意，怎样小心应付国民党的军警，说清到上海什么地方去找鲁迅，嘱咐她一定要把那一包东西送到。这个年轻的女人，颇有胆识，她勇敢地承担起这么一次特殊的使命。她去南昌，到上海，回杭州，几经转折，通过沿途敌人的多次盘查，经历种种艰险，后来找到北四川路底内山书店，将东西交给一个年轻的店员，请他转交给鲁迅，那店员开始不愿转，怕暴露鲁迅的踪迹，说这里没有鲁迅。那女人说明这是一件重要的东西，一定要交给鲁迅，说着眼泪都流下了，那个店员就是不收，正在此时，内山书店的老板内山完造，从里屋出来，见这年轻女人，态度诚恳，泪流满面，于是，就将包裹收下了。说尽量托人转交给鲁迅就是了。那女人一看书店老板亲自代转了，她就破涕而笑了，非常感激地向内山完造鞠了一个躬，说声“谢谢您的帮助”。转身就走了。

内山完造是鲁迅的好友，鲁迅经常到他这里来看书、闲谈，因此，内山书店也就成了鲁迅在那时与地下党联系的一个秘密地点。无论是来找鲁迅或送交什么东西的，总是要请内山书店老板代为转达的。

隔了几天，鲁迅来到内山书店办事，内山完造便将这个包裹交给了鲁迅。

当然，鲁迅接受了方志敏的请求，鲁迅自己也有随时被捕被杀的危险，每逢敌人猖狂的时候，外面风声一紧，他总要烧毁自己的许多信件，但对方志敏写给党中央的密信和文稿，一直用心设法保存下来，后来，共产党员冯雪峰同志 1936 年 4 月从陕北回到上海见到鲁迅时，他就把这个包裹和密信交给了冯雪峰。当时，因为敌人封锁很严密，包裹送到陕北很困难，经党中央指示要冯雪峰同志在上海设法保存好，后来冯雪峰就将包裹送到一位非常谨慎的同志家里，很秘密地保存起来。解放后，方志敏所写的这包文稿，经党中央批准，由人民文学出版社于 1952 年 5 月正式出版了。

力志敏同志的遗著《可爱的中国》、《清贫》、《狱中纪实》，是中国人民宝贵的精神财富。这些遗著的经历有力地证明：鲁迅用自己的行动同中国共产党结成了不可分离的一体。他以共产党人为同志，他对党的真诚不二，标志着他对共产主义的崇高信仰。

以沫相濡，十载恩情

十年携手共艰危，以沫相濡究可哀。

聊借画图怡倦眼，此中甘苦两心知。

1934年12月鲁迅这首《题〈介子园画谱〉三集赠许广平》的七绝，既抒发了鲁迅先生与许广平之间心犀相通，精诚相感的深情，同时也对许广平作了崇高的评价。

许广平作为鲁迅的学生、爱人、助手和战友，在十余年的岁月中，与鲁迅相濡以沫，甘苦相知，携手战斗、艰危与共，对鲁迅的战斗、思想与生活所起的作用，是巨大而深刻的，是别人所不能替代的。

那是1923年秋，鲁迅应老友许寿裳先生之请，担任了北京女子高等师范学校（后改为北京女子师范大学）的教职。许寿裳是这所学校的校长，他和鲁迅的友情很深，他知道鲁迅的学识渊博，人品高尚，便邀请他来讲学。当时，许广平正在国文系二年级读书，鲁迅先生上课时，她总是坐在第一排中间的座位上凝神听课。

鲁迅朴素幽默的话语，含意深刻，使学生感到他学富如海；他的平易近人的装束，使学生感到他亲切可敬；他讲到精彩有趣的时候，大家都会心地一笑，他依然严肃；但大家实在难以压制心底的共鸣而哄堂大笑时，他也会和学生们一起破颜一笑。鲁迅经常在讲课中提出问题来，许广平总是率先举手回答。看到先生默然地点头，她往往从心里感到很愉快。她渐渐感到先生不仅可敬，而且可亲，所以有时一边听讲，一边悄悄地把鲁迅的形象速写在自己的笔记本上，下课时也经常向鲁迅提出一些问题。许广平身材高大、秉性刚直，也自然地给鲁迅留下了执拗的印象，获得了他初步的赏识。

许广平是广东番禺人。她出生那年，正是鲁迅离开故乡去南京求学的时候，算起来鲁迅比她大十八岁。

许广平出生后的第三天，父亲外出赴宴，在醉意浓浓、头脑昏昏时刻，竟和人碰杯将她许配给一个劣绅的儿子。后来父亲虽知失言，但劣绅家却送来了定礼。为了顾及体面，只好勉强收下。许广平稍稍长大以后，听老妈子说了这件事，就模糊地意识到自己命运可悲，前途暗淡，不如一死了之。家里一提起这桩婚事，她就生气；男家来人她也没有好脸色，甚至甩门出走，男家送来财物，她就摔到地上。后来读书渐多，知道自己有了独立生活的能力，婚姻大事才可以不受别人的摆布。为此，她勤奋读书，一心想自立于社会。

1917 年，许广平 19 岁时，她父亲病逝。劣绅家便说他家和许家早已结亲，新媳妇必须尽早过门。许广平已经懂得了男女平等、婚姻自主的道理，便利用二哥许崇欢从北京回家奔丧的时机，和劣绅家解除了婚约。同年，她背井离乡，北上天津，投奔到她姑母家，考入直隶第一女子师范学校（即天津女师）就读。

1919年，北京爆发了五四爱国运动。5月5日，天津的爱国青年也奋起响应。以天津女师为主体，以邓颖超、刘清杨等为骨干的天津女界爱国同志会很快成立。她们以“提倡国货并唤起女界之爱国心”为宗旨，在斗争中发挥了重要作用。许广平是女界爱国同志会的主要成员之一，她参加了编辑会刊《醒世周刊》的工作，又参加了该会组织的街头讲演；她积极投身于抵制日货和挽救国家民族危亡的群众斗争。

五四运动的战斗洗礼，更加激发了许广平的爱国热情，使她在祖国天空初露曙光的时刻，就置身于先进战士的行列，谱写了生命史上鲜红壮丽的一页，成长为一个战斗的新女性。

1922年，许广平以优异的成绩毕业于天津女师，为了继续深造，她考入了国立北京女子高等师范学校国文系。

光阴荏苒，岁月如流，不觉又是一年。1924年2月，因反对反动政客彭允彝任教育总长，许寿裳校长愤然辞职，一个扎着白头绳，穿着黑色花缎旗袍的女人杨荫榆窃取了校长的职位，她像阴影似地开始在女师大的校园里游荡。

杨荫榆是江苏无锡人，曾留学日本和美国，还得到了一个哥伦比亚大学文学硕士的头衔。但是，她知识浅薄，思想陈腐，独裁专断。到校后，鼓吹“女人治女校”、“学校犹家庭”的怪论，把女学生视为儿媳妇，自己以“婆婆”自居。学生参加爱国运动，她就说“学风不正”，“女教陵替”；看见一封信，就疑心是情书；听到一声笑，就以为是怀春；男人来访，便说是情夫；到公园散步，则说是赴约，……她还指使一些党羽对进步学生进行监视、侦探，竭力推行封建家长式的管理和教育。正如鲁迅严正地指出的那样：“看看学生们，就像一群童养媳”。“就如中国历来大多数儿媳妇在苦节婆婆脚下似的，都决定了暗淡的命运。”

基于对杨荫榆种种倒行逆施的不满，许多教员联名辞职。1924 年 8 月 13 日，鲁迅也愤而辞职，以为声援。可是学生闻讯，都纷纷挽留。鲁迅虽同意继续执教，但并不能阻止杨荫榆的为非作歹。同学们的愤激之情，终于酿成了一场反对杨荫榆的女师大风潮。

事件的导因是国文系有三名学生因军阀混战，交通受阻，秋季开学未能按时到校，而杨荫榆居然下令要她们退学。同学们派代表要求她收回成命，杨坚持不允。这样，学生自治会便在 1925 年 1 月 18 日召开全校学生紧急会议，讨论驱杨事宜。绝大多数学生力主驱杨，否认其为校长，大家把这场斗争称之为“驱羊运动”。

杨荫榆采取种种伎俩软化和分化学生，时而说你们不要闹，将来让你们去留学或留校任教；时而说自己无儿无女，女师大就是她的养老之地，岂能他去；时而弄虚作假在报刊上发表挽留和美化她的文章……。结果今日收买几个，明日软化几个，给学潮设置障碍，同时也使进步学生的忧虑和苦闷与日俱增。

在这种形势下，作为学生运动的积极分子许广平感到肩上压力很大，她不肯屈服，觉得胸中有许多愤懑，许多怀疑，许多蓄于心中的话要说。这样，她便拿起笔来，向自己敬爱的先生陈诉。请求鲁迅先生给以“真切的明白的指引”。鲁迅立即给了热情真挚的回答，剖析了社会，教她以自己向来实行的“壕堑战”的战略从事战斗。从此，两人频繁通信。在信中，情真、意切、义深、思远，确实没有什么花呀，月呀的爱的倾诉和死呀活呀的山盟海誓，而是对于教育界鬼域的揭露与批判，对于封建社会黑暗的控诉与指斥，对于如何战斗、出路何在、前途如何等等社会、国家问题的讨论。这些信件，后来编为一书，取名《两地书》，以鲁迅、许广平共同署名出版。

通信后数月，许广平到鲁迅家访问。以后常去鲁迅家。两人感情迅速发展。

这时期，鲁迅正处于苦闷、彷徨、探索的时期，但已是思想上新质与旧质激烈斗争并开始发生转化的阶段。这时的鲁迅，工作繁忙、战斗紧张、思想在演进、文章在发展，正是在动跃、前进、变化的情状中。重大的历史事件：女师大风潮，“三·一八”惨案、五卅运动，一件接着一件，如大海的巨浪，滚滚向前，推动着历史前进，中国革命在迅速发展。在这些运动中，在这个跃变期，鲁迅以激进的民主主义思想战士、青年导师和文化旗手的英姿，冲杀在斗争的前列。在斗争中，作为学生运动领袖之一的许广平，既得到来自她所敬爱的师长的真诚的帮助与深刻的指导，又成为师长的助手与战友。这时期鲁迅写了后来收集在《华盖集》和《华盖集续编》中的大量的战斗杂文，对军阀统治、帮凶文人、封建制度和社会种种腐朽黑暗现象进行了猛烈的抨击和鞭笞。许广平在鲁迅的鼓励与指导下，也写了不少杂文，投身战斗。如《怀疑》、《内幕之一部》、《酒瘾》、《一生一死》、《瞎扯》、《过时的话》、《反抗下去》等，都先后在鲁迅主编的《莽原》上发表。

这个时期，鲁迅在生活上，也正陷于苦痛、孤寂和无人照料的境况中，再加上 1922 年 7 月，与二弟周作人决裂，心情抑郁愤懑。因此，他曾说，自己原以为是活不长的，而且也有纵酒、拼命干、不顾惜身体与生命的作法。可以说，在生活的天空中，也正乌云密布，气闷异常。正是在这时，许广平以一个学生和恋人的深情和敬意，像寒夜的明月，照进了鲁迅的紧张战斗、热情工作、赤诚献身然而却是苦闷、孤寂、冷清的生活中。她先是窥见了那隐痛的一面，而产生同情，后又深深理解了老师苦痛之深和需要照料之切，而萌发了爱情。她帮助鲁迅抄稿，也关心鲁迅的生活，她劝先生戒烟戒酒，劝他爱惜身体，注意营养与休息。她以自己的爱温暖了一颗战士的心。鲁迅为感激她的这番情意，便撰写了《腊叶》一文。许广平则写了《同行者》热情歌颂鲁迅，并表示自己要“一心一意向着爱的方向奔驰”。她又作《风子是我的爱》一文，率直而勇敢地写道：“不自量也罢，不相当也罢，合法也罢，不合法也罢，这都与我们不相干。”她在致友人信中，诚挚地感谢“周先生……慷慨挽救”直率地表白“人待我厚，我亦欲舍身相报”。

许广平对于鲁迅的情真意切的爱情，给予鲁迅以温暖、鼓舞与力量。

1926年8月，鲁迅因遭军阀统治迫害离京南下。许广平与他同行。但为了经济上的原因和别的情况，他们一个去厦门，一个去广州。许广平抵广州后，到广东省立女子师范学校任训育主任兼舍监。在此期间，与在厦门的鲁迅，书信往还，数日一封，给了正在最后摆脱苦闷、彷徨、酝酿思想突变的鲁迅以爱的温暖，使鲁迅在思想上得到慰藉。

1927年1月，鲁迅离厦门到广州中山大学任文学系主任兼教务主任，许广平任他的助教。1927年“4·12”事变后，鲁迅愤而辞去中山大学一切职务。9月，离广州去上海，许广平与他结伴而行。他们冲破封建礼教的束缚，无惧于世俗的议论和有些人的恶意的攻击，在上海同居。从此时起，直到鲁迅逝世，许广平以自我牺牲精神一直作为鲁迅的助手和战友，在鲁迅身边协助战斗和写作。她说鲁迅的工作是伟大的，然而我不过做了个家庭主妇，有时因此悲不自胜，责问自己读了书不给社会服务。但是，“我不可能又不忍离开家庭，丢下他，独自个儿走到外面做事”。她愿意“忘了自己”，做一个默默无闻的人，尽力使鲁迅能够为中国革命、为人民贡献更多的、非她自己所能及的功业。她曾经活跃在学生运动的前线，是一个办事干练的学运领袖；她也曾经执笔为矢，参与了文化思想斗争；她也在妇女运动中逐渐显露身手，但是，在上海的近十个年头中，她自觉自愿地放弃了这一切，而从社会退回到家庭，协助鲁迅，帮他抄稿、校对、寄信、料理家务。如果没有许广平在最后十年时光中的细心照料和尽力协助，很难想象，鲁迅能够那样卓有成效地进行斗争和写作。

1929 年 9 月 27 日，许广平生一男孩，鲁迅给他取名为海婴，意为出生在上海的婴儿。自此，许广平又挑起了抚养海婴的担子。

在上海期间，鲁迅身处危境，在国民党反动派通辑时，在柔石等左联五烈士被害后，在中国民权保障同盟总干事杨杏佛被杀害后，鲁迅都曾出外避难，许广平总是陪侍身边。

鲁迅外出，常让许广平过街在对面行走，意恐许广平跟随自己一同被害，而许广平因此则更加不肯离开鲁迅半步。

许广平生活俭朴。她说："至于我自己衣着的不讲究等，是一面不愿意和他做太相反的对比，更不愿意在不必要的地方花去他绞尽脑汁换来的金钱，而他却时常笑着说：'看你这样落拓，去买一些新的来吧！'我说：'要讲究，你这点钱不够我花呢。'彼此一笑也就罢了。"

鲁迅的生活，像是夜班的工人和前线的战士，往往忙碌得顾不上注意吃穿。由于社会活动频繁和来访客人的众多，他在白天只能做一点"零活"，例如，写千把字的短文，给友人写回信之类，而大宗的"整活"，如创作小说，撰写长文，则大都在夜间进行。

以往，由于没有得力的助手，什么都要自己操心，常常弄得衣服换洗无时，头发过期不理，生活很落拓。现在换洗的衣服全由许广平管，每次她总是把洗得干干净净的衣服拿到他面前，给他换上，再把换下来的洗净、熨平，收存起来，所以鲁迅也常常幽默地对友人说：“现在换衣服也不晓得向什么地方拿了。”

鲁迅有喝茶的习惯，每当工作之前，许广平便给他沏上一壶浓茶。因为怕茶水变凉伤胃，她还特意用白布做了一个套子，里面絮些棉花，套在茶壶外面，套子上还绣了几朵小花，远远看去还像一件漂亮的工艺品呢？

晚饭之后，鲁迅常要坐在藤椅上边休息，同时构思当夜要写的文章，许广平便为他专预备一些夜餐。

有时是几块点心，有时是他爱吃的葱花蛋炒饭，夏天再配些青脆可口的黄瓜，冬天则是臭豆腐之类，算作小菜。有时还准备半杯酒，鲁迅就会更加满意。黄昏过后，海婴熟睡了，他便轻轻走过来看看顽皮了一天的儿子，或者在他小脸蛋上亲吻几下，然后便伏案写作。

早晨六点钟之后，经过一夜辛勤劳作的鲁迅，在饮茶之际，妻子便成了他第一个读者。

有时，许广平读到文章深刻尖锐之处，还点头称快，有时，也即兴贡献一点意见。鲁迅也虚怀若谷，酌情加以修改。之后，他便休息几小时，许广平便急忙为他去准备可口的饭菜。

紧张繁重的工作，使鲁迅不能像小说中的恋人们那样，对爱妻说许多缠绵的情语，许广平的劳累和疲倦，也使感觉锐敏的鲁迅深怀歉意。

所以有时在许广平入睡前，他就会陪她聊聊，以表示自己内心的感激和对她的慰勉。

每当这时，电灯已闭了，在窗外路灯的映照下，颇能窥探一切。在这微明中，也别有一番情趣。

夫妻彼此欣然，都觉得是一天的黄金时刻，不胜满足了。遇到月夜，当迷人的清辉照进室内，映在许广平的脸上，鲁迅就喜欢说一句语意双关的话：“今天月亮真好啊！”这是对月亮的赞颂，也是对许广平的赞美。有时，鲁迅又像是请示一般地说：“我陪你抽一支烟好吗？”“好的。”

许广平也因为一天之中难有的这样短暂聚谈而表示欣然同意。

这样，他便躺在妻子的身旁，从容不迫地谈些国家大事、友朋往来、文坛纠葛、孩子家务，乃至一些对许广平表示感激和爱抚的话。然而，劳累了一天的许广平，往往未及领会他的谈话，就沉入了睡乡。这时，鲁迅便轻轻离开，打开电灯，收拢思绪，开始了他急待动笔的译作。

许广平的爱像清泉一般滋润着鲁迅的心田，焕发了他战斗的青春。

1935年12月31日夜半，鲁迅在编完《且介亭杂文二集》时，曾将自己写作字数作了一番统计。

他说："今天，我自己查勘了一下：我从在《新青年》上写《随感录》起，到写这集子里的最末一篇止，共历十八年，单是杂感，约有十八万字。后九年的所写，比前九年多两倍；而在这后九年中，近三年所写的字数，等于前六年。"

人们常说爱情和事业是矛盾的，但在鲁迅和许广平来说，爱情却成了推动事业前进的一种强大的动力。

鲁迅是战士，但他并不是无所嗜好、清心寡欲的清教徒，也不是只战斗、不知娱乐的书呆子。在紧张工作之余，有时他也主动向许广平提出建议，去看画展或看电影；为了照顾许广平的近视，每次都是买最好的座位。上海大戏院、奥迪安大戏院、光陆大戏院等，成了他们常涉足的地方。

30 年代的鲁迅，是反帝反封建的英勇旗手，是爱国反蒋的无畏战士，同时又是国民党特务跟踪、盯梢，乃至暗杀的目标。因而，鲁迅每逢外出活动而未能依时回家，许广平就神不守舍，惦念不已。

有时脑际幻化出一种意外的惨象：他倒在街头血泊里，而许广平自己却坐在家中，孤灯独坐，等待归来。

她坐立不安，真像热锅上的蚂蚁。待到忽然听到门锁响了，便飞也似地迎出去。

相见之时，一方是喜悦的埋怨，一方是抱歉说明，像瞬息闪电，一切疑虑、一切担心、一切恐怖都溶化在互相拥抱的欢快之中。

但是，晴朗的天空会骤然出现阴云，平静的湖面会荡起涟漪。在幸福的家庭中，在和睦的夫妻间，也会有这样那样矛盾，也难免有不愉快的时候。这往往是因为鲁迅有什么不快，或者他的写作文思被突然搅扰，或者因为许广平不加小心说了使鲁迅气恼的话而爆发。不过，他们不会大吵大闹，唯一的方式是沉默，鲁迅除沉默外，还会半夜起来喝闷酒，喝完再默默地躺下，像一只受伤的羊一样，躺在一边舔自己的伤口。这种无言对沉默只是半天、一天就过去了，不久就烟消云散，重见晴朗。过后，鲁迅就会自责地说："我这个人脾气真不好。"许广平则答道："因为你是先生，我多少让你些，如果是年龄相仿的对手，我不会这样的。"鲁迅又立即安慰道："这我知道。"其实，"我们的感情算好的"。

鲁迅和许广平的朋友，美国女作家史沫特莱，在评论鲁迅夫妇时曾经写道：

"无论是谁，凡知道他们的人，就知道他们的结合是建立在深深的爱和同志情谊之上的。他的夫人决不是卧室里一种安适的家具，她乃是他的共同工作者，在某些地方她还是他的左右手。如果离开她，他的生命便不可想象。……自从我来到中国，我很少或几乎不曾见过男女之间有这样真挚的爱和这样可敬的同志之谊。”

他不愿离开战斗的岗位

鲁迅的身体素质幼年时还不算坏。十几岁时独自到南京求学，后到日本留学，由于经济拮据，生活不定，饮食失调，形成消化不良的症状。大约40岁左右，他发现有胃病，后来又患上胸膜炎，染上了肺结核。在北师大学潮时期，由于过度疲劳，曾发过低烧咯过血。虽然过去他很清楚自己的病症，医生也时常提醒他、警告他，但他因为工作忙碌，待做的事情太多，从来也不愿提起自己的病痛。为的不使亲人痛苦，敌人高兴，连许广平也不知道他病情沉重的情况。

在和许广平结婚以后，尽管生活上得到了精心的照料，心情上感受着前所未有的欢乐，但由于年纪逐渐大了，体质也日见衰弱，不但长年累月的紧张工作，而且受到敌人的阻截和“战友”的围剿使他腹背受敌，心情愤懑。这样一场久已潜伏在身的致命的大病，便随时有爆发的危险。

1935 年十月革命节的第二天晚上，苏联驻上海总领事馆举行小型的招待会，参加的除国际友人，中国人中有鲁迅、许广平、郑振铎、茅盾，还有孙中山夫人宋庆龄和廖仲恺夫人何香凝。在交谈中，美国作家史沫特莱发现鲁迅消瘦的脸上缺乏血色，呈现很疲倦的样子。她很关心鲁迅的健康，便转过头悄悄对茅盾说，听说他常有低烧，容易疲劳，大家都希望他去苏联疗养，全家都去，苏联方面会很妥当地给安排的。她又说，这事她同鲁迅谈过，鲁迅犹豫不决，希望茅盾能促使鲁迅下决心。

茅盾接受了史沫特莱的嘱托，两三天后，他到鲁迅家谈这件事，话刚说了一半。鲁迅就笑着说：“我料到史沫特莱一定要拉你帮助作说客的。但是我考虑的结果，仍下不了决心。”

茅盾问：“为什么呢?”

鲁迅说：“一旦到了苏联，我就成了聋子和瞎子了。”

茅盾说：“这有办法。我们可以把国内的书刊逐日汇齐交给苏联方面，想法用最快的速度寄给你。你仍然可以写文章寄回来，在国内发表。”

鲁迅听后沉吟片刻，还是摇头说：“凡事想象是容易的，做起来不会有那么顺利。我猜想即使很快，书刊在路上也总要一两个礼拜，我写了文章寄回来，又要一两个礼拜。杂文都是根据当时情况，匕首一击，事隔一月，岂不成了明日黄花吗?”

茅盾说：“不会成为明日黄花的。你的文章击中敌人要害，尽管迟一点，还是能够振奋人心，虎虎有生气的。”

鲁迅听了，只是微笑着摇头。

茅盾换了个话题，又说：“你不是说如果有时间的话，打算把《汉文学史》写完吗？到了苏联，这件事情似乎容易办了。”他看这个话题引起了鲁迅的兴趣，便接着说："你到了苏联，就有机会碰到许多国际上有名的革命家和文艺界进步人士，那时你把中国的情况对他们说一说，而且，世界各地有影响的报刊也一定派人采访你，请你写一点短文章。这样，对中国革命所起的作用，我猜想是大得无可比拟的。"

茅盾这番话引起了鲁迅的思考，他沉吟了一会儿，然后说："让我再考虑考虑吧，反正要走也不是一两个星期之后就走得成的。"

这样茅盾就告别了。他写信告诉史沫特莱说："大先生（指鲁迅）的心思有点松动了，过几天再去试试。"

隔了六、七天，茅盾又到鲁迅家去。鲁迅不等茅盾开口，就说："我再三考虑，还是不去。前些时候，敌人在造谣，说我因为左翼文坛内部的纠纷感到为难，曾到青岛去住了一个月。现在如果到苏联去，敌人岂不更要大肆造谣了吗？可能要说我是临阵开小差哩？我是偏偏不让他们这样说，我要继续在这里战斗下去。"鲁迅说这话时有些激动，目光坚定地看着茅盾。

茅盾又说："可是你的健康状况是大家关心的。"

鲁迅说："疲劳总不免是有的，但还不至于像你们所想象的那么衰老多病，不是说'轻伤不下火线吗?'等我觉得实在支持不下去的时候，再谈转地疗养吧!"

茅盾感于鲁迅的这种精神，就没有说什么。

第二天他又写信给史沫特莱："大先生说，'轻伤不下火线'，十分坚决。看来转地疗养的事只好过些时候再说了。"

鲁迅总是忘我地工作，不大考虑自己的身体。他经常用"赶快工作"来鞭策自己，来发挥自己生命的最大效用，永不卸甲，永不休战。

1936年，是中国革命史上不平常的一年，是从内战向抗日民族统一战线转变的一年，国内抗日救亡运动日益高涨。中国共产党提出的抗日民族统一战线的主张得到全国各界人民的热烈拥护。上海总工会、华北文化劳动者协会、上海文化界、北平文化界等等，纷纷发表宣言、通电，成立救国会等进步组织，要求保卫领土主权，停止内战，武装民众，一致抗日。

在这个转变关头，当民族解放事业要求鲁迅做出更多、更大的贡献时，鲁迅却被疾病所折磨。从3月初，因受寒而患气喘，浑身无力，胸部时时作痛，两颊绯红，体温增至37．6°，肺病又再度爆发了。许广平虽然请须藤医生继续给他诊治，但时好时坏，延续了一个多月，到5月间，他的病仍不见好转，且不时还发烧，这引起了朋友们的担忧。

史沫特莱多次来看他，看到他病情严重，请人另换医生治疗。但他不承认病情严重，仍认为是疲劳的结果。

5月底经过几个亲近的朋友商量，瞒着鲁迅由史沫特莱请来了当时上海著名的美国肺病专家邓医师。鲁迅本来不赞成。他们只好说是史沫特莱太热情了，亲自把医生请来了。鲁迅和史沫特莱有很深的友谊，他对她这样关心自己，是很感激的，所以眉头一皱，也就同意了。

邓医师来到鲁迅的寓所，听诊之后，他说鲁迅是最能抵抗疾病的典型的中国人，据他对别人说鲁迅的肺已经烂掉一大半，按照目前的病情，倘是欧洲人，早在五年前就死掉了。现在居然支持下来，使他十分惊讶，不过，倘不马上进医院治疗，然后远离上海静养一年，还是活不了很久的。

周围的人听了很难受，史沫特莱双手掩面而泣，许广平也转身落泪。但鲁迅仍然从容对待，他想到医师高明，也没有一个会给死了五年的病人开方子的，所以也就没有请他治疗。

第二天，本来已经退了的热度又回升上来了，邓医师的建议成为朋友们的议论中心。有人主张立刻送医院，有人主张先在家治疗一段，然后到国外疗养。到国外疗养又有三个方案：一是去南欧，意大利，那儿气候好，宜于患肺病的人休养；一是去苏联，他们曾经邀请过；再就是去日本的镰仓，风景区，又比较近便。鲁迅摇头不同意。他觉得这个时候去日本不合适；到苏联或南欧，语言不通，日常的生活困难很多。何况疗养的费用很大，自己只有为海婴的教育费而准备的一点储蓄，应付不了多少时候。还有使他犹豫的根本原因是：革命形势瞬息万变，像他那样发愿要做一个小兵的人，远离祖国，无异于自动缴械投降了，什么事都做不成了。鲁迅说："一个作家，长期离开了自己的祖国，长期居住在国外，正如一棵树，得不到充分的水和土，是很难希望他开花结实的。"他离不开中国，离不开处于水深火热之中的人民和如火如荼的革命斗争。他是战士，战斗使他留恋，他决不愿轻易地离开战场！

此时，正在医院割治盲肠的宋庆龄，得知鲁迅病重的消息，立即伏在病床上给他写信。她说："我恳求你立刻入医院治疗！因为你延迟一天，便是说你的生命增加了一天的危险！你的生命，并不是你个人的，而是属于中国和中国革命的!!! 为了中国和中国的前途，你有保存、珍重你身体的必要，因为中国需要你，革命需要你。"

信里恳切的语言使鲁迅十分感动，但他仍然没有改变自己的主意。鲁迅说："既然中国需要我，革命需要我，我就该加倍努力。与其不工作而多活几年，倒不如赶快工作，少活几年的好。躺在医院里，静静地等待生命的消逝，我做不到！”在收到宋庆龄这封热情洋溢、令人感激的信的同时，鲁迅还收到另一封信，这是一封使他万分愤怒的信，是托洛茨基派写来的。信里恶毒地攻击中国共产党制定的统一战线政策，离间党和鲁迅的关系，污蔑党提出的各派联合，一致抗日的主张为“出卖革命”。鲁迅比较深入地了解党的统一战线政策以后，对托派的诬陷更为愤慨，更为憎恶。病中他难以动笔，他只好一个人闷着，憋着，心里气极了。

有一天，冯雪峰又来看他。鲁迅从枕头底下摸出那封信，沉着脸递给雪峰，气呼呼地说：“你看！可恶不可恶！”

“既然他们送上门来，”雪峰看完信，用安慰的口气说：“你就迎头痛击一下吧！”

“等病好些，我给他们写一点。”鲁迅怒气未消，又补充一句：“真可恶！”

鲁迅对党的耿耿心怀，冯雪峰是耳闻目睹钦佩不已，但他对鲁迅的病情却深为忧虑。几天以后雪峰再去探视，鲁迅病势未减，心情十分烦躁，谈话中又提到那封信。雪峰建议鲁迅口述，由他笔录，写几句公开答复他们。鲁迅同意了。他们字斟句酌地商量信里关键性的几段话，譬如：“你们的高超的理论，将不受中国大众的欢迎，你们的所为有背于中国人现在为人的道德。”譬如：“那切切实实，足踏在地上，为着现在中国人的生存而流血奋斗者，我得引为同志，是自以为光荣的。”尤其是第二段，用语商定以后，鲁迅躺在床上，要求雪峰重念一遍。雪峰缓慢地念着，鲁迅侧着头听着，他微笑着用赞赏的口气说：“这几句很重要。有了这几句，我把造谣的嘴堵绝了，使他们措手不及！”

几天以后，鲁迅的病还是日见沉重，无力坐起，连报纸也拿不动，终日不思饮食。许广平时刻守护在他身边，按时给他服药，量体温。菜拣嫩的，肉挑软的，鱼是抽了刺的，都亲自送到他面前，可他就是不想吃一口。于是又请须藤医师来给他打针，抽取胸水。到6月底病情有所好转，须藤医师还是再三嘱咐他好好休息，停止工作，可是他却百般热爱自己的工作，一时一刻也不放松。他抢先完成了两项具有纪念意义的工程。一是《凯绥·珂勒德支版画选集》于7月23日正式出版了。二是《海上述林》上卷不久也可和读者见面了。下卷的校样也已看完了。他还将躺在床上曾经想到的事情和问题，写成《半夏小集》、《这也是生活》、《死》、《女吊》等美丽的散文。

到了8月初，由于过度的劳累，鲁迅的病情又严重起来，苏联作家协会主席法捷耶夫通过在塔斯社工作的钱俊瑞转邀鲁迅到苏联去疗养。钱俊瑞怕鲁迅不同意去，便找史沫特莱一同去做劝说的工作。鲁迅听完，微笑着说："感谢法捷耶夫的好意，危亡的祖国需要我，我这时候决不能离开祖国。"

鲁迅不离开祖国，因为他还有许多事情要做，去苏联就无法完成了，而且敌人造谣说鲁迅"拿了莫斯科金灿灿的卢布。"如果真的到了苏联，反而给敌人抓住了把柄。所以，还是决定不去。

就这样，他想到的就是"赶快做"，他想只要他不病倒，只要还能坐起来，他就要工作。他还计划着为自己编三十年集，估计自己三十年来的写作连同翻译已有大约六百万字的著作，出一个集子是可以的。他还想写出过去预定的要写的《中国文学史》，此外，他还要创作一部早就构思的长篇小说，反映中国四代知识分子的生活经历。他打算从章太炎一辈人写起，他自己这辈人是第二代，接着是同瞿秋白年龄相仿的一代，然后是比瞿秋白更年轻的一代，他对全书的结构和表现形式都有所考虑。他说："关于知识分子，我是能够写的。而且关于前两代，我不写，将来恐怕也没有人能写了。"

总之，他想的是人民的文化事业，是给人类留下更丰富、更美好的东西，唯独没有考虑他自己的病体。

他经常拖着病体伏案写作，直到深更半夜，他不断地咳嗽，连保姆听见心里都感到难受。她曾经心疼地说："周先生自己病得这样厉害，还要三更半夜写文章，有时我听得他一阵阵地咳嗽，真替他难过。可是，他对自己的病，一点都不关心，反而不许我做粗重的工作，要我休息休息。”说着说着便掉下眼泪。

从10月初，鲁迅一直没有很好的休息，除了写文章，还参观了在上海八仙桥青年会举办的全国木刻展览会，在展览会上还和一些青年木刻艺术家座谈，给参观的人在目录上签名题字。晚上又写了两篇有关章太炎一生及其评价的文章。

10月17日午后他又和胡风一同去访问日本友人鹿地亘。后又到内山书店去，回来时天色已黑。

当晚，周建人来时精神尚好还和他谈话，谈到11时，还要周建人给他找房子，他要离开这个日本人聚居的北四川路底，认为当时住在这里是不相宜的。

入夜，鲁迅上床就寝，气喘突然发作，继之以剧烈地咳嗽，病势剧变，不能安寝，他只能屈着身子，双手抱腿而坐，那种苦状叫人看了难过极了。第二天，须藤医师来给他打针，病情也不见好转。他双足冰冷，两手指甲发紫。他喘息不止，呼吸非常困难。许广平给他擦汗，他紧紧握住她的手，嘴里说不出一句话。他预感到自己的生命可能已到了终点，便从枕头底下拿出他曾经拟好的七条遗嘱，主要有两个内容：一是嘱咐家属以后如何生活，一是处理本人丧葬事宜。鲁迅主张自己死后，赶快收殓，埋掉拉倒，不要纪念，“不得因为丧事，收受任何人的一文钱。”许广平看了泪流满面地向他点头，并紧紧握住他的手，仿佛要从死神手中把他的生命夺回来，但是，鲁迅的病情已太沉重了。他的病延至10月19日凌晨5时25分，终因心脏麻痹，与世长辞。

在1936年半年多的时间里，鲁迅的病情虽然时好时坏，起伏不定，但他的心境是开朗的、愉快的，流露出昂扬的斗志。在新形势面前，在党的统一战线政策的感召下，他的思想发展到前所未有的高峰。一百多年来，中华民族屈辱的历史快要结束了，他望见了灾难深重的祖国的光明的前途，他相信全国人民在党的领导下，一定能够取得革命的胜利。他和冯雪峰谈话时，脸上总浮着微笑。临终之前，他安详地躺在床上的时候，又一次使人们记起他九个月来的微笑，这是对中国即将战胜黑暗迎来黎明的微笑，这是对党的信任，对人民的无微不至的关怀与期待的微笑，鲁迅把这缀着希望的花朵的微笑永远地留在了人间。

作家故事文库

主编／新禾

副主编／霍红　高玉兰

鲁迅的故事

（上）

段为／程阿辉／著

時代文藝出版社

作家故事文库·鲁迅的故事

作　　者:新　禾　主编
责任编辑:姚家余
责任校对:王旭玮
装帧设计:章桂征
出　　版:时代文艺出版社
（长春市泰来街1825号 邮编:130062 电话:86012927）
发　　行:时代文艺出版社
印　　刷:三河市灵山装订厂
开　　本:787×1092毫米 32开
字　　数:149千字
印　　张:70
版　　次:2011年5月第2版
印　　次:2011年5月第2版第3次印刷

书　　号:ISBN 978-7-5387-1075-5
定　　价:417.20元(全14册)

目　录

目　录

鲁迅小传

（1881—1936 年）

“横眉冷对千夫指，俯首甘为孺子牛。”

这是中国文化革命的主将、伟大的文学家、思想家和革命家鲁迅的名言，也是他自己一生的写照。

鲁迅，原名周树人，字豫才，浙江绍兴人，1881 年 9 月 25 日诞生在一个没落的封建家庭。1898 年，他到南京考入江南水师学堂，他在这里接受了资产阶级维新思想和英国生物学家赫胥黎的“进化论”。1902 年被选派到日本留学，在东京弘文学院学习日文并和一些革命者章太炎、陶成章、秋瑾、徐锡麟等人接触，加入了光复会，后来进了仙台医学专门学校学医。

当时，中国饱受帝国主义列强侵略，民族危机严重，民主革命浪潮汹涌澎湃。有一次在上细菌课时，从电影上看到一个替俄军当侦探的中国人，被日本兵抓住枪毙，而围观的中国人无动于衷，他深受刺激，觉得学医并不要紧，因为如果思想不觉悟，体格再健壮也无济于事。并认为，能改变人的精神状态的，只有文学。他于是放弃医学，而改行从事文学创作。

1909年夏天，鲁迅回国，先在杭州浙江两级师范学校任教，后来又回故乡绍兴中学堂任教兼任监学（教务主任）。辛亥革命后，1912年南京临时政府成立，他应蔡元培的邀请到教育部任职，后来又随教育部迁往北京，升任教育部佥事。辛亥革命的果实被袁世凯篡夺后，国内形势越来越坏，鲁迅内心十分苦闷。

1918年，他在陈独秀主编的《新青年》杂志上发表第一篇白话小说《狂人日记》，深刻揭露了中国封建社会人吃人的本质。这是文学革命的第一声春雷。

1919年五四爱国运动在北京爆发，鲁迅站到斗争的前列，先后写出了包括《阿Q正传》在内的十多篇小说，反映了从辛亥革命到五四前后中国社会的广阔画面，激励了千百万青年。

1920年以后，鲁迅先后在北京大学、北京女子师范大学任教授，同时研究古典文学，把讲稿整理成《中国小说史略》出版。这时期，他写了许多富有战斗性的杂感和论文，在《新青年》上发表，并且从事翻译工作，支持青年的文艺创作活动，成为进步青年所爱戴的老师。

五四运动后，革命的中心逐渐转移到南方，鲁迅感到北方文化界的寂寞和荒凉。1926年8月，他因支持学生爱国运动，被反动当局通缉，便离开北京，到厦门大学任教。因不满厦门大学的现状，1927年1月，又前往当时革命的中心广州，在广州中山大学任教。不久蒋介石在上海发动了“四·一二”反革命政变，两天后，广州的国民党反动派，也大肆捕杀共产党人和革命群众。鲁迅在白色恐怖中坚持战斗，严酷的阶级斗争教育了他，使他从过去信奉的“进化论”，转变成信奉“阶级论”。

1927年10月，鲁迅到上海，和许广平结婚，并开始了他一生中最光辉的战斗历程。这时期，他学习了马克思主义并翻译了马克思主义文艺理论，在斗争中成为伟大的共产主义者，为了团结革命文学阵营，1930年3月2日又和其他革命的文艺工作者，在上海成立了中国左翼作家联盟；1931年和宋庆龄、蔡元培等发起组织中国民权保障同盟，为保卫人民的权利，反对国民党反动派无理拘捕革命人民，进行顽强的斗争。他不断变换笔名，发表了大量杂文，用迂回的战术和敌人进行斗争。

从1931年到1934年，鲁迅同瞿秋白同志在交往中建立了深厚的友谊，他冒着生命危险掩护这位著名的共产党的领导人，并和瞿秋白同志共同撰写了许多战斗杂文。1935年10月，当工农红军经过二万五千里长征到达陕北时，鲁迅受到极大鼓舞，秘密发电报去祝贺。为了适应斗争的需要他用杂文作为投向敌人的匕首和投枪，戳穿了敌人各种鬼蜮伎俩，战胜了明里暗里的敌人。在斗争中他越战越勇，直到生命的最后一息。

1936 年 10 月 19 日鲁迅因病在上海与世长辞。

鲁迅在一生中，对我国文化事业作出了重大的贡献：他领导和支持过“未名社”、“朝花社”等进步团体；主编了《国民新报副刊》（乙种）、《莽原》、《奔流》、《萌芽》、《译文》等文艺刊物；大力翻译外国进步文艺作品；介绍国内外著名的绘画、木刻；搜集、研究、整理大量古典文学，批判地继承祖国文化遗产，编著《中国小说史略》、《汉文学史纲要》；整理了《嵇康集》、辑录了《会稽郡故事杂集》、《古小说钩沉》、《唐宋传奇集》、《小说旧闻钞》等。他的遗著在新中国成立后，分别编为《鲁迅全集》、《鲁迅译文集》、《鲁迅书信集》、《鲁迅日记》等共二十多卷。

鲁迅给祖国和人民留下了宝贵而丰富的精神遗产，不愧为伟大的民族魂。

生在小康之家

绍兴，是浙江近海的一座美丽的城市，也是我国古代文化最发达的地区之一。这里青山隐隐，绿染大地，碧水盈盈，波光潋滟。浩渺的钱塘江水，缓缓地流淌，曹娥江的波浪，翻卷奔腾，分流的江水，欢快地向东，奔进大海。一望无际的江南平原，被河湖港汊分割，纵横交错的河道穿过绍兴城内。街是河道，巷是小溪，店铺迎着河道敞开着，上岸就可购物，出门就可洗菜。卧波桥，拱着腰，把倒影映在绿水中，来来往往的小船在河中荡漾，构成一幅美丽的江南水乡图画。

历史的列车冲过时代的风雨，有节奏地驶到了公元1881年（清光绪七年）。

这时的中华大地，危机四伏，风雨如磐。

早在41年前，帝国主义的炮舰已经轰破了古老中国闭关锁国的大门，开始了疯狂的掠夺和瓜分。腐败无能的清王朝早已吟完了那“夕阳无限好，只是近黄昏”的挽歌，正面临着走向历史坟墓的厄运，无可奈何地陷入大变革的呼啸风涛之中，进而灭顶。

这年9月5日，当秋色浓浓地染遍了苍茫大地，秋风瑟瑟地吹遍了稽山镜水的时刻，一个婴儿在浙江绍兴城内东昌坊口新台门的周宅呱呱坠地了。他，就是鲁迅。他出世后，家人做的第一件事，就是按照乡俗依次给他品尝了醋、盐、黄连、钩藤和糖这五种滋味。

醋是酸的，盐是咸的，黄连是苦的，钩藤代表荆棘，只有糖是甜的。先给一个刚生的孩子，尝遍以上种种滋味，然后给他喂奶。那意思，这样养他长大，将来在社会上，就不再害怕人生的辛酸、苦难，就能勇敢地追求称心的工作，幸福的生活。说来也巧，他在事业上历经磨难、艰苦跋涉和大器晚成，以及幸福晚来，倒也应验了这饱含人生经验的乡俗。

鲁迅的童年是在一个虽已日渐败落，但尚能维持小康局面的封建大家庭中度过的。他降生之际，祖父周福清正在北京做官。当长孙诞生的喜讯传到他那里时，正好张之洞在他那儿做客，于是祖父便给长孙取名为阿张，学名樟寿，字豫山。后因豫山同“雨伞”读音相近，才又改名为豫才。1898 年在南京求学时改名树人。1918 年他在北京《新青年》上发表第一篇著名白话小说《狂人日记》，笔名叫“鲁迅”。从此这个名字响遍全中国，传到全世界，永垂史册。

鲁迅诞生的时代，是民族矛盾和阶级矛盾空前尖锐、复杂的时代，是世界风云变幻、人民灾难深重的时代。

当时世界资本主义列强，先后用军舰和大炮轰开了中国闭关锁国的大门，就在鲁迅诞生前 40 年的 1840 年，英国政府为了维护和扩大本国资产阶级利益，以中国人民的禁烟为借口，发动了一场罪恶的鸦片战争。1842 年 8 月强迫清政府签订了中国近代史上第一个丧权辱国的不平等条约——《中英南京条约》。从此，中国古老落后的封建社会，便开始沦为半封建半殖民地社会。

贪婪的欧美资本主义列强，美、法、俄、德等国，也接着闯进中国，进行侵略、勒索、强占了中国大片土地，破坏了中国主权，抢走了大量财物。1856 年，英法联军发动第二次鸦片战争，侵略军在北京烧毁了举世闻名的圆明园，抢走和烧毁了无以计数的历史文物和财宝。接着中国又出让许多主权和割地赔款。沙皇俄国也趁火打劫，借口调停有功，强迫清政府签订《中俄北京条约》，霸占了中国东北大片领土。鲁迅三岁时，1883 年，爆发的中法战争，中国“不败而败”，从此，中国西南的大门被打开。事实说明清政府已极端腐败无能和洋务运动的彻底破产。

在这漫漫长夜中，灾难深重的中国人民不断起来反抗斗争。广州郊区三元里人民举起“平英团”

的旗帜，狠狠地打击了英国侵略者。1851 年爆发的太平天国农民革命，不断冲击着帝国主义强权和清王朝的腐朽统治，显示了中国人民不屈不挠反抗侵略者及其走狗的英勇斗争精神。

太平天国这场农民起义的狂飙，也直接对鲁迅的家族产生巨大的影响。据记载，周氏家族，曾经有过“购地建屋，设肆营商，广置良田”的煊赫繁华时期。鲁迅出生的新台门周府大宅，就是在这种繁荣时期，由于覆盆桥西的旧台门的房屋不够住而添置的。鲁迅的曾祖父在太平军到来时，携一家大小逃到农村。鲁迅的一个曾叔祖周一醇在逃奔时死去。地主们的财产在兵荒马乱中损失很大，台门周家各房族在农民起义的冲击下一蹶不振，有的流离失所，有的卖地典屋，有的陷入贫寒。

就是在这场历史风暴结束后的二十来年，鲁迅出生时，家境已经下降为只有四、五十亩水田的小康之家了，其他有些房族，更陷入了穷困潦倒的境地。他们这个家族的没落，正反映了农民起义对封建制度的基础起了撼动的作用，反映了地主阶级没落的命运。这种家庭的变故，也决定了鲁迅自幼到大的生活道路。

周家新台门是绍兴东昌坊口一所座北朝南聚族而居的大宅院。进了朱漆大门，通过铺着石板的天井，就是一个挂着“德寿堂”匾额的大厅。两旁的柱子上，有副颜色暗淡的对联：“品节详明德行坚定”，“事理通达心气和平”。大厅后面，是一方块天井，再往里走，北面有几间狭小的楼房，这就是鲁迅一家的住所。楼下西边一间，是鲁迅祖母和保姆长妈妈居住的；东边一间，用木板隔开，前半间是吃饭和会客的地方，后半间是鲁迅父母的卧室。

鲁迅的祖父周福清是一家之主，原名致福，字介孚，1871 年进士及第，被选为翰林院庶吉士，不久被外放江西金豀县任知县。后来，又升任京官，为内阁中书。他是个有学问的人，也是个性格耿直的人。他思想比较开明，他不强迫儿孙去钻研科举八股，却主张小孩子应该先念点历史，好对史事有个简括的了解。然后，可以看《西游记》，接着，可以看《诗经》，这也是比较好懂的。他写过一张《示樟寿诸孙》的字条，上面写道：

“初学先诵白居易诗，取其明白易晓，味淡而永。再诵陆游，志真词壮，且多越事。再诵苏诗，笔力雄健，辞足达意。再诵李白诗，思致清逸。如杜之艰深，韩之奇崛，不能学亦不必学也。”

这个专门写给鲁迅等儿孙们的“意见书”，对于鲁迅当然有直接的指导作用，而且在思想上有久远的影响。就在他的指导下，鲁迅开蒙读书，不是像一般人那样先念《百家姓》、《三字经》，而是读《鉴略》。在祖父这种开明的家风之下，鲁迅幼年时候才有机会阅读《西游记》和一些野史、笔记之类的“闲书”。

鲁迅的亲祖母姓孙，生下鲁迅的父亲后，不久就死去了，周介孚再娶一个妻子姓蒋，她待人和气，说话很幽默，很疼爱鲁迅。每当夏天，童年的鲁迅常和她在一起乘凉，听她讲“猫是老虎的师父”、“水漫金山”等有趣的故事。

鲁迅童年，曾祖母还健在。因她排行第九，所以人称她为九太太。在名分上，她是一家中的长者，然而她不威势逼人，是一个老好人，整天端坐在房门口的太师椅上，样子十分威严。幼年鲁迅经常在她面前假装跌倒，她看到了一动不动，嘴里反复重复着一句话："啊呀，阿宝，衣服弄脏了呀！"

鲁迅的父亲是个秀才，原名周凤仪（1861——1896）字伯宜，后改名文郁，屡次参加乡试，但始终没有考上举人，在仕途上终生不得意。有人说他："性高于天，命薄如纸。"他对孩子的教育，虽是封建的一套，但从不打骂，心情不好时，经常喝酒、发脾气，因此，孩子不喜欢接近他。

母亲鲁瑞（1857——1943）是位名门闺秀，父亲鲁希曾，举人出身，当过户部主事，但不久就告老回家"息影山林"，在乡下过半隐居的生活。他受女子无才便是德的封建礼教的影响，没有让她读书，她自己却靠自修达到能够看书的文化水平。1880 年嫁到周家后，共生育子女五人：鲁迅排行老大，依次为槐寿（即周作人），端姑（未满周岁而死），松寿（即周建人），椿寿（六岁时病亡）。她有主见，待人宽厚，能接受新事物、新思想，在清朝末年，她首先扔掉裹脚布，放了脚。家境后来虽然窘迫，但对穷苦的本家来借贷时，她总给予接济，因此受到人们的称许。她对子女的爱既执着又深沉久远，她的四儿子椿寿死后，她请画师画了他的像，挂在墙上，经常凝望他的笑影，达四十年之久，直到她逝世。她的这一性格特点，同样影响了鲁迅。使他以同样丰厚深沉的感情，爱着祖国和人民。

和农民的孩子交朋友

每个人在少年时期都会结交一些小朋友，鲁迅也是这样。有的是和他住在一个台门里的亲属的孩子，有的是和他同一私塾的同学。不过和鲁迅谈得来，感情较深的，却是一些农民的孩子。

鲁迅少年时到过绍兴附近的许多农村，像偏门外的跨湖桥，昌安门外的鲁墟，东南山区的乌石和调马场，去得最多的和时间最长的，便是他的外祖母和大舅父和小舅父家。他的外祖母原来在安桥头，后来迁居到小皋埠。

安桥头、皇甫庄和小皋埠都是绍兴城外的水乡，离海滨不远。这里阡陌纵横，河流湖泊相连，具有浙东水乡的特色。

每年三、四月间，母亲照例要带着鲁迅和他的几个弟弟回娘家，因此鲁迅便很快结识了许多农民小朋友。他们常在一起放牛，有时伏在河边钓虾，不一会儿，就钓了一大碗。洁白透明的虾，活蹦乱跳，炒熟了味道特别鲜美。鲁迅吃饭时，就着炒得鲜红的虾，往往要多吃一些。

绍兴的农村经常在农闲时，在露天搭的舞台上演社戏，远的地方要撑船去看。

有一次，邻村演社戏。傍晚，孩子们七嘴八舌地讲戏文。只有鲁迅不开口，大家为了不让鲁迅错过看社戏的机会，便决定由双喜领头带着十几个少年撑着大船带鲁迅去看社戏。开始外祖母不同意去，双喜和阿发说："我们都会水，一定注意不让樟哥出事。"外祖母才同意去。十几个孩子便上了船，拔篙的拔篙，摇撸的摇撸，大船像条大白鱼驼着一群孩子在浪花上飞蹿，船头激起哗哗的水声。两岸的麦苗，豆荚和河面的水草散发出的清香，夹着水气扑面吹来，青青的远山朦胧在水气里显得宁静幽远。摇船的孩子换了四回手，大船终于弯进汊港，有灯火的村庄已在眼前，戏台上敲锣打鼓的声音也听得清清楚楚。鲁迅高兴地看着那屹立在庄外临河的空地上的戏台，在月夜中宛如画上的仙境。孩子们有的站在船上，有的上岸站在高处观望，看了一回戏，戏台上的演员穿红戴绿，出出进进，煞是好看。孩子们只是感到夜深了，有些疲倦，一个个打起呵欠来。

散戏后，他们又摇着大船往回走。这时月亮已升在正空，天空瓦蓝瓦蓝的，四周异常寂静，只有船头的水声啪啪作响，使孩子们忘掉疲劳和困顿，肚子里又感到有点饿了。大家看到两岸都是豆子地，商量着到岸上摘些罗汉豆，船上又有现成的锅灶和柴火。于是，大家上岸在豆地里七手八脚地摘起豆来，不一会就摘了一大堆。阿发在自己家的地里摘得最多，双喜怕摘得太多，阿发娘知道了会哭骂的，这是她起早贪黑，浇水施肥，亲自种植起来的。于是大伙又在老六一的田里摘了一大捧，七手八脚剥去了豆荚，放在锅里煮熟了，围坐着用手撮着吃，新鲜的罗汉豆显得特别清香可口。

第二天，老六一看见双喜他们，便说：“双喜你们这班小鬼，昨天夜里偷了我的豆吧？又不好好摘，踏坏了不少。”双喜笑嘻嘻地说：“是的，昨晚我们看完戏回来，饿了，正走过你的地，我们就摘了你的豆，是请樟哥儿吃的！”

老六一听说是请樟哥儿吃的，也就高兴起来，觉得双喜说得很实在，倒是自己过于计较了。

这些农民的孩子朴实、大方，给他留下了很深的印象。不过和他最为亲密的，却是另一个农民的儿子，名叫章运水。

章运水是周家常年帮工章庆福的孩子，每逢过年过节，或是晒谷、种菜，总要到鲁迅家来做工。章庆福是个老实农民，还会一种手艺：做竹器，编个竹椅、补篾簟、箍木桶样样都做得精巧，村里人叫他“竹作阿庆”。他到周家，一些竹工活，甚至锄草、舂米、挑水全是他做。有一年鲁迅家轮到几年一次的大祭祀，从正月初一开始，祭堂挂上祖宗的画像，两张八仙桌上摆着供品，长搁几上摆出高大铮亮的锡制的“五事”：一个香炉、一对烛台、一对花瓶。供品一律用锡盘。本家的各房老小都要来拜祖宗，来往的人很多，祭器时或被盗。庆叔一个人忙不过来，他征得鲁迅父亲的同意，就把他的儿子运水带来看管祭器。

幼年的鲁迅听说运水要来，高兴极了。他知道运水比他大一岁，是个捕鸟雀的能手。于是天天盼着新年快快来到，因为新年一到，运水也就到了。腊月三十那天，母亲告诉他，运水来了，他飞跑着去看，在厨房里找到了运水。运水头戴一顶小毡帽，颈上套着明晃晃的银项圈，紫膛色的圆脸上有一对特别有神的大眼睛，手背圆滑红润，看去很壮实。他看见陌生人很腼腆，就是不怕鲁迅，旁边没人的时候，便和鲁迅说话。不到半天，两人已经非常熟悉了，成了对无话不谈的好朋友。

第二天，他们在后园里玩耍。运水坐在石墩上，鲁迅便要他捕鸟。运水说："这不能。要等下了大雪才好。我们乡下沙地里积了雪，扫出块空地来，用短棒支起一个竹筐箩，撒下秕谷，鸟雀便下来啄食，等到它走到竹筐箩中间，远远地将缚在棒上的绳子一拉，竹筐箩扣到地上，鸟雀便罩在里面，什么都有：稻鸡、角鸡、鹁鸪、蓝背……”

鲁迅仰头望着天空，巴不得马上就下场大雪。运水接着说：“现在太冷，夏天你去我们那里，白天到海边捡贝壳，红的绿的都有，鬼见怕也有，观音手也有。晚上我和爹管西瓜去，你也去。”

管西瓜？当然是怕人偷喽。鲁迅问：“管贼吗？”运水回答：“不是。路过人口渴了摘个瓜吃，我们那里是不算偷的。要管的是獾猪、刺猬、猹。月亮地下，你听，啦啦的响了，猹在咬瓜了。你便捏了胡叉，轻轻地走去。……”

鲁迅凝神地听着。摘西瓜让过路的人解渴，就像拿罗汉豆请客一样，农民的这点心情，鲁迅是懂得的，只是这猹是怎么一种东西呢？大概就像小狗一样，非常凶猛吧。

鲁迅又问：“它不咬人吗？”“有胡叉呢。”运水说：“走近了，看见猹了你便刺去。这畜牲很伶俐，不往前逃，倒向你奔来，反从胯下窜走了。它的皮毛是油一般的滑。……”

鲁迅听到这些事情，真是新鲜得很。他从来不知道海边有许多五色斑斓的贝壳，西瓜有那样“危险”的经历，他先前只知道西瓜在水果店里出卖罢了。

运水又说：“我们沙地里有爹（zhà）蟹。潮汛要来的时候，还有许多黑色跳鱼儿，头像青蛙，长着两只短脚，只是跳。我们就去捉跳鱼。”

这一切都使鲁迅感到惊奇，他十分佩服运水，想不到运水心里装着那么多的新鲜事，都是他们城里的小朋友们所不知道的。他们住在大屋子里，偶尔到院子里玩玩，抬头一望，看到的仅仅是高墙上的四角方方的蓝天。他因此希望夏天快快到来，好到海边去玩。

时间过得很快，正月过去了，庆叔要带运水回家去，鲁迅急得大哭，运水也在厨房里哭着不肯走，但是，到底还是被庆叔带走了。庆叔第二回再来，运水托他捎来一包贝壳，几支很好看的羽毛。鲁迅也回送了他一两次东西。

以后运水进城，总是住在周家，鲁迅和他很亲热，经常陪他上街，向他询问农村的事情和农民的生活。过了二十几年，鲁迅到故乡接母亲迁居北京，两人重又见面。他们各自经历了不同的变化。虽然鲁迅能立刻认出这是运水，不过已不是过去留在记忆里的运水了。他头上戴着一顶破毡帽，穿着一件极薄的破棉袄，脸色灰黄，两眼红肿，双手又粗又笨，皮肤开裂得像松树皮一样。运水向鲁迅诉说着这些年来的不幸遭遇：水旱灾害，苛捐杂税，兵匪，官，绅……，孩子又多。他说了几句，停住了。眼睛滞钝地看着地下，身体全然不动，像一块木头似的，他大约只觉得苦，却又形容不出。接着就拿起长烟管，不停地抽起烟来。

儿时的生活像过电影似地一幕幕在鲁迅的脑海里映过，他有点惘然。短短的二十几年，却发生了前所未有的变化。帝国主义在军事上和经济上不断侵入，几千年来的农业和家庭手工业为基础的自然经济解体了，农村迅速破产，农民生活陷于绝境，这在运水身上体现得格外明显。农民在什么时候才能摆脱这历史的重压呢？

那个在西瓜地里举着胡叉的小英雄的形象，本来十分清晰，十分鲜明，现在忽地模糊了，连坐着白蓬船去看夜戏的月下的景色，也似乎像梦一样遥远。不过，鲁迅对农民的感情却更加接近，也更加深厚起来。他想到运水，想到双喜、阿发，想到他们的子孙。多年来亲身接触过农民的生活，在脑子里形成了一个大问题，像一块沉重的石头压在心上，像陶渊明写的《桃花源记》里农民过着无忧无虑的田园生活在哪里呢？他感到悲愤，明确地认识到，如果农民的生活不加改善，中国就很难有光明的前途。鲁迅希望后一辈不再像运水那样过辛苦麻木的生活，也不再像自己那样过奔走劳碌的生活，更不要像另一种人那样过荒唐淫乐的生活。他们应该有新的生活，为前人未曾经历过的幸福的生活。他抱着这样的希望同运水告别，并且对自己所说得希望作了一个很深刻的解释。他说：

“我想：希望是无所谓有，无所谓无的。这正如地上的路；其实地上本没有路，走的人多了，也便成了路。”

在私塾里读书

鲁迅七岁时，开始上学。那时没有“幼儿园”，没有“小学校”，是到私塾去上学。私塾里不教唱歌、图画、体操和游戏等有趣的功课。走进私塾，好像走进拘留所，没有自由了。

鲁迅读的第一本书，叫《鉴略》。说读完它，就可知道从古到今的许多大事情；教他学《鉴略》的是他的一位本家周玉田先生。他念“粤自盘古，生于太荒，首出御世，肇开混茫……”就叫鲁迅念一遍，要他记住，这样强迫他死记硬背，只能使孩子从入学前的蒙昧引向另一种蒙昧。于是，鲁迅的父亲将他送到周子京私塾去求学。周子京也是本家的一个私塾先生，他因屡试不第，有点神经失常，整天想着发财，在自家后院挖地三尺，说地下有金银财宝，挖了几天除了挖出一大堆石头和泥土，什么也没挖着，气得把他儿子揍了一顿，算是了事。在给鲁迅讲课时，把“蟋蟀”硬解释为“虱子”，族人听了，哈哈大笑。为了不再被愚弄，鲁迅的父亲不得不叫鲁迅赶快退塾，到全城著名的三味书屋去读书。

十二岁的鲁迅正式上学，就是到“三味书屋”去求学。

三味书屋离他家很近，出门向东不到半里地，走过一道石桥，从东边的黑油竹门进去，往南一拐，有座朝西的书房，正中一块白底黑字的匾额，上面写着：“三味书屋”。这是一个典故，出自宋朝李淑写的《邯郸书目》的序文里，他说：“诗书，味之太羹，史为折俎（zǔ），子为醯醢（xī hǎi），是为书三味。”古代读书人把经、史、子三类书比作三种烹调不同的肉食，而以《六经》为根本，正是封建社会读书人一贯的思想。但是三味书屋有它与众不同的地方，就是书房里不供孔子牌位，居中挂着一幅画，画了一只肥大的梅花鹿，伏在古松的根旁。学生上学，就向匾和鹿行礼。鲁迅也是拜过那只梅花鹿之后开始了他的读书生涯的。由此也可看出私塾主人这种不拘形式的独特的性格。

寿镜吾是一个高而瘦的老人，戴着一副老花镜，须发已经花自，在绍兴城里以方正、质朴、博学闻名。鲁迅在入私塾之前就听说了，因此对他很尊敬。这位老先生的方正有时过于迂执。他认为自己所处的是乱世，在乱世决不做官，他中了秀才以后不再参加乡试，在家授徒，自甘过着清苦节俭的生活。他的两个儿子也都进了学。父子三人合穿一件夏布长衫，谁出外有事就穿着当礼服，不穿时就挂在私塾的墙上。三个人身材不一样，高的穿了短一截，矮的穿了长一段，反正是长衫，长点短点将就着穿也能够应付过去了。后来大儿子到乡间单独去开馆办私塾，小儿子跟着父亲，在三味书屋后园偏北的小屋里，教几个程度浅的小学生。传说小儿子考中秀才的时候，报喜单送到家时，寿镜吾仅拿出三百文铜钱，给报喜的，报喜的嫌少，要他再加钱，老人说:“这是我父亲时候传下来的规矩，三代如此。”报喜的说:“现在时世不同啦，老先生。”“那好！我把钱收起，你将‘秀才’拿回去!”老人说。报喜的执拗不过他，只好勉强拿走三百铜文。

后来小儿子觉得靠教书不是办法，瞒着父亲偷偷溜到杭州，居然考中了举人。寿镜吾竟因此和他大闹一场，说是违背了他的乱世不做官的家教。

三味书屋的塾规也像老人制订的家教一样严。学生必须由可靠的熟人介绍，才能入学，过了开学日期一律不收。每天教学的顺序是：早晨背诵昨天教的课文，背完上新课，先讲文义，再朗读示范；中午写大字；下午学生自读；傍晚对课。鲁迅很佩服老先生的渊博。他听说汉朝有个博识的人，叫做东方朔，认识一种虫，名叫“怪哉”，是冤气所化，用酒一浇，虫就消散了。他自幼对草木虫鱼都甚感兴趣，很想知道这“怪哉”到底怎么回事。这是进塾不久的事情，有一次，上完新课，将要退下来时鲁迅赶忙问："先生，'怪哉'这虫，是怎么一回事?"寿镜吾一听很不高兴，脸有怒色地说："不知道!"鲁迅觉得像老师那样博识，那有不知道的呢!说不知道，意思就是不该乱问。既然不该问，索性罢了，不如自己想办法研究。要弄清"怪哉"这虫确实困难，似乎它已成为历史上的动物，现在很难找到了。如果是常见的动植物，特别是花草，像玉田叔公种的那样，也许容易些。他于是积下钱来，陆续买了《毛诗品物图考》和《花镜》，经常注意观察实物，将书上的记载和实物对照，给《花镜》加了许多注。有的书买不到，有的书买不起，他便设法借来抄。而且兴致很高，如前所说单是有关草木虫鱼方面就抄了《释草小记》、《释虫小记》，甚至《野菜谱》、《茶经》、《秉耕经》、《五木经》等等。从这时起，他养成了抄书的习惯，以后不管什么书，买不到便动手抄。这段经历；不仅增加了他对生物形态方面的知识，还大大锻炼了他以后科学研究和文学创作领域内感受、观察、综合、分析的能力，使他达到既敏捷锐利，又耐心细致。

鲁迅在新台门私塾和家居时，已经读完了《四书》，初进三味书屋开始读《易经》，接着读《诗经》。在这些所谓圣经贤传里，也有一些古代的历史材料和文化积累，属于人们应当知道的常识。三味书屋学规严，学费贵，一年四节，每节招收的学生名额比别的私塾少，学生要读什么，老师愿意考虑。读完《五经》以后，一般是教《唐诗三百首》、《小题正鹄》，鲁迅想多知道些古代的名物，破格请寿镜吾教他《尔雅》。寿镜吾开始对鲁迅要求很严，后来却和善起来；不过教的书不断增加，别的学生每天三四行，鲁迅多至几十行；对课的字数也添上去，从三言到五言，以至七言。对得好的时候。寿镜吾还当着同学的面夸奖他，鼓励他。

对课，是塾师用虚实平仄的字相对，来教学生练习做诗的一种方法。有一次，有个调皮的同学，趁老师外出，到老师桌上偷看了对课的题目。为了得到好成绩，他就暗自问鲁迅："'独角兽'倷格对什么词比较好？"鲁迅随口答一句"四眼狗"。那时人们叫戴眼镜的为"四眼狗"，而寿老先生也是戴眼镜的。那个同学对此竟不加思索。对课时，老师说"独角兽"，他马上接着说"四眼狗"。这下可把老师气坏了，便责问他说："'独角兽'是麒麟，'四眼狗'是什么东西？你把骂人的话也拿来对课，真是不长进！"鲁迅用书遮着脸，暗暗地笑。事后他对那个同学说："你这人真呆，我是和你开玩笑的，你怎么当真的去对？"这次对课，同学有的对"一头蛇"，有的对"三脚蟾"，也有对"九头鸟"的；鲁迅却根据《尔雅》这本书，对了个"比目鱼"。寿老先生连连点头，说"独"不是数字，但有单的意思，"比"也不是数字，但有双的意思，可见是用心思对出来的，于是把鲁迅大大夸奖一番。鲁迅的对课本上全部都是红圈圈，这是由于他学习勤奋，书读得多，而且思想敏捷的缘故。

寿镜吾不喜欢八股的滥调，却很喜欢诗赋和骈文，尤其爱读汉魏六朝的文章，亲手抄写成集，放在案头，每当下午学生自读的时候，他也高声朗诵。学生看他读得入神，便一个个溜到后面小园子里去玩。有的爬上花坛折腊梅，有的在桂花树上找蝉蜕，再就是捉了苍蝇喂蚂蚁。时间长了，来的学生多了，老师在书房里发现学生都跑出去了便大声叫道：“人都到哪里去了！”

听到叫声，大家一个个溜回来，同时回来也不行，容易引起老师的注意。他有一条打手心的戒尺，可是不常用；还有罚跪，也不常用。通常只是瞪几眼，大声道：“读书！”

于是大家放开喉咙，活像一群鸭子，赶进了池塘，呱呱地嚷起来了，寿镜吾也继续读。到后来，学生们的声音低下去了，几乎完全听不见了，只有寿镜吾的朗读像是秋后的知了在深山老林里嘶叫一样：

“铁如意，指挥倜傥，一座皆惊呢……；金叵罗，颠倒淋漓噫，千杯未醉嗬……”

寿老先生读的是江阴南菁书院学生刘翰写的这段文章，是他亲自从王先谦编选的《清嘉集初稿》里抄出来，题目叫《李克用置酒三垂岗赋》。《清嘉集》是南菁书院学生课卷的汇集，王先谦在那里教过书，同一题目的课卷他选了两篇，寿镜吾特别喜欢刘翰这一篇，每次读到这几句，总是微笑着，仰起头，摇过来，又摇过去。

这时候，学生又活跃起来了，有的把纸糊的盔甲套在手指上做戏，有的在桌上面对面地吹着斗纸马。鲁迅却在座位上画画儿，他用荆川纸蒙在旧小说的绣像上，一笔一笔地描；有时用两臂围抱着，低下头悄悄地看他的野史、笔记之类的书。

在三味书屋这几年，他读了许多野史，包括《世说新语》在内的许多笔记，开始对魏晋文章发生了兴趣，尤其佩服像嵇康那样对旧礼教持反抗态度的人物。以后又从《玉茗堂谈荟》里看到吃人的故事，从《明史记事本末》、《安龙逸史》里看到封建统治者剥人皮等等的酷刑，从《鸡肋编》、《蜀碧》里看到这种残暴行径在民间的流毒。这些书培育了他对反动统治阶级仇恨和反抗的感情。他后来自述说："那时我还是满洲治下的一个拖着辫子的十四五岁的少年，但已经看过张献忠怎样屠杀蜀人的《蜀碧》，痛恨这'流贼'的凶残。后来又偶然在破书堆里发见了一本不全的《立斋闲录》，还是明抄本，我就在那书上看见了永乐的上谕，于是我的憎恨就移到永乐身上去了。”说的正是三味书屋时候的事情。

在三味书屋这几年里，无论是课内还是课外，鲁迅读了不少古书，尤其是历史书：正史和野史。他看书时善于思考，喜欢进行分析比较，因此他没有被古书所俘虏，而是有批判地运用它，以后又作为思想材料，形成了一种唯物主义的历史观。他认为那些替帝王将相作传的书籍，归根到底，不过字面上写着“仁义道德”，仔细看去，字缝里还有两个字：“吃人!”这是个形象的比喻，却道出了封建统治的真相。旧礼教吃人是鲁迅对封建宗法社会长期历史的总结，也是他后来所写的许多著名小说的主要思想内涵。

看《天演论》激起的爱国热情

鲁迅十七八岁时，家里穷得连他上学读书的学费都供不起了。他不得已离开家乡绍兴，跑到南京，考进了江南水师学堂，开始了他青年时代新的学习生活。

江南水师学堂是1890年由曾国荃创办的，是一个培养效忠于清朝的海军人才的学校。这个学校座落在南京雄伟的仪凤门附近。学堂大门的两侧柱子上，左边写着“中流砥柱”，右边写着“大雅扶轮”的对联。校内有几座零星的建筑物，鲁迅初到这个新地方，想到以后在这里可以吃用不愁地读书了，心里感到分外愉快和兴奋。这时，他的衣袋里只剩下两块银元了。但很快他找到了叔祖周椒生，便在他的住处暂时住下了。

有一天，这位叔祖对鲁迅说："豫才，改个名罢！"

"庆爷爷，为什么？"鲁迅问道。

这位庆爷爷竟说："上水师学堂好比吃粮当兵。好铁不打钉，好男不当兵。想我文魁第周宅，是书香门第，诗礼传家，若用宗谱上的名号，未免辱没祖先令誉！"

鲁迅听完，很想站起来回击，但他忍住了，他想这几年遭到的白眼冷遇还少吗？在故乡不是早就有人说上洋学堂是走投无路，把灵魂卖给洋鬼子了吗？……他冷静下来。只听庆爷爷说道："我给你拟了一个，就叫'树人'，十年树木，百年树人嘛！"

"周树人"这个名字就这样叫开了。以后，这个名字响遍了全中国，传到全世界，长留人间，永垂史册。

不久，鲁迅便以"周树人"的名字，报考了江南水师学堂，被录取后，分配在管轮班的机关科。

校内的专业设置有驾驶堂、管轮班以及洋枪库等。教员大多数是英国人。学生入学后，外语从英文字母学起。

课程设置是四整天英语，一天汉文学《左传》；一天做作文：《颖考叔论》、《知己知彼百战百胜论》等等。题目陈腐得和私塾差不多，学校的风气也不开通。

学校里有根二十多丈高的桅杆，是供训练用的，人爬到顶上，便可以看到附近的狮子山，远处的莫愁湖。为了安全起见，下面还张着网。还有一个游泳池，因为淹死过两个年幼的学生，已经填平了，上面还造了一个小关帝庙。每年7月15日，还请和尚来打醮（jiào），超度两个淹死的亡魂。

学校里施行的是一种高压统治。校长叫总办，他持有军令，有权“办”学生，直到处以死刑。学生中流行着不成文的封建等级制：不同班级的学生，宿舍里床板的多少和座椅的数量都不一样，高级生可以欺侮低级生，他们连走路时，也将肘弯撑开，像一只螃蟹似的，走在低班生的前边。鲁迅称他们为“螃蟹式的名公巨卿”。

有一次，新来了一位职员，官气十足，很讲派头，学者似的傲视一切，但是，他却把一个名为沈钊的同学叫成沈钧。鲁迅和几个同学讨厌他，见面就嘲笑，叫他“沈钧”，由嘲笑而争论，以至互骂起来，两天之内，十几个同学都被记了两大过两小过，再记一小过，就要开除出去了。

然而不等他们来开除，鲁迅自己决定退学了。因为他觉得水师学堂里乌烟瘴气。而且，他被分配在管轮班，也学不到驾驶船舶的技术，甚至上不了舱面，于是他决定改考江南陆师学堂附设的矿务学堂。

1898 年 10 月 26 日，鲁迅考入矿务学堂。这个学堂是由洋务派大官僚张之洞奏请朝廷创办的。开始只附设铁路学堂，后接替张之洞的两江总督刘坤一听说江宁县的青龙山有煤矿，能赚钱，便又加设了矿务班，成了铁路矿务学堂了。

矿务学堂是仿照德国办学方式建立的，教的是德文。课程有格致（物理与化学）、地学（地质学）、金石学（矿物学）、算学、历史、体操和绘图等。在学生中还传看了《全体新论》和《化学卫生论》。

这些见所未见，闻所未闻的新知识、新学问，鲁迅都感到“非常新鲜”。

鲁迅后来曾经说：“我首先正经学习的是开矿”，采用的教课书有的是外国名著，像英国著名地质学家赖耶尔《地学浅说》、《金石识别》，都是江南制造局翻译馆刚从外文译出的，因为内容太多，由教员压缩成讲义，上课时写在黑板上，学生一个字、一个字地抄录。鲁迅所抄录的《地学浅释》，是英国赖耶尔《地质学原理》的旧译名，讲义又改为《地质浅说》。赖耶尔是地质学中应用唯物主义方法的创始人之一，在解释地质变化的同时，也讲到古生物的情况。达尔文在他的名著《物种起源》里多次引用赖耶尔的学说来证明进化论的观点。差不多同一个时候，英国生物学家赫胥黎的《进化论与伦理》前两章，也由严复用《天演论》书名翻译出版了。

鲁迅从《地学浅释》里懂得了生物进化的道理，因此更想阅读介绍进化论的《天演论》，星期日，他跑到南京城南状元境李光明书店买了来，白纸石印，厚厚的一本，鲁迅读了以后爱不释手，他如饥似渴地学习着、思考着。

严复在翻译这本书时不是简单地把书译出来，而是在译介了书的内容的同时，又针对中国的贫弱受欺的现实，抒发了许多爱国言论。他借“物竞天择”、“优胜劣败”之说，呼号国人注意那亡国灭种的前途。他以优美的文笔，铿锵的词句，慷慨陈词。

这本书深深地打动了青年鲁迅的心，它的内容，它的学理，它的感情，以及它的文笔，汇成一股思想的清泉流注他的心田。他深深地受到进化论的影响。

《天演论》打开了鲁迅的眼界。一方面是有了一个新的对世界的基本看法：自然界的生物以至人类自身都是由低级到高级发展来的，今后还要发展下去。在这个发展的历史长河中，自强不息者日益向上发展，停滞不前者将在物竞与天择中，受到淘汰。

这是一个规律。有了这个基本的看法，世界就不再是混沌一片，也不是固定不变的，它对于观察贫困积弱、备受欺压的中华帝国的命运，很有促人猛醒和激励上进的作用。再不发奋图强，就将从地球上消失！如若猛然醒悟，力图上进，则能日益进步，屹立世界。

鲁迅看完这本书后认为：必须坚决抛弃那些落后的、腐朽的东西，努力学习一些先进的、新鲜的事物，才能找到中国人民生存的道路。

鲁迅在南京的几年间，中国社会经历了触目惊心的剧变：洋务运动的破产，戊戌变法运动的失败，义和团反帝斗争惨遭镇压，八国联军的长驱直入，辛丑条约的签定，清王朝投降、求和、割地赔款。国家进一步沉沦，人民陷入更深的苦难之中，民主革命运动正在酝酿。

在时代洪流的激荡下，鲁迅的思想在动荡，在变化，在前进。爱国和维新两股紧密相联的思绪在他心里萦绕。他感到国家民族的衰败沦落，必须改革，改革之道在于维新。他的爱国情绪与维新思想结合在一起了。

为爱国热情所激动，他在学堂里不仅爱读书，而且喜欢骑马。

鲁迅经常在课余时间，身穿青色短上衣、制服（矿路学堂的军服），跨上一匹骏马，挥鞭执辔，飞驰前进，直奔明故宫。这里是八旗绿营兵的驻扎地。旗人子弟看见汉人过来，便不断向汉人扔石子或叫骂，鲁迅他们不怕这些，常骑着马和旗人比低高。忽然，只见一个满族军人，跳上马迎面奔驰而来，在接近鲁迅时，故意靠近，突然将腿抬起，与鲁迅相擦而过。如果不是鲁迅躲闪得快，纵不血肉横飞，也会腿骨折断。这是旗人有意的伤害。鲁迅的骑术与勇敢受到了一次考验。然而这也没有吓唬住他，仍然经常租马练习骑术，他想为自己将来的横枪跃马、驰骋疆场的生活做好准备。

他还为自己取了两个别号：戛剑生、戎马书生，并且刻了印章。意思是他要拔剑而起，挥戈战斗。他不仅是一介儒生，而且准备有朝一日投身戎马，为国捐躯。

学习成绩总是名列前茅

鲁迅自从转入矿务学堂以后，学习热情很高，虽然他在全班年龄最小，家里又很困难，但学习成绩总是全班第一。

他先前在私塾里读的尽是古书，读古文古诗。他到矿务学堂后，就读到许多新书了。有格致课，内容包括物理和化学，还有地学、金石学——地质学、矿物学……都非常新鲜，更加引起他求知的兴趣，那时候学校里，不仅读国文，还读外文。在江南水师学堂学的是英文，一周有四天全是英文，国文只有一天，作文一天。外文成为一门主课，转到矿务学堂后，外文不是英文，而是德文，都是从字母学起。学了外文，眼界随之扩大了，可以看许多外国的新书。看到许多见所未见的新鲜事物，这就更加鼓舞了鲁迅的学习热情。他想，也许往后可以准备到外国去读书，结果后来真的到外国留学去了。

他在课堂听课，是注意力最集中的一个；上课记笔记，他心明眼亮，记得快，条理清楚；如果画图，他细心认真，画得最好。同学们有的不专心，上课笔记记不下来，课后，就借他的抄，有的托他画图。临到考试，他从不临时抱佛脚，而是胸有成竹，交卷最早，成绩揭晓了，他的名次最高，十回有九回第一，很少第二。

学校里规定：国文考试，每星期一回；其他功课小考，每个月一回。每回成绩好的分别发给奖章。奖章有金的，有银的。得到四个三等银的，可以请求换一个二等的；得到几个二等的，可以请求换一个头等的；得几个头等的，可以请求换一个金的。鲁迅那个班的同学，谁也没有得过金的奖章，只有他一人得过。他得到金的银的，都不骄傲，他不爱虚荣，他讲究实际，他把金质奖章拿出去卖掉，回头买了一些新书来看，或者买了一些糖果、点心，请同学们快快乐乐地吃一顿。

鲁迅由于重视外文，求知的欲望更加旺盛，也注意到课外读物了。那时候，学校里，看报看新书的风气正流行起来。他有充裕的时间，去看学校里订的《时务报》、《译书汇编》。《时务报》是梁启超办的宣传变法维新、鼓吹国事改革的报纸；《译书汇编》后来改名为《政治学报》，从这个刊物上可看到译载的东西各国政治法律名著，如卢骚的《民约论》，孟德斯鸠的《万法精理》等论文；从英国赫胥黎著的《天演论》，可以看到关于解释自然现象，宣传物竞天择的学说，以及解释社会现象，鼓吹优胜劣败的社会思想。书上说的，实在新鲜，他接受了进化论，就是从这本书中吸取了营养。明确了自然和社会发展的规律，他后来从事文艺运动的时候，他批判人生，分析社会问题，他能认得那么真，看得那么远。所以在革命史上，他也写下了光辉的篇章。

那时鲁迅生活是很清苦的。家里不可能给他任何接济，只靠学堂的供给，除供膳宿外，每年春、冬发一套衣服，给一点零用钱。鲁迅穿着很薄的棉裤过冬，为了抵御寒冷，不得不靠吃辣椒取暖。他的棉袄破得露出了棉絮，就用纸糊上。但是，他的精神生活是非常丰富的。

他把全部精力都用在学习上，他孜孜不倦地学习新知识，学习为祖国效力的本领。

除了科学的基本知识之外，鲁迅还搜集了不少外国人写的关于中国地质和矿务的书，又翻查了各省的通志，将地质情况和矿藏分布一一记录下来。他的确下了很大功夫，但是，他觉得所掌握的都是书本知识，没有经过直接调查实习，不能算自己的经验。按照矿务学堂的规定，高班生要到青龙山煤矿实习，每逢实习时，鲁迅总是积极参加。他到青龙山去过几次，下了矿井，使他看到当时开矿工人最悲惨的劳动情景。百米深的矿井里，只听抽水机嗡嗡地哼着，像是病人在喘息，它只能把井洞里的水抽掉，好来挖煤，挖出来的煤也只够供抽水机用。

洞里黑暗、潮湿、阴冷、气闷。几个矿工破衣烂衫，瘦骨伶仃，铁青的脸上，无一丝表情，他们被饥饿折磨着，光着脚，整天站在水里躬着腰，挖着、挖着……。直到十几年后，鲁迅在回忆这段经历时，还形容矿坑里的奴隶们“在这里鬼一般工作着”。

这次下矿洞，目睹了洋务派矿业的败落景象，他真切地体验了旧中国最早产业工人的苦难生活，对他们“鬼一样工作着”的惨状，产生了由衷的同情。他认为要解决这些人的问题，中国需要更广泛、更全面、更精新的科学，当然，科学之外也需要一些别的东西。这东西是什么呢？他心中茫然，因此，他迫切地想追求更多的知识。

1902 年 1 月，鲁迅以一等第三名优良成绩在矿务学堂毕业了，然而，他自己却不满足，他感到并没有学到什么真正的救国救民的本领，觉得“爽然若失”，“所余的还只有一条路：到外国去”。

当时清政府，在民主革命派的呼声震撼下，在维新浪潮的冲击下，顽固派不得不采取一些粉饰门面的措施，来缓和局势。于是派官出洋考察，派学生出洋留学。

鲁迅提出去日本留学的申请，经江南督练公所审核，认为他学业优良，被批准赴日留学。1902 年 3 月 24 日，鲁迅和四位同学在校长俞明震带领下登上日轮大贞丸号，离开南京，告别祖国，驶向日本。

大贞丸号汽笛长鸣，大海上的波涛滚滚。鲁迅在人生的旅途上，又走进一个新阶段。迎接他的将是什么呢？是海上的清风明月，还是东海的万顷波涛？是风平浪静的航程，还是惊涛骇浪的战斗？

我以我血荐轩辕

1902年4月4日，鲁迅怀着寻求救国救民真理的愿望，第一次踏上日本的国土——横滨。4月7日到达东京。

东京是日本的首都，这里街道宽阔整齐，高楼大厦巍然耸立，街上车水马龙，川流不息。在它的郊区，有几所学校，中国的一些留学生多集中在这里。

按鲁迅原来的计划，是想进入成城陆军士官预备学校，学习军事，以便回国报效祖国。但这个学校限制比较严格，只有学陆军的学生才准入学。鲁迅虽是江南陆师学堂，但学的是开矿，所以不能入学，后来只好入了弘文学院。这个学院的《章程》第一条规定："为清国留学生教授日语及普通教育，以期培养成材。"从此，鲁迅终止向军事方面的努力，而转入其他专业方面学习。

鲁迅进了弘文学院速成普通科，期限二年，除学习日语外，还学习几门数理化课程。他被编在江南班。

鲁迅住在八人一室的寝室里，同屋的都是二十几岁的青年人，他们除了研讨学问之外，还经常谈论祖国的沉沦，人民的苦难，和怎样救国救民。

"凡留学生一到日本，急于寻求的大抵是新知识。除学习日文，准备进专门学校之外，就赴会馆，跑书店，往集会，听讲演。"

鲁迅同许多同学一样，也投身于这种紧张的生活热流之中。

赴会馆就是指去清国留学生会馆，那里经常举行集会，那些留学生中的爱国志士，尤其那些革命的风云人物，或来自国内，或长住东京，或路过日本，总要在这里讲演。那时的讲演，大都是激昂慷慨，鼓舞人心的。在会馆的门房里，还能买到新出版的鼓吹革命的书报杂志。

鲁迅到达东京不久，著名的革命领袖孙中山和章太炎也来到了东京，他们共同发起并举行“支那亡国242年纪念会”，号召推翻腐败的清政府。这次集会虽未能在东京召开，而移到横滨，但会议在爱国青年中影响是很大的。

为了宣传反帝反清的革命思想，各省留学生主办的书刊，像雨后春笋般，在东京出版。刊物有《浙江潮》、《江苏》、《湖北学生界》。《国民报》“宣传革命仇满二大主义”。《浙江潮》的封面上画着卷起巨浪的江涛，象征着革命浪潮汹涌澎湃。《发刊词》上写着这样的词句：“忍将冷眼，睹亡国于生前；剩有雄魂，发大声于海上。”

当时在留学生中也有一些麻木不仁，专门为了混资格的纨袴子弟。每到傍晚，他们就常在会馆里咚咚地学跳舞，或者挤在自己的宿舍里炖牛肉吃。鲁迅讽刺他们说：“炖牛肉吃，在中国就可以，何必路远迢迢，跑到外国来呢?”上野公园樱花烂熳的时节，花下又常有他们成群结队在流连玩耍的身影。

留学生初到东京，绝大部分都留辫子，有的盘在头上，用沉重的制帽盖着，顶得学生制帽高高耸起，好像一座富士山。也有将辫子解开盘得平平的，除下帽来，油光可鉴，好似小姑娘的发髻，有时还要将脖子扭几扭，实在标致极了。这引起鲁迅由衷的厌恶。对于辫子，他真是深恶痛绝。走在东京的街头，常常因为它引来某些日本人的讥笑或辱骂。他为此想得很深，认为“这些辱骂，倒可以编在我们民族歌曲里，鞭策我们发奋图强”。有一天，鲁迅不顾清政府派到弘文的监督的警告，毅然剪掉那根象征清朝统治的辫子。剪掉之后，他高高兴兴地走进好友许寿裳的自修室。许寿裳发现他脑后的辫子没有了，禁不住兴奋地表示祝贺与赞赏，夸奖地说：“啊，壁垒一新!”

鲁迅便用手摸一下自己的头顶，相对一笑。他是江南班第一个剪掉辫子的人，给同学留下了难忘的印象。那位监督曾扬言要停鲁迅的官费，送他回国。后来因为监督自己的辫子也被人剪掉，这才不了了之。兴奋之余，鲁迅还照了一张断发的照片，面对照片上焕然一新的半身像，决心以身许国的爱国主义感情激烈地冲击着他的胸怀，他激动地提起笔来，在这张“断发照”的背面写下了一首明志诗，然后把它送给了自己的同学许寿裳。这是他前不久写下的一首七言绝句：

灵台无计逃神矢，
风雨如磐暗故园。
寄意寒星荃不察，
我以我血荐轩辕。

这首感情深沉、炽烈的诗篇，不是别的，那是鲁迅从心底里迸发出来的虔诚的救国誓言。

鲁迅为什么写这首诗来表达自己的意志呢？

原来就在同时，4 月 28 日，东京《朝日新闻》报道，帝俄向清政府提出七条密约，接着又有俄国代理公使的谈话：“俄国现在的政策，在于断然取东三省归入俄罗斯版图。”消息传开以后，留学生奔走相告，29日在锦辉馆开会，成立了拒俄义勇队。不料这个爱国行动受到日本警察的干涉，五天以后，军事训练改为体操演习，拒俄义勇队也变成军国民教育会。这使鲁迅觉得日本和俄国虽然存在着矛盾，但是对待中国这点上，却互相一致，没有什么明显的区分。

当拒俄运动处在倡议抵抗、积极主战的高潮时，鲁迅为了向群众宣传尚武精神，驱除只讲空话的习气，他特地翻译了一篇希腊人英勇抗击波斯军队入侵的历史小说，题名《斯巴达之魂》。

这篇小说描写了斯巴达王黎河尼佗率领三百名将士和七千同盟军，与波斯王率领的数万侵略军决战于温泉门的壮烈景象。斯巴达将士在敌我双方众寡悬殊的形势下，“临敌而笑”，无敌、无畏，表现了“不胜则死”的英雄气概。战场上，兵气萧森，日光暗淡，“呐喊格击，鲜血倒流，如鸣潮飞沫，奔腾喷薄于荒矶。不刹那顷，而敌军无数死于刃，无数落于海，无数蹂躏于后援。”波斯军横尸遍野，斯巴达将士拥盾屹立如山。最后，斯巴达军终因寡不敌众，刃碎镞尽，国王战死，全军阵亡。鲁迅充满激情地赞美道：“巍巍乎温泉门之峡，地球不灭，则终存此斯巴达之魂。”

这篇感情激越、气势磅礴、扣人心弦的爱国故事，使留学生为之轰动，引起了强烈的共鸣，其中有些警句在他们中间广为传颂。

继《斯巴达之魂》之后，鲁迅又连续撰写了《说钼》、《中国地质略论》等科学论文。在《说钼》中，他怀着对居里夫人这位杰出的女科学家的深厚敬意，不仅及时地介绍发现镭这一最新科学成果，而且热情地称颂了她的爱国精神。指出在这之前，她曾将一种放射元素命名为波罗恩（钋），以第一个发音纪念她的被压迫、被蹂躏的祖国——沙皇俄国侵占下的波兰。文章还赞扬这个发明推翻了“原子不可分、元素不能变”的传统观点，指出这是十九世纪末叶整个科学界的一个伟大的革命。

鲁迅之所以要写这篇文章，是因为居里夫人的祖国已经被普鲁士、奥地利、俄罗斯瓜分，大部分地区处在沙皇俄国血腥统治下；中国也面临着被瓜分的危险，沙皇的军队已经盘踞东北，正在威胁清政府，因而从四月份起，东京留学生发起了拒俄运动。正在探索救国道路的鲁迅，读到居里夫人的发明，缅怀祖国，百感交集，想起科学发展与民族存亡的关系，进一步激起爱国主义的情绪。

在《说钼》发表的同一期，《浙江潮》第八期上，还发表了《中国地质略论》。他在这篇论文里通过介绍我国地质分布、地形发育以及矿藏丰富等，挚爱地歌颂了“吾广漠美丽最可爱之中国”，并疾呼“中国者，中国人之中国。可容外族之研究，不容外族之探险；可容外族之赞叹，不容外族之觊觎者也”。鲁迅以他的凛然正气严正地警告对中国垂涎欲滴的帝国主义列强；他殷切地号召广大青年以振兴中国为己任。这炽热的爱国情感，深深地感染着每一个爱国的读者。

鲁迅在日本东京弘文学院留学期间，以“我以我血荐轩辕”的为国献身精神和他初露光芒的思想与才华，迈出了伟大爱国主义者光辉的第一步。

“我是属于光复会的”

鲁迅在东京弘文学院学习时，正是中国反清的民主革命迅速发展时期。日本东京已经成为革命派在海外的一个活动中心，很多革命者都齐集这里。有的建立革命组织，有的发表演说，有的印发杂志、书报。革命形势迅猛发展。

当时许多留日学生先后发表演说，痛斥清政府腐败无能，主张铲除专制政治，恢复人民民主权利。他们慷慨陈词，誓与清廷决一死战。有的青年索性改名为“打清”、“扑满”。正像鲁迅后来所说：“这些大号，自然和实际的革命不甚相关，但也可见那时对于光复会的渴望之心，是怎样的旺盛。”

在浙江，也揭露出帝国主义勾结中国奸商攫取开矿权的事件。这场护矿斗争，在日本的留学生中也引起了强烈的反响。东京和横滨的全体浙江人士曾于东京上野联合召开特别同乡会，声援国内的护矿斗争。

1903年的10月，日俄两个帝国主义，为了争夺中国东北的权益，造成尖锐矛盾，即将爆发战争。当时有一种看法，认为战争势必延长，这是中国革命的好机会。在东京留学的原“浙江会”会员聚会商议，拟另组织秘密的革命团体，并分头邀请在东京的浙江志士陶成章、鲁迅等参加。鲁迅毫不犹豫，欣然答应。当时会议是以“浙江会”的名义召开的，还没有“光复会”之名，实则“光复会”即肇始于此。1904年，鲁迅正式参加了反清革命团体光复会。因此和革命党人的接触也更加频繁了。他见到了一些后来他称之为“以革命为事”的实际革命家。1903年，大阪博览会开幕，当时担任绍兴府学堂副监督的徐锡麟，借参观博览会的机会，游历了东京，并和陶成章、龚宝铨订交，鲁迅也和他有往来。徐锡麟积极支持拒俄爱国运动，对风行一时的革命思潮甚为憧憬，回国的时候，带了许多包括《浙江潮》在内的新书刊，在绍兴开设书局，宣传反清革命的思想。1905 年冬天，他和夫人王振汉、陈伯平、马宗汉重到日本，准备进陆军联队学校，正在东京度假的鲁迅，曾和同乡陈子英一起到横滨迎接他们。另一位革命家是秋瑾（鉴湖女侠）也于 1904 年 5 月来到东京，因陶成章的关系和鲁迅相识。每逢浙江同乡会开会，她总要揽衣登台，即席演讲，从专制政体骂到夫权思想，力主男女平等。她讲话时感情激越，慷慨激昂，听众常报以热烈的掌声。如果掌声不多，就认为这是不赞成男女平等的表示，要当面给大家过不去。所以，她一登台，男学生一定劈劈拍拍地拼命鼓掌，鼓到她满意为止。鲁迅很钦佩秋瑾，却不赞成她这一点。因此后来在一封通信里，谈到别人为他本人的讲演鼓掌的时候，他曾风趣地说："想到敝同乡秋瑾姑娘，就是被这劈劈拍拍的拍手拍死的。我莫非也非'阵亡'不可么?"

给予鲁迅印象最深的一次，是1905年冬天，清政府和日本当局串通，由文部省（相当于我国的教育部）颁布清国留日学生取缔规则，限制学生参加爱国活动。有些条款近如人身侮辱，文字几如禁止流氓，留学生大哗。在讨论对策的会上，分成两种意见，一种主张继续留在日本读书，一种主张全体罢课归国。秋瑾支持后种意见。有人对回国的动机表示怀疑，她担任主席，一面发言，一面从靴筒里抽出一把倭刀，猛地插上讲台，环视左右，大声说：

“回国参加革命，谁敢降虏投敌，卖友求荣，吃我一刀!”

会场立刻肃静了。大家知道她的为人：说得出，做得到。纵然不假思索，倒也大义凛然。

在浙江籍的几位革命家中，和鲁迅关系最好的，首推陶成章（焕卿）。他虽是读书人，却和绿林好汉有来往。他奔走江湖，联络会党，写有《中国民族权力消长史》和《浙案纪略》等书。非常熟悉社团生活，经常前去商量反清起义的事情。他主张革命成功，天下人都有饭吃。在为龙华会代拟的十条会规里，就有“把田地改为大家公有财产，不准豪富霸占”的条款。光复会成立时，会长先是蔡元培，后是章太炎，但实际主持大事的是陶成章。他往来于金华、衢县等地；有时候也到海外的爪哇、泗水一带，风餐露宿，不辞辛苦。亡命东京的时候，他常和龚宝铨一起，来鲁迅寓所谈天。他生活俭朴，穿破衣，著草鞋，用麻绳做腰带，没有一点留学生习气，给鲁迅留下很深的印象。鲁迅因为他的关系，还认识到平阳党王金发等绿林好汉，并和他们来往甚密。后来鲁迅向日本朋友增田涉、山本初枝追述反清革命的时候说他和“革命山贼”（指会党成员）有来往，甚至说自己也当过“山贼”，还谈到和“山贼”们一起大块吃肉，撕乌贼鱼下酒的事情。他归国后，将北京的书房命名为“绿林书屋”，就因为有过这一段因缘。

1907 年，“徐锡麟刺杀恩铭之后，大捕党人，陶成章君是其中之一。”他逃到日本，将文件、章程、名单、记录本和空白票布，统统送到鲁迅的寓所，请鲁迅代为保管，因为他们是光复会的同志。空白票布盖有印章，一段用红布制成。用红缎的叫做“龙头”，分正副两种，帮会中只有功大位高的人才能得到。陶成章性格开朗，处事乐观，虽在亡命之中，每次来到鲁迅寓所，口讲指画，还是谈着某地哪天可以起事，某地哪天可以发动，有时高兴起来，对鲁迅开玩笑说：“豫才，填给一张正龙头票布怎么样？”

由于他这种性格，章太炎叫他“焕强盗”，“焕皇帝”。像对徐锡麟、秋瑾一样，鲁迅对陶成章也很有好感，觉得这几位才是真正的革命家。但是他又感到革命不从根本着手，光由帮会中人暗杀几个清朝官员，那做法值得怀疑。自己呢，除了继续钻研科学，也想不出更好的办法。

徐锡麟在安徽刺杀巡抚恩铭事败被捕，陈伯平在据守军械所的时候战死了，马宗汉弹尽被捕，惨遭杀害，徐锡麟还被挖出心肝，给恩铭的亲兵炒食净尽；不久，秋瑾也在绍兴轩亭口英勇就义。统治阶级黑暗残暴，人民尚未觉醒，引起鲁迅的深思。更想不到的是：辛亥武昌起义，民主革命胜利，陶成章却被蒋介石暗杀于上海。鲁迅后来回顾这段历史的时候，特地写小说《药》纪念秋瑾；在《狂人日记》里，写狼子村的人挖出人的心肝，用油煎炒了吃，暗暗地点到徐锡麟；而那个“用麻绳做腰带的困苦的陶焕卿”更时时出现在他的忆念中。在他五十一岁那一年，鲁迅重写了他在二十一岁时作的那首“我以我血荐轩辕”的诗；后来在上海他和共产党员冯雪峰谈到共产党政纲和策略的时候说：“我可是属于光复会的。……我们那时候，实在简单得很!”

简单得很的惋叹，反映了当时的爱国青年面对民族灾难，发誓要用自己的鲜血和生命来挽救祖国的命运，表现了他们血气方刚和慷慨悲歌的一面，同时也启示人们去观察中国的民主革命，是怎样经历幼稚曲折的道路而逐渐走上胜利的坦途。

弃医从文

1904 年 4 月，鲁迅在弘文学院毕业后，按照他原定的志愿，报考了仙台医学专门学校，去学医了。

鲁迅决定学医，乃是出于他立志救国救民的爱国主义思想的选择。当时的中国人民像自己的祖国一样贫穷瘠弱，被帝国主义列强侮蔑地称为“东亚病夫”。而对祖国医学的落后，少年时代的鲁迅早就有了深切的感受。许多挂牌的“名医”，只会用打破的旧鼓皮做成的“败鼓皮丸”与“原配的蟋蟀”做药引去骗取钱财；甚至无数不幸的人还迷信于巫婆的装神弄鬼。鲁迅感到，亟待复兴的祖国多么需要科学的医学啊。他还知道，日本的富强是明治维新的结果，而明治维新就是发端于医学的进步。为了祖国能有大批真才实学的治病救人的医生，为了启发祖国人民对于维新的信仰，为了寻找祖国社会改革的途径，鲁迅走上了学医的道路。

仙台医学专科学校是1901年创立的。按照日本文部省的规定，凡是在直属学校毕业的外国留学生，经日本驻外使馆或者外国驻日使馆的介绍，可以不经过考试入学，而且免去应缴的学费。鲁迅没有介绍信。他向校长山形仲艺直接寄去入学申请书，成为这个学校未经考试即被接纳的最早的外国留学生。

仙台处于本州的东北，那时全市有9300人，气候比较寒冷，年平均温度摄氏11度。根据日本《东京灾害志》的记载：1904和1905年，正是寒潮袭击这个地区的年头。这里冬天冷得厉害，还没有中国的留学生。大概是因为留学生很少的缘故吧，物以稀为贵，鲁迅受到了破格的优待，免费上学之外，几个职员还为他的食宿操心。他初到仙台的时候，住在监狱附近片町佐藤客店里，一幢木板搭成的二层小屋。院子里有三株大榉树，下临峡谷，一泓泉水静静地流过，远处便是清澈透明的广濑川，对岸青叶山簇拥着丛林远树，向两边延伸，形成一座绿色的屏障。深浅相间，一望无边。榉树的干枝上盘满了藤萝，浓荫遮住整个院子。树下灌木和杂草丛生，虽然蚊子很多，风景却非常优美。因为客店兼办囚犯的伙食，一位职员认为不合适，好意地三番两次地要鲁迅搬迁。好意难却，鲁迅终于在土樋町另找了一家客店，但是仍旧常到青叶山附近去散步，有时采集一些稀见的花木，观察虫鸟一类的小动物的活动，让自己在繁忙的课程之余，松散松散，吸一吸新鲜的空气。

仙台医专的课程确实很紧张，清晨七时上课，到午后二时结束。其中组织学和解剖学的名词都用德文，兼有拉丁文，必须一一用功记住。主讲的教师都很严格，一丝不苟，据几个“原班生”说，他们的留级，就吃亏在这两门功课上。尤其是教解剖学的藤野严九郎，他是个衣著随便，脾气古怪，执拗到有点近乎于苛刻的老师。

不久，鲁迅觉得事情并非完全如此，他有了自己的看法。

大约在骨学开课的一个星期之后，藤野严九郎要助手把鲁迅叫到研究室。他正在研究骨头，坐在一架人骨和许多单独的头骨之间。听到鲁迅的招呼，头也没抬，一面继续工作，一而亲切地问："我的讲义，你能抄下来吗？"鲁迅答道："可以抄一点。"藤野说："拿来我看！"

从此，每当散课之后，藤野便留下来，替鲁迅改讲义，纠正错误，补上脱漏，连文法上的毛病，也一一订正。这样一直继续到教完他这一学年所担任的功课：骨学、血管学、神经学。

有一回，藤野翻开鲁迅抄写的讲义，找到一幅下臂血管图，和蔼地对鲁迅说："你看，你将这条血管移了一点位置了。这样一移，的确比较好看些，不过解剖图不是美术画，实物是那么样的，没法改动它。科学的要求是实事求是。我现在给改正了，以后你要完全照黑板上的那样画。"

鲁迅年少任性，口头答应着，心里却想：

“图还是我画的不错；至于实物，我心里记住就是了。”

藤野先生这次谈话，没有说服当时的鲁迅。但是，对于以后，却完全征服了鲁迅的心，征服了鲁迅的行动。在鲁迅的一生，他一直牢牢地记住这段话，既以自勉，也用来鼓励别人。他经常在文章里说：人不能违反科学的实事求是的规律。

学年考试完毕，鲁迅到东京玩了一个夏天。秋季开学之后，藤野担任的是解剖实习和局部解剖学。过去只是老师解剖，学生在一旁观看，这回可要自己动手了。大约实习了一星期，藤野又将鲁迅叫去，几乎是用了抑扬顿挫的声调高兴地说：“我听说中国人是敬重鬼神的，担心你不肯解剖尸体，现在放心了，没有这回事。”

藤野也有使鲁迅感到为难的地方，他听说中国女人是裹脚的，很想知道怎样裹法，足骨变形到什么样子，鲁迅尽其所知地告诉他。藤野还是叹息说：“总要亲自看一看才知道，究竟是怎么一回事呢？”

通过多次接触，鲁迅觉得：藤野严九郎诚然是严格，穿著也很随便，但不是出于他为人的苛刻。一个人如果专心致志于大事业，因而不修边幅，不拘小节，不注意日常生活里某些规矩和习俗，那是应该原谅的。不是有人因为沉浸于他的研究，竟把挂表错当鸡蛋投入水里去煮吗？不是有人全神贯注地作着实验，竟把肥皂误作面包咬下来咀嚼吗？这样的例子多得很。藤野不关心个人生活，更加引起鲁迅的钦佩。至于他对鲁迅的不倦教诲，不管是希望中国有新的医学，还是要使新的医学传入中国，在鲁迅看来，都是一个伟大的值得敬重的意愿。

原来藤野年轻时在福井藩校学过汉学，对中国文化怀有好感，因此向鲁迅问这问那，见面一多，师生之间的关系也似乎密切起来。一天，班级的学生会干事到宿舍里来，要借鲁迅的解剖学讲义看，鲁迅找出来交给他们，却只翻了一通，并不带走。不料人一离去，邮差便送来一封厚厚的信，拆开看时，开头第一句是："你改悔罢！……"

这是《新约》上的句子。不久之前，俄国作家列夫·托尔斯泰反对日俄战争，把它写在给俄国沙皇和日本天皇的信里，发表在1904年6月27日伦敦《泰晤士报》上。两个月后，日本社会主义者办的《平民新闻》将它译出来。于是舆论哗然。尤其是那些日本青年，认为这是对天皇的侮辱，忿忿不已。想不到他们自己不知不觉地已经受了托尔斯泰的影响，一动笔，照样把这句话用上了。信的大意是：上学年解剖学的试题，藤野在讲义上做了记号，鲁迅预先知道，所以能有这样的成绩。末尾是匿名。

鲁迅把事情的经过告知藤野先生。几个和他接近的同学很不平，一同去责问学生会干事为什么托辞检查，要求把检查的结果公布出来。流言终于消散了。干事又竭力活动，要把那封匿名信收回去。结果是将这封托尔斯泰式的信件退还了事。

鲁迅感到这件事不仅侮辱了他的人格，也侮辱了他的国家。当时他正在东京的时候，已经有一连串的事情刺激着他：大阪博览会人类馆将中国人当做野蛮人种陈列；神田警察局蛮横地解散刚刚成立的拒俄义勇队；成城学校联队教官狎侮中国留学生；弘文学院当局拒绝改革校政和欺骗学生；……这些事件如同乱箭穿心，使他难受。想一想学生会干事无端检查，他禁不住暗自慨叹：“中国是弱国，所以中国人当然是低能儿，分数在六十分以上，便不是自己的能力了；也无怪他们疑惑。”这个埋藏在心底的感慨，正好体现了几年来“身在异国，刺激多端”不断积聚起来的愤怒的情绪。

“与其总是责备人家，还不如回过头来反顾自己呵。”鲁迅又常常这样想。

第二年的秋天，学校里增添了细菌学的课程。老师授课时，细菌的形状全是用幻灯片来显示的，每讲完一段课程，还没有下课的时候，老师总爱给学生放映一些风景片或者时事片。当时日俄战争刚刚结束不久，放映的大多是日本战胜俄国的镜头，每当银幕上出现日本胜利的情形时，教室里就爆发出一阵“万岁”的欢呼声。

有一回，鲁迅在那反映日俄战争的银幕上，竟看到了自己久违的同胞了。一个中国人夹在日本军人中间，被五花大绑着押赴刑场，据说他是给俄国人做侦探，被日军捕获，要枪毙示众了，而周围看的也是一群中国人，大都是体格健壮，但表情却显得无动于衷，处于麻木状态。

“万岁！”课堂里又像往常一样喝起彩来。

这一声对鲁迅特别刺耳，连本来打算学医救国的信念也给轰毁了。他认为帝国主义列强在中国的国土打仗，中国人却夹在里面受死，而围观、鉴赏、喝采那被枪毙的惨状的却也是中国人！这是多么麻木的国民，多么麻木的精神啊！哀莫大于心死。顿时，愤怒、悲痛，多年来自己的民族自尊心所受到的创伤，一起在鲁迅心中燃烧起来。

怎样才是理想的人性？中国国民性中最缺乏的是什么？它的病根何在？——这是在弘文学院时鲁迅与同学许寿裳经常探讨的三个相关联的问题。那时鲁迅志愿学医，就包含着要从科学入手，达到解决这三个问题的意思。但是，到了仙台医专不久，他的这个信念即开始动摇了，因为日俄战争深入进行后，国内暴露出种种问题，包括清政府愈益暴露的卖国嘴脸，国民精神的麻木等等，不断冲击着鲁迅的心灵。1905 年春天，鲁迅和许寿裳等人同游箱根温泉时，登山远眺，触景思乡，想起疮痍满目的故园，一时感慨万千，忧愤不已。鲁迅说，当此乱世，学医如隔靴搔痒，不济眉急。后来他虽然还是回到仙台学医，但弃医的念头已经萌发了。

如今，他的“医学救国”的愿望彻底毁灭了。他清醒地认识到，一个人无论体格强健，如果精神麻木，没有灵魂，也只能做毫无意义的示众的标本和围观的群氓；再高明的医师也只能医治同胞的肉体，而无法医治同胞的灵魂；振起和改变中国国民精神，让沉睡的祖国惊醒起来，才是当务之急。改变人们精神的最有效的手段是什么呢？——应该是文学。于是鲁迅决计放弃医学从事文学了。

鲁迅将准备离开仙台的想法告诉了藤野。藤野严九郎听了之后，脸色有点悲哀，似乎想说话，但竟没有说。

“我想去学生物学，”鲁迅看他凄然，故意安慰说：“先生教给我的学问，也仍然有用处。”

“为医学而教的解剖学之类，恐怕对生物没有多大帮助吧。”藤野叹息说。他很不愿意鲁迅离开自己。鲁迅临走的前几天，他还特意赠送一张照片，背面写着‘惜别’两个字，寄托着他的依依怀恋的心情。

1906 年的春天，鲁迅告别了他所热爱和尊敬的藤野先生，回到了东京，不久就返回了祖国。从此。开始了新的人生旅程。他用一枝锋利的笔，坚韧地解剖着愚弱的国民的灵魂，猛烈地毫不妥协地与封建主义、帝国主义进行着战斗，终于以他那辉煌的功绩，成为我国“五四”以来文化战线上的一面光辉的旗帜。

反对“夏木瓜”的斗争

1909年8月，鲁迅为了帮助已结婚的二弟周作人在日本立教大学继续读书，改变了留在日本从事文学运动或去德国深造的想法，决定回国工作。

他是经他的好友许寿裳邀请，到杭州两级师范学校去任教的。

浙江两级师范学堂是一个新办的学校，清政府迫于人民要求革新政治，为了缓和民情，不得不废科举、办学堂，采取一些表面的改革措施。1905年，把杭州旧贡院拆除，次年，在原址建设学堂，到1908年落成。学校仿照日本建筑，规模宏大，校舍宽敞，不仅在杭州，就是在东南地区也是少有的。学校分优级（高等师范）和初级（中等师范）两部。课程也按照日本的办法设置。

鲁迅一方面要解决职业问题，另一方面又可以利用这个讲坛宣传现代科学和文化。经好友许寿裳的介绍，他便到这里任教。他担任的课程是优级部生理学和初级部化学，又兼任日籍教师铃木珪寿植物学的课堂翻译，每周有二十多节课。白天的时间消耗在教室和实验室里，晚上，他批改作业，编译讲义，往往要熬到深夜。他编讲义，用字讲究，下笔慎重。有人劝他随便一点，不必那么认真，他说自己一向是这样做的："惯了！"

当时风气还不开通，对于生理方面的科学知识，远远没有普及。那些满脑封建思想的道学先生认为在课堂上讲生理卫生，不仅违反孔孟之道，简直是提倡淫邪，教青年学坏，顽固地表示反对。一般老师遇到这类课程，大都跳过去，略而不谈。鲁迅是教生理学的，有一次学生请他讲人体生殖系统，他一口答应。全校师生都很惊讶，鲁迅还是坦然去教了。他向学生提出一个条件：不许笑，并且解释说，这种时候，不许笑是个重要条件；讲的人态度是严肃的，听的人态度也要严肃，一笑，把严肃的空气破坏，就不是那么一回事了。果然，这一次效果很好，教室里没有一个人笑，听课的学生大都很满意。

但是不满意的人还是有，就是社会上的一些封建守旧派。两级师范学堂课程新颖，教师绝大部分从日本留学回来，像鲁迅、许寿裳，还是光复会会员。有时议论到徐锡麟、秋瑾的事情，深得学生爱戴和敬仰。在官僚和地方守旧势力的眼里，学校俨然是革新的据点，成为他们联合起来共同反对的目标。讲课的消息一传开，自然又多了一个口实。不过监督（校长）沈钧儒是个名进士，到日本学过法政，富有民主思想，说话慢条斯理，一开口便是"钧儒以为……"，滔滔不绝。他在社会上名望很高，被公认为是一个不容易对付的新派人物。保守势力惧怕他，敢怒不敢言，隐忍着等待时机。

1909 年的冬天，沈钧儒当选为浙江省咨议局副局长，辞去监督（校长）的职务。保守势力认为时机已到，趁着提学到任不久，他们便去要他派浙江省教育会会长夏震武兼任监督。夏震武是个自以为是的“理学家”，平时鼓吹“忠君”、“崇孝”，反对一切带有洋字的东西。自己头发不多，还拖着一条又短又细的辫子，他认为没有辫子就是革命党，革命党者，乱党也。“乱臣贼子，人人得而诛之”，据他所知乱党的巢穴在两级师范，因此他对这个学校已抱有成见。至于夏震武在教育会会长任上，提倡“廉耻教育”，宣传尊孔崇儒，两级师范学堂的老师们也早有所闻，大家对他嗤之以鼻。这回保守势力拥他继任监督，实际上摆好与革新派对垒的阵势。预示着一场风波，一次“战役”就要揭幕了。

夏震武是个对新学一窃不通，对传统文化又食古不化，作威作福、呆头呆脑的人，所以来了不久，师生们便给了他一个绰号：夏木瓜。他到校接任那天，要监学（教务长）许寿裳陪他拜孔子，向学生训话。他发现许寿裳没有辫子，断定这个监学也是乱党，决非圣人之徒，果然许寿裳一听说要拜孔子，马上推说开学时已经拜过了，竟然毫不考虑他的意见，托辞拒绝了。

夏震武老羞成怒，暗地里决定来一个下马威，压一压这批“乱党”的气焰，趁着向学生训话的机会，他便大骂起新派人物来。夏震武说：“现在国家危险了，呃！在朝的人闹立宪，呃！在野的人嚷革命，呃！有的人甚至‘髡首易服’——剪去辫子，呃！改穿洋服，简直成了洋鬼子的天下了，呃！所以学堂必须提倡‘廉耻教育’，让学生们懂得，呃！都是不知羞耻的人。”

夏震武当着学生的面，骂了站在身旁的许寿裳，同时也骂了两级师范学堂里所有进步的教师，骂了一切革命党人。他心里很得意。

按照当时新办学校的规定，监督到任，要亲自拜会住校教师。夏震武只派人送了一张名片了事。许寿裳将历任监督拜会教师的事情通知了他。夏震武觉得是个机会，准备略施小计，让教师们将服装改回，辫子也重新装上。他写信给许寿裳，决定第二天在小礼堂和全体教师会面，将典礼搞得隆重些，要教师按官阶品级，穿戴礼服，越显得庄严越好。

教师们听到这个消息，大家气愤地嚷嚷开了：

“全副顶戴，这不明明是下属见上司的‘庭参’吗？到底是他拜我们，还是我们晋谒他？”

“臭架子，官僚，我们不去！”

“不，我们偏要去，看他怎么办！”鲁迅说。

第二天，夏震武果然由一个亲信陪同，全副顶戴来到小礼堂。教师们见他进来，只管坐着不动，没一人起立，也没有人和他打招呼。他定睛一看，不仅见不到全副顶戴的人，而且剪去辫子的倒占了一大半。有的长袍马褂，有的便衣小帽，还有三个短发蓬松、西装领结的人，鲁迅是特别引起他注意的一个。

夏震武气得两手发抖，居中坐定，传话请监学许寿裳。穿着长袍马褂的许寿裳也没有好脸色，冷冰冰地走过去。

“你们这个师范学堂办得很不好，呃！简直……”夏震武摸一下胡子暗暗镇定自己，嘴皮颤动着开了口。话没说完，坐得较近的鲁迅霍地站了起来，向前走上一步，大声说：

“我们什么地方办得不好？你说！”

几个教师一拥而上连声问：

“你刚来，你凭什么说我们办得不好？”

“你当面侮辱我们，……”

“你这个假道学，老顽固！”

群情激愤，新旧思想的冲突在杭州已经积压得太久，到这时候就像黄河决口似地奔腾迸发出来。夏震武见势头不妙，立即站起身，在他的亲信保护下，夺门而出，悻悻而去了。

当时前后监督的接替手续尚未正式办，许寿裳自受到夏震武公开侮辱后，不愿和这个“夏木瓜”共事，便向原任监督沈钧儒辞职。鲁迅表示不同意。他说这虽然不是向夏木瓜辞职，却是向夏木瓜示弱，斗争刚刚开始，自己就承认输掉了。

许多教师你一言，我一语，纷纷议论。夏木瓜送来一封给许寿裳的信，气急败坏地骂许寿裳和鲁迅等“离经叛道，非圣侮法”——一个要杀头的罪名。大概是为了杀一儆百吧，竟在信中说：“你不能一日立于教育之上”一类文理不通的句子，意思是逼许寿裳辞职。

"果然来了，你们看!"鲁迅说。

教师们认为许寿裳如果辞职，那就中了夏震武的圈套，这是他求之不得的事情。许寿裳自己因为已经给沈钧儒写了信，又不愿和夏木瓜共事，辞意是很坚决的。

鲁迅想了一回，再一次提出自己的主意。

他主张一方面仍由许寿裳个人回答夏震武一信，按照"来而不往，非礼也"的原则，骂他一通，且不提辞职的事；另一方面大家给提学使写信，提出集体辞职：有他无我，有我无他，同夏木瓜斗到底。

许多教师赞成这办法。针对来信里的"离经叛道，非圣侮法"，许寿裳回报他"理学欺人，大言诬实"八个字，信里没有提到个人辞职的事情。教师们联名向提学使提出辞呈之后，鲁迅和十几位住在学校里的单身教师，统统搬出学校，住到湖州会馆去了。

夏震武在书示许寿裳辞职的同时，又写了一个呈文给浙江巡抚，请求支持他的"教员反对则辞教员，学生反对则黜学生”的主张，准备先开除许寿裳的职务，然后再逐一击破，迫使教师们一个个就范。不料风云突变，事与愿违，老师全体辞职，学校全部停课，将夏震武原来的计划打乱，“木瓜”便陷入被动的地位，没有一点办法了。

两级师范的学生也行动起来，向提学使衙门请愿。提学使先是下令教师复课，鲁迅他们置之不理；又请杭州绅士出面调停，有的教师觉得情面难却，经过协议，作出一致答复：夏震武不走，教师决不回校。夏震武还利用同乡同学，施展了一些分化手段，结果也告失败。学生的请愿运动却一阵高过一阵，由单纯要求复课，逐渐转向同情教师，站到反对夏震武一方面去了。

提学使看到这种形势，也慌了手脚。学生每天往提学使衙门转，提学使每天往巡抚衙门转，终于，在巡抚同意下，决定杭州各校提前放假，让学生早一个多月回家过年。官僚们满以为这样可以遣散学生，窘住教师，使风潮平息下来。想不到事情恰恰和他们的愿望相反，杭州各校师生向提学使表示抗议，都说将寒假提前不符合制度。这个从浙江两级师范校园内点燃起来的革新之火，眼看就要燃遍整个杭州。

学潮持续了将近两个星期。浙江省提学使深感师生坚持下去，局势将不可收拾，只得回过头去叫夏震武辞职。可夏震武还疯狂反扑，他又公开发表《告两浙父老》，说什么许寿裳、鲁迅是欺君犯上，“诬及先朝”；说那些同情鲁迅他们剪辫子、穿洋服的报纸舆论，“污蔑先朝宫闱”。夏震武想从辫子挑起一场文字狱，逢人宣传，他还表示：“兄弟决不放松，兄弟坚持到底！”

当时清政府为了缓和国内人民的革命要求，正在玩弄宪政，议订地方自治章程；批准学部（教育部）派出第一批留美学生；还对学有专长的老留学生实行奖励，赏给詹天佑工科进士，严复，伍光建文科进士，张康仁法科进士。在这次两级师范学堂反对夏震武的斗争中，主要骨干25人，留日学生就占15个。从提学使到巡抚，首先注意和顾虑的是朝廷的意向，不敢开罪这些留学归来的教师，于是，便让“夏木瓜”滚蛋了。

斗争结束，25位教师返回学校之前，在湖州会馆的院子里照了一张相，还扩大原来“饕餮（tāo tiè）会”的范围，在外边聚餐一次，以纪念斗争的胜利。在聚餐会上，鲁迅一面拿起筷子，一筷一筷地夹菜，一面模仿夏震武的口吻，对着大家风趣地说：“兄弟决不放松，兄弟坚持到底！”

大家都哄笑起。在互相逗笑的气氛中洋溢着胜利的欢乐，这是鲁迅回国后在教育战线上参加的第一次反封建的斗争。大家对“夏木瓜”那种顽固守旧、阴险狡诈的伎俩都有深刻的印象，把这场斗争叫做“木瓜之役”。从这场斗争的发生和结果，可以看到保守势力仍在挣扎，但革命力量也在增长。

绍兴光复后的失望与探索

1911年10月10日武昌起义的炮声，响彻了中华大地，震撼了清王朝的封建统治。各省纷纷响应，举起义旗，宣布共和。这就是近代史上著名的辛亥革命。

11月4日，钱塘江涌起大潮，全浙易帜，第二天，西湖变色，杭州光复。

消息传到绍兴，人心振奋，绍兴官府里的那些绅士们个个惊恐万状，个个像丧家之狗，将辫子盘在头顶上，也来参加革命了。鲁迅和绍兴师范学堂的同学们一道参加越社召开的百余人的群众大会，并被推为主席。他以万分振奋的心情发表了热情洋溢的演说，他号召青年们“宣传革命的道理，宣传革命的正义性”。接着他便组织学生武装宣传队，上街宣传。他们到街上散发油印的传单，张贴标语，破除无稽的谣传，宣传革命的道理。

演讲队的学生有的背着沉重的毛瑟枪。有的手里拿着指挥刀。有个学生突然问鲁迅：“先生，万一有人来阻拦，怎么办?”“你手上的指挥刀是做什么用的!”鲁迅斩钉截铁地回答。他明白要维护革命的秩序，不能单靠口头宣传，还要有手中的武器。

这次上街宣传效果很好，队伍所到之处，人心很快安定下来，上了门板的店铺也开门营业了。城里传布“溥仪逃，奕劻被逮”的消息，市民听说清朝末代皇帝已经滚蛋，总理大臣也成了阶下囚，人人都兴高采烈，互相转告。一时间，古城绍兴上空，洋溢着胜利和欢乐的气氛。

绍兴光复的第二天，鲁迅早在日本认识的朋友范爱农戴着农民常用的旧毡帽，从乡下进城来了，看到鲁迅带着发自内心的微笑说：“老周，我们今天不喝酒聊天了，我要去看看光复的绍兴，我们一同去吧！”

鲁迅便和他上街走了一通。绍兴府门前挂着白旗，表示归顺革命党了。然而貌虽如此，骨子里依旧。因为以原绍兴知府程赞卿为首的一些绅士，趁革命还未正式进城之际，出来混水摸鱼来了。他们组织了所谓“军政府”，其中铁路股东是行政司长，钱店掌柜是军械司长，大部分是旧乡绅，连秋瑾烈士的告密者大恶霸地主章介眉也爬上治安科长的宝座了。鲁迅和范爱农相对无言，感到很失望。

然而这个军政府寿命不长，过了几天，传来消息说，在杭州起义的革命党人，王金发的军队今天晚上要到绍兴来了。

王金发，高高个头，细长脸，有一手武术好工夫。是浙江嵊县人，祖父曾参加太平军。他幼年丧父，后来识了不少字，看了不少书。他原是黑带党（一说平阳党）的首领，在家乡一带开展反清斗争。后经徐锡麟介绍，加入光复会。不久到日本留学，在大森体育学校学技击。鲁迅在日本时是经陶成章介绍与其相识的。回国后，任大通学堂体育教师。秋瑾案发，他改名换姓逃往日本。后来又回浙江坚持斗争，武昌起义后，他率领敢死队最先攻入杭州。鲁迅得知王金发带队回来的消息后，马上组织群众迎接。一共去了两次。第一次一直等到深夜，寒风刺骨，未见军队开到。

第二次，是个晚上，皓月初上。他们出东边偏门，走了几里路，忽听远处响起枪声。不多久，三只白蓬船，很快地摇过来。从船上下来不少人，王金发的军队上了岸，立刻向城里进发。士兵们都穿着蓝军装，打绑腿，着草鞋，拿着黄色的枪。虽然已是深夜，冷风刺骨，但欢迎的人心情都异常兴奋，大家站在道路的两旁，有的手里拿着灯笼，有的举着火把，还有人拿着写有“欢迎”的白旗。大家热情地欢迎革命队伍的到来，还高喊“革命胜利”和“中国万岁”等口号，情绪十分欢快热烈。

革命队伍到了绍兴以后，11 月 11 日王金发宣布解散旧的军政府，组成新的军政府，并自任都督。他还在城里召开了一次群众大会，并发表讲话，大意是说，他是来维持秩序的，将来还要去北伐，并说遇事不敢独断，要和大家一起商量。他捉住了杀害秋瑾的谋主章介眉，审查了这个人参与告密的档案，要为秋瑾报仇，还没收了一些豪绅的田产，减免粮赋，平抑米价，释放监狱里的一些群众，枪毙了残害革命党人的恶霸劣绅五十余人。这些措施使人心大快，民心大振。他接见了一些老朋友，请鲁迅做师范学堂的监督（校长），范爱农做监学。拨给二百元做教育经费，这些都使鲁迅和范爱农感到非常高兴。

范爱农穿的还是那件布袍子，但精神很愉快，每天一大早就到校，又办事，又教书，表现特别勤快。酒也不大喝了，仿佛换了一个人。

有一天，鲁迅和范爱农一同去看望王金发。王金发正剃光脑袋，范爱农上去摸着他光秃秃的头顶，憨气十足地说：“金发大哥，你做都督哉！”王金发不以为意地哈哈大笑，显得很得意。

可是好景不长，情况一天天发生变化，王金发渐渐被许多闲汉和新进的革命党所包围，大做王都督。对于一些罪恶深重的官僚和豪绅，竟说是“咸与维新”、“不念旧恶”，像程赞卿这样民愤极大的恶人，以及参与杀害秋瑾的谋主章介眉，也都轻易地放过去。那些由官僚士绅们炮制的什么“社会党”、“统一国民党”、“自由党”等等也高唱“赞助共和”、“拥护革命”的赞歌招遥过市。今天送衣料，明日送翅席。这样王金发便在一片赞扬声中陶醉了。并开始刮起了地皮。虽然天气还未冷，可衙门里的人穿布衣来的，个个都换上了皮袍子。

老百姓的眼睛是看得清的，当时绍兴城流传一首这样的民谣：

同胞同胞，
何日吃饱。
都督告示多，
日子不好过。

王金发上台后，政治上的倒退和思想上的腐化，使鲁迅感到非常失望和痛心，也引起了进步青年和学生的不满。有一天，宋紫佩来找鲁迅，愤慨地说：

"现在情形还是不行，王金发他们越来越不像话了。我们要办一种报，来监督他们。不过发起人要借用先生的名字。……为社会，我们知道你决不推却的。"

鲁迅满口答应了学生的要求，并建议报纸由"越社"来办，起了一个名字叫"越铎"，意思是，希望它能够在政治上起一个警钟的作用，促使王金发这样的人回到正道上来。谈话后过了几天，1912年1月1日、2日的《全浙公报》就发表《〈越铎日报〉出版布告》，明确宣告"本报专以监督行政，促进共和，鼓吹军国精神，提倡实业教育为宗旨。"1月3日《越铎日报》正式创刊了。在创刊号上，鲁迅用黄棘的笔名，写了《"越铎"出世辞》，积极宣传革命道理，说明天下兴亡，大家有责，办报纸是为了"纾自由之言议，尽个人之天权，促共和之进行，尺政治之得失"，这样才能"发社会之蒙复，振勇毅之精神"。鲁迅一贯主张对群众进行宣传教育，促其觉醒，现在有了具体、切实的内容。他还清醒地指出，中国几千年的封建专制统治，要想轻易更新不是容易的事，在精神上要做好长期斗争的准备。

“越铎”从一出版就开始骂军政府和它的人员，接着是骂王金发，骂他的亲戚、同乡、姨太太……。这样骂了几天之后，王金发便派人送去500元。编报的青年便开会讨论起来，第一个问题是：收不收？决议是：收。第二个问题是：收了之后骂不骂？决议是：骂。理由是：收钱之后，他是股东；股东不好，自然要骂。

鲁迅知道这个消息后，立刻到报馆去查问，略说几句不该收他钱的话。但是，一个当会计的便不高兴了，质问道：“报馆为什么不收股本？”“这不是股本……”“不是股本是什么？”鲁迅知道青年的脾气，他不再说下去了。这些年轻人阅历浅，自以为热心革命，动不动就会讽刺别人太爱惜不值钱的生命，不敢为社会而牺牲自己。

《越铎》1月7日发表《杜海生污我浙水》，抨击了前绍兴府中学堂监督、秋瑾案的告密者之一的杜海生的罪行。接着1月15日又刊出了揭露谋害秋瑾的章介眉狰狞面目的文章。《越铎》在绍兴敲响了警钟，它反映了人民的声音。它的斗争得到群众的欢迎，报纸很快销到1700多份，这在当时的绍兴，是一个不小的数字。

鲁迅在这张报纸上发表了评论文章，可算是他最早以“杂文”这个形式，同社会的丑恶现象进行战斗的纪录。

然而，那个刚刚从封建桎梏中苏醒过来的社会，舆论的力量还没有那么强大；而那时刚刚从几千年封建官僚制度下脱胎出来的“共和”制度，也并不那么畏惧什么舆论。王金发照旧受贿，竟然因收了章介眉“捐助革命”的田地（实际是贿赂）而将他释放了。——此人后来爬了上去，官至窃国大盗袁世凯的秘书，又“咬了许多人”。

鲁迅十分气愤，第二天在《越铎日报》上发表文章，予以揭露抨击。王金发看到文章后，大为恼火，扬言要杀害鲁迅。鲁迅的母亲很为鲁迅的安全担忧，叮嘱他不要外出。但鲁迅并不畏惧，照旧外出，夜间也还是提着写有“周”字的灯笼到学校去住宿。他说：“这是威胁，我想他也不敢。”王金发虽然没有加害鲁迅，但是越铎报馆却被王金发派去的士兵捣毁了一部分，而常在报纸上骂王金发的孙德卿也被士兵在腿上刺了一刀。

王金发对鲁迅的态度比过去也冷得多了。鲁迅写信去要学校的经费，王金发竟大发牢骚："怎么又来拿钱？人家都把钱送到我这里来，你们反而要拿走。"他又给了200元，同时传令说："再来要，没有了！"

鲁迅愤而辞职，先到都督府面辞。2月19日又在《越铎日报》上公布了辞职的消息。他交出账目和所剩余的一角零两个铜元！

不幸的、令人气愤的消息不断传来：鲁迅辞职后，孔教会会长傅力臣接任山会师范学校校长；《越铎日报》内部分化，那个腿上被刺了一刀的孙德卿和他的同伙，投靠了封建势力，把宋紫佩、陈去病，马可兴这些进步力量排挤出去，《越铎日报》转向反动。更使鲁迅痛心的消息是"以革命为事"、"用麻绳做腰带的困苦的陶焕卿"在上海被反动政客陈其美、大流氓蒋介石暗杀了。章介眉获释，陶焕卿被害，鬼蜮逞凶狂，英杰遭摧残，这是什么世道！

“故里寒云恶”，革命后的绍兴依然如故。他决心第二次离开故乡。原打算到上海一家书店去当编辑，但是，事情很凑巧，就在这时候，在南京教育部工作的许寿裳，曾向教育总长蔡元培推荐鲁迅。蔡元培要许寿裳代函敦请，许即给鲁迅连写两封信，催他赶快到南京去。于是鲁迅便在 1912 年 2 月间，怀着失望的心情，再次告别母亲和朱安女士，收拾好行李便离开绍兴到南京去了。

路经坟场 半夜踢“鬼”

世界上有没有鬼？现在很多人会说没有，但是，在旧社会，绝大数人总相信有鬼。

在长期的封建社会里，由于科学文化比较落后，人们对于复杂的自然现象和社会现象，不能正确的认识，也得不到科学的解释，加上统治阶级的愚民政策，所以使社会上绝大多数人不但相信有鬼，而且还相信有鬼世界——阴曹地府。鬼在那里和人一样活动着，居住着。看来鬼没有什么可怕的，但是，那相信有鬼的人，却特别怕鬼，一听说有鬼，吓得魂不附体，用被子将头盖住，钻进被窝里，仿佛就安全多了。据说鬼会掐人，谁要遇见鬼，不死，也要丢掉魂，于是这些怕鬼的人互相吓唬，互相惊扰，编成许多鬼的故事，使人一听，感到整个社会阴森可怖，鬼气多人气少。现在，可不同了，由于科学文化发达，绝大多数人都相信科学，不相信世界上有鬼，谁也的确没有看见过鬼。

可是相信科学的鲁迅却遇到过“鬼”。有时候他和一些熟悉的青年人在一起闲谈，也饶有兴趣地讲起自己遇见“鬼”的故事来。

那是他从日本回国的第二年，在绍兴府中学堂担任监学（教务主任）的时候。绍兴府中学堂是1897年创办的，当时的宗旨是“中学为体，西学为用”，故称“绍郡中西学堂”。1904年才改名为“绍兴府中学堂”，并进行了扩建，成了绍兴的最高学府，对社会各界影响也很大。

鲁迅当时因学校工作繁忙，所以平日住在校内，每逢星期六晚上才回家。学校离家约有五里多地，中间有条较近的小路，这条小路比较偏僻，路上平时也没有多少人走，这条路还经过一个坟场——秋官第义冢，到处乱草丛生，蓬蒿没胫，这里是几个坟堆，那里是几口棺材，还有的坟土被挖开露出半截棺材的，也有棺材盖被揭开的。地上高低不平处，有时还能看到一些骷髅和死人骨架之类的东西，这里大都是无主荒坟。谁走过这里，见此情景，都感到有些毛骨悚然，心里突突地跳。

一天晚上，鲁迅因学校工作忙，直到深夜才回家。将近岔路口的时候，心里就想，这么晚了，是走铺着石板的大路呢？还是走较近的小路呢？小路虽然要经过可怕的坟场，但是近便，能节省些时间，早点到家。于是，他决定走近路，即使要经过那可怕的坟场，也要走过去。

这时月亮高挂天空，时而被浓云遮住，四周静悄悄的，只听见小虫的鸣叫声。鲁迅迈着急促的脚步，将近坟场的时候，只见在荒草后面有一个白色的东西在晃动，一会儿有一人来高，一会儿低下半截，一会儿前进，一会儿后退，一会儿大，一会儿小，一会儿又缩成一团，一动不动。仿佛是一块大石头，挡住了正面的去路。

鲁迅被这突如其来的白东西给惊住了，心想：这是什么东西呀？难道是鬼么？

他从青年时代起就不相信有鬼，年轻时他读过古代一些唯物论思想家的文章，就认为人死了灵魂随着消灭，不会有什么鬼。在我们祖国的历史上就有几位唯物论的思想家，譬如东汉时的王充，晋朝的阮瞻，南北朝的范缜，都在他们的著作中说明过世界上没有鬼。鲁迅很相信他们的论断，尤其很欣赏范缜写过的《神灭论》。这篇文章说明了形体和精神的关系，他用一把锋利的刀作比喻，说刀是形，锋利是神，有了刀，才有刀的锋利，如果刀毁灭了，那就谈不到锋利不锋利了。这篇论著一出世，使当时许多人大吃一惊，特别是那些靠耍神弄鬼，宣扬封建迷信，靠唯心论维持权力的统治阶级。最先跳出来反对范缜的是南齐的萧子良，他邀请了一批和尚，同范缜辩论，结果被范缜驳倒了；后来他们又用高官厚禄来拉拢他，他说不能“卖论取官”，就是不愿为了做官而出卖自己的正确立论。到了梁朝时候，梁武帝定佛教为国教，这位皇帝想消除《神灭论》在人民中间的影响，又召集了不少和尚和官员，同范缜辩论，但还驳不倒他；梁武帝亲自出马，也不能使他屈服。鲁迅很钦佩范缜大胆的无神论观点和他坚持真理的精神，所以很早接受了“世上无鬼论”的思想。在日本学医时，他解剖过尸体，当他拿起解剖刀要割开刚刚死去的青年妇女——特别是怀孕的妇女和婴儿的尸体，有点不忍下手，但是面对死人，害怕的念头应当取消。人既然死了，就是大脑、心脏、肺部和其他肢体都停止了活动，细胞开始死亡，任凭人们用刀怎样割裂，都不会动弹的，哪里有鬼！他白天或晚上解剖，从来没有见过被解剖的死人有什么鬼魂出现，既然敢于解剖尸体，又怎么会怕鬼呢？

但是，眼前这东西是人吧，却在深夜里出现在坟堆中间，动了半天又缩成一团缩在那里，鲁迅心神不定有些踌躇起来了。怎么办呢？向前走吧，被挡住了去路，重回原路吧于心不甘，在困难和危险面前鲁迅是从来不退缩的。他立刻抖擞精神决定继续往前走。

鲁迅加快脚步，朝着那团白色的东西走过去。他那时正在辑录中国古代已经散佚的小说，看到许多说鬼谈怪的民间传说，现在眼前出现的这个白东西，正好看一看它究竟是什么鬼，它有什么神通，在人面前它是怎样变幻它的狰狞面目的？鲁迅走到这个白东西面前，低头看看自己脚上的皮鞋，收回右腿，又猛力地踢出去。只听得那白东西“啊唷!”一声，那个“鬼”一下子站立起来，慌里慌张地向乱草丛里逃跑了。

原来这个白东西是个盗掘坟墓的小偷，他身披白布，常常在夜间盗掘坟墓，把死人的衣物扒去卖钱。

看来世界上确实没有鬼，有的却是鬼一样的人。这种人为了他的私利，专门搞阴谋诡计，在社会上捣鬼；弄虚作假，欺下瞒上。就像这个小偷，开始他发现有人来了，便披着白布，跳来跳去，想借此把人吓跑。你不动，他也不动，你动他也动，故意要花样，来对付人。社会上确有这鬼一样的人，他们比这小偷更险恶，花样比这小偷更出奇，捣鬼的范围更大。鲁迅是不怕鬼的，他打过各种各样的“鬼”：有大“鬼”，小“鬼”，有两面“鬼”，长舌“鬼”，专横“鬼”，阴险“鬼”，见了就打。他得出一个经验教训，人不怕鬼，鬼就怕人。人若怕鬼，鬼不怕人。

每当鲁迅他讲完这个故事的时候，总是大声笑着说：“鬼也是怕踢的，你们看踢它一脚，它倒变成人了。”

文化革命的主将

鲁迅一向关心祖国的命运，一度对辛亥革命抱有很大希望。1912 年 2 月间他怀着“越中地棘不可居”对革命后的绍兴十分失望的心情，离开故乡来到了南京。

南京，是革命后的临时政府的首都。1912 年 1 月 1 日，孙中山在这里就任临时大总统，定国号为中华民国。推翻了帝制，建立了共和，这是具有伟大历史意义的大事。同年 2 月 12 日，清朝皇帝溥仪，被迫下了退位诏书，宣告清皇朝的终止，也是绵延两千多年的封建帝制的结束。对于革命的胜利，鲁迅是高兴的，他觉得从此可以昂头露顶，自由地在街上走，再也听不到嘲笑之声了。几个老朋友相见，摸摸自己的脑袋，发出喜悦的笑声，表达了革命者由衷的喜悦。鲁迅到了南京，很快就发现它和绍兴并没有什么不同，感到非常失望。不少投机家混入了革命营垒，摇身一变而成为新贵。就在中华民国刚刚成立的这一年，1月4日凌晨，光复会的主要领导人陶成章在上海广济医院被上海都督陈其美指使大流氓蒋介石将其杀害。接着3月20日，国民党重要领导人宋教仁，又遭袁世凯派人刺杀于上海火车站。北洋军阀袁世凯，篡夺了革命的果实。“流了大家的血，将他浮上总统的宝位去”。他还强迫临时政府从南京搬到北京，以便于他的控制。只当了三个月临时大总统的孙中山，于4月1日正式解除职务，辛亥革命的胜利果实就这样轻易地被反动势力篡夺了。

由于南京的临时政府教育部被解散，鲁迅由蔡元培推荐，转任北京的教育部部员。5月初，鲁迅怀着沉重的心情，与许寿裳一同北上，由海路乘船至天津，再乘火车，于5日下午到达北京。到北京后暂住骡马市长发客栈，次日早晨移入绍兴县馆。

绍兴县馆坐落在北京宣武门外南半截胡同，原名山会邑馆，由绍兴府属山阴、会稽两县在京做官的人出钱建立，凡有同乡举人到京应试，或是同乡官员到京候补，都借住在这里。清末废除府治，两县合并后改名为绍兴县馆。县馆的规模很大，光是南半截胡同四号一处，就有大小房间八十四个。鲁迅开始在会馆内的藤花别馆西屋住，后迁入“院中南向小舍”。1916年5月6日，为了避嘈杂喧闹，又移入馆内西边院落的补树书屋。补树书屋院子里有棵大楝树，被风刮倒，补种了槐树，相传槐树上曾吊死过一个女人，因此这间屋子许多年没有人敢住。鲁迅搬进去的时候，槐树已经长得很高了，每年春夏浓密的树荫覆盖着整个院子，繁花飘香，丝毫没有吊死过人的迹象了。

鲁迅住在藤花别馆的四年里，因为袁世凯当上总统以后，又想做皇帝，为了恢复专制政体，正在提倡尊孔，控制言论，文官不论大小，凡是稍有民主思想的，一律派人监视。他的亲信陆建章，采用明朝东厂太监的办法，到处布置特务，四出抓人。许多人岌岌自危，为了逃避灾祸，故意装得胸无大志，打牌逛院，吃喝玩乐。鲁迅的办法是抄古书，以后又改为抄古碑。中间有过这样一个故事：1913年，袁世凯大吹大擂地宣传尊孔，制成古怪的祭服，规定跪拜的仪式，准备在第二年实行全国祀孔。他还通电各省，“征集多数国民对祀孔意见”。鲁迅忍无可忍，放下手头正在抄写的《石屏集》，另外选了《嵇康集》来校订。嵇康在三国时“非汤武而薄周孔”，专门反对孔子学说，是个有名的封建礼教的反叛者。鲁迅打算将《嵇康集》校订出版，给大搞尊孔读经的袁世凯一个公开的嘲弄和抨击。书还没出版，八十三天的皇帝梦已经破灭，袁世凯在全国人民的咒骂声中死去。

鲁迅是在袁世凯死掉之前一个月，从藤花别馆搬入补树书屋的。在朝东一排四间正房中，他住在南首一间，中间一间作洗脸、吃饭和堆放杂物之用。他后来又移居北边的一间，继续在那里抄古碑。按理说，袁世凯已经死掉，可以不再抄这些古老的东西了，但是，后来又出现张勋复辟、军阀混战，政治形势一天比一天坏。鲁迅对抄古碑也发生了一点兴趣，古碑文里所写的古代社会生活，对他很有吸引力，又极欣赏碑头上画着的各种美术图案，他细心地临摹，一一著录。小小的卧室到处堆放着古书和拓片。

夏夜，屋里闷热，蚊子又多，加上工作有点劳累，鲁迅往往摇着蒲扇，坐在槐树下乘凉。整个院子静悄悄的，只有晚出的槐蚕，冰冷地落在他的头颈上。他时而抬头，透过密叶的缝隙看那一点点的青天；时而低下头来针对当前的局势，苦苦地探索着辛亥革命失败后中国的前途和命运。

日子像流水一样，在探索中很快流逝了。就在鲁迅默默沉思和苦苦探索的时候，一场反映历史要求的思想解放运动已经悄悄到来了。

这个思想解放运动就是发生在“五四运动”之前的新文化运动。它提倡新文化，反对旧文化；提倡新道德，反对旧道德；提倡新文学，反对旧文学。

这个运动的主要阵地是陈独秀于1915年9月在上海创办的《青年杂志》，（第二卷改称《新青年》）。陈独秀、李大钊是这个运动的主要创始人。《新青年》初期的活动是在政治思想上反对帝制复辟，文化思想上反对尊孔复古和封建礼教，大力提倡民主和科学。运动的发祥地是北京大学，1916年蔡元培任北大校长，他治校的方针是思想自由、兼容并包的方针，广聘饱学有识之士。1917年1月，陈独秀被聘为北大文科学长。他还把《新青年》迁到北京出版。后来被聘来北大任教的还有周作人、胡适、刘半农、李大钊、钱玄同等人。

1917年1月胡适在《新青年》上发表了《文学改良刍议》，2月陈独秀发表《文学革命论》，矛头直指文言文和旧文学，反对宣扬封建思想的八股文，举起了文学革命的旗帜。同年《新青年》还刊出关于文学革命的许多通信，陈独秀、胡适、钱玄同、刘半农等相继发表文章表示拥护。如钱玄同批判“选学妖孽”与“桐城谬种”，指出对于“腐臭的旧文学，应该极端驱除，淘汰净尽”，这个批判、战斗性很强。特别是陈独秀的《复辟与尊孔》，向“孔家店”更加猛烈地开火了。思想革命的号角已经嘹亮地吹响了。一向十分关心文学革命、文化运动的鲁迅看到现在已是异军突起，众人响应的形势，心里是十分高兴的。

从1917年8月起，时常来绍兴县馆和鲁迅闲谈的，是鲁迅在东京留学时的老朋友钱玄同。此人个头不高，头上有点疤顶，带一副近视眼镜，说起话来嬉皮笑脸。他是浙江吴兴人，曾经在东京和鲁迅一道听章太炎讲“说文解字”课，听课时，很不安静，喜欢在席地上爬来爬去，鲁迅给他取个雅号叫“爬翁”。钱玄同则因鲁迅不修边幅，喜欢凝神冷坐，给他取个绰号叫“猫头鹰”。他们交谊很深，是可以倾心谈笑的老朋友。钱玄同留日回国后，在浙江、北京等地从事教育工作，不久就到北大任教授，又兼任《新青年》编辑。一天夜晚他手里提着一个大皮夹，往桌上一放，脱下长衫，坐在鲁迅对面的藤椅上，随手翻着鲁迅那些古碑的抄本，奇怪地问道：“你抄这些有什么用？”

“没有什么用。”

“那么，你抄它是什么意思呢？……我想你可以做点文章。”

鲁迅懂得他的意思了，钱玄同正在和陈独秀办着《新青年》杂志，提出了“民主与科学”的口号，社会上反应并不热烈，刊物的销路也很少。这些人同他一样在探索中国革命的出路，也同样找不到明确的答案。鲁迅想：他们大概是感到寂寞了吧。他不由自主地产生了一点同情心，不过嘴里还是说：

“假如一间铁屋子，是绝无窗户而万难破毁的，里面有许多熟睡的人们，不久都要闷死了，然而是从昏睡入死灭，并不感到就死的悲哀。现在你大嚷起来，惊起了较为清醒的几个人，使这不幸的少数者来受无可挽救的临终的苦楚，你倒以为对得起他们么？”

“然而几个人既然起来，你不能说没有毁坏这铁屋子的希望。”

本来这就是鲁迅的思想，却被钱玄同抢先说了出来。以简单的几句话便产生了效力，好比点着了埋在地下的导火线一样，鲁迅思想革命的烈火一下融融地燃烧起来了，他答应为《新青年》写稿。

1918年5月，中国现代史上第一篇彻底地反封建的檄书——短篇小说《狂人日记》，便在《新青年》第四卷第五号上发表了。它和整个时代思潮相呼应，揭开了历史的崭新的一页。《狂人日记》以日记的形式，描写一个被迫害致狂的患者的心理活动：他觉得周围的人——包括他的大哥在内，都在暗算他，谋害他，准备最后吃掉他。狂人从他的精神病患者的独特的思路出发，面对日常生活中接触的现象和细节，不断地用来证实自己的猜疑和想象：他们的确是要吃掉他。并且从这点得出结论：虽然史书上写满了“仁义道德”，但是中国历史是一部“人吃人”的历史，中国社会也还是一个“人吃人”的社会。鲁迅利用在日本学医时获得的医学知识，又从一个患恐迫害症的表兄弟身上汲取实感，加以亲身体味了许多社会生活，栩栩如生地创造了狂人的形象。狂人说的是疯话，是神经错乱下的胡言乱语；而这些胡言乱语又大都包含着生活的真理，揭示了历史的本质，给人们以印象深刻的启发，使许多人猛醒。

《狂人日记》的发表是中国现代文学史上第一声春雷。

《狂人日记》发表之后，鲁迅又以江南农村小镇为背景，写了内容完全不同的《孔乙己》、《药》、《明天》等许多小说，对封建制度的社会病根进行猛烈的攻击。他的笔下有故事，有生活、形象逼真地描写了那些“从昏睡入死灭”的尚未觉醒的人们：《孔乙己》里的孔乙己，《药》里的华老栓夫妇，《明天》里的单四嫂子，……他画出了一幅幅富有历史意义的风俗画。小说确实得到了强烈的反响。每一篇小说发表总是轰动一时。青年们互相传诵，互相讨论，互相探询：“鲁迅是谁?”“又是一篇鲁迅的作品，写得这样深刻，他到底是谁呢?”就是在《新青年》的编辑和撰稿人之间，也是一片赞扬和叹服的声音：《狂人日记》发表，吴虞写了一篇《吃人与礼教》的评论，极口称道小说的思想深刻；陈独秀读到《风波》原稿，立刻写信给熟人说：“我实在五体投地的佩服!”；等到《呐喊》单行本出书，鲁迅送了一册给李大钊，李大钊回到家门，拿出这本红色封面的书，高兴地对孩子们说：“这是中国最好的小说，你们一定要好好地读。”从这些事实来看，鲁迅不仅在青年中有很高的威望，便是和他一起从事新文化运动的人，也都十分尊敬他，佩服他。

“五四”运动前，李大钊发表了他的总结第一次世界大战的演说《庶民的胜利》，还有关于十月革命的专题论文《布尔什维主义的胜利》。他还利用由他负责的《新青年》六卷五号，编成“马克思主义研究专号”，积极宣传马克思主义。鲁迅提倡思想革命，除了写小说《药》之外，又应李大钊之约，为专号写了《来了》和《“圣武”》，热情洋溢地歌颂了列宁领导下的“有主义的人们”。要求苦难深重的中国人民抬起头来，用战斗去迎接“新世纪的曙光”。这些杂感也像小说一样，在先进的知识分子中间有着很大的影响。原来只印一千份，因为销路不好曾停刊四个月的《新青年》，到“五四运动”那年，每月的印数突破了1，5000份，刊物也由宣传民主主义而转向宣传社会主义。这说明以《新青年》为中心的文化革命运动，已经向前跨进了一大步。

1919 年 5 月 4 日在北京天安门广场爆发的“五四运动”是一个彻底的不妥协的反帝反封建的爱国运动，它揭开了中国新民主主义革命的序幕。

五四的火炬，点燃了全国人民心中的爱国烈火，也引爆了自 1915——1916 年间就开始积蓄并不断发展的思想革命的火药库，并推动了已蓬勃发展的新文化运动。这三位一体的斗争和革命运动，总汇于一炉，构成了中国新民主主义革命的熊熊烈火。从五月上旬开始，革命的烈火迅速蔓延至全国。首先兴起的是学生运动：天津、上海、武汉、长沙……全国几十万学生走在运动的前列，成为主力军。紧接着中小商人、民族资产阶级也都卷进来了，开展了罢市斗争。工业无产阶级也投入运动，登上了政治舞台。上海的各业工人、唐山和长辛店的铁路工人都举行罢工斗争。据不完全统计参加罢工的人数大约有六、七万人。在全国人民一致奋起的革命洪流冲击下，北洋军阀政府认输了。6 月 10 日，免了曹汝霖、章宗祥、陆宗舆三个卖国贼的职。6月28日，出席巴黎和会的中国代表，拒绝在损害中国权益的《巴黎和约》上签字。中国人民第一次在全世界面前表示了自己的意志，显示了自己独立的态度。随着辛亥革命运动的高涨，在思想文化战线上，也出现了空前活跃的局面：国内各地出现了各种各样的新刊物，数量达二、三百种之多；《新青年》、《新潮》、《每周评论》、《少年中国》、《国民》、《晨报副刊》，以及稍后的《京报副刊》、《语丝》和《猛进》，在上海有《星期评论》，《民国日报》的《觉悟》，在长沙有《湘江评论》，在天津有《觉悟》，《时事新报》的《学灯》，……鲁迅在《新青年》上发表的各种富有战斗性的杂文不下五十篇，而在别的刊物上也发表不少作品。1921年，他的著名小说《阿Q正传》就是在《晨报副刊》连载，引起了更为广泛的注意。阿Q是一个雇农，小说写他自发地要求革命而结果反被枪毙的经过——从似乎喜剧的表皮底下揭示了真正的悲剧，这不是阿Q个人的悲剧，而是时代的历史的悲剧。也许正是几年探索的结果吧，鲁迅改变先前的看法，对资产阶级领导的辛亥革命表示不满，提出了形象的控诉和深刻的批判。《阿Q正传》后来被译成英、俄、日、法等多种文字，享有国际声誉。阿Q这个活生生的艺术形象，也像堂·吉诃德、汉姆莱特、罗亭一样，成为世界文学画廊里许多不朽的典型之一，使艺术家们啧啧赞叹。

十几年前以文艺为武器，用文艺改造人生的思想复活了。鲁迅精神抖擞，不仅在《新青年》这个阵地上，也在其他进步刊物上挥毫作战：如《晨报附刊》、《京报副刊》、《国民新报》以及《莽原》、《语丝》、《猛进》等报刊上，发表了一篇又一篇杂文与论文。这些文章，后来收入《坟》、《热风》、《华盖集》和《〈华盖集〉续编》中。这些杂文，突出、鲜明地体现了鲁迅的毫不妥协的彻底的反封建思想，它的矛头，始终指向封建制度，指向封建思想、道德文化和风俗。鲁迅所进行的广泛的社会批评，都贯穿着一根思想红线，就是五四运动基本精神：民主与科学。

鲁迅这一时期所写的小说、论文、诗歌、散文和杂文，都是具有五四运动所带有的时代特色。因为它是用当时文化斗争中兴起的白话文这种新的语言和新形式来表现的；更重要的是，因为它表现了当时文化斗争中最重要的核心——思想革命的卓越的成果。鲁迅自己曾经多次说过：语言是文学的工具，表现新的思想需要新的语言形式，但是人们如果不在思想上力求革新和上进，那么，白话文也能宣传旧思想，新创的形式同样可以包藏陈腐的内容。

在新文化运动史上成为具有划时代意义的作品除《狂人日记》、《阿Q正传》等小说以外，还有鲁迅在1919年到1925年所写的从《我之节烈观》到《论‘费厄泼赖’应该缓行》等十九篇论文。其中除了《宋民间之所谓小说及其后来》一篇是学术论文之外，其余十八篇，对婚姻、家庭、妇女解放、社会革命、吸收外来文化等问题作了深刻的论述，对封建伦理、道德，对顽固派的僵死、昏庸，都作了有力的批判。收集在《热风》中的杂文，是对于社会上各种阻碍反封建斗争、同民主与科学相对抗的现象，给予了广泛的批判。而这十九篇论文，则是对于有碍改革的封建思想、道德、文化的某个观点，某个问题、某种现象的深入，透辟的批判。它的社会作用是巨大的。

由此可见，鲁迅无论在思想上或是在文学创作的实践，取得了丰硕的成果，为新文化运动做出了不可磨灭的贡献。鲁迅不愧为文化革命的主将。

真的猛士，将更奋然而前行

在北京西三条21号北屋中间，向后延伸，突出一个方块的地方，搭了一间平顶的灰棚，北京人叫做“老虎尾巴”，这个屋子虽小，但造价便宜，光线充足。室内陈设简单，只有一桌、一椅、一床和两只木箱，墙上挂着藤野先生的照片。鲁迅在北京的最后两年，写小说、改稿子、编讲义，接待来访的青年，都在这间小屋子里。

1926年3月18日下午，鲁迅和往常一样，吃完午饭稍事休息后，便坐在东壁下的桌前，正在写一篇杂感。稿纸写了《无花的蔷薇之二》几个字，接着又连续写了三段零星的感想，正要提笔写第四段的时候，突然，一个女师大学生、同乡女青年许羡苏闯了进来，她惊惶失措地叫道："不好哉！大先生，不好哉！"

"你怎么啦，许羡苏？"鲁迅抬起头，望着许羡苏苍白失色的脸孔，紧接着问：

"出了什么事？"

"段祺瑞的卫队开枪，打死人哉，打死了许多许多人。刘、刘……刘和珍，还有杨……德群也死啦。"

许羡苏说着说着呜呜咽咽地抽泣起来。

鲁迅听了心中一怔，以满含悲愤的目光望着痛哭不已的许羡苏说："段祺瑞政府太凶残！太卑劣了！"

鲁迅这几天听到不少传闻，直到当天早晨，他才听说女师大的学生要去请愿，鲁迅认为凶狠的敌人是不可理喻、不足与言的，手无寸铁的群众向武装到牙齿的敌人请愿常要招致重大的伤亡。所以请愿的事，他一向不以为然。当然学生去游行示威，造造声势也没有什么坏处。中国听凭帝国主义侵略、欺侮，谁也不管，管的只有几个年轻的学生，他们本来应该安心读书的，而时局的飘摇使他们安心不下。即如这次日本军舰炮轰大沽口，国民军还击，日本便联合英、美、法、意、荷、比、西等国，向段祺瑞政府提出“最后通牒”，要求撤去天津附近的防务，限定48小时内答复，实在令人忍无可忍。学生徒手请愿，本来应当看作是外交后盾，政府只要强硬起来，人民就会支援。这是办理交涉的有利条件，难道执政府就连这点道理都不明白吗？

然而段祺瑞终于下令开枪了，死伤三百多人，还诬蔑这些徒手的群众是“暴徒”！

一切善良的人到头来只是欺骗了自己。惨案的消息进一步得到证实，刘和珍和杨德群也真的牺牲了。据目击的几个同学说，那天刘和珍正患感冒，她是女师大学生自治会的主席，自己觉得有责任指挥队伍，维持秩序，便欣然前往，并走在游行队伍的最前面。

请愿队伍到了执政府门前，当代表在进行交涉时，竟从大红门方向涌出了早就准备好的大刀队，向群众队伍挥起屠刀。接着，便是卫队开枪，警笛一鸣，便是一排枪。警笛一声接一声，枪声一阵连一阵。顿时，执政府门前血肉横飞，死伤的人东倒西歪躺在地上。刘和珍也被卫队瞄准击中，弹从右肋入，斜穿心肺，自左腋出，但是她还支撑着向外爬行。同去的张静淑想扶起她，中了四弹，其一是手枪，立即倒下了；同去的杨德群又想去扶她，也遭枪击，弹从左肩入，穿胸偏右出，也立即倒下了。刘和珍挣扎着坐起，一个士兵在她的头部和胸部猛击两棍，于是死去了。杨德群气息奄奄，血流不止，送入医院后不到半小时气绝。张静淑被抬回女师大，第二天才获准医院收留。

根据事后分析，刘和珍中的弹入口低，出口高，是卫队卧地瞄准后射中的。那么，为什么要瞄准刘和珍射击呢？为什么不许同学张静淑、杨德群去扶起刘和珍呢？为什么要在受伤后坐了起来的刘和珍头部及胸部猛击两棍呢？原来女师大学生反对校长杨荫榆的时候，为了解决风潮，刘和珍曾经多次去过执政府，执政府里有人认识她。因此，这一系列令人不解的疑问，只能有一个合理的解释：血案是早已布置好的，执政府就是预谋杀人犯。

鲁迅沉默着，痛苦地思索着。那个态度温和、常常微笑着的刘和珍的形象，又在眼前出现了：那还是去年——1925 年 5 月间的事情，杨荫榆借评论会名义，开除学生自治会职员六人，其中一个就有刘和珍。鲁迅不认识刘和珍，经过别人指点，才将姓名和本人联起来，她态度很温和，始终微笑着。鲁迅起草七教授《对于北京女子师范大学风潮宣言》发表，刘和珍读了欢欣鼓舞；章士钊借口鲁迅参加校务维持会免去他的佥事，刘和珍听了义愤填膺。这些都是从别人口里知道的。待到学生在宗帽胡同自赁校舍，一部分教员自愿义务授课，鲁迅将课程增加一倍，刘和珍前来听讲，和鲁迅见面的次数多了起来。她还是态度很温和，始终微笑着。待到女师大在原址复校，校务维持会解散，往日的教职员以为责任已尽，陆续引退，刘和珍虑及母校前途，因而黯然落泪。这一回，也许就是仅有的一回，虽然态度还是温和的，她的脸上却消失了那丝常有的笑影。

在鲁迅的记忆中，刘和珍是一个永远微笑着的和蔼的青年。

但是，就是那个永远微笑着的和蔼的刘和珍，当杨荫榆封锁校门，断绝水电，停止对学生一切供应的时候，她——在艰苦中克服困难，领导同学坚持了下来；也是那个永远微笑着的和蔼的刘和珍，当杨荫榆答应给学生支助费用，介绍职业，低声说“学校为我终老之所，我无儿无女，岂能他去”的时候，她，不为甜言蜜语的引诱所动，鼓舞同学继续斗争了下来；还是那个永远微笑着的和蔼的刘和珍，当杨荫榆勾结官府，出动军警，将学校重重包围，雇用女流氓强拖硬拽，把学生赶出校门的时候，她，奔走设法，和教师一起把流离失所的同学安顿下来。这一切都是鲁迅目睹的事情。所以，在谈到中国女子办事能力的时候，鲁迅说：“虽然是少数，但看那干练坚决，百折不回的气概，曾经屡次为之感叹。”这“少数”中就有刘和珍——永远微笑着的和蔼的刘和珍。

然而，这样好的青年竟然牺牲了，是在敌人举起大刀、排枪面前，从容不迫的牺牲了，是为了祖国的独立和民族的尊严而勇敢的牺牲了。她们的鲜血染红了执政府门前的地上。3 月 18 日，鲁迅称这个日子为“民国以来最黑暗的一天”。

接连好几天，鲁迅饭也不想吃，话也不愿说，只有一次，在悲痛中喃喃自语：“刘和珍是我的学生！”说完眼里含着泪花又沉默了。女师大的学生来探望他，从她们的谈话当中，鲁迅知道了更多关于刘和珍的事情：原来她是安徽合肥人，幼年丧父，同母亲和弟弟在江西南昌生活，家境贫困，1918 年，考入江西女子师范学校，开始阅读《新青年》等进步报刊。1923 年秋，考入北京女高师预科，后升入女师大英语系。经常旁听李大钊的《社会学》、《女权运动史》，鲁迅的《中国小说史略》课程。她爱读鲁迅的文章，在生活艰难中预定了全年的《莽原》。刘和珍办事干练，深受同学的爱戴，不到一年，被选为学生自治会主席，她是当时北京学生运动的领袖之一。

鲁迅现在终于明白了，朦胧中看到了卫队卧地瞄准的姿势；士兵高举警棍朝刘和珍头部、胸部猛击的动作。

3 月 23 日，北京各界代表在北大三院开“三一八死难烈士追悼大会”，悼念 47 名死者，大会由中法大学学生陈毅担任主席。3 月 25 日，在女师大大礼堂为刘和珍、杨德群举行追悼会，鲁迅正在生病，还是亲自出席了追悼会。他在灵前转了一下，一个人独自在礼堂外徘徊。女师大学生程毅志走上前来问道：

“先生可曾为刘和珍写了点什么没有?”

“没有。”鲁迅说。

“先生还是写一点罢，刘和珍生前就很爱看先生的文章。”

学生的催促唤起了鲁迅的思绪：刘和珍常微笑着，态度很温和；她不为恶势力所屈，敢于反抗广有羽翼的校长。因而遭到杨荫榆的开除；……往事如在眼前，人却含恨九泉。对于这样一个可亲可佩，“为了中国而死的中国的青年”，鲁迅觉得有写一点东西的必要了。

他慨然答允学生的要求。4月1日，鲁迅痛定思痛，用饱蘸血泪的笔墨，写出了一篇传诵千古、感人至深的名文：《纪念刘和珍君》。

鲁迅深情地悼念刘和珍，追忆他们一年来的交往，对她奉出最大的悲哀与崇敬，鲁迅本来是不主张请愿的，但他在这次惨案的发生中看出了它的深远意义。他赞颂三个女子“在弹雨中互相救助，虽殒身不恤的事实，则更足为中国女子的勇毅，虽遭阴谋秘计，压抑至数千年，而终于没有消亡的明证了。倘要寻求这一次死伤者对于将来的意义，意义就在此罢。”善于在群众斗争中发现积极的东西，增强斗争的信念，这是鲁迅愈战愈勇，愈有信心的根本所在。

从刘和珍的惨死，鲁迅深刻认识反动派的阶级本性，认识他们“竟会下劣凶残到这地步”。鲁迅说：“我只觉得所住的并非人间。四十多个青年的血，洋溢在我的周围，使我艰于呼吸视听，那里还能有什么言语？”

“但段政府就有令，说他们是‘暴徒’！”

“但接着就有流言，说他们是受人利用的。”

“惨象，已使我目不忍视了；流言，尤使我耳不忍闻。我还有什么话可说呢？”

鲁迅相信人类社会的历史，是“血战前行的历史”，是血的斗争的历史；这种历史的形成，“正如煤的形成，当时用大量的木材，结果却只是一小块，但请愿不是在其中的，更何况是徒手。”鲁迅认为：“真的猛士，敢于直面惨淡的人生，敢于正视淋漓的鲜血。”他们善于吸取斗争的经验教训，会踏着烈士的血迹，继续进行英勇的斗争。

鲁迅当时在另一篇文章里说过：“死者倘不埋在活人的心中，那就真真死掉了。”刘和珍没有死，她已经埋在活人的心中，化成活着的千千万万的刘和珍；所以《纪念刘和珍君》这篇文章，并不是写给死了的刘和珍看，而是写给活着的千千万万的刘和珍看的，它的目的在“寻求这一次死伤者对于将来的意义”。鲁迅提出要以痛打落水狗的精神，进行彻底的革命，面对“不在沉默中爆发，就在沉默中灭亡”的两种前途，鲁迅用一句话概括地写出了自己对敌人的毫不妥协、毫不让步的思想：血债必须用血偿还！

“三·一八”惨案发生后，段祺瑞密令通缉徐谦、李大钊等五人，说他们“假借共产党学说啸聚群众，屡肇事端”。师大举行追悼会的第二天，《京报》披露执政府打算扩大通缉面，连鲁迅、许寿裳等约有五十人。4月9日，《京报》正式公布了48人名单，其中和女师大事件有牵连的包括鲁迅在内一共13人。

不久段祺瑞下台，取而代之的是直系军阀和奉系军阀联合组成的政府，逮捕了大批共产党员和革命人民。许多关心鲁迅安全的人劝他避一避，他只好先到莽原社住了几天，后有三四个学生模样的青年前来敲门，问收不收外稿。鲁迅疑心是侦探，怕再来找麻烦，后又装成病人避居到日本人开的山本医院。在这里他又摆出稿纸写文章、编刊物，或者校对将要出版的书籍。他在这里住了些时候，又于4月5日转移到东交民巷的德国医院。由于病房已满，他不得不住在堆放杂物和兼作木活的房子里，白天用面包等食物充饥，夜晚就睡在水泥地上。虽然颠沛流离，生活艰苦，鲁迅还是写作不止。因为紧张劳累，辗转不安，鲁迅真的病了。待到病好了，他又于4月26日转移到东交民巷西口的法国医院。后来通缉的风声不那么紧了，加上经济困难，借债已达百元，无法再支持下去，他才于5月间返回自己的寓所。

在避难期间，鲁迅不仅往女师大、北大等校讲课，而且访友、跑书店，写文章，几乎和平常一样。不过当风声紧时，活动只是少一些而已。这期间他写了《“死地”》、《可惨与可笑》、《空谈》、《淡淡的血痕中》、《新的蔷薇》、《如此“讨赤”》等杂文各有侧重地揭露那些散布流言蜚语的论客，批判它们所散布的种种谬论，揭露他们狰狞的面目。

7月间，炎热的夏天来了，北京的政治环境更加恶劣，南方的革命形势在中国共产党的推动下日益高涨。鲁迅接受厦门大学的聘请，准备暂时离开已经居住了14年的北京，到南方走走，观察一下正在蓬勃发展的革命形势。

8月22日也就是他离京前四天，恰逢女师大被迫停办的毁校周年纪念日，鲁迅参加了这个会。他回忆一年来的斗争，又默察眼前的情形，瞻前顾后，感慨万端。他在谈话里分析了中国的社会和历史。人们从这里可以听出：对于中国的老谱——受了破坏以后，“搜集一点剩下的东西，修补修补，整理整理，再来活下去”的生活，鲁迅确实感到厌倦，感到疲乏了。他要求革命，要求彻底的更新。他满怀信心地说：“黑暗只能附着于渐就灭亡的事物，一灭亡，黑暗也就一同灭亡了，它不永久。”而希望呢，“希望是附着于存在的，有存在，便有希望，有希望，便是光明。”

鲁迅心里充满了希望，他要求人们不去做黑暗的附着物，宁愿为光明而灭亡。他用充满着乐观精神的语言来结束了自己的谈话：

“我们一定有悠久的将来，而且一定是光明的将来。”

历史到了大变革的前夕，从“三·一八”以来，鲁迅的思想正在发生剧烈的变化。

“放火者就放火者吧”

厦门是福建南部的一个小岛，这里海风吹拂，四季长青。凤凰花火红耀眼，相思树翠绿欲滴，那挺拔的龙舌兰，一丛丛，一簇簇，遍布在原野和山岗上，宛如守护祖国海疆的哨兵，给秀丽的景色增添了几分威严，几分气派。这一切同冷漠旷远的北国风光相比，使鲁迅顿时耳目一新。

厦门大学是爱国华侨陈嘉庚筹资创办的，始建于1921年。设有文、理、教、法、商、医、工7科，共24系，学生约400人。当时教师宿舍还未盖完，鲁迅暂住在生物馆三楼东南靠海的国学院陈列室里。

鲁迅初到厦门大学，休息时曾和几位同事到海边散步，看到海上壮丽景色和生物馆背面五老峰上的城堡，回想起当年郑成功率兵抗击荷兰殖民主义者，收复台湾的悲壮岁月，想起目前的台湾人民正在日本帝国主义的铁蹄下遭受蹂躏的悲惨境地。他悲愤交集，眺望远方，心中涌起了对革命形势的殷切期待。

这时大革命的风暴正在南方蓬勃兴起，北伐军连克长沙、汉口，包围武昌。另一路从广东汕头出发，进军福建、江西，闽南厦门一带，已经受到震动。鲁迅感到极为兴奋，于9月14日写信给许广平说：“此地北伐顺利的消息也甚多，极快人意。”当地群众都自觉自愿地挂彩旗、放鞭炮庆祝北伐的胜利。看来厦门人民对孙中山的三大政策是非常拥护和欢迎的。

鲁迅到厦门大学，想要安静地教书，做点研究，休养生息，打算以两年为期，然后重新战斗。同时，也想积蓄一些钱，将生活安排一下。他说：“我来厦门，虽然为了暂避军阀官僚‘正人君子’们的迫害，然而小半也在休息几时，及有些准备”。看来，这儿是个比较合适的地方了。

鲁迅受厦门大学的聘请，除教《中国文学史》、《中国小说史》两门课程外，并担任国学院的研究教授，准备将整理好的《古小说钩沉》和《汉画像考》两部学术著作，修订出版。然后用两年时间，专心致志地写他的《中国文学史》。他觉得中国还没有一部较好的文学史，打算根据各个时代的经济基础和社会生活的特点，解释文学的发展。“可以说出一点别人没有见到的话来”。但是，到校不久，他发现他的想法错了。学校当局的所谓学术研究，除了《四书》、《五经》之外，加上一部《古文观止》，便是全部的国学；和他心目中的学术研究，完全是两回事。他曾把他编写的《古小说钩沉》送去出版，结果很快给退回来了，从此便不再提此事了。

当时厦门大学校长林文庆，是个英国籍的中国人，瘦长身材，穿一套西服，脸上戴一副近视眼镜，说起话来要夹带几句英语，很有英国绅士派头。他还用英文写过一本《孔教大纲》什么的，每逢周会，他都要上台讲一套孔孟之道，引用自己在这本书里说过的话。他主张尊孔读经，作文要用文言文写，在群贤楼大礼堂开会或看电影，男女生要各坐一边，不许男女混杂坐在一起。鲁迅刚到的时候，就从学生口里听说这些事，他感到有点意外，只笑了笑说："这应该改变一下！"

最使鲁迅反感的是每逢周四上午的周会，教授们在校长的开场白之后，要上台讲演，题目不外是《论孔教的真义》、《孔子何以是圣人而不是神人?》一类的演说。学生听厌了，大都躲在宿舍或阅览室里。鲁迅也托故不参加。会场冷冷清清，没有一点活气。

1926 年 10 月 10 日下午，国学院开成立大会，林校长发表了一通讲演。他还说：十几年前，他到北京参加北洋政府召开的医学会议，会上讲到医学专门名词，大家都主张用洋文，废弃中国固有文字，令人痛心切齿，所以，自担任校长以来，就不遗余力地提倡国学，这次成立国学研究院，聘请海内名人研究，也是要努力做到"保存国故，罔使或坠"

（意思是要保存国家故有的学术，不让它衰亡丧坠。）

鲁迅本来就主张医学可用万国通用的名词，意见已和林文庆相反，不料林文庆还以此作为提倡国学的理由，更使他觉得浅薄可笑。鲁迅感到从未有过的无聊，决定打消出版《古小说钩沉》的主意，并且缩短在厦门的年限：只住一年。

事有凑巧，相隔四天，学校当局为借鲁迅的声望来装饰门面，校长特地邀请鲁迅在周会上演说。鲁迅想起林文庆的话，决计针锋相对地说几句，遇到这类事情，他总要反击，不肯轻易放过。10月14日，人群从四面八方朝群贤楼的大礼堂走来。人们热烈地期待着聆听鲁迅的演说。

鲁迅在雷鸣般的掌声中登台。他向听众点头谢意，便开始他富有鼓动力的讲题：《少读中国书，做好事之徒》。一扫历来的陈腐空气，整个礼堂活跃起来了。

他说："你们青年学生，多是好学的，好读书是好的。但是不要'读死书'，还要灵活运用。不要'死读书'，还要关心社会世事。不要'读书死'，还要注意身体健康。……你们暂时可以少读中国古书，如果要读的话，切不要忘记：明辨，批判，弃其糟粕，取其精华。”他针对复古读经的时弊，深刻指出：“我所以指窗下为活人之坟墓，而劝人们不必多读中国之书。”

台下响起暴风雨般的掌声，青年们情绪活跃，在认真思考。坐在主席台上的校长目瞪口呆，不知所措。教授中的“正人君子”唉声叹气，十分窘迫。

接着，鲁迅号召青年要做改造社会的“好事之徒”。他说：“世人对于好事之徒，常常表示不满，以为好事二字，好像有“遇事生风”之意。其实不然。我以为今日的中国，这种好事之徒却不妨多。因为社会一切事物，就是要有好事的人，然后才能推陈出新，日渐发达；南生到北极探险，哥伦布发现新大陆，还有科学家的种种发明，起先也是由于好事的缘故。青年如果不能做大的好事之徒，应做小的好事之徒，再不然，至少对于失败的好事之徒，不要随着别人去讥笑和嘲弄。”

演说在经久不息的掌声中结束。校长在一阵惊惶之后，竟避开少读中国的古书，接过“做好事之徒”的话头，说什么陈嘉庚也正是“好事之徒”，所以肯捐巨款兴学。他毫不认识这同他的尊孔正相冲突。这使到会的学生啼笑皆非，嗤之以鼻。

过了几天，鲁迅的演说在《厦大周刊》上刊载出来了，可是经过大砍大删，只留下后一部分。从此鲁迅再也不到周会演说了。

会后，那些“正人君子”的教授们也叽哩咕噜地议论开了。

“怪事，真是怪事！”王教授摇了摇头说，“国学院的研究教授，却叫学生少读中国书！”

“他……他是名士派，”孙教授结结巴巴地说，“脾气大，动不动骂人，我……我在北京已经领……领教过了，名士派！”

“听说还帮学生办刊物哩，提倡新文艺。”张教授说。

“什……什么！唉，危险，危……危险。”孙教授气急败坏，说得更加吃力了，“一定是骂人，骂我……骂……骂我们这些人。”

“别理他！君子矜（jīn）而不争，”（有修养的人能够做到庄重自持，不和人争论）王教授说。

“君子？”孙教授蹬着脚说：“你……你真是一点不懂。他专骂君子，正……正人君子。他骂我……我是正人君子。”

“他这是发牢骚。”张教授说：“别人在这里有家眷，他没有，我们不理他，让他冷清冷清。”

教授们的主意错了，鲁迅并不冷清，相反，自从他到校以后，全校的学生更加活跃起来了。文科出现一片生机勃勃的景象，各地的许多青年，有的从河南、有的从山东、有的从上海转学到厦门大学来。上课时教室里挤满了人，当时不仅文科的学生来听，法科、理科、商科的学生也来听，甚至年轻的教员和校外记者、编辑也闻风而至，簇拥一堂。在宿舍里，来访鲁迅的人络绎不绝。有的学生星期天不回家，留在校里，预备陪他上街当翻译。鲁迅简直是厦大学生的吸铁石，他怎么会感到冷清呢？

不过有一点是真的：学生们要提倡新文艺，创办刊物，“提倡白话，和旧社会闹一通。”鲁迅满口答应："好的好的，我一定帮助你们！"

鲁迅的支持像一阵温暖的春风，把厦大学生的文艺花蕾吹开了。在他的帮助下，成立了两个文艺团体：一个叫泱泱社，出版《波艇》月刊；一个叫鼓浪社，出版《鼓浪》周刊（附在《民钟日报》的副刊上）。《波艇》意思是青年在人生海洋里，应当像小艇一样在泱泱大水中破浪前进；《鼓浪》不仅因为当地有个鼓浪屿，同时也带有"鼓起新时代的浪潮"的含义。不久，《鼓浪》第一期出版了，单印的1，000份几天之内就卖完了。《波艇》第一期也接着问世，那是一本草绿色封面，漂亮精致的小刊物，鲁迅不嫌这个刊物小，而将自己写的《厦门通讯》，同青年习作一起，登在这一期刊物上。鲁迅还替它们审稿、改稿、编定版式，选择图案，指出有的稿件还存在着"过于颓唐"或者"大言无实"的毛病，为此花去了不少时间和精力，进行认真修改。在《波艇》第一期上，鲁迅在《厦门通信》的文章里，果然骂起"正人君子"来，并且对"读经"和"敬惜字纸"、"舞文弄墨"等等，进行了辛辣的讽刺。

虽然鲁迅谢绝到周会演讲但并不谢绝学生们的邀请。凡是学生们邀请他，他总是乐于去演讲的。当时厦大学生会创办了一所平民学校，招收职工子女和附近工农子女人学，教师义务授课。鲁迅为平民学校捐款5元。12月12日，平民学校借群贤楼礼堂举行开学典礼，鲁迅还是出席并发表了热情洋溢的演讲，他说："你们都是工人农民的子女，你们因为穷苦，所以失学，所以须到这样的学校来读书。但是，你们穷的是金钱，而不是聪明与智慧。你们贫民子弟一向是聪明的，一样是有智慧的。你们能够下决心，你们能够奋斗，你们一定会成功，一定有前途。没有人有这样的权力：能够叫你们永远被奴役；也没有什么命运这样注定：要你们一辈子做穷人。"

这些感情深沉的话，对工农子女是巨大的鼓舞，大家听了很感动，报以经久不息的掌声。

学生们越来越钦佩鲁迅，亲近鲁迅了，教授中间有的人却忌妒他，畏惧他，对他敬而远之。

校长林文庆摸不着头脑。他有点害怕，也有点高兴。害怕的是鲁迅的意见总是和自己相反，和自己对立；高兴的因为鲁迅一来学生多起来了，将近五百人，证明他办学有成绩，脸上很光彩。他可以在校董面前夸耀夸耀；孔夫子一生，不是也只有三千个弟子吗？

饮水思源，想到这里，林文庆对鲁迅也有点肃然起敬了。

不过，资本家的校董归根结底还是资本家。在生意兴隆、财源亨通的时候，很自然地会想起幼年生活过的乡里，“富贵而不归故乡，如衣锦夜行。”（意思是荣华富贵了之后，不回故乡去玄耀玄耀，好像黑夜里穿着漂亮的衣服一样。）古人说过的。不过这一阵遇到产品跌价，盈利下降，那就顾不得了。虽然学生多起来，预算却要削下去。林文庆在国外受的是“服从就是美德”的教育，再加上“男女有别，长幼有序”那一套，在他看来，就存在着这样一条无法抗拒的规则——叫做天经地义。

根据校董的意思，林文庆召开国学院会议，有关教授都参加了。林文庆宣布：学校基金短缺，决定教授的十种专著已经正式预告，一套规模宏大的《中国图书志》的编辑名单也都商定公布，现在忽然宣布经费没有着落，连计划中的周刊也出不成了。对于有些教授，确实是一个晴天霹雳，大家立刻肃静下来。

王教授终于鼓足勇气，站起来发言。他支支吾吾，从西洋谈到中国，从古代谈到近代，兜了一个大圈子，然后落到本题：吁请校长顾全大局，收回成命。说完望了望林文庆便坐下了。

林文庆沉着脸。他装成一副“英国绅士”模样，整了整领带，推了一下鼻梁上的眼镜，又重复了一遍刚才说过的话，声明这是校董的意见，不能改变。最后四个字提高了嗓门，说得斩钉截铁。

大概由于这件事关系到自己的切身利益，孙教授暗自想了一想，便欠着身子正要发言，这时忽然听到校长嘴里迸出来的最后四个字，心里一急，终于语不成句地“这……这……这……”的又坐了下去。

林文庆又用右手和食指抬一下鼻梁上的眼镜，屈起指节往桌上敲了两下，继续提高嗓门说："这是校董的意见。校董出钱办学校，有钱的才有发言权！"

会场上鸦雀无声，一时大家都怔住了。

鲁迅对国学院早已不寄什么希望，本来不准备发言，看到校长这样肆无忌惮地侮辱教授，心里愤怒极了。他从衣袋里摸出一枚两毫的银角子，啪的一声拍在桌子上，站起身说："我也有钱，我有发言权！"接着，他滔滔不绝地驳斥了校长的意见，对林文庆公然侮辱教授提出强烈的抗议。

林文庆先是吓了一跳，正待发作，一看是鲁迅，便有几分气馁，又自知理亏，生怕事情闹大了，下不了台，对自己不利，于是便见风转舵，忽然又表示慷慨起来，连忙答应说："好好好，只要你们有稿子拿来，交给编委会，立刻可以印。"

鲁迅知道这些话是靠不住的，自己已经打定主意，考试一完，改完卷子，立刻辞职走人，离开厦大。这个消息很快在学校里传开了。学生们怀疑鲁迅的辞职是受到大学秘书兼理科主任的排挤，喊出："打倒刘树杞（教务主任）、重建新厦大"的口号。一个轰轰烈烈改革校政运动很快开展起来了。《厦门日报》上登载了关于学潮的消息，学生张贴标语，指责校政，要求彻底改变封建主义的奴化教育。学潮一天比一天扩大，大有向全市蔓延之势。林文庆惊惶失措，对鲁迅忽而挽留，忽而饯行，可是暗地里散布流言蜚语，千方百计地笼络别的教授。他把一切罪名都推到鲁迅头上。

"他是有意来捣乱的，不是来教书的；所以北京的职位都没有辞掉。"林文庆造谣说。

"是的，是的。他根本不是来……来教书的，我……我知道得很清楚。"孙教授顺着校长的口气，赶紧接上，脸涨得通红通红。

"这风潮可闹大了，火一样蔓延开了。"

"火？是的，他是放火者。放了火就走路。"

这些话当然也传到鲁迅的耳里。但他绝不计较个人的毁誉得失，一切谣言，他都坦然置之，照旧和往常一样工作：写文章、改稿子，完成了好几部书的编辑和校订工作。除此之外，比较重要的，还有五篇回忆性的散文，这就是《从百草园到三味书屋》、《父亲的病》、《琐记》、《藤野先生》和《范爱农》。它们同这一年在北京写的五篇，从 3 月到 12 月，陆续刊载在北京的《莽原》半月刊上。原来的总题叫《旧事重提》，1927 年 5 月在广州编成集子时，改称《朝花夕拾》。鲁迅说："带露折花，色香自然要好得多，但是我不能够。"只是在记忆中，还有过去的东西留存，"使我时时反顾"，所以便把它"抄出来"。在厦门的四个月里，大约写了 20 万字的文章。编成《华盖集续编》出版，其中大多数是在北京写的，另几篇是在厦门写的。鲁迅的思想深深地印入厦门青年的心里，点燃了前进的希望。说是火吧，这些文章确实像熊熊的火炬，有的人害怕它，担心它烧毁自己；有的人却从这里取得温暖和光亮，在它的照耀下看清了社会和个人的前途。改革的风潮方兴未艾，战斗正未有穷期。鲁迅曾经意味深长地说："这几年真的变成火老鸦了（绍兴方言，指火警时飞扬的火星火花，叫"火老鸦"。）到一处，烧一处，这回竟被指为‘放火者’。”但他又说：“放火者就放火者吧！”

1927 年 1 月 15 日，鲁迅写了一封便函，再次把聘书退还学校。原来预定的两年期限一缩再缩，竟成不足半年。午后，他在许多教师、学生的陪伴下离开厦大，登上小船，向市区码头进发。次日，鲁迅乘坐的“苏州轮”启航了，它在辽阔的海面上驶向革命策源地——广州。

“愿意听听大炮的声音”

鲁迅住在中山大学的大钟楼上，夜间老鼠成群结队地在楼板上奔跑，吵得他经常无法入睡。

中大当局为了扩大右派势力，还聘请买办资产阶级文人胡适一派的人物纷纷南来任教，企图抵制以鲁迅为代表的进步教授的力量，遭到鲁迅的坚决抗议。一天，一位姓傅的教授对鲁迅说，顾某可来任教。鲁迅听后，气愤地说：“他来，我就走”，态度异常坚决。

鲁迅为了避免这些“学者”和“鼠群”的骚扰，于3月29日下午，搬出大中楼，迁居到白云路白云楼26号二楼居住。他和好友许寿裳、助教许广平共同租赁了三房一厅。这里“前临小港、远望青山”，环境虽然较为幽静，但是，当时已是“山雨欲来风满楼”的形势，鲁迅没有料到这山雨来的那么快。

当黄花岗72烈士纪念日，俗称黄花节到来时，北伐在胜利进军，而盘踞在南昌的蒋介石，正在加紧勾结帝国主义，策划反革命政变的阴谋。在周恩来等同志领导上海工人起义取得胜利时，英、法帝国主义却帮助孙传芳屠杀工人。北伐军攻克南京的当天，停泊在江面上的英、美、日军舰又帮助张宗昌炮轰市区，造成下关一带居民伤亡二千余人的“南京惨案”。事后，蒋介石不仅不支持南京军民反击，反而派特使到南京和各领事馆疏通，并对记者说：“南京事件的起因，完全出于流氓捣乱。”蒋介石此举得到了帝国主义的赏识。

在广州，不仅发生支持资本家大批开除工人的严重事件，甚至在报刊上接二连三地登出所谓“退出共产党声明”，并大肆渲染要“气死”共产党。一方面是磨刀霍霍，一方面却散布麻醉性的言论，公然鼓吹所谓“北伐军直捣幽燕之日，即国民革命大告成功之时。”针对这种形势和谬论，鲁迅感触万千，便在中大办的刊物《政治训育》上，发表《黄花节的杂感》。他深刻指出：“所谓‘革命成功’，是指暂时的事而言；其实是‘革命尚未成功’的。革命无止境，倘使世上真有什么‘止于至善’，这人间事便同时变了凝固的东西了。”这不仅是对于“革命成功”论的有力批判，也是对于丧失警惕，陶醉于胜利者的当头棒喝，鲁迅预感到革命存在着危机，便进一步指出：“中国经了许多战士的精神和血肉的培养，却的确长出了一点先前没有的幸福的花果来，也还有逐渐生长的希望。倘若不像有，那是因为继续培养的人们少；而赏玩，攀折这花，摘食这果实的人们倒太多的缘故。”对于当时的现实，鲁迅的认识和估计是非常清醒和准确的。

3 月 30 日，成仿吾、王独清、何畏三人来访问鲁迅，受到鲁迅热烈欢迎。成仿吾是创造社的成员之一，提倡革命文学，办过革命刊物，发表过不少文章，可以说是当时比较有名的作家。他们一坐下就和鲁迅谈起近几天来国内政治形势日趋恶化的问题；英、美、日军舰炮击南京事件；孙传芳在上海屠杀工人事件等等。大家越说越气愤，成仿吾说："每当中国革命胜利发展的时候，帝国主义总要和中国的反动势力相勾结，镇压中国革命，妄图使历史车轮倒转。"王独清说："现在，我看只有彻底揭露帝国主义罪行，让全中国、全世界的人民都认清他们的狰狞面目，大家团结起来，共同战斗，咱们的斗争才会取得胜利。"鲁迅说："那咱们得发表一篇文章来揭露他们才行。"成仿吾说："鲁迅先生。我们大家草拟了一个宣言，准备请您也参加，这样将带动更多的人也参加，那么这个宣言才有力量。"鲁迅说："那好哇，让我看看这个宣言吧。"成仿吾立即从他随身带的皮夹里拿出已经写好的宣言草稿，递给鲁迅。鲁迅看到宣言上端一行醒目的标题：《中国文学家对于英国知识阶级及一般民众宣言》，鲁迅看完这篇宣言后，感到这个宣言是向中国、全世界揭露帝国主义的侵略罪行，团结英、美、日各国人民，向帝国主义的战争罪犯斗争的号角，表明中国作家对革命确有信心。因此，鲁迅便毅然决然地拿起笔在宣言下方签上了自己的名字。这是鲁迅最早公开表示站到革命方面的重要文献。4月1日这个宣言在《洪水》半月刊第3卷第30期上公开发表了，在社会上引起了强烈反响。

4月7日鲁迅接到黄埔军校的邀请，要他到校给学员们讲演。原先不想去，后来考虑黄埔军校是孙中山先生在1924年接受中国共产党的帮助，改组了国民党，建立"国共合作"的革命统一战线，在这里建立培养军事人才的基地。于是，便欣然接受了邀请。

4月8日，清早雨点纷飞，午后忽然晴朗。鲁迅在许广平和黄埔军校进步学员的代表——共产党员应修人的陪同下，登上汽艇，顺着珠江的流水，向东南方向前进。汽艇翻起滚滚浪花，江水激起层层波澜。

汽艇飞速前进，不一会儿，屹立在江边的黄埔军校门楼便出现在眼前。听应修人介绍说，周恩来同志和其他一些共产党人曾经在军校担任重要的领导工作。军校的许多学生也是共产党员和共青团员，他们在这个学校中形成了革命骨干，为当时建立国民革命军奠定了基础。他还介绍了1925年3月，以黄埔军校学生为骨干的革命军东征取得了胜利。鲁迅笑着说："你们取得胜利的时候，我还在北京和段祺瑞北洋政府斗哩！可是人民群众吃亏，就是没有军队。革命政党必须有自己的军队。"他还说："改革最快的还是火与剑，孙中山奔波一世，而中国还是如此者，最大原因还在他没有党军，因此不能不迁就有武力的别人。"

汽艇靠岸了。鲁迅在应修人等人陪同下登上码头，步入校门，向前来欢迎的人们挥手致意。

在热烈的掌声中，鲁迅登上讲台，他在黑板上写了七个大字："革命时代的文学"，开始了关于文学与革命的关系的演讲。

具有丰富斗争经验的鲁迅，亲身经历了帝国主义和封建军阀在北京制造的"三一八"惨案，看到学生被枪杀、进步书刊被查禁的血的事实；又耳闻目睹了当前蒋介石右派集团破坏工农运动的情况。他感慨地说：“我想：文学文学，是最不中用的，没有力量的人讲的；有实力的人并不开口，就杀人，被压迫的人讲几句话，写几个字，就要被杀；即使幸而不被杀，但天天呐喊，叫苦，鸣不平，而有实力的人仍然压迫，虐待，杀戮，没有方法对付他们，这文学于人们又有什么益处呢？”鲁迅对反革命的罪恶作了悲愤的控诉，从反面教训中论述了文学从属于政治斗争的关系。

鲁迅指出，在世界文学之中，只是叫苦鸣不平的文学是没有力量的，这些文学对于革命没有什么影响，“因为叫苦鸣不平，并无力量，压迫你们的人仍然不理”，“所以仅仅有叫苦鸣不平的文学时，这个民族还没有希望”，“至于富有反抗性，蕴有力量的民族，因为叫苦没用，便觉悟起来，由哀音变为怒吼”，“他要反抗，他要复仇。”

鲁迅还以人类和猴子不同的进化过程为例，意味深长地说明：不是革命派战胜反动派，就是反动派“咬死”革命派，革命每前进一步都要经过残酷斗争，付出血的代价。鲁迅在这里揭示了革命与复辟、前进与倒退的斗争规律。

根据北伐战争迅速地改变了大半个中国面貌的经验，鲁迅热烈地讴歌革命暴力的作用。他说：“中国现在的社会情状，只有实地的革命战争，一首诗吓不走孙传芳，一炮就把孙传芳轰走了”，“而捏枪的诸君，却又要听讲文学。我呢，自然倒愿意听听大炮的声音，仿佛觉得大炮的声音或者比文学的声音要好听得多似的。”鲁迅认为：对于革命事业来说，暴力比文学更重要。这个观点反映了鲁迅在现实斗争的影响下，对文学与革命的关系有了比以前更深刻的认识，这在他的世界观里是一个巨大的飞跃。在革命与文学的关系中，他特别强调做革命人的重要性：“为革命起见，要有‘革命人’，‘革命文学’倒无须急急，革命人做出东西来，才是革命文学。”他抓住了革命文学的关键问题，期待着“工人农民得到真正的解放，”希望出现以工人农民为主体的新的革命文学。鲁迅还以他亲身经历说明他讲演的这个鲜明的主题，当他讲完时，会场内响起了经久不息的掌声，鲁迅热情歌颂革命，阐述革命与文学的关系的著名讲演，深深地打动了在场的许多进步听众。

演讲一结束，国民党的一位“委员”，连推带拉地将鲁迅拥进他的“官邸”，要鲁迅赴宴。席间这个“委员”用筷子点着菜盘说：“哈哈，请用请用”，“这个菜是……大人物喜欢吃的，今天特别请大文豪鲁迅先生尝尝，尝尝!”鲁迅厌恶地瞟了他一眼说：“我就是不喜欢吃这一样菜。”说罢，放下筷子，不辞而去。

鲁迅登上汽艇回到白云楼，已是黑夜笼罩大地了。

作家故事文库

主编／新禾

副主编／霍红　高玉兰

丁玲的故事

（下）

新禾／周瑛／赵爱光／著

時代文藝出版社

作家故事文库·丁玲的故事

作　　者:新　禾　主编
责任编辑:姚家佘
责任校对:王旭玮
装帧设计:章桂征
出　　版:时代文艺出版社
（长春市泰来街 1825 号　邮编:130062　电话:86012927）
发　　行:时代文艺出版社
印　　刷:三河市灵山装订厂
开　　本:787×1092 毫米　32 开
字　　数:154 千字
印　　张:70
版　　次:2011 年 5 月第 2 版
印　　次:2011 年 5 月第 2 版第 3 次印刷

书　　号:ISBN 978-7-5387-1075-5
定　　价:417.20 元（全 14 册）

毛泽东的座上客

丁玲说，她一生中最崇敬的有两个人：一个是鲁迅；另一个是毛泽东。鲁迅是引导她走向革命的良师，她曾经说过她是吃鲁迅的奶长大的。毛泽东则是哺育她成长的阳光、雨露，是指引她走上成材之路的明灯，使她成为一个为人民大众服务的知名作家。

1936年的中秋节后，在中共中央所在地保安，传诵着丁玲要来的消息。她，不仅是大城市里的知名作家，是“七·七”事变前第一个冒险来到苏区的，而且，她曾被国民党绑架，国内外对她的声援，使她成为一位新闻人物。所以，丁玲一到达保安，人们争相传诵，受到同志们的热烈欢迎。

丁玲到了保安以后，被安排住在当时“中华苏维埃”外交部。这是保安唯一没有遭到烧毁的房子。

第一个来看丁玲的是张闻天，是他推荐丁玲创办左联机关刊物《北斗》，他与丁玲是老熟人了；接着是博古来了，他曾经向丁玲和胡也频约稿，也算老相识；周恩来来了，丁玲只闻其名，未见过其人，今天见到的是一个留着大胡子的周恩来；毛泽东来了，他披着一件棉大衣，很轻松地微笑着走进来。丁玲没见过毛泽东，她是从九姨向警予那里听说毛泽东的名字和他的事迹，后来还和他的妻子杨开慧同过学。这一年，毛泽东四十三岁。丁玲见他身材高大，但瘦弱，显得衣服太肥。脸庞很瘦，颧骨突出，成了长脸，头发浓密，像个大锅盖压在头顶。这个被敌人骂为“匪”的人，正是人民寄于希望的盖世英雄，是用兵如神、胸中自有雄师百万的天才军事家。而丁玲看到他是那样的平易近人，虚怀若谷，有一种亲切感。

中央宣传部还专门召开欢迎会、宴会，热烈欢迎丁玲来到苏区。周恩来和邓颖超还请丁玲到他的家里去吃饭，吃白面馒头夹牛油，当时是保安地区最丰盛的家宴。

毛泽东还请丁玲到他的窑洞去谈话。他比较喜欢中国古典文学，学识渊博，喜欢谈李白、李商隐、韩愈等人的诗，还谈宋词和小说《红楼梦》。丁玲感到自己旧文学的底子太薄，难以成为毛泽东谈话的对手。所以多半是丁玲听，毛泽东讲。他一边讲一边还抄几首他自己填的词，给丁玲。她记得有一首是《忆秦娥·娄山关》：

西风烈
长空雁叫霜晨月。
霜晨月，
马蹄声碎，
喇叭声咽。

雄关漫道真如铁，
而今迈步从头越。
从头越，
苍山如海，
残阳如血。

毛泽东曾问丁玲印象如何？丁玲只能说写得雄伟有力，“苍山如海，残阳如血”二句，是一幅多么好的图画，别的却一下子说不情楚。

丁玲来到保安一周之后，毛泽东问她道：

“丁玲呀，你想做什么事呀！”

丁玲不加思索地答道：

“我想当红军上前线去嘛！”

“好哇！快了，要打胡宗南了！现在胡宗南走投无路了！赶快去，最后一仗——”

在毛泽东的安排下，丁玲跟随红军政治部的负责人杨尚昆到前方部队去参加战斗。出发前，给了她一匹马，还跟着一个红小鬼。丁玲到了红军部队和战士们生活在一起。她每天跟着部队行军，吃小米饭，晚上和战士们在露天宿营。围着沟火唱《义勇军进行曲》“冒着敌人的炮火前进，前进，前进进！”战士们都知道她是一个大作家，常常向她问捡来报纸上的生字，与她热烈讨论张学良、杨虎城将军抓住了蒋介石该不该杀？等等。丁玲和这些平凡、坦诚、无私的战士们在一起时感到从来没有过的充实与欢快。当战士们在麦草上响起了鼾声，丁玲借着火光，打开笔记本，记下这一天的感受。

一天，前线总指挥彭德怀将军交给丁玲一封电报。丁玲看那电报写道：

临江山，赠丁玲

壁上红旗飘落照，
西风漫卷孤城，
保安人物一时新，
洞中开宴会，
招待出牢人。

纤笔一枝谁与似？
三千毛瑟精兵。
阵图开向陇山东。
昨日文小姐，
今日武将军。

赠丁玲的词，用电报发到前线，这在古今中外战争史上是绝无仅有的。毛泽东对丁玲的赞誉，使她兴奋不已，从来不敢想会得到毛泽东称她为“今日武将军”的殊荣，使她得到了一笔宝贵的精神财富。

后来，毛泽东又写信给红军后方总政治部主任罗荣桓，任命丁玲为中央警卫团政治处副主任。后又任“红军历史征编委员会”委员，从事《二万五千里长征记》的编选工作。

丁玲来到保安之后，通过和毛泽东的多次接触，感到他是一个最能平等待人的领导，有礼贤下士的风度，你可以在他的面前无拘无束地畅所欲言，把自己的心里话坦率地说出来。他多半讲你的长处，也指出你的缺点。当讲你的缺点时，也是用商量的口吻，使你不觉得难受，愿意心悦诚服地接受下来。

一天，毛泽东到丁玲的住处，看见屋里有十多位从国统区来抗大学习的女青年，和丁玲在一起有说有笑，十分热闹。他在屋里坐一会儿，和大家说几句话就走了。过后毛泽东遇见丁玲说道：

“我看不少知识分子很喜欢同你接近，你这里有点像文化人的俱乐部。”

丁玲明白，毛泽东这是批评她，说她不能坚持深入工农兵。当时，她刚离开中央警卫团，正忙于苏区文协的工作。还有一段时间，丁玲办了几件别人未办成的事情，沾沾自喜。毛泽东听说了，便对丁玲道：

“你是国内知名作家、是否有名士气派？”

丁玲懂得这个批评很重，但心里感到舒服，认为毛泽东真正了解她。她自己也认为是有这个缺点，后来丁玲把毛泽东对她的这一印象告诉别的同志，他们也都有同感。

1944 年，丁玲和欧阳山均在边区文协从事创作工作。欧阳山是湖北荆州人，比丁玲小四岁，1924 年就开始发表小说。1941 年来延安。在七月一日早晨，他们共同接到毛泽东给他俩的一封信：

丁玲欧阳山二同志：

快要天亮了，你们的文章引得我在洗澡后睡觉前，一口气读完，我替中国人民庆祝，替你们两位的新写作作风庆祝！合作社会议要我讲一次话，毫无材料，不知从何讲起。除了谢谢你们的文章之外，我还想多知道一点，如果可能的话，今天下午或傍晚拟请你们来我处一叙，不知是否可以？

敬礼

毛泽东　七月一日早

信中提到的文章，是他们参加边区合作会议，丁玲写了《田保霖》一文，欧阳山写了《活在新社会里》（是赞杨刘建章的）一文。田保霖和刘建章都是边区合作社工作的模范。

他们接到毛泽东的邀请信后，便于那天下午，应邀来到枣园毛泽东的住处。毛泽东热情地请他们坐下，并泡了边区少见的龙井茶。他们谈了三个多小时，丁玲和欧阳山说，毛泽东不时地记录，还经常打断他们的谈话。谈话后，又留在那里吃晚饭，他们吃到了湖南辣菜和红烧肉。欧阳山会喝酒，和毛泽东干了几次杯。天黑了，他们才从枣园策马回来。

还有人告诉丁玲，毛泽东在一次高干会上说："丁玲现在到工农兵当中去了，《田保霖》写得好，作家到群众中去就能写出好文章。"

丁玲听了自然是很高兴。但她认为，《田保霖》写得并不算好。她明白，毛泽东的赞扬是对她的鼓励，希望她今后到工农兵中去写出更好的作品。

在枣园的黄昏，一钩新月，夏夜的和风送来枣花的馨香。丁玲曾经成为毛泽东的座上客，在一起饮酒，谈笑。毛泽东那样雍容大方，那样温和典雅的仪态，给丁玲留下最美好的记忆。

在抗日前线

1937年7月7日，爆发卢沟桥事变，打响了全面抗战的枪声。延安的机关、部队、学校和商店里，到处都在传诵这个消息，人人激昂、兴奋，义愤填膺，都络绎不绝地递申请书，写报告，要求上前线去，打日本鬼子。毛泽东在抗大的操场上做报告，号召青年们做好准备，只要一声令下，就奔赴前线，把日本侵略者赶出中国去。

在毛泽东的号召下，大队人马一批批开赴前线。在延安的街道上，各部队，机关人员领取辎重、被服的，领粮食、伙食款的，人员车马，穿梭往来。宝塔山下，一派战斗总动员的景象。

丁玲也被这全民抗战的情绪所鼓舞。她想，我一不会打枪，二不会放炮，要发挥她自己的特长。她约了六七个同志，草拟了一个“战地记者团”的章程。准备以记者的身份，到前线去，做宣传鼓动工作。丁玲等人的动议，有不少人知道了，要求扩大这个组织，希望加上戏剧，歌咏，漫画等，丁玲也表示赞成。于是就将“记者团”改成为“战地服务团”，把计划重新改写一遍。丁玲把要成立战地服务团的想法，向总后勤部主任罗荣桓做了汇报，罗主任表示支持，他说，十八集团军正好缺少这样一个宣传队伍。罗主任还打电话请示了毛泽东，毛泽东也表示同意。

第二天，在抗大八队宿舍门前贴了一张白纸，上面书写:“战地服务团”五个黑色大字。人们看到后，不少人都到这里来报名，几乎全是抗大的学生。第三天，宣布“十八集团军西北战地服务团”正式成立，任命丁玲为主任，吴奚如为副主任。

吴溪如是湖北京山人，比丁玲小二岁。1926 年黄埔军校毕业，参加过北伐战争。1933 年参加过左联，发表过中、短篇小说。曾经当过周恩来的政治秘书。担任过鲁迅和党中央联系的承转人，曾秘密赴西安张学良将军处，主持将军对外宣传工作。他有很强的宣传工作能力，丁玲的工作需要得到他的支持和帮助。

西战团正式成立后，丁玲到毛泽东的住地，向他请示，应该怎样开展工作。毛泽东见丁玲来了，很高兴，放下手中的毛笔，与其攀谈起来。毛泽东说道：

“这个工作重要，对你很适合，到前方去可以接近部队，接近群众，宣传党的政策，扩大党的影响。组织上嘛，在延安属军委管，到了前方属总政管。出发以前，需要什么，找留守兵团司令萧劲光同志。宣传工作问中宣部，组织机构可以小一点，你们几个领导同志，叫‘团长’也可以，叫‘主任’也可以。下边就不要设‘部’、‘科’，我看叫‘股’就行了。团里有几个人的历史、政治面貌没有搞清楚，这不要紧。对他们，在工作中可以慢慢了解，不要有成见，不要轻易作结论，要帮助他们，有这样几个人，你们就有事做了。”

丁玲聆听完这些指示，问道：

“我们现在的节目还不晓得怎么搞为好？”

毛泽东略一思索道：“节目应该是群众喜闻乐见的，要大众化！我看新瓶装新酒，旧瓶装新酒都可以，只要对抗战有利就行。你是写文章的不会演戏，但可以领导，没有搞过，可以学会。”

丁玲有了毛泽东的指示，她的心里才十分踏实，便和吴奚如一起开始做到前线去的准备工作。他们制定了《西北战地服务团行动纲领》，和《本团规约》。组织机构是服务团下设三个股，通讯、宣传和总务股。陈克寒为通讯股长，这个股负责采访撰写新闻通讯，编印油印小报《战地》，创作演出节目；陈明为宣传股长，这个股下设戏剧、歌咏、张发（书写、印制、散发标语，画壁画）、杂耍（大鼓、双簧、相声）等组；李唯为总务股长，负责后勤勤杂工作。

服务团成立了党支部，支部书记是吴奚如，宣传委员丁玲，组织委员陈克寒。在青年中还成立了“民族解放先锋队”组织，简称民先。

这支队伍的团员有王玉清、戈矛、张天虚、高敏夫、黄竹君、吴坚、陈正清、李劫夫、苏醒痴、朱焰、孙强、袁勃、邹业顺、余建亭、林国权、张可等十六人。女团员有夏革非、朱慧、洛男、李君裁、王钟、吴光伟等六人。还有管理员朱文山，三个小勤务员，一男二女，炊事员老魏、老李、老吴。整个队伍共有三十四人。

从主任到勤杂人员，军委供给部发给每人一套军装，一双布鞋，每人每月零用钱两元，每天小米二十两（十六两一斤的老秤），菜金七分，伙食有节余，分给个人。军委还调来一匹马，七匹小毛驴，是服务团的运输力量。

西战团成立后，进行了政治理论学习。由莫文骅讲战时政治工作，何长工讲行军须知，李富春讲战时的地方群众工作，凯丰讲统一战线，毛泽东讲大众化问题。听讲后，还要进行讨论，团员们的学习热情很高。他们一边学习，一边创编排练节目，丁玲在很短时间内写出独幕话剧《重逢》，张可写了大鼓词《劝夫从军》、《抗日救国十大纲领》等，还有集体创作的《放下你的鞭子》、《保卫卢沟桥》，张天虚写了《王老爷》，孙强创作了《东北之光》和《最后的微笑》，黄竹君编写了《汉奸的末路》。

团员们在紧张的学习、排练中，生活纪律严格，丁玲和吴奚如每天和团员们一起早晨出操，晚上点名、按时就寝，有违犯纪律者受到批评。

西战团在开赴前线前，在延安进行了公演。丁玲和吴奚如也都充当导演和演员。

丁玲在张天虚写的独幕话剧《王老爷》中，扮演八路军的政工人员，她穿军装，系皮带，打绑腿，着草鞋，是一个十足的政工人员模样，几乎不用化妆就可以登台演出。

恰好，在演《王老爷》时，毛泽东来看节目，因为观众将场地挤得水泄不通，不仅座无虚席，连站的地方也没有。前门根本进不来。按习惯，领导在演出中间来看节目，多是从后台进来，从台上跳下去找座位。这次“西战团”新建团，破旧习，规定在节目演出时，谁都不能在台上通过，以免影响演出效果。可是毛泽东来了，他每天忙得很，好不容易来到剧场，谁都不忍心把他拦在剧场外。但是，这是西战团首场演出，不好头天就破了规矩，就请毛泽东在这个节目结束后，再到台下看戏。毛泽东乐呵呵地说道："好哇，好哇，遵守你们的规定！"

这时丁玲正在台上演出，满场的笑声传到后台。毛泽东忍不住走到幕边，从幕布条之间窥视，见丁玲正在台上表演女八路干部教训王老爷，她英俊的形象，和浓重的湖南话——老乡的乡音，使毛泽东备感亲切。毛泽东为丁玲的进步，为这支队伍的建立，喜上眉梢，轻轻地说道：

"这个丁玲哇，这个丁玲还是有两下子的哟！"

这场节目演完了，观众久久不愿散去。毛泽东走上台，见了丁玲，极有兴趣地笑道：

"节目可以，就这样搞下去！"

9月22日，西战团离开延安，开赴山西抗日前线。在出发的前几天，延安各界举行了"西战团开赴抗日前线欢送晚会"，毛泽东等中央领导亲临讲话，丁玲代表西战团致答词。就这样，他们带着延安人民、全国人民的嘱托，奔赴炮火连天的抗日战场。

西战团渡过黄河，进入山西境内，到过大宁、蒲县、临汾、太原等地，进行张贴、书写标语、讲演、文艺演出等活动，宣传共产党的抗日主张，吁请各界支持西战团的工作。西战团的拿手节目是《打倒日本升平舞》。它是用东北大秧歌形式，一边走一边扭，一边扭一边演。在台上扭到台下，再从台下扭到台上。演员化妆成工农兵学商和汉奸、日本鬼子等形象。秧歌调填新词，歌唱人民起来抗战，打倒鬼子和汉奸。每当他们在剧场或街头演出，观众都是里三层外三层，挤得水泄不通。从鼓点一响，唢呐一吹，就会扭得人裹人，人挤人，就会跟滚雪球似的，人越来越多，观众就像着了魔一样，围住西战团不散。这时西战团正好开始进行抗日宣传活动，可以取得相当好的效果。

西战团在临汾的活动，使一位国民党的县长改变了对他们的态度，赞扬八路军艰苦朴素，是中国的希望。西战团到了太原，见到了周恩来同志，按照他的指示，他们拜见了阎锡山，用既团结又斗争的策略，宣传国共合作，全民抗战，抗战到底。

太原沦陷后，西战团随八路军总司令部辗转活动于沁县、安泽、榆社、洪洞、赵城、临汾、运城等十余县市，行程数千里，演出百余场，深受抗日军民的欢迎。3 月初，根据中央指示，西战团离开山西，由风陵渡过黄河，经潼关去国民党统治区西安进行演出。到了西安后，宣传工作开始不久，国民党省党部要他们即日离开西安，赴山西前线活动。他们书写的标语也被人用水洗去。发生了这样的情况，丁玲请示了党中央，毛主席指示：要求西战团不能撤出，要“针锋相对，摩而不裂”。

如何“摩而不裂”？丁玲发动群众，想了不少办法。街上的宣传标语，落款把“西战团”改成“抗敌后援会”。因为“后援会”是国民党包办的群众团体，省党部不便出来涂抹。但内容和字体一看就是西战团所写。他们被停止了公开演出，就化整为零，组成小分队活动，到伤兵医院、工厂、学校教唱救亡歌曲，开联欢会，座谈会，搞小型演出。为了争取公开合法的活动，丁玲还拜会蒋鼎文、胡宗南等人。利用他们的护身符，开展宣传工作。蒋鼎文是国民党政府西北行营主任，总揽西北军政大权，他批给西战团二百元钱，表示支持。胡宗南是蒋介石嫡系部队的司令官，在西北也是举足轻重的人物。他宴请了丁玲。西战团在西安站稳了脚跟，省党部就不敢找他们的麻烦，可以顺利地开展抗日宣传活动。

1938 年 7 月，丁玲率西战团返回延安休整。做了西战团十个月来的工作总结报告。西战团的成绩得到党中央、毛泽东的肯定。后来，西战团又前往晋察冀边区，丁玲只是担任挂名主任，留在延安学习。这期间丁玲主编了《西北战地服务团丛书》其中有《一颗未出膛的枪弹》、《河内一郎》等八册，由生活书店出版发行。这是西战团四十多位同志的功绩。

因工作需要，丁玲在马列学院学习后，又调至陕甘宁边区文艺协会工作。她还常常挂念由她创建的在晋察冀边区活动的西战团，希望他们为抗日战争做出更大的贡献。

情义深重的易俗社

俗语说，精诚所至，金石为开。丁玲率领西战团在西安进行抗日宣传活动，不仅使国统区的老百姓对八路军的抗日功绩有所了解，而且也使对他们冷淡的易俗社会长高培支老先生改变了看法，对西战团表示尊敬和佩服。这一切，都是丁玲和西战团的战友们不辞辛苦，勤奋工作的结果。心诚则灵，只要诚心诚意为老百姓做事，老百姓肯定会拥护你。

1938 年 3 月，丁玲率领西战团，来到古都西安城。一面红色的“十八集团军西北战地服务团”的团旗为前导，团员们穿着整齐的军装、迈着有力的步伐，在街道上行进。队伍里的女兵，和穿着日本黄呢军大衣的十名团员特别引人注目。这十件日本军大衣是在平型关缴获的战利品，是杨得志送给西战团的。商店里的店员、顾客和行人，纷纷来到路边，夹道热烈欢迎西战团。团员们一路上高唱抗战歌曲，走向他们的驻地——梁府街女子中学。

从卢沟桥事变开始到如今，抗战已经八年了。八路军在山西战场，火烧阳明堡，平型关大捷，深入敌后，发动群众，武装群众，开展游击战争，粉碎了日寇的扫荡，可是这些胜利的消息，被国民党严密封锁着，他们继续执行消极抗战，积极反共的错误路线。西战团的任务，就是要和西安各界人士见面，宣传共产党的抗战主张和八路军的胜利消息。他们举行记者招待会，召开纪念会、座谈会；准备上演反映山西前线军民团结抗战的多幕话剧《突击》。剧本由南国剧社的老艺术家塞克等人集体创作，塞克导演。当时西安的几个剧场都太小，座位又少。有人介绍易俗社的剧场比较大，能容纳二千多人。派人去看了一下，果然不错。剧场是演出团体的一件大事，关系着西战团在西安第一次演出的成败。所以，丁玲就亲自出马，去易俗社会见社长高培支老先生。

易俗社是培养秦腔戏曲演员的学校，一边教学还一边进行实验演出活动，所以设有大剧场。易俗社1912年由李桐轩、孙仁玉等在西安创办。聘请陈雨浓、李云亭、赵洁民等著名秦腔演员为教师。高培支老先生是李桐轩的弟子，李桐轩过世后，由高老先生担任社长，他也是一位教育家。

第二天，丁玲来到易俗社，走进社长办公室，只见一位接近耄耋之年的老者，穿着长袍马褂，一副端庄肃穆，道貌岸然的模样。丁玲穿的是西战团制服，上身是黄军装，下身是马裤，披一件黄色的日本军官的呢子大衣。丁玲自我介绍一番，便将西战团来西安的目的，要进行话剧演出的情况说了一遍。高老先生很注意听，并对西战团说了几句仰慕的客套话。接着丁玲把带来的一顶细罗纱的双人蚊帐，几盏宫灯式的纸灯，两把画得很美丽的纸伞，送给了他。丁玲说道：

“这些是从日军仓库里缴获的胜利品，不是什么好东西，送给您老先生表示一点心意，请收下留作纪念。

高老先生接过赠品，说道：

“我向来不受礼，但这是从抗战前方带来的胜利品，来之不易，我拜领了。我要把它们放在客厅，供大家欣赏，谢谢你们。”

接着就进行租借演出场地的谈话。丁玲说道：

“现在是抗战时期，我们体谅易俗社同仁工作生活的不易，我们使用剧场愿意付租金。”停了停又说道：“我们西战团，没有演出经费，八路军在前方抗战，军费奇缺。我们团员每人每月只领津贴两元，我希望贵社站在抗战的立场上，给我们的演出以支持、帮助。”

高社长听了，没有表态，面孔依旧严肃。丁玲还讲了一些西战团在山西前方演出受到群众热烈拥护的情景，希望因此使高老先生有所感动。可是，他听丁玲说了那么多，只是简单明了地回答道：

“我们的场租是固定的，不管是那个剧团，每天两场，租金是250元，一个钱也不能少，这是惯例。如果我们自己破坏了，今后就不好办事了”。

他的话说得很坚决，丁玲听了很不舒服。她想，我们是抗战最坚决，生活最艰苦的十八集团军，到了山西，受到人民的敬爱和欢迎，可是这位老先生却如此顽固，不通情理。似乎是没什么可以再商量的了，丁玲很想扭头就走，不在易俗社剧场演出，但还有点舍不得立即离开，好像还有所等待一样。这时，这位老先生却站了起来，摆着一副送客的样子。丁玲也只好站起来，同时脑子里突然有一个新的想法钻了出来："也许正因为我们是十八集团军，是共产党领导的军队，人家才不肯减少一个子儿的租金。对，可能就是这样。"于是丁玲伸出手来，爽快地说道：

"社长先生，好吧，我理解你，场租就按照你们的规定。我们马上来人装台、布置场景。今后仍请关照。"

他一听丁玲说得痛决，好像轻松了许多。又说道：

"我通知下面办事的人，你随时可以来。"接着，又亲切地问道：

“你们的门票定价多少?”

丁玲回答道:“四角和两角两种。”

他立即说道:“太少了，定价太低了。以你们这个剧团的名气，完全可以定一元和八角。要不，你们要赔钱的。”

丁玲诚恳地答道:“我们是做宣传工作，不是营业演出，为了使更多的人民群众来看戏，门票只能定这个价钱。”

高老先生奇怪地看了看丁玲，再没有说什么，他们就分手了。

第二天，西战团的同志们就开始去易俗社剧场，布置舞台场景。起初，易俗社的一些演员、学员、工作人员，三五成群，站在远处好奇地望着他们，慢慢地走近来交谈，最后，还有人自动地来帮助干活。那时，西战团有三十多人，装台时，领导和男女团员，一齐下手，很快就布置完毕。第三天，就开始演出，一共连演三天，演出七场，有一场是专门慰劳伤兵。场场客满，掌声雷动，轰动了古城。西安的报纸曾经报道说:

“西战团的全团同志用突击的方式排演《突击》，公演后受到观众的热烈欢迎。”

尽管每天都有空袭警报，但观众如潮水般涌向易俗社剧场。西战团在西安的演出成功，不仅胜利地宣传了共产党的抗战纲领，而且也表明人民群众对共产党、八路军的热爱与拥护。西战团的同志们都为此兴高采烈。但是，正如高老先生所计算的，西战团赔钱了，门票收入可以够付剧场租金，但其他的演出开支，如布景、道具、服装等等，却一时没有着落。丁玲的心里有些愁闷。

演出结束后，丁玲带着七百五十元钱，去易俗社，会见社长高培支先生，亲手把场租钱交给他，并且对他们的工作人员给予演出的全力支持表示感谢。丁玲刚要从挂包里往出掏钱时，他就伸出一只满是密密麻麻皱纹的手，压住丁玲的手说道：

“我看得出来，你们这次公演赔钱了，我不要你们那么多的场租。三天，你给我两百元，够我们的开销就行了。这种开销，我们没有办法补贴。”

丁玲再三要掏出钱来，但她的手被按住不能动。

她看着他苍老的面容，一副肃穆的样子，两只干枯的眼睛却显得有点湿润润的。丁玲开始还有些不理解，但当他们都沉默地对视了一会儿之后，她的眼睛也有一点湿润了。高老先生把手挪开了，对身旁的一位工作人员说道：

“我从来没有看见过像你们这样的剧团。来这里演出的剧团、戏班够多了。你看，这就是他们的团长，她是有名的女作家，可是成天台上台下，和团员一起，什么事都做，同吃一样的饭菜。几十个人像一个人那样，不分高低，抢着干活，成天乐呵呵的。我少收他们的场租，不是因为他们拿不出来，也不是我们钱多。我只觉得我应该这样做。我们易俗社的子弟都能像他们这样就好了。”

他又望着丁玲说道：“不是我夸你们，我是不当面夸奖人的，可是你们剧团，你们这些人都是平凡的人，都是好人。你们给我二百元就行了。我只收这样多，绝不多收。”

另一位工作人员也说道：

“高社长说了只收二百元，他向来是说一不二。

他少收你们的租金，这是破天荒第一次，你们就领情好了。”

丁玲非常激动。她感到高老先生的话语中所表达的，不只是少收几百元钱，而是他们对共产党领导下的西战团工作的鉴赏与深厚的情感。丁玲拿着留下的钱，像捧着西安人民的希望，迈着沉重的步子，走出易俗社大门，和高培支老先生郑重紧紧握手道别。

过了不久，八路军在抗日战场取得了节节的胜利，而国民党反动派却对西战团进行了限制与迫害。省党部居然给西战团来了通令，说西战团应该到战区活动，限即日离境，否则要逮捕负责人等等。丁玲请示了党中央，采取了“针锋相对、摩而不裂”的斗争方针。他们用蒋介石说的“人无分老幼、地无分南北，都有抗战的责任”的谈话，驳斥了国民党省党部的通令，同时，提出为了筹措开拔经费。决定在西安举行第三次公演。

当时西战团的同志们看到，京剧、秦腔在西安很受欢迎，便决定把京剧、秦腔做为第三次公演的主要节目。丁玲和团员们费了一番心机，选中了老舍写的两个剧本，《忠烈图》和《烈妇殉国》，前者用京剧形式演出，后者用秦腔形式演出。争取十来天排练完毕，仍借易俗社的舞台演出。

那时，西战团内只有夏革非是西安人，会唱几句秦腔，其余的演员都不会，都要从头学起。要在短短的十来天里，排好一出京剧，一出秦腔，实在太难了。在这为难的时刻，丁玲想到了新结交的老朋友，她再次来到易俗社，拜会高老先生。把排剧的困难，据实相告。他毫不迟疑地答道：

“我们帮助你们，不会唱我们教，演员不够我们派人补，导演我们负责……”他们谁也没谈到场租。

就这样，西战团的团员，每天到易俗社学习、排练。汪振华、肖润华两位先生负责导演，旦教旦、丑教丑，头牌旦角，有名的“陕西梅兰芳”王天民亲自指导夏革非。彩排时，管衣箱的，把最好的衣箱打开，把最好的行头拿出来，任西战团的团员挑选。演出那天，化妆师为演员挥扇化妆、描眉、整理头饰；高老先生和导演都在后台坐镇，直至夏革非步上舞台，获得满场彩声时，他们才和西战团的团员们一样，放下心来。

这次演出，很成功。西安观众都赞美夏革非，说她是从“延安来的王天民”。西战团获得了西安人民极大的赞誉，演出的秦腔不亚于易俗社的拿手好戏。

七月底，西战团结束在西安的宣传话动，奉命返回延安。丁玲和战友们向易俗社告别时，高老先生赠给西战团一套衣箱。他说：

“我佩服你们，尊敬你们，送你们这套行头不是新的，新的我送不起。你回延安，到乡下，这些也够用了。祝你们一路平安、前程万里。”

丁玲和她的战友们，与高老先生，易俗社的老师、学生、导演等，依依惜别。他们永远记住易俗社崇高正直的友情。永远怀念高培支老先生端庄肃穆的身影。他们对西战团的支持、帮助，就是对共产党八路军的支持、帮助，他们是代表正直的人民表达了对共产党八路军的热爱和拥护。这也是共产党八路军在全国取得最后胜利的根本保证。

美国好友史沫特莱

在新中国刚刚诞生不久的1950年，丁玲和她的战友们进入北京，正在忙于社会主义各项建设事业的时候，从国外传来一个令人十分悲痛的消息：她的美国好友史沫特莱不幸于英国病逝。丁玲于5月10日在《人民日报》上发表题为《噩耗传来》的文章，追述了史沫特莱对中国革命的贡献和她们之间的友谊，表达了作者深切怀念之情。

丁玲与史沫特莱相识，是在1931年。这一年的2月7日，丁玲的丈夫胡也频被国民党特务枪杀后，处于极度悲愤之中。他将孩子送回湖南老家，回到上海，住在环龙路一个弄堂里。她向党组织要求到江西苏区去，继承丈夫的遗志，参加苏区的革命和斗争，为丈夫报仇雪恨。正在等待党组织的答复。她像一个孤魂似的深居在一间小屋里，伏案直书，抒发她无限的愤懑；有时在行人稀少的环龙路旁的梧桐树下踟蹰徘徊，一颗寂寞忧愁的心，不断被焦急所侵扰。

就在此时，冯雪峰通知丁玲，有一个外国女记者要见丁玲。她对左联五烈士的被害，表示了无限同情与愤慨，要向国外写报道文章，替共产党做宣传舆论工作，请丁玲按约定时间到她的住地去。大约是5月份的某一天，天气已经暖和了，丁玲穿一件黑色软缎连衣裙，走进幽静的格罗西路边上一所有花园的洋房里，史沫特莱热情地迎接了她。

史沫特莱是美国作家、新闻记者，1890年，生于美国一个工人家庭。青少年时期，当过烟厂工人，书刊推销员，1919年随家人赴欧州，在柏林侨居八年。1928年，以《法兰克福日报》特派记者身份来到中国，在上海参加中国进步文化活动。丁玲见到史沫特莱：身材高大，一对秀丽的大眼睛，炯炯有神。给她的印象，是一个热情、能干的美国妇女。

她向丁玲提出许多问题：她的经历，她的处境，她对未来的打算，她的写作计划……。过去丁玲不太懂社交，怕和上层人物往来，不喜欢花言巧语，但一旦心扉打开时，竟能娓娓而谈。这样，她们就像一对老朋友，倾心地说了一上午。史沫特莱还为丁玲照了不少像。

过了不久，丁玲又去她的住地一次。丁玲穿着一件自己缝制的蓝布连衣裙，大领短袖，样式比较新颖。史沫特莱赞赏了这件简单朴素的便衣，说可以衬托出人的自然美，丁玲穿上这件衣服更加精神了。她们谈了穿着打扮之后，又谈起国民党特务对她的监视。她告诉丁玲，前几天，有一个鬼鬼祟祟的人守在马路对面向屋内张望，她从花园里，透过竹篱笆望见了，一连好几天都是如此。她气坏了，就操起院内的一根大棒，冲了出去要打那个人，吓得那人仓皇逃跑，以后再也没有来。她讲到这里，大声笑着，表现出她的天真与粗犷，丁玲不禁也高兴地笑了。

通过这两次接触，丁玲和史沫特莱成为好友。

丁玲认为她是可以信赖的无所不谈的自己人。尽管丁玲知道她当时和中国一些文坛名士林语堂、徐志摩等友好，但她与之更友好的是中国共产党。

之后，丁玲经常与史沫特莱见面，交流彼此的感受，互致问候。在“九一八”、“一二八”两次群众大会上，丁玲都见到她出席了会议，带头参加游行示威，喊口号。丁玲想，一位外国友人能做到这一点，很不容易。1933 年，当丁玲被国民党特务绑架之后，史沫特莱立即撰写文章，向国外发出消息：国民党政府秘密拘捕作家。世界各大通讯社、各国报纸，纷纷转载，国际社会著名人士，联名向国民党政府提出抗议，坚决反对迫害中国作家。在国际友人和著名人士的大力营救下，国民党特务没敢杀害丁玲，只好秘密囚禁起来，不给其自由。

1936 年 9—10 月间，丁玲在党组织的营救下逃出上海，住在西安的一位外国牙科医生家里，等待进入陕北苏区中央所在地保安。这位医生很年轻，他告诉丁玲，他是奥地利人，递给丁玲的名片上写着冯海伯，是其中文名字，他的德国名叫：温启，是一位革命者。一天下午，冯海伯告诉她，晚餐有客人，要多杀鸡，多准备点心和咖啡等。他掩饰不住异常的兴奋。丁玲不知客人是谁，只能为他高兴。

当晚餐开始时，冯海伯请丁玲到餐厅去和他的客人见面。丁玲有些怕见生人，但冯海伯的朋友不能不见，于是便整装，兴致冲忡地走进餐厅。只见餐桌上首坐着一位外国男人，还有一位外国女人伫立在窗前。丁玲转身望她时，发现了一对热情、炯炯有神的大眼睛，紧紧地盯着她。“呵，还能是谁呢？这不是史沫特莱吗！”丁玲急忙扑过去，她伸开双臂一下子就把丁玲抱起来，在她的有力地拥抱中，丁玲忽然感到一股暖流涌遍全身。她感到无比的幸福。她在失去亲人，被特务绑架等一系列的痛苦磨难中，尚有一位外国友人在关心她，救助她。今天在西安意外重逢，怎么不令她激动呢？丁玲也紧紧地拥抱着史沫特莱，从她的脸上流下大颗大颗的泪珠，滴在她的衣襟上。餐厅里的人都在沉重地望着她们。史沫特莱，用不太准确的中文，大声说道；

“我们——终于——见面了，高兴，高兴！”

接着，她不管你懂不懂，用英语，叽哩咕噜对丁玲说起来。丁玲的英语说得很不好，只能用几个单词回答她，有可能是答非所问，惹得大家笑起来。这样，他们终于打破沉闷的空气，欢快地围坐在餐桌周围。

史沫特莱还是那样精神抖擞。她说，她这次是以记者的身份，来西安采访，听说西安正在准备“欢迎”蒋介石。此时，正是西安事变的前夕，正在酝酿一场新的斗争。史沫特莱就是来追踪这些消息的。她的工作总是和时事贴得很紧，政治触角很敏感，有极大的工作热情。丁玲认为，她不但是一个记者，也是一个文学家，她的自传体长篇小说《大地的女儿》，写得很好，在国内外享有盛誉。

另外那位男客，丁玲早闻其名未见过其人，就是美国作家埃得加·斯诺。他正从丁玲要去的地方来。他向丁玲介绍了保安，介绍了毛泽东、周恩来，他说他认识了许多身经百战的红军将领，他讲述了苏区老百姓的故事，非常有趣，逗得大家哈哈大笑。他在苏区照了很多照片，拿出来给大家看。斯诺还会唱红军歌曲，教给大家唱：

“炮火连天响，

战号频吹，

决战在今朝……”

大家还用三种语言同唱《国际歌》……每人都喝了不少酒，喝了很多咖啡，脸都红了，在这幸福的秋夜里，绽着愉快的笑容。

夜深了，两位客人才离去。分别时，史沫特莱把她的一顶貂皮帽子送给了丁玲，说陕北天气很快就要冷了，戴上它可以御寒。丁玲收下帽子，与客人依依惜别。

不久，丁玲到达保安，投入到党的怀抱，参加了八路军，走上了前线。1937 年 1 月间，丁玲刚从陈赓部队转到二方面军贺龙同志的司令部时，八路军总司令部派通讯员接丁玲回去，说有一位外国女记者要见她。丁玲和通讯员骑马赶回三原总部，原来这位外国女记者不是别人，就是史沫特莱。丁玲来到陕北后不久，史沫特莱采访完西安事变，也赶到陕北，来采访八路军的情况。她还是那么高大健壮，乐观豁达。两个人一见面，又紧紧地拥抱在一起。这次丁玲没有流泪，而是满面笑容。史沫特莱用秀丽有神的大眼睛盯着她说道：

“丁女士胖了！越发漂亮了！”

在总部，彭德怀、任弼时、陆定一几位领导，正在向史沫特莱介绍八路军的情况，之后，任弼时同志请丁玲陪她到延安去，丁玲高兴地接受了这个任务。第二天，她们乘一部大卡车北上，一同坐在驾驶室里，畅谈西安分别后的情景。她们用简单的英文单字，加上摇头、挥手，一言一笑，将两个女人的心里话都说出来了，彼此的心贴得更近了。两天后，她们到了延安，史沫特莱住在延安城里，丁玲留在中央警卫团工作。丁玲虽然工作繁忙，但一有空就去她那里看看，她们就像亲姐妹一样亲热。

这时，史沫特莱过着八路军普通战士的简单朴素的生活，穿一身灰布制服。她不习惯睡热炕，把一张帆布行军床支在炕上。炕前放一张小桌，桌上有一架打字机和几本笔记本。外间房屋地下有一方桌，毛主席、朱总司令来看她或介绍情况，都坐在方桌边。

史沫特莱是一个很勤奋的作家，悠闲同她无缘，她从早到晚都认真工作。她喜欢广泛搜集材料，了解各种情况，但总是把话题抓得很紧，从不爱闲谈。丁玲去看望她，经常看见她在忙碌地工作着，丁玲不免有些内愧，觉得自己常把时间浪费在闲谈上了，有时冥想太多，显得散漫，缺少现代人应有的紧张。丁玲把这些印象讲给毛主席听，毛主席十分赞同丁玲的看法，还说，我们应该向外国朋友学习。

有一次，延安召开党的活动分子会议，丁玲参加了，美国医生马海德也参加了，史沫特莱没有参加，她为此很生气，哭了一通。中央组织部领导找她谈话，向她解释：这不属于友好问题，也不是对她不信任，这是组织问题，因为她还不是共产党员。还告诉她，我们对她是以诚相待，她是著名的新闻记者，她还要到边区外面去，到世界各地去，宣传八路军、共产党，她不入党，不参加组织有更方便的地方。她勉强被说服了。后来，她果真离开了延安，为中国共产党、八路军做了许多宣传工作。

1937年7月7日，抗战爆发后，丁玲率领西北战地服务团，开赴山西前线。太原沦陷不久，在一次行军途中休息时，丁玲看见一位高大的外国女记者，这是史沫特莱。她也看见了丁玲。她是跟随八路军前线总部转移，也来到这里。她们俩，在炮火连天的战场上相遇，都不约而同地向前奔跑着，又紧紧地拥抱在一起。她们跳着、笑着，为又一次重逢说个没完没了。西战团的同志们也都认识她，大家围着她，问长问短，会说英语的同志，挤到前面向她问候。大家还高兴地鼓掌，欢迎她跳舞，她毫不客气地和许多年轻人跳起来。晚上，西战团在宿营地演出，她到台下和观众一起观看，一起鼓掌，同声叫好。那一天，团里的一位演员，因连日行军、演出，疲劳过度，出现“休克”时，她比卫生员还要勤快，赶来为他按摩，用民间的土法，把砖烧热，垫在病人的脚下。她就是这样热爱共产党、八路军，成为我党我军的知心朋友。

她们在抗日前线，有时见面，来去匆匆，很少有长谈的机会。后来，西战团驻在洪洞县万安镇时，史沫特莱住在离她们十多里的八路军总部，她们曾经见过最后一面。她说她要离开前线到国民党统治区去工作，为八路军宣传、募捐，丁玲来不及送她，她就悄然离去了。从此她们没有再见面，只是听到她的一些零碎的消息。有人说她舍不得离开八路军，又有人说她离开山西就到国统区去了，募捐了不少钱，买了很多药品转送给八路军和新四军。她还介绍很多外国朋友来到解放区。她撰写的文章在德国、美国的报刊上登载，八路军、新四军抗日胜利的消息在世界上广泛传播。她写出了朱德传《伟大的道路》，还有歌颂八路军、共产党的《中国人民的命运》、《中国红军在前进》、《中国在反攻》和《中国的战歌》等著作，在世界各地畅销。

新中国成立后，丁玲得到消息说史沫特莱急于要到中国来，但美国政府不发给她签证。丁玲一直为她着急、担忧。后来听说，她得到了去英国的签证，不久就可以转道来中国。丁玲和她的朋友们非常高兴，都在急切地盼望着迎接她到解放了的新中国相聚。可是，史沫特莱到了英国，却传来不幸的消息，她到了英国就病倒了，不久就离开了人世。在她弥留之际，嘱咐身边的人要把她的骨灰送回中国。

1950 年，丁玲和战友们，迎来了好友史沫特莱的骨灰，安放在北京八宝山革命公墓，和中国革命的先烈——她的战友们长眠在一起。丁玲的好友，也是中国人民的亲密朋友史沫特莱，为中国革命做出了贡献，也为中美两国人民的友谊架起了桥梁。史沫特莱光辉的名字，永远活在中国人民的心中。

创办文学研究所

丁玲进城后，在中宣部文艺处工作。一天，刘少奇同志找丁玲，问道：

“我们是不是应该有一所培养自己的作家的学校?”

“我一百个赞成!”丁玲回答道。当丁玲进城时，毛主席曾经问过她，想当官，还是想继续当作家?丁玲回答得很干脆，当然是继续当作家。今天少奇同志说，要培养我们自己的作家，她当然同意了。

“那你就张罗起来吧!”少奇同志说话、办事干脆利落，需要开多少会议才能做出的决定，就这么一槌定音了。

丁玲赞成创办培养自己的作家的学校，不是没有原因的。早在延安主编《解放日报》副刊时，她经常接到一些来稿，只是错别字太多，文理不通，难以刊用；还有几位热爱文学的青年，拿来作品请她删改，素材还不错，只是不懂创作方法，内容和形式都很混乱，很难删改。还有一位作者，写了一部长篇小说，内容很生动，只是错别字太多，读不成文。文中有些用自造的符号代替的字，大家猜出了几个，还没认全，稿中经常出现一个“马”字，像“马”字却没有下面四点，这是个啥字？很多人都猜不出。从上下文反复猜测，可能是个“趴”字。后来，发稿前，请作者来京改稿，他说，是“趴”字呀！马没了四条腿，不就趴下了吗！”真是令人哭笑不得。丁玲碰到不少这样的作者，帮助他们进学校学习，提高文学理论和文化水平，是当务之急。所以，丁玲愉快地承担下创办文学研究所的任务，愿意下一番苦功，为新中国培养一批作家。

丁玲接到少奇同志的指示后，日夜筹划，拟定一份“筹建中央文学研究所”的计划。呈送中央后，很快就得到批准。毛主席为此还派了他的秘书，到丁玲所住的多福巷，商讨建所的有关事宜。

丁玲派她的秘书陈淼和马烽等同志一起进行呈报经费、买房子和购买备品等工作。建国初期，财经支出比较紧张，可是对文学研究所呈报的经费预算并没有核减多少。有了钱，首先买下鼓楼东大街一〇三号的一处房子，做为文学研究所的所址。接着从东安市场和琉璃场的书摊上，买来解放前有关文学的大批书刊。又买来一些设备和办公用品等等。经过一个夏天的筹备，一切工作基本就绪。

丁玲所抓的事务性工作还比较顺利，只是领导班子的安排遇到了小小的麻烦。经文化部批准，丁玲任文学研究所所长，张天翼任副所长，田间、康濯为正副秘书长。这些人的任命都没什么问题，只是任命马烽为党支部书记，他本人不同意。他是从学员中选出来的，需要一边学习，一边工作，他找到丁玲说：

“丁玲同志，你跟咱向上级说明一下我的情况，就给免了这差事吧！咱根底差，就等着补文化这一课呐，一搞支部工作，还学甚呐？”他那刚学会的普通话，说到“还学甚呐”，就变成山西味了。这位以创作《吕梁英雄传》已有些知名度的作家，这时还不到三十岁，从小参加八路军，从来没当过领导，让他当支部书记实在有些难为他。

“这事，你一定要我向上级转告，我会帮你转告。”丁玲半开玩笑半认真地说：“不过，我这个所长，和街道派出所的所长是同一个级别，你怕耽误学习，我怕耽误创作。要不，咱们就散摊吧！”

马烽听了丁玲话语中带刺，想了想，只好喃喃地说：“要是这样咱当然服从组织决定。”

“这就好——”丁玲接着说：“如果有困难，咱们再商量。”

就这样，领导班子的人选终于确定了。接着，就是遴选专职教师。丁玲知道有一位诗人蔡其矫，是抗日战争时从印尼奔回祖国的，英文很好，可以讲惠特曼。丁玲费了很大周折，将他调进文学研究所。丁玲将专职教师配齐后，就是选择学员了。她要将写出一些作品、有培养前途的作者选到文研所来。第一期学员，计划有马烽、徐光耀、陈登科、西戎、李纳、刘真、谷峪、邓友梅……等等，年龄最小的是刚刚十八岁的胡昭。当调西戎时也遇到了难题。西戎曾和马烽一起写过《吕梁英雄传》，此人在解放战争中，随军南下，在四川省报社工作。丁玲就打电话给四川省委宣传部杜心源，要调他进京学习。杜心源说，他报社工作离不开，不能放。丁玲就说："培养一个作家多难。你留他不就是编报吗？再调来一个编辑不就行了！"后来，丁玲找到中组部，才算把西戎调来。

丁玲费了不少力气，终于把教职员和学员的队伍调齐了。接着在一个大雪飘飘的冬日，举行了开学典礼。著名作家郭沫若、茅盾、叶圣陶、周建人、张天翼、李广田、冯雪峰等人出席了开学典礼，郭老、叶老、茅公都在会上讲了话，希望学员们刻苦学习，努力创作，为讴歌新中国，写出更新更美的作品。

文学研究所还确定了十八字的教学方针：自学为主，教学为辅，联系生活，结合创作。这个方针，得到领导和专家的赞同。按着学习计划，聘请郑振铎、李何林同志分别讲授中国古代和现代文学史，游国恩、季冠英讲授古典文学，胡风、杨晦讲文艺论，曹请华、冯至讲外国文学，胡绳讲哲学，黄药眠讲美学，俞平伯讲《红楼梦》，李又然讲白居易的诗。这些名家的讲授，使学员们听得十分入迷，像干旱的田地得到了雨水，解决了过去创作中遇到的很多难题。

丁玲是所长，她除了按着教育方针，认真培育学员之外，还要关心他们的个人生活问题，以便使他们安心学习，搞好创作。像一边工作、一边学习的马烽已年届三十，还在打光棍，处了个女朋友，在河北保定工作。丁玲就给河北省委写信，找中组部协商，将其女友调来北京。丁玲还亲自主持了他们的婚礼。丁玲对马烽说：

“按理应该让你们去度蜜月，可现在工作学习都很忙，你们就度蜜周吧！”

丁玲批准他们一周的假期。那时，作协在颐和园有几间屋子，马烽夫妇住进了“邵窝殿”。这是孤零零的三间大厦。环境很幽雅，可惜无处起火做饭。

相距不远有一宅小院，叫“云松巢”，丁玲的母亲余老太太在那里疗养。丁玲就让马烽夫妇和她母亲一起去吃饭。这样，他们度过了愉快的一周。除了马烽之外，丁玲还关心徐光耀、西戎等人的婚事和家事，使他们的学习更加安心。

丁玲更为关心的是他们的创作。学员们都是一边学习，一边创作。他们有了好的创作计划，就找丁玲商量，在文研所找不到她，就到多福巷的家中去找，与丁玲畅谈。丁玲为他们出谋划策，直至制定出切实可行的计划，写出作品，帮助其推敲修改，最后推荐到报刊上发表。学员们不仅把丁玲看成是领导，是老师，也是朋友和亲人。当学员们毕业后，走向生活时，创作上遇到困难，还要来找丁玲，求得指导和帮助。1952 年夏天，徐光耀随中国人民志愿军到达朝鲜战场。他在创作上遇到一些困难和苦恼，丁玲给他写了一封长信，告诉他如何虚心学习，不要着急赶创作任务，应当从做人做党员着手，这样才能创作出好的作品。徐光耀听从丁玲的教导，从朝鲜回来，果然有了丰硕的创作成果。

当丁玲在文化大革命中蒙受不白之冤时，她的这些学员都支持她、保护她，不少人和她一起遭到了批判和斗争，她和学员们建立了极为深厚的友情。

丁玲认真遵照毛主席和少奇同志叫她办好文研所的指示，把文研所办得热火朝天，培养出了一批又一批有成就的年轻作家，他们创作出不少歌颂社会主义建设的好作品，丁玲的这些功绩得到党和人民的肯定。当1986年，丁玲已八十二岁高龄之际，她的这些学生都前往北京看望她，祝贺她创作出《杜晚香》、《“牛棚”小品三章》等力作，并祝愿她健康长寿！

丁玲创办文学研究所的事迹，将永远载入新中国的文学史册上，熠熠发光！

蒙受不白之冤

1955 年年底，寒风凛冽，雪花飘飞。陈明接到通知，让他到北京电影制片厂会议室去听传达中央文件。

陈明去时，会议尚未开始，会议室内坐满了人。都是很早就熟悉的导演、编剧、演员等老同志。人们都在窃窃私语，猜测中央文件的内容。不一会儿，电影厂负责同志来了，面孔严肃地将中央文件宣读一遍，其内容是，关于“丁（玲）陈（企霞）反党集团”的问题，文件列举了丁玲的头一个大问题，就是曾经自首变节。第二个大问题，列举了全国解放后她到北京工作犯下的四大罪状：一是拒绝党的领导和监督，违抗党的方针、政策和指示；二是违反党的原则，进行感情拉拢，以扩大反党小集团的势力；三是玩弄两面派手法，挑拨离间，破坏党的团结；四是制造个人崇拜，散播资产阶级个人主义思想，宣扬一本书主义，等等。

陈明听了感到都不是事实，心情十分沉闷。晚上，回到北京多福巷寓所，丁玲正在忙着赶写《在严寒的日子里》，见陈明进入家门以后面孔严肃，气色很不好，便问道：

“看你脸色多难看，出了什么事了？”

“没事，没事！”陈明忙着解释。

“不对，没事，怎么会愁眉苦脸？噢，是不是听传达中央文件，国家出了什么大事？”

“没有，国家没出什么事。”

“那就是个人的事？”

陈明了解，丁玲是一个爱寻根问底的人，一件事情不弄个水落石出绝不罢休，况且，用不了几天，她也会知道这个文件的内容，便将在北影厂听到的中央文件的内容复述一遍。丁玲听了也很生气，但比较坦然，说道：

“不做亏心事，不怕鬼叫门，我在上海被国民党绑架的事，1942年整风，组织上已有结论，怕什么？我在解放后这几年的工作，我承认有错误但够不上反党！”

“是的。”陈明说道：“我认为都不是事实，全是诬蔑、陷害。”

“那也没关系，我们党历来是讲究实事求是，最终事情总要真相大白的。”

早在夏季，报刊上已经开始揭露“胡风反革命集团”的罪行，使文艺界的新老作家们都十分震惊。丁玲看到由中央领导重要人物撰写了按语的一批又一批胡风反革命集团的“罪证”，也使她心神不安。

早在三十年代，当丁玲跨进文坛时，就认识胡风，他和冯雪峰都是鲁迅的挚友。胡风长得身材粗壮，秃顶、浓眉，两只眼睛炯炯有神。他脾气倔犟，有一副侠义心肠，具有典型的男子汉大丈夫气概。当年，丁玲的丈夫被害，只有她和老母抚养两个孩子，生活十分困苦，胡风对丁玲的遭遇很同情，他们的关系比较密切。丁玲到边区之后，给母亲的信和稿费皆由胡风代转，丁玲收到毛泽东赠送的《临江仙》一词原稿，怕在战乱中丢失，也寄给胡风保存。所以胡风和丁玲的友谊，不少人也是知道的。所以，在胡风被打成反革命之后，丁玲预感到有人是不会放过她的。

果然不出丁玲所料，没过多久，文艺界斗争的矛头就针对她来了。事情是由追查一封匿名信开始的，信的内容：说作协批评《文艺报》搞独立王国，给陈企霞留党查看的处分等问题，全都搞错了；说陈企霞是大好人，是作协有人阴谋陷害他。根据内容，推想此信是陈企霞自己写的，虽然丁玲 1952 年春就离开了《文艺报》，仍然断定丁玲是陈企霞的黑后台。一天，丁玲接到通知，让她到宝珠子胡同全国妇联礼堂参加会议。参加会议的有二、三十人，均为作协内部干部，内容是对“丁陈反党集团”的罪行进行检举、揭发。很多人按事先的安排，向丁玲、陈企霞提出意见。丁玲参加这次会议之后，深感自己确实有不少缺点，需要组织上的帮助，但是也预感到好像有人在陷害她。这个检举、揭发会议一共开了十六次，从1955年8月3日起至9月6日止。每周一二次，从下午三点到晚上八点。参加会议的人大多数都感到厌倦，只有少数人很积极。最后揭发、检举出除了丁玲、陈企霞之外，还有田间、康濯、马烽、李又然、张凤珠、陈淼等人，皆为反党集团成员。丁玲在这无休止的批斗会上，害怕开除党籍，只好委屈求全，被迫承认自己参加了反党联盟。

到了9月30日，中宣部就向中央书记处打了报告，要对“丁陈反党集团”进行处分。并将这个报告，下发到各省自治区党委，并逐级往下传达。这件事丁玲尚不知觉，可是，突然传来田间自杀未遂的消息，对她来说真是五雷轰顶。她想，被打成反党集团，绝非是自己一个人的事，涉及到十多位中、青年作家的前途。不能对会议感到厌倦便随便承认是进行了反党。便于1956年8月份给中宣部机关党委书记李之琏同志，写了一封申诉信，并针对十六次会议揭发出来的所谓问题写了一篇《辩正书》。中宣部机关党委根据丁玲提出的申诉，进行了一一核实、甄别，认为丁玲从延安整风后，在解放战争和土地改革期间，能够深入农村，同广大农民一起参加土改，同农民交朋友，写出了社会主义现实主义作品《太阳照在桑干河上》，并以此书获得了1951年的斯大林文艺奖金；她还被派遣出国参加国际活动。如果她是反党的，这些成就怎样解释？在全国解放后的几年中，丁玲身兼文艺方面的几个重要职务，如果她是反党的，那么对她的这种使用又该怎样理解？这些问题同1955年的批判相对照，就使人们认识到丁玲既不是反党联盟的头子，也根本没有反党。

1957年6月，作协党组召开扩大会议讨论，对“丁陈反党问题”的处理。周扬等人都主动表示，对丁玲的批判是不应该的，“反党小集团”结论是错误的，并向丁玲等表示歉意。可是没有多久，形势发生了根本变化，一下子开始了反右运动。有的领导人认为1955年对“丁陈反党集团”的批判是正确的，要求核实甄别是反党集团向党新的进攻。

有的领导人还提出对丁玲历史问题的结论要进

行修改：丁玲被捕后叛变，从南京回到陕北是敌人有计划派回来的。当时中宣部一位负责人提出不同意见，与这位领导发生了争吵。他质问道："原来结论是你同意后才签发报中央的，你现在又不同意有什么根据？你这是什么意思？原来你不同意就不会向中央报告了，对待这样严肃的问题，能愿怎么说就怎么说吗？"

然而，这一质问，也未能阻止对丁玲的迫害。7月25日，作协又召开会议，重点批判丁玲向党进攻，反党小集团要翻案等罪行。会议的主持者的态度与六月上旬会议开始承认错误，向丁玲表示道歉完全相反，恢复并大大发展了1955年批判时的作法，积极鼓动揭发丁玲等的"反动"活动；在会外则从多方搜罗材料，拼凑罪行，做为定罪的根据。

为了维持1955年的那个错误结论，为了阻止人们对作协党组领导的批评，为了压制人们对丁、陈案件的不同意见，还必须揭发新的材料，造成更大的声势。作协党组决定，扩大会议的规模，由原来参加会议的几十人，扩大到作协以外各文艺部门、文艺团体以及中宣部的工作人员和非党的知名作家，共几百人。

在如此强大的“攻势”下，召开揭发批斗大会，先安排陈企霞作“坦白交待”并揭发丁玲。会议进行中有人愤怒指责，一些人高呼“打倒反党分子丁玲”的口号。丁玲站在讲台前，面对人们的提问、追究、指责和口号，无以答对。她低着头，欲哭无泪，要讲难言，后来索性将头伏在讲桌上，呜咽起来。

会场上一片混乱。有人在斥责，有人高声喊口号，有人沉默不语。会议看到这种僵持局面，只好先让丁玲退下。

1957年9月16日，作协召开千人大会，有位领导作《文艺战线上的一场大辩论》的报告。对丁玲政治上进行宣判，定为反党反社会主义的右派分子。被点名的还有冯雪峰、艾青、江丰、秦兆阳、陈涌、钟惦棐、刘绍棠、陈企霞等，从此，他们就被剥夺了公民的权力，被称为阶级敌人，为无产阶级专政的对象。

接着，将替丁玲喊冤叫屈的徐刚、康濯、胡昭、陈森、张凤珠、谷峪、邓友梅等皆被打成右派分子。作协机关党委的李之琏和黎辛也被定为包庇右派的右派分子，被开除党籍，张海和崔毅被定为“反党分子”留党察看。凡是实事求是说过丁玲好话的人都一一受到处分，或是右派，或是反党分子，几乎无一幸免。

丁玲究竟有什么罪？究竟是怎样反党的？她始终不服气，但是如今竟遭受如此不白之冤，如果没有马克思主义的信仰，对生活失去信心，是一刻也活不下去的。使丁玲更加不安的是，就是算她有罪，应该一个人做事一个人承担，如今又牵连那么多人，她怎么能去死呢？就是死了也是闭不上眼睛的呀！

她痛苦，她流泪，但她不绝望，她相信世界上早晚有一天要给她澄清是非，她要坚强地活着，熬到那一天。现在只有咬着牙说：

“我认了！”

在北大荒

丁玲被打成右派之后，下放到北大荒，劳动改造十二年之久。她养过鸡，编写过壁报，当过扫盲教员，作家属工作，经常以共产党员的标准严格要求自己，和农场职工打成一片，受到人民的尊敬和爱戴。

丁玲刚刚来到北大荒时是在汤源农场，被安排在养鸡队。养鸡队在一个小院里，有几间大房，养着两千六百多只来克亨鸡。有一间二十多平方米的房间给丁玲夫妇居住，还有两间小房，住着养鸡队的姑娘们。院子很大，是鸡的运动场，白天所有的鸡都在这里运动，吃食。鸡舍每天打扫，但这个运动场经常不打扫。丁玲住的房间，在走廊上，院子里全是乱飞乱跑的鸡群、鸡粪。这里是鸡的家，也是丁玲的家，一进屋，便可以闻到一股鸡粪味。给她安排工作的是畜牧队的姜支书，他是1948年参加革命部队的，出身好，在连队当兵，没有打过大仗，就随军集体转业了。他有初中毕业文化程度，待人热情、朴实，对丁玲愿意到养鸡队劳动表示欢迎。他再三对她说，厂长嘱咐过。老丁过去做文化工作，没有劳动习惯，今年年龄五十多岁，介绍信上说是来“体验生活”，没有说要劳动。因此，对丁玲的劳动，不做硬性规定。姜支书不知该怎样具体安排她的工作。他先领丁玲到养鸡队参观，介绍她认识队长、班组长。最后带她到孵化组，把她交给了组长邓明春，又再三嘱咐，如果感到累了就回家休息，不要勉强。丁玲认为又遇到一个好人。

孵化组组长邓明春是党员，农村高小毕业生，约有二十四、五岁的年纪。1950年参军入伍，参加过抗美援朝，在连队当过文书。1957年转业到牡丹江种畜场学习孵化，1958年才调来汤原农场。这个人身材矮小，头脑机灵，会察言观色，能说会道。

他一边工作，一边向丁玲介绍情况。他把孵化柜打开，指给她看那层层排列在里面的种蛋。他把丁玲当做初来乍到的学生，仔细讲解孵化过程和操作方法。他手下还有两个徒弟、一个青年女工和一个青年男工，也跟着他一起干。

丁玲要求给她分配工作。邓明春让她和另外一个姑娘选种蛋。丁玲感到很高兴。她在上海流浪时，自己上街买过鸡蛋，二十个鸡蛋，也不过两斤重。她想，每次拿一个鸡蛋，也不会累着，实在是简单、容易的劳动。邓明春就领她到一间堆满鸡蛋的屋子里，开始了选蛋的劳动。丁玲的任务是，从一箱箱的鸡蛋里，一个个拿出来仔细挑选，把有蛹（受过精的）能够孵化的留在一边。和丁玲一起选蛋的姑娘，她一手能拿五个鸡蛋，选得很快；她只能一个一个地拿，最多只能拿两个，动作很慢。开头兴致很高，但怎么也赶不上那位姑娘。一着急，心里就慌。丁玲原以为这是轻微劳动，但半个钟头下来，手指发僵，腰椎酸痛，就有些坐不住了。丁玲原先就患过脊椎骨质增生，常常腰疼。1952 年曾到大连、鞍山汤岗子疗养院治疗，后来又请中医针灸，疼痛稍有减轻，但始终没有去根。如今刚坐下来选种蛋，是轻微的劳动，才拣了半个钟头，怎么好意思说不干了。于是，又命令自己，再坚持干下去，可是越干腰越疼，手也发僵，不听使唤。她心里想，是否应当先站起来，活动活动身子，在屋里走几圈，接着再干。但是她想，才干没有一个小时，就顶不住了，怎么能行，咬咬牙又坚持下来。又过了一会儿，她觉得头晕眼花，有些坐不住了。幸好，这时饲料组长张振辉走过来。他是由河北农村支援边疆建设的青年，是到孵化室来看“大右派”是什么样的。他走进门，看见丁玲满头大汗，满脸通红，就要倒地的样子，便说道：

“快歇一会儿吧，看都累成这个样子了，不要认为拣蛋不费力，冷丁的干，谁也顶不了！”

他走过来拉住丁玲的手，她就势扶着他才勉强站起来，这时她的身子骨似乎都不听使唤了，连腿也是硬梆梆的。邓明春忙从孵化室走过来，抱歉似地说道：

“老丁快回家休息去吧，身体好些了再来，不要勉强。”

张振辉把丁玲扶到院子里，微风吹过，头脑清醒一些，心里想不该回去，但脚却迈向了家门。这是丁玲第一次参加劳动，干了没有一个小时就败下阵来，她心里十分懊恼。回到家里，她想，我一定要坚持下去，不能叫苦，很快就会适应的，要闯过这一关，不过这一关，无法得到群众的理解和谅解，更无法洗清她的不白之冤。第二天，她来到孵化室，又开始选种蛋，她咬牙熬过了一个小时，腰没有太疼，可以一手拿三个鸡蛋。她站起来活动一下身子，坐下来又熬了一个小时，第三天、第四天……到了第七天，她可以坚持干一个上午，并且也可以一只手拿五个鸡蛋，选蛋的速度几乎赶上了那位小姑娘。邓明春、张振辉和姜支书一齐向丁玲祝贺，都说：

“老丁是好样的，干什么都行！”

下班之后，他们常到丁玲家坐一坐。由此，丁玲和鸡队的职工，相处得很好，感情十分融洽。

和丁玲夫妇住在鸡场院内的有五个姑娘，都不到二十岁。是从山东到东北找工作的农村青年，经人介绍来到北大荒养鸡。其中一个就是和丁玲在一起选蛋的，她们开始对丁玲都是敬而远之，原以为“反党反社会主义的大右派”应当是个青面獠牙的鬼怪，没想到竟是个一脸和善、不怕吃苦的老太太。相处一段日子以后，她们有困难，就去找丁玲，心里有憋屈事，也向她倾述，甚至找对象也找她参谋。

丁玲把选种蛋的工作完成后，又到饲料组给鸡喂食。来克亨鸡最喜欢吃菜，夏天吃野菜，冬天就喂冻白菜拌包米面。给鸡剁食也是一项艰苦的劳动，白菜冻得梆梆硬。要不断使劲才能把冻白菜剁碎，二千多只鸡，每天要剁几百棵冻白菜。每天剁一次，两只手腕子又红又肿，要疼半宿。就这样，丁玲咬紧牙关，拼命地干，几个山东姑娘见丁玲剁鸡食手背肿得老高，硬是从她手里夺过菜刀，不让她再剁……

丁玲在劳动中，不偷懒，拼命地干，自然受到群众的关心和爱戴。丁玲在劳动之余，还研究养鸡的方法，她从选蛋、孵化、饲养鸡雏，防治鸡病，饲养蛋鸡和肉食鸡，以及鸡饲料的配制和鸡舍的建设等等，都做了精心的研究。为了改良鸡种，她亲自到几百里以外的农场去买来新品种的鸡蛋，经过孵化、饲养，产蛋率和肉食出栏率都提高了不少。丁玲还亲自设计了一张鸡舍平面图，建议农场重新修建鸡舍，准备进行科学的半机械化饲养。

丁玲到养鸡队一年时间，使鸡场大变样。因此在北大荒出了名，养鸡队被选为农场先进单位。本来丁玲应当被选为先进生产者，上级规定，右派不能当选，只好由组长邓明春代替。王震将军听说丁玲在北大荒养鸡有成就，特意买了一本《养禽学》，捎给丁玲，表示对她的赞誉。

接着农场又交给她一个新的任务，担任扫盲教员。这个任务也很艰巨。丁玲过去给作家、大学生上过课，只是讲授，要给不识字的家属上课，却不知该如何着手，这使她焦虑不安。

经过摸底，鸡队职工和家属中，有文盲半文盲二、三十人，这些人有的一个字不识，有的只认识自己的名字，经过研究，将他们分成高、中、低三个班。丁玲自愿教低班，还有两名小学教员教中、高班。

开学的头一天，丁玲晚上睡不着觉，琢磨第一课先教“一、二、三”呢？还是先教“鸡”、“蛋”？“鸡蛋”二字笔划多，但它贴进生活，写起来能顺手。第二天，天刚亮她就爬起来，做上课前的准备工作。晚饭过后，她来到课堂，见学生都是她熟悉的职工或家属，有十多岁的小姑娘，还有五、六十岁的老太太，对她表达了极大地热情。有一位和丁玲年龄相仿的老大嫂说道；

“老丁，我这脑子已成榆木疙瘩了，可要靠你给开开窍呀！”

“我这老师还摸不着窍门，咱们一块来开吧！”丁玲深情地说。

她登上讲台，没有先教认字，而是讲了一段高玉宝的故事，讲高玉宝家穷，想读书，便站在学校课堂外偷听老师讲课。丁玲讲过之后，便把用自己的钱买来的白纸拿出来，每人发给一张。有人还要听高玉宝的故事，问道：

“高玉宝读不了书，咋办呢?”

“高玉宝的事，明天接着讲，下面开始识字吧!”她在黑板上写了“母鸡”两个字，教完了，又写“生蛋”两个字……。第二天，鸡队的孵化室、育雏室、饲料室、鸡舍的墙上、柱角上，都贴上了老师端端正正用毛笔写的“母鸡”、“生蛋”等单字纸片。一时间在养鸡队形成了认字热。大家都说，丁老师课教得好，一边讲故事，一边上课。教的字都是眼前看得见，用得着的，一学就会。半年之后，不少人摘了文盲帽子，有的可以读书看报了。

有一天，大家看《农垦报》，上面有一段，登了鸡队扫盲的事，人们很高兴，一看署名，是鸡场的一位姑娘名叫鲁晓沂。有人拉住晓沂问道：

“闺女呀，报上登了你的文章，也成作家了!”

“这是我的作业呀，”鲁晓沂说道：“不知怎么跑到报社去了!”

丁玲说道：“这是我在作业中选出来寄给报社的!”

学生们听了，高兴得手舞足蹈，赞扬老师不愧是位有名的大作家。

年末，养鸡队获得场部“扫盲先进单位”的奖旗。本来丁玲应当获得扫盲先进教师称号，因为她是右派，只能把这一称号授给另一位小学教员。

丁玲在教课之余，还负责办养鸡队的壁报，两三天出一期，写稿、写墙报，画版面，都是她一个人承担，经常是一写就是一个上午。她把养鸡队好人好事，国内外的大事，都写在壁报上。丁玲不仅写字，还画报头，将当年学画画的本领都拿出来，所画的报头比农场美工人员画得都要好。丁玲每天的工作都安排得井井有条，在备课、办壁报之余，还协助领导做职工家属的思想工作，凡是职工或家属有困难，都愿找她帮助解决。有一段，山东来的几位姑娘不安心工作，认为工作累、工资少、生活环境又不好，丁玲就用老一辈无产阶级革命家和共产党员的先进事迹教育她们，应当干好工作，刻苦读书，发奋图强，做一个对国家对社会有用的人。经过丁玲的帮助教育，几位姑娘终于安下心来，并在农场找了对象、结婚生儿育女，在北大荒扎了根。

就这样，丁玲在北大荒，以一个共产党员的标准严格要求自己，是一个党中央暂时不承认的共产党员，是一个不准被选举的先进生产者，是一个不准被授予称号的扫盲先进教师。

丁玲不愧是中国共产党的好党员，是一块真正的金子，到哪里都会闪闪发光。

在“文革”风暴中

历时十年的“文化大革命”，对于中华民族来说是一场灾难，许多善良的人遭到了诬陷、迫害，甚至有的人被迫害致死。在1955年被打成丁陈反党集团头目，1957年又被打成丁冯右派反党集团头目的丁玲，在“文化大革命”中也难逃厄运，受到了百般的折磨与殴打，她所遭受的苦难，有些是人们想象不到的。

1964年，丁玲由黑龙江省汤原农场调至宝泉岭农场，在工会工作，住在场部大楼楼上，早晚时间可以写作，又开始动笔撰写《在严寒的日子里》。因为王震将军曾经嘱咐这家农场领导，要给丁玲安排时间搞创作。再加上作协曾下令调丁玲回北京。但她不想回去，所以农场对丁玲的待遇大有好转。这一段时间，她的生活还算比较安定。可是，到了1966年，文化大革命的风暴刮来，当横扫一切牛鬼蛇神的时候，农场首先揪斗的就是大右派丁玲。她从场部楼上被勒令搬到条件最差的第八居民委会的一间七平方米的破楼房，屋里的炉子要倒了，土炕破破烂烂，站在炕上，伸手就可碰上纸糊的棚顶。北大荒的秋风，从棚顶和窗缝中吹来，屋里比外边还冷。

农场造反派多次召开批斗大会，大喇叭里均高喊："坚决打倒被走资派包庇的大右派丁玲！把大右派丁玲批倒批臭再踏上一只脚，让她永世不得翻身！"

丁玲跪在台上或者大弯腰，两只胳膊后扬，形同喷气式，挨斗。一同和她被斗的有"走资派"老场长，还有一批地富反坏等牛鬼蛇神。在批斗过程中，一批批造反派上来，拳打脚踢，她被打得头破血流，踢伤了腰骨。她还被从台上，摔到地下，脚背肿得老高，半个月下不了炕。找不到药，托熟人到兽医院弄一点药敷治……这些，她只好咬着牙忍受。邻居见她这样受折磨，都同情地说道：

“遭这么大的罪，倒不如死了好！”

可是丁玲反倒宽慰人家道：

“怎么能死呢？再苦也得熬过去呀！”

批斗会之后，常常是游街示众。造反派给她涂黑了脸，戴着高帽子，手里拿着铜锣，一边敲一边喊道：

“我是大右派丁玲，曾经反党反社会主义，罪该万死！”

“我是大右派丁玲，是不耻于人类的狗屎堆！”

“我是大右派丁玲，自绝于人民，遗臭万年！”

不懂事的孩子们，在造反派的唆使下，跟在后面喊呀叫呀：

“打倒大右派！”

“打倒丁玲！”

他们一边喊，还一边追着向她投石子。

每次批斗回来，丁玲混身都是伤，脱下衣服给陈明看，脊背上、大腿上到处都是青一块、紫一块的，陈明抚摸着，不住地掉眼泪。

丁玲那七平方米的家，也经常遭受造反派的袭击，上至纸糊的顶棚，下至脚下的三尺黄土，都翻了个遍。她的日记、书籍、手稿等，都给抄走了。已写有十多万字的《在严寒的日子里》的手稿，被当成黑材料抄走，丁玲再三求请，也无济于事。

有一天，天未亮，丁玲住的茅草房外传来一阵杂乱脚步声，他们很快从床上起来。不久，两个戴红袖章的人闯进门来，嚷道：

“起来，起来！快穿衣服！”

他们揪着丁玲，就离开了小屋，不知去向。陈明经过多方打听，方知被揪到汤原农场批斗。陈明去了三次，听说被关在武装排，也是和在宝泉岭一样，不是被批斗、游斗就是陪斗。因为丁玲刚来北大荒时在汤原农场生活了六年，给农场做了不少工作，和职工处得比较好，所以造反派对她还算照顾，曾经有人打骂丁玲，抽她的嘴巴，竟遭到了很多人的谴责，所以丁玲在汤原农场受的苦比宝泉岭少一些。

随着运动的升级，丁玲被关进农场水利大楼底层的“牛棚”，单人囚禁。一天，她正坐在炕上看旧报纸，突然进来一群年轻人，有人咆哮道：

“你是什么东西！还坐在那里不动弹。”接着更多的人嚷道；

“还不快站起来！跪下！跪下！”

他们说着，扑过来，有的抬，有的推，有的动拳头，有的用脚踢。

丁玲不得不跪在炕边。她还来不及思考究竟发生了什么事，拳脚就像暴风雨般落到她的头上、身上。

她们一边打还一边骂：

“大右派！大叛徒！大特务！反革命！打死她！打死一个少一个！……”

丁玲又紧张、又麻木，不知道又犯了什么大罪，受到如此这般的暴打。她只好任他们打骂，任他们发泄，躬身弯腰缩头缩脑跪在炕边，承受着雨点般的拳头和脚。他们打完后，竟哈哈大笑，出门而去。有人告诉她，这些人是北京来的红卫兵，是真正的

“革命者”，有强烈的“造反”精神。

丁玲不仅常常遭到造反派的毒打，而且还有严酷的外调审讯。一天，她被揪到“造反派”的住地，审讯她的历史问题，实行车轮战。他们几个人轮班睡觉，睡醒的审问。其中有两个穿军装的，自称是北京军管会派来的。这伙人不断抽烟，屋里乌烟瘴气。她一个人要回答他们几个人提出的问题。直到口干舌燥也回答不完。丁玲说：

“能不能给点水喝？”

一个造反派说：“你这个态度，还想要水？”说着，拿起热水瓶，往玻璃杯里倒水，自己“咕嘟咕嘟”喝两口，剩下大半杯故意在她面前晃几下，然后往她脚下一泼，得意地笑了起来。

丁玲不按他们的要求回答，还揪她的头发，不是一把抓，而是一根一根地揪，扽！他们硬要逼她承认是“中统特务”，不承认，除了拳打脚踢之外，还一齐拥上来，揪住她的衣领，袄袖，前后左右地曳过来推过去。她整天整宿渴着、站着，还要紧张地承受各种刑罚，只感到腰酸腿抖，天旋地转。到后来就只能他问什么，就顺着说。唯有如此才能放她回去休息，第二天把材料写好交上。一觉醒来，她头脑清爽一些，便给他们写材料，把头一天晚上承认了的供词又全部推翻。造反派又骂她“翻供”、“顽固到底”、“死不悔改”，逼她进一步交待特务组织关系，又是整夜的车轮战，疲劳轰炸。丁玲还得咬牙忍受着、苦熬着……直到把他们拖走为止。最后她没有承认她是中统特务，其代价是身上落下累累伤痕和患了每天要喝二、三暖瓶水还是渴的糖尿病。

丁玲在“牛棚”关押十个多月之后，一天，一个穿军装的男子汉到屋里来了，严肃地问：

“你有多大岁数呀?”

“六十五岁了。”

“看来你的身体还可以嘛!”他停了停又问：“还能劳动吗?”

“我一直都在劳动。”

“那好，准备让你去劳动，这样对你会更好些。”

最后，丁玲被一位革命小将押送到二十一队，劳动改造。让她住在一间大房子里，里面都是二十左右岁的革命女将。她们睡在里边的大炕上，炕上铺着花花绿绿的床单，丁玲只能安排在靠房门的一张小木板床上。午饭后，丁玲从外边回来，屋里有嬉笑打闹声，等她进了屋，立刻鸦雀无声，一个个都变成了威严的罗刹。丁玲很想坐一会儿，刚要拿出香烟来抽，一个姑娘大声叫道：

"烟，还抽烟，你们看，她还抽烟哪！"

跟着有人冲过来，站在她床边骂道：

"什么东西！不准抽烟！"

丁玲冷冷地看着她，一股可怜的心情压过了一股憎恶的感情，心里想："她们怎么会变得这么样？"由于她为了少挨打，养成了顺从的习惯，便把烟放到铺下。很想躺下睡一觉。没等倒下身子，又听到有人叫起来：

"她怎么也敢睡午觉?！她怎么能和我们一样？我们是革命派，她是反革命，我们休息，她也休息？那怎么成呢！"

另一个人也说道：

“对，总得有点区别。”

于是好几个人都嚷起来：

“对！对！不能一样！”

有的人从那边床铺走过来，气势汹汹地说道：

“出去，出去！下地干活！你还配睡午觉！”

丁玲站起身就往屋外走，脑子胀得厉害，心想，怎么这样不讲道理。她压住心中的愤懑，向场院走去。她尽量呼吸新鲜空气，以排解心中的悲愤。

麦收时节，丁玲也得下大田，手拿镰刀割麦子。她手脚慢，常常遭受女将的斥骂，只好在别人小休时她不休息，慢慢赶上去。她本来有腰椎骨质增生病，割地要从早到晚弯腰出力，腰痛如刀割，手上磨出血泡，她仍然咬着牙，强打精神，汗流如雨，跟在人家后边干。她不断强迫自己战胜这些困难。

一天，丁玲正收拾镰刀准备下地，厨房种菜的老王头，把她喊住了，让她去菜地拔葱。他说：

“已经和队上说过了，往后就在菜地劳动，去吧。菜都长起来了，伙房要用，要有人收。”

由此，丁玲就和几个老头，在菜地干活，稍微有些自由。她的工作都由老王头指派，干多干少都可以。秋天菜地没活时，就帮着他们喂猪，食堂养了六十多头肥猪。她每天挑水，煮猪食，肩上磨出一块厚厚的茧子。

在夏秋之间，天天下雨。在宿舍旁有一公共厕所，长有十一、二米，宽三米多。因雨水大，地下水上涨，厕所粪便随地下水上涨，离地面剩下不到一尺，眼看就要溢出坑外。人人上厕所都叫苦不迭。造反派灵机一动，就勒令丁玲天天去打扫厕所，不但要把木板上的粪便打扫干净，撒上白灰；还要把去厕所的路面垫平；更重要的是要把厕所里的粪水淘干净。前两项工作比较好干，后一项就比较难了。没办法，她就请求领导让机修工给她焊一个铁瓢，绑在长竹竿上，丁玲就用铁瓢，蹲在厕所后边的坑边，向外舀粪汤。她从坑边挖了一条沟，顺着坡势，让粪水顺沟流到附近一块菜地里去。粪坑面积大，她舀得很慢，一天从早到晚，舀五、六千瓢，粪水才下去一尺多，但地下水渗得很快，过一夜又涨起来四五寸。丁玲就这样，天天去舀厕所的粪水，直到秋天，雨水稀少为止。

丁玲和几个老头在一起劳动，劳动强度不大，有时可以坐在地头、屋里休息一下。但是一到晚间，又要遭到革命女将的辱骂。同屋的十多位姑娘年轻、精力旺盛，每晚都要唱语录歌、唱样板戏，唱家乡小调。但丁玲的眼皮在这样的哄闹声中也要慢慢地合上，发出鼾声。这些女将们，看见她睡着了，有人跑到床边用力摇撼，或者拿起一把笤帚，一个小缸子，扔到丁玲的床上，将她弄醒。丁玲被惊醒后，使劲睁大眼睛想强制自己不要入睡，但是不行，常常很快又睡着了，于是这些女将，又把她弄醒。直到她们困乏了为止。因为丁玲打鼾，她们还勒令她写一张保证不打鼾的誓言贴在床头上。丁玲为了不惹怒这些女将们，便到仓库朝保管员要来一些麻坯子，每天晚上搓麻绳。开始可以搓五、六米，后来加快到十多米，这样来驱使自己不早睡。直到革命女将都睡下之后，她才敢睡觉。

这些女将看丁玲比较老实，好欺辱，勒令她每天早晨打扫房间，晚间她们在屋中撒尿，要她去倒尿盆。这使丁玲的自尊心受到极大的损害，她怀着满腔的愤怒，替这些年轻力壮的女孩子感到难过。她想，这些人早晚会明白、会觉悟，这样地侮辱一个人是极大地错误。这件事，很快在队上传开了，有人议论说：

“这些丫头片子，怎么能叫一个可以当她们奶奶的老太太，给她们倒尿盆呢?”

“这下可好了，这些丫头一造反，都成为地主家的小姐、少奶奶了，给造反派丢脸!”

造反派头头听了这些议论，觉得不是味，便出面制止了这件事。从此，丁玲虽然不倒尿盆了，但是每天的劳动还是很累。晚上搓完麻绳后，倒头便睡，鼾声如雷。女将们在半夜睡不好觉把她揪起来，罚她站着，不准她睡。经过处罚之后，把她整得又困又乏，鼾声打得更厉害了。为了制止丁玲打鼾的事，造反派之间竟然发生了激烈的争吵。有人在半夜大声喊道：

“这死老婆子，搅得我下半夜又睡不着了，把我的好梦都搅了……”

“你喊什么？让别人多眯一会儿行不行呀？我的姑奶奶！”

“这个大右派在猖狂叫嚣，你倒睡大觉，别人起来斗争，你还有意见哪？”

“哎哟——你这造反派真能耐，半夜睡觉也能斗争，我没有斗，想睡觉，难道就成了‘反动派’、‘消遥派’了不成？”

“你这是什么意思？”

“你又是什么意思？哼！你一撅屁股，我就知道你要拉几个马粪蛋！”

“你骂人！”

“你诬蔑人！”

……

这一来，两人争吵起来，各不相让，把满屋人都吵起来了。连隔壁的人也披着衣服过来看热闹。屋里电灯全拉开，一片通明，女将们七嘴八舌，乱成一团。有个头头，跳到炕上，举起红宝书，高声嚷道：

“最高指示——最高指示——”他一再提高嗓

音，把争吵的声音压下去：“国家的统一，人民的团结，国内各民族的团结，这是我们的事业必定胜利的保证。……”

这一闹，造反派头头重视了丁玲打鼾这件事，就到医务所问医生，医生说没法治。女将们便把丁玲从她们宿舍中驱逐出去，让她睡在队部的会计办公室。从此，她吃完晚饭后，一个人可以静静地坐下来休息。没有女将们的训斥，没有人干涉她打鼾，她终于可以安安稳稳地睡个好觉了。多么可贵的享受啊、又是多么可怜的一点儿生存基本权利啊！

六十五岁的丁玲，在文化大革命中，就是在这样的环境下生活的，她遭受了各种苦难，经受了人们难以想象的折磨。每当想到这位老人的遭遇，实在是叫人痛心不已，唏嘘不止啊！

狱中五年

丁玲在“文化大革命”中，突然被抓进秦城监狱，使她又喜又忧，喜的是她可以摆脱造反派的随便殴打、侮辱，忧的是进了监狱何时才能出来。有人说，丁玲幸亏进了监狱，等于被“保护”起来了，不然的话，文化大革命的苦难，她是熬不过来的。

她被抓进监狱的时候，是1970年4月初的一个寒夜，北大荒仍旧是冷风刺骨，人们还脱不下棉衣服。她已经躺下睡觉了，突然，厂部的军管会的头头领十多位穿军装的男兵、女兵，走进屋来。先把刺眼的电灯点亮，然后叫丁玲马上起来，穿好衣服。他们没有吆五喝六，不打不骂，不动声色。她想：这是她的生活又要发生新的变动。是拉出去枪毙？

似乎不像；还是被释放？更不可能。不过事已至此，再坏，也不可能坏到哪里去。她镇静地穿好衣服，从容地下床，对着这群军人站着。一位军官模样的人问道：

“你叫什么名字？”

“丁玲。”

他拿出一张北京市公安局签发的逮捕证放在桌子上说道：

“在上面签个字！”

丁玲走上前，拿起逮捕证看了一眼，上面写着“逮捕归案”等几个字。丁玲略加思索，便签了字。这时她心中有数了，既然不是枪毙，也不是释放，而是要到另一个地方去，便问道：

“还需要收拾一下吧？”

那位军官道：“你把棉衣、大衣穿好，别的甭管了！”

她穿好衣服，两个女兵走上前来，“咔嚓”一声，将手铐给她铐上了。

丁玲一生中，这是第二次戴手铐。第一次是

1933年5月14日下午，那一年她刚刚二十七岁，被国民党特务绑架，戴上冰凉的手铐，从上海被秘密押往南京囚禁；三十八年后的今天，已经六十五岁的丁玲，又戴上共产党的冰凉的手铐，使她心潮起伏，难以自制。她在想，这一次是福还是祸呢？

丁玲被男女兵前后押送着走到门外，上了汽车。汽车在夜色中向鹤岗市方向驶去。到了鹤岗市，驶进火车站，将丁玲又押送到一节专列车厢里。车厢有单人房间、设有会议室、沙发、地毯、丝绒窗帘等，十分豪华。丁玲过去是一位获得殊荣的作家，到苏联去领取斯大林奖金，也未曾坐过这样豪华的专列。她暗自猜想，为什么要用这样的专列押送她呢？她已经是被批倒批臭的大右派，是无产阶级专政的对象，往另一地押送，用一节没有窗户的货车就可以了，或者一般普通旅客列车也行，她之所以被用此列车押送，显然不是一般干部所为，而是一位高层领导的指令。这个人是谁呢？她一下子想到了周总理，只有他才有这么大的权力，才能想得这么周全。

列车在黑夜中急驶，丁玲在车轮颠簸中，难以入睡，她忽然想到，这次被逮捕不是祸，而是福，是周总理派人救她的命来了！丁玲在文革中，已经熬过三年多了，论她的年龄和身体，还能熬上五年八年吗？谁知道那些无法无天的造反派，还要对她采取什么新措施？所以，这次将她逮捕，是用合"法"的形式，将她保护起来，是以法的威严逮捕她，而无包庇之嫌，又让她在法的大墙内免受无法无天的冲击、迫害、凌辱……。因此，她想："这是救命的来了!?"

列车行驶一天时间，黄昏时到达哈尔滨。停了很久，又把她押送到一节软卧车厢。第二天晚，到达北京，出了站台，又上了一辆黑色小轿车，在黑暗中行驶了一个多小时，进入一个有门卫的大门，停在一座大楼旁。值班人员把她领到一间单人囚室，算是到达了目的地。丁玲心中的一块石头总算落了地，禁不住暗自高兴。

这个囚室，大约有八平方米，室内整洁肃静，比她那七平方米的茅草屋要好得多。靠墙放着一张床，低得几乎贴近地面，床上有白净的被褥，还有一个抽水马桶和洗脸池。这里和一般服刑的劳改队不同，她不用去倒尿粪，再不用为革命女将去倒尿盆子。

管理员是一位和善的穿着军装的中年妇女，她对丁玲说：

“睡觉要脸朝外，不要脸朝里，更不准蒙头。每月给一份《红旗》杂志和每天给一张报纸看。”

说完她拧开洗脸池上的水笼头，冲出带铁锈的水，等到锈水没有了，闭好笼头，转身出去，将门锁上了。

这样，屋内只剩她一个人，离开了那些打她、骂她、向她脸上吐唾沫的造反派革命小将，还有那些以各种方式帮助她的北大荒人……这里该是一个人身安全有保障的地方。她太累了，这几年一直在提心吊胆地过日子，在火车上的这两夜也没合过眼，于是她躺到床上就呼呼大睡起来。

第二天，女管理员来送饭时，喊了几声她都没有动，进来又推了她几下，终于把她推醒，说道：

“睡吧，睡吧，吃了饭再好好睡吧！”

她起来吃了饭又睡了。睡醒了又吃饭，吃完了又睡。她能够如此贪婪地睡上几个香觉，十几年来是未曾有过的。等到她睡足了觉之后，便开始认真读《红旗》杂志、读报纸，每版、每篇文章都读。

在读报刊之余，就是放风。她每天可以从囚室中走出一次，在一个小天地里活动一下。但是她看不见关押的任何人，也不知陈明的情况，是否也和她一起来到这里。丁玲的体力、精神都恢复之后，她还把一些废纸和卫生纸揉成一个团，外边用毛巾包上做成一个“球”，用两手将“球”向坚硬的墙上掷去，“球”被反弹回来，她跑上去接住再掷，每天总要掷几次。累了，她便坐下来背诵母亲从小教她的唐诗宋词，还有小时吹箫、弹琵琶熟记的《十面埋伏》、《梅花三弄》的曲谱和《马赛曲》、《延水谣》、《八路军军歌》等歌曲。她背诵一段时间，再轻声唱几支歌，再掷一会“球”，这样，她生命的火焰又旺盛地燃烧起来了。她想，她还要争取活二十年，这次被捕，有可能是她苦难生活的结束，她要用健康的体魄去迎接美好的明天。

丁玲在大墙内经过监狱有关人员的批准，还有机会读了三十九卷的《马克思恩格斯全集》。过去革命生涯中，多半是忙于工作、创作，未曾系统地学过两位巨匠的原著。当需要时，只是读过某些篇章，运用过其中的不少语录，用作寻找真理和判断是非的标准。这次读了原著，不仅丰富了头脑而且还找到了读书的窍门。过去总感到《资本论》难读，如今从马克思、恩格斯的书信读起，就会容易些，那里面就有辩证法，浅显易懂，然后再去啃《资本论》可以很快消化理解。还有，读两位巨匠的社会调查报告，文章对景物、人物的描写栩栩如生，是散文、是诗歌，但也是论文。它将人类的生活所需的种种要求，被政治、经济、科学、艺术、宗教等意识形态所约束，形成了自己的世界观和人生观等理论，阐述得十分透彻。这些唯物主义观念，使得丁玲清楚地认识了自己。她在读原著时，还深深地体会到真理的重大意义，真理带有普遍性，是不可战胜的。最后真理总会战胜邪恶，取得最后的胜利。所以，丁玲学了马、恩原著，增强了生活的勇气。她想总会有一天，她的冤案会得到平反，她会得到自由。

丁玲在大墙内被整整关押了五年之后，1975 年 5 月 18 日这一天，女管理员来打开锁，对她说道：

“你出来一下，领导找你有话说。”

丁玲在狱中被关押了五年，没人找她说过话，也没有一次审讯，这次有人找她谈话，内心有些激动，她想，她的问题该有个说法了。她被人领进一间办公室，一位穿着军装的中年干部，很客气地请她坐下后，说道：

“经组织上的核查，你的历史已经做了结论，没有发现新的问题。对你进行审查，也是政治上对你负责，审查的结论，也充分体现了党和政府实事求是的作风。考虑你年纪也不小了，身体也不算好，也难以长期从事体力劳动，中央决定将你释放，也不给定什么问题，或重新提出什么问题。本着革命的人道主义精神，已经给你联系好了，安置在山西长治县，每月发给八十元的生活费。你现在就回去准备一下，到时候，我们有人会送你去。”

5月20日晚，她离开监狱。第二天下午到了长治县，把她送到县郊太行山脚下的嶂头村，住在村东头一座农舍里。过了一天，陈明也到了。这时，她才知道，陈明也和她关在一座监狱里。

他们在狱中生活了五年，没有受到造反派的冲击和辱骂，被“保护”起来了。丁玲想今日来到嶂头村会怎样呢？这时候，他们听到收音机里还在响着“大批判”的声音，他们会获得真正的自由吗？

在嶂头村的喜悦

丁玲在山西省长治市郊区老顶山嶂头村生活了四年多时间：在困惑中，看到了四人帮被粉碎，她的境遇发生了新的变化，苦尽甜来，喜上眉梢，其中的故事，也是很有趣的。

丁玲夫妇在嶂头村住下后，生活环境有了很大改善。他们独居一所小院，有两间住房，一间是卧室兼书房、一间是厨房。这里空气新鲜，异常安静，使他们开始过上舒心的日子。但是，由于造反派的迫害，使丁玲患了糖尿病，加上腰疼、腿疼，所以，在忙于买米、买煤、买菜、烧水、做饭等家务事外，还要找医生看病，过去是咬牙强挺着，现在是挺不下去了，又遭受疼痛之苦。

使他们更为忧虑的是，生产队广播喇叭里，还在叫嚷“反击右倾翻案风”，批“克己复礼”，批林批孔批周公。所以，他们感到形势并不安定，不容乐观。尤其是1976年1月8日，周总理去世和邓小平被赶下台，丁玲有些失望了，她想，恐怕今后永无出头之日了。

来到嶂头村后，值得欣慰的是，不断有人来看望他们。第一个来的是儿媳李灵源。儿子蒋祖麟听说母亲出狱，落户在嶂头村，便叫爱人先来看一看老太太。儿子蒋祖麟1930年出生，已46岁了，他从小由祖母余曼贞带大，抗日战争时期，由其舅将他和妹妹祖慧一起保送到苏联一个海军潜艇学校学习，多年来一直在国外。儿媳李灵源，原在北京著名的艺术学院学习，因学习成绩优异留校任教，曾去莫斯科参加过世界青年联欢节的演出。他们还有个女儿叫胡延妮，长得和她妈妈一般高。他们一家，因为母亲丁玲的问题，一直受牵连，儿子不被重用，儿媳不能登台演出，孙女被人瞧不起。

丁玲听说儿媳要来看她，自然是喜出望外，便对陈明说：

“老陈呐，做点什么好吃的，欢迎小灵子呀！”

陈明更是高兴异常，专门乘大客车跑了一趟长治市，买来一堆鸡鸭鱼肉，像过年一样，招待儿媳妇。

李灵源来了之后，给多年来一直遭受迫害的婆母以极大的安慰，她带来儿子身体健康的信息，带来孙女延妮学习努力、个头猛长的喜讯。她们婆媳睡在一个床上，彻夜长谈，叙述这二十多年来的风风雨雨，解释儿女们不了解的往事，深深为自己的不幸连累了儿女们而痛心不已……儿媳走时，丁玲精心挑选大红枣和大核桃，装满一篮子，乘生产队的马车，一直送到火车站。丁玲看着儿媳上了火车，望着她在火车中慢慢消逝的身影，老泪纵横……

1976年10月上旬，丁玲正在困惑郁闷时，突然传来“四人帮”被囚禁的消息，村里村外敲锣打鼓，一片欢腾景象。这时，她顿感心明眼亮，喜不自胜。陈明欣然赋诗一首赠丁玲，诗曰：

满头白发似少年，

药不离口心里甜。

泰山压顶步履健，

向阳葵花色泽鲜。

太行山麓湘南木，

笑迎春色满人间。

数不尽的风浪险，

一部春秋乐晚年。

这一年，丁玲已七十三岁高龄，虽然疾病缠身，但她又重新拿起笔，开始写《在严寒的日子里》和抒情体小说《杜晚香》。她要歌颂劳动人民，歌颂北大荒的开拓者。她的右手抬不起来，很不灵便，陈明给她找来一块木板，用绷带吊在脖子上。右手就伏在板子上，一字一字的艰难地写起来。

1978 年 7 月 18 日，老顶山公社党委的一位干部，喜笑颜开地来到丁玲家，向他们报告一个喜讯：

“根据中共中央（1978）11 号文件精神，摘去丁玲右派分子的帽子。”

他们夫妇自然是很高兴，陈明买来酒菜，痛饮一番。紧接着，宝泉岭农场退回来扣压的财物。北京也退回抄家抄去的物品。按着国家政策，补发了文革期间扣发的工资，退回了没收的稿费存款。

嶂头村是一个偏辟贫穷的山村，在生产队大帮轰的年月，地里不打粮食，每天干活的工分值，只有几毛钱，家家都不富裕。丁玲夫妇来到这里后，开始，农民们对他们是敬而远之，都知道是从监狱放出来的大右派，可是自从给他们落实政策之后，农民对他们开始亲热起来，公社党委书记、大队书记都亲自登门拜访。一时间，丁玲家里又热闹起来，人来人往，有串门的，有请教如何写文章的，还有要求帮助解决困难的。丁玲夫妇还像和在北大荒一样，和农民们打成一片、亲如一家人，不管谁家有困难，她都竭力相帮，全心全意为农民服务。嶂头村附近的几个生产队稍微富裕一些，他们都有拖拉机，种地跑运输十分方便，唯独嶂头村没有，他们买不起。丁玲夫妇看到这一情况，便将落实政策补发的工资和稿费存款，拿出一万元捐赠给嶂头村买拖拉机。当一辆崭新的戴着大红花的东方红牌拖拉机开进村庄时，特意请丁玲夫妇坐在上面，围着村子山上山下转了个圈，使全村男女老幼和丁玲夫妇都乐得合不拢嘴。

1978年12月1日，早饭后，丁玲正在屋中看报。一个陌生人突然闯进屋来，使她非常吃惊，愣愣地看了他半晌。这个人自我通报道：

“我是马烽！怎么？不认识了？”

“哦，可不是马烽吗！”丁玲喃喃自语道。

“老了，老了，都不认得了！”马烽赶紧说道。

老太太一把抓住马烽的手，紧紧地握着，眼泪止不住一串串落下来。马烽也热泪盈眶，不知说什么才好。是啊，一别二十年，经过二十年的日日夜夜，该从何说起呢？

马烽是山西省孝义县人，出身贫苦，十六岁参加了八路军，从事文娱宣传活动。1940年在延安鲁艺学习，曾是《解放日报》的通讯员。建国后，丁玲主持文研所时，马烽是支部书记。在揪“丁、陈反党集团”时，他是重要成员之一。遭受多次批斗，逼他交待与丁玲一起反党的“罪行”。他说不出来，就采用各种残酷手段，竟打落了他的一颗牙，身上的衬衣、毛衣、棉袄、棉裤都被汗水湿透了，浑身上下的皮肉都在抖动，连哭的力气都没有了。马烽那一年是四十六岁，正是身强力壮之时。连他都被折磨得受不住了，他一想到比他大十八岁，年过花甲的老太太，怎么能经受得了呢？文革后期，有人说老太太被押解到山西改造来了。正好，马烽已下放到山西文联，被抽调到社教组，到晋东南地区工作，从当地文艺界的朋友那里，知道老太太在嶂头村，便乘吉普车来了。

他们相见后，在一起畅谈分别后各自的遭遇，都庆幸总算熬过来了。马烽还有别的急事，便放下四瓶汾酒，和康濯托他捎来的几斤湖南蜜桔，就匆匆走了，说事情办完再来看她。

康濯是丁玲的湖南老乡，他比马烽大两岁。曾任文研所的副秘书长，当年也是“丁陈反党集团”成员之一。1957 年被打成右派，押送到农村劳动改造。在“文革”中也受到了残酷迫害。落实政策后，在湖南省文联工作。他也在到处打听老太太的情况，听说在嶂头村，本想和马烽一起来，但被家务事缠住，只托马烽捎来几斤桔子。

村里人开始议论：看来这老太太的冤案要平反了，要不怎么会有坐小车的来看她。

过了两天，又有一辆吉普车开到丁玲家门前，从车上跳下三个人来。老太太在屋里拉上窗帘正在看电视，一看进来三个人，都不认识，便挥手说道：

“你们走吧，我不认识你们。”

她以为又是来内查外调的，使她非常反感。但其中一位五十岁左右的女同志走上前来，说道：

“丁老师，我是刘真哪，是来看望老师来了!”

丁玲拉开窗帘，屋内射进阳光，才看见面前的女同志，脸色黑黄，戴着深度眼镜，头发已稀落。经过仔细辨认看出确是刘真，但是二十五年前，梳一条辫子，有一对稚气大眼睛的小姑娘的刘真已经不见了。

刘真是山东人，1930 年出生。她九岁就参加革命，在部队中学习文化，到 1948 年便开始写文章，不断在报刊上发表。1952 年，到文学研究所学习，在丁玲的指导、帮助下，写作能力提高很快，发表了不少作品，成为专业作家。因为她是丁玲的学生，丁玲受到迫害后，她也遭到批判和斗争。

丁玲将刘真留下，他们亲热地谈起来。把司机和另一位长治市的干部，打发走，说等到明天再来接她。

丁玲从刘真的谈话中，知道了还有谷峪、李涌等等被打成右派后，在黄泛区劳改。生活凄惨狼狈，几乎是家破人亡。丁玲听了这一些，心中实在不安。她下定决心，要求平反，这不是她个人忍受委屈的事，而是一大批人跟着受罪。所以她的问题，不再是她个人的问题，她要为一批人，申冤叫屈，使他们都能过上正常人的生活。

1978 年年末，中组部批准，调丁玲回北京看病。新的一年到来时，丁玲夫妇准备回北京。生产队的邻居，家家请他们去吃饭，都舍不得让他们走。搬家那天，老红军李炳甲给包了一部货运车搬运行李家具。县革委会的领导，公社、大队的干部都来送行，依依不舍。马烽、西戎、段杏绵、胡正等山西的作家也来送行。2 月份，他们回到北京，住在文化部招待所。丁玲一边治病，一边坚持创作，陆续发表了《致一位青年业余作者的信》、《“牛棚”小品三章》、《杜晚香》、《悼念刘芝明同志》等作品。

10 月份，丁玲参加了全国第四次文代会，重新当选为全国文联委员、中国作家协会理事、中国作家协会副主席。

丁玲终于又拿起笔，开始新的创作，她是多么高兴呀！

对党一往情深

1979年，丁玲回到北京等待落实政策期间，她一边写作，一边治病，心情还是比较舒畅。

一天，她接到全国政协秘书处送来的一封公函，做为特邀代表，请她出席全国政协第五次会议，丁玲自然是很激动。二十多年来，她不仅被排斥在国家政治生活之外，而且还被当敌人对待，如今请她出来议政，是想都不敢想的事。

开会的那天早晨，她起得很早，把花白的头发梳了又梳，换上她平时舍不得穿的米黄色西服上衣，带上因糖尿病需要及时吃的药。便坐上政协派来的小车，参加会议去了。

全国政协会议，在人民大会堂举行。丁玲是第一次走进如此雄伟壮丽的大楼。在建国初，丁玲曾是全国人大代表，参加过人大的会议，均在中南海怀仁堂等地，那里只能容纳一、二千人，当她走进这万人大礼堂，心胸立刻无比宽敞，好像回到人民的怀抱，母亲的怀抱，浑身增添了无穷无尽的力量。她见到了很多熟人，有在延安就熟悉的老领导、老将军，还有建国后认识的老模范，他们的头上都增添了白发，脸上布满了皱纹。

上午，会议结束时，丁玲被增补为全国政协委员。下午进行分组讨论，她不知道在那个小组，便在人民大会堂的各个厅寻找。当她走到湖南厅时，以为走错了门，一看有“共产党员小组”字样，连忙掉头退回，忙说：“对不起，走错了门！”

主持会议的小组长周而复大声喊道：

“不错，不错，你就是我们这个组的。”

丁玲这才走进屋，一时间，她都不知道该怎么往下坐。

周而复是安徽人，上海大学毕业，1938 年到延安，在八路军总政治部工作，与丁玲是老相识。建国后，他负责对外文化联络工作。1955 年和 1957 年丁玲被打成双料的“反党集团”的头子，他自然有很多看法。1978 年，打倒“四人帮”后，他被选为中国人民政治协商会议第五届全国委员会委员，并担任副秘书长。

他主持的这个小组，大部分都是建国前参加革命的老党员。他们畅所欲言，抒发打倒“四人帮”以后，拨乱反正，看到祖国一片欣欣向荣景象的激动心情。丁玲在会上也发了言，和同志们一样，表达了对党、对人民无限崇敬与热爱的心情。

开会回来，她激动得喜笑颜开，向陈明说道：

“真是件怪事，又是件喜事，我虽然被开除出党，现在又参加党员小组讨论会了。”

陈明说道：

“你本来就是党员，这些年你也一直按党员的标准要求自己，自然应该参加党员小组讨论会了。”

连夜，丁玲写了一篇文章：

党啊，母亲！我回来了，今天，我参加政协

的党员会。

整整二十一年了，我日日夜夜盼望着这一天。为了今天，我度过了艰难险阻；为了今天，我熬尽了血泪辛愁。我常常在早晨充满希望，昂首前进，但到了晚上，我又失望了。何时能见到亲娘啊！哪年“七一”，周围的同志们都兴高彩烈，簇拥着去开会，庆祝党的诞辰。每当这时，我就徘徊在僻巷树荫，回想那过去战斗的幸福年月，把眼泪洒在长空，滴入黑土。在那动乱的日子里，我是饱受磨难。好心人对我说：“你死了吧，这日子怎么过?”我的回答：“什么日子我都能过。我是共产党员，我对党不失去希望。我会回来的，党一定会向我伸手的。海枯石烂，希望的火花，永远不灭。

二十一年过去了，我看见一代代人的降生，一代代人跨进党的行列，可是山高路遥，我什么时候才能回到党里来啊！

二十一年了，我被撵出了党，我离开了母亲，我成了一个孤儿！但，我不是孤儿，四处有党的声音，党的光辉，我可以听到、看到、体会到。我就这样点点滴滴默默地吮吸着党的奶汁，我仍然受到党的哺养，党的教导，我更亲近了党，我没有殒殁，我还在生长。二十一年了，我失去了政治地位，但我更亲近了劳动人民。劳动人民给我以温暖，以他们的纯朴、勤劳、无私来启发我，使我相信人类，使我更爱人民，使我全心全意，以能为他们服务为幸福。今天，我再生了，我新生了。我充满喜悦的心情回到党的怀抱，我饱含战斗的激情，回到党的行列，党啊！母亲，我回来了！

二十一年来，党也不是一帆风顺的，党经过曲折，遭受蹂躏。今天，摆在党面前的，是一条艰难旅程，但我坚信：有着五十多年战斗经历的党，有许多耿耿忠心，前仆后继的老战士，有千千万万朝气蓬勃的新生力量，有党中央的英明领导，有马列主义、毛泽东思想这一指路明灯，我们的事业必胜，是任何力量也阻挡不住的。我这个新归队的小兵，将振奋我的永不消逝的活力，向同志们学习，刻苦努力，为实现四个现代化贡献力量。

1979年7月1日前夕

丁玲增补为政协委员，参加党员小组讨论的消息，登在《人民日报》头版头条，还配发了她的照片。又过了数日，丁玲连夜赶写的短文，加上《“七·一”有感》的标题，发表在《北京日报》7月1日第一版上。人们看到丁玲的“有感”，都交口称赞丁玲对党的忠贞不贰和一往情深，也仿佛看到了她高兴得手舞足蹈的样子。

丁玲对党的热爱，在1984年8月初，表达得最为清楚、深刻，令人感动。当诗人贺敬之作为中宣部负责文艺的领导，向老太太报喜，将中共中央《关于为丁玲同志恢复名誉的通知》的第九号文件，告诉了丁玲，她抑止不住内心的激动，给党写了一封信：

中央组织部请转

敬爱的党中央、亲爱的同志们：

你们好！

三中全会以来，你们受命于危难之际，身负重任，政务繁忙，因此我平日极不愿打扰你们，分占你们的时间。但现在我必须写这封信，必须向你们打开心扉，把深埋在我心底的、涌流在我血管里的感情讲出来。我要大呼："我感谢党！感谢党中央！"

目前，中央组织部通知我："为丁玲同志恢复名誉的通知"已经中央书记处批准，即将下达。这真如一轮红日，从浓雾中升起，阳光普照大地。我沐浴在明媚的春光中，对党的感谢之情如热泉喷涌，我两手高举，仰望云天，满含热泪，高呼："党啊！母亲！你真伟大！"

我写文章已经近六十年了，可是到今天我才第一次感到我的文字是不够用的，我从脑子里找不到最合适的字眼来准确地充分地表达我现在的感情。这种感情如风驰云涌，如果不讲、不叫，我就无法平定我这种深沉而又激荡的心情。

我本来只是一个普普通通的愚人，一个伶仃的孤女，是党长期地教育我、指示我，使我能逐渐能懂得做人的道理，使我走上革命的正道，使我没有白白地浪费我一生。从1932年我在上海参加党那一天起，我就完全把自己交给了党。我是属于党的！要听党的话，为人民服务到底。五十二年来，我得到过许多温暖、荣誉、幸福，也得到过启发，使我更贴近党，更理解人民，更加强共产主义必胜的信心。自然，由于种种原因，我受到过一些惩罚。但我只愿从中引起我的反思，自省自问，不计其他。而在逆境中，我更要求自己坚决与党站在一起，与人民站在一起，努力为人民服务，这样就能改善我的处境，改正周围的人对我的了解；我能向人民学习，吸取力量，鞭策自己。这种起步和历程，自然是很困难的。但经验告诉我，只能坚持这种态度，把相信党，相信人民，相信历史，相信自己的信念，化为日常的行动，天长地久，海枯石烂，总是可以绝处逢生，化险为夷，变坏事为好事。我慢慢能做到不受任何干扰，专心致志，默默无闻，勤勤恳恳，工作不息。而且能感受到劳动以后工作之余的一点乐趣。

三中全会以后，党中央大力恢复实事求是的革命传统，为许多人平反了冤假错案，也为我恢复了党籍。我有权写文章了，能为党大胆工作了，我的心情就很愉快了。……我还有什么要说的呢？没有了，我只有向党盟誓：丁玲永远是属于中国共产党的，是党的一个普通的忠实战士。我年事不小，有点宿疾，但身体还可以，精力也算充沛，脑子还不糊涂。今后我更要鼓起勇气，为党的文艺事业的发展，贡献余生。专此奉达，谨祝

同志们身体健康、长寿！

丁玲 1984 年 8 月

这封信写好后，没有发出去，原因是丁玲感到有些感情还没有充分表达出来，她脑中储存的文字有些不够用了。这一年丁玲已经八十岁了，经过二十多年的希望、等待、渴求，有多少话要说，但用

什么样的语言才能表达清楚？不管怎样，这封信确实是丁玲当时最真实的情感的流露。等到二年之后，丁玲离开人世时，才发现了这封信，公诸于世，人们更清楚地看到：这是一个多么好的党员，是中华民族的优秀儿女。她受过那么多苦，又被诬陷、迫害二十多年，而对党的感情始终如一，说明丁玲是真正的共产党员，而证明我们的中国共产党又是伟大的。丁玲是广大共产党员和全中国人民学习的榜样。

出访美国

丁玲在1981年9月1日到1982年1月，应美国爱荷华国际写作中心的邀请，赴美国进行了为期四个月的访问，与美国作家和有关人员，进行了写作交流和座谈讨论等活动。表现了一个共产党员的高尚情操，有很多故事是十分感人的。

丁玲出发去美国前，于7月份和陈明、谷峪以及华裔学者梅仪慈等人到北大荒去访问。谷峪是“文讲所”培育的学员，反右被株连，1958年也被遣送到北大荒当了农民。他和丁玲都是特意重返旧地。梅仪慈是“五四”时期编过《学衡》的梅光迪教授的女儿。梅仪慈女士在美国生活了三十多年，得过两个博士学位，在密歇根大学教文学。她正在研究中国现代文学，出版过研究丁玲的专著。她们一行四人，在北大荒访问了五个国营机械化农场，见到了他们生活了十二年的农场职工和家属。当他们来到时——人人奔走相告，说老丁、老陈回来了。与丁玲在鸡场养过鸡的女同志，在丁玲老师帮助下扫过盲的职工们，都来到场部看望他们。普阳农场的会议室里，原汤原农场的老职工与丁玲夫妇座谈、联欢。丁玲说："二十多年过去了，我始终在怀念着你们，怀念着在我处境最困难时，关心过、帮助过我的北大荒人，那时，你们给我这架机器添过煤，加过火。今天，我又回到党的怀抱，获得了拿起笔写文章的权力，我仍旧离不开你们，离不开人民，否则我就会熄火，失去动力……"大家静静地听着，他们觉得老丁的人还和过去一样，和他们贴得很近很近……。农场领导和职工们对丁玲等人的热情接待，使来自美国的华裔学者梅仪慈女士深受感动，她看到了在社会主义制度下，北大荒人工作、生活的情景，也看到了他们对丁玲的关心热爱，她确实是一位受到人民崇敬的作家。有了梅仪慈女士的北大荒之行，从而对丁玲进行了广泛的宣传报道，就给丁玲访美，做了充分的舆论准备。让美国人民知道，丁玲是一个既是作家也是农民，能写文章也能喂鸡的共产党员。

1981年8月29日，丁玲和陈明乘飞机飞行十个小时，飞越一万多公里，到达旧金山。旧金山又名三藩市，在美国的西海岸。人口八十万，华侨很多。城市建筑大多数是三、四层的楼房。下午，丁玲想要上街看看，领事馆的同志告诉她，中国人上街经常遇到一些不愉快的事。让他们加小心。丁玲想，美国的社会秩序如此不好，对中国人歧视，只好在大使馆宿舍休息、睡觉。

丁玲夫妇离开旧金山到波斯顿、耶鲁进行了参观访问后，11月21日，吃过早饭，去尼姆·威尔士女士家做客。尼姆·威尔士女士是《西行漫记》作者斯诺的前妻，她与斯诺离婚后，常常署以“海伦·斯诺夫人”的名字，发表作品。1937年抗战前夕，她活跃在延安古城。她身材窈窕，穿灰色军装，束红色皮带，给延安军民留下美好的印象。后来她出版了《续西行漫记》，真实地报道了八路军在抗日战争中的各项活动，表达了对中国人民真诚的友好情谊。丁玲到达美国后，在耶鲁大学讲演时，她打电话，特邀丁玲去她家访问。

11月下旬，虽已到了秋天，但这里的草坪还是绿的，树上挂着残留的红叶，天高气爽，景色迷人。他们的汽车在高速公路上行驶，来到康州一个叫麦迪逊的村庄，看到，在一栋青砖红瓦的小屋子前，站着一位白头发的老太太。满脸皱纹，老态龙钟，经过介绍，知道她就是四十四年前，在延安采访的美丽的少妇。她们握手、拥抱后，进屋畅谈起来。她说：

"你是不自由的，你的不自由是因为政治问题。我呢？我现在也不自由，那是因为我穷，是经济问题。"

她说，她住的房子建于1752年，已破旧不堪。每月靠150元社会保险金生活。她把另一间屋子租出去了，每月所得135元，可每月要交175元电费。她的暖气费有一部分是靠老年人补助金交付，她的医药费，是由她自己的医药保险交付。她目前的情况是刚刚能够维持生活，不至于饿死。丁玲想到，这就是美国，美国有许多好处，应该对她说些好话，可是她却以她许多浓重的阴影压迫着丁玲，使她喘不过气来。

威尔士女士还说，她手边还有三十二本尚未出版的手搞。1980 年就办理了出版登记，但在美国出版，几乎是不可能，有层层严格的审查。作者要靠稿费生活恐怕要饿死。丁玲想，美国所标榜的创作自由在哪里？

圣诞节前，丁玲回到旧金山时，给威尔士女士汇去节省下来的一笔美元，做为送给威尔士女士圣诞节的礼物，表达了一位中国作家、中国人民对美国人民的友好之情。

11 月份的一天，丁玲在华盛顿，受到一位美国朋友的邀请，到他家里去做客。他们一家人对丁玲都很热情，并请来不少亲戚朋友来陪客。一位先生问道：

“听说丁女士在北大荒喂鸡，不知可有此事？”

“是的。”丁玲答道：“我在农场饲养过一大帮鸡群。”

“真有这事吗?”一位太太不禁叫了起来：“太岂有此理了!”她长得长眉长眼，穿一件紧身的花缎旗袍裙，头发拢得很高，鹅蛋型脸上露出一副惊诧的样子。

“养鸡也很有趣。”丁玲平静地答道：“在生产队为国家饲养几百只鸡也很有意思，孩子、病人、太太们每天都需要有高蛋白营养的鸡蛋嘛!”

“一个作家，不写文章，却被处罚去养鸡，还认为很有意思，”一位先生开口道：“我真难理解，倒要请教丁女士，这‘意思’不知从何而来?哈哈……”

丁玲对他们的问话很反感，暗想，应该给他们上一课才好，但觉得，他们的程度低，得从什么地方讲起呢?丁玲便站了起来，拿了一杯冰汽水，走进对面一间较空的房间，有两位太太在谈话，一位说道：

“你们不知道，我那贝贝真是可爱极了，真不知该怎样爱它才好!"

"贝贝",谁是贝贝?丁玲没有问。那位太太却自己解释道:

"贝贝就是我养的那只小狗。它真是懂人性,比我的孩子还乖哩!"

有人问道:"那它是你的狗儿子,还是狗孙子?"

"狗儿子,自然是狗儿子。"她一本正经地答道:"我儿子就不喜欢它,还吃醋,哪能是孙子咧!"

"你们真不知道她是多么喜欢贝贝。"和她一起谈话的太太道:"她每天给它洗操、梳毛、穿衣服,打扮得跟商店里的娃娃一样,真可爱呀!"

于是贝贝的妈妈更高兴了。丁玲见她有五十多岁光景,穿一件咖啡色克士米的薄毛衫,两颊和嘴唇都涂得红红的,身体微发胖。她对养狗如此津津乐道,使丁玲立刻想到,养鸡怎么了?这些每天都离不开牛奶、鸡蛋、猪排的人,怎么非得把"养鸡"看作是见不得人的事呢?而他们养狗,又怎么叫别人去欣赏他"狗道"的"高贵"呢?她为了一个出访者的礼貌,在抑制自己,但美国人民自己替她回答了好心人的提问，她的养鸡，比养狗者高尚得多，她养鸡是为了充实自己，为人民创造财富，而养狗呢，只是为了消遣，两者相比，谁优谁劣，最终美国人民自己能做出判断。

11月4日，丁玲夫妇到达纽约，这是世界上最大的城市之一。他们住进了曼哈顿区的一家旅馆，地处纽约最繁华的市区。夜晚，他们夫妇漫步在高楼耸立，五颜六色霓虹灯闪烁的街头，看到潮水般飞驰而过的汽车和不同肤色打扮得艳丽的人群，看到这一切，虽然灿烂如花似锦，但是，丁玲看到一个景象，却使她兴趣大减，索然无味：

……

看，那街道上坐着一个老人，伛偻着腰，半闭着眼睛，行人如流水在他身边淌过，闪烁的灯光在他身前掠过。没有人看他一眼，他也不看任何人，他在听什么？他在想什么？他对周围是漠然的，行人对他更漠然。他要什么？好像什么都不要，只是木然地坐在那里。他要干什么？他什么也不干，没有人需要他干点什么，他坐在这热闹的街头，坐在人流中间，他与什么都无关，与街头无关，与人无关。但他还活着，是一个活人，坐在这繁华的街头。他有家吗？有妻子吗？有儿女吗？他一定有过，现在可能都没有了。他就一个人，他总有一个家，一间房子。他坐在那间小的空空的房子里，也像夜晚坐在这繁华的街头一样，没有人理他。他独自一个人，半闭着眼睛伛偻着腰。就这样坐在街头吧，让他来点缀这繁华的街道。总会有一个人望望他，想想他，并由他想到一切。让他独自在街头，往鲜艳的色彩中涂上灰色的一笔。在这里他比不上一盏街灯，比不上橱窗里的一个仿古花瓶，比不上挂在壁上的一幅乱涂的油画，比不上掠身而过的一身紫色的衣裙，比不上眼上的蓝圈，血似的红唇，更比不上牵在女士们手中的那条小狗。他什么都不能比，他只在一幅俗气的风景画里留下一笔不显眼的灰色，和令人思索的一缕冷漠和凄凉。但他可能当过教授，曾经桃李满天下；他可能是个拳王，一次一次使观众激动疯狂；他可能曾在情场得意，半生风流；他可能在赌场失手，一败涂地，输个精光；他也可能曾是亿万富翁，现在却落得无地自容。他两眼望地，他究竟在想什么？是回味那往昔荣华，诅咒今天的满腹忧愁，还是追想那如烟似雾的欢乐，重温那香甜的春梦？老人，你就坐在那里吧，半闭着眼睛，伛偻着腰，一副木然的样子，点缀纽约曼哈顿的夜景吧。别了，曼哈顿，我实在无心在这里久留。

《曼哈顿街头夜景》1982 年 9 月 25 日写于北京

丁玲在访美国期间，主要的目的地是到爱荷华，它是美国中部爱荷华州所属的一个小城。城里有爱荷华大学，约有二万五千多名学生。城市像是一个公园，满眼都是绿树、青草、流水和美丽的小院。国际写作中心就设在爱荷华大学，丁玲是被这个写作中心邀请访美的第三批中国作家。第一批在 1979 年，被邀请的是萧乾、毕朔望；第二批在 1980 年，被邀请的是艾青、王蒙。丁玲夫妇在这里度过了两个多月的悠闲的岁月。参加这一届访问的有爱尔兰、丹麦，挪威、希腊、西班牙、埃及、日本、罗马尼亚、波兰、东德、中国（包括台湾省）等二十几个国家和地区，约三十余人。他们在这里和国际写作中心的负责人聂华苓和她的助手——也是她的丈夫保罗·安格尔成为亲密的朋友。他们夫妇都到过中国，保罗很喜欢毛泽东的诗词，写了很多赞美中国、留恋中国的诗篇。聂华苓是华裔，虽然入了美国籍，是爱荷华大学的教授，但实际是一个讲究人情，殷勤能干、贤惠好客的中国妇女。丁玲在他们夫妇的帮助下，与三十多名被邀请的各国的知名作家，在一起交流写作经验、文学动态。既向各个国家的同行学习，又向他们宣传介绍了中国拨乱反正以后，文学界一派欣欣向荣的景象。使他们之间促进了相互了解，增加了友谊。

丁玲夫妇还访问了芝加哥，登上一百多层的高楼，观赏芝加哥城市的美景。还游览了超级市场，观看了美国人喜欢看的橄榄球赛，还到美国友人梅仪慈家里去做客。他们在美国生活得很愉快，交了很多新朋友。于 1982 年 1 月份。满载美国人民的友情回到了祖国。

《杜晚香》

1979年7月《人民文学》第7期，发表了丁玲的新作《杜晚香》，轰动了整个文坛。当时正是“伤痕文学”盛行的时候，作家们都在控诉“文革”中所遭受的苦难，而丁玲却一反常态，写出一个农场女标兵杜晚香艺术形象，抒写了杜晚香对北大荒的无限深情，同时也抒发了作者对北大荒，对党的事业的热爱。丁玲在写这篇文章的过程中，还有一段生动感人的故事。

1964年夏天，麦收快结束时，丁玲从汤原农场到宝泉岭农场参观。这个农场比汤原农场条件要好一些，各项工作都比较突出。场长是位老红军，到北京农垦局汇报工作时，王震将军曾嘱咐他多关心丁玲，给她安排创作时间。老场长热情接待了丁玲，并领他到各生产队走一走，介绍职工生产、生活情况。特别给她介绍了第七生产队的女标兵邓婉荣同志。说她是不怕困难，肯于吃苦，兢兢业业为职工和家属服务的好干部。丁玲被邓婉荣的事迹所感动，便想亲自见见她，经人指点，白天去她家，她不在。晚间亮灯再去，她在家，一家人正围着炕桌吃饭。邓婉荣长得中等身材，年纪三十多岁，细眉大眼，未言发笑，一脸和善神态，她热情地请丁玲坐在热炕头上，点烟倒茶。炕里边坐着一个头发花白，穿着白布衬衫的老太婆，还有一个留着胡须，满脸皱纹的老爷爷。邓婉荣介绍，这是她的婆婆和公公。她殷勤地给两位老人添饭，舀菜，不时叫着“爸、妈”，嘴里十分甜蜜。丁玲凭着作家的敏感，看到这是一个很贤慧的女人。她与邓婉荣谈了一阵话，感到很能合得来，脾气、爱好有很多相投的地方。临分别时，丁玲打算有机会再来采访她，并向她学习。

1964 年年底，丁玲调到了宝泉岭农场。他们夫妇从汤原农场的鸡舍搬到场部大楼招待所，安排住在一个房间，抬来一张写字台。白天参加工会工作，晚间，开始继续写《在严寒的日子里》。丁玲来到宝泉岭那天，邓婉荣跑来帮助丁玲往楼上搬东西，安置家具。老场长来了，见到小邓说道：

“老丁是老同志，经验丰富，你好好跟她学习，学文化，学政治，学解决问题的方法。”

小邓连连点头，说道：

“一定好好学习。”

可是丁玲说道：

“我要很好向邓婉荣同志学习，能够和生产标兵在一起工作，正是自己学习的好机会。”

丁玲是抱着学习的态度接近她。解放前，在三十年代，她曾经穿布衫、布鞋到工人区，女工宿舍去，了解工人的疾苦，和工人打成一片，成为工人的知心朋友。到延安之后，她又穿上军装，下部队，上前线，和战士生活在一起，受到战士们的拥护和爱戴，所以她才写出了许多反映工人、农民和战士生活的作品，寻求到了自己以往追求的人生、艺术的突破口。这一次，她要贴近全新的、美好的、英雄的事业和人物，塑造出新型的人物形象，追寻新的思想境界。

丁玲在工会负责组织职工家属的学习，正好邓婉荣也从七队调到工会担任女工干事。她们俩几乎天天见面，白天她们一起跑八个家属区，夜晚丁玲去扫盲班上课，小邓去听课。当时，丁玲没有急于要写她，而只是接近她，了解她，学习她，同时也帮助她了解自己。

通过和邓婉荣的相处，了解到，她的出身很苦，八岁死了亲娘，在后娘的呵叱声中，长到十三岁，便被迫出嫁，到一个老俩口有四个儿子的人家当媳妇。三位嫂嫂看见她瘦弱的身体都叹气，说道："这毛丫头能干什么？五十块大洋还不如买头毛驴。"她听到自家人的议论，心中有数。她站在小板凳上上灶，一样把全家的饭做得停停当当，其它家里的活，里里外外，都能从容不迫，悄悄地赶上了别人。解放了，土改工作队来了，村上的男人，保卫胜利果实、抗美援朝去了。土改复查队来了，有位中年女同志就落脚在她家。经这位女同志的劝说，公公婆婆答应让她去县上住了三个月训练班。回来，白天跟着兄嫂的身后上山地干活，挑着担儿爬上爬下；晚上走家串户，学着那些工作队员的样子，宣传党和政府的各项政策。她丈夫转业到北大荒，她也就跟着也来到北大荒，没有闲在家里当家属，而是参加了工作……

这样，丁玲对邓婉荣的身世有了一些了解，对这位用五十块大洋买来的小媳妇有了感情。

丁玲和她在一起工作时，邓婉荣事事都能悄悄地干在前面。她们想在各家属区办黑板报，可是到哪里弄木板呢？小邓一声不响，跑到文化宫舞台后楼，找着木工师傅，在一些废旧木堆里翻寻到一些短木板。她自己还掏了两元钱，到木工厂买一些下脚料，请木工师傅拼拼凑凑，钉成几块木板，分给八个家属区，让家属们自己抹灰刷黑。不几天，黑板报就都挂起来了。

职工家属中有不少人愿意参加劳动，但因为孩子牵累，去不了。场部办有幼儿园、托儿所，但容纳的数量有限，不能满足要求。怎么办呢？有人提出自己办托儿所，没有房子，大家说，自力更生，白手起家。盖什么样式呢？“拉哈辫子”的。就是把草编成辫子，沾上稀泥，一层一层编垒上去，涂泥抹光，就成墙了。再放上梁柁，搭上檩子、椽子，拈上草就成房子了。盖这样的房子需要很多草，大家商量好，变工互助，有人在家看孩子，大多数人都去二十里以外的地方去割草，来回四十里，自己带饭。丁玲动员大家去，可是她去不了，已经六十多岁了，不会骑自行车，来回走路，再割一天草，恐怕受不了。她心里很难受，一夜没睡好，第二天早晨，赶到家属区。大冬天，零下二十多度，一问，早出发了！天没亮，邓婉荣就来了，集合着人，走在最前面。她的分工是管女工工作，丁玲管家属工作，但她却不分家，领着大家，奔向二十里地以外的草原割草去了。

有了草，场部给一些木料，家属们七手八脚，没过几天，就盖了五间茅草房，这是家属们自办的托儿所。几十位家属的孩子入了托，家属们乐呵呵地参加了工作。

丁玲常和邓婉荣同志去家属区开会、谈话，可是一转眼就看不见她了。一找，她正为一户家属修炕，或者正为妈妈病了的孩子们洗衣服。丁玲每天和她在一起，很容易从她身上发现这些极平常极不起眼的小事。那时丁玲在夜校教课，让大家学习《为人民服务》、《纪念白求恩》，她就认真做到“毫不利己，专门利人”，她心里时时想到群众，眼皮下面，总看到有自己的工作。

文化大革命开始不久，丁玲和小邓的来往中断了。丁玲被关进牛棚，小邓被打成保皇派、黑标兵，造反派的大喇叭点她的名，责问她：“管大右派丁玲叫大娘是什么立场?”丁玲在牛棚里透过窗户，看见邓婉荣和一群人在跳“忠字舞”，穿得很臃肿，动作跟不上节拍，跳得实在不好看。在一次批斗会上，革命小将恶狠狠地骂丁玲道：

“你知道吗？在这个农场，你连累了多少人?”

丁玲想起和她一同跪在地上挨斗的老场长，再望望广场上邓婉荣那无可奈何的身影，那失去笑容的朴素的面孔，她心里像扎着无数的钢针。可是有什么办法呢?

丁玲从牛棚出来以后，放到生产队监督劳动。晚间和十几个女青年住在一起，她们晚间吵吵闹闹，使丁玲睡不好觉，还命令她给她们倒尿盆，使丁玲非常反感。正在思想矛盾时，她想起了邓婉荣。她曾经主动地、心甘情愿地给一些女知识青年扫地、铺炕、叠被子、也倒过尿盆。这些人开头歧视她，看不起她，嘲笑她“土”，但不久，大家便亲热地叫她“邓姐”。如今小将们把丁玲看成敌人，支使她倒尿盆，但无论如何不能把她们当敌人看。这些人的本质并不坏，总有一天会觉悟的。这样，和邓婉荣一比，丁玲干什么都不在乎了。

丁玲和邓婉荣相处一个时期，记录了一些她幼年的生活。她想起三十年代，她跟随八路军在西北高原一带行军时的情景，那里到处是山沟、砂石。一棵杏树，要在石板重压之下，破土而出，承受阳光雨露，春风吹拂，方能茁壮成长。丁玲体会小邓幼年的艰辛，便像一棵红杏一样，是在艰难的环境中生长起来的。

丁玲写了邓婉荣对北大荒的无限深情，同时也抒发了丁玲对北大荒，对党的事业的热爱。她和邓婉荣相处两年多，但她在北大荒已经生活了十多年。许许多多像邓婉荣一样的人物，揉合在脑子里，形成一个新的人物形象，这就是——杜晚香。

1979年，当丁玲被解放，拿起笔来，头一个想写的就是《杜晚香》，写杜晚香对北大荒的感情，实际就是丁玲自己的感情。丁玲在谈自己塑造杜晚香这个人物时，她说：

“作者要使自己创作出的人物进占读者的心灵，自己首先要占据人物的内心，要了解她，熟悉她、体会她，也就是要向她学习，把自己的感情提高，否则你就不能写。”她还说：“这几十年对我有很大好处，我没有离开人民，在这些普通人里面，我认了很多老师。这些老师经常飞跃在我的脑子里，挤呀，压呀，我非写她们不可……”

这就是丁玲写《杜晚香》的故事，是文学创作的源泉来自于生活的生动的教材，多么有趣味呀！

创办《中国》杂志

丁玲在八十岁高龄，还创办一份大型文学双月刊《中国》，受到国内外文学爱好者的欢迎。有人说，丁玲是办《中国》杂志累死的，这话，也可能有些道理。一想到这件事，人们的心里总是难以平静。

1984 年 6 月，丁玲和一群老作家在厦门聚会，他们在游览山水风光之余，便谈起文坛近况。有人说道：

“文坛一窝蜂似地赶新潮，并不是好现象！”

“大家都追逐新潮，忽略了‘百花齐放’是不应该的。”

“那么，有没有办法，将这种不正常的思潮，引导一下呢?”

“似乎没有什么好办法，过去一管就管得那么死，现在为什么就管不住了?”

“在新时期，为了发展文学事业，是否还有另一种方式，能否闯出一条新路子呢?”

“可以，应当可以，最好是先有一个大型的文学刊物，让各种流派，各样的新人都来发表他们的作品，有了富饶、滋润的土壤，就不愁百花盛开了。”

人们都在七嘴八舌议论着，最后，老太太笑眯眯地说道：

“好哇，好哇，大家一齐出力一齐想办法呀!”

于是老作家们回忆起叶圣陶编的《小说月报》，郑振铎、靳以编的《文学季刊》，丁玲编的《北斗》，都发表了各种各样的文学作品，发现了不少新人。大家一致同意创办一个大型的文学刊物，提议刊物名称叫《中国》，还一致推举丁玲当主编，于是就开始了筹备工作。

丁玲从厦门回到北京，就打电话找到出版局陈翰伯，要来了公开出版物的刊号；找到中共中央政治局，要来十个编制；再找到财政局要来出刊经费；在《解放军报》社，租了两间防震棚，这样，大型文学双月刊的创办工作就初具规模了。

10月份，发出消息：1985年元月份，《中国》正式出刊。出刊前，1984年11月28日，在新侨饭店举行了盛大的招待会。与会代表有三百多人。出席会议的有文艺界的领导，老中、青五代作家欢聚一堂。

会议大厅前方，在“《中国》文学双月刊招待会”的横幅下，悬挂着《中国》文学双月刊会标。会标的图案是由一个鲜红的大圆圈和一页雪白的、飘飘然飞动的稿纸组成。

主编丁玲提前来到会场，与早已等候在那里的新闻记者围坐在一起，开始了她的答记者问。她说道：

“我是刊物的编者，但首先是一个作者。在当前这个历史时期，我压抑不住从心底迸发出的激情，愿意把有限的时间和精力全部拿出来，尽力办好这个刊物，为早日实现四个现代化作出贡献。”她还说道：“《中国》文学双月刊没有门户之见，容纳各种不同的风格流派，给在艺术上有所创新、在思想上有所创见的作品留出很大的版面。《中国》和《中国作家》是姐妹刊物，都属于中国作家协会领导。这两个刊物的出现都是合乎当前形势要求的，对我们的文坛将起到大活跃、大竞赛、大提高的作用。”

三时半，创刊招待会正式开始。副主编刘绍棠首先代表《中国》编委会，热烈欢迎在京的文化、文艺、新闻和出版等各界人士以及各姐妹刊物的代表光临创刊招待会。并介绍《中国》的两位主编丁玲、舒群，副主编刘绍棠、魏巍、牛汉，编委曾克、秦兆阳、姚雪垠、西虹、陈涌、草明等。他们统统与与会者坐在一起，洋溢着编者与作者水乳交融的亲切气氛。

接着主编丁玲讲话，她说：“创办《中国》杂志是五代作家同堂，共同团聚。……团结是我们的生命，团结是我们的根本，团结便是胜利！《中国》

坚决响应党中央总书记的‘大鼓劲、大团结、大繁荣’的号召，我们将尽一切力量，克服消极因素，加强团结，在全面改革的战鼓声中，为祖国的四化，为物质文明和精神文明双丰收，做出自己的贡献。”

随后，与会代表纷纷发言表示祝贺。

叶至善代表他父亲，全国政协副主席、《中国》顾问叶圣陶前来祝贺。叶圣陶当天上午刚刚出院，本想亲自参加招待会，被丁玲婉言劝阻了。九十岁的叶圣陶特意写了几句话嘱托他的儿子带到大会来，他写道：

“丁玲八十岁了，还创办这么一个刊物，我觉得非常了不起。我有胆量，今年把胆割掉了，但是我没有勇气再来编一个刊物。丁玲同志毕竟八十岁了，请大家帮助丁玲同志把这个刊物办好。”

中央顾问委员会委员、《红旗》杂志总编辑熊复同志、中国作家协会党组书记张光年同志、中国作家协会副主席、党组副书记冯牧同志、中国戏剧家协会主席、著名剧作家曹禺同志、北京作协副主席、老作家萧军同志、中国作家协会副主席冯至、北京文联副主席陈模同志、著名诗人、散文家李锐同志、蒙古族作家玛拉沁夫同志、作家张洁同志、作家徐怀中同志、老作家胡风同志、文艺评论家李何林同志、北京市副市长陈吴苏同志、解放军总政治部文化部副部长李瑛同志、作家吴组湘同志、作家李准同志、中国记协常务副主席王揖等同志出席大会并发了言。使人看到了中国文坛老中青同济一堂的大团结的气氛。

1985年元月份，《中国》创刊号问世了。在创刊号发表文章的有天津青年作者王家斌的《背尸人》；山西作者田东照的《黄河在这里转了个弯》；老山前线下来的姑娘庞天舒的《秋天总有落叶》；作家马铭的《卡秋莎》；还有老帅聂荣臻、老将军杨成武的回忆录和医学专家董树则的散文等等。老太太在《中国》创刊号上的编者话中写道：

作品一经发表，便属于社会。凡本刊发表的文章，欢迎读者展开讨论或争论，对作者只有好处，对读者也有帮助。我们大家过去吃“左”倾棍子的苦头太多了，损失太大了，教训太深了。我们决不能再重犯这样的错误。党和全国人民都决不允许这样惨痛的历史重演。我们相信：真正的人民的作家也一定有这种气度，能够虚心听取对作品的不同意见，更不担心自己的作品被少数人抹杀。我们相信，作品好坏由人民、历史判定，好的作品将流传下去，不好的作品也会被自然地淘汰。任何作家都很难保证自己的作品篇篇都好。偶然有一篇作品被批评了，也不会影响他的其它好的作品被颂扬。这样的例证是很多的。而且一篇作品很难要求所有的意见都完全一致。我们希望我们的作者，牢记为人民服务，为社会主义服务，专心写作，不计毁誉，这样就一定能得到读者的欢迎。

丁玲主编《中国》，不像有的人只是挂个名，她是事无巨细都要亲自过问。例如，人员调动、编制定员、刊物发行、经济核算、审稿改稿、双月刊改月刊等等，她都要仔细考虑，发表自己的意见。就是住进了医院，也闲不着。1986年元月3日，她因病住进了北京协和医院。一边治病，一边主持编辑部工作会议。编辑部的同志们来到医院，围着她的病床，研究编辑部的各项工作。

《中国》4月号要发《聂荣臻同志谈“二月逆流”》和报告文学《中国：1967年的78天》，没人敢决定发不发。只好由人念给她听。她头脑清醒，思路敏捷，听得很认真，拿不准的地方，需要再斟酌，这时，她就让“再念一遍”……

在医院中，她还要接见外国友人，约袁良俊商议筹备纪念鲁迅的事，同冯夏熊谈纪念雪峰的事，还写信给夏衍，祝贺他从事革命文艺工作五十五周年，还口述录音为《冯乃超文集》作序，还组织作家为女英雄乌兰同志写传，准备在《中国》上发表……

到1986年，年届八十一岁高龄的丁玲，太累了，她每分每秒都在紧张地工作着，想把丢弃的二十一年的时间夺回来。她为创办一个大型杂志《中国》，为繁荣祖国的文学事业做出了应有的贡献。已经八十高龄的人了，能有如此兢兢业业的工作精神，难道不是中华民族的优秀儿女，不是一个优秀的共产党员吗？

《“牛棚”小品三章》获奖

丁玲于1979年4月在北京友谊医院住院时，写了一篇散文《“牛棚”小品三章》，被刘心武主编的大型文学丛刊《十月》' 发表在1979年第二期上。并获得《十月》文学奖。在这篇文章发表前，也有一段十分有趣的故事。

1979年，正是“伤痕”文学盛行之时，很多作者都抒写文革中的遭遇，控诉四人帮祸国殃民的罪行。论受到的迫害，在女作家中丁玲是最深最重的了，她不仅是“丁陈反党集团”的头子，还是“丁冯右派反党集团”的头子，还被打成叛徒、特务等等，被下放批斗、囚禁达二十一年之久，按一般人的想法，她可以大写特写二十一年的遭遇，然而，丁玲被解放之后，写的第一篇文章是《杜晚香》。拿给几位编辑看，认为不宜发表，有些不适合“伤痕”的气候。1979年，中组部批准丁玲回北京治病，住在医院里，她虽然右手不好使，但坚持一个字一个字地写，又写成了《“牛棚”小品三章》。

一天，《十月》编辑部刘心武同志到医院来看望丁玲。刘心武是四川人，1942年生，读中学时就热爱文学，1961年从师范专科学校毕业，到北京十三中任语文教员。1977年在《人民文学》上发表了优秀短篇小说《班主任》而一举成名。1976年10月，调北京人民出版社任《十月》文艺丛刊编辑。刘心武早在中学读书时就读过丁玲的作品，对其十分仰慕。他在看望老前辈的同时，还向她约稿，丁玲就将在嶂头村所写的《杜晚香》交给他，说道：

“这篇文章已经交给两家刊物了，一家认为不宜发表，一家认为结尾重复了。这篇文章可能写得太平淡了，你们可以拿去看看，给我提点意见，如不能用，我一点也不怪你们。货走三家，卖不出去，那就肯定不行了。”她还诚恳地说道：“我乡居多年，对现在读者的胃口很不了解，请你们多批评指正。”

第三天，刘心武同志奇来一封长信，说《杜晚香》是一篇好作品，他说，作者用抒情的笔法塑造的杜晚香这一艺术形象，是感人的，作者通过杜晚香，抒发了对北大荒的热爱，是当前“伤痕文学”热潮中独树一帜的抒情之作。说后面那段议论是一锤定音，无论如何不能删。决定采用，即将付排，并找人刻题头插图。丁玲接到信，知道《杜晚香》即将与读者见面了，很高兴。

过了几天，原来认为《杜晚香》要修改的一家刊物——《人民文学》编辑部派人来说道：

“经过编辑部同志们的研究，认为《杜晚香》是一篇很难得的优秀作品，请丁玲同志将作品交给我们拿回去，立刻排版发表。”

丁玲说道：“已经被《十月》丛刊编辑拿去了，他们要用。”

“不行呀，丁玲同志。”来人诚恳地说：“不是已经给我们了为什么又给《十月》了呢？”

“你们不是说结尾要改吗？”丁玲说道。

“是啊，我们只是说要改一改结尾，没说不用呀!”

“那怎么办呢?”丁玲有些为难了，说道:“你们自己和《十月》联系一下，如果能要回来，就归你们发表，怎么样?”

来人回去给《十月》编辑部打电话，他们说，已经排版了，而且画了题图和插图，感到很为难。于是《人民文学》和《十月》丛刊两个编辑部分别给丁玲打电话，问怎么办?丁玲想了想对《十月》编辑刘心武说道:

“这篇文章曾经给过《人民文学》，他们拿回来是征求我的意见能否把结尾修改一下，不是退稿。为了大家和气，请把《杜晚香》给他们，我将给你们另一篇文章，怎么样?”

刘心武比较好说话，同意了，派人来取走《“牛棚”小品三章》，将《杜晚香》给了《人民文学》。刘心武看了丁玲的新作，《“牛棚”小品三章》，称赞不已，说是比《杜晚香》写得好，编辑部的同志们传看了一遍，共同认为是散文中的佳品，立即付排，发表。《十月》将此文发表后，不少人打电话、写文章，赞誉《“牛棚”小品三章》，认为丁玲的文笔比文革前，更潇洒、更富有魅力，真是宝刀不老。

等到《十月》丛刊评选优秀作品时，编辑部的同志们和聘请的专家一致投票，推选《“牛棚”小品三章》为打倒四人帮以来的优秀散文，并获得《十月》文学奖。

《十月》丛刊编辑部在北京饭店召开隆重的颁奖大会。丁玲出席了大会。她见参加会议的大多数都是中、青年作家，获奖的也都是年轻人，很高兴、也很激动。她应邀在授讲大会上讲了话。她热情洋溢地讲了写作《“牛棚”小品三章》的过程，最后说道：

《“牛棚”小品三章》是1979年4月我住在友谊医院时写的。我原无心写我自己，只是在读了别的同志写的牛棚生活、夫妻情爱、生离死别的散文以后，心有所感，才提笔试一为文的。我想要写出这种伤心，但不要使人灰心，使人怜悯，不要倾泻无余，而要留几缕情思，令人回想。写完这篇小品，我没有急于发表，只是放在那里，偶然给几个熟人、几个知己读读，以解他们的殷切怀念。因为《十月》不愿舍弃《杜晚香》，我只得把它拿出来交换。当然，这以后，有人写信给我，说喜欢这篇散文，现在《十月》还给了奖。难道真的我个人不了解我自己的作品吗？不过，昨天，今天，反复思量，我以为我还是应该坚持写《杜晚香》，而不是写《“牛棚”小品三章》。自然，这里并没有绝对相反的东西，但我自己是比较喜欢《杜晚香》。是不是由于我太爱杜晚香，人民更需要杜晚香的这种精神呢？我想或许是的。我的话完了。再一次表示我对《十月》编辑部和年轻人的感谢。

丁玲的《“牛棚”小品三章》获奖后，很多评论家认为，老作家清新秀丽的文笔，依然散发出当年的青春活力。她笔下的“伤痕”，不仅写出时代创伤的背景，而且也写出在时代重压下，人与人之间美好感情的交融，写来哀而不伤，给人以雪压青松松更挺的艺术感受。她的文章，确实是别具一格，引人注目。

很多文学刊物编辑部看到丁玲的《“牛棚”小品三章》，并获《十月》文学奖，纷纷向她约稿，请她多写这类文章。丁玲一一拒绝了他们的要求。她说：

“《“牛棚”小品三章》这类文章，至此为止，再写没有兴趣，也没这个精力了。我要集中精力写我更想写的东西。”

这就是丁玲的文品，也是人品，她是一位多么高尚的人啊！

鲁迅精神传人

丁玲在遭受二十多年的迫害之后，精神、肉体上都留下了严重的创伤，不得不住院治疗。她在医院中，一边治病，一边工作，一边写作，鞠躬尽瘁，死而后已，表现了一个共产党人的高尚情操，不愧为鲁迅先生的好学生。

1979年，经过中组部批准，丁玲从嶂头村回到北京，住进了友谊医院。吴蔚然教授给她的身体进行全面检查，发现她除了患有糖尿病、脊椎骨质增生等疾病之外，怀疑她患有乳腺癌，并主张手术治疗，防止转移。这件事，自然瞒不过她。当她知道医生的诊断之后，便对吴教授说道：

“我十多年没有握笔了，好容易现在才有了条件。我不能一回到北京就把时间消磨在病床上!”她又用谒求的眼光望着吴教授说道:“你们能不能给我一年时间,让我先写点东西,我心里有话要对读者说。至于病怎么治,我都听你们的。现在,我自己的感觉还好,如果注意它的变化,控制它的发展,一年后再考虑手术,可不可以?”

吴蔚然教授是个通情达理的人,他知道丁玲的遭遇,了解她的心情,如果能满足她的要求,可能就是医治疾病的良药。于是教授决定同意丁玲的这一要求。

从此,丁玲在病床上,全身心地投入了创作。她写作时,手抬不起来,只能在脖子上吊着一块写字板,用不好使的右手的手掌贴在板上,几个手指头捏着一支笔,慢慢艰难地写。写一阵,放下笔,便张开五指活动半天,再将手掌贴在木板上继续写。就这样,慢慢地写出了《“牛棚”小品三章》、《我所认识的瞿秋白》、《“七一”有感》等一系列文章。

丁玲虽然写得很累,但越写越舒畅。吴蔚然教授不愧是医学界的权威,先治了心病,也就稳住了癌症，在写作过程中，她的乳腺癌暂时没有发展、扩散。

1980年春节后，丁玲检查身体，发现乳腺癌有要发展的趋势，吴教授当机立断，便将她的癌瘤做了切除手术。又经过一段精心治疗，身体大有好转后，随即出院，1981年9月份应爱荷华国际写作中心的邀请赴美国参观访问。1982年元月份回国，又积极创办《中国》杂志，1985年元月份出刊了创刊号。因忙碌和劳累，于年底，又住进了协和医院。经检查，她心、肾、肺等器官都出现问题，已经出现中毒性休克症状，病危报告单送到中南海，国务院领导习仲勋赶来，仔细询问病情并召集专家研究治疗方案，指示："要尽一切办法抢救她的生命。"胡启立在中央开会时看到病危报告，也请假前来问候。老将军王震闻讯也赶来了，他嘱咐家属："等她醒过来时，立刻给我打电话，我再来看她，告诉她王震来看过她了。"

薄一波、余秋里、李鹏、陈慕华、邓力群、马文瑞等国家领导人也相继来了。中央保健局、国务院卫生部的领导也来了。他们请来国内最好的医生，带来最好的药品，协助协和医院的主治医生进行抢救。在抢救中急需血滤器，已经下班的海关总署署长苏士方同志和值班干部，直接通知首都机场海关，为了抓紧时间及时换上从香港特地发来的血滤器，请免检、免税放行。

叶圣陶已经九十多岁了，他正在医院治病，听说丁玲病危的消息，让家人每天都打电话询问她的病情。女作家冰心在上海，打长途电话询问病情，并慰问家属，相信丁玲一定能抢救过来。老诗人艾青也赶来看望老友，只见她处于深度昏迷状态，再也不能和她交谈，流着泪连声说道："我来晚了一步，我来晚了一步……"老剧作家曹禺在亲属搀扶下拄着拐杖，走到病床前，大声说道：

"老朋友来看你了，你会好的，你会好的！"他老泪纵横，拍着祖慧的肩膀道："孩子呀，你妈妈一生做了许多了不起的事，她的生命力极强，她是能抢救过来的。"

丁玲的好友和学生，姚雪垠、聂绀弩、楼适夷、贺敬之、柯岩、古立高、王蒙、孙犁、马烽、陈登科、徐光耀、陈淼的爱人岳凌超等人，听说她病危的消息，从祖国的四面八方匆匆赶来，探望病情，慰问家属，表达了关怀老太太的炽热之情。

经过医生的全力抢救，丁玲的病情有好转，众亲友非常高兴。

这时，河北蔚县原县委书记等几位同志也来协和医院，看望老作家。他们来到病房，向卧床的丁玲献上一束束鲜花。陈明说道：

“老丁，桑干河来人看你了！”

她把头转向陈明，陈明又说：

“他们都在床那边呢？”她便把头艰难地一点一点地转过去。当她看到那些当年在一起参加土改的父老乡亲的面容，嘴唇翕动几下，想说什么，但没有发出声音来。但桑干河的人已经明白了，她是又一次向桑干河人问好，祝愿他们在四化建设中，获得更大的成就。

过了一天，普阳农场的领导和几位同志，得知丁玲病危的消息，也从北大荒千里迢迢赶来，探望老作家。他们来到协和医院时，赶上丁玲有些清醒。他们说道：

“丁老，我们看你来了！”她把眼睛睁得大大的，凝视着北大荒的战友，拉着他们的手，不放他们离去……

2月25日下午，邓颖超派她的秘书赵炜前来看望丁玲，邓颖超只能坐着轮椅活动，两腿已经瘫痪。陈明说：

“邓大姐想来看你，不能来，请赵炜同志代表她来，我替你谢谢邓大姐好吗？”

丁玲点点头，脸上表现出欲言不能的痛苦。

接着，美国驻华大使馆来了两位工作人员，拿着一个大封信，里面装着一张白纸、金字的证书。他们站在病床前，向丁玲宣布：

美国文学艺术院授予她荣誉院士称号。

她看着两位美国朋友，只是笑了一笑。

27日上午10点，《中国》编辑部的同志又来了，以已经改成月刊的《中国》第二期顺利出版，向她作了最后一次的工作汇报，牛汉以执行副主编的身份，站在她的病床前，说道：

“编辑部全体同志都向您问好。《中国》第二期出来了，请您老人家放心，我们一定要把《中国》办下去，办好。”

这一次老太太听得很清楚，连连点头，嘴角露出她最后的微笑。

1986年3月4日，上午10时45分，在国内外享有盛誉的当代著名作家丁玲，走完了她八十二年的生活道路，终于告别人生。

这一天，新华社从北京发了一则电讯。海内外，世界各国的电话、报纸、电视都在报道这则消息。唁电、唁函从海内外如雪片飞来。丁玲的生前好友，数百人到协和医院探望。在八宝山举行遗体告别仪式时，原来规定是五百人参加，但前来的人数增至一千五百多人。

北大荒人郭硕基、赵清景、杨清海、丁维松等人，拿来一面红旗，上面绣着“丁玲不死”四个金字，覆盖在丁玲的遗体上。

在告别厅挂着数不清的挽联。

韦君宜写的挽联是：

早岁慕英名女人郁积重重因君一吐，比年得顺境何事忧心忡忡令我三思。

山西长治学生写的长联是：

传悲波巍巍太行哀云满布悼丁老，八十年坎坷，两度入狱，数次蒙冤，经历创文坛奇迹，誉满人间，毁满人间，昭昭思史鉴千秋，论定不负我崇钦。

还有一位作家的一条挽联是：

鲁迅精神传人。

参加告别仪式的人都赞誉这个挽联写得好，这六个字概括了丁玲一生的功绩。她自己说，她是吃鲁迅奶长大的，正好，她一生勤勤恳恳，为党为人民努力工作，鞠躬尽瘁的精神，就是鲁迅精神，她就是鲁迅精神传人，她的文品，人品是我们后代人永远学习的楷模！

作家故事文库

主编／新禾

副主编／霍红　高玉兰

郭沫若的故事

邵秀樱/著

（上）

绍秀英／著

时代文艺出版社

作家故事文库·郭沫若的故事

作　　者:新　禾　主编
责任编辑:姚家余
责任校对:王旭玮
装帧设计:章桂征
出　　版:时代文艺出版社
(长春市泰来街 1825 号 邮编:130062 电话:86012927)
发　　行:时代文艺出版社
印　　刷:三河市灵山装订厂
开　　本:787×1092 毫米 32 开
字　　数:149 千字
印　　张:70
版　　次:2011 年 5 月第 2 版
印　　次:2011 年 5 月第 2 版第 3 次印刷

书　　号:ISBN 978-7-5387-1075-5
定　　价:417.20 元(全 14 册)

目　录

目 录

郭沫若小传

郭沫若先生（1892－1978）是二十世纪中国的杰出人物之一。有人称他为“国宝”，这并不是溢美之辞。

他是杰出的作家、诗人和戏剧家，又是历史学家和古文字学家。他在文学艺术、学术研究的许多领域，都做出了超越常人的贡献。如果有哪一个人，在郭沫若涉足的某一个领域里，能取得像他那样的成就，那么这个人就会成为对国家有卓越贡献的名人了。

郭沫若出生在峨眉山下、大渡河畔。如画的山色风光、深邃的文化底蕴、严格的幼年家教，陶冶了这位名人。他四岁半起进家塾“绥山馆”读书，熟读“四书”、“五经”、《唐诗正文》、《诗品》等经典。11岁时，学作经义策论，13岁就作出颇有韵味的旧体诗，初露文学才华。同时他还阅读了不少新学书刊，开始受到清末资产阶级维新派和革命派思想的影响。

青年时代，他就读于乐山小学、嘉定中学、成都附设中学及成都高等学堂。社会的腐败、学校的龌龊，激发了他的反抗情绪。他闹学潮，反暴力，讲公道，曾多次被校方开除，他做学生代表，参加成都学界要求清廷早开国会的请愿活动，显现出饱满的爱国热情和革命精神。

1913年10月，郭沫若闯出夔门，年底东渡日本，开始留学生活。他先是立志学医，接着又弃医从文。受“五四”新思潮的鼓舞和西方文学的影响，沫若诗情迸发，找到了诗的“喷火口”，终于一发而不可收。在日本的博多湾，他创作《女神》，集结《三叶集》，组建创造社，弘扬反帝反封建的时代精神，为新文学运动奠基，开创自由体新诗歌的先河。

北伐期间，沫若投笔从戎，参加革命军队，先后担任革命军政治部的宣传科长兼行营秘书长，以及政治部副主任，随军北伐，被誉为“戎马书生”。在逐渐看清蒋介石的反革命面目之后，他义正辞严地写出了著名的讨蒋檄文《请看今日之蒋介石》，并参加“南昌起义”，在南下途中加入中国共产党。

起义失败后，郭沫若受到蒋介石的通缉，在党组织安排下，再度赴日，经历十年流亡生活。在此期间，他研究马列主义，参加“中国左翼作家联盟”活动，开展对中国古代社会和甲骨、金文的研究，取得卓越成绩，受到国内外学术界的高度评价。

1937 年中国抗日战争爆发。在国难当头之时，沫若不顾个人安危，抛妻别雏，返回上海，请缨报国。他出任国民政府军事委员会政治部第三厅厅长，创办《救亡报》，组织抗敌演出队、孩子剧团，创作多部历史剧，全面开展抗日宣传，痛斥国民党反动派假抗战、真反共、卖国投降的行径。

解放战争中，郭沫若投身反蒋爱国民主运动，写了大量的战斗檄文。

建国后，郭沫若担任政府和科学文化部门的要职，是政务院的副总理、全国文联主席、中国科学院院长，还担任过全国政协副主席和全国人大常务委员会副委员长。在繁忙的国务活动中，他创作热情不减当年，创作了历史剧《蔡文姬》、《武则天》，写出许多热情奔放的诗歌。

1978年6月12日，郭沫若先生在北京病逝，走完了他86年艰辛备尝、多彩多姿、充满激情、富于创造的人生旅程。

在悼念郭老的诗中，有这么一个名句："知公此去无遗恨，又见征途万马奔"。"四人帮"垮台，中国面临万马奔腾的前景，他确实是看到了，但若说是没留"遗恨"，那就未必是了。他是一位伟人，终究也是血肉之躯，免不了受大环境的约束和牵累。正因为他是伟人，是思想家、政治家，他内在的思想矛盾才更加复杂。某些身不由己的应景趋时的动作，某些想说而不能说又不敢说的话，常常憋闷胸中，从而引起他内心的痛苦，那都是不可言状的，怎么能说“无遗恨”呢?

不过，这一切都不会影响郭沫若作为“国宝”的价值。我们是不该苛求前人的。一个人，在一生中能够做出他那样的贡献，就不愧为中华民族的骄子，就不愧为科学文化天际里永不陨落的星斗。

家在峨眉画里

从武汉坐上轮船逆流而上，经过风光绮丽的三峡，再过重庆，直到水源，就可以看到一座大石佛，这是有名的乐山大佛。从这里沿大渡河西南岸向南走75里路，就到了沙湾镇。郭沫若就出生在这座小镇里。

沙湾镇位于大渡河西岸、峨眉山东麓，依山傍水，风景十分秀丽。

郭沫若出生时，这里只有一条笔直的街道，街两旁住家的房屋，都有很宽的屋檐，把本来就很窄的街道，挤得更窄了。这条窄街平时很静，似乎只能供镇上人家采光、倒水用。只有到二、

四、七、十赶集的日子，这里才被挑担贩货，挎筐买菜，撑船卖鱼，推车倒盐的人们充塞着，摩肩接踵，热闹非凡。

沙湾镇虽然没有什么特殊的地方，但是由于山水配置相宜，街道整齐典雅，比起邻近村镇，显得格外美丽明净。人们爱用“绥山毓秀，沫水钟灵”来称道沙湾。

在市街的中段，背山面街，有一座一列三间四进穿逗木结构的平房，这就是沫若的家居。1892 年 11 月 16 日，沫若就诞生在第二进左侧那间不足 14 平方米的房屋里。

刚出生时，母亲给他起个乳名叫“文豹”。据说是母亲怀他时，曾经在梦中梦见有一只小豹子咬了她左手的虎口，就给他起了带有“豹”字的名字，也许具有威武勇猛的寓意。

郭家原籍在福建省宁化县，后来在十八世纪末的一次人口大迁徙中，全家迁到沙湾落户。初入四川，家境很贫寒，到了曾祖父这一代才开始发迹。

父亲郭朝沛天资很高，无师自通，善于理财。他十三四岁便辍学从商，酿酒、榨油、兑换银钱、倒卖五谷，在不算太长的时间内就振兴了家业，为郭家争得了较高的政治和经济地位。

母亲杜荪福，是一位没落官宦家的女儿，从小颠沛流离，吃了不少苦楚。人极精明，心灵手巧，为人和善，教子有方，把家治理得井井有条。

沫若自幼就生活在山明水秀、家庭和美的环境中。

一年四季，高大的峨眉山，一动不动地屹立在沙湾人的面前。每当月亮从东方升起的时候，孩子们便从各自家门跑出来，汇集在山脚下的一片平地上做游戏。沫若最喜欢和哥哥姐姐们手拉着手说唱儿歌。先是排成一列由一个人起头说一句“月儿走”，大家便一起说起来：

月儿走，我也走，
月儿教我提烧酒。
烧酒倒好吃，

月儿不拿给我吃。

接着又变换队形，面对面排成两列，一边一句地轮换着唱起来：

月儿光光，
下河洗衣裳，
洗得白白净净，
拿给哥哥穿起上学堂。
学堂满，插笔管。
笔管尖，尖上天。
天又高，一把刀。
刀又快，好截菜。
菜又甜，好买田。
买块田儿没底底，
漏了二十四颗黄瓜米。

孩子们唱完最后一句，总要留下一片笑声，惹得月儿也眯起了眼睛，翘起了嘴角，星星也不住地眨着眼。

唱完月亮以后，沫若觉得那月、那山、那河，都成了自己亲密的朋友。

那身后的绥山，听妈妈说，它是峨眉山家族中的第二个儿子。它在沙湾镇的西面，像一座大屏风，挡住了峨眉山的第一座高峰，那个第一座高峰只好忍让着侧在绥山后面冒出一个头顶，好像这位大哥哥正越过二哥哥的肩头，偷偷地看着这座沙湾镇。沫若眼睛看着，心里琢磨着，山的家族也和人一样，兄弟之间和和睦睦，有尊有让的。

沫若观察久了，又发现，那山也不总是一个面孔，它也像孙猴子的脸，一天早晚常有变化。清晨起来，白雾罩着半山，山不见了。随着太阳升起，山头渐渐显露，雾倒缩小成一条白色的带子，缠绕着山腰。当太阳从西山坡滚落下去时，一座山的倒影斜压下来，给人一种阴森的感觉。

久而久之，沫若从山色水光中，酿造出了诗情。稍大以后，他便做起诗来。有一次他随家人到溪边钓鱼，看到家乡景色很美，乡亲们忙着做各种事情，就见景生情，写了一首诗，题目是《茶溪》，诗中写道：

闲钓茶溪水，临风送我诗。

钓竿含了去，不识是何鱼。

沫若四岁的时候，有一天，母亲领他到二姨娘家去串门。姨娘家住在乐山城北的乡村里。出门时，佣人刘老幺挑起一副罗兜，让小弟弟坐一边，沫若坐另一边。清晨上路，十点多钟才到大渡河口。

大渡河从上游流淌下来时，在狭窄的山谷间左冲右撞，很受拘束。流到沙湾，它第一次到达了一个比较宽阔的去处，和沙湾直街平行着向东流去。从沙湾到乐山 70 多里水路，两岸长满青翠的树木，旧河迹中处处都是绿洲，这景色真正是赛过江南了。这满目风光深深地刻印在小沫若的记忆中。

二姨娘家门前有一片草坪，屋后不远的地方

就是草堂寺，草堂寺的右边有一片岩洞，那里住着一个满头白发、蓬头垢面的老太婆。沫若看到这个老太婆之后，联想到头天晚上二姨娘给他讲的“熊家婆”的故事。他觉得，她很像故事里的熊家婆。

晚上，草堂寺里正在演戏，有一个叫张狗儿的大孩子，是二姨娘的本家，常来二姨娘家玩。他听说沫若还没看过戏，就背起沫若去戏场看戏。

戏场里的人很多，沫若在张狗儿的背后露出头来，却看不见戏台上演的是什么，张狗儿就叫沫若骑在自己的脖子上看。

只见戏台右边台口上坐着个女人，头上戴着野鸡翎子，正对着镜子梳妆，一个青年公子正在左面偷看，又渐渐转到她的背后，那女子突然从镜子中照出了他，大吃一惊，掉头去看，男子便躲藏起来。就这样一会儿躲藏，一会儿显露，反反复复。台上的乐器也呜呜哇哇地鸣奏着，同人物动作合着一个拍节。

听张狗儿说，这是川剧《游金河》。演的是一位贵家公子在金河里划船，船弄翻了，落入水里，被神人引到龙宫，同龙王公主成亲的故事。

去二姨娘家一趟，来往路上的山水树木，“熊家婆”女乞丐和《游金河》的场面，都使沫若感到新奇，引起许多遐想。

大哥有个图章，刻的是“家在峨眉画里”，沫若非常喜欢。他觉得，自己不光是住在画里，还生活在诗情当中。

家塾里最小的学生

沫若的父亲小时候过早地失学，没念多少书，因而特别重视孩子的教育问题。经过一番苦心努力，他在自己家里办了一个家塾。

家塾安排在郭家第四进右侧紧里边的一间屋子里，因为正对着峨眉山第二峰绥山，就起名叫绥山馆。

馆前是一个花园，园中种着各种花木。馆门的两旁挂着一幅对联：

雨余窗竹图书润，

风过瓶梅笔砚香。

家塾的环境清新高雅，正是读书的好地方。

家塾先生名叫沈焕章，在沫若出生前11年就来郭家任教了。他学识渊博，热心教育，在当地很有名望。大哥开文，还有几个堂兄，都是在他的教育下考取秀才的。五哥开佐和几家亲戚的孩子，正在家塾里读书，沫若很羡慕他们。四岁半那年，沫若也想去上学。

一天，沫若看见母亲又坐在窗前绣花了。他知道，只有这个时候，母亲才有工夫给他讲故事，教他念诗。

他跑到母亲跟前，看见母亲正在绣荷叶，那荷叶是在荷花梗上生枝，他感到很奇怪，就指着荷叶问：

“妈妈，这荷叶怎么在荷花梗上生枝？”

“我是全凭自己一个人想出来的，没有什么画谱、画帖的。”母亲回答着。

沫若倒觉得母亲绣的荷花要比画谱、画帖上的更有精神，更好看。

“妈妈，您今天要教我背哪首诗?”沫若想起自己跑来是要学诗的。

“教你念一首‘翩翩少年郎’吧。”母亲一面绣花一面念着：

翩翩少年郎，骑马上学堂。
先生嫌我小，肚内有文章。

沫若觉得这首诗正好说出了自己的心里话。那个骑青竹马，背着小书包去上学的少年郎不正是自己吗?

母亲一连念了三遍，沫若就说：

“妈妈，你听我念一遍。”

沫若背起小手，高声地朗读起来。

沫若一字不差地背着，母亲放下手里的活儿，望着儿子。

背完了诗，沫若走到母亲身边。

“妈妈，我要上学，要跟沈先生去读书，这也是我一个人想出来的。”沫若摇动着母亲的胳膊央求着。

“你还小，再过两年吧！”母亲说。

“不，我一定要上学。”沫若执拗地回答。

父亲听说沫若要上学读书，心里很高兴。他对沫若的母亲说：

“八儿愿意上学读书，你就答应他吧。”

沫若排行第八，父母叫他八儿；哥哥叫他“八弟”。

见沫若的母亲没有回答，父亲又接着说：

“八儿背书比开佐专心，他都会讲善书了。”

善书，就是民间故事。像《穆桂英挂帅》、《樊梨花》、《二度梅》、《薛仁贵征东》、《薛丁山征西》等，都是说善书的人爱说的故事。故事中的语言形象生动，每句七个字，隔行押韵，说着上口，听着入耳；每段故事都有完整的情节。

说善书的人常到沙湾来，他们在街口摆上高台，敲起锣鼓。沙湾人一听见锣鼓声，就知道说书的人来了，男女老幼就都聚拢来。说书人讲起善书来非常卖力气，总要把人物的心情表达出来，还有乐师击打金钹、鱼鼓、简板什么的给助兴。听书的人常被激动起来，欢呼跳跃；有时也会悲恸得落泪。沫若挤在人群中，和大人们一齐欢呼，一齐落泪。

每次听完善书回到家里，沫若总要给大人们讲一遍，由于讲得有声有色，常受到夸奖。

一提起沫若会说善书，母亲也得承认儿子年龄虽然小，可是上学读书的能力是有了。母亲也就同意沫若上学了。

1897 年春天，家塾放完寒假，父亲就领着沫若去见沈先生。沈先生对沫若的父亲说：

“孩子上学就不能再用乳名文豹了，他的学名就叫开贞吧；我再给他起个号，叫尚武。”

沈先生把沫若带到“大成至圣先师孔子”的神位前，点上一对红蜡烛，让他烧上三柱香，跪在地上磕了几个响头。沫若站起身来，又向沈先生拜了三拜。从此以后，沫若就是一个“穿了牛鼻子”的人了。当时四川乡下人，把孩子人私塾受启蒙教育，叫“穿牛鼻子”，意思是说，那些拜过师，进了私塾的孩子，就像被麻绳穿破鼻子隔儿的牛一样，从此便失去了自由。

沫若一上学，沈先生就让他背《三字经》，开始的几句是：

人之初，性本善，性相近，习相远，苟不教，性乃迁。

由于每句都是三个字，读起来很上口，沫若很快就背下来了。可是，沈先生不给学生讲解句子的含意。学生在教室里，从早坐到晚，一背就是一整天。沫若觉得没有意思，就想逃学，上学不到三天，他就逃学了。

父亲一点儿也不迁就沫若，他把沫若挟在胳膊底下，送到教室，交给了沈先生。

当时，沈先生的教育方法，就是一个“打”字。沈先生说：“不打不成人，打到作官人。”

沈先生让沫若站在讲台旁边，他拿出一个两分厚，三尺来长的竹片，在沫若右手掌心上狠狠地打了三下，嘴里说着：

“看你还敢不敢逃学。”

沫若的掌心红肿起来，还渗出了血。

沫若第一次领略了竹片打掌心的厉害。

放学的时候，一个同学告诉沫若，沈先生用的竹片是佣人刘老幺做的。

沫若去找刘老幺。

“老幺叔，你就选嫩竹子做竹片吧！沈先生打下来，我们疼得可以轻一些。”他要求着。

“我就是这么选的。”老幺叔说，“可是[illegible]竹子容易破，破竹片打下去，会把皮肉夹出血来，特别疼。”

沫若这才明白了，沈先生打他手掌时，为什么会打出血来。

上学不到一个月，沫若不光自己挨了打，还看见同学被罚、被打，有的同学还吃了“笋子炒肉”。“笋子炒肉”，就是隔着衣服乱打。

有一次，沫若的同桌上厕所多用了一些时间，沈先生说他贪玩，就让他把板凳扳到“大成至圣先师孔子”的神位前，挽起衣裳，脱下裤子，露出屁股来。沈先生走过去拿起竹片，在这个学生的屁股上乱打了一阵，那屁股红肿起来，沫若的心里也像感到了疼痛。

沫若上课时好动，也挨过沈先生的“笋子炒肉”。

沫若放学回到家，母亲经常看见他的头上有鼓出来的血包，很心疼，就找出一顶旧硬壳帽，让沫若上学时戴上，这样，竹片落到头上，疼的可以轻一些。

沫若的五哥也想戴这顶帽子。有一天放学后，五哥来抢帽子，沫若不给，小哥俩争执起来，被沈先生碰上了。沈先生没收了帽子，沫若的头上又出现了血包。

有一次上课，沈先生叫一个学生背书，学生背的不顺，沈先生就让他跪在地上，把一条很沉的楠木板凳压在他的头顶上，板凳的两端还各放上满满的一碗水。学生还得伸直大腿，伸直腰，伸直脖子，不然，碗里的水会溢出来。只要有水从碗里溢出来，沈先生就会拿起竹片“炒肉”。

沫若心想，上学念书本来是件高兴的事，愿意上学的孩子，先生是不该打的。他诅咒这严酷的体罚。

沫若长大以后，在回忆中写道：

> 家塾的刑罚野蛮而又残酷。在种种刑罚下，儿童的廉耻心、自尊心，被人蹂躏着。

郭沫若年龄虽然小，他的叛逆性格却已经开始形成了。

难忘的芭蕉花

沫若从打记事起，每年一到秋天，都会看到母亲大病一场。母亲一犯病，就倒在床上痛苦地呻吟，不停地呕吐，饭不能吃，有时连茶水都不能进口，要折腾半个多月，才能慢慢地好起来。

沫若听大人们说，母亲得的是晕病。只有劳累过度，又休息不好的人，才会得这种病。

母亲常给孩子们讲述自己的经历，沫若渐渐知道了母亲的家世。

外祖父曾在贵州省黄平州做州官，上任不久，遇到苗民起事，城池失守以后，外祖父母，两个小姨都殉难了。母亲当时刚满一周岁，由奶娘抱着逃了出来，在路上遇到援军才得到解救，先流落到贵州省城，又流落到云南省城，寄人篱下，受到种种虐待。母亲长到四岁，大舅才到云南把母亲和奶妈带回四川。

15岁嫁到郭家以后，由于当时家道贫微，要和妯娌们分担繁重的家务，又要为子女们操劳，母亲原本虚弱的身体就越来越虚弱了。

母亲不平常的经历，受到子女们的敬重。每当看到母亲拖着病弱的身体忙家务，晚上还要在灯下做针线，背着小弟洗尿布，沫若的心里很难过。

有一次他问母亲：

“妈妈，什么药能治好晕病？”

“芭蕉花能治这种病。”母亲回答说：“可是在咱们四川要得到一朵芭蕉花可不容易哟。”

“为什么？”沫若问。

妈妈说：“芭蕉在这里不容易生长，更不容易开花，就是开了花，要买下来，价钱也是很贵的。”

母亲见沫若正用心地听着，就接着说：

“就是买来了芭蕉花，花瓣是没有用的，有用的是花瓣里的蕉子。

蕉子形成了果实也没有用，中用的只是蕉子成为雌蕊的时候。

一朵花上这样的蕉子是没有多少的。”

沫若五岁那年的秋天，母亲又犯晕病了。

有一天，五哥开佐对沫若说：

“八弟，听人说天后宫后面散馆的园子里长着一簇芭蕉，可能要开花了，咱俩去看看。”

天后宫离沫若家不到半里路，沫若和五哥不一会儿就跑到了。

这座散馆，是福建人子弟上学读书的地方，这时，学校正在放假，园子里一个人也没有。

五哥踮起脚隔着窗子往园子里看，他惊叫起来：

“啊，八弟，芭蕉真的开花了。”

沫若高兴极了，他想一下子就从窗子翻过去，可是自己个头不够高，只好让五哥把他擎过去。

哥俩走近那簇芭蕉，只见里边有一株正开着一朵大黄花，就像尖瓣的莲花一样。

沫若心想：“这回母亲的病得救了。”

哥俩小心翼翼地摘下了那朵芭蕉花。五哥怕人看见，就把花藏在了衣襟里。

哥俩到了家门口，五哥从衣襟里拿出芭蕉花，让沫若捧着送给母亲。他们打开房门，走到母亲床前。

“妈妈，您看，我和五哥给您找来了一朵芭蕉花。”

沫若一边说着，一边把花捧给母亲。

母亲无力地慢慢睁开眼睛，轻声问道：

“八儿，你们是从什么地方拿来的？”

“是我和五哥从天后宫散馆园子里摘来的。”沫若照实回答。

没想到母亲生起气来，她连连叹气，无力地说道：

“唉，娘生下你们这样不争气的孩子，为娘的倒不如病死的好了！”

沫若看见母亲的眼角流下了眼泪。

“还不给我跪下！”

母亲的话音刚落，沫若和五哥就跪在了母亲的床前。

哥俩大声地哭起来。

哭声惊动了父亲。父亲从另一间屋子里走过来，问明了缘由之后，也生起气来。他把两个儿子拉到祖宗的灵位前，拿出一片竹板就打。

这时，沫若好伤心啊，他心里想：

“母亲病了要吃芭蕉花，在别处园子里摘下一朵拿回来，这有什么错。”

他感到很委屈，泪水止不住地流下来。

父亲一边打一边说：

“随便拿别人的东西就是大错，就该重重地处罚你们……”

沫若和五哥挨打之后，就把芭蕉花送了回去，按照母亲的想法，把花放到了天后圣母的神座前了。

沫若长大以后，还记着母亲伤心的眼泪，记着父亲严厉的惩罚，记着那朵芭蕉花，他明白了自己犯的是什么错，理解了母亲为什么那么伤心。

初露才华

沫若一进家塾，沈先生就叫他按照家塾的规矩，白天读经，晚上读诗；要读到哪儿都有规定，背到哪儿，如果背不下来，就要受到惩罚。在背诵阶段，沈先生是不作讲解的，学生只能是死记硬背，生吞活剥。

沫若虽然年龄小，可是背什么，会什么，从来不用沈先生施加压力。有时沫若也要吃竹板打手心的苦头，那是因为他背会以后，经常回头回脑，或东张西望。

入塾两三年的学生，要跟沈先生学作对子。沈先生先教学生背一套歌诀，背会之后再模仿歌诀的写法作对子。这套歌诀是：

云对雨，雪对风，晚照对晴空；来鸿对去雁，宿鸟对鸣虫；三尺剑，五钧弓，岭北对江东；人间晴暑殿，天上广寒宫；两岸晓烟杨柳绿，一园春雨杏花红。

歌诀好背，对子难对。可是，沈先生让学生作对子，谁敢不对。

学生先从两个字对起；渐渐地，学对五个字；又渐渐地，学对七个字或七个以上的字。

沫若学作对子，很有灵气。有一天，沈先生带着学生到家塾后面的池塘去钓鱼。休息的时候，沈先生说出两个字来，让每个学生对出两个字来。他说：

“我出‘钓鱼’，谁来对？”

“打虎”。沈先生刚说完，沫若就对出两个字。

“对得好！对得好！”沈先生连声叫好。

沫若心想：“这有什么好，前天我刚看过‘杨香打虎’，我只不过是顺口说了出来。”

大多数学生都对不出来，有一个学生勉强对了个“捉蝶”。沈先生说：

“‘捉蝶’也可以，不过没有沫若对得好。”

后来，沈先生见到沫若的父亲还夸奖说：

“这孩子出口不凡，将来必成大器。”

有一年快过中秋节的时候，沫若的父亲递给沫若一吊钱，让他给沈先生送去，算是过节的礼物。可是，沫若没有送，他把钱用来买吃的了。

沈先生没收到郭家的礼物，感到很奇怪，以往逢年过节郭家没失过礼，这回过节是怎么回事呢？他想试探一下，就在课堂上出了个上联，让学生对个下联。这上联是：“竹本无心，遇节岂能空过？”沫若心里有鬼，听出了弦外之音，马上站起来，对出了下联：“松原有籽，过时尽是干包。”意思是，家里本来给先生准备了礼物，不过被我用了，就像丰满的松籽包，籽掉了，光剩下空包了。沈先生明白了沫若要表达的意思，没有责备他，反倒夸他诚实，夸他机灵。

有一回，沫若和同学闹恶作剧，偷吃了庙里的桃子，被人告到家塾。沈先生很生气，他把学生叫到一起，问他们：

“是谁偷吃了庙里的桃子？赶快举手承认。”

没人回答。

沈先生又说：

“这样吧，我出一个上联，谁能对出下联，就可以免予处罚。这上联是：‘昨日偷桃钻狗洞，不知是谁。’”

“他年攀桂步蟾宫，必定有我。”沫若站出来对了下联。

“噢，口气可不小。你对得好极了。”沈先生一高兴，就免去了对学生的处罚。

学生掌握了作对子的要领以后，沈先生就教他们作试帖诗。

试贴诗，也叫“赋得体”。是用古人的一个诗句，或者一条成语做题目，前面加上“赋得”两个字，再用题目中的一个字做韵脚。比如，“赋得‘绿遍山原白满川’得‘川’字”，就是用原来的诗句“绿遍山原白满川”作题目，用“川”字作韵脚。同样，“赋得‘两个黄鹂鸣翠柳’得‘鸣’字”，就是用“两个黄鹂鸣翠柳”作题目，用“鸣”字作韵脚。

作试帖诗很束缚人，学生不喜欢作，可是沈先生非让他们作不可，学生们只好按沈先生的要求去写。写来写去，写出来的诗大都是内容重复，没有新意。没什么可写的时候，学生就坐在座位上瞑思苦想，有时从上午坐到下午，由下午又坐到天黑，常常憋出眼泪来。

作过一段试帖诗之后，沈先生开讲《唐诗正文》和《诗品》。过去，学生们读过了《千家诗》、《唐诗三百首》、《诗经》和《楚辞》。常言说：“熟读唐诗三百首，不会吟诗也会吟。”现在又学了关于诗歌欣赏的常识，学生们再来作诗，就不感到怎么困难了。

沫若很会作五言绝句，他写的《早起》、《花溪》，都得到了沈先生的夸奖。沈先生认为，十几岁的孩子能写出这样的好诗，实在是天分超群啊！

有一次，沈先生在课堂上要求学生每人写一首描写乡村三月风光的五言律诗。沫若想了一下，提笔就写出了一首，题目是《村居即景》：

闲居无所事，散步宅前田。
屋角炊烟起，山腰浓雾眠。
牧童横竹笛，村媪卖花钿。
野鸟相呼急，双双浴水边。

沈先生认为这首五言律诗很有意境，可是缺少新意。他对沫若说：

“记住，以后作诗，要在创新上多下功夫。”

听了沈先生的教诲，沫若很受启发。

沫若在家塾里学到后来，不但作对子写诗来得快，写得好，写文章也思路开阔，立意不凡。

有一次沈先生给沫若出了一个作文题：“大国五年，小国三年，必为政于天下也。”这是《孟子》中的三句话。沫若懂得，要想把文章作好，必须先要理解题意。他经过一番思考，对题意的理解是："国"是"郭"的谐音，"大国"、"小国"，指的是大郭和小郭。大哥郭开文，经过刻苦读书，五年后中了秀才；二哥郭开俊苦读七年，考中举人。他们必将用自己的才能为国出力。沫若理解，沈先生是在鼓励他要像哥哥那样用心学习，长大后为国家效力，就写了一篇，立志成材，绝不辜负先生厚望的文章，受到了沈先生的好评。

又有一次，沈先生出了一个作文题《邓艾偷渡阴平》。沫若读过《三国演义》，熟悉这段历史故事，他为蜀国被邓艾从摩天岭一路攻入而惋惜，更痛恨刘禅无能，废弃了原有的关隘。他在作文中写道：

> 设当日后主刘禅遵孔明之制，严阴平之后，则邓艾裹毡之兵，下一而杀一，下十而杀十，而百而千而万，魏兵虽多，足几杀耶？

文章观点鲜明，字字掷地有声，沈先生连连点头称赞。

沫若是猜谜语的能手。沈先生每次领着学生猜谜语，沫若总是猜得又快又准。

有一次，沈先生用《西厢记》中的典故编了一个谜语，叫学生猜。谜语是：

普救寺，草离离，空花园，或借居，夫人头闷难抬起，一柱香，下告神祇。天将暮，日沉西，恨只恨，情郎张生常分别，好一个白马将军把眼眯。

沫若小时候看过川戏《西厢记》，知道故事内容，在家塾又读过“四书”，他稍微想了一下，就猜出来了，谜底是：“晋国天下莫强焉”。

沫若在家塾读书的几年里，书读得好，写诗作文也初露才华，是沈先生的得意弟子。

铜河上的杨三和尚

杨三，是沫若邻居杨家的三儿子，比沫若大五岁，生得肥头大耳的，在沙湾镇同龄的孩子中显得很有生气，大人们都叫他杨三和尚。

沙湾镇的孩子们常到镇前的铜河（即大渡河）边去钓鱼，有时就在岸边的草场上放风筝，沫若和杨三一起玩过。

有一次，孩子们放了一会儿风筝，坐在草场上休息，就听杨三对张二狗说：

“我想到铜河上去入伙，和弟兄们治一治那些土老肥。铜河上的弟兄不干欺侮乡邻的事，他们是专给乡民出气的……”

有一天，沫若刚从学堂回到家，五哥就来找他去草场放风筝。五哥说：

“文豹，走，今天天气好，咱们去草场放风筝。”

沫若也很想放风筝，就从墙上摘下那只鹏鸟风筝，跟着五哥向草场走去。

沫若忽然想起好久不见杨三了，就问五哥：

“五哥，怎么好久不见杨三了？他能把风筝放得老高老高。”

“杨三已经不在镇里了。”五哥说：“听人说，他和徐大汉子、王二狗儿、徐三和尚、杨三花脸一起到铜河那边去了。”

哥俩来到草场上。他们迎着风拉开了风筝线，眼见“大鹏鸟”飘飘荡荡地升上了蓝天，仿佛是要向远处的峨眉山飞去。

忽然，有脚步声从远处传来，沫若回过头去，看见杨三匆匆跑过来。只听杨三急促地说道：

“差人来了，请费心遮掩遮掩。”

说完就一翻身滚到路边的坑里去了。

沫若向远处望去，不一会儿，就见几个清兵向这边走来。这时，沫若小声对五哥说：

“掩护杨三吧！”

哥俩原地不动，用心放着风筝。

差人走到他们身旁时，没发现有什么可疑的地方，也就不留意地走过去了。

等官兵走远了，杨三才从坑里爬上来。他向哥俩摆摆手，就朝着相反的方向隐去了。

又过去许多日子。一天傍晚，沫若见几位长辈在大树底下闲聊，就走过去凑热闹，他最爱听大人们讲古说今。这时，见张大伯正和几个人小声说着什么，沫若走到近前，就听大伯说：

“你们听说没有，杨三和尚在河西出事了。”

人们惊疑了。

大伯接着说：

“杨三和尚是为救徐大汉出的事。徐大汉被官府抓住，要送到省城去问罪。杨三打听到差人送徐大汉的时间和路线，就带着几个弟兄埋伏起来。囚笼经过时，他们一齐从林子里跳出来，先杀掉了陈把总，吓跑了几个抬笼子的差人，救出了徐大汉。”

“现在怎么样了?”有人急着问。

“官府正在抓杨三和尚呢。”

“这回咱们沙湾镇可要出事了。”不知是谁说了这么一句。

没过几天，沫若就看见沙湾镇的街面上站满了清兵，听说知府大人和知县大老爷也都来了。他们说沙湾镇是匪窝，要放一把火烧掉整个沙湾镇。

大人们个个都很惊慌。人们商量着请场里有身分的人想想办法救下全场人的性命，保住各家的财产。几位绅士就带着厚礼去知府和知县大老爷那里求情。大老爷答应不烧毁全镇，只烧杨三和尚家的房屋。

“这怎么能行呢?”沫若听大人们都这么说。

“是啊，全镇的房屋相连，烧一家也就是烧全场啊!”沫若也跟着大人一起着急。

第三天，沫若听说镇上的十几个秀才朝衣朝

冠又去两位“大老爷”那里求情了。知县大老爷拿出这样一个主意：拆毁杨三和尚家的房屋，再把拆毁的房屋运到铜河边上去焚烧。

第四天，镇上的男女老少早早地赶到铜河边，要看官兵怎样烧掉杨家的房屋。等了大半天，人们才看见清兵把杨家的房梁、门窗、家具统统抬到河边。一个清兵用火把点着了一根木料，不一会儿，火就借着风势呼呼地烧起来，一连烧了二十几大堆，足足烧了半天。

这情景一直留在沫若的记忆中。

从此，在沙湾镇，杨家那一连三进的房子不见了，也再没有谁见到过杨三和尚。

新思潮涌进沙湾的时候

沫若入家塾的第二年，就是1898年，北京发生了“戊戌变法”，由于封建顽固势力的镇压，变法经历了一百零三天就失败了。可是变法所传播的新思想却渐渐深入人心。到了1903年，清朝政府为了巩固统治，不得不推行新政，陆续实行了一些改革。在文化教育方面，废除了科举制度，废除了八股文，各地开办学堂，学习东洋、西洋的新知识，还派学生出国留学。

沫若的大哥开文听说科举制度废除了，省城里开办了新学堂，就带着五弟开佐到了省城。

这时省城新办的几所学堂正在招生，开文毫

不犹豫地报考了东文学堂，开佐报考了武备学堂，经过考试，哥俩全都考上了。

东文学堂相当于现在的日语学校，专门开设日语课。学生学习一年，就可以到日本去留学。

全家人都为开文、开佐一齐进省城读书感到高兴。临走前，开文对沫若说：

“八弟，你要好好读书，长大后也到省城来上学。”

开文到了东文学堂，就成了改革的先锋。他一面学习日语，准备出国；一面关心着家乡的变革。他把能购买到的新书报一批一批地寄回沙湾，还利用假日回沙湾去倡导成立放足会，开设新学堂。有开文的关心和倡导，原本闭塞的沙湾发生了很大变化。

家塾的沈先生是一位责任心很强，一心为学生着想的老教师，在新事物面前，他一点儿都不保守，家塾很快就废除了体罚教育，改革了教学内容。他一面教《左氏春秋》，一面教《东莱博议》，两本书对照着讲，学生很容易接受，还从中受到启发，学会动脑思考。沫若后来回忆起这段学习生活时说：

“我的好议论的脾气，好作翻案文章的脾气，或者就是从这儿养成的吧。”

开文从省城寄来的教科书，被沈先生作为新教材，在课堂里讲授。教科书是上海出版的，有格致、地理、地质、东西洋史、修身、国文等。有一本《笔算数学》，沈先生不懂，他就先自学一遍，然后再讲给学生听，从加减乘除一直讲到开方。

这些新课程，不仅大大地丰富了学生的学习内容，也扩大了学生的视野，家塾里的学生渐渐地活跃起来。

新学堂很快就在沙湾镇成立了，没有进家塾读书的孩子，大都进了这个学堂。学堂开设了体育课，当时叫洋操课，由刚从省城师范学堂分配来的年轻老师任课。由于缺少场地，家塾里没开这门课。沈先生知道自己的学生很喜欢这门课，也常看见他们挤在人群里看操练，就允许他们到新学堂上洋操课。

沫若第一次站在洋操课的队列里，感到很神气。教洋操课的刘先生喊口令的时候，立正不叫立正，叫“奇奥次克”，向右转叫“米拟母克米拟”，向左转叫“西他里母克西他里”。学生走起步来，刘先生就“西，呼，米，西，呼，米”地喊着。沫若听不懂，只是跟着作，心里觉得很好笑。

后来沫若才知道，刘先生是在用日语喊口令，“西、呼、米”是“一、二、三”的意思。

新学堂的教师大都是日本人，听刘先生说，这些日本教师都是用很高的聘金聘来的。来当教师的日本人文化水平不一定高，有的在国内只是个皮匠师傅。

绥山馆后面一排桌子上摆着开文从省城寄来的新书报，沈先生把这些新书报分类订在一起；桌子上方的墙上还挂着一面大地图，叫《东亚舆地全图》，上面有红、黄、青、绿各种颜色，使家塾馆焕然一新。课后学生们都来读新书报，看地图。省城里有什么新书，这里就有什么新书，像北京出版的《启蒙画报》、梁启超创办的《新小说》、浙江籍留日学生办的《浙江潮》等，这里都有。

沫若很爱读《启蒙画报》，他觉得“画报”的封面设计很新颖，里面的文字浅显易懂，故事生动。他读完拿破仑和俾斯麦的传记后，就把拿破仑和俾斯麦当成了崇拜的人物；“画报”里连载的小说《猪仔记》，他每期必读，从中了解了外国监工是怎样欺压中国工人的。

开文在东文学堂读书的那年暑假，有两个日本教师请开文带他们去游峨眉山。游完峨眉山，他们顺路到沙湾来作客。这时，家塾正放暑假，两个日本教师就在家塾里住了几天。

家里来了日本人，沫若感到很新奇。他向大哥打听日本人叫什么名字，大哥告诉他，那个戴黑框眼镜的叫“服部操”，另外一个叫“河田喜八郎”，沫若按照发音记下了他们的名字，一个叫“活菩萨”，一个叫“河田稀巴烂”。

沫若总想和日本人说话，经过两次接触，就学会用日语说“我”、“你”、“谢谢”、“再会”等词语。

有一天，大哥要领两个日本人去钓鱼，沫若也要跟着去。临走前，沫若想和日本人要一个空宾铁罐子装鱼，他过来问大哥，用日语要怎么说，大哥就教沫若用日语说：“我想拿这个罐子去装鱼，好不好?”沫若学会了以后，就拿着宾铁罐子去向日本人说这句话。没想到，沫若说完之后，两个日本人都把脑袋摇了又摇。沫若明白，那意思是说：不行。沫若就把空宾铁罐子放回了原处。心想：日本人真吝啬。

日本人临走那天，当着开文和沫若的面说，小孩子学日语，最好先学与汉语发音相近的词，像“茶碗”、“椅子”。沫若心想，这一点倒是很可取。

开文在东文学堂学习一年就毕业了，回到沙湾，准备第二年的正月去日本留学。乐山县有十几个人也要跟他一同去，开文很想带上沫若。

四川乡下有个习惯，正月初一的早晨，人们要多睡些时候，叫“挖窖”，是挖金窖的意思。这年正月初一的早晨，沫若的父母还在挖窖，沫若就醒了，他悄悄地坐起来，正想穿衣服的时候，大哥推门进来了。

大哥轻声地问沫若：

“八弟，你是喜欢留在家里，还是喜欢去日本？”

“我当然想跟着你去。”沫若说。

“你去到那里想学什么呢？”大哥又问。

沫若一时答不出来，他还没想过应该学什么。

“你就学实业吧，实业学好了可以富国强兵。”大哥这样说着。

沫若虽然听不大明白，可是“富国强兵”这四个字，牢牢地记在了心里。

大哥又问沫若：

“八弟，你喜欢大脚，还是喜欢小脚？”

“我当然喜欢大脚。”沫若回答。

“好的，你很文明。大脚是文明，小脚是

野蛮。”

大哥的话音刚落，父亲就骂起来：

“混账东西！你这东西才文明啊，你把你的祖先八代都骂成蛮子了！”

不知道什么时候父亲醒了，听见了兄弟两个的谈话。

沫若和大哥都理解父亲，他并不顽固，只是对开文说的“野蛮”有不同的理解罢了。

撕榜风波

科举制度废除以后，1905 年秋天，乐山新办的一所高等小学堂开始招生。乐山小学就设在嘉定城里。

郭沫若的父亲和沙湾镇的十几家大人要陪着孩子进城去应考。他们很看重这次考试，在他们看来，从前的县考是考秀才，现在去考高等小学，也是去考秀才了。

几家大人商量一下，决定走大渡河水路。从沙湾渡口到嘉定有 70 多里水路，全是顺水行船。他们包了三条木船，清早上船，下午三点就看到嘉定城的塔影了。

考试那天，沫若一大早就来到考场。这时，考场门前已经拥挤着一两千人。考生的年龄有大有小，大的有三十多岁，小的才十几岁，沫若算小的。老童生和孩子一同参加考试，这也是新旧交替时期一种特有的现象。

点过名之后，考生拥进考场。这个考场就是从前的考棚。两旁的长廊摆满了桌椅，考生对号入座，不一会儿，考棚里就坐满了人。

开考了，每人发两张试卷。沫若打开卷子一看，一张是国文卷，一张是算术卷。沫若的国文底子好，没用多长时间，就把国文题做完了；数学题沫若答的也很顺手，因为沈先生给他们讲过加减乘除和开方。沫若交完卷就跑到外面玩耍去了。

过了几天，沫若和父亲来看榜，沫若考了个27名，同乡的几个孩子，有的考了50几名，有的考了100多名。

沫若又参加了一次复试，在90名参加复试的考生中，他考了11名。在同乡的考生中，他年龄最小，可是考的成绩最好，沫若的父亲觉得很荣光。他平时那阴沉忧郁的脸上，现出了笑容。

父亲要带着沫若到几个亲戚家走一走，让他们也来分享这份快乐。到了亲戚家以后，有的夸沫若“年少成名”，有的说沫若前途无量。沫若的父亲感到很荣耀。

沫若让父亲和他一起去游高标山，父亲答应了。父子俩登上高标山，俯瞰全城，家乡的山水尽收眼底。西边的峨眉山像一道天然屏障，蜿蜒起伏；秀丽的岷江从山脚下流过，在嘉定城的东北角与大渡河相遇。大渡河从上游狭窄的河道冲下来，硬是冲得岷江向东折过去了。沫若第一次用心去领略大自然的伟力。

沫若看见在江河合流的北方，有一带浅山，他问父亲：

“爸爸，您看，那是什么山啊?”沫若向北边指着，问父亲。

“那是凌云山。乐山大佛就在它的山顶。”爸爸告诉沫若。

沫若早就听沈先生讲过，乐山大佛建于唐代，是在山岩上凿刻的，远近闻名；今天，乐山大佛就在不远处，怎么能不去看看呢？沫若要去凌云山看大佛。

他们从凌云山半山腰的山路，跨上了乐山大佛的头顶。大佛的头顶很宽，可容纳二三十人，沫若感到很新奇。他从大佛头顶上下来，又顺着大佛右手的羊肠小路玩了一阵。他问父亲：

“这座大佛有多高啊？爸爸。”

“71 米。在山岩上凿刻的大佛，数它最高。”父亲告诉沫若。

“太高了，石匠师傅真伟大。”沫若赞叹着，他想到人工力量的伟大。

沫若在半山腰的石壁上，看到刻着“东坡先生载酒时游处”九个大字，他想起沈先生讲过，宋代大诗人苏轼在这里读过书，山上有他的读书楼。他联想起苏轼游凌云山后写下的名篇：

生不愿封万户侯，亦不愿识韩荆州。

但愿身为汉嘉守，载酒时作凌云游。

虚名无用今白首，梦中却到龙泓口。
浮云轩冕何足言，唯有江山难入手。

峨眉山月半轮秋，影入平羌江水流。
谪仙此语谁解道，请君看月时登楼。

离开凌云山的时候，太阳已经偏西。他告诉父亲，开学以后，他还要和同学们一起来游凌云山。

1906 年春天，乐山高等小学开学，沫若背着行李，告别沙湾，告别父母到嘉定读书。小学的校址在嘉定城北的草堂寺。

草堂寺只有大殿可做教室，90 名学生没有分班，都集中在大殿里上课。这个班的年龄参差不齐，半数以上是 30 岁上下的老童生，沫若只有 14 岁，是班里年龄最小的一个。

学校的校长是旧时的举人，姓陈。开学不多

日子他就辞职不干了。还有三位老师，姓易的老师做监学，还教“乡土志”。他管教学生很凶狠，时常打骂学生；他教课也很认真，沫若爱听他讲课，从他那里了解了乐山名胜的沿革，还知道了历代文人对这些名胜的吟咏。姓帅的老师，到日本留过学，是日本宏文师范的毕业生，他担任算术课、音乐课、体操课和读经讲经课。沫若很想从他那里多学些知识。还有一位姓刘的老师，他教历史、地理和作文。

经过一段学习，沫若感到几位老师对新的科学知识掌握的不多，新学课程的内容太贫乏，他很失望。老师讲得好的课程，沫若在家塾学习的时候，大都已经学过，重复听讲又不感兴趣。所以，沫若第一学期很贪玩，常常在操场上翻筋斗、打兔洞，有时玩到晚上点灯才回到自习室。

学期考试前，沫若来个“临阵磨枪”，凭着他家塾的底子厚，记忆力强，考试成绩出人意料，竟考了个第一名。

不了解沫若的学生感到意外，一个贪玩的学

生怎么会考了个第一名？一些老学生对沫若的成绩十分嫉恨，他们不允许自己的自尊心被一个孩子给伤害了。他们去找校长，校长已经辞职了；他们去找监学，监学正生病；老学生们就选出代表去见帅老师，要求查卷子。代表进监学室和帅老师交涉，其他老同学围在窗外，里外呼应着起哄。

“不公平，不公平！”

“可惜我们的面孔不好看呀。我们也去买根红头绳缠个辫子吧！擦点胭脂吧！……”

他们污蔑沫若因为脸白，用红头绳扎辫子，人长得出众，才骗得了高分。

开始沫若不知道老学生在闹什么，他跑去看热闹。一个32岁姓徐的老学生发现了他，走过来一把抓住他的右手腕，死死地捏住不放。沫若觉得手指麻木，疼痛难忍，等挣脱开老生的手，他的右手腕留下了一圈血印。

老学生不管有没有证据，撕下了榜文，几个代表逼着帅先生改榜。帅先生被逼无奈，以沫若端午节请了一个星期的假，违反了学校的规定为由，硬是把沫若从榜上的第一名改成第三名。老学生出了气，撕榜风波才平息下来。

放暑假了，沫若回到沙湾，他的心情怎么也平静不下来。他蔑视那些不讲理的老学生，也恨那位屈服压力、无故扣他分数的帅先生。

“是可忍，孰不可忍?”他想，下学期非报复一下不可。

第二学期开学时，学校变化很大。易先生的病好了，当上了校长。辞职的陈济民校长又回到学校，专门担任国文教员。

陈先生教课认真，待学生和蔼可亲。他给学生批改作文，每改一处都要向学生说出具体理由，学生作文成绩提高很快。

第二学期开学不久学校要分班。嘉定府在第二年要开办中学，要在小学堂里抽出一班人来提前毕业，升入中学。分班的标准一是看成绩，二是看年龄。

分班考试只出一道国文题，沫若考了第三名。

出题、判卷全由易先生负责，这回再没人说闲话了。

尽管已经分到了甲班，沫若决心和教员作对的主意没有改变，没用多长时间他几乎把学校里的先生都反对遍了。就是最让人害怕的易老虎，沫若也要到他的嘴上去拔毛。

学校后面的荒山是葬死人的坟地，时常有猫头鹰在那里叫唤。迷信的人以为是鬼叫，学生们晚间都不敢一个人留在寝室里。

在一个星期六的晚上，同学们都回寝室去了，只有吴尚之和沫若留在自习室里。易先生带着几分醉意突然走进来，对他二人说："啊，你们两个小学生胆还挺大，不怕鬼吗?"

吴尚之回答说："我们不怕，易先生，你怕不怕呢?"

"我怕?"易先生反问一句，"哈，哈，哈，哈！鬼倒要怕我啦！邪气是不压正气的，鬼哪里敢靠近我？哈……"

沫若抓住他说话的漏洞，带着讽刺的语气说：

“易先生，你的见解还没有登堂入室哩。”

“唔?”易先生斜眼看着他。

“我们学过物理学的人，晓得鬼神这些东西是没有的。”沫若据理回答他。

“哈哈哈哈，现在的学生要和老师争辩是非了。”易先生一点都没有生气，说完还用手在他俩的头上摩挲了几下。

上次扯榜风波中捏沫若手的那个姓徐的老学生，是个“大肚子”汉，饭量大，吃菜又不让人。他和沫若及其他七个同学在一个饭桌，大家烦死他了，商量好要想法治治他。

有一天吃中午饭，沫若和几个小同学，每次盛饭都盛一点点，一把饭瓢被他们把住轮流盛饭，不让它落到那位老童生手里。

这回老童生吃了苦头，菜被小同学抢光了，他只吃到一碗饭。饭后他便到易老虎那里去告状。

“你们为什么不给他饭吃?”易老虎严厉地质问沫若和另外几个小同学。

“谁不让他吃饭呢?饭盆是在桌子当中的。”

一位小同学回答说。

徐老童生说："你们把饭瓢占着不给我嘛!"他那一副可怜的嘴脸和无奈的腔调，引得窗外围观的同学哄笑起来。

"饭瓢倒是只有一个，可是他太笨了，饭瓢轮不到，不是可以用碗盛吗?"又一个同学说。

"你们这些小东西！你们才聪明啦，你们不怕短命！你们以为我不晓得，是你们这些小东西在作鬼啦!"易老虎又发起虎威来。

窗外发出阵阵哄笑。易老虎一次次地把围观的同学撵散。

"我们实在抢不过他，他平常特别能抢。今天他没抢过我们，就来告我们状。"一位小同学这一句话把大家都说笑了。易老虎自己也憋不住笑，但又放不下架子。为了保持自己的尊严，他顺手打了说话的小学生一个耳光。同学们都没料到。被打的那个小同学哇哇地哭起来。

沫若忍不住高喊一声："易先生，你未免太野蛮了!"

“是野蛮，野蛮！”窗外的同学也喊起来。

“野蛮校长！野蛮校长！打人，太不人道了。”

学生们激愤起来，易老虎失去了往日的虎威，顾不得再同大家争论，站起来拂袖而去。

易先生当时便离开了学校，并放出风说他要辞职。那天全校一下午没上课，教职员和学生代表都出面安慰挽留他，他才下了台阶，又回到学校来。

事后，沫若被记大过一次，还有其他六名同学也受到了处分。

自从这次反对易老虎以后，沫若在同学中的威信树立起来了，他俨然成了一个学校里的小领袖，就连那些老学生拿他也毫无办法。

这种环境助长了沫若总想征服一切的情绪，他有意摆脱孩子气，装成少年老成的样子，梳起了末梢有流苏的长辫子。因为自己的头发短，不得不戴上假发。为了这个，平时不敢回家，放年假时取下假发，重新缠上头绳才能回家。

接着，有一件事给了沫若更大的打击。

在第一学期，星期六要放半天假，第二学期学校取消了这半天假，学生们纷纷要求学校恢复星期六的半天假。各班派出代表同校方交涉，甲班的代表就是郭沫若。

校方不答应代表们提出的要求，有的代表就领着学生闹罢课，学校里逐渐形成了各班联合罢课的风潮。

为了制止罢课，易老虎使了一个小小的手段。他在全校学生大会上说，半天假可以恢复，但是联合罢课属于大逆不道，必须把怂恿罢课的学生交出来，不然，就开除参加罢课的学生。接着就让学生们用不记名投票的方法，举报鼓动罢课的人。结果，沫若以一百几十票的多数当选，学校当场宣布给予沫若开除学籍的处分。

沫若感到突然。他更加痛恨学校办事人的阴险，也恨那些举报他的人。

沫若的父亲接到学校的通知，第二天就来到嘉定城，在一个客栈里找到沫若。父亲不容分说，扯下沫若头上的辫子在他的头上狠狠地抽打起来，厉声骂道：

“你这不成器的东西。”

父亲把开除学籍看得很重。在他看来，一个学生被开除，就像一个秀才被革成了白丁一样。

当天下午，学校里的一位先生到客栈来拜会沫若的父亲。他说：

“不盘根错节不足以成大器，只要沫若悔悟，学校可以收回成命。”

先生走后，沫若的父亲带着沫若到学校里去见易先生和陈先生，又陪不是，又道歉。两位先生也不再坚持原来的决定，给沫若复学留了活路。

从学校回来，父亲的情绪缓和了一些。可是他要带沫若再到亲戚朋友家去走一走，就像游街示众一样，让他记住被开除学籍的耻辱。

父亲先带沫若到流华溪去，那里的亲戚多，沫若过去的同学也多，让沫若在那里多受些压力，多受些教育。

可是，到了流华溪以后，亲友和沫若的同学听说沫若被学校开除了，个个为他不平，他们像迎接凯旋归来的将军一样，欢迎沫若来流华溪。

流华溪有个文昌宫小学，沫若在这里也小有名气。这个小学的先生们都反对易先生的做法。他们联名写信质问易先生，问他什么时候收回开除沫若的成命，如果拖着不办，文昌宫小学要收沫若作特别研究生，不能让他长久失学。

文昌宫小学先生们的信起了作用。不几天乐山小学就回信了，让沫若立即返校。这时，沫若父亲的脸上才露出了笑容。

停学两个星期以后，沫若又随父亲回到乐山小学。学校斥退牌取消了，另换了一道“悔过自新，准其复学”的牌示。沫若觉得这样的做法很虚伪，不过是为了给一些人下台阶罢了。

第三学期结束时，沫若又考了个第三名。过去的三个学期，沫若的名次排列成倒退趋势，心中很不是滋味。沫若觉得，三个学期的学习生活，好像受了三十年的监禁。

嘉定中学的风潮

1907年秋季，沫若从小学升入嘉定中学。

嘉定中学是一所新成立的学校，校舍是由从前的旧考棚改修的。由于是废除科举制度以后的产物，不免半新半旧、半土半洋，有许多怪人怪事怪现象。

全校有四五百名学生，是从嘉定府管辖的七个县里招来的，学生的年龄有大有小，程度参差不齐。

校长是乐山人，在湖南做过几任县官，他没有什么学问，更没有办学经验。他提出学校的教员由各县摊派，于是各县就稀里糊涂地派来了一些教员。

有一个外号叫张胡子的人，是从夹江派来的。他在当地就是个有名的“不通”，到嘉定中学后，校长让他做监学。在开学典礼上，他本来可以不讲话，只要客气一下就行了，可是他偏要出一出风头，登上讲台后，开口就说：

“学问之道，得于师者半，得于友者半，得于己者半……”

这时台下的学生都忍不住笑起来，有的学生小声说：

“这是个三半先生。”

张监学在台上倒很得意，以为学生很欣赏他的讲话，接着又解释了一遍。

开学典礼以后，这位监学就得了个“三半先生”的外号。这个外号由夹江人传到他的耳朵里时，他说：“一个桔柑不是有十好几瓣吗？”

有一位姓林的地理老师，他在课堂里公然讲起五行八卦的辨方正位来。他连东南西北都分不清楚，告诉学生日本在中国的南边，朝鲜是在日本的东边。

沫若跟沈先生学过地理课，看过《东亚舆地全图》，知道林老师讲错了，就站起来纠正老师的错误。林老师闹了个大红脸，第二天就离开了学校。

其他老师和林先生差不多，只有一位英语老师，他一上课就用英语说话，学生觉得很新鲜，可是听不出来他说的英语对不对。

学生在课堂上学不到什么，对老师缺少信任，在校内总想闹风潮，在校外也时常惹事生非。

到了第二学期，原来的校长、监学和教员全都调走了，又派来了新校长、新监学和新教员。

新换上来的校长姓秦，他在成都师范学校做过监学。为了改变学校的面貌，管住自由放任的学生，他主张采用高压手段；他手下的监学为了显示自己的威风也就不择手段地压制学生。

开学不久，一个姓宿的小同学到监学的饭桌上拿了一点辣子，几个学生分着吃了。监学是一人一桌，一碟辣子有时会吃剩下一些。姓宿的学生本来是一个很守本分的孩子，他去拿监学吃剩下的辣子，以为是很平常的事。没想到让姓詹的监学知道了，拍案大怒，说姓宿的学生有意侮慢师长。当天下午，学校就挂出了一个牌子，把姓宿的学生开除了。

这件事立刻引起了学生的不满，当天下午学生们就罢课了，还推举姓易和姓周的两名代表去和监学交涉。

在监学室里两名代表要和三个监学交涉，全校的学生都围在窗前等着听信儿。

这时名叫丁平子的监学，有意不与代表交谈。他尖着嗓子向窗外喊话，让学生们走开。

姓周的学生说："我们是全校学生的代表，先生，你先听我们说，不要顾左右而言他，只是向窗外说话。"

丁平子转过头来，尖声尖气地说：

"然而监学有目，谁能令其不视？监学有耳，谁能令其不听？监学有舌，谁能令其不说？"

姓易的学生说：

“丁先生，你的肝火太旺了。”

“什么，什么叫肝火旺？你真胡闹，你侮慢师长！斥退！斥退！”

丁平子尖声尖气地叫着，不由分说，把两位学生代表推出门外。不到10分钟，监学室的窗上又挂出一道牌，开除了两名学生代表。理由是，他们扇动罢课，侮慢师长。

学生们更加气愤了，接着又有两天没上课。学校软硬兼施，分化瓦解，把学生的愤怒情绪硬是压了下去。可是稍有血气的人，谁能心服呢。

有一天，骄横拔扈的丁平子在学校吸烟室的墙上发现了“丁平子不通”五个字。

学生对丁平子不满，在墙上涂写几个字，本来不必大惊小怪。可是，丁平子不肯放过，他严厉地追究起来。

他把全校师生都召集到大礼堂，郑重其事地向他们宣布了吸烟室墙壁上的那五个字“丁平子不通”，紧接着发表一通演讲。他说：

“我丁平子，三五少年也曾东渡”他先从资历讲起。去日本留过学，似乎是他的金字招牌。

“前年留学界闹取缔风潮，鄙人被选为四川留学生同学会的总干事”。这是在显示他颇有不平常的经历。

“回到上海也曾侃侃谔谔建言当道”，丁监学说到这里把嗓门提高了八度，让人知道他不仅有名气，而且有才气，并不是酒囊饭袋。

“适因本府中学腐败，校长秦公受当局宠任，荣膺整理之责，来函以监学相委，以为整理本校非鄙人之力不能。鄙人难负校长秦公之雅望，桑梓之重托，勉力来就斯职。”他越说越觉自己身价百倍，声音越发尖细难听。

“就职以来，对于学风之整饬，学生之管理，自以为已鞠躬尽瘁，当不无几希成效之可言。”这一通自我评功摆好，引来全场一片哄笑。

“乃今竟蒙赐以最不名誉之‘不通’二字！夫以大通而特通的日本留学界犹称之为通之又通的我丁平子，乃受本府中学的一通不通的学生们称为‘不通’呀，这在我从大通而特通的日本留学界犹称为通之又通的丁平子，岂不是奇耻大辱吗？……”丁监学这一番类似拗口令的“通”与“不通”的论证，让礼堂里的师生们真正领略了他的“不通”，弄得台下的人一个个哭笑不得。

丁监学不知台下对他是褒是贬，接着又厚着脸皮把他讲了一两个学期，不超过两三千字的地理讲义当众念了一遍，然后满含委屈地宣布：“辞职”。他限定学校在三天之内查出写字的人，否则，将永不回校。

丁先生这最后一招，震动了全校。学校一面动员教员、学生派代表挽留，一面密查那写字的人。查了三天，查到了，他是沫若的同县同学刘祖尧。

学校追查到刘祖尧，不管有没有证据，立即下了开除令，当晚连人带行李通通送出校门。

丁监学离校三天，又被学校派人从旅馆里接回来。这时，他更加神气十足了。

学生们对学校搞这种莫须有的文字狱，愤愤不平。沫若对丁平子更是怨恨到极点了，因为刘祖尧不仅是他的同县同学，更是他知心的朋友。他心里憋着一口气总是咽不下去。

有一天学年考试刚刚考完，沫若会两个朋友到街里小馆喝酒。他们先喝了绍酒、白玫瑰，接着又喝四川大曲、高粱酒，每种都喝了几盅。酒混着喝，劲大上头，不一会沫若就醉了。

回到宿舍以后，有一位同学和沫若谈起刘祖尧的事，沫若抑制不住满腔的愤恨，郁积在心头的怒火一下子喷涌出来了。他破口大骂丁平子是“专制魔王”、“稚气”、“没有学问”、“不通”，一口气骂了足足有两个小时，彻里彻外骂了个够。

沫若的窗外围了一群学生，听他骂“丁不通”解气，丁平子本人听信儿也到窗外转了几回，他被骂得恼羞成怒，不顾师道尊严，照样骂起沫若来。骂他“没有家教”、“依仗父兄权势侮慢师长”、“破坏校规”、“不知羞耻”。他向校长发出通牒，不开除沫若，他就离校。

丁监学的要挟，这次失去了效应，受到许多先生的抵制。特别是一些乐山的先生，觉得丁先生如此对待一个有才气的醉酒学生，有失老师的身分。

黄老先生意味深长地问他：“丁先生，郭某为什么应该开除？”

“他的罪过那样的鲜明，你还要问我吗？”

“是不是说他喝醉了酒，骂了你？”

“自然！”

“他是年轻人，又是喝醉了酒的，不能够和他计较；你是先生，又没有喝醉，你不是也狠狠地回骂了他吗？”

“那么，请秦校长免我的职！”

丁先生气急败坏地从教职员会议室里走出来，正好碰上沫若的朋友张伯安。张伯安带着几分醉意自言自语：“什么！丁丁儿，要开除吗？我和他势不两立！”

丁平子顾不得招架，急忙躲开，没走几步，又遇到沫若小学帅老师的儿子。这位同学可能也喝醉了，他大声叫着：“丁丁儿要开除老郭，我要拿手枪和他拚命！”

丁先生气冲冲地又转身回到教员会议室，高声喊着：“哦，秦先生，秦先生，不得了，不得了！我办了一年的学堂犯了死罪，有人竟公然要枪毙我了！你看，这还了得？这学堂还可以办吗？”

这时沫若醉酒的劲儿已经逐渐过去，正由两位同学陪着，要找校长说明情况。丁先生一眼见沫若在这里，扭头便向外面走。

丁先生边走边喊着：“郭某和我，势不两立，我在这儿开除不了他，我要上省去告；我在省里告不了他，我要进京！”

沫若醉眼朦胧中看丁先生一跳一跳离去的背影，从心里倒隐隐地自咎起来，好像自己欺负了比自己还小的小兄弟一样。

由于学生和部分教师的反对，丁先生没有能开除沫若。第二天，他和沫若都各自回家乡去了。

后来，丁先生得了白喉症，暴死在家，开除沫若的事也就没人再提起了。

可是，到了1909年的上半年，沫若还是没能摆脱被嘉定中学开除的命运。

中秋过后不久的一个星期日下午，沫若和几位同学到萧公庙去看戏，刚走到王爷庙，就看见驻扎在那里的营防军，正在准备武器，紧急集合，好像要去参加什么战斗。

就在这时候，有一些零散的士兵迎面跑过来，有的头部受了伤，有的没穿上衣，显出十分狼狈的样子。后面还有一两个警察跟着急急慌慌地跑着。

沫若他们几个人觉得好笑，讽刺这几个士兵、警察说："这几位英雄为什么弃甲曳兵而走?"

过了一会儿，沫若他们就看到从城墙那边黑鸦鸦地涌过来一大群人，跑在前面的正是嘉定中学的学生，他们是在追赶前面的散兵。

"怎么回事，发生了什么事?"沫若他们急切地询问追赶士兵的同学。

同学们气愤地向他们介绍了事情的经过。原来在萧公庙戏场里，有几个营防兵因为争座位和学生发生口角。营防兵依仗身强力壮，手中有枪，先动手打了学生。

那时的学生并不好惹，有俗话说："考试的童子，出阵的兵"，大家都知道，这两种人都不好惹。学生手中虽然没枪，但人多势众，有些人的家长有权、有势、有枪，自然有一股天不怕、地不怕、兵不怕的劲头。

"打呀！打呀！"学生们看见营防兵动手打学生，便都从座位上跳起来，呼啸着扑向几个散兵。

这时戏院中有两个警察挤过来拉偏架，更激起学生的义愤，不分是兵还是警，通通打起来。戏园子里一片混乱，一个学生被打吐了血，受了重伤，一个营防兵也被打个半死。

营防兵纵然凶狠，无奈寡不敌众，不得不边打边逃出戏院，等救兵一到再图报复。

这时沫若才完全明白过来，为什么营房军的部队要紧急集合，原来他们已经得到消息，正准备动武增援。

从戏场追过来的同学们正搀扶着那位受重伤的同学，要到王爷庙营房里去找营长讲理。沫若急忙劝阻说："去不得！去不得！他们那里正在准备武器，你们追过去，他们被逼急了开起枪来，那可不是好玩的。"

大家商量出一个稳妥办法：先把同学们的情绪平定下来，拉回学校去，同学校说明情况，让管事的人出面去交涉。

当时校长不在学校，回家去了。管事的只有教务长张先生和监学詹先生。学生们被开除怕了，谁也不敢出头跟校方说话。沫若本来没参与这件事，可是看到没人敢出面，就自报奋勇，替同学们报告事件的经过。

学生们要求：要营长亲自到学校赔罪，开除肇事的营防兵，赔偿受重伤同学的医药费。

张教务长和詹先生很同情学生的遭遇，慷慨答应代表学校去营房谈判。

学生们满以为：这回总算可以出气了，没料到两位去交涉的先生碰了一鼻子灰。

营长不在营房，一个副营长接待了他们，两位先生提出的条件一一被他驳回。

那位副营长还把一个用药布缠头裹脚的重伤号拉出来给他们看。两位先生反倒对这个伤兵慰问了一番。

两位先生在营房里被副营长训得搭不上话了，可是回到学校却要起威风来。他们把学生“聚众闹事”、“殴打营防兵”大大数落一番，责备他们目无法纪，违犯校规。

学生们的要求全部落空，又落了一身罪过，内心不服，第二天没有一个人去上课。

校外风潮平息了，校内风潮又刮起来了。

学校派专人去犍为县接校长，第三天午后校长回来了。

校长回来的第二天上午，就挂出了一张通告，一次开除了八名学生，好几十人记了大过。

被开除的八人中，就有沫若，他没参与其事，只是为这些同学说过公道话；还有沫若的好友张伯安，因为他帮朋友骂过丁平子；还有沫若的一个堂兄，那是一个非常老实的学生，只因在戏园子里受到误伤，也遭到开除。还有一个受了重伤、平时十分驯良的学生也被开除了。这个学生气得吐了血，加上伤痛，第二天就死在回家的路上了。

被开除的其他几名学生收拾完行李，正要离开学生宿舍的时候，学校突然来了一位新校长，姓严，他还带来一帮教员。他们是来替换原来的校长和教员的。新校长到任，给被无理开除的学生复学带来了一线希望。

夜宿酆都

1909 年春天，嘉定中学刚刚举行过临时考试，家里就打发两个人抬着滑竿轿子来接沫若回家。

轿夫一个叫吴长发，一个叫张老大，都是上了岁数的老长工。他们腿脚大不如年轻人那么快捷，抬起轿来气喘吁吁，人在轿上如同坐在老牛破车上，颠来倒去，慢得让人着急。

四川三月天气，夜长天短，走路不到四十里，天便黑了下来。沫若回家心切，便从轿上下来步行，让两位老轿夫轻装行路，加快速度，减少疲劳。沫若步履轻捷，两位老人不一会儿就被他甩到了后边。

天色逐渐黑了下来，由昏暗转为漆黑，直到伸手不见五指。有五里左右的路是沿着大渡河的岸边走，没有村落人烟，听不到鸡鸣犬吠。河水哗啦、哗啦有节奏的流淌，在黑暗中平添几分焦躁，侧面山上风吹树林呜呜作响，更增加几分恐怖。

沫若从来没有独自一人在旷野河边走路的经验，这时自己在黑暗中放轻脚步行走，屏住呼吸，只觉得毛骨悚然。是怕鬼，怕强盗？说不清楚。从认识上说，他不信鬼，不存在怕的道理，可是山上黑黝黝的密林就像魔鬼一般，似乎要张开大口吞人。一旦走到稍有人家的地方，心里没了鬼，却又怕起了强盗。沫若就这样带着一身冷汗，独自一人走了二十里夜路，来到了有人烟有灯火的酆都庙了。

酆都庙的村子座落在一个山坳里，平时乡民们忌讳这个地方，这名字总让人联想起阴曹地府，十殿阎君，牛头马面，小鬼判官等等不祥的人物和去处。

可是沫若今夜来到这里，已经顾不得那么多了。如果再往前走下去，没有一丝灯光照亮，摸黑还要走上十五里，他确实没有那种胆量。他宁肯壮壮胆，闯进酆都庙的街头，买点照明东西，也许凑巧会碰上两位轿夫。

沫若走进一家卖蜡烛的店铺里，恰巧遇上了几位从家乡出来跑江湖的熟人，他们热情地同他打招呼："哦，八老师，你是回家吗？"

"是的，走路走黑了，我是来买蜡烛的。"

"你为什么没坐轿子呢？"

"我让了轿，是吴长发、张老大抬我的，他们抬不动。"

"啊，是那两位蠢蛋。"人们善意地戏谑着。

几个熟人请沫若一起吃晚饭，他推迟不得，只好从命。饭后在门口等轿夫，久等不来，沫若心里有些着急。

这里的乡亲看沫若心急，就帮他推测两位轿夫的去向，不是在罗汉场歇息，就是绕道走到堰溪口去了。

沫若觉得他们说得有理。假如轿夫走酆都庙这条路，他们不能不到街上来买灯火。他犹豫起来，今晚回不回去呢？一个人走十五里夜路，他心里发惧。

“八老师，我看你今晚上不要回去了。路上很不好走。万一踏空了脚，落到河里去，那可不是好玩的。我们明天清早回沙湾，一道走罢，连我们今天晚上都是不敢走的。”一位乡亲劝沫若说。

“不走，我可没有地方睡呢。”沫若感到为难。

“啊，那不要紧！老大伯的床很宽，可以睡两个人。八老师，你一点也不要客气。我们出门在外是用不着客气的。”又一位安慰他说。

“我一点也不客气，多谢你们了。”

房间很小，除了老大伯，还有另外两个人睡在另一张床上。墙壁有些脱落，到处是大窟窿小眼子的，从屋顶能看得见天上的星星。不知从哪里传进来一阵阵牛粪的臭味。一起接一起熟睡的鼾声，震得沫若不能入睡。

屋里鼾声如雷，四周环境却静得出奇，没鸡鸣，也听不见狗叫，整个村落是一片沉寂。

过了好一阵子，突然从远处传来几声狗叫，不一会儿又混进嘈杂的脚步声。接着脚步声夹杂着人声越来越近。沫若没有精神准备，山村深夜怎么会有结伙人群，还闪出明晃晃的火光？他心里一阵紧张。没等他想明白，来人已经到了门前。只听有人在门外喊：

“赵老板，赵老板，沙湾场郭鸣兴堂的八老师……”

还没等来人把话喊完，沫若一个鲤鱼打挺，便从床上跳下来，他似乎是遇上了救命的菩萨，连忙答话：

“哦，我在这儿！我在这儿！”

沫若听得清楚，外面来的是父亲的学徒和家里的佣人。

屋里的人全醒了，把来人让进里面。

家里来人同声说：“啊，八老师！你赶快回去！赶快回去！”

沫若不知为什么这么急切，他问：“怎么？家里出了什么事吗?”

来人说明缘由:“张老大、吴长发抬着空轿子回去，老太爷、老太娘都以为把你倒在河里淹死了。老太娘气得死去活来，你如果不赶快回去，真要出事了。”

沫若赶忙向热情照顾过自己的乡亲们告别，便跟着家里的来人回去了。

在回去的路上，隔不上三五百步远，便有人举着灯笼火把，远远地喊话传递消息:

“八老师找着了吗?”

“找着了！找着了!”

沫若像飞一样跑在前面，把来迎接的人一伙一伙地落在后面。他走出十里之后，在陈大溪遇到了等候在这里的五哥。五哥是去年年底从日本回来的，他们兄弟二人还没见过面呢。

五哥说:“你赶快回去！赶快回去！赶快回去看妈。”

沫若跑到百岁坊，又看见爹爹守候在这里。

爹爹说:“哦，你赶快回去，回去看你母亲!”

沫若又赶过了爹爹，飞跑到家门口，顾不得

同人们打招呼，直奔后堂，走进母亲的房间。

许多人围在母亲的床前，一看沫若便嘈杂地说：

“啊，八弟回来了！……”

“八哥回来了！”

“八叔回来了！”

“八老表回来了！……”

一片欢欣混合着惊恐后的叹息。

母亲躺在床上已经没有力气坐起来。沫若分开众人，跪到床前，紧紧握着母亲的手。

母亲带着疑惑的口气问：

“啊！八儿真的回来了！你把娘想得好苦啊。”

母亲说话的声音很微弱，边说边把沫若拉过来，坐到床边。

接着大家你一言我一语诉说张老大、吴长发回来时在家中引起的混乱。

原来两位老轿夫没进酆都庙，他们在离城四十里的罗汉场吃了饭，又到堰溪口买了灯火。他们以为沫若已经到家了，想不到沫若会在酆都庙留宿。

他们到家时，见沫若没回来，两个人都吓懵了，家里人更是心急如焚。

众人追问两个轿夫：他们是不是在堰溪口买了灯火，有没有去酆都庙，一个回答说没有，一个说去了。

再追问沫若下落，他们只是浑身发抖，眼里流泪，说不明，道不白。

父亲、母亲更加大胆怀疑起来。他们疑心两位轿夫失手把沫若从轿子翻到河去，看到他们的神色更加确定无疑。

两位轿夫半夜十二点到家，沫若回来已经将近三点，母亲整整哭了三个小时。

母亲握住沫若的手，殷殷地诉说："我真以为你是死了，我怎么也不甘心。你去年害了那场大病，娘好像把你再生了一场。你那时没有死，现在被淹死，我真是不甘心。……"

沫若夜宿酆都，亲人经受一场虚惊，沫若领受一片真情。

望江楼前溜溜马

就在嘉定中学决定开除郭沫若和其他七名学生的时候，学校来了一位新校长，这给他们复学带来一线希望。可是没想到，原校长秦先生做了手脚。他在和新校长办理交接手续之前，就把被开除的学生名单上报到省里了。如果省教育部门再向全省通报，郭沫若和其他几位学生在省内中学读书的路子就全给堵死了。

秦校长的手段太毒辣了。可是沫若并不怕。他想，嘉定中学开除我，我到成都去；如果成都不容我，我就闯出夔门去。

1910 年正月，沫若决定跟着五哥到成都去，看看在那里能不能找到继续求学的机会。

哥俩先在城里王畏岩先生家落脚，王先生写了几封介绍信，是写给在省城分设中学任教的旧同事的，让沫若带上。第二天一早沫若和五哥雇了两乘长途轿子动身去成都。

经过一天半的路程，他们到了眉山。眉山是苏轼的故乡，城里有三苏祠，由于忙着赶路，沫若没来得及去瞻仰，稍作休息后，就又上路了。从眉山到成都不再有崎岖的山路，眼前是一片开阔地，交通工具由轿子换成了独轮车。

五哥对沫若说："这里的独轮车叫鸡公车。鸡公车和上海的'一轮明月'差不多，坐上去很舒服。"

沫若想象着，"一轮明月"车一定会有像一轮满月那样的大轮子喽。

鸡公车的架子不太高，车梁上绑着一张小小的竹椅，只能有一个乘客坐在上面，脸朝着前方。车夫在后面推送。从眉山往北的公路上，鸡公车来来往往，有时"叽呀、叽呀"的车轮声响成一片。

沫若和五哥各上了一辆鸡公车。由于道路颠簸不平，沫若刚坐上去，很不适应，紧张地抓住竹椅的把手；走了一段路之后，才舒缓下来，能随着小车颠簸的节奏去观赏一路风光了。

他们经过了彭山、双流，第四天快到中午的时候，在离成都还有三四里路的地方，远远望见那边的道旁有一片很葱郁的树林。五哥指着那片树林，对沫若说：

“八弟，你看，前面就是武侯祠了。”

他们下车瞻仰武侯祠，庭院里参天的古柏让人驻步停留。五哥告诉沫若，这些柏树有五六百岁的年龄了。祠殿里有历代名人的题咏，表达了对诸葛孔明无限景仰之情。离武侯祠不远还有刘备的坟墓，岳飞书写的《出师表》木刻就镶嵌在刘备殿的西壁。沫若心里想这里有这么多的古迹文物，对于考古可是很有价值啊。

到了成都，沫若和五哥住在一家嘉定人常住的旅店里，他的同学张伯安已经早他们两天来到这里。

进什么学校好呢？是去考中等工业学校，还是到中学堂去插班？沫若和张伯安征求了五哥的意见，决定争取到省城的中等学堂去插班，如果不行，再去投考中等工业学校。

他们找到了成都的分设中学。这所中学在南校场高等学堂的旁边，本来是高等学堂的附属中学，因为前任校长忌讳“附属”二字，就把“附属”改成了“分设”。不管“附属”，还是“分设”，它在省城里是很有名气的。

这所中学的新任校长姓都，名叫静阶。他长得怪模怪样的，棕黄色的脸上，留着八字胡须，额头向前突出一块，头上戴着平顶的便帽，帽顶上缀着一颗红珊瑚，人们给他起了个外号，叫他“都喇嘛”。

沫若和伯安把介绍信递给都校长。都校长只随便地扫了一眼，就直接问他们：

“你们带笔墨了吗？”

“没有。”他们感到有些突然，赶忙回答。

“唔，你们怎么闹的。”都校长带着责备的口气说：“来考插班，怎么连笔墨都不带？”

沫若和伯安不知怎么回答才好。他们到这里来，不过是想试探一下，看看像他们这样被开除过的学生能不能插班，没想到都校长这么快就让他们考试。

沫若见都校长这么诚恳，就回答说：

“先生今天就考我们，我们没想到。”

“今天不考，还要等到什么时候？你们没看见同学们都上课了吗？”都校长说：“这么大好的光阴，怎么好随便浪费掉？”

正说着，郑先生进来了。都校长对他说：

“郑先生来得正好，就请你出一道国文题，来考考他们。就在这会客厅里考吧。”

郑先生离开会客厅准备考试题去了。过了一会儿，他拿着考试题回来，题目是：“士先器识而后文艺”。用的是《新唐书·裴行俭传》里的一句话，限两个小时答完。

沫若念家塾时，沈先生讲过，“器识”，就是器局、见识；“文艺”，是指文章。他还讲过，“诗言志。言者，心声也。”这一类的话。想到这里，沫若就围绕着见识、修养和文章的关系作文章，说明一个人要想有发展，必须先修养好内在的气质，然后才能作出好文章。

题目审好了，中心抓住了，思路清楚了，沫若便在会客厅的茶几上作起文章来。不一会儿，下课铃响了，会客厅门前拥过来一群小同学，他们用好奇的眼光看着这两个特殊答卷的人。有的笑着指指自己的眼睛，有的扯扯自己的辫子，做着手势给答卷人看。

沫若明白，他们是在奚落他头发脱落，是个秃子。沫若得过伤寒病，头发还没长齐。又嘲笑张伯安是一只眼。直到上课铃响，这帮淘气包才一哄而散。

过了两个多小时，都校长走进来，先接过卷子从头至尾看了一遍，看完卷子又把两个学生仔细地端详了一番。

“咯，嗯，你们答的还好，还好，你们可以进来，明天就可以进来。”

“我们插哪一班呢？先生。”沫若问。

“哦，你们等一等，我去请曾先生来，问一问他。”都校长说。

随后，都校长隔着天井，喊传达室找曾先生。

不一会儿曾先生来了，他问了沫若和张伯安的学历，就把他们俩安排在丙班了。

沫若多少天来一直提心吊胆，怕省城不接纳被开除的学生，怕考试不及格对不起写介绍信的先生。现在悬着的心放下了，沫若和伯安欢欢喜喜地进了丙班。

沫若进学校没欢喜几天，就发现成都和嘉定没什么两样，这里照样是一些做官的当教员，照样是有些学生骗文凭。

讲经学的，是一位很有声望的成都名士，他讲课时，只会拿着一本《左传事纬》照本宣科；国文课老师，只是翻来覆去地讲《唐宋八大家文钞》；上历史课时，学生跟着老师只学了历代帝王的世系表和改元的年号表。这些讲国学的老师，严格说来，还赶不上嘉定中学的老师。

教新学的老师水平更低。讲理化、数学的老师连照本宣科的能力都没有，为了自己省事，他们不给学生留作业。

讲英语课的老师姓徐，是浙江人。听说他是从上海某个教会学堂分配来的。他架着一副金丝眼镜，戴着一顶一把抓的尖帽子，一说话就露出几颗金牙，穿的也很时髦。他当时是提学使衙门的英文科的科长，不住在学校里。他到学校来上课，讲完课离开学校都要坐四人抬的弓杆大轿。

英语课的教材是 Chamberlain 的《二十世纪读本》。有一次，徐老师讲第二卷的第一课《一条 Newfoundland 的狗》。徐先生把它翻译成“一条新大陆的狗”。

沫若不明白“新大陆”指的是什么，新大陆在哪里。他去查词典，才知道“Newfoundland”是一个海岛的名字，叫纽芬兰岛，属于加拿大的纽芬兰省。原来徐先生不知道有个纽芬兰岛，硬是望文生义地直译过来，闹出了大笑话。

省会里最高学政机关的英文科长，竟这样不通，让沫若非常失望。他痛恨那些办教育的人，为什么要欺骗国家，误人子弟。

失望、焦躁、愤懑、烦恼，这些复杂的情绪沉积在沫若的心里，使他没心思看书，常常上街闲逛。

有一个星期天，沫若会了十多个朋友，到成都东门外望江楼去游玩。

望江楼离市里有四里多路，坐落在清丽的锦江南岸，因为有唐朝女诗人薛涛活动的遗迹，而远近闻名。望江楼高30米，共四层，上两层为八角，下两层为四角，阁尖是鎏金宝顶，在茂密翠竹掩映中，那飞檐翘起，像振起翅膀的大鸟，要凌空飞去的样子。

望江楼周围繁花似锦，各种鲜花按季节竞相开放，四季如春。在江边，在花木下，在竹林里有许多小茶馆，供游人们喝茶、休息、读书、闲聊。

沫若和朋友们这次到望江楼来不是为喝茶，

也不是为赏花，他们是要玩一玩“溜溜马”。

这种溜溜马是一种矮个子马，像赶脚的毛驴一样，经过专门调教，租给游人骑用。它们在固定的路线上拉脚，不用主人跟随，客人骑到指定地方以后，它们会自己回到原处。

沫若他们从城里骑着十来匹“溜溜马”，穿过热闹街市，奔望江楼这边过来。这些“溜溜马”被游人给糟踏得不像样子，一匹匹又老又瘦。他们对付游人很有“经验”，有时突然冲刺，把人摔到地上，有时在地上打滚，别坏骑马人的腿脚。它们惯用的技俩是消极怠工，鞭打不动，一挪一蹭，骑在背上的人火冒三丈，它仍然不紧不慢，缓步走着。

沫若骑的是一匹黑马，比较健壮，看来它编到“溜溜马”的行列没有多久。在城里的街道上，行人、车马挨挨挤挤，它迈着老爷步，避免了许多危险。出城以后，骑马的十几个同学都想快马加鞭，让胯下的马飞驰起来，享受那种耳边生风，类似腾云驾雾的乐趣。

可是，沫若骑的这匹老黑马一点儿也不争气。出城后没走多远，他们遇到两个兵夫牵着两匹军马溜达，老黑马凑上去，把脸贴到军马的屁股上，跟在后面慢腾腾地散起步来。

因为路窄，跟在老黑马后面骑溜溜马的十几个青年人，没有办法越过去，只好跟着两匹军马散步。

这时，旁边有人喊：

“快看，快看，溜溜马给军马舔屁股了！”

“骑溜溜马，还不如骑毛驴快。”

沫若骑在马上很不好意思，脸一下红到了耳根，引出一股无名怒火。他举起手里的柳条鞭子，在马屁股上狠狠地抽打起来，张伯安也在后面伸出胳膊帮他赶马。可老黑马任凭柳条鞭怎么抽打，还是我行我素，照样怠工，慢慢往前走。

“这该死的东西，不给你点颜色看看，你不会知道厉害！”沫若自语着，从怀里掏出一把削水果用的小刀，狠狠地朝马屁股上戳了一下。

老黑马受到刺激，先是一怔，接着就暴跳起

来，直立起身子，要把沫若摔下去。

沫若刚学骑马，这时心里有些发慌。他忽然想起一句驭马经："马儿跑得凶，一把抓着鬃"。他紧紧抓住马鬃，听凭老黑马忽高忽低、忽左忽右地蹦跳，他像一只充满气的球一样在马背上忽起忽落。

老黑马在行人稠密的街道上狂奔着，街道两旁的行人都被吓得惊慌失措，自动闪出一条道来。

沫若紧紧抓住马鬃，随着马风驰电掣一般冲出繁华的街道，奔向人烟稀少的去处。他浑身被颠得像散了架子，心里却暗自庆幸，总算没有伤着街头的行人。

老黑马使尽了翻腾、跳跃、直立、狂奔的招法，也没有把沫若从背上摔下来。它突然改变了策略，跑出街道，一直向着田野跑去。在一个大路与小路相接的路口，它猛然做一个直角的转弯，而后前腿腾空，像石马一样直立起来，一动不动地挺在那里。

沫若尽管死死抓住马鬃，却无力抵御这种嘎

然而止后的惯性冲力，终于摔下了马背。他双手抓住毛鬃，被悬空吊了起来。

到这时，老黑马已经精疲力尽，站在田野里喘息着，沫若好像心脏就要爆裂，全身就要解体，顾不得一切，倒地便睡过去了。

过了好一阵，同学们才骑马追到这里。沫若仍然睡在田野里，老黑马站在不远的地方吃草。

两位同学把沫若扶起来，又雇了一乘小轿，把他送到望江楼去。同学们牵着马尾随在后面。

骑溜溜马的同学们聚在望江楼上，喝酒行令，热闹起来。国事、家事、天下事，引起阵阵牢骚，满口痛骂。骂学校腐败、办事人腐败、国家腐败。

姓罗的同学说："天下的乌鸦一般黑，不论走到什么地方都一样。博士文凭各国都是可以用钱买的。像美国更有滑头的办法，只要你肯出钱，就可以买到什么大学的博士或硕士的文凭，其实是一种幽灵大学，它根本不存在。有的中国人就拿着这种文凭回国来骗钱花，骗官做。"

张同学说："国内还不如人家。京沪一带，什么国立、公立大中小学，哪一处不是骗人的鬼地方？教员只有那点资料，学校能办出什么成色，学生虚荣心很重，能念出什么水平。”

沫若说：“归根到底是满清政府没有改革诚意，从上到下腐败到极点，没人认真办教育，要把中国办好，那就非把清廷推倒不可。”

说到这里，他又觉得屁股隐隐作痛，心里暗骂：“这该死的溜溜马！”

回城时，沫若还是离不了轿子。

悲剧婚姻

1912 年，就是中华民国元年，郭沫若结过一次婚。

那时候，讲究早婚早育，信奉“不孝有三，无后为大”，造就了许多小丈夫、童养媳。沫若不满十岁的时候，由父母包办，订了一门亲事，可是没等到完婚，女方就生病死了。

沫若十三四岁的时候，乡里乡亲来郭家提亲的有四五十份，父母问沫若看中了哪一份，他总是说“不忙”。

沫若羡慕书中描写的那种奇特的、带有些浪漫色彩的爱情；不过，他确实还没遇到自己满意的人。

这一年的暑假，沫若从学校回家来。母亲惦记着他的婚事，就对他说：

“八儿，你别太挑剔了。这两年，提亲的人不多了，你不怕成了个鳏夫子吗？”

“我怕什么，就是当一辈子鳏夫子也不要紧。”沫若笑着对母亲说。

“你父亲多病，娘也老了。你的弟弟妹妹又渐渐长大成人……”母亲有点说不下去了，话里带着几分忧伤。

沫若感觉到，父母都在为他的婚事操心，他的婚事已经成了家里的一件大事，就对母亲说，千万不要因为自己不着急结婚，耽误了弟弟妹妹的婚期。

暑假过后，沫若就回成都去了。

10月中旬的一个星期日的下午，天气阴沉沉的，让人透不过气来。沫若坐在三哥的办公室里，三哥递给他一封家信，让他看。

信中说的是，母亲在家给他订了一门婚事。

女方叫张琼华，正在读书，人品好，又是天足（未裹脚）。张家是远方一个叔母的亲戚，叔母亲自作媒。母亲觉得门当户对，就不想和沫若商量了。

信上还说，那姑娘是叔母的表妹。叔母夸她说，这个表妹到了郭家，不会比家里任何一位姑嫂差，论人品和三嫂不相上下。而三嫂，那是家中最美的人。

沫若想起三嫂那楚楚动人的影像。他幻想着，那姑娘也许会是深谷中的一朵幽兰，旷野里的一枝百合。订下这门亲事，即使谈不上称心，大概也不会让人失望。

放年假时，张家捎信来，说兵慌马乱的，想让孩子早点儿办婚事。

沫若心里想：这桩婚事，虽然不是自由恋爱，谈不上爱情的结合，不过，爱情可以婚后培养，女方有旧学的底子，结婚以后，可以带她到成都去求学，也能志同道合。反正母亲已经给订了婚，现在结婚也可以。

沫若心里又想，成都人有句俗话："隔着麻布口袋买猫子，交订要白猫，拿回家去是黑的。"

究竟是白是黑，现在还是一个未知数，只能听天由命了。

婚期定在正月十七。按四川人的婚俗，结婚要用两天的时间。头一天，男方打发花轿去女家迎亲，第二天新娘到门，夫妻交拜，这是婚礼的高潮，常常要闹个通宵。

张家住在苏溪，离沙湾镇有五六十里路。新娘要在第二天上午接到郭家，就要走一段夜路。当时，路上不大太平，常有劫匪闹事。郭家特意请了二十几个保卫团的人，背着土枪，武装护送花轿去迎亲。沫若觉得有一点原始时代所谓掳掠结婚的遗俗，他暗暗笑自己，似乎成了那一族的酋长了。

乱世中的婚礼不那么讲究，除了本家和邻里，没什么别的客人。头天晚上沫若很清闲，看花炮、看蛇须箭在空中炸裂。可是，那五颜六色的火花消逝之后，天空就呈现一片幽暗，不知为什么，沫若心里禁不住翻起一阵阵凄楚。

第二天十一点多钟，有人来报信，说花轿离家只有四五里了。又过一会儿，有铁铳“轰隆通”、“轰隆通”的响声传来。有人喊道：“到了，到了！”花轿到了！男女宾客涌进礼堂、天井和西厢；四邻的男女老少也都聚集在大门前。

“轰隆通！轰隆通！轰隆通！”三声铁铳响过之后，迎亲的吹鼓手和留在家里的吹鼓手合在一起，“呜喇哇”地吹打起来，合着噼噼啪啪的鞭炮声响成一片。

花轿抬进了前堂，停在礼堂外的台阶边上。花轿用围幕围得严严实实的，谁也看不见新娘的模样。拜过轿后，轿门打开了。沫若看见有一只脚先下了轿门，“啊，糟糕！”他在心里大叫了一声。他看见新娘的脚是一朵三寸金莲。

新娘身披通红的凤冠霞帔，脸上罩着几层盖头，最外面的一层是红色的；沫若头戴一顶便帽，身穿长袍马褂。两个人并排站在神桌面前，先转过身来拜天地，又转过身去再拜祖宗，然后二人相对，夫妻交拜。

有人把新娘引进洞房，新郎、新娘并排坐在牙床上，两人喝了交杯酒。

沫若被人引导着去揭新娘的盖头，揭到最后一个黑色的沙帕时，他心里不禁发出一声苦叫："哎呀，糟糕！"透过黑沙，他看到的竟是一对露天的猩猩鼻孔。他觉得自己的婚事正像俗话说的那样："交订时要的是白猫，拿回家来是黑的。"他脑子里"嗡"的一声，眼前黑成一片，昏昏沉沉地走出了洞房。

到了晚间，沫若还是迷迷蒙蒙的，他说头疼，丢下新娘，走到厢房，合衣倒在床上睡着了。

父亲以为沫若得了什么急症，过来看舌苔，试热度，不得要领；深知儿子心情的母亲，三番两次地走到沫若身旁，试探着解劝。

母亲说："八儿，你不能这样。你要知道，娘是费了一番苦心的。你幺婶的话，我是信以为真的，谁成想她看错了人呢？"

母亲不过是说些忠厚的原情话，其实心里也

在不断地埋怨幺婶。

母亲接着宽慰沫若，她说：

“脚是可以放的，从明天起就叫她放脚。容貌虽然不如意一点，但你一个男子汉不要过分看重，诸葛武侯不是故意娶了一位丑妻吗？”

沫若始终沉默着。

他认为自己已经陷入了命运的罗网，他不愿把这种道不清的苦楚，再移加在为自己操劳一世的二老身上。不管这杯酒多么苦，也要由他自己喝下去。

当然，这悲剧不是沫若一个人演的独脚戏，第一主角，受害终生的，是新娘张琼华。婚后五天，沫若就东出夔门，远走天涯，留下新娘一个人，孤守空房，老死沙湾。

初出夔门

1913年6月，天津陆军军医学校在各省招生，四川省有六个名额，沫若报名投考，被录取了。

这时，沫若已经由成都分设中学升入成都高等学堂。他放弃在成都高等学堂读书的机会，决心去天津，不是因为对学医有什么特殊兴趣，只是为了走出四川，改变苦闷的环境。

辛亥革命以后，革命果实被大小军阀篡夺，由于政局混乱，政治腐败，学校也越办越混乱。在成都，一下子就冒出四五十个政法学校，到处都可以见到“三月速成”、“四月速成”的招牌；学制越短，招生越多。为了混文凭，就出现了父子同班、祖孙同学的怪现象。

做官热也不断升温，学校里稍好一点的老师都做官去了，留下来的老师大都没有真才实学，讲课效果就可想而知了。学生们感到没什么东西可学，没什么事情可做，大都迷失了方向。

沫若在家，婚姻不随意；在学校，因为作代表，被分设中学开除过；在社会，对辛亥革命感到失望。他的心情很苦闷。他很想走出夔门，到外面闯一闯。现在能有机会去天津上学，正是走出夔门的好机会。

10 月下旬，四川的六名学生在重庆聚齐，大家一齐坐上“蜀通号”轮船东下。

船舱里的铺位被一队士兵占去了一半，沫若和同学没有睡铺，只好到甲板上去游荡。

这正是欣赏三峡自然风光的好机会。船到瞿塘峡时，正是清晨，天上下着毛毛细雨。沫若站在轮船的前甲板上，觉得自己正站在画廊当中。

陡峭的岩壁，就像用神斧砍削的一样，江水顺着峡道弯弯曲曲地向东流着。船一进峡口，画面突然变化，两岸的峭壁围拢起来，长江在这里被围成一片湖泊。他转身往后看，江面被峭壁遮住了，看不见来路；又掉过身子朝前看，是壁立的崖面，又看不见去路。他又好奇地仰头看天，天也只剩了那么一小片，其余部分全被飘着白云的山崖挤满了。等到船转弯的时候，又是峰回路转，美不胜收。他觉得这轮船就像一条游龙，在烟雨迷蒙中穿行。

沫若就这样，带着梦幻，带着憧憬，告别故乡，闯出夔门，走出了三峡。

10月31号，“蜀通号”开进宜昌港口。沫若看见有许多船在江面上行驶，有的伸出很长的触角，有的船身涂成灰色，有的船身涂成白色。他马上想到在学校看过的各类船的照片。他又看见有的船上插着太阳旗，有的船上插着米字旗。他想，这都是外国的兵舰了。他感受到了什么是帝国主义的侵略，什么是中国政府的腐败。他痛恨那些连年混战的军阀，希望自己的国家早早强大起来。

沫若和他的同学在宜昌只停留了半天，当天晚上就换上“大亨轮”继续往东走，11 月 3 日中午到了汉口。他们在汉口的客栈里住了一宿，第二天就坐上了京汉路的火车。

火车进入河南省界以后，铁路两旁尽是荒草、沙丘，眼前闪过的一间间土屋，就像一座座坟墓，一片死寂。沫若的眼里不由自主地流出泪来。川外远不是他在家里所想象的样子，这里比家乡还要荒凉、贫穷。

6 日傍晚，车到天津，沫若和家乡同学住进贾家大桥福寿客栈里。

第二天，他们到军医学校去报到，校长接待了他们。这人只有三十多岁，穿一身军装，待人挺和气，据说是北洋军阀首领段祺瑞的女婿。

他对沫若和其他几位同学说：

“欢迎你们到军医学校来读书。学医学，于国于民都有利，前途很远大。现在，各省的人还没到齐，再过两三天学生都到齐以后，还要复试一次，然后才能开学。”

沫若心想，什么复试不复试的，谁想学这个军医。我要到外国去求学，去欧美，去日本，出不了国，就去北京，去上海。

复试之前，沫若又把军医学校的情况打听了一下。这里没有外国教员，连个有名气的中国教员都没有。这使看重教员名望的沫若很失望。

沫若想离开天津去北京找大哥。那时大哥开文在北京替川边经略使尹昌衡做代表。一想到大哥，立刻觉得有了精神，他要依靠大哥另找出路。

正在沫若反复考虑的时候，学校进行复试了。那一天，考场上汇集了一百多名考生。他们来自二十多个省，穿着打扮各式各样，说话口音互不搭调。沫若第一次遇到这种场面，心里暗想："哦，不可小瞧，这里是人材济济呢！"

复试开始，一道作文题震动整个考场，题目是"拓都与么匿"，考生看着考题，全都摸不着头脑，不知道这个题目说的是什么意思。

沫若开动起脑筋，从现代词汇和古汉语词汇中寻找对这五个字的解释。

他想："拓"在古书里有"拾取""开辟""开张"、"宏大"的意思，其中常用作"开辟"，扬雄《甘泉赋》有"恤胤锡羡，拓迹开统"的句子，不妨就随扬雄，作"开拓"解；而"都"字，在古书中虽然有作为"汇聚"；"大"、"盛"的解释，可是都是形容什么用的，和"都"不搭调，还是作"京城"这种解释稍稍能贴上点边。索性把"拓都"就理解为开拓，扩大都城。

顺着这个思路去理解"么匿"，就好解释了。沫若想：古书中"么"和"幺"是同义。"么"不取它"一"、"后面"、"排行最后"的意思，而取"细小"的意思；"匿"，不用"隐藏"、"逃亡"的意思，而用"过错"、"差错"的意思。

这样，沫若对题目就形成了一个望文生义的解释：扩建京城和它的小小的弊端。他想到考试的时间已经过去一半了，不容再作别的考虑，就胡写一通，洋洋洒洒地写成了一篇文章。

从考场出来的学生，大都没有笑容。在四川的六名考生中，只有一位同学的思路与众不同。

他说：

“‘拓都’、‘么匿’，是 total and unit 的对译，是严几道的译语。”原来他在家看过严几道翻的《群学肄言》。他说：“拓都大约是指社会，么匿是指个人。”原来竟是他对作文题目理解对了。

这道怪题，真称得上是千古一绝，难倒了五湖四海的学子。沫若本来不想学医，一看这怪题，对军医学校更没有好感了。心想，我这个“么匿”在你这个“拓都”里还能有什么造化呢？他没等复试揭晓，第二天一早就赶火车去北京了。

到北京正阳门车站下车，有一个从四川跟大哥到北京的勤杂人员到站接沫若。那人告诉他，大哥到日本和朝鲜旅游去了，夏天走的，一直到现在没有回来。

那人对他说：“八老师，你的衣服得换一换，北京人穿棉袍就光穿棉袍，穿夹衫就光穿夹衫，夹衫可以穿在棉袍下，不能穿在棉袍上，不然就显得寒伧。”

沫若从上到下把自己打量了一番，觉得穿着

打扮和周围的人确实不同。他在一件玉蓝色的棉袍上套了一件银绸夹衫，外加一件同棉袍一样颜色的马褂，是地道的四川打扮，自己也确实觉得“寒伧”了。说着，就按北京的穿法，在北京站里把夹衫和棉袍调了个个儿，不过，再仔细看看，短袖长袍，还是脱不掉那身土气。

沫若被接站人送到吹帚胡同一位同乡京官的住宅里。这位京官是乐山的举人，留过日，是沫若大哥开文的朋友。开文在京就寄宿在这里，沫若正好睡在大哥的床上。

到吃中午饭时，京官领着兄弟回来了，用不冷不热的态度接待沫若。沫若向他说了到天津考试的经过，京官说：“年轻人应该有远大的志向，学军医不会有什么出息”。他很赞成沫若不愿进军医学校的态度。

沫若受到京官的赞许，更坚定了留在北京等大哥的决心。

过了两天，留在天津军医学校的同学来信说，复试已经揭晓，四川六名同学全都被录取，而且考分还不低。学校限三日内报到，过期不归，就给予斥退处分，扣留中学毕业证书，还要追回旅费。

沫若回信很坚决："天津之拓都难容区区之幺匿。"

东渡日本

沫若没有回天津陆军军医学校读书，留在四川驻北京京官的寓所里，等着出国旅游的大哥回来。一连等了四五个星期也没见大哥回来，他心里很着急。

在一个星期天的晚上，寓所里只剩下沫若一个人了，他借着暗淡的灯光，翻开从琉璃厂买来的《胡刊文选》，读起魏晋诗人的诗来。他喜欢魏晋诗的风骨，也欣赏那种冲淡的风格。“盛年不重来，一日难再晨，及时当勉励，岁月不待人。”他边看边在心里默诵着陶渊明的这首“杂诗”。

因为怕闻煤油发出的臭味，沫若没让人点灯

火，屋里一片清冷。四周没有一点声响，突然屋檐上堆积的冰柱坠落到门前的台阶上，发出清脆的响声，就像一只玉簪打碎在地上。这情景，勾起沫若对家乡的思念，他感到很孤独，也很悲凉，不知不觉就流下了眼泪。

他合上书，走出门外，抬头望天上的月亮，那是一弯上弦月，洒下的万点银辉同地上的积雪相辉映，照出一片银白。忽然诗兴涌起，他马上转身回到屋里，顺手撕下一张信纸，写下一首即兴诗：

天寒苦昼短，读书未肯辍。
檐水滴有声，中心转凄绝。
开门见新月，照耀庭前雪。

就这样，他沉浸在诗情中，排遣等待大哥的寂寞。

12 月中旬的一天，刚刚吃过晚饭，沫若正想到中华门去散步，大哥披着一件黑毡大斗篷回来了。

沫若欣喜若狂，更觉得大哥是世上最难得的人。

除了父母和沈老师，对他影响最大的就数大哥了。大哥13岁就中了秀才，性格豪爽，能诗善画。他有一部《海上名人画稿》和一部《芥子园画谱》，成了沫若小时候的启蒙画报。1905年春天，大哥去日本留学，当时就想带沫若一同去。

那次虽然没能和大哥一同出国，但是在沫若的内心深处却埋下了出国学实业，富国强兵的思想种子。

现在，沫若正处在人生的十字路口，需要大哥给以指点。等大哥安静下来之后，他就把去天津考军医学校的过程从头至尾地说了一遍。本以为大哥会支持他不学军医，会夸奖他有远大抱负。可是出乎意料，大哥用淡淡的语气说：

“学军医，既实用，又是官费，是很难得的，你怎么把它抛弃了呢？”

沫若这时才认识到，自己的想法太天真浪漫，不着边际，可是现在后悔已经晚了。

第二天，大哥看沫若身上只穿了一件薄薄的棉袍，吃过早饭就领他上街买衣服。在一家服装店里，花了50几元钱，买了一件狐皮袍子。沫若穿上觉得格外温暖。

又过了几天，沫若渐渐明白了大哥在北京处境的困难。开文所代表的川边经略使尹昌衡，在“二次革命”后要进京述职。12月初他到了北京，想不到这个四川土皇帝一进京就被京皇帝袁世凯给软禁起来了。因为尹昌衡在四川杀掉了赵尔丰，赵尔丰的哥哥赵尔巽，这时正是袁世凯的死党。可想而知，尹昌衡这回到北京来是不会有好果子吃的。

开文这个经略代表，已经无人可代，实际上是处在失业的状态了。

有一天晚上，开文坐在炕上闷闷不乐，突然对沫若说：

“我今天替你把学校的情况打听了一下，年假期间各处都不招生。听说只有法政学校要招本科生，但是法政你又不愿学。你的意思究竟怎样呢？”

沫若觉得自己并没有什么专长，只好去学法政，但是又不好说出口。

“学法政也真没有意思，我看你还是回天津学军医，怎么样？报道迟了，再想办法疏通吗。”

“假如再早两个星期也许还有办法，听说学校已经挂了我的斥退牌了。”

“真的，我该早回来几个星期……照目前的形势看来，恐怕我们兄弟两人在这儿的生活很难维持了。”

沫若听大哥这样一说，更觉出轻率离开军医学校的严重性，惭愧得无地自容。他说：“大哥，我决定回四川去。”

“回四川做什么呢？”

“我想改行经商，留在家里替父亲管管家务。”

大哥只是说了一句：“等到明年开春，看看形势再说罢。”

自从开文回京以后，京官寓所的客人多起来了。客人们多半是国会议员，因为国会被袁世凯解散以后，他们没事可做，就用闲聊消磨时间。

12月27日晚上，开文的朋友张次瑜来闲谈。他也是国会议员，革命后担任过四川军政府的财政部次长，在成都就见过沫若。

开文把沫若考学的经过向张次瑜说了一遍，请他出个主意，看怎样安排才好。

“为什么不送到日本去留学呢？我可以帮忙嘛！”

国会被解散后，旧国会议员每人发给三个月的工薪，然后送回原籍。张次瑜准备拿这三个月的工薪到日本去旅游考察，明天就动身，他是特意来向开文辞行的。

开文告诉次瑜，他也想让沫若去日本留学，只是拿不起学费。拿官费的学校很少，又都很难考。他说：

“现在就是一年的学费，我都拿不起。”

“只要努力，有半年的工夫就可以考上官费学校。我从前到日本留学，就把弟弟带上了，我的一份官费，兄弟两个人用。他在那准备七个月就考上了京都医专，补上了官费。”

开文听他这么一介绍，就动了心。回头对沫若说：

“八弟，怎么样，到日本？你假如有本领，能够用半年工夫考上官费学校，这半年的学费我是能供给的。怎么样，有没有把握？”

沫若不好回答，他知道难度很大。过去五哥去日本，由军事改学科学，住两年都没考上官费，最后还是回国来了。他怎么敢说大话呢？

“怎么样，有把握吗？”

沫若还是迟疑不答。

开文也不再难为他了，就果断地说：

“我看，你去吧，先去住半年看看。半年之内能考上官费自然好，考不上，到那时我也许会有职务了。我就决定了，你去，不要犹豫了。”

开文就这样定下来。当时他手里没有现钱，只有几根金条。他同张次瑜讲好，给沫若一根金条，拿到日本去卖了做半年的学费，因为日本的金价高于中国。一路的食宿路费都由张次瑜垫付，沫若到日本卖了金条以后，偿还给他。

这个结果是沫若没有料到的，真是“山重水复疑无路，柳暗花明又一村”。沫若经历了一次由地狱到天堂的飞跃，又雄心勃勃了。

第二天晚上，大哥送沫若到北京东站与张次瑜聚齐，就动身去日本。

临别时开文没有再说什么。沫若把头伸出火车窗口，看大哥的身影消融在昏暗的站台上。

沫若在心里暗暗发誓：“我这一去，如果在半年之内考不上官费学校，我就没脸再和大哥见面了。”

第二天一早，火车到了山海关。往远望去，一边临海，一边靠山，雄伟的长城蜿蜒在丛山峻岭之间，沫若立刻觉得心胸开阔起来。

火车一过山海关，眼前是一片白皑皑的冰雪世界。河流全冻结了，骡子车在冰面上行走，张次瑜指给沫若说：“那骡子车正走在结冰的河流上。”

到沈阳以后，好像换了一个天地。车站前日

本租界的街道特别宽阔，差不多有北京正阳门大街的四倍，沫若惊讶地看着这片租界地。次瑜对沫若说：

“东京最宽的街道也只有这儿的五分之一，从这里可以看出日本人的野心。”

在沈阳住了一宿，第二天清早，沫若随次瑜搭上安奉铁路的日本火车。车上的景象又使沫若大吃一惊，车箱里窗明几净，仿佛进了乐园。可是沫若乐不起来，他随时都有一种受压抑的感觉。

对面座位上，两个日本男乘客用日语打招呼，沫若从他们的神情中看得出日本人在议论自己。

这时，次瑜附在沫若的耳边，告诉沫若说：

“这家伙可恶，他在骂我们，说有讨厌的支那人同车，请别的日本人照看好自己的老婆。”

沫若觉得受到了莫大的污辱，真想上去打这个日本人两个耳光。

火车很快进入了朝鲜境内，铁路两旁，到处是破败的景象，汉城内有一半房屋是茅草屋。火车行驶到这里，对中国人更歧视了。在一个小站，有些日本人上了火车，因为车箱里已经坐满了人，他们找不到座位。一个列车员走过来，对沫若说：

“你马上把座位让出来，你到车门那个角落里去坐。”

沫若往车门角落里一看，那里已经堆放着许多行李，根本没有坐的地方，只好站在那里。

火车到了釜山，天已经黑下来了。釜山的中国领事柯荣阶是四川人，也是开文和次瑜的同学。沫若和次瑜就在柯领事家住了一个晚上。这个夜晚正是除夕夜。

1914 年元月中旬，沫若到了东京，这里的一切都让沫若感到新鲜。可是，他没有时间去观赏异国风光，他必须集中全力，准备考进官费学校。

沫若给自己订了一个刻苦勤学的计划。

沫若每天早饭是两大块面包，一碟白糖，一瓶牛奶；午饭、晚饭都是一盘菜，一碗饭，一碟咸菜。同时戒掉了烟酒。

经过两个月的努力，他学会了常用日语，能和日本人对话，开始用日语作文，而且语言已经很通畅了。

7 月份，沫若报考东京第一高等学校预科，考生近千人，只录取 40 人，沫若被录取了。在预备医科录取的 11 名学生中，他排名第七。

沫若东渡日本，实现了自己的愿望，迈出人生旅途关键的一步。

异乡之恋

沫若考进了东京第一高等学校，先要读一年预科，接着再念三年本科，毕业后才能升入大学。高等学校分文、理、医三部分。沫若本来喜欢文学，诗词歌赋无不精通，已经显露出文学的才华，学文科是再合适不过了。可是当时“富国强兵”的口号深入人心，青年人都想学一些实际的学问，有益于国富兵强，对文科普遍有轻视的心理，加上大哥也不让他学文，沫若只好选择学医了。

1915 年夏天预科毕业时，沫若由于用功过度，身体逐渐消瘦。他常常失眠，每晚只能睡三四个小时，精神感到恍惚，夜间常做恶梦。凭着普通的医学常识，沫若明白自己是患了严重的神经衰弱症。他开始有了恐惧感，情绪越来越坏。

秋天的一天，沫若在东京的一家旧书店里发现了一部明代大思想家王阳明的书，其中有一首《泛海》的诗把他吸引住了。

险夷原不滞胸中，何异浮云过太空？
夜静海涛三万里，月明飞锡下天风。

这首诗写的是王阳明36岁时在海上遇险的心境。他坐的一艘商船在海上遭遇大风，桅摧橹折，船差一点被打沉。后来船被海风吹到福建海岸，王阳明才得以脱险。

这首诗描绘王阳明在惊涛四起，海风狂啸的险恶环境里，坐在一只孤舟上面，同死神拼搏。他心中没有恐惧，没有绝望，他把眼前的险境，看成像浮云过太空一般。这种镇定自若的心情，沉毅刚强的性格给年轻的沫若留下了深刻的印象。对比之下，他想到自己，遇到些病痛便痛不欲生，真是渺小极了。

沫若从王阳明那里看到自己的懦弱，并且找到战胜懦弱的方法。就在这个时候，他又遇到了一个人，给他的生活注入了勃勃生机。

1916年夏天，冈山第一高等学校已经放了暑假。和郭沫若同住一个宿舍的四川同乡洪师武同学，胸闷、胸痛、喀血不止，已经到了肺结核病的晚期。

沫若和另外两名同学主动护送师洪武去东京的医院治疗。他们到东京打听了好几家医院，最后把洪武送到了美国天主教会办的京桥医院。

医生说，师洪武的病情很严重，已经没有彻底治愈的希望，只能对症缓解。大家来时走得急，没有带多少钱，交不足住院费。沫若把自己给病人盖在身上的一条毛毯送到当铺去，当了20元钱，勉强凑够了住院费。他自己留东京照顾病人，让其他两位同学回冈山去张罗钱，给洪同学筹措医疗费用。

沫若住在一家小旅馆里，每天去医院精心照顾病人。他想起自己在家得伤寒病时，内心是那么的忧伤、烦躁，如果没有母亲在一旁温茶送药，体贴劝慰，恐怕是不会有战胜疾病的勇气的。现在重病就医的同乡同学，心情也是那样沮丧，沫若要用爱心去温暖他绝望的心，让他鼓起生活的勇气。

沫若送师洪武入院的那天，这几位带着冈山一高校徽，文质彬彬的青年学生，引起了一位见习护士的注意。她叫富子，在医院中心室工作。她看到一帮中国学生，护送一个病人入院，一个个毛手毛脚，忙三火四的，觉得很新奇，很有意思。特别是他们当中那个身材高挑，面皮白净的人特别着人喜欢。他那双秀气的眼睛，像磁石一般吸引着她。她有时也去护理这个住院的中国学生，从他口中知道那个高个子学生叫郭开贞，品德好，又有才气，是一个很出众的中国留学生。

第三天下午，富子在病院走廊里，迎面碰上一个学生，走近一看，正是那个白净的中国学生。她顾不得女孩子的羞怯，主动上前去打招呼说："你是来照看同学师君的吧？他的病可不轻呀！"

沫若被这异国女护士突如其来的关照给窘住了，他的脸唰地一下全红了，怔了好一会儿才连忙回答：“是的”。

这时，沫若才从正面悄悄端详一眼这位日本姑娘，他心中不禁一惊，“呀，这岂不是活着的圣母玛丽亚！”只见她脸庞红艳，嘴像樱桃一般，全身散发着青春气息。

沫若鼓足勇气搭讪着说：“给您添麻烦了，请多多关照。”

“这是我们的责任，请不必客气。”

见过这一面之后，富子的音容笑貌就像在沫若的心里扎了根，简直无法排遣出去。他每逢去医院，总要找个借口去看看富子，他们之间的友谊随着时间不断地发展。后来洪武的病越来越重，有时沫若和富子两人通宵去守护，两颗富有同情的爱心更加贴近了。

8 月下旬的一天师洪武突然大咯血，呼吸急促，干涩的眼里流出几滴热泪。他握着沫若和富子的手，上气不接下气地说：“多谢你们了……”

不一会儿就离开了人世。沫若非常悲痛，富子给他不少的安慰。

处理完师君的丧事，沫若就回冈山去了。过了几天，富子接到他的一封信，可以说是给她的第一封情书，是用英文写的：

当我在医院第一次见到你，你仿佛像圣母玛丽亚来到我的面前。你青春焕发，眼睛传神，嘴像樱桃一般红妍。无数病人得到你的照顾，激起我对你由衷的爱恋。那一次同你的谈话呵，永远在我的心中盘旋。如今我离别故乡已经两年，你可知我身居他乡的寂寞饥寒……

随信还寄来两首小诗，其中一首把富子比做维纳斯。

我把你这张爱嘴，
比成着一个酒杯。

喝不尽的葡萄美酒，

会使我时常沉醉！

富子读着、读着，只觉得有一股股暖流冲击着心头，使她微微颤抖起来，很久不能平静。

9月初，富子有几天假期，沫若学校还没开学，他便大胆地向姑娘提出邀请，约她一同到房州的滨川、大森和那古海滩去旅游。

富子姑娘面对这突如其来的、又是早已企盼着的邀请，一时不知如何是好，怀里像揣个小兔子跳个不停。她明白，这一步如果迈出去，就意味着自己放弃了保持独身侍奉上帝的承诺，由献身上帝而跨进世俗的门槛；同时还意味着，要突破国籍、民族的界限，这无疑也是一种挑战，二老双亲这一关能不能过得去？

富子想到自己的身世，更增加了一层顾虑。佐藤富子出生在日本仙台宫城县黑川郡的大衡村。佐藤家是伊达家的家臣，是武士出身。她父亲卯右卫门曾经参加过中日甲午战争和日俄战争，残酷的撕杀使他心灰意冷。从战场下来以后，他就入了神学院，毕业后当了牧师，把田地出租给佃农，自己专门从事布教活动。

父亲是一个沉着稳健的人，母亲很注意作为士族姑娘的排场和体面，对子女的管教非常严厉，如果孩子不讲礼貌或吵架，就要受到体罚，甚至被打得鼻青脸肿。

尽管家住偏僻的农村，父母还是把她送到仙台接受中等教育。然而，做为多子女家庭中的长女，到东京去念大学的希望却破灭了，她只能作为布教活动的帮手留在教会女子中学。后来，由于母亲没有同她商量就给她提亲，一气之下，自己跑到东京进入教会医院做见习护士。

富子内心矛盾重重，要迈出这关键的一步，对她来说不是轻易能够办到的。但是，那副白净的面孔，动情的诗篇，让人心荡神摇的情书……这一切所产生的吸引和诱惑是无法抗拒的。她终于从层层的罗网中冲了出来，决定去追求幸福，走自己的路。

富子面对沫若热切期待的目光，微微一笑；轻声地说：“好吧，我答应你！”

第二天下午，他们乘海船去房州，开始了甜蜜的旅行。

他们站在那古海滩的岸边，看那蔚兰色的大海一望无际，海面渔帆点点，船上的渔夫把网像扇子面一般撒出去，打上一网网活蹦乱跳的鲜鱼。两个人都被这海边的景色陶醉了。他们手牵着手，漫步在海滩上。游泳，捉鱼，拾贝壳，热烈的爱情唤醒了他们沉睡已久的天真童趣，尽情体验那种毫无掩饰的真挚情感。

他们在海滩上的一家小店里，吃了一顿红豆鲷鱼饭，这就是他们结婚的婚宴。从那时起，富子姑娘便被称为“安娜”了。而这对异国青年婚恋的证人，就是一碧万顷的大海。

《创造社》的孕育

1918年夏天，郭沫若升入福冈的九州帝国大学。

福冈座落在九州岛的中心。大学医学部的背面就是博多湾，离“千代松原”不远。那一片苍翠的大松林沿着海湾铺展开去，护卫着海岸，映衬着波涛起伏的大海，构成一幅美妙的图画。

郭沫若到福冈后，住在一家相当于当铺的“质屋”里面。八月下旬学校还没有开课。为了摆脱午间的困倦，他独自一人从寓所里走出来，到松林里散步。

在这里，郭沫若无意间遇见了从海边走来的

张资平。他乡遇知己，不免带着几分惊喜。他们不约而同地喊道：

“哦，你怎么到这儿来了？”

“哦，你怎么也来了？”

张资平是郭沫若一高预科的同学，他们已经有三年没见面了。

郭沫若欣喜地问道：

“我是到这儿学医科的，你是进这儿的工科吗？”

“哪里，我中学还没毕业呢。”张资平还是一口梅县的广东方言。

接着他就向郭沫若讲起了自己在日本的遭遇。

1918年5月，留日的中国学生曾经举行过一次全体罢课运动，反对“中日军事协约”，接着又回国请愿。

因为回国请愿，张资平受到了学校的刁难。校长不准他们补考，说他们是为了反日才回国的。校长蛮横地说：

“你们又要爱国，又要混文凭，二者不可

得兼。”

后来张资平被分到熊本五高。熊本也在九州岛，从熊本来福冈只坐半天火车就到了。张资平的学校还没开课，他是到福冈来洗海水澡的，想不到会在这里遇见沫若。

两位老同学谈了一阵学生爱国运动的事情，又一起到张资平的临时住处看了看，下午便一同下海游泳。

上岸以后，他们在松树底下纳凉，就在这里谈起了一个终生难忘的话题。

郭沫若已经三年没回国了，又住在日本的乡下，很少能看到中国的新闻杂志。那时，中国最有名的杂志是商务印书馆出版的《东方杂志》和《小说月报》，给郭沫若留下的印象并不好。他觉得那里面收的文章，不是庸俗的政谈，就是不值得一读的翻译文章。小说多半是才子佳人的章回体。报刊上充斥着乱七八糟的货色，多少年也没有变化。郭沫若对这种状况很不满意。

张资平也有同感。他对近三年国内文化的状

况很不满意，连连摇头叹气，他说：

“中国真没有一部可读的杂志。”

“《新青年》怎么样呢?”郭沫若想听听他的看法。

“也并不怎么理想，不过是一些启蒙的普通文章。一篇文章的密圈胖点比文字还要多。”停了一会儿，张资平接着说：“中国现在缺少一种普及的科学杂志和纯粹的文学杂志。”

“社会上的读者有这种要求吗?”

“会有的，像我们一样，国内的学生也很不满意。你看，像《新青年》那样内容浅薄的杂志，不是很受欢迎吗?”

郭沫若很赞成资平的看法，两人一拍即合。

“其实我早就这样想，我们找几个人，办一种纯粹的文学杂志，办一个同人刊物，专门发表文学作品，不用文言，用白话。”郭沫若说。

“出文学杂志很好，但是，你到哪里去找人?”张资平为在这里找不到志同道合的人发愁。

他们数来数去，除了他们两个人以外，还可

以找郁达夫和成仿吾。郁达夫是一高的老同学，很有文学天才，写过小说，也时常写诗，在《神州日报》上发表过作品；成仿吾是沫若在冈山时的同学，对文学很有兴趣。郭沫若很有信心，他说："就这四个人，同人杂志也是可以办的。我们每个人从每月的学费里抽出四五块钱来，不是就可以做印刷费了吗?"

张资平很赞成这个办法，便约定以郭沫若那里为中心，筹办刊物；等开学以后，征求成仿吾和郁达夫的意见，再具体落实。

海边上这一番谈话，便是郭沫若与张资平友谊的开始，也是《创造社》的孕育。

过了不久，九月下旬的一天下午，成仿吾领着两个同学来看郭沫若。成仿吾比郭沫若小三岁，却比他高一学年，有文学才华，英语的记忆力尤其惊人。在名古屋念书时，他大哥和几位朋友编译一部英文字典，成仿吾帮助抄写和校对。从这之后，他的英文打下了很好的基础，在日本高等学校学习三年间，从来没用过字典，这在中国留学生里是很出奇的。他过去同郭沫若在冈山同住时，常常背诵古典诗词，头脑非常清晰。

沫若见他来非常高兴，就向他讲述了同张资平商议办杂志的事，他表示愿意做同人。

在这一段时间里，经宗白华介绍，郭沫若结识了田汉，接着又与正在东京就读的郑伯奇、穆木天取得了联系；郑伯奇又介绍他结识了徐祖正和张凤举。

此外还有陶晶孙、何畏、方光焘，都由同学而成为同人。

这些志趣相投的朋友，分散在福冈、京都和东京，有的甚至远在千里之外，通过频繁地通信和串连，紧密地结合起来了。他们经常交流对国内新文化运动的观点，探讨文艺创作的问题，积极筹划创建同人刊物。这其中有一个伟大的抱负在激励着他们。

1921 年 1 月 18 日，郭沫若在给田汉的信中写道：

成仿吾来信说："新文化运动已经闹了这么久，现在国内杂志界的文艺，几乎把鼓吹的力消尽了。我们若不急挽狂澜，将不仅那些老顽固和那些观望形势的人要嚣张起来，就是一班新进亦将自己怀疑起来了。"

他这个意见，我很具同感，所以创刊的建议，我也非常赞成，不消说我们创刊杂志另外还有更大的目的和使命了。

郭沫若和他的同人们，正是为了打破新文坛寂寞冷清的局面，决定挺身而出，力挽狂澜，肩负起"更大的目的和使命。"

筹建杂志有了同人，也有了创作的准备，却遇到筹措资金的困难。在日本几次商讨都没找到办法，大家都很扫兴。

1921 年 3 月底，郭沫若决定随成仿吾回上海，一边参加泰东书局的工作，一边筹备杂志的创刊。

离开日本那天晚上，正赶上房东撵郭沫若搬家。

妻子安娜很坚强，鼓励郭沫若回国实现他的抱负，不必惦念妻儿，一切困难由她一人承担。安娜还煮了些红豆饭，烧了一条红鲷鱼为沫若饯行。为了不惊扰孩子，郭沫若在夜间离开了家。天上正下着雨，他的泪水同雨水合在一处，从脸上流了下来。他担心，他走以后，妻儿们会不会找不到住处，无家可归。

沫若同成仿吾回上海后，工作安排并不顺利。成仿吾应聘出任泰东书局文学主任的事没有落实，便决定回长沙，进兵工厂去，重操旧业，因为在日本他是学造兵科的，只得留下郭沫若一个人在书局办事。

郭沫若成了飘流在孤岛上的鲁滨孙，做了书局的食客。他开始编辑自己的诗集《女神》，接着改译了《茵梦湖》。

郭沫若留在上海的重要使命是办杂志，可是看来困难重重。有一位朋友同他说：田汉曾来信请他帮忙找出版的地方，可是没有找到。中华书局、亚东和商务印书馆都不肯印。

沫若意识到，还没有形成的创造社，要想办杂志，在上海滩是不可能的。

就在这种情况下，没想到泰东书局的经理赵南公答应承印他们的杂志，郭沫若兴奋极了。他想回日本一趟，同那里的同人，具体落实办杂志的事情。

这次回日本的往返路费都由赵南公奉送，总共143元。这笔钱算是郭沫若在编辑所里住三四个月，编译三四本书所得的报酬。

郭沫若离开日本三个月，又回到福冈。这时，他的妻儿已经离开旧居，迁到别的地方去了。郭沫若找到了他们的新居。他隔着木板墙看见大儿子和夫正一个人坐在空地上挖土，头发很长，像是几个月没有理过。过一会儿妻子背着小儿子回来了，她手里拿着买回来的小菜。看到她疲惫的神态，新居家徒四壁的情景，沫若心里很难过。

郭沫若在福冈只住了一宿，第二天就动身去京都了。在京都他见到了郑伯奇、张凤举和穆木天，又转路去了东京。

郭沫若在东京郁达夫的住处见到了张资平、何畏和徐祖正。他们商量了一个下午，都赞成用“创造社”的名字，暂时先出季刊。创刊号的稿件就在暑期准备好。

东京聚会，标志着我国重要文学团体“创造社”正式成立，时间是1921年7月上旬。

同心凝结《三叶集》

1919年9月，上海《时事新报》22岁的青年编辑宗白华，开始担任这家报馆文艺版《学灯》的主编。他在一摞摞积压的稿件里，发现了留日青年学生郭沫若的两首诗稿，他非常喜欢，便拿来在《学灯》上发表了。这就是沫若最初发表的新诗《抱和儿浴博多湾中》和《鹭鸶》。

从这时起，到1920年春天，沫若的诗稿不断地从日本寄来。宗白华很欣赏他诗歌中那种大胆、奔放、充满了火山爆发式的激情。

太阳的光威

要把这全宇宙来熔化了！
弟兄们！快快！
快也来戏弄波涛！
趁着我们的血浪还在潮，
趁着我们的心火还在烧，
快把那陈腐了的旧皮囊，
全盘烧掉！
新社会的改造
全赖吾曹！

宗白华默诵着，不禁拍案叫绝。他细细体味着沫若的每一首诗。诗中的浪漫色彩，充满烈火狂飙式的精神，深深吸引着宗白华；还有那冲破封建礼教禁锢，争取个性解放的要求，和对人生的感受，都引起了宗白华的共鸣。

宗白华深深喜欢上这些诗和他的作者。他预言，郭沫若不是一般的作者，而是“东方未来的第一诗人”，他幸庆自己发现了一个“抒情的天才，一个诗的天才。”

那时候凡是沫若的诗作，只要寄给《学灯》，白华没有不登的，有时用整整半个版面登他的诗作。著名长诗《凤凰涅槃》，还有《立在地球上放号》、《地球，我的母亲》都是那些日子发表的。

宗白华写信给沫若说：“你的诗是我所最爱读的。你诗中的境界是我心中的境界。我每读了一首，就得了一回安慰。”

郭沫若在给宗白华的信中说：“《学灯》是我最爱读的。我近来几乎要与他相依为命了。”“我要把全身的脂肪组织来做《学灯》里面的油。”

诗作有了知音，又有了发表的阵地，沫若的创作欲望愈发强烈。他的诗作漂洋过海，源源不断地送到上海，发表在《学灯》上。

这时，宗白华又把沫若介绍给自己年轻的诗友田汉。田汉比白华小一岁，也是“五四”运动涌现出来的新青年，当时正在东京高等师范读书。

宗白华在给田汉的信中说：

我近有一种极可喜的事体，可减少我无数的烦恼，给与我许多的安慰，就是我又得着一个像你一类的朋友，一个东方未来的诗人郭沫若。……我已写信给他，介绍他同你通信，同你做诗伴，你已知道了么？我现在把他最近的一首长诗和寄我一封读诗的长信寄给你看，你就知道他的为人和诗才了。”

宗白华在写这封信的同时，又给郭沫若写信说：

我有个朋友田汉，他对欧美文学很有研究。他现在东京留学。他同你很能同调，我很愿你两人携手做东方未来的诗人，你若愿意抽暇去会他，我可以介绍。

收到宗白华的信以后，沫若马上回信响应，准备“今后当同他（田汉）笔谈”，并说他已经在《少年中国》上读过田汉的诗作，自己很欣赏他的诗，“要他才配做‘我国新文化中的真诗人’呢！”

田汉接到宗白华的信，更是兴奋异常，他带着几分孩子般的天真，直接写信给沫若：

我真喜欢！我真幸福！我所交的朋友很多天真烂漫，思想优美，才华富丽的人。于今又得了一个相知恨晚‘东方未来的诗人郭沫若’！我如何不喜欢，如何不喜欢幸福呢！”

宗白华、郭沫若、田汉，一个在上海，一个在福冈，一个在东京，从来没有见过面。从这以后便你一封，我一封地通起信来。

从信里边，互相了解逐渐深入，原来他们有相同的遭遇，共同的理想和相近的生活环境。

当时，这三个年轻的朋友，都从封建家庭的束缚中挣脱出来，独立开拓自己的新生活。宗白华开始也学过医，后来改学德国文学，又研究哲学和美学，热心新诗创作。田汉从小喜欢戏剧、诗画，很有才气，外国文学的素养也很深厚。这些情况都和沫若有相同之处。

他们三个人对德国的大诗人、大作家歌德都有特殊的兴趣，简直可以说都是“歌德迷”。他们的思想感情和歌德息息相通。当时郭沫若已经翻译完歌德《浮士德》的片断，田汉也译过国外有关歌德的论著，宗白华正着手研究歌德的人生观和宇宙观。他们觉得三个人之间，真正是同心同德，同声相应，同气相求了。

他们之间书信频传，内容大体是以议论歌德为中心，范围相当广泛。诗歌、近代剧是共同感兴趣的题目；婚姻、恋爱问题也谈得很透彻；更深一层就涉及到人生观、宇宙观。他们把“最内在的思想”无拘无束、直言不讳地谈出来，自我解剖不加掩饰，这对以瞒和骗为传统的中国人来说，是很难达到的一种心态和境界。

1920 年 1 月 18 日郭沫若在给宗白华的信中说：

照这样看来，诗人内涵便生出人的问题

与艺的问题来。内容便是人的问题，形式便是艺的问题。归根结底我还是佩服你教我的两句话。你教我：一方面多与自然和哲理接近，以养成完满高尚的诗人人格；一方面多研究古昔天才诗中的自然音节，自然形式，以完满“诗的构造”。白华兄！你这两句话我真是铭肝刻骨的呢！……

·

可是，白华兄！我到底是个什么样的“人”，你恐怕还未十分知道呢。你说我有抒情的天才，我自己却是不得而知。可是我自己的人格，确是太坏透了。我觉得比高尔斯密（英国写感伤情调作品的作家）还堕落，比海涅（德国大诗人）还懊恼，比波特莱尔（法国象征派诗歌创始人）还颓废。我读你那“诗人人格”一句话的时候，我早已潸潸地流了些眼泪。

书信往来越多，了解越多，感情和友谊就越

加深厚了。

1920年3月末，田汉在春假期间，从东京到福冈，专程去看望郭沫若。

那时候正赶上沫若的第二个儿子博生出世刚满三天，家里没钱请佣人，一切杂活都由沫若亲手忙活。田汉进门时，沫若正在烧水，等着接生婆来给婴儿洗澡。因为有没曾见过面的知己来看他，他显得特别高兴。他一面招待客人，一面照料产妇，同时还要张罗烧饭做菜，忙个不停。

郭沫若想到在这样窘困的环境中招待自己的文友，觉得惭愧，忽然想起《陋室铭》中，刘禹锡的名句："山不在高，有仙则名；水不在深，有龙则灵。斯是陋室，唯吾德馨。"反而觉得有趣，不觉脱口说了一句："谈笑有鸿儒"来。

田汉当时似乎觉得这里烟火气太重，便戏谑地对了一句："往来有产婆"。

郭沫若觉出田汉对自己不够理解，但因为是志同道合的朋友，并不过分介意。

沫若用来招待客人的不过是白水煮豆腐、萝

卜清水汤和两片焦牛肉，未免显得寒酸了，但是他们谈话的内容却非常丰富，十分欢快融洽。

田汉到福冈的第三天，郭沫若陪他游览太宰府。正当春光明媚的天气，田野一片青翠，空气里弥漫着香味，鸟儿欢快地鸣叫着，又看不见它的影子。沫若诗兴大发，他对田汉说：“这是绝妙的诗料哇！比如说——

鸟儿！你在什么地方叫？
你是什么鸟儿？
你的歌声怎样地中听呀！
你唱得我的灵魂怎样地陶醉呀！

把这‘什么’‘怎样’等字样，加上一些想象，反正低回地发展下去，便会成为一首绝妙的好诗呀！”

田汉很赞成这种说法。他说：“这样便是实感，已经好了，不用再发展了。”

到了太宰府以后，只见一片碧绿春水在池中

荡漾，梅花虽然谢了大半，仍然现出片片红艳来。沫若和田汉带着微微醉意，模仿着德国魏玛那座歌德和席勒并肩站立的著名雕像，他们在这里拍下了一张同样姿势的照片。

田汉在福冈住了六天，临行之前，他把三位朋友的三地通信搜集起来，共有19封，编为一本通信集，名叫《三叶集》。

1920年5月，《三叶集》在上海亚东图书馆出版，乳黄色的封面上，印着几株三叶并生的小草，小草下面写着作者：田寿昌（田汉）、宗白华、郭沫若。

《三叶集》凝聚着三位年轻作者的友谊，也凝结着“五四”的新思想。这本书出版以后，在社会上掀起一股“三叶热”，持续了好几年。《三叶集》成为二十年代最为畅销的书籍之一。

作家故事文库

主编／新禾

副主编／霍红　高玉兰

瞿秋白的故事

（下）

陈洁／著

時代文藝出版社

作家故事文库·瞿秋白的故事

作　　者:新　禾　主编
责任编辑:姚家余
责任校对:王旭玮
装帧设计:章桂征
出　　版:时代文艺出版社
(长春市泰来街 1825 号　邮编:130062　电话:86012927)
发　　行:时代文艺出版社
印　　刷:三河市灵山装订厂
开　　本:787×1092 毫米　32 开
字　　数:154 千字
印　　张:70
版　　次:2011 年 5 月第 2 版
印　　次:2011 年 5 月第 2 版第 3 次印刷

书　　号:ISBN 978-7-5387-1075-5
定　　价:417.20 元(全 14 册)

同志·战友·妻子

1924年11月18日，瞿秋白第二次结婚，爱人是他的学生和战友杨之华。

杨之华又名小华、杏花，别名文君、文尹、杜宁，浙江肖山人。1900年生于肖山县坎山街三岔路。杨家曾经是当地首富，后虽家道衰落，但在乡里仍有地位。之华幼时聪敏好学，性格温柔，又有超群的美貌，家人亲友都宠爱地叫她“小猫姑娘”。但她却有个性：家中长辈一向重男轻女，不许女孩读书，她偏常躲在哥哥们的书房门外偷听塾师讲课；当时女子都缠足，之华就屡次反抗，终于使母亲让步；五四运动前后，她冲破封建藩篱，到杭州浙江女子师范学校求学；在校她接受新思想、新文化，毕业后回到家乡就剪掉长发，成为肖山地区第一个剪发女子；她还下水游泳，上街骑自行车；她与沈剑龙结婚去夫家时，只穿一套粉红色衣服，既不坐轿，也不带嫁妆，还不请酒设宴……，之华的这些“过格”的事情，轰动一时，传为奇闻。

婚后不久，她听说上海《星期评论》社要组织一批青年到苏俄学习，便赶到上海，结果没有去成，留在《星期评论》社工作。

1921年，参加沈玄庐、李成虎领导的农民运动，并加入了社会主义青年团。

这一时期，妇女解放问题引起了杨之华的重视，从1922年7月到11月，她先后在上海《民国日报》副刊《妇女评论》上发表了《社交和恋爱》、《对于“争论‘社交和恋爱’”的争论》、《离婚问题的我见》、《谈女子职业》等文章，提出了许多精辟的见解，喊出了千万妇女要求自由解放的心声。她写道：

男女社交在社会上自然是很重要的问题。自五四运动以来，提倡公开的人也很多，可是终不易实行。……依我个人想起来，是因社交男女自己造成的障碍。一面说要社交公开，一面又做得不要社会公开。自相矛盾，自己搬了石堆，充塞了自己行进的路。

1923 年底，杨之华考入上海大学社会学系。她学习刻苦，追求真理，并积极参加社会活动。她是上大学生会负责人之一，同时参加工人运动和妇女运动。国共合作中，她被派往国民党上海执行部青年妇女工作部工作。在那里，她认识了向警予。向警予任该部助理，杨之华协助她工作。

杨之华最初认识瞿秋白，仅仅是在课堂上。平时，瞿秋白严肃沉静，不苟言笑。因此，有人说他骄傲、冷酷。

有一天，苏联顾问鲍罗廷夫妇来了解上海妇女运动情况。向警予因事离沪，上大团支部通知杨之华到鲍罗廷那里去汇报。

她到了那里时，意外地遇见了瞿秋白，原来忐忑不安的心情顿时平静下来。瞿秋白担任他们的翻译，在他的帮助下，她顺利地完成汇报任务。从这次工作接触后，杨之华觉得瞿秋白很诚恳，很愿意帮助别人。他不但不骄傲，而是很谦虚；不但不冷酷，而是很热情。不过，他的热情不是浮在表面，而是蕴藏在心里。

不久，在向警予和瞿秋白的帮助下，杨之华加入中国共产党，她的入党介绍人就是瞿秋白。

杨之华的婚姻是父母包办的。结婚时，沈剑龙还在学校念书。表面看，沈剑龙俊俏聪明，但实际上是一个贪图色欲，腐化堕落的花花公子，就连他父亲沈玄庐也不满意这个放荡的儿子。杨之华去上海大学读书期间，沈剑龙生活更加糜烂，还染上吸鸦片的恶习，在家乡愈发闹得不成样子。杨之华给他写的大量信件，他连看也不看。气得沈父把这些信寄回给杨之华，说他儿子根本没看。不同的选择，使这对夫妻分歧越来越大，最后到了不得不分离的地步。杨之华把女儿的名字改为独伊，意思是只生这一个，以此表明她对沈剑龙的怨恨和决裂。杨之华要求和沈剑龙离婚，得到了沈玄庐的支持。

瞿秋白的妻子王剑虹于 1924 年 7 月病逝，一直沉浸在痛苦之中。瞿秋白与杨之华由于理想、抱负一致，在经常接触中很快便产生了感情。

1924 年秋，瞿秋白与杨之华到肖山杨家，他的文质彬彬，说话斯文，和气礼貌，给杨家兄姐留下很深印象。他们到家后，立即派人把沈剑龙请来，三个人关在房间里谈了差不多一整夜。临别时，三人说话都心平气和，十分冷静，杨之华与沈剑龙离婚和瞿秋白结婚的事达成协议。

秋白与之华回上海后不久，在邵力子主办的《民国日报》上登出两条启事，一条是杨之华与沈剑龙的离婚启事，一条是瞿秋白与杨之华的结婚启事。

他们选在 11 月 7 日，俄国十月革命纪念日那天，举行结婚典礼。之华的父母认为这是丢了杨家的面子，没有到场。

秋白与之华的超乎寻常的结合，引起了一些人，包括自己同志的不理解，甚至于非议。

瞿秋白的心情很苦恼。他写了十几封信，寄给在北京的丁玲，几乎每一封信都责骂自己，说他对不起王剑虹，还说，什么人都不配批评他，只有天上的梦可（王剑虹）才有资格批评他。

杨之华离开沈剑龙后，沈家从此不许她再来见女儿独伊。杨之华思女儿心切，渴望一见。瞿秋白非常理解她，热情地给予安慰，并于1925年初帮她抽空回乡探望。她避开公婆，偷偷地看了一面，又匆匆而别。

回到上海，之华仍对女儿思念不已。瞿秋白想尽一切办法为她解忧。他讲《安娜·卡列尼娜》故事给她听，他说：“你过去在婚烟上所遭遇的不幸，一时不能见到孩子，这一点和安娜·卡列尼娜相同，旧的社会制度窒息了多少人们的心灵啊！但是你处的时代和安娜·卡列尼娜的时代完全不同了。你一定会得到你的幸福，你一定能够看到你的孩子，也一定能够和你的孩子在一起生活。”

他还写了一首长诗给杨之华，诅咒黑暗的旧社会，但孩子将有光明的前途，他会爱护她，培养她，教育她，使她成为对社会有贡献的人。

不久，杨之华征得瞿秋白的同意，他们一起回到肖山家中。在母亲那里，他们决定派人去把孩子从沈家偷出来，抱回上海。

那天，他俩站在山上，一会儿看到孩子出来，杨之华急忙跑下山冈，刚刚把她抱在怀里，就被追赶来的两个彪形大汉把孩子夺去了。孩子蹬着两只小腿，双手挣扎着，拼命地哭喊着："妈！妈！我要妈妈！……"杨之华的心都碎了，忍不住地大哭起来。她和瞿秋白沿着沙沿儿，冷清凄凉地走着。两人都默默无语，之华第一次看见瞿秋白流下了眼泪。……

后来，之华的母亲，设法接独伊到外婆家玩，然后把她送到了上海。母女终于团聚。

瞿秋白被帝国主义租界当局通缉后，便转入地下活动，把更多的精力放到党的工作上来。他先隐居在北四川路兴业里一号孙家三层楼的阁楼上，杨之华负责与他联系。

不久，他们迁到宝山路顺泰里十二号一间窄小的房间，除床、桌、椅外，就只有很小的一块空地了。瞿秋白经常在这小块空地上绕着圈子踱步，或坐在椅子上吸烟。他不时拿起笔来，出神地咬着笔端，苦苦思索，打着腹稿，然后落笔，一气呵成，把文章写好，常常一个通宵就这样过去了。

孙中山北上，向全国倡议召开国民会议，以抵制军阀专制统治。

杨之华积极参加上海国民会议促进会活动，在讨论会纲会章时，她慷慨陈词，大声疾呼妇女解放，将争取女权问题列入纲领。

12 月 8 日，上海女界国民会议促进会成立，向警予、刘清扬、杨之华等十八人当选为委员。

孙中山路过上海，各界在环龙路举行盛大欢迎会，杨之华代表女界发表了演说，赞颂孙中山的三大政策。

1924 年冬，杨之华经常穿着女工的衣服和布鞋，深入到工人夜校和女工多的厂区活动。她几乎走遍了杨树浦大大小小的工厂，和工人谈心，关心他们的痛苦，动员他们学文化，和广大女工建立了深厚的感情。

她的工作，得到秋白的支持和鼓励。他很关心工人夜校，常常要杨之华向他报告夜校工作的情况以及工人们提出的问题。他虽然工作繁忙，也抽出时间帮助她选择书籍，收集资料，教她有系统有计划地编写教材，解答工人提出的问题。

1925 年 2 月，杨之华与李立三、邓中夏等领导发动了著名的二月罢工和“五卅运动”，并化装成家庭妇女参于营救邓中夏工作。

6 月 4 日，《热血日报》正式出版，前几期的报头题字，是瞿秋白题写的。

这时瞿秋白仍处于地下状态，他秘密往来于中央机关、编辑部和寓所之间。报社房间狭小，陈设简单，灯光昏暗。瞿秋白带着病，和其他同志围坐在一张白木桌子四周，挥汗工作。他非常喜欢和重视报刊工作。对杨之华说：“这样工作比在大学讲台上讲课更有效得多。”他还说：“报纸宣传工作和打仗一样，必须做到知己知彼，每天了解敌友我的动态和思想。”

杨之华每天穿着工人服装到浦东区组织工人，进行斗争。她已善于采取各种方法逃避敌人侦察。她经常约女工在玉佛寺、财神庙门前，装成香客，坐在庙门两旁的石凳上接头谈话。她还认识了几个尼姑。同志们风趣地说她做“善男信女”了。她白天了解了大量的情况，晚上瞿秋白总是很有兴趣地听她汇报，从中了解工人们的思想情绪。

瞿秋白有时也化装深入工人居住区，直接倾听他们的意见和要求。

有一次，他到闸北一个工人居住区，看到一个工人正在看《商报》，就和他聊起来。

工人说：“这种报纸不为工人说话，尽是向着外国人和资本家，我文化低又看不大懂。唉，啥时候有为工人说话又能看得懂的自家报纸就好喽！”

瞿秋白非常重视工人的意见，《热血日报》组织了群众通讯员，经常刊登工人，学生，店员，海员的来稿来信。编辑修改文稿时，他十分注意文字的通俗化，尽可能使用方言、口语，文字篇幅力求简短。《热血日报》刊登不少用民间形式，如五更调、十二月花名，泗州调、京调，无锡景调等写的通俗歌谣，很受工人读者和市民群众的欢迎。

1926 年 1 月 21 日至 24 日，瞿秋白抱病在北京出席了中共中央特别会议。回到上海后，由于极度劳累，原来的肺病加重了。他严重失眠，有时睡一会儿，又从梦中惊醒，甚至滚下床来。之华再三劝说，他仍然坚持工作，以至病重吐血。中央了解到他的病情严重，决定他停止工作，入院疗养。

为了他的安全，组织上特地请来一位可靠的医生，并通过这医生在白克路宝隆医院定下一个单人病房。住单人病房费用很高，中央几位同志凑了一笔钱，付了住院费。

安排妥当后，中央委托杨之华传达中央的决定：强制瞿秋白住院治疗。

杨之华把中央决定和安排告诉了他，同时给他一个体温表试他的体温。他沉默了一会儿，拿起体温表看，水银柱还是升得那么高。他带着微笑，缓缓地说："这样也好，给我安排一个安静的环境，我可以完成一个心愿了。"

他说的这个心愿，就是长期以来，他一直想写而未能动笔的《俄国革命运动史略论》。他把需要的材料和平日用惯的文具放在一只小提箱里，带到医院。

之华劝他要安心养病。他总是笑着说："两不耽误，而且还会好得快呢！"

入院后，他每天开一张参考书单，请几乎每天来医院看他的之华按照书单，到四马路书店、书摊和图书馆去找书。当他得到那些书时，就像得到了宝贝似的高兴，迅速翻阅。

在开头的两个星期，他还听从医生的嘱咐，躺在床上读书。第三个星期后，就索性坐在椅上，伏案写作了。他把写作计划给杨之华看，对她说："中国共产党员，连我自己在内，都需要认真地多读一些马克思列宁主义的著作，帮助我们研究和解决中国当前革命中的问题。"

他计划把俄国革命史写成四个部分：俄国资产阶级革命与农民问题；俄国无产阶级斗争与共产党；自二月革命至十月革命；苏维埃及社会主义建设。他打算在最短期间完成这个计划。

杨之华望着秋白兴奋的脸，劝道："还是先把病治好，出院后再完成书稿不一样吗？"

"不，不一样的。"秋白说："我编写这部书，是希望有助于提高党内干部的理论和政治水平，有助于正确解决党内对中国革命问题的争论；特别在五卅以后，正确地领导农民运动和解决土地问题，更是当务之急，所以我先编写这一部分，没有时间等了呀！”

杨之华知道再劝也没用，另外见他的病情似乎有些好转，也只好由他。

他写稿很快，杨之华每次去医院，都带回一份复写的文稿回家。有一次他开玩笑似地说：“这是医治我们营养缺乏症的药品呀！”

几万字的《俄国资产阶级革命与农民问题》一书，经过两三个星期，便大体完成了。

出院以后，他陆续挤出一些时间，终于写完这本书，并在1927年6月在武汉出版。而《俄国革命运动史略论》的其余部分，终因他的工作日益繁重，没有能够完成，这实在是一件令人遗憾的事情。

……

“一切为革命的胜利”

随着革命的深入，武汉国民政府同蒋介石在南京建立的反革命政权，形成了尖锐的对立。

武汉政府管辖的湘鄂赣三省的群众革命运动，还在继续高涨。1927 年 4 月中旬，掀起了声势浩大的讨蒋运动。工人阶级收回汉口、九江英租界后，工会组织迅猛发展，武汉工人已建立起一支拥有五千人，三千支枪的工人纠察队。农民运动从减租减息，发展到摧毁地主政权和解决土地问题的阶段，两湖地区普遍建立了农民武装。

但是，武汉政府处于帝国主义和各派军阀包围之中，经济、财政面临严重危机。除了进行内部的斗争外，必须设法打出去，发展革命势力，才能巩固自己的地位。

当时，关于武汉政府的战略方针问题，意见极不统一。

瞿秋白早在4月初，就与吴玉章等提出，把第四军调到南京，以呼应上海的革命势力，监督蒋介石的行动。因鲍罗廷反对，而未能实现。

4月16日，周恩来、赵世炎、罗亦农、陈延年、李立三等从上海致电中共中央，建议迅速出师东征讨伐蒋介石；与此同时，瞿秋白又提出先打南京的蒋介石，然后北伐张作霖的建议。但是，共产国际和斯大林主张直接由武汉出师河南进行北伐。鲍罗廷主张北伐到西北去，打通国际（中苏之间）路线；罗易则着眼于布置巩固武汉政府的防线。中共中央内部，陈独秀、彭述之、张太雷等赞成鲍罗廷直接北伐的主张。蔡和森主张在立即实行土地革命条件下进行北伐。张国焘、谭平山则主张南征。凡此种种。最后，北伐主张占了上风。

4月18日，经国共两党联席会议决定，以唐生智为总指挥，率军出师北伐。

武汉政府的正确战略，应是周恩来、瞿秋白建议的东征讨蒋，而不是北伐。东征讨蒋之策未被采纳，危害甚大，它使蒋免除西顾之忧，集中兵力进攻江北，占领徐州，解除北面威胁；巩固了南京政权。而南京蒋政权巩固，进一步加紧对武汉的经济封锁，打击和破坏武汉政权，策动军事叛乱，促使汪精卫由动摇走向反动，并影响和拉拢冯玉祥，最终造成蒋汪冯合流，一齐扑灭革命力量。

这时，瞿秋白同陈独秀、彭述之的分歧和争论，逐渐表面化。

为了有准备地进行这场不可避免的争论，从2月开始，瞿秋白带病整理了他从1923年到1926年间所写的政治理论文章，和一部分文艺杂著，共约130篇，编成《瞿秋白论文集》。这是对四年来理论工作的自我回顾。

在这基础上，瞿秋白开始撰写批评陈独秀、彭述之右倾错误的小册子《中国革命之争论问题》，全文约七万六千字，然后携往武汉，油印成册，准备提交中共第五次全国代表大会讨论。

1927年3月以后，中共中央委员们陆续集中于武汉，留在上海的只有陈独秀与彭述之了。

4月2日，共产国际代表罗易从广州到达武汉。彭述之、蔡和森也先后到达。

从4月4日到20日，在武汉连续召开了共产国际代表、中共中央委员和湖北区委的联席会议。

会议决定成立一个常务委员会，当即选举瞿秋白、谭平山、张国焘为常务委员。决定电催陈独秀速来武汉，并把中央迁往武汉。

同时，会议决定成立三个委员会，为第五次代表大会准备文件，并通过了各委员会的主持人：农民土地问题委员会瞿秋白、毛泽东，职工运动委员会李立三，组织委员会张国焘。

这时，在上海的陈独秀，居然于4月5日同从国外返抵上海的汪精卫发表了联合宣言，为蒋介石涂脂抹粉，帮助蒋介石解除了共产党和革命群众的思想武装。当陈独秀从上海来武汉之前的4月12日，蒋介石终于向共产党人和革命群众开刀了。

上海的“四·一二”大屠杀后的一天，瞿秋白在有罗易、维金斯基、张国焘参加的座谈会上，以愤怒的语气，指出中共中央存在着严重的危机！他说："武汉的共产党人和革命群众积极反蒋，中央却对蒋介石抱有幻想，结果招致'四·一二'的严重打击；广东的党组织早已主张土地革命，中央也不赞成，这些都是丧失中央领导威信的严重危机。但是这种危机却被人（指维金斯基）掩盖了，远在莫斯科的共产国际因而无法知道详情，也压制了党内的自我批评。"

瞿秋白的这些话，主要是针对陈独秀、彭述之而言，也联带指责了共产国际代表之一的维金斯基。在党内，以瞿秋白为代表的一大批同志，开始认识到中央领导上的右倾错误，并开始要求改变右倾错误路线的指导。

4月中旬，陈独秀抵达汉口。下旬，中央召开预备会议，就第五次代表大会日程、报告和会务机构等进行讨论。在讨论党的工作总结时，对中山舰事件、上海工人武装起义、"四·一二"事变等重大事件中党的指导方针，发生了争论。

陈独秀为自己的错误辩护，并盛气凌人地训斥别人。在素以家长自居的陈独秀看来，党内和他能够并驾齐驱的人，只有李大钊够资格，其余的在中央领导层的人，不过是他的学生、翻译和顾问，根本不在他的眼里。陈独秀的得力助手彭述之，处处维护陈独秀的家长之尊，同时紧紧抓住陈独秀，挟陈以自重。动不动就说："老先生的意见和我的一样。"在他看来，中国共产党的领袖除了陈独秀，非他莫属。因此，在党中央领导层中，与右倾错误进行斗争，并非是轻而易举的事。

预备会议没有结果，瞿秋白心情很沉重。他预感到问题不易解决，但他下定决心，一定把这场斗争坚持到底。他通过《中国革命之争论问题》，庄严地宣告：

> 我将我对于党的意见，亦许是大家不能和我一致的，完完全全地说出来。我肯定地说：我们的党是有病。凡是有病的人，如果讳疾忌医，非死不可。而我们党的第一种病，便是讳疾忌医。

斩首是中国皇帝的东方文化，是中国的家常便饭。

但是我要做一个布尔塞维克，我将服从真正的列宁主义的纪律，我可不怕皇帝制度的斩首。我敢说：中国共产党内有派别，有机会主义。

如果再不明白公开的揭发出来，群众和革命要抛弃我们了。我们不能看党的面子，比革命还重。一切为革命的胜利！

瞿秋白抱定以大无畏的献身精神，去捍卫真理。……

1927年4月27日至5月9日，中国共产党第五次代表大会在武汉召开。

会议第一天在武昌小学举行开幕仪式。党为了慎重起见，第二天移至汉口华界一小街上的黄陂会馆，会馆大门即在戏楼后面，面对大院子，正厅三间架着门板的主席台，台后翻轩为休息讨论的地方，门外也没有红幅标识，代表出入凭口令。戏楼无凳子，旁听者都立着，院子里为代表席位，长靠椅大长凳。

主席台上悬挂着镰刀斧头的党旗。

在开幕式上，陈独秀担任会议主席。共产国际代表致祝词，徐谦代表国民党中央致祝词，国民党要人谭延闿、孙科等与会表示祝贺。汪精卫也专程到大会发表演说，受到热烈欢迎。出席大会的正式代表八十人，代表五万七千九百多名党员。这是自建党以来一次空前盛大的集会。

第五次代表大会的任务，是总结过去的工作，讨论革命的发展前途，确定党在最近时期的任务。

在第一天上午，陈独秀代表中央作了报告。报告回顾了1925年1月党的四大以来中国革命的发展进程，说明了党在各个时期的策略。陈独秀在说明中对以他为首的中共中央所犯的右倾错误，没有进行认真的检讨，对“四·一二”政变后中国革命中出现的严重危机，缺乏清醒认识。在长达五个小时的冗长报告中，陈独秀仍坚持右倾投降主义观点，没有自我批评的诚意，毫无承担责任的决心。整个报告更缺乏一种除旧布新、振奋前进的决心和信心，以致使听报告的代表们，都感到不满和压抑，有的在底下议论纷纷，反映很大。

会间休息时，罗亦农走到瞿秋白面前，叹息地说："糟糕!"表达了他的忧虑和愤慨。

瞿秋白默默地抽着烟沉思着。

第二天开会的时候，在每个代表座位上放着一本小册子——《中国革命中之争论问题》，扉页上印着副标题：《第三国际还是第零国际？——中国革命史中之孟塞维克主义》。

代表所看到这醒目而尖锐的标题，发出了会意的笑声、议论声，会场出现了活跃的气氛。

坐在杨之华身边的恽代英，戴着一副白丝边眼镜，一边笑，一边对杨之华说："这个标题写的好，写的尖锐。

问题也提的明确：中国革命么？谁革谁的命？谁能领导革命？如何去争领导权？领导的人怎样？

问得实在好!"

各小组代表，一边翻阅着小册子，一边结合陈独秀的报告，展开了激烈的讨论。

瞿秋白与张太雷、任弼时、彭述一为一组。他没有先发言，先听同志们怎么说。

张太雷发言时说："我们北伐军本来是几经激战，一路顺利，谁知蒋介石到达江苏后就与帝国主义互相勾结，狼狈为奸，马上在上海发动'四·一二'事变，把大批共产党人残酷屠杀，是持其军力和背景的支持，方敢如此，目下且有进逼武汉之势，大好形势，顿时恶化，蒋之所以敢如此，我们大家固有责任，但主要负责是我党领导者不得辞其咎。"

彭述之反驳道："蒋介石事变，应与我党一贯政策分开，国共合作是我党一贯正确的政策，这个政策，为国际所指示，大家所公认，无可厚非。请问没有合作，哪有北伐的胜利？"

张太雷辩道："合作固然必要，但合作又应与政策分开，不能因为合作，就把党的政策右倾，如不要搞农民运动，农民运动过火，工人不准武装，一切迁就国民党以图合法生存等等，请问这还有什么共产党？还有什么无产阶级？……

接下来，瞿秋白也投入了这场辩论，他以尖锐泼辣、旗帜解明而又有说服力的语言和论据对彭述之主义，即陈独秀主义展开剖析和批判，有力地捍卫了马克思列宁主义的基本原理，也捍卫了中国的大革命运动。

瞿秋白小册子所提的主张，表达了中国共产党人坚持马列主义的意愿和反机会主义的呼声，在会上起到了举足轻重的指航作用。得到与会代表大多数的赞同。

最后，大会所通过的决论，一般地批评了陈独秀的右倾错误。

否定了“向西北去”的错误主张，通过了一些与陈独秀右倾主张极对立的决议案，但是很不彻底，因此实际上没有解决任何问题。

陈独秀本人仍被选为中央委员，并在五届一中全会上当选为中央政治局委员、常委和中央委员会总书记。

他在党内的权威的影响，似乎仍然起一定的作用。

当然，起决定作用的，并不是陈独秀本人的权威，因为还有比他更大更有势派的权威。

……

但瞿秋白并没有放弃“一个布尔塞维克”的责任，“为了革命的胜利”，他将继续斗争下去！

力挽狂澜

1927年5月13日，驻防武汉上游宜昌的独立第十四师师长夏斗寅，经蒋介石策动，通电联蒋反共，率部东下。17日占领汀泗桥，19日进至武昌附近，武汉大震，叶挺奉命率军与夏部激战，终于攻占了汀泗桥，解除武昌之围。

18日那天，在叶部已开赴前线而又胜负未卜之时，人心惶惶。当天晚上，沈雁冰为打听前线消息，去找政治局常务委员会委员瞿秋白。

那时已过后半夜了，见秋白正与陈公博对饮。他们也在等叶挺的消息，但陈公博是借酒浇愁，而瞿秋白则沉着肃穆。秋白坚信叶挺出师必胜，但也考虑到，如果相持的日子多了，武汉不能无军队防守，也考虑是否从河南抽调第四军回来。一直等到天亮，胜利的消息终于来了，大家才松口气。

夏斗寅叛变刚刚被击溃，5月21日又发生马日事变，驻长沙的第三十五军三十三团团长许克祥在长沙进行血腥的屠杀，摧残革命运动。5月24日，江西省长朱培德下令将在江西和第五军中的共产党员“遣送出境”，停止全省工农运动。湘鄂赣三省的大土豪劣绅乘机向革命群众疯狂反扑。

形势的逆转，仍然无法使陈独秀清醒，他依旧对汪精卫、冯玉祥、唐生智抱有极大的幻想，处处退让妥协，企图拉住国民党。早已把“五大”的决议抛到脑后去了。

瞿秋白眼见这种情形，心急如焚，便找到共产国际代表鲍罗廷说：“空谈误事，赤手空拳更误事，没有武装，便处处被动，应该总结三次上海武装暴动的经验教训，组织更大规模的行动。……”

鲍罗廷说：“其实这正是斯大林的意思，苏联的经验正在于此。”说到这，略停一下又说：“当然，像你所说，照搬也是不行的。”

“好，那就着手促成这件事！”秋白坚决地表示。

5月底的一天，晚饭后，瞿秋白和中宣部的羊牧之同车来到汉口旧德租界西门子洋行原址鲍公馆开会，所谓鲍公馆就是鲍罗廷住宅。

他们一上楼，只见外间摆着长桌，桌上还有牛奶瓶，有杯，来客可以自己倒着喝。

走进内室，在前半间，四周摆着椅子，也没有会议桌。这是一个秘密会议。

窗帘放下，室内黑得有些昏暗。早有几个共产国际的代表在那里，如印度的罗易、法国的白理安等。中共中央的没有几个。张太雷以鲍罗廷的翻译身份，自然早已在场，后来张国焘等也来了。陈独秀因鲍罗廷没有通知他，所以没来。还有一个鲍罗廷的女打字员，总共不过十多人。

会议未开始前，有几个中国同志向罗易开玩笑地喊他“阿三”，大概是印度阿三吧！他也跟着笑。

对于这个罗易，瞿秋白对他的印象很不好。他这个人，看起来似乎很有一套革命的理论，摆一副左的架势，其实只知道背诵一些现成的教条，指手划脚。

瞿秋白曾说："罗易的根本缺点，便是要进攻而不知道如何进攻的方法。"特别是"五大"会上，罗易竟以共产国际的名义声明："中国的劳动群众是英勇的斗争，因此，中国不会有孟什维克主义。"这无疑是给陈独秀、彭述之的右倾错误作掩饰。对于这种种态度和作法，瞿秋白极端地反感。

后来，鲍罗廷出来了，瞿秋白便宣布开会。

鲍罗廷，长长的个子，八字胡须，坐在高靠背椅子上，两手置膝，态度严肃，操一口英语，说话时缓慢沉着，刚毅有力。

他发言后，由张太雷译为中国话，中共同志发言后，太雷再译为英语。他所说的外语非常流利，令人惊奇。

鲍罗廷的话，中心意思，说他是奉斯大林的指示召开的这次会议，他分析了中国革命的形势，已到了极危险的地步，和中国共产党目前亟应改正的措施，并传达了共产国际的几点意见。他大约讲了一个多小时，主要精神是建议中国共产党要赶快武装工农，建立部队，到处暴动，扩大基地，夺取城镇。他还说塞北一带可以建立赤色马队。

张太雷翻译到这里时，句句铿锵有力，有时还重复一遍，以表示他对中国革命目前虽然遭受挫折，但前途是乐观的。只要中国共产党遵照国际的精神，认识错误，努力改进，赶快去干。

后来中共同志讨论时，在全部接受与否上，议论纷纷，但张太雷站在瞿秋白一边，坚决支持秋白接受第三国际这一武装工农建立部队的建议。太雷说："血的教训已无情地告诉我们，靠国民党军队，我们革命不会革掉敌人的命，只会革掉自己的命。"

张太雷是瞿秋白在常州府中学堂的同学、好友，又是瞿秋白的入党介绍人。他当时也和瞿秋白一样，中学未毕业，考北大因经济负累太重，而到天津北洋大学法政班学习。毕业便参加五四运动，最早参加社会主义青年团，中国共产党成立时的最初党员。曾被派赴莫斯科出席共产国际的第三次大会。1925 年初，被选为中国共产党第四次大会的中央候补委员，同时被任为中国共产主义青年团中央委员会书记。1925 年调往广州，与陈延年共同工作，担任《人民周刊》的编辑，同时帮助鲍罗廷。中国共产党的第五次大会时，他被选为中央委员，并担任湖北省委书记，同时兼鲍罗廷的翻译工作。

张太雷对于陈独秀、彭述之的右倾主义深恶痛绝，在“五大”会议上，他针锋相对，旗帜鲜明地与彭述之展开辩论。他对瞿秋白发动暴动，建立军队的主张极力支持，因此这次秘密会议，他通过翻译很好地表达了共产国际与瞿秋白的战略意图。

可惜的是，还是那个罗易，他一心想挟持汪精卫以改组武汉国民党的军队来建立军队，对汪抱有极大幻想，竟在密秘会议的第二天（6 月 1 日）将共产国际的秘密训令（“几点意见”）拿给汪精卫看。这个训令，便成了汪进行反共的一个主要借口。

6 月 5 日，汪精卫解除鲍罗廷的国民政府顾问职务。

6 月 10 日，汪精卫、顾孟余、孙科等与冯玉祥举行郑州会议，酝酿了武汉的“分共”和蒋汪的合流。

为了讨好汪精卫，陈独秀仍然以压制工农运动，屈从汪精卫为工作指导方针。6 月 30 日，中共中央在武昌举行扩大会议，陈独秀在报告中坚持退让方针，仍旧寻求方法与汪精卫集团合作下去。

中央委员恽代英拍案而起，质问陈独秀："怎么搞的嘛？现在中央好奇怪，我听说秋白同志到处作报告是'进攻''进攻'，现在中央又决定'退让''退让'，中央内部是否有不一致？"

瞿秋白也当场批评陈独秀背离"五大"精神。

共青团中央书记任弼时发言反对陈独秀扣压共产国际紧急指示，并宣读共青中央关于实行土地革命的宣言，这时陈独秀家长作风大发作，竟上前一把夺过宣言稿，甩在脚下践踏。整个会场与会代表被这粗暴的举动，弄得目瞪口呆，面面相觑。

这次会议在这种不民主的情况下，通过了由陈独秀起草的关于国共合作问题的十一条政纲，这是一个集右倾机会主义大成的投降纲领。

7 月 4 日，中共中央举行常委扩大会议，讨论农村革命力量出路问题。陈独秀认为当兵最好，毛泽东、蔡和森则主张上山，造成军事势力的基础。但是，会议的参加者在讨论对付湖南何健反共事变方针时，仍然一致坚持联唐反蒋的政策。

然而，种种退让，都不能拉住汪精卫，而是更加助长了汪集团的叛变活动。

7月14日晚，汪精卫召开秘密会议，确定了“分共”的计划，15日召集“分共会议”，正式宣布和共产党决裂，公开叛变了革命。26日，免去各机关中共党员职务。不久，就在武汉地区疯狂地进行大屠杀。中国第一次大革命就这样失败了。

大革命失败了，国民党堕落了，但革命还要继续下去。领导革命的重任，落在中国共产党人的身上了。

1927年7月10日前后，共产国际指令改组中共中央的领导，组成临时中央政治局常委会，停止了陈独秀、彭述之等人在中央的领导工作。常委会由张国焘、周恩来、张太雷、李维汉、李立三组成，后来又加入瞿秋白。

最初为什么常委没有瞿秋白呢？这是一个令人费解的问题。原来，鲍罗廷在传达共产国际改组中共中央领导指示时，曾提议让陈独秀、谭平山去莫斯科；

瞿秋白、蔡和森赴海参崴办党报。这个提议虽未付诸实行，但却使瞿秋白晚些时间进入常委会。

7月13日，瞿秋白与鲍罗廷秘密离开武汉，前往庐山，商讨中共中央的领导改组和计划武装暴动等问题。

中共中央重视张发奎所部，因为在宁汉粤的国民党军队相继反共后，唯独第二方面军总指挥张发奎与共产党的关系比较缓和，没有明显的“清共”表示，叶挺等共产党人仍在其军队中进行活动。7月中旬，趁张部扩编机会，部分工人纠察队骨干编入了该部。

同时，瞿秋白、张国焘和周恩来一起酝酿，明确提出动员叶挺、贺龙所部举行起义。

恰在这时，事态突变。原来中央想利用张发奎部回师广东之机，在广东发动武装起义。但当四军、十一军开至马回岭、涂家埠一带，二十军开至九江时，张发奎已日益表现右倾，并暗中布置“清共”。驻江西的第五方面军总指挥朱培德所部三、六、九军近三万人，进驻樟树、临川、九江一带，有包围第二方面军的态势。这样，奉命赴九江策动张等相机起义的李立三、谭平山、邓中夏等，在抵达九江，了解事态的变化后，便在20日由谭平山召集谈话会，商讨对策。李立三、邓中夏、恽代英、聂荣臻、叶挺参加了会议。

与会者一致认为：回师广东起义已不可能，应该抛弃依张之策，建议中央在南昌实行独立的军事行动。21日，李立三、邓中夏赶赴庐山向瞿秋白汇报。

瞿秋白住在英国人开的一家饭店——仙岩客寓里，因林伯渠的叔叔是这家饭店的厨师，比较安全。汇报会议就是在厨房里开的。

参加会议的有瞿秋白、鲍罗廷、张太雷、李立三、邓中夏等。瞿秋白听了汇报，即刻表示完全赞同九江会议关于在南昌举行起义的建议。

九江会议的同志请瞿秋白回武汉，从速决策，周密计划起义事宜。

瞿秋白回到武汉，参加了7月25日召开的中央常委扩大会议。会议讨论并同意了瞿秋白带回的九江、庐山会议的关于在南昌举事的提案。为了做好起义的准备工作，瞿秋白建议组成前敌委员会，由周恩来、李立三、恽代英、彭湃四人组成，周恩来为书记，即赴南浔负责组织起义工作。

7月26日下午，中央常委再次举行会议，会议认为举行南昌起义是正确的，决定派张国焘前往南昌贯彻中央决定。张国焘此时还主张等待张发奎态度，必须联张动作。瞿秋白态度坚决地说："我主张贺叶独立行动，张发奎来与不来，听其自便。这也是中央定下了的。"

张国焘还是不愿意去南昌。秋白说："还是你去一趟罢，责任不单是送信，是要去看看情形，参与决定呢。"

张国焘到南昌，仍对张发奎抱幻想，阻挠起义，遭到周恩来、李立三、彭湃、恽代英、谭平山、叶挺等的一致反对。这是瞿秋白事先料到的，因此才敢于派他前去。

8月1日，南昌起义终于实现了！从此，中国共产党有了自己的武装力量。

紧接着，瞿秋白投入中央领导改组的紧张工作。

8月7日，由瞿秋白主持召开了中共中央紧急会议。在这次会议上。瞿秋白和陈独秀、张国焘作了激烈的争论。会议彻底批判了右倾机会主义，纠正了陈独秀的投降主义，并确定了土地革命和武装反抗国民党反革命统治的正确方针。会议发表了由瞿秋白起草的《中共八七会议告全党党员书》。同时，会上撤换了陈独秀领导，并一致选举瞿秋白为党中央书记。

八七会议是中国共产党在大革命失败后召开的一次十分重要的会议；是中国共产党历史上的一个重要转折点。

八七会议以坚定的革命方针，振奋的战斗精神，重新团聚了受到严重创伤而显得散乱的队伍，扭转党员、群众中弥漫的悲观主义情绪，从而拯救了党，拯救了革命。

蔡和森说："我们绝对不要忘记'八七'以后之伟大的效果。北方好些同志说：'假若新方针迟来一日，我们都散了。'

这不仅北方为然，全国莫不如此，尤其在两湖、上海及广东。

我们仗着新方针，不仅挽回了工农群众的恐慌和悲观，而且兴奋了广大范围内几百几千万的群众，继续不断的发展工农革命的高潮，一直向苏维埃政权走。

……我们在新方针之下不仅重新团结了党员群众，而且领导广大的工农群众到新的革命高潮上来，这是值得我们自夸的。”

严于解剖自我

1927年3月21日，上海工人阶级在周恩来、罗亦农、赵世炎等同志的领导下，举行了第三次武装起义，经过两天一夜的激战，终于解放了上海。可是，没多久，蒋介石在上海发动了血腥的“四·一二”反革命政变，赵世炎等许多同志英勇牺牲了。

其实，这是由于中共中央存在着严重危机，在共产党人和革命群众积极反蒋时，中央却对蒋介石抱有幻想，因而招致“四·一二”的严重打击，其错误根源在于陈独秀、彭述之的右倾机会主义。

但作为中央局（相当于中央常委会）的成员之一的瞿秋白，自感也有不可推卸的责任。

一天晚饭后，瞿秋白沉痛地对人说：“我们太幼稚了，这一着棋，输给了蒋介石。我们对不起上海工人阶级，我们对不起牺牲的同志，血的教训，太沉痛了！”

由于过分的激动引起了肺部的隐痛，他用手抚摸了几下胸部，又以低沉的声音继续说：“作为党中央常委的我，也有责任。我深感在第一线斗争的经验太少，单是读了几本马克思的书，干不好革命。”

1927 年，瞿秋白在中国革命的危急关头，亲自主持召开了党的“八七”会议，坚决地纠正和结束了陈独秀的右倾投降主义，确定了土地革命和武装反抗国民党反动派的总方针。

“八七”会议不仅解决了许多紧迫而关键的方向问题，而且树立了一种光明正大，实事求是的作风。会议批评了党内以陈独秀为代表的机会主义，并决定向全党公开这些错误，要求全党同志从中吸取经验教训。

瞿秋白代表大会指出：“我们胜过敌人的地方，正在于我们是最先进的阶级，无产阶级之先锋队，能够在自己错误经验里学习出来，绝无畏惧披露自己的错误，并且有力量来坚决的纠正。”

他还说：“如果共产主义者不能无所畏惧无所忌讳地批评党的错误、疏忽和缺点，那么共产主义也就完了。我们的党公开承认并纠正错误，不含混不隐瞒，这并不是示弱，而正是证明中国共产主义运动的力量。”

“八七”会议以后，瞿秋白负责中央工作，在兢兢业业地工作之余，还时常责备自己，“对一些问题，没有预见性。”

特别是，“八七”会议精神，通过各种秘密渠道迅速地传到了全党，从1927年秋冬到1928年初，各地党组织先后发动了武装起义，除了毛泽东在湖南发动的湘赣边界的秋收起义外，在湖北、江西、广东、江苏、河南、陕西等广大地区也都发动了武装暴动。有的地方在起义后，还打出了苏维埃的旗帜。这是正确的。党所领导的武装斗争挽救了中国革命，实现了中国共产党历史上第一次具有伟大意义的历史性转折。

但是，“八七”会议以来，党内“左”倾情绪继续增长，中央领导机关和某些地方党领导提出要煽动起“红色恐怖”、“大杀豪绅地主”等口号。上海也在实行红色恐怖，瞿秋白、李维汉到上海后，去看上海新任书记邓中夏，三个人都反对在城市实行红色恐怖，下令停止了这一行动。但是，在党内“左”倾情绪的不断发展，终于失去了控制。

这就是瞿秋白所说，是因缺乏预见性所导致的。

1927年11月1日，中央常委开会，瞿秋白、苏兆征、李维汉参加。主要讨论了中央紧急会议的准备工作问题。

对于当前形势，瞿秋白说：“中国革命潮流仍是高潮的。”李维汉说：“目前中国革命，客观条件可以综合各地的暴动发展成一个总的暴动。但党的力量不适应客观条件的需要。”接着，他提出：“这次紧急会议对于组织问题要下一决心，坚决地改造党，撤换一般知识分子的领导，提拔工农分子等。”

瞿秋白也说：“党的组织是一个非常严重的问题，一定要坚决地提拔工人阶级。”

这些意见显然是错误的，其中都有共产国际代表的影响。

11月9日至10日，在瞿秋的主持下，在上海召开了临时政治局扩大会议。

会议主要任务是要指出中国革命前途和任务、策略，加强党组织，整顿政治纪律。会议强调批评右倾机会主义和党内的悲观情绪，提出没收一切地主的土地，实行耕者有其田，主张发动农民，组织工农革命军，开展游击战争，建立农村革命根据地。这些无疑是正确的。

但是，这次会议发展了“八七”会议以来的“左”倾情绪，提出了错误的理论和策略，形成了“左”倾盲动错误，并在党中央领导机关取得了统治地位。

与此同时，瞿秋白还在党的刊物上发表了《中国革命是什么样的革命?》、《武装暴动的问题》、《中国革命中的无产阶级的新策略》等文章，宣传了错误的理论和政策。

在“左”倾错误方针的指导下，以瞿秋白为首的中共中央的主要工作都是围绕实现全国总暴动这个总的策略来进行的。

11月扩大会议后，中央于当月制订《中央工作计划》，积极推行盲动政策。先后布置了广州、上海、武汉、天津、长沙等大城市举行“总罢工”“总暴动”的计划。并在某些地区提出过左的政策和口号。

由于缺乏群众基础，组织不善，匆忙发动，特别由于敌我力量悬殊，这些暴动都失败了。

广州起义虽然取得胜利，占领了广州，建立了广州苏维埃政府，但是由于以城市为中心，共产国际代表纽曼力主起义后坚守广州，反对把起义队伍撤退到农村去，结果导致失败。

广州起义的领导者张太雷，12月12日晨参加广州市的群众大会后，乘车回到起义总部时，敌人已占据总部，乱枪向他的汽车射击。结果，张太雷身中三枪，最后一枪击中心窝，胸膛炸裂而死。

消息传来，瞿秋白怀着极大的悲痛，写下了《悼张太雷同志》一文，回顾了张大雷的革命生涯，痛切地写道：“如今他是死了！我们的党在白色恐怖之下已经牺牲了不少负责同志：李大钊、陈延年、赵世炎、王荷波……，如今张太雷同志又做了白色恐怖之下的牺牲了。张太雷同志死在几万暴动的广州工农兵群众与反革命军阀搏战之中，死在领导工农兵暴动的时候。他死时，觉着对于中国工农民众的努力和负责；他死时，还是希望自己的鲜血，将要是中国苏维埃革命胜利之渊泉!”

同时，瞿秋白还写了广州起义烈士的悼文《悼广州死难的五千七百工农兵士》。

广州起义的失败，使瞿秋白等中央领导人有所觉悟，停止了两湖年关总暴动，并在其他省的暴动的部署上，取消夺取大城市，而是采取分区割据，包围城市的战略。

瞿秋白总结自己所犯的错误时说：“我的毛病是与工农群众接触太少，没有第一线斗争经验，因此不能把马列主义运用到中国革命的实践中去。”

1927 年底浙江奉化也举行了农民暴动，结果遭到了失败。暴动领导人之一的浙江省委书记卓兰芳同志牺牲了，另一位领导人见到瞿秋白，讲了奉化暴动的情况。

瞿秋白听后，诚恳而痛心地说："这是典型的盲动主义，是错误的，我要负责。"

1931年1月7日，在王明集团的操纵下，于上海秘密召开了党的六届四中全会。有的代表在会前二十分钟接到通知，才知道是要开四中全会；有的来到会场还不知道要开什么会。会议从早上七时多开到晚上十时多。

会上，瞿秋白成了残酷斗争、无情打击的主要目标。王明一伙把瞿秋白排斥于中央领导机关之外，撤销党内外一切职务，只保留党籍。

王明写的《为中共进一步布尔什维克化而斗争》小册子，多处恶毒攻击瞿秋白。

在一次小组会上，瞿秋白对这种歪曲和诬蔑作平静地申述。但宗派主义分子竟粗暴而蛮横地吼道："像你这样的人，只有一棍子敲出党去！"并且重提他在"八七"会议以后所提的"左"倾盲动错误。

瞿秋白不但没有计较他们的态度，反而诚恳地再次检查和分析了自己的错误。

会后，一些同志为他抱不平，他却给同志们做工作说："要正确对待这样的事。"并说："我这样做，是希望大家对我过去的错误看得更加清楚，以便从中吸取历史教训。"

瞿秋白还按照中央的要求，在四中全会后向共产国际和中共中央写信，声明自己承担责任，接受"指斥"，说自己的错误是"非常严重的"，是"懦怯的腐朽的机会主义"。

瞿秋白在生命的最后时刻，狱中所写的《多余的话》，以关切党的事业，怀念同志战友的真挚感情，认真地总结了一生，严格地解剖自己。……

在《多余的话》中，瞿秋白清醒地认识到自己的世界观还没有脱净"没落的中国绅士阶级意识"即小资产阶级意识。他说："从我的一生，也许可以得到一个教训：要磨炼自己，要有非常巨大的毅力，去克服一切种种'异己的'意识以至最微细的'异己的'情感，然后才能从'异己的'阶级里完全跳出来，而在无产阶级的队伍里站稳自己的脚步。否则，不免是'捉住了老鸦在树上做窠'，不免是一出滑稽剧。"

对于他所犯的"左"倾盲动错误，他异常痛心，在《多余的话》中，反复地诚恳地进行自我批评：“……因为当时整个路线错误，所以不管主观上怎样了解盲动主义现象的不好，费力于枝枝节节的纠正，客观上却在领导着盲动主义的发展。”

在《多余的话》中，瞿秋白对自己给革命、给党造成的损失，由衷地感到深深地歉意。他承认“我的幼稚的理论之中包含着怎样混杂和小资产阶级机会主义的成分”；承认自己“一点没有真实的知识”；承认自己确是一个最儒怯的‘婆婆妈妈’的书生”。

瞿秋白就是这样把自己内心世界的一切和盘托出，严于解剖自己的人。

父女之情

杨之华的女儿独伊来到莫斯科后，送进了一家孤儿院。而瞿秋白、杨之华又因工作太忙，只有周末才有时间去看她。

这下独伊可真成了“独伊”啦。语言不通，七岁的小独伊整天不说话，只是躲在一边自己玩耍。有些顽皮的苏联男孩，看她是黑头发，便把她当作犹太人，歧视她。跟她抢东西，抢座位，说些不好听的话。

虽然孤儿院院长、一位老布尔什维克待她很好，处处照顾她，维护她，斥责那些无礼的小家伙，但她还是时刻都在想念爸爸和妈妈，成天不说一句话，有时偷偷抹眼泪。

只有看到爸爸妈妈的时候，小独伊才感到自己是最幸福的人，心想：你们还欺负我，我有爸爸和妈妈，你们有吗？哼！欢笑的小脸顿时绽出一朵花儿。

瞿秋白知道独伊爱吃牛奶渣，每到周末从共产国际机关下班回来路过商店时，总是买一些带到孤儿院去给女儿吃。

后来，瞿秋白发现女儿有些委屈，便和老院长商量，把她调到莫斯科国际幼儿园。幼儿园总比孤儿院要好的，特别对于独伊。

这幼儿园在离莫斯科较远的一个小城——伊凡城。瞿秋白夫妇依然每逢周末去看她。

他们在星期六晚上从莫斯科坐火车，星期日早晨抵达伊凡城，要坐整整一夜的火车，他们就睡在车上过夜。星期日的清晨，一家人见面，分外高兴，他们痛痛快快地玩上一整天！

早晨，瞿秋白夫妇走到幼儿园的时候，孩子们已排了队出来，唱歌欢迎同车来的各个孩子的父母，接着又表演节目给父母们看。父母带来的食物、玩具都放在一起，大家一起吃，一起玩。然后由父母分别带领自己的孩子出幼儿园，秋白和之华带着独伊到附近的森林中去。

这是他们最幸福、最愉快的一天，他们充分享受了天伦之乐。

在这一天中，秋白是高兴的，活泼的，使他忘却了工作的紧张与疲劳，他和孩子痛快地尽情地玩着。

夏天，他们拎着小筐在树林里采蘑菇，秋白还画图和折纸给孩子玩；冬天，地上铺满了厚厚的雪毯，秋白把孩子放在雪车里，他自己拉着雪车跑，故意把雪车拉得忽快忽慢，有时假装跑不动了，有时假装摔了一跤，用手蒙着脸哭了起来。这时候独伊就对之华叫起来："妈妈，我跌一跤不哭，你看好爸爸跌一跤就哭了。"秋白一听这话，放开了手，哈哈大笑。孩子被他这一逗，也拍手大笑。笑声震荡在天空中，似乎四周一切也都为他们的欢乐而喜气洋洋。

还有一次，秋白和之华来看独伊，带她到幼儿园旁边河里去撑木筏玩，秋白卷起裤管，露出了细瘦的小腿，独伊见了，拍手笑，还嚷着："爸爸的腿好瘦哟，好像我们幼儿园里的香肠。"这一句话，逗得他俩笑得前仰后合。差点把筏子弄翻了。

“坐好！不准笑了，开船喽——”秋白拉着船夫的嗓音，学着船夫的样子，叉着双腿，站在木筏上，拿着长杆用力地撑，独伊紧紧偎在妈妈的怀里，安稳地坐在木筏上。木筏顺流而下，微风轻轻地吹动着他们的衣服，发出呼啦呼啦的响声，忽然，秋白引吭高歌起来，接着，独伊和之华也应和着唱，快乐的歌声，在河上飞翔……

瞿秋白的两次爱情生活，都没有给他带来亲生子女。然而他不是那种只有狭隘的亲子血缘之爱的人，共产党人的博大胸怀，使他对一切新生代充满着爱。对于他所爱至深之人的女儿，他视同自己的一样，甚至超过了血缘之爱。他在之华和独伊或其他人面前，从不让人感到独伊不是他的亲生女儿。独伊也从来没有感到爸爸不是自己的亲爸爸，她从未失去秋白给她的慈父般的疼爱。

瞿秋白由于紧张的工作，肺病又加重了，经常失眠，有时从床上滚到地上，经常吐血，不得不到位于莫斯科南面数百英里的马林诺列宁疗养院去休养。他虽在病中，却更加关心独伊，常常写信给她。

独伊：

我画一个你，你在笑。为什么笑呢？

因为你想着：

你的好爸爸和姆妈两人生出来的。

（下面画着独伊牵着一只兔子）

小独伊：

你会写信了——我非常的高兴。

你不病，我欢喜了。我很念着你。我的病快好；过三个星期我要回莫斯科，那时要来看你，一定来看你。我的小独伊。再见，再见。

好爸爸

二月十四日

喜悦与关怀交织成的这封短信，饱含着多少温暖亲切的父女之情呵！

有时，瞿秋白把寄给女儿的信，附在好友曹靖华的信中，再由曹靖华加封转寄。那些信都是用俄文写的，俄文中间也偶尔夹杂着几个汉字。几乎封封信都叮咛独伊千万不要忘记汉语，要常常温习，好准备将来参加祖国革命工作。字里行间，流露着对祖国的挚爱，对女儿的亲情。

1929年3月15日，瞿秋白仍在列宁疗养院。俄罗斯的春天总是姗姗来迟的，但是春意已在林梢花草间，已在人们的心田里。瞿秋白想到了小独伊，她和与她同龄的小朋友们，不就是充满旺盛生命力和无限希望的蓓蕾吗！于是，他执笔写了一首诗，寄给女儿独伊：

小小的蓓蕾，
含孕着几多生命，
陈旧的死灰，
几乎不掩没光明。
看那沙场的血花灿烂，

经过风暴之后的再生。

谁道是无意中的赤化？

都是赤爱的新的结晶。

这一首小诗，内涵深刻，表现了革命者对所有孩子的美好的祝愿和浓厚的爱恋，其思想境界无比的高尚与纯洁。

独伊从国际幼儿园出来后便进入了森林学校。然而，这所学校是苏联政府为病弱儿童办的儿童学校。校中讲究卫生，规定无论男孩女孩一律要剃光头。按规定，独伊的头发自然也要剃光了。小独伊心里很不高兴，可又没办法，整天闷闷不乐的。

瞿秋白知道后，立即给独伊写了一封极有风趣的信，安慰女儿。

独伊：

我的好独伊。你的头发都剪了，都剃了吗？

哈哈，独伊成了小和尚了。

好爸爸的头发长长了，却不是大和

尚了。

你会不会写俄文信呢？

你要听先生的话，要听妈妈的话，要和同学要好，我喜欢你，乖乖的小独伊，小和尚。

好爸爸

独伊接到爸爸的来信，读着读着，咧嘴笑了，嘴里喃喃道：“爸爸不当大和尚了，我当小和尚……嘻嘻！”心想，小和尚又不我一个！剃光头，不生虱子，不长疮，干干净净，好清爽。从此，再也不愁眉苦脸了。

不久，瞿秋白又给女儿寄去一封短信，信的下面附了他滑雪的画。

对了，提起滑雪，还有段趣闻呢！瞿秋白所住的列宁疗养院，是个乡村疗养院，附近有青苍苍的寒林，厚厚的积雪铺满坡地，空气寒冷，但却非常清新。与瞿秋白同来休养的黄平，身强力壮而又喜欢运动。瞿秋白羡慕他那强健的身体，自己觉得惭愧，但很想锻炼一下，使自己也有那样好的体魄。黄平常去滑雪，于是瞿秋白也高兴地跟了去，同他一起练习滑雪。开始不行，不是左拐右拐不走正道，就是摔跟头，可练着练着也就顺溜了。手握撑杆，钻出稀疏的灌木丛，踏着滑雪板从坡顶往下滑。滑雪板在雪面上发出丝丝的声音，顺坡而下，轻快，平稳，犹如荡舟，又与荡舟不同，简直美极了。“我学会滑雪啦!”瞿秋白情不自禁地欢呼起来，于是乘兴给女儿写了这封信，还把自己滑雪的优美姿态画下来给女儿看。

独伊：

你为什么要哭？你看看好爸爸滑雪了！

好爸爸

秋白很了解女儿的心理，信中充满了慈父的热爱和关怀。看到爸爸一封封的来信，独伊感到无限的温暖，更加安心努力学习了。

重返文学园地

1931年春，瞿秋白由于在党的六届四中全会上遭到王明集团的突然袭击，从已经无法工作下去的领导岗位上下来，加上他久病未愈，经组织决定，将他与杨之华留在上海。

瞿秋白克制受打击的委屈心情，以安详、平静、潇洒和幽默的姿态，投身到醉心向往的文学园地中去。

他每天工作十六小时以上，把日程排得满满的。早晨，看报，剪材和摘录，上午写作，午后翻译或写作，晚上看书或写作，一直到深夜。他以旺盛的斗志和忘我的精神，日夜耕耘着。

4月里的一天下午，瞿秋白正在伏案写作，杨之华在看书。楼下传来开门声，他俩顿时警觉起来，倾耳细听下面的动静，先是房东太太的开门声，接着是一个女人的询问声："何先生在家吗？"跟着是房东太太不耐烦的回答："这里没有姓何的！"

杨之华听出是茅盾夫人孔德沚的声音，连忙扔下书推开门下楼，边跑边喊："有姓何的！"并对满脸狐疑的房东太太解释道："我娘家姓何，他们是我的朋友。"房东太太扫了客人一眼，回自己房间里去了。

孔德沚是和茅盾一起来的。杨之华请他们进房后，悄声告诉他们说："秋白又改名换姓了，不再姓何，改叫林复了。"

瞿秋白见到茅盾，非常高兴，老朋友终于又见面了。原来，去年8月，瞿秋白由莫斯科归来，听说茅盾已从日本回国，就用暗语写信给开明书店转茅盾，约他会面。瞿秋白改姓何，杨之华姓林，并留了地址。茅盾和孔德沚去看了他们。当时，瞿秋白向他们概括介绍了革命形势，询问了他在日本的情况，并表示支持他写小说。可从那以后，茅盾便与瞿秋白失掉联系，直到这月的下旬，才从沈泽民那里得知瞿秋白的近况和大西路两宜里这个新的秘密住址。

叙了家常之后，瞿秋白关切地问茅盾在写什么？茅盾回答说正在写长篇小说《子夜》，已经草成四章，并把这四章的情节讲给他听。

瞿秋白听后很感兴趣，又问了一下全书的情节。然后热情地鼓励道："这可是中国第一部表现社会的写实主义长篇小说啊，你快抓紧写，一定能成功。"

过了几天，茅盾带了《子夜》原稿与各章大纲，和孔德沚一起又来到瞿秋白家。

瞿秋白以浓厚的兴致同茅盾研究作品，交流心得。从下午一点直到晚上六点，瞿秋白一边手捧原稿精心地看着，一边说他对这几章及整个大纲的意见。他们谈得最多的是农民暴动的一章，也谈到后来的工人罢工。写农民暴动的一章没有提出土地革命。写工人运动，就大纲看，第三次罢工由赵伯韬挑动起来不合理，把工人的觉悟降低了。瞿秋白向茅盾详细地介绍了当时红军和各个苏区的发展情况，并解释党的政策的成败，建议他以此为根据来修改农民暴动一章，写好后面有关农村及工人罢工的情节。

天快黑了，杨之华请大家吃晚饭。瞿秋白和茅盾打算晚饭后，接着谈下去。不料，饭刚吃完，邮差送来一封信，拆来一看，信中说：

你们的母亲病得很厉害，快回去看看吧！

这是党的机关被破坏，此地危险，赶快转移的信号。

可是仓促间，往哪里转移呢？

茅盾夫妇当即邀瞿秋白夫妇到他家中去。

茅盾住在愚园路树德里一幢楼里的三层厢房内。茅盾对二房东说是亲戚来上海治疗，住不久就走。他让孩子睡在地铺上，把床让给瞿秋白夫妇睡。

瞿秋白在这里住了近两个星期，有了较充裕的时间，于是两个人就天天谈《子夜》，谈上海文艺界，谈“左联”的工作，总有说不完的话。

对于《子夜》，瞿秋白建议茅盾改变吴荪甫、赵伯韬两大集团最后握手言和的结局，改为一胜一败。

这样更能强烈地突出工业资本家斗不过金融买办资本家，中国民族工商业没有出路的现实特征。

瞿秋白对原稿看得特别细心。原稿写吴荪甫坐的是福特牌轿车，因这时上海通用福特车。瞿秋白认为象吴荪甫那样的大资本家应当坐更豪华的轿车，建议改为雪铁龙牌轿车。又说大资本家愤怒绝顶而又绝望时，就要破坏什么进而兽性发作。……

以上各点，茅盾都照改了。只是农民暴动和红军活动，由于作者缺少这方面的生活体验，无法照改。

《子夜》于1933年2月出版后，瞿秋白当即发表《子夜和国货年》，说《子夜》将使1933年载入中国现代文学史册，而国民党玩弄的“国货年”把戏，只能“做《子夜》的滑稽陪衬”。因为中国还在“子夜”中，在“暄红的朝日没有照遍全中国的时候，哪里会有真正的国货年”。

瞿秋白盛赞《子夜》“是中国第一部现实主义的成功的长篇小说”。“是中国文坛上的新的收获，这可说是值得夸耀的一件事。”

在与茅盾的交往过程中，瞿秋白不时问起鲁迅先生，他对这位比他年长二十岁的文坛巨斗，左联主将，早已十分敬佩，却一直未能见面。

茅盾说："待方便的时候，一定同他一起去拜访鲁迅。"

5 月初的一天，冯雪峰来到茅盾家，他是来给茅盾送几份刚出版的左联机关杂志《前哨》第一期的。瞿秋白很高兴地翻读着《前哨》，而对于其中鲁迅先生写的追悼被国民党反动派杀害的革命作家的文章《中国无产阶级革命文学和前驱的血》，竟赞不绝口地说："写得好，究竟是鲁迅！"同时，又对文中"战叫"这个用词提出异议，认为念起来是大家听不懂的。

这第一次见到瞿秋白的情景，给冯雪峰留下很深的印象。

过了几天，冯雪峰再次来到茅盾家，见秋白夫妇还在那里。他便与茅盾商量，为确保瞿秋白夫妇的安全，应该迁移一下住所。最初，他们打算把瞿秋白安排到北四川路鲁迅的寓所，但又觉得不是长久之计。后来，瞿秋白问冯雪峰有无商人之类的朋友或可靠的社会关系，因为他想找一个可以比较长时间居住的地方。并且说因身体不好，组织上要他休养，他很想借此休养的机会，翻译一些苏联的文学作品。

冯雪峰听了很高兴，便立即去和一个接近文学而同情革命的在钱庄做事的朋友谢澹如商量了，因为他的家虽在上海南市，不是租界，不利于革命者避居，但那是一所建筑不久的旧式的大楼房，他的亲戚和社会关系又都在商界，他的家属也很单纯，所以这是一个相当可保证的住处。

谢澹如，是一位比瞿秋白小五岁的青年人，他为人谦和，心地纯正。因家资万贯，藏书丰富，他从小就喜欢文学。1921 年与应修人办上海通信图书馆。1924 年底由应修人介绍加入湖畔诗社，出版过诗集《苜蓿花》。1929 年后，开过几家小书店，专售左联文艺书刊。《前哨》创刊，便是由他筹集经费，接洽印刷出版的。当他得知一位中共领导人，即《赤都心史》的作者要来他家避居时，当即义勇地答应了。

谢澹如为了接待瞿秋白夫妇，说服了老母和妻子，然后特意先在报上登了一个余屋招租的小广告。

一切安排妥当，瞿秋白夫妇在冯雪峰的陪同下，以新从乡间来上海的身份，搬入南市紫霞路六十八号谢澹如家的两间小楼房里。

这天，瞿秋白剪了平头，身着浅灰色长衫，脚穿布鞋，一副乡村教师的打扮。夫妇俩只带了一个小皮包，别无他物。后来又送来一个装满衣服的包袱。

从此，谢澹如借辞谢绝了新文艺界的朋友到他家里去，而且除他本人外他母亲和妻子等也绝不知道这对房客夫妇是什么人，就连在上海的党中央也没有人直接到秋白这里的住处，除杨之华有时出去和人联系外，经常就只经过冯雪峰一个人去联系，而瞿秋白自己很少外出，因此，他们在这里住了近两年都没有出过问题。

瞿秋白搬进谢家的住房以后，便开始和左联发生联系，参与了左联的领导工作。

冯雪峰大概三四天到他那里去一次，至少一个星期去一次，主要是和他谈左联与革命文学运动的情况，讨论问题，和拿他写的稿子。

住进谢家的最初时间，他写的是《鬼门关以外的战争》、《学阀万岁》等论文。八月间开始替新创办的由丁玲主编的左联公开杂志《北斗》写杂文。这些杂文，是以“董龙”、“陈笑峰”、“司马今”等笔名陆续发表的，后来由他自己又收编在那本著名的杂文集《乱弹》里面。同时替左联秘密发行的机关刊物《文学导报》（《前哨》改名）和公开发行的《文艺新闻》等写杂文和论文。此外，就开始比较有系统地介绍马克思列宁主义文艺理论和苏联文学作品。可是，当时能拿到俄文原版的书籍是非常困难的。为了防止国民党反动派的没收和查禁，他的朋友曹靖华从列宁格勒把苏联报刊书籍寄两三份，分批或经西欧转寄给鲁迅，然后再由鲁迅转送到他手里。格拉特柯夫的长篇《新土地》一书的原本，就是在这种情况下收到的，并且立即着手翻译出来。

“九·一八”和“一·二八”事变前后，由于政治形势发展的要求，他对大众文艺问题又进行了深入的研究。当刚，他连续发表了许多重要的文艺论文，热情的鼓吹和倡导文艺的大众化的运动。针对文艺界脱离群众的实际情况，他一再提出，革命的作家应当到工农群众的现实斗争中去学习，了解和深入生活，在实际斗争里锻炼、提高自己，以求使革命的文艺为广大群众服务。

这时，瞿秋白每天工作都在十小时以上，有时坐在一张破旧的沙发里，偶尔吸一吸烟，便算作休息。当时，他甚至不肯放过一星半点的零碎时间，利用来写些配合当前斗争的短小杂文、山歌和小调。有一次他到爱文义路普义里夏衍的家里去接洽工作，当时夏衍不在家，他就利用等人的半小时时间，写出一首通俗的山歌。当夏衍回来时，他指着当天报上的一条社会新闻很愉快地对夏衍说："这是每天在报上都可以看到的很普通的新闻，可是，只要改几个字，安排一下，就是一篇控诉性的文艺作品。"他自己的某些杂文，就是这样写出来的。

开会听别人发言的时候，他常在小本子上或者纸片上写一些奇怪的文字。最初有人以为他写的是俄文，后来才知道，这是他一贯主张的汉字拉丁化拼音。他说："这有两种好处，其一是记得快，其二是包打听不认识。"说着，他禁不住笑了，笑得那样悠闲，那样天真！

1932 年春夏之夜，瞿秋白与夏衍相见后，多次会面和商谈左联工作。他对于左联纠正错误，改进工作，扩大统一战线是起了很重要的作用的。

上海明星电影公司邀请夏衍、郑伯奇、钱杏邨三人去当编剧，有些人不赞成。于是，夏衍向瞿秋白请示，他沉思好久，问道："就是你们三个人？"夏衍说，他们还打算请几个年青的话剧演员。

瞿秋白说："要考虑一下，电影界的恶势力太大，你们这些书生斗不过他们。"他停了一会儿，又说，"我们自己真应该有电影，可是现在还有困难，我们还没有力量和可能办自己的电影公司，而电影可是影响最大的宣传工具……"接着，他下决心道："好吧，不妨试一试。认识一些人，做一些工作，培养几个干部。不要急于求成，困难是很多的。"最后他意味深长地说："但是，你们要当心。"

就是说，要他们面对电影界的非常复杂的情况和腐化堕落的势力，提高警惕，谨慎地夺取电影阵地。

根据瞿秋白的指示，夏衍、郑伯奇，钱杏邨后来的沈西苓、石凌鹤、田汉、阳翰笙等，都加入了电影工作，组成了党在电影界的第一个小组，逐步控制了几个最大电影公司的编剧方面的领导权。

同时，又在瞿秋白的指示下，乘机争取上海百代唱片公司的任光，把聂耳、田汉、冼星海、孙师毅等人作曲作词的进步歌曲录制成唱片，使《渔光曲》、《毕业歌》、《义勇军进行曲》、《大刀进行曲》等歌曲唱遍全中国，在抗日救国运动中，成了最有效、最能鼓舞群众抗日情绪的宣传工具。

瞿秋白在上海近三年的时间里，对左联的指导，在文学园地上耕耘，呕尽了心血，创造出辉煌的成就！

“没有见面的时候……”

冯雪峰是紫霞路六十八号的常客。他每次来找瞿秋白谈左联工作或取文稿时，一见面，瞿秋白就“鲁迅，鲁迅”地不断谈着鲁迅先生，总要问：鲁迅近来好吗？鲁迅在写什么？鲁迅对工作有什么意见？

冯雪峰见到鲁迅时，也差不多要经常谈起瞿秋白。

鲁迅早就知道瞿秋白是著名的共产党人，还知道他是文学研究会的会员，是一个有天才的作家。所以鲁迅从冯雪峰那里知道瞿秋白从事文艺的评著并愿意听取和领导左联的活动时非常高兴，对秋白的意见很看重；同时，对瞿秋白的勤勉劳动、认真负责的斗争精神，十分钦佩。

一天上午，冯雪峰又来到北四川路路底川北公寓三楼的鲁迅寓所。见了面，鲁迅便关切地问：“何先生（指瞿秋白）身体怎样了？”

“情况不佳，又瘦了一圈。”雪峰如实回答道，然后接着说：“有什么办法，他见到你转给他靖华寄来的材料，便拼命地赶译起来，之华拿他都没办法！”

鲁迅内疚地说：“都是我，. 以后少给他些吧。”

“那恐怕不行，他还催我请你再多搞些呢。他说工作是医病的良方，趁现在休养的机会多翻译一些东西。”

“是啊，”鲁迅无限感慨地说：“这恐怕便是共产党人的禀性罢……”不知不觉转了话题，他说：“嗯，何先生的翻译，目前在国内的文艺界是找不出第二个人可与他媲美的。”

“哎，对了，”冯雪峰忽然想起瞿秋白谈到的关于鲁迅先生从日本文译本转译的几种马克思主义文艺理论著作的译文的意见，于是向鲁迅转达起来。

鲁迅坐在藤椅上，聚精会神地听着，不时地在桌角的稿纸上速记些紧要的话，左手夹着的劣质烟不知什么时候已经灭火，可依然夹在手上专注地听着。当冯雪峰转达结束时，鲁迅并不先回答和解释，而是怕错过机会似的急忙说："我们抓住他！要他从原文多翻译这类作品！以他的俄文和中文水平、确是最适宜了。"说这话时，现出一种无法形容的情态。

雪峰也会心地笑起来，笑了一阵，打趣地说："先生方才还说要少给他些呢！"

鲁迅无奈地摆摆头，然后平静地说："马克思主义的文艺理论，能够译得精确流畅，现在是最要紧的了。"说完，从抽屉里拿出一个捆扎的小包，递给雪峰说："这是曹靖华从西欧转来的两份俄文材料，你去时带给他罢！"

瞿秋白和鲁迅虽然由于环境的关系，还没有见面，但在共同的革命斗争中，对工作和事业的巨大热情，对同志的赤诚纯真的情谊，把他们紧密地联系在一起了。

1931年秋，曹靖华把《铁流》译稿寄给鲁迅，但曹靖华因忙，来不及将格·涅拉陀夫写的长序《十月的艺术家》译出。鲁迅认为译文缺乏一篇好序，实在有些缺憾。但发稿在即，要远在列宁格勒的曹靖华赶译也已来不及，便托冯雪峰请瞿秋白翻译。瞿秋白欣然接受鲁迅的邀请，放下手头的工作，很快把两万字的长序赶译出来。

鲁迅对此事极为赞赏，并且在该书编校后记中告诉读者："在现状之下，很不容易出一本较好的书，这本虽然仅仅是一种翻译小说，但却是尽三人的微力而成——译的译，补的补，校的校，而又没有一个是存着借此来自己消闲，或乘机哄骗读者的意思的。"鲁迅在这里所说的"译的译"是曹靖华，所谓"补的补"便是指瞿秋白，而"校的校"是指他自己。只看这说话的口吻，就可以感觉到，鲁迅先生是已经把瞿秋白看作自己的多年的老朋友了。

隔了不长时间，鲁迅又拿卢那察尔斯基的《被解放的唐·吉诃德》请瞿秋白翻译。

本来，鲁迅已从日文本翻译了这剧本的第一场，并以"隋洛文"笔名在《北斗》上刊出。找到俄文本后，鲁迅认为最好请瞿秋白从原文从头翻译。瞿秋白也欣然答应，而且立即动手。在译中病了几天，卧床不起，即使这样也没有中断，靠着被褥继续翻译。在1931年12月20日出版的《北斗》第一卷第四期刊出第二场他的译文。所用的笔名为“易嘉”，还以编者的名义附了一点声明说：

“……找到了一本新的版本，比洛文先生原来译的那一本有些不同，和原本俄文完全吻合，所以由易嘉从头译起。”

这声明是瞿秋白自己写的，不明说而又暗示直接从俄文翻译，是带有对反动政府的检查官放烟幕并开点玩笑的意思。

瞿秋白的译作在《北斗》连续刊登。可是，到1932年7月20《北斗》第二卷第三、四期合刊登完第三、四场以后，因《北斗》停刊而中止刊出。直到1933年10月，鲁迅把全稿找齐，才交联华书局印单行本。鲁迅在《后记》中写了如下的话：

从原文直接译出的完全的稿子，由第二

场续登下去，那时我们高兴，真是所谓“不可以言语形容”。可惜的是登刊第四场，和《北斗》的停刊一同中止了。后来辗转觅得未刊的译稿，则连第一场也已经改译，和我们旧译颇不同，而且注解详明，是一部极可信任的本子。藏在箱子里，已将一年，总没有刊印的机会。现在有联华书局给它出版，使中国又多一部好书，这是极可庆幸的。

可以看出，鲁迅对瞿秋白的译作，是何等的看重！

1931年冬，鲁迅翻译的《毁灭》出版。瞿秋白读后，激动不已，当即写了一封热情洋溢的讨论翻译的长信，摘录如下：

敬爱的同志：

你译的《毁灭》出版，当然是中国文艺生活里面的极可纪念的事迹。翻译世界无产阶级革命文学的名著，并且有系统的介绍给中国读者，（尤其是苏联的名著，因为它们能够于伟大的十月，国内战争，五年计划的“英雄”，经过具体的形象，经过艺术的照耀，而供给读者。）——这是中国普罗文学者的重要任务之一。虽然，现在做这件事的，差不多完全只是你个人和Z同志（指曹靖华——笔者注）的努力；可是，谁能够说：这是私人的事情?!谁?!《毁灭》、《铁流》等等的出版，应当认为一切中国革命文学家的责任。每一个革命的文学战线上的战士，每一个革命的读者，应当庆祝这一个胜利；虽然这还只是小小的胜利。

你的译文，的确是非常忠实的，“决不欺骗读者”这句话，决不是广告！这也可见得一个诚挚、热心，为着光明而斗争的人，不能够不是刻苦而负责的。……你的努力——我以及大家都希望这种努力变成团体的，——应当继续，应当扩大，应当加深。所以我也许和你一样，看着这本《毁灭》，简直非常的激动：我爱它，像爱自己的女儿一样。咱们的这种爱，一定能够帮助我们，使我们的精力增加起来，使我们的小小的事业扩大起来。

…………

所有这些话，我都这样不客气的说着，仿佛自称自赞的。对于一班庸俗的人，这自然是“没有礼貌”。但是，我们是这样亲密的人，没有见面的时候就这样亲密的人。这种感觉，使我对于你说话的时候，和对自己说话一样，和自己商量一样。

……

《毁灭》的出版，始终是值得纪念的。我庆祝你。希望你考虑我的意见，而对于翻译问题，对于一般的言语革命问题，开始一个新的斗争。

J. K. 1931，12，5。

鲁迅收到这封热情真诚的长信后，非常高兴，连忙回信，摘录如下：

敬爱的J. K. 同志：

看见你那关于翻译的信以后，使我非常高兴。

……

……我真如你来信所说那样，就像亲生的儿子一般爱他，并且由他想到儿子的儿子。还有《铁流》，我也很喜欢。这两部小说，虽然粗制，却并非滥造，铁的人物和血的战斗，实在够使描写多愁善病的才子和千娇百媚的佳人的所谓“美文”，在这面前淡到毫无踪影。不过我也和你的意思一样，以为这只是一点小小的胜利，所以也很希望多人合力的更来绍介……

瞿秋白的信中说：“我们是这样亲密的人，没有见面的时候就这样亲密的人。”并在这句话的下面点上强调的符号。这是确实的！

瞿秋白和鲁迅的“亲密”，是建立于对共同的战斗和工作的热情和同志的赤诚关系上，见不见面是没有关系的。

在这两种信中，他们都以“敬爱的同志”相称，可见两人的友谊，是何等深厚！

瞿秋白的关于讨论翻译的信，就是这种热情和这种关系的一种典范的表现。这封信，原来不是要公开发表的。这时鲁迅正与冯雪峰合编的《十字街头》初刊刚出版不久，鲁迅先生认为可以在这旬刊上发表，所以就发表了。接着，也发表了他的回信。这个讨论在当时和后来对于翻译界产生很大影响。

避　难

1932年1月28日，日本帝国主义在上海燃起了侵略中国的战火，瞿秋白夫妇只得随谢家一起移居到法租界毕兴坊十号去避难。

在这里，瞿秋白依旧坚持不懈地从事文学著译工作，写了论文《上海战争和战争文学》，通俗说唱《英雄巧计献上海》等，以及讽刺国民党反动派投降政策的杂文《新英雄》等等。同时，他重新校阅了茅盾的著名长篇小说《子夜》的修正稿，写了评论茅盾的中篇小说《三人行》的论文。此外，他还翻译了卢那察尔斯基的剧本《解放了的唐·吉诃德》，这期间，他因病累交加，曾咯血数次。

瞿秋白在毕兴坊住了约五个月时间，上海的抗日战争便被蒋介石所出卖了。这样，瞿秋白又重新搬回了南市紫霞路六十八号。在这个动荡不安的日子里，他除了完成许多配合政治斗争的文艺杂文或论文以外，又译出了《高尔基论文选集》和《高尔基创作选集》两厚本书，还编译了马克思主义文艺理论文章《现实》一书。

对于瞿秋白的翻译自不必说，对他的杂文，鲁迅也很重视，曾对冯雪峰说："何苦（瞿秋白笔名——笔者注）的文章，尖锐，明白，晓畅，真有才华！是真可佩服的！"也提出瞿秋白的杂文深刻性不够，少含蓄，读二遍就有"一览无余"的感觉。比较起来，鲁迅更看重瞿秋白的论文。他在跟冯雪峰闲谈时，好几次微笑着说："真是皇皇大论！在国内文艺界，能够写这样论文的，现在还没有第二个人！"

在共同的革命斗争中，他们结下了赤诚纯真的友谊，正如瞿秋白在给鲁迅信中所说的那样："我们是这样亲密的人，没有见面的时候就这样亲密的人。"

瞿秋白和鲁迅的初次会见，是在 1932 年夏天，他从法租界毕兴坊搬回紫霞路以后。

一天早饭后，瞿秋白由冯雪峰陪同，高兴地去北四川路路底川北公寓拜访鲁迅。

鲁迅对这一位稀客，款待他就象久别重逢有许多话要说的老朋友，又象毫无隔阂的亲人骨肉一样，真是至亲相见，不须拘礼。那情形，就仿佛有谁看到过从外面携回几尾鱼儿，忽然放到水池中见了水的洋洋得意的样子。

他们本来就喜欢新生的一代，这时又看到在旁才学会走路不久的海婴，更增加了满室皆春的气氛，平添了会见时的斗趣场面。

鲁迅和瞿秋白从日常生活，战争带来的不安定，彼此的遭遇，到文学战线上的情况，都一个接一个地滔滔不绝无话不谈，生怕时光过去得太快似的。

鲁迅和瞿秋白各自手挟香烟，在烟雾中，两人促膝交谈。

鲁迅直抒胸臆地说："对俄国文学，我有极浓厚的兴味，我之写小说，原因之一就是由俄国文学家为劳苦大众呼号战斗所给予我的影响。"

"是的。"瞿秋白深有同感地说："俄国的国情，很象中国。俄国革命翻天覆地，使全世界都受它的影响。”

鲁迅接着又娓娓而谈：“为人生；俄国的文学，从尼古拉二世以来，就是这样。无论它的主意是在探索，或在解决，或者堕入神秘，沧为颓唐，其主流还是一个：为人生。”

“是的，文学家的笔，就是人类情感的寄托，俄国进步文学家的笔，是为被压迫的劳苦大众而写作的。”瞿秋白说出自己的同样见解。

鲁迅赞许地望着瞿秋白，兴奋地说：“把俄国文学的精品译给中国人看，无异是在暗夜里点起照亮人生的烛光。”

……

这次会见，使瞿秋白感到无比振奋。在摆脱王明集团对他打击所带来的委屈和烦恼，重新回到文学园地的时候，得识鲁迅这样的同志和战友，他怎能不振奋呢！

直到深夜，瞿秋白才回到家中，还处于兴奋状态。他告诉杨之华，彼此一见如故，谈得十分投机。

他邀请鲁迅全家一道来紫霞路作客，说“大先生（对鲁迅的敬称——笔者注）已愉快地答应了。”

9月1日上午，天下着雨。鲁迅和许广平还携带着海婴冒雨来到南市紫霞路六十八号。

见鲁迅到来，瞿秋白无限喜悦地从书桌旁站起来表示欢迎。

鲁迅很欣赏谢家的这张特殊的西式书桌。它上有书架，下有抽斗，把上面的软帘式的木板拉下来，就可以像盒子一样，连抽斗也给锁上，把整个桌面复盖起来。

欣赏了一阵儿书桌后，瞿秋白从桌子里拿出他研究中国语言文字问题的书稿，就语文改革和文学发音问题与鲁迅讨论。他还找出几个字来，请许广平用广东方言发音。

杨之华特地到饭馆去叫了菜，招待鲁迅夫妇。当坐下吃中饭时，才发觉送来的菜是凉的，味道也不好，杨之华心里感到很不安。但鲁迅却毫不介意，席间与主人谈笑风生，非常亲热。

鲁迅在当天日记中写道：“一日 雨。午前同广平携海婴访何家夫妇，在其寓午餐。”

从此，瞿秋白和鲁迅两家的来往更为密切。尽管环境恶劣，相互来往是不便的。

9 月 14 日，上午，瞿秋白夫妇到鲁迅家，被留吃午饭。

9 月 18 日，杨之华把自己在瞿秋白鼓励下所写的短篇小说《豆腐阿姐》，交给鲁迅，请给予修改。

小说刚写完，瞿秋白就催促道：“快拿给大先生看看吧。”可杨之华认为这是习作，不好意思麻烦鲁迅先生。

瞿秋白却说：“不要紧，大先生是很乐于帮助人的，特别是对初学写作的青年。”

果然，鲁迅收到小说稿后，当天下午便改妥，并且还改正了里面的错字，分别写出楷体和草书，然后用纸包好送回。

10 月 24 日下午，鲁迅买《现代散文家批评》两本、《文始》一本，赠送瞿秋白。

11 月 4 日，鲁迅日记载：“晴。以《一天的工作》归良友公司出版，午后权版税泉（泉，钱币的古称——笔者注）二百四十，分与文君（杨之华曾用文君作笔名，后改文尹——笔者注）六十。

日记中所说《一天的工作》，是鲁迅编译的苏联短篇小说集之一篇，是杨之华所译。良友公司答应出版这本书，书稿刚刚送出，还没有得到稿酬，鲁迅便从当日午后所得版税中，抽出六十给杨之华，以贴补瞿家生活之用。这种无微不至的关怀，瞿秋白夫妇甚为感激。

这时，蒋介石政权实行法西斯专政，对苏区进行军事“围剿”，同时在国民党统治区内实行文化“围剿”。

1931 年 9 月，国民党中央党部致函“国民政府”，提议悬赏缉拿瞿秋白、周恩来等七人。不久，批转各地执行。内称：“查有瞿秋白、周恩来、陈绍禹、沈泽民、张闻天、罗登贤、秦邦宪等七人是中共中央委员，指挥国内各地赤匪扰乱治安，图谋危害民国，逆迹显著，兹拟一律悬赏通缉，获案严办，并拟定悬赏价格，计瞿秋白、周恩来二人各二万元，其陈绍禹、沈泽民、张闻天、罗登贤、秦邦宪等五人各一万元。”

至 1932 年，白色恐怖笼罩上海，鲁迅处境很危险。但是，每当瞿秋白夫妇面临鹰犬追猎的最危急时刻，鲁迅和许广平总是置自身生死于度外，成为瞿秋白夫妇最可信赖的保护者，鲁迅的家，成了他们的庇护所。

1932 年 11 月下旬，党的地下机关被敌人破坏，瞿秋白得到警报，说有一个叛徒在盯杨之华的梢。瞿秋白立即转移到鲁迅家中。

杨之华为了保证鲁迅和瞿秋白的安全，在甩掉跟踪的叛徒之前，独身一人在马路上转了三天三夜。瞿秋白请人到街头到处寻找，遇见时正值白天。杨之华暗示那人先走，他自己一直转到天黑时，确信跟踪的叛徒已被甩掉，才来到鲁迅家。

瞿秋白夫妇来时，鲁迅月初离沪去北京探母还没回来，只有许广平和海婴在家。

11 月 30 日，鲁迅返回上海。二人聚首，分外融洽。许广平在《鲁迅回忆录》中写道：

在这期间，他和我们在一起，我们简单的家庭平添了一股振奋人心的革命鼓舞力量，是非常之幸运的。加以秋白同志的博学、广游，谈助之资实在不少。这时，看到他们两人谈不完的话语，就象电影胶卷似地连续不断地涌现出来，实在融洽之极。更加以鲁迅对党的关怀，对马列主义的从理论到实际的体会，平时从书本上看到的，现时可以尽量倾泻于秋白同志之前而无须保留了。这是极其难得的机会。一旦给予鲁迅以满足的心情，其感动快慰可知！对文化界的复杂斗争形势，对国民党反动势力的打击，对帝国主义的横暴和“九·一八”东北沦亡的哀愁，这时也都在朝夕相见中相互交谈，精心策划。

同时，瞿秋白也从鲁迅先生那里受到激励与影响。12月7日，他把自己年轻时作的七绝首句“雪意凄其心惘然”，写了一幅字赠给鲁迅。诗句后写有跋语："此种颓唐气息，今日思之，恍如隔世。然作此诗时，正是青年时代。殆所谓'忏悔的贵族'心情也。"这充分表现他对鲁迅的敬重，把一颗坦诚的心献给他所完全信赖的战友。

过了两天，瞿秋白夫妇以昂贵价格托人在一家大公司买了一盒进口的高级玩具，送给三岁多的海婴。这时，瞿秋白夫妇并不宽裕，对此，鲁迅夫妇深感不安。但体会到他们爱护儿童，培养儿童科学知识的好意，还是收下了这件贵重的礼物。

瞿秋白在盒盖上，按顺序写明零件的名称和件数。又料到自己随时会有不测，很有深意地说："留个纪念，让孩子大起来也知道有个何先生。"

12 月 11 日，鲁迅夫妇设宴招待瞿秋白夫妇，在座的还有上海中央局宣传部的冯雪峰和在商务印书馆任编辑、鲁迅的胞弟周建人。

又过了几天，一个深夜，陈云奉党组织的派遣，来到鲁迅家，接瞿秋白夫妇转移回到紫霞路。当时，瞿秋白一切已经准备好了，共有两个小包袱，他的几篇稿子和几本书放在杨之华的包袱里，另外还有一个小包袱，装着他夫妇俩换洗的衣服。陈云问："还有别的东西吗?"

瞿秋白答道："没有了。"

陈云又奇怪地问道："为什么提箱也没有一只?"

瞿秋白回答道："我们一生财产尽在于此了。"

这时鲁迅关切地问陈云："深夜路上方便吗?"

"正好天已下雨，我们把黄包车的篷子撑起，路上不妨事的。"

临下楼，鲁迅又对瞿秋白说："今晚上你平安到达那里以后，明天叫人来告诉我一声，免得我担心。"

鲁迅和许广平站在门口，一直目送着瞿秋白夫妇走下楼去。

……

正确评价鲁迅的第一人

1933 年 4 月 11 日，鲁迅先生由北四川路路底川北公寓也搬到施高塔路的大陆新村去住了，和日照里在同一条马路上，相距不到十分钟的路。鲁迅和瞿秋白来往更加密切。这时候的瞿秋白固然比住在南市紫霞路谢家的时候，快乐得多了，鲁迅也感到心情舒畅。

鲁迅几乎每天到日照里来看瞿秋白夫妇，并送来书报，和秋白谈论政治、时事、文艺各方面的事情，乐而忘返。瞿秋白夫妇见到鲁迅，象在海阔天空中吸着新鲜空气、享受着温暖的阳光一样。秋白一见鲁迅就立即改变了不爱说话的性情。两人边说边笑，有时哈哈大笑，驱走了象牢笼似的小亭子间里不自由的闷人气氛。

有时晚间，瞿秋白也到大陆新村倾谈一番。鲁迅夫妇感觉少不了这样的朋友。他们感到这样具有正义感、具有真理的光芒照射着人们的人，时刻也不愿离开！有时晚间附近面包店烤好热烘烘的面包时，鲁迅夫妇往往亲自送到瞿秋白家里，看他们平安无事了，这一天也就睡得更香甜安稳了。

这期间，鲁迅正用各种笔名向《申报》的《自由谈》投稿。秋白写了《王道诗话》、《伸宽》、《曲的解放》等精美的杂文，用鲁迅所用的各种笔名，由许广平誊抄过，再由鲁迅当作自己的文章去投稿，后来并编进杂文集《伪自由书》里去。这些杂感，秋白为了不叫人发觉，有意照鲁迅所写的那样笔法，同时也因为思想相同、斗争的目标一致，而有几篇就是两人漫谈的结果，其中也有鲁迅的意见在内的所以写出来的文章就很相似，当时读者就没有一个能够看得出来，连敌人也始终没有发觉这一点。

关于瞿秋白与鲁迅漫谈后写作的情景，许广平回忆道：

在他和鲁迅见面的时候，就把他想到的腹稿讲出来，经过两人交换意见，有时修改补充或变换内容，然后由他执笔写出。他下笔很迅速，住在我们家里时，每天午饭后至下午二、三时为休息时间，我们为了他的身体健康，都不去打扰他。到时候了，他自己开门出来，往往笑吟吟地带着牺牲午睡写的短文一、二篇，给鲁迅来看。鲁迅看后，每每无限惊叹于他的文情并茂的新作是那么精美无伦。

瞿秋白把马克思主义的敏锐洞察力，运用到杂文写作中，其思想和艺术上的成就，已经达到那个历史时期的杂文的较高水平，堪与鲁迅并驾齐驱。

瞿秋白的这些杂感，鲁迅都把它们编进了自己的杂文集里，并且不用任何一点暗示以使读者知道这是出于一个战友之笔，这除了不让敌人有隙可乘之外，还恰是表现了他们的友谊的亲密以及他们的战斗都不是为个人的精神。

正由于瞿秋白和鲁迅这种密切的接触和深入的交谈，使他对鲁迅的思想发展，和高贵品质有了进一步的深刻了解。

瞿秋白曾对冯雪峰说过多次："鲁迅看问题实在深刻!""和鲁迅多谈谈，又反反复复地重读了他的杂感，我可以算是了解鲁迅的。"

瞿秋白认为：鲁迅先生的杂文是世界上同类作品的最高峰。而他的思想又有特殊的深刻的地方和高度的直接的战斗作用，他觉得自己有责任为鲁迅辩明是非，对于鲁迅和他的作品作出应有的评价，并且指出他的可供革命青年学习的地方。因为，在当时，不仅敌人想方设法来攻击和污蔑鲁迅的作品，而且在革命文艺阵营内部，也有些人对鲁迅是认识不够的。

一天，鲁迅又给瞿秋白送了很多书。鲁迅走后，瞿秋白对杨之华说："我感到很对不起鲁迅，从前他送的书我都在机关被破坏和避难的时候失去了，这次我可要有系统地阅读他的书，并且为他的书留下一个永久的纪念。"

于是，他暗下决心，趁着在日照里亭子间较为安定的日子，来完成这个任务：他要亲自编一本《鲁迅杂感选集》，并且为这本选集写一篇序言。

一切准备就绪，从4月中旬开始，他便着手这项工作了。

可是，这亭子间也并不安定。日照里十二号的房东，是位泼辣好事的中年寡妇。楼中房客有中国和日本的商人，也有日本浪人。女房东和日本浪人常常来瞿家串门，干扰很大。

瞿秋白夫妇为了避开敌人的追逐和邻居的怀疑和干扰，想出一个杜门谢客的办法。白天，瞿秋白半卧在床上，关起房门阅读鲁迅的杂感，杨之华就在房门口的炉子上熬汤药，药味充满了整所房子，这些药她都偷偷地倒掉了。这出“戏”演得很成功，房东和房客都以为瞿先生卧病在床，果然不再来打扰。这样，瞿秋白在白天专心研究鲁迅的著作，夜深人静时，便起来伏在一张小方桌上赶着写。终于花了四夜功夫，写成了《〈鲁迅杂感选集〉序言》。

这篇长达一万七千字的《序言》，是中国现代文学批评史上具有里程碑意义的经典文献。《序言》对鲁迅的杂文作了极高的评价。文中说：

鲁迅在最近十五年来，断断续续的写过许多论文和杂感，尤其是杂感来得多。于是有人给他起了一个绰号，叫“杂感专家”。“专”在“杂”里者，虽然含有鄙视的意思。可是，正因为一些蚊子苍蝇讨厌他的杂感，这种文体就证明了自己的战斗意义。

对于鲁迅本人，瞿秋白称誉他：

……是封建宗法社会的逆子，是绅士阶级的贰臣，而同时也是一些浪漫缔克的革命家的诤友！

瞿秋白在《序言》中，同时也指出鲁迅及其作品的不足，但是，鲁迅必定是鲁迅，他不断的在自我解剖中，在对敌斗争中前进，走到了新的革命堡垒里来。因此：

他的作品才成了中国新文学的第一座纪念碑；也正因为如此，他的确成了"青年叛徒的领袖"。

为了使人们通过鲁迅一生的主要著作——杂感，正确认识鲁迅是怎样一个人，鲁迅的思想是如何发展的，瞿秋白从鲁迅一生文学活动和革命活动中概括了如下结论：

鲁迅从进化论进到阶级论，从绅士阶级的逆子贰臣进到无产阶级和劳动群众的真正的友人，以至战士，他是经历了辛亥革命以前直到现在的四分之一世纪的战斗，从痛苦的经验和深刻的观察之中，带着宝贵的革命传统，到新的阵营里来的。他终于宣言："原先是憎恶这熟识的本阶级，毫不可惜它的溃灭，历来又由于事实的教训，认为唯新兴的无产者才有将来。"

最后，瞿秋白号召人们：

我们应当向他学习，我们应当同着他

前进。

瞿秋白是对鲁迅在中国新文化运动中的地位和作用、对鲁迅思想的形成、发展和特点，给予科学评价的第一人。

……

一连四个不眠之夜，写完了《〈鲁迅杂感选集〉序言》，瞿秋白已疲惫不堪了，便卧床沉睡了一晚上。刚一起来就又开始投入新的题目的写作。

一天下午，瞿秋白正伏案写作，忽听楼梯传来一阵急促的脚步声。脚步走近，声音越来越大，接着是“咚咚”的敲门声。

瞿秋白急忙收起桌上的书籍和文稿。杨之华回头看已收拾妥贴，然后镇静地去开门。

呀！原来是鲁迅来了。

鲁迅站在房门口，笑呵呵的，但见瞿秋白夫妇的神色有些异样，便向杨之华问道：“怎么，你不是听惯了我的脚步声吗？这次你听出来没有？”

杨之华解释道：“大先生的脚步这次走得特别有力，还以为是警察呢！”

“我是故意走得重些，好让你们猜不出。”说完，止不住地哈哈大笑。连站在他身后的那个女房东也听得笑了。

鲁迅坐在椅子上安详地吸烟。瞿秋白笑吟吟而又很恭敬地把一卷文稿递给鲁迅。

鲁迅象往常一样，把稿展开来准备细看，当《〈鲁迅杂感选集〉序言》题目映入眼帘时，顿时激动起来，接着他就边看边陷入沉思，这样持续了很久。《序言》中的每一句话，都在激动和抚慰着他的心。他的眼睛环视着这小小的亭子间内一桌一床，又看到摆在地下的药罐，然后把目光移向杨之华和瞿秋白，脸上露出由衷的感激之情。

鲁迅对文稿，啧啧称赞不已，他又沉思起来，他似乎在倾听战友的鼓励，又象是在思索着同志的批评。他思索着，微笑着，一切都使他非常满意。这时，他指间夹着的香烟已经快烧到指头，他把烟蒂捺到了烟缸里，然后回过头，无限感慨地说："你的写作环境比我坏得多，太苦了。"

瞿秋白坚毅而乐观地说："只要拿着笔在写，再苦些也觉得乐在其中。"接着，又真挚地说："和先生在一起，时时感到共同战斗的欣悦。"

鲁迅爱怜地看着瞿秋白清瘦苍白的脸，不觉有好多话要说，他指着那一本文稿，恳切地说："你的分析是对的。以前就没有人这样批评过。"他说话时的态度是愉快而严肃的，而且流露着深深的感激的情意，然后又补充了一句，"这，只觉得写我写得太好了，应该对坏的地方再多提些。"

这一天，瞿秋白和鲁迅谈得很多很多。他们谈到杂文的战斗意义。对于那些帮闲文人，鲁迅愤恨地说："要骂就骂吧，我就是硬骨头，骂不倒我！我就是要用杂文同他们战斗！"

接着，瞿秋白见国民党特务已经准备对鲁迅暗下毒手，担心他的安全，便劝道："还是要注意防范。我看到苏联去疗养为好，也可在那里编写中国文学史。"

鲁迅说："中国文学史的编写确实很重要，可当前战斗紧张，没有时间去作。至于苏联，那是我向往的，但现在不准备去。"接着，他激动地说："要杀就杀吧，我就是不走！而且真要走，那么多的书也无法搬走。……别谈我了，倒是你应该去苏联养病和写作，你不是在那里呆过吗？"

……

瞿秋白没有回答。鲁迅见他的表情似有难言之隐，便没有再劝说。

鲁迅这时还不知道瞿秋白在莫斯科中山大学的遭遇，因为瞿秋白从不向别人谈到那些完全属于共产党内的问题。尤其对于这位倾心于党的非党的马克思主义者，他就更要注意遵守党的纪律，维护党的威信。

夜深了，鲁迅准备告辞回家，但他认为这次来看秋白的意义不同往常，尤其看到秋白所写的那篇《序言》后，心情非常激动，因此，他就叫秋白拿来毛笔和宣纸，醮好浓墨以后，略加思索，挥笔写下了两行苍劲有力的大字：

人生得一知己足矣，

斯世当以同怀视之。

后来秋白非常高兴地将这个条幅裱好，挂在房间的墙上，以表达他们肝胆相照，患难与共的珍贵的革命友谊。

挚 友

瞿秋白夫妇在陈云等保护下，深夜冒雨，安全地回到南市紫霞路六十八号，瞿秋白仍在思念鲁迅。从1932年12月25日到1933年2月4日，四十天中，瞿秋白写了六封信给鲁迅，平均每周一封。

期间，瞿秋白写了一首无题七绝诗，寄给鲁迅，讥讽文坛不健康的现象，以促进更新。其诗云：

不向刀丛向舞楼，
摩登风气遍神州。
旧书摊畔新名士，
正为西门说自由。

同时，瞿秋白、鲁迅和左翼作家们，同“自由人”、“第三种人”展开激烈论战。

1933 年 2 月上旬，瞿秋白的住地又发生了问题。上海中央局得到情报，说国民党特务要在当天晚间破坏中共在紫霞路的一处机关。经过分析，认为瞿秋白夫妇的住处，可能发生危险。中央局组织部长黄文容急忙赶来，要他们迅速转移。瞿秋白决定到鲁迅家。于是，傍晚时，由黄文容护送，他们再次到鲁迅家避难。

当他在鲁迅家里短期居住的时候，英国著名作家肖伯纳来上海，2 月 17 日下午，会见了宋庆龄、蔡元培、鲁迅、林语堂、杨杏佛等。

肖伯纳在上海停留仅仅半天，可报刊评论很多，捧与骂，冷与热，样样都有。鲁迅和瞿秋白决定把这些评论，收辑一起，印成一本书。

商定后便分头进行：许广平跑北四川路一带，从大小报摊搜罗当天报纸。鲁迅、瞿秋白边看边圈定题目，由许广平、杨之华剪贴。然后再由鲁迅、瞿秋白连夜编辑，鲁迅作序文，瞿秋白写卷头语，这就是当月由野草出版社出版的《肖伯纳在上海》一书问世经过。这时候，瞿秋白经常怀着真挚的感情和鲁迅深夜叙谈。

2 月底，反动统治者更加疯狂地迫害革命者，党的地下机关不断遭到破坏。瞿秋白经常在敌人的搜索和追捕下，到处逃难，住所极不固定。他有时被敌人追踪紧迫时，便不得不一天迁移三四处地方，甚至在不得已时，跳上电车或汽车，兜一些圈子，然后再跑下来。他几次在最危险的时候，便只有暂时避居在鲁迅家里。有一次，他和杨之华在半夜两点钟逃到鲁迅寓所，但是鲁迅安然地接待他们，给他们腾房子，并且送书送笔给他们用。这样频繁的流离搬迁，使鲁迅寝食不安，况且，他自己也遭到敌人的迫害，他们家也并不是最安全的地方。于是，鲁迅到处奔走，想替他们寻找一处比较安全的住房。3 月初，经鲁迅通过内山完造夫人帮助，在北四川路的施高塔路日照里十二号的一个日本人家，租到了一个亭子间。3 月 1 日、3 日，鲁迅两次去看房，接着，瞿秋白夫妇便迁居到这里。

6日下午，鲁迅拿着一盆堇花来到寓所，看望瞿秋白夫妇，祝贺“乔迁之禧”。

瞿秋白把小小亭子间作了一番经心布置，并特意把鲁迅手书的“人生得一知己足矣，斯世当以同怀视之”的条幅，悬挂在明显位置，借以表达对鲁迅的感激之情。

瞿秋白充分利用这个相比之下比较安稳的时机，写了许多杂感和论文，还编了《鲁迅杂感选集》并写了序言。

6月初，由于安全的原因，瞿秋白夫妇从日照里搬到王家沙鸣玉坊一家花店的楼上，同冯雪峰同住。

冯雪峰本来在上海中央局宣传部负责一个通讯社工作，这时候调到江苏省委任宣传部长。这花店楼上便是中共江苏省委机关。

瞿秋白去和冯雪峰同住是中央局的意思，一则由他暂时照顾一下那个通讯社的工作，负责审查和修改通讯稿件；二则他好久以来就在替党报写文章，所以和雪峰同住，联系比较方便。

但不到两个月，省委机关被敌人发觉了，牵连到这里的住处，他们必须在半点钟以内搬出。冯雪峰夫妇是随时可以走出，到无论哪一个熟人那里去停一天，再找房子也可以的；但瞿秋白怎么办呢？

“到周先生家里去吧！”瞿秋白夫妇和冯雪峰，都不约而同地这样说。当时又刚好下大雨，所以秋白夫妇各带一点行李坐上黄包车，扯上车篷，在路上倒很安全的。

当天晚上，冯雪峰安排好自己以后，便到鲁迅家去看瞿秋白夫妇是否安全到达。刚一上楼，就听到鲁迅和瞿秋白正起劲地谈笑呢！

雪峰暗想，这里倒成了秋白的温暖的家了。

鲁迅日记1933年7月10日记道：

> 晴，热。午后大雷雨一阵。下午收良友图书公司版税二百四十元，分付文尹、靖华各卅。以《选集》编辑费二百付疑冰。

瞿秋白夫妇逃难到此，鲁迅这天并未收到出版公司送来《鲁迅杂感选集》的版税，这笔二百元的编辑费和分付杨之华的三十元，都是支援性质。难怪冯雪峰都感到这里是“温暖的家”。

秋白夫妇在鲁迅家里住了一个时期，杨之华到中共上海中央局组织部作秘书工作，夫妇两人就搬到机关去住，与高文华住在一起。

9月里的一天深夜，突然传来警报，要他们马上离开机关。这时已是凌晨两点钟。瞿秋白和杨之华考虑再三，还是决定到大先生周家去。

他们分乘黄包车，差不多同时到达大陆新村九号鲁迅寓所的前后门。两个门同时敲响，惊动了鲁迅一家。

许广平披衣而起，惊愕地对鲁迅说：“怎么前后门都……？”

鲁迅镇静地走近后窗，暗夜中看到后门站的是一个女人，片刻，他说：“样子像之华。”他又走向前窗俯视，道：“哦，是秋白，快开门！”

静谧的书房里，鲁迅请瞿秋白夫妇入座，然后赞佩地说：“你俩和猎狗们周旋，险些把景宋（许广平笔名——笔者注）弄糊涂了。”

瞿秋白和杨之华几乎同时歉意地说："真对不住，惊扰了你们！"

许广平端着托盘，送上两碗夜宵。似乎不是这热气腾腾的夜宵，而是鲁迅夫妇的热诚的目光，使瞿秋白和杨之华今夜感到异常的温暖。

这一次在鲁迅家只住了几天，就转移到另外的机关里。

1934 年 1 月，瞿秋白奉命离开上海到中央苏区。临行前几天，他有一种无法排遣的渴望，一股不可压抑的深情，一定要当面向鲁迅、茅盾辞行，并与他们长谈一次。他是预料到，今后天各一方，难得再有见面的机会。杨之华深深理解他的心情，但为了他的安全，让他晚上去，在鲁迅那里呆上一天，第二天晚上回家。

1 月 4 日晚，他来到鲁迅家。

两个人三个多月没有见面，而这一次相见后就将是长久的离别。似乎有说不完的话，但两个人都希望倾听对方的谈话，从中体味战友的深情。

晚上，鲁迅一定要让瞿秋白睡在自己的床上，他与许广平睡在地板上。

杨之华在家中，焦急地等了瞿秋白一天一夜，等到第二天晚上他平安归来，才算一块石头落地。

瞿秋白为实现这次辞行很高兴。他笑容满面地说："要见的都见到了，要说的话也说了。大先生和茅盾身体都好，海婴也没病。"

但在心里，瞿秋白是有点郁悒的，除了惜别之情，也许是因为不得不离开他喜爱的文艺战线，不得不离开这里的肝胆相照的挚友。

1月9日，鲁迅收到瞿秋白临行前写给他的信。28日，又收到瞿秋白将要到达苏区时在途中写来的信，但怀念之心愈加深切。

2月7日午后，远在苏联的曹靖华回到上海便来到鲁迅的寓所。晚饭后，鲁迅先生把曹靖华引到三楼楼梯跟前的一个房间里。那房间虽不很大，但却极整洁。后墙有一个窗子，靠窗有张桌子，桌上铺着雪白的桌布。桌上放着削好的铅笔、毛笔、墨盒、信封、拍纸簿等等。桌前放着一张靠椅。靠后墙放着一张单人床。鲁迅站定之后，从容而低沉地说："这是秋白逃难住的房间，一切布置照旧，你就住在这里吧……”

说完，他们就又回到二楼鲁迅的书房兼作卧室的房间里。曹靖华坐在桌头的藤躺椅上，鲁迅坐在桌前的转椅上。

鲁迅一面回忆着，一面用同样低沉的音调继续说：“……那是秋白逃难住的房间。他不断受猎犬追逐、缉捕，到处迁居。有时甚至一日数迁。有时被追逐到走投无路时，就跳上野鸡汽车，兜几个圈子，把猎犬甩掉，再下来步行。有时到最危险的关头，就逃到这里，住到你住的那个房间里……他等你等了好久，没有等着，你来了，他走了，到那边去了……”鲁迅习惯成自然地随口说出平时习用的暗语“那边”两个字之后，才悟到这是在家里说的，于是接着又补充了一句：“到苏区去了。”停顿了一下，又重复着说：“你来了，他走了……”

鲁迅对挚友的怀念何等的深切啊！……

后来，瞿秋白不幸遇难牺牲，鲁迅得知这个令人万分悲痛的消息以后，更加哀悼和惋怀不已。他在

1935年5月22日夜间写信给曹靖华说："它事极确，上月弟曾得确信，然何能为。这在文化上的损失，真是无可比喻。"

为了追悼和纪念瞿秋白，鲁迅怀着悲痛的心情，勉强支撑着病体，把他妥善保存着的瞿秋白的遗著，仔细地进行了编辑、校对，并集资出版了两厚册《海上述林》。

重逢与惜别

1927年3月间，当瞿秋白踏上江汉码头的时候，距他第一次来武汉已经整整过去十个年头了。旧地重游，时势剧变、已有天翻地覆之感。作为国民政府和中央党部的所在地，武汉俨然成为革命的中心地。

中共中央宣传部设在汉口英租界辅义里27号的一栋二层楼房内，楼下是中宣部机关，楼上就住着瞿秋白。他除了负责中央的工作，主管宣传部外，还担任中央军事政治学校武汉分校的教官，工作非常紧张。他到军校讲课时，不得不穿上军装，但回来马上就脱掉，依然是文人风度。

这时，正在武汉的国民革命军总司令部政治主任郭沫若，不时到中共中央宣传部来。

瞿秋白敬佩郭沫若，说他敢于当面拂逆蒋介石，尤其最近写了一篇《请看今日之蒋介石》公开发表，真有一种四川人豪放不羁的气概，一种浪漫主义的色彩。

4月初，中共中央派沈雁冰接替高语罕担任汉口《民国日报》总主笔。这个报，名义上是国民党湖北省党部的机关报，但实际上是共产党办的：报社社长董必武、总经理毛泽民，而编辑部的编辑人员除一人是国民党左派，其余都是共产党员。报纸的编辑方针、宣传内容也是由中共中央宣传部确定的。因此，沈雁冰一到任便来找瞿秋白。

他们已有几个月不见面了，不免倾谈一番各自的经历和感受。瞿秋白精神烁烁，但头发却留得很长，这实在是因为没有理发的时间啊，瞿秋白听说沈先生要办汉口《民国日报》，就说："当前的报纸宣传要着重这样三个方面：一是揭露蒋介石的反共和分裂阴谋；二是大造工农群众运动的声势，宣传革命道理；三是鼓舞士兵，作继续北伐的舆论动员。"沉吟片刻，他接着说："《民国日报》过去办得不错，旗帜很鲜明，就照这样继续办下去。……一定要把揭露蒋的反动本质放在首位，此人十分阴险，嘴上讲的和实际做的完全两样，现在掌了军权又有了京沪杭的地盘，完全是个新军阀，将来后患无穷！”

秋白对蒋介石的反动很忧虑。果然不出他所料，没过几天，蒋介石就在上海对共产党和革命群众大肆屠杀。

身在上海的杨之华，在上海总工会以非凡的活动能力和卓越的组织才能，参加了上海工人第三次武装起义准备工作。她与瞿秋白保持着书信联系，时常写信告诉他上海的情形。瞿秋白写信要她谨慎地工作，并指出，革命前途远大，但革命道路不是一帆风顺的。

4 月 13 日，蒋介石的军队在宝山路屠杀举行抗议示威的工人群众时，杨之华也在游行队伍当中。在前一天，也就是 4 月 12 日晚上，她接到中央从武汉拍来的电报，要她立即动身到武汉，并且收到一张长江轮船的船票。但杨之华还是参加完 13 日的抗议游行后，乘轮船离开上海前往武汉的。

瞿秋白见到杨之华，一块悬着的石头总算落地了，他愉快地对她说："我们离别一个月，革命的进展比一年还快!"说完，取出三个文件交给杨之华。

三个文件是:《湖南农民运动考察报告》、《俄国资产阶级革命与农民问题》手稿和《中国革命之争论问题》手稿。

瞿秋白对杨之华说："这是我在武汉和你见面的礼物。"

难道他们没有别的什么话要说吗?分别了一个月，却像天天在一起，除了通信以外，他们的心灵始终是相通的，那是一股无形的力量把他们紧紧地连接在一起了。这两个青年革命家的爱情，是建立在革命第一，事业第一的崇高信念上的。奔波、分离、甚至随时可能遭到不测，都不可能迫使他们离开斗争和事业，哪怕是后退半步。他们的每次重逢，又成为新的奋斗的开始。

1928 年 4 月初，中共中央政治局常委决定：瞿秋白、周恩来出国负责筹备召开党的六大。

4 月末，瞿秋白就准备起程，离沪赴俄。可连续三天都是阴雨天气，他与杨之华刚刚告别，天又下起雨来。直到第四天才放晴，瞿秋白化装来到码头，登轮启程。船行两天，到达大连。从这里上陆，转乘南满铁路的火车，经中东铁路，从满洲里秘密出境。于5月中旬抵达莫斯科。然后从这里乘坐马车，到莫斯科郊区兹维尼果罗德镇附近的一座乡间别墅。这是沙皇时代一个地主的庄园，叫作银色别墅，因其白色的墙壁在阳光下闪闪发光而得名。楼房面临公路，楼后是漂亮的花园。楼分三层，六大秘书处的办公室在一楼；二楼有可容七八十人的客厅，六大全体会议将在此举行；二楼其它房间住大会代表，瞿秋白，周恩来等都住在这里；三楼也住代表。

瞿秋白抵达莫斯科不久，杨之华也带着七岁的女儿独伊来到莫斯科。

之华是第一次来到这里，一切都感到新鲜。下了火车后，她东张西望，把手提包放在椅子上就带着孩子跑开了。等她回来时，手提包没有了。她惊讶地说："怎么，社会主义国家也有小偷?"秋白听了哈哈大笑，说她思想太单纯了。六大后，秋白任共产国际执行委员，之华在莫斯科中山大学特别班学习。

他们住在离克里姆林宫不远的特维尔斯卡亚大街的柳克斯旅馆。

之华白天在校紧张学习，回到家中还要抽出时间照料秋白的生活，使他集中精力于写作和工作。这里的物资很缺乏，有钱也买不到东西。食品更缺。之华总是想方设法调剂副食品。尽可能使秋白吃得好些。

两人生活很俭朴，但生活又十分和谐，感情非常亲密。当秋白工作时间过长，面带倦容，需要休息时，之华在旁就说几句诙谐风趣的话，或叫秋白放下笔做点什么，放松一下。可秋白往往应付一下，急忙又伏在桌上奋笔疾书了。

之华拿他没办法。一次有位同学来作客，之华借机向同学递了个眼色，笑着说："有个人连脸都懒得洗，洗手也只洗手心，连手背也不洗，这个人更不喜欢搞卫生，房子里有气味，他就洒点香水，你猜这个人是谁?"说完便和同学哈哈大笑起来。秋白也只好放下笔，同她们一起说笑，这才稍得一点休息。

他们共同在莫斯科生活了两年多时间。1930 年 8

月回国。

秋白早已不担任中央的主要领导职务，可在1931年1月中共六届四中全会上，却受到王明集团突然袭击，被撤销了中央政治局委员职务，并剥夺了他为党工作的权利，只不过没有开除党籍而已。瞿秋白下台，株连所及，杨之华也跟着倒霉，她被撤销了中央妇委负责人的职务。她心里感到委屈，要求给她工作做。

瞿秋白耐心地说服和热情地鼓励她说：“在受到挫折的时候，要经得住考验。革命工作多得很，要学会独立工作。”

他教之华读书，学习俄文，写短篇小说，翻释苏联文学作品。当她把自己写的《豆腐阿姐》这篇小说拿给他看时，他更是由衷的高兴，马上执笔帮她修改；她学习翻译苏联文学作品，每译出一段，他就帮她改一段。杨之华长期从事工人运动、妇女运动等群众工作，现在突然闭门读书写作，感到很不习惯。

瞿秋白便对她说：“要学会适应各种环境，善于利用一切条件和时间，去学习和工作，这也是一种锻炼。”在他的帮助下，之华逐步适应了，心情也舒畅了。

生活中，免不了要碰到不愉快的事。

有一次，杨之华在洗衣服的时候，不知怎么触犯了房东太太，她便指桑骂槐，唠叨个没完。之华回到房里生气地对秋白说：“连洗衣服的自由也没有！”

秋白却微笑着幽默地对她说：“就是因为不自由，才闹革命嘛！”一下子把她的火气全消了。

还有一次，之华看到秋白身体虚弱，很久没有吃到一点好菜了，就托邻居买到一只肥鸡，炖得又香又烂，准备让他吃顿好饭。想不到晾衣服时竹杆竟碰翻了锅，她心疼得几乎要哭了，一边收拾一边埋怨他没有帮她晾衣服。秋白马上一声不响地帮她收拾，像哄小孩似地说：“算我已经吃了吧，应该高兴嘛。不要想它了，该读书和翻译了，把你昨天译好的拿给我改。”说得她心也宽了。

瞿秋白对这位美丽、聪慧、勤劳、坚毅的女性，是非常尊重，百般爱护的。他与她同甘共苦，相互帮助，更多的是她无微不至地照料他，把一切都奉献给他。家中的一切都由她安排得有条不紊，使他有可能集中全部时间和精力写作……瞿秋白对杨之华倾注的感情和辛劳、无限感激，并且深怀歉意。之华深知王明是伤害好人，非常钦佩秋白的忍辱负重，委曲求全的高尚品格。他们互相安慰，互相鼓励，在危难中携手前进。

秋白与鲁迅、茅盾密切合作，积极开展革命的文化运动。在那腥风血雨的日子里，之华为了党的事业，为了崇高的爱情，作出了巨大的牺牲。他们的经济收入，除了鲁迅送来的稿费，几乎没有其他来源，生活是相当艰苦的。之华挺起腰杆，把一切家务都担当起来：买菜、烧饭、洗衣服、倒马桶、样样都干。她节衣缩食，精打细算，把节省下来的铜板为秋白买药治病。敌人日夜搜捕，秋白的家不知搬了多少次。他们随时都有危险，秋白常说："我们既然干革命，被捕就是很难免的，革命难免要有牺牲的。"之华深为秋白视死如归的大无畏革命气魄所感动，对秋白更加热爱。

1933 年底，瞿秋白接到要他去中央苏区的通知，情不自禁地说:“想去很久了!”他一直向往和关心着苏区。

在听到传达中央通知时，瞿秋白异常兴奋，但又不得不克制自己的感情。他平静地点燃了烟斗，安详地吸着，缕缕青烟缓缓升腾，好象带着他的心飞向远方。

沉思许久，瞿秋白站起身来，向通知人问道:“之华可以去吗?”

通知人回答说:“可以向组织反映。”

瞿秋白身患重病，苏区生活和医疗条件都很差，他想让一直照料自己生活的妻子杨之华同行，这绝非过份之请。然而第二天得到的答复是：暂时不能去。并以“工作要有人来接替”为堂而皇之的理由。瞿秋白深知这是王明集团对他的不公，但为了革命大计，他无意去计较。

事情既已决定，瞿秋白便抓紧工作，整理他近三年来的著作与译作。杨之华也忙于为他准备行装。

瞿秋白叹息地对杨之华说:“可惜《茨冈》没有译完，来不及完成了。”他拿起译稿又放下，自言自语道："随身带去又不可能……"接着他嘱托杨之华："今后可能相当长时间，不会再从事著述，过去所写的东西，既使现在不能公开出版，也应妥善保存，留待革命胜利后与读者见面。"

在离别的前夜，瞿秋白依然弯着腰低着头伏在书桌上辛勤地工作，这已成了他多年的习惯，但这一夜却又有些反常，他不时地站起身来，绕着已经睡了的杨之华的床踱来踱去，或者坐在椅子上沉思、吸烟，他的心显得很不平静。

快要天亮时，他见杨之华醒了，便悄悄地走过去，低下头，指着书桌上的一迭书说："这是你要读的书。"又把十本黑漆布面的本子分成两半，然后说："这五本是你的，这五本是我的，我们离别了，不能通讯，就将要说的话写在上面罢，到重见的时候，交换着看吧！"

瞿秋白这一夜没有休息，但精神显得很饱满。他与杨之华谈着当前的工作，也谈着离别以后的生活。杨之华发现秋白对分别后自己的生活与安全异常担心，便像小孩子似的轻松地对他说："不要紧的，过去离别几次不是都重见了吗？这次当然也一样！”

瞿秋白说：“我们还能在一起工作就好了！”

杨之华安慰地说：“组织已经答复我们，等找到代替我工作的人，我就可以走了，我们会很快见面的。”

瞿秋白突然握住杨之华的手，说：“之华，我们活要活在一起，死也要死在一起。你还记得广东某某同志夫妇一同上刑场的照片吗？”

杨之华紧紧地拥抱着秋白，激动地说：“真到那一天也是幸福的！”

这是多么无限的依恋啊！然而，为了理想和信念，他们可以舍弃一切，直至献出宝贵的生命。

离开上海半个月后的一天，杨之华收到瞿秋白的一封短信，上面写着：“我将到我们的老家，很快会看见亲兄弟，那是一个不可想象的天堂！快来！”表达了瞿秋白对苏区的热望之情。

被俘与营救

1934年10月，红军主力开始撤离中央苏区，中共中央和中华苏维埃工农民主政府也随军撤走。可是，身患重病的瞿秋白却不能随军长征，被留在即将沦陷的瑞金。

留守苏区的最高领导机关是中共中央江西分局，政府机构为中央政府后方办事处，军事上为留守部队军事委员会，这三方面的总负责人是项英和陈毅等。瞿秋白任中央分局宣传部长，兼后方办事处人民教育委员。

中央主力红军撤走后，蒋介石派顾祝同、蒋鼎文为南、东两路总司令，率领十万大军，向以赣南，闽西为中心的中央苏区进行“全面清剿”。中央苏区面临敌强我弱，衣食住行极端困难的处境，而这时的瞿秋白肺病更加严重了。

1935年初，中央分局决定送瞿秋白转道香港去上海就医。同行的有何叔衡、邓子恢和项英的妻子张亮等二十多名干部。后来又加入中华苏维埃民主政府司法人民委员兼代内务人民委员梁柏台的妻子周月林。

他们一行人，化装成香菇客商及眷属，在福建省委所派的三百余人武装护送队的沿途保护下，翻山越岭，昼伏夜行。身体虚弱的瞿秋白和年龄很大的何叔衡，在崎岖的山路上艰难地行进着，尽管疲惫不堪，但依然坚持着。怀有身孕的张亮，却一路上婆婆妈妈，琐事烦多。在通过层层封锁线，到达长汀濯田水口镇小迳村附近时，这个多事的张亮非得闹着吸烟、吃饭。结果暴露了目标，被驻扎在水口镇一带的地方反动武装保安十四团发觉，立即实行围攻。

负责沿途保护的护送队长丁头牌，一听枪响，便独自逃跑了。护送队无人指挥，便失去了战斗力。邓子恢挺身而出，组织大家突围，激战了一个小时也未突出去。何叔衡见敌人越来越近，突围无望，便对邓子恢说："子恢同志，我革命到底了！"说罢，举起手枪对准了自己的头部。邓子恢一边急说："千万别这样！"一边跑向前去夺枪，可是已经晚了，何叔衡的枪响了，他从悬崖上滚落下去。

邓子恢返身叫瞿秋白赶快向外突围。瞿秋白本已精疲力竭了，又经过这一阵的突围奔跑，更加气喘嘘嘘，上气不接下气了，便对邓子恢说："我病到这个样，实在走不动了，你快点走吧！"

邓子恢三番五次地叫他走，他执意不肯，生怕牵连同志。邓子恢急得没法，便上前拉他去，他还是不走，却指着树丛说："你快点走吧，不然就来不及了，我这里敌人是不会发现的。"

邓子恢万般无奈，便冲出重围到山下河边，把仅剩下的几个战士集中起来，用手枪、机枪、手榴弹阻击和吸引追敌，边打边走，终于突出长汀，向闽西而去。

大约在中午过后，瞿秋白被地主武装"义勇队"队员范金柱等在树丛中发现俘获，同时被俘的还有张亮和周月林等二十几名干部和近三百名护送队的红军战士。这天是2月24日。

“义勇队”押着病体支离，走一会儿就得喘息一会儿的瞿秋白，不住地厉声道：“快走，不走就地枪毙!”瞿秋白置之不理，依然走几步歇一会，借机编造供词。

下午四点钟，瞿秋白等被押解到保安十四团第二营驻扎地水口镇，营长李玉等当即便对瞿秋白施用了苦刑，加以逼供，企图获取我党我军的机密。

瞿秋白虽然身受残酷的折磨，被打得遍体鳞伤，血肉模糊，昏死过几回，但他始终咬紧牙关，坚定不移，不吐露一点实情。只是说自己名叫林琪祥，三十六岁，江苏人，肄业于北大中文系，后来在上海经营旧书店和古董生意。又进医科学校学习半年医。民国二十一年（1932）因病到福建漳州游历，不想被当时正打漳州的红军俘虏，并被送往瑞金，先后在红军总卫生部当过医生、医助、文书，文化教员等。今年一月携款逃离瑞金（为什么瞿秋白编出“携款”外逃这一情节呢？原因是，他考虑到，他们一行人从瑞金出发前，领到的每人一百元的交通费，都集中由何叔衡保管，虽然何饮弹自尽，但那笔款子难免不被敌人搜到而加以追查，所以他先把“携款”的事揽下来，避免再去逼供别人）。瞿秋白接着说，可是走到上杭露潭地区又被苏区地方武装发现，当夜由保卫局人员看押，准备天亮了再走，没想到被你们给抓了来。瞿秋白在敌人逼供时，巧妙地掩护了周月林、张亮等人。

张亮供名周莲玉，是香菇客商的老婆，说是被红军“绑票勒赎者”；周月林供名起初为陈秀英，后来又供名为黄秀英，系红军护士。

在长汀的保安十四团团长钟绍葵得到第二营俘获大批红军官兵的报告，当天急忙赶到水口镇，先听李玉关于围攻战斗经过的报告，得知被俘的林琪祥等人携有巨款，护送人员又多数携带驳壳枪。然后反复推断，认为林琪祥很可能是共产党的“要人”。于是，当天晚上由他亲自又对瞿秋白施以严刑逼供，可得到的结果与前供无差。

第二天，钟绍葵、李玉率领匪兵押解瞿秋白，沿汀江下行，第三天午后到达上杭，把他囚禁于上杭县监狱。

接着，一连几天，钟绍葵等用尽酷刑进行逼供，瞿秋白依然不为所动，供词如前。

3月9日，瞿秋白在狱中写了一个“笔供”，编造了一套假供词，借以迷惑敌人，掩护真实身份。李玉看过这篇“笔供”，对瞿秋白说：如果所述属实，可以取保释放。并要瞿秋白写信给上海的朋友索取证明，或在当地寻找铺保，以证明确实与共产党向无关系，即可予以开释云云。瞿秋白当即便以林琪祥的名义给在上海的鲁迅、周建人和杨之华写了信。

任上海商务印书馆编辑的鲁迅先生的胞弟周建人，于四月间收到一封信封背面盖有已经过监狱检查的兰色长方形印章的来信，接到信，周建人感到很奇怪，这是谁的呢，当折开来方知这化名林琪祥的正是鲁迅一向念及的瞿秋白。信中大意谓：狱中到夜间很冷，食物极少，衣服单薄，天天挨饿受冻。听监狱的人说，如果有殷实铺保或有力的团体作保，是可以释放的。

周建人当即写了一封短柬，通知在工厂以工人身分为掩护的杨之华："有要信，请差人来取。"

第二天，一位青年工人来到商务印书馆，将信取去。

隔了几天的一个中午，一位穿着入时，相貌秀丽，仪态大方的女郎来到商务印书馆门前，对门房说，要找周建人先生。见到周先生先自我介绍说，她是杨之华派来的。然后向周建仁转达道："瞿秋白的信已经交给党，党正在设法营救。可是，没有找到现成的铺保。目前考虑开设一家新铺，把人保出后再关闭。但新铺登记，势必招致敌特机关的注意，怕狱中的瞿秋白还未保出，外面的同志反而遭到不测……"

与此同时，鲁迅先生也接到一封来自上杭县狱，信封背面盖有兰色长方形印章的来信。

鲁迅先生匆匆打开来信，但见以暗语写道：

我在北京和你有一杯之交，分别多年没有通信，不知你的身体怎样。我有病在家住了几年。没有上学。两年前，我进同济医科大学，读了半年，病又发，到福建上杭养病，被红军俘虏，问我作什么，我说并无擅长，只在医科大学读了半年，对医学一知半解。以后，他们决定我做军医。现在被国民党逮捕了，你是知道我的，我并不是共产党员，如有人证明我不是共产党员，有殷实的铺保，可以释放我。……

鲁迅看了来信，心急如焚，万分难过。他深知蒋介石不会放过瞿秋白的，而具有坚定共产主义信念的瞿秋白，也决不会向蒋介石之流屈服。他现在既然落入魔掌，必死无疑。但在秋白身份尚未暴露之前，还有营救出狱的一线希望。

于是，鲁迅先生把瞿秋白的来信转给杨之华，并交给她五十元钱后，便奔走相告，多方设法营救。

杨之华得到战友和爱人瞿秋白被捕入狱的消息后，心如刀绞，悲痛欲绝，她含着眼泪，亲手为瞿秋白缝制了两条裤子，连同鲁迅先生给的五十元钱一起由邮局寄往狱所。同时，她在杜延庆、秦化人等协助下，取得了一个旅馆老板的铺保证明，并托人另租了一处房屋，准备保释回沪的瞿秋白秘密居住。

岂料，五月中旬，报纸上登载了瞿秋白被捕的消息，敌人知道了林琪祥就是他们自 1931 年 9 月以来长期以二万元重金悬赏缉拿的“共党首领”瞿秋白。

鲁迅先生在瞿秋白真实身份暴露后，依然没有放弃营救：他与发起大众语运动，主编《大白》半月刊的著名学者陈望道，准备发起公开营救运动，未能实现；他又通过同乡、中国民权保障同盟副主席，曾任南京国民政府大学院院长、中央研究院院长、监察院院长的蔡元培，在国民党统治集团内部力争保留瞿秋白的生命。蔡元培确也鼎力相助：在蒋介石召集的一次会上，蔡元培不顾个人安危，向蒋介石提议道：“瞿秋白是一位十分难得，颇有才气的文学家，留下来对中国是有好处的。”蒋介石等人当即否定了这一意见。

这样，一切营救计划就都终成泡影。

鲁迅在他的 5 月 22 日、6 月 11 日的两封《致曹靖华》信中，十分沉痛地说：“它事极确，上月弟曾得确信，然何能为。这在文化上的损失，真是无可比喻。”“它兄的事，是已经结束了，此时还有何话可说。”

这些后来发生的事情，狱中的瞿秋白，对这一切——党组织、鲁迅先生、战友和爱人杨之华的积极营救活动——是一概不知的。

狱中斗争

瞿秋白的真实身份是由于项英的妻子张亮的告发而暴露的。

1935 年 4 月 10 日，国民党军第八师在长汀、武平和会昌三县交界的归龙山下，俘获了突围走散的中共福建省委书记万永诚的妻子，她供出瞿秋白、何叔衡，张亮等都在濯田地区被俘。第八师师长陶峙岳立即将万妻所供情况，电告国民党驻闽绥靖公署主任蒋鼎文。电称：

据万匪永城之妻供称，矛秋白、何叔衡及项英之妻，均在灌田被我军俘获。

电称的“矛秋白”之“矛”字，为“瞿”字之误，“灌田”之“灌”字为“濯”字之误。

蒋鼎文随即电令驻防在长汀地区的第三十六师和管辖该地区的第二绥靖区紧急进行查报。

保安第十四团根据第三十六师和第二绥靖区的电令，对被俘的300多名红军官兵重新审查，以软硬兼施的办法，对俘虏们逼供、诱供，企图查出瞿秋白、何叔衡等人。

这时，因怀有身孕，临近分娩期而被保释的张亮和被十四团二营营长李玉纳为小老婆的周月林重新收押。

敌团长钟绍葵对张亮诱供道：“你只要暗中指认出瞿秋白，就立即释放你。”敌人为了拢络她，还提供轿子让她乘坐。

张亮为了保住不久就要分娩的胎儿，竟背叛了入党时的誓言，无耻地对钟绍葵说：“我怀孕不能走，你们给我轿坐，我很感激。我现在报告你们：那个医生林琪祥是中共中央总书记瞿秋白。”周月林附和张亮所供，同时供出何叔衡在小迳村被打死，邓子恢已经突围等情况。

“林琪祥就是瞿秋白!”这意外的情况使钟绍葵得意忘形。一面向南京发邀功请奖电报，一面派几名部下协助三十六师的一支部队，将瞿秋白押往长汀。

张亮、周月林屈膝投敌，出卖瞿秋白，公开发表“反共悔过书”后，深得敌人赏识，随即以二人“在狱谨守规章，行状善良，且体弱多病”为由，将其提前释放。

张亮怀着羞愧不安又渴求原谅的心情来见项英，企图以声泪俱下的辩解来取得丈夫的同情：“德龙(项英原名)，原谅我的一念之差吧！我是为了咱们的后代……假若我不说出来，别人也会说出来，敌人早晚总会把瞿秋白同志认出来的，为什么不可以……”

“混蛋!”项英跳起来愤怒地嘶喊一声，用颤抖的手指着农舍柴扉的门口，“快滚出去！无耻的叛徒！如果不看你怀着孩子，我就当胸给你一枪。快滚，我不认识你！让我永远也不要见到你！快滚！滚！滚!”

项英怨恨极深的诅咒，如利剑刺她的心脏。她摇晃了几下，颓然昏倒在泥地上。

项英急步躲进后山坡的那片竹林，烦闷地坐了三个小时，苦苦地思索着妻子的辩解，当他稍平激怒，重新回到住处时，她已经“滚”了。

……

瞿秋白经过近半个月的风风雨雨，长途颠簸，直到5月9日才抵达长汀。

瞿秋白被拘押在设于长汀中学里的第三十六师师部。

瞿秋白抵达的第二天，敌人不顾他病体缠身及一路劳累，便组织了一次所谓的军法审判。

审判开始，军法处长吴淞涛问：“你的年龄，籍贯?”

瞿秋白答：“三十六岁，上海。”

吴淞涛眯了一下眼睛，拿腔作调地接着问：“你何时被俘，同时被俘的还有几人啊?”

瞿秋白平静地答道：“被俘有一个多月了，同时被俘的还有两个女眷。”

这时，吴淞涛霍地站了起来，狡黠地诈问道：“你是瞿秋白，不是林琪祥。我在（民国）十六年时曾在武汉见过你讲演，你不要冒混了！”

瞿秋白镇定地答道：“我确不是瞿秋白！”

吴淞涛给法警一个眼色，把先已被俘投降的叛徒郑大鹏带进“法庭”。郑曾在苏区教育人民委员会工作，当然与瞿秋白认识。在郑的指认下，瞿秋白承认了自己的身份。

瞿秋白坦然一笑，说：“既然指认，我就不用‘冒混’了。我就是瞿秋白。我在上杭笔述的供录，算是作了一篇小说一样。”

三十六师师长宋希濂，是湖南人，毕业于黄埔军校第一期。对第一次国共合作时期，担任国民党中央候补执行委员、国民党“政治委员会”成员的瞿秋白，极为钦佩，他曾读过瞿秋白的著作，对其学问也颇为仰慕。

现如今，宋希濂已经成为背叛国民革命的蒋介石麾下积极“剿共”的干将。他奉蒋介石之命，负责看押中共“党魁”瞿秋白。

宋希濂在瞿秋白面前口称“瞿先生”并在生活上给予优待，其因有二：一是瞿秋白身害重病，如果生活上照顾不周，一旦不起，无法向其主子交待：二是企图软化瞿秋白的革命意志，达到劝降的目的。

在宋希濂的“关照”下，瞿秋白的生活条件得到了改善：所住的房间约有一丈见方，有地板，室内有一张中国式的木床，一张书桌，二、三条板凳，一个洗脸架。伙食与师部工作人员等同，有时还加几两酒。

瞿秋白深知所面临的是一场特殊条件下的斗争，这里有迷人的笑脸，客气的称呼，优越的待遇，但在它们的背面却暗藏着阴险狡诈的心地。他以不卑不亢，亦刚亦柔的态度，进行针锋相对的较量。

瞿秋白从少年时代起，就写得一手好字，赋得一手好诗，刻得一手好印。那些宋希濂以下的大小军官胸无点墨，又喜附庸风雅，求诗的不多，但对印章却是求之不迭。瞿秋白身陷牢狱，坚持革命信念，向看守他的一些官兵宣传革命道理，同时，乐得消遣，对求诗索印，一概来者不拒。狱中诗词，多是表现革命理想情操的，也有抒发个人消沉情感的，透露出他是一个多愁善感、诗人气质很浓的人。

在狱中，瞿秋白还尖锐地批判过胡适，批评过三民主义，痛斥过蒋介石及其主义，并不失时机地对中下军官进行革命思想宣传。瞿秋白对狱医陈炎冰说：现阶段中国革命是土地革命，毛泽东的土地革命、农村割据主张是正确的。他在赠给陈炎冰的一张照片上写道："如果人有灵魂的话，何必要这个躯壳！但是，如果没有的话，这个躯壳又有什么用处?!"

在狱中，瞿秋白还与宋希濂进行过多次针锋相对的"谈话"。

一次，借放风的时间，宋希濂来到囚房前面的小小天井里，陪瞿秋白散步，先是谈些文学艺术上的事情，后来，宋希濂将话锋一转，说道："如今农村土地荒芜，苦不堪言哪，这都是共产党人搞阶级斗争所造成的。孙中山先生说阶级斗争不适合于我国国情，是有道理的。你说呢！瞿先生。"

瞿秋白直率地回答道："我不只一次地和你谈及这个问题，孙中山的三民主义是一种不彻底的革命，他没有认真研究中国尤其是农村情况。农村人烟稀少，土地荒芜，不是因共产党人搞阶级斗争，而是由于国内战争和你们对苏区的严密封锁。……”

“瞿先生，你现在的处境……何必要说假话呢？苏区也未必是地上的天堂吧！”

瞿秋白冷冷地盯了对方一下，拂袖进了囚房。

为了驳斥敌人对苏区的攻击和诬蔑，瞿秋白写了一篇热情宣传和歌颂中央革命根据地欣欣向荣景象和人民群众新生活的“供词”。摘录如下：

初进苏区的感想，首先就是各乡各区……的政权的确握在另外一种阶级手里，同苏区以外是相反的。那些“下等人”，无论他们因为文化程度的低而做出些愚蠢或者多余的事，可是，他们是在学习着、进步着，在斗争中纠正着自己的错误。

他们中间产生了不少干部，……。例如江西省苏维埃政府主席刘启尧（现在已经在战斗中死了），他是一个长工，二十多岁还是一个字不识的，然而三年的苏维埃革命中，他努力学习，甚至晚上不睡觉——在一九三四年三月间我见着他的时候，他已经能够看得懂《红色中华》报，已经能够指导一个省政府的工作。

经济建设方面，除兵工厂、印刷厂、造币厂等一些国有企业外，农业方面在后方也有可惊的成绩。例如去年的春耕运动教会了几万妇女犁田。

苏区去年没有灾象是事实，虽然红军扩大了好些，就是在家耕田的壮丁少了好些，而米粮能够吃到今年秋季。……至于民众同苏维埃政府的关系方面，只看一九三四年五月扩大红军，九月又扩大，计划都完成了；六月和八月的收集粮食（有借农民的谷子，有农民自己节省来捐助的谷子，有按时交纳土地税的谷子）也完成了。

苏区的生活，在一九三四年二月到八九月，还是相当安定和充足的，不过盐贵些，布缺乏些，这是国民党封锁的关系。我见着一般农民当时的饭菜，问他们比革命以前怎样，他们都说好些，因为分了田。

到后来，国民党的军队很多很多的围紧起来，占领了一切城市和圩场，乡村中的生活就一天的苦起来，因为有油的地方运不出，没油的地方买不到，……等等。生活一般的说，是很苦的，并没有在苏维埃革命之后立刻创造“地上的天堂”。

这区域原来就是很贫瘠的，何况要应付这样严重的战争和封锁，这的确是中国历史上空前残酷的战争呵！

……

最后我只要说：“我所写的都是我心上真实的感觉。我所见，所闻，所作，所想的。至于我所没有见过的，没有觉到的，或者违背事实，捕风捉影的话，我是不写的。我不会随声附合骂几句“共匪”，更不会装腔作势扮成共产党的烈士——因为反正一样是个死，何苦自欺欺人呢?!

瞿秋白这篇“供词”，击中国民党的痛处。他在与魔鬼打交道中，始终是清醒的革命者，敌人煞费苦心妄图从他口中套取我党我军的秘密，得到的却是当头棒喝。

"此地正好，开枪吧！"

敌人从刑讯逼供到软禁厚待，三个月过去了，从瞿秋白口中却没有捞到任何所需要的东西。蒋介石见长期监禁不能战胜瞿秋白的坚强意志，只好命中统特务机关派员做最后一次劝降。

5 月 22 日，南京伪中央党部向驻闽绥靖公署发了一道密电：

派陈建中同志来闽与瞿匪秋白谈话。

陈建中，原是共青团陕西省委书记，1933 年被捕叛变。曾任中统局行动科干事，专门负责"指导"苏区的"特情工作和检查工作"，并在中统"社会调查人员训练班”中讲授《说服工作》，可见是对中共人员进行“说服”的专家。

可是南京方面担心陈的才学、阅历、身份不足，单枪匹马不是瞿秋白的对手，于是，又下了一道密令，加派中统的另一骨干分子王杰夫出任这次劝降的头头。

王杰夫毕业于燕大，研究过宗教哲学，在清洗军中进步人士上深得中统特务头子陈立夫的青睐，曾任中统训练科科长，并负责领导“中共自首人员招待所”和中统“社会调查人员训练班”，作过中共一些大叛徒劝降工作。

临行前，陈立夫召见王杰夫，对他说：“如能说降瞿秋白，那在国内国际上的号召和影响都是很大的。”并布置王杰夫通过瞿秋白查明共党在上海、香港地下组织关系和江西的潜伏计划。

王杰夫是以“中央组织部特派福建党务视察委员”的身份赴闽的，途中又吸收福建省党部秘书、调查室主任钱永健和厦门市党部书记、中统特务朱培璜。

在与瞿秋白谈话前，王、陈、钱、朱四人商定劝降方案：以亲属朋友的情感拉拢；以降后受优待重用的例子攻心。王杰夫傲慢地对手下特务们说：“瞿很顽固，军界拿他没办法，我们一定作出成绩来，给他们看看！”

“谈话”已经进行了多次。这天，王、陈、钱、朱四员干将加上三十六师政训处长蒋光启，又与瞿秋白进行谈话。

王杰夫戴着一副金丝架的眼镜，先用一对小眼珠盯视了一下桌对面端坐着的瞿秋白，然后细声细气，颇有感情地说：“你的问题，你自己没有兴趣考虑，可你的亲戚和家属，倒希望你好好的加以考虑。你难道要让他们失望吗？”

瞿秋白坚定地回答道：“我自己的问题，从来由自己考虑，不劳朋友亲戚甚至家属来考虑。特别是政治问题，过去是我自己考虑，现在不可能也不必要亲友代劳。”

王杰夫被顶得翻了一下眼珠，停了一会儿，以关切的语气说：“瞿先生，我们从南京到长汀来，因为你是一个非凡的人才，你的中文特别是俄文程度，在中国是数一数二的，你生存下去，可以作翻译工作，翻些托洛茨基最近有关批判联共的著作，这对你来说是轻而易举。……”

瞿秋白打断对方的话，抢白道：“我对俄文固然懂得一些，译一点高尔基等文学作品，自己觉得还可以胜任。如果译托洛茨基反对联共的著作就狗屁不通了。”

瞿秋白软中有硬，一语双关，又把王杰夫顶得直翻白眼，气不打一处来，可是还得假惺惺地说：“朋友、亲属关心你，中央挽救你，也是爱惜你的才学，才派我们远道而来。哪料到同你谈了好几天，你无动于衷乎?”

瞿秋白深知敌人的用心是以诱惑置自己于不义，便斩钉截铁地表明自己的态度：“王先生，钱先生，谢谢你们的好意。我问你们，这种关心和陷害有什么区别！我知道，你也知道，事实上没有附有条件是不会允许我生存下去。这条件就是要我丧失人性而生存。我相信凡是真正关心我爱护我的亲友家属，特别是吾妻杨之华，也不会同意我这样毁灭的生存，这样的生存只会长期给他们带来耻辱和痛苦。”说完，霍地站起身，拂袖而去，弄得四大员和蒋处长面面相觑。

王杰夫也只好说：“先谈到这，先谈到这。”便草草收了场。

在另一次谈话会上，王杰夫皮笑肉不笑地试探道：“我有一个假说，假设瞿先生不幸牺牲了，你瞿先生是否希望中共中央为你举行盛大的追悼会呢?”

瞿秋白对这笑里藏刀，暗存讽意的话，嗤之以鼻，冷言道：“我死则死耳，你何必谈什么追悼会?!”

坐在一旁的陈建中，觉得王杰夫过于兜圈子了，有些不耐烦，便单刀直入地问道：“瞿先生，你是去香港再转往上海，你打算在香港住什么地方！还有什么关系？到上海又打算住什么地方？有什么关系?”

瞿秋白心里话：狐狸的尾巴到底露出来了！对这愚蠢的问话，只能不加理睬，以无声相抗击。

还有一次，王杰夫一反常态，一上来就摆出恶狠狠的样子，质问道：“请你说明中共中央过去发动过几次大暴动，如南昌暴动，两湖秋收暴动，广州暴动等，这个责任，你瞿先生要不要负责?”

瞿秋白听了止不住地一笑，坦然道：“这些大暴动，都是中共中央发动的。发动这些革命运动的责任，在中央方面，我当然负责任!”

谈了好几天，总算得到了一个答复，王杰夫想一鼓作气地追查到底，便接着问：“中共中央和红军都西上了，江西等地的善后潜伏计划，你当然知道一些的，请谈一谈。”

“谈，你算什么东西，哼!”瞿秋白在心里嘲笑这般人的愚蠢。结果又以拒绝回答回击对方。

经过多次交锋，非但劝降无望，就连上司交待的查明地下关系和潜伏计划也未获得半点满意的答复。但王杰夫还不死心，在离开长汀的前一天，他们与瞿秋白作最后一次谈话。

王杰夫见到瞿秋白，先是礼节性地招呼道：“瞿先生，我们决定明天就离开长汀回南京了。”瞿秋白点点头。王杰夫紧接着老调重弹地说：“那么瞿先生，你是不是在我们走以前最后表示一下你的真正态度。

我们同你的亲友一样诚心诚意挽救你，爱惜你的才学。”

瞿秋白直接了当地回答：“劳了你们远道而来，几天来费尽心机和口舌。我的态度，昨天都谈得一清二楚，任何改变都是不可能的！”

钱永健外表和善，内里威胁地说：“你要识大体。最近中共残部流窜西去，只余下几个小股，很快就要肃清，中国已经空前统一，中共穷途末路，大势已去。‘识时务为俊杰’，你为什么这样顽固迷信？我看瞿先生还是从速考虑吧！”

王杰夫紧跟着以叛徒顾顺章为例进行“攻心”：“你如果决心生存下去，不一定叫你作公开的反共工作。你可以担任大学教授，也可化名做编译工作，保证你不作公开反共。瞿先生，你学识渊博，现在正是国家用人之际，所以，我们为国家爱惜你的生命。瞿先生，你不看顾顺章转变后，南京对他的优待。他杀人如麻，中央都不追究嘛！”

瞿秋白从容不迫地说：“我不是顾顺章，我是瞿秋白。你认为他这样做是识时务，我情愿作一个不识时务笨拙的人，不愿作个出卖灵魂的识时务者！”

这铿锵有力的慷慨陈辞，把自以为是的四大员惊呆了，话已至此，他们也不敢再说下去了，便以偃旗息鼓而告结束这最后一次的“谈话”。

当天晚上，三十六师师长宋希濂为王杰夫等四人饯行。

席间，王杰夫一扫刚来时那种得意扬扬，不可一世的傲慢之气，无限沮丧地哀叹道：“我们不能作到使瞿秋白为我们所用，这实在是说我们工作的失败。惭愧，惭愧！”

宋希濂忙打圆场，解嘲道：“哪里，哪里，我们不也是做了不知多少倍的工作吗，结果呢，徒劳无功。南京军委会也派了专员来，他们办理这类案子是很有经验的，可最后还不也是无功而返嘛。不要说丧气话了，大家彼此，彼此，还是喝酒吧，喝，喝”！

宋希濂的一番话，总算自圆其说，缓和了气氛。接着，他又说：“要瞿秋白为我们国民党所用，实在等于白日作梦。他在师部被囚押期间，还不放弃马克思主义的宣传，我们师部有些人对他的看法就不正确。他多在师部一天，我就不放心一天。万一有个什么差错，我将如何向委员长交待呀！请王委员回南京向当局汇报务请理解我的苦衷。”

第二天，王杰夫便率众离开长汀，回南京复命。

蒋介石见劝降未成，便下了立即杀害瞿秋白的命令。

1935 年 6 月 16 日，宋希濂接到顶头上司蒋鼎文转发来的密电，命令对瞿秋白“就地枪决，照相呈验”。

第二天中午，宋希濂派参谋长向贤矩去瞿秋白房间下达最高当局的命令。这时，勤务兵端进来一大盘酒菜，瞿秋白说：“今天是什么日子？参谋长还亲自来作陪。”参谋长不寻常的到来，使瞿秋白警觉到要发生什么重大事情。

“瞿先生，你在这有一个多月了吧？”参谋长问道。他预想瞿秋白在死神面前会吓得软瘫如泥，所以先暗示地问了这一句。

“我不记日子。怎么，要送我上路？”瞿秋白坦然地放下手中刚举起的筷子。

“是的。”参谋长严肃地说：“你多次讲过，从被俘后就没打算活下去。现在，最高当局来电报，可以成全你了。师部遵照委员长的命令，决定明天上午执行，让我提前转达给你。你还有什么话要说，要办什么后事，可以直说，我们将视情况为之。”

瞿秋白沉着气听完参谋长的话，他饮了一口酒，铿锵有力地回答说：“我早等着这一天！这样做才符合蒋介石其人的作为！我提议，为你们提前给我送行，干杯！”

6月18日，是瞿秋白就义的日子。

这天是个大晴天，而师部却是兵卫严密，一派肃杀之气。清早，瞿秋白起身换上了新洗的裤褂和鞋袜，认真地洗漱之后，泡上一杯浓茶，点支烟，坐在窗前翻阅着唐诗，金灿灿的霞光投进了门窗，他翻着，吟读着，思索着，提笔书写起来——

1935年6月17日晚，梦行小径中，夕阳明灭，寒流幽咽，如置仙境。翌日读唐诗，忽见“夕阳明灭乱山中”句，因集句得偶成一首：

夕阳明灭乱山中，（韦应物）

落叶寒泉听不穷。（郎士元）

已忍伶俜十年事，（杜 甫）

心持半偈万缘空。（郎士元）

正写到这儿，军法处处长传令催促起程，瞿秋白于是疾笔草书：

方欲提笔录出，而毕命之令已下，甚可念也。秋白有句：“眼底烟云过尽时，正我逍遥处。”此非词谶，乃狱中言志耳。

秋白绝笔

瞿秋白掷笔整衣，昂首走出房门，向站在堂屋里的宋希濂及大小军官们扫视了一下，神态自若，缓步从容地走出大门，进了戒备森严的中山公园。一桌酒肴已摆在八角亭里，按照特务安排，瞿秋白在亭前拍照。只见他上身着黑色中式对襟衫，下身穿白布抵膝短裤，黑线袜，黑布鞋，背手挺胸，两腿分叉，面带笑容，为世人留下了一位革命者最后的风采。照相后，他背北面南坐定，自斟自饮，旁若无人。酒兴中他又高唱《国际歌》、《红军歌》数遍。痛饮数杯后，又放歌曰：“人之公余稍憩，为小快乐；夜间安眠，为大快乐；辞世长辞，为真快乐也!”

歌毕，瞿秋白在呆若木鸡的匪兵刀枪密布环护之下，走出中山公园，漫步走向二华里外的刑场。他手挟香烟，顾盼自如，沿途用纯熟的俄语高唱《国际歌》，并不断高呼：“中国共产党万岁!”“中国革命胜利万岁!”“共产主义万岁!”走到罗汉岭下蛇王宫养济院右侧的一片草坪上，他盘膝而坐，对刽子手微笑点头说：“此地正好，开枪吧!”

哨声落，枪声起，时年36岁的瞿秋白饮弹洒血，从容就义。

苍天为之动容，山川为之哭泣，中华大地将永远铭刻着她优秀儿女的英雄业绩……

作家故事文库

主编／新禾

副主编／霍红　高玉兰

瞿秋白的故事

（上）

陈洁／著

時代文藝出版社

作家故事文库·瞿秋白的故事

作　　者:新　禾　主编
责任编辑:姚家余
责任校对:王旭玮
装帧设计:章桂征
出　　版:时代文艺出版社
（长春市泰来街 1825 号　邮编:130062　电话:86012927）
发　　行:时代文艺出版社
印　　刷:三河市灵山装订厂
开　　本:787×1092 毫米　32 开
字　　数:154 千字
印　　张:70
版　　次:2011 年 5 月第 2 版
印　　次:2011 年 5 月第 2 版第 3 次印刷

书　　号:ISBN 978-7-5387-1075-5
定　　价:417.20 元(全 14 册)

目　录

目　录

瞿秋白小传

瞿秋白（1899—1935）幼名阿双，又名爽、霜，号雄魄，江苏常州人。中国共产党早期领导者之一，著名作家、文艺理论家、文学翻译家。1917年在北京俄文专修馆读书，开始接受新思潮的影响。“五四”运动爆发时，他积极参加与领导了学生运动。“五四”运动后，同郑振铎等组织进步社团“社会实业社”，编印《新社会》等刊物，宣传反帝反封建的激进民主主义思想。1920年3月参加李大钊等组织的马克思学说研究会的活动，同年10月以《晨报》记者身分访问苏联，向国内传播苏联十月革命的经验和马克思列宁主义。1922年加入中国共产党，出席过苏俄召开的远东民族代表大会和共产国际第三、四次代表大会，会见过列宁，任东方大学中国班助教、翻译。在留苏期间写了两本散文集《饿乡纪程》，《赤都心史》。1923年回国，在中国共产党第三次代表大会上当选为中央委员。主编党的机关刊物《新青年》、《前锋》杂志、《向导》周报，成为党的杰出的组织家、宣传家。第一次国内革命战争时期，维护革命统一战线，同资产阶级右派代表戴季陶进行坚决斗争，批判了陈独秀右倾机会主义。1927年国民党叛变革命后，他主持召开了党的“八七”会议，结束了陈独秀右倾机会主义在党内的统治，确定了实行土地革命和武装起义的方针。1927年冬至1928年春，他在担任中共中央书记时，曾犯“左”倾盲动主义错误。1928年7月，出席了中国共产党第六次代表大会，同年又出席了共产国际第六次代表大会，并被选为共产国际执行委员和主席团成员，参加共产国际工作，担任中共驻共产国际代表。1930年回国，主持召开党的六届三中全会，停止了危害党的立三路线的执行。1931年1月，在中共六届四中全会上，受到王明等人的打击，被排斥于中央领导机关之外。1931年至1933年，在上海养病，并和鲁迅一起领导左翼文化运动，用很大精力从事马列主义文学理论的译介工作，创作了许多犀利的战斗杂文。1934年1月，到中央根据地，被选为中央工农民主政府委员和人民教育委员，还担任苏维埃大学校长，创办高尔基戏剧学校，培养了党的文化艺术干部。红军开始长征后，他留在江西根据地。1935年2月，转移途中，在福建长汀口附近，被国民党军队逮捕，6月18日在长汀英勇就义。遗著编有《海上述林》（由鲁迅整理出版）、《瞿秋白文集》等。

童 年

常州，是一座历史悠久的文化古城，这里风景秀丽，物产丰富，水陆交通四通八达，是个人杰地灵的好地方。

1899年1月29日，下午6点钟左右，一个小生命诞生在常州府的青果巷八十六号瞿宅八桂堂天香楼内，他，就是瞿秋白。

青果巷，在常州府城东南角的广化门内。过了天禧桥向北走不远就是，它东西走向，长条石板路，整齐、干净。这巷内有不少高大古老的石库门宅第。

八桂堂就是青果巷中一座坐北向南的深宅大院，这瞿家宅子原叫瞻远堂，后因在楠木大厅堂前、堂后各种了四株桂花树，因此改名为“八桂堂”。

八桂堂又分东西两院，在东院有幢五开间的两层高大的楼房。因为楼房一年到头笼罩在梅、兰、桂、菊各色花木的浓香之中，又是内眷住的地方，便取了一个秀美雅致的名字，“天香楼”。

瞿秋白就诞生在天香楼内，他是瞿家的长子。因为头顶有两个旋儿，父母就给他起个乳名，叫阿双。小学及中学初期，学名就叫瞿双，别号瓠舟、铁柏、铁梅，后来改名为瞿爽，或叫瞿霜，同时又改号秋白。

瞿秋白十三岁前后，写了一首咏菊诗：

今岁花开盛，
宜栽白玉盆，
只缘秋色淡，
无处觅霜痕。

这首诗中，嵌入了他的名号：霜，秋白。

瞿秋白五岁时，到星聚堂的庄氏书馆里读书。

这书房在新厅西面，北墙是六扇格子窗，窗下放一张不大的四方木台，这就是庄怡亭先生的书案。

私塾里共有九个学生，瞿秋白的座位紧挨着庄先生的书案，是一张有两个抽屉的长方桌，桌面上放着笔墨纸砚和蒙童读本，桌后是一张老式的靠椅，其他塾生们的座位全排在庄先生书案的右侧，面东而坐。

庄怡亭先生只有十八岁，虽然很年轻，且身体瘦弱，脸上还有麻子，但并不失严师风度，对塾生的要求是相当严格的，除了规定的时间休息外，一律不许随便出书房，否则要受到责罚。

书馆的功课，先是识字，接着读蒙学课本《百家姓》、《神童诗》等。秋白入学前曾跟母亲识过字，所以先生一教，很快就学会了，有的字先生还没教，他已经会读会写了。

入学第一天，先生教了八个字："聪明伶俐，青云直上"，这是秋白在家就学会了的字，放学回家，一边写给母亲看，一边得意地说："早已晓得了。"母亲说："不要自满。要懂得温故而知新的道理。"秋白点头道："晓得了。"从此，认真听课、认真读与背。所学的成绩都在上上等。

六岁时，瞿秋白就进了刚刚成立的冠英小学堂读书了。

冠英小学堂分高等和初等两级，共有学生 87 人。其中高等分甲、乙两班，有 55 名学生；初等一个班，有 32 名学生，秋白读的是初等。

学堂堂长庄苕甫，虽是举人出身，但很有维新思想，立志改革教育。他定学堂名为“冠英”。取“冠乎群英”之义。学堂有《校歌》、《春季旅行歌》、《春秋运动会歌》等，歌词内容表达了堂长追求新思想，培养新一代的抱负。《校歌》号召学生在“欧风美雨”的冲击中，为振兴中华而贡献力量，其歌词为：

欧风美雨，

飞渡重洋，

横来东亚兮。

睡狮千年，

暂将惊醒兮。

大有为兮，

冠英学生兮。

《春季旅行歌》、《春秋运动会歌》都是宣传团结互助、奋进向上的精神。其歌词分别是：

方春之时作旅行，
足力更奋迅，
名区胜地恣遨游，
处处好印证。
花花草草有精神，
莺燕都成阵。
少年世界春世界，
努力向前行。

天择由来因物竞，
运动要竞争。
胜固可喜，
败欣然，
都是弟兄们。

胜不相让，

败相救，

团结要坚韧。

合群起兵视此行，

勖哉我学生。

秋白在这歌声飞扬，图新奋进的氛围中，感到无比的高兴，在幼小的心灵里，立下了竞欧美，振中国的宏伟大志。

学堂的教法，反对旧书院私塾死读死记的方式，注重科学实验。这对秋白是闻所未闻，见所未见的新鲜事！

有一次上生物课，当堂解剖小狗儿，教师指点内脏器官的结构和位置。看后，秋白对同学说：“大人常说良心要放在当中，可见他们并不知道心是在胸的左侧呢！”

秋白在学堂里读了四年，是一个用功读书，成绩优秀，聪敏、老实，深受师长和同学称赞的好学生。

在冠英小学堂，秋白和同学们经常听到老师讲些常州的历史掌故。如，宋朝末年，蒙古大军打到常州，烧杀抢掠，整个常州府城的房子全被焚毁，仅仅留下城外 18 户人家，史称“18 家村”。又如，明代末年，常州奔牛镇出生的美女陈圆圆是吴三桂的爱姬，后来被闯王李自成麾下的大将刘宗敏抢去，吴三桂一怒之下竟引清兵入关。再如，太平天国末年，常州是被李鸿章雇佣的洋枪队攻破的。

老师讲述的这些富有文学色彩的历史故事和民间传说，给肯于思索的瞿秋白以很大的启迪，提高了他观察世界，认识世界的能力。

一次，在学校听老师讲《胭脂井》故事，秋白回家便学着老师的腔调，对小朋友讲：“五代时期，南唐的金陵，对了，金陵你们知道吗？就是南京。那啊，有个李后主，宋兵打来破城入宫，李后主就把妃子藏在后宫的枯井中，后被宋兵抓住。写‘帘外雨潺潺’好词的李后主，竟投降了赵匡胤。”接着秋白又借题发挥道：“还有三国时诸葛亮做他丞相的刘后主，就是刘备的儿子，后来也投降了魏国的司马昭。这些后主哇，有的词虽然写得好，但他们都不过是亡国之君。”

瞿秋白除了出色地完成规定的功课外，他还抽时间广泛阅读他所能得到的古典文学作品。

父亲见他这样喜欢读古代故事书，便在他九岁那年的农历春节，买了一本《绣像三国演义》送给他。这下可乐坏了小秋白，他有空就读，竟能倒背如流。

不过，秋白从小学开始，家道就日趋没落和衰败了，这使他的性格变得沉默寡言，忧郁寡欢。

秋白的祖母原来由他的父亲赡养，但他父亲既不做官，又不做生意，干别的也没有本事，因此没有分文收入，家中生活全部依赖在杭州做官的四伯父接济。但是，四伯父为官两袖清风，有限的俸禄，负担不起两家的生活，所以不久便把秋白的祖母从常州接到杭州去，从此，秋白家的这一经济来源也断了。虽然乡下姑母家还不时地借给一些米、柴，但秋白家的生活已经大不如前了。

家庭生活的困难，使秋白的精神陷入极度的苦闷。穷，使他早熟。他每天闷闷不乐，不言不语，只是一个劲地埋头读书，总想从书中找到社会不公、贫富不均的原因。不过，他太小了，怎么会弄清其中的大道理呢！但是，他还是想要问个究竟。

有一次，他在走廊翻看《绣像三国演义》上的绣像，看得正起劲的时候，忽然听见屋里哗啦一声响，整桌的碗盏都打翻在地。接着听到父亲的怒骂声：“混帐东西，办他！拿我名片，送他到衙门去！”

在黑暗的中国，即使是仅仅有着虚衔的士绅，也可以勾结官府，横行乡里。秋白的父亲虽然不是那种坏人，与官府也没有太深的关系，但是，单凭着他的一张印有“候补盐大使”虚衔的大红名片，也足以使穷苦百姓遭到官府的鞭笞。

后来，秋白果然听到那个不慎打碎碗盏的人被送到衙门打了二十大板。

这件事，使秋白非常奇怪：随便拿一张大红名片，就可以让官府打人，这算什么道理？这件事使他懂得了：为富人撑腰的官府，不过是专门为着欺压和凌辱穷人而设的。

这时，他再去读《绣像三国演义》中《张翼德怒鞭督邮》那一回，就觉得很解气。对于张角兄弟的谋反，秋白也理解了：既然你们要打穷人的屁股，穷人自然就要造反，有什么理由要叫人家“黄巾贼”呢?

于是，他找到同学杨福利，姑表兄金庆咸，三人学《三国演义》中桃园三结义的样，跪地磕头，结为兄弟，并宣誓道：杀富济贫，为民除害，振兴中国，干大事业！

少　年

瞿秋白十岁这年春季，从冠英小学堂初级班毕业，因家庭困难，就没有上高级班，而留在家里自修。秋季跳级考上了常州府中学堂预科。

所谓常州府中学堂，即常州府所属武进，阳湖、无锡、金匮、宜兴、荆溪、江阴、靖江八县筹费共办。学校坐落在常州城东门内玉梅桥元代护国寺遗址。校前有小河，经罗汉桥曲曲折折最后流入举世闻名的大运河。校东南是露天大操场，墙外就是著名的天宁禅寺，暮鼓晨钟，清晰入耳……

学堂课程很多，如修身、国文、外语、历史、地理、算学、博物、图画、体操、兵操等等。瞿秋白的兴趣在于文科，他喜欢读历史和文学书籍，特别喜欢野史、轶闻，其中记载着帝王的腐败，官府的横暴，民间的疾苦，以及百姓的反抗斗争。这些书在当时是列为“禁书”的，或被称作无聊的“闲书”而严禁学生去阅读。

有时，在课堂上，他就在书桌下面偷偷地看这些书。一次，被老师发现了，没收了一本太平天国野史，可第二堂，他又偷偷阅读起“禁书”来，并在书上写眉批，痛斥投降清兵的明朝大臣洪承畴。

他还研读思想性读物，如《庄子》、《仁学》、老子的《道德经》、《新民丛报》、《饮冰堂文集》等，在初中学生中很少有看得懂和注意这类读物的。

堂长屠元博曾留学日本，并在那里加入孙中山创立的同盟会，他经常向学生进行民族革命教育，宣传要推翻清朝，建立民国，并组织学生进行军事操练，预备响应革命。

瞿秋白和同期入学的张太雷，在堂长的影响下，对孙中山的反清革命非常关注。他很关心时政，痛恨列强侵略和清朝的暴政。

秋白有一次约太雷在河边散步，望着静静的流水，向河里扔小石头，看着串串涟漪，非常高兴，可当涟漪消失时，静静的水映出他俩的影子。他们蹲在河边准备用手拂水玩，这时身后的辫子突然滑到胸前来，秋白立即站起身来，指着头上的辫子对太雷说："这尾巴似的东西，留着有什么用，我们非把它剪掉不行!"

不久，武昌起义的消息传来，当时他正在家温课，便独自到星聚堂西房，把自己的辫子剪下，拎着它欢跳地对母亲喊："皇帝倒了！辫子剪了!"

瞿秋白不但喜欢读"禁书"，还经常写一些不满现实的文学。

一次，他在一篇作文里赞颂敢于反抗官府的农民。

思想反动的国文教员陈雨农，平时经常咒骂革命党人是"乱贼"，当他批改秋白作文时，看完后，气得直拍桌子，嘴里骂着："简直大逆不道！竟为乱贼张目。"然后提笔在文后写了大段批语，给以"纠正"。秋白看后，竟在陈老师的批语后边再加上批语，痛加驳斥。陈雨农恼羞成怒，告到学监那里，给瞿秋白记大过一次的处分。

秋白小的时候，常常跟随母亲到住在乡下的姑母家和舅父家去。这样，他便有机会接近和认识了一些农民的孩子，他有时跟他们一起去钓鱼，还帮着他们放牛，戽水，或是割稻子。秋白很喜欢做这些事，在这里，很快的便和那些贫穷人家的孩子玩熟了，做了朋友。他很同情那些贫户人家的遭遇。

有一次，他住在舅父家里，和邻家的一个孩子去放牛，看到那个孩子身上连件褂子都没有，于是便把自己穿的衣服，脱下一件来送给他。直到后来过了很长时间，母亲发现他少了一件褂子，责问他把衣服丢到哪去了的时候，他才说了出来。

母亲听后，淡淡的一笑，说："好是好，就是我们也不多呀！"

秋白听了把头一扭，道："不多，不多，我们总比他们多些！"

这是秋白有生以来唯一的一次和母亲顶嘴，后来想起这事深感遗憾。

中学堂陋规很多，校内工友地位最低，工友如果在路上遇见教师，必须闪在路旁，立正行礼，恭恭敬敬地让教师先通过，然后自己再走，学生与工友不许交谈，更不能交朋友。瞿秋白认为这些规矩太落后了，他偏偏和一位医疗室的工友交上了朋友。

这工友叫费金生，是个从农村来的青年，在医疗室作工、住宿。他朴实、能干、热情，懂得种田的知识，知道农村的情形。瞿秋白非常愿意同费金生谈心，把他当作自己的兄长，敬重他，信赖他，同他无所不谈。当时中学堂富家子弟很多，几乎都是花钱请人洗衣服，没有自己洗的。瞿秋白家境困难，没有钱请人洗衣，又不能请假回家换洗衣服，费金生就常常在出外办事时，顺路替瞿秋白把穿脏的衣服送回家去，洗净晾干以后再去帮他取回来，有时还帮他送信取物。费金生对这位生活清苦，聪明好学，为人耿直的少年朋友，打心眼里喜欢，因此给予无微不至的关怀。

1911 年的武昌起义，推翻了清朝的皇帝，人们把头后边讨厌的辫子都剪掉了，当老百姓看到象征着五族共和的民国五色旗飘扬在丽日晴空之下的时候，曾经着实地高兴了一阵子。可是，等到孙中山把临时大总统的位置让给了袁世凯，各省的都督改称为督军之后，世道却变得越来越坏，生活也越来越艰辛了。严酷的社会现实，同人们原来的“中华民国”的美好愿望，相差得那么遥远。

瞿秋白这时就想，这不过是新国取代了旧朝嘛！“革命”后的常州同过去相比，也不过是一批新贵上台，他们贪婪无耻、昏庸腐朽，横暴野蛮的程度，比清朝统治有过之而无不及！

瞿秋白在极度的失望之下，感到莫大的痛苦和愤慨。

一次，他与童年时的好友羊牧之谈到《水浒》中的英雄好汉，愤然地说：“现在就是没有梁山泊聚义的地方，如果有，我非去不可！我身体不好，虽不能做拿着双斧的李逵，至少也好做一个水边酒店里专门接送来往英雄好汉的朱贵式的酒保。”

1912 年 10 月 10 日，是“双十节国庆日”，常州的居民和各机关学校都在张灯结彩，欢庆国庆。

瞿秋白却制了一个白纸灯笼，用毛笔在上面悲愤地写了“国丧”两个大字，然后，高高地挂在宗祠侧门上，妹妹铁群看到邻居家都挂着红灯或彩灯，唯独自家门上是挂了一盏写着“国丧”的白灯，觉得不吉利，暗暗取下来。瞿秋白知道了，仍然把它挂起来，表示了对“国庆”的鄙视和对军阀统治的反抗。

一次，羊牧之到秋白家，见他正与张太雷谈论辛亥革命后，人民生活不但没有改善，反而越来越苦的事，于是坐在一旁洗耳恭听他们的阔论。

秋白却突然背诵起老子的“民之乱，以其上食税之多”，“民之饥，以其上食税者多也，是以饥”。

“切中要害，念得好!”羊牧之拍手称快。

张太雷接着说：“还有庄子上的话呢。”接着便背诵道，“今昏上乱相之间，而欲无惫，其可得耶。”

“这是针对军阀政府而言吧!”羊牧之在旁好像注解似地说。

太雷又说：“还有庄周的‘窃钩者诛，窃国者侯’，及苏东坡的‘横槊赋诗，固一世之雄也，而今安在?’”

羊牧之这回未说，只在心里道：此又指对袁世凯称帝的不满和预料其必败的高兴。

秋白最后慨叹道："月明星稀，乌鹊南飞，绕树三匝，何枝可依。"以此表示他对当时政治上找不到出路和思想上的苦闷。

瞿秋白在精神上的苦闷，是与生活上的艰辛交织在一起的。

贤庄的大姑母这时去世了，瞿秋白家中生活因祖母被接到杭州而断了经济来源，这回，也不能再依赖姑母的柴米接济，景况日益困窘。到瞿秋白中学二年级时，家中就已不得不把星聚堂每月租金七元的房屋退赁，在族人白眼相视之下，搬到城西庙沿河瞿家宗祠。

旧时习俗，住祠堂是最不体面的事，不仅住祠堂的这一家人在人前抬不起头来，就是同族的人也脸上无光。瞿秋白一家迁入宗祠后，许多亲友从此就和他们断绝了来往。许多当官的堂兄弟和亲戚们，竟没有一个人肯伸出救援之手。在这种极端势利的社会中，瞿秋白饱尝了人情的冷暖，世态的炎凉滋味，在他的头脑中激起了强烈的愤懑，也锻炼了他坚韧的性格和反抗精神。

……

终于，因家境一天比一天更加困窘，再无法为他缴纳学费，瞿秋白不得不离开还有半年就毕业的省立五中（即常州府学堂，辛亥革命后改称江苏省立第五中学校），由一位亲戚介绍到无锡乡村的国民小学校去教书。这时，他才十六岁。

母　亲

瞿秋白的母亲姓金，名璇，字衡玉。她从小聪明伶俐，又爱读书，文史诗赋都有修养，未出嫁时，已会做诗填词，并能写得一手工整娟秀的小楷。她嫁到瞿家以后，深得婆母的喜欢，老太太常在人们面前夸奖自己的儿媳妇有学问，说："如果稚彬（秋白父亲）也能像我家媳妇那样有学问，考科甲就很容易了。"

她心地善良，性情温和，人又勤快能干，并愿意助人为乐，尤其喜欢帮助穷人，就是在后来家境困难时，也还是尽力帮助穷苦的邻居。

瞿秋白的性格，在很大程度上和母亲相近。在感情上，他与母亲比父亲亲密得多。在同情受苦人，特别是在对文学爱好上，他从小受母亲影响很深。

母亲除了经常教导秋白要刻苦努力学习，希望他长大成人以后能够重振家业。她特别注意向儿子灌注对文学的酷爱。

秋白幼年时，母亲就教他背诵唐诗，有时晚上睡在床上总要儿子大声地背诵。秋白很聪明，记忆力很强，在母亲的口授言传之下，很快就背熟了许多唐诗，如李白的《静夜思》、孟浩然的《春晓》，孟郊的《游子吟》等等。

母亲教的《游子吟》，在秋白幼小的心灵里打下深深的烙印，诗上说的："慈母手中线，游子身上衣。临行密密缝，意恐迟迟归。谁言寸草心，报得三春晖。"以亲切而真挚的感情吟颂一种普通而伟大的人性爱——母爱。尽管小秋白还不能深刻地领会其中的内涵，但他却从每天所看到的母亲为他和弟弟、妹妹们一针一线缝补衣裳的实际情景中，体会到母亲对儿女的疼爱，感到母亲太辛苦，太劳累了，不管白天黑夜，总是那样不声不响的为儿女操劳，脸上的红润，逐渐消尽，眼圈总是黑黑的。秋白心中暗想，我要听母亲的话，好好学习，干大事情来报答母亲的恩情，这可能就是“报得三春晖”罢。

夏天的傍晚，依然很热。吃过晚饭，瞿秋白常常和邻居的小朋友一起围坐在天井里的圆桌四周纳凉。这时，母亲就会坐在孩子们的身边，一边做着针线活，一边给他们讲故事。有时候她叫大家猜谜语，或者教秋白背诵唐诗。孩子们最喜欢听《聊斋》故事，母亲给他们讲《鼠戏》、《狐嫁女》、《种梨》等等。

瞿秋白最喜欢听《种梨》，这是一篇讽刺吝啬的卖梨人的故事。一位神奇的老道士用仙法种梨，片刻就把那个高价卖梨的吝啬人的一车梨都分给大家吃了。秋白和小朋友们都喜欢这位豪侠仗义的道士，而厌恶那个贪婪而又小气的卖梨人。

此外，对于《聊斋》里那个闻歌起舞献艺的老鼠精，能够千里之外撮取金杯的狐狸，他们也听得津津有味。

除了《聊斋》的故事，母亲还常常给瞿秋白和他的小朋友们讲一些别的故事。

一次，她讲《孔雀东南飞》故事。故事的主角，男的是庐江府小吏焦仲卿，女的是焦妻刘兰芝。兰芝勤劳慧美，仲卿也淳朴善良，两人的感情非常好。然而焦母横暴凶残，竟驱遣兰芝回娘家，使佳偶分离，逼待夫妇双双自尽。

瞿秋白听完故事，气愤地说："焦仲卿、刘兰芝夫妻感情那么好，为什么婆婆不要她？真是太可恶，是个恶婆婆！"

一次，母亲讲《木兰辞》故事，秋白天真地问道："木兰是个女子，怎么会装扮成男子，在军中十多年人家认她不出来？我不相信。"

常州是太平天国占领过的地方，后来被清朝和外国反动军队联合攻破，母亲也常常讲些太平天国的故事。瞿秋白对那些英勇反抗清朝统治，为穷苦百姓拼死打天下的太平军官兵，表示特别同情和钦佩。

瞿秋白家境，一年不如一年。父亲于 1913 年秋，把祖母送到杭州四伯父家里，断了经济来源，只好到湖北黄陂二姑母周家管帐，月薪三十元。到 1914 年，全家八口人的生活全靠借债维持最低的水平。有时家中的午饭，只有早上吃剩下的白粥。

看到家庭穷困窘迫的生活状况，瞿秋白心里非常难过，他对好友张太雷无限感慨地说："我们原来天天盼望孙中山，可是革命胜利了，老百姓的生活还是好不了。我们还有点粥喝，乡下还不知有多少人家连粥都喝不上呢?"说完，他吟了一首自己写的志怀诗，其中有"悲欢原有别，天地岂无私"这样的愤懑不平的诗句。

一次，秋白与太雷在街头遇见一位老农，身边站着一个头插草标的女孩，等着出卖，周围不少人在看着。秋白不忍心看下去，回头痛苦地对太雷说："那个小孩低垂着头，好像在出卖我的妹妹似的。"说完，他又指着从身边擦过的一个头戴宽边礼帽的胖子对太雷说："什么时候，大胖子要饿瘦了，天下人就好过了。"

八口之家，生活无靠，只好把家中物品拿去典当变卖，为的是换一点柴米。逐渐的，衣服、首饰，全都送出去了；墨石、书画也变卖一空，最后，连桌椅、板凳、锅碗、瓢盆，也大都典卖了。瞿秋白抽空回家，在当铺、旧货摊和米店跑来跑去，他把一包包衣物递到当铺高高的柜台上，接过极少的几个钱，然后再到米店换几升米或几斤豆。

由于支付不起学费，秋白的弟妹们早已停学在家。妹妹轶群时常到舅舅家中；弟弟云白答应过继给六伯父；景白到了念书年龄，眼下只好先在家由母亲教他学习《唐诗》和《论语》。

1915 年夏天，瞿秋白在省立五中快要读完高中的最后一年，家里实在无法供给他学费，不得不停学了。秋白体谅母亲的难处，他虽然未能读完中学，倒也并不感到怎样的痛苦。但是，这对母亲却是一个极大的刺激。她对丈夫的不学无术，无识无能，心里是不满的，而把全部的期望放在秋白身上，盼着他学有成就，将来也好光宗耀祖。现在，这期望变成了失望，她竟无法使儿子的学业继续下去，她总觉得做母亲的对不起自己的爱子，时常含着眼泪，叹息地对人说："阿双本来是可以造就的，弄得他连中学堂也没毕业，实在可叹、可悲、可怜噢……。"

典无可典，卖无可卖，借无可借，欠无可欠，瞿秋白家真的到了山穷水尽的地步啦！

面对大量的帐单，母亲无限伤心地对人说“要等到我七十岁，才能还清这些债呀！”

家道如此，满耳嗟伤，托人求职一时又没有音讯，秋白痛苦极了。他想起了小时跟母亲学孟郊《游子吟》自己暗下的誓言，好好学习，干大事情，以报母恩，可现在，两手空空，无能为力，这倒应了清代常州名诗人黄仲则的两句诗：“惨惨柴门风雪夜，此时有子不如无。”

这年中秋节，一整天，前来讨债的络绎不绝，家中房门后粘贴的帐单，足有一寸多厚。这些帐多数是秋白祖母生病时欠下的诊金和药钱，还有祖母逝世后买棺木的借款。

讨债人言辞峻刻，盛气凌人，堵门逼索，迟迟不走。秋白母亲，只好再三道歉，百般求情，婉言恳求宽限几天。她送走了这个，又迎了那个。每次把讨债人打发走了，回到房里，总是泪流满襟，不胜苦楚。他对邻家相劝的人说：“这不明摆着吗，即使是拖延宽限，可日期一到，又拿什么还呢！唉，看来我只有去死，我不死，不会有人来帮助我，孩子就不得活。”

“可别这样想，”邻家大娘劝道：“他家婶子，凡事要想开点，车到山前必有路……。”

她看到眼前这些年幼的孩子，一个个饿得哭天抹泪，又想到爱子秋白因穷所逼，连中学也没毕业，断送了前程，而势利的亲友故旧，竟把婆母在杭州病故的责任也推到她身上，说没有侍奉好，甚至连丈夫无能也成了她的过错。生活的煎熬，社会的摧残，使她对未来彻底绝望了……萌生了自杀的念头。

临近旧历年，瞿秋白经表姐夫秦耐铭介绍，在无锡南门外扬名乡江溪桥杨氏义庄所办的第七国民小学，谋得一个小学教师的位子。

这时，一家大小，嗷嗷待哺，小学教师那一点微不足道的薪金，对于八口之家犹如杯水车薪，无济于事。

母亲虽已萌自杀之念，但对秋白还是强颜欢笑地说：“阿双有了事做，每月可得些钱，家用渐渐有希望了。”

然而，她心里明白，年关逼近，债主将至，邻家都在准备年货，自家却毫无着落，任物皆无，她暗下决心……

1916年农历正月初二早晨，母亲催促秋白到无锡走一趟，她说："你先去看着学校在哪儿？可不可以住宿？好作开学准备。"她的用意，是怕自己自杀的意图被机敏的秋白发觉，欲死不能，反不好看，所以先把他支开。

秋白走后，她没有立即自杀，她看八岁的云白和五岁的坚白，都太年幼，又有些不忍心舍弃他们。可又一想，即使搂在一块，又能怎么样呢，……不能再犹豫了，趁秋白还没有回来。

正月初五之夜，外面大雪纷飞，满地鞭炮齐鸣，家家都在吃团圆饭。母亲伏在秋白书桌上，就着微弱的煤油灯光，含泪写了几封请人代抚儿女的遗书，然后把剪下来的两盒火柴头，用虎骨酒和了吞服下去。她又挣扎着挪动沉重的脚步，来到儿子的床前，为他们盖好了衣被，俯下身亲了亲儿子们熟睡的小脸儿。这时，女儿铁群忽然醒来，睁眼看了看母亲，又翻身迷迷糊糊地睡着了。母亲又看了一下儿女们的睡意，就来到自己的床上倒下了。天亮时，铁群见母亲在床上乱滚，知已服毒，在邻居资助了，急忙请来西医急救，但已无效，延至初六晚上，终于去世，享年四十二岁，遗下六子一女。

初七上午，秋白接到父亲打来的电报，便与表姐夫急忙赶回常州。一进瞿氏宗祠侧门，就见一堆烧化的东西，晓得事情不妙。他急步进院，父亲迎上哭泣道："人已经死了。"

秋白看完母亲的遗书，又看了看母亲惨白痛苦的脸，止不住地抚尸大哭，声嘶力竭地喊："妈——妈妈呀——你好苦哇，你就这样离开我们吗？妈——，妈——"那痛不欲生的样子谁见了都难过。

为了安葬母亲，秋白到处借债，购得棺木成殓，可又没有安葬费，只好把灵柩寄存在祠堂里。

母亲的死，给瞿秋白的刺激太深了！他说："影响于我生活，成一不可灭的影像。"母亲温厚善良的性格，良好的文化修养，和对儿女的教养与期望……这样好的人，把一切美好和幸福都给了别人，给了子女，而她自己却成了穷困、势利、诽谤折磨下的牺牲品。

瞿秋白在守灵时写了许多怀念母亲的诗，其中有一首《哭母》，诗云：

亲到贫时不算亲，
蓝衫添得泪痕新。
饥寒此日无人问，
落上灵前爱子身。

此诗，表达了秋白对母亲深情怀念和对那不合理的世道的怨恨。

酷爱文史，仰慕先贤

常州学堂收费很多，学费，宿费、膳费、文具书籍费，还有名目繁多的杂费，加在一起每年要付几十元，相当于一个小职员一年的薪金。按校方规定，学生每年要做两套制服，夏天是白制服，冬天是呢制服。瞿秋白每年缴纳学杂费已相当勉强，哪里还有钱付制服费。他的衣服都是母亲用父亲的旧衣改制成的长袍马褂，冬天棉衣的外面行线很密，经久耐穿。一些富家子弟见他这一身朴素的打扮，都瞧不起他，见了他都躲得远远的。秋白对他们则不加理睬，他除了发愤读书外，常常同张太雷等几个要好的同学在课余时间，聚在校园树下或河边桥头，谈论诗词、小说、篆刻、绘画。也只有在这个时候，平素沉默寡言的瞿秋白，才显得轻松愉快。

秋白幼时跟父亲学过绘画，跟六伯父学过篆刻，正巧，学堂里国文教师史蜇夫善治印，看到秋白爱此道，就精心教他，秋白还喜欢音乐，善吹洞箫，能唱昆曲。

秋白与太雷等有时在校前小河里划着小船来到护国寺南边墙外，瞻仰袈裟塔。此塔是为宋末抗元和尚万安而建。万安曾携杖率众与元兵巷战，最后英勇牺牲，其遗体失踪，百姓只寻到万安所遗袈裟，于是把它入葬建塔，以为纪念。瞻仰间，秋白吟道："时危聊作将，事定复为僧。"所吟乃是万安的名句。

一个星期天，他们又一同出了东门向文笔塔走去。文笔塔在太平寺内，为前朝所建，几经兴废，后来在光绪年间，由修建天宁寺的方丈冶开用余资修复。文笔塔三字匾额是常州著名翰林汪洵所书。他们也不看碑文，到塔前付了香资，然后入内，一层一层地向上爬着，一口气登上第七级最高层。他们凭栏四望，心胸顿觉开朗。西望城中屋舍鳞比，黑白相间；北望则良田千顷，葱绿遍野；东望则村落稀疏，间以荒坟；南望则运河似带，蜿蜒东流。大家再望望上面一块小额，题曰：“上出重霄”四字。“不知何人所书?”有人问。

秋白说：“这是王勃《滕王阁序》上的句子。”沉吟片刻，他吟道：“层峦耸翠，上出重霄，飞阁流丹，下临无地。”

“什么意思呢?”太雷问道。

“我们在这里仰视天，俯视地，不正是上出重霄，下临无地吗!”秋白答道。

又有人问：“你怎么会晓得，现在我们还没学到，怕是待到本科吧?”

秋白说：“我在小学堂时，从先生那里借到一部《古文观止》，因此读过，也就晓得这些句子。”

“秋白没有白学呀，我们大家应照他的样子多看些书，做个有作为的知识青年。”太雷倡议道。

几个同学都拍手赞同。但有人又问：“浩瀚书海，我们可从哪学起啊?”

秋白说：“我看，做一个中国人，尤其是知识分子，起码，要懂得中国的文学、史学和哲学。文学如孔子与《五经》，汉代的辞赋，建安、太康、南北朝文学的不同，以及唐诗、宋词、元曲、明清小说的特点。史学如先秦的诸子学，汉代的经学，魏晋南北朝的佛学，宋明的理学等，都要有一个初步的认识，否则怎能算一个中国人呢？”

“好，那就让我们在文艺之宫徜徉吧！”太雷道。

……

谈了一阵子，秋白说：“我们抓紧时间，顺便到舣舟亭看看吧！”

大家齐声响应，于是次第下塔。

舣舟亭在出东门里许文成坝上，传说宋代苏东坡从岭南北归，到常州舣舟之处，后人因建亭以纪念。环境甚广，三面临河，一面围墙，旧时内植桂树甚多，故有“舣舟亭，看桂花，吃熟菱”之谚流传。亭建在朝东河边，有北魏体“舣舟亭”三字小匾额，后有一段跋语。亭南土山高耸，拾级而上有万寿亭遗址，朝南石阶尚有龙形刻在中间，后面断碑多块，是当时常州官吏为恭迎乾隆下江南而建。

这一天，他们都很高兴，各自在假山石畔坐着，谈着，笑着。

秋白说："这里几经兵燹（xiǎn，兵燹：因此争而造成焚烧破坏等灾害），有些建筑物也没了，只剩下这些断碑残碣。"

太雷接着说："东鼓的舣舟亭修在河畔。而乾隆的万寿亭却修在山上，难道苏东坡不如乾隆吗？此外应该修一正厅，上祀东坡戴笠遗像，壁嵌他的手刻石刻，使我们瞻仰瞻仰，不愧他多次到过常州，亦是常州之韵事。"

大家说："是的，我们应该来个提议，使其实现。"大家于是又谈到苏东坡宜兴买宅还券事，赞其是千古绝唱的轶事，又谈到他的前后赤壁赋和他的诗。

秋白情不自禁地吟道："浩浩长江起沧海，纷纷过客似浮萍，"接着说，"东坡的遭遇确是一叶浮萍，而他的学问，又是千秋金石。我们虽也是时代的过客，但不要像浮萍才好。"

"对！"太雷说："东坡有云：'一年好景君须记，正是橙黄橘绿时'我们的好景只要抓住现在，管他将来不将来。”

“说得好，既然大家都嗜好文史，仰慕先贤，何不趁现在聚首故乡的时机，把我们常州东门外的天宁寺和红梅阁饱览一番呢！……”秋白话还没有说完，一个同学抢着道：“一点不错，我们马上就去！”

秋白说：今天时间已不早，还有明天的功课，这样吧，下星期日如果天气好，我们就一齐去。”

秋白所说的天宁寺，旧名广福寺、报恩寺，是唐代天复年间建立的古刹，历代续有增建和重修，为江南有数的丛林。寺中的殿堂这时是清代同治、光绪年间重建的，规模宏大，屋宇雄伟，那座大雄宝殿比杭州灵隐寺的大雄宝殿还要高大。寺内僧人众多，最多时竟达一千多人。资产值二千万元，其中田地约一万数千亩。

所说的红梅阁，离天宁寺不远，在玄妙观的后进。玄妙观始建于西晋永嘉年间，观中红梅阁民间传说很多，一说是宋代紫阳真人在这里亲手栽种了一株红梅，因此得道飞升；另一说是元代至正年间县衙刑吏龚子彬流放云南遇仙翁，相偕御风而行，瞬息之间抵云南。子彬见那里红梅盛开，遂折了一枝红梅，归后植于观中，红梅阁由此而得名。

这种种仙家的说教，显然是为道教徒有意宣扬而编造出来的。

瞿秋白和同学们之所以来这里，不是寻什么道教徒的神仙故事，而是来寻春探梅。

他们来的时候，恰是春光明媚的季节。

刚从玄妙观转到后面，满眼绽开的梅花，一片的红霞，在蓝天白云的映衬下，简直美极了！

瞿秋白从小在母亲的熏陶下，极喜欢诗，这时不禁边看边吟诵起先贤赵翼的名句来：

出郭寻春羽客家，

红梅一树灿如霞。

紫阳未即登仙去，

先向瑶台扫落花。

吟诵间，他们漫步来到红梅阁后面的一个大花园，不过这时没到万紫千红、争奇斗艳的季节，但见古木参天，藤蔓缠绕，假山、石池点缀其间，也实在好看，有如一幅清幽宁静的画图。

在这花园一侧，却突然看到一株满枝雪花似的梨树。翠竹苍松之间，有柏屋三间，悬挂一块小额，上写“古春轩”三个字。

轩中置石几木榻，壁上悬名人书画，琳琅满目。

老道士焚香满炉，见有客来，便迎之入座。饮柏子茶，观白鹤亮翅图。可见到秋白一行“洋学生”打扮，有意冷落，不加理会。这倒好，省得听他口若悬河地讲什么《紫阳真人插红梅》的故事，闹个悠闲自在。

在轩内浏览一番，最后随着几位信奉道教的老者，去石池看老道人养的一只白羽丹顶鹤。一直到暮霭苍茫时分，瞿秋白和同学们才离园返校。

回到学校的当天晚上，瞿秋白写了一首诗，记述这次游红梅阁的情景：

出其东门外，

相将访红梅。

春意枝头闹，

雪花满树开。

道人煨榾柮，

烟湿舞徘徊。

此中有至境，

一一入寒杯。

坐久不觉晚，

瘦鹤竹边回。

苦闷

母亲逝世以后，全家人穷得再也无法在一起维持生活，父亲带着自小有耳病，丧失听觉的阿喜，流寓山东济南寄居于大明湖南岸百花洲畔一位好友王璞生家中，以教授绘画谋生。瞿秋白按照母亲的遗嘱，与亲友商量，将弟弟景白还留在宗祠，由一位许氏阿妈照管；妹妹轶群和弟弟坚白安排到贤庄舅舅金声侣家暂住；云白按原来母亲在时的定约，过继给六伯父；其他两个弟弟暂时寄居在姑母家里，从此“一家星散，东飘西零”。

秋白把诸事安顿好，便独自一人到无锡溪桥的国民学校去了。这所小学只有他一人，又是教师，又是校长，月薪十元。有学生几十人，实行单级复式教学。因此，他是所有学生的共同教师。他教学认真，任劳任怨，国文，算术、音乐、图画各科都能胜任。

学校设备破败不堪，而且还有几个调皮学生，常常把秋白弄得很不愉快，丝毫感受不到工作的乐趣。他孤寂一人，目睹学校周围的地方恶势力任意欺压农民的情景，同时又常挂着星散在各地的家人，思想上很是苦闷。他后来回忆这一段经历时，曾经写道：

> 后来我因母亲去世，家庭消失，跳出去社会里营生，更发见了无量无数的“?”。和我的好友都分散了。来一穷乡僻壤，无锡乡村里，当国民学校校长，精神上判了无期徒刑。

悲惨万状的农村景象和穷困窘迫的经济生活，在他的心底撒下寻求解决问题的种子。因此，瞿秋白再也不愿意长期困处于“穷乡僻壤”，在精神上受着“无期徒刑”似的折磨。这样，他便毅然地辞去了国民小学校的教职，离开无锡的乡村，准备对人生道路作进一步思考与探索。

1916年清明时节，瞿秋白由无锡回到常州宗祠看母亲的灵柩。张太雷、羊牧之等少年时朋友来看他，他悲伤地吟诵那首《哭母》诗，然后说："母亲自杀后，我在现实生活中悟出一条道理，当今社会问题的核心，是贫富不均。自古以来，从冲天大将军黄巢，到天王洪秀全，做的都是'铲不均'。孙中山提出的'天下为公'，也是为了平不均。可见改革当今社会，必须从'均'字着手。"

……

这一年，瞿秋白已满十七周岁，少年时代不是在金色的，而是在黑灰色的贫困、动荡、不安中逝去了。

他已经进入了青年时代。

他要走他的路，他要找到悲惨世界给他留下的极难的天文学算题的答案，于是，他循杨子江奔赴华中重镇——武汉。

在武昌找到了比他大十岁的堂兄瞿纯白，希望能够得到一个求学深造的机会，以满足"饥渴似的知识欲”，同时也求得解决“饭碗问题。”

不久，在堂兄的帮助下，秋白考入武昌外国语专科学校，学习英文。

可是这所学校的教员，都是些在外国镀了几年金，没什么真本事的滥竽充数的角色，在这样的学校读书，哪能够满足渴求知识的愿望呢？同时“饭碗问题”也没有得到根本解决，于是秋白又去黄陂姑父家求助。

黄陂周家与瞿秋白家是两代亲戚，即所谓亲上加亲。秋白的二姑母阿多嫁给曾任翰林院编修的周福孙；秋白的堂姐瞿兰冰又嫁给了姑母的儿子周均量。

当瞿秋白来到周家时，姑母阿多把他一手揽在怀里，痛哭失声。略微平静时，叹息道：“真是难为你了，小小年纪东奔西跑，都是因命运太苦哇……”说着，又哭起来。

秋白经这一提，勾起对母亲和星散的弟妹们的思念，也忍不住地流起泪来。

接着，拜见姑父。看他表情，瞿秋白觉察出，他是不肯资助像自己这样的穷亲戚的，恐怕经济生活问题，在这儿是很难得到解决的。

看这阵势，秋白本想住一两日就走，可二姑母执意挽留，于是决定再住些日子。

在周家，瞿秋白沉默寡言，他唯一的爱好是读书。周家后院有一座小园，房屋三间，一间为家塾，两间藏书，这是秋白意想不到的“乐土”与“圣地”。他经常坐在书厨前，选择爱读的书，朝朝暮暮，孜孜不倦的阅读。《老子》、《庄子》、《资治通鉴》和四史，都是他最爱读的。晚间还要在灯下一直读到深夜。表弟周君适与他同榻而睡，有时一觉醒来，看见他还在黯淡的煤油灯下苦读。

秋白身体虚弱，面容消瘦，经常咳嗽。姑母见了忙叫堂姐请中医来诊脉，医生说他是初期肺病，嘱他按方服药，并注意休息和调养。

姑母听了，又黯然神伤，说这都是穷的，得这可怕的痨病，劝他不要深夜读书，早些睡下休息养神。秋白却说没什么大不了的。

秋白怕姑母发现他深夜读书，便等大家都熟睡后，悄悄地读到深夜，并请堂姐在窗上挂一厚窗帘，不使灯光露出来。

除了读书，秋白有时画山水画、篆刻印章。这绘画，是小时候跟父亲学的。父亲别的本事没有，却很喜欢绘画，学习清初的“四王”（王原祁、王时敏、王翚、王鉴），特别崇尚其中的王翚，颇得其古朴清丽深秀的风致。他的画多半是山水，如“杏花春雨江南”，“洞庭春色”，“山居图”，“岁寒图”等，用笔、意境都不俗，得到时人的好评。秋白的篆刻，是从六伯父那里学来的。

秋白在黄陂很少到街上游逛。只有一次，元宵节之夜，风清月朗，满城是箫鼓爆竹之声，好不热闹。周家兄弟邀他去看龙灯，他却提议到离闹市区较远的铁锁龙潭去赏月。

据民间传说，大禹治水，把一条龙锁在潭里，潭中铁柱子上拴着一条铁索链，下垂潭底，因此，称作铁锁龙潭，在黄陂这地方，它也算是一处名胜。

这里靠近城墙，清静冷僻，空中寒月映入潭中，别有一番韵味。秋白情不自禁地高吟起苏东坡的水调歌头：“明月几时有，把酒问青天。不知天上宫阙，今夕是何年。我欲乘风归去，又恐琼楼玉宇，高处不胜寒。起舞弄清影，何似在人间！……”接着又吟起杜甫诗：“思家步月清宵立，忆弟看云白日眠”，这句诗他反复吟了几遍，声调愈来愈低沉。他是在思念远在杭州的弟妹们了。至于前面所吟的水调歌头，把他在无锡乡间小学的思想复古、人生观“避世”与现实作了一下比较，以苏东坡的诗意寄托出着眼现实，探索人生的情怀。

周家兄弟并不理解秋白此时此刻的心境，却在那里追问道：“这铁锁龙潭中，果真锁着龙吗？”

秋白微笑地说：“对这种传说，何必认真。”随即把《史记》孔子见老子后，对门生说的一段话念给他们听：“鸟，吾知其能飞；鱼，吾知其能游；兽，吾知其能走。关于龙，吾不能知，其乘风云而上天。”

在黄陂期间，瞿秋白在对于诗词颇有研究的表兄周钧量的帮助下，对诗词的研究受到了一些启发，在与表兄时常议论社会、人生和政治问题的同时，也引起了他旧日研究佛学的兴趣。瞿秋白入世以来，深受社会黑暗、家庭离散之苦，他读了《成唯识论》、

《大知度论》两部佛经后，说：“老庄是哲学，佛经里也有哲学，应该研究。

知识不妨广泛，真理是探索出来的。”他试图用佛学来解决人生问题，同时从说教中，寻求一些安慰和解脱。

1917 年暮春时节，瞿秋白决计离开黄陂，抱着入大学研究的目的，谋求新的出路。恰好，这时正在北洋政府交通部京汉铁路局任通译的堂兄瞿纯白要返回北京，于是，瞿秋白便跟着他顺京汉路北上，来到古老的北京城。

到北京后，瞿秋白也没别的地方可以安身，只好住在宣武门外骡马市大街羊肉胡同堂兄瞿纯白的家中。

北京风情，对这位江南游子来说，一切都是新鲜的，他就利用闲暇时间，看遍了故都的名胜古迹，查考了地方志史典籍，所得的印象是：世道沧桑，人物代谢，里巷变迁，构成了多少历史的脉络。只是这些足以使人留连叹息的陈迹，很难给人以振奋自上的激情。

瞿秋白本来是要报考北京大学的。可是，大学的学膳费用高得惊人，瞿纯白拿不出这笔钱供堂弟入学。他让瞿秋白参加普通文官考试以便在经济上能够维持最低的生活水准。

接着便发生了张勋复辟，有近半年的动荡不安。借机，他走访了在京的亲戚，想得到一些帮助，结果，使年轻的瞿秋白更加体验到了人与人之间的仁不仁，亲不亲的关系，同时也进一步尝到了一些社会人情世态的滋味。

这期间，他随同常州中学同学张寿昆到沙滩北京大学文学院旁听了半年，听到陈独秀、胡适等先生所讲的课，有所启发。

后来，俄文专修馆招生，因学膳免费，瞿秋白便考入这个学校的文科。瞿秋白在校非常用功，成绩最好，每次考试必列第一或第二名。每星期日上午有课，全体学生一律参加，他的中文程度很好，所作的文章，几乎每次都油印传阅，以致名遍校内，无人不知。他强记博文，涉猎广泛，除按时上课，完成规定学科的作业外，还按照自己制定的自修计划学习英文、法文、社会科学和哲学。每天不论多么忙，一定要照自修课程表把功课作完，不到深夜不止。

由于瞿纯白收入不多，一家人生活很清苦，到北京的第一个冬天，瞿秋白只穿着夹袄，冻得他大咳不止，瑟瑟发抖。所吃的饭食，高粱米粥、苞米面饼子，佐食只有咸萝卜干，或白萝卜条加点虾米在煤球炉上狂煮，一人一小碗……

虽然如此，可是在堂兄家里的穷困清苦、“寄人篱下”，还是经常要重新触动他对“社会问题的疑问——人与人之关系的疑问”。他无法逃避现实生活提出的问题：北京是北洋军阀统治的巢穴，袁世凯死后，各派军阀勾心斗角，争权夺利，在反复角逐中，一度获胜的日本帝国主义卵翼下的段祺瑞皖系军阀，对外丧权辱国，对内横征暴敛。北京城里的新贵们欺压平民百姓的残酷，比起前清的酷吏们毫无逊色。

在这绝顶腐败和黑暗的面前，饱尝人情冷暖，世态炎凉的瞿秋白，不能不产生矛盾和怀疑，这个社会促使他心灵的早熟，他想从哲学和佛学的研究当中，来寻求人生的意义，但又觉得这条路根本行不通，人生的道路究竟在何方？他处于极度的苦闷之中。

投入“五四”旋涡

中国人民觉醒的伟大时代到来了，1919 年爆发了五四运动。它高举着彻底的不妥协的反帝反封建的大旗，在中国历史舞台上揭开了新民主主义革命的序幕；形成了空前未有的文化革命热潮和思想解放运动。毛泽东同志指出：“五四运动是在当前世界革命号召之下，是在俄国革命号召之下，是在列宁号召之下发生的。五四运动时期虽然还没有中国共产党，但是已经有了大批的赞成俄国革命的具有初步共产主义思想的知识分子。”

五四时代是爱国志士辈出的时代，他们中的杰出人物，有倡导民主和科学以改造中国的陈独秀；有立志以“青春之我”创建“青春之中华”的李大钊；

有以大声呐喊，医治“中国的昏乱病”的鲁迅；有“时时涤旧，染而新之”以造中华的毛泽东；有以使“中华腾飞”于世界为职志的周恩来；有以“新民”、“除暴君”为宏愿的蔡和森；有歌颂“火”与“凤凰”以求“照彻世界”的郭沫若；有以“互助利群”来“谋求社会之改造”的恽代英，等等。瞿秋白也是这批先进的革命的知识分子、爱国志士行列中杰出的一员。他心头久压的火种，即刻同这一场反帝反封建的爱国图存的大火连在一起了。

他以俄文专修馆学生代表的身分，率领同学积极地投入了5月4日在北京天安门前集合的示威游行和火烧赵家楼曹汝霖住宅的壮举。他和同学们一起，喊出了“外争国权，内惩国贼”、“誓死力争，还我青岛”等口号；要求惩办卖国贼曹汝霖、章宗祥等人；并坚决反对在美帝国主义操纵下所进行的分脏的“巴黎和会”。

5月5日，北京各专门以上学校学生实行总罢课。6日，各校代表会议讨论通过了组织大纲，宣布北京中等以上学校学生联合会正式成立。瞿秋白出席了这次会议，并且作为俄文专修馆的学生代表，担任学联的评议部议员。

学联成立后，立即积极设法营救被捕学生。接着，又投入挽留北京大学校长蔡元培先生的斗争。5月14日，北京政府徐世昌被迫发表挽留蔡元培的指令，但同时也下令挽救卖国贼曹汝霖、陆宗舆。北京政府还接连下两遭命令，恐吓和镇压爱国学生，声称“遇有纠众滋事不服弹压者，仍遵照前会，依法逮惩”。这就激起了青年学生的反抗。北京学联经过多次酝酿，在5月18日召开紧急会议，决定从19日起，实行总罢课。

瞿秋白所代表的俄文专修馆和他的朋友郑振铎、耿济之、瞿菊农等所代表的汇文大学、铁路管理学校等，都是北京学联的组成单位，他们经常在一起开会，进行爱国活动。瞿秋白、郑振铎等人所在学校，单位虽小，工作却难开展，郑振铎为难地说：“我那个铁路管理学校，群众意见多，领导不起来，特别是我几乎成了‘单干’。”

秋白说：“这样好了，我们合起来，人多力量大，众人捧柴火焰高嘛!”

于是“俄专”、“汇文”、“铁路管理”便合在一起，成了一个单位。瞿秋白以阅历深，学识博，见解新见长，在这些朋友之间，有“少年老成”之称，这样自然而然地成了大家的“谋主”。在学生会方面，也以他的出色辩才，起了很大的作用，使这些小单位的活动，正确而有灵活性，显示出他的领导天才。

北京学生实行总罢课以后，大规模地开展了讲演、抵制日货，提倡国货等活动。

瞿秋白率领俄文专修馆的同学，冒着初夏的骄阳活跃在北京街头。由十人左右组成的讲演“十人团”尤其活跃，人烟稠密的商业区、游览区和庙会，是他们经常去的场所。他们的讲演紧密结合现实斗争，进行反帝爱国主义宣传，讲得生动、有力，市民踊跃听讲，听到痛切处，往往痛哭流涕。

北京政府面对学生如火如荼的爱国运动，恨之入骨，下令镇压。

5月21日，徐世昌令“屠夫”王怀庆任步军统领，将北京完全置于军事控制之下。瞿秋白他们的活动越来越困难了，北大、高师都无法开会了，只好到东城根的“汇文”去开。开的时候，常在夜间。开会前，悄悄地零散地溜进会场，散了会之后，也一个个的悄悄地溜出去。

军阀走狗们变得更狡猾了，他们在各个学校附近，安排些不三不四的人伪装成小贩、车夫，鞋匠等，监视学生们的行动。有的特务夜间埋伏在隐蔽的角落，学生走远，他突然叫你的名字，如果你一回头或一答应，他们便蜂拥而上，把你捉住。他们以这样的方式，已经捉了好些人。

瞿秋白在斗争中学会了机警地对付敌人，他几次甩掉跟踪盯梢的特务。

一次，他被一个走狗追踪了半天，跟上了电车，又跟上了人力车，但他转弯抹角的兜圈走，终于甩掉了那个狗特务。从此之后，秋白的行动显得更小心，他和同学们出校活动时，总是两三个人一同走，以便彼此有个照应。

北京政府为了扑灭五四爱国运动的烈火，在6月1日连发两道命令，一道是为卖国贼曹、章、陆洗刷罪行，掩饰北京政府媚日卖国的丑恶嘴脸；一道是诬蔑学生爱国行动“越轨”、“祸国”，限令“即日一律上课”，否则将予逮捕法办。

学生们的严正回答是：从6月3日起，恢复一度中断的街头讲演。如遭逮捕，次日加倍出动；如再被逮捕，次日再加倍出动，直到全体学生被捕完为止。

6月3日上午，北京二千多所学校各派数百名学生上街讲演。

瞿秋白和俄文专修馆的同学一起到达预定地点，开展演说活动。反动当局出动大批军警驱散听讲的群众，逮捕讲演的学生。当天，有一百七十八名学生被逮捕，瞿秋白是其中的一个。

由于捕人过多，警察厅已容纳不下，便把在北河沿的北京大学法科校舍临时改为监狱。

6月4日，有更多的学生上街讲演，又被捕去七百多人。北大法科收容不下，又把在马神庙的北京大学理科校舍改为临时监狱。

瞿秋白和被捕同学一起坚持斗争，抗议军警非法捕人，要求立即释放。

6月5日，各校又出动讲演学生，人数增加到五千余名。

当天，上海学生罢课，商人罢市，工人罢工的消息传来，北京政府急忙召开国务会议，被迫释放全部被捕学生。但是，被捕学生拒绝出狱，而且反拘了七名警察，留下两座军警帐篷，作为揭露反动当局的证据。

6日，学联通电全国，控诉当局迫害学生的罪行。直到6月8日，学生为参加中等以上学校学生大请愿，才离开监狱，返回各校。

在全国人民声势浩大的爱国运动高压下，北京政府只好罢免曹、章、陆，拒绝在辱国和约上签字。

有些人看到这振奋人心的胜利，欣喜若狂，失去了斗争的积极性。

瞿秋白深感中国仍然处于危急存亡之秋，应团结起来，将斗争进行到底，于是在7月17日《晨报》上发表了《不签字后之办法》一文，反响很大。

恰在此时，山东发生了“马良祸鲁”事件，由此引起了全国人民对“鲁案”的声援，瞿秋白又积极地投入了这场声援的斗争中。

7月下旬，段祺瑞心腹大将山东督军张树元和济南镇守使兼警备司令马良，在济南学、商、工千余人召开救国大会，揭露日本侵华暴行，痛斥反动报纸《昌言报》的卖国言论，冲入报馆，将该报经理、主编捆绑牵至街头示众，要求绳之以法时，奉北京政府令宣布济南戒严。同时，马良公然主张中国在巴黎和约上签字，反对抵制日货，“感激”日本接济饷械，甚至鼓吹中日合并。

8月3日，山东学生请愿团要求省当局解除戒严令，禁止卖米给日本，释放被捕爱国者。马良非但不答应请愿者要求，反而派兵镇压，捕去十六名请愿者。不久，又枪杀了马云亭等三名回民爱国志士。

马良祸鲁残民的罪行，激起全国人民共愤。于是，一个以要求取消山东戒严令，惩办马良为中心内容的请愿运动勃然兴起。

北京、天津、山东、唐山、山海关等地代表齐集于北京进行联合请愿斗争，瞿秋白积极参加了这次请愿斗争。

8月23日上午十点，瞿秋白和各地代表在北京山东中学集会，决定面见总统徐世昌，呈递请愿书。请愿书揭露了戒严令颁布后山东人民备受迫害的惨状，并揭露了马良媚日卖国，屠杀人民的罪行。要求徐世昌“即行明令，罢斥马良各职，严加惩办，以慰鲁人，而谢天下。”

当天下午三时，瞿秋白与全体代表三十多人一齐到新华门。徐世昌不予接见，派警察处长和督察长出面敷衍，被代表们问得理屈词穷。四时许，京师警察厅竟无理地将瞿秋白在内的全体代表加以逮捕，拘入警厅。

代表被拘捕，激起更大的反响。8月26日，北京、天津代表三十余人再往请愿，徐世昌仍不见。全体代表坚持到深夜，露宿于新华门外。

27日，北京学生两千余人到新华门，加入请愿行列。徐世昌仍拒不出见。当夜，两千余人都在新华门外露宿。

28日上午，北京政府发出禁止请愿布告，诬指各界代表“不依照法定程序遽行请愿”，并威胁说：

"倘再有此等行动，国法具在，断难曲予优容。"

午后一时许，大批军警奉命将请愿群众胁迫至天安门。晚八时许，将其中请愿代表十一人拘捕。其余群众被武力驱散，受伤者达数十人。

北京政府原打算把被捕代表全部予以枪决，以收惩一儆百之效。但在全国爱国运动压力下，不得不在8月30日将两次逮捕拘押的请愿代表全部释放。

这是瞿秋白第二次被逮捕。由于劳碌过度，再加上监狱中的恶劣条件，他出狱之后，竟至吐血，病了几个月。表姐夫秦耐铭写信慰问他，他在复信中说："干了这平生痛快事，区区吐血，算不了什么事！"

瞿秋白后来说："五四运动陡然爆发，我于是卷入旋涡。孤寂的生活打破了。"当时，"抱着不可思议的'热烈'参与学生运动"，"还只知道社会中了无名毒症，不知道怎样医治"；不过"单由自己的体验，那不安的感觉再也藏不住了"。

从此，他投入"翻天的巨浪，摇荡全中国"的狂潮中去了……

求 索

经过五四运动的实际锻炼，瞿秋白对社会问题的解决更加深了新的认识。他的思想也变得激烈起来，甚至主张：如果“有‘变’的要求，就突然爆发，暂且先与社会以一震惊的激刺”。这样，他便同朋友郑振铎、耿济之等人积极投身到文学活动中去。

他们共同的趣味就是搞文学，而且对俄罗斯文学特别喜爱。瞿秋白、耿济之在俄文专修馆所用的俄文课本，就是俄国著名作家普希金、托尔斯泰、屠格涅夫、契诃夫等的作品。

瞿秋白大量地阅读普希金、托尔斯泰等人的作品，并于1919年9月15日出版的《新中国》第一卷第五期上发表了他的第一篇文学译著：托尔斯泰短篇小说《闲谈》。此后，又陆续发表了果戈里的短剧《仆御室》、果戈里的小说《妇女》和法国都德的小说《付过工钱之后》，他还准备翻译托尔斯泰的长篇小说《复活》。1920年9月出版的《改造》月刊第一卷第一号刊登的“共学社”出版预告中已经列为《俄罗斯文学丛书》之一。后因出国赴俄，这计划没能实现，改由好友耿济之翻译了。

瞿秋白对俄罗斯文学爱好和介绍，影响了他的这些朋友，并且很快取得了丰硕成果。

先是耿济之、沈颖等翻译的《俄罗斯名家短篇小说集》第一集。瞿秋白为此书写了一篇序。同时，又为沈颖所译的《驿站监察史》写了序《论普希金的〈弁尔金小说集〉》。

接着，瞿秋白与耿济之密切合作，共同翻译了托尔斯泰的十篇短篇小说，辑为《托尔斯泰短篇小说集》，作为《俄罗斯文学丛书》由商务印书馆出版。

郑振铎受了瞿秋白、耿济之的影响，也想找些俄国作家们的小说、戏剧来读。但他不懂俄文，只好找些英译本的俄国作品来读。在北京，这时很少有公共图书馆或私人藏这一类的书。恰巧在某一天，郑振铎认识了一位孔君，他在青年会做学习干事，约他去青年会玩玩。在那里，他看到了两个玻璃橱，橱里装满了英文本的小说、戏剧、诗歌，特别是英译本的俄国作家，像托尔斯泰、屠格涅夫、契诃夫、高尔基等人的作品，足足摆满了一橱。他高兴得很，便设法向他们借几本来，贪婪地读着。而后也译些契诃夫和安德烈耶夫的作品，都是从英文转译的。

……

从沉醉于吟咏那种排遣个人积郁的旧体诗词，到热心地翻译和介绍俄罗斯文学作品，使文学活动面向中国的知识界和人民大众，这是瞿秋白经历了五四运动后的一个重大转折。

瞿秋白写《〈俄罗斯名家短篇小说集〉序》，其中对文学与社会变革、社会思想变化的关系，写道："只有因社会的变动，而后影响于思想，因思想的变化，而后影响于文学。……俄国因为政治上、经济上的变动影响于社会人生，思想就随之而变，萦回推荡，一直到现在，而有他的特殊文学。"

瞿秋白在翻译果戈里的《仆御室》时写的《后记》里写道：文学作品“描写刻划‘社会的恶’，……以文学的艺术方法变更人生观，打破社会习惯，有助于改变‘社会的恶’”。

对于文学与革命的关系，怎样创造和创造什么样的中国新文学，瞿秋白进行了认真思索。有些朋友主张说：“我们只从事文学创作或翻译活动，最好不去干预社会问题。”瞿秋白不赞成朋友们的这种脱离政治倾向。

一次，他们在北京中央公园玩，谈到文学与社会问题。瞿秋白认为文学不是根本的首要的变革社会手段。

一个朋友问：“那根本的问题在哪里呢？”

瞿秋白指着大家正在吃着的包子，幽默地答道：“根本问题在包子上面。”

一句话，说得大家丈二和尚摸不着头脑。

瞿秋白解释道：“文学只是社会的反映，文学家只是社会的喉舌。……中国现在的社会固然是不安极了，然而假使我们不觉着有改造的必要，本来可以不问不闻，假使我们觉着非改造不可，那么，新文学的发现随时随地都可以有。”

沈颖说：“你说的我不能完全同意，你是研究哲学的，对文学的意见不一定对。”

“请注意，文、史、哲向来是不分家的，怎么能把它们割裂开来呢！”瞿秋白订正道。接着说：“没有任何哲学观点的文学家是不存在的。”

郑振铎说：“我的‘文学为人生’主张，没有脱离社会和‘包子’吧？”

“当然，你的主张比‘为艺术而艺术’是一大进步。”秋白说：“不过，你所为的人生还仅限于知识分子的小圈圈。”

振铎说：“我们的争论可是多次了，什么‘文学为谁的人生’啊，什么立场和思想出发点啦，可我还是似懂非懂。”

“是啊，”秋白说：“我们的人生很浮浅，劳动平民才有丰富的人生，他们所受的剥削压迫才是真正的痛苦，大家应该去了解劳动平民的人生，了解他们的痛苦，为他们而翻译，为他们而创作，为改造这社会而呐喊。”

“我看秋白所说的正是大家所探讨的，不过只限于我们几个人不行，我们最好有一个表达改造社会呼声的园地，让更多的人加入我们的辩论，让更多的人觉醒。”一向不太爱说话的耿济之提出这样的建议。

“我也觉得这样好，可我们几个穷学生，办得到吗，还是利用课余时间多译点东西来得实际些。”沈颖表达自己的态度。

“看看，小沈又走回头路!”秋白半开玩笑地说。

“我每日的翻译可是为人生，为社会，为……”沈颖自己也不知还为什么。

“咦——”振铎，忽然来这么一声，“大家别争了，我这倒有块园地。我认识的那位孔君，倒跟我提起过，说他们青年会想出版一本专给青年阅读的杂志，叫我给他物色几个编辑呢!”

“唉呀，我的振铎兄，怎么不早说呀?”秋白说：“这可是时不再来的好机会。”

郑振铎辩白道：“都是为应付你的论点，而把这事忘了。”

秋白说："就由你出头，快与青年会接洽，把这事办妥。"

"青年会?"沈颖一向不太关心外边的事情，这次倒很谨慎，"可不可靠呀，可别政治色彩太浓了哇，那会招来不必要的麻烦。"

"小沈考虑得很对。"秋白说，"不过这你放心，它的底细济之最清楚。"

耿济之说："就是东城米市大街路西的基督教青年会嘛。"

"就是那座素净典雅的二层楼吗?"沈颖问。

"正是，这个会每年夏天总召集几百名学生到西山办夏令会，'研究宗教，商榷人生问题'入会的大多是对腐败社会不满，乐于做社会工作的知识青年，……"

"行，这就行，别说了，"沈颖表态道："书归正传，快联络吧!"

……

振铎经孔君的勾通，很快有了消息。说这份杂志由青年会附属的社会实进会出面办，急需去人商定具体事宜。

于是，郑振铎、瞿秋白、瞿世英、耿济之等人被邀请为编辑。集中商量了几天，决定办一个周刊，八开本十六页，定名《新社会》。孔君任经理，耿济之、郑振铎分任编辑部正副部长，瞿秋白、耿济之、许地山、瞿世英等负责撰稿和编辑，郑振铎负责集稿、校对和跑印刷所。沈颖最终未能参加这项工作。

1919 年 11 月 1 日，《新社会》创刊，《发刊词》说：

中国旧社会的黑暗，是到了极点了！他的应该改造，是大家知道的了！但是我们应该向哪一方面改造？改造的目的是什么？我们应该怎样改造？改造的方法和态度，是怎样的呢？……我们是向着德英克拉西（民主主义）一方面的改造中国的旧社会的。我们改造的目的就是要创造德英克拉西的新社会——自由平等，没有一切阶级一切战争的和平幸福的新社会。

虽然从《发刊词》中，可以看出包括瞿秋白在内，还明显带有“模糊影响的弊病”，即历史唯心主义和改良主义色彩，但是，这些年轻的战斗者，必定开始呐喊了。

在《新社会》的同人中，瞿秋白进行写作、译著是很勤奋的，数量也很可观。每一期几乎都载有他的文章，在半年的时间里，共发表了二十二篇。文章所表达的思想，颇为引人注目。

每个星期天早上，郑振铎都到瞿秋白那里去一次，有时耿济之也同去。他们到秋白家里时，他常常还不曾起床，抽着香烟拥被而坐，不时的咳嗽着，脸色很苍白。他们很为他的身体担忧。但一谈起话，他便兴奋起来。带着浓重常州口音的国语清晰而有条理的分析着事理。他的稿子总是写得很干净，不大涂改，而且是充实，有内容。振铎一进屋子，他便指着书桌上放着的几张红格稿纸，说道：“已经写好了，昨夜写得很晚。你看看，好用么?”瞿秋白养成了在深夜写作的习惯。

瞿秋白给《新社会》写的第一篇文章是《欧洲大战与国民自解》。文中，一扫悲观厌世的情绪，满怀信心地大声疾呼："中国人……要有世界眼光，知道新思潮是壅不住的，赶快想法子去适应世界的潮流，迎合世界的现势，要有历史的眼光，知道思潮的变迁，是历史上一定的过程，不可避免的。"

他还用鲁迅作品《狂人日记》的笔法，针砭落后的观念，提出在社会新旧交替之际，改造旧思想普及新思想的必要。

瞿秋白深怀忧国之情，却痛感于无救世的良方。他怀着极其忧虑和同情的心理，思索着中国劳苦大众的现实生活和未来的前途。

从上海烟厂每日做工十六小时的女工，到北京日夜辛劳的人力车夫、帽子作坊的工友，到江浙、湖北卖儿典妻的农民，他都想到了。他特别注意了中国农民问题，尖锐地指出："中国是一个农业国，农业可以不注意吗？要注意农业，农业劳动者的生活可以不注意吗？""可怜！农业的中国，几千万农民受着军阀、财阀、学阀间接直接的强暴侵略，有什么利器——抵制的方法——呢？"

瞿秋白这时还没有找到解除工农劳苦大众惨痛境

遇的方法和道路，他在求索中更加深切地感到：“非创造新的信仰、新的人生观，改造旧制度，打破旧习惯不可了。”

呐 喊

五四时期，有一些对社会现实感到极度悲观失望的青年自杀身死。北京大学学生林德扬就是其中的一个代表。

林德扬曾经是五四爱国运动中的积极参加者，一贯热心于国事，他的自杀成为轰动知识界的一件大事。

瞿秋白为此写了评论文章《林德扬为什么要自杀》、《自杀》和《社会运动的牺牲品》。他透彻地分析了这类青年自杀的原因，是由于他们对社会现实的认识不足。

他说："五四运动是中国国民性估价的时候，平时看不出的品性一时都暴露出来了。在这时期，许多青年竭力往前奋斗，就发见了种种恶现象，受了几次几番的挫折，真的有人要自杀，也真有人彻底觉悟。”为什么要自杀呢？他们把改造事业看得太容易了，因此一遇挫折，便丧失信心，以至于悲观、失望、颓唐，走向自杀之路。

瞿秋白对自杀者的“急激的嫉俗思想”，“热烈的感情”表示了同情，他说：“愿意牺牲的人必定有他的绝对不肯牺牲的东西……他们积极的怀疑心，他们绝对不能牺牲的人格——才能去牺牲。”但是，自杀者毁灭自己的肉体的行为是不可取的，而应把这种牺牲的决心和勇气变为随时解剖自己、抛弃自身弱点和缺点的行动。

瞿秋白指出，信念坚定而又充满着生气的先进青年，是不会感到“精疲力尽”的。他说：“我们觉悟之后就去奋斗，先要深信社会的确可以改良，一步一步的做去。如其没有显然的成效，只是药不对症，没有不治之病。我们要抱着乐观去奋斗。我们往前一步，就是进步。不要存在着愤激之心、固执的空想，要细心去观察社会的病源。我们于热烈的感情以外，还要有沉静的研究，于痛苦困难之中，还要领会他的乐趣。自杀的动机，只是觉悟的第一步，并非就是觉悟，以后的乐趣还多得很。林德扬又何必自杀呢?”

最后，瞿秋白向青年朋友们呼吁：“青年呵!……不要叫社会杀你，不要叫你杀了社会。不要叫社会自杀。……你要在旧宗教，旧制度，旧思想的旧社会里杀出一条血路，在这暮气沉沉的旧世界里放出万丈光焰。”

在探索社会改造问题的过程中，瞿秋白十分关心妇女解放的问题。五四时期，他先后写了《小小一个问题——妇女解放的问题》、《告妇女文》、《托尔斯泰妇女观》等等论文与译文，分别发表在《新社会》、《解放与改造》、苏州《妇女评论》等刊物上。

有一天，瞿秋白去看一位朋友。他在朋友的书案上翻阅吴梅村词，那位朋友指着一首闺情词《浣溪沙》中的“惯猜闲事为聪明”句，说：“这一首就只这一句好。”

瞿秋白看了，沉吟半晌，暗想：一个百无聊赖、无所事事的富家女子，终日揣摸猜度闲事，别人却把这看作是聪明，这是多么可悲！便问道："好可是好，你看了不害怕么？不难受吗？"

问得那位朋友不知怎么回答，因为他不明白这是可悲的事。

瞿秋白告诉他说："这首词，这样的诗词、文章、戏剧，就是女子牢狱里的写照。文学家不为已经从牢狱中逃出来的妇女写照，却只是写这些狱中女子的情形，为什么？"他停了一下，慷慨地说："文学家既然有这样细腻的文心，为什么不想一想，天下有许多'惯猜闲事为聪明'的女子，就有许多手足磨出趼子还吃不饱肚皮的人。"

"……"那位朋友从未往这方面想过，一时无言以对。

瞿秋白沉痛地说："你瞧！这样一张手铐脚镣钉着的女犯的照片！怎么不害怕，怎么不难受？可怜不可怜！"

瞿秋白指出，诗、词、小说、戏剧，具有支配社会心理的力量。文学家赞扬什么，反对什么，对于社会，对于读者有很大的作用。

瞿秋白非常赞赏托尔斯泰曾引述的马志尼的话："男子和女子——琴上的两个音符，没有这两个音符，人类的心灵，好像琴上的弦，永不会正确，也不会和谐。男女真正的、坚定的结合——只在于精神上的关系。只有性别上的关系而没有精神上的关系——那是夫妇双方痛苦的起因。"

时势的发展，时代的进步，以及自觉地顺应时势发展的潮流，追随时代进步的步伐的政治态度，是瞿秋白思想发展的决定因素。

1920 年 3 月，李大钊在北京组织了马克思学说研究会，瞿秋白积极加入其中，开始研究科学的社会主义。

8 日，陈望道翻译的《共产党宣言》在上海出版。受到马克思主义学说初步洗礼之后的瞿秋白，在对于社会改造的认识上，有了新的进展。

这年年初，李大钊在《星期评论》新年号上发表《美利坚之宗教新村运动》一文，介绍了空想社会主义在美国的试验与破产。

瞿秋白读后，立即写了《读〈美利坚之宗教薪村运动〉》一文，指出美国许多罢工的发生，说明了“阶级间调和不了的现象”。

1920年4月以后，《新社会》第十七、十八、十九号，连续出版了三期《劳动专号》，介绍了资本主义国家的罢工斗争，研究了中国的劳动问题，提出社会主义就是要消灭资本家的雇佣劳动制度等等。

瞿秋白在这三期上，发表了一系列文章，介绍了马克思主义关于阶级、私有制和国家的产生和消亡的学说；改变资本为公有，才能创立社会的新基础。他指出，要创造新社会，必须实行“激烈的改革运动——革命——根本的改造”。

从民主主义者转变为马克思主义者，需要一个过渡，现在，瞿秋白刚刚开始这个过渡。

由于《新社会》旬刊所表现的激进的民主主义思想，使它成为五四以后，社团兴起，刊物倍出中有较大的影响的进步刊物，是反帝反封建队伍里的一支勇敢的尖兵。它的影响逐渐扩大，特别是瞿秋白的尖锐异常的正面攻击、或明讽暗刺的文章，倍受欢迎。因此，读者群远到四川、广西、广东和东北各地。

正因如此,《新社会》旬刊刚刚出版到第十九期,便引起了军阀统治者的注意,于1920年5月1日,就被京师警察厅查封了,同时逮捕了孔君。

瞿秋白对这一事件非常愤慨,于是与郑振铎等人商定再出版另外一种刊物来继续进行斗争。这就是在1920年8月15日创刊的《人道》月刊。《人道》月刊的编辑、出版、发行工作,与《新社会》旬刊一样,在写稿的态度和观点上都有了些进步。《人道》在实际上是《新社会》的延续和发展。

《人道》的《宣言》说:人道是与畜道对立的。畜道就是“弱肉强食”。人道就是仁与义,“仁是爱人的,义是克己的;一切的道理都可以包括在这两个字里头。”《宣言》的作者看到了社会的黑暗现象。诸如“政治的权威常常压迫我们”,“富者的金钱的魔力左右社会”,贫富悬殊,智愚不一,风习落后等等,因此《人道》的同人表示,要将世间一切的苦乐描写出来,让人道的光充满世界。

这不过是借“人道”之辞,掩盖抨击、揭露帝国主义、封建主义的实质。

瞿秋白在《人道》上只有一篇在《新社会》没有发表完的散文诗，《心的声音远》：

远！远远的……

……

青隐隐的西山，初醒了

红沉沉的落日，初晴。

疏林后，长街外，

漠漠无垠，晚霞初凝。

更看，依稀如画

平铺春锦，半天云影。

呻吟……呻吟……

——“咄！滚开去！哼！”

警察的指挥刀链条声，

和着呻吟……——“老爷”

“赏……我冷……”……呻吟……

——“站开，督办的汽车来了，

“哼！”火辣辣五指掌印

印在那汗泥的脸上，也是一幅春锦。
掠的长风，一阵，
汽车来了。——“站开……。”
白烟滚滚，臭气熏人。
看着！长街尽头，长街尽……
隐隐沉沉一团黑影。……
晚霞拥着，微笑的月影。……
……
远！远远的……

通过这首诗，可以看出诗人对强暴者的强烈的憎恨，对劳苦大众的深切同情，这里已看不到往日诗词的悲愤与悒郁，开始触及到社会的实质。

《人道》创刊号在《本刊特别启事》中郑重宣告：“本刊第二号定为《新村研究号》，很希望对这个题目有兴趣的先生们，给我们一些帮助！但来稿须于八月二十五号以前寄下。”然而，压迫随之而来，《人道》终于在“畜道”的压迫下，停刊了。《人道》的创刊号，也成了终刊号。

《人道》虽然停刊，但瞿秋白探索人生道路的追求却没有停，而且更加执着，更加坚定，更加明确了。

告 别

1920年秋天，瞿秋白应北京《晨报》的聘请，准备以该报特派记者的身分，动身到莫斯科去。

啊！莫斯科——俄国的赤都，世界瞩目的地方！那里是“红艳艳光明鲜丽的所在”；那里有“灿烂庄严，光明鲜艳，向来没有看见的阳光”！那里更有使人们觉醒的真理和照亮黑暗的火种。有志于救国救民的瞿秋白，早已向往这十月社会主义革命策源地，决心趁此机会，到那里学到真理，把它播散给中国的劳苦大众；取得火种，把“阴沉沉，黑魆魆”的中国大地照得一片光明！

然而，此时从中国远行到俄国去，并非易事。革命后的苏俄，在帝国主义武装干涉和国内战争的浩劫之下，处于十分困难的境地；那里，战争的创伤历历在目。工厂、矿山遭到严重破坏而停产，农村遭受兵祸，被洗劫一空，天灾人祸，粮食欠收，人民贫穷不堪，各种物资极其缺乏。到处都是弹痕累累，道路、桥梁都被破坏得不像样子，全俄处于普遍饥荒之中，每天都有人饿死在路旁。……

国际帝国主义和中国反动统治者，肆意攻击苏俄为“洪水猛兽”，是“赤色帝国主义”。即使对俄国革命并无恶意的人，也把苏俄看作是“饿乡”，把布尔什维克党看成是“穷党”。

因此，当听说瞿秋白决定到苏俄去，立即遭到亲友的反对。

堂兄瞿纯白坚决反对道：“那是个什么地方，你不是不知道，你这不是自趋绝地吗？我奉劝你不去的好。”

秋白听了堂兄的话，知道他的好意。自己在北京这整整四个年头，虽然纯哥是按家族的旧道德培植扶助他，但自己依然是新时代的自由神，学习、写作、游行、示威、甚至坐牢，纯哥虽然牵心挂念，担惊受怕，毕竟没有阻拦。这次离家远行，而且是向北方“饿乡”，堂兄反对是出于对自己的爱护。

但秋白却守定宗旨，认为自己“不是为生乃是为死而走，论点根本不同，也就不肯屈服。”

“反正我不同意你去！看着办吧。”堂兄态度鲜明道。

“去意已决，死而无怨！”秋白坚决地说。

“……”

既然决定赴俄，瞿秋白便忙着做一些准备工作，并向亲友们告别。

1920年10月初，瞿秋白风尘仆仆地赶到山东济南去看望父亲。

一天晚上，在大明湖畔，草棚底下，一张小圆桌旁，坐着三个人：秋白、父亲和父亲的一位道友。这时，已是残肴剩酒，瞅着他们，似乎可惜他们已经兴致索然，不再动筷光顾光顾。……年老的父亲，由于长期穷困潦倒，忧病煎熬的生活，容貌显得格外苍老憔悴。在他来说，今晚在这里，是为即将出国远行的儿子饯行。作为儿子的，则是为了在离开祖国之前孝敬一番长期寄人篱下，孤寂无靠的父亲。父子虽然强颜欢笑，心底里却都是苦楚难言。父亲深知儿子的个性，既已下了决心，拦阻是多余的。他没有像北京的堂兄纯白那样固执地反对秋白远行，而是以和蔼可亲，惜别的深情对儿子叮嘱道：“你这一去……随处自去小心，现在世界交通便利，几万里的远行，也不算什么生离死别……只要你自己不要忘记自己的职务。你的肩很重呵！……”

秋白含泪听着，听着，答应着站起来。

其时，新月初上，照着湖上水云相映，萧萧的芦柳，和着草棚边乱藤蔓葛，都飕飕作响。

三个人沿着湖边，随意散步，秋凉夜深，未免有些寒意。对着这凄凉的境界，又是远行在即，父子难舍之情难于言表。……

草棚小酒馆晚餐之后，父子回到家中，同榻又谈了整整半夜。

次日清晨，秋白依依告别了父亲，上火车返回北京。

小小的院落，疏疏的闲花闲草，清早带些微霜，好像一任晓风吹拂摇移。已回到堂兄家中的秋白，看了这些，似乎草木有情，在与他告别。他环顾这小小的院落，回忆这四年枯寂的生涯，倒有些难舍难离之感。

如今，眼看别离在即，旧日生涯且将告一段落，他也想安慰安慰这院落中的旧伴。他又想起离开故乡之前，常州红梅阁的翠竹野花，……想起母亲去世，一家星散，自己只身由吴而鄂，由鄂而燕，黄陂铁锁龙潭的清波浩月，也曾使他低徊留恋，以至于北京这里的新柳，丝丝的纤影，几番几次拂拭自己的悲怀诗思。

他离开山东回到北京之后，便匆匆地整理行装，早晚疲乏，清晨起来没精打彩的坐着，就要离开纯哥的家庭和这小院，瞿秋白的心情意绪就愈加留恋，觉得辜负了他们的好意。这几天，黄昏时归来，就同哥嫂闲谈。原来执意反对他到俄国去的纯哥，现在见秋白一切都已决定，也就不再说什么了，反而勉励他到俄国后专心研究学问，不要半途而废。兄弟的情分，平时很觉泛泛，如今却又有些难舍难分。

秋白这次去国，差不多同“出世”一样，一切琐事，都需作一个结束。母亲死时遗留下的债务，需要暂时有个交托；旧时诗词古文稿，需要整理出来，父亲要它留作纪念；幼时的伙伴，虽阔别多年又远在江南，不能握别，但也应写信告别。

写信时，他不禁想起了两位表姐。一位是少寡的表姐，现在只她一人同一个遗腹子孤苦伶仃地住在行将破产的娘家，精神苦痛不可言喻；另一位表姐，从小没了母亲，和秋白一起长大，他家也是破产的绅士之家，丈夫是小学教员，儿女非常多，经济困难得很。她深感中国妇女的痛苦，常常对生活产生疑向，却又无法解决。

夜深人静，灯光暗暗地笼罩着人的愁思。晚风挟着寒意，时时到窗隙里来探刺。秋白握着笔要写信，可又写不下去：

旧话重提有什么意味？生活困难，心绪恶劣，要想得亲近人的慰藉，这也是人情，可是从何说起！亲人的空言虽比仇人的礼物好，究竟无益于事。……中国的社会生活，好像朦胧晓梦，模糊得很，……那知生活的帐子里有巨大的毒虫以至于蚊蚋，争相吸取他们的精血呢？……各人吃饭问题的背后，都有世界经济现象映着……我又怎能一一地与以慰藉！

几封告别信总算写完了。接着，到京津几个亲戚家一一告别。

住天津的，又是瞿秋白的一位表姐。表姐夫是个“大烟鬼”，在铁路局作事。他们知道秋白要远行，就开瓶白兰地酒为他饯行。

这位表姐，本来是家乡的名美人，现在她饱经世变，家庭生活的苦痛已经如狂风骤雨扫净了春意，她已没有当年的意气风韵了。她见了秋白，只是诉苦。饮过几杯白兰地，酒酣耳热，大家吃着茶，对着鸦片烟灯说话。

表姐夫指着烟灯说：“我一个月赚五六十块钱，这东西倒要去掉我六十元。你看怎么过？”

表姐说："他先前行医也还能赚几个额外的钱。他却懒得什么似的，爱去不去，生意怎么能好？铁路局里面的事情，还是好容易靠着我们常州'大好佬'（常州话，指京里的大官）的面子弄着的，他也是一天去，两天不去。事情弄掉了，看怎么样！"他女儿丰儿忽然插话，天真地对秋白说："双舅舅，双舅舅。你同我上北京去罢，去看三姨，三姨上次来我家里，和娘娘谈天，后来不知怎么还淌眼泪来呢。……"茶已经吃完了，酒也渐渐醒了，秋白从他们家出来回客栈，路上，感到繁华的街市也似乎格外凄凉……

秋白又到北京西城一个小公寓去看表舅母，并告诉她自已快要到俄国去的话。

表舅母说："这样也好。你母亲一世愁穷，可惜等你学好了本事，她再也看不见了。"

秋白说："这也罢了！我是很爱学的，当初从常州出来求学，穷得没法儿，亏得你当了当借给我川资。……

在表舅母家又谈起天津二表姐和表姐夫的一些事，又谈新到京的三表妹的境况。

接着他又与几个亲戚，包括三表妹家一一告别。

瞿秋白见过表姐表妹和一些亲戚家的凄凉境况，心情格外沉重和痛苦。往事如烟，一幅幅的又都呈现眼前，但这些已成过去，他急切盼望他们及所有的人们能生活在幸福欢快的天地里。为了这，他将尽快奔向新的里程。

10 月 15 日晚，瞿秋白到王府井南口的北京饭店面见苏俄远东共和国代表优林，办理出国护照。然后，匆匆赶到好友耿济之家中。在那里，几个朋友等他参加为他道别的聚会。他们是除耿济之外，还有郑振铎、瞿菊农、郭绍虞、郭梦良、郭叔奇。

瞿秋白匆匆走进客厅，摘下眼镜边擦边表歉意地说明迟到原因。

“明天早上几点的车?”朋友问。

瞿秋白说，:“谁也不必送，哈！送么，也就是东车站，这离赤塔还远得很呢，哈哈!”虽然他明早就开始踏上遥远的旅途，但他还是那副满不在乎地洒脱神气。

大家谈到俄国的严冬，担心瘦弱的秋白连皮大衣也没有，恐怕一到哈尔滨就得冻回来。

有的朋友还想劝秋白放弃赴俄的打算。秋白冷静而热烈地对朋友讲了一大篇告别的话：

思想不能尽是这样紊乱下去的。我们对社会虽无责任可负，对我们自己心灵的要求，是负绝对的责任的。……我现在有了我的饿乡了，——苏维埃俄国。俄国怎样没有吃，没有穿，……饥，寒……暂且不管，……他始终是世界第一个社会革命的国家，世界革命的中心点，东西文化的接触地。……我已经决定走的了。……现在一切都已预备妥贴，明天就动身，……诸位同志各自勉励努力前进啊！

朋友们带着钦佩的心情，望着秋白，他今晚神采奕奕，说话声音宏亮，一点看不出往日的瘦弱病容。俨然一位出征的战将，即将登程。

第二天一大早，瞿秋白和李宗武、俞颂华三人登上停靠在北京东车站的列车，到车站送行的有秋白的堂兄纯白表叔菊农及几位亲戚兄弟，再就是他的几位朋友：郑振锋、耿济之等。

随着一声汽笛的响声，车轮开始启动，彼此隔窗争作最后一次告别。

当天，瞿秋白到达天津后，又到二表姐家告别。晚上，就睡在北洋大学张太雷、张昭德，余炳文那里，抵足长谈。

18日早晨，接到郑振铎、瞿菊农、耿济之等来的信与诗。秋白当即复信，并附答诗。信中写道：

我们今天晚车赴奉，从此越走越远了。越走越远，面前黑魆魆地里透出一线光明来欢迎我们，我们配受欢迎吗？诸位想想看！我们却只是决心要随“自然”前进。——不创造自创造！不和一自和一！你们送我们的诗已经接到了，谢谢！……菊农叔呀！“采得百花成蜜后，为谁辛苦为谁甜”??? 我们此行的意义，就在这几个问号里。流血的惨剧，歌舞的盛会，我们都将含笑雍容的去参预。你们以为如何？并附诗——

去国答《人道》

来去无牵挂，

来去无常挂！……

说什么创造，变易？

只不过做邮差。

辛辛苦苦，苦苦辛辛，

几回频转轴轳车。

驱策我，有“宇宙的意志”。

欢迎我，有“自然的和谐”。

若说是——

采花酿蜜；

蜂蜜成时百花谢，

再回头，灿烂云华。

天津倚装作

当火车离天津时，瞿秋白对同伴俞颂华、李宗武说：“我们从今须暂别中国社会，暂别中国思想界了。今天我复菊农的诗，你们看见没有？却可留着为今年今月今日中国思想界一部分的陈迹……”

去国途中

19 日清晨，火车驶近山海关。远望一角海岸，白沙青浪映着朝日，云烟缭绕，好似拥出一片亚洲大陆的朝气，景色非常奇特。……

傍晚时抵达奉天，车站上一片吵杂的声音。瞿秋白他们在这里要换乘南满列车，行李搬出车子之后，却见不到一个中国脚夫，只有日本人负责包办。对面望着大和饭店雪亮的灯光，传出些叮叮当当的刀叉声，好不热闹。他们等了半天，才来了一个日本人，把行李搬到站里。上了车，只见车上的职工也完全是日本人。幸亏同行的《时事新报》特派记者俞颂华懂得日本话，车上车下由他交涉，免去了很多麻烦。

车又开动了。瞿秋白望着窗外一片漆黑，不觉心里不是滋味："我现在已入满洲，出中国，仿佛记得中学地理教科书上写着，这满洲三省是中国领土，为什么一出山海关到了奉天站，——它那繁华壮丽的气象，与北京、天津不相上下，——却已经另一个世界似的，好像自己已经到了日本国境以内呢？……也许奉天现在已经划给日本了！然而原住奉天的许多中国劳动人民，想必一时还没有来得及死尽，怎么奉天站连中国脚夫都看不到呢？怕是中国苦力的劳作，也受日本节制罢。帝国主义的况味，原来是这样！"

20日一早火车到长春车站，又要换乘中东铁路客车。瞿秋白走出车站一看，天地已经萧然变色，确似严冬气象了。车站前一片大旷场，四周寒林萧瑟，晓霜犹凝，飕飕的西北风吹着落叶扫地作响，似乎在告诉人们："已经到了北国寒乡了。"天气阴沉沉的。车站门外停着好几辆俄国式马车，马夫也有俄国人，头上已经戴上油腻不堪的皮帽，风吹帽上丝丝的毛乱动，时时掩拂他的长眉毛，越显得那俄国式的愁惨面貌。

瞿秋白他们先到站前大和饭店吃了点心，然后回到车站，改乘开往哈尔滨的列车。

长春以北是中东铁路，形式上已收归中国管理，但车上一切职员都还大半是俄国人。

车站虽然很大，比起奉天车站气象大不相同。污秽杂乱，还不如江苏横林洛社的小小车站整齐。

车子开动了，车里摇晃颠簸得很厉害，两天行旅已经很疲乏，一晃就睡着了。

快到哈尔滨时，车上又来3位警察，谈话才知道是中东铁路警察，总算是换了中国人；日本护路警察却还强和中国警察同驻路旁，双方不时起些小冲突。他又说他是驻哈尔滨的，此次出差到沿途小站走了一趟，又赔了些钱。他说起哈尔滨生活程度怎样高。后来瞿秋白问他哈尔滨离车站近的有什么客栈。他就说了一个福顺栈，并说那栈不错。

车到哈尔滨站，已是晚上八九点光景，天已大黑。瞿秋白一行乘了一辆马车就往福顺栈去。一出车站，寒风凛冽，竟已是严冬天气。马车在一块石磷磷的路上走了一阵，便来到了客栈。进去一看，糟不可言。其中有两种房间，一种是大敞门，上上下下横排着许多炕，来往小客商都住在这里，所以一进客栈，就闻着一种臭不可闻的气味；还有一种是单间的，一间可住四个人、三个人不等，每天五角钱宿费。房里只四张铺，一张板桌，两张凳子，窗子是不能开的，空气极坏。但天已太晚，想换也得明天，只好住下，三个人包了一个房间，每天两块钱。

安排停当，瞿秋白当夜又返回车站取行李。哈尔滨车站纯为俄国式，三等候车室里，横七竖八的行李，满地泥水；头等、二等候车室里供着希腊教的神像。

晚上一直忙到一点多钟才睡下，瞿秋白一时睡不着，想起车站，不禁感叹起来：可怜，可笑，“我们”这样“文明化的”中国人，一入真正的中国生活，就着实觉得受不了；而且半欧化的俄国文明也使人骇怪：“原来‘西洋人’也有这样的。”

从天津到哈尔滨，一路上的种种景象对瞿秋白的刺激很深刻：虽然这是同关内地域相连、山水相依的“中华民国”的版图，但却是走过三国的铁路，似乎经过了三国的边界：奉天是中日相混，长春、哈尔滨又是中、俄、日三国的复版彩画。从天津到奉天，北京天津的中交票不能用了，要换日本朝鲜银行钞票，从长春到哈尔滨，中东路未收归中国管理之前，还不得不换俄国卢布买车票，现在虽可用中国银元，然而天津钞票已不大行，非得哈尔滨钞票或日本钞票不可。瞿秋白透过亲身的经历和观察所得，清醒地觉察并体验了帝国主义奴役下的殖民地经济生活的痛苦。

刚到哈尔滨时，还只听见一种谣言，说谢苗诺夫的白匪部队横梗在满洲里和赤塔之间，火车不通，只有专车能经过。瞿秋白连日买俄文报看，起先消息还不清楚，后来过了不几天，谢军和赤塔民军激烈战争的消息传来，专车也没了。同行赴任的中华民国北京政府驻莫斯科总领事陈广平一行也没有马上离哈北进的打算。这样，瞿秋白他们便烦闷起来：目的还没达到中途又生阻梗，这可如何是好。

开始，他们不时发生退回北京去等待时机的争议。是啊，哈尔滨生活程度异常之高，一间房二块钱一天，一顿饭——很坏很坏的——一元几角钱，他们三人一天至少五六元花销。看看天气又冷，天天坐在层冰严结的“水晶宫”里——窗上的冰，一天天厚起来，难得有天好开化的日子——另外也实在太无聊。但商量之后，他们决定百折不回，静候时局稳定，继续前进。

幸而不久就得到红军占领赤塔的消息，听说远东共和国临时政府已经成立，满洲里方面战事虽然还正在胜负未分之际，但对于瞿秋白他们来说已有一些希望。因此大家也渐渐定心了。可是天天打听消息，延拖又延拖，一转眼已是11月中旬。他们在哈尔滨居然住了五十多天。这可是当初没有料到的。瞿秋白想，也好，权当“游俄”的序言罢！

哈尔滨这个号称“东方莫斯科”的国际城市，真好像是中国社会走向殖民地化的缩影。这里，原来是俄国人的势力范围，道里和南岗都是俄国人的，建筑是俄式的，商店是俄国人开的，即使是在俄国店铺里任职的中国人。也说得一口流利的俄语。俄国十月革命后，苏俄政府放弃不平等条约，把中东铁路交还给中国，旧俄势力在哈尔滨逐渐减弱，而对哈尔滨垂涎已久的日本人的势力乘机发展起来。道里的市面有一半归了日本人，以前哈尔滨商场一向是以俄国卢布为单位，现在卢布价值跌落，日本金票几乎有取而代之之势。日本人野心勃勃，企图再进一步取得中东铁路的特权。

瞿秋白忧心忡忡地想：如果日本人夺得中东，哈尔滨也就快变为日本的殖民地了。

瞿秋白他们从奉天到哈尔演沿途看到触目惊心的情景，都是日本人侵略政策的痕迹。日本连年出兵西伯利亚，干涉俄国内政，扰乱珲春治安，其志不小，竭力想吞并满蒙西伯利亚，这个问题还不知什么时候才能解决呵。

哈尔滨街面上居然也有日本警察。瞿秋白有时走在街上，常常听人说中国与俄国士兵、警察发生冲突时，日本警察就来干涉。哈尔滨有日本商品陈列所、日本报馆、杂志，对于哈尔滨的市政，调查得比中国人、俄国人都清楚。

瞿秋白他们还到过一家日本客栈，俞颂华和那客栈主人谈话，瞿秋白在旁边看着：那客栈主人——老妇的脸上，一丝一丝皱纹里都找不出帝国主义的光线来，全被狡猾的笑容掩盖了。妓馆、饭馆，日本人开的有得是。瞿秋白深深地感到：俄国势力倒了——旧俄帝国死了——日本却又来了。

俄国人聚集在哈尔滨的为数不少。瞿秋白同各阶层的俄国人进行接触后所得到的印象是：

俄国人是以阶级划分的。俄国革命后，逃亡的白俄资本家、将军，虽然是亡命之徒，都还是在高楼大厦里住着，肚皮吃得饱饱的，和日本人鬼鬼祟祟地串些新鲜把戏。各派俄国社会党在哈尔滨组织了一个中东路工党联合会，以它和哈尔滨城市工人联合会为实力后盾。哈尔滨的俄国和中国的工人运动者，以这一联合会为中心，举办一些教育卫生活动，团结俄国工人、青年和中国工人。

经俄国布尔什维克党员的介绍，瞿秋白和友人廖连柯同去中东路工会联合会拜晤了该会会长，并到隶属于这个联合会的哈尔滨劳工大学听邬芝栗洛夫先生讲授《俄国社会发展史》。

通过这些活动，瞿秋白看到了中俄两国民族的接近，确实比日本人及其他欧洲人鞭辟入里（形容能透彻说明问题，深入要害。里，里头。——笔者注）得多。中国苦力心中的俄国人决不是上海黄包车夫心目中的“洋鬼子”。下级人民互相间的融洽……大家本不懂得“文化”这个抽象的名词，然而却有中俄文化融会的实效。当然，这只是瞿秋白一时的观感而已。

哈尔滨的冬天越来越冷，枯树，疏林，积雪，冷月，一派荒寒萧瑟的景象。

这里的文化程度几乎等于零。瞿秋白调查的结果是：全哈尔滨学校不过三四个，报馆只有一个《国际协报》较好些。瞿秋白和协报主笔张复生，谈起哈尔滨文化来，张说：哈尔滨总共认字的人就不多。瞿秋白走遍全市书铺，竟买不到一本整本的《庄子》，新书新杂志更少得可怜。

路上到处是粪尿垃圾。中国住宅区的穷苦人家，几间土屋，围着洋铁皮木板乱七八糟钉成的短墙，养着几口泥猪。这样低下的生活，那里还谈得上文化呢！

文化不是天赋的，中华民族应当如何努力？东方文化古国的文化何时才能重新振兴？这一系列的问号在瞿秋白的脑中萦回不已。没有文化便不能直接接受新的学说，就不能有阶级的觉悟，就无法再造文明。

怎么办？回答是：到俄国去！宁死亦当一行！瞿秋白更坚定了这一决心。

赤　潮

1921 年 6 月，莫斯科的初夏时节，莫斯科河畔已经绿草如茵，青青的灌木，悠悠的池水，一派生机勃勃。这时有四个国际性大会即将在这里召开：共产国际第三次代表大会，共产国际妇女部第二次代表大会，少年共产国际第二次代表大会，赤色职工国际第一次代表大会。

瞿秋白感到了革命的力量，他欣喜若狂，称这为世界无产阶级革命者的盛大集会，为“莫斯科的赤潮”，自己将投身于这赤潮中进行紧张的采访活动，尽快将盛况向祖国，向世界进行传播。

6 月 17 日，来自世界各地的代表，差不多都到齐了。苏俄政府在红场举行阅兵典礼，欢迎各代表团。

广阔的红场，几千名红军，步马炮队，工人军事组织，共产党军事训练部，男工，女工，儿童，少年都列队从主席台前经过。……各国代表都致词祝贺。

6月22日，共产国际第三次代表大会在莫斯科大剧院举行开幕式。

瞿秋白以记者的身份出席了大会。他以《莫斯科的赤潮》为题，报道了大会的盛况：

大剧院五千余座位都占得满满的，在台上四望，真是人海，万头攒动，欣喜的气象，革命的热度已到百分。第三国际执行委员会代表祇诺维叶夫致开会词："我以第三国际执行委员会的名义宣布第三次共产国际大会开会……"下面鼓掌声如巨雷，奏《国际歌》……

各代表演说庆祝完了之后，还聘请全俄全世界负盛名的著名歌唱家夏里亚宾唱歌助兴，……歌声高入云际。

夏里亚宾唱完笑着说："我虽不是国际

主义者，而是国家主义者，今天却有一歌，普希金的词，四国（俄德法意）文学都有译本，请为共产国际代表诸君一歌，恰好应景呢。”歌毕，四座鼓掌不已，坚请夏里氏再唱。

夏氏说我们唱时行的《劳工歌》，请诸君相和，……于是五千多人的全剧院都卷入《劳工歌》的声浪中了。

瞿秋白的思想的浪潮，也随着“莫斯科的赤潮”激荡着，他把自己激动的感情，全都融进这篇新闻报道里。

开幕式后，共产国际代表大会在克里姆林宫安德莱厅进行。瞿秋白再次来到这艺术之宫，他介绍说：“克里姆林宫十三世纪的宫墙，七百年前的教堂——朴素古旧，建筑奇特，当时必是国家中央最大的圣地，而今比着后代西欧式的新殿宇，已经很低很狭了，累世纪的圣像画壁——人面衣饰，各画之间还留着古艺术的‘条件性’，好一似中国的关帝像，希伯莱君士坦丁文化的遗迹还显然；中央执行委员会，人民委员苏维埃的办公室，都在新殿宇内；巨大的跳舞厅，光滑雪亮的地板，金壁辉煌的壁柱，意大利名艺术家的雕刻，有一部分宫殿，是彼得大帝以前的俄皇起居，还另设陈列馆人员指导游览，西欧化后俄国的文明已算会集希腊日耳曼的精髓糟粕；……”

今天，这里似乎在赤潮中更增添了异常的光彩。瞿秋白写道：“现今则安德莱厅赤色光辉四射，全宇宙映耀，各国劳动者代表的演辞，声音震及环球，——第三次大会的共产国际；今日之克里姆林宫真做得人类文化三阶段的驳杂光怪的象征。”

7月6日这一天，在瞿秋白的旅俄生活中，不，在他一生中，是一个永远难以忘怀的日子。

这一天，在安德莱厅，瞿秋白荣幸地看到了伟大的国际无产阶级革命导师列宁。

他在当天所写的《列宁》一文，真实地记录了这一具有重大历史意义的场面：

列宁出席发言三四次，德法语非常流

利，谈吐沉着果断，演说时绝没有大学教授的态度，而一种诚挚果毅的政治家态度流露于自然之中。

安德莱厅每逢列宁演说，台前拥挤不堪，椅上，桌上都站堆着人山。电气照相灯开时，列宁伟大的头影投射在共产国际“各地无产阶级联合起来”，“俄罗斯社会主义联邦苏维埃共和国”等标语题词上，又衬着红绫奇画，——另成一新奇的感想，特异的象征。……列宁的演说，篇末数字往往为霹雳的鼓掌声所吞没。……

瞿秋白在文的结尾写道：“大会快完，政治生活的莫斯科这次才第一次与我以一深切的感想呵。”表达了他激动的感情。

会间休息时，瞿秋白在走廊上遇见了列宁。看到这位举世景仰的伟人，瞿秋白抑制不住自己的兴奋。可惜，列宁实在太忙，他急切地指给瞿秋白几篇有关东方问题的材料，简略地谈了几句话，便道歉地离去了。虽然只是简短而匆匆的会面，却使瞿秋白心中异常激动，久久不能忘怀。

瞿秋白除担任新闻记者外，还在莫斯科东方大学〔全称为：东方劳动者共产主义大学〕中国班任教。

东方大学成立于1921年5月，是一所政治性学校，名誉校长是斯大林。学生大部分来自苏俄远东各少数民族，也有一部分是从远东各国来的，其中有中国、日本、朝鲜等国的学生。

中国学生单独编为中国班，刘少奇、罗亦农、彭述之，任弼时、柯庆施、王一飞、卜士奇、肖劲光等都在这里学习。

瞿秋白在班中讲授俄文，担任政治理论课的翻译，讲授唯物辩证法、政治经济学等课。俄文课教学很困难，主要原因是：一方面，中国学生初学俄文，比较吃力；一方面，教师们中文水平低，俄国教师中除郭质生外，都不懂中文。另外，还没有教材。参考的工具书只有一本哈尔滨出版的错误百出的《俄华辞典》。

瞿秋白为了让这些历尽艰苦，冒着生命危险到苏俄来寻求真理的革命青年学好俄文，总是设法讲好俄文课。课前，他收集适用的教学材料，认真备课，上课时注意讲授方法，做到循序善诱，由浅入深，分别对待，共同提高，收到良好效果。课后，他经常到学生中去询问学习情况，做个别辅导。

曹靖华当时是他的学生，后来回忆道：“秋白教给我们俄语应该从哪学起，要注意什么问题……真是诲而不倦。秋白是一个兴趣广泛的人，知识很渊博，酷爱读书，也喜欢聊天。几乎每个星期日，我和韦素园都去找他聊天。真是书呆子碰到了书呆子，好像《天方夜谭》的人物似的，聊一千零一夜也聊不完。那聊天也是真正的学习，是生动活泼，引人入胜的学习。中国有句俗言：‘与君一席话，胜读十年书’和秋白同志一夕谈，胜读百年书啊！”

瞿秋白所崇拜的俄国伟大作家列夫·托尔斯泰的孙女，苏菲亚·托尔斯泰，在瞿秋白到莫斯科不久，经人介绍，与他相识。苏菲亚曾经多次盛情邀请瞿秋白等到清田村——列夫·托尔斯泰故居游览，但因为忙，一直未能成行，直到 1921 年 10 月才得以瞻仰托尔斯泰的故居陈列馆，并到她家中叙谈。苏菲亚的母亲很热情、亲切地接待了瞿秋白，并赠送了书籍。

苏菲亚母亲告诉中国客人：各种社会公共设施，虽然不是共产主义的，只要不带有政治上的危害作用，如托尔斯泰陈列馆等，都不受苏俄政府的任何妨碍，有时还能得到资助。从这点上，瞿秋白得到苏俄政府保护历史文化遗产的又一生动的证明的报道材料。

为了答谢苏菲亚的友好接待，瞿秋白为她写了一首五言旧诗《皓月——题画赠苏菲亚·托尔斯泰女士》：

皓月落沧海，
碎影摇万里。
生理亦如斯，
浩波欲无际。

这是一幅充满了哲理的月落沧海的画卷，起伏波动的万里海涛，使沉落之际的皓月玉碎银分，波光放射，构成了一幅变幻无穷，苍茫辽阔的景象，使人自然想到人生哲理的无限丰富。

瞿秋白尽情地在俄罗斯文化天地里漫游。他参观莫斯科特列嘉柯夫美术馆，仿佛来到“名画如山积，山水林树”的世外宫殿，被那一颗颗闪烁的“俄罗斯文化明星”所炫目，留连忘返；他在国家第二剧院、莫斯科大剧院，欣赏历史剧与歌剧，觉得“花露润融，高吟沉抑”；他在克里姆林宫，看到巍然高耸的宫墙，古老壮丽的建筑，倍感神爽；他与著名诗人马雅可夫斯基的相识，得到清新的启迪……

瞿秋白以满腔的热情写了长篇通讯《共产主义之人间化》，又以真挚的感情和追求真理的态度，深入到各个角落、各个方面进行实地考查，写出轰动世界的《赤都心史》。

瞿秋白每天都沉浸在汹涌澎湃的赤潮中。

清田村一游

俄国女友苏菲亚·托尔斯泰曾多次邀请瞿秋白等，到离莫斯科四百余里的列夫·托尔斯泰故居清田村游览，可是因为忙，一直没能成行。

1921年10月间，刚好莫斯科教育厅第一试验模范女校有一班学生读托尔斯泰文学事迹后，要到清田村参观、访问，于是瞿秋白、李宗武就趁便一同前往。

访问的小学生二十余人，女教员两人，还有几名托氏亲戚和一名政府女工作人员与瞿秋白等乘专车开往清田村。在车上，女工作人员对瞿秋白道："我在加里宁那里办事。加里宁！"她很自豪地说："你知道吗？现在我们最大的伟人，全俄中央执行委员会会长。……"

他们三十多人乘车于13日晚抵达库尔斯科车站，改乘火车。14日一大早到图拉站。这里离清田村不满四十里地，火车不再向前开，只好下车步行。

路上，搭车回乡的托氏亲戚中的一名老者，非常和蔼可亲，主动地与瞿秋白搭话，他不胜感叹地说："二月革命后，农民间无政府党非常盛，反对克伦斯基政府非常激烈。比如北部的几个省，就是十月革命后还延长老长时间才平定，至今还有消极反抗的呢。……那十月十一日时布尔什维克'面包与和平'的口号，反对与德战争，大得全国农村的同情。单说克伦斯基，他哪里是一个政治家，……谁知'自由与土地'的口号，喊得那么高，'只听楼梯响，不见人下来'。农民要土地，不是要社会革命党党纲的宣言书——是要实实在在的田地，没有什么神妙的科学！譬如开国会问题，延长又延长，在那种政潮的时候！可见他丝毫政治作用都不懂呵。说起知识阶级来，——你知道俄国几十年的潮流——革命中的知识阶级负罪不小。在俄国人心目中，知识阶级自来和普遍平民分得清清楚楚，革命起初，他们起劲地谈什么宪法呀，国会呀，人民把他们看得和皇上一样高。可等事情急了，他们又都抛弃了人民逃到外国去了，不来帮助人民共建大业……”

瞿秋白问：“现时俄国的宗教怎样，像托氏学说，传布得远吗?”

老者说：“宗教吗? 俄国是有名的宗教民族。一派市侩式的教堂宗教本是迷信，就是托尔斯泰派也反对他的。革命前社会运动中反对教堂，……现在呢，政府和教堂分离了，托尔斯泰派，绝对不问政治，不过是一种道德的宣传罢了。我这次到莫斯科有事，听说清田村组织了一个托氏派公社，所以我特地去参观参观。……”

到清田村的时候，已经是晚上九点多种，不能马上到托氏故居去，那里离这还有六里路，晚上大家就在两间清雅的小木屋里过夜。早晨四点钟，瞿秋白给学生们照了一张相，就开始出发了。再寻那位老者，说是昨晚他就上公社去了。

由清田村步行向托氏故居走去。这是一个秋云微薄，桦林萧瑟的天气，沿着村路两旁矗立的树林，红叶斑斓，小桥溪流，水云映漾，人们轻步在衰草上，如同走在绒毯上，心神散畅，乡趣油然而生。接近托氏故居的栅门，就见中世纪式堡垒，原来是托尔斯泰母亲家复尔康斯基公爵的遗产。进栅门后，转侧行数十步，遥隔花棚已见托氏宅，犬吠声声报客至，宅中有人出来探望呢。

一进宅门，前室中就见五六架书橱，上楼时，托尔斯泰幼女，也是陈列馆负责人亚历山大出迎参观者，并讲解室内陈设内容。

说托尔斯泰死后，一切陈设都还仍旧丝毫未动呢。两间图书室，也满放书橱，托氏活着时屡次想整理一大间，专设图书馆，始终因房间太小没有成功，所以散置楼上楼下；如今还是仍旧。瞿秋白看这一切陈设，得知托氏生前生活确实很朴素——贵族生活如此却也是在他意想之外。就只餐厅里有一架钢琴，四壁挂着画像。再转东边有一小过室——读书一周记室，一小圆桌，上放《读书一周记》，托氏在世时，每天早起先到此室，记日记语录数则后，才出来吃早饭。进一间就是书房，满架书籍，而突然投入瞿秋白眼帘的却是几个中国字，特别使他感到惊讶的是，竟在这里发现芝加哥出版的汉英对照老子所著的《道德经》；书桌上文具很简陋，有一块碧晶石，上刻金字，是托氏被希腊教堂除名时，马尔切夫斯基工厂工人送给他的贺礼；壁间挂满照片，是托氏世代遗像。安德莱·托尔斯泰夫人——苏菲亚女士的母亲，指示瞿秋白看托氏兄弟伯叔的照片，其中一框空着，说这是托氏的叔，因酗酒赌博，成了堕落子弟，所以除去，不使诸兄弟相并而立。还有美国人克洛斯倍的肖像，他是美国候补总统，特来拜谒托氏，托氏劝他一番，他居然放弃候选之职，从此和托尔斯泰结为至友。

再进去就是托氏的卧室。小小一间屋子，床头小几上还摆着烛台，半枝残烛——托氏出走那天，半夜起来所点的最后一枝蜡烛。床前窗下一小桌，屋角一洗脸架，旁有一马鞍，如此而已。壁间却有托氏夫人芳年时的肖像——不愧为名美人呢。

参观时，大家——小学生、教员都格外注意托氏出走轶事，频问亚历山大。

亚历山大说："你们看这样的家庭布置，就是五十年前也不算奢侈，然而我父亲晚年，时时刻刻总觉不安心，屡次想出去抛弃一切。再加上家庭恶剧，我母亲处处阻挠他的计划，如分地给农民等等。因此忏悔之心愈切，就不得不走了。那天晚上。两点钟，他起来下楼叫我，一同整理行装，叮嘱千万不告诉家人。父亲走时只肯带几件紧要的东西，一切奢侈品都不肯用，还是我勉强把一个手提灯装在他袋子里……唉！你们不知道托氏晚年，心灵经受多少痛苦呵！"

参观的小学生都很感动。当时他们散去，到托氏墓前和公社游览。

瞿秋白等出来，安德莱夫人请他们再参观一次，宗武照了几张照片。

安德莱夫人又说："你们还是到楼下看一看吧，那里有托氏早年时的书室呢。"

楼下书室中，安德莱夫人还指示瞿秋白看一小栋，是当年托氏初起忏悔，屡想自缢之处。

这时外面天色忽然阴沉，欲有雨意，安德莱夫人说恐雨后不能出游，趁此时走一圈儿，再回来吃饭。

从后院走出，院中有棵大树，漫散四出，残叶不时飘落，安德莱夫人指着说："这是他活着时常常在这树下招待贫农谈话，村里人都称这树为'贫者树'。"出院后，一带果树，绕小径出去，是一片草场，再前边便是托氏墓。那里放着小学生用落叶编成的花圈。

返回托氏家午餐时，瞿秋白与托尔斯泰妻妹以及幼女亚历山大、媳安德莱夫人，还有几位亲戚同桌，他们频频问及中国的政治情况、老子学说等。

饭后，安德莱夫人友好地邀请瞿秋白等游览花园。法国式的芳径，树木夹路，秋末残叶满地，踏步行来胜于毡茵。小池一角清漪如画，这时已萧萧微雨，浪纹如画秋痕。

瞿秋白问安德莱夫人乡居如何？

安德莱夫人说："乡居也不过因为有事罢了，此间人愚蠢，无可谈心，未免焦闷。你看，那些人，老军官现在已反成希腊教徒，我们两位亲戚女太太们，成天骂革命政府，好像俄国平民对他们有什么罪似的，难道这是托尔斯泰主义吗？……所以我说很乏味，不过，在乡间住着，偶然到农家去走走，倒可散心。”

这时，烟雨迷蒙。安德莱夫人对瞿秋白说：“可惜今天天气不好，不然，还可以同你到田间散步呢，我们现在且到那边几家坐一坐，看看我们俄罗斯的乡间生活。”

他们走过两片地来到一座木屋，小小巧巧四五间，也有电灯、玻璃窗……

安德莱夫笑着高声喊道：“中国人来访俄国农夫了！”

“呀，远客来了！”只见一农家女掀开布帘出来，“原来中国人也来看俄国乡下人呢，……我们此地靠近地主家，要比一般农民讲究些，新近安了电灯，……哎呀，天气不好，不然诸位可到那边村庄看一看，纯粹俄国生活，请坐，请坐！”

安德莱夫人给他们介绍，这主人是托氏的农奴，还有一位客人是安德莱夫人以前的陪嫁丫环，坐着吃了几口茶，屋中板桌板凳，屋角挂着希腊教神像，壁上还挂着一张半新不旧的油画。四间住房，后面一小小院落，牛羊畜栏、草仓。四间屋之间，一个壁炉，一面临门处有铁板，中可烤面包煮菜；炉顶高及屋梁，上铺床铺。

女主人指着炉子道：“你们中国没有这样炉子罢！呵，冬天冷的时候，才好呢。睡在炉顶上，深夜时，满身裹得紧紧的，烘得暖暖的，将睡没睡的时候，拥着枕头，听着屋顶风暴绞雪，‘呼……呼……呼’真有趣呢。”

从农家出来，瞿秋白他们又到托尔斯泰主义者创办的公社去参观。

公社主人欢迎中国客人，向他们介绍公社情况。他说：托尔斯泰派都是非常有道德的人，主张非战，他们屡次抗拒征兵，往往被捕，但出狱后，大家组织起来，仍不去当兵，后来得到教育人民委员会允许，在这里组织了公社。田地是用托尔斯泰遗产分给农民所余的，有麦田四十七俄亩（一俄亩抵中国十八亩），菜园二俄亩，另有三十五俄亩果园，其中一半与村农共有的。马六匹，牛七头，羊十只。社员十八九人，都能下地劳动，女社员还缝补织网，农忙时可以雇人。生产品完全公有，各取所需；每年只向国家交纳五千普特的粮食税，其他一切自由。他们预计，一年的生产足以自给，不过今年是第一年，还没有到收获季节。

归途，瞿秋白又到农民中访问。一位农民对他说，由于实行粮食税，负担轻些，但生活还不宽裕，不过慢慢会好些……。

清田村一游，瞿秋白感到畅心满意，他对俄国社会有了进一步的认识。

参观回来的当天晚上，他疾笔奋书，以《清田村游记》为题，写了一篇真实感人的散文，寄给北京《晨报》发表。后收录在《赤都心史》中。

拼命工作

瞿秋白怀着极大的求知欲望，来到俄罗斯，他把革命后的苏俄比作琳琅满目的宝山，他要竭尽全力取得宝物，去献给苦难的祖国。

他不知疲倦地工作着，不，简直是拼命的工作。

生活条件与整个苏俄一样，非常艰苦。他每天节衣缩食，自己烧饭和料理生活，吃得很不好，甚至吃不饱，连定量供给的一点粮，他都节省下来去买书。因此，到莫斯科不久，瞿秋白就患病了。

1921年3月11日，他在日记中写道："莫斯科生活开始，我们求学考察还正兴致勃勃，然而因物质生活的困苦，竟奄奄有些小恙。"

这次的病，大约七八天才痊愈。到了7月，又突然病倒，整整卧床一个月。7月6日至8月5日之间，没有写作。

8月初，经医生诊断，左肺有病。

医生对瞿秋白说：“同志，你的肺病已经很严重了，”说着，指一张X光片给他说：“你看，一叶肺已经烂了，你要休息，不然……回国也好。……”

“不要说了，”秋白抢白道：“大夫，请告诉我实底儿，还有多长时间。”

“这——怕顶多不过支持三两年罢。”

“足够了。谢谢你，大夫。”秋白一边穿衣服，一边说。

“你还是住院吧。”医生建议道。

瞿秋白说：“既然时间不多了，我得抓紧工作，东方大学中国班还有学生等着我呢！”说完，便匆匆走了。

医生望着秋白的身影，喃喃道：“中国人了不起……他是不要命了！”

8月4日，吐血，病更沉重了。整个8月份，他扶病期间，总不肯休息，仍然写了三篇短文。讲课时，累得他面色苍白，连气都喘不上来了，但他还是诲人不倦地讲着。

后来，实在不能支持了，就在莫斯科近郊的高山疗养院疗养。

瞿秋白这时显得有些焦躁不安，全心仍在想着工作，每天处于奄奄一息的状态，生命好像处于垂危，一切的一切又好像在他的心神里磨灭，然而，他凭着自己的坚强毅力和个性呼喊着："还我为社会服务的精力来。"

只有星期天，才是他最兴奋的日子。每逢这天，他的好友曹靖华都来看他。这时，他好像没病的人一样，忘了一切，口若悬河地谈论着。他说："世界是现实的，人是活的。""不动不生，又要不死不灭，不工作，不自杀，处于生与死两者之间，是不可能的。""这里真是一座琳琅满目的宝山呐，我要拼着病弱的生命，把革命的宝贝更多的运回中国去。"

他诅咒自己不能适应俄国的气候，勾起思乡的情绪："万里……万里……温情的抚慰，离故乡如此之远，哪能享受。……漫天白色，延长五月之久，雪影凄迷，气压高度令人呼吸不如意。冰……雪……风暴……哪有江南春光明媚，秋花争艳的心灵之怡养”。他在梦中，都梦到了南园故园中灿黄的菜花，清澄的池水，翠柳，碧桃，……可是，当他想到祖国要成为完全的殖民地，外国资本家“老爷”来了时，他的心紧缩了，病也更深了。

9月开始，身体稍微好一点，他便急不可耐地又重新投入采访、考察、写作……。

9月16日，中国阴历8月15日，瞿秋白在莫斯科迎来了身在异邦的第一个中秋节。

他向俄国朋友谈起中秋的意义，他们感到很有趣味，说这团圆的象征大有诗意，让瞿秋白借用他们的房间聚会一次。女主人专门做了点心招待中国客人。

女主人欣喜道：“恭喜恭喜，点心做好了，你们瞧一瞧。中国过这节通常吃什么?”

秋白答：“月饼。特为要圆的，才像‘团圆’呢。”

“呀！为什么不早说，我也做圆的，那多有趣!”女主人后悔道。

“这就挺好的，谢谢你和你全家的盛情了！”

于是大家欢乐地祝福，医生的女儿还乘兴唱起美丽动听的苏联歌曲。

厅中桌上插着许多小烛，融融火光，满室都饱含温情和谐的暖意。

女主人忽然提议道：“听说你们中国，过节时要做诗，瞿先生何不做一首给我们听听。”

秋白倒也高兴，当即吟了一首《东方月》：

万里奇游，饥寒之国。
闻说道“胡天八月雪”，
　　可也只萧萧秋意，依依寒色；
只有那赤都云影，掩没了我“东方月”。

　　月圆月缺人离别，
　　人离别，长相忆。
万古“中秋”，未入欧人诗思词说。
原万族共“婵娟”，但愿“婵娟”年千亿。

又何必，人相念，月相望，细问太阴历？
欧亚华俄——情天如一。
团梦影，灯前不堪回忆，
独恨那凝云掩映，希翼一线俱绝。

秋原黄叶，才领略别离滋味，
怎知道，有灾祲流乱，更饥寒万里。
只听那琐碎的啼声，凄凉的雨意，
催嫦娥强现半面，掩云幕，永诀矣！

吟罢，秋白又用俄语讲了一下诗的大意。在座的听了，各个欢喜。诗人在这里寄托自己对祖国和亲人的思念之情，表达其高洁的情怀与美好的信念。

席间，女主人又问及瞿秋白的健康情况，知道他夜夜出虚汗，咳嗽吐血。

女主人说："难怪我瞧你心绪不好，我看还是回国调养吧，还可和家人团聚。"

秋白心想，可是回去罢，又怎么样呢？

夜深席散，瞿秋白到郭质生住处。

他忧心忡忡地对郭说："咳，这可恨的病体支离，要做的事，应该做的事，都不能做，不如归去，或许有可为……。"

过了几天，瞿秋白写信给在柏林的俞颂华，他是五月去柏林的。信中写道：

> ……我一个病人，为精力所限，为才力所限，为学识所限，在这八个月内的成绩如此而已！……是成是败。以我这样学识浅薄，精神疲敝人，在做开天辟地研究俄罗斯文化（在我以前俄国留学生有一篇好的文章出来过没有）的事业，勉强有这一些成绩，能否算得最高限度？……
>
> ……总上三种原因：（一）求学问题，（二）通信问题，（三）经费问题，再加上我现时的病状，不能不决定回去了。现在我已着手进行，可是旅途困难，行李笨重，还不知道什么时候才走得成功呢。……

九月二十五日（中秋后九日）

10月间，病情渐轻，心情也似乎变得好些。由于西伯利亚交通仍然很困难，需要带的书籍太多，瞿秋白打消了马上回国的念头。他的心思又全部转向了工作。他说："肺痨是要'养'的，可是我一天不读，一天不'想'，就心上不舒泰，——不能不工作，要工作。"

俄国十月革命节四周年的时候，瞿秋白来到莫斯科迪纳莫电力工厂，参加工人的纪念集会。集会的人们，都兴致勃发，瞿秋白也沉浸在欢乐的气氛中，无意中，忽然见到列宁登上讲演台。顿时，全会场都拥挤簇动起来，先是几分钟因惊愕而沉寂，后来突然万岁声，鼓掌声，震天动地。工人群众和秋白的目光，如万箭一心，都注射在列宁的身上。大家用心尽力地听着演说，一字不肯放过。列宁说时，以极明显的比喻，证明苏维埃政府是劳动者自己的政府，在劳工群众的心中，这层意义，一天比一天增强，一天比一天明了："拿着军器的人"，向来是劳动群心目中可怕的东西，可现在，不但不觉得可怕，而且还成了自己的保护者。列宁最后的几句话，埋在热烈的掌声中……

瞿秋白当天夜里，便以《赤色十月》为题把劳动群众同自己领袖之间的信任和崇敬，如实地写出来，这篇优美的散文发表后，催人泪下，生动感人，争相传阅。

这时，瞿秋白的感情，已经与劳动人民和革命者融汇在一起。在一篇题为《心灵之感受》的短文中，通篇引录一位苏维埃职员自述革命斗争的经历和感受。他的"'为人服务'，忘了这'我'，'我'却安逸，念念看'我'，'我'反受苦"的结语，恰是瞿秋白自己的心声。

他在《我》的文章中，庄重地宣布：

> "我"不是旧时之孝子顺孙，而是"新时代"的活泼稚儿。
>
> 固然不错，我自然只能当一很小很小无足轻重的小卒，然而始终是积极的奋斗者。
>
> 我自是小卒，我却编入世界的文化运动

先锋队里，他将开全人类文化的新道路，……

瞿秋白这一宣言，给自己的思想作了一个小结，标志着他在人生旅程中旧我的终结，新我的诞生。他于1921年5月经张太雷介绍，参加共产党，为预备党员；同年9月，转为正式党员。当时属俄共（布）党组织，到1922年春，正式参加中国共产党。

由于物质生活降低，工作量急剧增加，瞿秋白身体越来越坏了，不得不于1921年12月5日又进了高山疗养院。

其间，他带病参加了在共产国际发起和指导下的远东各国共产党和民族革命团体第一次代表大会。

他虽感到精神疲乏，体力不支，但却又感到幸福。他在《晓霞》中写道："远东大会召集，用得着我这'东方稚儿'，于是出高山——陡然呼吸一舒，好一似长夏清早，登高山而望晓霞。"

参加远东会议，使秋白过度兴奋。但他那本来不轻的病，既作会议代表，又担任会议翻译，大会闭幕式还未结束，他便病倒了。他从旧帝国国会的会议大厅勉强走回国际旅馆，幸亏路上遇到一女友搀扶着他徐行。血痰又出现，高烧昏睡了四五天。

2月7日，在模糊梦寐中，被从闭幕式会址彼得格勒送回莫斯科，再度进了高山疗养院。在病榻上，他依然坚持写作。

一次，曹靖华来看他，见他把吊灯拉到床头，拴在床架上，俯在枕上写文章。就心疼地说："不要命了！能不能好一点再写呢？"

秋白说："病是要养的，可是书更要读，工作更要作。特别是这个时候，资产阶级报纸不是正在大肆造谣，说什么'俄国布尔什维主义即将崩溃'吗？"

正是在这时候，瞿秋白扶病写了《共产主义的人间化》、《莫斯科的赤潮》等著名通讯，把苏联的实况，介绍给追求光明的中国人民和全世界劳动者，给他们扫除了资产阶级报纸对苏联所散布的迷雾，使他们知道了苏维埃社会的真实情况。对全世界说来，这些热情洋溢的真实报道，正是拨云雾而见青天呵！

瞿秋白从入院第三天（9日）到3月下旬，先后写了《彼得之城》等九篇文章，4月中旬出院后又连续写了十几篇，从莫斯科寄给北京的《晨报》发表。瞿秋白是俄国十月革命后最有系统地向中国人民报道苏俄情况的新闻界先驱。

1922年11月5日至12月5日，共产国际第四次代表大会先后在彼得格勒和莫斯科举行，瞿秋白以中共代表的译员身分参加了大会。会后，陈独秀鉴于国内斗争需要，请瞿秋白回国。

1922年12月21日，瞿秋白告别了生活与工作了两年之久的莫斯科，登程返回祖国。

重译《国际歌》

1923 年 1 月 13 日，瞿秋白终于回到北京。

当火车驶进北京城，远远望见天坛、城楼时，他不禁怦然心动："我与你们久别了，古老的中国文化古城!"

回到北京，瞿秋白住在东城大羊宜宾胡同堂兄瞿纯白家中，他家是年前从宣武门外骡马市大街羊肉胡同迁居此地的。纯白仍在外交部做事，月薪约二三百元，看似不少，可在京城却很不容易，一些必要的排场不能不讲，家里还得雇佣看门的、车夫、女仆，每逢年节还得向亲友、上司敬献些礼物；这一笔开销，还仅仅维持个虚假的体面，家中的日子紧巴巴，饮食也并不好。

纯白希望堂弟能在北京供职，可一时也没张罗出个头绪来。

李大钊得知瞿秋白回来，便准备介绍他到北京大学俄国文学系教俄国文学史。当时北京俄文系只有三个俄国教师，没有中国教师，也没有系主任。可北大的实权掌握在反动派手中，知道瞿秋白是从苏俄来的，因此迟迟不发聘书。

后经纯白走动，北京政府答应聘请瞿秋白到外交部任职，月薪二百元。但瞿秋白拒绝了这份收入可观的差事。

堂兄惊讶地问："怎么，这职位不好吗？在别人要抢破脑袋的，简直不可思议。"

秋白淡淡地说："纯哥，我谢你的好意，但我不能，不能为军阀政府效力。"

"怎么？"纯白有些恼火："这么说我是他们的走狗了！太……"

"别误会，纯哥。"秋白说："你是可以的，只是我不行。"

"那是为什么？"纯白不解的问。

“暂且我还不能说，请纯哥谅解。”秋白答道。

事后，纯白才知道，他的这位堂弟已属于共产党人，从此专门从事党的工作，成为职业革命者了。

纯白恍然大悟：“怪不得的呢！”

纯白常见堂弟夜里经常伏案写作，睡得很晚，白天常常出去。还见一位俄国记者常偕夫人来这大宅院，进堂弟所居的正房……渐渐，堂兄便知道秋白是干什么的了。

偶有闲时，瞿秋白便对纯白夫妇和侄儿重华、小农，绘声绘色地介绍他在苏俄的见闻：

“记得那年五月一日劳动节，正好与基督教的复活节赶到一天。那天晚上，莫斯科的中心——红场，可热闹了，到处都挂着红彩带，楼房、电车上都是，到处是欢乐的歌声，还举行农民跳舞比赛。在场子中间设有演讲台，有的上去演说，许多教育人民委员会的儿童穿着新衣，呼喊‘万岁！’还有游行队伍，在全城欢乐地通过。我们趁两重佳节的兴致，顺路访了一个女友——可是没有接吻，咱东方人觉得害羞。

“见了面，那女友可热情了，说：‘唉呀，中国朋

友，恭喜恭喜，今天就在我们这吃过节饭吧！’

我说：‘你们正忙着做菜吧？来，我帮你，……’”

嫂子听到这儿，忍不住笑了，打趣道：“可从来没见你会做什么菜……”

“别打岔嘛，人家还听呢。”重华噘着小嘴说。

秋白继续讲：“一人在外，不会也会了，逼的。再说到人家，还不得表现表现。……她叫我切肉，我问她，‘市场买的，新鲜吗？’她说：‘昨天买的，过节了，劳动券废了，市场有的是新鲜的。呀！——我忘了问你，你们中国有复活节吗？’

“我说没有，借着机会我就给他们讲咱中国宗教观念、风俗，他们听得非常有趣。……不过他们的主食不太好吃，黑面包，又酸又硬，都不如北京的苞米面窝窝头，不过这是暂时的困难。……那里人人平等，工人、农民、机关干部，开会在一起，统购统销，大家吃的都一样，他们对妇女儿童特别保护……”

听了这些闻所未闻的讲述，纯白感慨地说：“什么时候，我们也这样就好喽。”

“是啊，我们中国现在正学苏俄，也要来一个翻天覆地变个样。对了，重华、小农，我教你们唱歌好不好？”

“好！”两个孩子高兴得跳起来。

瞿秋白就教他们学唱《赤潮曲》、《国际歌》等歌曲。

《赤潮曲》是他新近刚刚创作的，词曲都是他作的，其词是：

赤潮澎湃，
晓霞飞涌，
惊醒了
五千余年的沉梦。

远东古国
四万万同胞，
同声歌颂
神圣的劳动。

猛攻，猛攻，
捶碎这帝国主义万恶丛！
奋勇，奋勇，
解放我殖民世界之劳工，
无论黑，白，黄，无复奴隶种！

从今后，福音遍天下，
文明只待共产大同。
看！
光华万丈涌。

不仅孩子们跟着学唱，堂兄和嫂子也情不自禁地在一旁偷偷地跟着哼唱起来。

有一次唱完这首歌，瞿秋白问重华：“你知道是谁养活我们吗？”

重华爽快地回答：“是爸爸挣钱养活我们。”

瞿秋白听了不觉笑了起来，接着，他耐心地向重华讲解工人、农夫创造财富的道理。

秋白说："假如没有农夫种田，工人做工，你爸爸挣的钱再多，也要饿肚皮的。"

说得重华、小农也都笑了起来。

《国际歌》的歌词，是瞿秋白在这时重新翻译的。在此之前，《国际歌》在中国已有三种译文，但由于译文不够确切，而且没有与原歌的曲谱配译，都不能歌唱。

为了使《国际歌》成为中国广大劳苦群众的歌曲，瞿秋白按照曲谱配译中文歌词。

一天，也刚刚回国的曹靖华来看他。

一进跨院，就听有隐隐的弹琴声。等进了房门，只见秋白在外间靠门的隔壁前的一张小风琴上反复地自弹自唱着《国际歌》中的几句，由于过于专注，以致曹靖华站在他身后老半天都没有觉察到。直到后来，曹靖华忍不住地笑了，他才扭转身问："靖华，什么时候来的？"

"快有一刻钟了。"

"道歉，道歉，太不好意思了。"秋白指着琴上的歌词，说："这三种译文你是看到的，可惜没有一种译得像样，更谈不上能唱了，光译，不能唱，怎能使它在人们口头上传播开来呢?”说着，他又一边弹奏风琴一边反复吟唱译词，不断用铅笔在词谱上修改，直到顺口易唱为止。

这场面使靖华都看呆了，尤其令他钦佩的是法文“国际”一词，在外文是那么长的一串音节，共有八拍，而在汉语却只有“国际”两个音，这怎么能使它配上原谱呢？靖华在心里琢磨这个难题，觉得实在不好唱。

“哎，有了!”瞿秋白忽然兴奋地说：“这个词在西欧各国文字都是同音，所以汉语也应该相同。”于是，他采用了音译“英德纳雄纳尔”，解决了这一难题。

“这回好了。”瞿秋白将“国际”改成“英德纳雄纳尔”后又弹唱了几遍后，说：“这样在唱时可和各国之音一致，可收到万口同声，情感交融之效。”

曹靖华在心里暗暗地佩服：是啊，在译作时，你是这样深刻地思考、处理问题的呵。你不但是杰出的战士，而且是杰出的全才。这里又油然想起 1922 年过阳历年时，秋白在莫斯科东方大学俱乐部参加演出的那个独幕剧，连苏联同志对他演的角色，都大为惊叹不已！

……

中共中央领导机关，为了就近领导北方的工人运动，于1922年10月迁往北京。二·七惨案发生后，北方工运转入低潮，中央机关又迁回上海。

瞿秋白随即也离开北京到了上海，并接受中央委托，负责筹办《新青年》季刊，担任主编，同时主编中央的另一机关刊物《前锋》，参加编辑《向导》，并为这些刊物撰稿。

1923年6月5日，《新青年》季刊创刊号问世。瞿秋白把创刊号编成“共产国际号”专刊，并亲自题写刊名，设计了封面。

封面的中心是监牢的铁窗，一只有力的手从铁窗中伸出，手中握着鲜红的、飘展的绸带。铁窗下写着一句话：“革命党自狱中庆祝革命之声”。

创刊号的十五篇著译文章作品中，瞿秋白著有《新青年之新宣言》等理论文章六篇，及创作的歌词

《赤潮曲》、译词《国际歌》各一首（篇末附歌曲词谱）。……

稍后出版的《前锋》创刊号，在十篇文章中，瞿秋白写有《帝国主义侵略中国之各种方式》等三篇文章。在《向导》上，瞿秋白写的评论文章很多。同时，他还为《民国日报》、《东方杂志》等报刊撰写文章。

他已成为党在理论和宣传战线上，最活跃最有功绩的马克思主义理论家和宣传家。

教 授

1923年6月，瞿秋白从广州到达杭州，住到岳王村四伯父家里与妹妹轶群、弟景白、坚白等团聚。

四伯父这时已经罢官在家。瞿秋白对他很尊重。叔侄见面后，叙谈一切，很是亲切欢畅。

瞿秋白向他谈起这两年多在苏俄的见闻，亲友在旁听得又新奇又不解，好像在听“天方夜谭”。

在杭州，瞿秋白去拜访了胡适。他是4月间由北京到这里的烟霞洞疗养的。这一年胡适三十三岁，在政治上他反对马克思主义，反对共产党的政治主张，但在学术界已是闻名海内了。瞿秋白来访，使他对这年青的学者，也很看重。他建议瞿秋白到上海商务印书馆，谋一个编辑的位子，做些学问。

7月中旬，瞿秋白回到上海，与商务印书馆联系，得到的答复是：“各杂志稿子并编小百科丛书以及译著。”对这项工作，瞿秋白写信告诉胡适说；“假使为我个人生活，那正可以借此静心研究翻译，一则养了身体，二则事专而贡献于社会的东西可精密谨慎些。”

后因李大钊推荐他到由国共两党合办的上海大学去工作，尽管薪金极薄，他还是答应下来，而借口推掉商务印书馆的差事。

上海大学是在国共合作的呼声中，在统一战线的旗帜下，于1922年10月，由上海私立东南高等师范专科学校改组成立并发展起来的。

东南高师原有国文、英文及美术专科和附中。创办人校长王理堂。学生仅一百六十人，学校设备简陋，教师缺乏，还多不称职。学生中很多人受过五四运动的洗礼，思想进步，对学校现状自然极不满意，于是由学生会向校方交涉改进，结果无效不说，校长竟携学生缴的学膳费外去东京留学。学生忍无可忍，于是组成十人团为核心，决定驱逐前校长，改组学校，推举一位有革命声望的人担任校长，办一所革命学校。

十人团打算在陈独秀、章太炎、于右任三人中聘请一位任校长。学生对三人并不认识，只是慕名而已，经过多方打听得知，陈独秀行踪不定，章太炎意志消沉，而于右任自这年8月靖国军失败，从陕西来上海后，发表过救国先从教育入手的言论，于是决定请于右任担任校长。

于右任是辛亥革命元老，曾任靖国军总司令，他赞同孙中山改组国民党，实行国共合作。因此，他接受聘请，并把校名改为“上海大学”。

他入校后，便打算把上海大学的活动，纳入国民革命的政治轨道，曾对上大学生演讲说：“今后要制造炸弹、地雷，不仅在中国落地开花，还要炸得世界开花结果。”

但他又苦于没有办学经验，因此寄“厚望”于共产党人。恰巧，1923年4月，李大钊来上海，他们是老朋友，私交甚厚。于右任、邵力子在福州路同兴楼菜馆邀请李大钊和张继赴宴，专门商谈上大校务，请他们予以协助。

张继表示愿去南洋募捐，但他言而无信，并未南行。

李大钊介绍邓中夏出任总务，瞿秋白任社会学系主任。

8月8日，上大全体教职员在“一江春”聚宴，校长于右任主持推定学校最高议事机构评议会，邓中夏、瞿秋白、叶楚伧、陈望道、邵力子、陈德征等九人被推为评议员。

同年12月改评议会为行政委员会。

上大刚刚创建，百事待举，学校很穷，是一个道地的弄堂大学。

瞿秋白来此任事，决心把学校办好。

他在1923年7月30日写给胡适的信中，说：“既就了上大的事，便要用些精神，负些责任。我有一点意见，已经做了一篇文章寄给平伯。平伯见先生时，想必要谈起的。我们和平伯都希望上大能成为南方的新文化运动中心。”

信中所说的文章，指他于7月23日写的《现代中国所当有的“上海大学”》，已经寄给了《民国日报》编辑俞平伯。

这时，瞿秋白住在上闸北，以记者身分进行公开活动。他的住处，布置得像一个作家的书屋，出入那里也多是些青年作家。他与于右任关系融洽，过往甚密。除了担任党的理论研究和宣传工作外，他集中全力整顿改革上海大学的校务。

8月2、3日，《民国日报》副刊《觉悟》全文发表了《现代中国所当有的“上海大学”》。

文章指出：中国作为“远东四五千年的古文化国，现在反而落后，学问艺术无不要求急速的进步，方能加入国际学术界的文化生活。……切实社会科学的研究及形成新文艺的系统——这两件事便是当有的‘上海大学’之职任，亦就是‘上海大学’所以当有的理由。”

瞿秋白根据这一设想，为学校的未来，规划了一幅引人入胜的蓝图。

瞿秋白还明确指出，创办上大的目的是要用进步的思想和丰富的知识，武装学生的头脑，使他们具有独立认识社会、改造社会的能力，担起革命的责任。

因此，学校应鼓励学生组织各种类型的社团，提倡学生深入社会生活和革命斗争实际，加强自我锻炼。

瞿秋白引用俄国诗人涅克拉索夫的诗：“人人不一定是诗人，做一个‘公民’却是你所应该的”，指出上大各系都应当有“现代政治”的选修课。……

上海大学的教学活动基本上是按照瞿秋白所规划的方针进行的。

在课程设置上，注重基础知识的训练，尽量扩大学生知识面。

上大注重马克思主义基本原理教育。在瞿秋白主持下，社会学系开设了辩证唯物主义和历史唯物主义，私有财产及国家起源等课程，并通过其他课程，阐述马克思主义的学说。中国共产党初创时期的一些重要理论著作，有些就是在上大教学中产生的，如邓中夏的《中国劳工问题》、肖楚女的《中国农民问题》、蔡和森的《中国进化史》……其中瞿秋白的著作最多，有《现代社会学》、《社会哲系概论》、《社会科学概论》、《现代民族问题》等。

通过马克思主义理论的教育，学生初步有了观察和认识社会的能力。许多学生以这里为起点，走上革命的道路。

在教学方法上，上大从内容到形式都有重大改革，贯彻理论联系实际原则，采取有重点的启发引导的教学方法。不像别的大学教授，跑上讲台，口讲指画了一点钟，便跑了，什么都不管。而这里许多教授的讲课，受到学生们的欢迎，如蔡和森的《社会进化论》、沈雁冰的《奥德赛》、《伊利亚特》，俞平伯的宋词，以及张太雷等人的课，都能引人入胜。

瞿秋白的课，更能吸引人。学生回忆道：

当课堂开始安静下来的时候，只见瞿秋白从人丛中走进课堂，走上了讲台。

他穿着一件西装上衣，手上拿着一顶帽子，他的头发向后梳，额角宽而平，鼻梁上架一副近视眼镜，与他的脸庞很相称。

他和蔼亲切地微笑着，打开皮包，拿出讲义和笔记本，开始讲课了。他的神志安逸而从容，声音虽不洪亮，但即使站在课堂外的同学也能听到。在他的讲话中，没有华丽的词藻和空谈。同学们的水平参差不齐，他为了使大家明白，引证了丰富的中外古今的故事，深入浅出的分析问题，把理论与当前的实际斗争相结合。同学们都很郑重地记下笔记，万一有人因为参加社会活动而缺了课，非要借别人的笔记抄下来，才能安心睡觉。

秋白是社会系主任，担任的课程是社会科学概论和社会哲学。第一次听他课时，使我惊奇的是学生突然加多了。别的同学告诉我，大家都很喜欢秋白的课。除了社会学系本班的学生，还有中、英文系的学生，其他大学中的党团员或先进的积极分子，甚至我们的好老师恽代英、肖楚女、上大附属中学部主任侯绍裘等同志都愿来听听。……

瞿秋白既重视课堂上对学生谆谆教导，又注意课后对学生进行辅导。他几乎每天下课后都到学生那里去。于是，学生的小亭子间热闹起来。瞿秋白讲话的面很宽，他讲希腊、罗马，讲文艺复兴，也讲唐宋元明。他不但讲死人，而且也讲活人。他不是对小孩讲故事，对学生讲书，而是把学生当作同游者，一同游历上下古今，东南西北。学生都怀疑他为什么不在文学系教书而在社会系教书？他在那里讲哲理，哲学是什么呢？是很深奥的吧？他一定精通哲学！但他不同学生讲哲学，只讲文学，讲社会生活，讲社会生活中的形形色色。后来，瞿秋白为了帮助学生能很快懂得普希金的语言的美丽，他教他们读俄文的普希金的诗，他的教法很特别，稍学字母拼音后，就直接读原文的诗，在诗句中讲文法，讲变格，讲俄文用语的特点，讲普希金用词的美丽。为了读一首诗，学生得读二百多个生字、文法，但这二百多个生字、文法，由于诗，就好像完全吃进去了。当学生读了三、四首诗后，他们自己简直以为已经掌握了俄文了。

瞿秋白就是这样一位受学生爱戴、尊敬的大学教授。

作家故事文库

主编/新禾

副主编/霍红　高玉兰

闻一多的故事

(下)

李思乐/著

時代文藝出版社

作家故事文库·闻一多的故事

作　　者:新　禾　主编
责任编辑:姚家余
责任校对:王旭玮
装帧设计:章桂征
出　　版:时代文艺出版社
(长春市泰来街 1825 号　邮编:130062　电话:86012927)
发　　行:时代文艺出版社
印　　刷:三河市灵山装订厂
开　　本:787×1092 毫米　32 开
字　　数:149 千字
印　　张:70
版　　次:2011 年 5 月第 2 版
印　　次:2011 年 5 月第 2 版第 3 次印刷

书　　号:ISBN 978-7-5387-1075-5
定　　价:417.20 元(全 14 册)

磨不烂的“口碑”

湘、黔、滇旅行团一路所经过的地方，大多是当年红军长征时走过的地方。红军长征离这时不过三年，当年红军留下的标语、布告沿途还清晰可见。这些地区都是西南山区的穷乡僻壤，住在山里的群众，又多是少数民族同胞。他们不仅经济落后，政治上又受到国民党地方势力的欺凌。旅行团每到一处，初和当地人接触，他们看到这些从大城市来的先生、学生，不仅感到惊奇，而且处处存有戒心。当他们亲眼看到师生们卖买公平、说话和气，特别当他们看到这些山外人肯把饭菜送给当地的穷苦孩子吃时，才敢和师生真诚接触。

闻一多非常重视考察社会情况，有时指导学生采风，让学生注意搜集当地群众讲述的红军长征故事。闻一多从当地群众的谈话中得知红军纪律严明，官兵平等，不拉夫，不抓壮丁，开仓济贫，助民劳动的真实情况，从内心高兴。那时，闻一多和一部分学生已经读过斯诺的《西行漫记》，对红军，对红军的领导者毛泽东、周恩来、朱德等人已有一些了解，现在亲耳听到当地群众亲眼看到的红军长征的种种情况，自然会感到亲切。他每次听群众讲这些故事时，都是一边认真听，一边用一支铅笔仔细地记着。

有一次，闻一多和同行的学生坐在一座当地地主祖坟的碑亭下休息，身边站着几位农民，他正和农民谈着红军长征的故事。其中一位年老的农民告诉他，自己的儿子被国民党抓了壮丁，非常气愤。没想到红军长征路过此地时，儿子突然跑了回来，他送儿子参加了红军，跟随红军一起北上抗日去了。讲这故事的农民很有信心的告诉闻一多，中国有红军这么好的军队，一定能把日本帝国主义赶出中国。闻一多听到农民的谈话后，十分风趣地指着身旁的石碑说：

这碑是为墓里的人歌功颂德的，碑的上头还刻有“万古流芳”四个大字，但，这完全是谀墓的文字，我们早就看够了，没有人会相信的。然而，我们刚才听到的农民的谈话，却实在是另一种形式的碑，这就是我们过去常说的“口碑”，对于“口碑载道”这个成语，我过去领会的不深，现在一路行来，感到世界上确实存在着这种口碑。这样的口碑，铭镌在人民的心坎里，它不怕风吹日晒，不怕有人破坏，是真的“万古流芳”，必将一代一代的传下去，成为人民群众津津乐道的历史。这种“口碑”过去历史上有，但今天的“口碑”是最伟大的，那是磨不烂，砸不碎的！

蓄须明志

1938年4月28日，旅行团横穿祖国大西南的湘、黔、滇三省，行程3500里，历时68天，到达昆明。

闻一多与广大的青年学生，沿途同甘共苦，结下了深厚友谊。沿途的民俗、歌谣、神话、传说以及少数民族的服装、生活、语言等等，都引起他的热心关注。师生一起进行社会调查，搜集记录了许多材料。后来指导学生刘吉典编辑的《西南采风录》，便是这次旅行的一个成果。沿途接触到祖国的山川名胜，受艺术创作力的鼓动，曾重抄画笔作风景写生画百余幅，现在还保存着三十余幅。这些画歌颂了祖国的大好河山，树木山石，皆有激情；古迹风俗，趣味盎然。

一路上的千辛万苦，对闻一多那样老一代知识分子，实在是一个重大的锻炼和考验，他自幼肩不担担，手不提篮，爱国的激情迫他终于走出了“象牙之塔”，深入中国社会的最底层，接触广大的人民群众，这不能不说是他人生道路上的一个重大转折。

闻一多对这次长途跋涉是很愉快的，到达昆明后，他在给一位友人的信中说道：

尚忆当时与兄谈及迁滇事，曾主张徒步入滇。不谓当时所坐而言者，今竟能立而行之也。此次经验颇为丰富，他日与故人聚首，定可再做竟夕谈矣。

在另一封信中又说：

学校迁昆明时，有同学二百余人，组织旅行团徒步西来，多亦同行，在途中两阅月，虽倍极辛苦，但亦有想象不到之趣味。现行年四十，已鬑鬑有有须，即途中之成绩也。

像闻一多那样的名诗人、名教授，当时能和青年学生一起跋涉三千里路，共同到达目的地，其精神和行为，都算得上是一个“奇迹”。旅行团开始上路时，他的学生陈登忆担心闻一多身体不好，而且沿途极不平静，万一出了什么事，损失就大了，劝他还是不要同行。闻一多回答说：

前方在浴血抗战，许多人献出了宝贵生命，我们在后方，吃些苦怕什么？……我不是给你们讲《楚辞》吗？屈原能做出那些爱国爱民的诗篇，和他大半生都过流浪生活，熟悉民间疾苦分不开，古人也有读万卷书，行万里路的说法。……现在抗战了，提倡文章入伍，文章下乡。我们不能入伍，就下乡看看罢。我们读屈原的书，就要走屈原的路呀！

到昆明后，许多学生在总结这段生活时，都把“走屈原的路”、“走爱国爱民的路”作为自己人生的座右铭。闻一多看到大家的这些收获，不禁俨然一笑。

闻一多的收获是多方面的，其中最明显的是他在“长征”路上留下了一把胡须，表示他与帝国主义侵略战争誓不两立，坚决抗战到底，不取全胜，决不罢休，不到胜利的那天，决不剃去胡须。一路上，他从现实生活中看到了抗战的真正力量。

到昆明后，他在为学生刘吉典作《西南采风录·序》中说道：

你说这是原始，是野蛮。对了，如今我们需要的正是它。我们文明得太久了，如今人家逼得我们没有路走，我们该拿出人性中最神圣的一张牌来，我们在那人性的幽暗角落里，潜伏了数千年的兽性，跳出来反噬他一口。打仗本来不是一种文明姿态，当不起什么“正义感”、“自尊心”、“为国家争人格”一类的奉承，干脆是人家要我们的命，我们是豁出去了，是困兽犹斗。

闻一多已经从一路上的现实生活中，看到了人民的力量，看到了中华民族的希望；从人民的质朴刚毅中，看到中国人民不畏强暴的优秀传统。他庆幸“四千年的文化，没有把我们都变成‘白脸斯文人’”！他相信，在“前方”有“八百壮士”，“在后方有几万万‘庄稼老粗汉’”，抗战是必定要胜利的！

这可以说是闻一多3000里跋涉的一个总结。

“何妨一下楼主人”

昆明，是个美丽的地方。

古城内外，湖光山色，特别是那四季如春的气候，为这古城赢得了“春城”的美称。在抗日战争那种艰苦的岁月里，对于从北方聚集到这美丽边城的文人墨客，这里的自然风光，对他们也是一种精神安慰。但，这里毕竟是一座边城，城市的建筑设施还比较落后，在北京，天津生活了半辈子的专家、教授，在这里，自然也会感到有许多不方便。闻一多初到昆明时，也有同样的感觉，但是由于他那时正在热衷于自己的研究工作，很快便把许多生活上的不便忘掉了。

昆明美是美的，然而毕竟它没有京、津那样大城市的承受力，骤然间让它容纳下三所大学——北京大学、清华大学、南开大学——合并起来的西南联合大学，实在是很困难的。于是，校方决定联大的文法学院搬到滇越铁路线上的一个小县城——蒙自上课，中文系属文法学院，所以闻一多也跟着到了蒙自。

蒙自自然比昆明还偏僻，越是偏僻越宁静，加上此地的自然风光并不亚于昆明，因而，对一些搞研究的人，这里却也是一个理想的所在。

新从北京、天津那样大城市来的学生的生活方式，立即给蒙自这个千百年以来的穷乡僻壤的“古老社会”带来了不安，好比是一潭静了很久的死水，忽然有人扔进去一块大石头，水面上顿时出现了波动。那些本地土著的上层分子，无论如何也看不惯那些穿着奇异、并肩接踵漫步于街头的男女学生。土司们认为这样办学是伤风败俗，学生则认为土司们的议论是封建，是保守落后，于是，便在这小城里发生了一场公开的舆论冲突。

这场舆论冲突，并没有打扰闻一多，经过湘、黔、滇的旅途生活，他的情绪比抗战初期稳定多了，他认识到自己既不能上前线和敌人拼死，也不能参加战备物资的生产，自己仅有的能力还是教书和科研。既然是国难当头，自己的工作便要对得起四万万同胞，所以他到蒙自以后，便一头钻进歌胪士洋行楼上的教员宿舍里，摊开了他的研究计划，埋头从事《易经》、《诗经》及古代神话的研究工作。闻一多在蒙自的时间虽然很短，但，他的研究工作却带有突破性，他从研究《诗经》开始，很快把研究的领域扩大到古代神话研究，他发现我国古代的神话和中华民族的发生发展有着血肉关系，要研究这伟大民族“史的诗”，便应该从研究几千年前的文化史着手。这段时间尽管不长，却为他后来的研究工作奠定了基础。

当时闻一多住在歌胪士洋行的楼上，整天工作，不常下楼，于是，同事们便戏称他为“何妨一下楼主人”。这和三十年代有人说他钻进了“象牙之塔”一样，都是因为人们不了解他钻在“里面”干了些什么。

这位“何妨一下楼主人”，对于政局、战事的态度并没有改变，特别是对那些对抗战前途失去信心的教授们的失败情绪，闻一多是极其不满的。他后来在《联大八年》一文中回忆道：

在蒙自，吃饭对于我是一件大苦事。第一，我吃菜吃得咸，而云南的菜淡得可怕，叫厨子每餐饭准备一点盐，他每每又忘记，我也懒得多麻烦。于是天天只有忍痛吃淡菜。第二，同桌是一群著名的败北主义者，每到吃饭时必大发其败北主义理论……他们人多势众，和他们辩是无用的。这样每次吃饭对于我简直是活受罪。

闻一多知道“和他们辩是无用的”，因为“他们人多势众”，一两句话没有用，动真个的，又怕伤了和气，然而他们毕竟“是一群著名的败北主义者”，岂能容忍？闻一多内心深处蕴藏着这些矛盾，正是他当时的思想局限所决定的。这思想和《死水》一样，“让丑恶去开垦罢”！他自己却钻进故纸堆中，去寻求疗救这病症的方单。

创 伤

1939年，中国人民的抗日战争进入了最艰苦的阶段，以昆明为枢纽的“滇越”、“滇缅”两条国际通道，虽然为中国的抗战输入了大批的物资，但是，也为中国战时大后方的边城昆明带来不少罪恶，造成经济上的畸形繁华。

国民党中的一些高级官员，利用手中掌握的权力，打着抗战的招牌，营私舞弊，他们不仅贪污、受贿，而且参与投机倒把、走私、贩毒的勾当，把整个大后方的经济弄得乌烟瘴气，通货无止境的膨胀。地处交通要道的昆明，人民群众的生活受到了严重的威胁。

一时间，许多人经受不起时代的考验，为了追求物质享受（其中也有一些人为了养家糊口）离开了自己的工作岗位。社会上的这些不好的事儿，慢慢地浸入了战时的最高学府——西南联大，闻一多眼望着往日的许多老朋友，一个个纷纷地转移了方向，有些联大的知名人士和闻一多分道扬镳了，“经商”去了；也有个别的无耻文人，在国难当头的时候，赤裸地拉下了平日高悬着的“清高”、“超然”的面纱，投靠了国民党，作官发财去了。对于这些人，闻一多并不感到惋惜，令他痛心的是，有些正直的知识分子，为生活所迫，不得已携带妻、子离开了昆明，回故乡谋生去了。

闻一多依然坚持着抗战到底的信念，愤怒地谴责那些泯灭良心的人。他自己却以无私无畏的毅力肩负着生活的重压，坚守着抗战的岗位，继续着自己的研究工作。

1939 年的秋天，日本帝国主义的飞机开始空袭昆明，起初，这个古老的城市根本没有防空的准备，不仅没有防空的设施，也没有防空的组织。几十万没有生命保证的市民，整日慌恐不安，群众的生命财产到了朝不保夕的地步。有时几架敌人的侦察机飞来昆明市空，全城顿时一片慌乱。

9月28日，几架敌机飞来昆明市空，人们乱作一团，拼命奔向城外逃生。闻一多刚刚下课，正走在回家的路上，敌机的偷袭使他万分紧张，他家里的床上躺着多病的妻子，五个幼小的子女，还有年迈的赵妈，令他特别担心的是正在上小学的两个孩子。一种强烈的爱的激情，使闻一多在敌机狂轰乱炸时，置个人生死于度外，他冒着炸弹爆炸的硝烟，飞跑着奔向孩子就读的小学，这时，敌机俯冲时发出的刺耳的马达声，炸弹的爆炸声，他似乎都不曾听到；近处街道两旁的火光，空中的浓烟，他似乎都未曾看到。跑着跑着，他已经是气喘吁吁，汗流浃背了，额上的汗珠流到了眼镜上、脸颊上，他急促地用手抹了一把自己的脸，啊！血！手掌和手指被鲜血染红了，这时他才感到头皮疼痛，血已经顺着颜面流到衣领和前襟上。他急忙掏出手帕，用来捂着头跑回家去。好在这时敌机已经投完了炸弹扬长飞走了。

闻一多大步流星地跑回家来，闻夫人听到他的急促的脚步声和平时不同，赶忙掀起门帘，当她看到闻一多头上、手上、身上的鲜血时，“啊！”了一声，放下了手中擎着的门帘，扑在闻一多胸前。闻一多一面喘着粗气，神态自若地望着夫人惊恐的脸，微笑着，说："不要紧，只是擦破了头皮。"闻一多镇静的神色，缓解了闻夫人的紧张情绪，于是急急忙忙找出了常备的药品，纱布一类东西，把闻一多的伤口包扎了起来。

闻一多到家不久，赵妈带着跑警报的孩子回来了，一会儿，长子立鹤也回来了，闻一多看着全家人安然无恙，心情才平静了下来，这时，他才想起要抽烟，立鹤端上了烟斗，并给爸爸点上了火。闻一多坐在一把木椅上慢吞吞地吸着烟，双眉紧锁着，在思考着什么。

大家沉寂了片刻，闻一多语重心长地说："这战争给人民百姓带来多少灾难！今天不知又有多少人失去了亲人啊！"

这创伤激发了闻一多的爱国情感，伤愈后他继续着讲课和研究工作。讲课、著述比过去更加认真了，材料更丰富了，观点更鲜明、严谨了。

心灵上的创伤

1941年，随着国民党“抗战”的节节败退，昆明的人口急据地增长着，城里的住房早已达到了“饱和”的程度，现在已经到了人多为患的地步，房价跟着物价直线上涨，而且有钱也难得租到房子，闻一多拉着八口之家，住、食已万分困难，为了节省一点开支，只好和他的弟弟家驷挤住在一起，那低矮狭小的破房子，没有阳光，潮湿阴暗，一家人很少欢笑，大家都在为柴、米、油、盐苦愁着，无奈，兄弟二人只好一起变卖衣物，直到连衣物也变卖一空，闻一多向亲朋借贷来维持一大家人的生计。不难想到，在旧社会像闻一多那样知名的诗人、教授靠借贷糊口的处境，他的内心有多大的痛苦！

敌人对昆明的轰炸逐步升级了，间断的空袭，升级到疲劳性的轰炸，几乎天天都有空袭警报。这时，闻一多一家除为生活而愁苦之外，又遭到死亡的威胁，不得已全家又搬到昆明西北郊的普吉镇，兄弟两家十一口人，挤住在两间又脏又破的楼上，屋内十分阴湿，四壁长了薄薄的一层藓苔，散发着霉气。楼下是房主开的栈店的铺面，也是豢养牛、马、鸡、豕的场所（这时当地的习俗），栈店里住着从乡下来这里办事的“旅客”，每天从天亮到深夜，人声喧闹，加上牲畜家禽的鸣叫，一时也静不下来。这种恶劣的环境，对于正在从事学术研究的闻一多，实在是一种不能忍受的灾难。

居住条件已经降到最低标准，闻一多一家已经住到贫民窟中了，然而吃饭的标准是完全可以伸缩的。平素十分注意饮食风味的诗人闻一多，如今吃些什么呢？每天还能维持粗饭淡菜的三餐，每餐的主食是发了霉的糙米饭，副食是咸菜、咸豆腐，外加一锅白水煮白菜汤，里面放上几块被闻一多称作“白肉”的大豆腐。吃饭时全家人坐在矮凳子上围在地桌的四边，共吃这“一锅炖”。

这样恶劣的环境和生活条件，对于正在发育的五个孩子，确实是一种威胁。一天，有一位朋友的太太来看闻一多一家，当她看到闻一多和孩子们面黄肌瘦的状态，表示了极大的同情，为帮助闻一多改善一下生活环境，在她居住的村子里为闻一多租了一间旧房，闻一多决定搬家，于是全家动员，一齐动手搬到附近的陈家营村。

前方的战事一天比一天紧张，后方人民的生活也一天比一天艰苦。闻一多在陈家营的生活已经到了绝境，艰难的生活使一般市民都无法忍受了，闻一多捆紧了腰带，决心与饥饿斗争，多年习惯了的一日三餐，改为一日两餐。这样粮食还不够吃，又把一日两餐改为一餐干饭，一餐稀粥，“一锅炖”的豆腐减免了，蔬菜减量了，代之以豆腐渣。

挣扎在死亡线的闻一多，对于教学工作一点也没有放松，每天步行二十里进城上课，从不因为生活艰难敷衍教学，他觉得不能误了饿着肚皮来听课的学生的学业。他讲杜甫、白居易的诗填充了新的内容，自己的生活处境使他对《自京赴养先县咏怀五百字》、《羌村三首》、《三吏三别》等诗篇加深了理解。他用诗的语言讲杜诗的社会意义，把历史和当今的现实融为一体，使听课的学生忘记这是在听千年前的往事。他能用细腻的感情、生动恰当的比如把学生从古籍中带到现实。他的学生郑临川教授回忆说，闻先生在台上讲杜诗，学生在下面唏嘘抽泣。闻一多的教书效果是不言而喻的。

就这样，闻一多成为联大最受学生尊敬和爱戴的教授。春、夏、秋、冬四季，风雨不误，他总是徒步于城乡的小路上，按时来到教室门口，铃声一响，他轻轻地拍拍身上的尘土，微笑着走进教室，学生的感情会跟着闻一多的感情变化而变化着。下课了，他身边围了一群学生，问长问短，虽然他腹中饥饿，脸上却总是带着微笑。有时学生和他恋恋不舍，陪他走一程，师生们一路上谈笑风生。这时的闻一多已经是学生离不开他，他也离不开学生的名教授了。

生活虽然如此艰苦，闻一多却从不祈求别人的怜悯，不仅仅如此，他常常从自己身受的痛苦想到别人的不幸，因为他天天见到陈家营那些比他更苦的农民的生活情景。每想到这些情况时，他便告诉家里人：

正因为我们公正清高，不做贪官污吏和发国难财，才宁愿挨饿。穷也要穷得硬！

惨酷的现实终于把他“从诗境拉到尘境中”来了。头部帝国主义侵略战争弹片“赐予”他的伤痕早已愈合，但，领导四万五千万人民“抗战的中央政府”“赐予”一个纯真的诗人、学者的贫困、饥饿，在他心灵上造成的创伤，恐怕永远不会愈合。

司家营

1941年秋，清华大学当局接受了闻一多等人的倡议，创办了文科研究所，冯友兰任所长，闻一多主持文学部的研究工作。所址经闻一多和他的助手何善周先生实地踏查，选择在昆明东北郊约十八里的龙泉镇司家营。闻一多这些年来坚苦卓绝的撑持，总算得到一点心灵上的安慰，从此有了一个专门机构可以帮助他更有系统的开展研究工作了。

10月初，闻一多兴致勃勃地移家司家营研究所内，和文学部的朱自清、浦江清、许维遹、李嘉言、何善周诸位先生朝夕相处，他们感情融恰，思想接近，促成了研究所进步的政治倾向。研究所文学部成为昆明“民主堡垒”中的一个哨角，地下党员及进步学生经常从城里来到这里向闻一多请教学问，有时也谈论时局。闻一多从青年身上受到一些革命影响。

研究所的同事们了解闻一多拉着八口之家的艰难生活，决定让他们一家加入集体伙食团，让闻一多在家庭生活上无后顾之忧。对研究所全体同事的关照，闻一多非常感激。

司家营虽然是个偏僻的小村，环境却十分清静，村子里也很干净，房子也够住，算是闻一多在昆明生活的九年中最舒适的环境。闻夫人的身体在安定的生活中也有了好转，两个大孩子立鹤和立雕进了联大附中，两个小点的立鹏和大妹也进了镇上的小学。

闻一多的生活也有了规律，除了上课和自己的研究工作外，还指导着研究生季镇淮、范宁先生的学习和研究。他真是茹苦如甘，诲人不倦，丝毫不放弃自己的责任。当时研究人员大多住在所里，在他的带动下，大家常常工作到深夜。夜里渴了、冷了，闻夫人常给大家端来热气腾腾的茶水。研究所的研究空气越来越浓厚，大家的研究兴趣也越来越大，闻一多个人的研究范围也在不断地扩大着，他的《楚辞校补》、《庄子内篇校释》、《唐诗杂论》等专著、论文都是在这里写定、发表的。

闻一多在西南联大的课程也增加了新的内容，他首次给中文系学生开了《庄子》专题课。《庄子》这部书，一向被认为是艰涩的古籍，闻一多却能够讲得生动活泼、深入浅出为青年们乐于接受。自从他开了这门课程，本系、外系选修的学生不断地增加着，联大新校舍的大教室，总是挤得满满的，很多人要自带凳子来听课。闻一多讲庄子的玄妙思想，也讲庄子汪洋辟阖的文辞，但他着重分析的却是产生庄子思想的原因和背景。他经常把庄子所代表的思想对比着当代知识分子的言行加以阐发，充满了启发的功效。

闻一多为了全面研究庄子，不得不将先秦诸子的其他著作和庄子的思想加以比较研究，于是他发现了传统文人的思想渊源，同时更进一步了解了儒家的真面目，他的论文《儒·道·土匪》，便是一个前无古人的创见。

闻一多是言行一致的。他在批判儒、道、墨是“偷儿、骗子、土匪”的同时，也决不容忍现实生活中的“骗子”。当时，西南联大的同事中间有几个人仍然挂着教授的招牌，到社会上去投机钻营，攫取更多的钱财，他们这样做，必然影响本身的职务而耽误了学生的学业。闻一多看不惯这种事，更瞧不惯这种人。他在研究所不止一次地公开指出：这种人应该离开学校去另谋“生财之道”。在他自己工作的联大中文系，就有一个这样的“学者”，他义正词严地请求解聘这个人，不管这个人在国内外有多少空名，有多长的历史，和自己有过多深的友谊。

闻一多在司家营清华大学文科研究所进行研究工作的同时，也在读着马列的著作。他密切地注视着现实，关心国家的前途和人民的命运。这个时期，他读了艾思奇的《大众哲学》、陈望道译《社会意识学大纲》以及有关的辩证唯物论和历史唯物论的著作。研究所订了一份《新华日报》，由于昆明邮局经常扣压这份抗战大后方唯一公开发行的革命报纸，闻一多曾委托何善周先生冒着特务跟踪的危险，进城到《新华日报》营业处取报，从而使这份报纸不至于间断。

闻一多在司家营研究所工作之余，经常在研究所附近散步，他接触过国民党军队的士兵，亲自询问过一些被抓壮丁的凄惨经历，亲眼看到一些“饿兵”为多喝一勺米汤被军官体罚的惨状。

闻一多的大半生是在城市度过的，对于中国农村的情况了解的不多。到司家营以后，他就计划着到农民家看看，也想和农民们谈谈。研究所的工作安排就绪以后，有一天，闻一多在何善周先生陪同下，在司家营访问了一家赤贫的农民。这次访问对闻一多触动很大，当他来到这户赤贫的农民家门时，出来迎接的是一位面黄饥瘦、蓬头垢面、衣不遮体的主妇。女主人说男人进城卖柴去了。进入屋里，向四壁望去，家无长物，缺柴无米。主妇道，已经断炊几天了。阴暗的墙角边站着几个男女孩子，身上一丝不挂，赤身露体，满身上下全是泥垢，简直连皮肤也看不出来了。孩子们惊异的神色中闪动着饥寒的眼光。闻一多面对这些目不忍睹的惨象，站在那里，好久不能说一句话。

回来的路上，闻一多迈着沉重的脚步，沉默、抑郁，脸上积满了悲愤。

后来，他不止一次地在研究所里说过，这些活生生的现实，使他不仅感到民族矛盾的严重，而且认识到日趋尖锐的阶级矛盾的复杂。

1942 年初冬的一天，何善周先生到城里《新华日报》营业处取报纸时，营业处的一位工作人员给了他一本封面上印着“文艺问题”的毛泽东著《在延安文艺座谈会上的讲话》。何先生把这本重要文献揣在贴身的口袋里，悄悄带回了研究所。晚上夜深人静以后，何先生从口袋里掏出了这本书，送到闻一多面前，闻一多放下正在看的书，打开这本新书一看，他明白了，微笑着说，“好啊，那我要先看了！”

何先生点了点头。

闻一多一口气读完了这本书。有一天，他对何善周先生说：“文艺要为工农兵，对！工农兵过去祖祖辈辈是奴隶，现在做了主人，成了主体，文艺就应当为他们服务。我们教书该为谁服务？我看也应该为工农兵。不过我们大后方工农兵都还是奴隶，我们就应当给这些奴隶服务！”

1942年11月25日，闻一多在昆明司家营清华大学文科研究所里给自己过去的学生臧克家写了一封长信。这是一个信号，表明他在思想上产生了一个重大的飞跃，他的思想及治学态度，已经进入了一个崭新的阶段。

闻一多在信中说，如今“我的思想、文章才渐渐上了题”，表明这时他的文学史研究工作渐渐地结合了现实社会和现实政治斗争的题目，达到历史研究和现实斗争相结合的目的。又说“近年来我在联大的圈子里声音喊得很大，慢慢我要向圈子外喊去”，闻一多这时已经在努力突破联大的“圈子”，要走向现实，要使自己的研究工作为现实斗争服务。这正是闻一多接受了马列主义后，他要针对中国的现实情况“开方”的内容。信中他还说，“因为经过十余年故纸堆中的生活，我有了把握，看清了我们这民族，这文化的病症，我敢于开方了。”他所说的“敢于开方了”，正表明他对中国的历史、文化的研究和对现实的认识有了十足的把握。

闻一多在昆明司家营清华大学文科研究所工作时期，已经从一个宁静的学者，开始走向勇猛斗士的道路。

此后，他带着历史家批判的态度，冲破了联大的“圈子”，走向了社会，靠近了人民，接受了党的领导，参加了现实斗争，成为一个民主革命的光荣战士！

敢于否定自己

1943 年，抗战进入了第六个年头，在欧洲战场，苏联红军已开始反攻，中国解放区的八路军、新四军从日军践踏下收复了大片失地。然而，国民党军队在“正面”战场的局势却每况愈下，失地不断扩大，政治更加腐败，蒋介石的独裁也越来越凶暴，“国统区”人民的生活更加困难了。这便是蒋介石“攘外必先安内”政策的罪恶结果。

闻一多几年来住在农村，亲眼看到农民的生活比自己苦的多。抗战初期他总以为生活艰苦只是暂时现象，在抗战时也是难免的，自己只有忍耐、等待，也经常劝告别人忍耐一些。现在他忍耐五、六年了，整个局势仍无好转的希望，而许多埋藏在内心的忧郁却越积越深，有时曾想以抗战以来从客观现实中产生的一些新观点来认识眼下的问题，自己又感到这些观点未必正确，这样，他便陷入矛盾之中。虽然如此，对于传统的观念根本不能解决面临的现实问题，这一点，他比过去任何时候看的更加分明。

他常常回想起自己的童年，自己出生的家世。他幼年生活在那个“书香门第”，所受的是严厉而冷酷的封建教育，他那一辈人差不多有个同样的命运，大多被传统的封建教育束缚成“唯命是从”的书呆子。从个人到社会，从家庭到国家，到处都是不合理的现象，而维系着这些不合理现象的正是那个百年来被奉为神明的儒家思想。从家庭到社会，长期以来有一个具有至高无上权威的“家长”在统治着。他开始朦胧的意识到我们这民族的病根。

在这传统观念与残酷现实的冲突中，他从自己经常接近的青年身上看到了希望，他不能不问个明白了，为什么是那些青年才有那么多不满现实和反抗现实的情绪？为什么总是一些青年投身到另一个世界去？他感到自己是这个时代的落伍者，他以一个浪漫主义诗人特有的气质，越来越感到不安和惭愧，于是，他想探索一番，他要从头学起，去尝试，企图找到一种崭新的观点、崭新的方法，全面地检查自己半辈子的研究工作。

闻一多对自己青年时代信仰的“中华文化的国家主义”已经产生了怀疑，他想从新的哲学著作中寻找理论根据，他像一个小学生一样，开始研读政治经济学，经过学习以后，闻一多有了重大的收获，他彻底地否定了旧观念，他微笑着鄙弃了自己的过去，他说自己过去不过是“一个观念论者而已”。

昆明的党组织给了闻一多以很大的帮助和鼓励，他从党组织那里得了一本《整风文献》，经过反复的学习、思考，结合实际问题，分析了自己大半生走过的道路，开始否定自己的旧观念了。

否定自己是困难的，闻一多的思想转变也是不容易的，这转变的过程也有痛苦，待他一旦建立了新观念，内心又会感到愉快。闻一多一生反对虚伪，反对那些注重身份，装腔作势的“正人君子”，更反对那些在课堂上说一套，在官场又是一套的两面派。他经常说，“是怎么样，就怎么样！”闻一多从来不在青年人面前显示自己的身份地位，他经常公开在青年人面前承认自己的错误，他不只一次的说过：“我过去错了，现在该向青年学习！”为学习青年学生谦虚的品质，他公开承认自己过去几十年形成的近于狂傲的个性。闻一多越是谦虚，越是受到青年的敬爱。他成了广大青年学生的知心朋友和严师。

闻一多没有令广大青年失望。现在他以更新的精神面貌出现在联大的讲台上，他讲授的课程增加了正确的批判的内容，他每堂课都力争把理论研究和现实生活紧密地结合起来。他不再是一个浪漫主义诗人了，跳出了过去上课时只管站在评论者的立场上帮助学生欣赏的窠臼，他要引导学生寻求真理，追求真理。这时他的研究工作取得了很大成就，但，他自己仍然不满意，他自己说：“只是接近了真理。”因为真理是属于人民大众的，所以说他的研究工作已经接近了人民大众。他讲中国古代文学，把屈原作为重点，他肯定了屈原的崇高地位，他公开宣布，屈原的伟大在于他的“行义”，不是他的“文采”，因为“屈原是为人民的诗人，为人民写诗。为反抗庸昏政权，效忠人民而死的。”“屈原的死把那反抗的情绪提高到爆炸的边沿。”他第一个提出屈原是“人民的诗人”。

闻一多在西南联大的课堂上，面对广大的青年学生，不时的倾诉着自己的喜悦和痛苦。他赞美人民的歌唱——《诗经》和《楚辞》，他批评南朝的宫体诗和中唐以后的某些诗，多是颓废堕落的诗。他断言，诗要走上健康的路，只有将诗歌从统治者手中，还给劳动人民。我们研究古代的诗，“研究的是诗人，决不是‘圣人’！”

闻一多离开新诗阵营已经许多年了，朋友送他一本解放区出版的《田间诗集》，乍一看，他说，“这是诗吗？”再看，他恍然大悟了，“唔，这是战斗的声音！”这战斗的声音，把闻一多又带进“诗国”来了，他决不以“新月诗派”诗人的姿态回来的，是一位崭新的评论家的身份回来的，因为他是诗人，所以他有资格评论诗。他发现了一个“奇迹”，诗也要跟上时代，因此，要铲除一切旧观念、旧传统，站在时代的最高点上，这样诗才能与生活紧紧地扣在一起。他在一次讲演中说：“和诗隔绝了这么多年，这才慢慢的能读诗了。年青人的诗，那么有生气，那么活泼，兴奋得叫人心跳！”他从田间的简短的诗句中，听出了鼓的声音，他朗诵了田间的诗以后，说：“诗歌是鼓，今天我们中国是战斗的年代，需要鼓。诗人就是鼓手！”不久，他为此写了一篇《时代的鼓手》，进一步阐发了“诗人就是鼓手”的观点，他说：“时代的鼓手，鼓舞你爱，鼓动你恨，鼓励你活着，用最高限度的热与力活着，在这大地上。”他坚信“当这民族历史进程的大拐弯中，我们得一鼓作气来渡过危机，完成大业”，“这是一个需要鼓手的时代”，让我们期待着更多的“时代的鼓手”出现吧！

昆明的广大青年没有辜负闻一多的期望。1944年4月初的一天，西南联大的学生何达、康俔等人到司家营清华大学文科研究所请闻一多做他们即将成立的“新诗社”的导师。中午闻一多请他的夫人做了“客饭”，留来访的学生吃午饭。午后，闻一多和来访的未来的诗人们一起围坐在野外草地上，闻一多讲了话，学生朗诵了自己新作的诗。闻一多最小的女儿闻惠羽从镇上小学放学回家，也高兴的参加了这次集会，小朋友的参加，为会议增添了生机，她不仅朗诵了自己的诗，还出示了她为自己的诗集题名的《金色的太阳》的手抄本。这位充满了朝气的小诗人的可爱的精神，使闻一多受到启发，使那些未来的诗人们受到鼓舞。

青年学生们不断地得到闻一多的教导，闻一多也不断地从青年们那里得到启示，他终于看到了希望，这样，他更加坚定了他重新建立起来的新的信仰，这新的信仰，帮他改变了思想和生活，使他不断地扩大着眼界，自己正在进行着的研究工作更加充实了。这时，他完全明白了生活的意义：人是不应该为自己的生存而生活的！

闻一多的思想有了突飞猛进的转变之后，他总结了自己多年来走过的路，在一次学术性讨论会上，他公开宣布：

政治是最尖锐的人生，人生观即政治观——反对政治与不管政治，也还是一种政治，社会动物即是政治动物。

他又进一步指出：

政治即阶级的协调，当社会阶级斗争最尖锐时，就产生不同的政治观点。各个人就拿自己的阶级意识支持其政治理论，推广而成为所谓的人生观。所以谈思想而不涉及政治，谈政治而不涉及阶级的经济基础，都是有意的或无意的躲闪问题，而不是真正地去解决问题。

闻一多正是根据这个原则，去分析中国的传统观念，坚决地否定了旧意识，同时否定了自己过去几十年所走过的道路。

转　变

1943年5月，闻一多为了孩子上学，决定把家从城外搬到城里。城里租房不仅昂贵，而且一时又很难租到。经过几位同事和学生的奔走，他兼任了昆华中学的国文教师。昆华中学考虑到闻一多是国内知名的诗人、学者、教授，现在来“屈就”一个普通中学的教师职务，对闻一多个人来说，实在是生活所迫，对昆华中学来说能请闻一多来上课，不能不说是一种殊荣，于是，校方决定破例腾出一间狭长形的住房，外加一间背阳的存放杂物的仓库，作为欢迎闻一多来校任教的条件。这样，闻一多的住房困难问题、子女上学问题，都得到了解决。

像闻一多那样的名牌大学的知名教授，情愿到一所普通中学任教，学校师生虽然感到光荣，但，也非常为难，学校的财力有限，并不能给他更优厚的待遇，闻一多和一般中学教师一样，每月只能领到一担米和一点授课的钟点津贴。昆华中学的教员中有很多闻一多的学生，他们对自己老师的困难也早有耳闻，现在天天和老师在一个学校工作，对老师的困难了解的更具体了，学生们心里都感到不安。师生们每谈起这件事，闻一多都主动表示愿和大家共甘苦，并一再强调自己根本不计较身份地位，不希望大家对他有特殊照顾。闻一多这些年吃过苦中苦，倍尝过生活的艰辛，如今能有个兼职，每月能领到一担米和一点课时津贴，加上西南联大的薪水，一家人暂时有了温饱，心里已经十分满意了。特别是一家人从此可以摆脱饥饿的威胁，因此，他对在昆华中学兼职工作是特别高兴的。

在昆华中学里，闻一多和那些天真的中学生朝夕相处，渐渐地从他们身上那些乡土气息中发现了他们憨厚、正直的品质，他感到这些青少年太可爱了，自己决不能辜负了他们的期望。于是，又要从头学起，他抓紧时间去听自已学生的课，和大家一起研究教学方法，分析教材内容，尽量避免在大学课堂上所用的那些深奥的专门名词、术语，每堂课都由浅入深讲得让中学生全部明白为止。闻一多认真负责一丝不苟的教学态度，很快就赢得了广大中学生的敬重和爱戴。

假如仅仅是为了解决个人和一家人的饥饿问题，这时的闻一多已经度过了生活的难关，他一家人已经从死亡线上爬了过来。现在完全可以在这暂时的安定中喝一口茶，吸一口烟了，然而，他内心深处的痛苦并没有解除，他常常回想起，自已在困难的时候，有那么多的同事和学生的同情和帮助，这是他没齿不忘的，但是，这些年他亲眼看到现实生活中有许多人的遭遇比他更加不幸，这些人的生活比他还要艰苦——湘、黔、滇路上所见到的一幕幕生活悲剧，不时地重现在他的眼前，他感到诧异，为什么这些人的不幸，为什么得不到更多人的同情呢？起初，他百思不得其解，后来他渐渐的明白了，原来挨过饿的人，才能直接体会到挨饿人的痛苦；受过摧残、压迫的人，才能直接了解被摧残、压迫的不幸！而我们这个千疮百孔的社会的病源，全在于压迫和剥削的罪恶！

他走在昆明城乡的小路上，走在昆明繁华的大街上，无时无刻不见到令他愤怒的不公平现象，这些人间不平事，常常令他不能平静下来。有一天，回到家里，坐立不安，胸中的怒火使他两眼发直，闷闷地坐在一堆旧书当中，口中不住地骂道："满街是饿兵、病兵。抗战的公粮都喂耗子了！这样的兵能走到前线打仗吗？太没人性了！"闻夫人劝他别生这么大的气。朋友和学生也劝他："这是大家的事，不是一个人能管得了的！"闻一多愤怒地吼了起来："我不管能对得起良心吗？"

国民党军队一个教导团因调防路过昆明，他的一个在这支军队里的侄儿来看他，向他倾诉了许多军队内部的无耻和黑暗：长官吃、喝、嫖、赌，吃私贪污，喝兵血；小兵们饥寒交迫不如牛马……这些真实情况，使闻一多明白了造成这些"病兵"和抗战失利的原因。丑恶，丑恶！到处是丑恶！这比那一潭“死水”还要丑恶！让丑恶去开垦，会造出个什么结果？

在这丑恶的现实中，有一些知识分子，他们明哲保身，故做沉默。闻一多认为这些人是一些极端的个人主义者，经常面对这些人，他感到无法容忍了，他批评道：“可耻的士大夫啊！”他想起了鲁迅的话“有一分热，发一分光”，于是，他挺身而出，为正义而“呐喊”了！

闻一多已经按捺不住自己胸中的怒火了，他的愤怒，接近了爆炸的边沿，他在《可怕的冷静》中说道：

一个从灾荒里成长的民族，挨着一切的苦难，总像挨着天灾一样，以麻木的坚忍承受打击，没有招架，没有愤怒，甚至没有呻吟，像冬眠的蛰虫一般，只在半死状态中静候着第二个春天的来临，——这便是今天的中国……

这冷静，便是麻木；缺乏觉悟，没有抗争。他痛斥了那些士大夫对现实保持沉默的可怕。闻一多的正义行为仍然得不到一些好心朋友的理解，很快就有人出来劝阻他了：“还是应该冷静点，别那么意气用事，中国的政治是复杂的，你不懂政治，更不懂中国的政治，最好是不管为妙。“闻一多以和蔼的态度拒绝了这些好心朋友的劝阻：“中国人民已经冷静地忍耐了三四千年，结果是放纵了剥削阶级，让他们得寸进尺，把人民的最后一滴血也榨取掉。还能冷静吗？哼！冷静就是向人民公敌投降！”

1944 年，西南联大在中国共产党领导下，已经由一个抗战时期的“最高学府”变成了一个坚强的“民主堡垒”，闻一多也由一位诗人、学者成为一名为人民民主而战的英勇战士！

这一年的“五四”前夕，西南联大和云南大学学生会举行历史晚会，闻一多应邀出席。在青年们热烈欢迎的掌声中，他终于站了起来，飘着美髯，微微地笑着，向四周望了望，然后又微微地点了点头，他发言了，开始时，像自言自语那样，他说他首先觉得惭愧，多少年以来自己是落后了，自己的工作长期脱离了现实……他忽然提高了声音，高声说道：

五四的人物没有完成五四的任务。五四要科学，要民主，当年五四成名的勇士，今天几乎都变成了反民主的人物了。另一些人虽然埋头于学术的研究，成就自然是多少有一点的，可是没有民主的国家，怎么能保证和奖励学术的研究呢？

闻一多铮铮的语言，揭示了一个铁一般的事实，年青人随着他激动的感情而兴奋了。另一些出席晚会的先生们也不免感动了。闻一多继续讲道：

只要大家想一想这几年的生活，看一看政治的腐败所加给人民的痛苦，有良知的人应该作何感想？……

闻一多结束了讲话，默默地坐在原来的座位上。会场也跟着长时间的沉默。与会的多数人不禁要自问了："有良知的人应该作何感想？"

会场上有别有用心的人，妄图从“历史的眼光”证明学生运动是一个国家的不幸，提出一个国家出现了学生放下学业去从事政治运动，这到底是为什么呢？闻一多尽力抑制着悲愤，微笑着回答了：“还不是因为这个国家没有民主！”话音刚落，会场上又是一阵雷鸣般的掌声。

会后，一些联大的学生到闻一多家访问他，他对来访的学生们说：

我虽然长期脱离了现实，但我的二十年来的研究在今天总算得到结论了。五四运动所毁掉的孔家店又死灰复燃了，我要重喊打倒孔家店，我相信我够资格喊打倒，孔家店的一切秘密内容，我都熟悉的，我可以把它一起拆穿。现在大家又再提出五四的口号，我是愿意和你们联合起来，和大家里应外合的整个摧毁毒害民主的思想。

平素的一些为闻一多诗文和人格倾倒的青年，现在对闻一多更加敬慕了，然而，多年来和闻一多共事的一些朋友对闻一多的进步反而感到惊讶、奇怪。对闻一多的转变不必惊讶，也没有什么值得奇怪的。闻一多自己说了：

国家糟到这步田地，人民痛苦到连最后一滴血都要被剥削掉，自己再不出来说公道话，便是无耻的自私！

到了抗战的第七个年头的1944年的“七七”了，西南联大的壁报协会在共产党的领导下，联合了云南大学、中法大学、英语专科学校的学会自治会，决定在云大至公堂召开一个大型的时事晚会，邀请昆明的二十几位知名人士到会报告七年的抗战情况和当前的形势。这是“皖南事变”以后，昆明第一次大规模全市性的讨论政治的群众大会。无疑，通过这样的集会可以把民主运动向前推进一步。

久被压抑的昆明青年学生，从四方赶来了会场。这行动引起警方的注意，他们妄图破坏这次会议。会议是在云大开的，云大的头头自然要出面，云大训导长便宣布“会议只谈学术，不讲政治”，并且接来一队宪兵，美其名曰“帮助维持秩序”。三、四千人的会场，竟不设扩音器，还操纵一些坏人夹在群众中进行捣乱。

会议按计划进行了。在会上发言的多是联大、云大的教授，他们分别对政治、经济、军事、外交各方面进行了评论，多数发言抨击了当局，表露了对现状的不满。云南大学校长、知名的数学家熊庆来教授奉命主持会议，他怀着不安的心情，在会上发表了冗长的违心的讲话，意在为现状辩护，避而不谈会议的宗旨乃纪念抗战。甚至从数学理论上，空谈了一些统计数字，说什么“变”是不对的，“变”会带来混乱等等。显然，熊先生这番“遵命讲话”对当时的民主运动非常不利。当他讲到学校内部的言论不要超出“学术研究”的范围时，坐在他身旁的闻一多被这番话激怒了，熊庆来刚结束了讲话，正要坐下去，闻一多愤怒地站了起来，请求主席允许他讲话，这时，会场响起了一片掌声，掌声一落，闻一多立即慷慨致辞：

我脾气非常不好，我很容易动火，说话也容易得罪别人，不巧的是偏偏有那么多要我动火的事情。

闻一多那种抑扬顿挫的音节，像在朗诵诗，他的声音比“五四”晚会更响亮了。诗人特有的灵感，使他的讲话像在写一首战斗的诗篇：

有人不喜欢这个会议，不赞成谈论政治。据说那不是我们教书人的事。

今晚演讲的先生，我们都是老同事、老朋友，可是既然意见不同，还是要提出来讨论讨论。

刚才云大的熊校长，开口学术研究，闭口学术研究，这那里值得强调，值得吓别人？谁不是曾经埋头做过十年二十年研究的？谁不希望能够继续做他的研究？但是可能吗？我二十多年的生命都埋头葬在古书古字中，现在我是无法再做那种自命清高、脱离现实的研究了。

国家糟到这步田地，我们再不出来说话，还要等到什么时候？我们不管，还有谁管？自己怕说，别人说了又怕影响自己的地位、自己的前途……

闻一多十分激动，他正式向自己的一些同辈分手了，然而，他并不孤独，围绕在他身旁的是千百万要民主的人们。

这年暑假后，闻一多秘密地参加了“西南文化研究会”。这个组织是在周恩来直接领导下，于1943年派华岗作为共产党的代表到昆明来，由楚图南出面推荐到云南大学社会系任教为掩护作统战工作，建立的秘密组织。成员是十多位知名人士。他们每两周举行一次会议，讨论时事，研究形势，学习有关政策，也轮流发表学术研究报告。开会地址，常在唐家花园，有时为了保密也租船在昆明湖上进行。闻一多在这个团体中曾得到《新民主主义论》和《群众》等文献和报刊，经过阅读，提高了对国内外时事的认识，增强了斗争的信心。

“现在只有一条路——革命！”

1944年，初夏的一个黄昏，吴晗受中国共产党云南组织的委托，请闻一多参加民主同盟。闻一多经过考虑后，明确表明，为了工作需要，可以参加民盟，然而，他的目的是要争取参加中国共产党。从此闻一多的政治活动，是在共产党的领导下，通过民主同盟的组织形式，遵从党的指示行动的。

8月初，国民党驻昆明部队第五军军长邱清泉，为了装璜自己的门面，表示自己的礼贤下士，在昆明北校场军部举行时事座谈会，邀请闻一多、吴晗等十一位知名的学者、教授参加。

邱清泉一方面为了表示对与会者的热烈欢迎，一方面为了显示自己的威风，亲自率领军部的将校军官，穿着军礼服整齐的站在军部门口两旁，等待欢迎闻一多等人的到来。

下午两点刚过，闻一多和吴晗等人应邀按时到达邱清泉军部。邱清泉故作姿态，极力表示着自己的谦恭、礼让，亲自陪同客人步入会场。与会者步向会场的一路上，看到的却是林立的全副武装的岗哨。持枪的军人一面表示了“敬意”，执行着威严的举枪敬礼；另一面，一个个狐假虎威，圆睁着警备的眼睛，如临大敌。闻一多飘着美髯潇洒地走进了会场。

邱清泉假惺惺地致了开幕词，他讲了前方失利的种种原因后，又大肆诬蔑大后方的民主运动，妄图利用他手中掌握的兵权威胁与会者今后的言行。邱清泉讲话结束之后，会场里一片沉默，坐在邱清泉四周的将校们放肆地吐着烟圈，等待着与会者的恭维。

出乎所有与会者的意料，闻一多听了邱清泉的“高论”后，忽然站了起来，义愤地说道：

刚才听了长官的话，方才知道军事上也毫无办法。

说到这里，闻一多突然提高了声音，喊道：

现在只有一条路——革命！

全场为之哑然！

事后，谣言纷起，传说西南联大要解聘闻一多和另外几位教授。西南联大的学生中传说国民党特务准备暗杀闻一多。这时，许多好心的同事、学生劝闻一多要警惕、慎重，他感动地说：“这是做人的态度！”

9月11日，闻一多给臧克家写信说：

暑假快完，未曾休息，最近才摆脱一切，到乡下来小住。城里传来谣言，说我又被解聘。你的诗文都收到，你的信也转来了，劳你一度虚惊，现在可以告慰你的是，并无其事。本系主任要出洋，学校还拉我出任主任呢，你们那里却传我被解聘，岂不滑稽？从此我定不辜负朋友们的希望，此身别无长处，既然有一颗心，有一张嘴，讲话要讲个痛快，但我不希望朋友们替我过事渲染。我并不怕闯祸，但出风头的观念我却痛恨！

闻一多彻底转变了，他发现了真正的“美的所在”，要为人民民主事业做出贡献。

为民主而战

1944 年的“双十节”到了，昆明的地下党组织决定举行一次大规模的纪念会，通过这次纪念活动推动民主运动的发展。

纪念会的会场选在昆明市中心的昆华女中的操场上。昆明各界的广大群众从四面八方拥入会场，闻一多站在会场中心的主席台上，望着这五、六千人的队伍有秩序地进入会场的情景，他顿时感到这是一种巨大的组织力量，他很感动，向大会司仪的李公朴先生说：“谁说我们中国是一盘散沙，请看这庄严整齐的队伍吧！”闻一多看到了组织的力量。

会议正在进行中，隐藏在群众队伍中的特务在会场中投掷了几颗巨型爆竹，突如其来的爆炸声，引起了一阵骚乱，敌人以为得计了，蠢蠢欲动，在这关键时刻，李公朴先生以坚定、沉着的语言镇定了人心，稳定了会场，恢复了会场秩序。敌人一计失败，正在进行第二次破坏的时候，被四周的群众发现了，在一片喊打声中，几个特务抱头鼠窜了。接着闻一多用嘹亮的语言宣读了由他起草的大会宣言：

……今年这一个“双十节”，不但是民国史上的空前危机，而且是中华民族生命上的空前危机。外则强寇深入，二十余省土地沦于敌手，三亿以上人民变为奴隶。内则政专于一党，权操于一人。人心涣散，举国沸腾，三十三年前祖先苦心缔造的民主国家，到今天国既不成国家，民更不是主人。瞻顾前途不寒而栗！……

闻先生顿挫有力的语言，立即把会场里的广大群众的注意力集中了起来，人民都在沉思造成这危机的根本原因。忽然，闻一多话锋一转，继续说道：

国家所以造成今日局面，绝非偶然。全国人民固应深自愧悔，而专权在位十余年的国民党尤应引咎自责。就拿八年抗战的历史事实来说，抗战初起的时候，全国国民一再呼吁，认为必抗战民族始有生命，必民主抗战始有胜利……八年抗战牺牲了数千万人民的生命，数万万人民的财产，本应是保全民族生命建立民主政治的代价，而不是一党一人把持权力的机会。今日的形势既有结束党治、还政于民的需要，而我们国民亦有立即实现宪政、实现民主的权力。

在国民党统治下的昆明人民，长期以来敢怒而不敢言，今天闻一多公开替他们说出了心里话，广大群众胸中的怒火爆出了一片欢呼声、掌声。实行民主，不仅是昆明人民的希望，也是全中国人民的希望，如何实行民主呢？闻一多激昂地说道：

切实保障人民身体、言论、集会、结社等自由，立即释放汉奸以外的政治犯。立即彻底改善财政及经济政策，停止通货膨胀……减轻平民的痛苦，彻底提高士兵待遇，调整军事编制，并且普遍平均分配全国军队的装备与供应。

这宣言实在是深入人心，不仅赢得了与会群众的热烈欢迎，连那些被上司派来“维持秩序”的云南地方军的下级军官和士兵，听到宣言的最后部分，也情不自禁地跟着群众鼓掌。会场上的群众情绪，感染了闻一多，在宣言结束之后，他在千万人的欢呼声中提出了“保卫大西南”的口号，他呼吁：“虽拼至一兵一卒，也要保卫大西南！”

这次会议之后，正如大家预料的那样，不久重庆、贵阳、成都也都振奋了起来，整个大西南沸腾了，迎着昆明民主运动的巨浪，大西南各地的民主运动出现了一个新高潮。大好的形势推动着闻一多在争取人民民主的道路上勇猛前进。

闻一多在西南联大的“圈子”里，已经成为广大青年的导师，现在已经冲出了联大的“圈子”外，走上了社会，参加了人民争取民主的行列，自然而然的成为了昆明的群众领袖。群众越是敬仰他、爱戴他，敌人越是害怕他、仇视他。他被昆明的特务注意了，于是，西南联大、清华大学当局的多方警告，朋友们的好心劝阻，接踵而来。他认为自己是为人民呼吁民主，为中华民族的前途命运呼吁民主，自己选择的道路是正确的，自己的行为是光明磊落的、是无所畏惧的。他觉得自己多年寻求的真理就在眼前，不能半途而废，绝不能临阵脱逃。这是闻一多的信念，也是他人格的表现。他十分厌恶那些又想说话，又怕说出祸，吞吞吐吐、瞻前顾后的作风。他更看不惯那些遇到一点儿风吹草动便被吓回了书斋的学者。他常说："充满了安全感，这就是知识分子的劣根性呀！"

闻一多越是受得群众的爱戴，自己越是谦虚，在自己的儿女面前，在学生中间，他诚挚热情，从不做作，从不隐晦自己的思想，他经常在青年学生面前公开讲述自己多年来的选择：

以前我不断地摸索什么，而真理永远在远处。

可是四十多年的追求，终于找到了。是什么呢？是“民主”！以前的日子真是荒掉了。

闻一多越是进步，越是虚怀若谷，对自己过去走过的路，越是感到惋惜：

我相信自己的生命是从抗战后开始的，如果说过去的日子有值得纪念的价值，那只是使我对于中国文化有彻底的认识，勉强算得是行动的准备期罢了。

闻一多既然已经寻找到了真理，便义无反顾，决心去实践。

闻一多为争取民主，几年来如一日，该是自己做的，不论是白天夜晚，不管是炎热和寒冷，毫不迟疑，立即去做好。为了工作急需，他连夜为“时代评论社”、民盟云南支部（代号田省三）、民盟云南支部秘书处（代号刘宓）、民盟云南支部宣传部（代号杨亦萱）刻制了图章，有文件需要印刷了，他便自己动手刻钢版，从头到尾，一笔不苟，比他过去在“象牙之塔”里写在古香古色稿纸上的讲稿还要认真，不论多少张，他都亲自动手一张一张的印出来，一册一册的装订好，有时时间充足了，还会发挥他的艺术才干，加印一个漂亮的封面。西南联大的许多同事和学生看到一位著名的诗人、学者、教授也来干这样琐碎的杂工，心里不忍，都劝他交给别人干，听到这些好心的劝阻，闻一多总是微微一笑，轻声的解释着：“这样做既安全又省时，也能让别人去做更重要的工作。”闻一多的言行，不知感动过多少人，使更多的人团结在一起，为争取民主而工作。要开会了，闻一多便亲自一家一家去通知，有些知名人士看到闻一多亲自来通知，原来想不参加的会也决定参加了。要签名了，闻一多怀揣签名书，登门拜访那些知名人士，闻一多一登门，不必多说话，许多学者、教授看见闻一多那淳厚、忠诚的容貌，心里说：“闻先生做的不错，那我也应当这样做。”于是，便主动地签了名。

闻一多参加了民主运动以后，尽情的发挥了自己的专长，表达了他那诗人的热情、学者的特长。他起草的宣言、通电，奔放的热情中寓着深邃的理论，达到了雅俗共赏的境界。他多年读书吟哦的习惯，现在也运用到起草文件的过程中，他执笔的传单、宣言，总是一字一句的推敲，直到满意为止。有时他周围的同事看到他清瘦的脸上闪动着充血的大眼睛，不禁要安慰他多加保重，他总是微微一笑，说："谁叫我是国文教员呢?"

闻一多要用一个"国文教员"的一张嘴、一支笔，呼吁全国人民团结起来为争取民主而战。他要和全国人民一起挽救祖国的沉沦，完成人民的民主解放事业。

为了民主事业，闻一多为自己的工作规定了一条座右铭，他说：

我们今天第一要民主，第二要民主，第三还是要民主！非民主不能救中国，非民主不能救人民！

“袁世凯还活着哩!”

1944年12月25日，这是云南人民引以为荣的伟大的纪念日，这光荣不仅属于云南人民，而且属于全国人民。虽然这节日的光荣史实早被反动派颠倒了，纪念日也被从“钦定”的日历上抹掉了，但是云南和全国人民纪念蔡松坡将军领导的护国反袁的光荣历史，永远不能从全国人民的心灵上泯灭掉。窃国的袁世凯和窃国的蒋介石是一脉相承的，提到袁世凯，人民会自然想到蒋介石，所以三十年后的今天，云南人民来纪念这个光荣的护国节日，事实上也就是反对蒋介石的独裁专政。

云南人民为纪念自己的光荣历史，继承护国运动的光荣传统，这一天在云南大学操场召开了六千人的纪念大会，这个在云南人民心目中蕴藏着巨大号召力的行动，事实上也在起着相当重要的统战作用。

当昆明各界人民得到开会的通知之后，工人、农民、公务人员、下级军官、市民、学生、大学里的讲师、教授……排着整齐的队伍纷纷地来到了会场，连那些年事已高的当年参加过护国斗争的老先生也拄着手杖参加会议来了。当这些革命老人忆念当年激奋的情景时，不免对当前的黑暗表示了忧郁。他们的代表在讲话中问道：

为什么要有护国起义呢？

为什么地处偏僻的一省号召能得到全国的响应呢？

为什么当年贫弱的云南之师能推翻袁世凯呢？

护国老人的这些问话，实在令人发省，与会者不得不多问几个为什么了。接着护国老人用一种带有幽默的情感表露了他们强烈的抗议：

现在是民国三十三年啊，怎么又像回到三十三年以前一样了啊，为什么有人害怕纪念护国运动呢？难道袁世凯还没有死吗？

这最后一句问话刚刚停下来，会场里便有许多群众回答了："是的，袁世凯还活着哩！"发言的老先生也情不自禁的笑了，大声的接着说：

我们真是老糊涂了！

护国老人的话刚落，会场上响起了一阵雷鸣般的掌声，老人从群众的掌声中，第一次认识了自己的存在价值。

闻一多在化学家曾昭抡、社会学家潘先旦、史学家吴晗讲话之后，健步走上了主席台，他那种激昂的精神，潇洒的风度，顿时给六千人的会场带来了沉静的气氛，他用带有湖北方音的普通话，像在讲坛上朗诵诗那样地讲话了：

……我们应该惭愧的，应该对护国的先烈们惭愧，应该对在座的护国英雄们惭愧！

三十年了，居然国家还像三十年前一样！

但是，护国起义给了我们最大的保证，诸位老先生的疑问，今天我们可以给他最肯定的回答：

因为要民主，就必须打倒专制独裁！

因为全国都要民主，就可以得到全国的响应！

因为有广大的人民支持，就可以推翻袁世凯！

三十年后，我们所要的依然是民主，所以要打倒独裁！

我们相信人民更强大了，我们要从昆明开始，继承护国精神，扩大民主运动！

闻一多的讲话一结束，会场里响起了一阵震天的掌声，接着又是一阵欢呼声，广大群众要求游行示威。

闻一多如何处理群众突然提出的要求呢？他回

身向主席团征求意见，护国的元老们毫不犹豫，立即点头表示支持，参议会的议长微微一笑，默认了，地方政府的代表也不反对，民盟的领导自然尊重群众的意见。于是，闻一多代表大会主席团宣布：

游行开始！

昆明各大专院校及部分中学的学生早已排好了队伍率先出发了，工人、商界代表、市民的队伍紧紧跟在后面，这隆重的游行消息立即传遍了全昆明，不久便会传遍全中国。

当年的政治斗争的复杂形势，促成了这次民主运动的成功。这次游行，在昆明民主运动史上，可以说是规模最大的一次全市性的群众运动。当时的“云南王”——云南省主席龙云，不仅没有镇压这次的民主运动，而且允许昆明警备司令部里的几位护国元老调遣大批军警加以保护。大概龙云和他的高参们认识到这是一次发扬云南省光荣传统的纪念活动，所以只能支持，不能镇压。

游行开始后，闻一多便走下主席台，来到西南联大的学生中间，他感到自己和青年一样，和他们并肩前进，一起呼喊，有始有终走完了全程。一路上，他被青年学生们的激情感动了，游行快要结束时，他抑制不住自己的兴奋心情，再一次站在学生们面前，说道：

这是人民的力量！

这是人民的力量，所以他是伟大的，无可抗拒的。

这是时代的洪流，使反动者不寒而栗！

闻一多今天的激情，正像他青年时代所唱的那样：

红烛啊！

流罢！你怎能不流呢？

请将你的脂膏，

不息地流向人间，

培出慰藉的花儿，

结成快乐的果子！

闻一多从来也没有忘记自己的誓言，不是么，今天，他已经把自己的“脂膏”“流向了人间”，不，他的热血，已经和广大青年流到一起了！

“你们要做铺路的沙子”

闻一多在治学态度上，丝毫没有“经院派”的习气，和学生们在一起，也没有什么名教授的架子。他搞起学问来，严肃认真，一丝不苟，在待人接物方面却十分平易近人。

西南联大教职员宿舍西仓坡20号，闻一多那糊着白纸的木窗下，用木板搭成的书桌前，常常围坐着一群青年男女学生，这些学生把他当着可敬的严师和慈祥的父辈，师生间很是投机，不用说古今中外的学问，国际国内的政治形势，学生们都愿向他请教，甚至有些女学生的恋爱、婚姻大事，也主动地毫无保留地告诉他，听取他的意见，请他当参谋，抉择自己的终身大事。

亲密无间的师生关系，不断地增进着师生的感情。平时下课后，许多学生愿意到闻家串门，每到除夕，闻一多必提前几天分别约请那些流亡学生到自己家“守岁”，免得他们孤独、想家、思亲。

有一年，除夕之夜，许多学生应约又来了，吃过年饭之后，大家围坐在他那大长案的四周，谈论着各地古今节日的习俗，大家知道闻一多喜欢楚地前辈名公的遗闻、轶事，上至屈原、下至三袁，更喜欢谈论他的同乡浠水陈沆的故事。这天，大家要求他谈个陈沆的故事，他欣然地答应了，娓娓地讲了起来——

……有一次，陈沆要到黄州（今湖北省黄冈县）参加秀才考试。在一个斜月犹存的清晨，他刚好赶到巴河的岸边，不巧渡船已经离岸了，船上坐满了赶考的书生。陈沆一看船已经开走了，心里着实焦急，要求船工把船开回来，把自己载过河去。可是船上那些赶考的书生不同意，并要他先通姓名。他说出了自己的名字，全船立即哄了起来，要他立即做一首包括十个“一”字的七言绝句，否则船就不开回来。一首共有二十八个字的七言绝句，要求必须包括十个“一”字，的确是个难题，可是陈沆却就当前景色，很快朗诵出一首绝句：

一帆一浆一渔舟，
一个渔翁一钓钩。
一俯一仰一场笑，
一江明月一江秋。

故事讲完了，闻一多深有感触的告诉身边的学生，诗可以改革黑暗现实，为此诗必须有内容，不是陈词滥调，要创新，群众才能喜欢。

夜已深了，大家仍然兴致勃勃，不断要求闻一多继续讲下去。他为了让这些异乡“守岁”的青年尽兴，正在思索着再讲些什么，忽然室外响了一声爆竹，于是，他又讲了下去——

清朝状元、《诗比兴笺》的作者陈沆，幼年即很聪明，像杜甫一样“出游翰墨场”。有一年除夕，陈沆正和他父亲围炉谈心，炉上正在炖着一罐肉汤，他父亲即兴出了一条联语，让他立即对出：

汤开罐滚红火炉中三尺浪

这一次聪敏的陈沆思索了很久没有对出来，他父亲有些生气了，正在这时，忽然室外传来一阵迎春的爆竹声，陈沆马上冲口而出；

烟飞爆响青云路上一声雷。

这一下他父亲顿时转嗔为喜，夸奖儿子对得工稳，又有志气。……

讲到这里，闻一多看了看身旁的学生，微微的笑着说道：“封建社会士大夫，只希望自己的儿子青云直上，改换门庭。我希望你们要做铺成革命大道的沙子。”

"官仓"领米

抗日战争最艰苦的1942年，正是国民党各级官僚政府贪官污吏大发国难财的最黑暗的年代，大后方千百万人民群众挣扎在饥寒交迫的死亡线上。

已经合并于西南联大的清华大学文科研究所，设在昆明东北郊司家营，这里是一个小小的村庄，风景虽不算如何幽美，环境却也肃静。当年许多誉满中外的学者在困难的条件下，在这里从事着艰苦的研究工作。闻一多、朱自清、浦江清、许维遹诸先生的许多重要著作都写作于此地。

那时，朱自清先生的家属留在四川成都，许维遹先生的家属留在解放区的山东文登，唯有闻一多先生拉着八口之家住在司家营。朱、江、许几位先生都是闻一多多年来患难与共的老朋友，为了减轻闻一多的生活困难，特意邀请他的家属参加研究所的伙食团，共同过着清苦艰难的生活。

那时，昆明的粮食供应十分紧张，全部实行统销配给，就是对于著名的学者、教授也没有任何特殊照顾；都和平民百姓一样挣扎在饥饿线上。

那年盛夏的一天，烈日当空，长天无云，人们闷热得透不过气来。研究所的几位青年研究人员和一位庶务员正在准备到城里的“官仓”领米去，闻一多在楼上听到这个消息，匆匆地走下楼来，他依旧穿着那件洗褪了色的灰布长衫，蓬松着头发，左手掖着长衫下摆的开襟，右手拿着烟斗，透过他那深度近视的眼镜，可以清楚地看到他微笑着的面容。他要和大家一起去领米，大家再三婉言谢绝，到底没有说服他。

闻一多带着几位青年进城了。一路上，他谈笑风生，一点也看不出他有劳累的感觉。进城后，闻一多把几位青年领到一家小食店，要了几壶茶和一些“火食”，让大家吃好，喝足。他说：“这叫‘打尖'。”他怕青年饿肚子。

囤粮的“官仓”是一些土造的破房，高墙的上方，只留了几个斗大的小窗户，仓里黑洞洞的，通风不好，加上天热，走进去不大一会儿，就出一身汗。稻谷和尘土混杂在一起，撮谷装袋的人多了，弄得满仓尘土飞扬，许多人一边干着活一边被呛得不住的咳嗽。大家都在忙着装袋，很少有人说话，仓里又黑，互相看不清面孔。等把已经装满的袋子抬到仓外，大家站在阳光下，互相看清了脸上的汗水和尘土涂成的“花脸”，不禁凄然发笑。闻一多看到这情景，立即从口袋里掏出手帕，让学生擦了脸，他看看学生的脸，自言自语地慢声叨念着：“这样龌龊的空气，时间长了，当心要得肺病啊！”他把来人分成两组，轮流着进仓装袋，大家接受了他的安排，然而，他自己却先跑进仓里动手干了起来，这一来，两个组的人，又都拥进了仓里。大家异口同声的劝他到外面换换空气，他没有放下手中的活，一边干着一边说道：“你们还年轻，还是让我多干一点吧，你们要特别当心得肺病啊！”说着他又把另一组的青年推出仓外，等待换班。

闻一多就这样和他的学生生活在一起，这样的老师怎能不令人永远怀念呢？

“饿兵”和“病兵”

1942年，一个阴雨初晴的秋天，西南联大中文系的一个教室里，早已坐满了学生，上课的铃声已经响过了，不见闻一多先生来上课，大家对此情况无不感到意外，因为闻先生上课从不迟到。有几位学生在低声议论着：“是不是因为雨后，路远，路又滑，所以闻先生迟到了。”大家正在盼望中，闻一多突然出现在教室门口，全体同学立即恭敬地站了起来。闻一多一进教室，便把那大家熟悉的褪了色的蓝布包用力往讲台上一丢，接着用右手示意要大家坐下。于是教室静了下来，大家的眼睛不约而同的注视着闻一多的脸，今天，闻先生的脸色和往常确实不一样，几年来，闻先生走进教室时，脸上总是带着温暖的微笑，今天，他那炯炯有神的眼光中充满了怒火，大家看到他的神色，都预感到外面似乎发生了什么事情。

闻一多向全体同志看了看，用比平时讲课大得多的声音说道：

我们炎黄子孙能够这样让人断送吗？我们要反抗，我们要战斗，只有反抗和战斗才能挽救我们这个几千年的文明古国……

这时，教室里异常的寂静，好像全体同学都屏住了呼吸，大家的眼睛都睁大了，用惊异的目光注视着站在讲台上的闻一多。大家心里想，今天究竟发生了什么事情？

闻一多轻轻地移动了一下脚步，用悲痛的声音向大家讲述了他来校上课的路上看到的一幕悲剧——

原来今天早晨他和何善周先生从司家营文科研究所一起进城来，走西路，一直通向北门外。走到离北门一里多的地方，迎面走来一队瘦兵，队外有两个壮兵押着，据说是从四川、湖北、湖南征来的青年抗日军，其实是抓来不久的壮丁。看到军队来了，行人都站在路边，目送队伍通过。因为不能横穿队伍，闻一多也站在群众中望着这支散兵游勇般的抗战军队。望着，望着，后面走过来的兵，一个个弯着腰，都已经挺不直上身了，走起路来像在踩高跷，腿杆干瘦枯槁，简直像两根跷棍，有的走路时膝盖已很难打弯了。这些“国兵”衣服褴褛，面黄肌瘦。走着，走着，有几个兵忽然倒了下去，旁边的一个兵，只是弯下腰去说了一句什么，却不敢去扶起自己的“弟兄”，接着从队伍的后面跑过来两个满脸横肉的“国军”军官，他们不仅不去扶起倒下的小兵，反而狠命的用脚去踢他们的屁股，一面嗥叫着，喊他们快爬起来。……

闻一多先生讲到这里时，台下一片唏嘘，特别是那些从内地流亡到联大的学生都在抽泣着。突然间讲台上发出了“呼”的一声，大家抬头望去，闻一多先生的一只手用力的拍在讲台上，接着他高声吼道：

我们的抗战公粮到那里去了？只喂肥了国民党的大小军官，他们荒淫佚乐，战士们却来不及见到敌人就在饥寒交迫中倒了下去，我今天看到的只是一个人，被国民党大小军官残酷迫害而死的何止千千万万。这样的军队能抗战吗？我们决不能容许黑暗的现实再继续下去……

又一个星期过去了，闻一多兼任国文教员的昆华中学的学生又该作文了。上课铃响了，闻一多走上讲台，在黑板上写了工整的两个大字的作文题：《病兵》。

全班学生都在严肃地思考着……

月夜采风

闻一多很重视我国古代社会学和民俗学的研究工作。他在研究我国古代典籍时，曾用社会学、民俗学的钥匙打开我国古代神话，传说神秘的大门，使人们感到豁然开朗。他在《诗经》的研究中，对我国古代社会和民俗的独到见解，有些是前无古人的，至今仍为人们所称道。

抗战开始不久，闻一多在长沙参加由学生组织的“湘、黔、滇旅行团”，在从长沙到昆明的路上，指导学生沿途采风，便是了解中国社会的一项研究工作。

闻一多在昆明西南联大讲授《诗经》中的一些反映古代男女爱情的民歌时，很想了解云南少数民族同胞如何把歌唱用在恋爱中，计划着有一天能亲眼看看，亲耳听听，他想，那该是多么有意义啊。

闻一多的这个打算，不久就在西南联大的教授中传开了，一些好心的老先生规劝他，你是国内外知名的教授，怎么能去搞这种庸俗不堪的调查呢？闻一多对这些好心的劝告，总是严肃的解释着，他认为《诗经》中许多情歌，是古人的一种本性的呐喊，是一种纯真的闪着灵光的欲望的反映，而这种欲望的表达，在当时的人类社会中，是根本用不着掩饰的。然而，古代人们的这种表达欲望的诗篇，在今天的“文明”社会里，却令人难以理解了。他坚持要到群众中进行调查研究。闻一多的这个研究计划，得到了曾昭抡教授的支持，表示自愿奉陪闻一多去进行这一工作。

有一天，闻一多和一位家在昆明郊外的少数民族同学商量，请他选择一个夜里回到自己的寨子边上，用自己的歌，把情人唱到自己的身边来。那位开朗的少数民族同学，为了让闻一多先生真能亲眼看看、亲耳听听其中的情景，欣然答应了他的要求。

那是中秋节前一天的一个月夜，这天，皓月当空，清风徐来，月光下的山山水水，显得更加巍峨而清秀，月夜的山水景色美丽极了。闻一多和曾昭抡先生一起，跟着那位少数民族学生，走过了山山岭岭，来到一个少数民族聚居的山寨外面，他和曾昭抡先生并排坐在一块大青石板上，掏出了烟斗，慢慢吸着，微微笑着，目送那位少数民族学生向山寨边走去，耐心的等待着即将来临的现实生活中的一幕爱情喜剧。

忽然，寨边传来一阵情意绵绵的男子歌声，那歌声，像倾诉，也像召唤——

一会儿，寨边又传来一阵娓娓的女子歌声，那歌声，由远而近，像回答，也像安慰——

对唱的歌声，终于变成了合唱。

那歌声，在月夜之中，称得上是绝妙佳音。闻、曾二位先生此时真是兴奋极了。

两位青年走近了，走近了，二人的手握到了一起，阿哥自然解释了今天对歌的特殊目的。一对青年来到闻、曾二位先生面前。

闻一多从他们含情脉脉而又略带羞涩的脸上，看到了他们爱情的纯洁，向他们表示了真挚的祝贺和衷心的感谢。

“手工业”

抗日战争的后期，西南战场上的“国军”，依然是节节败退，中南地区大部分国土沦为敌占区，人民群众遭到空前的浩劫。西南一带大后方，由于官僚资产阶级在利用战争大发国难财，工农业破产，经济凋蔽，物价直线上升。人民挣扎在饥寒交迫的死亡线上。作为抗战时期的最高学府的西南联大的许多师生，为生活所迫，不得不到处寻求社会“兼职”，就连当时的一些知名的教授也不例外，为了养家糊口，他们不得不放下正在从事的研究工作，到社会的各个阶层兼任各种职务，其中最普遍的职业是到中、小学当兼职教员。有些人实在找不到生活出路，迫不得已，只好到戏园打灯光、拉大幕，到商店当店员、做会计，个别人甚至去卖报，作小本经营的摊贩……当年，像闻一多那样的名教授，一个月所得的薪水，也仅仅能维持一家八口十天半月的生活费。开始闻一多为了一家人的吃饭问题，只好到昆华中学去兼课，后来昆华中学校长怕闻一多参加民主运动给他惹是生非，解聘了闻一多，为此闻一多失去了每月一担米的补贴，生活更加困难了。

闻一多早年在美国留学时，学的是美术，后来又专门研究过我国古代的甲骨、金文、小篆，加上他那造诣很深的书法艺术，可以说他集治印艺术于一身。何不发挥自己的这一专长呢？许多老朋友苦笑着劝他从事这种“手工业”，从而增加一点收入，减轻一家人吃饭的困难。

然而谁都清楚，让闻一多放下许多正在进行的重要研究工作，去从事这种“手工业”，不能不说是对他的研究工作的一种摧残。但是，为了他的正在发育中的三男二女不再忍饥挨饿，也只好如此了。于是，由他的老朋友浦江清先生为他撰写了“文坛先进，经学名家，辨文字于毫芒，几人知己；谈风雅之原始，海内推崇。……”的闻一多治印的启文，由梅贻奇、冯友兰、蒋梦麟、杨振声、唐兰、朱自清、罗常培、潘光旦、熊庆来、姜寅清、陈雪屏、沈从文等 12 位先生具名拟定了润格，正式挂牌治印。

那时，李公朴的岳父张小瘘老先生也在昆明靠卖画为生。李公朴决定在昆明的北门街的北门书屋对面张光年和王健住房的楼下租了一间铺面，举办了展览会，并挂上了闻一多治印的启文，代收刻件。又与云南大学客座教授胡小石（解放后曾任南京大学副校长）组成“三艺金石书画社”，闻一多治印，胡小石写字，张小瘘作画，时称昆明“三绝”。

“三艺金石书画社”只是代收刻件，闻一多的治印“作坊”在自己家里的书桌上。

西南联大西仓坡宿二十号的木窗上，一块玻璃也没有，窗上糊了一层白纸，靠窗前用木板搭了一个长案，这便是闻一多先生的书桌，也是他刻治印章的工作台。那时，晚间来访的同事、学生，一走近他的窗外，便会看到室内微弱的灯光映在窗纸上的闻一多的身影，有时他在执笔作文，有时会看到他聚精会神执刀刻印的动作。许多学生进屋后，看到他坐在那里，身着灰布长衫，稍微弯着腰、低着头，用力在刻着的背影，特别是听到他刻在石头上的“刺刺”声，一声声，如同刻在自己的心上，许多人看到这情景，曾为之暗暗神伤。

晨曦中，孩子在他的刻刀声中醒来，夜里又在他的刻刀声中睡去。闻一多默默地刻着、刻着，他的右手中指长出了一个“职业”性的老茧来，他为了生活，还是不停地刻呀、刻呀！

闻一多对权贵毫无奴颜媚骨，对朋友却是一团火。

有一次“大名鼎鼎的”云南省主席李宗黄派人送来一方大牙章，并且附上一笔优厚的润例，请闻一多给他刻一个名章。当年不要说李宗黄送来大批钞票作为刻印报酬，仅凭李宗黄的权势，谁敢拒绝？李宗黄没有想到他碰的却是威武不屈、贫贱不移的闻一多，他一不为李宗黄的权势所威慑，二不为李宗黄的金钱所诱惑，闻一多果敢地面对来人把牙章料子和钱统统地顶了回去。后来听说这件事使恼羞成怒的李宗黄咬牙切齿。

闻一多对同志、对朋友、对学生却是满腔热情，那是有求必应的。

闻一多为老朋友华罗庚刻治的印章，不仅文字雄健、苍劲，而且印章的式样正直、方正，表达了他对这位老朋友为人的尊崇，达到了“印如其人”的境界。闻一多在华罗庚名章的后面刻了十句铭文：

顽石一方，一多所凿，
奉贻教授，领薪立约。
不算寒伧，也不阔绰，
陋于牙章，胜于木戳；
若在战前，不值两角。

铭文在幽默中寓着严肃；明快中含着悲痛，充分表达了这一对知己者之间的心声。

华罗庚教授生前曾著文回忆道；

一多先生治印是为了生计，可是却精工镌刻了图章送给我，这是他的完美的艺术纪念物，也是他对朋友的真挚情谊的宝贵凭证。在几十年迁徙辗转的生活中，我一直珍藏着它，每当我取出它，就想到一多先生，它上面所凝聚的患难之交的革命情谊成为鞭策自己不断前进的动力。

闻一多的许多学生至今还珍藏着他亲自镌刻的印章，这些印章都有他自己的有纪念意义的一段佳话。这些印章，也是在抗日战火中，困难重重，广大人民群众生活艰难，闻一多一家八口挣扎于饥饿线上的历史见证。当然其中最值珍贵的还有，每颗印章上都蕴藏着师生之爱！

如今，他的许多朋友，学生，每当见到闻一多为自己镌刻的名章时，眼前必定会出现当年闻一多先生挺拔的身躯、慈爱的音容笑貌。

“这是天洗兵！”

1945年1月，国民党在昆明的特务分子，到处制造谣言，说西南联大要解聘闻一多，而联大当局的国民党嫡派分子也确实想解聘闻一多，然而，他们却得不到教授联席会议的支持，参加联席会议的教授们决不会同意解聘闻一多的。于是，不仅仅是闻一多，连几位热心于民主事业的教授，也被列入特务机关的黑名单。消息传开以后，闻一多既不为解聘所要挟，也不为黑名单所慑服。但是，平时敬重闻一多学问的昆华中学校长却在谣言声中屈服了，他怕闻一多给昆华中学带来麻烦，更怕闻一多给他这位堂堂的校长惹是生非，为了维护他头顶上的乌纱、手中的权利、腰包中的钞票，他以暗示的手段逼迫闻一多“主动辞职”。闻一多是一位威武不屈的硬汉子，他愤怒了，当即愤然辞职，一担米，一点钟点补贴，房子全部辞掉了。在这紧要关头，昆明的地下党组织经过在西南联大内部活动，加上许多热心学生的各方奔走，为闻一多在联大西仓坡宿舍争取了两间宿舍，很快闻一多就搬了进去。

闻一多搬进西仓坡宿舍以后，来访的人更方便了，联大的学生一批一批的进出，诗人、作家、版画家、戏剧工作者、民盟的朋友以及地下党的同志，从早晨到深夜，川流不息，他的朋友、同志越来越多了。

昆明的民主呼声越来越高了，大型的时事晚会、演讲会、新诗朗诵会、文艺座谈会、营火会等等“海报”触目皆是，整个文艺界完全动员起来了，国民党昆明地方政府根本禁止不住了，地下党领导的地下刊物，油印的、铅印的，以各种公开的名义，“合法”的流传着。联大内的一些学生办的刊物，请闻一多指导编辑工作，请他帮助审稿、改稿，他也从许多青年的文章中看到一些新颖的观点，得到一些启示。

2月，春节后的第一天，闻一多应西南联大进步团体“悠悠体育会”的邀请，参加了他们组织的“联大路南旅行团”，游览了石林和其他名胜。

闻一多在路南参观石林，徒步往返六十里路，由于身体疲劳，第二天没有参加游览长湖的活动。这一天闻一多和他同行的学生何善周先生在借宿的县立中学的教师宿舍里谈了许多问题。闻一多谈了他的学生时代联系到对现在学生的印象，他说：“现在的学生成熟多了，他们尤其对国家大事，可以说‘天下事尽在胸臆’。”当谈到毛泽东著《新民主主义论》时，闻一多说：“我一向说爱国，爱国，爱的国家究竟是个什么样子，自己也不明白，只是一个‘乌托邦’的影子，读了这些书，对中国的前途渐渐有信心了。就明白有‘最低纲领’，还要‘最高纲领’，眼下要实现‘最低纲领’，将来还要逐步达到‘最高纲领’，那时，便是‘世界大同’啊！”闻一多的这些话表明，他已经从一个研究古文献和古代文学的学者，转变为努力学习马列主义的“小学生”，从一个爱国诗人向革命战士方面转变。

在“五四”又快来临的时候，昆明地下党总结了一年的经验，准备掀起一个以“五四纪念周”为名义的要求民主的高潮。

5月4日下午，昆明学生在云南大学操场举行“五四”纪念会，会议正在进行中，天不作美，洒下一阵细雨，因为与会者都未带雨具，会场上顿时混乱了，大家都在设法寻找蔽雨的地方，眼看着会议有夭折的危险，闻一多被一种赤诚的责任感所鼓动，立即即情登台，发表了惊人的演说，他先引用两句古诗：

洗兵逢骤雨，
送阵出黄云。

讲了“武主伐纣……风霁而乘以大雨，水平地而啬，散宜生又谏曰：‘此其妖与？’武王曰：‘非也，天洒兵也’”的历史故事，然后大声说道：

“这是天洗兵!”不怯懦的人上来，走近来，勇敢的人走拢来!

人们顿时领会了闻一多高呼出的“这是天洗兵”的含义，纷纷地围拢了过来，会议得以继续进行。

闻一多的几句话，稳定了会场，也唤起了人们的勇敢精神。一会儿，雨过天晴，彤红的太阳从云端里露出了笑脸，群众的情绪也更加振奋了。

会后，闻一多参加了万人的大游行。路上，他和身边的青年们说：“青年太可爱了，太热情了。”青年们也为闻一多刚才在大会上的号召力所感动，纷纷地说：“闻先生太可敬了，闻先生太热情了!”然而，这并不仅仅是一份热情，在七天的纪念活动中，闻一多有计划的作了许多工作。五月四日夜里，在西南联大“五四”朗诵会上，朗诵了艾青的《大堰河》，夜里写了《五四断想》的文章，这文章也充满了“天洗兵”似的感情：

旧的悠悠死去，新的悠悠生出，不慌不忙，一个跟一个，——这是演化。

新的已经来到，旧的还不肯去，新的急了，把旧的挤掉，——这是革命。……

新的日日壮健着（量的增长），旧的日日衰老着（量的减耗），健壮的挤着衰老的，没有挤不掉的。所以革命永远是成功的。

革命成功了，新的变成旧的，又一批新的上来了，旧的停下来拦住去路，说："我是赶过路程来的，我的血汗不能白流，我该歇下来舒服舒服。"新的说："你的舒服就是我的痛苦，你耽误了我的路程。"又把他挤掉，……如此，武戏接二连三的演下去，于是革命似乎永远"尚未成功"。……

闻一多有了"这是天洗兵"的思想，才会懂辩证法，才能运用唯物主义的武器，才能看透历史发展的规律。

5月5日，西南联大要求民主的师生举办文艺晚会，闻一多和李广田、闻家驷先生出席了会议并讲了话，题目便是为1945年诗人节而作的《人民诗人

——屈原》，号召青年走屈原爱国的路。

闻一多有了“这是天洗兵”的思想，才会第一个称屈原是“人民的诗人”。

“我心则悦!”

在西南联大时的闻一多，对自己的学生亲如子弟，特别是对那些只身流亡在抗战后方沦陷区的学生更是关怀备至，不论是思想、学业、以至生活方面，都加以严格要求。

西南联大中文系有位名叫彭兰的女学生，是一个流亡在外求学的孤女，在当时的抗战大后方，一个无倚无靠的女孩子，举目无亲，生活、学习，困难重重，闻一多知道了她的身世、思想、学习情况以后，给了她许多关照，把她当作自己的子女那样培育和疼爱。

1945 年春天，有一天下课后，彭兰对闻一多说：“我有一个男朋友，他是联大哲学系的学生，功课很好，思想比较单纯……他要我肯定关系，您替我考虑考虑吧。”闻一多听后，微微一笑，说道：“我没有见过他，怎么考虑呀!?过几天，我买一只鸡，你就告诉他，我请他吃饭，我当面考试一下他的思想和学识再说吧!”

过了几天，这一对青年学生应邀来闻一多家吃饭了。饭后，闻一多特意把那位男学生留在他那半间饭厅兼客厅里坐着。这一天晚上，客厅里的一老一少，师生二人，从8点一直谈到半夜12点。闻夫人在隔壁卧室里对彭兰笑着说：“他真是在那里考人家呀!”

闻一多考完了这位初次相见的“新生”之后，亲手从书架上取下一本蓝色金丝绒封面、烫金字的《海上述林》赠给他。这位“新生”双手接过这贵重的见面礼物，紧紧地抱在怀中，激动的心情，久久不能平静。闻一多看到自己的“新生”兴奋的样子，又慎重地告诉他：“书看完了，要来向我谈谈自己的看法。”大家在隔壁听到闻一多在客厅里讲的话，都在小声地议论着：“这个‘新学生’大概考试及格了。”

过了几天，闻一多告诉彭兰：“这孩子头脑敏锐，有分析能力，思想上比较单纯，可以培养。”

1945年7月，经闻一多考试合格的‘新学生”在昆明一个小巷子里租了一间房准备结婚。7月22日，一对新人亲手做了几样菜请闻一多和汤用彤与他们的夫人参加这一对流亡青年的婚礼。吃饭时，这一对青年不免表示了一些抱歉的话，“今天的菜太少了，真对不起几位老人。”闻一多听后，立即微微一笑，态度转而严肃了起来，说：“你怎么会只想到菜的问题呢?”言外之意是责备。接着闻一多改变了口气，慢慢地说：“结婚也是人生的一件大事，但，完成了这件大事，祖国人民还有更多的事等着你们去做。我们要身在斗室，心怀世界。”说着，闻一多拿出了自己亲手用小篆书写的裱着大红镶边的“我心则悦”的横幅，送给这一对新婚的学生。随后，闻一多补充说：“这个‘悦’字、这个红色镶边，你们能懂我的意思吗?”两个学生不住地点头，表示懂得。

闻一多的喜悦是表示从今以后这一对情人，再也不会把时间花在恋爱方面；红色镶边是象征着革命的。

饭后，闻一多亲笔为自己的一对学生填写了结婚证书，同时，他和汤用彤先生都把自己的图章郑重地盖在结婚证书上，表示主婚人和证婚人严肃认真的态度。最后这一对青年拿出闻一多特为他们亲手刻治的名章一一盖了上去。于是，婚礼在一片欢笑声中结束了。

在抗日战争的大后方，像闻一多那样的教授，在自己的学生中确实也在尽着家长的责任，然而，闻一多从不愿当家长，他是慈父般的严师啊！

“顶好！顶好！”

初秋的一天。

昆明东北郊司家营，清华大学文科研究所门前的野菊一团团、一簇簇地拥在一起，争芳斗艳，倒挂着一颗颗蜂窝似的黄心，含苞欲放。

昆明的初秋，有似北国的早春，柔和的艳阳，总是含着笑脸。碧蓝如洗的晴空，抹上了一层淡淡的洁白的云。微风徐来，摇曳着、婆娑着。这初秋景色中的研究所，显得更加静穆、幽雅了。

研究所楼上的书房里，许维遹先生正在埋头写作，闻一多先生坐在紧靠楼梯口旁的大书桌前，聚精会神地看着一张《新华日报》，从他烟斗里冒出的缕缕青烟，悠悠地缭绕在空中，使这丈方的书房，愈加沉静。

突然，楼梯上传来一阵急促的脚步声，这异乎寻常的响声，打破了书房的沉静。许先生立即放下了笔，转身向楼梯边看着，闻先生也放下了手中的报纸，还未来得及转过身来，他的长子立鹤已经扑在他的怀中，用两只有力的手臂紧紧地搂着他的肩膀，一边喘着，一边大声说道："爸爸，胜利了！日本无条件投降了！"说着，立鹤又放开了爸爸，三步两步冲到许先生面前，使劲地晃着许先生的手臂，说话的声音更大了："许叔叔，我们胜利了！"

这突然降临的胜利消息，把刚才一刹那处在瞠惑中的闻、许两位先生唤醒了，于是，两位学者顾不得接过立鹤从衣袋中掏出的"号外"，两个人的手紧紧地握在一起，一个劲地欢呼着："我们胜利了！我们胜利了！"

8 年的艰苦抗战终于胜利了，胜利给人民带来了希望。日本帝国主义无条件投降了！这消息，瞬间传遍了研究所，人们从楼上、楼下纷纷地跑进闻一多的书房，研究所沸腾了，人们沉浸在一片欢腾中。

中午时分，昆明的天空比平时还要晴朗，彤红的太阳，抚着人们的笑脸，照着张灯结彩的研究所的大门。闻一多身着竹布长衫，蓬松着一头乌发，站在研究所门前，在四围一片爆竹声中，迎接着前来互相道贺的同事、学生。如果没有飘拂在他下颏的美髯，他的身体、神采都像一位充满朝气的青年。中华民族的伟大胜利，使闻一多童心复萌，他从一位青年手中接过一枚双响的爆竹，认真地点燃了，“呼——叭”两声之后，他咯咯地笑了。八年了，八年以来和他朝夕相处的人们从未看到他像今天这样爽朗的欢笑过。

傍晚，研究所举办了庆祝胜利的“宴会”，伙食团是集体的，算是自己请自己，但是，这“宴会”的意义却不亚于“国宴”。大家开禁了，尽情地喝酒，借以表达极度的兴奋，许多人喝醉了，“身醉”“心”没有醉，有人说，醉吧，醉吧，让八年的苦难尽于一醉！

正在大家尽情欢庆的时候，闻一多一个人悄悄地离开了会场，他迎着微微的秋风，迈着愉快的步子，走进了龙泉镇的一家理发店，店里小小的铺面已经坐满了人，这些人并不都是来理发的，大家聚在一起，正在兴奋地议论着伟大胜利的种种传说。当闻一多跨进店门时，许多人站了起来，表示对闻一多的敬重。

闻一多不住的向大家点头，摇动着双手请大家坐下，然后，他自已坐在理发椅上。理发师走近闻一多身边，弯下腰去，问道："先生理发格?"闻一多抬头笑着说："剃须格。"理发师听后，心中不免有些迟疑，他平时给闻一多理发时，不止一次赞美过的美髯，今天为什么要剃去呢？闻一多发现了理发师的迟疑，微微一笑，用双手做了一个把胡须全部剃去的模拟动作，理发师才明白了闻一多确实要把胡须剃去的决定。

他动手了，但是，他仍然没有明白闻一多为什么要把留了八年的美髯全部剃去的原因。

闻一多毅然把飘拂了 8 年的美髯剃掉了，履行了他八年前的誓言：因为抗战失利而蓄下的胡子，一定要到抗战胜利的那天才能剃掉。今天，抗战胜利了，他的誓愿实现了。

闻一多回到研究所时，夜幕已经降临了，已是掌灯时分，所里的“宴会”还没有结束，从窗外还能听到屋里的欢笑声。

胜利了，许多人在重温八年前的旧梦，不免要追寻昔日的和平、宁静、舒适的生活，然而，欢庆胜利的人们，谁也没有想到八年浴血抗战，千百万人流血牺牲换来的胜利，已经被当权的独裁者窃取了去！当时，这一点恐怕连闻一多也一样的没有料到。

司家营乡下燃起庆祝胜利的鞭炮，小学校大门上贴着的“中华大胜利，荣耀万万世”的对联，使人民苦愁了八年的脸上浮出了笑容。

闻一多也满怀着高兴，看着自己和大家一起支撑了下来的研究所，想到在战火中成长起来的孩子们，他想，国家从此该走上民主建设的大道了。

第二天早晨，闻一多迎着朝霞，走上了他走了多年的回城的乡间小路，和立鹤一起赶回了昆明。

西南联大西仓坡宿舍的街上，站着一群少年，他们忽然发现闻一多年青英俊的面容，一个个情不自禁的伸出了大拇指，不断地呼喊着：“顶好！顶好！”

闻一多望着一张张可爱的笑脸，摸着自己光秃秃的嘴巴，也不禁哈哈大笑了。

“兽·人·鬼”

日本帝国主义无条件投降正式签字以后，蒋介石为了巩固其一党专政的独裁统治，玩弄了一个假和平的骗局，妄图乘机布署军队，抢夺八年抗战的胜利果实。

举世瞩目的和谈在山城重庆进行着，蒋介石一贯反复无常的行为，难以令人信服他的和平诚意，然而，全国人民还是在盼望着和谈成功。经过几十天的谈判，达成了一个“双十协定”，然而，就在重庆各界庆祝“中华民国国庆”和“双十协定”的高潮中，昆明一夜之间发生了一场滑稽的“政变”。

10月2日夜，闻一多正在看书，《时代评论》社的一位同志来访，请闻一多给刻一个社章，并希望在3日上午《时代评论》下稿时使用，闻一多立即答应了这个要求。

10月3日拂晓前，闻一多正在聚精会神镌刻《时代评论》社章时，昆明大西门一带突然响起了一阵阵枪炮声，枪声直到天亮前也没有停止。

清晨，昆明城里的大街小巷都布满了荷枪实弹的中央军，装甲巡逻车开足了马力，在重要街道上长驱而过，重要的交通路口，都由宪兵警戒着。商店都紧紧地关了大门，全市的交通断绝了。中央军接管了昆明市，市民陷入惊慌、恐怖中。

所有的地方报刊都停刊了，唯一的军方报纸《扫荡报》创刊了，报纸的头条新闻，通栏大字标题：

云南省政府改组李宗黄代理主席龙云调任中央军事参议员

这个经过蒋介石集团长期蓄谋的云南地方夺权的阴谋，没有经过较量，一夜间全部实现了。蒋介石早就发现了以龙云为首的云南地方势力和自己的矛盾，他用“釜底抽薪”、“一箭双雕”的手段，下令把滇军的一部分派遣到越南去和日本侵略军作战，再把滇军的精锐部队调到东北长春去对付共产党，他想用“借刀杀人”的办法消灭云南地方势力。现在，他蓄谋多年的目的达到了，不要说昆明市，整个云南省都控制在他的手心中。

李宗黄在昆明夺权成功之后，昆明四处潜伏着杀机，这个新牌的“云南王”公开宣称对付共产党最好的办法是“格杀打捕”，从此，争取民主、反对内战的昆明人民和实行法西斯专政的独裁者，阵线一天天明朗化了，两军对垒，正面交锋的趋势很难扭转了。

“民不畏死，奈何以死惧之”，昆明的人民是不会屈服的。特别是昆明的广大青年学生，他们眼看着蒋介石导演刚结束的昆明夺权的一幕丑剧之后，给昆明带来血腥统治的现实，他们也同时从中发现了即将燃起的全面内战的烽火，此时，他们更加清醒了，他们体会到了闻一多那句至理名言的无比正确，是的，“现在只有一条路——革命！”

云南的共产党组织为了使广大群众进一步看清蒋介石挑动内战的本质，决定由几所大学的学生会联合起来，召集一个时局报告会。

1945 年 11 月 25 日，在云南大学礼堂召开了时事报告会。邀请有关专家、学者到会发表演讲。这种形式的群众性集会，在龙云当权时期的昆明，是不足为奇的，因为龙云也希望利用人民群众的力量要挟高居中央的蒋介石，从而巩固自己的统治地位，所以龙云并不公开地镇压群众集会。现在龙云下台了，掌权的是中央派来的嫡系。李宗黄于 11 月 24 日下午召开了一个“党政军”联席会，为镇压群众运动，公然抛出了一个禁止一切集会游行的“法令”，并威胁云南大学当局：不准借用会场开会。

西南联大的地下党组织，经过长期的斗争实践，学会了很多斗争策略，不动声色地把会场改在联大新校舍的草坪上，开会前各界群众从昆明的四面八方集中到这里，当李宗黄的军警发现了会议仍在有计划的进行着的时候，会场里已经拥满了一万多人，外表上会场里群情昂然，实质上每个与会者事先都得到通知，要保持高度警惕。

夜色苍茫，会场外一片沉寂，一串汽灯下坐满了学生、工人、公务员和关心国家前途命运的广大市民。会议按原计划正在十分顺利地进行着，一些专家从政治、经济、外交等方面论证了蒋介石发动内战的错误，抨击从抗战前到抗战结束的中国内战的历史，批评国民党军事委员会的委员长“内战内行，外战外行”的错误。有几位专家发言，直接了当地警告蒋介石发动内战是违背四万万五千万同胞的意愿，是玩火自焚。

会议正在进入高潮，西南联大围墙外，突然响起了机枪声、炮声，流弹在会场上空，在与会者的头顶上呼啸着，会场混乱了，但讲演的教授们却一个个从容不迫，他们沉着的精神，影响了群众的情绪，会场的秩序渐渐趋于稳定。在枪炮声越来越急的情况下，社会学家费孝通大声说道：“人民就是要向枪炮声呼吁和平，正因为枪炮声在我们心旁，更证明我们反内战的无比正确。”人民的公敌利用枪炮来镇压民主运动的事实，也雄辩地证实今天召开会议的必要。

大会最后一个讲话的是闻一多，他考虑到广大群众的安全，压缩了发言的内容，他从今天会场的现实情况出发，告诉大家，在我们还没有掌握武器的时候，务必注意敌人的镇压，今天我们还做不到以革命的武力去反对敌人的反革命武力，所以我们要加倍警惕，从而避免不应有的流血牺牲。

会议结束了，当与会群众离开会场各奔归途的时候，李宗黄断然下令全城戒严，所有的交通已经断绝，与会群众被阻于大街小巷。此时正是仲冬深夜，北风习习，寒意阵阵，许多群众踟蹰于昆明街头。

第二天，以造谣闻名于国内外的中央社，用黑体大字、通栏标题制造流言："西郊匪警，半夜枪声。"用贼喊捉贼的惯用手段掩饰昨夜自己的暴行，并谩骂正义的学生和正直的学者为"匪"。

当闻一多看到《扫荡报》上的中央社通讯的报导时，他怒不可遏，他说：

匪，谁是匪？可惜诺大的中国，五毒俱全，只是缺少这样的“匪”！真是贼喊捉贼呀！可耻呀，卑鄙！

说着他把手中的《扫荡报》撕得粉碎，扔进了废纸篓中。

李宗黄和和他的上级一样，都把人民的力量低估了，他永远不能懂得这条规律：反动派越是镇压，人民反抗的越是强烈。李宗黄十一月二十五日夜下达开枪开炮的命令，正是火上加油，促使反内战要和平的烈火越烧越大，枪炮的镇压，迫使昆明的学生全面罢课了，各校学生纷纷走上街头，公开宣传反对内战，要求和平；反对独裁，要求民主的意义。学生们的正义要求，感动了全市人民，工人为了支持学生的正义行动，开始罢工，商人也开始同情罢市了，反内战的烈火，烧遍了昆明市，而且越烧越旺。

新上台不久的李宗黄，为保全自己的脸面，电请正在重庆的“委员长”，断然采取更卑鄙的政治流氓手段，他派出了便衣特务，手持木棒、石块、刺刀、铁尺沿街追打游行的学生。

12月1日，李宗黄派出的大批军警、特务开始攻打到云南大学、西南联大、中法大学、西南联大附属中学。大刀代替了木棒，枪炮代替了石块，手无寸铁的学生们，为了保卫自己的校园，捍卫自己的正义行动，与武装军警、特务展开了一场殊死的战斗，结果于再、李鲁连、潘琰、张华昌等四人被杀害了，缪祥烈等几十人受了重伤。这便是举世闻名的“一二·一”爱国运动。

闻一多在“一二·一”惨案中，完全站在广大革命群众一边，他在《“一二·一”运动始末记》中说道：

……“一二·一”是中华民国建国以来最黑暗的一天，也就在这一天，死难四烈士的血给中华民族打开了一条生路。……

愿四烈士的血给新中国历史写下了最新的一页，愿它已经给民主的中国奠定了永久的基石！如果愿望不能立即实现的话，那么，就让未死的战士们踏着四烈士的血迹，再继续前进，并且不惜汇成更巨大的血流，直至在它面前，每一个糊涂的人都清醒起来，每一个怯懦的人都勇敢起来，每一个疲乏的人都振作起来，而每一个反动者战栗的倒下去！

四烈士的血不会是白流的。

“一·二一”运动后期，西南联大的一些钻进幕后出卖学生的头头的反动嘴脸完全暴露了出来，闻一多首先给了这些伪君子以沉痛的打击，经常当众驳斥他们的荒谬。在教授会上，闻一多一直公开的站在学生的立场上，理直气壮的为被联大当局勒令停学的革命青年辩护。他对那些麻木不仁、自命清高的教授们感到痛心，对于那些当年“五四”运动的猛士今天摇身一变成为敌人帮凶的教授，表示气愤。

在蒋介石《给昆明教育界的公开信》公开发表的当天，闻一多看后，气愤已极，当夜命笔写了以《兽·人·鬼》为题的杂文，他驳斥蒋介石道：

剑子手们这次杰作，我们不忍再描述了，其残酷的程度，我们无以名之，只好名之曰兽行，或超兽行。但既已认清了是兽行，似乎也就不必再用人类的道理和它费口舌了。甚至用人类的义愤和它生气，也是多余的。反正我们要记得，人兽是不两立的，而我们也深信，最后胜利必属于人。

胜利的道路自然是曲折的，不过有时也实在也曲折得可笑。下面的寓言正代表着目前一部分人所走的道路。

村子附近发现了虎，孩子们凭着一股锐气，和虎搏斗了一场，结果遭牺牲了，于是成人们之间便发生了这样一串分歧的议论：

——立即发动全村的人手去打虎。

——在打虎的方法没有布置周密时，劝孩子们暂勿离村，以免受害。

——已经劝阻过了，他们不听，死了活该！

——咱们自己赶紧别提打虎了，免得鼓励了孩子们去冒险。

——虎在深山中，你不惹它，它怎么会惹你？

——是呀！虎本无罪，祸是喊打虎的人闯的。

——虎是越打越凶的，谁愿意打谁打好了，反正我是不去的。

议论发展下去是没完的，而且有的离奇得不可想象。当然这里只限于人——善良人的议论。至于那“为虎作伥”的鬼的想法，就不必去揣测了。但愿世上真没有鬼，然而我真担心，人既是这样的善良，万一有鬼，是多么容易受愚弄啊！

闻一多的爱憎是极其分明的，他告诉人们，李宗黄和指示他杀人者是人人喊打的兽类；青年们打兽的勇敢行为应该受到人们的赞扬；反对青年们打虎的伪君子，是“为虎作伥”的鬼。善良的人们，千万当心不要被鬼愚弄了啊！

闻一多及时地分清了“敌、友、我”。

《兽·人·鬼》，不正是当年对敌斗争的一面镜子么？这面镜子能照出兽类的狰狞面目，能照出鬼蜮的丑恶嘴脸；也能照出一些不明大义的人们脸上的灰垢。他相信那些善良的人们早晚会洗掉脸上的灰垢，参加打虎的行列。

身在南方　心向“北方”

“一二·一”以后，昆明西仓坡，西南联大教职员宿舍，闻一多的小屋中，来访的师生与日俱增，许多进步教授来和闻一多讨论时局，一些革命团体的负责人来和闻一多研究修改宣言。闻一多常常废寝忘食、夜以继日的工作着。每天深夜后，别人都睡熟了，闻一多的小屋里，灯光闪亮。这天夜半之后，他修改完几张传单，夹在木案上的一叠古书中，掏出了烟斗，装上云南土造的烟丝，慢慢地吸了几口，一边从长衫的口袋里掏出一封远方来信，仔细地拆开了封口。这是一封密信，是刚从重庆回来的一位姓王的学生给他带来的。白天人多眼杂，像这样的密信，是不便打开的。此时已经夜深人静，万籁俱寂，他才小心的掏出来，认真地阅读起来。

这是一封远方来的普通家信，是一封珍贵的家信，是闻一多长期多方打听行踪，一直杳无音信的爱侄立志从遥远的“那边”捎来的信。信中自然免不了向叔叔报告自己沐浴着共产党的阳光雨露，在革命队伍中健康成长的情况。侄儿的来信，使闻一多非常兴奋，他想了许多，他想到西北高原明朗的天，想到中国的前途……他沉浸在回忆中，同时也在向往着未来。

经过学习和实际斗争锻炼的闻一多，思想进步极快，唐登岷先生在《回忆民主战士闻一多先生》一文中，说闻一多认识了真理像发现了一个伟大的奇迹一样，他曾坦率地对党内同志说：“靠国民党国家没有前途。抗战要靠中国共产党，抗战胜利后建国也要靠中国共产党。”

当他在黑夜里读着爱侄的来信时，怎么能抑制住回忆自己走过的路呢？怎么能不思考自己今后要走的路呢？

爱侄的远方来信，使闻一多心底更明亮了，天也快亮了，他毫无倦意，他提起笔来，给住在延水边上宝塔山下、暂来重庆工作的侄儿写了一封充满了希望的回信，他告诉侄儿我“身在南方，心向‘北方’”！

闻一多一生言行一致，他给侄儿回信以后，就多方联系，一心一意到延安去，决心献身于人民的事业。他曾把自己的决定悄悄地告诉他的学生“我准备到延安去”。但是，中国共产党在昆明的工作需要他，昆明的千千万万青年需要他，组织决定他留在昆明工作，他服从了组织决定，安心的留在昆明，直到他为革命牺牲。

“谁不要人民，人民就不要谁！”

中国人民八年浴血抗战胜利了，这胜利曾使全国人民喜悦了一阵。可惜这喜悦竟如昙花一现，原来蒋介石早就在峨嵋山上“磨刀”了，阴谋发动内战，抢夺人民的胜利果实。日本帝国主义无条件投降还没有正式签字，蒋介石就急不可待地秘密下了“剿共”手令，调集了大批军队准备进攻解放区，抗战胜利后的大后方人民对蒋“委员长”的“国策”，由兴奋而怀疑，希望终于破灭了。

抗战胜利之初，闻一多笑得太早了，蓄了八年的胡须剃的也太早了。八年抗战中，中国人民已经忍受了不能再忍受的剥削和压迫，现在敌人投降了，人民依然得不到安居乐业，此时每个中国人的心情是不言而喻的。

闻一多对战后的中国形势的忧郁一天一天加深了，逐渐对时局有了清楚的认识，他认为全国人民用血汗换来的胜利果实，任何人都不能攫取，然而，法西斯独裁专政的代表人物蒋介石，却自恃手中掌握的武力，阴谋为所欲为地把内战的灾难强加在人民的头上。闻一多了解中国的历史，千百年来的黑暗、罪恶，都是源于我们是一个没有民主的国家，而今，人民仍然没有真正的民主权力，因此，蒋介石就会不顾人民的意愿去发动消灭异己的内战。要全面制止内战，只有实行真正的民主，否则也不能保卫人民的胜利果实。

不久，昆明的人民便在中国共产党的领导下开展了轰轰烈烈的反内战运动，闻一多也认为只有人民的力量才能迫使蒋介石停止内战，这是中国人民实行真正民主的第一步。号称抗战大后方民主堡垒的西南联大的广大师生，率先扛起了反内战的大旗。

西南联大学生会的壁报和中国民主同盟云南省支部的《民主周刊》，纷纷呼吁全国人民团结起来，坚决要求国民党政府实行和平、民主的政策。闻一多和民盟在昆明的领导人联络了昆明的文化、教育界著名人士发起反对内战的签名活动，同时对助纣为虐的美国政府不断地发出忠告，希望这个曾在反法西斯斗争中和中国人民并肩战斗过的盟邦，珍惜两国人民的友谊，不要干涉中国的内政，尊重中国人民自己的意见。

反内战的签名运动，很快就在昆明的青年学生和民主人士中掀起了高潮，但是，在一部分有相当社会影响的知名人士中，却产生了恐惧和怀疑的思想，有些人在观望等待时局的发展，他们一怕蒋介石打击报复，二怕得罪美国。虽然当时站在这种立场上的人为数不多，但，他们的社会影响却不能低估。闻一多根据党的指示和民盟的有关领导研究了这些情况，决定亲自出马，走访在昆明的社会名流，用自己满腔的爱国热情去感化他们，动员他们和广大人民站在一起，团结一致反对内战。

这时正值暑假中，闻一多放弃了自己的研究工作，顾不上休息了，日以继夜地奔走在西南联大教职工宿舍的石板路上。工作进展的正如预料的那样，许多闻一多的老朋友、老同事、老同学被他的爱国精神感动了，不仅自己在反内战的宣言上签了名，而且还动员了和自己比较亲近的人士签了名。

闻一多一家八口的生活，依然要靠他的“手工业”来补贴，宣传、组织反内战的签名运动占去了他许多时间，他多年来养成的恪守信用的严谨作风，不能因为工作忙而有所马虎，在经济拮据、身体疲惫的情况下，他经常在午夜之后，一个人坐在木板搭起的手工业工作台前，手握刻刀，一刀一刀地为人们刻治印章。

这些天，闻一多着实憔悴多了，剃掉了胡须的两腮，一天一天削瘦下来，一双炯炯有神的大眼睛，现在显得愈发突出了。闻一多为和平到处呼吁的爱国精神，越来越受到人们的敬重，自然越来越被敌人所仇视，昆明的特务们四处制造流言蜚语，对他进行恐吓和诬蔑，妄图用他们卑鄙的下流手段迫使闻一多屈服，可惜，那些无耻的家伙，永远不会理解闻一多的性格和思想，他们越是迫害，闻一多越是感到自豪。他常说，被人民的敌人骂了，才是自己的光荣。敌人制造的谣言越来越多，越来越奇了，什么解聘呀，警告呀，还收到一些特务投来的匿名信，这些无耻的手段，丝毫不能动摇镇定自若的闻一多。后来特务传出了暗杀民主人士的流言，人们为闻一多的安全担心，身体一直不好的闻夫人更是陷入了苦愁忧虑的境地。每天闻一多要出去了，闻夫人都忍受着病痛，走到闻一多跟前，用手拍打着闻一多胸前衣襟上的尘土，帮他整理着衣领、袖口，上下打量着丈夫，眼里含着泪水，嘴里总是那么一句饱含了患难夫妻之爱的话："注意安全，早回来呀!"闻一多每次听到这诚挚叮嘱的话，总是点点头，说："晓得了，你快休息去吧!"然而，闻夫人怎么能放下心呢？每次都把闻一多送到门口，向闻一多苦笑着，望着他的坚强的背影，目送他走向远处。

1945 年秋天，有一天早晨，闻一多刚离家不久，下了一场大雨，开始时，闻夫人惦记闻一多未带雨伞会着凉，可是直到太阳落山以后，闻一多还未回家。闻夫人这一天怎么也躺不下，坐立不安，一会儿到窗前向外看看，一会儿走到门口向远处望望。孩子们放学回家，看到这情景，围在妈妈周围，要求出去找爸爸。正在这时，外面又下雨了，而且这雨越下越大，大家都在忧虑中，闻一多忽然大步跨进了家门，平时蓬松的头发，被雨水洗了，两鬓还滴着水，长衫的两肩湿透了，鞋上沾了泥水。等闻一多擦拭了脸上、身上的雨水之后，闻夫人苦笑着说："好，回来了。"闻一多也笑着说："看，不是好好地回来了吗?"衣服还没有换下来，又问道："许维遹先生来过吗?"闻夫人点了点头，告诉闻一多许先生下午来时垂头丧气的焦躁情绪。

原来西南联大有一位许维遹先生的师长，一直不肯在反内战宣言上签名，闻一多考虑到这位老先生和许先生多年的师生之情，请许先生登门拜访，请他签个名，不料许先生此行却碰了一个大"钉子"，老先生不仅不肯签名，而且面对许先生下了逐客令，还把许先生的礼帽从桌上扔到地上。当时，许先生为此涕笑皆非，事后，越想越不是滋味，径直跑到闻一多家，准备向闻一多痛诉苦衷。无奈闻一多不在家，只好向闻夫人发了一通牢骚后，匆匆地走了。

闻一多得知这情况后，又痛惜，又气愤，顾不得换衣服，转身就向外走去，外面的雨还没有停下来，闻先生走出了门口，回头看着闻夫人手中拿着的雨伞，远远地打个招呼："我去去就来。"说着，他迈着大步向前走去，他身着竹布长衫的身影消逝在迷濛的雨中。

闻一多敲开了那位老先生的门，一直走向他的书房，从门口到书房的地上，滴上了一溜闻一多身上落下的雨水。闻先生向老先生弯下腰去，深深地致以敬意，站在书桌一旁，身上的雨水，立即在地上集了汪汪一团。老先生被闻一多突然冒雨来访的行动惊的有些瞠惑，站起来用力握着闻一多的手，看了闻一多微微笑着的神态，老先生的心情才镇静了下来。他赶紧找毛巾让闻一多擦了脸上、身上的雨水，请闻一多坐在他身旁的一把木椅上。

闻一多说："先生，刚才维遹来过?"老先生点了点头。闻一多刚要说下去，老先生打断了闻一多的话："一多，你不要说了，我错了，我不该那样对待维遹。你冒雨来访，使我完全明白了你们的奔走，决不是为自己，也不是为某一集团的利益，而是为全中国人的利益，我签名就是了，我签名就是了!"闻一多微微一笑，说："先生，这是我们做人的本份啊！内战继续，人民涂炭，假如这种时候我们还苟安的活着，不肯说话，良心何在啊!"老先生不住地点着头，说："一多，我今天才明白'天将降大任于斯人'这话的含义。"说着，他在闻一多从袖口里掏出的宣言上端端正正地写上了自己的名字。

老先生送闻一多到门口，互道了"明儿见"以后，他又把闻一多喊住，小声地说："联大还有哪位先生不肯签名，明天你告诉我，我去请他签。"闻一多又一次握了握老先生的手。

雨停了，晴朗的夜空，闪着无数耀眼的星斗。

1945年9月3日，日本帝国主义无条件投降正式签字，联大师生举行了"从胜利到和平"的联欢晚会，闻一多应邀到会讲话，他站在主席台上，手里拿着扩音器，发出了使好战份子颤栗的呼声：

谁不要人民，

人民就不要谁！

殉道的决心

1946年1月，国民党在重庆召开的政治协商会议开幕了，闻一多以极其喜悦的心情，关注着中国人民政治生活中的这件大事。每天上午，必按一定时间读报，不断地分析着政协会议的消息。他从中国共产党代表团的提案中得到鼓舞，希望会议成功。他认为自己几年以来不断祈求的目的，不久便可以实现了，这期间他不止一次地向研究所的同事说过："联合政府出现，我又可以做原来的一套了。"他一直认为自己的专长仍然是搞学术研究。

世间任何事物都在按照一定规律发展着，就在政协会议正在进行中，国民党的代表在大会上大谈其"和平"愿望的时候，重庆较场口发生了国民党特务殴打民主人士的流血事件。闻一多一度的高兴，立即化为愤慨。后来虽然在民主的压力下，国民党在政协决议上签了字，闻一多对国民党今后能否执行这个决议，却抱有很大怀疑。“新云南王”李宗黄不可能因为开了政协会，在今后的政策上改弦易辙。事实证明，昆明的形势更加恶化了，特务仍然横行霸道，到处制造流言蜚语，近日楼附近贴出了花绿胡哨的墙报，扬言要以40万元收买闻一多的头颅。闻一多听到这消息，只是微微一笑，决不为流言所动，照常工作着，对特务们表示了极大的蔑视。

政协会议闭会后，昆明各界于2月17日在西南联大新校舍草坪上举行了“昆明各界庆祝政协会议成功。抗议较场口血案，坚持惩办‘一二·一’祸首大会”。闻一多出面主持了这个大会，并在会上宣读了由他修改定稿的大会宣言。

会后，闻一多参加了游行。太阳落山了，蔚蓝的天空上，闪着星星，联大学生的队伍回到草坪，闻一多站在队伍前面，问道：

“大家知道今天游行的队伍有多少人吗?”

学生们互相看着，谁也回答不了这个问题。闻一多身旁的一位学生小声说：“不知道。”闻一多接着说：

“我数过队伍的行列，大约有一万多人。”……

“重庆的人们在较场口开会，特务捣乱，我们游行，他们不敢来了，他们到哪里去了?”

有人回答说;

“他们跑了，怕了，不敢动了。”

闻一多说;

“为什么不敢动?因为我们有组织，我们有团结。”

这时，联大的学生发现，闻一多四周有几个家伙在吹口哨。中文系几个学生为了闻一多的安全，把他围在当中，一直把他护送到西仓坡宿舍的门口。闻一多热情地握着青年们的手，激动地说：

“有了你们这些可爱的青年，我什么都不怕。人多了还怕什么呢？”

正如人们所预料的一样，政协决议的墨迹未干，便被蒋介石撕得粉碎，这时，闻一多完全认识到，在一个法西斯专政的国家里，对民主政治决不能有丝毫幻想。同时，他也看透了美国调停的欺骗性。

2月17日游行之后，闻一多受到昆明特务的人身攻击，有的特务小报给他戴上了“红帽子”，说他是共产党，说他拿苏联的卢布，并给他起了一个苏联名字“闻一多夫”。在昆明出刊的CC派小报发表流氓文章，公开劝说闻一多学习屈原，最好是跳昆明湖自杀，不必发牢骚。

不管昆明的特务们如何谩骂、诬蔑、造谣、中伤，昆明的广大群众决不相信谣言公司的破烂货。广大群众的信任，使闻一多的心里坦然，他照常工作着。

在共产党地下组织领导下的昆明学联，看到国民党的昆明特务在近日楼旁贴出的墙报，决定反其道而行之，针锋相对展开斗争，在近日楼办了一个大型壁报。壁报一出刊，便得到全市人民的支持，有些人白天上班，无时间前来阅读，天黑了，在夜色苍茫中，打着手电前来，借着手电的亮光来阅读。壁报道出了他们的心里话，说出了他们想说而不敢说的话，看着，看着，不仅感到扬眉出气，而且也解了心头之恨。开始时，李宗黄想以充足的经费，把反动宣传搞得表面漂亮，借以和学联的壁报争夺读者，谁知昆明的群众不买他的帐，天天围在他们墙报下的是几个便衣特务，正派的群众不但不光顾，反而嗤之以鼻。李宗黄急了，急忙派特务、军警来撕毁、涂抹学生的壁报，并在壁报上贴了一条“禁令”：“此处不准张贴。”学生们也学会了斗争的策略，以牙还牙，以眼还眼，派人给他撕掉，一阵秋风刮过，如同扫落叶似的把李宗黄警备司令部的布告扫到路旁的阴沟里去了。

对学生联合会的壁报，特务们实在感到头痛，撕不胜撕，禁而无效，于是，就每天派出大批的宪兵，武力驱赶围观的群众，开始时，还有一定效果，过不两天，这办法也不起作用了，广大群众是赶不尽的，前边赶走了，后边的就上来，拉锯的局面，使一群缺乏韧性的宪兵垂头丧气，牢骚满腹。有个读者干脆在壁报上写上一条标语，“学生敢贴，我们连看都不敢吗？”

如同技穷的黔驴似的特务们，最后使出了全身的解数，在墙报上不断地诬蔑昆明的群众领袖，他们声嘶力竭地叫嚣：“闻一多是图谋不轨的共党学生的总后台。”

闻一多经常走过近日楼附近，对特务们的谩骂、诬蔑，不仅有了耳闻，而且目睹过。学生们、朋友们都为此愤愤不平，他却经常安慰大家：

没有爱，就不会有恨。被人民所爱的必然会被反人民的人们所恨，反过来也是一样。只有能恨才能爱，没有恨没有爱的人，只能叫行尸走肉，不能叫着“人”！

有一天傍晚，闻一多路过近日楼，从敌人的墙报上看到“闻一多夫”、“吴晗诺夫”的反动标语，先是微微一笑，接着脸上露出了非常愤怒的表情，几位在场的熟学生跟到西仓坡宿舍去安慰他。闻一多对来访的学生说道：

这就是民主的胜利。民主的斗争是用嘴用笔的，他们能够不用暴力而用文字，这就表示了昆明民主运动的成功，让魔鬼也懂得要用民主的方式。

说这话时，闻一多似乎忘记了，这正是反动派玩弄和平、民主的卑劣手段，当时有诗为证：“民主挂在口头上，和平挑在刀尖上。”魔鬼正在奸笑中窥测杀机呢。

闻一多身旁的青年越来越多了，一些地下党员学生，把他当成同志，广大青年非常信赖他。有一次，一位学生问他：

先生，怎样和人民在一起呢？

他回答道：

和人民在一起，就是说自己本身做人民的一分子，在他们之内，而不是在他们之上，要爱人民。

闻一多在为广大青年指明道路的时候，他不会忘记近百年来为开辟这条道路，几辈人付出了多么大的代价，特别是昆明“一二·一”惨案牺牲的四烈士留下的呼声，一直印在他的心灵最深处。每念及四烈士的遗愿不能实现，他都感到内疚，在工作中唯恐有负于四烈士的亡灵。

3月17日，昆明各界人民为四烈士举行葬礼，闻一多被选为主席团成员，会后，他和广大群众一起参加了八个多小时的游行。

出殡时，闻一多走在队伍的前头带领着四五万昆明人民护卫着四烈士的棺木，迈着沉重的脚步，慢慢地走在昆明的大街上。悲痛的沉默，正是一种强烈的抗议。游行者的情绪，感动了全城人民，三四十万群众站在街道两旁，向四烈士默哀致敬，许多群众主动在路上设了路祭，很多人泣不成声。昆明人民空前的义举，震动了全中国！

暮色苍茫中，闻一多站在四烈士墓前，悲痛地向四围群众宣誓：

我们一定要为死者复仇，要追捕凶手，追到天涯海角，今生追不到，下一代追！

葬仪结束后，闻一多环顾身边，除了个别的几位同辈朋友，会场上全是青年。他在悲痛的同时，抑制不住内心的愤怒，他厉声地对身旁的朋友说道：

好冷的人啊！那些反对罢课的先生们哪里去了！

西南联大快要复原了，联大的复原，意味着北大、清华、南开三所大学要恢复抗战前的建制，各自回到自己原来的学校。这一来，昆明的民主运动会不会因为联大的复原而受到削弱呢？这是大家最关心的问题。闻一多却相信，走了联大，还有云大，还有经受过许多锻炼的中学生以及社会职业青年。他们一定能够肩负着民主的大旗，继承民主堡垒的光荣传统，更加英勇的斗争下去。

事实证明，闻一多的预见是正确的，不久云大举行了校庆纪念活动，云大学生领导的缜密组织才干，云大学生的热烈情绪，标明云大学生的空前团结。这次活动证明，真的走了联大，还有云大的事实。

1946 年 4 月底，一个晴朗的下午，联大校友会三百余人，在昆明大东门外一个花园里，举行招待师长的惜别大会，三十多位联大师长到会，闻一多在会上讲了话，他感到朝夕相处、同甘共苦了八年的校友，即将分别，心中有无限的感慨，他说：

我是不满意过去三个学校的作风的，我认为三校今后应该继承和发挥几年来联大的精神：爱民主，为人民。

回忆往事，对自已过去所走的道路，也感到不满。他说：

我们过去受的教育太坏了，教我们和人民脱离，几乎害了我一辈子。做了教授，做了校长，有了地位，就显得不同，但是这些有什么了不起？

在这依依惜别之际，闻一多仍然不忘法西斯专政的可恶。他愤怒的说道：

别人又以为我在骂人了，可是不对的，为什么不该骂？

前两天一个刊物骂了蒋介石，于是他的党徒就吵起来，说侮辱了什么。为什么他就不能骂，他这些年造了多少孽，害了多少人？我有名有姓，我叫闻一多，我就要骂！

五四前夕，联大的师生大都在忙着整理行李，准备复原。反动派错误的估计了形势，他们认为联大走了，剩下一个云大，云大闹不起来，便可以高枕无忧了。出乎反动派的意料，云大学生举办了五四纪念会，而且这个纪念会比过去历年的纪念会规模都大。会后，反动当局才醒悟过来，他们最痛恨的“民主堡垒”永远不会移走，云大的学生接过了联大的民主火炬。等他们认识到这是一条不以个人意志为转移的真理时，便把闻一多恨透了。当李宗黄听完爪牙们汇报结束时，拍着桌子大发雷霆，气急败坏地叫嚷：“妈的，这都是闻一多干的！”于是，李宗黄准备对闻一多下毒手。不久，云大的围墙上贴满了“中国民主自由大同盟”的标语，其中有两条是用红色墨水写的，一条是：

民主同盟云南支部组织了暗杀公司，董事长闻一多夫！

另一条是：

中国民主自由大同盟的主席王慧生不怕暗杀！

几天之间，“闻一多夫组织暗杀公司”的标语贴满了昆明的大街小巷。

这是反动派惯用的伎俩，他们想干什么，就先宣传共产党要做什么。

联大开始复员了，大部分教师学生分期分批的离开了昆明。

5 月 7 日清晨，多年以来和闻一多共忧患的吴晗和夫人袁震，将离昆明转道重庆飞北平，特来向闻一多告别，闻一多全家人送吴晗及其夫人到宿舍门口，吴晗上车前，闻一多用力握着他的手，满怀激情的说：

一路保重，回到清华园时，请去看看我旧居的竹子呀！

闻一多挂念着他抗战前亲手种植的青竹呢。

5 月末，美国加利福尼亚大学邀请闻一多于暑假后赴美讲学，联大文学院长冯友兰先生多次敦劝闻一多同行。闻一多未允。他觉得中国北方的青年还需要他，婉言谢绝了邀请。

清华大学当局，已经为闻一多一家的复员排好了机次。6月20日，闻一多先让次子立雕和三子立鹏跟叔父家驷先生一起先去重庆。自己则定于7月10日以前同夫人及长子立鹤，女儿大妹、小妹和赵妈候机飞重庆转北平。

6月26日至29日，民盟滇支部负责人楚图南、潘光旦、李公朴、冯素陶、费孝通、潘大逵和闻一多共七人，在昆明商务酒店举行招待会，说明中国民主同盟的政治立场和政治态度。在楚、李、潘三位致词后，闻一多发表谈话说：

民主同盟的分子大部分是知识分子，是文弱的书生，我们所有的只是一双手，一张嘴和一颗诚恳的心，我们能做到的，只是用我们的手写出我们良心里所要写的，用我们的嘴说出我们良心里所要说的。今天我们认为民主和平是中国的唯一出路，我们的工作便是要求和平，实现民主。我们单独的力量是有限的，所以我们要向各界人士呼吁共同支持这个要求。民主运动是属于大家的，不是仅仅属于民主同盟的。一定要把全国爱和平、爱民主的力量团结起来，中国才有进步的希望。

我们的手是干净的，没有血迹的，也永远不会有血迹。我们就是要用这双干净的手拭去遍地的血迹。我们民主同盟的人是竭诚反对用和平以外的方式去解决国事的，所以我们反对内战，反对暴力，因为这些方式都是要把双手涂满了血迹的。

和平的方式就是大家有意见有话用嘴讲，用笔写，辩论，讲理，而且尊重别人。我们有的是这双干净、清白的手。现在我们是用着最诚恳的心向大家伸出这双清白、干净的手。希望大家能帮助民主同盟，并且给我们指导！

人们听了闻一多大义凛然的讲话，看到几位文雅、斯文的书生站在自己面前时，早已消除了思想疑窦，对这些天昆明街头蜂起的流言蜚语感到可恶。

与会人士一致感到闻一多的讲话可敬可佩。闻一多讲话后，一位昆明工商界的知名人士站起来即席讲话，他说：

每天当我从近日楼经过时，我看见那些对于民主同盟攻击的墙报，我总以为民主同盟的人都是三头六臂的恐怖人物，今天我参加这个招待会，亲眼看到民主同盟的领导先生都是国内外知名的学者教授，我才恍然大悟……做生意的人一定要有民主有和平之后，生意才能“安居乐业”，所以我愿意冒昧的请求诸位先生，假如不嫌弃一个商人铜臭气的手的话，我是愿意伸出来和诸位先生紧紧地握手的。

三天的招待会，收到了预期的效果，各界朋友对民盟的主张更加了解了，人民希望中国能有一个和平的建设环境。

7月11日晨，西南联大复员的最后一批学生从昆明大西门外乘车离开昆明。出发前学生黄海到西仓坡闻一多寓所向他辞行，闻一多因身体不适，还未起床，见到来告辞的学生，抬起头来，身体靠墙，对辞行的黄海说：

你看那一堆信（指特务的匿名信），路上要当心啊！

昆明的人们都在惋惜联大师生的离去，大家都担心联大走了，反动派必将更加横行无忌。果然如此，联大的学生上午走完，当天晚上李公朴被刺于昆明青云街口。

7月12日晨，李公朴先生逝世于昆明北门外云南大学医院。闻一多闻讯后，不顾正在发高烧，抱病赶到医院，紧紧地抱住李公朴，流着热泪，沉痛地说道："公朴没有死，公朴没有死！"

李公朴先生死了，闻一多不能走了，他要办完丧事才能离开昆明。

他悲痛，他愤怒，他冒着生命危险，奔走于血雨腥风之中。

闻一多从云大医院匆匆赶到民主周刊社的一路

上的街道两旁，贴满了标语和漫画，诬蔑李公朴先生之死是为“桃色事件”而死，并扬言闻一多便是第二号。

这时，闻一多的同志、朋友、亲属都苦心的劝他避开，决不能让敌人快意。然而，诗人的热情、战士的气质，使他谢绝了大家的劝告。闻一多自己明白，在一个正在实行法西斯独裁专政的国家里，要实现民主政治，非得流血不可。要争取民主就要有殉道的决心。

闻夫人的心脏病，因受到李公朴被惨杀的惊恐而复发了，等到实在非卧床不可的程度，才躺在病榻上，把闻一多叫到身边，哭诉着要求闻一多不要外出，要考虑一家人的未来生活。闻一多听到这些劝慰，第一次在妻的面前流泪了，他望看孩子们天真的脸，手里捏着一把特务的匿名信，在屋子里踱了几步，忽然转过身，望着病妻爱子，凄然说道：

事已至此，我不出去，什么事都不能进行。怎么对得起死者？假如因为反动派的一枪就都畏缩不前放弃民主运动，叫谁还信赖为民主工作的人？

停了一下，他又接着说道：

万一怎样，后事我也顾不了。……

说着他把手中的匿名信撕得粉碎，毅然走出家门。

闻一多准备用自己的牺牲，捍卫民主事业的神圣，用自己的鲜血，来预告新中国的希望，从而实现早年许下的为祖国可以杀身成仁的誓言。

斗士牺牲在黎明前

1946年7月15日，拂晓，前夜来报信的朋友又慌忙跑来，说是消息准确，敌人要对闻一多下毒手，并要求他不要外出活动。闻一多听到这消息后，微笑着说：

事已至此，我不出，则诸事停顿，何以慰死者？

十时左右，李公朴先生治丧委员会在云南大学至公堂开会，请李公朴先生夫人张曼筠女士报告李公朴遇难经过。闻一多在张曼筠女士讲话后，面对特务猖狂捣乱，拍案而起，登台讲话，严词厉色，慷慨激昂，他说：

这几天，大家晓得，在昆明出现了历史上最卑劣，最无耻的事情！李先生究竟犯了什么罪，竟遭此毒手？……

接着闻一多厉声斥责反动派：

今天，这里有没有特务？你站出来！是好汉的站出来！你出来讲！凭什么要杀死李先生？（厉声，热烈的鼓掌）杀死了人，又不敢承认，还要诬蔑人，说什么“桃色事件”，说什么共产党杀共产党，无耻啊！无耻啊！（热烈的鼓掌）这是某集团的无耻，恰是李先生的光荣！李先生在昆明被暗杀，是李先生留给昆明的光荣！……

闻一多警告反动派，广大人民是打不尽的，杀不完的：

你们杀死一个李公朴，会有千万个李公朴站起来！你们将失去千百万的人民！……人民的力量是要胜利的，真理是永远存在的。历史上没有一个反人民的势力不被人民毁灭的！……反动派，你看见一个倒下去，可也看得见千百个继起的！……

最后，闻一多慷慨誓言：

我们不怕死，我们有牺牲的精神，我们随时像李先生一样，前脚跨出大门，后脚就不准备再跨进大门！（长时间热烈的鼓掌）

会议结束了，然而，李公朴夫人张曼筠女士悲泣的声音永远留在人们的耳鼓里。“正义是杀不完的”，因为“真理是永远存在的”！闻一多慷慨激昂的声音也永远刻在人民的心坎上！

闻一多走下讲台，立即被等候在身边一群青年学生拥护着离开会场，一直把他护送回西南联大教工宿舍西仓坡20号的家中。

回到家里，闻一多悲愤的脸上，露出一丝微笑，主动地安慰着闻夫人："我回来了，没事吧，别怕!"慌恐中的闻夫人只能轻轻地哭笑一下。

对于自己20多年的伴侣给他的关怀，他心里是十分感动的。长期以来的辛苦，特别是近几天以来的悲愤、忧虑，使闻一多消瘦了许多，苍白的面容，眼睛里的红丝，告诉人们他确实疲惫了。然而，斗争又不能让他停下脚步，他还要继续为人民去呼吁，去抗争。他在家里只耽搁了半个小时，又匆匆地走了出去。

闻夫人有许多话要向他说，但是他走了，他是那样匆匆地走了。闻夫人望着他那精神抖擞的背影，心情久久无法平静下来。

下午1时半，闻一多同楚图南往昆明府甬道十四号民主周刊社出席记者招待会。这时文林街一带，已经布满了特务。

会上，闻一多讲了反动派破坏政协决议，发动反人民内战的经过。此时，会场的记者中就蕴藏着几个特务，闻一多一贯的无私无畏、光明磊落的气质，自然对那几个特务毫不介意。最后闻一多忆起一件事。他感慨地说：

我们对国民党并不是毫无原则的反对，当孙中山先生去世时，我们都对国民党怀抱着极大希望，希望一直延长到抗战发生之后。……孙中山逝世的遗像，就是我学习试画的……

他还提到，他参加民主运动，是丑恶现实推动的结果。只要政治民主了，和平实现了，他仍然要回到学术研究方面，回到研究室里去。

5时散会，休息了片刻。5时40分，闻一多和楚图南先后离开民主周刊社，闻一多的长子立鹤等候在民主周刊社门口迎接闻一多回家。此时，府甬道已空无一人。闻一多父子二人边走边看报，走到离西仓坡宿舍仅有十几步时，忽然枪声大作，闻一多首先中弹倒地，立鹤急忙扑上去，伏在爸爸身上，希望用自己的身体掩护爸爸，枪弹连珠般打来，立鹤大呼："凶手杀人了，救命啊！"立即被排枪击中，遂从闻一多身上滚到五尺以外。闻一多全身统是枪眼，血如泉水似的涌出来，面色苍白，立即牺牲。立鹤亦中数弹身负重伤。

一代著名诗人，杰出的学者、伟大的斗士，就这样被反动派卑鄙地杀害了。但是，他为中国人民的民主事业拍案而起的伟大精神，将流芳百世，千古不朽！

后记

在这本小书即将问世的时候，有些话到了非在这里唠叨一番不可的程度了。

司马迁在《史记·太史公自序》中说："余所谓述故事，整理其世传，非所谓作也。"太史公说自己的《史记》是"述而不作"，这可能是他的自谦之辞。整理"世传"的"故事"，并非都是"述而不作"。朱熹就不这么看，他认为《史记》是"推本尧舜以来相传之意，质以平日所闻父师之言，更互演绎，作为此书。"

而这本小书，却真的属于"述而不作"，所取素材，多是70年代笔者从已故的王玉清师整理《闻一多先生年谱》时，不断搜集积累起来的，而其中许多一向鲜为人知的"故事"，又多是闻一多先生晚年一直跟在他身边，长达近十年之久的何善周师平时陆陆续续口述的。如果没有两位老师的指教，恐怕连这种“述而不作”的小书也写不出来。

当初，本想以这本小书的素材为基础，写闻一多传，正在蠢蠢欲动时，先有王康先生的《闻一多传》，继有刘烜先生的《闻一多评传》出版，前年又有了闻一多先生嫡孙闻黎明先生的《闻一多传》问世。现行的三种闻一多先生的传记，堪称为研究闻一多的权威性著作。自己大有“望尘莫及”之慨。于是，放弃了当初欲为闻先生立传的设想，辜负了二位师长的期望，真是惭愧不已！

这里，我还要感谢王康和王子光二位先生。最早令我感动的是王康先生的《闻一多的道路》，对闻先生事迹的了解，则受益于王子光先生主编的《闻一多纪念文集》。如果没有他们的启发和鼓励，我连“述而不作”的勇气都没有。

但愿这本小书的出版，能算是个人对闻先生遇害的50周年的一个小小的纪念。

李思乐

1996. 9. 18

作家故事文库

主编/新禾

副主编/霍红　高玉兰

沈从文的故事

陈丽君/著

時代文藝出版社

作家故事文库·沈从文的故事

作　　者:新　禾　主编
责任编辑:姚家余
责任校对:王旭玮
装帧设计:章桂征
出　　版:时代文艺出版社
（长春市泰来街 1825 号　邮编:130062　电话:86012927）
发　　行:时代文艺出版社
印　　刷:三河市灵山装订厂
开　　本:787 × 1092 毫米　32 开
字　　数:126 千字
印　　张:70
版　　次:2011 年 5 月第 2 版
印　　次:2011 年 5 月第 2 版第 3 次印刷

书　　号:ISBN 978 - 7 - 5387 - 1075 - 5
定　　价:417.20 元(全 14 册)

目　录

目　录

沈从文小传

沈从文是位独具特色的名作家。

沈从文(1902—1988),湖南省凤凰县人。他出生的湘西沅水流域,地处湖南、四川、贵州三省的交界,是土家族、苗族等族聚居的地区。沈从文身上便有苗族的血统。这地区由于地理的偏僻,经济文化的落后,曾被称为"中国的盲肠"。人民生活中保存着许多古风,不少方面带有某种程度的原始性。在半封建的中国社会中,这是个有特殊生活色彩的地区。

沈从文有兄弟姐妹九人,他排行第四,在男孩中居第二。在沈从文的童年时代,沈家还算小康之家。小时候他同六弟想吃顿夜宵时,往往就让九妹嚷肚子饿。妈妈最喜欢九妹,这时必定叫春秀丫头去煮燕窝粥或莲子羹,于是大家便可以沾光美餐一顿。可是九妹很聪明,知道他们怂恿她叫饿并没有安好心。这样,他们后来搞这个把戏时,就得先贿赂九妹才成。这个家庭中人与人的关系何等温馨,有时虽然吵架赌气,但其乐融融,亲密无间。

沈从文的文化根基源于母亲的启蒙教育。沈从文对周围世界异常敏感,又天性好奇。他观察宇宙万物细致入微,他的艺术天才一部分正来源于此。青年沈从文对城镇、乡村的奥秘喜欢追根究底。他要人给他讲故事,告诉他怎么制造东西,告诉他世界为什么是这个样子。他甘冒任何危险离开家,然后再暗暗找路子回来。

沈从文自小就有独特的性格。春天他和同伴们到离家较远的地方看木偶戏，或花半天工夫捉螃蟹，或下河游泳。有些孩子不会游，沈从文便出点子，把裤子泡湿，扎紧裤管，吹进满满两裤腿空气，再用带子捆好做成“水马”，使完全不会水的人，也能向水深处泅去。沈从文会游水，他不管家里如何担心他会被淹死，总下河去洗澡。他学会空手在水中抓鱼，每次都不捕空。

沈从文虽然生性平和，并不好斗，但他欣赏《三国演义》中那种慷慨仗义、宽宏大量、舍己救人的英雄。

他每天上学要走过很长一条街，路上他就有许多有趣的东西可看。这些店铺有磨针的、有做雨伞的，也有皮鞋店、染坊、豆腐作坊、豆粉店等。糖果店制作莲花糖和糖制菩萨，沿街叫卖。还有织筚子、编绳子的铺子。沈从文对筚子的工艺非常感兴趣。此外，从刑场走过看尸体，从河滩走过看宰牛，从街上走过看剃头铺师傅刮脸，看买卖人以货易货，还有看工匠师傅制作轿子的过程。这些，无不激起他很多联想。他把大千世界的风物全都记在心头，所以后来他在文学创作中写到这些事物时，能够写得那么细致入微，丝丝入扣。

他出身行伍世家，1917 年高小毕业后，随本乡土著部队在沅水流域各县生活，当过上士司书，也做过屠宰税收员。他在五四时期受到新思潮吸引，脱离军籍，只身前往北京。他本想升学深造，但没有成功，于是决定学习写作 1924 年开始在《晨报副刊》、《现代评论》、《小说月报》等报刊上发表小说，逐步成为二三十年代的知名作家。他曾编辑过《京报》副刊和《民众文艺》周刊、《大公报·文艺周刊》等，还先后在青岛大学、西南联大、北京大学等校任过教。他的第一部小说集是 1926 年出版的《鸭子》。

在沈从文创作达到高潮的三十年代，左翼文艺创作侧重于社会分析，充满着阶级批判。沈从文的文艺观与左翼作家是不同调的，他的创作则偏重于道德批判。身受湘西淳朴民风熏染的人，很快就发现城市生活中令人厌恶的风气。他自称“乡下人”。用“乡下人”的眼光，他看到“现代文明”背后那道德的沦丧和人际关系中表现出的自私。在那彬彬有礼的谈吐举止后面，上流社会一些人物的灵魂却是卑污、低下的。怀着厌恶的情绪，他不会给这些人物好看的脸色。他写了《绅士的太太》、《都市一妇人》、《八骏图》、《大小阮》等带有暴露性和讽刺意味的小说。

沈从文的另一部分作品更能代表他独特的艺术个性。首先，他把时间推向遥远的过去，根据民间风俗和佛经的材料，写出了许多表现湘西少数民族带有原始性的爱情生活的作品，如《龙朱》、《媚金、豹子与那羊》、《月下小景》等。接着，他又把时间拉回现代，创作了他的代表作、著名的中篇小说《边城》。除了以上两大类作品外，沈从文还写了一些反映社会变动的具有政治色彩的作品，如《菜园》表现了对国民党屠杀共产党人的不满，《过岭者》、《黑夜》等颂扬了大革命和土地革命中中国共产党领导的战士们的战斗生活。特别是他未能完成的力图再现抗战前湘西政治风貌的长篇小说《长河》，表现了沈从文小说创作的转变和发展。沈从文的小说题材十分广泛，从都市到乡村，从官僚政客、军阀武夫到船夫猎户、木工石匠、娼妓巫师，三教九流，悉入笔底。题材的广泛决定了表现手法的多样性。他在艺术方法上，是现实主义和浪漫主义并用。他的许多作品力求重现生活原貌，甚至作品中的人物都有生活原型。在这些作品中，他浓墨重绘湘西地方景色，十分突出地描写种种野蛮的或美好的地方风俗。这些风俗化成了情节，使故事显示出别具一格的特异色彩，也具有重要的民俗学价值。同时，他也在一些作品中借少数民族和偏远地区自然形态的生活，来描绘理想世界的图景。他有意地回避落后和痛苦，不惜使用夸张手法，使故事具有传奇性或神话色彩，把读者引入一个美妙神奇的梦一般的境界。这类作品的浪漫主义特色十分鲜明。

沈从文的大多数作品，都不太显露自己的感情色彩。情节明快，感情含蓄，即使讽刺也不露锋芒。他的语言也很有特色，朴素无华，干净利落，句子短峭简练，富有美感。他还常常探索以不同角度和笔法进行写作，体裁多变而不拘一格，成为现代文学史上具有鲜明个性、独特魅力和卓越成就的作家。沈从文的著作对中青年作家产生了巨大影响，许多作家师承沈从文，追寻他的艺术之道，探求他的著作所倡导的自然美、风俗美。

建国前，沈从文共出版过小说、散文、传记等约 60 多本集子，是我国现代文学史上著名的多产作家之一。建国后，一度受到不公正的待遇，被迫离开文坛，中断了小说创作，任中国历史博物馆馆员，从事历史文物研究，在艺术史学的研究上取得了卓越成就。主要著作有《中国服装史》，以历史唯物主义的观点，从社会学的角度阐明了中国历代服装艺术的发展和历史趋势，受到了国内外专家的瞩目和重视。

沈从文，已被公认为我国现代著名作家，文化史学者。他以描写湘西农村生活的小说闻名于世界，是乡土文学的一代宗师。

将门之孙

湖南、四川、贵州三省接壤处的湘西,有一座小城,因附近有筸子溪,被取名为镇筸;又有一个极美丽的名字,叫凤凰。小城坐落在一个山洼里,四周皆山,山上古木参天,野草丰茂,为各种鸟兽虫蛇栖息之所,四季皆有百鸟和鸣。据当地人说,早年城里的居民夜半醒来,常常听见一种不知其名的鸟叫声,其音清越宛转,绵远悠长,极为好听。有人说这是九头鸟,又有人说这是凤凰,凤凰城因此得名。

凤凰确实很美。城四周用精致的石头筑起一道城墙,沱江自贵州铜仁向东北流入湖南境内,再向东流过凤凰城北,而后向东北流入湘西著名的武水。城东沱江江面上,有一座大桥,桥下游河流拐弯处,建了一座万寿宫。

一天,从石条铺成的街道上,走来一个八、九岁的小男孩。穿得整齐干净,文质彬彬的,只是看上去好象发育不足,脸色苍白。他头发乌黑,那一对顽皮执拗的眼睛显得十分机灵活泼。他的嘴巴不大,嘴唇极薄,瘦削的脸上露着病态。突然,从桥下涌上一群顽童将他围在中间,只见那男孩握紧拳头,两眼环视这群顽童,挑选同他体力差不多的人,指着说:

“要打吗?你来。我同你来。”

刚一开口,被指定的顽童伸手一拳打来,只见那男孩左腮上青了一块。

“怎么,真打?那么瞧我的!”说着他就挥起小拳头,横里朝对方的脸上就是狠狠的一拳。接着，不让对方有还手的工夫，又紧紧地扯住他的长衫，猛力一拉，把他拖到水里。

那顽童站在深达膝盖的水中，把裤子、鞋和长衫下半截都浸湿了，竭力想挣脱那男孩的手。那男孩把他拖进水里之后，就很快地跳到岸上。

那男孩一站到岸上，就急忙转过身来对付向他猛扑过来的顽童。他用全身之力，猛击对方下巴，打时先用足踢，然后用手。

随着，就是一阵牙齿吱吱作响的声音。只见那顽童一面哀叫着，一面举起双手，在空中乱抓，然后沉重地倒在水里了。

这个胜利者就是后来闻名海内外的著名作家和文物研究家沈从文。

沈从文原名沈岳焕。他父亲叫沈宗嗣，字少仙。母亲叫黄英。沈从文在兄妹九人中排行第四，在男孩子中居第二。

沈家是从沈从文祖父沈宏福青年时代起，才突然兴旺起来的。沈宏福小时人们叫他沈毛狗。上世纪50—60年代，在太平军造反时，清朝让骁勇善战的沈宏福统帅当地团练，这样，沈宏福就从边区小民一跃而成为将军。在正常年代，军官和文官一样，都得通过各级考试，而且官级升迁也得靠孜孜不倦，刻苦任职，不容许有任何关节。他的祖父沈宏福原来靠卖马草为生，后来跟随湘军一起打过太平军，也打过起义的回民、苗民。1863年他升任贵州提督时，年纪才二十五岁。沈宏福官运亨通，担任省一级军事长官后，还带领一旅的官兵打了至少一年仗，后来负伤回家，不久去世。

沈宏福可算功名富贵集于一身，他留下的一份光荣与一份产业，使沈家后人在当地居于优越地位。他没有子女，夫人便将他弟弟沈洪芳的第二个儿子沈宗嗣过继为子。沈宗嗣长大后习得一身武艺，也要实现做一名将军的理想。

沈宗嗣的妻子叫黄英，在娘家排行第六，故又被人称作六姑。其父黄河清，是凤凰最早的贡士，后来做本地守文庙的书院山长，当时是本地唯一的读书人。

由于沈家在当地所处的优越地位，故给沈宗嗣议亲时，供沈家选择的女孩有五六人。其中一人是田应诏的妹妹，曾去国外读书，从日本归来后，一副西洋作派，刻意仿效法国拿破仑之妃约瑟芬的举止风度。这在旧式家庭的长辈眼里，几乎成了一个"怪物"。沈母立即拒绝了这门提亲。相亲那天，应选的女孩子，一个个穿金戴银，打扮得花枝招展。唯独黄英穿一身旧蓝布衣裤，朴素而稳重，一眼便被沈母相中。沈母说：

"我要能治家的，不要好看的。"

其实，黄英也是长得极秀丽的。清秀的脸庞，眉毛细长，眼睛大而有神，嘴唇略显厚重，仿佛蓄满了毅力。但更为难得的，是她能干，有才艺，遇事有决断。她出身于书香门第，从小便读书识字，还懂医方，年纪幼小时便随一个年长的哥哥在军营里生活过，见事也多。父亲虽是个旧读书人，却非泥古不化之辈，为人开明，有头脑，并且是凤凰第一个剪去辫子的人；哥哥也是个有新头脑的人物，凤凰的第一个邮政局就是他办的，第一个照相馆也是他办的。因此，黄英又是当地第一个会照相的女子。这也是上世纪末本世纪初，西方文明影响到湘西结出的最初果实。新的物质生活方式的输入，也包含着许多新的思想观念的产生。同中国传统的旧式妇女相比，黄英思想较为开明。她对新风气认可的脾气，后来直接影响到她的子女。她的长子沈岳霖，便是凤凰第一个穿西服的，被本地人称作"土洋人"。

1900年前后，当沈宗嗣随军驻守大沽炮台的时候，黄英已是三个孩子的母亲了。连同后来所生，沈宗嗣与黄英共生育九个子女。其中四个夭折，长大成人的有三子二女。沈宗嗣一心想当将军，对家事和儿女很少过问。他虽然长得一表人才，大眼浓眉，身材魁梧结实，为人豪放爽直，不乏做将军的气概，但年近30，仍然只是驻守大沽炮台的提督罗荣光身边的一员裨将。1900年，义和团运动在中国北方兴起，并由此导致西方八国联军与清军之间的战争。同年5月，英、美、法、意、日、俄、德等国17艘炮舰陈兵大沽口。6月21日，联军登岸攻陷大沽口炮台。提督罗荣光率军抵抗，终因不敌，败走天津，自尽殉职。大沽失守，沈宗嗣于乱军中逃出大沽口，返回湘西家中。这次回家，使他有了第四个孩子，就是沈岳焕。

反　抗

压制是革命的种子。

革命尽管不是小事,但发生于小事。

沈岳焕从小具有叛逆的性格,敢于反抗封建传统教育。

沈岳焕出生后仅四个月,祖母——沈宏福之妻因病去世。祖母死后,外祖母便来到沈家,同女儿在一起生活。从此,这位外祖母便长住沈家,一直活到90多岁。

从出生到4岁,沈岳焕长得健康肥壮,天资聪慧,很得家里人喜爱。从4岁起,母亲便开始教沈岳焕识字。于是,沈岳焕一面从母亲那里接收方块字,一面从外祖母手里接糖吃。到肚子里装下五六百个生字时,肚子里也同时长起了蛔虫。蛔虫越闹越凶,沈岳焕被弄得又黄又瘦。家里依照偏方,用草药蒸鸡肝给他当饭吃。

就在这一年,母亲又为沈岳焕生下一个弟弟。这时,两个姐姐正到一个女先生处上学,于是,沈岳焕便跟着两个姐姐一起读书。这女先生原是沈家的亲戚。沈岳焕年龄太小,读书的时间较少,坐在女先生膝上玩的时候倒挺多。

到弟弟两岁、沈岳焕六岁时,兄弟两人同时出了疹子。

出人意料的是,当家中大人完全绝望的时候,兄弟两人的高烧却慢慢退去,最后居然全好了。病后,因弟弟年幼,家里特别为他请了一个高大健壮的苗族妇女照料。因养育得法,弟弟逐渐长得高大壮实。沈岳焕却因此一病,变成一个小小的“猴儿精”。

从此，这小小的“猴儿精”给父母带来了怄不完的气，扯不断的烦恼。

六岁时，沈岳焕开始入私塾读书。教书的先生既教书，又在衙门里作事。这先生姓杨，与沈家是亲戚，沈岳焕叫他姨爹。

到私塾念书的，连同沈岳焕，共17人。学馆有两项规定，这些学童必须遵守。一是每天上学时，照例要对学馆里所设的孔子牌位一揖，然后对先生一揖；放学时再对孔子牌位一揖，然后对先生一揖。一是学馆里的作息表：早上——背书，温书，写字，读生书，背生书，点生书；放学。早饭后——写大小字，读书，背会读过的书，点生书；午休。午后——读生书，背生书，点生书，讲书，发字带认字；放学。每天周而复始。

学习的内容照例先是《幼学琼林》，而后是《孟子》、《论语》和《诗经》。

私塾的启蒙教育重在识字与背诵，至于章句的意义，学生是否真的明白，照例不大过问。按规矩，凡是学生该认的字认不得，该背的书背不出时，就由学生自己将凳子搬到先生面前，让先生按在凳子上打屁股。由于上学前已经识过不少字，加上记性又好，沈岳焕遭受这种待遇的机会比其他同学要少。因此，沈岳焕平平静静地度过了起初半年的私塾生活。

然而，时间一长，这私塾里呆板而无生气的生活，再也引不起沈岳焕半点兴趣。同时，他又从同学中发现了一件稀奇事：有的人明明逃学，却用谎话蒙骗先生，有时居然能逃过先生的惩罚；而逃学的人又向他说起在外面玩耍时种种有趣的情形。一点好奇支配着他，心里产生了一种躁动，屁股在学塾里再也坐不安宁了。

他终于进行了第一次逃学的尝试。这第一次逃学，是在外面看了一整天的木偶戏。那场面，那气氛，那情景，使他着了迷。晚上回家，想起自己逃了学，在大人面前还红了脸。第二天壮着胆子去上学，心怦怦跳着，担心逃不过先生这一关。果然，先生见面就问：

“为何昨天不上学？”

他嗫嚅着回答说：

“昨天家里请客。”

家里请客可以不上学，在这里已成惯例。先生相信了，终于逃过了这一关。

于是，沈岳焕逃学的次数渐渐多了起来。世上没有不透风的墙，逃学终于被家里发现。第一次被发现时，气坏了那位一心想当将军的父亲。父亲吼着要砍掉沈岳焕一根手指。父亲对儿子的寄望太高，因见儿子从小生性聪明，极为喜爱，盼望他长大后能做一个著名京剧演员谭鑫培一类人物。在这军人眼里，这比当一名将军还要高贵些，他本人就是一个京剧迷。

想象着被砍手指的痛苦，沈岳焕被吓得大哭起来。但手指终于没被砍掉。虽遭到家里、私塾两方面打罚，倒反因这惩罚滋长了抵抗情绪。

除了逃学，沈岳焕还和同学一起干起了恶作剧，常常乘中午睡觉时，给先生脸上画胡须，背上贴王八。然后又是被罚跪、打板子。

家里开始埋怨私塾管教不严。于是，在私塾读了一年后，父亲让沈岳焕换了一个私塾。

新的私塾设在外祖父家隔壁一个姓田的人家里。塾师姓熊，对学生十分严厉，打起人来毫不留情。由于他与一个刘姓人家是亲戚，学生犯了过失，他不打刘家二少爷，却专打沈岳焕。因待人不公平，这塾师便将为人之师的所有威信在沈岳焕面前完全失去了。

学伴中有一个姓张的表哥，年龄比沈岳焕大了几岁，在逃学和撒谎方面是一把老手，沈岳焕与他一拍即合。于是，他便领沈岳焕逃学。

每天上学，沈岳焕手中提一个竹书篮，一出门便将鞋脱下，提在手上，沿着一条长街走去。

沿街排列着各行作坊：针铺、伞铺、皮鞋店、剃头铺、肉铺、金银铺、冥器铺。针铺门前有老人低头磨针，鼻梁上架着一副极大的眼镜；伞铺大门敞开，十几个学徒一齐制伞；皮鞋店里一个胖子正用夹板绱鞋，一到热天总是腆出一个大而黑的肚皮，上面还极醒目地长出一撮黑毛；剃头铺里，去理发的人总是手托一个小木盘，呆坐着让剃头师傅用剃刀朝头皮刮去；肉铺的肉案上，刚宰杀的新鲜猪肉被剁碎时，还在微微颤动；米粉作坊里骡子拉磨的声音，老远就能听见。

这些，沈岳焕还不感到稀奇。能引起他看上好一阵子的，是染坊师傅的踩布作业。踩布的多是强壮有力的苗族小伙子，先是将一匹整布卷在一个大的圆木磙子上，人站在空中悬着，看得沈岳焕心也悬着。直到踩布的人翻身下地，沈岳焕的心才落下来。染成青色或蓝色的布匹经碾压后，平整宛如镜面，泛出青白色的光来。

还有三家豆腐作坊，全是苗人。妇人头上扎着高高的花帕，手戴银圈子，身穿绣着五彩花边的围裙，一面用锃亮的泛光的红铜勺舀取豆浆，一面轻轻地唱歌，逗着背后用背包单缚着的孩子。

还有一家扎冥器、出租花轿的铺子，常有扎成的白面无常鬼、蓝面阎罗王、鱼龙轿子、金童玉女。停放在铺子里的花轿数目，每天有多少人接亲，冥器是否又换了式样，照例为沈岳焕所关心。他还常常停下来，看铺子里的人在冥器上贴金、敷粉，一站好久。

沈岳焕就这样一路看过去，他总是看不厌倦。他喜欢这些人和物，它们的颜色、声音、形状、气味能让他眼热心跳。百物制造的全过程，比私塾里背书识字，更觉得有趣。

然而，这并不能使他满足。有时，他又绕道向西城窜去。

西城设有关押囚犯的监狱。大清早便可见一群犯人戴着脚镣，成一线从牢中走出，由士兵押着去做衙门派定的苦役。牢狱附近是杀场。如果前一天刚刚杀人，一时无人收尸，尸体便常常被野狗撕碎。沈岳焕赶过去，或用一块石头敲击那颗污秽的人头；或拿一根木棍去戳尸体，看会不会蠕动。他很好奇，却还想不到去追究背后隐伏的悲剧。有时，还不等他靠拢，便有一群野狗因分赃不均，在尸体边龇牙咧嘴地争斗，喉管里不时发出沉闷而凶狠的吼声。这时，沈岳焕便远远站定，用书篮子里预先准备的石头，扬手向野狗掷去。见野狗受惊后猛然分开，因不甘就此罢休又复聚拢的情形，沈岳焕便得到了一种极大的满足。

杀场临近一条小溪。小溪傍西城墙根朝东南方向流去，过南门、东门，汇入沱江。既然已经到了溪边，沈岳焕总免不了挽起裤管，从溪流中一路踹去。流动的溪水轻轻地咬着一双小小的脚板，沈岳焕感到十分舒服。蹚水到了南门，便走上岸去。机会好，河滩上正巧杀牛。他便急忙赶过去，看人如何将牛放倒，如何下刀，下刀时那满腹委屈无从伸诉的可怜畜生如何流着两行清泪；牛被开膛后，心、肝、肠、肺的位置又是如何分布。

河滩过去一点，傍南门有一条街。他在那里看篾匠用厚背薄刃的钢刀破篾，两个小孩蹲在地上双手飞快地编织竹篦；看小铁匠拉风箱、扬锤、淬火。积以时日，他便将编织竹篦、打制各种刀具农具的工艺程序，弄得清清楚楚。

私塾位于北门，沈岳焕却出西门，入南门，在完成各道程序以后，才再绕城里大街朝私塾走去。

还有两件使沈岳焕醉心的事，一是出东门站在大桥上看大水。每逢春夏之交，一场暴雨过后，沱江涨了大水。这时，城里城外只听见满河水响。于是，城里人急匆匆去河边看河里涨水。一时间，桥面上和沿河岸边便站了许多人。平时温柔清澈的河水一反常态，变得暴怒异常。浑黄的激流不时从上游卷起木头、家具、牲畜、屋梁之类，奔涌而下。这时，桥头上必有人用长绳系住腰身，眼睛直直地瞪住河面，一见有值钱可用的物件漂来时，便踊身跃入水中，游到物件旁，用绳子将其缚住，然后借水势飞快地朝下游岸边游去。上岸后再将绳子另一头捆在大树或巨石上，这猎取之物便归其所有了。那情景十分壮观。而在不远的河湾洄水处，又有人在那扳罾，巴掌大的鲤鱼在罾网里蹦跳。扳罾的人从容安静，与捞东西的人的紧张剧烈，形成鲜明对照，一面是动如脱兔，一面是静若处子。这一静一动，其美丽动人处，非笔墨所能形容。

另一件是捉蟋蟀。五月麦收季节，树木迸发新枝，竹笋破土而出，田垄里新麦香气弥漫。感应着大自然的变化，人身上被激发起的生命力量已成饱和状态，仿佛要从全身毛孔里绽出。一场微风过后，满山遍野都响起蟋蟀鸣奏的曲子。那声音在沈岳焕听来，简直是天籁！他在私塾里更加坐不安宁，总是想方设法逃学，到山野田间去捉蟋蟀。

童年的沈岳焕生活在他自己所能感觉到的世界里，这个世界充满了他无法解释的自然之谜。要获得谜底，私塾和家里两方面都不会给他什么帮助，他也不敢拿这些去问先生和父母。他常常为此发愁。生命有了自己扩张的冲动。这种扩张既然不愿循着社会和长辈安排的道路，而要一味发展自然的天真，便不能不依靠自己踩出一条路来。

辛亥革命的洗礼

鲁讯说：

“革命是痛苦的，其中也必然混有污秽和血，决不是如诗人所想象的那般有趣，那般完美；革命尤其是现实的事，需要各种卑贱的麻烦的工作，决不如诗人所想象的那般浪漫；革命当然有破坏，然而更需要建设，破坏是痛快的，但建设却是麻烦的事。”

1911年旧历10月10日，武昌城头一声炮响，孙中山领导的辛亥革命爆发了。

武昌起义发生不久，凤凰城里的气氛突然紧张起来。驻防凤凰的清军加强了城防守备，各城门口增添了岗哨，街道上随时可见兵队巡逻。辰沅兵备道尹朱益竣已下令严查革命党人的活动，派兵到处缉拿可疑分子，边城失去了往常的和平与宁静。

与此同时，凤凰城外的乡村田野，也开始骚动起来。革命党人田应全，正暗中联络湘西各反清帮会组织，由凤凰城北郊长宁哨哥老会首领唐力臣、吉信，苗族进步人士龙义臣，以及吴正明、龙凤山、吴玉山等苗族八大首领，分头发动苗汉人民准备武装起义，随后在长宁哨组织光复军，一时间集合了一万六千多人。同时，贵州境内靠近凤凰的松桃厅，也组织了两千多人，星夜赶往长宁哨集合，准备分三路进攻凤凰城。

这一天，沈家突然来了一位沈岳焕的远房表哥，人们习惯称他作“躬韩”（躬读作央，属凤凰方言，其意为“小”）的年轻人。躬韩身材娇健精悍，紫色脸膛，黑黑的眼珠里透着灵气。他住城北十里的长宁哨，是一个守碉堡的绿营兵。从长宁哨过去十来里就是苗乡。躬韩在苗乡颇有威信，有事需人相帮时，他只要去苗乡一喊，便能立即喊来一些人来。沈岳焕原本和他极熟，四岁时还曾被他带到长宁哨玩过几天。每当黄昏，村庄田野被一层薄薄暮色所笼罩，鼓角声音便从那小小碉堡里传出，不知怎么总带着几分悲凉。直到许多年后，那情景在沈岳焕记忆里仍极清晰。躬韩每次进城时，总要给沈岳焕带一点城里不易得到的小东西，给他讲苗人的许多稀奇事；沈岳焕也总是缠着不让他走，直到双方有了新的预约，沈岳焕方肯罢手。

可是这次却不同往常，躬韩竟不大搭理沈岳焕，一进门就直接找到沈岳焕的父亲，两人嘀嘀咕咕，一谈就是半天。随后，一整天都是从沈家进进出出，到城里各铺子里买回许多白色带子，又托沈岳焕的四叔去卖了几次，还直嚷嚷说不大够用。

在这同时，母亲忙着给沈岳焕兄弟姐妹收拾随身换洗衣服，父亲则将家里人喊到一起，宣布要送小孩子到乡下去。沈岳焕预感到城里有什么事要发生，心中似乎有了某种期待。这时父亲问道：

“你怎么样？跟阿妍（阿妍，苗语中对同辈女人的称呼，相当汉语中大姐之类。这里实指在沈家照顾沈岳焕弟弟的苗族妇女）进苗乡去，还是跟我在城里？”

“什么地方热闹些？”

“不要这样问，我明白你的意思。你要在城里看热闹，就留下莫去苗乡吧。”

事情一经决定，大哥和弟弟就由阿妍送到苗乡，大姐二姐则送到长宁哨附近的齐梁洞。齐梁洞是凤凰境内有名的山洞之一。洞内干净宽敞,地方偏僻隐蔽,能容纳一二万人,为本地人躲避兵灾匪祸的理想之地。当天,兄弟姐妹四人和两担白布担(另一担由一位与躲小韩同来的人挑着)便随同身小韩上了路。

原来,城里一些绅士早已和革命军暗中有了联络,准备攻城时充当内应,身小韩便是来通知他们起事时间,要他们预作准备的。第二天,沈家气氛更加紧张。四叔一会儿跑出门去,一会儿又跑回来和家里其他人悄悄说上一阵。大家脸上的表情都很紧张,说话也有点结结巴巴。沈家原有两支广式猎枪,几个检查枪支的人似乎有着某种默契,不时相互对视着微笑。晚上,父亲在书房里擦枪,叔父便在灯光下磨刀。这一天,沈岳焕一刻也不能安稳,小猴儿似地在屋里窜来窜去。一会儿跑去看父亲擦枪,一会儿又跑到库房边,看四叔低头磨刀。见别人微笑,他也不知所以然地跟着微笑。他虽然还不知道将要发生什么事,却知道一定有一件新鲜事快要发生,而这事似乎是属于打仗之类。晚上,当四叔又一次出门时,他急忙跟到屋檐下,试探着问:

"四叔,你们是不是准备打仗?"

"咄,你这小东西,小伢儿懂什么,还不赶快睡去!"

于是,他被一个丫头拖着,蔫蔫地回到上边屋里,不一会儿便伏在母亲的腿上睡着了。

第二天,沈岳焕同平时一样醒来,见家里人早已起身,每个人都脸色苍白。几个叔叔全不见了,男的只有父亲一人,正低头坐在太师椅上,一句话也不说。沈岳焕突然记起打仗的事,便问父亲:

"爸爸,爸爸,你究竟打过仗没有?"

"小东西,莫乱说。昨夜我们打败了,死了好多人!"

这时,四叔满头是汗地从外面跑回来了,一进门,便结结巴巴地向父亲报告说:

“形势不好,衙门已从城外抬回几百颗人头、一大串人耳朵、七架云梯和别的一些东西,对河烧了七处房子。”

“你赶紧去看看,有没有躲韩在里面。”

一听说杀了那么多人,有人头又有人耳朵,其情形正与父亲平时讲的杀“长毛”的故事相同,沈岳焕感到兴奋、紧张。

洗过脸,他便溜到了大门口。

这时,天阴沉沉的,好象要下雨的样子。街上异常清静,平日这时,街面上早已响起的卖泡粑、炸油粑的叫卖声全部消失了。沈岳焕胸口和脚心起了一种搔庠,恨不得立时跑出去看看。但今天到底不比平日,他不敢自作主张。过了一会儿,街上各铺子已奉衙门之命开了门,家住在对门的张家二老爷也上街去看热闹了。父亲告诉沈岳焕,张家二老爷是暗中和革命党有联系的本地绅士之一。于是,沈岳焕便随了父亲,也来到道尹衙门口。

一批血淋淋的人头垛放在衙门前的平地上,衙门口的鹿角上、辕门上,从城外缴获、用新竹做成的云梯上,也悬挂着许多人头,有的面目已经血肉模糊,有的两眼尚未闭上,极不心甘似地朝人们瞪着;人头中间,夹着一大串被割下来的人耳朵。看的人都不大作声,脸上露出各式各样极不自然的古怪表情。

可是,屠杀刚刚开始。紧接着便是衙门派兵分头下苗乡捉人,被捉的多是随意捕来的乡下无辜农民,捉来后照样不需要任何罪证,就赶到北门外河滩上去砍头。每次杀人50,行刑士兵20,看热闹的人30左右。被杀的人不被剥去衣服,也不用绳索捆绑,就那么随便朝河滩上赶去。乖巧一点的,冷不防朝看热闹人中间一站,就可以逃脱性命;只有那些糊糊涂涂,不知道为何被捕,现在将有什么事发生的,到河滩上被兵士吼着跪下时,才明白这是怎么回事,于是哭喊着在河滩上乱跑，刽子手便如狼似虎般扑上去，一阵乱刀将其砍翻。

这种残酷的杀戮持续了一个月，沈岳焕站在城头看杀人也持继了一个月。

旧戏和故事里“人头如山，血流成河”的情景，过去只存在于沈岳焕的想象里，是那么遥远，又是那么模糊；现在却一下子被推到身边，那么清晰地血淋淋地呈现在他的眼前。人类正用自己的手，将那么多的同类一下子变成一堆没了活气的血肉。沈岳焕原先企望从中获得的儿童游戏般的乐趣没有得到，成人们的这种“游戏”实在太严重了。虽然沈岳焕没有感到恐惧，有时还和其他孩子比赛眼力，去数河滩上尸体的数目，却终于起了一点疑心；这么多的人为什么一下子被杀？杀他们的人又是为什么？事情太令他费解，这里面一定出了什么错误。他拿这个问题去问父亲：

“爸爸，发生的这些事情，到底为什么？”

父亲含混地说；

“造反打了败仗。”

衙门出的告示和禀告抚台的文书上，都说是“苗人造反”。凡造反便该杀头，苗人造反便多了一层被杀的理由。因此，凡被捉来的苗入都得杀头。这用来对付苗族的几千年延续不变的规矩，又照样用来对付这场革命，对付那些其实并未造反的“苗人”。在衙门大官们的眼里，这场革命只是苗族不服王化的历史延续。听说杀人是因为“苗人造反”，沈岳焕脑海中突然闪过城外山头上为防苗人叛乱而设置的碉卡。日暮黄昏时古堡上响起的鼓角声音，与眼前的景象融成一片。沈岳焕仿佛心有所悟。他想弄明白其中包含的意义，却又总是无从将它弄明白。

终于因杀人太多，原先与革命党人有联系而未被发觉、在本地说话有点分量的绅士便去衙门，请求有一个限制。既然抓来的人不能全部杀掉，又不能全部释放，便杀一部分，放一部分。而选择的办法竟是委托神灵去裁决——将人犯押到天王庙大殿前院坪里，由犯人在神前掷筊来决定。凡顺筊、阳筊，开释；阴筊则被杀头。这个办法实行后，沈岳焕便又跟在犯人后面，到天王庙看他们掷筊决定生死。

到年底，杀人终于停止。因为形势又有了新的变化，革命党人又在凤凰、乾州、松桃三厅重新聚集了力量，准备规模更大的武装起义。一来，衙门大官见全国各省纷纷“独立”，清王朝气数已尽；二来，他们也感到再与革命军对抗，后果可怕。1912 年初，凤凰道、厅衙门被迫宣布投降。于是，城里各处挂起白旗，反正的士兵结队在街上游行。衙门方面与革命党人达成妥协：一切地方事务交本地绅士出面主持，革命党人方面放外来的镇守使、道尹、知县离境。

革命在凤凰算是成功了。但是，在革命中付出巨大牺牲的苗、汉人民，并没有获得他们应有的报偿，地方的军、政大权落到凤凰上层绅士阶级手中。其后相继崛起的田应诏、张学济、陈渠珍等地方军政势力，直接影响到湘西社会后来 30 年的兴衰荣枯。

革命也给沈家带来了始料不及的变化。先是在镇守使、道尹、知县衙门宣布投降，地方一切交由绅士主持后，沈宗嗣因暗中参与革命，在民主选举中成为本地要人。但不久，凤凰举行省议会代表选举，沈宗嗣与一个姓吴的竞选，结果失败，心中愤愤不平，觉得脸上无光，一气之下，便离开凤凰，跑到北京去了。与他同行的还有一个本地人阙祝明。二人同住北京酉西会馆，并组织了一个铁血团，准备刺杀袁世凯。谁知事机不密，被袁世凯的爪牙发觉，阙祝明被捕后立即枪决。幸亏阙祝明被捕时，沈宗嗣正在剧院里看著名京剧演员谭鑫培的演出，得到熟人报信，连夜逃出关外，改名换姓，在热河都统姜桂题、米振标处隐匿起来。姜桂题与沈宏福一起共过事；沈宗嗣出逃时，又有熊希龄所写的托姜桂题关照的条子。在这之前，熊希龄曾出任热河都统。他与沈家有亲戚关系。

辛亥革命在凤凰演出的一幕，被刻进沈岳焕的大脑深处，成为他后来整体人生思考中明晰而活跃的人生因素。

一本大书

高尔基说：

“生活就是求知。”

爱默森说：

“生活是我们的字典。”

是的，生活本身就是一本大书。

辛亥革命后，凤凰的人事表面上有了一些刷新，骨子里却一切因循旧例，边城又恢复了往日的宁静。于是，这场革命的种种情景，不久便被翻到沈岳焕意识的下层，在他的生活中，一时不再占有什么位置。他又同时读一本大书和一本小书了。

1914年左右，凤凰有了新式小学。1915年，沈岳焕从私塾转到设在城内王公祠的第二小学。半年后，再转入第一小学读书。

第一小学位于城南对河的文昌阁。学校依山面河，山上古木参天，林间荆棘杂草丛生。大白天有大蛇滑行而过时，齐腰深的芭茅便向两边翻卷。文昌阁瓦梁上可见长蛇蜿蜒而下，就连上课时，屋梁上也会掉下蛇来。蛇的种类不一，多为毒蛇，身上的花纹却很美。校门边有一眼井泉，水清冽而甘甜。下课后，学生便用竹筒作成的长勺随意舀取解渴，却从不听说有人因此生病。

新学校给了沈岳焕许多新鲜感。不仅是同学人数比先前多了几倍，课余活动范围远非私塾可比，学校规矩也和私塾有了许多不同。不必成天咿咿呀呀地背书。严重的体罚已经废除,虽然也有因过失被老师罚站的时候,却不必再担心被按在凳子上打屁股了。七天有一个假日,不必象私塾里那样不间断地天天去上学,象一篇没有句逗的文章。这些,都很对沈岳焕的胃口。可是,他在课堂上依旧没有学到什么东西。除了识字、读书以外,也没增添什么新内容。没有自然、地理之类的课程。虽然开设了手工课,但那只是用小刀在座位底板下镌刻自己的名字,或用白色瓷泥给每个教师捏塑像,并依据老师像貌或性格的某一缺陷,取一个带漫画色彩的绰号,既刁钻古怪,又贴切传神。

既然课堂依旧拘束不了沈岳焕的自然天性,上课便成了他的例行公事。能使他倾心的,仍然是太阳底下的各种光与色。下课铃一响,他便野马式地奔出,或是到操场上与同学作"龙虎斗",或是和几个同学一起,跑到树林里各自选定一株合抱大树,比赛谁先爬上树顶。沈岳焕由爬树认识各种树名。有时爬树失手,挂破了皮,扭伤了脚,便去采药,因此又认识了十多种草药。倘若要走得更远一些,便去老师处请假。老师是四个从常德师范毕业的年轻人,常常一下课就玩麻雀牌。在当时,麻雀牌也是一种"新事物",能学会玩牌也是一种时髦。他们对教学既不十分上心,管理也不严格。加上四个教员中还有两个是沈岳焕的表哥,请假一律照准。于是,看戏请假,钓鱼请假,甚至到田里去捉蚱蜢也请假。夏天,去河边钓半天鱼;春天,便上山采笋子、摘蕨菜,比赛叫各种鸟的名字。

如果放学时天气尚早,便和几个同伴沿河边城墙脚下一路逛过去。遇有柴船在河边停泊,又一时无人照看时,几个人便急忙跳上船,飞快地朝河中划去。

若是夏天,每天都少不了下河游泳。因担心被淹死,家里对游泳管得较严。于是,放学后便远远跑到河上游拐弯处，那里水既深，又不易被家里发现。到后，将书包朝河滩上一摔，脱光衣裤，便向水里扑去。其时，父亲已离家去了北京，管束沈岳焕的责任就落到大哥沈岳霖的身上。因此，在每天估计到的时间里，大哥总要下一次河。这位大哥，耳朵不大听使唤，眼睛也极近视。要从河中一群光身孩子中认人，实在不容易。但他却有心计，到河滩上时，从堆放的衣裤上一一查认。一看到沈岳焕的衣裤，也不作声，拿起就走。然后坐在大路上，等着弟弟投案。这样经过两次教训，沈岳焕便预先将衣裤藏起，一见大哥从城门口出来，得到同伴报信后，便急急游到河中，仰卧在水面上。大哥到河滩上搜寻不到衣裤，便大声问兄弟的同伴：

“熊澧南，印鉴远，你见我兄弟老二了吗？”

“我们不知道，你不晓得看看衣服吗？”

搜查询问都没有结果，这位进过美术学校的大哥，便站在河滩上，略带忧愁的样子欣赏一阵风景，或取出速写簿，坐下来画两张素描，随后轻轻地吹着口哨，从原路回去了。几次过去，他终于起了疑心，却也不说破，照旧装着相信兄弟不在河里的样子，转回到城门边隐蔽处，象一匹雄猫预备猎取耗子似的，极有耐心地守候着。等到游泳的一群学生走近时，他便从暗中飞快跃出，一把攫住沈岳焕的衣服便走。不久，沈岳焕摸清了大哥的“棋路”，又有了新的对策：有时故意远远落在同伴后面，有时又绕路躲开南门，从东门进城回家。

一个夏天，兄弟俩不断地捉着迷藏，真有点道高一尺魔高一丈的味道。这也难怪，水对沈岳焕，具有一种特殊的吸引力。每当脱光衣裤，赤条条与河水亲近时，沈岳焕觉得自己整个融进了大自然。仰卧在水面上，望着高远的蓝天，那里仿佛藏着无穷的秘密。和同伴一对一浇水比赛，阳光照射在迷濛的水花上，泛起七彩虹桥，周围的山、树、云、烟，别是一种色彩。浮在河中,流水在身前身后不歇止地流动,整个天地便飘浮起来,人也好象是在虚空中浮动。

若是星期天,日子又凑巧,或一六,或二七,或三八,正逢城郊盐场赶集,吃过早饭,沈岳焕或邀人,或被人邀,一行几个先下河洗一回澡,再走十里路过长宁哨去赶集,在盐场人堆里转着看热闹。他们一会儿出现在卖牛处,看买卖双方大声吼着、嚷着,在价钱上互相争执,当一方的诚意被对方怀疑时,便涨红了脸,指天呼神地赌咒发誓;一会儿钻到卖山货处,一面听人们谈论猎获猛兽时的种种危险情形,一面用手触摸虎豹的皮毛。想起这山中猛兽生前的威风,心头仍禁不住一振;一会儿,他们又挤到赌场上,看那些乡下汉子下赌时,期待混合着担心,如何支配着微微颤抖的一只手……

在回来的路上,他们还要从造纸场边经过,从造船的河滩上经过,从碾坊、油坊边经过。经过造纸场时便看造纸,看工匠们如何用细篾帘子漏取纸浆;经过造船处时便看修船、造船。还有榨油机榨油时的那种气氛,非常迷人。开榨后,全部工序便同时进行。一时间,水车咿咿呀呀地转动,扬起一阵又一阵雪白的水花;水碾轧轧地旋转,转过来,又转过去,看碾的人不时敏捷地从石碾横轴上一跃而过,油锤撞击楔头,发出开山炮似的轰响,数里之外都能听见;蒸料时油坊内弥漫着白色的蒸气和醉人的香气,人头便在白雾香气里浮动;遍身油腻的打油汉子,一边用力打锤,一边歌呼。那歌呼在寂静的山野里荡漾,既悠扬,又绵长。听到这声音,沈岳焕小小心房里仿佛浸入了一丝凄凉。

那时,沈家每年还有300石左右的田租收入。三个叔父两个姑母占有其中的两份,沈岳焕家占取一份。因此,沈岳焕便有机会跟长辈们到20里外的乡下去,督促佃户和临时雇佣的短工收谷。乡下有城里所没有的新鲜事物,沈岳焕也有了不同于城里的玩法。去田里辨别各种禾苗、害虫；用鸡笼到水田里罩取鲫鱼、鲤鱼；向佃户讨斗鸡，剥桐树皮卷制哨子……。最有趣的是打猎。春天，山中野雉交配繁殖季节，将驯养的雉媒带到山林间放出，勾引林间野雉。待野雉飞近，举起鸟枪便打。等候时那份期待，野雉飞近时那份急切，枪中目标时那份喜悦，永远不会使沈岳焕感到倦怠。秋末冬初，人们上山围猎黄麂、野猪、狐狸时，沈岳焕也跟着满山乱跑。

他见到的这一切，正是一本大书。

他读这本大书时所见到的一切，为他以后的创作提供了丰富的素材。

进技术班

民国五年,沈岳焕上了高小。凤凰镇由于上年受蔡锷讨伐袁世凯战事的刺激,感到军队非改革不能自存。凤凰镇守署便设立了四个军事学校:一个军官团,一个将弁学校,一个学兵营,一个教导队。小小的城里多了四个军事学校,一切都用较新方式训练,地方因此气象一新。由于常常可以看到这类青年学生结队成排在街上走过,本地的小孩,以及一些小商人,都觉得学军事有意思,有出息。有人与军官团姓陈的教官作邻居,要求陈教官饭后课余也教教孩子,于是就办起了预备兵技术班。开张不过半个月,就招了一百多人。沈岳焕看见那些受过训练的同学,精神显得比别人强悍。便向他们询问:

“你们在技术班有意思吗?”

“当然有意思。不但有意思,而且可以两个月考选一次,考取了可以补上名额当兵。你愿意不愿意参加?”

沈岳焕低头琢磨片刻,说:

“我回家问问妈妈,再作决定。”

在凤凰这个地方,当兵不算耻辱,凤凰上层阶级大多数是行伍出身。文人方面,好多年才出了个翰林熊希龄,外加四个进士,四个拔贡。至于武人,不算咸同年间所出的四个提督军门,单是后来保定军官团出身的,就有一大堆。从日本军官学校毕业、担任蔡锷参谋长的朱湘溪,也是凤凰人。因此,本地人多以当兵为年轻人唯一出路。这时,沈岳焕的父亲谋杀袁世凯的事,风声也不那么紧了。沈家辗转从熟人处得到消息,知道他在东北。大哥受家里委托,已经一路给人画像,北上千里寻父了。家里只有沈岳焕母亲一人操持,而沈岳焕又不受管束,黄英正拿他没办法。

沈岳焕回到家,凑到母亲近前嬉皮笑脸地说:

“妈妈,我想参加预备兵技术班。你能答应吗?”

黄英头也没抬地说:

“你又有什么新花样了?”

“我只是想练练筋骨,而且还可以考一份口粮。”

黄英早就听说预备兵技术班的事。心想:既然有机会考一份口粮,技术班里规矩又极严,让他进去受预备兵的训练,实在比让他在外面撒野好。即使在学校免不了有从天桥上掉下来的危险,但有人亲眼看到掉下来,总比无人照料、到那些空山里从高崖上摔下为好些。想到这里,母亲抬起头来说:

“你能遵守人家的规矩吗?”

沈岳焕迫不急待地说:

“能,一定能。不信可以拉钩!”

“好!一言为定,待我为你缝了一套灰布制服,就送你去。”

沈岳焕把这消息告诉学校的梁班长时,梁班长就带他去见那姓陈的教官。沈岳焕第一次见到那个挺着胸脯的人,实在有点害怕,但他却因为听说这位教官的杠杆技术曾经得过全省锦标,能够在天桥上竖蜻蜓用手来回走四五次,又能在杠杆上打大车轮至四十来次,简直是个新式的黄天霸,因此不只畏惧他,也很喜欢他。

这位教官给沈岳焕的初次印象不坏,此后的印象也十分好。教官对于沈岳焕似乎也还满意。开始时,教官看他人那么小,排队总在最后一名,在操场上“跑步”时便把他剔出,到“正步走”“向后转”时,沈岳焕的步子较小一点,教官也总想法让他不吃亏。但经过十天后,沈岳焕的能力和勇敢,就得到教官的承认了,做任何事应当大家去作的,沈岳焕头上也总派上一份了。

由于教官无私严历,逼迫沈岳焕学会了一种攀杠杆的技术,到后来还用这点技术救过他自己一次生命。沈岳焕后来在军队中混了那么久,还有一次因重重的伤寒病发了四十天的高烧,居然能够支持下来,未必不是靠从技术班训练的结实体格的帮助。沈岳焕的身体因从小营养不良显得脆弱,但性格方面永远保持着军人的风味,不管作什么总是坚持去作,不大关心成败得失,似乎也就是那将近一年的训练养成的。

沈岳焕进了技术班后,才知道原来在学校作班长的梁凤生,在技术班也还是他们的班长。沈岳焕在里面得到他的帮助可不少。一进去时的单人训练,他就作了沈岳焕的教师。当每人到小操场的砂地上学习翻跟头时,他就用腰带束了沈岳焕的腰,两个人各用手紧紧地抓着那根带子。沈岳焕正当把两只手垫到地面,想把身体翻过去再一下挺起时,他就赶忙用力一拉,使沈岳焕不至扭坏腰腿。有时,沈岳焕攀上杠杆,用膀子向下反挂,预备来一次背车,在旁照料的也总是他。有一次,沈岳焕不小心,从杠子上猛地掼到砂地上,喉咙一下子跌哑了,想说话,却无论如何用力也不出声。幸亏梁凤生赶紧将他扶起,架着他在操场上乱跑。跑了好一阵,才慢慢地说出话来,没有留下后遗症。

梁凤生在学校的学习成绩极好,每次考试总得第一,在技术班的成绩也非常好。母亲是一个寡妇,守着三个儿子,靠替人缝衣服过日子。梁凤生散操后,便跑回去,把那些早剥好的甘蔗,装满篮子,提上街到各处去叫卖。把甘蔗卖完,赚回三五十个小钱。他为了这几个钱,每个晚上都得大街小巷地走。可是每当遇到同学好友时,他总是一句话也不说,走到你身边来,把一节价值五文一段的甘蔗,突然一下塞到你的手里,然后飞快地跑掉了。沈岳焕遇到他这样做已有两次,心中感动得厉害。沈岳焕并不想甘蔗吃,却因为他那样慷慨大方,见他时感到十分害羞。

梁凤生虽待沈岳焕很好,可是在学校方面,沈岳焕最好的一个同学却是陈肇林,在技术班的好朋友是陈继瑛。这个陈继瑛是沈岳焕家的邻居。照本地习惯,下午三点即吃晚饭。每天他俩把晚饭吃完后,就各自穿上灰布制服,在街上气昂昂地并排走出城去。每出城到门洞边时,卖牛肉的屠户,总故意逗他们,喊他们"排长"。一个守城的老兵,也总故意做鬼脸,说两句无害于事的玩笑话。两人心中认为这是小玩笑。我们上学为的是将来做大事,这些小事当然用不着在意。

当时,他们想的实在与这类事不同,陈肇林只打算作团长,沈岳焕就只想进陆军大学。沈宗嗣希望作一名将军,终生也作不到,但他把父亲那一份过去的光荣,用许多甜甜的故事输入到顽皮的沈岳焕脑子里后,却想不到发生了很大的影响。书本既不是沈岳焕所关心的东西,国家又革了命,中状元已经无望,但他却俨然有了做将军的志气。家中什么教育都不给他,所给的也恰恰是对他此后无多大用处的。可是爸爸给他的教育,却对他此后生活的转变,以及在那个不利于他读书的生活中使他能够支持下来,确实有很大益处。体魄不甚健康的他,全靠父亲给他那份启发,使他在任何困难情形中总不气馁,任何得意生活中总不自骄。这比给他任何数目的财产,似乎更贵重难得。

后来营上的守兵有了几个名额,沈岳焕那一组应当分配一名时,他抢先报了考。考试的结果当然是失败。但他总算把各种技术演习了一下。在小操场杠杆上做挂腿翻上，再来个十字背车。又蹿了一次木马，走了一度天桥，并且从平台上拿了一个大顶，再丢手侧身倒掷而下。又在大操场指挥一个十人组成的小队，作正步、跑步、跪下、卧下种种姿势，完事时还跑到阅兵官面前用急促的声音完成一种报告。操演时因为有镇守使署中的参谋长和别的许多军官在场，临事虽不免有点慌张，但一切动作做得还不坏：不跌倒，不吃砂，手续不错误。那时他才是一个十三岁半的孩子！这次机会被一个叫田杰的人得去了，他在班上作大队长，聪明能干，各样都行，在同学中威信高。大家都喊他"田大哥"。后来又有两次机会，沈岳焕都没有考取。一次考取的是姓舒的孩子，年龄和他不相上下，虽各种技术不怎么出众，胆量却极大，从两丈多高的天桥上翻筋斗落下，落地还稳稳站住。大家无话可说。另一次是一个叫田棒槌的，能跳高，撑篙跳会考时第一。

沈岳焕虽未考中，心中倒也服气。回到家中，妈妈问起此事，他便原原本本讲给母亲听。黄英竟对他亲切地笑了许久。黄英心想：这孩子自进了技术班后，每天去军官团上操，衣服穿得整整齐齐，又懂了许多军中礼节；另外，第一次考试还得过军部夸奖，看起来他已经上了正路。这孩子聪明，凡事执着，认准了道一直跑到黑。将来必有一天可做将军。黄英抚摸着儿子的头，亲切地说：

"没考取不怕，你已经尽力了。不管做什么事，只要认真就行。胜不骄，败不馁，以后一定能当上将军。为了犒劳你，明天杀只鸡，鸡肝鸡头全给你独占。"

可是，技术班的全部组织，差不多皆为教官一人所主持。他处理一切井井有条，成绩特别突出，被镇守使看中，调去当了卫队团的营副。如此一来，技术班无形中就解散了。技术班前后只存在了八个月。

但是，沈岳焕在学习方面的收获，还是不小的。

滕四叔的故事

马克思说：

“一个人有了知识，才能变得三头六臂。”

法拉兹说：

“学问是异常珍贵的东西，从任何源泉汲取都不可耻。”

为了学习军事，十三岁的沈岳焕进了技术班。

当时，沈岳焕所在的技术班，用的是新式训练法。还有一处，用的是旧式训练法。主持旧式训练的，是沈岳焕家的街坊，小孩子们喊他滕四叔，同辈称他滕师傅。

这两处的规矩截然不同。沈岳焕在的一处，操练时姿势稍稍不合要求，教官当胸就是一拳；服装风纪略有疏忽，就得吃一巴掌，还得罚立正半小时；跳木马时，一下子掼到地上，哼也不许哼一声；野外演习，喊一声卧倒，不管是水是泥，就得立即扑下去。这对于他们这些大的不过17、小的才12岁的孩子，实在不大合适。而滕四叔那个班，动作不合要领，就让退到一边，由师傅亲自作示范。犯了错误也受处罚，可那种处罚却是让犯错误的人泅水过河一次，或其他有趣待遇。

传授的内容也不同。沈岳焕他们学跑步，一跑就是一个钟点；练正步、齐步，一练就是老半天，十分单调。还学打靶、白刃战，最后是射击学、筑城学，还得听种种艰深道理和不顺耳的陌生名词。他们的学习是枯燥呆板的，生命凝固而不流动，被滕四叔嘲笑为“洋办法”。滕四叔教的是翻筋斗，打盾牌，舞长矛，耍齐眉棍。单是盾牌就有藤编圆盾牌、皮制方盾牌，上面还描有各式好看的花纹。武器有标枪、弓箭，花样多，形状也美丽悦目。他们学骑马射箭，学摆阵，全体排成方阵随金鼓声进退。练格斗时，可以单个练习，也可成对厮打。对打时，一人手持盾牌大刀，一人使关刀或长矛，一面格斗，一面喊“杀”。他们的学习活泼有趣，学习与游戏无从分开。

这样一来，教官和学兵的关系也不大一样。沈岳焕他们尊敬、惧怕教官，在教官面前紧张、拘束；而滕四叔的学生爱自己的师傅，孩子们和师傅在一起时，总是十分亲热。

滕四叔是个怪人，一身奇才异能。不作任何准备，头略略一动，便可将身子向空中抛起，或前或后，或左或右，来一个空心筋斗；极高的桅杆，眨眼间就可以爬到杆尖；又会扎猛子，再深的水也可以一扎到底，老半天不必浮出换气；又会抓鱼，要吃鱼时，只要到河里打一转身，总不会空手而归；还会采药医伤，谁手脚受伤，他随手在路边采几样花草，嚼碎敷上，就可包好。……说来实在太多，他在沈岳焕的心目中简直无所不能。

滕四叔的性格也有趣。他不识字，一个粗人，身份又卑微，到老只是一个战兵。难得的是他对谁都和气，遇事比谁都讲公道，特别喜欢和小孩子玩在一处，样子既天真又妩媚。遇上“额外”、“守备”一类小官，总是垂手低眉，异常和气谦恭地喊一声“总爷”。

他不但教孩子在操场上演兵摆阵，还教他们用骰子摆阵赌博；既教他们打拳练武，还鼓励他们打仗斗殴。因此，家里规矩大点的孩子，都不准到他那边去。参加他那边训练班的，多是寒微人家子弟。由于同住一条街，沈岳焕家里要点草药或遇到什么事，常免不了找他帮点小忙，却不许沈岳焕和他泡在一起。黄英担心孩子跟他学下流。沈岳焕却常常瞒着家里跑到滕四叔那里玩。沈岳焕后来在军队中遇到危险,一些自救救人的知识,还是从滕四叔那儿学来的。

从　军

旧社会里,人们常说:“好汉不当兵,好铁不打钉。”但沈岳焕为生活所迫,十六岁时不得不离家当了兵。

这一天,是七月十五中元节,沈岳焕拿了些纸钱、水酒、白肉,用一个小木盘托着,到河边祭奠河鬼。照习俗这一天谁也不敢下水,河面异常清静。沈岳焕烧了纸,浇掉了白酒,吃了那块熟肉,就脱了衣裤,一个人在河里足足泡了两个小时。

回到家里,吃过晚饭,母亲走到沈岳焕面前说:

“我与杨家表叔商量让你出去当兵,明天一早就动身。”

原来,丈夫随军驻守大沽口,家里值钱的宝贝都带在身边。庚子大沽口一战,丈夫狼狈逃出,这些“宝贝”便全部丢失了。

眼下,大儿子在热河赤峰找到了丈夫,丈夫却不肯回家。他在外面避难五年,尽打“烂仗”。身边尽是作官的,他为人爱面子,一切应酬不肯落后,在外面欠了一屁股债。1916 年底,袁世凯死去,他才与家里通信。来信就是要家里典田还债。结果,家里的一点田产便当光了。

真是祸不单行,1917 年,家里又死了二女儿。黄英哭得晕死过去两回。她是个要强的人,自沈岳焕出生以来,他还是第一次见母亲伤心落泪。眼下,家中败落,二女儿的死,接踵而来的打击使黄英将世事看开了些。与其让二儿子留在家里学下流，不如让他自己挣一份口粮，到世界上去学习生存。正好有熟人杨姓军官带兵路过凤凰。黄英向他说及家中情况，那军官答应让儿子以补充兵名义，随军队同去辰州。如此一来，就决定了沈岳焕以后的命运。

第二天一早，大姐摇醒了沈岳焕。他洗过脸，外婆将他拖到一边。幽幽地说：

“乖，你要走了，我还不晓得能不能再见到你。到你娘面前磕两个头。你是太让她操心了。你这次出门，她心也是在你身上！”

沈岳焕向母亲磕过头，黄英一遍又一遍地嘱咐：

“出外不要淘气闯祸，犯了军纪。……这一去也不要你作官发财，只盼你能好好作人。家里已到了这种地步，连一栋房子也只能保住三年五年。三五年后，你在外面能接济我和你九妹，那自然好。……出门不比家里，要自己担心冷热。……”

终于到了动身的时候，全家送沈岳焕到大门口。此时，沈岳焕心里早已长了草，恨不能一步迈进部队。他根本不难过，因为姓杨的军官当面说好，他这次是当护兵，可以背盒子炮。想象着背盒子炮的神气威风，他身上有了按捺不住的亢奋。

下了一夜的雨，此时仍细雨濛濛。沈岳焕穿着大姐连夜赶出的、照预备兵技术班军服仿制的蓝纺绸衣。当他走进队伍时，看见别人穿一身黄色制服，各种领章、肩章分出不同阶级。军官们骑马，家眷坐轿。马上几个军官，全是沈岳焕先前认识的熟人，这时从他身边过，却仿佛不认识他，沈岳焕心里很不是滋味！他觉得身子一下子缩小了许多！回过头来再看凤凰，全城已被笼罩在濛濛烟雨之中，变成模糊一片了。

他得随队伍走 60 里，才能乘船去辰州。第一次走这样的长路，真把他累坏了。背上包袱越走越重，脚上也打起了水泡。正走得两眼发直，坚持不下去时，一个脚夫见他人小可怜，就让他将包袱挂到他的担子上去。同时又碰上一个中年人，他和沈岳焕叔父同过学。有了熟人说话，又空手走路，觉得松快多了。临近黄昏时候，他们到了一个名叫高村的大河边。

20多只篷船并排停在水边，各船上都站满了士兵。沈岳焕想找一个歇脚的位置，问各船的士兵，都回答说已经住满，并问他属于第几队。他不知道自己属第几队，也不知道去问谁。一些看来较空的船头，站着穿长衫的秘书参谋，那种傲然凛然的样子，实在使他害怕，也就不敢去问。他只好独自坐在河边大石头上发呆。

这时，天已黑下来了，河面上起了白雾。一群野鸭子之类的水鸟，在暮霭中掠过河面，向对岸飞去。他感到异常孤独，心里酸酸的，有点忧愁，有点伤心。他明白，生命开始进入了一个崭新的世界。

过了好一会儿，沈岳焕看见了那个中年人，中年人也看到了他。

“啊，你这个人，怎么不上船呀?”

“船上全满了，没有地方可上。”

“船上全满了？你那么拳头大的小孩子，放大方点，什么地方不可以塞进去？来，来，我的小老弟，这里有的是空地方!”

他见了熟人，高兴极了。马上到那只船上去，原来这还是一只空船！不过，这船舱里连舱板也没有，上面铺的只是一些稀稀的竹格子，船摇动时就听到舱底积水的流动，到夜里怎么睡觉？正想再找一个好一点的船只，一群留在后面为本军担帐篷的民夫赶来了。他担心一走开，回头再找这样一个船舱怕也不容易，因此就同这些民夫挤得紧紧地住下来。开饭时有人到各船上来喊叫。取饭时,沈岳焕碰到了一个军械处的熟人。于是换了一个船,转到军械船上住下。吃过饭,一会儿便睡熟了。

船上所见,无一事不使沈岳焕感到新奇。二十四只大船,有时衔尾下滩,有时疏散开浮到那平潭里。两岸时时刻刻在变化中,把小小的村落,广大的竹林,黑色的悬崖,一一收入眼底。预备吃饭时,长潭中各把船只任意溜去,那份从容,那份愉快,实在使人激动。摇橹时满江浮荡着歌声。他看这些,听这些,把家中人暂时完全忘掉了。四天以后,他们的船编成一长排,停泊在辰州城下中南门的河岸专用码头边。

又过了两天,他们已经驻扎在总爷巷一个旧参将衙门里,一种新的生活便开始了。墙壁各处是膏药,地下各处是瓦片和乱草,草中留下成堆黑色的干粪便,这就是他第一次进衙门的印象。于是轮到他们着手扫除了。他们共有二十人,沈岳焕是其中的一个。大家各在一种异常快乐的情形下,手脚并用地整整工作了一天,居然打扫干净了。庶务处又送来了草荐和木板,于是在地面垫上了砖头,把木板平铺上去,摊开了新作的草荐,一百人便一同躺到这两列草荐上,十分高兴地把第一个夜晚打发走了。到驻地后,各人都有各人的事,作补充兵的,只需要大清早起来作操跑步。作完操跑完步就单人训练,把手肘向后抱着,独自在一块地面上,让两只脚依口令起落,学慢步走。下午无事可作,便躺在草荐上唱《大将南征》的军歌。每个人都结实单纯,年纪大的约二十二岁,年纪小的只有十三岁,睡硬板子的床,吃粗粝陈旧的米饭。他从本城技术班学来的那些军事知识,很有好处,使他为日不多就当了班长。

沈岳焕一直不明白为什么有些士兵不能随便外出,有些人又可以自由出入。照他看来则大概是城里人可以外出，乡下人可以外出，却不敢外出。

沈岳焕的出门是不受任何限制的，但每早上操跑步时，总得听苗人吴连长演说：

“我们军人，原是卫国保民的。初到这来，客军极多，一切要顾脸面。外出时制服应当整齐，扣子扣齐，腰带弄紧，裹腿缠好。胡来乱为的要打屁股。”

说到这里时，又重复大声说：

“听到了吗?”

大家便说：

“听到了。”

既然答应全已听到，就解散了。当时因犯事被按在石地上打板子的，就只有营中的伙夫。士兵却因从小地方开来，十分怕事，谁也不敢犯错，都怕受惩罚。

沈岳焕很满意那条街。一上街，触目都十分新奇。他最喜欢的是河街，那里使人惊心动魄的是无数小铺子，卖船缆，硬木琢成的活车，小鱼篓，小刀，火镰，烟嘴。满地都是有趣的东西。他每次总去蹲在那里看上半天，同绅士守在古董旁边一样恋恋不舍。

城门洞里有个卖汤圆的，沈岳焕每天总得在那里吃一次汤圆，或坐在那卖汤圆人的长凳上看看各种各样的过往行人。有时碰上营里官佐过来，得照规矩行礼时，便一面赶忙放下那个土花碗，把手举起，站起身来含含胡胡地喊“敬礼”。那样子极滑稽，常惹得那些平日在士兵面前故作威严的军官开心微笑。

他又常常同那为团长管马的马夫，牵马到朝阳门外大坪里放马，把长长的缰绳另一端的檀木钉，固定在草坪上，让马随意走去。他们就躺在草地上晒太阳，说说各人所见过的大蛇大鱼。或者到教会中学的城边去，爬上城墙，看看那些中学生打球。或者到树林深处，各自选择一株光皮梧桐,用草揉软作成一个圈套,挂在脚上,各人爬到高处桠枝上坐坐,胡意把树摇荡一阵。

营里有三个小号兵和他十分熟,每天他们必到城墙上去吹号,或到城外河坝去吹号,沈岳焕便跟他们去玩。有时他们还爬到各处墙头上去吹号。沈岳焕不会吹号,却能打鼓。

此外,就是去南门码头,看沅河水面下驶上行的船只、木排。辰州依山傍水,位于沅河中游,为来往于上游各县与常德、长沙间各类船只必经的水码头。沈岳焕站在码头上,呆呆地看那些颜色鲜明、可装四五千桶桐油的洪江油船,平头大尾、船身异常结实的白河船,专运石灰、黑煤的样子极不中看的辰溪船,头尾高举、秀挺灵便的麻阳船。大得吓人的长方形木排,一群精壮汉子各据一角,单桡击水,顺流而下。它们仿佛各有自己的性格和生命,在这条千里长河上竞争生存。有时,沈岳焕从码头走上停泊在岸边的木排,一面点数借风帆上行的船只,一面听河面响起的阵阵橹歌:

“依来嗬吓!哟嗬吓!到了辰州不怕三洲险,哟呀!到了桃源不见滩,依嗬吓!”

那情景实在动人。在帆影橹歌中,沈岳焕将心里思乡的淡淡哀愁忘去了。

日子这样一天天过去。不久,沈岳焕由于字写得好——闲时伏案练字的结果,在怀化升为上士司书,进了书记处。因人小,被军中熟人、同事称作“身小师爷”。从1917年8月至1919年9月的两年多时间里,这位小师爷便在由当时中国湘西特定历史条件结构而成的人生浪涛里浮沉。

清乡见闻

灾难能够引起人们的深思。

在旧军队中的所见所闻，使沈岳焕觉得人间并不美好。

1916年，袁世凯作完了他的百日皇帝梦，在全国声讨声里，忧愤死去。黎元洪、冯国璋继袁世凯之后相继执政，却无法号令“诸侯”。全国大小军阀拥兵自立，借机扩充势力，争夺地盘，因而战争迭起。湘西地方势力也在辰州组成了一个联合政府，集合了三派军事力量。一是由出任军政长的田应诏指挥的第一军，一是由出任民政长的张学济统帅的第二军，是由旅长卢焘率领的黔军一个旅。在辰州——常德之间，与联军对抗的，是驻兵常德、由冯玉祥率领的一个旅。双方各自守着原有地盘，互取守势，伺机而动。在湘西联军内部，又各有算计，常因防地分配发生磨擦。联军成分既复杂，人数也庞大。单是第一、二军，就有约十万人。各部分军队驻扎辰州的，就有两万，而全城人口不过五千户！全靠各军联合组成的稽查处维持，方才免于战争。只是苦了辰州百姓。由于钞票发行过多，每天兑现时总有小孩子和妇女被践踏而死。领米时，各部分军队为争先后，相互殴打伤人，也是极平常的事。这样一支庞大军队，一切军费开支全靠湘西20余县的弹丸之地供给，成了民众不堪忍受的沉重负担。常常是一个地方，黔军走了，第一军又来了；第一军走了，第二军又来了。来时派夫、要钱；走时又派夫、要钱。所需不足，便烧杀抢掠，无所不为，与民众之间势成水火。

沈岳焕所在第一支队,属张学济第二军指挥。到达辰州后不久,联军首脑召开了一次会议,重新分配各军驻地。大约是因为辰州驻军太多,不堪维持,便决议除一部分留守防备下游侵袭,其余分头去各县城驻防。于是,沈岳焕所属第一支队,被指派去芷江境内"清乡剿匪"。

队伍沿着沈岳焕上次下辰州路线,乘小船溯流而上。四天后至高村上岸,再改变方向,步行三天至芷江所属的东乡榆树湾(即今怀化市所在处)。上岸后第一天,队伍进入一条山谷狭径,路两边山头上长着密密的山竹。沈岳焕正随队伍默默行进,猛听得一声枪响,陡然一惊,队伍中立刻有人惊呼:

"打死人了! 打死人了!"

顿时,队伍乱成一团,各人寻找地方隐蔽。待到不再有动静,派人循枪响方向去搜寻时,放枪的人早已不见了踪影。大家只好从死者身上卸下枪支,砍倒两根大竹,用绳子捆扎成担架,将死者抬着,一行人又上了路。第二天,队伍再次遭到当地人冷枪袭击,转眼间又倒下两个。有人朝天大声喊娘,嚷着要"报仇"。大家咬牙切齿,恨恨不已。

果然,一到榆树湾,队伍安排好驻地,各乡团总就捆着送来了43个老实乡下人。于是,将人犯连夜过堂、打板子、画押、取手模,第二天一早就杀了27人,接着又杀了5个。以后便是成天捉人。被捉人犯,如果愿意出钱交纳捐款,便取保释放;无力交纳捐款,或仇家乡绅已暗中出钱运动必须杀头的,就随便列上一款罪案拉出去砍头。既然"剿匪",就必须杀人,杀人又正可以弄钱,于是,一边鼓励乡绅团总抓对头仇人,一边再抓团总"吊肥羊"。又花钱雇本地人当侦探。每五天逢集赶场时,这侦探便在市集上人群里挤,指定谁是土匪派来的探子,就立即抓住,略加审讯后拖到赶集人来往较多的桥头,即刻砍头处死。在榆树湾驻扎期间,沈岳焕所属这支军队,先后杀了近2000人。1912年左右,一个姓黄的辰沅道尹,在这里杀过2000人。1916年,黔军司令王晓珊,在这里杀了3000人左右。先后为当地人留下了一笔结算不清的血帐。

四个月以后,第一支队移防距榆树湾不远的怀化镇。先是怀化驻有黔军一个守备队,为争防地,双方前哨已经多次奉命相互开枪射击,都企图用武力迫使对方让出防地。每次冲突的结果,双方都互有死伤。打了停,停了又打,两方头脑拿士兵的人命打赌。最后,守备队方面被迫撤出怀化。

一听说移防,各处营房附近便是一片混乱。传事兵满头大汗在街上跑,勤务兵抱着许多长官要用的香烟跑,急着向乡绅辞行的师爷也在跑;司务长从各杂货铺里急进急出,后面跟着一串扛各样杂物的伙计;银钱铺挤满兑现的士兵;一些小兵站在街上嚼板栗花生,见到军官也懒得举手敬礼;营房前挤着向士兵讨女儿风流债和讨面帐、点心帐、酒帐的人;到处响着各营连集合的号音,马嘶人喊,毫无头绪可寻。沈岳焕也象没头苍蝇似的,这里撞,那里钻,各处去凑热闹。

队伍终于开进了怀化镇。各家屋檐上已挂起了大大小小的欢迎旗,路边看热闹的小孩大睁着眼睛,铺子里的生意人停下手里的活计,估量着这新来的军队。怀化是一个只有百十户人家的小镇,沈岳焕随队住进本地的杨家祠堂,这一住便是一年零四个月。军队在这里无其他事可做,成天仍是"剿匪"杀人。在这一年多时间里,他们又杀了200多人。每次人犯抓来后,照例是先过堂,军法长坐在当中,戴一副墨镜,一脸杀气。旁边坐一录事,低头录供。军法长先看禀帖,问过犯人姓名,便突然生气,大喝一声:

"不招就打!"

于是在喊声中，那人被按倒在地，打了一百，然后再审。

“他们说你是土匪，不招我打死你！”

“冤枉，他们害我。”

“为什么他们不害我？”

“大老爷明鉴，真是冤枉。”

“冤枉冤枉，我看你就是个贼相，不招就再给我打！”

“救命，大人！我实在是好人，团上害我！”

于是按倒再打。为逼出口供，他们用木棒打犯人脚上的螺丝骨，几下就敲出骨髓来。又用香火熏鼻子，烧胸脯，用铁棍上“地绷”，“啵”的一声将犯人的脚扳断。犯人受刑不过，便胡乱供出口供，任录事记在公文纸上。这时沈岳焕已是司书，每次过堂时，他都站在旁边，等候录事将记录交给他整理，然后再交军法长存案。

过堂多在晚上，第二天便是杀人。一到杀人时，那些据说很有学问的副官、书记官、军法长，全都急匆匆跟着士兵跑去观看。刽子手一刀将人头砍下后，便拿刀大踏步走到集上各屠桌边，照规矩割肉，一次就可以得六七十斤肉。看热闹的军官、士兵回来后，照例是议论杀人：那汉子下跪的姿势不对，做匪没有经验。若有经验，应该单腿下跪，有重伤便盘膝坐下。头落地后才能仰天倒下，死后方能投生。连这点都不懂，单喊一声“二十年后又是一条好汉”，算不得完全角色。……跪下后必须伸长脖颈，刽子手一刀才砍得利索。……那刽子手好刀法，一刀一个，真有本领！也亏那死的将脖颈伸长，不是一个缩头乌龟……。

等到下一个人犯被处决，有了新的适题，他们便不再议论先前的那个了。每当听到他们的议论，沈岳焕心里就起了一种异样的感觉：他们杀了人，即刻就忘记了，被杀的家中大概不久也会忘记家里有人被杀的事。

大家就这样活下来。

虽然刽子手回营磨刀时，夜里总要买一百纸钱，为死者焚烧，但也只是一种“规矩”。他联想起白天在街头见到的情景：几个士兵正从乡下归来，中间夹着一个十二三岁的孩子，挑着两颗人头。不用问，这人头照例必是这孩子父亲或叔伯的。后面又是士兵，押着捆着的人犯，或挑着一担衣箱，牵一头耕牛……。想到这里，沈岳焕心里有点难过。可为什么难过，他却无法想得明白。

突然，在沈岳焕住处旁边建起了关人犯的木栅栏，凡关在这里的人犯，就交沈岳焕几个人看守。这些被关的人多是“肥猪”，要逼这些有钱人交出钱来。交出了指定的数目，被关的人就可以大摇大摆地走了。这是军队不可少的一项收入。于是大富户抓了又抓小富户，直到无可再抓。也有为仇家陷害的。一天，这栅栏里关进一个年轻人。这人长得极英俊，为人又和气。被关押期间，他将家里带给他的板栗、红薯分送给沈岳焕等人吃，又会吹箫，能吹“娘送女”和其它各种各样曲子。当守兵弄来一只箫给他吹时，沈岳焕痴痴地听了半天。于是看守者与他有了一种亲近感。他在家排行第二，大家便喊他作“二哥”，又从他口里得知他被抓的缘由。他是被仇家陷害的。早先，他的祖母曾许配给仇家，后来毁了约，两家为这事打了一趟堡子（湘西方言，称与对头武力相拼为“打堡子”），各自死了许多子侄。仇家遵祖上遗训，要拿他报仇。既然有了交情，又事出冤枉，大家便替他到上司处说情。结果同意出100块“乐捐”放人，并答应他回家稍作准备，就来队伍当兵。谁知出去第四天，就传来了坏消息：“二哥”回家后第三天晚上，来了几个脸上抹锅灰的人，将他从家里拖走。第二天在坳上发现了他的尸体，手脚和头被砍下，挂在一株桐树上，显然是仇家所为。这事很使沈岳焕伤心。

这事过了不久，队伍里又出了逃兵。一个姓罗的什长，拐了枪逃走，被抓获了。因保证交出三支枪以赎其罪，得到了营长的宽大处理，用铁镣锁脚，仍在营房里留住下来。那天晚上，他让一个伙夫作陪，到外面大便。那伙夫在园门口等了半天，见仍无动静，叫他也不答应，一想事情不妙，便大声喊了起来：

“逃脱骡子了，逃脱骡子了！”

营长得知消息，立即悬赏200元赏格，派士兵分头去追。沈岳焕和一些士兵充作一路，拿了器械，点燃火把，向后山追去。他的心轻轻跳着，感到一种兴奋。他不为赏格，因为赏格能否兑现实在难说；也不认为非把那逃兵抓住杀死不可，他与他丝毫没有仇怨。仿佛这是一场游戏，不必害怕有什么危险。逃兵脚上戴有铁镣，行动不变，自己这边人多，手上又持有随时可致人于死命的器械。他只感到，这逃兵如果由自己最先发现，一定是很有趣的事。

但搜寻结果却让人失望，他们只有空手而归。可是，等他回到驻地，就得知逃兵已在另一条路上被逮住。第二天，这逃兵就被杀了头。有三个士兵是这个逃兵的朋友，曾帮他逃走，也受到牵连。照规矩这三人也该死罪，营长突然饶了他们不死，只各打五百，送进牢里，算是“运气”好。

见自己身边这些人，死的猛然就死去，活的又偶然活下来，沈岳焕感到生死的莫测。他想起不久前，一个士兵半夜爬起来，砍了同班士兵七刀。到后来问他为什么杀人，回答说：

“他骂了我的娘。”

这是个可以成立的理由，大家都相信了。按照湘西人的习性，凡无缘无故将辱骂加在别人身上，是免不了要用血去洗刷的。而且，凡轮到死的，无论是“土匪”还是逃兵，临死前似乎都不感到多少痛苦。大家全相信死亡能否轮到自己头上，全都是“命”。

想到这些，沈岳焕觉得心里堵得慌。

堂兄的故事

血浓于水，亲情如火。

在生活枯燥的旧军队里，沈岳焕有幸遇到了他的堂兄。

驻防榆树湾时，沈岳焕和他的堂兄沈万林分到一起。

沈万林大沈岳焕七岁，在军队里任弁目，属少尉级。他之于沈岳焕，半是堂兄半是妈。沈岳焕的睡眠、饮食和其它一些琐事，均得到他的照料。每天早上五点，他都照例去摇醒沈岳焕：

“弟弟，点名了。快快，你听号音！”

由于闲暇时间太多，沈岳焕便抓紧时间练字。他指导沈岳焕写楷书，他临过黄山谷的字帖。从他那里，沈岳焕知道了陆润庠、黄自元以外许多书法家的名字。

沈岳焕只羡慕他那套少尉级军服，在那上面生出许多幻想。平时，军队里官兵军阶的不平等，早已使沈岳焕感到了许多委屈。不消说违犯军纪，轻则罚站，重点的，军官便不由分说按倒打屁股。就连上街，军官们穿着马靴，高视阔步，“柝柝柝”地在街中心走，自己远远就得预备敬礼。待军官走近身边时，还得赶紧向路旁一闪，霍的一个立正，将手举到帽檐边去。那些刚爬上去的司务长、副官之类，为体味刚升官的荣耀，尚能高兴亲切地回礼。若是那些“校”字号的，或骑马，或步行，或站立，眼睛总是看着前面的虚空，只当没有看见你。即使回礼，手也只是漫不经心地挥挥。

倘若他们遇见比自己官阶更高些的，或立刻跳下马，或闪到路旁，动作敏捷，态度谦恭，举手行礼，一丝不苟。堂兄是少尉级，若能穿上这套黄色军服上街，虽仍免不了敬礼，至少也可以用获得的尊敬，将受到的委屈拉平。

可是，沈万林总是认真地劝他：

“一个弁目，没有读过书的人也能干，不值得你眼红。你应该作副官长和更像样一点的。发恨一点练字，将来会成名家的，不单是可以卖钱……。”

沈岳焕刚从副兵升为司书时，书记官很瞧不起他，常常变着法子从沈岳焕工作中挑刺。事后，沈岳焕便去找堂兄叙说心里的委屈。每当这时，沈万林便赶紧用手掩住沈岳焕的口：

“弟弟，受点委屈要学会忍耐！”他咬着牙，极力掩饰自己为沈岳焕所抱的不平，“要自己努力……”终于不能再说下去了。

两人相处一年后的一天，沈万林一早跑来向沈岳焕辞行，说是要押送600块军饷回凤凰。他极高兴地告诉沈岳焕，自己已用补发的欠薪，给母亲换了一只金戒指，给家里妻子打了一副金耳环。与他同行的，有陈士英兄弟二人和唐仁怀以及一位会赌钱的痞子副官。这次，他已赢了400块钱回家。沈岳焕托他带一个包袱回家，里面有不能再穿的衣物，以及每日临摹《云麾碑》积下的四十多张大字。

沈万林走后第四天晚上，沈岳焕伏在秘书处桌子上抄写一份公函，译电处的译员正和文秘书下棋。不久，一个传事兵送来一份电报稿交译员译出。译员接过电报稿看了一遍，忽然用手搔着头，脸上即刻变了颜色。这时，副官长走了进来。译员突然叫道：

“副官长，他们全完了！”

接着，他抓起电报稿，结结巴巴念道：

“辰州,司令鉴:五日来差……万林等行至马鞍山为匪杀毙。二人死,一重伤。匪即同伴陈士英兄弟,已请防军缉拿,特闻波叩。”

第二天,消息传得更确切。沈万林和唐仁怀当即就断了气,重伤的是痞子副官。凶手是陈士英兄弟二人。

原来,陈士英兄弟与痞子副官有仇,商定在路上找机会报复。他们平时与沈万林关系不坏,当初还在沈万林家作过客。由于担心沈万林告发,就下狠心将其一并了结。结果,两个作陪的死去,仇人反倒获救。后来,沈万林带给母亲和妻子的金饰,成了自己的殓葬费。沈岳焕托他带回家的 40 多张大字,母亲怕见物伤心,终于也全烧掉了。

听到堂兄死讯,沈岳焕极其伤心。吃饭时,他跑到副司令官面前,大哭着请求立即捉拿凶手报仇。然而,人死终究不能复生,堂兄那熟悉的身影和他所给予的温情,只能长留在沈岳焕的记忆里了。

文秘书

谚语说："跟着好人学好人，跟着老虎学咬人。"是的，和好人交游，必然会受到好的熏陶。

驻防怀化的时候。有一天，沈岳焕得到上面的通知，要他从副兵连搬到秘书处去住。他已被提升为上士司书，以后将在秘书处作事了。司令部设在杨家祠堂后殿楼上。他来到司令部时，军法长、秘书长、副官长正陪着司令官围坐在一张桌子上搓麻将。见沈岳焕怯怯地从门口挤进来，秘书长说：

"哈，我们的小师爷来了。"

坐在司令官下手的军法长，名叫肖选青，一个又高又大的胖子，坐着似乎还比沈岳焕高出一截。沈岳焕早就认识他。每次，押送到司令部来的人犯连夜过堂时，戴着墨镜，高坐上面主持审讯的就是他。他那威严的样子，每每使沈岳焕望而生畏。据说他很有学问，可是临到杀人时，他却总是马马虎虎宣布一下犯人的罪状，在预先就准备好的斩条上，用朱红挥上一笔。没等犯人押出大门，他便搁下手中的笔，一手撩起身上长衫的衣角，一手拿起泛光的白铜水烟袋，急匆匆跑出后门，穿过菜园，抄捷径抢先占领离杀人的桥头较近的一个土墩，去欣赏杀人时那"有趣"的一幕。看完杀人，回到司令部，又照例和别人谈论一通犯人被砍头时的种种表现。末了，便是用刽子手在集市肉案上割下来的猪肉下酒，喝得醉倒在饭桌边，害得副兵象狗一样在主人旁边守到半夜。

可是此刻，军法长却没有过堂时那种威风神气，脸上堆着笑，平和地问：

“身小师爷，你叫什么名字？”

“沈岳焕。”

“哈，岳焕，岳焕。‘焕乎，其有文章！’”他摇晃着脑袋，拖着私塾先生读古文时的那种腔调，“我看，你就叫从文吧。”

从此，沈岳焕就变成了沈从文。

“焕乎，其有文章！”语出《论语·泰伯》，为颂扬尧治天下的功德之辞。意思是尧以无为大道治天下，大道无以名，只有功业文章，巍然焕然而已。这里的“文章”，是指经天纬地的事功。可是在当时，沈从文不仅谈不上有什么事功，而且腹中空空，就连狭义的小文章也还没有入门。

沈从文调到秘书处后，除了伏案抄写公文、习字、兴冲冲跟着别人去看杀人外，还有的是空闲时间。但是，他不曾想到读书，而且也几乎无书可读。身边那些“长”字号人物，似乎每人都有点学问，有的曾作过一两任县知事，有的去日本留过学，可是一来司令不识字，二来这里也不是谈学问的地方，于是有了一种默契，大家照例闭口不提读书一类的事，成天只是陪司令打牌、谈天、喝酒、抽鸦片。每当桌上麻将相撞，“劈拍”声响起时，或是全军上下几十条烟枪吞云吐雾时，沈从文总是默默走开，看也不看。——打牌身上无钱，抽鸦片心里不愿。因为他亲眼见过几位年长亲戚，抽鸦片抽得不成人形，到后来精力衰竭而死。

怀化多阴雨天气。这一日，天气依然阴沉沉的。秘书处出现了一位自远道而来、新上任的秘书。他叫文颐真，湘西泸溪人，曾留学日本。小小的个子，皮肤白净，穿青缎马褂，举止斯文，一来便到各“长”字号人物处拜会，开口便是

“请多关照”。见他那彬彬有礼的样子，即使同副兵说话，也是轻言细语，沈从文感到十分别扭，自己熟悉的生活里梗进了一样不协调的东西。他心里想：

“稀罕事呢，一个二气角色！”（二气，湘西方言，故意做作的意思）

难怪沈从文有这种想法。那时，这支军队上下官兵是不知“文明”为何物的。这不只表现在他们杀人如麻，视人命如草芥，就连平时交往，也是满口脏话野话。鲁迅有一篇杂文，论及积淀在“他妈的”这句“国骂”上的国民劣根性。可是，这一句“国骂”较之这些军汉们的口头习惯称谓，简直是小巫见大巫。他们与人说话，总是自称“老子”；对方若是年龄相当，必以“狗日的”相称；年龄小一点的，便喊作“小屁股眼客”；谈及第三者，少不了以“那杂种”开头。还有许多富有想象力却脏污到不能明说的用语。奇怪的是，越是熟人，这些野话用得越是自然便捷，仿佛其中含有一种亲热，不这样反见生疏似的。这已成为惯例。谁听了也不生气。好在机会均等，亏了的可以用同等方法找补回来。可是这姓文的秘书，偏偏与众不同，好象不是这个世界里的人。别人说野话，他只是微笑，从不作等价交换。他与沈从文认识后，总是对沈从文说：

“啊呀呀，小师爷，你人这么小，开口就是老子长老子短，多不好意思！”

“老子不管，这是老子的自由！”

文颐真听了，并不生气，只是一面摇头，一面看着沈从文微笑，终于看得沈从文不好意思起来。

“莫玩那个。你聪明，应该学好，世上有好多好事情可学。”他规劝沈从文说。

沈从文却把头一歪：

“那你给老子讲讲，老子看什么好就学什么。”

……不知不觉中,沈从文觉得和文颐真亲近了几分。不久,两人就成了好朋友。文颐真便给沈从文讲述在外面见到过的种种事物,讲火车、轮船、电灯、电话是什么样子,英军、美军军服的样式如何,鱼雷艇、氢气球为何物。沈从文感到十分新奇,仿佛被带到了另一个世界,心里起了一种朦胧的向往。

文颐真来到的第二天,天气转晴。沈从文见文颐真将行李箱打开,晾晒箱内衣物。衣物取出,箱子里剩下两本书,封面上写着"辞源"两个大字。文颐真随手将书翻开,对沈从文说:

"这是宝贝,你想知道什么,上面都写着。"

书是那样厚,字又那么小,沈从文吓了一大跳。听文颐真说及此书的好处,沈从文有点不相信,便提出诸葛孔明卧龙先生要他找。文颐真立即给他查找出来。沈从文既觉惊奇,又十分快活。

文颐真问他:

"你看过报纸没有?"

"老子从来不看报。"沈从文回答。

文颐真笑笑,从《辞源》中翻出"老子"条给他看,他才知道太上老君原来叫老子。

他突然对书和报纸起了兴趣,便和秘书处另外两个人商量,每人出四毛钱,订一份《申报》。等这份报纸送到后,他在那上面认识了许多生字。

但使他神往的,仍是文颐真那两本厚书。可是文颐真对这两本书却极爱惜,轻易不拿出来给别人翻,看时也要先洗手,沈从文只能从别人那里借《西游记》、《秋水轩尺牍》看。偶而,文颐真也让他翻翻《辞源》,在那上面,他才懂得"氢气"、"参议院"、"淮南子"为何物。

可是不久,队伍撤退到辰州,又从辰州开过川东,沈从文和文颐真分了手。那时，文颐真已升作了秘书长。几个月后，这个文静平和、嗜书如命的读书人，却惨死在鄂西来凤那场军队和“神兵”的冲突里。

尽管和文颐真相处的时间不长，沈从文却感到自己生命里揉进了一点新的东西。在辰州留守的那段时间，他的下意识里，总是晃动着文颐真的影子。沈从文开始感到了寂寞。虽然无事可做时，他仍到处跑，看考兵棚士兵上操，妇女们在河边洗衣裳、发豆芽菜，或登上教会学校旁边的城墙，看那些中学生玩球。当球无意中踢上城墙，下面便有人喊：

“小副爷，小副爷，帮个忙，把我们的球抛下来。”

想到别人把他当作副兵，不知道自己已是司书，沈从文心里起了几分得意，且加上一份在人前保住了秘密的快乐。但不知怎的，同时心里又感到十分孤独。

有时，他正在城墙上，前面走着几个穿红着绿的女孩子，其中年纪小点的便喊：

“有兵有兵。”

意思是要预作防范，或赶紧掉头避开。每逢这时，沈从文瞧瞧自己身上的灰色军衣，心里感到一种惭愧，便假装伏在城墙缺口处，向远处看风景，以便让这些女孩子从身后走过。同时，心里又有了委屈：我是读书人，和别的兵并不完全相同，不应当被别人厌恶。他的眼前忽然浮起文颐真和他那两本厚厚的《辞源》、曾订过两个月的老《申报》、《秋水轩尺牍》等种种影像。

好 学

马克思说：

“我最喜欢做书蛀虫！”

奥斯特洛夫斯基说：

“无论你在哪儿工作，无论做什么事情，都不要放弃学习。没有学习，你不会进步。”

1920年，湘西联合政府内部，力量对比已经发生了重要变化。起初，第一军由田应诏节制。此人治军无方，并且不思整军经武，却花了许多钱在凤凰傍河修了一座新式花园，以纪念他的母亲，常常与幕僚在花园里饮酒赋诗。而张学济第二军实力尚厚，故沈岳焕所属第一支队尚能占领芷江东乡一带有优势地位的防地。此时，田应诏已将第一军指挥权交给手下一位团长陈渠珍。陈渠珍读过不少书，头脑新，能干聪明，接手第一军后，力图自强，军力大有振作。而第二军由于内部成份复杂，无力团结，张学济又在军事、财政两方面面临重重困难。第一支队“清乡剿匪”，又只知道杀人，在地方上声誉极坏。1919年底，陈渠珍率部从麻阳开过，直逼怀化。第二军感到极大压力，又无力抵抗，便不得不退出芷江一带防地，向辰州方面撤退。

这次撤退与上次移防怀化不同。官兵上下一片惊慌，时时感到身后有人追来。怀化镇除了祠堂和庙门，街上各种铺子和住家大门，都紧紧关闭起来。警察再不敢站岗执勤。团防局的山炮，已经移到局门前安放。街上急匆匆走的都是兵。此时，他们的思想出奇地一致，见到任何一点值钱的东西，就顺手捞走；脸上交织着既凶恶、贪婪，又盲目、恐慌的神情，全身关节不由自主地起着痉挛。

其时正是严冬，天上飞着鹅毛大雪。沈岳焕与其他士兵一样，用棕衣包裹了双脚，在雪地里跋涉。匆匆赶到河边，匆匆上船，浮在河面上。五天后，第一支队又回到了辰州。

到辰州后，第二军仍然呆不住，于是以“援川”名义，开到川东、鄂西一带就食。

时间过得飞快。转眼间年关已过，春天过去又是夏天。可是，第二军的日子却不好过，一到川边便与当地民众接火。8 月间，队伍开到鄂西来凤，又与当地“神兵”和民兵发生冲突。一个早上，来凤的“神兵”和民兵乘第二军官兵熟睡之际，手持斧头、菜刀、锄头，潮水般涌入兵营。全军除一个团先行过龙山布防外，自参谋长、秘书长、军法长、旅长、团长、营长以下官兵，全数被杀毙。这支杀人以万计的军队，终于没能逃脱命定的厄运。

队伍开拔时，沈岳焕因人小，和 20 多个老弱病残官兵在辰州留守，办点后勤杂事，因而在这场劫难中死里逃生。

第二军既然已经覆灭，留守处也就失去价值。1920 年 9 月，在得到军队覆灭消息的第五天后，沈岳焕领了遣散费和随身护照，回到了凤凰家里。

寒冬腊月，朔风一阵紧似一阵，吹得山间林木呜呜地怒吼。枝上的积雪不时被抖落下来，溅起一团团白雾。天气奇冷，层云阴沉沉地压在山头上，遍地积雪毫无退却的意思，仿佛正等着它的下一批伙伴的到来。山野一片寂静，路上少有行人，只有一些鸟雀，在雪地上跳来跳去觅食。

此刻，在凤凰通往芷江的山道上，有几个人正在赶路。走在前面的是一个挑行李的脚夫，中间两个轿夫抬着一顶坐人的轿子,后面跟着一个背包袱的年轻人。这年轻人依据雪地行军经验,脚上包着棕衣,深一脚浅一脚地走,步履蹒跚。他就是沈从文。前面轿子里坐着的,是他的七舅娘。他们正一路作伴,从凤凰到芷江去。

蓬松的积雪已抹平了山路的崎岖,表面看来,仿佛银装玉砌,一片平坦。可是,路表下面却潜伏着种种危机。山道一会儿从小溪堤面穿过,一会儿擦着深壑边缘,行路人稍一疏忽,便被跌得人仰马翻,轻者受伤,重者送命。有时明明是平路了,也会一脚踩空,跌入陷坑。即便不擦破皮肉,也会弄得人狼狈不堪。

一行人正走着,前面的忽听后面"唉呀"一声,接着便传来沈从文的呼救声。那脚夫赶紧卸下行李,拿扁担向后跑去,只见沈从文已滑入一个丈余深的大坑,虽在努力向上攀援,却因脚底打滑,怎么也爬不上来。那脚夫一面让他抓住扁担,用力将他拉上来,一面笑笑说:

"沈家少爷,走路眼睛莫打野,心思要放在脚板上,看景致以后有机会!"

其实,沈从文何尝有心思看雪景,此时他心里正象这远近积雪的山野,一片茫茫。

自辰州留守处撤销,自己被遣散回家,差不多又有半年。家里景况同两年前出门当兵时相比,更觉艰难。父亲仍然没有回家,哥哥北上也还没有回来。田产已经典光,家里正坐吃山空。母亲成天在愁云里转,不得已对外放出口风,看有什么合适人家愿意将家里的房子买去。年龄大了两岁,沈从文较前懂事了,明白了母亲的苦处。他自然不能再象早先在家那样,成天到外面去野,也不能闲着在家里呆下去。他感到心烦,得想法找点事做,继续到世界上去谋求生存。

军队里已经不能再去。熟悉的人,一个一个地相继死去，一切来得那样平常，又那样怵目惊心。虽然他们业已躺在黄土下面，可留在沈从文心中的影像，再也无法抹去。堂兄沈万林教给他的那份作人要自强的志气，连同遇事学会忍耐的脾气，一齐揉进了他的生命；军法长肖选青和秘书文颐真，恰是为他生命发展的两面作出的安排。尤其是文颐真那样一个文弱书生，被卷入到这世界一个小角落的战乱中来，其行为与环境的不协调处，真令人感慨。仿佛冥冥中真有一位神灵，在预先安排了这一切。文颐真在沈从文生活中的突然出现与消逝，恰似专为点醒沈从文沉睡的理性而来，又仿佛为沈从文理性的完全苏醒还有一段路要走而匆匆而去。他只觉得人生有点稀奇，有点神秘，让人眼目迷乱。他无法弄清各种事变的前因后果。“一切都是命，成事不由人”，湘西老辈人的话语，此时正苍凉地爬上他的心头。

家里呆不住，先前所在的军队已名实俱亡，沈从文只能另谋生路。他这次随七舅娘到芷江去，就为的是寻找机会。芷江是湘川黔边境的重要通道，机会自然较多，加上沈从文又有一些亲戚在芷江，凡事可得到他们的照顾。

四天后，一行人到了芷江。沈从文暂住在刚从县长任上下来的五舅家里。

不久，机会果然来了。这位五舅担任了芷江警察所长，由他安排，沈从文在警察所里作了一名办事员。办事处设在旧县衙内，沈从文的职责是每天抄写违反处罚的条子。旧县衙旁边是关押犯人的典狱署，每天晚上，狱中老犯人殴打新犯人的呼喊声清晰可闻。警察所也有一些抓来暂时未曾发落的小偷寄监在那里，每逢黄昏收监点名时，沈从文照例跟在一名巡官后面，一手捧着点名册，一手提盏马灯，去典狱署清点这边寄监的人犯。

不久，警察所的职权有了些调整，原属地方财产保管处负责的本地屠宰税，划归警察所征收。于是，沈从文便兼任收税员。芷江在湘西算得上是一个大码头，地当官道，过往人多，商业兴隆。肉行方面每天都有20头猪肉和一两头黄牛肉生意可作。照规定，每头猪抽税640文，每头牛抽税2000文。沈从文每天填写税单，还常常陪着另一位检查员到各处肉案上去查看。这份职务对于沈从文来说极为相宜，因为他每天都有机会将芷江城各处都跑到，还可以走过那座长约400米的大桥，到对河黄家街去。由于职务和舅父的关系，芷江城里各铺老板总要和沈从文打招呼，不久，他和本地人混得很熟。

那时，正是1921年，发祥于北京的五四运动已经波及湘西地方。一次，沈从文正站在一些屠夫旁边，一面欣赏他们表演“疱丁解牛”的技艺，一面看街景。这时，几个本地在桃源师范读书回家休假的女学生从街上并肩走过。她们都是芷江大小地主的女儿，每人头上剪去了辫子，留起短发，身穿短裙，旁若无人。这份打扮与神气，很受当地人的讥议。果然，一见她们远远走来，几个屠夫便议论起来：

“听说，她们在学校里正经事全不做，只知道唱歌、打球、读洋书。”

“读什么书？只会用钱。一年用的钱能买16条水牛！”

“花钱还是小事，听说她们男男女女混在一起，人熟了，想和哪个男人睡觉，不要媒人，不要财礼，就钻到一个被窝里作戏，这是‘自由’！”

他们一边说，一边“哼哼”地笑着。沈从文也觉得好笑，便跟着哈哈大笑。他明白这些女学生当时正接受一份新的观念，后来又大都勇敢地投进了革命漩涡，去领受各自命运中搀有血泪的人生苦乐，其生命有着令人眩目的庄严，那是以后的事了。

在芷江,除了作警察所长的五舅,沈从文还有一家在当地名望最高的亲戚。这就是担任过民国政府总理的熊希龄的家族。那时,熊希龄已和母亲、妻子儿女迁居北京,其四弟壮年病逝,四弟媳(即当年给沈从文父亲提过亲的田应诏之妹)也已回老家凤凰作四姑太去了。坐落在芷江青云街的熊公馆,此时正由熊希龄七弟熊捷三照管。熊捷三的妻子,便是沈从文的七姨——沈从文母亲的妹妹。熊捷三本人也曾作过第一届国会议员,后辞职回家伺奉母亲。后来,母亲北上,他便在家闲居。他在芷江是头号人物,充当本地绅士的领袖,抵抗过路军队的无理摊派。无论兵匪,若能绑熊捷三的票,须出50条枪才能赎回,是一个身份极高的人物。

由于是姑舅亲,沈从文作警察所长的五舅和熊捷三过从甚密。两人常在一起作诗,附庸风雅。沈从文当时不会作诗。诗作成后,沈从文便替他们抄写。心里怀着得到他们夸奖的愿望。沈从文不独抄诗极有兴致,还抽空习写小楷字帖。

熊府是三进三院的老式建筑。一进大门,便可看见一个院落,条石铺地,极为整齐。门廊上放一顶绿呢官轿,过去为熊老太太出门所备,现在仍在原处闲置着。天井里置一花架,上面放有四五盆兰花、梅花;两侧长廊檐下,挂着一些腊鱼、风鸡、咸肉。第二进除开过厅,前后共四间正房,三间空着,一间原为熊四老爷生前所住,墙壁上还挂着两幅大照片:一是熊四老爷仿拿破仑骑马姿势,一为四太太学约瑟芬装扮。第三进有几间堆柴炭的杂屋和一个中等仓库。仓库分两部分,一放粮食,一储杂物。一次,沈从文帮熊家清理仓房,发现杂物中有金华火腿、广东鸭肝香肠、美国奶粉、山西汾酒、日本小泥人、云南冬虫草、熊掌等共百十个不同品种,都是过去过往官亲馈送的礼物。正屋大厅里挂有一轴沈南苹大幅仙猿蟠桃，四个墨竹条幅。壁上高悬20支鸟羽铜镶长箭，是熊希龄父亲生前作游击参将的唯一象征。

这是熊府老屋，是熊希龄父亲手上所建。左侧还有三进两院的新房子，是熊希龄回家省亲扫墓前一年修建的。新房建筑不立大门，从里面与老屋门院相通。两进房屋间，由前后两院拼成的大院落里，方石板铺地，养植着50来盆素心兰、鱼子兰和茉莉，两个花台栽有山茶和月季。一口大金鱼缸里，置一座两尺多高的石山，玲珑剔透，上植一株小黄杨和数茎海棠、虎耳草。正面大厅墙上，挂四幅墨龙，墨迹淋漓，带风雨袭人神气，是明人手笔。另一边是赵秉钧手书六幅十八尺屏条。院子临街一头，是一排半西式二层楼房，上下各三大间。上层分作书房、卧室，下层三间为一大客厅。客厅设有硬木炕榻，嵌大理石太师椅和半新式醉翁躺椅。天花板上，悬有蚀花玻璃旧式宫灯、一盏斗篷罩大煤油灯。炕后条桌上放一架二尺宽瓷器插屏，一对三尺高的彩瓷瓶里，插几支孔雀羽翎。一个会客用的衣帽架，是京式样子。这个客厅也挂一些字画，有章太炎、谭祖庵所作的寿诗，黎元洪的五言寿联和当时一些名家绘画，多是熊希龄为母亲做寿时收下的礼物。

沈从文既是熊家亲戚，又不缺少好奇心，加上对湘西这个小地方所出的新式宰相的几分敬仰，不久就把熊府各处布置熟透了。平日无处可去，或来抄诗又无诗可抄时，他便到熊府左侧新建房屋的大院和客厅里去。由于熊希龄携家眷去了北京，这里早已庭院冷落，客厅里一片寂寞。沈从文常常独自呆呆地看上好一会儿，望着客厅里到处厚积的灰尘，院子里自荣自枯的花木，他好象看到了民国一任总理当年的荣耀，预感到今后的衰微。对照自己家庭的兴衰，他仿佛触到了历史的秘密，心里平添了几分伤感。

然而，最能吸引沈从文的，莫过于客厅楼上的书房。那里还留有一只大书箱，里面有一套林纾翻译的小说和十来本白棉纸印谱。1921年整整一个夏天，沈从文就坐在那个大院花架边的台阶上，陆陆续续读完了狄更斯的《贼史》、《冰雪姻缘》、《滑稽外史》、《块肉余生记》等作品。从那些印谱上，沈从文认识了许多汉印古玺。

夏天长日，院子里一片清寂。狄更斯的小说将他带到另一片土地上为同一太阳照及的世界。他发现书中所述世事的艰难和那些坠入困境的世家子弟所作的种种挣扎，与自己的经历遭遇有许多相似之处。随着书中人物命运的演变，耳边仿佛响起一曲哀婉伤感的乐音，与沈从文心中的情感和鸣共振。他感到了自己与作品中人物命运的相通。看到书中人物都有一个好归宿，他不由在心中自问：我的将来又会如何？旋即他又在心里自答：能不能得到一个好的安排，就全看你自己如何了。

熊公馆隔壁还有一所熊希龄创办的中等学校，取名"实务学堂"，实为隐喻熊希龄与梁启超、谭嗣同等人在长沙倡导维新的旧事。此时学校已停办。在这所学校的图书馆里，沈从文翻阅过《史记》、《汉书》和其他一些杂书，以及有《天方夜谭》连载的《大陆月报》。

受　　骗

中国谚语说：

“最笨的黄牛，回家的路它也熟悉；最聪明的人，生活旅程中也总会疏忽。”

土尔其谚语说：

“任何教训都是学问。”

是的，吃一堑长一智。

沈从文到芷江后，一帆风顺。

由于办事认真，收税做得有条不紊，帮亲戚抄诗抄得极好，狄更斯小说和其他一些书籍又部分地疏导了他身上的那份野性，沈从文在芷江给人一个好学上进的印象。于是，在几个年长亲戚和本地绅士眼里，沈从文算得上明理懂事有作为的青年了。在与熊捷三一起吟诗、交沈从文抄写的几个月后，作警察所长的五舅因积久的肺病瞑目长逝。此后，屠宰税又改归本地团防局负责征收。新机关对原先收税工作考察的结果，沈从文得了对职务“不疏忽”的评语。收税员仍由沈从文作下去，月薪从原先的 12 千文加到 16 千文。他还学会了刻图章、写草书，作半通不通的五律、七律旧体诗。这时，母亲在凤凰已将家中房屋卖掉。这在地方人眼里，是要被看成“败家”的。现在房子既已售出，自觉无颜见人，也就不好意思在凤凰另外再租房子居住。听说沈从文在芷江做事做得好，有出息，母亲便在过去因胡闹无法收拾的儿子身上，重新编织起希望之梦。于是，母亲带了沈从文的九妹，来到芷江，在青云街熊府附近赁房子与儿子住在一起，卖房所得近三千块银元，全数存入钱庄，交由沈从文经营。

沈家原是湘西有名的旧家，又与熊府是亲戚，还有钱存到钱庄里；沈从文又聪明能干。按本地人观念，要面子有面子，要钱有钱，要人才有人才。本地几个有钱有地位的绅士财主，都打量着要沈从文作女婿。当他们请熊捷三问问沈从文母亲的意见，看能不能得到这样一个女婿时，熊捷三总是笑笑说：

“这事不忙，最好再等等看。”

原来他心里已有了自己的小九九，早盘算着把自己的女儿嫁给沈从文，来一个亲上加亲。这在他，甚至不再是一个需要保守的秘密了。他曾不止一次半开玩笑半认真地向沈从文作过暗示。

可是，来到沈从文生活中的一段小小插曲，把这些人的打算连同母亲编织的好梦，全给击碎了。

税收职责新属的团防局，是一个商会性质的机构。在这里，沈从文认识了十几个本地的著名商人，还经常看到一个和自己年龄不相上下的男孩子进进出出。这男孩子似乎和团防局许多人相熟，皮肤白白的，模样俊秀，与人应酬所需要的大方机灵都不缺少。听人介绍，沈从文知道这男孩子名叫马泽淮，是芷江著名大户龙家的私生子。就在马泽淮出入团防局期间，沈从文逐步和他熟悉起来，并成了好朋友。有一天，马泽淮对沈从文说：

“我姐姐要你到我家去玩。去不去？”

沈从文不免有点惊讶：

“你姐姐怎么认得我？”

“唉，沈家少爷，芷江哪个不认得你？我姐姐早就晓得你，说你办事认真，能干，真是个聪明人。”

一点不好意思连同几分得意,写在沈从文眉目神情之间。马泽淮知道,沈从文是非去不可了。

从马泽淮家里回来,不知怎的,沈从文脑海中不断浮现出那个女孩子的影子。伴随初次见面而来的一点惊讶,几分羞赧,女孩子白白的面庞上飞起绯红和笑容。她细腰长身,体态轻盈,身体各部分配置得似乎都恰到好处。胸前一对拳头大的结实的小乳房,半害羞似地躲在衬衫里,又半挑逗似地仿佛要从衣缝中豁裂出来……。青春期女孩子那份迷人处,啃啮着沈从文的心。眼下,沈从文已到十八岁年龄,不可抗拒的自然法则,使他不能不陷进一个年龄相当的女孩子的诱惑中。过去在军队里见到的那些年长士兵思念家中年轻妻子时的那种神情发痴、浑身作寒作热的情状,现在被他第一次体验到了。他觉得那个名叫"爱情"的东西,此时正在自己心里发芽生根。

沈从文魂不守舍的样子,被马泽淮看在眼里。这个鬼精灵立即看穿了沈从文的心事。于是,他常常有意无意之间,用相宜的言语朝沈从文心中的痒处搔去。说他姐姐如何夸沈从文好,将来哪个女孩子能嫁给沈从文,准有好福气;说沈从文是自己难得的知己朋友,如果能成为亲戚那该多好,……如此等等。沈从文不怀疑朋友说话的真实性,觉得马泽淮是个值得信任的人。

沈从文被那女孩子弄得办事无心思的样子,同时被团防局一些人瞧在眼里。辗转传扬开去,不久就被一心希望沈从文作自己女婿的熊捷三和几个有钱绅士知道了。他们见到沈从文时,都劝沈从文不要那么傻。终于有一天,熊捷三将沈从文母亲请到家里,并把沈从文也叫了去。这次是当着家里长辈的面,正式认真地给沈从文议亲。熊捷三提出四个女孩子——一个是熊捷三的女儿,两个为芷江著名大族龙家的女儿,一个姓李,也是芷江有名望人家的女儿,征询沈从文的意见,看谁好就定谁。

沈从文将四个女孩子与那个自以为爱上了自己的女孩子作了比较。他明白,四个女孩子的像貌全不在那个女孩子之下,而家境、教养也非后者所能企及,但前者没有后者所有的那种"爱情"。他觉得自己爱上了马家那个女孩子,对马泽淮的话也深信不疑。以为那个女孩子也正爱着自己。而且,狄更斯小说中那些男女相互的痴心钟情,此时正调度着沈从文的感情走向。听了熊捷三的话,他一面摇头,一面回答说:

"那不成,我不作你的女婿。我有计划,我得按照自己的计划去作。"

话已脱口而出,可是他在心里问自己:我有什么计划?自己也无从回答明白。

看到两人说话时的神气,沈从文的母亲一句话也不说,始终只是微笑着。她明白自己的儿子,好象预感到沈从文命中注定还得经历许多磨难,自己也将连带着经历那份磨难,因而微笑里也就掺杂着一些忧虑。

听了沈从文的回答,熊捷三无可奈何地说:

"好,那我们看。一切有命,莫勉强。"

沈从文的第一次议婚,就这样以失败告终。这一顷刻间的选择,几乎改写了沈从文此后一生的命运。

那时,沈从文总感到心里有些话要对那女孩子说,需要用一种方式显示自己值得那女孩子爱。既然马泽淮将成为自己的亲戚,值得信赖,沈从文便用刚刚学会的旧诗来制作情诗,并托马泽淮带给他的姐姐。这期间,芷江突然发生了战事。800 名土匪包围了芷江,400 名守军加上 100 名团丁,据城与之对抗。直到外面搬兵赶到才解了围。在芷江被围的四天里,芷江城外有 700 栋房屋被烧,夜里火光映红了半边天,城内外枪声大作,到处是喊杀声,紫色流弹在空中飞来飞去。城里居民人心惶惶,各家到处打听消息,关心战事的发展。可是沈从文无暇顾及这些,他正无日无夜地给那个女孩子赶制旧诗。

就在沈从文传递诗笺期间,马泽淮开始向沈从文借钱。他似乎很讲信用,今天借钱,明天还钱;后天借走,大后天还回。在经过无数次借还之后,沈从文终于发现,家里卖房子得来、由自己经管的那笔钱,有一千块左右不对数了。任凭沈从文算来算去,种种方法用尽,也算不出这笔钱到哪里去了。这事的蹊跷处,沈从文直到晚年也没有弄明白。

这事只能与马泽淮借钱有关。可是,虽然事出有因,却查无实据,没理由兴师上门问罪。沈从文何尝不想当面向马泽淮问明白,但这时马泽淮却不再与他照面,团防局也消失了他的踪迹。

沈从文终于明白自己吃了大亏,那一千块钱连同自己的“爱情”全进了乌有之乡。他心里十分害怕,每天做事都心不在焉,只想寻找出一种不失体面的解救办法,可是想来想去想不出。那个姓龙的商人隐约知道了这件事,私下向沈从文许诺,替他补足这一千块钱的亏空。但人要脸树要皮,这事总有一天要被人知道。他感到在芷江再也没脸见人。既然种种办法都无从补救,还是三十六计,走为上计。

主意已定,他便给母亲写了一封信,信上说:

“……我做了错事,对不起家里,再也无脸见人。我走了,这一去永远也不会回来了。……”

沈从文胸口酸胀得很。想到自己的行为不知道连累母亲多么伤心,他感到自责的痛苦。同时,他又觉得心里有点委屈。自己并不是不想学好,到芷江以来,自己一心想认真办事,好好做人,却不明白为什么结果偏偏与自己预期的全然相反。这责任似乎不该全由自己负担,可又不知道该怪罪谁。

他呜呜地哭了。

他将写给母亲的信,连同在钱庄存款的票证,一起留在家里。然后用一张包袱,胡乱裹起一些换洗衣物,搭上一条开往常德方向的船,瞒着母亲和熟人,悄悄地离开了芷江。

二次从军

爱迪生说：

“书籍是天才留给人类的遗产，世代相传，更是给予那些尚未出世的人的礼物。”

海埃特说：

“排列在书架上的并不是一页页无生命的白纸构成的书本，而是一颗颗跳跃的心灵，从每一本书中发出它的声音。就象一按下电唱机的按钮就可使房间充满音乐一样，一个人只要打开书本，就可跨越时间和空间的限制而聆听到智者的箴言，并和智者促膝谈心。”

高尔基说：

“每一本书就象阶梯的一个小级，每攀登一个小级，我就越脱离动物而走向人……”

离开芷江后，沈从文辗转到了保靖。

来到保靖，沈从文被陈渠珍留在身边作了书记。

陈渠珍主持湘西军政，打着“保境息民”的旗号，锐意整军经武，开办学校、工厂，刺激商业，使湘西一度出现辛亥革命以后最好的局面。然而陈渠珍对内部却不实行变革，沿袭清代绿营屯田制老例，人民承担赋税极重；对外又不思进取，护国之役，出兵最远不过桃、常。孙中山在广东谋划第一次北伐前，曾派代表与陈渠珍联系，委以“第一师长”职务。陈渠珍请一次客，送代表两千元路费，委任状却压在被褥底下毫无作用。这时，国内联省自治口号喊得极响，陈渠珍便仿阎锡山在山西做土皇帝办法，以“湘西王”自居。

陈渠珍中等个子，长得一表人材。不留胡子，脸面常年光洁清爽；黄黄的眼珠，很有威严；穿长袍，不戴帽子，留分头，后面拖个尾巴。俗话说：“黄眼珠不认人。”陈渠珍治事严厉，又生性猜忌多疑，却自律甚严，每天天不亮即起床，深夜还不睡觉，年近四十也不讨姨太太（后来却娶姨太太一大堆，那是沈从文离开湘西以后的事了）。平时极好读书，以曾国藩、王守仁自许，看书与治事时见各占一半。在他的军部会议室里，放置五个大楠木橱柜，柜里藏有百来幅自宋及明清的绘画，几十件铜器古瓷，十来箱书籍，一大批碑帖，和一套《四部丛刊》。

军部会议室是一栋新建房屋，孤零零地坐落在一座山上。开会时，如机要秘书不在，就由沈从文担任记录。平时，会议室就由沈从文居住。每当陈渠珍需要阅读某一本书或抄录书中某一段时，就由沈从文预先准备好。于是，图书的分类编排、编号，旧画古董的登记，全由沈从文来做。由于登记涉及书画作者的人名、时代及在当时的地位，铜瓷器物的名称、用途等等，这些，沈从文都必须弄得清清楚楚。在这过程中，沈从文学到了许多知识。又由于必须经常替陈渠珍翻检抄录古籍，日积月累，沈从文将大部分古籍也看懂了。

此外，军部书记的职务也比秘书处、参谋处书记要做的事多。一有急电或别的公文送来，即使是半夜，也必须立即起床，抄写回文。因此，沈从文不能随便离开会议室，就好象被禁闭在这所孤零零的屋子里一样。可是，一到不能外出时，沈从文反而又很清闲了。无事可作时，沈从文只能以读书作消遣。有时，他将那些宋至明清的绘画一轴轴取出来，挂到墙壁上，独自默默地欣赏，领会它们的妙处；有时翻阅《西清古鉴》、《薛氏彝器钟鼎款识》一类古籍，与那些铜器的铭文作比较鉴别，估出它们的名称及价值；有时又去查阅《四库提要》，以弄清一部自己不熟悉的古籍的作者及其生活时代。

在一个特殊的环境里，以一份特殊方式，沈从文接受了民族文化的广泛熏陶。中国古代文明，开始了对这个“自然之子”精神荒野的耕耘。在这之前，虽有过那位秘书官文颐真的点醒，芷江熊公馆的藏书也曾对他产生过诱惑，却因后来的种种变故，沈从文的精神原野又复归于荒芜。而现在开始的这一薰陶，对于沈从文具有极为重要的意义。他的历史、文学、艺术的中国传统根子，就在这时扎下的。中国历史上发生的种种怵目惊心的景象，使他明白了湘西“蛮族”曾经历了怎样悲惨的命运，这种命运又在怎样的情形中被延续着。这影响到他后来对南方少数民族、整个中华民族乃至人类命运的认识方式；他所接触的中国古代绘画艺术，尤其是宋元以后的绘画传统，显明地从一个侧面规范了他后来文学创作的风貌；浸透在他创作中的古典文学修养、后半生从事文物研究必需的学识基础，乃至他对中国书法历史的透彻了解，几乎都可以在这里找到最初的源头。

这种内部的精神变动，必然影响和改变着沈从文的外部行为方式。他很少到处跑着去玩，即或外出，也不如从前那样玩得起劲了。偶尔到山后、河边走走，也会携一本线装书，躺在草地上看。疲倦时，就看天上的白云、地上的流水。眼前的景物依旧，仍然是那山，那云，那水，现在看时，感觉却与过去有点不同了。心里起了一点伤感，几分肃穆，数缕柔情，一种自然的悲悯。有时，原先那些朋友邀他去玩，他也失去了往日的精神。大家都觉得他变得有点古怪，无形中起了隔膜。外部行为虽然平静了许多，内部精神却有了急剧的变动。仿佛有一种什么东西在沈从文心里躁动，极力地要冲破束缚它的外壳，但他又说不清那究竟是什么。他时时感到苦恼袭来，周围却没有人来替他解除这份苦恼，他感到异常寂寞。他渴望着有一个合适的人来和他说话，能听他陈述一点什么，也能对他心里的紊乱进行疏解和启发。

仿佛冥冥中有人预作安排似的，就在沈从文感到苦脑的时候，保靖城外的山道上，走来一个能满足沈从文内心需要的人。

一匹驮马，驮着高高的一堆线装、平装新旧书籍，由赶马人牵着，缓缓前进。一位50多岁的老者，枣红色脸膛，浓眉，长髯，长袍马褂，一派斯文。他的身前背后，却正用原始的林莽、高崖、荒岗作陪衬。其情其景，在这偏僻荒蛮之地，有一种不多见的动人韵致。这位老者叫聂仁德，是聂清的父亲，沈从文的三姨父，陈渠珍过去的老师。

聂仁德到达保靖后，立即被陈渠珍安排住进了风景宜人的狮子庵。

狮子庵位于保靖著名的狮子洞口。从城边向对河望去，一山耸立，宛如雄狮。临河一面石壁，形同狮面。石壁上有个天然洞穴，张开如狮口，即为狮子洞。洞口不十分高大，里面却空敞阔大，用火燎烛照，深不见边。洞壁全是洁白如玉的钟乳石，白色细沙铺地。一条天然小道通上一座石屋，置有石桌石椅。夏天有泉水流出，水中有小鱼虾游动；冬天水枯，涓滴无存。鱼虾也不知何所来何所去。清乾隆年间，邑令王图倡建书屋三间于狮子洞前，虚掩着洞口。书屋前老树、修竹、古藤相互绞结缠夹，一派青郁气象。附近有摩崖石刻，上书四个大字：

“天开文运。”

聂仁德是个饱学之士，1893年与熊希龄进京会试，为同科贡士。后因丁忧，未能参加殿试。辛亥革命在凤凰成功那年，他成为湘西民选第一任民政长。这次，他是从湖北监利县县长任上下来，路过保靖，稍事休息的。他既属于晚清民初之交的一代乡土知识分子，又恰逢“中学为体，西学为用”之风正炽的时代，同晚近其他知识分子一样，聂仁德无论旧学、新学，都很有根底。自他在保靖住下以后，沈从文几乎每天都要过河到狮子庵去听聂仁德谈“宋元哲学”，谈“大乘”、“因明”，谈“进化论”。这些分属中外东西不同渊源的儒家理学、佛学、西方近代哲学，将沈从文带入一个虚静寥廓的思想领域，展现出用来疏解自然、人生万事万物的不同因果链。天生的好奇心驱使沈从文提出许多他不知道却又愿意知道的问题，聂仁德也不厌其烦地作出解答。他似乎从这种谈话中也获得许多快活。这一老一少，在这亘古长存的石洞前，面对千年长泻的河流，进行着没完没了的辩难，一谈就是很长很长时间。然而，这些解释自然、人生的不同学说，用来和自己所经历的实际人生对照时，沈从文时而感到矛盾，时而又感到模糊。最终留给他的，是一份需要他用一生精力去思考，用自己生命去证实、去解答的作业。但在当时，这些时而清晰，时而矛盾和模糊的感觉，却使他更加寂寞，心里升腾起更为宽泛的幻想，他有了不安于目前生活的打算。

这时，陈渠珍在湘西，正着手完成他一生中的一份重要事业。由于国内军阀间的暂时休战，北京、上海和各省报纸正热烈地讨论“兵工筑路垦荒”、“办学校”、“办实业”等有关国内建设的一些问题。受时局的影响，陈渠珍草拟了一份计划，将湘西13个县划分为100多个区乡，试行“湘西自治”。经过几次各县县长和乡绅代表会议讨论、协商，决定着手实施。于是，单在保靖，就设立了一个师范讲习所，一个联合模范中学，一个中级女学，一个职业女学，一个模范林场和六个小工厂。学校教师和工厂技师，都是从长沙聘来的，薪水比本地人要高。加上原来一个军官学校，一个学兵教练营，六个左右的军农队，湘西一时呈现出兴旺而有生气的景象。为促进自治，还在保靖置办了一部印刷机，设立报馆，筹办一个定期刊物。办报需要校对，而沈从文在这方面显示的才能既得到陈渠珍的赏识，在讨论到校对人选时，就自然地想到了沈从文。于是，沈从文又被临时调到报馆，兼作校对。

在报馆里，沈从文认识了一个从长沙聘来的青年印刷工长，两人住在一个房间。由于受“五四”运动影响，长沙得风气之先，这个青年工长成了一个思想进步的人物，身边带有许多新的书刊杂志，并在房间墙壁上钉了几块白木板，将这些书籍杂志放在上面。沈从文也从军部会议室带来一些字帖和古典诗集。一到工余，两人就对面同坐在一张书桌上，在同一盏灯下看书。一个读新书，一个看旧籍，互不干扰。可是过了不久，两人一熟，就由沈从文打破了这个界限。

一天，沈从文见对方手里拿着的书封面上印有一个赤着上身的人像，沈从文感到新奇，就问那工长这是什么书。那工长回答说是《改造》。沈从文又问那题名《超人》的书写的是什么。那工长仿佛吃了一惊，两眼睁得圆圆地说：

“唉，伢俐，怎么个末朽？（长沙方言，伢俐，小伙子的意思；个末朽，这样差劲之意）一个天下闻名的女诗人，也不知道吗？”

“我只晓得唐朝女诗人鱼玄机是个道士。”

“新的呢？”

“我知道随园女弟子。”

“再新一点呢？”

沈从文摇了摇头，不再说话，他实在不知道再新一点

还有谁。他感到有些羞愧。那工长翻开那本《超人》,将一篇与书名同题的小说指给他看。看完这篇小说,沈从文说:

“这个我知道了。你那报纸是什么报?是老《申报》吗?”

工长不再回答,只将一套《创造》推到沈从文面前。看了一会儿,沈从文仿佛明白了白话文和文言文的区别:文言文用“也”字、“焉”字结句的地方,白话文用“呀”字和“啊”字;文言文叙一件事说得越少越好,白话文写一件事说得越多越好。他将这点体会去问工长,那工长觉得好笑,但他说不出更多的区别,只是说白话文最要紧处是看“思想”,若无思想,也不成文章。但沈从文却弄不懂什么叫“思想”,又不好意思再问,有点羞愧,有点不安,疑心自己真有点长沙话说的“朽”。

在这种感情的支配下,沈从文的第一个举动就是向上海方面捐款兴学。他常常从报纸上的普通社会新闻栏里,看到卖报童子读书、补锅匠捐款兴学的报道,便起了捐款的念头。在一次领到一个月的薪金后,他全部买了邮票,装进信封,上写“《上海国民日报·觉悟》编辑处转‘工读团’”,落款“隐名士兵”。将信悄悄寄出后,仿佛尽了一份自己能尽的社会责任,他感到一种说不出的愉快。

在五四运动爆发将近三年以后,偏处一隅的沈从文终于受到了“五四”精神的洗礼,虽然有点姗姗来迟,却终于开始了对沈从文精神领地的开垦。一时间,中国历史文化传统、由新的社会思潮所体现的西方文化传统、实际存在于湘西本土的文化传统,在沈从文内心世界发生着猛烈的撞击,不啻一场战争!其结果,使他终于向新思想“投了降”。他从历史文化中培养起来的民族自豪感和热爱国家、热爱脚下土地的情感,找到一个新的方向,朝着时代的主流皈依,开始面对20世纪的“中国问题”,并由此产生了对别人、对民族中大多数人、对人类应当承担的社会理想和历史使命感。而这三种文化传统相互撞击形成的“合力”,又势必影响和规范着沈从文思考“中国问题”的独特方式。虽然在当时,他还不能明确意识到这一切,但由强烈的社会责任感和历史使命感催发的、属于中国知识分子的那种精神痛苦,却将要使他的灵魂不再有安宁之日了。

寻找理想

理想是事业之母。没有理想的人，就象一只没有翅膀的鸟，永远也飞不起来；更象一只没有舵的船，只能在大海里随波逐流。

为了寻找理想，沈从文离开了旧军队，到了北平。

一个“乡下人”，从偏处一隅的蛮荒之地，突然置身于这百万人口的大都市，精神难免不失去平衡。沈从文站在北京前门广场上，傻头傻脑地东张西望，眼前的一切都使他感到新奇。同时，又有点手足失措，心里空落落的。他知道眼下的第一步，是寻一个住处把自己安置下来，却计划不出在这片新的土地上，如何跨出这第一步。他需要有一个熟悉的人，或熟悉的事，即使是熟悉一点的方式也好，来供他攀援。然而，眼前一样也没有。

正当沈从文感到困惑为难的时候，一辆排子车停到了他的面前。

“先生，您去哪儿？要不要车？我可以拉您到您想去的地方。”

高个儿拉车的十分客气地问沈从文。

在北京，这排子车不是供人坐乘的，而是专门用来拉猪的。拉车的大约一眼看出眼前这个年轻人是个容易受骗的乡巴佬。而沈从文这个新来乍到的“乡下人”，还来不及入境问俗，此时又正需要有人来帮助解决眼前的难题，见拉车的主动问起，便急忙说：

"有没有房钱便宜一点的小客店?"

"有,有。咱们这就去西河沿,只两块多车钱。先生您上车"

于是,沈从文将随身携带的小小包袱搁上车去,在一种旁人看了极可笑的情形中,听凭车夫将自己拉到西河沿,在一家小客店住下来。

那时,沈从文的大姐沈岳鑫和姐夫田真一正在北京。几天后,沈从文打听到他们的住处后,就立即找上门。姐夫关心地问:

"你怎么到这里来了?你来北京,要做什么?"

"我来寻找理想,想读点书。"

见沈从文一副天真浪漫的神气,田真一苦笑起来:

"唉,读书?你有什么理想?怎么读书?你可知道,北京城目下就有一万大学生,毕业后无事可作,愁眉苦脸不知何以为计?大学教授薪水十折一,只36块钱一个月,还是打拱作揖联合罢教软硬并用得来的。大小书呆子不是读死书就是读书死,哪有你在乡下作老总有出息!"

"可是我怎么做下去?六年中我眼看在脚边杀了上万无辜平民,除了对被杀的和杀人的留下个愚蠢残忍的印象外,什么都学不到!做官的有不少聪明人,人越聪明也就越纵容愚蠢气质抬头,却又俨然高高在上。被杀的临死时的沉默,恰像是一种抗议:'你杀我的肉体,我腐烂你的灵魂!'灵魂是看不见的东西,可是它存在,它将从另外许多方面证明存在。这种腐烂是有传染性的,于是大小军官就相互传染下去,越来越堕落,越来越坏。你可想得到,一个机关300职员有150支烟枪,是什么光景?我实在呆不下去了,才跑出来的!……我想读点书,半工半读,读好书救救国家。这个国家这么下去实在要不得!"

听了沈从文一番话,田真一心里一动,不觉重新打量起沈从文来。几年不见，他隐隐感到沈从文身上起了重大变化。他不再是那个淘气逃学的小顽童，不再是在芷江干出丢掉一千块钱之类荒唐事的“败家子”了。不曾料到的，是这个偏处一隅的行伍里的小兵，竟成了新思潮的俘虏，这简直是奇迹！在他身上，理想燃烧透出的热力，和为着这份理想独自跑到北京来的勇气，不能不令人惊讶。姐夫开始理解沈从文的心思了。

沉默了一会儿，田真一微笑着，极诚恳地对沈从文说：

“好，好，你来得好。人家带了弓箭药弩上山猎取虎豹，你倒赤手空拳带着一脑子不切实际的幻想来北京城做这份买卖。你这个古怪的乡下人，胆气真好！凭你这点胆气，就有资格来北京城住下，学习一切，经验一切了。可是我得告诉你，既为信仰而来，千万不要把信仰失去！因为除了它，你什么也没有！”

不久，大姐和姐夫离开北京，转回湘西去了。留给沈从文的，除了第一次见面时的那番嘱咐，只有两条棉被。

这时，沈从文已经从西河沿的小客店搬到酉西会馆住下了。

酉西会馆位于前门外杨梅竹斜街，是由清代湘西人出钱修建、专为湘西入京应试举人或侯补知县落脚准备的。在会馆附近还置办了一些不动产业，其收取的租金作为会馆的修缮费用。会馆有大小 20 个房间，除湘西 13 个县在北京任职的低级公务员在这里长住外，平时有一半房间空着，让初来北京考学校的和湘西同乡居住。会馆的管事姓金，是沈从文的一位远房表哥。因此，沈从文跑去一说，便立即应允，住这里的好处是可以不出租金。

沈从文来北京的本意是求学，想找机会进一所大学读书。然而，读大学必须通过入学考试，这对只有高小毕业程度的沈从文，无疑是一道难以逾越的难关。也有勿需经过考试就可以入学的。当时被认为最有前途的清华大学，入学读两年“留学预备班”，就能依例去欧美留学。但沈从文不久就听人说，进清华全靠门子。有熟人，凭一纸介绍信，即可注册入学；没有关系的，学业再好也难如愿。

沈从文便不再作正式升学的打算，只好独自在酉西会馆里，开始了来北京后第一阶段的自学。每天早上吃三两个馒头、一点泡咸菜，就走出酉西会馆，进宣武门，一头扎进京师图书馆，直到闭馆时才返回住处。有时来得早了些，图书馆还没开门，他就在外面候着，门一开就拥进去。到了冬天，北京气温降到零下十几度，最低到零下二十几度，沈从文仍然穿着薄薄的单衣。所幸图书馆里有火烤，有水喝，使他得以坚持下去。在这里，沈从文读了许多杂书，如《笔记大观》、《小说大观》、《玉梨魂》等等。图书馆不开门的日子，他便呆在会馆里。冬天屋里没有火炉，他就钻进被窝，看随身带来的那本《史记》。

他一面阅读能够到手的用各种不同文体写成的新旧文学作品，一面充满热情和耐心地阅读用社会人事组成的那本内容无比充实丰富的“大书”。一段时间耳濡目染的结果，沈从文对北京的社会情形有了一个总体印象。

从酉西会馆向西走 15 分钟，就到了闻名于世的玻璃厂。这是中国古代文化的一个窗口。两条十字街上，排列着几十家大小古董店。小胡同里，不标店名出售古董的更多。所有铺子分门别类，给人以包罗万象的印象，不上价的唐、宋、元、明历代破旧瓷器，宋元明清“黑片”画轴，使沈从文心醉神迷。由于一身寒伧，他不敢走进任何一个店铺，便常常在各家店铺门口徘徊，看他能够看到的各种古董。从会馆向东走 20 分钟，就是北京著名的繁华闹市之一的前门大街。那里依旧保留着明清两朝的规模，各种铺子门前柜台斑驳陆离，各具特征。临街摆有各种饮食摊子，金、石、竹、木各种乐器一齐鸣奏,与招揽生意的叫卖声汇成一种稀奇的大合唱。从会馆到前门大街有三条不同的道路,即廊房头条、二条、三条。廊房头条,有许多店铺出售珠宝冠服,过去一时专为明清两朝中上层阶级服务。店铺门面上陈列有展开径长三尺、彩绘各种人物故事图画的大扇面,店内罗列着万千团扇、纨扇、折子扇;二条则出售珠玉、象牙、犀牛角的首饰配件,还到处可见小小的玉器作坊,一些满头白发的老工匠,正使用简陋的圆轮床加工各种玉器。过前门大街入东骡马市大街,又别是一番景象。"共和"已经十余年了,许多店铺前,还高高悬挂着发黑少光的旧金字招牌,上书"＊＊镖局"字样,令人发古道侠客之想。每当看到这些镖局,触景生情,沈从文总要想起几年前哥哥万里寻父到赤峰,就是在这种镖局里花钱取得一纸凭证,而后坐骡车从古北口出关的往事。眼前,就有两峰骆驼一棚轿,上路远行。天桥是沈从文去得最多的地方。这里更令人眼花缭乱,到处都是卖旧货的地摊。这里是旧官纱和过时缎匹,正用比洋布稍贵的价钱叫卖;那里是成堆的旧皮货,中间夹有外来洋货,如羽纱、倭绒、哔叽、过时的衣裙。一件狐皮袍子,几块钱就可以成交。过去为清朝大官用的白色芝麻点的雕翎扇,原先要200两官银,时下三五元就可以买一把。过去卖800两银子的翎管,现在四块钱就可以到手。过去用于官场执事的号、鼓,属于晚清遗物,都卖得烂贱。若是早市、夜市,还听凭买主用手去摸,摸到什么是什么,常常几块钱就可以买到极讲究的值钱的东西。

沈从文感到自己正置身于一个巨大的历史瓦砾堆里,依稀听到了封建王朝分崩离析的声响。

旧的已成废品。然而,新的又在哪里?

历届军阀政府,在自己到北京后的三五年间,凭借手中武力,一个接一个粉墨登场。黎元洪任大总统时,双十节在新华门前张灯结彩,让市民人总统府观光。这位“第一公仆”有时还走出门外,假惺惺地和观光者点头、谈话,显示民主国家元首的风度。曹锟、吴佩孚出门时,要净街断绝行人,车过处必须抛洒黄土。张作霖外出时,士兵用枪对着沿街人家窗户,作预备放姿势……。各种把戏玩过,终不免倒台,失败后带一群姨太太、保镖、马弁往租界一躲,万事大吉。支撑这些“大帅”统治、代表“民意”的是国会800议员。这些人在社会上被讥讽为“猪仔”,他们倒自认为“罗汉”,各以不同军阀派系作靠山。议会开会时,常常大打出手,将墨盒作法宝,相互飞来掷去。扭打成伤后,先上医院后上法院。大军阀与外面小军阀乃至土匪搭伙,膨胀势力;执政武夫与国会文人结亲家,稳定与扩大局面。高级官员追求的,只是逛窑子、上馆子、听乐子、讨几个女戏子、找一个好厨子,来它个“五子登科”。统治者从上到下只知有己,对人民作威作福。北京市面的繁荣全靠大帅、少帅、800国会议员支撑。前门大栅栏几个最大的铺子,出入的只有三种顾客:大官和姨太太,办军需的,妓女。北京各大饭庄和八大胡同妓院,生意兴隆,无数官僚、议员、阔老在那里应酬,挥金如土。可是,政府许多机关职员,却积年不发薪水,全靠典押公产应付;各大学多年无人过问,听其自生自灭。于是,管市政的卖城墙,管庙坛的卖柏树,管宫殿的因偷窃过多,担心难于搪塞,索性一把火将大殿烧掉,来它个死无对证。教育部长将京师图书馆善本书抵押给银行,用来给部员发薪水。住西苑的大兵,也上行下效,撬起圆明园附近路面的大麻石,卖给周围学校、人家造墙建房子。然而,北京各公众场所,就连极不起眼的小饭馆里,都写上了“莫谈国事”四个大字。辛亥革命过去十多年了,街上许多行人的头上,仍然高高地盘着辫子……这一切,似乎都安排错了,等待人重头作起,这个社会必须重造,凡事需要新安排!

沈从文牢记着在保靖时从新报刊上获得的“文学革命”的印象。他认定，要重造社会，必须从“文学革命”入手，通过文学作品，在国民中注入新的理想和热情。可是，眼下自己连标点符号还不会使用，一切得从头学起，在忍苦耐劳中慢慢求得进展。他坚信注重目前努力对自己、对国家将来的意义。

然而，这种独居会馆、去图书馆自行摸索的自学方式，给沈从文带来了难以忍受的孤独和寂寞。他需要有人来听他倾诉自己的人生经验，也渴望从别人身上获得一些启发。在酉西会馆住了半年后，他的一位就读于北京农业大学的表弟黄春生来看他，担心他独住会馆，时间长了，于学习、身心两不利，继续下去不是办法。于是特意替他在沙滩附近的银闸胡同的一个公寓里，找了一个房间，并介绍一些朋友。

新的住处是由原先一个贮煤间略加改造而成的。房间很小，仅可安膝容身。地面潮湿，临时在墙上开了一个窗口。窗口上纵横钉上四根细木条，用高丽纸糊好。房内搁上一张小小写字桌，装一扇旧门。沈从文坦然泰然地搬来住下了，还特地为这个房间取了一个名字，叫做“窄而霉小斋”。

这次搬迁对沈从文的学习具有重要意义。他居住的银闸胡同公寓，是以北京大学红楼为中心的附近几十个大小公寓之一。在这些公寓里，住满了全国各地来北京求学的年轻人。这时，正值蔡元培担任北京大学的校长。由于他的远见卓识，北京大学向一切人开放。虽然，北京其他大学也有旁听生，却都有一定的名额限制，唯独北京大学对不注册的旁听生，毫无限制。因此，北京大学的旁听生比正式注册的学生多好几倍。他们之中，有等下年再考的，有本科毕业准备再换系学习的，有等相熟的同学毕业一道去就业的。这些人龙蛇不一,成分复杂。一些官僚、军阀、地主和买办的子弟,打扮得油头粉面,一如文明戏中的拆白党小生,读书成绩极劣,打麻将、逛戏院、泡土娼,却事事高明在行。沈从文的湘西同乡中,就有读书数年,回去后只会唱《定军山》的;也有刻意仿效西洋人作派的,西装笔挺,双手插在胸前,模仿拜伦、雪莱的样子,作多愁善感、忧国忧民状,其实腹中空空。有一个南方人张仪瑞,风度翩翩,随时夹几本烫金外文书,其实并不看。他跟一个瞎子学弹三弦,学了三年,还没学会定位。瞎子气极,将三弦摔在地上说:

“我教了20多年,还没见过你这么笨的学生!”

也有急功近利,寄望过高,最终不免失望,住不多久便动身回家的。但是,另一力面。“五四”开始的新文化运动在青年学生中已发生了明显的作用,扩大了他们对社会重造的幻想和信心。在他们中间,正聚集起一支新的生力军。英文系的陈炜谟、德文系的冯至、哲学系的杨晦,都是学生中的高材生。沈从文先后结识的朋友,除陈炜谟,还有刘梦苇等高材生,沈从文也成了北京大学的旁听生。他领过国文讲义,听过日语课,也间或去听历史和哲学。蔡元培始终坚持学术自由原则,取兼容并包主义,选聘教师不拘一格,只以能力学识为标准。梁漱溟当年参加入学考试,未被录取,不久却被聘为哲学教授;陈独秀、胡适、李大钊、刘师培可以同时在北大任教,连著名保皇党人辜鸿铭也被聘请讲学。蔡元培倡导的“门户开放”和“学术自由”,酝酿成一种巨大的社会动力,对中国社会后来的发展产生了极为广泛而深刻的影响。它对中国现代文化学术史的意义,决不亚于黄埔军官学校之于中国现代军事史、战争史的意义。

尽管有了听课的自由和权力,沈从文仍想成为正式学生,获得一张大学文凭。这年秋天,他曾参加过燕京大学二年制国文班的入学考试。可是,考试时却一问三不知,得了个零分，连预先所缴的两块钱报名费也被退回。从这时起，沈从文对正式入学死了心。于是，他一面时断时续地在北大听课，一面在公寓那间“窄而霉小斋”里，开始无日无夜地伏案写作。文章写成后，就壮起胆子分别向北京各杂志和报纸的文学副刊寄去。然而，这些文章都如石沉大海，毫无回音。后来他听说当时《晨报副镌》的编辑在一次聚会上，将他投寄该刊的十数篇文章连成一个长条，摊开后当众奚落说：

“这是某大作家的作品！”

随后把文章揉成一团，向字纸篓里扔去。虽然文章无发表机会，沈从文却没有气馁。这个“乡下人”，虽温良柔弱于外，却顽强倔强于内。他确信别人能办到的，没有理由自己就办不到！他明白自己在通向文学之园的路上，根底极差，又毫无派系可供自己攀援，应比别人要多些磨难。今天没有希望，只要明天还可望办到，自己就没有中途罢手的理由。

坚持信仰

巴尔扎克说：

“逆境是天才的进身之阶。”

贝多芬说：

“卓越的人的一大优点是：在不利与艰难的遭遇里百折不挠。”

1923年12月，鲁迅在北京女子高等师范学校的文艺会讲里，发表了题为《娜拉走后怎样》的讲演。在这次著名的演讲里，鲁迅说：

“自由固不是钱所能买到的，但能够为钱而卖掉。”

鲁迅所说的危机，那时正降临到沈从文的身上。

在沈从文寻求知识、实现理想的路上，远不只是“入学无门、旁听有份”那样简单轻松，他付出的是比这沉重得多的代价。他是为着生命的独立，争取自己支配自己的权力而来北京的。可是，他的双脚一跨入北京，就立即面临了经济来源断绝的巨大威胁。还在他来北京的路上，车过武汉时，从保靖军需处支取的27块钱就已经花光了。亏得在车上遇见了一位陆军部的小科长，攀谈中对方得知沈从文原为行伍中人，刚刚脱出军籍。大约是出于同类相怜，小科长借给他10块钱作路费。当他和姐夫田真一第一次见面后，摸摸身边，只剩下七块六毛钱。他竟大着胆子在北京住下来了。那时，沈从文的大舅正在北京香山，帮助熊希龄筹划香山慈幼院的建设，但他也没有能力给沈从文提供长期援助。最初两年半，沈从文就是在这种经济来源完全断绝、无望无助的情形中度过的。冬天零下十多度的严寒，无论是在酉西会馆，还是在银闸胡同公寓，住处都没有火炉。一身单衣、两条棉被，就是沈从文的全部过冬之物。吃饭更成问题，常常是在有一顿无一顿的情形中，支持着最初阶段的学习。

原先无法想象的奇迹成为似乎理解的现实了。饿极了，他就扎紧裤腰带，到现在的儿童剧院对面——当时那里扎着布棚子，有各种吃食出售——看别人吃饭；或者带着极羡慕的眼光，看着一些北大教员乘坐私人黄包车从学校出来，而后渐渐远去。……他也曾想过半工半读，跑到各个小工厂去打听，或是写信寄到各处去询问，措辞极其谦卑，条件也极为低廉，结果却总是失望。

深秋的北京，起了大风，尘沙遮天蔽日，昏黄的阳光在空中凄惨地闪烁。沈从文独自行街头，又是一天没有吃东西了。他漫无目的地沿街走着，希望能遇上一个熟人，或是碰上一个意外机会，得到一顿饭吃。他穿过前门，走过东骡马市大街，来到天桥附近。然而，幸运之神特别吝啬，沈从文所冀望的全没有出现。这时，一支奇怪的队伍正从他身边走过。最前面的是一个军人模样的人，手里摇摇晃晃举着一面小白旗，身后跟着七八个面黄肌瘦、衣裳褴褛的同胞。

沈从文紧走几步，向那举白旗的人问：

“你们是干什么的？”

拿旗的人打量一下沈从文，无所谓地笑笑，回答说：

“跟我们走，有饭吃。”

沈从文心里一动，也许可以试试运气，临时混顿饭吃，便跟在队伍后面。队伍在天桥杂耍棚附近转了几圈，便在一处停了下来。然后依次到一张桌子前面画押按手印。快轮到沈从文时，他瞧见了放在桌子上供人画押的表格，一下子就明白了，赶紧悄悄地离开了队伍，带着失望的心情回到他的“窄而霉小斋”。

一个月后，沈从文又出现在天桥附近，情形一如前次。同样的一支队伍又从沈从文身边走过。沈从文已经明白，那个举白旗的人，是直系或奉系军队的招兵委员，跟在他身后的同胞正预备去卖身当兵。他当然清楚，自己正是为了寻求知识和理想，才脱离军籍的。现在怎能走回头路？可是，饥饿的压迫这时正产生一股力量，推着他不由自主地又一次跟在队伍的后面。他晕晕糊糊地走着，心里涌起了悲愤，同时缠夹着理不清的混乱。……又要轮到他填自愿书、按手印领饭费了，沈从文心里突然响起了一个回音：

“既然为信仰而来，千万不要把信仰失去！”

他吃了一惊，将一双饿得昏花朦胧的眼睛，看定远处，镇一镇精神，终于从混乱无主的情绪里逃了出来，又一次转身离去。

1924 年冬，沈从文于百般无奈中，怀着一丝希望，写信向几位知名作家诉说自己的处境。这时，郁达夫正受聘在北京大学担任统计学教授，沈从文也想到了他。11 月 13 日，在接到沈从文来信后，郁达夫到公寓里来看望沈从文了。这一天，外面正纷纷扬扬地下着大雪。郁达夫推开那间“窄而霉小斋”的房门，屋内没有火炉。沈从文身穿两件夹衣，用棉被裹着两腿，坐在桌前，正用冻得红肿的手提笔写作。听见门响，沈从文回过头来。一位年约 30 岁的年轻人，身体瘦削，面庞清癯，下巴略尖，正眯缝着双眼站在门边。

“找谁？”

“请问，沈从文先生住在哪儿？”

“我就是。”

“哎呀，你就是沈从文？你原来这样小。我是郁达夫，我看过你的文章。……好好写下去吧！”

默默地听着沈从文倾吐自己来北京的打算和目前的处境，郁达夫感到脊梁一阵阵发冷。公寓的大厨房里，正传来炒菜打锅边的声音。

“你吃包饭？”郁达夫问。

“不！”

瞧瞧沈从文的神色，郁达夫一切都明白了。他站起身来，将脖子上一条淡灰色的羊毛围巾摘下，掸去上面的雪花，披到沈从文身上。然后邀沈从文一道出去，在附近一家小饭馆吃了一顿饭。结帐时，共花去一元七毛多钱。郁达夫拿出五元钱会了帐，将找回的三块多钱全给了沈从文。一回到住处，沈从文禁不住伏在桌上哭了起来。

当时，郁达夫在大学任教，经济上也极窘困。月薪名义上是117元，实际上只能拿到30多元，也正处于“袋中无钱”的时期。大冬天身上穿一件用了多年的旧棉袍，不得不变着法子应付目前的处境。沈从文的遭遇引发了他对社会黑暗的强烈不满。从沈从文住处回去的当天晚上，他便挥笔写下了那篇题为《给一位文学青年的公开状》的著名文章。在文章里，他称赞了沈从文的“坚忍不拔的雄心”，也惊异于沈从文的“简单愚直”。末了，还给沈从文献了摆脱困境的上中下三策。上策是到外面找事作，或者去革命，去制造炸弹。中策是想法弄几个旅费，返回湖南故土。下策又有两种办法，一是应募当兵，二是做贼去偷。最好先从熟人偷起，如沈从文有钱的亲戚老H家（H即熊希龄）。如慑于H慈和笑里的尖刀，就先到自己这儿来试“破题儿”。一这当然是郁达夫一时的愤慨之辞。他当时还并不深知沈从文，只看到沈从文生活上的困顿，却不明白沈从文是在什么情况下走出湘西，又是为什么而自甘如此受苦的。

郁达夫探望沈从文三个月后，沈从文以休芸芸为笔名，在《晨报副刊》上发表了散文《遥夜——五》。文章叙述沈从文乘坐公共汽车的一段经历，在将自己与有钱人的对比中，倾诉自己的窘迫处境和内心感到的人生痛苦和孤独。

这篇文章被北大教授林宰平看到了。有感于青年学生的艰难挣扎，这位生活朴素、自律甚严、富有同情心的学者，写了一篇署名唯刚的文章。

随后，林宰平托人找到沈从文，邀他到自己家去谈天。这陌路相逢的一老一少，谈了整整一个下午。从沈从文的谈话中，林宰平明白了眼前这个年轻人，并非大学生，而是一个入学无门、在逆境里自学的文学青年。沈从文不平常的经历、心中的打算和目前的处境，使他深深地感动了。末了，他语重心长地对沈从文说：

"要找事作，可以替你想想办法。一个人仅仅活下来，容易；可是活下来，抱着自己的理想不放，坚持下去，却很难。"

1925年5月，由林宰平和梁启超介绍，沈从文终于得到一份工作——去香山慈幼院图书馆做了一名办事员，月薪20元。在这期间，沈从文曾去北京大学专门学过一阵子图书管理。这时，熊希龄正在北京主办慈善事业，香山慈幼院即由他在静宜园所建，收容因水灾无家可归的儿童，并被推为理事长。令人奇怪的是，沈从文在那样艰难的困境中，为什么不曾得到与自己有亲戚关系的熊希龄的帮助呢？也许，沈从文有着自己的打算。在沈从文终于上山以后，熊希龄曾不止一次将沈从文叫去，两人议论国家大事直到深夜，但两人最终有了隔膜。

事情起因于沈从文发表的两篇有关香山慈幼院的小

说——《第二个狒狒》和《棉鞋》。香山慈幼院由一个新化县人当教务长。此人是一个宵小势利之徒,对上极尽巴结之能事,对下则颐指气使、作威作福。因不满于他的为人,沈从文在《第二个狒狒》里,专为他画像,并连带讥讽了慈幼院十八般武器俱全的"武库窑"。文章还叙及自己和这"第二个狒狒"一道在香山看戏,走进戏院大门,见前面第五排正中一个座位空着,就走去坐下了。而第二个狒狒却只在后面靠左拣了一个座位。他不敢趋前,因为他知道前面座位是留给"老爷"坐的。到了晚上9点钟,"老爷"果然引了两个"小玩物"到前排来了,前排空位上即刻填上了两个奇丽的肉体。

这文章在《晨报副刊》上发表后,立即得罪了那位教务长。1925年8月的一天,沈从文由于身上衣物无法换季,踢拖着表弟黄春生早两年给他买的一双旧棉鞋,正低头走出香山图书馆。突然。一根木棍敲打在他的脚上。沈从文抬头一看,见那位教务长戴一副墨镜,脸上悻悻然,用手杖指着他的鞋子说:

"哼,原来是沈从文。你这鞋子——"

"鞋底烂了,没有钱买新的,所以——"

手杖第二次敲到沈从文的脚面上:

"你看,你看,这成什么样子?"

沈从文的自尊心受到了极大伤害。他联想起古时韩信曾受胯下之辱的故事,心里充满了屈辱。但他终于忍下心头的气愤,一声不响地走开了。事后,他立即写了《棉鞋》,实叙了这件事的始末。

文章在这一年9月发表以后,进一步激化了沈从文与教务长的矛盾。他被教务长叫去,当面大骂一顿,还发出种种威胁。《第二个狒狒》里的两个"小玩物",也在背地里运动熊希龄,要对沈从文作出一种使其难堪的处置——她们认为沈从文侮辱了他们的人格和尊严。虽然沈从文并不知道她们的具体计划,却已预感到一种严重威胁正逼近自己。在他自己,也正无法忍受教务长对他的无理欺侮。虽然来香山对自己正是一种难得的幸运,但他不愿用自己人格的独立换取这份幸运。终于在这一年的秋天,沈从文没有向慈幼院任何人打招呼,自己解聘了自己,收拾起身边一小网篮破书,默默地一口气跑到静宜园门口,雇了一头秀眼小毛驴,如同当年鲁智深一样,下山返回了"人间",依旧住进那间"窄而霉小斋",过那种前途茫茫的穷学生生活,继续他的自我教育去了。

1927年,沈从文在一首题为《给璇若》的诗中,以一位关心他却不理解他的熟人的口吻写道:

难道是怕别人"施恩",
自己就甘做一朵孤云,
独飘浮于这冷酷的人群?

竟不理旁人的忧虑与挂念,
一任他怄气或狂癫,
——为的是保持了自己的尊严!

这首诗透露了沈从文当时心中的一个秘密:他是为了保持自己的尊严和人格独立,拒绝了作为亲戚的熊希龄的"施恩"。他之所以不向熊希龄"乞怜",就是下决心要割断自己与湘西上层社会的联系,取得自己支配自己的自由。

为了应付目前,在离开香山前后,由于杨振声在《现代评论》任编辑,郁达夫应邀作该刊撰稿人,并帮助编辑部看稿,因而沈从文应邀担任过《现代评论》的发行员。北京政变以后,有人介绍沈从文去找冯玉祥的秘书薛笃弼。薛笃弼在冯玉祥部驻防常德时,曾任常德县知事。于是沈从文又在冯玉祥部秘书处作过事;那时,沈从文的哥哥正在东北教学生绘画,得知沈从文在北京的处境,便写了信来,要他去东北,他又短期离开过北京。

1922 年至 1927 年间,北京正处于政治斗争极为尖锐复杂的时期。除了各军阀派系之间争夺大总统宝座之外,先后发生了北京政变、孙中山进京及其病逝、“西山会议派”事件、“三一八”惨案、鲁迅和陈源等人的激烈论战……。这期间,沈从文曾在中山公园听过孙中山演讲,感受过因孙中山进京而出现的崭新热烈气氛;“三一八”惨案发生前,学生到处散发传单,沈从文曾跟着满街乱跑。可是政治斗争呈现的复杂形态,却又使得沈从文眼目迷乱。反军阀政府的政治力量中,成分极复杂,相互间的矛盾斗争也十分激烈,却都在“革命”的名义下进行活动,出现了庄严与猥亵的稀奇混和。这可把沈从文这个“乡下人”弄糊涂了,他虽然充满兴奋地跑来跑去,却弄不明白谁左谁右。他对鲁迅和陈源之间的论战也感到迷惑不解。他知道,鲁迅支持的学生运动正是军阀政府的眼中钉,而《现代评论》也是国民党地下党员主持的刊物,也是反军阀政府的。既然大家都要“革命”,为什么还要相互斗争,而将自己追求的“独立”失去?他相信自己追求的“文学革命”需要的是一种沉默的努力,这与醉心于政治斗争是难以两全的。这时,北京大学也形成了许多集团和派别,一些相熟的人曾跑来动员沈从文参加。

这个“乡下人”对自己所认定的东西,有一种难以改变的固执。1926 年 4 月,冯玉祥部受直奉军阀排挤,撤离了北京。沈从文在冯玉祥部秘书处作事时认识了一位姓赵的秘书。此人北大毕业,对沈从文十分关切。离开北京后,他随部去了甘肃,在省政府任秘书。他曾写给沈从文一封信，邀他到甘肃一道共事，并寄来40块钱作路费。沈从文回信谢绝了他的好意，同时将40块路费退回。不久，甘肃发生回民事变，赵秘书在这次事变中死去。这一年，随着南方北伐战争的轰轰烈烈进行，燕京大学方面沈从文认识的许多朋友，如董秋斯，司徒乔等，也先后到了武汉。他们也写了信来，邀沈从文南下。沈从文也未成行。这时，他的作品已经较多地获得了发表的机会，他舍不得丢掉这个刚刚打下的基础。

——沈从文正执着于他所追求的"文学革命"，以一种在旁人看来的傻劲，继续着他在文学道路上第一阶段的艰苦跋涉。

结识胡也频和丁玲

在北平，沈从文结识了很多朋友。但是，只有他与胡也频、丁玲作为朋友的一场结识、交往，才是一曲动人情思的长歌。

1925年初，沈从文处于生活最困难的时节，正以休芸芸为笔名，做着每个月得20块钱稿费的白日梦，将写成的文章向各处投去。其中一篇，出乎意料地被登在1月13日的《京报·民众文艺》上。在这之前，只有《晨报副刊》发表过他的两篇短文，得过五毛钱的书券。一天，《民众文艺》的两位编辑，到沈从文寄身的西城庆华公寓探望文章的作者。谈话中，沈从文得知这两位编辑就是名字经常见于《民众文艺》的项拙和胡崇轩（即胡也频）。胡也频曾就读于天津大沽海军预备学校，1920年学校解散后，流落到北京。1925年初，胡也频和项拙一起在西单堂子胡同内牛角胡同4号，以每期200份单张周刊作报酬，为《京报》编辑《民众文艺》。

大约过了一个星期，胡也频再次来看沈从文时，身后跟了一个年轻女子，圆脸、长眉、短发，上穿一件灰布衣，下着青色绸布短裙，站在门边望着沈从文笑。她就是丁玲，原名蒋伟，字冰之。因听说沈从文"长得好看"而特意跑来看看的。

沈从文却以乡下人特有的生硬方式问道：

"你叫什么名字？"

"我姓丁。"

沈从文心想：你长得象个小胖子，却姓丁，真好笑啊。

从谈话中,当沈从文得知她的家乡在安福县(今湖南临澧县),而丁玲知道沈从文是凤凰县人时,两人都很惊讶。待到谈话深入下去,陌生人之间固有的那种距离便在两人之间缩短了。

丁玲在桃源读书时,“五四”运动的影响已传到了湘西。“自觉”与“自决”,“独立互助”与“自由平等”的思潮,燃起了一群青年女学生的热情。丁玲不问家里的意见如何,便和另外三个同学跑到长沙,转入男子中学,后又受上海“工读自给”的影响,又一同跑到上海,进了平民学校,并在上海大学认识了瞿秋白、邵力子、陈独秀、李达、陈望道、沈雁冰、施存统等教师。由于后来同伴中的王剑虹与瞿秋白同居,丁玲与瞿秋白一个弟弟过从甚密,遂闹得流言四起。丁玲就独自跑到北京,利用朋友曹孟君和钱女士的关系,住在西城辟才胡同一个补习学校的宿舍里。她与胡也频相识,是由于和胡也频住同一座公寓的朋友左恭的介绍。其时,左恭正与曹孟君恋爱,三位女友常常结伴到胡也频所在公寓去看左恭。

由于沈从文和丁玲的原籍同是湖南,故乡又靠近同一条沅水,两人便有了许多话题。加上都飘泊在外,共同的“怀乡病”将他们的友谊弄得密切了。

沈从文由胡也频陪同,第一次回访丁玲时,丁玲已从补习学校搬出,独自住在通丰公寓的一个小房间里。睡的是硬板子床,地面霉湿发臭,墙上糊满破破烂烂的报纸,窗纸上用粉墨勾画了许多丁玲熟人、朋友的脸谱——她对艺术发生了兴趣,正为投考艺专而作准备。

见丁玲和时下穷学生一样,住这种简陋的房间,沈从文心里发出不少感慨。在这之前,他与新的女性缺少接触,总以为女子天生感情脆弱,气量狭窄,又怕累,又怕事,动不动就会流眼泪,喜怒哀乐全放在一些小事上。可是眼前这位女子，却能与许多男子一样，虽然无法正式上学，只能自己读点书，外出时学习欣赏北京街景，无钱时没法敷衍公寓主人，却仍能从从容容地坐在这样的房间里看书写字，真是个了不起的人物！

这时，胡也频已经爱上了丁玲。由于长期飘流在外，眼下生活又毫无希望，丁玲常常想起母亲和夭亡的弟弟。加上正值青春期，对早年夭亡弟弟的思念，潜意识里正发生着替代性的对异性爱的渴求，于是，她常常独自跑到僻静处痴坐痛哭。一天，胡也频一早用一个纸盒子，装了一束黄色玫瑰，花上系了一张写有"你一个新的弟弟所献"的小小字条，托公寓伙计送给了丁玲。可是花送去后，半天没有回音，胡也频心里忐忑不安，有点手足失措，就跑到沈从文处，拉着他出去散步。

"她有个弟弟死了，她想起她弟弟，真会发疯。"

沈从文早从胡也频神色间估计到了他的心意，就说：

"要个弟弟多容易！她弟弟死了，你现在不是正可以作她的弟弟吗？"

不想这无意中的一句打趣的话，正与胡也频早上的行为暗合。胡也频脸红了一下，似乎想分辩什么，却又无从分辩，便猛地在沈从文肩上拍了一掌，就跑开了。

可是有一天，丁玲突然回湖南去了。这一下急坏了胡也频，一个人关在房间里生闷气。沈从文跑到《民众文艺》编辑处去看他，只见房间里满地都是撕碎的报纸和书页。

于是不久，北京城的公寓里便不见了胡也频的踪迹。——他抑制不住胸中高涨的爱的潮汐，赶到湖南找丁玲去了。

5 月，沈从文上了香山；9 月，因《第二个狒狒》和《棉鞋》事件，沈从文受到了训斥和威协。正当他感到孤独时，阴历 8 月 15 那天，吃过晚饭，沈从文回到住处，见门上留有一张字条：

休：你愿意在今天见见两个朋友时，就到碧云寺下面大街＊＊号来找我们，我们是你熟悉的人。

有熟人来访，沈从文十分高兴。他立即按纸条上所留的地址寻去，一路上胡乱猜测这两个人是谁。等到一见面，没料到竟是胡也频和丁玲。见沈从文找来，胡也频一面拉着沈从文往屋里走，一面大声叫着：

“有客来了，你猜是谁?”

走到门边，沈从文朝屋内看去。一个熟悉的圆圆黑脸，睁着一双大眼睛朝外看，脸上挂着几分羞赧腼腆。房内只有一张双人床。沈从文已经明白发生了什么事，心想：新鲜事儿。他一边笑着，一边朝屋内唯一的一张藤椅坐下去，说：

“这是新鲜事情。”

胡也频说：

“这不是新鲜事情。”

三人一齐笑了起来。随后，他们走到见心斋池边，坐上一只无桨无舵的方头船划水，互相说着分别后各自的情况。这时，慈幼院的孤儿们正联欢庆祝节日，箫鼓声从山上悠悠飘来，头上悬着一轮晕晕糊糊的圆月。他们各自买了一片糖含在嘴里，算是没有辜负这一年一度的中秋佳节。

起初，胡也频和丁玲的生活得到湖南方面的接济，所住的房间虽不很大，地面却很干爽。屋前屋后都是枣树，又有井，用水也很方便。两人自己动手办伙食。新鲜的生活加上新婚的缠绵，日子过得十分兴奋。沈从文时常到他们那里吃晚饭，饭后便一起天南海北地聊天。但过了不久，湖南方面的汇款不能按时寄来，胡也频和丁玲的生活就有点狼狈起来。到欲炊无米时，两人就结伴下山进城，或找朋友告借，或出入当铺典当衣物。到不便进城时，就跑到沈从文住处，三人一起吃慈幼院大厨房里的粗馒头。

即便在这时，三人仍互相说着大话——假若每人每月写三万字文章，得30块钱，就可以自己办一个小小刊物，每周出版一次。还认真地商量刊物该取什么名字。每到这时，丁玲必说：

“先生们，别把我拉进去，我不作文章。你们要我来，我就当校对，因为可以先看你们写出的文章。”

“没有你我们办不下去。”沈从文诚恳地说。

“有了我就能办下去吗？我又不会写什么，有什么用处？”

“用你写情书的那支笔来写……”胡也频笑嘻嘻地说，随后望着沈从文作鬼脸。

丁玲有点急了，“得了，得了，频，你为什么造谣言？我给你写过情书吗？不能胡说八道，这一行你们男人才是高手！”

胡也频打趣说：

“你并不给我写什么情书，但我看你那样子，是个会写情书的人。不信，只要我们一离开就明白了。”

“你自己不害羞，我为你害羞。你们的刊物我不管！”

可是争论过后，丁玲反倒重新拟定计划，并笑着征求沈从文和胡也频的意见，口气早就软下来了：

“文章我不会作，如果你们能高兴改改，那我一定作。”

古诗云：贫贱夫妻百事哀。在胡也频和丁玲之间，烦心的事正随着经济的拮据逐渐增多，两人终不免为着一点小事发生争吵。每到这时，其中一人必定跑到沈从文那里诉说心中的委屈。结果，又总是由沈从文充和事佬，两边跑来跑去进行调解。考虑到目前情况，在这种每月九块钱房租的地方长住下去不是办法，沈从文建议两人搬到可以多欠一点钱的公寓里去。胡也频和丁聆听从了这个建议，终于搬到北河沿公寓——即那个上山前沈从文住过三个月、主人极好结识搞文学的朋友的那座公寓里住下来。

虽然三人见面不如先前方便，但只要沈从文一下山，总要到胡也频和丁玲所住的公寓里去。并且,每次见面总离不开如何想法筹钱,用自己的力量办刊物的话题。那时,他们共同感受到了青年作者所受的冷遇。尽管按当时的北京物价,办一个类似《语丝》规模的刊物,每期印一千册,有十二三块钱就可以办到。但那时,沈从文和胡也频的文章,按最低稿费标准索酬,也无法找到固定的地方发表,寄出的稿件常常是一去无消息。当时,《语丝》正支配着北京的文学空气,只要能在该刊上发表作品,很快就能引起人们的注意。这年5月,沈从文的一篇题名《福生》的小说,由胡也频通过一位熟人转给了周作人。当这篇小说在《语丝》上发表后,胡也频拿着这期刊物告诉沈从文时,沈从文见到目录上有自己文章的标题,感动得只想抱着胡也频哭。但这种幸运只能偶尔降临到他们头上。于是,那个自办的刊物只能在他们想象里诞生,旋即又在想象里夭折。

这期间,胡也频和丁玲的住处,常有一些知名青年作家来访。谈起自办刊物,总有人说自己已与某报接洽好,正准备办个什么周刊。待客人走后,丁玲总是说:

"频,这些人要办什么,天生就有那种好运气,一下子就可以弄好了。"

胡也频总不放过任何努力的机会:

"休,休,我们赶快也去问问,不要他们稿费也行吧。我们写封信去问问,还是亲自去问问?你说。"

沈从文总是苦笑,却不作声。他想起自己和胡也频到处接洽给别人办一个副刊,却总是毫无结果的事,心想;假如我们对文学事业有一种信仰,就不必和别人计较一时的得失。眼下,只能在沉静中坚持。

可是,胡也频只要一认为有机会,就会立即伏在桌上,给编辑朋友写信。写完后怕丁玲抢去,总要退到墙角里,然后念给另外两人听。末了,总是由沈从文签个名。丁玲说:

“频，得了，你们不是文学团体中人。你们的文章人家还不肯登载，何苦又去做这种可笑的事情？”

胡也频却不觉得可笑，并硬拉着丁玲作陪，顺北河沿走到北大第一院门前，将信塞进邮筒。

当然不会有什么结果。不久，胡也频和丁玲实在呆不下去，便一起返回湖南去了。两人前脚走出北河沿公寓，沈从文因和慈幼院方面闹翻，又后脚搬进这座公寓，这之后，胡也频不时从湖南写诗寄给沈从文看，沈从文这时正在《现代评论》当发行员，便将这些诗转给《晨报》和《现代评论》发表。由于这些诗的形式和原稿字迹都与沈从文相近，编辑们都以为这些诗是沈从文作的。他俩都喜欢用硬笔头，在窄行稿纸上，写密密麻麻的小字，字间的疏密及涂抹勾勒方式，几乎没有区别。《现代评论》方面以为也频是沈从文的另一个笔名。

后来，胡也频和丁玲又回到了北京。1926 年，南方革命蓬勃发展。7 月，国民革命军出师北伐。同月，北伐军进入长沙。8 月，攻克岳州；继而在汀泗桥击溃吴佩孚主力。10 月，攻克武昌。随着北伐战争取得进展，南方出现了蓬勃生气。沈从文在北京的一些朋友已纷纷南下；胡也频在海军预备学校时的一批同学，也投身到南方的北伐战争中。这两方面的朋友都先后写了信来，要他们去武昌看看。当他们商量这事时，三人都没有去武昌的意思。

这时，丁玲正开始酝酿写短篇小说；胡也频的文章也有了出路，每月可得 25 元钱稿酬。他们生活刚刚稳定，不愿意另作安排。沈从文先因《晨报副刊》改组，由刘勉己、瞿世英继任编辑，他的文章获得了在《晨报副刊》上发表的机会；后来又因徐志摩负责《晨报副刊》，他的文章得到赏识，有了较多的发表机会，也不想放弃刚刚打下的基础。因此，三人在这个问题上意见完全一致。

残酷的现实

1927年底,沈从文走完了最初阶段的创作历程。

通过艰辛的努力,他的作品最初见于报刊,是1924年12月。《一封未曾付邮的信》,是至今能见到的沈从文的处女作。1925—1927年,他的作品越来越频繁地见于《晨报副刊》和《现代评论》。1926年,他的小说开始在《小说月报》上发表。三年间,他先后发表各类作品170余篇。1926年,北新书局出版了他的散文、小说、戏曲、诗歌合集《鸭子》。1927年,他的小说集《蜜柑》由新月书店出版。

1927至1928年间,中国的政局发生了重大变化。1927年4月,蒋介石策动"清党"事变,开始了对共产党人和工农群众的屠杀,并在南京成立了国民政府,取代了北洋军阀政府的统治。7月,汪精卫背叛国民革命,与蒋介石实行"宁汉合作",第一次国共合作至此完全破裂。

随着中国政治重心的南移,出版业的盈虚消长也出现了变化。上海的新书业获得了发轫勃兴的机运。

这一变化直接影响到沈从文在北京的去留。这时,分别出版过沈从文的《鸭子》和《蜜柑》的北新书店及新月书店,已先后迁往上海;沈从文有较多机会发表作品的《现代评论》也已离京南下;而原先在上海的《小说月报》,因叶圣陶负责编辑的缘故,沈从文的作品在上面也获得了一席之地。

生活对沈从文依然严峻。1927年,母亲和九妹从湘西来到北京，和沈从文住在一起。一家三口人的生活全靠沈从文的稿费收入维持。北京原有的基础既已失去，上海又依稀闪露出谋生存、求发展的虹彩幻影，于是，沈从文决定离京南行。去留取舍的结果，决定了沈从文随后几年的人生际遇。

1928 年 1 月，沈从文让母亲和九妹暂留北京，独自先行到了上海，住进了法租界善钟里一个托上海朋友预先租定的亭子间。随后，再由亭子间迁入正楼大房。

天气渐渐热起来，一晃到了夏天。7 月，胡也频和丁玲从杭州来到上海，住永裕里 10 号。这时，上海《中央日报》的总辑编彭浩徐（学沛）——前《现代评论》的编辑，与胡也频在北京时相熟，一听说胡也频到了上海，便邀请他担任该报副刊的编辑，每月可得 200 元的报酬。此时，沈从文正陪母亲去北方看病，等他重新返回上海，在胡也频、丁玲处得知这个消息后，三人商量将这副刊定名为《红黑》。又由这副刊，激活了三人在北京时萌发的自己办刊物的幻想。这时，新书业已成为上海商业赢利的时髦行业，由于眼红北新书局的兴旺，现代、春潮、复旦、水沫、开明、华通、金屋等一批新书店相继开张。新书业的勃兴，无意中使作家的作品也获得了相应的发表与出版的保障。这一形势直接刺激了三人的冒险——三人又商定了编辑出版《红黑》、《人间》杂志的计划。在接手《中央日报》副刊的编辑后，胡也频和丁玲搬到了萨坡赛路 196 号。这时，沈从文住马浪路新民邨 。为商量与筹备《红黑》、《人间》杂志的出版，沈从文几乎每天都到他们那里去，连伙食也包在了一处。一个多月后，由于沈从文的出现，煽起了房东青年妻子微妙的感情欲望，胡也频感到在那里继续住下去已不合适，而沈从文也正要搬家，于是，三人共同租赁了萨坡赛路 204 号。胡也频、丁玲及丁玲母亲住二楼，沈从文和母亲、九妹住三楼，开始了此后一年间共同的、紧张而忙碌的编辑与写作生活。

这时，胡也频的父亲恰好来上海，答应为他们转借1000元筹办刊物和红黑出版社。于是，三人商定，由胡也频负责《红黑》杂志，沈从文和丁玲负责《人间》月刊，并在各书店出版三人取名的《二百零四号丛书》。

1929年，《红黑》与《人间》两个月刊的创刊号，分别于1月10日和20日出版发行。三个人酝酿了长达四年之久的梦想终于变成现实。

《红黑》第一期出版发行后，三个人一起赶到集中了上海各书店的四马路和北四川路，去看刊物的出售情况。他们从一家书店溜入另一家书店，每人既紧张又兴奋。各家书店橱窗里都陈列了这本新刊物。在他们眼里，由刘既漂设计的刊物封面，“红黑”二字显得既极醒目，又格外庄重大方。看着读者正拿着这期刊物翻阅，三人你看看我，我看看你，脸上都露出会心的微笑。

几天后，他们又分头跑到各处去打听销路，所得的情况比他们预料的要好。《红黑》第一期仅在上海就卖出了近1000本。这在当时，是一个极可观的数目。北京、厦门有朋友愿意为他们帮忙发行；武汉、广州也有朋友陆续来信，希望他们能够多寄一些。种种情况使他们高兴得脸上发红，预备各期增印到5000份。

迅速增强的信心成为推动他们生活与工作的动力。虽然，以三人之力，支持两个刊物，是一种极为沉重的负担——最初的稿件，几乎全部出自三人之手，编辑、出版、发行等各种繁杂事项，也得自己动手。然而，这是他们自己的刊物，是用自己的心血孕育、催生的婴儿。在沈从文看来，它是三个文学青年在社会压迫的困境中，证实生命价值的象征。

于是,在胡也频身上,迸发出惊人的实干精神。他既要负责编辑,又要跑印刷所,送稿,算帐,购买纸张,接洽书店;沈从文和丁玲则待刊物印出,便忙着抄写订户名单,然后按名单将刊物分寄各处,或付邮到外埠,或亲自送刊物到上海各书店。

他们虽十分忙碌,精神却十分愉快。

《红黑》和《人间》是他们争取文学"独立"的产物。在与文坛其他作家的关系上,他们渴望自主,避免卷入不必要的门户之争;在文学与商业的关系上,又希望不俯就商业赢利的趣味。

那时,在上海文坛上,无产阶级文学运动正开始勃兴,在创造社、太阳社的作家和鲁迅、茅盾等人之间,正爆发着关于"革命文学"问题的激烈争论,国民党政府正着手实施"党治文化",制定"三民主义的文艺政策",开始酝酿所谓"民主主义文艺运动",以便同无产阶级文学运动相抗衡。而上海各书店的老板,又正以商业赢利为目的,迎合读者的趣味,竭力使文学作品商品化。虽然沈从文和胡也频三人对文学与政治的关系,无形中开始出现了并不完全一致的理解,却都不满意于掺杂着某些意气用事的无休止的理论论争,对文学商品化倾向又怀有共同的不满与厌憎。

虽然在这期间,沈从文不愿、也没有卷入文坛的论争,但文学论争所涉及的实质问题,却不能不促使沈从文思考。他反对文学成为单纯的政治斗争的"工具",因为那样一来,文学就会成为政治的副产品或点缀物。他看到了因此而出现的文学创作中的弊端。然而,沈从文也清醒地意识到,文学又不能不在宽泛的意义上与社会政治问题发生联系。这种文学与政治关系的矛盾统一现象,现实地摆在沈从文面前。倘若将文学作为社会变革的一个手段,并非追赶政治的时髦,而是出于作家严肃的选择与真诚的追求，那么，又当如何？

沈从文一面在心里这样问，又一面在心里回答着：文学原许可人作这种切于效率的打算。文学虽不能综合各个观点不同的作者于某一方面，但认清了这方面的作者，却不妨在他那明朗的信仰上坚持下去。沈从文不反对文学为修正社会制度的错误作出努力。相反，他自己的文学创作，实际上也从未脱离修正社会制度的错误、向人类远景凝眸这一总的追求。然而，他却宁愿走一条在他看来虽不“切于效率”，却更带长远影响的文学创作道路。这是与他对文学相对于政治的“独立”性的确认分不开的。

既不屑充当国民党政府的喉舌，以获取政府的津贴；又不愿效法商人，迎合读者的一般趣味以赢利，他们的努力不能不是一次天真的冒险。其结果，他们不得不一面为刊物而奔忙，一面又要应付沉重的生活压力。

自 1928 年来到上海以后，沈从文不得不为一家三口人的吃饭问题挣扎。在北京时，沈从文最大的奢望就是每月能有 30 元的固定稿费收入。眼下，虽然每月稿费收入已超出这个数目的几倍，可是，按上海的生活标准，每月 20 元房租，10 元水电费，加上三口人吃饭，每月支出至少在 100 元以上。这时，母亲的肺病正逐渐加重，成天咳嗽、咯血，九妹又要上学。治病、上学的开支也得靠卖文筹措。而上海各书店的惯例，10 万字左右的集子，只能拿到 100 元左右的稿酬。除办刊物外，沈从文几乎将全部时间用于写作。虽然，一些新开张的书店，如光华、神州、国光、华通等，出书时都要沈从文给他们打头炮，为得到他的书稿，正慷慨大方地赠与他“名家”、“天才”各种名头，可是一到支付稿费时，却极尽敷衍、拖欠、赖帐之能事，常常让沈从文失望而归。

1928 年至 1929 年两年间，几乎上海所有的书店和大型刊物都有沈从文的作品发表和集子出版，现代、新月、神州、国光、北新、人间、春潮、光华、中华、华光各书店，就分别出版了沈从文的十多个作品集。可是，书出来后，沈从文总是不能按时得到应有的报酬，常常不得不亲自上门索取。他解嘲似地称自己为“文丐”，尽管如此，也不能每次如愿。1928 年 10 月，光华书店一次就出了沈从文的两个小说集——《山鬼》和《长夏》，可是吝啬的书店老板只给了 100 块钱就再也不给了。

由于手头窘迫，沈从文从法租界到四马路去，请求书店从他应得的份额中支出几十块钱，以应付家里的燃眉之需。

他走进书店，在柜台边找到办事人，向他说明自己的来意。

“这不行。”办事人回答说。

沈从文说：

“手头紧，等着用钱，房租、水电费要钱，家里病人等着看病。你们就算作好事。……不给可不行。”

那办事人望着沈从文，却不作声。那神气仿佛在说：

“怎么不行？”

“凡是我应该得的钱就要，别的无话。”

办事人笑了笑，带着“一个钱也不行，别无可答”的神气，嘴里却这样说：

“经理有话，说还有人一个钱也没拿哩。”

……沈从文嗫嚅着，再也无言以对。他只感到全身软了下去，似乎四周都有眼睛盯着他，好象不是书店欠他的钱，倒是他跑上门来无理取闹。他站在柜台边，不说话也不走，只呆呆地看着到书店来买书的人进进出出。有的人正拿起沈从文写的书，翻看，付款，离去；又有人以为沈从文是书店的伙计，要他取书来看。沈从文心里想：一些人买书，一些人赚钱，而作者却两手空空。所谓新文学运动，就是把这种关系进一步地维持而已。

书店的办事人不再理会沈从文,已经忙别的去了。沈从文知道等下去不是办法,空手来还得空手去,便离开柜台,走出书店大门。

他感到十分疲乏,便在门口石凳上坐了下来,漫无目的地望着街景。

进进出出的购书读者,不时有意无意地望了沈从文一眼。他们之中正有沈从文作品的热心读者,但谁也不会想到,这个呆头呆脑坐在石凳上的人,正是被书店老板和刊物编辑廉价地赠与“天才”桂冠的沈从文。

想到十年来新文学作者受到官商的压迫,单靠写作几乎难以为生,如同自己一样,在旁人无法想象的情形中挣扎,一些小报记者却正在造谣说自己发迹了,买了一幢大房子;然而,也正是由于这些书店老板的竞卖,无意中将新文学作品向读者普及,已形成不可逆转之势,沈从文不由得流露出一丝苦笑。

又一个小时过去了,沈从文仍然呆坐着。大约是坐得书店的人有点不好意了,——他们以为沈从文正在生书店的气,赖在这里不肯走,终于走出一个熟人,客气地对他说:

“等经理回来,我们再跟他说说,你明天再来看结果,如何?”

这一来,沈从文不走不行了。他的精神结构里,缺少鲁迅赞扬过的上海“青皮”气质,面皮太软,无法与人争斗翻脸。门坎极精的上海书店老板们,大约已摸透了他的脾性,才这样软硬兼施地与他敷衍、搪塞。

沈从文走出四马路过东新桥时,夜幕已经落了下来,路灯放射出的惨黄的光芒,照得苏州河面泛起暗淡的回光。

唯一的办法还是伏案写作,再将写成的新作廉价卖出去。然而贫与病似乎是孪生兄弟,生活的压力,工作的劳累,使沈从文的身体十分虚弱。不知是不是他在保靖害过的一场大病留下的后遗症,每当他坐在斗室里,面对一堵白色粉墙伏案写作时,三天两头会突然头痛难忍,接着便是不停地流鼻血。那情景十分骇人,常常弄得嘴角、下巴、衣襟、稿纸以及用来揩拭的毛巾上全都血迹模糊。一次,在复旦大学读书的陈万孚夫妇来看沈从文,当他们推开门一看,眼前的情景使他们惊呆了,只听得“啊呀”一声,陈万孚夫人竟吓得昏倒过去。结果,弄得大家忙着去请医生,反过来抢救这位夫人。

每当这时,沈从文的心境总是十分悲凉,绝望的阴影不时掠过他的心头。在这两年间他所写的文字中,“自杀”、“死亡”以极高的频率反复出现。那些带自传色彩的小说,如《一个天才的通信》、《呆官日记》、《不死日记》里的主人公,在贫病和社会黑暗的夹击下,常常免不了自杀的悲剧结局。这自然是沈从文心理情绪的反射。沈从文自己并没有试图自杀,他还希望通过艰难的挣扎,去证实生命的价值。他常常想:……我还是应当把命运扔给我的一切,紧紧地捏在手上,去迎接未来的日子。我还应该看许多世界上的事情。

由于不忍心看到自己连累儿子受苦,沈从文的母亲终于在1928年年底离开上海,独自返回湘西去了。

1929年春,沈从文、胡也频、丁玲三人所办的刊物,已开始险象环生,《人间》月刊出到第四期便不得不宣告终结,以便集中资金办好《红黑》。然而,他们的这一场冒险,似乎从一开始就预定了悲剧的结局。到8月,终因资金周转难以为继,《红黑》也成了商业竞争的牺牲品。从最初的筹备,到《红黑》最后停刊,一年的经营,他们非但未能赚钱赢利,一结帐,甚至连原先的本钱也赔了进去。但也就在这一年，他们编辑出版了4期《人间》，8期《红黑》，各自写了许多作品。除《红黑》、《人间》上发表的以外，还以红黑出版社及《二〇四号丛书》的名义出版了七种小说单行本。

胡也频的《光明在我们面前》在萨坡赛路开头，丁玲的《韦护》在这里诞生，沈从文的《龙朱》、《旅店及其他》、《神巫之爱》等小说也在这里完成，他们终于用共同的努力，刻下了各自的生命痕迹。

为谋今后的出路和偿还所欠债务，三人商议分头去找事作。沈从文决定去上海中国公学任教。这时，恰好济南方面正托冯沅君、陆侃如——两人也在中国公学兼课——帮助物色合适的中学教员，于是，由冯沅君、陆侃如介绍，胡也频决定去济南教书。

8月，沈从文将九妹寄住在董秋斯夫妇家里（董秋斯夫人蔡咏棠，正担任史沫特莱的秘书），独自搬到吴淞去了。

1930年初，胡也频离开上海去了山东。一个多月后，丁玲也从上海动身，赶到济南去了。

沈从文和张兆和

中国谚语说:

“名山不在高,而在于景;人美不在貌,而在于心。”

席勒说:

“爱使伟大的灵魂变得更加伟大。”

1928 年,当沈从文仍在生活困境里挣扎时,徐志摩曾写信给他说:

“还是去北京吧,北京不会因你而米贵的。”

沈从文没有因此重返北京。后来,他对徐志摩谈及自己想进上海美术专科学校,跟刘海粟学绘画的念头。徐志摩说:

“还读什么书,去教书吧!”

此时,胡适正担任上海中国公学校长,由徐志摩介绍,胡适同意聘用沈从文为中国公学讲师,主讲大学部一年级现代文学选修课。沈从文以小学毕业的资历,竟被聘为大学教师,这即便在当时,也不能不说是一种大胆而开明的决断。

第一次登台授课的日子终于来临了。沈从文既兴奋,又紧张。在这之前,他作了认真而充分的准备,估计资料足供一小时使用而有余。从法租界的住所去学校时,他还特意花了八元钱,租了一辆包车。第一次以教师身份跨进大学的门,不能显得太寒酸!按预先约定的条件,讲一个钟头的课,只有六元钱的报酬,结果自然是赔本!

当时，沈从文在文坛上已初露头角，在社会上也已小有名气。因此，来听课的学生极多。今天又是第一堂课，还有一些并不听课，只是慕名而来，以求一睹尊容的学生，因此教室里早已挤得满满的了。

他们中已有不少人读过沈从文的小说，听到一些有关他的传闻，因而上课之前，教室里有人小声议论着沈从文的长相、性格、文章和为人。——他们知道沈从文是行伍出身，小说里又不乏湘西地域荒蛮、民气强悍的描写，在他们的头脑里，便不时浮现出想象中的沈从文的形象：一个身材魁伟、浓眉大眼，充溢着阳刚之气的男子汉。然而，当沈从文低着头，急匆匆走上讲台，与学生对面时，眼前这个真实的沈从文，却与他们想象中的沈从文判若两人：一件半新不旧的蓝布长衫罩着一副瘦小的身躯，眉清目秀如女子，面容苍白而少血色；一双黑亮而有神的眼睛稍稍冲淡了几分憔悴。他站在讲台上，抬眼望去，只见黑压压一片人头，心里陡然一惊。无数条期待的目光，正以自己为焦点汇聚，形成一股强大而灼热的力量。将他要说的第一句话堵在嗓子眼里。同时，脑子里"嗡"的一声炸裂，原先想好的话语一下子都飞进开去，留下的只是一片空白。

上课前，他自以为成竹在胸，既未带教案，也没带任何教材。这一来，他感到仿佛浮游在虚空中，失去了任何可供攀援的依凭。

一分钟过去了，他未能发出声来；五分钟过去了，他仍然不知从何说起。……众目睽睽之下，他竟呆呆地站了近十分钟！

开始，教室里还响着人声；五分钟过后，教室里的声浪逐渐低了下去；到这时，满教室鸦雀无声！沈从文的紧张无形中传播开去，一些女学生也莫名其妙地替沈从文紧张起来，有的竟低下头去。在她们中间，有一位刚从预科升入大学部一年级的学生，名叫张兆和，时年十八，面目清秀，身材窈窕，性格平和文静，在学生中被公认为中国公学的校花，因皮肤微黑，沈从文后来称之为“黑凤”。这时，她见沈从文样子狼狈，一颗心也憋得极紧，怦怦直跳，血直朝脸上涌去，竟不敢抬头再看沈从文……。她是心地善良而富有同情心的年轻女性！

这十分钟的经历，在沈从文的感觉里，甚至比他当年在湘川边境翻越山坡还要漫长和艰难。但他终于完成了这次翻越。他慢慢平静下来，原先飞散的话语又开始在脑子里聚拢组合。……他好容易开了口。这第一句出去，就象冲破了强敌的重围，大队人马终于决城而出。他一面急促地讲述，一面在黑板上抄写授课提纲。

然而，他又一次事与愿违。预定一小时的授课内容，不料在忙迫中，十多分钟便全说完了。他再次陷入窘迫。最后，他只得拿起粉笔，在黑板上写道：

“我第一次上课，见你们人多，怕了。”

下课后，学生们议论纷纷。消息传到教师中间，有人说：

“沈从文这样的人也来中公上课，半个小时讲不出一句话来！”

这议论传到胡适的耳朵里，胡适并不觉得窘迫，只是笑笑说：

“上课讲不出话来，学生们不轰他，这就是成功。”

不知起于何时，选修沈从文所授课程的那只“黑凤”的身影，飞进了沈从文大脑的屏幕，而且越来越鲜明，愈来愈深入，再也无法抹去。张兆和的美貌和沉静，强烈地摇动着他的心旌，使他目眩神迷。丘比特的神箭射中了他的心窝，生起爱情的潮汐。这时，沈从文已经 26 岁，早已过了当时一般人的婚娶年龄。可是，自从离开湘西，混入都市人群以来,他面临的最紧迫的问题,莫过于吃饭问题,性爱的欲求不能不被求生存的挣扎压抑着。加上在他的人生路上,也未能碰上恰当的机遇,天下女子虽多,似乎全都与他绝缘。尽管同大多数青年一样,沈从文免不了被青春期的苦闷折磨,但一切却无从谈起,对性爱的欲望,只能在虚幻的想象中生成,旋即又在想象中破灭。

这次似乎有点不同了。眼下,如何活下去已经不在构成最紧迫的威胁,爱的对象又是那么现实,她已不是想象中的幻影,而是活生生的生命具体。爱的潮汐来得又是那么激烈,沈从文常常被弄得寝食不安,坐卧不宁。饭后课余,他在校园里散步,常常情不自禁地朝张兆和住的学生宿舍跑去。他渴望着再见到她,并当面向她倾诉点什么。可是,他在人前却是个不善健谈、口齿拙讷的人。每当他来到张兆和面前时,总是愣愣地站在房间中间,不知说什么好。他本想向张兆和倾吐恋爱之情,即便是一点模糊的暗示也好。可是及至说出来时,却成了问她的功课如何,读什么书以及家里的情况。见她喜欢什么话题,就谈什么。看他站着说话,张兆和请他坐下,他却不坐也不走。见他这副呆相,张兆和心里觉得好笑,又从他的神色中,隐隐约约感到几分蹊跷,反倒有点不安起来。

笔谈远胜于言谈的沈从文,终于用他那支笔,给张兆和写起情书来了,而且一发而不可收。

最初,张兆和收到沈从文的情书时,紧张得不知所措,还稍稍起了一点反感:一个老师,给学生写这种东西,真稀罕!可是,一个少女的羞怯心理,却使她害怕将这事张扬出去,弄得满校园飞短流长。她只得听任沈从文一封接一封给她写那没完没了的情书,却一概置之不理。

张兆和的不予理睬,真差点要了沈从文的命。他当然希望能得到一个明确的答复,可是结果非但不能得到她的只言片语，连再去看她也不能够了。他爱她到了快要发狂的程度，一想起她，全身的血就奔窜得快了许多，浑身发热作寒，十分痛苦。仿佛人生的一切都跟他作对，爱情、幸福都与他无缘。他真想从自己所住的楼上一跃而下，在死亡里求得人生烦恼的解脱。

沈从文的烦躁不安，不知怎么一来，很快在校园里沸沸扬扬地传播开去，说是沈从文爱上了张兆和，张兆和却不予理睬，沈从文急得要自杀。张兆和的一位女友，听到这消息后，赶紧找到张兆和，对她说：

“你赶紧向校长说清楚。不然，沈从文自杀了，要你负责。”

张兆和也紧张起来，她带了沈从文写给她的一摞情书，急忙找到校长胡适，怯生生地说：

“你看沈先生，一个老师，给我写信，……我现在正念书，不是谈这种事的时候。”

她希望得到胡适的支持，出面阻止这事的进一步发展。可是，结果与她预期的相反。在听过她的陈述后，胡适却微笑着，带着这事不值得大惊小怪的神气，对她说：

“这也好嘛！他的文章写得满好，可以通通信嘛。”

听了胡适的话，张兆和脸上不免有些尴尬。与胡适谈了一会儿其它事情后，就告辞走了。

自此以后，她既无从拒绝沈从文的来信，心里又没有作出反应的欲望，只好抱定你写你的，与我无关的态度，听任这事的自然发展。

张兆和对沈从文的反应冷淡，还没有涉及她对沈从文值不值得她爱的估价。这个问题还压根儿没有被她放在心里掂量过。这既与她当时的年龄还小有关，也与她所受的家庭教养有关。

张兆和出身名门贵族，原籍安徽合肥。张家为本地大族，拥有良田万亩，在肥西筑成围子，人称“张家老围”。曾祖父张树声，为同治年间李鸿章统率的淮军中的著名将领，曾领兵转辗江苏浙江一带，与太平天国起义军作战，为清王朝立下了汗马功劳。1879年至1884年间，出任两广总督和直隶总督，于淮军中称儒将。祖父也曾作过管司法的四川臬台。父亲张武龄，字绳进，是过继给祖父的。祖父死后，他承继了一份厚实的家产。由于受近代新思潮的影响，嫌自己名字太封建，自己改名为冀牖，又叫吉友。

最初，父亲想投资办实业，因不知如何经营，遂迁居苏州，独资创办平林中学和乐益女中。后因苏州男校太多，便结束平林，专办乐益。凡贫寒人家和工人的女儿，一律不收学费。聘用老师也不拘一格，老师中还有几个著名的共产党人，张闻天、侯绍裘、匡亚明等，都先后在乐益女中任过教。

张兆和有兄妹十人，在她十岁那年死了母亲。张武龄不准自己的女儿穿戴耳环，在张氏家族中，张兆和与二姐允和、妹妹充和也是最先进新式学校读书的女孩子。在乐益女中读书时，张兆和兄妹就喜欢新文学，家里订有《小说月报》、《新月》等刊物，还自办了一个刊物，取名为《水》。

可是，由于母亲去世较早，张兆和从小又是保姆带大的，旧的家庭教育反由家里保姆实行，逐渐培养起张兆和的大家闺秀的气质：雅静、平和、沉稳。她长大后虽接受了时代的洗礼，却终不能成为大胆、泼辣、热烈、敢于向一切传统挑战的“新女性”。

因此，写情书一事，反倒在她与沈从文之间筑起一道无形的高墙，使她时时象山羊躲虎似地避开沈从文。

当时，新月书店的会计肖克木，身材长相酷肖沈从文。一次，张兆和去买书，一走进新月书店大门，猛然间见到肖克木，以为是沈从文在店里，吓得她掉头就跑。然而，在她眼里，沈从文的情书写得实在是好！一方面，她害怕这骤然而来的求爱;另一方面,一份秘密的好奇,又使她无法推开这些充满情感的文字诱惑。她从头到尾读完每一封情书,随后轻吁一口气,将这些信藏进一口小箱子里。可是,信中那些充满爱慕、混合着忧郁的言语,已积在她的心里。时间一长,不知不觉中,她已习惯于那些当初让她脸红生气、微嫌卤莽的文字,并且不再怕它。一份她并未明确意识到的爱,在她的下意识里,正悄悄萌芽。

张兆和的沉默与退避,对沈从文无异于一种间接的鼓励。他以乡下人的憨劲,继续着这场马拉松式的求爱。

在这种不即不离状态中,日子一晃就是四年。

1932 年夏,张兆和从中国公学毕业,回到了苏州家中。

这时,沈从文正在山东青岛大学任教。他想四年来与张兆和的关系,现在已到了有个了断的时候。他决定亲自去苏州看望张兆和,企望能得到她的明确答复。

一放假,他便取道上海,乘火车再转苏州。

这天,苏州九如巷三号张家门堂里,来了一位戴着眼镜、面色苍白的客人,说他从青岛来,姓沈,是来看张兆和的。可是张家没有一个人认识他。当他得知张兆和这时在公园图书馆看书时,以为张兆和是有意躲着自己,神态窘迫而羞涩,十分不安。正当他进退无计之际,张兆和的二姐张允和出来了。问清了他原来就是沈从文——他给张兆和写过许多情书一事,对张家姐妹已不是秘密。于是,张允和请他进家里坐坐,等张兆和回来。沈从文不肯,又回到他下榻的中央饭店去了。

张兆和回到家里,张允和劝她去看看沈从文。在兄弟姐妹面前,张兆和脸上有点挂不住,悻悻然说:

“没有的事！去旅馆看他？不去!”

张允和说:

“你就去说,我家兄弟姐妹多,很好玩,请他来玩玩!”

回到旅馆,沈从文很懊恼,独自躲在床上生闷气:自己坐了30个钟头的火车,特意来看她,却不想吃了闭门羹。想象中,张兆和收到自己来苏州的信后,似乎漫不经心地说:

"你的信我收到了,想来你就来吧。"

他在心里自问:我为什么那么傻?为什么人家对我那么冷淡,我反而热情到不成样子?我把这次见面看得那么郑重,人家却看得那么随便!

他咀嚼着想象中出自对方之口的"你就来吧"这几个字,心里涌起一阵阵奇特的情绪,似乎十分快乐,又似乎十分愤怒。

他眼前又浮现出两人见面时,可能出现的各自难于开口、言不及意的情景。

正当沈从文胡思乱想之时,有人来敲门了。他起身打开房门,见张兆和正站在门外,仿佛背书似地说:

"沈先生,我家兄弟姐妹多,很好玩,请你去玩玩!"

说完了,再也想不起说什么。沈从文想象中的纷乱,在现实中竟是这样简便。于是,沈从文随着张兆和,一同来到九如巷三号。

沈从文拿出送给张兆和的礼物:一大包书籍,其中有两部英译精装本俄国小说,以及托尔斯泰、陀斯妥也夫斯基和屠格涅夫的作品集。这是沈从文途经上海时,听从巴金的建议,并由巴金代他选购的。另外又买了一对十分精致漂亮的书夹,上面饰有一对有趣的长嘴鸟。为买这些东西,沈从文卖掉了一本书的版权。见送的礼物太重,张兆和退还了大部分书籍,只收下屠格涅夫的《父与子》和《猎人日记》及一对书夹。

这时,张兆和的父亲和继母正在上海。她的五弟张寰和,从自己每月两元零用钱中拿出一份,买了一瓶汽水,打开了请沈从文喝。

对此，沈从文大为感动，当面许下诺言：

“我写些故事给你读。”

后来，他果然写了以佛经故事为题材的小说《月下小景》，每篇末尾，都附有“给张家小五”的字样。

张兆和的二姐允和，是一个心性宽和厚道的姑娘，专爱成人之美，沈从文对他十分信赖。返回青岛后，他写信给张允和，托她征询父亲对这件婚事的意见。同时写信给张兆和说：

“如父亲同意，就早点让我知道，让我这个乡下人喝杯甜酒吧。”

其实，这反倒是多虑。张兆和的父亲头脑开明，对女儿的恋爱、婚姻，从不过问和干涉。儿女自己中意了，告诉他，他笑嘻嘻地接受，不追问对方如何如何，更不论门户。张家一位邻居，曾遣媒人向他大女儿求婚，他哈哈大笑说：

“儿女婚事，他们自理，与我无干。”

从此，无人向张家提亲。张家的保姆常对外人说：

“张家儿女的婚事，让他们自己去‘由’，都是自己‘由’来的。”

在张兆和的婚事上，父亲自然不持异议。在得到父亲明确的意见后，张兆和和张允和姐妹俩一同去邮局，分别给沈从文拍发一个电报。

张允和的电报上，只从自己的名字上取了一个字：“允。”张兆和的电报则说：

“乡下人，喝杯甜酒吧。”

电报员觉得奇怪，问张兆和是什么意思。张兆和不好意思地说：

“你甭管，照拍好了。”

这以后，张兆和才开始与沈从文通信。至此，这场马拉松式的求爱过程，总算可以望见它的终点了。

生离死别

斗争中见勇敢,患难中见朋友。友情,历尽劫难而益显圣洁。谚语说:“真正的朋友愿用自己的头发为你缝制皮鞋。”

1930年5月,去山东教书的胡也频和丁玲突然回到上海,在环龙路住了下来,并写信给沈从文,要他去看看他俩。

从胡也频和丁玲的口里,沈从文得知二人离开山东的原因:由于那里风潮闹得厉害,他们不愿受人利用,又不愿让人暗算,所以回来的。胡也频又独自告诉沈从文,他们简直是逃出来的。可是听了半天,沈从文仍然弄不通他们一定要“逃”回来的理由。过了几天,他又从冯沅君那里听说,他俩是为另一件事跑出来的。这另一件事具体是什么,沈从文依然感到模糊。

原来胡也频领导学生搞起文学研究会,使校长、训育主任都不得不出席,全校都被轰动起来了。一群群学生到胡也频家里来,大家兴奋得无法形容。

不久,胡也频和丁玲加入了中国左翼作家联盟,胡也频被选为执行委员,并担任了工农兵文学委员会的主席。3月间,武汉一个新出的刊物《日出》,刊登了胡也频的《光明在我们面前》,立即被国民党当局扣留。这以后,胡也频和丁玲的稿件,一时都有了“问题”,半年多,都不见两个人有什么文章发表,他们又连着几次搬家。可是,生活的风雨,并未使他们颓唐。相反,在沈从文眼里,胡也频变得更加忙碌,也更加精神了。

转变后的胡也频,没有忘记曾与他同过患难的朋友,他希望沈从文能和他在同一方向上前进。一次,他告诉沈从文:你的一个老乡想见你,并同他谈及这个人的情形。末了,他劝沈从文也参加左翼作家联盟。

对胡也频的劝告,沈从文没有作出直接的回答。对此,他心里有着太多的顾虑。这时,随着“左联”的成立,始于1928年的以太阳社、创造社为一方,以鲁迅等为另一方的激进作家间的论争已告结束。对这场论争突然间的剧烈爆发,又突然间的沉寂,沈从文感到不可思议。他向胡也频提出了自己心里的疑问。

“使一个理想从空虚到坚实,沉默是心愿的一种预备,因此他们沉默了。”胡也频回答说。

然而沈从文仍有些想不通:当初他们的争论是不是出于真诚的信念?如果是,为什么突然间又会言归于好?如果不是,当初又为什么那样做?这个乡下人的心里,产生了深深的疑惧。这一切,在他看来,似乎全起因于文学与政治的结缘。政治更多地需要目前;而文学,在注意目前外,似乎更值得向人类的远景凝眸。何况人生的宽泛似乎不能全部被政治所涵盖。文学对于政治,既有其相互联系的一面,又有相对独立的一面。如果文学与政治完全结缘,文学的相对独立性就会遭到破坏。

他对胡也频说:

“文学方向的自由正如职业选择的自由一样,在任何拘束里我都觉得无从忍受。我却承认每一个作家,都可以走他自以为正当的途径。假若这方面不缺少冲突,那解决它、证明它的是非得失,还应当是他的作品。”

胡也频不想同他就这个问题继续争论,只是充满自信地说:

“过半年看。我也不敢自弃,会写一点东西出来。”

沈从文的疑惧,并不涉及对共产党人的评价。虽然,他觉得共产主义理想与中国目前现实“太相悬隔”,但他佩服那些始终忠实自己的理想、为社会翻身目不旁瞬的共产党人的刚强精神。在他的朋友中,并不缺少这种人。甚至就在这时,他与共产党员董秋斯等人的交往仍然十分密切。见面时,董秋斯等人也是对他们什么话都说,从不回避。然而,在他自己,却只想走自己选定的文学道路。他是为了摆脱人身的依附,取得人生的“独立”,才走出湘西的。因而,他担心任何一种新的“依附”都会使这种“独立”失去。他挣脱不了过去噩梦般的经历的羁绊。

持有这种态度的沈从文,在丁玲看来,自然是“一个常处于动摇的人,又反对统治者,又希望自己能在上流社会有些地位”。而胡也频“也常常感叹他与沈从文的逐渐不坚固的精神上有距离的友谊”。但“他怎么也不愿失去一个困苦时期结识的知友”,因为他和沈从文“曾像亲兄弟过”。

正如沈从文对左翼文学运动不免“隔膜”,胡也频与丁玲对沈从文的了解也有了些“隔膜”。这三个朋友间的友谊,出现了一条看不见的裂痕,使沈从文和胡也频再也无从在各人的行为方式上完全相互理解。

1930年,胡适预备离开中国公学,见沈从文在个人生活上又太不会“独立”,常常弄得一塌糊涂,便对沈从文说:“你还是去武汉大学,让凌叔华管管你的生活吧。”

这年秋天,沈从文离开上海,去武汉大学担任现代文学史的教学。在武汉大学期间,凌叔华对他十分关切,家里凡是有好菜时都要叫他。陈源还劝他学点英文:“学好了,保证介绍你去英国读书。”

沈从文也作过这种尝试,其结果,却连26个英文字母也念不准,只好作罢。

这时,武汉正不时有战争发生。沈从文外出时,就象一个无业游民,傍到街墙脚下去,或被卷入人群,看那不可避免的一幕幕惨案。一时间仿佛又将他拉回到十多年前的岁月里去了。看到那颗颗被砍下的血淋淋的人头和杀人士兵脖子上的肮脏的人头,他感到一种灵魂的颤栗和至深的痛苦。十多年来,自己从湘西跑到都市,却依旧无从挣脱过去的现实,还始终生活在这种可怕的人生景象中。

他感到极度愤懑,觉得自己也要杀人,杀那些滥用权力无端杀人的人。在偶尔写给胡也频的信中,他毫不隐讳地说出了自己的感想。

1931 年 1 月,在学校放寒假期间,沈从文回到上海,住在北京路清华同学会的宿舍里。

这时,胡也频已经加入了中国共产党,并被推选为全国苏维埃区域代表会议的代表。丁玲生下了他们的儿子,已经有了两个月,胡也频更见忙碌了。由于种种原因,胡也频和丁玲酝酿再次搬家的事。

1 月 17 日中午,胡也频来到沈从文住处,说他正想搬家,却到处借不到一个钱。而房东的小儿子又死了,总得送一点礼。他要送一副挽联,要沈从文替他想好挽联的措词,下午到他那里去写。然后又和沈从文谈及有人建议成立作家协会的事。胡也频希望能有这样一个机构产生,形成一支与商人对抗的力量,以争取作家的权益,并指导和监督向国际文化发展的工作。

沈从文担心作家中龙蛇不一,人心难齐,所寄的希望又是那么大,末了又要落空。

胡也频说:

“干么你知道做不好?希望大一点不妨碍事小的完成。做不到的我们总要去做,没做过的我们去试做,这是应当的。用较生疏的较艰难的事来训练我们的组织协作能力,即或失败,也比因为畏难苟安保持现状好些。何况我们又明明白白知道保守现状太吃亏了一点,希望政府同希望商人同样是不可能的事,那么,我们的事,我们自己不来办,谁还来办?中国现代文学的局面,既然是几个个人撑持,它的艰难,不由我们自己来解决,还等到另一个时代的人来为我们呼冤,这种做人的态度,也是不合理的。我们不是为我们自己打算,是需要一种使个人权利保障稳固一点的组织,我们为时代稍后的人,也应当打算一下,做一点对他们有益的事情。”

因一个同事约沈从文去四马路吃饭,12 点 30 分,两人便一道出去。天气寒冷,见胡也频身上单薄,沈从文把自己刚做好的一件虎绒棉袍让他穿上。两人走到惠罗公园前面,胡也频说他要先去先施公司买作挽联的白布,于是就分手了。

下午,沈从文去万宜坊写挽联,胡也频还没回家;晚上再去,胡也频仍然没有回来。

原来,胡也频与沈从文分手后,便先买了白布,然后去参加中共江苏省委负责人何梦熊主持召开的会议。这时,正值中共六届四中全会召开之际。在这次中央全会上,共产国际的代表米夫,不顾代表的异议,强行将王明选入中央委员会。罗章龙、何梦熊等人不服,联合成立非常委员会,并于 1 月 17 日这天,分别召开全国总工会和江苏省委会议。不料被国民党军警察觉,江苏省委全体成员以及包括胡也频在内的中国现代文学史上著名的“左联五烈士”全部被捕。

沈从文从胡也频住处写挽联回来,已是深夜。刚回到住处,就急匆匆走来一个穿着破烂的老头,说自己是管监的,受胡也频之托,来送信的,并随手递过一张胡也频亲手写的便条：

“我因事到＊＊饭店，被误会，请赶快与胡先生商量（胡先生，即胡适），保我出来。”

第二天，沈从文赶紧找到胡适。胡适说：

“那不行，我们想办法。”

晚上，沈从文将消息告诉了丁玲，并找到李达和夫人王会悟以及施存统、朱谦之，大家一起在西门里李达家里商量营救办法。最后商定请胡适、徐志摩写信给蔡元培，设法放人。沈从文一人到了南京，此时正是蔡元培在国民党内无从说话的时候。沈从文又找到邵力子，邵力子说这事无从措力，却同意写信给上海市市长张群。事情未得结果，沈从文返回上海。不久，又同丁玲一起来到南京，住在左恭家里（左恭这时正担任国民党中央宣传部文艺处长，与中共地下组织有联系）。大家要沈从文去找陈立夫，以作家身份要国民党当局放人。

通过熟人从中斡旋，沈从文终于见到了陈立夫，并向他说明来意。陈立夫说：

“这事不归我管，我可以调查一下。”

虽然在实际上，逮捕胡也频等人，是由国民党军统特务一手经办的，但沈从文看出陈立夫同他不过是虚与委蛇。不想陈立夫反过来劝他到国民党中央宣传部来做事。沈从文也照样虚与委蛇，故意含糊其辞，引开话题，和陈立夫谈了三个小时的“唯生论”。

此路不通，沈从文和丁玲返回上海。丁玲反复说：

“我老早就知道，没有希望，白跑了一趟。”

于是，大家又商量请律师，并找到陈仲石。律师说：

“这官司不好打。我爱莫能助。”

律师也婉言谢绝了。

天阴沉沉的，空中纷纷扬扬地飘着雪花，门外人行道上一片泥泞,天气极冷。这是指定探监的日子,沈从文陪着丁玲,一大早就赶到了龙华监狱。丁玲带了一包预备送胡也频的食物和衣服,穿一件灰色棉衣,如同一个在纱厂作工的乡村女子。

他俩同几百名探监者一道,伫立在凛冽的寒风里,焦急地等候登记。两人相对默然无语,各人心里凄惨惨的。

等了半天,送上条子,却不准进去。幸亏人越来越多,两人随着人流,一涌就进去了。好容易通过了一道道警戒森严的关卡和岗哨,进到里面排队等候。看守收下送胡也频的东西,打了收条,却仍不准见面。看守说,唯一可办到的,是让他送一点钱给胡也频,这样可以从远处看到胡也频走过。两人只得照办了。

终于,沈从文听到房子另一头小铁门内,响起铁镣的声音,赶紧循声看去,胡也频果然在小铁门口出现了,于是便大声喊起来。丁玲也跟着呼叫着:

“也频,也频,我在这里!”

听到两人的喊声,胡也频在门口停住了脚步,转过身来,举起戴着手铐的双手,似乎很有力地扬了一下,随即被管监的一推,便在铁门背后消失了。

这一次见面,不料就是沈从文、丁玲与胡也频的永诀。2月7日,胡也频终于被国民党当局秘密枪杀于龙华。

几天后,沈从文找到邵洵美,打听胡也频消息时,得到了胡也频的死讯,并通过邵的关系找到上海警备处,看到胡也频被害时的照片。

胡也频被捕后,李达和王会悟将丁玲接到自己家里住了一段时间。后来,丁玲又搬到沈从文兄妹的住处。

这时,丁玲在上海的处境也很危险,带着孩子在身边又十分不便,便决定把孩子送回湖南,交给母亲抚养。

4月初,沈从文带回郑振铎借给丁玲的两百块稿费,沈从文自己另从徐志摩那里借了一笔钱作路费，随后陪丁玲乘车返回湖南。那时，国民党军队正在对江西红军根据地实行军事“围剿”，路上风声极紧。车到长沙时，因长沙军政当局对外地旅客盘查极严，要有保人方能在长沙留宿，沈从文和丁玲便不敢出站，只在候车室等车。直等了大半夜，方才上了去武汉的火车。到武汉后，两人再转乘小火轮，由长江入洞庭，转沅水，抵达常德。

到达常德后，下船时又被检查七次，才终于被放行，回到丁玲家中。

在常德住了几天后，沈从文陪同丁玲，又一起回到了上海。

因营救胡也频及帮助丁玲料理后事，沈从文延误了返校日期。虽然，他曾写信去武汉大学续假一个月，待到从湖南返回上海时，学校开学已颇有时日，已不便再去。沈从文只好留在上海，继续自己的写作。

孤　独

培根说：

“最可怕的孤独是没有真正的友情。”

施泰纳说：

“孤独是智慧最好的乳母。”

1931年秋，沈从文应杨振声之邀，去山东青岛大学重执教鞭。这时，丁玲正主编左翼文学刊物《北斗》，她写信给沈从文，约他给《北斗》写稿。沈从文写了《黔小景》寄去，发表在该刊一卷三期上。

1932年夏，沈从文去苏州看望张兆和时，曾顺便去上海看望丁玲。

自此以后，直到丁玲被捕，再于1934年在报刊上复出后，沈从文去南京探望她为止，两人不仅没有再见面，同时也断绝了通信联系。

国民党的政治独裁夺去了胡也频的生命，丁玲继续胡也频的道路，全身心投入左翼文学运动。自胡也频、丁玲从山东回上海后，沈从文曾一度萌发的恢复《红黑》的希望，至此完全落了空。“生离”与“死别”结束了这三个朋友间长达七年的密切交往与合作的历史。1931年秋，沈从文独自来到青岛。

然而，1931年这一年，仿佛注定沈从文必须经受接二连三的亲友死亡的打击。就在他在青岛大学任教两个月后，又一个挚友死亡的现实，降临到他的面前。

11月21日,沈从文正同几位同事,在校长杨振声家里聚会,一面喝茶一面聊天的时候,有人从济南给杨振声打来长途电话。接完电话,杨振声转过身来,以低沉的语调告诉大家:

"徐志摩因飞机失事,已于两天前不幸遇难。"

"志摩死了!"当沈从文意识到这消息的含义时,心弦好象立时被一股巨力绷紧,又旋即被飓风猛烈摧折。经过这瞬间极度的张弛之后,他觉得浑身没有一丝儿力气了。看看在座诸人,全被这突如其来的消息惊得说不出话来。

他终于对大家说:

"我想搭夜车去济南看看。……"

22日一早,车抵济南。沈从文按约定地点,赶到齐鲁大学,与各地赶来的徐志摩的亲友会齐。这时,张奚若、金岳霖、梁恩成等人刚从北京赶到。不久,张嘉铸陪着穿了一身孝服的徐志摩的长子赶到;郭有守、张慰慈等人也分别从上海、南京赶到。

吃过早饭,一行人冒雨去徐志摩停灵处——福缘庵瞻仰死者的遗容。福缘庵是一座小庙,坐落在济南城一条偏僻的小街上,已成为堆放日用陶器的货栈。庙前空地上泥水斑驳,院坪两边和庙内,全堆满了水缸、沙锅、土碗及各类坛坛罐罐。在入门左侧贴墙一带临时腾出的一点空间里,停放着徐志摩的棺木,棺木四周只容得下三五人周旋。

棺盖上安放着一个用铁树叶编成、类似古希腊雕刻图案的花圈,显然出自梁思成、林徽音夫妇之手。徐志摩戴了顶瓜皮小帽,浅蓝色绸袍上,罩一件黑纱马褂,脚上穿一双粉底黑色云头如意寿字鞋,安静地躺在棺木里,消失了生前生命的奔放与骚动,脸上没有丝毫不安,不留一点痛苦痕迹。

望着徐志摩穿了这么一身与他平时性情爱好全然不

相称的衣服，沈从文心里反倒泛起一抹苦味。这时，外面的雨逐渐大起来了，檐前淅淅沥沥的雨声，使眼前的景象显得更加凄凉寂寞。从小就过多地经受了亲友突然死亡打击的沈从文，照例在沉默中接受眼前的现实，一句话也没说。然而，这位才华横溢的诗人生前的种种往事和他对自己的关切，正慢慢爬上沈从文的心头。当初自己投稿无门时，恰恰是徐志摩，对一个尚不相识的初学写作者的作品，写下了难得的"志摩的欣赏"，坚定了自己走上文学道路的信心；在后来自己为应付生活而艰难挣扎时，每逢紧要关头，总能得到他的热情关切和帮助。假如没有他和其他朋友的帮助，自己也许是已成为了北京某人家屋檐下的饿殍。虽然这一切在徐志摩自己，由于生命的脆弱倏忽，如今都化为南柯一梦，然而，诗人生命的热力，已转接到活着的挚友身上，在未来的日子里将继续燃烧。

但志摩到底走了，想起人生路上结识的挚友一个接一个地死去，自己将不免在孤独寂寞中继续前进，热泪禁不住模糊了沈从文的视线。

…………

青岛大学的生活，同北方冬日一样寂寞。上课写作之余，沈从文常常独自坐在屋子里出神。转眼又是年末。在这一年的前后十个月里，沈从文就有四个最熟悉的朋友遇难的事实，沉重地压在他的心头。他的眼前不时地浮现出他们死难的情景：胡也频在龙华被人秘密地用排子枪攒射，张采真在武汉一座欢迎"伟人"的牌楼下被斩首示众，满振先在桃源被捷克式机枪扫倒在地，徐志摩在济南上空的云雾里烧毁。……人为什么死去？这突如其来的死亡，偏偏降落到他们头上，又是为什么？虽说"天有不测风云，人有旦夕祸福"，但这样的命运摊派到他们头上，实在太不公平！……一个浮着虚假笑容的书商走了过来，又打着哈哈离去；几个风度翩翩的大学教授联袂而至，他们中间正有人标榜“清心寡欲”，却离不开“保肾丸”、“鱼肝油”；有人一面大谈“道德名分”，一面却目不转睛地盯着眼前裸体塑像胴体的凸起凹下部分；又来了一个世家名媛，气度不凡，衣着入时，志趣似乎也十分高雅，一来便傍在一个教授身边观看一册人物手卷，津津有味地数起画面上人物的数目来；北京某议员居住的深院大宅里，三姨太正与少爷偷情，报上同时登着这位少爷与另一位名门闺秀订婚的消息，而那位议员此刻正在议会大厅里，因与同僚争持不下，正抄起手中的墨盒，朝对方头上飞去。

这些人，生命已经只剩下一个空壳。那些最初感到自己卑微、惭惶不安的绅士淑女，原来只是空有一副皮囊。而这几年来，自己的灵魂同样被都市生活揪住，无从挣扎。那个来自山野的沈从文，不知何时已经失落。……虚空中，渐渐凸浮出湘西的山水。荒蛮的边陲之地飞扬起雄健的生命的旋律，一个声音在高喊：

“魂兮归来！……”

青岛的五月，天气渐渐暖和，自然界也热闹起来。青岛大学周围的林子里，已经有了啄木鸟活动的踪迹，清脆的黄莺的啼音到处可闻。各处公园里，梅、桃、兰、李、棠、樱，仿佛约定了日子，挤在北方短暂的春日里一齐开放。与往日一样，沈从文又一次走出校门，独自沿着海岸，朝东走过浴场、炮台、海湾石滩上当年属于俄国某公爵的大房子，来到太平角海边的礁石群上。

选定一块礁石，沈从文面朝大海坐了下来。眼前，大海一抹蔚蓝，灰色的水灵山岛的圆影在远处波光里浮动。紫色的天际，刚消失的船只留下一缕淡烟。身后是一片马尾松林，宛如一把把绿色扫帚，扫拂天云。树下的野花，连缀成淡蓝、黄、白各色间杂的图案。

沈从文在礁石上仰面平躺下去。距脚根八尺以外，一壁悬崖笔直地插入海里。海面有时平静无波，如一面巨大的蓝色玻璃；有时又涌起两三丈大浪，直向崖下撞击，溅起带咸味的雨雾。沈从文凝望着空中飘浮的白云，在静默与孤独里，一面从海边阳光里获取热能，一面与自然相对，在抽象里默会生命的力量。仿佛已经没有了悲伤，对生命的自信正在寂寞里迅速增长。

“名誉、金钱或爱情，什么都没有，这算不了什么。我有一颗为一切而跳跃的心，这就够了。这颗心不仅能够梦想一切，而且可以完全实现它。一切花苗既能从阳光下得到生机，于阳春烟景中芳菲一时，我的生命上的花朵，也会发展，会开放，必有惊人的美丽与芳香。”

然而，当他从礁石上坐起时，在自己心灵深处响起另一种声音。这声音含着一点冷嘲，带着被社会蹂躏过的印记：

“一个人心情骄傲，性格孤僻，未必就能够作战士！应当时时刻刻记住，得谨慎小心。你到的原是深海边。身子纵使不至于掉到海里去，一颗心若掉到梦想的幻境中去，也相当危险，挣扎出来并不容易！”

沈从文重新躺下去。那个对生命充满信心的自我回答说：

“为什么挣扎？倘若那正是我要到的去处，用不着使劲挣扎的。我一定放弃任何抵抗愿望，一直向下沉。不管它是带咸味的海水，还是带苦味的人生。我要沉到底为止。这才像是生活，是生命。我需要的就是绝对的皈依，从皈依中见到神。我是个乡下人，走到任何一处照例都带了一把尺，一杆秤，和普通社会总是不合。一切来到我生命中的事物，我有我的尺寸与份量，来证明生命的价值和意义。我用不着你们的‘社会’制定的那个东西，我讨厌一般标准，尤其是什么思想家为扭曲人性而定下的蠢事。”

“好，你不妨试试看，能不能使用你自己那个尺和秤，去量量你和人的关系。”

“你难道不相信吗？”

“你应当自己有自信，不用担心别人不相信。一个人常常因为对自己缺少自信，才要从别人的相信中得到证明。政治上的纠纷，以及在这种纠纷中的牺牲，使百万人流血，流血的意义就为的是可以增加某种人自己那点自信。在普通人中，有人自信不过，无从用牺牲他人得到证明，所以一失恋就自杀的。这种人做了一件其蠢无以复加的事，还以为是追求生命的最高意义，而且得到了它。”

“我只为的是如你所谓灵魂上的骄傲，也要始终保留着那点自信。”

“那自然极好。不过你得注意，风不常向一定的方向吹。我们生活中到处是‘偶然’，生命中还有比理性更具势力的情感。你虽不迷信命运，新的偶然和情感，将形成你明天的命运，决定你后天的命运。”

“我自信我能得到我所要的，也能拒绝我不要的。”

“这只限于选购牙刷一类的小事情。另外一件小事情，就会发现势不可能。至于在人事上，你不能有意得到偶然凑巧的，也无从拒绝那个附在情感上的弱点。”

沈从文再次坐了起来，眺望前面的大海。他知道，在眼目所及的前面，一定有可供候鸟迁移栖息的海岛，再一直向前，最终可以到达一个绿野无垠的海岸。但若缺少航海经验，是无从用想象去证实的。

“难道我和人对于自己，都不能照一种预定计划去作一点……”

“唉，得了。什么计划？你的意思是不是说那个理性可以为你决定一件事情，而这事情又恰恰是上帝从不交给任何一个人的?你试想想看,能不能决定三点钟以后,从海边回到你那个住处去,半路上会有些什么事情等待你?这些事影响到一年两年后的生活可能有多大?若这一点你失败了,那其他的事情,显然就超过你的智力和能力以外更远了。这种测验对于你也不是一件坏事情,因为可让你明白偶然和感情将来在你生命中的种种作用,说不定还可以增加你一点面对忧患的容忍力——也就是新的道家思想,在某一点某一事上,你得有点信天委命的达观,你才能泰然坦然地继续活下去。”

…………

晚上,想起“偶然”和“情感”,一个对生命有计划对理性有信心的沈从文,好象被另一个宿命论的沈从文战败了。可是,前者虽然战败却不服输。十年来,自己从湘西走入都市,在一种不易设想的艰难中,终于按照自己预定的理想走过来了。而且,终能运用手中一支笔,写自己要写的故事,来证明生命所能达到的传奇。

夏天,暑气将人们赶到海边去了,沈从文却留在山上,独自在一列梧桐树下散步。太阳光从树叶间隙滤过,印在地面。望着纵横交错的光影,他俨然有所憬悟,觉得自己又分裂成两个对立的人格了。

…………

沈从文陷入了人生的必然与偶然、理性与情感、可知与不可知的二律之中了。他感到这种辩难实在太虚泛了一点,仿佛在漫无边际的抽象领域里游泳,游来游去,却不能与任何具体的人生理想或事实接头,一切都超越于具体感觉之上。

复　苏

雨过天晴，苦尽甘来。

人人都追求幸福，所谓幸福，就是顺应社会规律。

能够为人民劳动，便是最大的幸福。

抗战时，沈从文到了昆明，任北京大学教授。因北平沦陷，北大迁到了昆明。

抗日战争胜利后，沈从文随学校迁回北京。

解放战争后期，沈从文拒绝了学校当局的劝说，没有去台湾。

解放后，沈从文的工作编制仍留在北京大学，人已被安排到中央革命大学去学习。

中央革命大学是北京解放后建立的一所培训各级各类干部的政治文化学校，地址在北京西郊，学员多达七千人。沈从文进了中央大学研究班，成员多是高级知识分子中的民主人士。创办研究班的目的，是通过学习，帮助这些从旧社会过来的知识分子，适应社会和时代已经发生的巨大变化，在政治上向新生政权认同回归。

按规定，学员必须在学校住宿。因此，沈从文每周星期一上学，星期六回家，前后十个月。

在这期间，听政府报告，学习各种政治文件，讨论，座谈，对照自己过去的思想认识、检查、反省、再认识，是学员每天的课目。这些学习，将沈从文带进一个过去因隔膜而陌生的世界。恰如当年从湘西走入都市，两个世界构成的强烈反差，使精神不易取得平衡，他业已感到，自己过去几十年形成的对世界和人生的认识,已经为变化了的社会观念和社会人事所不需要,而对新的观念和现实的接受认同,只能是一个长期而艰难的课题。在这种学习竞争中,同那些成份不同、年龄不同的学员相比,落伍似乎是注定了的。那时,正有一个近身的例子。一个从小在家乡看牛拾粪的青年农民,小学未毕业便去作了一年银匠,后来辗转来到北京,得沈从文收留,在家里做做饭,并由沈从文帮助读点书。解放后,他进中央大学第一班。毕业后被分配到河北乡村作基层工作,成长为一个新农民的典型——学习文化充满热情,用新的社会观点分析人事得心应手,远非在城市长大、在学校读书的大学青年所能及。

面对新观念、新人事的茫然若失,加上长期形成的内向性格,综合成沈从文的忧郁。学习之余,学员们由苏联人乌兰诺娃牵头,经常举办舞会,活跃文化生活。沈从文照例不参加——这个"乡下人"进入都市已经近30年,除了对音乐具有一种出于天性的爱好外,对一切场面的人际间的交际应酬全没有学会。

于是,便有人说沈从文"不高兴"。

"我有什么不高兴?我不是那种嘻嘻哈哈的人。"沈从文在心里替自己辩解。

他何尝不知道顺乎自然的乐天知命,正是一种难得的品格。自已早年那份任性和不忌生冷的脾性,正与这种品格相近。可是,它与自己已经渐离渐远,即便回头寻觅,恰如一点星火,早经风雨反复淋浸,再也不能复燃了。

大约为青少年时期在社会底层长期挣扎的经历所决定,在沈从文的人际交往中,与都市场面上的人,照例不大容易合群,反与普通劳动者容易心灵贴近。在革大期间,他在一位炊事员身上,找到了情感寄托。学习之余,当别人去参加舞会的时候,沈从文便默默走到厨房里去,主动做一点力所能及的事。别的事干不了，就在炊事员的指点下，管管炉灶。出于长期养成的凡事认真的习惯，沈从文帮厨时也能克尽职守。

炊事员是一个退伍的老兵，长期的生活经验，使他对研究班的学者、教授保有一种感情上的距离。然而，沈从文帮厨时那份兢兢业业的神气，对普通人所有的平易天真以及诚恳、朴实的态度，却使他大为感动。时间一久，他和沈从文便成了好朋友。

一有闲暇，沈从文就与这位老炊事员聊天。常常是在晚饭之后，两人坐在厨房旁边的院坪里，交谈各自的人生经验。他们所共有的行伍经历，成了谈话的经常题目。老炊事员曾经参加过芦沟桥保卫战。当他叙述这段战争经历时，既朴素亲切，又生动传神。叙述者在往事追忆中沉醉，沈从文也听得如痴似迷。从华灯初上直到繁星满天，两人往往一谈就是半夜。踏着星光返回宿舍时，沈从文感到了生命的充实与愉悦。

老炊事员不独对工作十分认真，对生活也充满温情。身边的一切仿佛都有知觉，有生命。一个锅碗瓢勺的损毁会使他痛惜不已，食堂里喂养的一只黑白两色的花猫，宛如他的朋友和儿子……。从这位老炊事员身上，沈从文感到自己正与人类善良、诚实、热情与爱的本性贴近。老炊事员的精神与风貌刺激起沈从文的创作欲望。他拿起笔来，想写出老炊事员的行伍经历、由锅碗瓢勺组成的世界以及身边那只通人性有情感的花猫。可是，写着写着，耳边却响起了一个严肃的声音：你这个不安分的乡下人，你可知道，你手中的一支笔已经过时？你所要写的，对目前这个国家、社会，难道不是不仅无益，反而有害？你为何只醉心于与这个伟大时代不相称的人生琐屑？

沈从文感到一种惶惑。思前想后的结果，他将写成的文稿揉成了一团。这篇文章的生命,终于结束在它的摇篮里。

然而,沈从文并没有为此感到委屈。他明白,一个民族、国家的翻身重建事大,个人能不能写小说事小。眼下,人民解放军正在向大西南和西藏进军。国土的统一已成定局。自辛亥革命以来,中国因军阀割据形成的分裂混乱已告结束,历史迎来了中华民族重建国家的契机。从现在开始,将有一番轰轰烈烈的开拓。而这,恰恰是他几十年来梦寐以求的。

这时,收到了6年前即去了香港的表侄黄永玉的来信,向他询问解放后的国内情况。他立即写了回信,以长辈身份,情辞恳切地要黄永玉来北京,以自己所学,为民族的文化建设服务。

接到沈从文的信不久,黄永玉便赶到北京来探望沈从文了。

沈从文自己渴望重新工作。在"革大"时间一久,他便感到学习的安排在时间上不太经济,有时不免流于形式。沈从文是个不愿闲着的人,尤其是在国家百废待兴的时候。他感到一种难耐的焦渴,身上固有的那份执拗脾性又重新露头了。

一天,他跑去找负责研究班生活管理的那位解放军班长,愁眉苦脸地说:

"请你去上面问一下,改造要到什么时候为止?不要我做事就说明白。"

望着沈从文坦诚的脸,年轻的班长笑了:

"我去请示一下。"

几天后,班长对沈从文说:

"问过了。上面要你仍然写文章。"

…………

研究班终于结了业。结业之前,按学校统一规定,每个学员都必须结合学习体会,对照自己过去的思想写出一份检查。这份检查沈从文写得很艰苦。别人一个接一个地交了卷，他却感到难以下笔。好容易在离校前夕，他完成了这份自我检查。按完成时间先后，沈从文得了个倒数第一。

在北京解放后的三年中，由于报刊上完全消失了沈从文的踪影——既无作品发表，也没有关于他的消息，引起了海内外的种种猜测和谣传。有说沈从文因受折磨死去的，有说他被关进监狱的，有说他被强制劳改的。为澄清谣言，回答海内外亲友的惦念，沈从文写道：

“最近我写了个检讨报告。这个检讨则是这半年学习的一个报告，也即我从解放以来，第一回对于个人工作思想的初步清算的认识，向一切关心过我的，以及相去遥远听了些不可靠不足信的残匪谣言，而对我有所惦念的亲友和读者的一个报告。”

此时，沈从文的工作已经正式转入历史博物馆。从中央革命大学出来后，沈从文曾随工作组去四川宜宾，参加过一段时间的农村土地改革工作。

从四川返回北京后，一天，突然有小车来接沈从文去北京饭店，说陈赓约他见面，并请他吃饭。

席间，陈赓关心地询问了沈从文目前的情况。得知沈从文已转入历史博物馆工作，陈赓说：

“你没有什么问题，不要有什么负担。抗战时期，你的作品在解放区也很流行。现在博物馆工作，这也很好。”

末了，陈赓拿来一些旧画和其他一些文物，请沈从文鉴别。其中，一个出自土司的翡翠，是无价之宝。

这次会见，给了沈从文一种难得的精神慰藉。陈赓的话也使沈从文恍然大悟：过去一时将自己当反动派看待，显然不是上面的示意，不是出于共产党的政策。历史的一时误解与历史的真实目的之间，政策执行中的偏差与政策本身，不可避免存在着矛盾。

选　择

在人生的十字路口上，只有选择得当，才能充分发挥自己的才能。

在革命大学里，沈从文寝不安席，食不甘味，整天心事重重。原来，沈从文再次面临了人生的选择。这选择，与他20岁时在保靖的那次抉择有着许多不同之处。当年面对的是获得权力与寻求知识、人身依附与人生独立的选择，虽然也有犹疑，有权衡，然而觉醒的生命带来的是义无反顾的决断，放下权力，去寻求知识，割断与湘西上层社会的联系，独立地走自己的路。现在面临的自然是不同了，选择的对象也与从前的两样，性质虽不如最初的人生选择那般严重，选择却远比那次为难。——他无法断然决然割断与文学创作的牵连，因为那是注入自己全部生命的事业，早已感到那是“终其一生，无从更改”的。在那上面，有自己20多年的心血凝注。现在要最终割弃，不能不使他感到痛苦。——虽然这痛苦不是来自外部的压力，既非有人不准写作，也没有人强迫他一定要写什么，不写什么，而是来自他自己的内心矛盾。因其来自自身，其痛苦更甚。

他明白，如果继续从事文学创作，自己已经定型的写作方式与已经自觉到的社会要求之间，必不可少地存在着冲突。虽然在那份自我检查里，提到学习中对“政治高于一切”，“文学从属政治”的重新认识，但要在创作中实际体现这一点，并非易事。即便有了朝这方向的明确努力，下意识的长期积习——自己所熟悉的题材范围、审美趣味、处理材料的方式乃至语言词汇，难保不拖住手中的笔。

他不能不面对现实：在承受了新的社会要求的文学领域内，自己的落伍是注定了的。与其于己于人有害无益，不如避贤让路。既然证实生命价值的途径不只一条，文学创作已经难以为继，尽可以用另外的方式为社会服务。

可是，真要改行，对沈从文来说，远不是一般所能想象的那么容易。改行意味着什么？原有的半生经营的事业基础全部报废。新的选择无论是什么，一切都得从零开始。他已经是50岁的人了。如果新的选择不只是仅仅获取一个颐养天年的职业，而是用以继续证实生命所能达到的传奇——在沈从文的深心里，这是出自生命潜能的人生必需，那么，50岁实在是一个太过严峻的年龄了。

沈从文陷入了自己作成的两难之境，好在最终的决断还不需要立时作出。离开革命大学后随工作组下乡参加土改，延缓了这一选择过程。

先是抗战胜利后，北京大学以韩寿萱为首，筹备建立博物馆专业。沈从文凭着他原有的文物鉴别知识，到处跑去为博物馆买文物。乃至从四川土改回京后，他又被抽调去清理整顿北京的古董店。成天跟随军代表，在北京各古董店里出入。当时北京共有古董店120个，沈从文亲自参与检查的，就有89个。成百万的古代文化珍品从他手中经过。想起30年前刚到北京时，自己在这些古董店门前徘徊不敢进门的往事，沈从文心里不免产生出许多感慨。感慨中也慢慢生出一种憬悟：自己的生命与这些古代文物原不可分。

沈从文对文物的兴趣远不是自这时起。它可以追溯到1921至1922年沈从文在保靖替陈渠珍整理古籍、管理旧画和陶瓷文物并为它们编目的时候。刚到北京时，琉璃厂,天桥,廊房头、二、三条,各处跑去欣赏古董店和地摊出售的文物,几乎成了他日常必修的功课。到了30年代,他的生活终于从贫困中解脱后,便不知节制地购买收藏各种文物了。

沈从文对文物的爱好从广泛的欣赏逐渐转向专门的搜集。在北京时专收瓷器,还在外国人之前,他就注意到了青花瓷的价值;在云南期间,专门收集耿马漆盒,后来又转向搜集锦缎丝绸。抗战胜利返回北平后,他与朱光潜同住一个院子,他对朱光潜说:

"趁二位太太没来,赶快买东西。"

及至二位夫人回到北京,两人仍变着法子买各种便宜的文物。

然而,沈从文收集文物,其意并不在收藏。买来的文物,常常是随后送了人;送了,又再买。

一批又一批文物,就这样从他手中经过,而有关这些文物涉及的广泛知识——一种真正的财富,却在他脑子里留下来了。早在40年代,他就写过《读展子虔的〈游春图〉》一文,考证相传为隋代画家展子虔所作《游春图》的真伪,洋洋万余言,叙述隋唐以来中国画史,如数家珍,并涉及隋唐以下服饰、装裱、绢素及人物起居方式的各代特征。其独到的见解,在30多年后,为不断出土的众多文物提供的资料和后来者的研究所证实。沈从文还发表过《收拾残破》等论文,为抗战胜利后如何保护文物大声疾呼过。

然而,这一切,在当时只不过是一时兴之所至而已。沈从文生命发展的潜能,是朝着文学的疗向获得升华的。他在文学上所取得的成就,抑制了生命潜能朝文物研究方面的发展。现在,要重新改向这方面发展,虽是性之所近,仍然还得从头作起。尽管如此,后半生工作的方向,在沈从文心里却逐渐变得明朗起来。

清查北京古董铺的工作结束后，工作去向问题立即摆到了沈从文面前。

当时，博物馆里的人不少，其中有13个教授，但都不安心。馆领导征询大家的意见：如果不愿留下来，有什么条件尽可以提出商量。结果，其余的教授都离开了历史博物馆，转到其它单位去了。对沈从文，也提出北京师范大学和中国人民大学供他选择。沈从文终于做出了留下来的决定。他对博物馆领导说：

"工资不要超过馆长，能给我工作提供方便就行了。"

这一决定终于导致沈从文与文学创作的最终告别。

1953年，全国第二次文学艺术工作者代表大会召开，沈从文作为美术组的成员与会。会议期间，毛泽东、周恩来等国家领导人在人民大会堂接见了包括沈从文在内的一些文学家、艺术家。见到沈从文时，毛泽东询问了沈从文的工作和身体情况，而后说：

"你还可以写点小说嘛。"

沈从文报以微笑，对毛泽东提出的希望却未能作答。他心里有着难言之隐——要作否定性回答，岂不辜负了党和国家主席的一片好意；若作肯定回答，又岂非当面撒谎？因为就在这之前，沈从文已收到上海开明书店的来信。信的大意是说：你的作品已经过时，凡在开明已印未印各书稿及纸型，已全部代为焚毁。沈从文心里在文学创作方面尚存的一点火星，至此已完全熄灭。

沈从文在历史博物馆的工作，是为陈列的展品写标签。历史仿佛开着玩笑，将他拉回到当年在湘西军队里当文书的位置上。这使许多亲友大惑不解。从香港回国工作的黄永玉，此时正寄居在北新桥大头条的沈从文家里。见沈从文在新的工作岗位上安之若素的神气，他心里产生了疑问。

各报刊向沈从文约稿的仍不乏其人，他却不为所动，主动割断了与文学创作的联系。

然而，沈从文并没有心如槁灰，用消极隐退的方式以求自保。一个人活着，就有责任要尽。他的生命之火并未熄灭，只是在一种不作广告，不事声张，旁人迷惑不解，自身也默默无语的状态中，开始了向另一片天地的艰难跋涉。当终于有一天，人们在那片新的领地里发现沈从文的身影时，便不能不惊叹生命所能创造的奇迹。

新的耕耘

锲而不舍，金石可镂。

实干精神是人们最好的伴侣。

沈从文一头扎进博物馆后，成年在破旧的金、石、陶、瓷、丝绸——历史遗留下来的巨大的瓦砾堆里转来转去，探寻那通向人类真实昨天的途径。

每天，沈从文都提前赶到博物馆门口，等候开门上班。

北京的三九寒天，气温极低。太阳还没有出来，寒气直浸入人的骨髓里去。每天清晨，天安门前一个稍能避风的墙角落里，瑟缩着一个50出头的矮个儿老头。身穿一件灰布棉袄，一面跺脚，一面将一块刚出锅的烤白薯，在两手间倒来倒去取暖。天安门前过往的早行人，谁也不会料到他就是沈从文。他正在等候博物馆的警卫按规定的上班时间将门逐一打开。

博物馆设在午门前的五凤楼上。此时，所有文物仍一律按旧规库存。陈列室与库房里，不准生火，也不许装电灯。室内光线极差，整日黑沉沉的。西边拐弯处，有一间小小的展览室，里面陈列着明清两代用以将人犯凌迟处死的各种刑具。剥皮的、抽筋的、剜眼睛的、割舌头的，奇形怪状，不一而足。即使是大白天从那里路过，也不免感到阴气逼人。

沈从文自然并不顾虑这些。成千上万的文物在他眼前展开了一个新奇的世界，犹如阿里巴巴偷得了打开山洞的秘诀,使他有幸置身于令人眼目迷乱的稀世珍宝之间。虽然过去从他眼中手里经过的文物已经不少,但与眼前见到的相比,不过是沧海一粟。沈从文兴奋不已。一股巨大的贪欲从他心里升起——他不是垂涎于这些文物的金钱价值,而是为深藏在那一履一带、一环一佩、一点一线、一罐一坛之间的巨大的知识财富,以及燃烧于其间的永世不灭的生命之火所迷醉。

馆里给他的工作是给文物分类写标签。工作虽然只是成天在墙上写字,可是这于沈从文却并非一种机械式的劳作。他比别人多了一层心机,他抄写着,同时也对每一件文物加以仔细观察与分析,其中的人物服饰、家具器皿、风俗习尚、花纹设色、笔调风格,全都被他充满兴趣地加以注意。他且看且写且想,人转,手转,脑子转,种种形象连同涉及的各样或是或否的文物研究问题,一齐刻入他的大脑深处。他一向博文强记,对形象的感受力极敏锐细腻,又擅长系列化排比,加上那份乐此不疲的心性,他正在向文物研究的高峰攀登。

他那样珍惜时间,在他的感觉里,时间就是生命。自己从事的是一项崭新的事业,一切都得从头学起,已经没有多少时间可供浪费了。为此,他简化了自己的生活。怕上上下下出出进进耽误时间,他中午从不回家,经常拿一块手绢包两个烧饼,就在馆里填饱肚子。不止一次,中午的下班铃响了,他仍然聚精会神地记录材料。因过于神情专注,他竟没有听见铃响,结果被管理员反锁在库房里。午后上班打开库房时,值班员才发现沈从文还在里面伏案疾书。管理员过意不去,走到面前向他道歉。沈从文反觉惊愕,竟不知管理员何以如此。

这可正中了家里保姆的下怀,沈从文简化生活的习惯竟经常得到她的口头夸奖。

依旧是日月升降，寒暑交替。几年过去了，沈从文以他惊人的毅力，默默地在他的领地里开垦的结果，使他成为文物史方面几乎是“富甲天下”的专家。他先后编写了《中国历史图谱》、《中国古代服饰研究》等书。在沈从文身上，命运仿佛有意在做出一种持平的安排，即让他以知识上的富有去弥补他生活上的败北。在知识的追求进取上，沈从文是个幸运者：在他走上文学道路之前，命运就安排他去经受种种磨难，去看那些别人无法见到的人生现象；而他终于改行转入文物研究时，又让他直接接触到别人轻易见不到的奇异珍宝。

在大洋彼岸

人类的精神财富，是全人类所共有的。

人的最大幸福，是他的劳动成果被全世界所承认。

为国争光，是沈从文晚年的一大乐事。

在中外学术界殷切关注着《中国古代服饰研究》一书进展情况的同时，沈从文前半生的文学创作成就在国外引起了广泛重视，国内出现了重新评价沈从文文学成就的呼声。

这不是一种突发现象。早在30年代，沈从文的作品就被翻译介绍到了日本。30年代，斯诺选编的《活的中国》，其中收入了沈从文的短篇小说《柏子》。到40年代，由金隄和英国人白英合译的沈从文作品集《中国土地》出版，收入《柏子》、《灯》、《丈夫》、《会明》、《三三》、《月下小景》、《三个男人和一个女人》、《龙朱》、《夫妇》、《十四夜间》、《一个大王》、《看虹录》、《边城》等，该书1980年在美国重印。由松枝茂夫翻译的《边城》在日本出版。其后，由姚克翻译的《从文自传》在《天下》杂志连载，作为《熊猫丛书》之一的《散文选译》收了《边城》《贵生》、《萧萧》、《丈夫》等，在英美受到读者的欢迎。日本翻译出版的《中国现代文学》第五卷，收了由松枝茂夫、冈本隆三翻译的《边城》、《丈夫》、《夫妇》、《灯》、《会明》等中短篇小说。在德国，出版了由吴乐素翻译的《边城》及部分短篇小说。

随着夏志清著英文版《中国现代小说史》和司马长风

的《中国新文学史》分别于美国和香港出版，进一步点燃了西方和港澳读者及学术界对沈从文作品的热情。美国、日本、法国、德国的中国文学研究者，不断有人专程千里迢迢去湘西访问，了解那块曾养育了沈从文的神秘土地，寻觅沈从文的人生足迹。有关沈从文的传记、评传和研究专著相继出版，美国、西德、日本、法国都有人拟定了进一步翻译出版沈从文作品的计划，西方文学界开始提名沈从文为诺贝尔文学奖候选人。

就在这种背景下，应美国文学界和学术界之邀，得“美中学术交流委员会”赞助和中国社会科学院支持、批准，沈从文以著名作家和文物研究家的双重身份，赴美访问并讲学。

1980 年 10 月 27 日，沈从文偕夫人张兆和乘坐的飞机在纽约肯尼迪机场降落。沈从文夫妇的来访，对定居纽黑文的傅汉思和张充和夫妇，无异于喜从天降。

傅汉思，耶鲁大学教授，美国汉学家。1948 年初在北平由金 隄介绍与沈从文相识。此后，他就成了中老胡同沈家小小宅院里的常客。他一去，沈从文总是充满热情地同他谈中国艺术和建筑。在沈家，傅汉思认识了张充和，并进而与她相爱。

小虎，即沈从文的次子虎雏，那时才 11 岁。傅汉思非常喜欢他。而这次沈从文和傅汉思重逢时，虎雏也差不多有了沈从文当年的年龄。

……种种回忆自然是见面后扯不完的话题。一切“值得回忆的哀乐人事都是湿的”，旧事重提，自然充满了人生的感叹唏嘘。然而，沈从文最感兴趣的话题，却是他的文物研究。

沈从文夫妇在傅汉思、张充和家里住下后，每天都有客人来访，或应邀外出作客。在美期间，他们先后与陈省身、钟开莱、白先勇、陈若曦等著名华人学者、作家见了面。一切想见应见的新旧朋友都见了面。可是，在任何场合，都未见到20年代即相识的老朋友、旅美学者王际真。当年，沈从文由徐志摩介绍与王际真相识。1929年至1931年，当沈从文生活处于困境时，还得过王际真的热情帮助。后来，王际真赴美主持哥伦比亚大学中文系达20年，是将中国古典名著《红楼梦》节译本介绍给美国读者的第一人。分别50年来，沈从文始终记着他。向人打听的结果，才知道他退休已有20年，妻子不幸早逝，现在独自一人住在退休教授公寓里。人极孤僻，长年将自己关在公寓楼上，极少出门见人，也拒绝任何人的拜访，是个“古怪老人”。

于是，沈从文写信给他，说自己已到美国，很想去纽约专程拜访。

回信说：

“在报上已见到你来美的消息。目前彼此都老了，丑了，为保持过去年轻时的印象，不见面还好些。”

沈从文却仍以电话相约，按时到他家拜访。人生短暂，友谊长存。看到王际真目前的孤独情形，想起半个世纪以来各自的人生遭遇，沈从文心里十分沉重。

…………

沈从文的来访，受到美国文化界、学术界的热烈欢迎。在东部访问期间，《海内外》出了欢迎沈从文访美的专号，哥伦比亚大学、圣若望大学先后邀请他到校讲演，并组织座谈。哥伦比亚大学贴出海报，尊称沈从文为“中国当代最伟大的在世作家”。同时，西部文化界和学术界也准备隆重接待，报界纷纷发表消息，美洲《华侨日报》、《时代报》、《太平洋周报》和《东西报》，不止一次发出新闻稿。1981年1月27日，沈从文到达美国西部后，先后应邀在旧金山湾区三所著名大学——斯坦福大学、加州大学柏克莱分校、旧金山州立大学演讲。在美期间，沈从文分别以《20年代的中国新文学》、《从新文学转到历史文物》、《廿年代我从事文学的种种的社会背景点滴》为题，向美国学术界和文化界介绍自己从事文学创作和文物研究的情形，受到听众的普遍好评。

人们关心沈从文几十年来的遭遇，希望通过他本人印证过去的种种传闻。面对几十年来一直为他担心的朋友和读者，沈从文十分平静。他在讲演中，极为诚恳地说：

“许多在日本、美国的朋友，为我不写小说而感到惋惜，事实上并不值得惋惜。因为社会变动太大，我今天之所以有机会在这里与各位谈这些故事，就证明了我并不因为社会变动而丧气，社会变动是必然的现象。我们中国有句俗话说：‘塞翁失马，焉知非福！’在中国近30年的变动情况中，我许多很好很有成就的旧同行、老同事，都因来不及适应这个环境中的新变化成了古人。我现在居然能在这里很快乐地和各位谈谈这些事情，证明我在适应环境上至少作了一个健康的选择，并不是消极的退隐。特别是国家变动大，社会变动太激烈，许多人在运动中牺牲后，就需要有人顽强地坚持工作，才能留下一些东西。在近30年社会变动过程中，外面总有人传说我有段时间很委曲，很沮丧；我现在站在这里说笑，那些曾经为我担心的好朋友，可以不用再担心了！我活得很健康，这是不能作假的！我总相信人类最后总要爱好和平的，要从和平中求发展、得进步的，中国也无例外。”

一位来自台湾的作家，在座谈时问沈从文：

“你是否相信命运？”

沈从文回答说：

“我不相信命运。”

那位作家以沈从文作品中的若干人物，有类似的环境，却遭遇不同，结局也大相径庭为例，提出不同看法。沈从文说：

“那是我写作时，为使读者震撼，加强艺术效果而创造出的不同结局。”

然后，他再一次坚决地说：

“我不相信命运，却相信时间，时间可以克服一切。”

2 月 7 日，是沈从文访问的最后一天。

大西洋的彼岸，美国规模最大的中文书店——旧金山东风书店，特意安排沈从文与读者见面。时值书店举办“白先勇作品周”，得知沈从文已到了旧金山，在美国南部任教的白先勇，书也不教了，将教学丢给助教，专程北上，与沈从文见面。于是沈从文与白先勇联袂在东风书店会见读者。

这天下午，东风书店十分热闹，书店门口已挂出特制的招贴，室内摆满各种饮料，特制的大蛋糕组成“欢迎”字样。沈从文和白先勇的著作以最醒目的方式放置在书架上。沈从文和白先勇一到，等候已久的读者群里便响起了热烈的掌声。见到一个来自大陆、一个来自台湾、一老一少的两位作家亲密无间，在场的人都十分兴奋。

白先勇致辞说：

“人生短暂，艺术长存。沈先生的小说从我少年时代直到现在，一直放射着耀眼的光辉。这期间，中国经历了多大的变动，但是，艺术可以造就一切。今天大家来瞻仰沈先生的风采，就是一个证明啊！”

白先勇还说，沈从文是他最崇敬的一位中国作家。他从小就熟悉沈从文作品中许多栩栩如生的人物。沈从文的作品不仅影响了他，也间接地影响了他的学生。

读者纷纷与两位作家交谈。许多人拿了沈从文作品的英译本和刚购到的新书，请沈从文签字留念。……

大洋的彼岸，此时，沈从文在北京的家属、助手及有关部门领导，却心急如焚。事情起因于沈从文在美国东部访问期间。一次，沈从文在讲演后回答听众提问时，一名台湾报纸的记者，提问时邀请沈从文去台湾。

那位记者问：

“您愿不愿意去台湾？台湾方面欢迎您去。”

沈从文答道：

“我在台湾没有亲戚，那里也没有我可作的事，我没有这样的打算。”

可是，沈从文的回答却以被歪曲的形式，在台湾报纸上公开发表了。这一情况很快上了大陆的“内参”，并引起国内有关人士的严重不安。……

大洋的彼岸，正在东风书店接见读者的沈从文，接到一份由中国驻美国大使馆转来的电报。电报的内容，是对沈从文在美期间讲学的辛苦表示慰问，并由中国科学院领导署名。

沈从文心里明白这是怎么回事——他已经知道台湾记者对他讲话的歪曲报道，以及这事在北京引起的担心。

在这之前，商务印书馆香港分馆已经排出《中国古代服饰研究》一书的清样，并写信邀请沈从文结束在美国访问后，顺道在香港停留，以便亲自审阅。

收到国内的来电后，沈从文与张兆和商量，觉得与其在这种情况下去香港，既怕国内亲友担心，又难免台湾方面纠缠不休，徒惹麻烦，不如取消香港之行，直接返回北京。

大洋的彼岸，虎雏收到父母拍来的不去香港、直接返京的电报后，将其交给父亲的助手王序和王亚蓉，两人十分高兴，将消息转告中国社会科学院有关领导，大家方才放心。

1953 年春天，中国人民志愿军回国访问团参观历史博物馆时，王序还是个20刚刚出头的青年战士，随队走进正在举办的敦煌文物展览大厅。中华民族古老灿烂的文化使他目眩心迷。他既觉新奇，又感迷茫——他对文物所知实在太少。正当他举足无措时，一个50多岁的工作人员微笑着朝他走来。此人举止斯文儒雅，虽然乡音极重，却十分细心地给他讲解，一如旧友重逢。而且，他对展品是那样熟悉，所知是那样精深广博，举重若轻地引导这位年轻人穿越了一座曲折而漫长的历史迷宫。

在他的陪同下，这位志愿军战士听得入了迷，在展览厅里呆了整整半天。他心里想：祖国人民对我们志愿军真是太好了！

闭馆时间到了，铃声响了起来。两个握手告别。出于礼貌，这位志愿军战士询问了一声对方的姓名。

“沈从文。”回答的声音极轻，却很清晰。

“沈从文！”年轻的志愿军战士愣住了。他有点不相信自己的耳朵，然而这是事实。这不是30年代即蜚声文坛的老作家吗？他怎么当起讲解员了？

这次偶然相逢，引起了这位年轻战士对古代文物的强烈兴趣，同时也决定了他后来的人生道路。回到朝鲜后，他开始给沈从文写信。1958年王序复员回国，请沈从文帮助他挑选工作单位。在沈从文的参谋下，他终于选择了中国科学院考古研究所。

王亚蓉是“文革”前与沈从文相识的。那时，王亚蓉是一位知识青年。沈从文去图书馆查阅有关服饰资料、图像时，一位姓杨的老共产党员见沈从文需要描摹文物图像的助手，遂向他介绍了王亚蓉。于是，沈从文每月从自己工资中拿出二三十元，作为王亚蓉帮忙的报酬。

后来，沈从文被下放到湖北咸宁。当得知沈从文重返北京时，王序和王亚蓉立即跑去看他。见沈从文在“文化大革命”中虽有种种遭遇，至今仍不愿放下工作，两人十分感动。沈从文对他们说：

“个人受点委屈有什么要紧，要放眼国家和世界！我们的文物研究工作还赶不上日本朋友，使人心里难过得很。对我们的文化，最有发言权的，应该是我们自己！”

共同的心愿把两代人拴在了一起。在全国人文科学研究仍处于全面停顿的背景下，他们组成了个文物研究班子。沈从文原先在东堂胡同剩下的一间房子，便成了他们的“领地”。在这块“领地”上，他们又重新着手进行文物研究，十分认真地干了起来。不多久，整个房间的墙壁上、窗棂上，到处贴满了经过选择描摹出来的图样和大大小小写有说明文字的纸条，床上、桌上、地上，无一处不是书。床上有一大半地方堆放了随手应用的图书。晚上，书躺在躺椅上，人便躺在躺椅上的书上。在陌生人眼里，这里有着简直无法容忍的混乱。但在沈从文眼里，这一切乱中有序，结构成一部物我无间、十分谐和的乐律，任何人都不能随便移动。在这块“领地”上，对那些画面上的帝王将相、达官贵人，沈从文拥有至高无上的权威。

他对王序、王亚蓉说：

“旧时当官的感到不如意时，可以表示‘倦勤’，但作为一个共和国的公民，却不能消极。因为他是国家的主人，不是官。”

1978 年，为改善沈从文的工作环境，由胡乔木过问，沈从文从历史博物馆调到中国社会科学院历史研究所。王序从考古所被借调到历史所，担任沈从文的助手。王亚蓉的工作得到了转正机会，也成了沈从文的正式助手。由他们三人为主，组成了一个新的研究室。10 月，这个工作班子被安排住进了北京西郊的友谊宾馆，进行《中国古代服饰研究》一书的最后校正增补工作。

2月8日，沈从文结束了在美国的访问，偕张兆和从旧金山起飞，向那块与他一生休戚与共的古老土地回归。

那里，是沈从文人生的出发点，也是他的最终归宿。他的生命之火将在那里继续燃烧。在那里，他将画出自己最后阶段的人生轨迹……。

80年代中期，沈从文已半身瘫痪，仍在不知疲倦地研究历史课题，修改旧时的作品，直到逝世为止。

作家故事文库

主编/新禾

副主编/霍红　高玉兰

朱自清的故事

（下）

赵鹏飞/著

时代文艺出版社

作家故事文库·朱自清的故事

作　　者:新　禾　主编
责任编辑:姚家余
责任校对:王旭玮
装帧设计:章桂征
出　　版:时代文艺出版社
（长春市泰来街1825号　邮编:130062　电话:86012927）
发　　行:时代文艺出版社
印　　刷:三河市灵山装订厂
开　　本:787×1092毫米　32开
字　　数:160千字
印　　张:70
版　　次:2011年5月第2版
印　　次:2011年5月第2版第3次印刷

书　　号:ISBN 978-7-5387-1075-5
定　　价:417.20元(全14册)

孚厚望踏上讲坛

常州。

1920 年 6 月。

好热的但好晴朗的天！

天宁门边的天宁桥上正有些吃力然而匆急地走下一位老人。只见他头发花白，须鬓着霜，虽略胖些却显得虚弱，面带病容，此刻却流露着期盼与喜悦。

这不是别人，正是朱自清的父亲小坡公朱鸿钧。

三年前，小坡公送走儿子，便只在南京逗留一日，赶往徐州谋事。却不料意外病倒，一病数日不愈，只好烦人送回扬州养治。心情不好，又已老了，病总是恹恹不见起色。要谋的事也唯有作罢。没事做，本已贫困的家道，更为衰落，真可谓“贫病交加”。“穷生闷怨，病乱心神”。小坡公心情日渐抑郁，脾气也变得急躁了。而生计日蹙，儿女长大，人口增添，唯一的重望，就是盼着赶快到期，长子毕业，以便重振家园。他几乎是日夜熬着、算着时日，只望早些到1921年的夏天，可是不料，竟在今年的6月，就接到了儿子的家信：提前一年毕业了，还要回家来挑起家庭生活重担！

这是真的么？老人狠狠地擦了擦昏花的老眼，高高地擎起儿子的书信，细细地看去：真的！白纸黑字，写得真真切切！喜得老人三年来很难得一丝笑纹的脸上溢满了喜色，高声传唤家人们来共享此乐。

小坡公并不怎么迷信，可这等大事，岂可视同等闲？又恰好有便船东下武进（即常州），而武进城内的天宁寺又向以灵签著称，大事持疑，往求者甚众。小坡公便在老妻周氏的提议下，乘船专赴武进。

天宁寺，只在天宁桥边的不远处。始建于唐永徽年间（650～655年）原名广福寺，北宋政和元年

(1111年) 始改称天宁。为东南名刹之首，素有“一郡梵刹之冠”、“东南第一丛林”之誉。原有8殿25堂24楼等大小建筑500楹，占地130亩。现存的主要建筑有大雄宝殿、金刚殿、普贤殿、文殊殿、观音殿、罗汉堂等，均为清代所重建。其中，大雄宝殿进深二十七八米，高达33米，重檐九脊顶。内供释迦牟尼等佛像，辉煌庄严、金碧恢宏。殿内梨木大柱，高约30米，有“栋宇摩霄汉，金碧灿云霞”之称。现存石刻五百罗汉像保存完好，也具有相当高的艺术水平。

此时，因为签语甚验，更是名声远播，香火鼎盛，不唯常州，就连距常州较近的几个城、镇也不断有人涌来，甚至有不远千里而至者。观光、访胜、谈禅、求签，兼而有之。

小坡公挨了很长时间，方挨了上去，奉上香火费，上了香，便虔诚地掔了一签。由于签语，多为佛门偈语，“凡人”不可善解，都是交由佛前主签的僧人代解的。签子掔到手中，小坡公浏览一下，均认得，且不甚费解，却也依规矩交给了此刻正在佛前主签的一个看去很有“修为”的老僧。

那签子上写着：

三径犹荒草　渊明尚未归

故乡风景好　雁影送斜辉

当时标点尚未重于佛门，偈语也是向无标点的，本身即句读分明。

前两句分明是惋惜陶潜（渊明）尚未归隐的，后两句似是劝诱其归的。很难看出什么别的深远含意，可那主签的老和尚看了，却面露喜悦，合什躬身地道：

“阿弥佗佛！恭喜老施主。贵公子即将与其好友相携而归，要得高官的！”

十余日后。

杭州，浙江第一师范学校。

这所学校坐落在杭州下城，清时为杭州府贡院，后改为浙江两级师范学堂，1913 年始得今名。

有人敲开校长室的门，对坐在桌边正在伏案而读的人说：

“校长，这学期已快结束了，校长邀请的先生几时可到？怕得编制下一个学期的教师名册了。”

这人正是该校的教务主任。

校长抬起了头，只见他四十许，面目和善，大有学者之风。他就是教育界颇负盛名的上虞人经享颐，字子渊。自任该校校长以来，便立志将教育搞得有声有色，火火腾腾，因而便极力地搜罗进步而学识丰富的教师。此时师资队伍本已较为充实，他还是特地于月前写信给新任北大校长不久的蒋梦麟，希望蒋校长能在今年的毕业生中推荐一两个佼佼者。由于距暑假较近，故教务主任有此一问。

经校长商讨地说：

“还是等两天吧——大家不是也在眼巴巴地盼着么？增进一两个好教员，可是学校的大事呀！”

教务主任只好点头应诺，边出门边想：

“校长在急等，学生们在热望，谁又知道这来的教员会是怎样的呢？”

边想着，边出了门，岂知一抬头，便瞥见校工正引了两个青年人并排向校内走来。左边的一个，二十许的年纪，矮矮胖胖的身材，方方正正的面庞，平顶头，穿一袭青布大褂，步履方正，目不斜视；右边的一个中等颇高身材，长方脸儿，宽额细颏，眉目清秀，于清秀间又透着锐敏，绸衫净履，顾盼有神，这是……

校工急跨一步，向教务主任说：

“主任，两位先生是从北京大学来的……”

还没等校工的话讲完，教务主任便惊喜地叫道：

“哎呀！可把你们给盼来了！快请！快请！校长已恭候数日了！”

经校长听到了动静，也喜匆匆地开了门，欢笑着点头说：

“请进来！请进来！”

待坐定，经校长看了来人递上的蒋梦麟的推荐信，欣喜地问：

“哪位……”

高一些的答道：

“在下俞平伯。”

随即一指身边的人说：

“这位就是朱自清。”

经校长喜之不尽地连说几个“好”字，又道：

“蒋校长实是厚爱！两位都是他得意的高材生，得一足矣，如今却一齐荐来，真是‘一师’之幸啊！”

真诚的喜悦之情溢于言表。

接着，又忙忙地传话招待、安置，嘘寒问暖，关怀备至，亲切异常，使朱自清非常感动。再联想起初归家时一家人的喜悦，在家里的十几天中，家人，特别是父亲的慈爱与殷望，他不由得暗下了几遍决心：为了不负厚望，此生的全部心血，一定要浇灌在教育事业之中！

与朱自清同来的俞平伯，是浙江德清人，与朱自清在北大同校不同系的同学，四年本科，年龄比朱自清略大，为人聪颖好学，甚有见地，后来，成了世界著名的红学家、权威，诗也写得很好。在校时，并不熟，是朱自清提前一年毕业，成绩皆优秀，被蒋校长一道荐来才相熟的。岂知，却因此而结下了长远而深厚的友谊，相得益彰。

志同道合创第一个诗刊

上海。

1921年9月

一间很普通的斗室里，坐着三个人：朱自清、叶圣陶、刘延陵。

黄昏，天上又布满了浓云，显得昏沉沉，阴森森的。室内没有灯，因而，感觉更为深切。

刘延陵一指室外，气愤地说：

“复古主义者，就像这鬼天气：气势汹汹，隔断着光明，威压着新生！可恨！”

朱自清起身过去，打开灯，说：

“这不是就把黑暗驱逐出去了么？”一顿，又接着说：

“黑暗是势必怕光明的！它的来势再凶，也经不得光明！”

刘延陵望了望灯，微微摇了摇头，说：

“只可惜这灯太少，太小了。”

一直不动声色的叶圣陶，此时开口说：

“小不怕，有就好。事物总是从小到大的，新生总是要不断强大，直到战胜腐朽的。”

朱自清接口说：

“就象这灯，看上去虽小，倘千家万户都打开来，却是光明一片！再结起一串串沿路高灯，只怕那黑暗，逃尚逃不及呢！”

刘延陵面露喜色地说：

“我就等着你两位说这话呢！你两位都是文学研究会的会员，这率先引起光明灯火的大任，还要等哪个？”

说着，又单单向朱自清道：

“你的入会号数是59吧？59，吾久，吾当为文学长久而效力，如今，可就要看你能否名副其实了！”

朱自清笑道：

“我当然会长久地竭诚效力的！只是，你激我也无用，我是只配效力，却率不得先的，这可要靠老先生叶兄了！”

叶圣陶故作正色道：

“没见你两个这样儿的！说得好好儿的，要三个共同探讨，如今，却唱起了双簧，一个推一个让，推推让让，却一古脑儿地推让到我身上来了！近日看了新戏《十老安刘》，戏文唱得好：就是鬼门关，我也要扯上你两个一起去爬！”

刘延陵欠身笑道。

“老先生莫气莫气！延陵向如索超，只可做个急先锋。而这急先锋，莫说是鬼门关，就算是他什么阎罗殿，也是要跃马而上，砍它三板斧的！这运筹帷幄，决策千里么，就非二位莫属了。何况，我又不是文学研究会的会员！”

叶圣陶道：

“不是会员又怎么了？不错，要咱们议定的是文学研究会的事，可文学研究会又不是什么贵族学会，你又怎么入不得？你要加入，我与佩弦都可推荐的。

这是文学革命的大事，你刘延陵即是文学革命的急先锋，怎的大战临头，却要做殿后将军?”

朱自清也笑着说：

“你的点子比我俩多，就先说说看么!”

刘延陵爽快地说：

“好！那我就当仁不让了。我说呢，他胡胖子、吴矮子、梅瘦子反对新文学不主要就是用旧诗压新诗，又有个刊物做阵地么？咱们也办他个刊物，专门发表新诗，你们看如何?”

叶圣陶说：

“好自是好，这第一么，要有大的书局承办；第二，得有一批新诗的大手笔才行。目前，复古者在沪猖狂得很，新诗仍未茁壮，哪个大书局肯担这个风险呢？还得多联络几个精于新诗的同道哇!”

朱自清说：

“这联络同道的事，没什么难处，一有眉目，我就给平伯写信请他在北京鼓吹鼓吹，也让他动动笔；你叶兄呢，会里熟人多，一联络便可，只是这联络书局的大事儿……”

说着，目光转向了刘延陵。

刘延陵跳起来，说：

“好好好！你两个都有了文事任，咱急先锋就取了这武功权——去联络书局好了！”

于是，在中国诗坛上甚具意义的一件大事，便在上海这间斗室中议定了。

一年多来，朱自清已是三易其教了。

到浙江第一师范任教只一学期，俞平伯便回了北京，另谋新职，朱自清也被江苏省立第八中学聘为教务主任。

回到扬州，又是到母校任职，朱自清意气风发，甚想有所作为，以振兴母校。到任没几天，便写出了一首校歌。那歌词里充溢着勃勃向上之气：

浩浩乎长江之涛，蜀冈之云，佳气蔚八中。人格健全，学术健全，相期自治与自动。欲求身手试豪雄，体育须兼重。人才教育今发煌，努力我八中！

朱家的跳过龙门的老大，如今又回到扬州“最高学府”任官的消息，自是消息一向最为灵通的赖四爷先得先知也最抢先在东关街个园的园外亭发表的。

这天，也是扬州难得的好天气，赖四爷更是兴奋得满面红光，挥着他那“古老”得很的茶壶，唾液飞扬地说道：

“怎样？怎样？咱赖四爷的眼光几时差得分毫？朱家的大公子可不是天上的文曲么？跃上龙门，又荣耀于乡里，哈哈，这是咱扬州的荣耀，咱东关街的荣耀，咱赖四爷第一个荣耀！看看吧，没多久，这朱家的大公子可要扬名天下哩！八中可是福气呢！”

八中自是福气，可朱自清并没得多少“福气”——他太“不识时务”了。

到任没有多久，八中招考新生，一个小学教师领了一个学生来报名。朱自清既是教务主任，自是应负此责的。登记完了，做了询问，朱自清看了看来人提供的保证书，说：

“你这保证书不行，手续履行得不健全，回去补办一下吧！”

那小学教员满面披笑，点头哈腰地说：

“您通融通融嘛，差这么一点点，忘不了您的！”

倘不是这样，朱自清尚可容他回去办办，可一见他如此“虚气”，朱自清便有气，决断地说：

“不行！学校有规定，怎可随便通融？你就别报名了！”

那小学教师听了很不受用，强笑着说：

“是西关段大宝段大爷拍了胸脯的。否则，我又何苦揽这差事？”

朱自清听了更恼火，什么段大爷，恶绅罢了！便皱着眉说：

“这教务主任须是我，不是什么段大宝、段小宝！我只看手续，不问出身，合则留，不合则去。你的手续不合，绝不通融！”

那小学教员也一改了初来时的媚相，冷笑了一声说：

“你的官做得好大么？比校长还大？县长还大？校长、县长还敬重段大爷三分，偏你这大大的教务主任就不买段大爷的帐么？”

分明是以势压人！

朱自清硬骨铮铮地说：

“县长管他县长的，我管我的，我说不行就不行，他什么段大宝亲来也不行，莫说你！”

那小学教员虎起脸来，“哼”了一声，说：

“你说不行，我就偏说行！一个芥子大的教务主任竟也如此不识时务！看你们校长说了话，你可再敢说个‘不行’！”

说罢，转对他领的那个报考的学生说：

“你就在这儿等着，我去去就回。”

说罢，一甩袖子，气冲冲地走了。

朱自清却将那不合报名手续的人赶出了门外，因为报名的人实在太多，何况他又甚为生气。

没多久，那个小学教师懊丧地回来了，却没有就去，又闯进室内，恨恨地指着朱自清说：

“你等着瞧吧，看你这个教务主任能当得多久！”

果然，没当得多久，那老谋深算的校长便接二连三地找他的碴子，给他出难题。朱自清甚为气忿，便坚决地辞了职。

赖四爷在亭子里望着天，叹息地说：

“这天可不是县长、校长和人家段大爷的么？在人家的天底下，硬是不买人家的帐，糊涂！糊涂！”

也算“糊涂”得有幸，很快，于一个偶然的机会，遇上了刘延陵。

刘延陵是江苏泰兴人，幼时曾随家移居扬州，故曾与朱自清有过一段良好的友谊。如今均已成人，一见之下，自是格外高兴。何况刘延陵也很喜欢文学，又造诣颇深，性格爽朗，有一股朝气蓬勃的冲劲儿，对新文学的兴趣更浓，两个可谓幼时故友，再加上趣味相投，志向相近，所以越谈越是投契，越谈越感到是知己，大有重逢恨晚之意。

谈及别来情形与近况，刘延陵爽快地说：

“跟我走吧！我推荐你到我所在的学校去任教，保证一荐就成！”

果然，不久刘延陵就将朱自清推荐给了他所在的上海中国公学，得在中学部执教。

中国公学是大、中学两级学校，坐落在上海的炮台湾。到校后，朱自清就和刘延陵住在一起，当晚抵足而卧，几乎畅谈了一个通宵。

第二天晚饭后的闲谈中，刘延陵忽然兴高采烈地说：

“哎，告诉你一个意外的消息，你猜还有谁在这儿教书?”

朱自清见刘延陵的样子很兴奋，知是位非常人，便问：

“谁?”

刘延陵一字一顿地说：

“叶圣陶!”

叶圣陶也是江苏人，原籍苏州，是我国现代著名的学者、作家、教育家。特别是新中国成立后，在教育界地位重要，作用与影响甚大。“五四”以后，写了不少新诗和小说，当时已在文学界颇具名气与影响了。

朱自清虽没见过叶圣陶，却读过叶圣陶的作品，很是景慕。如今听刘延陵一说，便喜悦地问道：

“真的? 他是怎样的一个人?”

刘延陵略带神秘地笑着说：

“怎样的人么，想想你自己，就差不多——不过嘛，他可是个老先生哩!”

这一说，朱自清更急于求见，便约定第二天前往。

第二天是个阴天，晚饭罢，沉雨欲滴，朱自清仍是坚持前往。一路上，朱自清想象着叶圣陶定是个年事不低却丰神俊朗而又健谈的人，岂知一见之下，大感意外。

进屋后，只见一人起身相迎，此人的年纪也只有二十多岁，比朱自清大不了多少，个子也说不上太高，虽比朱自清高些，却比刘延陵还稍矮了点儿，四方稍长的脸，清眉细目，文静有礼。经刘延陵介绍后，只是真诚地举手让座，态度却不怎么热烈。

果如刘延陵所言，叶圣陶也和朱自清一样，是个老成持重、沉默寡言的人，这样两个人相逢，自不会有什么热烈的寒暄与交谈，只是泛泛地交换一下对创作的意见。虽说泛泛，却因看法一致，兴味相投，很快就有了感情，尤其是朱自清很喜欢叶圣陶专注而饶有兴味地倾听别人陈述的神情；叶圣陶也很欣赏朱自清谦逊有礼而又坦诚的风貌。自此，两人便建立起了深厚的友谊。

谈话中，刘延陵乘朱、叶二人谈话间歇，笑着问朱自清说：

“怎样？我断言的不错吧？他可不是个‘老先生’？”

叶圣陶笑着说：

“好嘛，我成了‘老先生’，那么你就是‘急先锋’了——说起话像放连珠炮，作起文来大刀阔斧，可不是施耐庵笔下的急先锋索超？”

刘延陵爽然大笑，说：

“好！好！好！我多谢识赐，甘受这‘急先锋’雅号！可你这‘老先生’也是不得推脱的哟！”

自此，朱自清、刘延陵便常与叶圣陶往来，成了契友。

此时，文学革命已然更加深入，新文学茁壮成长，新文学运动的倡导者与主将们，如陈独秀、李大钊、鲁迅、胡适、刘半农、钱玄同等自必说，更为努力，一些后起之秀也更为振奋与进取，积极活动组建文学团体，创办文学杂志。以便在一个鲜明的旗帜下，集结力量，倡导自己的文学主张，发表自己创作的文学作品。1920 年末，周作人、郑振铎等人在北京酝酿组织文学研究会，经过一番紧张而认真地串联、筹备，1921 年 1 月 4 日，在北京的中山公园来今雨轩，召开了大会，紧接着，在已改革了的《小说月报》上，发表了“宣言”与“简章”，宣告成立了“中国文学研究会”，下设小说、诗歌、戏剧、批评、杂文五组，叶圣陶是发起人之一，自然也推荐了与他情谊笃厚、文学造诣较高的朱自清，朱自清也乐于加入。

文学研究会以反对“将文艺当作高兴时的游戏或失意时的消遣”，主张“写人生”，当做“人生的镜子”，是继《新青年》之后，进一步举起现实主义旗帜的文学团体，作用与影响自是很大的，对于封建文化是一个强有力的冲击，因此，封建守旧势力既十分恐惧，又格外仇恨，便竭力反扑。在一些大城市中斗争十分激烈，特别是北京、上海与南京。南京大学更成了反对新文学的桥头堡。

南京大学主要是以曾经留美并获得教授衔位的几个文学教授，其中以胡先骕、吴宓、梅光迪三人为最。他们大吹大擂，自我标榜，目无余子地声称，唯有他们才真正地“学贯中西”，才能够用西学的“新知”来倡发“国粹”以维护五千年的“圣道”，极力贬低、丑化、攻击白话文与白话新诗，凭借《南京高等师范月刊》为阵地，大放獗词，气焰十分嚣张。

1921年初，文学研究会骨干郑振铎等人南下上海，就文学革命的当前形势与身在上海的沈雁冰（茅盾）交换意见，组成了更坚强的上海基地，不久，更进一步地研究了文学革命的形势。1921年夏，为了反击南大胡先骕等人的猖狂进攻，学会特别号召会员们积极设法。叶圣陶是学会的发起人与骨干，朱自清也是重要成员，自然肩上的担子不轻。便连续几天，或在叶圣陶的住处，或在朱自清的临时居住的小屋，认真地进行探讨，当然，每次都少不了当时虽未入会却甚为积极的刘延陵。

此番，在朱自清的斗室内确定创办一个以诗为主的刊物后，三人便依分工，紧张地忙碌了起来：刘延陵通过熟人去联络承办的书局，叶圣陶、朱自清赶写办刊物的宗旨、方式与预告，并联络同道。

朱自清首先给他的好友俞平伯写了信。

朱自清虽只与俞平伯共执一校之教不过短短的一

个学期，可友谊的深厚与真挚，却远非时日可衡量的。俞平伯诗作较朱自清为早，而且见地颇深，朱自清对他甚为尊重，除了常与他切磋诗艺外，还时常拿了他的作品向俞平伯请教，为示谦虚，取《论语》“是知其不可为而为之与?”之义，定他所写的诗集之名为《不可集》。如今要办刊物，自也要找俞平伯来支持。

不久，俞平伯便回了信，极表支持与赞许，而刘延陵的联络也获得了可喜的成功：上海出版大家、《中华书局》的左舜生表示全力支持。三个人又坐下来议定刊物的名字，刘延陵快人快语：

“就叫《诗》嘛，简单明了！”

叶圣陶、朱自清均表赞同，刘延陵也加入了文学研究会，并主动地负起了具体的编辑工作。

俞平伯也在北京积极活动，不久，10 月 20 日《时事新报》的副刊《学灯》即刊出了出版预告，将新诗称为对人们有指导潜力的“可爱的婴儿”，说：

“我们造了名为《诗》的小乐园做他的歌舞养育之场。

疼爱他的人们快尽你们的力量来捐些糖食花果呀!"

又过了几天，俞平伯得知《诗》刊的准备工作已紧张地结束，便根据朱自清信中提供的材料，再度在《时事新报》副刊《学灯》上发出出版预告，宣布:

"创刊号准预明年1月1日出版。"

内容为"一诗，二译诗，三论文，四传记，五诗评，六诗坛消息。"受到了社会的重视与关心。

于是，1922年1月，中国现代文学史上第一个诗刊《诗》，便崭然问世了。决定一年一卷，一卷五期，每期63页。

朱自清不但是主创者之一，而且极力为之约稿、编稿与写稿。

作为"文学研究会的定期刊物之一"的《诗》，自也得到了文学研究会的支持与帮助。在周作人的提议下，又大力倡导小诗，且成绩很大。周作人还亲自写了三首小诗，以示导介。除周作人外，胡适、沈雁冰、郑振铎、徐玉诺、王统照都为《诗》写了不少稿。

景佳更寓诗境佳

杭州。

1922 年初春。

“上有天堂，下有苏杭。”已讲了多少年，成了家喻户晓的著名现成话，听起来令人向往，而杭州更为吸引人，其景色之美，名胜之多，实为举世难有相匹者。

杭州的十大著名胜景之一，三潭印月。

春光烂漫，湖风荡漾。难得的好春光，难得的星期天，难得的诗友会！更难得是远远地来了两位诗友们向往、敬爱的老师：叶圣陶、朱自清。

朱自清到杭州来了，叶圣陶怎么也到杭州来了？

《诗》杂志办得好，学也教得出色，新文学，新思想启动了学生们的心扉，却深深得罪了守旧势力，上海公学的一些顽固而有势力的守旧分子，乘叶圣陶、朱自清、刘延陵忙于教学之外，又忙于为《诗》写、约、编稿之际，暗地里加紧酝酿，并煽动一些出身旧世家与不明真相的学生，于《诗》月刊第一卷第一期的紧张筹备中，突然发难，掀起风潮，要驱逐代理校长张东荪与中学部主任舒新城，攻击叶圣陶、朱自清、刘延陵及与其靠近的四、五名教员，主要攻击对象，其实就是旧派认为：早已桀傲不驯，今又以《诗》月刊掀起波澜的叶、朱、刘三人。为此，胡适曾出面调停，胡适认为叶圣陶、朱自清“都是很好的人”，而那学校却“不如解散”，可学校并没有“解散”，好人却被“解聘”了。

1920年底，朱自清离开杭州浙江第一师范学校时，该校的师生就对他恋恋不舍，此番听说他又回到了杭州，便当即诚聘，于1921年10月，重新执教于浙江一师。学校当局甚为热情，听说叶圣陶仍在上海，便请朱自清代为聘请了来。11月，叶圣陶也到了杭州。学校甚为优待，为他两个各备了一间住房。可两友却并做一居，在叶圣陶的提议下，一间共为两个人的卧室，而另一间当做了书房。

人虽被上海公学解聘了，《诗》月刊仍在出，只是三人分做两处，只有刘延陵留在上海，所以，以后的编辑工作确实如朱自清后来在他的《选诗杂记》中所说，刘延陵“费的心思和功夫最多”。

叶、朱二人备课认真，课又讲得翔实、缜细，往往别的班的学生会偷偷溜来旁听，而学生中一些很具新思想热爱文学的人如汪静之、潘谟华、魏金枝、赵平福（柔石）、冯雪峰等，又对这两位年纪大不了他们几岁的新老师甚为景仰，他们在1921年10月，就成立了一个名叫“晨光”的文学社，朱、叶一到，便被热情地聘做了顾问。

“晨光社”的活动多在星期天，地点则选在西湖，多在西泠印社或三潭印月。今日又逢星期天集会，且天气甚为晴朗，汪静之便提议将叶、朱两位顾问请来。

今日，叶、朱二人特租了一条小巧而古色古香的小船，旧名“飞舡”的，轻快地划到了小瀛洲，尚未登岸，学生社员们便欢呼着拥上相迎，群星捧月般，将两位他们心目中的良师益友好顾问簇拥到湖心亭中落座，并热情地奉上刚沏的新茶。

待稍一安定，叶圣陶即问：

“今日的题目又是什么呀?”

今日主席汪静之回答说：

“我们几个昨日议了下，今天就不相互观摩新作了，想专门研讨一下有关西湖的诗作。”

朱自清笑着说：

“嗯，这可是个大题目哇！哪位先说说看，最早可称得上真正咏叹西湖的是哪一家，哪首诗?”

稍一思索就有几个人作答，有的说是苏东坡的七绝，多数说是白居易的七律。

朱自清笑着点头，说：

“不错，是白居易的七律，可应该是哪一首七律呢?”

社员们都说得出几首的题目，却不知哪一首最早。叶圣陶提示说：

“大家不妨在题目上费费心思，再想一想白居易是在哪一年到哪一年任杭州刺史的?”

又默想了一会儿，一个沉静而清秀的女社员说：

“我想该是题为《钱塘湖春行》的七律。”

稍稍一顿，又解释道：

“叶老师一提醒，我想了想，白居易在唐穆宗长庆二年春到长庆四年做杭州刺史的。转年，即唐敬宗宝历元年才改任苏州刺史，依此推断，他应在公元822年冬至824年春或夏，离开杭州的。春行，自在春天，而初到一地，印象又深，自是他较先写的了。不晓得有无道理，还望两位老师与社友们指正！”

众人莫不认同。

说这话的女社员，不是一师的学生，而是女师的学生，叫做曹佩声，与汪静之均为安徽绩溪人，是胡适先生的表妹，人生得俊秀也十分聪颖。后来考入东南大学农学系，毕业后留学美国，归国后在上海复旦大学执教。此时在“晨光社”中，也是活跃分子。社中尚有蕙兰中学与安定中学的文学爱好者，但都很敬重叶、朱两顾问，视如己师。

听了曹佩声的解说，朱自清笑着说：

“你分析得很有道理！这不是钻牛角尖儿，做学问嘛，既学了，做了，就要学深，做透，各方面都得思考思考。反复、周到地琢磨、消化所学，我觉得很是有益，诸君以为如何？”

大家都欢快地迎合。

叶圣陶说：

“既要琢磨透，咱们就好好琢磨一下这首《钱塘湖春晓》吧！谁先朗诵一遍呢？”

站起一个高个子，略显消瘦的学生，说：

“今日这一社，该轮到我先朗诵了，我就先来吧。”

这个学生就是后来很有名气、很有作为，著名的作家、文学理论家冯雪峰。当时尚不到二十岁。

待略一调息，只听得冯雪峰朗诵道：

孤山寺北贾亭西，水面初平云脚低。

几处早莺争暖树，谁家新燕啄春泥。

乱花渐欲迷人眼，浅草才能没马蹄。

最爱湖东行不足，绿杨荫里白沙堤。

一字无误，自是得到了大家的称许。

待冯雪峰坐安，朱自清问道：

“请大家好好地想一想，这首诗的最突出之点是什么？”

众人默想了一刻，即有人答说：

“是一幅西湖早春图，妙得很，与咱们眼前所见实是相映成辉呀！”

朱自清问那学生：

“你是安定中学刚入学不久的新生吧？不错，有悟性，——你以往对这首诗就很熟么？”

那学生摇摇头说：

“不，还是今天头一回听冯兄朗诵呢。”

朱自清道：

“是第一遭听，你便领略了个大概，那你说，这首诗与别的诗比较，应该是怎样个特点呢？”

那学生略一沉吟，便点头说：

“是了，是了，因为这诗明白如话，遣词用语无一费解处，我们又恰在此情此景之中，所以才如此好懂！”

叶圣陶说：

“这就是了，朱老师的用意就在此了。我们提倡白话诗，反对再重作古体诗，并不是一律反对古体诗。白居易最成功处，依我看，就是明白如话，如当时人所评：老妪能解。连不太识字的老太太都听得懂，还用说其他人么？”

朱自清接口说：

“也正是白居易主张‘诗言志’，既要言志，总要人懂才行，言了半天，别人听起来糊涂，甚至连自己也弄不清是什么“志”了，还言它做甚？怕不仅对不起了别人、误了别人的时间，也误了自己呀！”

顿了一顿，又续道：

“再说哪，时代的变迁，语言也产生了很大的变化，古人当时懂得的，今人却不一定懂得了，倘非要套用古人的格律、语言，那不是硬要与自己及读诗的人过不去么？”

待朱自清停下来，叶圣陶又补充说：

“古诗，特别是经过千筛万选保留下来的大量名诗，这是咱们中华民族特有的十分可贵的优秀遗产，不但要学，而且要下功夫学好。只有学好古诗，才能做好新诗。但须切记：学与作是两回事，学好古诗，作好今诗，才是真正的学对了也作对了。”

接着，在叶、朱二人的不断地启发、诱导与指点下，又分析了白居易这首题为《钱塘湖春晓》的七律。

朱自清笑着说：

“譬如这西湖，宋时才有了这个名字，宋以前，则叫武林水与钱塘湖。倘若今人咏西湖也仿照白居易称做钱塘湖，岂非不只笑话，也令人费解么?”

引起一阵轰笑。

分析毕这首诗，大家的情绪很高，乘兴又背诵、分析了白居易为杭州刺史时写下的另外几首名诗。兴致越来越浓，却于不觉间，天阴了起来，下起了淅淅沥沥的小雨，还是因为坐在边儿上的人身上淋到了雨滴才察觉的。也恰好此时几首诗也分析完了，人们便纷纷起身，凭栏而望。只见湖水皱皱涟涟，花、树频频点点，远山空空濛濛，煞是好看，置身其间，真有一种超然物外却又浑然其中不胜美妙之感。有人叫了起来：

“苏东坡写得真好！眼前的景色不正是么?”

于是，三五个人便不约而同地诵起了苏东坡的咏西湖七绝：

水光潋滟晴方好，山色空濛雨亦奇。欲把西湖比西子，淡妆浓抹总相宜。

诵罢，皆开怀大笑。

连朱自清、叶圣陶也参与了咏颂。

叶圣陶道：

“还是东坡公这一句‘比西子’人们才将西湖又称西子湖，除诗是上乘外，还有一点是很重要的，大家说，是什么呢?”

一个叫程仰三的学生回道：

“苏东坡曾两度被贬来杭州，第一次是宋神宗时，被贬来做了三年杭州通判，第二次是哲宗时被贬来做了两年太守。这两回他都为杭州人做了许多好事，特别是疏浚已淤塞不堪的西湖，他费了很大的力气才得请准朝廷，又能身与其事，人们都十分景仰他，爱戴他，这才是主要原因吧?”

叶、朱二人连连点头赞许，同时说：

“说得好！说得好！”

雨，很快就停了，云，很快也散了，又是一派明媚的春光，亭花艳艳，绿水澄澄，近树摇摇，远山峣峣，绚丽的阳光辉映着小瀛洲的“三潭印月”匾额，由于刚沐春雨，字又写得龙飞凤舞，因而，益发显得光彩夺目。这字，是清康熙二十八年（1689 年），清廷二帝康熙（爱新觉罗·玄烨）来游时手书的。

叶圣陶点着那光彩夺目的题字说：“那有康熙的

手书，不论其人，单说其字，你们以为如何?”

众皆称“好”。

朱自清道：

“今日看来，满族也为中华一体，就史论功过，康熙的一生评价，那是历史家们的事，但这字不能不说好。字，不仅是门面，也是一种修养功夫，还望诸君不可忽略了。如果你觉得，做一个现代人总比封建君主要高尚，那么你的字又有什么写不赢他呢!”

众皆点头称是。

稍顷，叶圣陶又回顾所在的亭子，说：

“你们说，这个亭子又建于何时？明人张岱又是怎样称赞的?”

当时亭上并无说明文字，这一问可就一时间难住了“晨光”的社员们，有人脸上露出了不自然的颜色。

朱自清笑说：

“别被叶先生唬住，其实我两个来杭州前，也不甚晓得。还是来到杭州后，他下了个‘要痛痛快快游西湖，不管是夏天还是冬天’的决心。为了实现他这个决心，我这个先到为主的人，只好全力相伴喽……”

叶圣陶本自含笑望着、听着，听至此不禁出声笑道：

“哈哈！听他说的！他难道不恋这西湖如蜜么？望着这一派佳景，他几度神驰地赞叹：足够教你流连忘返！足够教你流连忘返！”

“彼此，彼此！”

朱自清也自点头道。

又转对社员们道：

“说起来，真个是叶先生有助于我，他是我的知心良友，有他为伴，我才游得更有兴味，吃得更有滋味，活得更有趣味！都说我两个沉默寡言，可不知我两个共处一室时，不是联床共灯，就是相对品茗，神聊不已；结伴同游时，或泛舟湖上，或漫步湖堤，更是有说不尽的话！真是随意如闲云之自在，印证如呼吸之相通啊！”

这番话说得极富表情，极有感情，连听的社员们也深深被他两个的深情厚谊所感染，齐齐地现出了敬羡之情。

朱自清仍陷在兴奋的叙述中：

“记得那是还在他来后一个月左右，旧历的日子却记得准，是11月16日，因为那一天是佛教教主释迦牟尼的生日。我们原本不知，只是看着月色好，风又小，欲共泛西湖的。后来到了慈净寺边，听得寺内频敲木鱼，高诵经文才记下了这个日子。那天的月、水、风、景实是醉人极了。醉得叶老师吟出两句诗来：‘数星灯火认渔村，淡墨轻描远黛痕。’诸位觉得如何？”

人们已被朱自清的深切真情的叙述引得意往神驰了，一时之间无人作答。

也饱含深情望着朱自清的叶圣陶笑接着说：

“说着，说着你怎么抖出了我那不登大雅之堂的随口吟来？这不是在西湖诗海、杭州诗友前出我的丑么？”

社友们这才交口称赞起来。

叶圣陶摇手逊谢，仍向朱自清道：

“话题被你扯出七十余里，过了凤凰山了——你既有如此谈兴，何不给社友们说说这亭子的情形？”

朱自清对叶圣陶一笑，又转对社友们说：

“这亭子的情形，也是在我与叶老师游过后，回去两人共同查阅的。史料上说，明嘉靖三十一年，当为公元1552年，当时的浙江巡抚朱纨主张修亭，即由知府孙孟主持，修了亭，名叫‘振鹭’；万历四年，当为公元1576年，按察佥事徐延祼又重修此亭，并题‘太虚一点’为亭额。张岱赞美说：游人望之如海市蜃楼，烟云吞吐，恐滕王阁、岳阳楼俱无其伟观也！——他拿这些生僻的东西问你们，那不是有意刁难么?”

叶圣陶笑道：

“我无非是触景生意，用这么个法子要你给众诗友讲讲罢了!”

说着，又转对社友们，热忱地说：

“做学问，就得像朱老师一样，下功夫，学深透，记踏实，才有得用!”

观得悦目，谈得赏心，听得入耳，闲闲道来，自然而浓冽，这次诗会，均感既愉快又受益匪浅。不觉间，日已西斜，社日将尽，朱自清这才面现恋恋地说：

“告诉诸位一件事：叶老师即日就要离去了!”

“离去?!”

社友们无不诧异，且有些怅然，不禁齐声一呼。继而，汪静之起身问道：

“因何要离去？去到哪里？”

叶圣陶亦面呈不舍地道：

“是蔡元培蔡老前辈专函约我与郑振铎先生一道陪同俄国的盲诗人爱罗先珂进京的，去做北大预科的讲师。蔡前辈的盛情怎好却得？所以，只好离开大家了。”

社友们均感依依，却又不便挽留，叶圣陶笑着说：

“谢谢诸位对我的信赖，还是存照王勃的那句旧话：‘海内存知己，天涯若比邻’吧！也请大家放心，晨光社与日后诸君的事，我是永铭心内，绝不相忘的！”

为此，社友们专约朱、叶两顾问合影留念。接着一部分社友又请两顾问，特地到湖滨一家菜馆共进晚餐，饭后，再度到西湖大世界隔壁的“活佛照相馆”合影留念。

朱自清、叶圣陶这两个十分投契的好友，也均一向甚重然诺，又十分重视与关怀文学革命与文学青年，叶圣陶走后不久，朱自清也为了生计离开了杭州一师，可他们对晨光社以及此后不久，在“晨光”基础上充实组建的《湖畔诗社》都十分关怀，热心支持，不断书信往来，朱自清更是不时亲临指导。冯雪峰最早诗作《小诗》与《桃树下》，便是经他们精心指导，热情推荐，发表在他们参与编辑的《诗》杂志的第二期上；对汪静之的诗更是连续刊载；朱自清更是《湖畔诗社》的最热忱最有力的支柱，该社收有61首诗的《湖畔》诗集，就是在朱自清的大力支持与积极奔走下，于1922年4月间出版的。朱自清还热情洋溢而中肯地为此集写了全面评价的第一篇文章：《读〈湖畔〉诗集》，使得“五四”诗坛第五本诗集得以问世与传世并扩大影响。几十年后，这些“晨光”与“湖畔”的诗人们犹萦记在怀，念念不忘。如冯雪峰回忆说：

“……朱先生是我们从事文学习作的热烈的鼓舞者，同时也是‘晨光社’的领导者。”

汪静之则情动于衷地写道：

“自清先生……是我最热爱的老师，了解我最深！”

此间，朱自清也写了一些诗，收在文学研究会丛书之一的诗集《雪潮》里，由上海商务印书馆出版，共收朱自清、周作人、俞平伯、徐玉诺、刘延陵、叶圣陶、郭绍虞、郑振铎等八人诗作几百首。朱自清排在第一集，十七首。

心与景融，异曲同工

南京。秦淮河上。

1923 年盛夏。

一条被俗称为“七板子”的小游船，正载着两个衣履不同，气质、年纪却甚为相似的青年人缓缓地飘浮着，飘浮着……

夕阳初隐，余晖未尽，情急而俏丽的圆月便从东方的地平线上跳了起来，一蓬清辉正接融了那数抹晚霞，阴阳之气交相辉映，再揉入初上的华灯之光，实是五彩流溢，瑰丽清新——难得的好时刻！难得的瞬间风光！

小船儿单桨轻橹，轻轻而有节奏地摇，在这好时刻、好风光中，显得格外的和谐与优雅。

躺在甲板左藤椅上的是梳着分头，穿着纺绸汗衫，细丝长裤，精神焕发的俞平伯；右藤椅上，是小平头，白短褂，青纱罩裤，神采奕奕的朱自清。

1922 年初，叶圣陶去后，朱自清因生活负担过重（他自己已有了三个孩子），为了生计，接受了浙江第六师范校长郑鹤春的聘请，将刚接来共住的妻子儿女留在杭州，只身赴台州执教。不久，又为杭州一师的学生极力请回，台州六师却又实实不舍，朱自清就两下里跑。生计仍然困窘，故于 1923 年 3 月接受了浙江省立第十中学的聘请，又割舍下甚为依依的台州的六师同学，到温州去了。

暑假到了，朱自清引着又已怀了孕的妻子与儿女回扬州省亲，又遇上了回来休假的俞平伯。恰恰此际两个人的心情都不好，便相约一道到南京去散散心。

可到了南京，住了几天，仍是不能释怀，便相携着来秦淮河一游。

秦淮河是南京的城内河，六朝时即为游乐胜地，东晋的王、谢两大贵族就高居在这河边朱雀桥外的乌衣巷。到了明朝，由于曾一度定都南京，秦淮河得到了疏浚、整修，河弯弯，水清清，最为吸引游人，有了游人，两岸便有了生意，特别是为了迎合有闲又有钱者，增加了色相生意。明成祖朱棣迁都北京后，南京仍做留都，皇帝不在，六部仍设，达官贵人们乐得山高天子远，又乐得清闲，便极思逸乐，而秦淮河自是理想的境地之一。于是这里游人便愈来愈多，愈来愈显贵，愈显贵也就愈是挥金如土，也就因之使秦淮两岸的亭榭愈来愈多，愈来愈高雅，愈高雅也就愈是游客如云。如此循环，使秦淮河一带已成了著名于全国的销金游乐场，寻欢安乐窝。艺妓、色妓，往往艺色俱兼者层出不穷，名声鹊起，到了明末，秦淮八大名妓，已是压倒群芳，且传名全国了。特别是经孔尚任的《桃花扇》渲染之后，更得流传后世了。逐日里繁华，特别是到了晚间，岸边一派通明，水上点点灯火，笙歌阵阵，笑语喧哗，更为热闹。满清入主中原后，一度因战乱而残破萧条的秦淮河，很快又恢复了旧观，且很快较明时尚有所过之。辛亥革命后，虽说明文限制了歌妓，可私下里仍为不少。

朱自清、俞平伯此时也不过二十五六的年纪，尚属青年，倘依今天的情景说，也不过大学毕业不久，刚刚结婚吧。此际皆因生计与事业上的不得意而郁郁，便想到此来排遣排遣。

秦淮河当时虽已不如明清时繁华，却也仍很热闹。河上有两种供游客租用的船，一种是阔口大船，造、饰精美，陈设古雅而清奇，红木桌面上一律嵌着光可鉴人、森生凉意的大理石，可容三十余人，是供大豪客或集体乘游的；另一种是小船，当地俗称“七板子”，也很宽稚考究，淡蓝色的船栏，宽敞的船舱自不必说，更惬人意的是舱前甲板上安置着两张藤躺椅，而躺下后又是恰到好处的观光姿势。朱、俞二人自也就租了这种小船。

初一启航，恰遇此难得的好时刻，俞平伯、朱自清的心头便爽然开朗了起来，俞平伯微一侧头，说：

“你听：这吱咕吱咕的桨声是多么的悦耳怡神！”

朱自清说：

“你看，这闪烁闪烁的霞光是何等的娱目赏心！”

“孔尚任真是大手笔，一部《桃花扇》，不仅精彩地演绎了那动人心魄的兴亡，也更极写了秦淮风物与佳人，实为难得！”

“意也美，境也美，词尤美，支支，套套，一曲一曲美不胜收，你最喜欢哪几支曲子？”

“当然以苏昆生唱的那套《哀江南》为最了！”

朱自清点了点头，微一欠身，兴奋的眼里发着光，轻轻地以手拍着椅子，权作击节，声音不高，却十分清越地吟道：

“俺樵夫呵，山松野草带花挑……”

当吟到“野火频烧，护墓长楸多半焦”后，俞平伯便和声接口唱下去道：

“山羊群跑，守陵阿监几时逃？”

接下去，便是一递一句地轮唱了下去，而且愈唱愈是兴奋，愈唱愈忘情了起来。置身于如画的景色之间，忘形于柔柔攸攸的河水之上，陶醉于清词丽句的意境之中，沉湎于繁盛美妙的氛围之内，似乎六朝金粉，明清脂黛，画舫载欢，笙歌伴笑的情景，就在眼前！这大概可谓人生高雅的精神享受吧？可惜，对朱自清来说，他一生中的这种享受却实在太少了！就算这一遭，也是不得尽兴的！

七板子在人飘飘它也飘飘中，凌波御风，不知不觉间飘过了利涉桥，再悠然一转，过了东关，飘到了大中桥，眼前的河面豁然开阔，令人的心神，不由得一爽。七板子也“咿呀”了一声，轻巧巧地停了下来。板子上的人呢？也因之一悚，从美妙的意境与沉湎中警觉。唯觉得清风柔缦，扑面而来，境界宽了，眼界自也开阔了，淡润的月，蔚兰的天，清爽的风，静绿的水，实令朱自清心旷神怡，而那不时由水面不知何处飘来的歌声、笛声、琴瑟声，更令他耳悦心清。朱自清由衷地默呼于心：

“这正是天之所以厚秦淮河，也正是天之所以厚我们了！”

不久，朱自清写了一篇题为《桨声灯影里的秦淮河》，对当时的情景有过精美的描写，谨录如下：

灯光原是纷然的；不过这些灯光都是黄而有晕的。

灯愈多，晕愈甚；在繁星般的黄的交错里，秦淮河仿佛笼上了一团光雾……

但灯光竟夺不了那边的月色；灯光是浑的，月色是清的。在浑沌的灯光里，渗入一派清辉，却真是奇迹！

那晚的月儿已削瘦了两三分。她晚妆才罢盈盈的上了柳梢头。天是蓝得可爱，仿佛一汪水似的，月儿便更出落得精神了。

由此可见，朱自清当时的心情是何等的娱悦！

可这娱悦，并没有持续得多久，便被无情地打断了。

还在朱、俞二人忘于身外的景物中的时候，一条歌舫已是紧随而至，并且拢了过来。待一拢近，便有一个人跳上了七板子。俞平伯、朱自清俱从忘情中一怔而醒。看那人时，只见是一个年纪虽不大，却显得十分油滑，仆役打扮，却带着几分矫揉。一上船，便暧昧地笑着，同时也暧昧地递上一只手，塞过一件什么东西来，嘴里说着：

“先生，小意思，点几出吧！”

朱自清浑不知所以。甚感迷惑，下意识地接过那东西，一看，是一个破旧的手折儿，再打量一下来人，瞥了一眼来船，心下明了，脸也红了，心跳也加速了。惶急地将那破旧的折又塞了回去，口中连说：

“不要，不要，我们不要！”

那汉子并不介意，又转向俞平伯，仍是那般暧昧地笑着，塞过了折子。俞平伯理也不理，只是不屑地掉开头，俐落地说了句：

“不要!”

那汉子却不死心，又将折子塞向朱自清。

俞平伯心里很是讨厌，本想出声打发了事，可一转念，又觉得应该让朱自清这个老实人历练历练，就又将已到口边的话打住了。回顾一眼，只见朱自清的脸更红了，神色也更惶急了，连连尴尬地摇手，身子微向后移，似在躲避瘟疫，不像是在拒绝那汉子的求恳，倒像是求告那汉子的解脱，口中连道：

“不要！不要!”

那汉子已无趣地走了，朱自清却仍陷在那种情境之中，过了一刹，方满面迷惑地问俞平伯说：

“怎么？不是有过明令，取缔歌妓了么?”

俞平伯笑道：

“明令归明令，暗来还是暗来！民国以来，军阀当政，有过几个明令实施得彻底了?”

默了一刹，朱自清暗暗点头，说：

“是了，是了，就说这买卖人口吧，又何曾绝了迹?”

他口中说着，脑子里已闪出了不久前发生的一幕惨剧，心情更为不快，叹了气，招呼俞平伯坐下后，缓缓而沉重地说：

“人哪，几时方得平等呢！前几天，我正在与孩子们在屋里吃饭，钟谦进来了，叫我看件新鲜事。我抬头望去，房东的屋檐下的一条板凳上坐着一个小女孩，样子拘谨，神色惶恐，一脸菜色，却也穿着整齐。听钟谦说，这孩子只有五岁，由于失去了父母，哥嫂便将她卖了，恰好银匠铺有个伙计，没有老婆，就请房东给代买了下来。你猜才卖得几个钱？”

俞平伯的情绪也深受了朱自清的感染，神色黯然地摇了摇头。

朱自清面色沉重地举手掐指说：

“七毛钱！才七毛钱哪！——五岁的‘人’，才七毛‘钱！’”他把“人”、“钱”都咬得很响，且语气间充满了激忿。

两个人均忿忿地默了一刹，朱自清又续道：

“知道那伙计是怎样个人么？是个酒鬼，不喝酒就糊涂，喝了酒就糊涂得不懂人间事，薪水总是喝得精光，人也总是糊涂得稀烂，这样的人，这样的人——那小女孩还好得了么！”

俞平伯沉痛地摇了摇头，说：

“悲剧！人间悲剧！这就是封建主义造就的悲剧！”

停了一刹，俞平伯又道：

“所以才说，我辈的重大使命就是不让这悲剧重演！”

朱自清忿然接道：

“稍有良知的人就该为此效命！我虽不才，也要用笔去呼喊。只可惜，你我人单力微，也难哪！”

正是为了愤于时事而烦闷，也正是为了排遣这烦闷才来这秦淮河，岂知竟在一刹之欢后，又惹了一肚子的烦恼！

过了一会儿，俞平伯又道：

“其实，有许多人并不以此为意，他们甚至将携酒狎妓于秦淮河上当做一种仿古风流呢！”

朱自清道：

“‘风流’？可耻罢了！且不说有污行止了，只这妓的一事，可晓得有多少似那小女孩般，很小时便被贱卖了。可怜尚不及，还去寻什么欢？所以我说，我们要像周敦颐在《爱莲说》中提倡的那样。”

俞平伯接口道：

"'出污泥而不染，濯清涟而不妖!"

几个月后，《东方杂志》21卷2号上同时发表了两篇散文。这两篇散文的题目相同得一字不差，均是《桨声灯影里的秦淮河》，当然也是同一个体裁，也同样地妙笔生花，同样地脍炙人口。不同的只是署名：朱自清与俞平伯。更不同的是各自鲜明、独特，各自迥异的风格。聚不曾议，别后千里，却命题一字不差，可见其情谊之深，心有灵犀，真个是英雄所见略同，能不传为佳话?

激于义愤笔作枪

北京。

1926年3月18日。

民国以来最黑暗的日子。

（鲁迅语）

清晨，天气阴霾，晨风飕飕，清华园内一派沉寂，唯有去秋留下的残条、枯枝在早春的寒风中瑟缩。一个矫健的人影由院东角转出，迅速地越过刚刚现些解冻的小溪，掩至古月堂前，相了相，举手轻轻地在一扇门上叩了两下，里面传出了一个略带诧异的问话：

“谁呀？”

来人对着门缝，压低了嗓音说：

“先生，是我。请开门！”

显然，屋里的人一时间尚未辨出来人为谁，迟疑着没有回话。

来人又小声地重复道：

“是我，先生听的出来了么？我是……”

未待来人语毕，屋内“哦”了一声，门已打开了。

主人欲去开灯，客人却摇手说：

“先生，还是免了惊动吧！我来是有急事的，说罢就走！”

主人略一沉吟，倒来了个“主随客便”——不开灯了，却客气地为客人让了座儿。

客人刚一坐定，便问道：

“先生，今天的请愿，您是一定要去吗？”

主人点了点头，平静地回说：

“一定的！”

客人有些情急，说：

“先生，还是别去了，是有危险的！”

主人不以为然地说：

“危险？请愿罢了，会有什么大的危险？”

旋即果毅地说：

“有多大危险我也是要去的！”

客人愈加情急，竟站了起来，说：

“先生万万去不得！我已得了可靠消息——先生没忘了我跟您说过的话吧？家父就在总理衙门的文案上，消息是极准的：段政府已经得了确信，也下了密令，要镇压的！”

主人的脸色更加果毅，说：

“镇压就由他去镇压嘛。不信他镇压得住，更不信他镇压得今日，会镇压得明天！”

客人稍一犹豫，便下了狠心说；

“先生来的时日虽短，却给学生的印象极深，以往已是闻名向往，如今更是由衷钦敬，才冒了大险来劝告先生——弄不好会开枪的！”

主人感激地说：

“谢谢，谢谢你了！”

脸色一凛，话音一转，斩钉截铁地说：

“越是如此，我越是非去不可的！”

客人眼见好意言尽，却无劝转余地，只好告辞。

临行，那客人又转身恳切地道：

“不是我不爱国，更不是怕。我是觉得因请愿而流血很不值得，斗死沙场，则在所不惜！先生多保重吧！”

主人仍是忱忱地连声称谢。

云再暗也是难以蔽断光明的，晨曦已穿破了浓云，照在那送客出门的主人脸上——呵，朱自清！

游秦淮河后，又与俞平伯盘桓了两日，认真地探讨了一些文艺理论，几与《桨声灯影里的秦淮河》同时，写下了论文《文艺的真实性》，而那五岁女孩只卖七毛钱的事始终令他心头耿耿，发出了“生命太贱了”的呼喊。散文《航船上的文明》与前此发表于《小说月报》上他的第一个短篇小说《笑的历史》都是为女性鸣不平的。

此时，孩子已有了三个，父亲小坡公的健康却一日不如一日，沉重的生活负担，使他不得不往来奔走着兼课。1924 年初往浙江省第四中学任教，而四中又远在宁波，1924 年 9 月又转任教于春辉中学。1925 年方由俞平伯介绍，来清华大学任国文系教授。此时已执教一个学期多了，可这一个多学期是何等的不平静啊！

到校不久，便接到小坡公病情恶化的信，急得泪如泉涌，这还只是家事。国事也使他日益焦虑。

已经于1924年11月称谓“临时执政”（即前此的“大总统”）的进一步控制了政府实权的段祺瑞，更加明目张胆地投靠他的后台主子日本，拼命推行他的卖国政策，也自然更激起了爱国人士的愤恨，特别是1925年11月，走狗段祺瑞召开海关税会议欲进一步向主子拍卖主权，国人更为愤怒。此时中国共产党已成立了四年多，北京共产党的活动更为活跃，便适时乘机发动了一次反奉倒段的“首都革命”，愤怒的群众高呼口号，包围了段祺瑞官邸，声势浩大。段祺瑞连威带吓，欺诈哄骗，软硬兼施，费了很大的周折才得幸免。事后却愈加反动，经过一番“斡旋”，到了1926年1月，东北的奉系首领张作霖与湖北的直系头子吴佩孚“握手言和”，枪口一致对向了国内爱国民众。两系的后台主子：日本、英国，却仍嫌两个傀儡跳得慢，急不可耐地自跳了出来：英喉舌《字林西报》于1926年2月27日公开叫嚣要以十万兵力北取天津，中夺沪、汉，南占广州；3月12日，日舰侵犯大沽，不唯不听驻守的国民军正当警告，反而悍然开炮，致使驻守炮台的国民军死亡十余，紧接着又提出国民军必须全部撤离的蛮横无理的要求，而英、美、法等八国公使又进一步助虐，于16日向中国政府提出最后通牒，限定48小时内答复，实是欺人太甚！

国人愤怒不堪，各社会团体纷纷表示要向最后通牒示威，要向政府请愿，并订出日期：3月18日，即得知八国最后通牒的第三天。

朱自清自也是义愤填膺，怒火千丈，积极要求参加这一行动。不料今日绝早，却接到了劝告。

来劝告的人，是朱自清的一个学生，对朱自清甚为敬重，朱自清也很器重这个学生。

送走了那个学生，朱自清的心情更不平静了。本来，由于骤离久惯的南方思乡情切，再加上惦念老父，几个月来觉睡得就不安稳，近日又国事焚心，昨夜，一夜不曾成眠，又一早就听了这么个消息，再哪儿还睡得着、躺得下？于是，便心情郁郁，步履沉沉，漫无目的地在古月堂前踱着。

不知过了多久，也许是半个钟头吧，朱自清忽被一阵低微而亲切的呼唤从纷乱的沉思中警省，循声望去，只见一个穿着朴素很是文静的青年，正立在他左方的不远处，口中低呼着：

“先生，先生，朱先生！”

这学生，朱自清不但认得，而且印象较深，叫做韦杰三。朱自清来清华不久的一天晚上，韦杰三就由朱自清同学苏甲荣的介绍，拜访过朱自清，一番谈话，使朱老师甚有好感，觉得这学生很可爱。后来更了解到韦杰三的家境很有些与朱自清相似：父老弟幼，弟弟因家贫而辍学。韦杰三本人也是一半靠休学任教，一半靠告贷于人，勉强维持学业的，上进心与自尊心却都很强，很有骨气，尽管又贫困又不时地休学却仍成绩不错；虽困难却从不受人赈济，朱自清对此印象更深，他的善意资助，就是被韦杰三婉言谢绝的。唯有后来韦杰三的国文课被分到别的教师班里，他才开口告人，请求转回朱自清的班上。

一见是韦杰三，朱自清眉头一舒，尚未开口，韦杰三已恭谨有礼地鞠躬问好了。

朱自清连忙答礼，说：

“杰三，起得好早！”

韦杰三微笑着说：

“先生不是起得更早吗?”

朱自清心情又转沉重地微一摇头，说：

“睡不着哇!”

韦杰三也端肃地说：

“是呀，但凡有良心的人，当此之际如何能睡得安逸?昨日的校园里，恐怕没得几个安心足睡的。”

朱自清细望了望韦杰三那张可爱的年轻而又给人以成熟之感的脸，只见于那凝重间隐隐含着丝儿倦意，便关切地说：

“你大概是足足忙了一夜吧?”

韦杰三又恢复了谦恭的笑，说：

“忙倒不算忙，只是不知不觉间，天就亮了，虽没睡，也不困。”

朱自清询问道：

“你，有什么事么?”

韦杰三摇了摇头，说：

“没得，没得，只是想来看看先生!”

话虽说得轻松，又面带微笑，可不知为什么，朱自清似觉得有一丝儿的不祥之感掠过心头，或者是适才那个学生的告警之故吧？想到适才那个学生，朱自清真想将那学生的话告诉给韦杰三，要他在示威与请愿时加些小心。可话到嘴边，又觉得不妥。倒不是信不及那告警的学生，而是在他的内心深处总觉得不管怎么说，毕竟还挂着中国政府的牌子，当局再坏、再卑鄙，也得有些顾忌，也不至于坏到、卑鄙到公然向徒手请愿的爱国学生开枪的程度。此时此刻告诉韦杰三这种消息，又是什么意思呢？想以此阻止他参加么？莫说朱自清不肯这样做，就算朱自清肯这样做，以韦杰三的个性也绝不会接受；提请他注意么？连自己尚持怀疑，又何必去大惊小怪地扰乱别人？于是，那已到唇边的话，又咽了回去。

韦杰三见朱自清沉默了起来，便说：

“我先去了，还要找几个同学，先生……”

朱自清忙道：

“好好！我刻下也去准备准备，待会儿见！”

韦杰三也道了声“再见，先生”！离去了。

当时的天安门前，还远不及今天广阔，一下子涌上二百多个社会团体，十多万人，立刻便显得满满的，人们的情绪，更是高高的。

朱自清站在清华的队伍里，远远地望见大会主席台上竟有他的几个熟人，李大钊也佩带着大会主席的徽识。

大会开始，陆续有人讲话，每个讲话者都是慷慨激昂，李大钊的讲话更是令人热血沸腾，他大声地号召人们“要用‘五四，精神，‘五·卅’热血去反对军阀卖国行为”。

讲话毕，便通过决议，开始示威游行，声势浩大，群情激愤，一路高呼口号开赴执政府门前。

当朱自清随着清华的队伍接近执政府门前时，他特地留心了一下，只见约有两百左右荷枪的卫队卫士分站于府门两厢，心下不禁一突：

“难道真个要开枪么?”

仿佛是为了证实朱自清的疑问，念头尚没有几转，朱自清便听到了枪声，尚未及从惊愕中省转，便见队列混乱、分散了起来，人们纷纷奔跑，有人高呼：

“不许开枪！不许开枪！”

“开枪了！开枪了！”

朱自清尚未向前跑得几步，便听得枪声已响成了一片，忙向一堆人旁卧倒。倒下不久，就觉得马褂上、手臂上有东西在流淌，微微一瞥：是鲜红的血，是溅在他身上中弹者的血！

“真的开枪了！真的屠杀了！当局真的坏到了极点，也卑鄙到了极点！”

朱自清只觉得更气愤，却并不害怕。于气愤间听得清了，是一个什么人用警笛在指挥着这场屠杀：一声警笛一排枪，略一间歇，又是一声警笛一排枪。

乘着枪声的间歇，朱自清站起身无目的地随着人流往前跑。枪声仍是一笛一阵，朱自清只觉得身边又有两人倒下，便随了人流躲进了一个马厩。接着，又有一些人往马厩里挤，朱自清被挤进了马厩的东墙角，没有站稳，便扑倒了，并乘势卧了下来。无暇细看身边的情形，但觉得手压处是厚厚的马粪，身下、身边，甚至腰间、腿上都有人，所幸头部尚自由，眼前也没什么人遮拦，尚能从一条人缝中看出十几步远。

这样过了不久（紧张不识时光，其实大概也只两三分钟），朱自清忽然透过那条人缝望见对面的马厩里出现了一个兵，而且正在往枪里装子弹，边装，边不怀好意地向这边望着，朱自清见状大呼：

“不要开枪！”

人们轰地一声返身冲出马厩，弯腰俯身地逃了出来。

朱自清逃到东门口，听了听，枪声仍在爆豆似地响着，紧接着就有一排射了过来，人们拥挤着惶急地伏倒，朱自清伏在一堆人上面，身上也觉得有人。

待枪声间歇，人们又蜂拥而起，推搡着奔跑。朱自清起来才发现，他身下的人堆里已有几个是死的了。

朱自清跑得慢，总是不时地被人推来搡去，或超越过他。人们都争先恐后地往前跑。可跑在前面，也并不保险。朱自清就在奔跑中，望见前面一个人脑后中弹，只趔趄了一下，又舍死忘生地奔跑，血汩汩地流着。

跑着，两个女学生追上了朱自清，拉了下朱自清，转出东门，沿着墙往南跑，跑出不远，却又听得枪声向这边传来，他们就想躲进就近的一条胡同，刚要拐进去，就听得一个轻轻然而很镇定很关切的声音说：

“别进这个胡同!”

是个男人，是个一身短打扮、精明利落的男人，此刻正机警地隐蔽在墙角处。

他们听了那男人的劝告，转身拐入另一条胡同，这才脱开了枪声的追踪。走出胡同，转入大街又改走一条僻巷，再也听不到枪声了，总算脱了险。只见人人走避，家家闭户，张张脸上混合着惊恐、愤恨、困惑、悲哀的表情。

听两个学生说，卫队们不仅是有指挥地开了枪，而且一群一群地使用枪柄、木棒、大刀疯狂地打人、砍人，打伤砍死后，还进行公开地抢劫，抢着剥死人的衣服，搜死人的财物，无论男女，往往剥得只剩一条短裤。

朱自清只觉得无限的悲愤，一句话也说不出来。

真的开枪了!

真的屠杀了!

居然兵作匪，光天化日之下，万目睽睽之间，真的抢劫了!

在那段令人惊心动魄，令他困惑不解而又悲愤难抑的时间内，在那拥拥挤挤，对他来说有生以来第一遭拼力奔跑中，致命的枪弹不时地从他耳畔、头顶、侧后尖啸着穿过；死神间或地在他身边忽左，忽右，忽前，忽后地蹦来跳去，可他这个文弱诚厚的先生竟然脱险了。

他没因此而庆幸。

唯有愤怒与悲哀。

尚有一宗彻骨的遗憾：韦杰三死了！

脱险后，朱自清相了相方位，已是东门外的一条僻巷，而清华园却坐落在西山。远不说，他也不知该怎样个走法。朱自清的脸上掠过一丝无可奈何的苦笑，想不到直到今天，在这种惨况与心情下要徒步第一遭横贯而行“逛一逛”北京了！

朱自清虽在北大读了四年书，却绝大多数时间埋头于书中，后两年虽说参加了社会活动，多在街头演讲，还参与了“五·四”运动，可那是跟了大家，随了大众，根本无暇，也无心浏览街景的。所以，他初来报到时，便不知去清华该怎么走。但对清华的历史却可如数家珍：北京西北方，有个清华园，清时，是端王爱新觉罗·载漪的王府。曾一度权、声煊赫，然而“大清”的一个举足轻重的王爷，却不及外国的一个芥微公使，仅因曾支持过义和团，外国公使一个惩办“祸首”的要求，即被定为“斩监候”，后经“加恩”方得个发放极边新疆监禁，王府自然也充了公，后被当局选为校址，1908 年，美国国会通过了所谓“庚子赔款”剩余部分处理的法案，1911 年在清华园创办了“清华留美预备学校”，用来培养留美学生。直到 1925 年，清华的体制大得改革，主要培养目的转向了国内，并增设了大学部，朱自清也是因此而被聘来任教的。

曾记得，刚刚重来北京时，由于举目无亲，只好寄住于朝阳门一曾有一面之识的友人家中，由于不识路，多花了钱不说，还误了与当时任清华大学的教务长张仲述的约定时间，乘洋车足足走了三个钟头，才由朝阳门到达清华！而这一遭虽是步行，却由于一路打听得法，从东门外赶回清华，也不过三个钟头。

早早地随游行队伍出去，群情激奋，意气昂扬；晚晚地形只影单归来，众心哀愤，一片凄清！这只是一天么？是一天中并存着的两种截然不同的心境与情景么？朱自清望着凄风冷吹的寂寥的校园，不禁滴下了一滴混合着悲愤与惆怅的热泪。

夜色昏黑、泪眼迷蒙中，似见古月堂前立了一个人，连忙揩去眼泪，尚未待细辨，那立着的人已发出一声低低的欢呼，奔了过来：

“先生！您，您总算是平安地回来了！”

是清晨给他报警，劝告他莫去参加请愿的那个学生。

可见这个学生已是焦灼地在此立等很久了，一见朱自清平安归来，喜慰之情，溢于言表。

朱自清很感动，点点头，报以一笑——可惜，只是苦笑，说：

“谢谢你的关心！请屋里坐吧！”

坐下良久，只是默默相对，各自都觉得悲愤难抑，却又无从说起，相对许久，那学生方小心翼翼地说：

“先生，晓得么？韦杰三也中了枪弹。”

朱自清闻此轻语，如听炸雷，急切地问道：

“怎样了？他人在何处？”

那学生也站了起来，说：

“听说是伤得不轻，却不晓得人在何处？”

朱自清恨不得立即寻到韦杰三或得到确信，然而却仍不失礼数，向那学生一再称谢后，说：

“实在对不起，我得出去看看，打听打听！”

那学生见拦也无益，便道罢安慰与珍重，告辞去了。

送走了那学生，朱自清便欲到学生的宿舍去找几个日间曾与韦杰三一道的学生打听打听。岂知，尚未走到学生宿舍，便迎头遇上了一个人。这人高高大大，长脸微须，一望而知，正是教务长张仲述。

尚未待朱自清开口，对方已先打了招呼：

“是朱先生么？”

略一应对，朱自清便急急地打听起了韦杰三来。张仲述神色黯然地说：

“朱先生，不必去找学生了，韦杰三受了很重的伤，所幸被同学们救了下来，已住进了医院里，据说是很危险的。”

朱自清听了，当下便要去医院，张仲述拦着他说：

“太晚了，路上不宁静，医院里也不许探视。您就早些休息，明天再说吧！”

路上不宁静，心境又不知较路上不宁静了几许倍！好容易熬了一夜，天一亮就忙忙地起身，匆匆地漱洗，急急地上路。在经过学生会的布告栏的一瞥间，不觉心下一喜。赶紧凑上去细看：果然，那布告上说韦杰三还活着！

朱自清长长地舒了一口气。这一松缓，才发觉腹中已是空空如也，饥肠辘辘了。也才想起从昨日早饭后，直到此刻仍未进食，何况又奔跑劳碌了一整天呢？即已放了心，就可待用了饭再去了。

岂知，今日的饭开得晚不说，饭后竟遇上了件不得不办的事，出清华时已是十点多钟了。朱自清赶着雇了一辆车，连声催快，赶进城中，直奔协和医院。

到了协和医院，又谁知被门房挡住，说探视时间已过了近一个钟头了！你说急不急人？朱自清百般恳求，人家只是不许，急得他在医院外搓着手转来转去，转了许久后，抱着一线希望，去向那门房急切地打听：

“您知道吗？清华有个叫韦杰三的学生，如今怎样了？”

门房只是懒洋洋、冷淡淡地回句：

“不知道！”

朱自清仍是不肯就去，仍抱着一线希望在医院门前焦灼地转着，直转到黄昏，见已无望，方怏怏而归。

20日一天无法抽身，21日晨起便及早赶去，却一眼从学生会的布告栏里看到：韦杰三君已于今日凌晨1时48分不幸逝去。

望着布告栏上的字，朱自清只觉得头发响，眼发黑，脚发颤，他不仅为无端失去了这样一个好青年而悲痛，更深为自己没有关照与及时探望而悔恨，他心中只是痴痴地默念：

“我怎么不告诉他？我怎么不把那学生警劝我的话告诉他？为什么到了舌边又咽了回去？为什么要吃那顿该死的早饭？怪我，怪我，只怪我！”

沉重的哀伤与悔恨，使朱自清几乎病倒，一头躺下去，闷闷不起，却又误了事：没有看见学生会23日上午通知，因而也没能和学生们一道入城迎灵。

下午，在旧礼堂为韦杰三入殓时，朱自清停立棺旁，望着韦杰三那变了形的脸：两颧突出，双颊下陷，唇掀齿露，已一扫了平素那温文谦笑的样子，更是悲从中来，在一片唏嘘声中，垂泪默念：

“唉，韦君，韦君，知有今日，我那天早晨是势必要扯也扯住你的，可是晚了，你去了，这只能是最后一面了！自此，我们永无见面之期了！生死之理，我不能懂得，但不能再见是事实。韦君，我们失掉了你，更将何处觅你呢?”

葬礼一毕，那个曾劝告过朱自清的学生又在礼堂外赶上了朱自清，对朱自清道：

“先生，看了这几天的报纸么?”

朱自清摇了摇头。

那学生递上几张报纸，说：

“还是请先生看看吧。”

说着，又指着其中的一张说：

“特别是这里。”

回到屋中，朱自清首先抽出那学生专指的一张，一看，是21日的《申报》，刊着一份段政府的“指令”，朱自清就看了下去。

岂知，一看之下，便气不打一处来，而且越看越气，气得连连拍案，恨恨地说：

“扯谎！无耻！”

原来，那“指令”上说，是共产党人“假借共产党说，啸聚群众，启肇事端”、“率领暴徒数百人，手持枪棍，闯袭国务院，泼火油，抛炸弹，以手枪、木棍袭击军警，各军警因正当防卫，致互有死伤”。

再翻阅其余的几张，竟也有许多与他的所见所历大不相同处。朱自清忿忿地丢开报纸，起身在室内沉重地踱着，默想着：

“我下过决心，在秦淮河上我与平伯也立过誓言：要用笔去呼喊！此番更该大大地呼喊一回，我要马上写，写出我自己当场眼见和后来耳闻的情形，请大家看看这阴惨惨的20世纪26年3月18日的中国！”

想写就写，朱自清坐到案边，铺开纸、砚，醮饱墨，一脸正气，满怀激愤，酣畅淋漓地写下了——《执政府大屠杀记》七个饱含正义与愤怒的大字。接着，心血沸腾地奋笔疾书：

3月18日是一个怎样可怕的日子！我们永远不应该忘记这个日子！

这一日，执政府的卫队，大举屠杀北京市民——十分之九是学生！死者40余人，伤者约200人！这在北京是第一回大屠杀！

愈写，脸上的正气愈浓，胸中的愤慨愈甚，下笔流畅而有力地、翔实地、细致地描写了当时请愿的情景，肯定请愿者多是学生，绝对没拿什么“有铁钉的木棒”，秩序良好，连“嚷声”也没有，更莫说什么“啸闹”，扣紧执政府的污蔑以身经亲见为线索层层深入地揭露事实真相，揭露段祺瑞的丑恶与狰狞，事例典型，行文流畅，力透纸背，扣人心弦。

朱自清完全陷入了他所写的文章的氛围之中，莫说已是入夜、更深，斗转星移，晨光熹微；也莫说春寒缕缕袭人体，朔风阵阵拍门声，连置身何处也浑然忘却，只觉得是在面对国人在大声地呼喊，怒向屠夫在严词斥责！

文章早已写完了，只是他仍一直陷在那激愤而庄严的氛围中，端然巍坐，头脑中急剧地翻腾，翻腾！

一声钟鸣，使朱自清一悚，他猛吸了一口烟，喝了一口凉茶，又提笔疾奋地写下了结尾：

这回的屠杀，死伤之多，过于“五·卅”事件，而且是“同胞的枪弹”，我们将何以间执别人之口！

而且在首都堂堂的执政府之前，光天化日之下！屠杀之不足，继之以抢劫、剥尸，这种种兽行，段祺瑞等可行之而不恤，但我们国民有此无脸的政府，又何以自容于世界！——这正是世界的耻辱呀！

4月2日，朱自清又以同样心情，同样犀利的笔锋，写下了《哀韦杰三君》一文。

后来，两文几与鲁迅先生为纪念“三·一八”惨案而写的《纪念刘和珍君》同时问世，引起了很大的反响。由于举国哗然，群情汹汹，吓坏了北洋政府，多年来一直暗里、明里把持政府大权的段祺瑞只好于“三·一八”后不久，1926年4月20日灰溜溜地滚下了“执政”宝座，换了马。

不似名人，确是名人

上海。消闲别墅。

1926 年 8 月。

上海，近代以来，向以繁华著称。“消闲别墅”，顾名思义，清幽而高雅。不过，由于不断地外洋风吹，也颇有些与国情格格不入处，用今天的话说‘新潮’得很。且请看门廊阴影里的那两人：一个，近三十的样子黑纱短衫散披着，掩不住绒绒的胸毛，赤着脚趿着一对便拖板，懒洋洋地半仰在椅上，左腿横压在椅面臀下，右腿悠然地摆着，有些歪邪的嘴里衔了根草棍儿，倒甚似百无聊赖；另一个，看上去不到二十岁，一身小厮的短打扮，正在门限边理着一团绳子。

日已西斜，斜日将偃墙的影子拖得长长，暑气也由燥而缓了。人却也懒散了许多，椅子上的歪嘴儿，已有些昏昏欲睡了。

门边的小厮，边理着绳子，边向那椅子上的歪嘴说：

“阿雄爷，莫贪困哉，小心，高客来了，要刮鼻孔的！”

歪嘴儿不在意地哼哼道：

“哪个，算不得么子！”

竟是个四川人。

少刻，又说：

“高客哦？要到夜晚才来呷，恁等闷躁，困怕困到高高价哩！”

小厮无意间一抬头，紧张地压低声音叫道：

“来哉！来哉！”

歪嘴儿一震，攸着的右腿向拖板子上一踏，啣着的草根儿也几乎掉下来，可是，惊惧地一回顾间，又懈瘫了下去，口中含糊道：

“见鬼哟！”

原来，歪嘴儿回顾间也确实见有人走来了。可那人穿着一身布裤褂，虽洁净，却不华贵，圆圆的脸，不过二十七八岁，留了个很不起眼的小平头，不但不神气，简直还有些土气，距离他惯见的高客，实是远而又远，便当做是个过路或问路的人，又放瘫在椅上——他才懒得理那些土佬儿呢！

谁知，这来的土佬儿偏不识趣儿，竟一步一步走上台阶来了！

经小厮一吓，歪嘴儿本就气恼，耳听得踏，踏，踏有节奏的脚步声向台阶上走来，更加恼火，仍仰在椅上，攸着脚儿，半眯着眼，草棍儿一咬，含混地叫道：

“走开！走开！”

脚步声却仍不疾不徐地向上传来。

歪嘴一挺，坐直了，也不再看，猛挥一手，叫：

“叫你走开！听勿见哉——瘟牲！”

脚步又近响几声，停下了，一个平和然而带几分疑惑的声音问：

“这儿不是消闲别墅么？”

歪嘴儿睁开了眼，上下狠狠地瞄了瞄来人，气哼哼地道：

“是又怎样了？问路，到路上问去；寻人，到该寻处寻去，打秋风哉，到小茶肆里去！晓得是消闲别墅就好——是你这等人消闲得的么？”

说着又很不耐烦地挥了挥手，叫：

“快走！快走！”

见来人居然不走，竟还向廊荫下步去，气得跳了起来，吼道：

“聋了么？好告你知：今日里东主可打下了话头：是要宴一些高客的——哦，名人！名人你也晓得哦？非是有得个名字就作得数的！”

见那来人仍不理不睬地往前走，歪嘴儿蹦了起来，向那小厮吼道：

“小三仔！拦下来！”

小厮丢开手中的绳团儿，向来人道：

“是真个哉，今日里非比往时，东主特别关照，有人包了东，要宴请一大些名人哩，莫玩笑，莫玩笑！”

那来人见小厮有礼，便笑着对小厮说：

“我倒不是什么名人，但是，的确是有人请我到这里来的——好吧，我只在这阴凉处等等吧！”

歪嘴儿也跟了过来，听了来人的话，一把扯下嘴里的草棍儿，瞪起眼说：

“请你？也说得出口！可晓得么？名人，是要大大的有名，这个，这个，四海扬名，才做得数！”

说着面呈讥笑，对来人的头、身、脚戳戳点点地说：

“瞧你！瞧你！瞧你！好高贵哦！哼，只怕家儿女都勿晓得你的名字哩！却连名人的名字也未便晓得，更莫说识得！”

来人平静地微笑着说：

“你可又识得几个名人呢？”

歪嘴子心下一突，他可是一向不曾识得一个名人的。眼珠一转，心下窃喜：乖乖哉，幸亏早际听得东主念诵了几个。便虎起脸，说：

“当然识得了，说给你也不妨：刘大白呀，沈雁冰啊，叶圣陶哇，朱自清啊……”

乖乖！居然记下了四个。

来人仍平静地问：

“都识得么？”

歪嘴儿蔑笑道：

“识得？何止！老子还和，还和……”

一时不知“和”哪个好，眼珠一转：嗬！刘大白、沈雁冰、叶圣陶听说都在上海，容易吹破，这朱自清听说是路过，管他呢，就续道：

“还和朱自清喝过酒呢！”

来人又笑了笑说：

“喝过酒？真的么？”

歪嘴儿横起眼说：

“骗你个土家崽作甚？朱老哥好名气，好酒量，好脾性，直劝我说：喝呀，喝呀！五十几的人了，还直叫我老弟！”

来人禁不住笑道：

“噢，你说了半天，原来是五十几岁的朱自清，这就是了。”

歪嘴儿瞪起眼来说：

“什么就是了？五十几岁怎样？看上去还不到四十呢——你又晓得几多！”

来人不欲与争地摇手道：

“五十也罢，四十也好，何必管他！不过，我倒要告诉你，你所说的别人，果都是名人，唯有这个朱自清。不管他跟没跟你喝过酒，却够不上个名人！看见我，也就看见他了，你看我可像个名人？”

歪嘴儿气得嘴更歪了，叫道：

“你几十年不照镜子，也叫爹娘察观察看！竟敢和名人去比，竟敢说朱自清不是名人！你！你！你——呃？你还赖在这里，快走快走！”

一边说，一边上前扯，又招呼那个小厮说：

“三仔，天这般时，怕真来哉！快，快揪这瘟牲出去，莫沾了名人，惹了东主气吔！”

正自难分难解，突闻“笃笃笃”一阵皮鞋声，有人朗声欢叫：

“佩弦兄，来得好早哇！”

歪嘴儿暗叫“糟糕”，回头望去，只见那个包东的名人正引了两个衣着不俗的人向阶上走来，一时尚未省悟，连忙转过身，木拖鞋也顾不得穿齐，只趿了一只，忙忙地向前鞠躬说：

“啊啊！郑先生早！郑先生早！迎接不周，迎接不周，是，是……”

用手一指那门影里的来人说：

“是这个人不晓事，来扰乱，这才，这才！”

包东的郑先生温和地笑道：

“这个人怎么了？他可是我具帖请来的朱先生，朱自清啊！”

7 月里，朱自清尚未待他的诗作《朝鲜的夜哭》在《晨报》副刊上发表，便乘车南下，回家度暑假了。为了会一会故友，他提前几天离家，来到了上海。恰巧，鲁迅先生因接受了厦门大学的聘请，于 8 月 26 日离京南下，29 日抵上海换车，被上海文学界挽留，郑振铎在消闲别墅专订了一席，发柬请一些同道作陪，自然也请了朱自清。

“名人”一说，是消闲别墅主人，在看了宴请名单后，大声夸赞出来的：

“名人、名人！都是了不起的名人哪！”

宴会本订在傍晚开始，郑振铎还说要用车接。朱自清怕麻烦人，又觉得乘此观光一下大上海也是好的，就安步当车地走来，岂知，路上没作什么留连，竟忘了观光，只一味想着鲁迅会是怎样一个人，想着他读过与讲过的鲁迅的作品，于是一路行来，早而又早，却惹了一场笑话。

鲁迅在这天的《日记》里记下了这些名人：

座中有刘大白、夏丏尊、陈望道、郑振铎、胡愈之、朱自清、叶圣陶、王伯祥、章雪村、刘勋宇、刘叔琴及三弟。

三弟，即鲁迅先生的胞弟、著名昆虫学家、作家周建人。

这些人中，朱自清大多数都认识，而且又多为社友、好友，唯对主要欢迎对象鲁迅，却是头一遭见到。

对鲁迅，朱自清是景仰已久的，不仅是当年读鲁迅的第一部小说《狂人日记》读得入了迷，后来鲁迅先生的杂文、小说，每一发表，他必争先、认真地读，在中学教书时，他就曾将《阿Q正传》等文编入正式教材。鲁迅先生虽只比朱自清大了18岁，可在朱自清的心目中却是甚为值得敬重的老前辈。宴间，他虽然由于性格关系，没有与鲁迅攀谈多少，却时刻注意聆听鲁迅先生的谈话，并不止一次地暗下决心：

一定学习并学好鲁迅先生的文字精髓。这次宴会成了朱自清终生难忘的一次。

席尚未尽，消闲别墅的东人便忙忙地来道歉。不知他怎么晓得了傍晚时门前的那一幕，一再陈说那歪嘴是临时雇来的，只今日便辞了他。又过来向朱自清作揖。

朱自清起身还礼说：

“没什么，没什么！”

东人说：

“朱先生不见怪就好！那小子我即刻便打发他滚蛋！”

朱自清正色说：

“倘不见弃的话，我倒有个要求。”

东人连忙道：

“请说！请说！”

朱自清说：

“请看我的薄面，留下那个人吧，岂可为了我，就打了他的饭碗？”

东人说：

“打了也是活该！——不过，既然朱先生有这要求，我一定好好教训教训他，叫他给先生来赔礼！”

朱自清连连摇手，说：

“免了！免了！千万免了！”

一丝不苟，一字不苟

清华大学文学院。

1928年夏。

尽管教室的窗子都开着，仍是闷热，可听课的学生仍是全神贯注。讲课的人正是中国文学系教授朱自清。

像往常一样，朱自清一手拿着讲稿，一手拿着块折叠方整而又洁白的手帕，一面讲，一面看讲稿，一面用手帕擦鼻子上的汗珠。圆圆的脸，由于专注与激动，时时泛着红。今天讲的仍是“各论”，而且又是选的新人新作，是崭露头角的臧克家刚刚出版的《烙印》，朱自清讲得非常详尽，连作者的出身、思想与风格都简赅明了地讲得很透彻。

介绍毕作者的情况，朱自清揩了一下汗，抬起眼，郑重地对学生们说：

“请原谅我，我上次说张天翼是浙江人，恐怕是错了。近几天，听得有人说，他是江苏人。由于一时无法弄清，你们就暂时空着吧，待弄清了一定准确地告诉大家！”

一个学生提议说：

“张天翼不过刚发表了个《鬼土日记》罢了，先生就这么认真，连他的籍贯也生怕听错了，也至于如此道歉么？”

尚未待朱自清回答，一个学生站起来说：

“某君，你是刚来的，尚不晓得，先生讲课一向是这么认真的，贻误一点儿也要订正——咱们学也该如此，否则先生是不答应的！”

那先一个学生道：

“这我倒有耳闻，不过，我只是想，新人新作，先生如此重视，却怎么不讲讲先生的著作呢？”

朱自清听了，面红耳赤地连连摇手，慌得一时说不出话，半晌方强自镇定着说：

“这恐怕很不重要。我们没有时间来讲，而且也很难讲。”

那学生说：

“我是读了先生不少诗作与散文，很是倾慕，特别是最近出版的《背影》，更是感人，才费了很大的劲转到这个班来的，先生，就给讲一讲吧！”

其他的学生也极力请求。朱自清摇手止住众生的话，沉了一会儿，十分严肃地说：

“教学选取教材，是要取典型的、积极的、有生气的。我写的多半是些个人感情——大半是的。早年的作品又多是无愁之愁，没有愁偏要愁。”

说到此，又笑着说：

“就让他自个儿愁去吧——咱们继续讲课！”

尚未下课，便有两个人等在了他的家里，一个是他的故旧知友俞平伯，一个是新识知音杨振声。

1928 年起，北京改称北平，南京政府也决定将清华学校改为国立清华大学。倾向旧军阀的校长温应星离去了，学校也进行了一些改制，特别是文学院。该院由一向对朱自清的创作十分赏识的杨振声做了院长兼中国文学系主任。杨振声也是个较有知名度的小说家，他不仅赏识朱自清的创作，也甚为器重朱自清的学问与为人，所以，系里的一切计划、方案差不多都是与朱自清商量后制定的，而且多数由朱自清动笔。特别是在解决古文学与新文学的关系，新文学该怎样承接古文学，又怎样与外国文学交流等大方针上，朱自清尽了很大力，确立了科学的、有效的方针与具体详尽的计划。这对清华文学院的教学起了很大的作用。

此时，朱自清已将妻子武钟谦与两个较小的孩子接来了，而将两个较大的留在了扬州。家眷来了，自不再住古月堂，搬到了清华西院。环境优雅，且可有个招待客人的书房，朱自清甚是满足。

此刻，杨振声与俞平伯也恰恰是坐在朱自清的这间书房兼客厅里。

俞平伯是刚由外地回来，特来找杨振声与朱自清商量事的。看来，与杨振声的事已经讲完了，话题已转到了未归人朱自清的身上。

只听得杨振声说：

“文如其人！我曾经在刊物上说过：佩弦的散文，在新文学运动初期，便已在领导着文坛。我今日仍坚持这个看法！而且他的为人，他的诚恳、谦虚、温厚、朴素而并不缺乏风趣，都是足堪为人师表的！”

俞平伯点头称是，道：

“论散文，他近年来发表的《背影》以及《背影》集的出版，更堪为文坛的领导了！——开‘歌谣’与‘中国新文学研究’这两门新课，也是他的主意吧？”

杨振声点头说：

“是的。如今已足资证明，这两门新课，是开得太适宜，太及时了！”

话一落音，就见武钟谦微笑着走过来，轻轻地叩了下门玻璃——这是表示已见朱自清回来的暗号。武钟谦十分贤惠，客人，无论是院长，教授还是学生来了，都是微笑着欢迎，殷勤地招待，待主客相谈之际，她就悄悄地去做她的活儿：纳鞋底，缝衣物，洗东西，却能及时地续茶、送烟。

杨振声站起来对俞平伯说：

“我的事已说完了，佩弦也回来了，我先走了，你们聊！”

出门后，杨振声向武钟谦打过招呼，便迎着朱自清走去。尚未走至近旁，便远远地听见朱自清在唤着一个人的名字，接着，便从一丛矮树后转出一个有些情怯的学生，向朱自清鞠了一躬，叫了声：

“朱先生。”

朱自清看着那学生说：

“怎么？昨天没有上课？”

那学生嗫嚅着，一时不知如何作答。

朱自清的脸色变得严肃了起来对那学生说：

“学习是你们学生的主要大事，难道还有比上课要紧的事么？日后可不得这样儿了！”

那学生脸红得厉害，连连低低地说：

“记下了！记下了！”

朱自清面容宽和地说：

“不必这样，不必这样！记下就好，记下就好！”

打发走那学生，转过树丛，朱自清便发现了杨振声，打过招呼，杨振声便问朱自清说：

“刚才的那个学生是哪个班的？”

朱自清说出了那个学生的所在班级。杨振声说：

“你是上个星期才接的这个班吧？——以往认识？”

朱自清摇摇头说：

“点了两次名，也就记下了。”

杨振声望着朱自清那似说了这话反而有些不好意思的脸，胸中一热，当即联想到朱自清在《中等学校国文教学的几个问题》一文中，谆谆寻问的几句话：“你上课时，个个学生是注意听讲么？有人说话么？有人在桌子底下偷偷看别的书么？最重要的，你能断定没有一个人想别的事么？昨日讲的，他们上自修班时曾复习过么？”也联想到了他的一贯主张：学生能否真正用功，关键在于教师，“固然要看你的教法如何，但更重要的是要看你的人格影响如何。”——是啊，是啊，他不但谆谆地叮嘱别人，也真正是身体力行的典范哪！

想至此，杨振声不无感慨地说：

“亏你好记性，也足见你用心良苦！教授们若都如此，还愁学生们不用心学么？——我敢断定，方才的这个学生不会再缺课了。”

果然，那个学生从此以后再也没有缺过课。

俞平伯一见朱自清就说：

“你支使得我好辛苦——可总算代你查清了。”

朱自清喜色满面地说：

“查清了么？太好了！太好了！——是怎样说？”

原来，月前，朱自清第一本散文集《背影》由上海开明书店出版了，内分甲乙两辑，共收散文15篇，引起了很大轰动，有个姓陈的读者给朱自清写了一封信，说读了《荷塘月色》觉得处处都写得好，对景物的观察也是细致入微的，只是“蝉子夜晚是不叫的”。朱自清看了，十分重视，问了好些人，都与那姓陈的说法相同，可他那夜分明是听到叫声才写下的！于是，他便设法请教专家，恰好，俞平伯与一位很有名气的昆虫学家相熟，就请托俞平伯代查。俞平伯就专为此事跑了两次，第一次没有查到，这次总算查到了。

俞平伯当下说：

“翻了好多资科均说蝉子不叫。翻哪，翻哪，翻得桌子上、案子上都堆满了，总算翻着了那么一段儿，说蝉子夜里有时也叫的——如何？你总放心了吧？”

朱自清沉思了一刻，摇了摇头说：

“不妥！不妥！既然多数材料上说不叫，个别材料又说‘有时’叫，说明蝉子一般是在夜里不叫的，叫，只是偶然的，我听到的，只是偶然的，作不得一般！不能由印象经验作概括的推论。待会儿我就给那位陈先生写信，表示感谢，《背影》再版时，也一定将那月夜蝉声的句子删了去！”

俞平伯点头表示赞许，说：

“说到再版，你可欠着债哩！”

朱自清诧异道：

“欠债？欠什么债？”

俞平伯笑着说：

“还记得扬州那位赖四爷吧？《背影》一出版，开明书店就寄给了令尊，令尊高兴得如捧家传至宝，三弟国华更是一蹦多高地欢呼，扬州故人岂能不知？何况杨振声、郁达夫这等名人又极力称赞呢？赖四爷听了，高兴得连总也不离手的小茶壶也闹打了，高叫着：‘我说怎样！我说怎样！我的眼光儿几时差了！朱家的老大，了得么？如今不是有个姓杨的大官儿在报上说他领导着什么坛了么？这可是前清时的封疆大吏呢！看着吧，忘不了我的，那书是必要敬我一本的！，听说，他正日日里眼巴巴地等呢！”

朱自清笑着说：

“他仍是那么个人！不过给他一本也没什么，何必待再版，我手头尚有几本。”

说着，便动手去翻。

俞平伯见朱自清的案头仍堆满了学生的作文本，就问：

“你仍是那么认真地修改作文哪?”

朱自清边翻边答道：

“习惯了，怎能改?”

俞平伯有些不以为然地说：

“你这样劳烦，我看是有些过分的。学生的作文，批明要点就够了，何必像你那样，批得那么细，连个标点符号都不放过！你操劳辛苦，学生却未必当回事，看过了，也就丢掉!”

朱自清说：

“那可不一定，当时看了总会有所得的，日后倘再翻起，我想会受益更多!”

俞平伯笑道：

“若说当时有些作用，我是认同的，你在温州十中创造的那种目录集中分格记分年末连线法，也确实有效，这是对的。可你又怎么晓得，日后那些文本又派了什么用场?”

朱自清反问道：

“你可晓得是什么用场?”

俞平伯笑着回说：

“包花生米!”

朱自清摇着头说：

“只怕未必!”

恰有一个学生走过，俞平伯叫住那学生，掏出钱来递过去说：

“请你帮忙，到校外的小卖处买包花生米来。”

待买了回来，俞平伯摊开那包花生米的纸，对朱自清说：

“你来看，这是什么?”

朱自清仔细一看，果然正是一篇作文纸，上面尚有朱红的批改处。

俞平伯笑着说：

“哈！倘真个赌什么东道，你是输定了吧?”

朱自清仍是不服，正欲说话，忽听在室外忙家务的武钟谦叫：

“来客人了——快请进!”

朱自清闻声连忙起身，尚未迎出，已见一个神采奕奕的青年人，夹了个包儿，大步地走了进来，一见面便是深深地一躬，响亮地说了声:

“先生好!”

初见来人，朱自清一愣，旋即认出了，是他在浙江时教过的一个学生，连忙让进，并为俞平伯作了介绍。

那学生很豪爽，略一与俞、朱二人寒暄，便说:

“朱老师，我是专程给您送礼来了!”

朱自清一愣，说:

“买什么礼物？太破费了，我心里也不安!”

那学生笑着说:

“这礼物嘛，既不破费，先生收下也会心安理得，还会高兴的!——您猜是什么?”

说着，便取下腋下的包儿，放在案上。

朱自清怎会猜得到?

那学生却不急于打开包儿，笑着继续说:

“先生还记得教我时给我改的作文吧？我一直珍藏着，使我受益匪浅。如今，我也做了中学语文教师，常常翻看，学习先生的敬业爱生的精神去批改学生的作文，有时也给学生们讲起，还给学生们看过先生的批改处与评语，作用可不小呢！近日读了先生的《背影》集，得知先生就在清华，于是，专程将其中一部分送了来——这可是先生的一片心血、学生的一番心意呀，您能不收么？”

说着，打开那个包儿，果然是一沓纸已显得陈旧的作文本。

待那学生去后，朱自清目视着俞平伯说：

“如何？”

俞平伯点头赞同地说：

“这事固为感人，可惜如此人者不多，倒是包花生米的居众！”

朱自清郑重地说：

“耕耘不一定全收，我辈却须全力而为，有这一收，便是足为慰籍了！”

有幸重得遇知音

北京。

1931 年 4 月。

这是一处坐落在繁华区的大菜馆。倘到饭口，楼上楼下总是满满的，欢笑声，劝酒声，甚至猜拳行令声，夹杂着堂倌的不时吆喝声响成一片，煞是热闹。那些喜静，又想吃得体面些的人，往往是要避开这些热闹的，于是就只有选在不到吃饭时，前来就餐。

这天，九时刚过，就分别进来了两伙男女，登上了楼，却不约而同地进了一间雅座。

男的一伙，只有两个人，俱各带着浓厚的学者风味。一个年纪稍大些，约在三十五六，西服革履，方面大耳，浓眉重目，顾盼有神；另一个三十上下，身着朱黄色纺绸大褂，足蹬青面老式双梁鞋，圆脸儿，宽额，白皙，沉静，架的一副眼镜，十足的学者风度，只是与前者相形之下，未免显得土气。

女的一伙，四个人，除一人年纪稍大、穿着不俗显得甚有学者之风外，俱做学生打扮，均生得清丽。内中一个，年约二十三四，椭圆微腴的脸，红润、泽鲜、柳眉凤眼，可谓容光照人。

进入雅间，女的一伙中年长的一位笑着说：

“我来介绍一下！”

随即，一指那位穿朱黄大褂、青双梁鞋的学者说：

“这位是清华大学中国文学系主任教授朱自清先生！”

又指另一位说：

“这位是朱先生同事，叶公超教授！”

又转对朱、叶二人道：

“这是我的几个学生。

接着，也一一做了介绍。待介绍到那位容光照人的女子时，特别加重了语气：

“这位陈竹隐女士，是北艺的高材生，深受齐白石、肖子泉、寿石公等图画大师的赏识，我也不敏，在教她的昆曲。”

客气了一回，各自就坐。少顷上了酒菜，让过酒后，就该是闲谈了。看得出，座上的人都希望朱自清、陈竹隐多谈些，特别是他们之间多谈些。可朱自清偏是不如人意！

1928 年以后，由于朱自清在清华的声誉日隆，而清华的薪水又是优厚的，再加上几笔颇丰的稿费，日子已由艰难渐次转为安定了，债务也眼看要基本还清了，而有了武钟谦这样温良柔顺又甚为知礼达情的贤妻在身边无微不至的体贴关照，朱自清过得很愉快。可谁知苍天不佑良善，武钟谦的病情渐渐恶化了。

结婚不久，武钟谦就得了肺病，她却毫不在意，仍是勤快地操持着家务，尽管朱自清劝她注意休息，她也只是一笑置之，治疗也得朱自清催着。1928 年 2 月又生了个女儿，朱自清觉得日子宽裕些了，就坚持请了个老妈子带，岂料，却因此又早怀了孕，到 1928 年底又生了个男孩。这本对她的健康很不利，却仍在操劳家务外，对两个小的也出于不放心，大大的劳神，病情还能不进一步恶化？很快，就天天发起了烧，可她仍是咬牙挺着，而且由于怕朱自清担心，死死地瞒着。实在挺不住，哪怕刚躺下，只要一听到朱自清的脚步声，便翻身爬起，强颜作笑去忙活了。

朱自清觉得亏欠武钟谦的太多，俞平伯几次约朱自清赏花散步，朱自清都有一种深悔没与武钟谦游过的憾意。所以，尽管他特别忙，还是引了武钟谦与孩子们游了万生园。到了1929年秋，朱自清欲再与妻儿一道出游，却发现武钟谦的脸色、体力都甚为异常，便催促着一道到医院去检查，结果使朱自清大吃一惊：武钟谦的肺已烂了好大一个孔洞！大夫建议至西山疗养，可她不肯，一来怕花钱，二来也舍不得孩子，朱自清无奈，只好于10月间让她带孩子回扬州休养。岂知一个多月后，即传来了噩耗：11月26日，武钟兼抛下朱自清与六个孩子，与世长辞了！

朱自清与武钟谦感情甚笃，闻耗如遭雷殛，呆了许久，才痛哭失声，一个多月前的情景如在眼前：上火车时，武钟谦哭了，说：

“还不知能不能再见！”

朱自清一遍一遍痛悔地想：

“谦，怨我！怨我！我当时怎不拉你回来！”

望了望偌大的西院，只剩了他一个人，凄痛之情使他肝肠寸断，痛不欲生！每日里垂首涕泪，茶饭不思。这可急坏了他的好友俞平伯，一日三餐均要亲自送来，劝其吃下不算，还常伴他散步，为他循循开解。

不久，朱自清要算伙食费，俞平伯坚持不收，朱自清却非交不可，俞平伯无奈，只好答应月收 15 元，却将这 15 元全部增加在了改善朱自清的伙食中。朱自清由于以往有武钟谦这个贤内助，向不必为饮食分心，也就从不知柴米价，只觉得伙食好，特别的丰盛可口，却久久不察内情，直到多年后，才察觉了这个中秘密。

武钟谦的骤死，对朱自清的打击十分沉重，他的怀念也更为深重，以后的二十年，他数度思之殷殷，或形诸散文，或见于诗歌。仅录其诗一首于此：

三年于此住，历历总堪悲。
深浅持家计，恩勤育众儿。
生涯刚及壮，沈痼竟难支。
俯仰幽明隔，白头空自期。

朱自清才具非凡，又人缘儿甚佳，再加上见他如此孤寂凄苦，乏人照料，便不断有人劝说他再续佳偶。初时，朱自清只是一味苦笑着作谢，直到今年春天，在人们的一再恳劝之下，才有了允意。月初，浦熙元特地来找叶公超，提出要为朱自清作伐，对方即陈竹隐女士。

陈竹隐，原籍广东，幼从高祖迁四川，1905 年生，小朱自清七岁，四川省立第一师范学校毕业后，开始独立生活，不久，考入北京艺术学院，此时虚龄 26 岁，十足年龄也只有 24 岁。

约定见面的前一天，俞平伯就再三嘱咐朱自清注意一下衣着与边幅，这相亲可非同小可，别弄个“金玉其内，败絮其外”闹砸了。至少得和系主任、教授的身分相符些。

1930 年 8 月，杨振声调任为青岛大学校长，所遗清华大学文学院中国文学系主任一职，便荐了朱自清代。朱自清也仍兼着文学系的教授。

叶公超也一再提醒朱自清注意衣着，可他惯了，除了洁净外，一如本色。也就是因此，正如俞平伯所料，险些坏了一段好姻缘！

陈竹隐离开馆子一回到宿舍，同去的女伴便笑闹着嚷开了：

“哎呀呀！还是系主任教授呢，就穿了那么寒酸的‘双梁鞋’！土气死了！要是我呀，才不要呢！”

“哈哈，说起来那么有名气，那么满肚子文章，却连话也说不得几句，我呀，我都不要！竹隐，你会要么?”

陈竹隐只是莫测高深地笑了笑。

她有她的标准，她也有她的想法。在她后来《追忆朱自清》一文中。她将她当时的标准与想法，说得很具体、很清楚：

我不仰慕俊美的外表，华丽的服饰，更不追求金钱及生活的享受，我要找一个朴实、正派、可靠的人。为这我曾坚决拒绝了一个气味不投而家中很有钱的人的追求。佩弦是个做学问的人，他写过的文章我读过一些，我很喜欢……我很受感动，我很敬佩他。

有了这样牢靠的基础，两个人便接近了起来，而且很快建立了感情。建立感情过程中，陈竹隐不是没有过矛盾，年龄可以不计较，可是六个孩子呢，活生生的六个未成年、甚至有的还很小的孩子呢？一个未婚的女青年一下子去做六个孩子的继母，实非易事。可朱自清的诚厚、高洁与处境，深深地打动了陈竹隐，敬慕、同情抵销了已存事实，而不断增长的爱情，更使陈竹隐义无反顾，要挑起教育、培养六个孩子的重担。

于是，两个情意相投的人，很快，便于当年六七月间正式订了婚，并于 1932 年 8 月 4 日，朱自清旅游欧洲归国后不久，结了婚。

婚后的事实证明，陈竹隐的决断选择是完全正确的，他们过得很幸福，常常有令人敞笑的趣事发生。

瘦西湖边，无限风光中，朱自清神采焕发。旧地重游，不过身边依伴的是燕尔新婚的丽人陈竹隐！

湖水悠悠，远冈青青，名胜、古迹历历在目，一向沉默寡言的朱自清，一改常态，神采奕奕，语声铿铿，指点江山，畅说古迹，不仅翔实准确，而且生动有趣。陈竹隐含着幸福的微笑，仿佛每一句都似甘霖浴心，醍醐贯顶，甚为甜蜜。听着听着，双眸幽地一转，有些狡黠地插口说：

“你讲得真好！也是这儿的山水真好！我以前读过一篇文章啊，叫什么《桨声灯影里的秦淮河》。哎哟哟，一湾臭水罢了，却给他描画得那么好——真是文人哪，死人都说得活！”

朱自清听得早已忍不住笑，待陈竹隐说完，故意绷起脸说：

“喂，不得当面骂人哟！”

说罢，两人相对开怀大笑。

那发自心底、爽朗开怀与清脆悦意混为一体的笑声，带着新婚的欢乐与相知的娱悦，漫遍全湖，飞上蜀巅，响彻于天地之间。

治学唯求一字“真”

北京。清华大学北院“四个”斋。

1933年秋。

清华大学既是原清显贵王爷的府邸清华园，园内的景致自是很美的：茂密的树丛，宽阔的草坪，清幽的溪水，洁雅的荷塘，树淡莲香，风动影摇，老山杏，小红桃，北郡紫荆，西府海棠，无不令人依恋。西院好，北院更为洁雅。

一个个子稍高，生得壮实，浓眉大眼的学生向北院走来。忽然有人呼唤：

“是吴组湘么？”

那学生回头，“哦”了声，道：

“是我——有事么?”

呼唤的，也是个学生，向前一步，道：

“没什么事，几天不见，你这又到哪儿去?”

吴组湘回答道：

“是去四个斋，告诉朱先生一件事，并且有事向他请教。”

那呼唤的学生说：

“告诉你一件新闻：前些天朱先生还陪了夫人去听过刘宝全的大鼓哩!”

刘宝全的大鼓，是誉满京城的，听者甚众，可朱自清居然也去听，就变成了“新闻”！殊不知，这正是陈竹隐的作用。

婚后，曾有过一段感情的潜在逆流，不久，陈竹隐怀了孕，朱自清深自检讨，觉得陈竹隐虽比武钟谦只小七岁，却是两个打着完全不同的时代印痕的人：

一个是在传统道德薰陶下的旧妇女，一个是新式文化培养出的新女性。应该针对这一点，关心、体贴陈竹隐才是。因此，他认真思考了陈竹隐的优点长处与需索，就陪她到城内亲友处走动，有时还叫她住几天，又陪她到长城去玩儿，在陈竹隐的精心照料下，他也重视了外表，穿起了西服。有一次路经劈柴胡同，在陈竹隐的动议下，进了“荣社”，听了一回刘宝全的大鼓。初意，只是为了陪陈竹隐，岂知听后，不但陈竹隐喜欢，他也感到意外的高兴，说：

“唱得好，果真好！曲唱得动听，词也很感人，这也是文学的一个门类，从事文学的人，须得认真研究的！”

是以，他以后又与陈竹隐去听了几次，只是最近的一次被那学生看见罢了。

当下，吴组湘笑道：

“朱先生兴趣扩大了，这是好事嘛！——可知先生如今在家么？”

那学生点头道：

“在在！适才我们几个人还在‘四个斋’听先生讲茅盾先生的《子夜》！哈，先生讲得可真好！”

吴组湘对文学有浓厚兴趣，且有研究癖，见说，便兴致勃勃地拉了那同学说：

“先生是怎样说的？来，咱们坐下，你给我好好说说！”

待拣地坐定后，那学生道：

“先生说，沈先生以前的作品，好固是好的，像《春蚕》、“秋收”、《大泽乡》、《右第二章》、《石碣》，都写得不错，但三篇历史小说，却有瑕疵，先生的话是‘颇用标语名词，且太简略’，《右第二章》也难列佳作，这《子夜》可大不相同了，从取材、思想到气魄都是大手笔，是中国新文学划时代的巨制！”

吴组湘高兴地道：

“先生说得是极了！是极了！”

那学生见吴组湘喜欢听，又道：

“当时有人问先生，为什么不也写篇时代最尖端的小说？先生十分感慨地说：‘写小说真不容易！我一辈子都写不成小说，不知道从哪里下笔，铺展不开，也组织不起来。不只长篇，连短篇也是。’我听了，觉得不平，就说：‘先生的短篇《笑的历史》和《别》，我都读过，不是也很好么？’先生的脸红了起来，连连急切地摇手说：‘那算什么！那算什么！’我正要分辩，郑先生来了，我们也就出来了。”

吴组湘问：

“郑先生？是郑西谛先生么？”

那学生点头说：

“是的。正因为是西谛先生，我怕是来谈“左联”的事的，有我们在场不便，才告辞出来的——哎，你知道去年冬天请鲁迅先生演讲的事吗？”

吴组湘道：

“当时我正在探亲途中，后来，只听说有这么回事。”

那学生说：

“那我就详细说给你吧：去年冬，鲁迅先生为探母病，从上海来到北平，许多大学都争着请他演讲，特别是在北大二院讲了《帮忙文学与帮闲文学》之后，咱们文学院都强烈要求去请。朱先生就答应了。我还记得，那时鲁迅先生是住在阜成门内西三条胡同21号。朱先生很郑重地拿了咱院文学会的请函跑去请，可却又满头大汗地跑回来。告诉大家说，鲁迅先生说太忙不肯来。又说，晚上可以到理学院去听。我当时有些怀疑：是不是鲁迅先生对朱先生有什么不好的印象呢？”

吴组湘摇着头果断地说：

“不会的！这是断断不会的！”

那学生说：

“是呀，今年四月末的一个星期天，北京“左联”创办《文学杂志》还专门请了朱先生与郑先生。听说鲁迅先生听了很高兴，给北京“左联”的复信里还专门提了这回事呢!”（注：鲁迅信中原话：“郑朱皆合作，甚好。”）

又说了一会儿话，吴组湘就告别了那个“消息灵通”的同学，起身往“四个斋”了。

清华大学这几年人事有很大变化，富有斗争传统的清华学生，30 年 5 月，掀起了声势浩大的“驱罗”风潮，校长罗家伦被迫辞职；不久，阎锡山安插的山西人乔万选又硬是被学生拒于校门之外；31 年 4 月，当时兼任教育部长的蒋介石又委派国民党中央政治学校副教育主任吴南轩来当校长。上任弥月，又因吴“大权独揽”、“视教员为雇员”，再度爆发“驱吴”运动，教育部无奈，只好任梅贻奇为校长。

梅贻奇原为物理系首席教授，学识渊博，天津人，美国吴士脱大学毕业。改制后首任的公推教务长。一向对朱自清很赏识。朱自清旅欧观光归国结婚后，梅贻奇就取消了“代理”二字，正式任命朱自清为文学系主任，并将朱自清的家由西院搬进了北院。

搬进北院，很快就发现了一个特点：一壁之隔的两家女主人的名字中间都是竹字。朱自清的夫人叫“竹”隐，余冠英的夫人叫“竹”因。因此，人们便戏称他两家的住宅为“四个斋”。

吴组湘进了“四个斋”，朱自清赶忙起身相迎，客气地让座——他对来访的学生一向是如此的。吴组湘礼貌地鞠躬，问候：

“先生好！郑先生好！”

郑振铎也站了起来，此刻笑着向朱自清说：

“好作怪！学生们无论当面或背地里，全称你为先生或‘您’，莫说提名，连称姓也似乎不尊重了你，可对我们，却不相同了——不过也觉得亲切，譬如你直呼我的大名：郑振铎，我听起来也感到唯有这么叫才更亲切。这又是为什么呢？”

郑振铎恰与朱自清相反，是个健谈的人，此时正在燕京大学任教。

朱自清笑着说：

“这可能是我太古板了的缘故吧？”

郑振铎说：

“不，应该说你太稳稳当当，太实实在在了！”

说着，又转对吴组湘说：

“我是来找你们先生商讨去燕大兼课的事。已说完了，我走，你们说你们的！”

吴组湘连忙说：

“郑先生何必着急？我也只是来转告先生一件事，再还有件事要讨教的。”

朱自清回顾郑振铎说：

“那你就别走了，坐下来听一听，也帮着拿拿主意！”

待重新坐定，吴组湘郑重地从公文包里拿出一张纸头，双手递给朱自清，说：

“这是先生叫我查的张天翼的贯属。”

朱自清接到手，展开来与郑振铎共看，只见上面工工整整地写着：

张天翼，原籍湖南，父母住浙江，姐姐远嫁江苏，本人在江浙两省都长住过。

朱自清看了甚为欢喜，郑振铎从旁道：

“为了一个新作家的籍贯，你耿耿于怀几年，这回放心了吧？可见你说他是浙江人大体上是对的！”

朱自清摇头说：

“不，不，只是大体上怎么行？我一定在课堂上向学生们补讲清楚！”

又问吴组湘说：

“你不是还有什么事要问么？”

吴组湘恭谨地应了声“是”，说：

“要毕业了请两位先生指教，我进一步选修什么好呢？”

朱自清认真听毕，侧过头去，望着郑振铎。

郑振铎笑了笑，对吴组湘说：

“其实，我并不了解你的平素情形，只是见了几次，听佩弦说说而已。不过你既真诚相问，看佩弦的意思又是要我先说，我就说说吧。根据你的情形，是否选修一下语言学方面研究的比较适宜？”

朱自清点头说：

“好好，我也是这个意思，你思路缜密，思绪严谨，是该这样的！我更劝你多选点英文课，特别是英语语法！”

后来，吴组湘果然依朱自清、郑振铎的建议，作了选择，终于成了我国现代著名的语文大家、语法大师。

跻身于"一二·九"的风暴中

北京。

1936 年。

2 月 29 日，星期六。

晨风乍起，星月无光。浓重墨黑的云块儿在天空中翻滚。风，扬尘挟沙，袭卷着庭榆池柳。北院前，一株已略现憔悴的杉松在风沙中摇曳挣扎。

北京此时的局势更不晓得要较这天气恶劣几倍。

起床的哨声尚未响起，晨梦也是沉的。因此，清华园里尽管有云重风恶之侵，却是一派沉静。

北院的一扇门轻轻地启开了，也轻轻地走出一个人：朱自清。此时，他已是三十八九岁了。可脸上仍是那股子执着追求的神情。也习惯地随朱自清起床的陈竹隐，望望天上险恶的云块，听听室外凶猛的风声，怜爱地望着朱自清的背影，本欲出声阻止，可略一思索，又将冲到口边的话，咽了回去：几年来已深知了他的脾气与习惯，作息时间安排得十分严格，阻止是阻止不了的。无论春夏秋冬都是黎明即起，出去作罢早操方回来用冷水擦澡。洗脸、漱口的时候也把书放在洗脸架上看。洗、漱完喝一杯牛奶就到图书馆去。倘无课，他就一直在图书馆里，中午吃罢中饭又去，吃罢晚饭又去，直到闭馆。一进家门铺开稿纸就写，一直写到深夜，早一刻也不肯休息。陈竹隐初时常劝他中午小睡一会儿，见他只是不肯，后来也就听之任之了。饭，也是大口大口地快吃，似乎怕因吃饭误了读书的时间。

可今天却出现了反常。

作操的时间已经过去了，可人仍没有回来。望望表，已过了四分钟，为他准备好的洗脸水，已然凉了。陈竹隐有些着急：出了什么意外事么？

结婚之初，陈竹隐本欲在清华找份工作，但校方当时规定，教授家属一律不能在校做事。而假如到别的学校去，所赚薪金不够应酬不说，家里也乏人主持。同时，陈竹隐联想到朱自清不断发表作品，对学生、对文学事业的贡献，常为朱自清的敬业精神所感动，就决心全力支持朱自清去研究学问，放弃了工作，全力承担起了家务。虽不工作，然而对学识不但没放弃，而且对时局也甚为关心。教授们、学生们，特别是俞平伯、闻一多、余冠英、郑振铎等好友常来谈及一些外界事物，陈竹隐总是留心地听着。

去年5月以来，局势日益恶化。陈竹隐都做了明确的记载：5月29日，日本关东军参谋长酒井狂妄地提出对华北的统治权，派关东军入关，声称要“自由活动”。重兵压境，天津危急；7月，签订《何梅协定》，使河北政权全面崩溃；9月，日寇与汉奸勾结，策动所谓“华北防共自治运动”，接着，便演出了一系列丑剧：10月22日，发生所谓“香河事变”，一群汉奸、流氓鼓动所谓“饥民暴动”，袭占香河县城，并挂起“县政临时维持会”的招牌；11月7日，在日酋土肥原策动下，宋哲元联合华北五省，脱离南京政府“独立”，实行“自治”；11月25日，汉奸殷汝耕发动“冀东事变”，在通县成立了“冀东防共自治政府”。

而国民党政府竟然对内疯狂镇压，对外屈辱妥协，竟迎合日本要求，宣布要成立什么“冀察政务委员会”，让臭名昭著的汉奸王揖唐、王克敏等均参与政务，撤销原有一切行政机构，置于这个由汉奸把持的“政务委员会”下，实际上就是实行全面的变相“自治”！真到了“爱国有罪，冤狱遍于国中；卖国有赏，汉奸弹冠相庆”的地步了！爱国学生尤感愤怒，以清华、燕京两所大学为主，酝酿着一场不计个人安危，誓死以救危亡的重大政治风暴，教授们也大多数积极地支持与参与了这一斗争。

10月下旬以来郑振铎、闻一多等人多次来“四个斋与朱自清紧张而认真地研究局势。此时，朱自清刚刚结束了《中国新文学大系·诗集》的编选工作，尚未得一夕休息。

《中国新文学大系》是一套规模宏大的反映“五·四”以来第一个十年的理论、创作与史料的专辑，由上海良友图书公司文艺编辑赵家璧发起并主持。赵家璧计划是“物色每一方面人士来担任，由他选优拔萃，再由他写一篇较长的序言，论述该一部门的发展历史，对被入选的作家和作品进行评价。每一个文艺团体有一篇短史，每位重要作家附一小传；再把这一部门入选作品编一详目附于书后，说明出处，好让读者自己去查阅，借此以了解这一部门十多年来的收获”。(摘自赵家璧:《话说〈中国新文学大系〉》)

经过各方面协商决定，全书分十大卷，《总序》由蔡元培撰写；《建设理论集》由胡适编选；《文学论争集》由郑振铎编选；小说分三集，分别由茅盾、鲁迅、郑伯奇编选；散文分两集，分别由周作人、郁达夫编选；戏剧由洪深编选；《史料·索引》由阿英编选；诗歌原本确定为郭沫若，但由于某种原因郭沫若不能担任，便改由朱自清编选。朱自清紧张地工作了月余，方编选完毕，并另有创新见解，深受文艺界同行赞许。

当他汗迹尚未擦干时，便陷入华北危机的忧愤之中了。实际上，早在四月时，一直注视着时局的朱自清已有所感觉。在应请为清华第十级新生写的级歌中，即已流露：

举步荆榛，极目烟尘，请君看此好河山；薄水深渊，持危扶颠，吾侪相勉为其难……

时局越来越紧，朱自清的心弦也绷得越紧，闻一多、郑振铎等人也来得越频。

12月初的一天，闻一多神情激昂地在朱自清的室中不停地兜转，黑色的长衫，因之而不时掀动，披散着的一头黑发无风自扬，大烟斗在掌中握得格格作响，两眼在银边眼镜的镜片后闪着熠熠的光辉，大声地重复着：

“就是要写进去！就是要这样写进去！写进《清华救国会一二·九告全国民众书》里去！——华北之大，已经安放不下一张平静的书桌了！”

12月9日，数千名大中学生冒严寒，顶朔风，冲破反动军警的层层封锁，高呼着“反对华北自治运动！”、“打倒日本帝国主义！”、“武装保卫华北！”等口号，从四面八方涌向清华门，向国民党军事委员会北平分会请愿，遭拒后，改为声势浩大的示威游行。当游行队伍高唱着《义勇军进行曲》进入西单时，遭到了预先理伏于此的军警的袭击。民气高涨，不断有人加入，队伍迅速扩增至近五千人。宋哲元疯狂地调来大批军警，挥舞着大刀、水龙、木棒向手无寸铁的学生施暴。清华与燕京两大学的队伍被阻在城外，与寒天恶敌苦斗了一天。

当天仅学生就有100多人受伤，30余人被捕。这就是著名的“一二·九”运动。

12月14日，《立报》以《北京消息》为题，发表了朱自清12月6日写给该报副刊《言林》编辑谢六逸的信。（注：《立报》，在天津出版。谢六逸，贵州贵阳人，文学研究会人员）

当晚，郑振铎、余冠英、俞平伯、闻一多均来为此称道。

郑振铎说：

“你那‘乌烟瘴气还不如风声鹤唳的好’，说得很有力！是的，日寇真个明目张胆来侵，国人尚可殊死一拼，唯这变着样儿的骗术卖国，殊为可恨！”

闻一多说：

“我还是觉得那‘满城都让些魑魅魍魉白昼捣鬼，几乎不存一分人气’骂得痛快！至于‘宁为玉碎，不为瓦全’的宣告，更不仅仅是咱们书呆子的心声！后天的这又一场大行动就是明证！”

闻一多所说的后天，12月16日，再度爆发爱国学生的示威游行。较“一二·九”声势更大，参加者近万人。清晨四时，朱自清就起床准备，六时前便随了清华的队伍冒着刺骨寒风出发了。大队于西直门、阜城门外被阻，待转道西便门，又发现城门紧闭。冲开城门，会师天桥，召开了有万余市民参加的大会。严寒中，天桥边挤满了情绪激昂的学生与神情愤慨的市民，一致通过了“不承认冀察政务委员会”、“反对华北任何傀儡组织”、“恢复东北失地”等决议案。强烈要求组织民众一致抗敌。依大会决议，会后到外交大楼示威。队伍接近正阳门时，朱自清便觉察到情形有些不对，有“五·四”、“三·一八”特别是最近“一二·九”的目睹身受的教训，一见军警戒备森严，便欲劝学生们返校，但一看学生们那种无所畏惧、一往无前的样子，就又打消了主意。当队伍行至正阳门、西便门时，朱自清担心的事终于发生了：军警们又开始了血腥的镇压。被捕学生 30 余，受伤近 400 人。

“一二·九”、“一二·一六”运动虽均遭镇压，然而，却有力地打击了国民党政府，更进一步地唤起了民众。寒假一开始，清华学生便组织起“南下宣传团”，沿平汉线深入县、乡宣传抗日救国的道理。2

月，组成了“中华民族革命先锋队”。这一切，都大大感染与激励着朱自清，他主动为学生们写歌词、修讲稿，对青年与国家的前途，都充满了希望。近几天来，爱国进步学生，“民先”的一些负责人来“四个斋”益发频繁了，陈竹隐自然高兴，也自然支持。可是，在这种情势下，她也不能不对朱自清格外担了一分心。因此，察觉朱自清没有及时回来，她就分外担心了起来，连忙安置了孩子，忙忙地出门一看，朱自清平素作操的地方没有了人，心下更是着急，就加快了脚步，向前楼跑去。

还没跑得几步，就听到了喧闹的人语声，有愤恨的指责，有粗暴的叱喝，内中夹杂着朱自清那沉稳却由于激动而发出的愤慨的质问。

陈竹隐更是心急如火，几步就跑过楼头，一眼望去，校门前停了七八辆卡车，一群荷枪实弹的兵，正牵押着三名学生，十几个显然是与那三个被押者同寝的学生正在怒斥着兵们，而兵们也在粗暴地叫骂。朱自清正在怒冲冲地质问一个官模样的军人：

“检查？你们凭什么单单检查清华？凭什么不打招呼，一大早突然袭击？你们还讲不讲点国法？顾不顾一点儿道义！”

那官样的军人，一手按着枪套，一手挥舞着叫喊：

“这是当局的指令，我是军人，只晓得服从！你说你是系主任，教授会主席，那又算得了什么？有了指令，也是照样抓的！”

朱自清气得面青唇颤，大声说：

“军人，难道就可以不讲事理、不重国法？军人，大敌当前不去积极杀敌，却来抓呼吁抗敌的学生，还算个军人么？”

朱自清话音未落，就有大批闻讯而来的学生从各楼门涌出，迅速地奔了过来，内中有几个高呼：

“好军人要抗敌，要与抗敌的学生一致！坏军人才不抗敌，以学生为敌！”

跟着就有人高呼：

“反对乱抓爱国学生！”

“爱国无罪！”

那官样军人一见学生来势汹汹，连忙顾不得再与朱自清争论，惶急地回身喊：

“上车，上车！快押了人上车！”

可是，晚了，已有大批学生从校门外拦住了卡车，院内的一拥而上，揪的揪，扯的扯，拉的拉，将那三个被牵押的学生拉了回来，而将那八卡车载来的军人揪扯了出去。那官样的军人不但百般喝止不住，也被揪扯得身不由已地向外退，边退，边气急败坏地指着朱自清喊：

“你，你！你是学校的长官，你，你，要拿你是问的！”

朱自清只是轻蔑地一笑，随着陈竹隐回返“四个斋”了。

当时，由于学生们过于气愤，还砸坏了一辆汽车来出气。可，朱自清的气却不得出，整天价沉重地皱着眉，惯常去的图书馆，应写的文章，也不去，也不写了。特别是到了下午，又有一批警察和宪兵要闯进学校，声言要搜查宿舍，被早已警觉有备、闻讯即赶来的学生们驱入了校门口的警备室里，不准他们进入校园。朱自清听了，尤为气忿！晚饭，还是陈竹隐再三相劝才肯吃的。

晚饭后，朱自清曾一度将纸张铺上案头，要开始写他准备已久的理论著作《诗言志辨》，可心情难平，久久地写不下去，后来索性丢开笔，坐着生气。

夜深了，陈竹隐悄悄地走近来，并轻声地说道：

“太晚了，睡吧！”

朱自清回望了一眼饱含关怀与爱护的妻子，感激地点了点头，却旋即摇了摇头说：

“怎么睡得着——你也太辛苦了，先去和孩子们睡吧！”

陈竹隐轻轻地坐在了朱自清的对面，低声地说：

“你不睡，我也不睡！”

朱自清有些情急地说：

“那怎么行！那怎么行！这几日你又消瘦了——这么重的家务，还为我操着心！”

陈竹隐道：

“操心么，那可是你故意叫我操的！”

朱自清惊诧地道：

“我？怎么会是故意的？”

陈竹隐道：

“我说说你听，有两点是不是故意的：一，你吃饭总是那么大口大口地抢时间，吃饭时脑子里还想着学术，这能不叫人操心？如今已做成了胃病，岂不更叫人操心?”

朱自清点头说:

“怪我!怪我!”

陈竹隐又道:

“那么累,你一天才睡几个钟头,夜……”

突然响起了低沉而急促的叩门声。陈竹隐立即打住话头,欲起身出看,朱自清连忙起身,以手相拦,说:

“我去!我去!”

开门一看,只见黑暗中相拥而立着两个人,尚未看清,就听得焦灼的低呼:

“先生,救,救我们!”

原来是系里的两个女学生。

朱自清就门旁一闪身,让随其而至的陈竹隐与其并立,说:

“莫慌,莫慌!快请进来说话!”

陈竹隐也很礼貌、热情地相让。

待进了屋,方见那两个女学生惊容满面。夫妇俩连忙移座相让,陈竹隐更斟上了两杯热茶。

两学生匆忙喝了口茶,就请朱氏夫妇闭了灯再说话。

听两学生说后，朱自清才得知：刻许钟前，一群士兵又闯进了校园，搜查宿舍，按黑名单抓人。两个女学生参加过“民先”，做过街头宣传，故跑来向朱自清求援。

朱自清听了，善言安慰了几句，然后说：

“今夜就委屈你们与贱内住在内间吧，我出去找他们理论!”

两个学生相拦说：

“先生不去也罢，那些人岂是讲理的，白白生气不说，说不定会给先生安个什么罪名呢!”

朱自清冷笑着说：

“罪名？凭他们安好了！我心无愧!”

陈竹隐说：

“既讲不得理，去有何益？早晨，那些人可将你当个系主任、跟你讲半点理了？要不是学生们动手，那三个学生早给押走了！再说，这两个同学在这儿，你走了，一旦他们闯来又怎么办?”

朱自清想想说：

“好吧，你引两个同学去休息，我坐在这里，看他们怎么来抓人!”

一个多钟头以后，有人跑来告诉朱自清说：士兵们骚扰了一个多钟头，捕走了21个学生，刚刚离去。朱自清气得一夜未睡。

第二天一早，两位学生临去，对朱自清说：

“先生还记得您不久前写的一首题为《维我中华》的诗么?”

朱自清诧道：

“那又怎样?”

两学生笑着说：

“前两天，北平大中学生联合歌咏团，将您这首激励救亡的诗谱了曲子，在太和殿广场举办的露天音乐会上，我们600多人组成的合唱团，向市民们演唱了这首歌，不但听的人，连我们这些唱的人也深受感染与鼓舞，今晨就给先生与夫人唱唱可好?”

未待朱自清说话，陈竹隐已欣喜地表示欢迎说：

“太好了！太好了！有劳你们两位了!”

于是，两个学生便清了清喉，唱了起来。初时尚低，愈唱愈高昂，激烈之情洋溢。陈竹隐虽未听过，但也因其感染，跟着低低而欣慰地唱了起来：

青年人，慎莫忘，天行有常，人谋不臧，百余年间蹙国万里，舆图变色，切衷肠。

青年人，莫悲伤，卧薪尝胆，努力图自强……

献你好身手，举矢射天狼，还我河山，将头颅一掷何妨？神州睡狮，震天一吼孰能量？

维我中华，泱泱大邦！

原田朊朊，山高水长，鸡鸣嘐嘐风雨晦，莫彷徨，三军夺帅吾侪不可夺志，精诚所至，金石难挡。

有志者，事竟成，图以永康！

愤怒无声胜有声

昆明。西南联合大学。

1945 年 12 月。

西南联合大学，是抗战的产物。

1937 年 9 月，因北平沦陷，当局特选出地点设立临时大学，分为三区：一区长沙，二区西安，三区地点待定。北京、清华、南开大学划在长沙称长沙临时大学。12 月，因南京陷落危及长沙，校址迁往昆明，改称西南联大。

动乱之中，生活再度陷入窘迫，朱自清只身前往昆明，家不得已安排在四川陈竹隐娘家。45 年夏天吴组湘路过成都，7 月 22 日往报恩寺去探望朱自清，真实地记下了朱自清的情况，记录如下：

“他忽然变得那样憔悴和萎弱，皮肤苍白松弛，眼睛也失了光彩，穿着白色的西裤和衬衫，格外显出了瘦削劳顿之态。”

然而，他仍然那么一丝不苟地作学问：正在写的一丝不苟，出版了的，有错必究；仍然那么认真地教学；一个标点，一句话也极认真，有时他特地去告诉学生：你那个标点，我想了再想还是你原来的正确，我改得不当；或：那句话还是用原来的好，改了，不便照应。或：你们那一段写得很好，我记下了，留作参考，可以么？正正经经的做人：为人子，孝；为人夫，诚；为人父，严；为人师，正。由于太忙，未得及时奔母丧，一直耿耿于怀。每到其母周氏的忌日，他就将多年一直珍藏的一副手抄挽联拿出来看，这是他母亲周氏亲手写的自挽联：

来归近五十载　内外少闲言　子成列　女有家　绕膝枝孙　你原无憾

卧病历百余天　膏肓伏二竖　祷无灵　医罔效　伤心梁梅　我独何堪

今天，1945 年 12 月 2 日下午，朱自清又将其母的这幅自挽联取了出来，不过不是象历年 5 月 28 日那样端端正正地放在中央，而是放在右下角，中央处则也是用笔抄下来的挽联，且为一短两长三幅。

短联：

一党专政　百姓遭殃

两长联：

国民党还政于民　秋霜来去　丢下数枚炸弹

中央军奉命来省　春风乍到　杀了几个学生

以学生作仇　以人民作匪

屠杀不遗余力

与敌寇为友　与汉奸为朋

宽容唯恐不周

朱自清久久地望着这四幅挽联，面容肃穆而略有悔意，目光激动而伴着泪花，在极大的悲痛中他在“自省”！

此时，联大图书馆前的大草坪上，六千余人正在肃穆而哀愤地举行着“一二·一”死难烈士入殓仪式。不断有群众前来参加公祭，敬送挽联、挽幛与捐献款子。

“一二·一”昆明惨案，用周恩来八日后，即12月9日的讲话说，是“新的‘一二·九’”。

抗战胜利，人们谁不盼着过上和平宁静重建家园的日子？朱自清更是如此。9月初，得知毛泽东、周恩来已应邀飞往重庆举行和平谈判，朱自清高兴得四出奔走与召开教授会，10月1日，与闻一多、张奚若、钱端升等十几名教授联名致电蒋介石、毛泽东，热忱地提出停止内战，实现国内和平民主的要求。《双十协定》消息传来，朱自清高兴得连饮了两杯啤酒，可闻一多却给他泼了一头冷水：

“墨写的东西作不得数，国民党政府是不会给你几天民主与和平的！”

果然，云南的地方主力部队立即调去东北，而全副美式装备的军队蝗虫般涌了进来，党棍李宗黄代了云南省长，宽容汉奸，却大杀异己，镇压人民，明目张胆地发动内战。

朱自清惊愕了，接着，一连几件事令朱自清更加惊愕不已。

11月24日，联大冬青社、文艺社、社会科学研究会等15个团体联合向联大自治会提出强烈要求：

通电全国，反对内战。应此要求，第二天，即11月25日联大学生自治会与云南、中法、英专三所大学自治会联合举办反内战时事晚会，邀请主张和平、民主、团结的教授演讲，地点定在云大。

朱自清以为：云南的代省长李宗黄再坏，也不会不顾国民的基本的正当的要求，因为，总归是“同胞”，总归是新政府，到底应该比日寇，比北洋军阀强些，总不至于采取什么野蛮手段。

谁知，消息一传出，当局立即明令禁止，并通知云大校长不许借给礼堂！朱自清感到很是不解。

为了避免冲突，四校紧急会议，决定将会场移到联大大草坪，并只由联大学生自治会一家担任召集。

晚七时许，各路如期到齐，不但四校的学生，还有不少中学生与青工及社青参加，总数超过6000人。

人虽多，会场秩序却十分良好，人们都怀着激动的心情，全神贯注地听教授们演讲。莫说朱自清，就连到会的所有的人，也万万没有料到，军警乘人们集中精力听讲时，悄悄地包围了会场，在费孝通讲演到一半时，突然开枪。人们愤怒了，但秩序不乱，联大自治会的负责人高声问大家“怎么办”，激愤的人群一致要求费孝通讲下去。费孝通便不顾危险地继续讲，几个学生以身相蔽，大家伏在地上继续听。

军警们见恐吓不成，又叫特务切断了电线，学生们就用汽灯代替电灯，会议照常进行。突然，一个人口中喊着：

“我姓王，是个老百姓！我要代表老百姓讲话！”

边喊边跑，冲上台后，全不顾主持人的劝告与别人正在演讲，大喊大叫，胡说什么“内乱”不是“内战”，鼓吹平息内乱。

还没等这个自称的“老百姓”叫嚷几句，就有几个人高喊着：

“他不是老百姓！”

“他叫查宗潘！”

“是特务，是特务的小头目！”

于是，台下一片怒吼：

“狗特务！滚下去！滚下去！”

驱走特务不久，大会一致热烈通过了两个通电：《昆明各大学全体同学致国共两党制止内战的通电》。《呼吁美国青年反对美国政府参加中国内战的通电》。

查宗潘的捣乱与失败，使朱自清对国民党政府很失望，但仍觉得是云南的事，中央政府未必也如此坏。

可转天的国民党报纸竟登载了所谓“西郊匪警，黑夜枪声”的消息：“本市西门外，昨晚七时许，发生匪警……匪徒们竟一面鸣枪，一面向黑暗中逃窜而散……”

朱自清惊呆了：这是报纸么？是抗战胜利后的新政府办的报纸么？

学生纷纷罢课抗议，并成立了罢委会，各校相继响应，到了 11 月 29 日参加罢课学校已多达 34 所。省长李宗黄，警备司令关麟征限令学生无条件复课，并叫嚣：“学生有开会自由，我有开枪自由！”

开枪？真敢么？敢和臭不可闻的段祺瑞一样么？朱自清更为震惊。

叫嚣声中，特务横行街市，殴打学生，并闯入学校破坏，打人，捕人。朱自清由震惊而震怒了，于 11 月 29 日参加了教授会，发出了“抗议书”。

可到了 12 月 1 日上午十时许，查宗潘原形毕露，亲率大批特务闯进几个学校，大肆打砸破坏，殴打学生，甚至开枪、动用手榴弹，结果，联大师院的潘琰、李鲁连被打死，昆华工校的张华昌被打死，南菁中学青年教师于再，被手榴弹炸死，伤者数十人。

这就是“一二·一”惨案。

血，令朱自清看透了国民党政府的反动面目，愤怒得双手直抖。12月2日中午，有人来相约共赴下午三时的“四烈士”祭奠仪式。朱自清想了想，说：

“教授会已决定派周栖林、汤用彤、霍秉权三教授为代表前去参加了。我个人不是不可去，是我要很好地反省反省！”

来人很惊愕：

“反省？先生不也是一向积极支持学生的么？”

朱自清说：

“是的，这只是一面而已？”

另一面是什么，来人不便问。可祭奠大会开了一个多小时，朱自清就那么静坐于四幅挽联前，心内翻腾不已。他曾经，直到此刻仍在后悔未奔母丧，未于母亲在日尽到应尽的孝道；更深悔由于心存幻想而没有冲上爱国第一线，用他后来的话说，就是“谴责自我之错误不良习惯，悲愤不已”。

第二天，在他的日记里写道：

“余性格中之懦弱，必须彻底革除，此亟需决心。”

12 月 9 日，朱自清特地赶往四烈士灵堂默哀致敬。

大义凛然，大节昭然

北京。清华大学，北院故居。

1948年。

6月18日上午。朱自清坐在他惯常坐的地方，惯常坐的藤椅上，不过，不但失去了15年前的惯常的样子，而且，连1937年离开北京时的惯常样子也没有了！八、九年的西南联大生活，已使他不但变老了，而且也变得失去了风采，完全变成了另外一个样子：瘦弱的身子，显得更矮了，脸还保留着圆圆的骨架，然而，骨架而已，双颊深陷，面部黄而黑，似菜色，是病容。宽宽的玳瑁眼镜下，是已陷落的眼窝，眼里充着血，已失去了往日的光泽。天热了，可还穿着一件绒线背心，脊背已弯得厉害。许多故人，有的只是几年不见的，如今一见他莫不既吃惊又心疼。可他仍不在意，将近代人吴兆江套用李商隐《登乐游原》五绝写下的：

“但得夕阳无限好，何须惆怅近黄昏。”抄下来，压在玻璃板下，以自励。

半个多月前，6 月 1 日参加一个会议归来，便支持不住了，大吐了数日，体重由 45 公斤很快就降到了 38．8 公斤，可他仍然坚持上课，坚持修改《中国文学史》讲义。6 月 4 日，终于忍不住，在课堂上大吐了起来，吐后，仍是在讲，接近下课时已经顶不住了，同学们强制着将他送回了家。

躺在床上，他虚弱得直出冷汗，仍在吐，可想的却是：“明天的课怎么上?”正在他焦急中，他以往的学生，现已做了教师的王瑶闻讯跑来看他。他一见王瑶，脸上立即露出一丝喜悦，连吐了两口，声音细弱，喘息着说：

“这次病得狠，要是，要是三、三四天还不能起床，就、请你，代上《中国文学史》和《中国文学批评》这两门课吧!”

王瑶望着他那瘦陷而黄黑却饱含真诚的面孔，心如刀绞，眼泪几乎掉了出来，说不出话，只点了点头，心里却在默念：

“先生，先生！但愿您能过好今年的五十整寿！”

去年，朱自清的一些学生张罗着要给他举办五十诞辰的庆祝会，公推王瑶与当时任文学编辑的李广田去与朱自清商量，朱自清表示衷心感谢，却坚持不许，最后说：

“明年才是五十足岁，到了明年再说吧！”

如今，王瑶见朱自清大病如此，心里甚不是滋味，十分耽心今天的五十足寿办不办得成。

可两天后，朱自清不放心，仍是强撑着病体，亲自去上课了。上了两天课，病情又转沉重，陈竹隐几乎是哀求着他休息，他却笑了笑说：

“躺着、坐着是一样的。不用为我耽心，不做点什么，我会更不舒服！”

可是坐下来，只觉得身虚气短，胃里百般不是滋味，他仍然铺开纸，备好笔墨，只觉得要写的东西太多：与叶圣陶、吕叔湘合作编辑的《高级国文读本》，尚有几处释义要补写，虽说叶圣陶已再三申明不需他动手了，可他还是觉得该他做的，哪怕一点儿，也该认真地亲手做完；《语文影及其他》尚未编完（注：此集未及出版，朱自清便病逝了，直到 1985 年才由中国文联出版公司印行）；《闻一多全集》的编辑工作虽已结束，可朱自清还觉得有几点要做补遗。写什么呢？想了半晌，乃决心今日先写补遗，于是便提笔写下了提纲：

闻集补遗：（一）现代英国诗人序。（二）匡齐谈艺。（三）岭嘉州交游事辑。（四）论羊枣之死。

写了这几个字便吐了数次，手中的笔有些发颤了，望着写下的字，似乎老友闻一多那英伟潇洒的雄姿就跃然于纸上，特别是那“最后一次讲演”的情形更是触目清新，他的眼里，又蕴起了泪光！

在文学界，朱自清最景仰的已故文人，就是鲁迅与闻一多。将鲁迅视为良师，把闻一多当成益友。

1936 年 10 月 19 日，当他听得鲁迅先生逝世的消息时，竟一改往昔的沉稳，一路奔跑，全不顾狂风扬雪，天寒地滑，一口气跑进住于清华二院平房的《清华文学会》，天冷得令人发抖，他却跑得汗光闪闪，气喘嘘嘘，一边惊乱地拍打身上积雪，一边悲伤地说：

“鲁迅先生逝世了！”

紧接着他就忙着准备在清华举行追悼会，忙不开，就写条子向鲁迅夫人借鲁迅的照片与文稿，在会上，他与闻一多均作了真挚而深刻的讲演，事后，又亲自专程拜访安慰了鲁迅夫人。此后，他更加认真地研究鲁迅的作品，特别是杂文。一再说鲁迅的杂文“令人百读不厌”，是他第一个提出了鲁迅的杂文“尖锐”得像“匕首”和“投枪”，并越来越坚定决心：学习鲁迅的匕首与投枪笔法，为中国的新生拼全力战斗。

对闻一多，除了深厚的友谊，尚有无限的敬重。自1931年闻一多来到清华，两个人均刚三十出头，便一道教书，一道探讨学术，一道逃亡教学，一道呼吁反内战，反饥饿，反迫害，争取民主自由，十几年的心交意融，遂成莫逆。1946年7月，继李公朴之后闻一多为正义而战，被刺于昆明，朱自清悲痛、震怒非常，高呼：“此成何世界！”“他（指闻一多）是不甘心的，我们也是不甘心的！”奋笔写出了“你是一团火”的诗，这团火也使朱自清的灵魂燃烧，决心学习闻一多的一团火精神，大步追随进步潮流。一天晚上，他对陈竹隐说：

“以后中间路线是没有的！我们总要把路线看清楚，勇敢地向前走去！”

略一沉吟，又说道：

“这不是简单容易的事，我们年纪稍大的，也许没有年轻人那么快，就是走得慢也得走，而且赶着走。”

为了编辑《闻一多全集》他付出了许多精力、时间与汗水，编辑工作已结束近一个月，他仍在追写补遗。

一阵头晕，身虚眼花，迫得他身子向前一扑，伏在了案上。这一伏，可能是案缘压迫的缘故，胃中的痛楚与难受缓解了不少，却也更觉得疲劳了不少，便就那个姿势，一动不动的伏着，右手却仍握着笔。

恰在此时，吴晗来了。

脚前脚后，李广田也来了。

两个人都是从窗外望见朱自清正伏在桌上，就悄悄地退下去。均被在屋外操持家务的陈竹隐接待。

北院有棵大海棠，斜对着朱家的窗子，树下有个条凳，是邻近几家纳凉、消暑的地方，此刻，陈竹隐就将吴晗、李广田让到了这树荫下的条凳上。尚未坐定，吴晗就有些着急地说：

“夫人，看先生是睡着了，您还是去照料他睡下吧！”

陈竹隐苦笑道：

“不照料还好些，他总可以这样歇一歇，一去照料，他醒了是再也不肯躺下睡的，是非写不可的！”

说着，又轻轻摇了摇头，续道：

“他这个人，我算是清楚得很了，许下的事，必做；有一口气，必写！劝是劝不听的。去云南前，那时身体虽比如今强得多，可是胃已经有病了，有几天拉得厉害，夜里仍是坚持着给学生批改作文，由于总得上厕所，误了时间，我眼见他得贪大黑，甚至熬通宵了，就一再劝他休息，后来我都有些急了，他却生起了气，说：‘我都答应了学生，明天发给他们，怎么可以失言呢?’我又劝他说：‘那不会批改得简单些么?，他有些诧异地望着我，说：‘简单？——你怎么会说这种话？我实在没有办法，只好叹着气，把马桶放在他身边。几乎是边写边拉，写到天明，拉到天明，拉了十多次，人已拉得、熬得变了样，可还是坚持着去上课、发作文，也仍是一个错字，一个标点符号也不放过！近来，无论是赶编《闻一多全集》，还是赶编《高级国文读本》，有几夜都是边写边吐大半宿的！我怎么劝得了？”

李广田感慨地说：

“先生病这么重，人这么忙，还热心地关心着我们，每见到我都向我索取稿子看。说实在的，我写的东西一向是不脱稿不愿示人，不发表不希望人知的。可先生执意要，我只得奉上，倘若写得有些可取，先生就十分高兴，总是那么中肯地指出缺点，也和当年给我们修改作文一般，连个字，连个标点符号也不放过！”

吴晗点着头说：

“是呀，先生关心后生，特别是关心青年，是很令人感动的！”

李广田又道：

“简直令人感动不已！记得有个青年写了一篇文章，说朱先生被青年拉着向前走。有人觉得是对朱先生这样的名教授、大学问家、大作家的贬抑、不敬，甚至有人料准朱先生看了会生气会反驳的，谁知他看了之后，却一脸喜色，连声夸赞，说‘写得好！写得好！’有青年人拉着向前走是大好事！”

吴晗道：

“其实青年们多数是追随先生的，高兴与他接近，喜欢听他教诲，他在青年面前又随便又冷静，极重视新东西。是先生离不了学生，也是学生离不了先生。学生们关心先生，先生也关心学生。”

陈竹隐接口说：

“其实该说他关心学生胜过关心他自己。”

说着，又专对吴晗道：

“还记得春起时，你找他签的那份抗议书吧？”

吴晗回答说：

“怎么会不记得！”

原来，1946 年 12 月 20 日发生了北大女学生沈崇被两个美军绑架强奸事件。12 月 27 日，北大千余名学生举行了抗暴集会，并成立了北京学生抗议美军暴行筹备会。30 日，北大、清华、燕京 5000 多学生示威游行掀起了全国抗暴怒潮，10 个城市，50 万学生举行示威，强烈要求全部撤离美军，废除《中美商约》。国民党政府却一心要扑灭这场烈火，以“清查户口”为名，在北平逮捕了两千多人。教授们与知识界发起抗议，吴晗拿着写好的抗议书，第一个找的就是朱自清，朱自清看后，二话没说，毅然签了字。

陈竹隐接着说道：

“不久，我们的一位好朋友专门来找我，很关心很着急地对我说，他在燕京大学看到了一份国民党拟就的黑名单，因为佩弦名列抗议书的首位，所以，那黑名单上第一个要抓的就是朱自清！我听了很担心，很着急，佩弦一回来，我就急着告诉他，要他小心些。可他全不当回事，只是轻蔑地冷笑一声，说：

‘不用管它！’

我着急地说：

‘不管它？你准备坐牢么？’

他态度果决地说：

‘坐就坐！’

对自己的安危毫不在意，可对别人，特别是学生，却格外地关心。有一天也是他胃病犯得很厉害，被迫着不得已躺在了床上，可一听说外边又在抓人，就忽地坐了起来，急急地对我说：‘快注意听着点儿

门，怕有学生来躲的！'

果然，不久就有一个女学生跑来要求躲避。后来这个学生要到解放区去，家里没有钱，佩弦就借着给她凑足了路费。"

李广田叹息地说：

"你们的日子也过得太艰苦了！"

陈竹隐说：

"苦，更苦了佩弦。要说他这一生还有几天安静的日子的话那就是从我们婚后到37年去云南前这五六年，薪水高，稿费也多些，清华对教授又厚待，起码得以公费去欧洲作五国两个月的旅游。回清华后我们俩，有时他一个常与平伯兄及一些知己出去走走，观光一些名胜古迹。可惜，也就这五六年，我们的孩子多，我又没有工作，扬州的老人还得我们赡养，佩弦往往克待自己，以照顾家人，又拼命地忙，能不得病么？"

吴晗感慨地说：

"说你们贫困已不为过了。如今，教授们都很清苦，你们比别人更不知差了多少，先生又有病。可我今天来，又是来请先生在一分抗议书上签字的，这回，不但像上一次一样，有上黑名单的危险，而且会使你们的日子更加艰难，我适才粗略地默算了一下，会使每月的收入无形中减少六百万法币，对你们来说，实在是个吓人的大数目哇！”

说着，从手袋中取出几张纸来，递一张给陈竹隐，说：

“夫人先看吧。”

陈竹隐接过一看，题目是《抗议美国扶日政策并拒绝领取美援面粉宣言》，只见有一段写着：

“为反对美国的扶日政策，为抗议美国总领事卡德和美国大使司徒雷登对中国人之污蔑侮辱，为表示中国人民之尊严和气节，我们断然拒绝美国具有收买灵魂之一切施舍之物资，无论购买和给予的。下列同人同意拒绝购买美援平价面粉，一律退还配给证，特此声明。”

陈竹隐看罢，略一默算，吴晗所说的数目不差，如果在这宣言上签了字，日后物价再涨不算，仅从目前看，收入相对减少，绝不下六百万。

当时，通货膨胀十分厉害，一包香烟已卖到几万法币，主食的价格更是飞涨，朱自清一家数口糊口尤难。这个时候，美国援助了一批救济粉，当局就发给知识分子一种配购证，凭证可以低价购买美国面粉，朱自清的生活因此确为得了些补益。如今要拒绝领取了，不用说，日子会更加艰难的，而朱自清的胃病又到了如此严重的程度！

陈竹隐望着那宣言书许久，心中翻腾着各种滋味，想象着日后的艰难，可终于还是轻轻却很果决地对吴晗说：

“找他签吧，佩弦肯定会签的！”

吴晗与李广田也点头说：

“是的！先生会签的！”

吴晗深切地说：

“只是苦了你们，大家想法赒济赒济吧！”

陈竹隐苦笑着说：

“大家的好心，我领了，可是，你想，佩弦会接受么？”

李广田点头说：

“不会的。先生最怕麻烦人！连他的五十大寿都不让我们做，非要等今年的五十足岁再说。我已经与王瑶几个人说定了，先不教先生知道，届时一定要好好地办一办的!”

陈竹隐摇头说:

“怕未必行。五十足岁再说的说法只是搪你们一搪而已。对别人他何尝算计过什么足不足岁了?那年,茅盾先生五十寿辰,是他先记起的,也张罗得最欢。因为茅盾先生不仅是他的好友,而且还是我们婚礼的积极的筹备者与参加者,所以,他叫我提前去的。俞平伯不用说了,连平伯的父亲的生日他都记得牢牢,早做了庆寿的准备。杨晦呢,多少年不见了,不也是五十虚龄的生日么?”

是的,杨晦五十寿庆,还是李广田说起的,朱自清还写了热情洋溢的贺词去祝贺。

李广田刚欲开口再说什么,只听得朱自清在室内问:

“是有客人来了吧?”

吴晗、李广田进了屋里,见朱自清强撑着正欲起身出迎,二人忙扶了他坐好。便问起了他的病情。他笑了笑说:

“老病了,算不得什么!你们来有事么?”

吴晗犹豫了一下,还是拿出那份宣言,递了

过去。

朱自清看了那宣言，默不作声，右手颤抖着拿起笔，醮足墨，表情严肃地在宣言上签下了他的名字。喘息了一下，对吴、李二人说：

“你们是对的，道路走对了。像我这样的人，要进行教育，得慢慢来，这样，就跟上你们了。”

李广田说起一个教授的名字，说听那教授说有意欲请朱自清为一个富贵“名流”写一份“寿序”，要出高价。朱自清听了，淡淡一笑，说：

“高价？这种人值几个钱？有什么功德值得歌颂？”

又提着那个教授的名字说：

“三月间教授中唯有他参加了立委竞选，居然跑来要我帮忙，投他一票！我当时就说了：有个好友动员我参加国民党，我不赞成就没有参加；选立委么，我也不赞成，连我的老师胡适我都不肯投他的票，别的人我也不投！话都说得明明白白了，怎么他今天又要做这种事？”

签字后的第三天，5月21日，他就打发儿子乔森将当月的面粉配给证退了回去，转天又找出面粉票，也退了回去。

日子已非常艰难，几乎有断炊之虞，而朱自清的胃病也因之越来越重，可他仍是不叫一声苦，并且强撑着上课、参加活动，关心学术与他人，许多人看了怜悯不已。

8月6日凌晨4时许，胃疼大作，10时送到北大医院一查，胃已穿孔，14时做了手术。虽很危险，然而，朱自清仍很乐观，对探病的友人与学生强自谈笑，表示一周后拆了线就出院，还议了做这做那，尽管还在助氧呼吸，仍在不断关照，比如研究院的试卷可请浦江清评阅啦；闻一多的两篇佚文他已找到，要设法发出去了；他代为完成闻一多的遗愿改写的《全唐诗人事迹汇编》要尽快打印，以备下学期使用了等等。

女作家谢冰莹来医院探望，朱自清很高兴，问道：

“《黄河》还在出版吗？我病好了，一定给你写文章！”

可惜，他这殷殷之望不能实现了，话说完不到两天，10日上午，病情突然恶化，转为肾脐炎。肚子膨胀，有尿中毒症状，已用管子导尿，医院认为已十分危险了，朱自清也自感时日无多了。下午，他从沉睡中醒来，环顾一下绕在床边眼含痛泪的妻子与三个孩子，抖抖地伸出手，抓住陈竹隐的手，气已微弱，几乎一字一断、神情与语意俱十分切切地说：

“有件事要记住：我是在拒绝美援面粉的文件上签过名的，我们家以后不买国民党的美国面粉。”

强自说完，似了却一大心愿，又沉沉睡去了。

1948 年 8 月 12 日 11 时 40 分，一代文学宗师终于难为世人挽留，与世长辞了！可惜只差几个月，没有赶上全国解放！

可人们永远怀念着他。

毛泽东在《别了，司徒雷登》一文中盛赞了他那“一身重病，宁可饿死，不领美国‘救济粉’”的骨气，是“表现了我们民族的英雄气概”。

当你缅怀先辈，

当你为中国脊梁而自豪时，

莫忘了朱自清！

作家故事文库

主编/新禾

副主编/霍红　高玉兰

朱自清的故事

（上）

赵鹏飞/著

時代文藝出版社

作家故事文库·朱自清的故事

作　　者:新　禾　主编
责任编辑:姚家余
责任校对:王旭玮
装帧设计:章桂征
出　　版:时代文艺出版社
(长春市泰来街 1825 号　邮编:130062　电话:86012927)
发　　行:时代文艺出版社
印　　刷:三河市灵山装订厂
开　　本:787×1092 毫米　32 开
字　　数:160 千字
印　　张:70
版　　次:2011 年 5 月第 2 版
印　　次:2011 年 5 月第 2 版第 3 次印刷

书　　号:ISBN 978-7-5387-1075-5
定　　价:417.20 元(全 14 册)

目　录

目　录

朱自清小传

朱自清，原名朱自华，字秋实。在北大读书时，方改名自清，字佩弦。是我国著名的作家与学者。清光绪二十四年冬十月初九（公元 1898 年 11 月 22 日），出生于江苏省北部的一个叫做东海的小镇（当时名海州，是座历史悠久的古镇），祖籍绍兴。1901 年，随父赴任所——高邮的邵伯镇；1903 年，再迁扬州，基本上定居了下来，渡过了他的童年与少年，故往往自称“我是扬州人。”幼年即随其父读古文，颇有根基。继而入私塾，受业于戴子秋先生与颇有名气的李佑青先生。

1921年，十四岁时考入安徽旅扬公学的高等小学。

1914年，十六岁时，考入江苏省两淮中学（设于扬州，辛亥革命后改名为江苏省立第八中学）。由于启蒙较早，功底扎实，已对文学产生了浓厚兴趣，而立志做一个文学家。也由于学业甚为突出，为人又老实浑厚，深受同学的拥戴与校方的重视，而毕业时又名列榜首，被校方授予品学兼优奖状。1916年，十八岁时，考入了北京大学的预科班。可谓适逢其会：恰在此时，思想开朗、学识渊博，著名的自由主义教育家蔡元培先生接任校长，教学得到了大刀阔斧的革新，陈独秀被聘为文科学长，主管文学、哲学、历史等系；胡适被聘为教授，讲授英文学、英文修辞学及中国古代哲学三门课；李大钊被聘为图书馆主任，并兼历史经济系教授。这对朱自清来说，实是难得的机遇，他一有时间就扎进图书馆里，眼界、心胸为之大开，学业、认识，为之猛进。

当年寒假，朱自清奉父母之命，回到扬州家中与生于杭州、长于扬州的贤淑敦厚的武钟谦完了婚。耽于家境的日渐拮据，遂益发勤奋，提前一年结束了预科学业，进入了本科哲学系。而不久，由于祖母去世，父亲被解职，家境却越发艰难了。

然而，也恰在此时，中国的政治风云起了巨大变化。1917 年，丧权辱国的二十一条的签订，北洋军阀的残暴，都日益强烈地激起了广大民众特别是青年学生的愤慨，其中以北大为最。当时的北大，实际上已成为反帝反封建的战斗堡垒，北大师生就是打头阵的急先锋。在这种形势下，朱自清自不例外，他主动加入了由李大钊领导的“少年中国学会”（1919 年 7 月 1 日，由王光祈在南京和成都设立了分会，国外巴黎也设了分会。许多历史名人如李劼人、恽代英、田汉、许德珩、张闻天、邓中夏、毛泽东都加入了这个学会）。继而，各种进步组织也纷纷成立。到第一次世界大战结束后，群情更为激愤。不久，即 1919 年 3 月，朱自清又主动加入了由先驱革命家邓中夏组织创办的“北京大学平民教育讲演团”，参与演讲。紧接着参加了震动中外、光照史册的伟大的“五四”运动。

由于时代的激励，也由于家境的贫寒，朱自清愈加奋发，终于在1920年5月，顺利地通过了毕业考试，又提前一年，大学毕业了。

大学毕业后，由于家计所系，二十三岁的朱自清与大学同学俞平伯一道南归，由时任北大校长的蒋梦麟将这两位他心爱的高材生推荐给杭州第一师范学校。此后，就先后在他的母校江苏省立第八中学（任教务主任）、上海中国公学中学部、浙江第一师范学校、浙江第六师范学校、浙江第十中学、第四中学、白马湖春晖中学等中等学校任职或任教。此间，他结识了平生至友叶圣陶，也与一些名人，如郑振铎、沈雁冰（即茅盾）、周作人、丰子恺、朱光潜交往颇深，与至友俞平伯时有所聚，极力倡导新文学，并身体力行，写了不少新诗，对学生们组织的诗社或文学社大力支持、热忱指导，如《晨光社》、《湖畔诗社》等。这些文学诗社，出了不少很有才气的学生，冯雪峰，赵平福（即柔石）便在其中。

1925年夏，经俞平伯推荐，到清华大学国文系任教授。1926年，亲身经历“三·一八”惨案，怀着满腔的义愤写下了《执政府大屠杀记》，以血的事实，批驳了墨写的谎言，寓理于事，于事揭理，暴露与控诉了军阀政府的罪行，无情地揭露了段政府的丑恶面目，并专为惨案中遇害的他心爱的学生韦杰三，写下了《哀韦杰三君》的散文。也使他自身由自我奋斗的“刹那”主义，陷入了彷徨。

1927 年的“四・一二”大屠杀，对朱自清的震动很大，认识也开始了升华，他拒绝加入国民党，写下了反暴求新的词章，脍炙人口的《荷塘月色》也写成于此后不久。1928 年，散文集《背影》问世，一鸣惊人，在文坛上激起强烈的反响。谁知，也恰在这年的 11 月，他的贤妻武钟谦抛下六个儿女撒手人寰，死于肺病，日子愈发艰难，只好在俞平伯家搭伙。直到 1931 年才经蒲熙元、叶公超介绍与北京艺术学院的陈竹隐女士结为伉俪。同年八月，公费出国，旅游欧州。经由莫斯科，过波兰、越柏林，游历了巴黎，再到伦敦。用两个月时间，走了五国、十二个地方。当在《泰晤士报》上得知“九・一八”事变消息时，他十分焦灼，当即向国内发信表示殷忧并询问。回国后，恰逢闻一多来校任教，当即结成良友。1932 年，支持并参与“左联”活动，1934年兼进步文学刊物《文学季刊》的编辑。1935年，参与“中国新文学大系”的编选（代替郭沫若）。不久，发生了声势浩大的“一二·九”运动，对朱自清震动很大，写下了爱国诗篇《维我中华》。

1937年，“七七事变”后不久，北平陷落，清华师生纷纷南下，朱自清赶到长沙，被任为临时大学中国文学系主任。1938年，随校迁昆明，住拓东路迤西会馆，不久，校名改为西南联合大学。此间与闻一多，冯友兰等一道，编写了词调沉重、意气昂扬的校歌，充分体现了抗战必胜的信心。也写了数篇拥护抗战、热爱祖国、向往未来的文章。生活过得很艰苦，还得在中学兼课。往往步行很远去上课，又得了胃病，但他从不误课，讲得格外认真。

抗战胜利后，朱自清又担心起了内战，并积极参加反内战活动。国民党特务制造联大“一二·一”惨案后，朱自清主持教授会决议，停课七天以示抗议。闻一多遇刺后，朱自清在极大震动后，奋笔疾书，痛斥反动当局“惨绝人寰”的罪恶行为。这也使朱自清更为清醒了，他也要象闻一多一样“勇敢地向前走!”并写下了讴歌闻一多的诗歌《你是一团火》。

1946年10月，朱自清携眷随校乘飞机回到北平。回北平不久，即积极从事为纪念闻一多而命名的《新生副刊》和《语言与文学》的创刊筹备工作。决定以闻一多为榜样，向鲁迅学习，为迎接新生的中国，面对黑暗现实，高举起锐利的投枪。他热爱青年，同情平民，自身虽贫病交加，仍关心别人。积极支持反饥饿、反内战、反迫害运动，支持“吃大户”的举动，指出了广大饥民“被逼得无路可走”，不能再“安贫乐道”“安分守己”，“群众就是力量的现实发出了谁怕谁!”的呐喊。他自己的日子越过越贫，胃病越来越重，可仍坚持着一课不误，一事不误，并应吴晗之约在《抗议美国扶日政策并拒绝领取美援面粉宣言》上签了字，直到饿死也绝不领取，垂危时还一再叮嘱家人不可领取。于1948年9月12日逝世于北大医院，享年仅50岁。

朱自清一生写下大量的诗文，均收在其全集中，是一笔宝贵的精神财富。

一门两姓的厚望

浦水盈盈。

场盐累累。

一座虽不太大，却显得十分端肃典雅的古城就矗立在这盈盈累累之间，极目东望，是浩瀚无边的大海。这古城所处的地理位置十分优越，历史更为悠久，是所谓上古“少皞代遗墟”，在夏代即辟为有辛氏故邑，周初，已具封邑都城规模。只是由于几千来的河泛、海漫以及人事的更迭，城址屡迁而已。城虽不大，却因地处近海，位于津要，向为历代重镇，隋时即已受到了格外的重视，一直为州一级的治所，号为海州。元时改为海宁州。明初复为海州，属淮安府，属领赣榆一县。镇北的于公、白沟等名浦，向以产盐著称，明时就在这小镇南北设有惠泽、高桥两个巡检司；清时仍为州治，并一度曾被划为直隶州，可见其重要。直到辛亥革命后，方改名东海，降为县治，这是后话。

时光到了清光绪二十四年戊戌（公元 1898 年），这日正是十月初九。（公历 11 月 22 日），小阳春天气，由昨夜子时起，刮了数日的西北风，忽然转为东南风，送来阵阵大海的温润，浦水粼粼，清幽明静；盐垛比比，洁白晶莹。旭日初升时，曾是一片空濛，未及中天已是明彻灿烂，了无纤云了。真是难得的好天气！可也难说片刻间会有怎样的变化——须知，这可是近海的冬日呵！

州衙中一位官员的心境，也正是如此。

海州城本来不大，在当时只有横竖两条大街，近城北处也有一条，却较前两条略窄，余下的就是纵横穿插的窄狭的巷道了。临横街略东，坐落着一座官衙，仍是明时的旧制，正衙九梁五架，配有耳房、公事房。倘今日看来，除古旧外，没甚出奇，然而在当时，于众多低陋民屋及坊铺之间，实是超拔显眼，何况，有官自威，显得甚是不同凡响。此刻，州衙的东耳房里正踞坐着一位身着从七品官服的州官。此人年近五旬，身材不高，却显得颇为雄健。脸形微圆，上庭宽润，清眉朗目，直鼻方口，透着一股不阿之气。他原本余姓之子，幼时过继朱家，一为忠于朱姓，二来不忘故宗，故取名为朱则余。现官海州主理刑名的州判，官虽不大，却是正途出身。

朱州判自一早到衙理毕一般例行公事，便正襟危坐在几案之前。似在专注奉公地以待上命或承接新差。其实，他的内心很不平静，这只消细心地观察一下他的表情与眼神儿，就不难发现。他那虽已刻了皱纹却仍丰腴的脸颊上，不时泛起红潮，这说明正有什么大事在他心中推波助澜；他那明犀的双眸，时现欣悦，却隐隐间有微忧之色，故而，那舒展的眉头，也因之而微微一蹙。

他虽是个正途出身的官吏，却绝不迂腐守旧，甚至新潮得很。这个戊戌年，可说是近代史上很有意义、很重要的一年。名声显赫的“戊戌变法”就发生在这一年，“百日维新”，刚刚过去没有俩月。自本年四月二十三日（公历6月11日）光绪下诏定国是起，到八月初六（公历9月21日）慈禧政变杀谭嗣同、刘光第、杨锐、杨深秀、林旭、康广仁六君子止，历一百零三天的“百日维新”虽然失败了，然而其影响却是巨大的。朱则余一则住地临近东海，较方便地接受了一些海外的进步思想，二来，他曾与六君子中人有过交往，也是力主变法维新的人。变法惨败，对他打击很重，每每思及，心痛如焚，对六君子更是崇敬怀念不已。然而此刻，他并非是为了此事。那么是不是担忧于筑路呢？变法失败没几天，英帝国又提出了要修筑一条新铁路，这条铁路的东方终点就是海州，条件较前数条路还要苛刻，工程量又很大，必定更劳民力，更失主权（陇海铁路，筹于1898，兴建于1905，竣工于1927，最早的终点是海州，后来才延至连云港）。这件事，确实也是朱则余的殷忧，他深憾本国不能全权全力筑路！可此刻的情绪，却也与此无关。

那么此刻是什么在激荡着他的内心呢？

不知这样过了多久，他那盯在衙门外的眼睛忽然明亮了起来，一向临变不惊、喜怒不形于色的他，容呈急切，呼吸也变得有些急促了，安坐的身子向前够着，几欲站起。他到底看见了什么呢？原来，他看见了一个五十余岁，家人打扮的一个极普通的人。

这个家人，可见与衙役们很熟，只略一招呼，就急匆匆、喜冲忡地闯进衙来，来至公事房门内，就要倒身下拜。朱则余急不可耐地举手相拦说：

“快讲！”

那家人还是拜了一拜，宏声说：

“恭喜老爷！贺喜老爷！少夫人弄璋大喜，产下了麒麟！”

朱则余喜极地“啊”了一声，不自主地立起身来，声音有些颤抖地催促那家人，说：

“是么？你，你再说一遍！”

待那家人重复之后，朱则余长嘘了一口气，眼里迸着泪花，呐呐地道：

“苍天有眼，朱门有德，何幸如之！”

原来，朱家对他及他余姓一家，不仅有亲而且有恩，他承祧朱家的大任，就是要为朱家兴旺门庭，延续烟香。可他，虽生有数子女，却只得一个取名鸿钧，字小坡的儿子。支系单薄，一线单传，已深感有愧于朱氏祖宗。前几年，儿媳周氏倒是生了两个男孩，喜得他取名为大贵、二贵。可惜，贵而不寿，不久，都相继夭亡了。本来，僧道、相士们都有过预言，说朱家祖坟处孤，主人丁不旺，乃至凋零，大贵、二贵的夭亡，就又使这些风言风语抬头。他虽不甚迷信，可是，思及承继父母临危切嘱与殷殷之望，见到这两孙夭折的事实，内心如何不急？春上，又得儿媳有喜，便日夜切望，愈到临期，热望愈殷，近日来更是日夕耽耽，今日果闻产下了孙儿，如何能不喜出望外！

那家人报罢起身，由怀中取出一张大红装纸，恭谨地双手高捧，趋前奉上，说：

“这是少爷依老爷吩咐，写的孙少爷的八字与名号，请老爷过目审定！”

待朱则余接过装纸，喜悦地看过之后，那家人又申明说：

“少爷说，老爷说咱们要以诗书传家，而苏东坡有诗云：‘腹有诗书气自华’，故为孙少爷取名自华。当时请先生算了八字，说五行缺火，故取号秋实。一来，补足了火，二来，照于名华，寓春华秋实之意，专请老爷明示可否。”

朱则余喜孜孜地边看，边听，边频频点头，边连连赞许：

“好，好，好！”

那家人又续道：

“少爷本欲亲来报喜，侯教，是老爷吩咐，不可误了喜庆，不可简慢了亲友，才由小的代禀的。”

朱则余又点头，说；

“理当如此！理当如此！”

缓了一缓，又道：

“喜庆事，可还周备么?”

家人回说：

“一应依老爷吩咐，已张灯结彩，高烧红烛，高悬宗亲牌位，鼓乐齐备，酒菜丰实，各亲友高邻均已请至。”

朱则余又连称了几个“好”字，由怀中取出早已备好的一封赏银，掂了掂，犹感不足，又从怀中取出一串制钱，一并赏给了那个家人。待家人谢赏之后，又嘱咐说：

“告诉小坡，及时开宴，我待衙事一毕，即赶回家中！”

待家人应诺去后，朱则余满怀喜悦地仰首向天，祈告说：

“苍天，苍天，愿保佑此儿长命百岁，真个能春华秋实，春华秋实！”

就在这样一个特定的不寻常的历史时刻，就在这样一个热切的、厚望殷殷的家族中，一代著名的作家、学者应运而生了，而他必将面临的是时代的巨大变革与人生的严肃的考验。

大运河的洗礼

举世闻名、贯穿南北一泻千里的大运河，滚滚而来，进入苏北后，水势一缓，显得更加浩瀚壮阔。就在这浩瀚壮阔的河边上，伫立着一座占地广阔、格局高雅的古建筑——邵伯万寿宫。

夏日溶金，七月流火。天无片云，蓝得透明；地无微风，凝彻万里，闷热得出奇。就在这广袤的天宇下，浩阔的运河边，挺拔的古宫前，浴着酷暑蹲踞着一个只有五六岁的男孩儿。倘不格外留神，是很难察觉的。

这男孩，圆圆的小脸儿，泛着嫩光，十分清秀，一双大而有神的小眼睛正专注地凝视着那滔滔而去的河水，若有所思。

许久，他举起了握着石片的右手，在眼前比了比，陡地一甩手，抛了出去，冲起水面一串串涟漪，随着石片的抛出，他迅速地躬起身，紧张地睁大眼，飞快地数着数：

“一，二，三……”

竟是十几个涟漪！

这样，连着认真抛了三次，也紧张地数了三次。他高兴极了，小脸儿上泛着喜悦的红润，跳动着身子，鼓起小手欢笑着叫道：

“成了！成了！又成功了！”

这就是幼时的朱自清，被他爷爷朱则余寄以光大门户殷望、冀得春华秋实而取名做朱自华，字秋实的朱自清。

光绪二十七年辛丑（公元 1901 年）清廷增设新官，朱自清的父亲，小坡公朱鸿钧被荐选为学部的一个属员，任所在高邮州所属的邵伯镇，就挈妇将雏到邵伯镇来就职，住进了万寿宫中。

朱家自朱自清的祖父菊坡公起，就主张“诗书传家”。因此，朱自清从呀呀学语起，便学诵诗词，虚三岁上，其父就每日教他认字。到此时，虽说刚近五周岁，便已识了不少字，背了不少诗词，且背了些《大学》、《论语》的章句。迁到运河边上，又学背了一些有关大运河的诗如李商隐的《七绝·隋宫》等，甚至白易居的《七古·隋堤柳》，那么长的长诗也能背诵如流，且常常提出一些颇有意思的问题。颇善思考了。

父亲只教“晚课”，日间则为“母训”。朱自清母亲不但为人娴雅，而且很有学识，又极善课子，除每日里督促、辅导儿子复习、巩固前晚所学外，还有意识、很合幼儿心理地讲一些为人之道，且并不单纯灌输，而是常常启发儿子发问；也不是一味督、教，而是经常教儿子去玩。

由于没有玩儿伴，幼小的朱自清便总是一个人出去。而且也总在大运河边上自己玩。他不似别的孩子那么蹦蹦跳跳，而往往是蹲在大运河边上，两只灵动的大眼睛悠悠地盯视着那浩阔的河水。在他的眼里，这大运河的内涵是十分丰富的。望着那滚滚而又宽阔且其深不知几许的河水，他往往专注得出神，这大自然的美，这广阔的内涵，都在不时地浸润与陶冶着他幼小的心灵。身在河边，又默诵着那些他已背得烂熟的有关诗句，也自然日久天长地对他那朦胧的认识起了不可忽视的潜移默化的作用。

“西至黄河东至淮，绿影一千三百里。”

好阔大、好长远哪！他举目远望，南南北北，是那般地辽阔！

“春风举国裁宫锦，半做幛泥半做帆。”

那千帆锦绣在这么宽阔的河面上竞行，该是怎样的一种情景？

爹爹说，别人也说，那隋炀帝是个很坏很坏的坏皇帝，幼小的朱自清自也很讨厌、很憎恨这个祸国殃民的大坏蛋，可有时他望着那长不见头，宽不见边，深不可测的河水，也会联想到一个问题，那就是朦朦胧胧地感觉到这大运河的作用不小，不是总是听人夸耀这大运河么？就说这邵伯镇吧，北背高邮，南临扬州，本是个偏僻的地方，人们说因为有了这条大运河，才南来北往地热闹了起来。那么那个大坏蛋隋炀帝这运河不是开对了么？

问爹爹，爹爹只说是“两码事，两码事！”怎么个“两码事”爹爹也说不清，反正是一个坏皇帝，一个好运河，而且坏得厉害，好得出奇，极好与极坏绝不是“一码事”！这问题一直困惑了他多少年，直到他年过不惑，屡历世事，特别是亲历了“反饥饿，反压迫”斗争之后，他方略有所悟：骄奢淫逸的统治者的奢求与人民的大众的劳动血汗与目标，自是不可混为一谈的“两码事”！

爹爹的当差、很喜欢朱自清的二顺，见小少爷总喜欢蹲在运河边上出神，便抽空去教朱自清用石片打水漂。告诉朱自清说：

“你能漂的圈儿越多，越有好运气，许多人还用这来问卜心事或吉凶咧！”

朱自清就认真地学。初时自是很不得要领，甩出去就沉，但难得他聪敏，又学得用心，有一股子钻劲，很快就起漂了，而且越来越得心应手，也就越爱玩。玩起来也往往象二顺教的那样，做些卜问，多半是，今晚爹爹教起来学得会不会快，长大了会如何如何。比如，今天他卜的就是：长大了能不能打倒像隋炀帝那样的坏皇帝。成功了，他也就兴高采烈地在运河边上蹦跳了起来。

大自然丰富而优美的内涵，对人，特别是幼、少儿童的陶冶是默默的，也是博大精深而又重要的，正是因此，大运河给朱自清的洗礼，对他的一生也是不可忽略的。

铁牛湾的启迪

一天午后，刚刚五周岁的朱自清正在运河边抛石片打漂，忽听得父亲的当差二顺呼唤着“少爷”向他走来，他立刻高兴地蹦了起来，循声回身，迎了上去。只见爹爹的当差二顺正笑呵呵地向他走来。

这个二顺，只有二十多岁，人很憨厚老成，常伴着小朱自清玩耍，朱自清也很喜欢他，而且没有一点儿的少爷架子，坚持喊二顺为“叔”。初时，二顺百般不肯，怎奈朱自清一再坚持？弄得无法，二顺只好说怕老爷见怪，朱自清竖起食指说：

“打个赌，我敢保爹爹喜欢!”

果然，一问，小坡公甚是赞许。

今日一见面，朱自清就雀跃着欢呼：

“好啊！好啊！顺叔，你又有空闲陪我玩儿了么?”

二顺憨厚而又欢娱地点了点头，笑着回答说：

“是啊！是啊！今儿个难得又空了下来，是特地来陪你玩儿的！”

朱自清喜得拍手，说：

“好极了！好极了！咱们还是去铁牛湾好么？

铁牛湾距万寿宫较远，二顺曾几次要背着朱自清走，均被朱自清拒绝了，他说：

“我长大了，要自己走。再说你一天忙活着，很累呀！”

铁牛湾是因为铸有一条铁牛而得名。这铁牛不知铸于什么年代，不但二顺说不清，连问起朱自清的爹爹小坡公，也是回说“不晓得”。但铸牛的目的，据二顺说是镇邪的，也有的说是为了镇河妖，怕妖怪兴风作浪。可牛铸成了，“河妖”还是作怪，明朝时，设在邵伯的巡检司就因河泛而数度移址。

铁牛湾的地势很好，风物宜人，视野开阔，那铁牛也铸得十分形似，甚为雄健。是朱自清儿时最喜欢，也是一生难忘的好地方。一到地头，他就撒着欢儿地奔到铁牛旁，仰望牛头片刻，便往牛背上爬。可牛高人小，牛身又分外光滑，一时怎爬得上去？待二顺惜爱地笑着扶他上去后，他高踞牛背，举目回顾，那滚滚运河，莽莽荒原，镇景村情，远山近树，尽收眼底，只觉得心胸甚为开阔，不自禁地小脸上溢满了笑容。四望了许久，又俯下身去，轻轻地摩抚着牛背、牛颈。忽似触动了心机，停手举头问二顺道：

“顺叔，铸这样大的一头铁牛要用好多好多铁吧？”

二顺点头回道：

“那当然了！”

朱自清又问：

“要是铸这样大的一头银牛呢？”

二顺听了，惊诧得瞪大了眼睛，脱口叫道：

“银牛？这个么，银牛，怕不要几万，十几万两吧？”

朱自清面呈激忿地说：

“就算二十万两吧，听爹爹说前年一个什么庚子赔款就是四亿五千万两啊！那要都铸成银牛，得铸多少条哇，又多好玩儿啊，可是，可是，都白给了洋鬼子！”

二顺又气忿又无可奈何地说：

“那有什么办法呀！谁教咱们软弱，洋鬼子又那么霸道了。这些年哪儿就这一回呀。连抢带夺地霸去咱们多少好东西，只怕咱们几十年也吃用不了呢！”

朱自清忿忿地说：

“哼！看等我长大了的！”

一天晚课时，朱自清乘间问起了父亲：

“今日课间，先生又提起了‘齐家’，是爹爹教过的，《大学》上的话。那是什么意思呢？”

小坡公慈爱地望着儿子，温和地笑着说：

“你还没读完《四书》，是不宜开讲的，到时候先生自然会讲给你听了。”

朱自清却执拗地说：

“为什么非要读完再讲呢？我现在就想听，爹爹讲么！”

于是，小坡公就耐心地由“格物”、“致知”、“修身”一直讲到“齐家”、“治国”、“平天下”。朱自清听得十分专注。待小坡公一讲完，就郑重地说：

“孩儿长大了，一定要加劲儿地‘齐家’！”

小坡公听了，很是高兴，却故意问道：

“那又为什么呢？”

朱自清忿忿地说：

“看咱家，还做着官呢，前回给顺叔成亲时，几两银子还得找人借着凑；爷爷奶奶回趟绍兴，也得借着凑。还有那些没做官的呢，不‘齐家’怎么行？”

顿了顿，又说：

“哼，都是洋鬼子欺侮的！”

接着，把几天前在铁牛湾的话头重说了一遍，听得小坡公直点头，又说：

“‘齐’了‘家’，大家也都‘齐’了‘家’，就不怕洋鬼子了，那些银牛洋鬼子也抢不去了！”

小坡公欣慰地说：

“哈哈，好儿子，这哪止是‘齐家’？这是要治国平天下呀！好！好！——可你晓得么？那是要一步一步下大功夫的，而修身是首要哇！”

朱自清凝重地自语：

“‘修身’，‘修身’，我一定好好地‘修身’！”

朱自清一生痛恨列强的侵略，学习与修养不惜痛下苦功，积极以文学乃至身体参与反帝斗争，是自幼扎下了根基。

崭露头角，荣列首座

扬州。

汶河路。

提起汶河路，到过扬州的人，必然首先想起座落于路东的仙鹤寺。

仙鹤寺，始建于南宋，明洪武年间重建，历代修葺。寺取东向，礼拜殿为其主要建筑，由前、后两部分组成：前部是单檐硬山顶，后部为重檐歇山顶。殿南尚有胜迹明月亭（又名望月亭）。该寺与广州的怀圣寺、泉州的麒麟寺、杭州的凤凰寺合称我国沿海伊斯兰教四大名寺，驰名遐迩。

就在这驰名遐迩的古寺之旁，有一座极不显眼的三架重檐攒尖式的瓦舍。清晨，春寒料峭，黑漆的舍门紧紧地关闭着。一群十岁左右的少年人静候在门前，大多身穿灰长衫，戴瓜皮帽，脑后拖着辫子夹着书囊，提着四宝盒，均是名塾师李佑青先生的弟子。

今日与往常不同，昨晚散学时，先生宣告：今日晨读前要重排座次。当时的排座次，与后来的公学不同，不是依个子大小，而是依品学的好坏，当然也有许多是依门第的高低。因此，排座的前后，关系重大，不仅关系到学业，更关系到颜面。是以，天尚未明，便有人候在了门外，也有人想过要事先送点儿礼物，可想想李老先生的高洁素行，也只好打消了念头。

日光临檐，那扇黑漆大门，应时无声地开启。早在门内传出洒扫声时，诸生即已为之一振，做好了准备。门一开启，便当即自行两厢整齐地排开，等待传入，精神较往日格外集中，都在紧张地等待着，第一个被呼入的究竟是哪一个。到李老先生塾馆就读，是学子们的荣耀，再得排座第一，在整座扬州城，也是大大露脸的事。昨晚散学时便有人窃窃私议，纷纷揣度谁人堪当此幸，许多学童为此夜里久不成眠。唯有一个学童，连想也没有想过。

这个学童，身材不高，却显得沉静、敦实，圆圆的脸膛，眉清目秀。也许是幼时爷爷怕他与同两个哥哥一样不长寿，为他穿了耳孔，戴起了吊坠儿当成女孩厮养的缘故吧，他沉静得完全象个典雅的女孩，却偏又不乏凛然的刚气。他自然就是朱自华，秋实，即朱自清。

光绪二十九年癸卯（公元 1903 年）朱自清的父亲小坡公移官，携眷迁居扬州，先把家安置在东关街一条小巷里，不久即迁入万寿街附近的安乐巷 29 号定居。房子的大门朝东，进大门有两间很小的客堂，进了二门，里屋三间，对照三间。也许是祖父菊坡公心诚则灵吧，小坡公妻妾几年来又生下了二男一女：物华、国华、玉华。房子虽不算太宽敞，也够住了。

小坡公一向对子女的教育很重视，特别是对负有未来支撑门户重责的长子，更是稍不疏忽，一到扬州，当即将自华送进了私塾，还读了几天公立小学，又重入私塾，从戴子秋先生学古文。用朱自清的话说，“我的国文是跟他老人家做通的。”为了深造，小坡公费了一番周折，方送进李佑青先生门下，也只得个“旁听”，算不得正式塾生。正因为是个连正式资格也没有的“旁听”，加上比起同学们，他家一不富二不贵，可谓寒门，又是外来户，朱自华莫说对排于首座，连前排都不敢一想。是以，他虽也来得早，却远远地候立一旁，待门开候叫的时候排在了尽末。

李老先生为人与治学一般严谨，不唯亲为学生开门，连早起的庭除也要亲自洒扫。

门开处，一位身穿黑墨锦锻长袍，头戴锦缎小帽，鬓生二毛，须染微霜，身板挺直，宽额广颐，长眉深目，手持宣纸名册，仪态威严的老先生当门而立。诸生齐叩晨安，老先生颔首还礼毕，持重地举起了名册。只这一举，诸生的心，就提到了喉咙口。一个个屏气凝神，静静地听着：谁是第一个?!

“朱自华。”

老先生平静的声音像一记炸雷，震得诸生呆若木鸡，朱自华更是意外得目瞪口呆，浑不信自己的耳朵。

这会是真的么?

稍许，学子中一个前额突出，嘴角微披的瘦长子咳声壮胆，上前一步，俯身致礼，开口道:

“先生，这……”

老先生望了望这个本城出名的破落户，混混赖四爷的公子，语气平静地说:

“‘这’怎么了?说下去!”

赖公子又壮了壮胆，说:

“学生是说朱自华他……”

老先生见他一味忸怩，便朗声说道:

“朱自华他怎么了?门第不高?家不富有?亏你还读了《论语》!”

显然有些激动，老先生的声音越来越高:

“莫忘怀:高贤颜回可是一箪食，一瓢饮，身居陋巷的!”

赖公子被说得垂下了头，有些汗颜，却仍不死心，仍喃喃地道:

“学生是说，学生是说，说他不过是个旁听生!”

老先生不屑地微一摇头，说：

“不错，是旁听生，旁听生又如何了？岳武穆不是也做过旁听生么？旁听生也是生，我重在品学。朱自华一心向学，不苟言笑，不事轻薄，虽系旁听，却听得最为倾心，操守第一；论学业，你们可以看看。”

说着，由怀中取出一迭纸来，轻轻地拍了拍，又说：

“这是他就塾以来写的文章，有应对，有自撰，虽说不为上乘，然而，用语通畅舒达，深合文意，且有所得，有见地，流露着骨气，文如其人。论品，论学，不由他坐首座，由谁？”

一番话说得诸生心服口服，赖公子也红着脸、垂着头，悄悄地退了回去。

老先生不再顾及他人，点首传唤低头站在人后的朱自华：

“你过来！”

朱自华有些怯生地走到前面，深施一礼，说：

“先生，我……”

老先生朗声笑道：

“你又如何了？——抬起头来！”

待朱自华依言抬起了头，老先生抚着他的背说：

“昂起你的头，挺起你的胸，要好好地受业、作人！”

这对当时的人们来说，实是件大事，消息不胫而走，尚未散学，小坡公已然得讯，喜得他买了条鱼，多买了几块豆腐。晚饭较平时丰盛得多，吃得也欢快得多。母亲周氏也是满腹诗书的人，对儿子的成绩更为欣慰，不断为自华布菜，连一向对子女严厉的小坡公也给长子夹了一块鱼。

当时晚饭较早，点灯后总还要吃点东西。像往常一样，小坡公暖上一壶酒，备上一碟花生米，一碟豆腐干，安定后，叫儿子们坐在他的身边，自华自在上首且紧挨着他。便就着灯，认真地翻阅儿子作的文章，一翻之下，见尽是肥圈评点，就喜不自禁地开怀敞笑，读得甚是认真。读到得意处，连连点头称是，欣然饮酒，似用子文下酒，更具滋味，却不断将花生米、豆腐干夹来奖给儿子，其他的二子一女也沾了不少光。

初春，乍暖还寒，到了夜里尤甚，扬州当时的房子防寒更差，所以，室内往往比外间还冷，朱小坡每逢此时，必点起“洋灯”，烧上水煮豆腐，叫儿女们围坐桌边，他则觑着眼，嘘着气，将白煮豆腐一块块从锅里夹出来，放在儿女们的油碟里。今日豆腐买得多，小坡公又分外高兴，笑呵呵地频频为儿女们布放，连素不沾此边儿的周氏也尝了两块，真是大享了融融的天伦之乐。

朱自华只觉得内心热烘烘地，望着父亲欣慰兴奋饮酒的神情，注视着父亲乐颠颠、喜滋滋地为他们夹豆腐的形象，不由得暗下决心：

“还要下苦功夫读书，一定读有所成，让爹爹妈妈更高兴！也一定学成本领，好使爹爹酒不断，菜不断，更好、更丰盛，要让天下的慈父更开心！”

史公正气不畏凶

扬州，梅岭上的史公祠。

在威严的史可法塑像前，正伫立着一老一少，父子二人。

老子正在考较儿子，儿子容颜严肃地在复述：

“史可法，著名的民族英雄。（1602～1645 年）字宪之、道临。大兴籍，祥符（即今日之河南开封）人。崇祯元年（1628 年）进士。崇祯末，官至漕运总督，拜南京兵部尚书。史阁部治军有方，能与部下均甘苦。军行，士不饱不先食，未援衣不先御。清兵入关，福王立，任礼部尚书，东阁大学士，寻改兵部尚书，武英殿大学士，出镇淮、扬。南明弘光元年，也就是本朝顺治二年（1645 年），清军占潼关、西安，命豫亲王多铎率军攻南明，势如破竹。南明各重臣、将领却都热衷于抢占地盘，互相火拼，史可法虽有回天之谋，多方筹划，怎奈将领们不服调度，实出无法，只好孤军退保扬州，被多铎重兵围困。在众寡悬殊，内无积粟，外无援兵的形势下，断然拒绝多铎的诱降，亲与全城军民浴血死守，终因兵少无援，坚守十日，城破被俘。这就是著名于青史的‘扬州十日’。城破时，曾有人劝史阁部逃遁，可他眼见清军为搜捕他而大杀城内军民，乃大呼：‘我，史督师也！’被俘后，多铎极力劝降，史阁部却掷地有声地说：‘城存与存，城亡与亡，我头可断，而志不可屈！’遂被杀。后人对他甚为怀念，只是已无法寻到他的尸体，就在这梅岭上葬了个衣冠冢，冢前建了这史公祠，以为后人楷模。”

述毕，恭敬地向塑像深深一鞠躬，然后转向其父恭谨地问：

“爹爹，孩儿奉命述毕，恭请教正。”

老的显然有宿疾在身，此刻却满脸欣慰，含笑颔首，道：

“好，好，记得很不错！”

顿了一顿，又说：

“记是记下了，要紧的是刻在心里，永世不忘。时时激励心志，作人，就要有这番正气，这种骨气，才不愧个人字！”

小的庄重地点头称是。

老的又道：

“今日再给你讲一讲扬州十日中另外两个故事。”

小的喜悦的眼光一闪，可又旋现忧色，迟疑地道：

“爹爹，这许久了，你的病……”

老的淡淡一笑，说：

“不打紧的。讲讲这些英雄，心里熨帖，对我的病反有好处！”

略一调息，遂讲道：

“扬州被围时，当任知府叫做任民育，山东济宁人，天启中举于乡，善骑射。守城中，以文官亲与军旅。脱去官服，日夜着军士戎装，奋力杀敌。有人劝他退后坐镇，他头也不回地说：‘坐镇的自有督师与各位将军，我向无军职，只可为士卒，岂可做将军？连史督师都已亲临垛口，浴血御敌，何况于我？’史阁部屡劝其暂避锋锐，他却笑着说：‘民育幸得幼习弓马，当此重难之际，士卒犹奋不顾身，民育岂可稍缩半步？’城破前，已受伤多处，仍不退却；城破时，已是遍体鳞伤，多处血流，犹高呼奋勇毙敌十余人。还有个上海人何刚，时官职方主事，本与城守无涉，满可不涉此险，然而，他却明知入扬州必死，仍是义无反顾，于被围前，毅然入扬州，助史阁部死守，城破时，投井自尽。更有个叫吴尔壎的，在史阁部帐前参赞军事。为抗清曾屡劝其父尽散家资，以为军饷。其父吴屏方舍不得巨大家资，百般不肯。吴尔壎就乘其父督学福建时，自断一指，寄与其父，再申破家资军大义，并示以死救国，倘不得归，就以此指为葬，其父感动，果悉家财为军资。扬州城破，亦投井自尽。在史阁部与任知府等人的统领与感召下，守军几乎无一降者。这就是正气，这就是孟子所说的浩然之气，你可记下了？”

小的垂手躬身，恭声道：

“儿子谨记在心。”

老的舒了一口气，道：

“好吧，今日就讲到这里，随为父回居室吧。”

小的应诺，抢上半步，搀扶着乃父向祠堂的一个侧室中走去。

这不是别人，正是朱鸿钧、朱自华父子。

数年前，小坡公被调任为江西盐务官，只身赴任，家眷仍留在扬州。年前，因病递假，回扬州养治。岂知养治了数月，仍不见痊愈。回家不久，便选定在史公祠中调养。之所以如此，一则为了这里环境优雅宁静，二则更重要的是，小坡公另具就先贤教子的深心。自华一有课闲，便来陪侍。于是每日里小坡公都引了儿子到史可法塑像前先恭恭敬敬地礼拜，再逐日地讲述英雄业绩，连同扬州古迹与历史，对自华的教益很大，为他日后的一身正气，铮铮铁骨，打下了坚实的基础。

此时已是辛亥革命的第二年，即民国元年，公元

1912年了。

由于幽居岭上，一意养病教子，消息更为闭塞。直到前数日才得知清帝已然逊位，袁世凯接任孙中山为中华民国大总统。有此剧变，小坡公便欲下岭，回到家中去细为打听。尚未动身，便发生了麻烦。

刚刚用罢早饭，便听得祠堂外有人大声吆喝。小坡公忙叫儿子先到祠内去看看，他也连忙整衣随后跟出。谁知，尚未出门，就有一伙人气势汹汹地闯进了祠堂，当先是三四个歪戴毡帽，斜捆腰带，穿著不伦不类，一脸凶气的汉子。紧接着，又踱进一个粗壮的神气十足的中年人。此人身材略高，肥胖却不臃肿，显得壮实。穿一身纺绸长衫，怪的是长衫上居然罩了件半新不旧的军上衣！扎一束皮带，腰间插了支左轮手枪。那长衫的下摆，便滑稽得像是女人的统裙！四四方方的一张油光大脸，没了辫子，却留着一头齐肩长发，扫帚眉，鳄鱼眼，断梁鼻，真正的血盆大口，绛厚的唇上，却留着一把棕刷似的短髭。曾因一次偶然的机会认得，正是西城富甲一方的豪绅段大宝。段大宝的身左偏后，紧跟着一个四十余岁的长子，可能是又长又瘦的原故，腰半弓着，像条大虾，细腿长脖，纺棰头，吊客眉，狭长眼，朝天鼻，披角口，辫子似是刚刚剪，不及梳理，蓬松松的一头乱发，疏朗朗的上髭，乱糟糟的下须，时时欲故作高雅，却总免不了猥琐。也认得——谁不认得？东关街全城出了名的破落户混混儿，小坡公初来扬州，第一个“邂逅”的便是此人。都晓得他姓赖，却也都不晓得他的大名，行四，自称赖四爷，背地里人们却惯于叫他四赖子。

望望这群形形色色、古古怪怪，素无往来的人，朱氏父子有些愕然，尚未待动问，段绅士已然开了口。

咳了咳——清嗓自是为了显得大有威仪。段绅士像煞有介事般地开了口：

“嗯，你就是朱鸿钧，朱小坡么？”

明知故问，无非是要显一显大员的威严，合一合官场的程序。手有意地抚了抚腰间的枪，眼睛做作地扫了扫面前的人——十足的示威。

小坡公微一皱眉，平静地回道：

“正是在下，不知……”

虾米长子赖四抢前半步，本来微弓的腰又深深地向段绅士弯了一弯，紧接着转向朱氏父子，再极力地挺了一挺，极力使声音显得庄重，向小坡公道：

“你可晓得光临你面前的大人物是哪个？听仔细了：这可是本城大名鼎鼎的段大老爷，目下扬州的‘军政府’！”

“军政府”三个字叫得比亲祖宗还要响亮庄重，并特地顿了顿，以示非常。

不待小坡公回话——也不需。赖四径自说下去，道：

“如今是革命了，是‘驱逐鞑虏，还我中华’了，是袁世凯袁大督军即了总统大位了。‘军政府’你晓得么？就是扬州知府——不，知府算个啥阿物儿？比知府还知府！”

再装也脱不了本色，总是四赖子的口吻。不过这些话对于那些张狂牙爪们自不消说，却似颇合段绅士的口味。又咳了咳，段绅士接着又开口了：

“驱逐鞑虏，还我中华，那是要驱到底的！本爷们奉本省军政府督军宋德全大帅的旨令督办扬州，查尔绍兴人朱鸿钧小坡，乃鞑虏旧官，例在驱逐。来人哪，与我拿下了！”

三四个不伦不类的爪牙，闻命哄地一声，如狼似狗般扑奔朱小坡而来。

一向沉静的朱自华，此刻已忍无可忍，跨步挺胸而出，大声喝道：

“慢来！”

或许是一向不易动声色之故吧？这一声居然十分威严，威严得爪牙们一愣，愣得都停止了张牙舞爪。待一定神，一看，发话的不过是个十四五岁的少年，又俱各来了威风，刚待发作，朱自华又跨前了半步，凛然不惧地说：

“家父虽曾为清廷下吏，却绝无劣行，乡里可证！寒族虽微，却向不做伤天害理之事，苍天可鉴！现如今，家父已解职停俸在家养病，更与清廷无涉，何言驱逐？”

一番话，凛凛正正，凿凿有声，牙爪们被说得困惑，只好回望主子。段绅士眼一转，诡笑一声，却忘了清嗓儿，说道：

“解职了么？解职却解不了事！总归是为鞑虏效命多年，忠于鞑虏，便是中华之敌，便是有罪！”

倘在平时，朱自华是深承“君子无争”的庭训的。可如今已危及了慈父，迫得他只有一反常态，极思尽虑地维护，也是迫急通灵，危殆致胆，无意间望了一眼史可法的塑象，灵机一动，遂大声说道：

“说到为鞑虏效力，更须再度申明：家父无非是奔走下吏，且一向不欺百姓。心地更为昭昭。只专选史公祠养病一节，便为足证。史阁部抗清忠烈，愚父子耿耿衷敬。是家父一再敦教，方使小子更钦崇先贤。身屈鞑虏，而反鞑虏之心已明，坚执借病解职，更足为明证！”

言之成理，且理据十足，段绅士言诎理短，只好耍起无赖，冷笑一声道：

“巧言诿罪罢了！说破天，虏官总是虏官，总是中华之敌！”

朱自华气恼道：

“曾为虏官怎样？难道可一概充罪？适才不是说

袁宫保如今也做了大总统了么？难道家父芥微之吏还能高过全命钦差、内阁总理大臣么？再者说，不为虏官者，亦大有为虏效力者在。段爷可曾忘了三为扬州府军筹饷，两度替淮安提督募兵，包运官盐，殴打民伕等种种情事？请问段爷，这不在其位而谋达虏之政，又当何论？再请问段爷，可曾到这史公祠参拜过几次忠魂？何以为衣冠冢？可能详陈史阁部大绩？忠烈之前，可肯断一断，谁是谁非？”

义正辞严，直说得段绅士面红耳赤，理屈词穷，恼羞成怒之下，厉声叫道：

“我就是军政府！我说了算，我就要拿人！”

小坡公一直冷眼静观。静听儿子与敌雄辨，一则以喜：儿子不负家望，终于少年成才，也不枉了十年，特别是近几个月的敦教；一则以怒：官场中的流弊，他早已熟知于胸，疾恨于心了，听来听去，已知这个段某人，无非是拉大旗，做虎皮，意在乘乱取利，混水摸鱼，绝非革命正宗，新政府要员。此刻，他向前微移一步，不卑不亢地说：

“请问段爷：身居军政府何职？可有委状？锁拿

朱某可有公文?”

段大宝瞪起眼，叫道:

“我说过，我就是军政府！什么职不职的，与你何干？我要拿人便要拿人，又要什么公文?”

段大宝色厉内荏，虚张声势罢了。

朱小坡冷笑一声，道:

“拿人么，怕没那么容易！无职无状与常人无异；无文无据拿人形同私殴，绑票！朱某父子不才，还不至于甘为羔羊，段爷定要私殴，我父子只好舍死相陪，宁肯溅血于忠烈之前，也绝不受辱！也深信，即是新政府，总会有讲理的地方与讲理的一天!”

段大宝紫嘟嘟的肥脸，早已气得灰白，却因自身底虚，人家义正，无可如何。本来以为借军政府这个又新又大又硬的招牌足可敲山震虎，对一个清廷小吏，还不是一敲即服？谁知却弄成了这等尴尬的局面！再僵下去也只有不计后果地动手了。

恰在此刻，深知底蕴，又唯善识风转舵的四赖子出来打圆场了。

四赖子先对段大宝再度深鞠一躬，谄媚地道:

“段大老爷息怒！段大老爷息怒！这朱鸿钧身为虏吏，又顽而不恭，实属罪在不赦！但请大老爷念及乡土之情，其人又重病在身，病致智乱，胡言乱语；其子尚少，不识好歹。大人不见小人怪！小的斗胆，以身家性命相保，暂以重病免缉，给个自省的机会。待其病愈再纠治其罪，不知大老爷可肯俯允?”

接着又转向朱氏父子，挺起腰杆，放大喉咙，道：

“听清了？这可是赖四爷我体念故旧，不惜自家安危出这重保的。你爷儿两个可莫乘机走了！”

朱自华刚欲张口，为小坡公止住，父子均不言不动，似无所闻。

有了这个台阶，段大宝自然顺势而下，向赖四点了点头，说：

“就给你个面子吧！”

又转向朱氏父子，道：

“哼，听好：病一好就自投到案，别再叫爷们费事捉拿，赖四的脸上也不好看相！”

算是勉强地交待了体面，悻悻地率众而去了。

这场闹剧之后，小坡公便引了自华离开了史公祠，回到安乐巷29号宅中。

然而，事情并没有完。段大宝一向财大气粗，势压乡里惯了。辛亥革命后，他有个亲戚在督军府当差，常有来往，多听了些时政，便想仗一仗“革命”势，抖一抖“革命”威，发一发“革命”财，便极力地俨然以“革命”自居，不但率先剪了辫子，还在家里贴起了革命的口号。受四赖子蹿啜，想乘机敲朱鸿钧一竹杠，便设法弄了把已只能勉强发射的左轮子，带上恶奴，演出了大闹史公祠的恶作剧。岂知，朱家父子绝不买账，倘真动起手来，打赢，倒是无疑的，可出了人命，总不是好玩的。如今又“革”了“命”，不似清时，可以花钱销灾，弄不好不知会牵累出什么。再者真要惊官动府，不知扬州将来会是怎样一个“革命”新官？冒官敲诈，殴伤人的罪名可是不轻啊！所以，他才借四赖子递过的一个不成为台阶的台阶，下了台。可过了些日子，探了探，察了察，“革命”也不过尔尔，地方新官朝委夕换，却多是遗老、富族。他不自责无理，反而怪朱家挫了他的威风，便千方百计设法出这口“恶气”。四赖子却又充当了他的申意人。

四赖子几度登门，向小坡公“陈说利害”，当然也免不了拍胸脯，丑表功。一再渲染，段大爷的尊亲在军政府如何如何显贵，现任的扬州各级政府要员与段大爷如何如何亲近，只要段大爷一句话，莫说朱家，就是地方耆老名宿也足可破家入狱。只是他赖四爷舍脸担待，才得一拖再拖。幸段大爷开恩，对开罪处不予深究，可总也得体面体面（如今所谓“意思意思”）哪。

一来是赖四不断来威胁纠缠不胜其烦；二来是确也打听得段大宝已与一些地方新贵狼狈为奸。而且，自家一个客籍户，既无显赫的靠山，又因外官多年而无举足轻重的社会关系，实在结怨不起。就忍着气，东拼西凑，东挪西借，凑了一笔钱，交给四赖子了事。在朱家虽是难筹的大数目，在段大宝则实为微不足道的小意思，何况又被赖四分去了一些？可总算是敲到了，再敲也确无油水了，也总算出了“恶气”，才使一场风波作罢。

没几日，自华的祖父，新政下只做几天东海县承审官的菊坡公退休了，与自华祖母吴氏一道，也移来扬州共居，没几个月，鞠坡公便病故了。失了职，人口日渐增多，再办丧事，又被敲了一大竹杠，朱家的日子，益发艰难了。

然而，史公祠几个月的耳闻目濡，对朱自华教益非浅，影响很大，特别是对爱国思想的形成，打下了牢固的基础；闹剧，也使他更看清了人生，更成熟。只是，这些影响与刺激，加以儿时环境的孤寂，却使他的性格日益趋转内向了。

古城扬州的新“解元”

个园。1916 年。

个园，古城扬州著名的胜迹之一。是清嘉庆、道光年间，在寿芝园故址上修筑的。因园内有翠竹千竿，故从“竹”字的一边，取名“个园”。设计独特，布局精巧，假山拔地而起，峰尖峻峭，洞径盘旋，山下曲桥流水，山上松柏扬涛。且是山坡古柏，山上古松，山顶小亭。松柏掩映之间，是数处小院、石桥、石室，幽雅绝俗，集南北两派山水画的风格于一园，实为旅游胜境。

由于此园就坐落在扬州城内的东关街上，所以，扬州人多在此园游乐、憩息。山顶的亭子，是供游客们游览、息足的。为了方便，近园的街坊们又在园门外左方修了个亭子，则是东关街上街坊们茶余饭后，乃至得闲乘便的聚首清谈之所，有人称它为园外亭。四赖子则是这园外亭的常客，并俨然以亭主自居。

据四赖子自称，他的祖上可是大大的不赖，足可称得起显贵，祖宗中中过二甲进士的就有四个，做过知府，佐过道藩，还按过学政，实是官宦门第，书香传家。常等人家，岂可同日而语？只是到他这辈暂时没落了，也只是暂时而已，他很注重强调这个“暂时”。有知底细的说，四赖子的老爹酷好鸦片，是他在烟榻边的逐日里喷云吐雾，偌大家业才随之烟消雾散的。此人除吸毒外，还好嫖。老东关尚老头就曾当着四赖子的面，衔着旱烟管，睁着老眼，大声地抨击道：

“嫖，那本是门字里放个“败”，败门的事！一吸二败，天大的家业，也不愁不飞快地吸、败它个精光！”

虽伤了家大人的颜面，却也旁证了他家确曾煊赫，四赖子不但不恼，反而十分感激这位尚老头。也天幸那老爹及时断了气，也停了吸与败，留得城中几所故宅，城外几亩薄田可以出租，四赖子得以“守成”度日。度日而已，再也无力奢华，更无法继承乃父衣钵吸与败了。——想是想的，哪儿来的财源？可架子是断断不能放下的，别人不叫，何妨自称四爷？

这天绝早，四赖子刚吃罢早饭便托了他那祖传的泥壶，踱进了亭子，坐在了他自认自定的靠东背北朝南的主座上，托着壶，举着头，四下里张望。没有人，他是不肯喝茶的，就那么一小壶，要呷品一天呢。茶好茶坏谁个晓得？有得呷，就比没得呷高贵！

太阳照进了亭子，该来的街坊也陆续来了，四赖子的精神也随之高涨了：呷起了茶——只不过啜一啜；打开了话匣子——那可是滔滔的。旧话不怕重提，祖宗不可埋没，这是他赖四爷最大的也几乎是唯一的精神享受。人们都听惯了，听烂了，可还是在听——不然怎么消磨这长日永昼呢？

乘着四赖子语音一顿，举茶向唇之机，一个四十多岁的长衫汉子插口道：

“听说了么？今日里两淮中学可是要推举优等咧！”

实是件大事，是亭子里少有的要闻，人们都伸长了颈项望着那长衫，一个问：

“真个么？惠爷怎么晓得如此细？”

长衫惠爷自得地笑了笑，道：

“敝本家四房老二不是在这大学校里读书么？几日里四房忙得很咧，张张罗罗的，宝贝似的捧着老二。这老二也出息，日常里学得好，文章上肥圈成串，算学也是上乘，再结末考得出豁，这名列榜首还不是有望么？”

赢得一片点头与“啧啧”声。又一个道：

“府上的四房二少可是人才！亏惠爷说，不然这等大事尚不晓得，待榜下来，可要到府上恭贺恭贺！”

四赖子见众人说得热闹，他岂甘冷落？重重地咳了一声，身子一倾，大声道：

“这有甚的新鲜？月前，遇到那校长，就曾拍过我的肩膀，说今岁不比往常，要在众多的毕业生员中选拔个第一，对我说：‘四爷，这可是桩大事，尊驾劳劳神，给举荐举荐！'”

见有人似在持疑，便又补充道：

“晓得么？这第一，是要发给盖着官家大印的执状的，叫做‘品学兼优的奖状’！”

连底牌也托出来了，人们不由得不信了大半。

其实，他四赖子广打听，消息自是得了，却不知确否，校长他也只是一面认识，当然拍肩膀之类，无非是鬼扯！

有人叹道：

“了不得，了不得！这两淮中学可是咱扬州府的最高学堂，这第一，不就是大清时举人中的解元公么？啧啧，文曲星，文曲星！”

一向对四赖子不屑的长衫惠爷，此刻也动了心，向四赖子询道：

“嗯，请问四爷，可曾举荐？”

赖四志得意满地张嘴一笑，说：

“盛情难却，再说这等大事岂可等闲相视？”

性急的人不耐地追问：

“到底是哪个”

赖四却吊人胃口，仰着头，“这个”了半晌，也是在思索说哪个才保险，否则说错人，岂不是穿了那“举荐”的底？灵光一闪，胸中有了数，方慢吞吞地说道：

“人嘛，我也自然想到了惠爷的四房二少，也备上了他的名字。不过哪，咱赖四爷一向不敢因私废公，还是举荐了康家的敏儿。”

“唔，唔。”

赢得一片认同声。

赖四益发得意，舞壶晃脑地大声议论，道：

“康家的敏儿了得么？论根基，是康总办的公子，段大爷的外甥，哪个比得？论人品，一表人才；论学问，年年居首，今番毕业大考也是名列前茅，不选他，又选谁个？”

“着！着！着！”

又是一片赞同声，有人捧场，赖四爷愈加飘飘，似乎那“举荐”本就发生过，康家敏儿已是披红挂彩，吉服骏马前来向他称谢，康总办、段大爷也对他益发青眼有加。

赞同声后，不知谁说了一句：

“不是还有朱家的孩子么？”

赖四反问道：

“什么？朱家的孩子？”

“是呀，朱家初来时不就住在本街？那孩子挺伶俐，挺厚道的，私塾名师李夫子挑他个第一，听说进了中学，也一向学得好呢。”

赖四爷这才省了过来，想了想，微一点头说：

“嗯，朱家的孩子么？伶俐是伶俐，也厚成。”

说着，他想起了史公祠那幕，更生了好感。因为他虽阿附段大宝，心中对段大宝却甚不以为然，倒希望段大宝受受窘，出出丑。故对朱自华的斥责实是暗中高兴，何况朱家也赏了他的脸呢？于是，又加了两句说：

“也很懂事，很有胆识，是个好后生。只是这第一么，绝计沾不上边儿的！”

“那又为甚？”

“为甚？晓得他是怎样进的两淮中学么？好费力哟！一个客籍，又无权势家当，学得好么？选上他岂非出了奇了?”

语音未落，只听得一阵踏踏的脚步声传来。望去，一辆人力车正向亭子这边飞奔。近了，看得清，车上坐的正是惠家四房老二。

那老二显是也远远地望见了亭中的惠爷，是以叫车子停在亭边，他跳下车，给惠爷恭恭敬敬地鞠了一躬，叫了声“二伯”。

长衫惠爷急切地站起了身，带着颤音，盯着侄子，问。

“怎样?”

老二笑着，微微摇了摇头，说：

“侄儿愚劣，只得了个第三。”

长衫惠爷似有些失望，口中却说：

“好，好，已很难得了!”

赖四爷叫道：

“第三也很了得呀！要比进士，那可是探花呢——这第一，自是康家的敏儿了!”

老二又摇了摇头，说：

“不是。”

赖四爷瞪大了眼睛，惊叫道：

“怎么？不是?!”

老二续道：

“敏兄虽说各科成绩均优，却屈居了第二。”

赖四爷舒了一口气，说：

“怎样？我说我的眼光不错么，这第二不是榜眼么？可为什么又说‘屈居’？”

老二解释说：

“敏兄本来是不服的，连早就来校待喜讯的康总办、段大爷都一齐去找校方理论。校方摆出了各考与平时的成绩，说他虽也甚优，却不及第一稳定、踏实，平素里那第一是一丝不苟，没甚失误，且很有自己的见地的；论到品行，敏兄英华外露，远不及第一浑厚老成。康家坚请并列，校方说第一只有一个，奖状也只有一张，再说既有差距，便不能并列。康家无以为对，故说敏兄只好屈居第二了。”

赖四甚是得意，“啧”了声说：

“怎样？我的眼光，我的举荐就是不差么！——可这第一，又究竟是哪个呢？”

“朱自华。”

这平静的一句，不啻一声雷，震得亭子里的人有些呆了。稍一省神，赖四爷第一个跳了起来，更加神采飞扬地叫道：

“好！好！我早就说这孩子有出息么！——我这就去他家，可要好好嘱咐嘱咐他作人之道！”

老二笑道：

“四爷莫急，今日我们几个同窗特约了秋实兄畅游扬州。是我先坐车回来换换衣服，取些零用的。少刻，秋实兄他们几个，也就到了，这个园是第一站。”

果然，没过多久，朱自华在几个同学的簇拥下快步走了过来。

尚距亭前数步，赖四爷就跳了起来，向朱自华叫道：

“朱家贤侄！朱家贤侄！贺喜你了——我早就料到有今日：适才还夸你很懂事，很有胆识，大家也夸你伶俐、厚成，我早就说这一府的解元非你莫属，不信你问问在座诸公！”

朱自华知其为人，也厌其为人，可出于礼数，也只好致礼、道谢，说了几句自谦的话，这些倒是肺腑之言。

家道日渐艰难，自华也益发发奋，就在被敲诈，祖父逝世的1912年，虚龄只有15岁的自华，考入了安徽旅扬公学高等小学，由于该校的黄先生与陈春台先生英语教得十分得法，大大诱发了自华的英语兴趣，也有助于他坚定文学基础。

高小毕业后，以优异的成绩破格考入江苏省两淮中学（后改名为江苏省立第八中学）。此时，他已出落成更为英俊的少年，脸儿圆圆，鼻子笔挺而长，长得结实，少年老成，不苟言笑，学习勤奋，做事踏实，从不缺课，对文学有浓厚兴趣，暗暗立志做一个文学家。在名胜遍地的古城扬州，他从没有去认真游逛过，连在东关街住时，就在门前的个园，都不曾去过，只是惜时如金地抓紧学习。且不愿与世家子弟往来，更看不起那些"甩子团"。在多年后的《忆扬州》一文中，他回忆说：

"他们的雅事，如访胜、吟诗、赌酒、书画名家、烹调色味，我那时全没分，也全不在行。"

如今毕业了，又名列榜首，得了品学兼优的奖状，同学中友好者力约畅游扬州，以为同窗与分手之念。他盛情难却，就答应了下来。这几个同学无一豪绅望族出身，只有惠家的老二，名望津的家道稍殷。

扬州，距南京二百二十里，南临大江，西北据蜀冈，东临著名的大远河，北、东北多湖泊，地里位置优越，气候适宜，早在战国时，即已为名邑，是一座具有两千四百多年历史的著名古城。隋末，炀帝杨广久羡扬州（当时名江都）美，不惜动用数十万民夫开凿大运河。从一定的意义上说，没有扬州，便很难有今天的大运河。隋炀帝留连忘返，甚至想迁都于此，所谓“广陵富佳丽，隋季此为京”便是。自古以来，人才荟萃，文化发达，许多著名诗人，特别是唐宋的李白、杜甫、杜牧、苏轼、欧阳修都曾在此流连，寻幽探胜，咏自然山水之灵秀，歌风物园榭之精美，颂市井人物之繁盛，写下了众多脍炙人口的瑰丽诗章。仅清一代，也仅是瘦西湖上的大虹桥为赋作诗的就多达7000余人，集成300多卷。

“春风十里扬州路”、“夜市千灯照碧云”、“九里楼台牵翡翠”、“绿杨城郭是扬州”。名句迭出，令人望而思慕。可朱自华身居其中十三年却至今才得畅游。不是不想游，相反，他对扬州风景山水格外地喜爱，只是为了学业，遏止了游兴而已。

出了个园，在朱自华坚持下，先绕道天宁门，东上梅岭，瞻仰史可法的衣冠冢，参拜史公祠。随侍其父养病之后，特别是上中学以后，朱自华一挤出空暇，就上岭来，凭吊他心目中最崇敬的民族英雄，并写下了不少诗章。此行又写得几首，同行的几个同学也想应和，却一时难得，这就更钦服朱自华了。

岂知，去何园的路上，却惹了一肚子不快。

快近何园时，忽闻路上一阵喧哗，人影急闪。举头望去，只见一辆华丽的包车，正由一个壮汉拉着飞跑，车后还有四个跟班打扮的人一路吆喝着，推着车子跟着跑。车上坐了个肥头大耳，油光满面，佩饰光鲜、衣着华贵的人。拉的、推的，俱各满头大汗，坐的却显得悠然自得，似觉得抖尽了威风，享尽了乐趣！这种精形，这个人，朱自华已碰上数次，听说是扬州的一个大官，却专以此招摇、张狂为乐。朱自华却见此腻得很。气得他拉了学友们绕进了巷道，却又偏是冤家路窄！刚入巷几步，就见一伙子不下七、八个衣着华丽、年在十八、九的人正在围、追、调戏一名寒家少女。不消说，这正是那些被称做“甩子团”的恶少们。“甩子”，是扬州的方言，犹言光棍儿，其实是流氓。都是当地的官宦子弟，仗势结伙，常在公共场所闹“标劲”，看戏不买票，走路横着逛，聚众起哄，调戏妇女，甚至包揽词讼。

此时，那个被围迫调笑的清秀少女，泪流满面，一再苦苦哀求，甩子们仍是恶作剧不已。同行的学友中，有两个性烈的实在看不过，奔过去喝止，与其理论。正在面红耳赤间，不知从哪儿冒出个仆人打扮的人；也不知他怎样竟是一点首，叫出一个警察。说也怪，那警察竟对那仆人毕恭毕敬！仆人也煞似警察的上司，居然不客气地要警察驱赶学生！那警察也真听话，真个来驱赶。可一听说对方是从两淮中学刚毕业的学子，又听得学生们慷慨陈词，甚为有理，便无奈地摊起了手，向学生们说：

“好了，好了，去读书吧，少管闲事！”

这在正直的人们特别是在负有治安重任的警察也叫“闲事”么？学生们忿忿不平，警察又去求告“甩子”们，好说歹说，总算解了那少女的围。朱自华气忿之余，深觉纳闷；现在早已不是清王朝了。一个仆人怎可大模大样地招摇过市，指挥警察——后来听说甚至可以指挥警察区长！（当时叫“区长”，不叫“局长”。）想想他就义忿填膺，加上那招摇过市的大官，势力虚假的赖四，使他只觉得扬州人“俗气”、“小气”。平静下来，想了想，扬州人也有一种令人喜欢的“憨气”，这和绍兴人是一样的。他虽祖籍绍兴，却很少去，家人中也只有母亲周氏会绍兴话，他只随母去绍兴几次，可绍兴人可爱的“憨气”却给他的印象很深。

接连着惹了一肚子不快，何园也无心细赏了。

其实，何园在扬州是最负盛名的，四面厅、寄啸山庄、蝴蝶厅都是深为游人流连的。可学友们见自华无绪，便匆匆一过，立即赶奔西郊，去游瘦西湖了。

瘦西湖，六朝时即为著名风景游览区，原名炮山河，又名保障河、长春湖。

到了湖滨，坐下边赏边憩，一学友忽问：

“好好的一个湖，何以冠了一个瘦字?”其实学友中的惠望津是晓得的，却有意不说破，只望着自华微笑。自华也报以一笑，说：

“望津兄这是在考较孤陋寡闻的我了。好，我不揣孤陋，就正于诸君吧。据我所知，这湖长八里，形状狭长，与西湖相较，显得清瘦。更重要的是，前清著名的钱塘诗人汪沆游湖时，曾写下名诗，那诗曰：

垂扬不断接残芜，雁齿虹桥俨画图，

也是销金一锅子，故应唤作瘦西湖。

遂因此得名，可是?”

惠望津诚服地赞道：

“秋实兄实是高才！未游湖，先识湖，佩服！佩服!”

学友们也由衷相赞，反赞得自华脸红起来，一再逊谢。

待起身同游，自华又道：

“不过我却有个想法：景出天然，美与不美总有自身特色，何必非假西湖之名而行呢？未免合了一句话：‘雅得这样俗’！”

到歌吹亭，仰望着郑板桥手书的匾额，自华道：

“同行诸兄皆善书法，以望津兄为最，见板桥前辈手笔，愚下倒有个想法：五年后再共演一度书法如何？”

众人欣然赞同。

接着，游览其余名胜：水绘馆、香影廊、餐英别墅、冶春花社，小苧萝村、卷石洞天、夕阳红半楼等胜迹，方转游西园、大虹桥、小金山、莲性白寺、五亭桥等处。特别是大虹桥、小金山，流连最久，景也最美，桥头、岭上，风华正茂的青年们览景怀古，颂了不少前人来此写下了诗赋，当然，记忆最多的仍是自华。

紧接着又登上了湖畔蜀冈的中峰。游览、瞻仰了欧阳修祠。祠前，学友们，特别是惠望津又请自华讲一讲欧阳修，此番已不再是考较，而是真心诚意了。朱自华不便推辞，爽快地说：

“好，其实大家都学过，我就当做一次复习吧：欧阳修，生于北宋真宗景德四年。如按新行的西历核对，当是1007年。”

此音未落，便赢得了一片赞誉声：

“好，好！”

“难得！难得！佩服！佩服！”

惠望津拥着朱自华，说：

“秋实兄真有心机！不怪先生们与校长赞你学得认真、踏实，自悟灵颖！连公历的纪年也推算了出来，实是我等楷模！”

当时对公元，国内尚不熟，只称西历。也未经法定，是以民国纪年的。朱自华是在学习中，抓住几个关键朝代兴亡年分，自钻自研，一点儿一点儿地，几乎是一年一年地推算出来的，殊为难能，自也可见他的学习精神与态度。

当下，朱自华诚恳地谦逊了几句，接着续道：

“他死于宋神宗熙宁五年，当为公历1072年，享年六十六岁（注：当时以虚龄计算）。字永叔，自号醉翁，晚号六一居士。吉州庐陵（今江西吉安）人。幼年丧父，由寡母教养成人。仁宗天圣八年——当是西历1030年，举进士，试南宫第一，擢甲科。历官知制诰、翰林学士、枢密副使、参知政事等。神宗熙宁四年，以太子少师致仕，明年卒，赠太子太师，谥文忠。是北宋诗文革新运动的领袖，历史上著名的唐宋八大家之一。除早于他的韩愈、柳宗元外，其余五大家：苏洵、苏轼、苏辙三父子、王安石、曾巩皆出其门下。在散文、诗、词方面都卓有成就。”

朗朗道罢，略一调息，一拱手道：

“献丑！献丑！”

“佩服！佩服！”

内中一学友，看看朱自华，又回望望欧阳修的石刻画像，感慨地说：

“这等大学问家，真使后人难望其项背！人家可是自幼便敏悟过人哪！”

惠望津道：

“幼时敏悟过人，固为重要，可也别忘了他是怎样刻苦向学的。只有寡母，学起来也很不易。”

朱自华接口道：

“据史载，他尚未及冠——也就是我等这般年岁。得到了韩愈的遗稿，便暗立大志，决心赶上韩愈，所谓‘必欲并杳绝驰而追与之并’；并痛下苦功，日夜研读，所谓‘苦志探赜’。由此可见，做学问，必须一立大志，二下苦功，缺一不可的！——瞻仰、缅怀先贤，我觉得首要的是要从先贤的业绩中得到启迪与策励，诸君以为如何？”

众皆连连称是。

朱自华一向沉默寡言，难得与同学们谈几句话，今日里实是一来由于高兴，学友有情；二来所游览的胜景，令他心旷神怡，分外兴奋；三来，所瞻仰的名人、英烈，令他倍受激励，格外激动。

出了祠堂，坐在堂前假山花台前小憩。惠望津问：

“秋实兄可晓得欧阳文忠公是几时到扬州为官的？”

朱自华仰头想了想，自语道：

“嗯，他是仁宗庆历五年乙酉，也就是范仲淹写《岳阳楼记》的那年，因放言直谏，为保守派所忌恨，被贬为滁州太守，三年后，继知扬州的。”

说着，抬起头来，肯定地道：

“他是庆历八年戊子徙知扬州的。算来……当是西历1048年。转年，皇祐元年己丑移知颍州。在扬州只为官一年多，却一有空闲便登蜀冈，来这平山堂饮酒、赏景、赋诗，留下许多描写这一带景色的诗文。”

说到这里，学友们又哄着，要朱自华背诵几首。自华推脱不得，便乘着游兴背诵了欧阳修在扬州时写的几首诗，略停后，道：

“文忠公在此时，也填过一些词，我倒觉得他离开扬州后为送刘原甫出守维扬——即今扬州，所填的《朝中措》一词，更为有味。现诵与诸兄以共勉吧！”

道罢，起身，仰首高咏，道：

“平山栏槛依晴空，山色有无中。手种堂前垂柳，别来几度春风。

文章太守，挥毫万字，一饮千钟。行乐直须年少，尊前看取衰翁。”

畅游了一日，已是暮色四合，朱自华提议到冈下湖滨的“香影廊”茶馆进餐。

由于一路上已进了几次茶馆，多是惠望津花费，所以这次进茶馆朱自华坚执由他作东。

扬州的茶馆一向最著名，吃的花样甚多。朱自华甚为喜爱，假日得暇他也常来坐坐。北门外的一条小街上的茶馆尤为集中，店名也雅，像什么缘扬村、红叶山庄等，也有一家“香影廊”。人一坐定沏上茶来，便有卖吃食儿的来兜揽生意，小蒲包的花生、瓜子、炒盐豆之类不算，更有炒白果，五香牛肉与著名的烫干丝。最可口的，还得数小笼点心，猪牛肉的、蟹肉的、笋肉的，各有风味，连菜包子也是白生生，热腾腾的，到口易化，分外有味。多年后朱自清犹为依恋，说：

“我离开扬州，也来过七八处大大小小的地方，还没有吃过那么好的点心。”

一日畅游之后，便埋下头来学习，几个月后，已是盛夏，自华准备就绪，决定报名投考北京大学的预科。报名时，途经个园，又被神聊于亭中的赖四爷拦住。当问明是报考北大预科时，赖四爷跳了起来，虎着眼，望着自华，扣着自华的肩膀，说：

“怎么？你，你小子要登龙门，上天梯？”

放脱手，重重地摇了摇头，又续道：

“前清时，那可是科班京官才去得的大学堂，连捐班都入不得的，别说布衣白身了！偌大一个国家，能得几人进得？京里已是挤不进，何况外籍？我良言劝你，死了这条心，还是本分地在扬州谋个差事吧，凭你那第一，不难的，何苦去花银子费事，撞脸相！”

自华本厌于赖四的为人，如今又来罗唣，便含糊应酬两句，脱身走了。

望着自华的背影，赖四爷大摇其头，转向亭里的人道：

“这小子，一个第一得坏了，昏了头——定是昏了头！他要进得京师的大学，我这四爷，就改叫四瞎子！”

说来也凑巧，考罢不久，赖四到滕县一个高亲家去打秋风，恰值那高亲在北京做官的长公子回来省亲，也恰恰这长公子与闻了今年北大招生的情况。外地投考的本就寥寥，录取一个就十分稀罕。所以，那长公子便在闲谈中忽地想起，说道：

“你们扬州有个叫朱自华的今年还考取了北大预

科呢！”

说的无意，听来非常。赖四顾不得打秋风，当即告辞，兼程赶回扬州。一回扬州，不及到家，当即坐进园外亭，急不可待地打发人：

“快去！快去找那朱家小子自华，说我四爷有天大的事寻他！”

人去后，他不停地在亭中打转，不住地向亭外张望。谈友见状，均关心地探询，他却百问不回一语。

终于望见了朱自华的身影，赖四的脸上，喜光四溢，急切地点首，急切地招唤：

“快！快！快来！”

待自华进了亭子，他咧开了嘴角，问道：

“好小子，这一遭你可怎么谢我？”

弄得自华不知所以。赖四却顾自说下去：

“你小子，可晓得我为你操了多少心？费了多少力？哈，这下好了——不谢也罢，日后可忘不得赖四爷我哟！”

自华仍摸不着头脑，只好静立着。赖四却不在乎，眉飞色舞地编扯，道：

“为了你小子，京考一罢，四爷我就赶去了京师。为甚？还不是为你？你既考了，我就得去给你通融——你可晓得，四爷有几门子高亲做着京官，管着大事咧！是四爷我说尽了好话，也是你小子走运，又考得好，取上了！”

自华这才从云山雾罩中出脱，才晓得赖四兜来兜去的内函。虽说近日也有风闻，可正式通知未到，也不敢确准，四赖子的话又几时做过数？于是，平静地反问说：

“给四爷传话的人是北大的么？”

赖四瞪起眼，叫道：

“北大？北大算个几？是管着北大的咧——信不实是么？哼，我赖四爷天地良心，就算一生都说假，这一遭也是真而又真的！”

见他说得激烈，自华与亭中人便也信服了。自华自免不了致谢，亭中人更是道喜，且越聚越多。人越多，赖四也就越来劲，手舞足蹈，吐沫横飞：

“看我赖四爷的眼，嘁！早就断定了这小子是个龙凤！我早说过，天庭饱满地阁方圆，眉清目秀，中庭挺直，有大富大贵之相！又祖上有德，根基正，学习嘛，那个后生赶得上？嘁，咱四爷的眼光！”

他全不提就是月前，就在此亭的“瞎子”之赌；只顾高兴、称羡的憨厚的人们也全忘了这个楂儿。

没两日，证明了已是事实，举家更是高兴，老祖母吴氏与母亲周氏乐得一天到晚合不拢嘴，弟弟妹妹们也敞笑开怀，小坡公整天挂着笑为儿子准备行装。

1916 年，十八周岁的朱自华告别了住了十三年的扬州，乘火车北上深造了。

好书与贤妻

北京大学。

北京大学，是戊戌变法的产物。因此，也可以说是与朱自清同年诞生的。只是，她的“生日”，较朱自清大了四个多月。变法进行了不到一个月，1898 年 7 月 3 日，光绪皇帝参照康有为的“废淫祠，设学校”的新政建议，颁发了第一道文教维新的“上谕”：创设京师大学堂。变法运动失败后，绝大多数新政被废，这所大学，却被保留了下来。不过却也失去了新政的性质，变成了巩固封建文化传统的权要学堂。正如赖四所说：入学者必须是京官，而且必须是出身科班的京官，官僚气味十分严重，学校设备也很落后。辛刻革命后，始改名为北京大学。第一任校长严复曾致力于改良，后数任校长也颇尽力，只是改变不大。也是朱自清有幸，就在他入学的这一年，中国近代著名教育家蔡元培先生接任了校长。蔡元培思想进步，学识渊博，富有教育经验，参加过辛亥革命，也曾两度留学欧州，精心考察教育。一上任，就进行大刀阔斧的改革，除腐布新，采取“兼容并包”的方针，千方百计地罗致学有专长的学者与具有先进思想作风的新派人物，决心以西方先进的教育模式为基准，将北大创办成具有“学术思想自由”的中国最高学府。

这日，设在马神庙公主楼的北大图书馆里，朱自华正坐在靠东的一张桌前背着门专心的阅读。之所以背着门，正是怕出入或来往走动的些微动静，稍分其神。其实，经过蔡校长改革之后，图书馆不但购进大量的新书新杂志，借阅方法与阅读环境也大大改善。以往的无忌的奔走与喧哗绝迹了，人们，包括管理人员，都是极小心地轻轻地开关室门，悄悄地往来行走，尽量不说话，势必要说，也近于耳语。造成一种高雅而又肃穆的氛围。可朱自华仍怕稍有干扰，在边儿上，自然也干扰不了别人。入学已快一学期了，他几乎成了图书馆最热心、最经常的读者。入学没几天，他便来到了图书馆，这里大量译自西方与创于国内的书刊，对他来说如久旱的甘霖，又新鲜，又丰富，又解渴。于是，一往而成长行，只要没课，只要是休息日，他都一头扎进图书馆里。路上，差不多都是小跑。读起来，如饥似渴，坐下来很少一动。图书管理人员对这个来得极早、去得最迟，风雨无阻，读起来最专心的新学生印象最深，同学们也捉住了规律：要找朱自华，倘不在课堂上就必在图书馆里。一个学期就这样充充实实，很快就要过去了。

此时已是严冬，当时的北京天气很差，风很大，又没有暖气，图书馆里冷飕飕的，读者也甚为寥寥，朱自华却一如既往，尽管穿着并不厚实，可一钻进书中，心里就热烘烘的，暖洋洋的，只觉得眼前一派明媚，周身浴满春光！

此刻，他正在专注地阅读着一本《新青年》杂志。这是1915年9月，陈独秀在上海创办的、当时最具新思想也最有影响的杂志，初名《青年》，几个月前，即1916年9月，始改名为《新青年》。也是几个月前，有人送给蔡校长十余本，翻阅之下，甚为赞赏，便用心打听。不久，恰好陈独秀客居于前门的一家旅馆，蔡校长如获至宝，当即驱车登门拜坊，诚挚相请，聘为大学文科学长，主管文学、哲学、历史等系。随即，《新青年》杂志编辑部也由上海迁来了北京。于是《新青年》杂志便有了朱自华这个最热心、最虔诚的读者。

读得入了迷，一向沉静的朱自华，时而赞叹地点头，时而欣慰地微笑，时而如饮甘泉地眼放异彩，也间或地微微皱起眉头，浑然忘了身外的一切。是以，一个同班同学已走到他背后，几度地轻轻呼唤，他乃浑然不觉。

这同学是专为自华来送急信的。昨日扬州家中即寄到一封急信，并附了一点儿钱。可朱自华因书读得太晚了，又是周末，一是由于路远，二是为了翌日及早读书，便请求住在馆里门房的沙发上。半年来这样的事已有过几次，图书馆上下人等都很喜欢他，以至可不守规定的时间，只要有人，便可入馆阅读。同学们见他未归，便料准了定是这么回事，为怕家中有甚特大急事，误了，便议定由这位同学给送进图书馆来。

那同学虽见馆中读者甚少，可也因礼成习，到了这肃穆的场所，自然地收钦了声息，悄然走近朱自华，低低地唤道：

“秋实兄，秋实兄。”

见朱自华不闻不动，就有些情急，稍加重点语气，叫道：

“自华，自华！”

见朱自华仍是浑然不觉，就用手拍了拍自华的肩膀，又低唤了一声。

朱自华这才机灵一动，嘴里却低低然而十分激动地喊出：

“压迫，是压迫不住的！万万压迫不住的！”

回过头来，脸上仍带着激忿之色，眼光茫然地望着那同学。

那同学苦笑着摇头，从怀中取出信，一递，说：“快看看吧，家中怕有急事呢！”

朱自华这才完全省过了神儿，连忙站起来，转身道谢。接过信一看，是父亲的手笔，而且是加急的，他有些慌。因为，夏天离家时，年已古稀的老祖母吴氏就常是病恹恹的，因而，离家几个月来，对此最为悬心。故而，一反常态，当即匆匆地打开了那封信。一看之下，才舒了口气。原来父亲叮嘱他，一放假即南归，已择好了吉日，为他完婚，万万误不得。

同学们都很讲礼貌，那同学自也不愿窥人隐私。所以，当朱自华开信时，便避到一边了，却窥见了朱自华读信时的表情：初时一阵松坦，继而，便现出了忸怩，忸怩中还流露着一丝儿欣喜，一些儿惴惴。

在回校的路上，那同学实在忍不住好奇，悄悄而略带神秘地问道：

“是尊大人催兄回去完婚吧？”

莫说朱自华不擅打诳语，就算是，他此刻一脸羞红也明示了人。只是惶急地点了点头，又连忙切嘱那同学万万不可声张。尽管如此，还是有几个极要好的同学，先期赠送了一些礼物。本打算寒假时在校图书馆读完几本想读的书再回去，可如今不行了，岂可违命？

当时的火车速度较今天慢得多，正常行驶时，车速每小时也不超过四十公里，而且，从北京到扬州，要换两、三次车，时间是很漫长的。在车上，朱自华倒不觉得沉寂，反正只要有书读，在什么地方都无所谓。然而，总是有种新奇的冲动撞击着他的心头，读书时尚好，旅途遥遥，长夜漫漫，合书欲睡时，便不能自禁：这从未谋面，却即将与他结为终身伴侣的未婚妻，会是怎样的一个人呢？少时，母亲为他张罗定亲的一幕一幕又闪现在眼前。

朱自华系朱门嫡长，依当时的意识，是负有传宗接代的重任的。所以，还在他不满十岁时，长辈们就郑重地为他张罗起了亲事。祖父菊坡公觉得自身系出自余门，应该在后辈中添加些朱门的血缘，留意寻找。故在朱自华满十岁时，为自华订下了自华曾祖母娘家的一个同辈姑娘。这姑娘的家就住在距东海县不远，苏北的一个叫做花园街的小村庄。据说人长得颇好，又是高高的个儿，缠了足的，可以说诸般满可长辈的意，虽说比自华大了四岁，也算不得什么，当时大媳妇小丈夫的现象并不鲜见。自华当时也不在意，一来年幼不识此事，二来他觉得这件事，他只有唯亲命是从，似与他无关。他唯一感到有些趣味的是，节、季间花园街的亲家必有人来，蓝布短衫裤，细竹汉烟管，很有趣；刚磨下的小麦粉，新晾好的白薯干，也颇好吃。只是，过了一年多，那姑娘就害痨病死了，这头亲事自然作罢。

母亲为自华张罗的第二门亲事，是一个裁缝代为物色、撮合的。姑娘家姓钱，扬州老户，家道颇为殷实。依当时当地的习俗，是要由女家相看男家的，相得中了，就做亲，对女家一般是不正式相看的。很快，裁缝传来话，说钱先生已约定了日子与地点。到了约定的那一天，自华母亲绝早起身，为儿子精心穿戴起早已备妥的衣帽。枣宁绸的袍子，黑绸子的马褂，红帽结儿的黑缎子瓜皮小帽，显得格外清秀、精神。可母亲仍不放心，双手扶着儿子的两肩，远望、近觑，仔细端详了许久，又绕着儿子审视了几遭，才放心地舒了一口气。仍是不断地嘱咐：端庄些、有礼些、留心些。

约定的时辰一到，裁缝便引了穿戴齐楚的自华来到了事先约定的茶馆。对方家主，钱先生已候在了茶馆里。

这位钱先生，只有三十多岁，虽是富绅，却不俗气，生得方面大耳，穿着长袍马褂，人显得很慈祥。自华一进来，他就不住地打量，看得很仔细，实在是“相”看了。相了许久，很满意地不住点头。据后来裁缝说钱先生对自华的长相很赏识，特别是“人中”长，不会短寿。初时，只是有些担心自华脚有什么毛病，所以特别让自华走给他看。其实，无非是自华出于开头时的拘泥、紧张，脚步自有些慌乱而已。再走起来，也就好了。钱先生又问自华读了些什么书，自华恭谨地一一作答，钱先生益发满意。这头亲事算定了。

可是，自华的母亲对姑娘终不放心，就打发她贴己的一个老妈子，找个借口，到钱家去察看。那老妈子回来说：钱家有两位小姐，与自华订亲的是大小姐，是太太生的；还有个二小姐，是姨太太生的。不直接说大小姐的情形，却又说起个二小姐，自华的母亲有些疑惑，问那老妈子说：

“你可看见了大小姐?”

老妈子回说：

“两个小姐，我都仔细地看过了。”

“怎样?”

“二小姐很苗条，大小姐么，胖了些。”

“胖?”自华的母亲察觉到有些不对，又问：

“胖得怎样?”

老妈子面露难色地迟疑地道：

“我去时，大小姐正坐在和咱家后堂放的一样的大圈椅里……”

后堂的圈椅可是不小的，自华的母亲坐进去，还很宽松。因而自华的母亲有些情急地追问：

“又怎样?”

老妈子为难地、却终于下了决心，把双手摊得开开，鼓足勇气说：

“满满的!”

天，这也太胖得很些了！

胖，或许可变，然而母亲最担心的是太胖了，不能生育，那就是再美也娶不得的，何况并不漂亮。于是，又请那作媒的裁缝转告钱家，能否变通一下：改与二小姐订亲。谁知钱先生却因此生了气。认为，正出的大小姐未订亲，怎可先订庶出的二小姐？是朱家反复且失礼，于是，一口回绝了。

这一来，自华的母亲愈发情急，物色得也更紧。可是，一年过去了，仍是无成。

一年之后，一个偶然的机会，自华的母亲遇见了一位太太，引了个与朱自华同年的女儿，很是聪明伶俐，也很活泼，生得也端正。便托人说合，对方也是做小官的，觉得门当户对，又对自华很满意，也很乐意结这门亲。正欲正式通款，恰恰来了一个人。

此人是自华本家叔祖家的老妈子，人很爽直热心，是偶来自华家传信的。听了这头亲事，便对自华的母亲说：

“长房太太，可知这女娃儿的来历么？”

一个孩子，有甚的来历不来历？自华的母亲诧异地问：

“有甚说道么？”

那老妈子说：

“别个不知，我却晓得底细，倘对外人，也绝说不得的，那女娃儿么……”

自华的母亲见她迟疑，就催问道：

“是一家人的大事，必要说的，到底那女娃儿是怎生一回事？”

老妈子决然道：

“是抱养的！”

于是，这门已将议成的婚事，又告吹了。

蹉跎不就，转眼又是一年。

这一年，朱自华已是虚龄十四，即已是发生辛亥革命的1911年了。自华的母亲益发着急，小坡公又远在江西任上，全得她张罗，日久忧苦。可急归急，总不能不加选择。岂知“择”到这年秋初，亲没“择”成，反将小坡公“择”了回来。他在任上得了伤寒病，因为官微无亲，只好告病回家，特请扬州名医武威三诊治。

武威三不愧名医，不惟医术高妙，而且医德高尚，平易近人。虽非相识，却于接谈之下，与小坡公甚为投契。对小坡公的疾病与处境甚为同情。往往不需去请，就乘了轿子，登门叩诊。伤寒病，是个十分缠头的难症，在当时，尤难治疗，幸武先生医术高，又分外经心，小坡公才得脱险，人却弱得很，只好遵武先生医嘱静心休养，这才如前文所交待，住进了史公祠。

得了伤寒，实为不幸，却因此而结识了武威三，又是不幸中之幸。对朱自华来说，或可谓更为有幸。

治疗期间，两家有了感情，对武先生甚为钦敬，出于这种心理，在一次往诊中，朱自华的母亲乘间悄悄地向轿夫问起武先生家中情形，得知武先生有位千金，人品很好，又与自华同庚。便急着与养病中的小坡公商量。小坡公也觉得相宜，于是便委托自华的舅舅去探问。岂知武先生在为小坡公治疗期间，早已看中了自华，一问之下，便满口应承。

可自华的母亲，仍有些不放心，怕轿夫是吃谁向谁，藏了假，就又旧样新翻，打发那个贴心的老妈子去明查暗访。

这回那老妈子回来，可是乐颠颠的，连声夸赞，末了，只说脚大了些。

自华的母亲，虽有些碍于武先生之情，难于开口，还是狠了狠心，让人传话，请武家为小姐缠缠脚。

这头亲事，就是这样，带着偶然性与戏剧性彩色的订下了。如今已是五年了，真不知这位一直没见过面的未婚妻出落得怎样了。虽说他一直甚为谨遵母父之命，可这毕竟是他终生伴侣呀！当时缠足并未普遍废除，根深蒂固的旧意识仍以畸形的小脚为美，尽管母亲曾经叮嘱武家小姐缠足，可此刻朱自华的潜意识里，还是不断地呼喊：

“缠不得！缠不得！万万缠不得——但愿未缠呀！”

家里早已热火朝天地忙碌了起来，因小坡公此时正在榷运局任职，收入颇丰，家道又见起色，何况又是嫡长子大婚，考虑甚周，举家忙得不亦乐乎，个个喜形于色，浑身都是喜气，内中自以老祖母吴氏与小坡公夫妇为最。

朱自华远远地望见家门，那装新的屋顶，刷新的门面，泛彩的门饰，大红的门对儿，使宅子蕴满了勃勃的生机，充溢着洋洋的喜气。

早已急切地候在门外的二弟物华一见自华的身影，便疾奔着迎了上来，一面接过哥哥手中的东西，一面急急地说：

“家里早就备办齐全，喜帖也散完了，就只等你了！这几天，奶奶、爹、娘不晓得要念叨几次——你的耳不烧？早起，娘就坐不住，摸摸这儿，看看那儿，口中不住地反复念叨说：怎的还不到，怎的还不到？哥，快走吧！”

婚事办得热闹，也颇体面，奶奶、小坡公夫妇更是欢喜非常，兴奋、熨贴得似是登了仙境。

直到席散客去，夜半更深，朱自华才得揭去盖头，端详自己的妻子。这一端详，心头不由喜出望外。这个与他一般在扬州长大的武名医的大小姐武钟谦，生得甚是端庄秀丽，且气质间透着一种高雅。急切间瞥了一眼那双脚——万幸！万幸！竟是大方得很！妻子微倾着头，稍垂着眼，潮红满脸，却于细看之下，分明强抑着一丝欢娱的笑纹。

旧俗，称新婚为“小登科”，自是人生的大大喜庆。一觉醒来，已是旭日临窗。朱自华微一欠身，只见妻子武钟谦已是盛妆完毕，静静而又甜甜地候在他的身旁。新为少妇，又经盛妆，本自秀丽的妻子，在朱自华的眼中，更为光彩照人。一见自华醒来，低眉含羞灿然一笑，朱自华只觉得一股幸福的暖流袭遍全身。刚刚起身，尚未开口，妻子朱唇已启，竟悄悄却分外清晰地诵出了一首唐诗：

洞房昨夜停红烛，
待晓堂前拜舅姑。
妆罢低声问夫婿，
画眉深浅入时无？

初诵时，便已羞颜欲滴，诵罢，更羞不可抑，语音未落便已羞笑着将脸儿掩入了双手中。

朱自华没想到妻子竟也是熟谙诗书，有如此雅趣，也第一遭发现那么怕羞，又那么喜欢笑，而这一诵、一羞、一笑，实是别具风采，令自华尤为怜爱。且这诗也诵得切，诵得大胆。这是中唐诗人朱庆余的一首很有名气、颇具影响的《七绝》，题为《近试上张水部》，又作《闺意上张水部》，是诗人以新嫁娘自比，以寓意向当时迁任水部员外郎的张籍询探他科考情况的。武钟谦却用了他的直意，且一般女子，即便熟知也不敢于新婚时开口咏诵，她却大胆地诵了出来，更属难能！

到了第三天晚上，朱自华提起了此事，武钟谦笑着说：

"我原本也没那么大的胆子，只是，见了你后就觉得亲，你那宽厚，忠正，谦和实在叫我又敬重又钦服，也宽了心，壮了胆，才念给你听的，你不笑我吧？"

朱自华也笑道：

"你说哪儿去了？喜欢尚不及，怎会笑你？——就这样才好！"

武钟谦又笑了起来，朱自华也陪着笑。笑了一阵，朱自华悄悄地问：

“可是，你那脚，娘不是叫缠一缠么？怎么……”

武钟谦有些紧张地问：

“怎么？你也喜欢小脚么？”

朱自华连连摇手，忙忙地道：

“不，不，不！我倒是担心你真个缠了呢！”

说着，摩娑着武钟谦的脚，欣慰地说：

“这样好极了，这样好极了！”

武钟谦又笑了起来，缩回脚，高兴地说：

“你真好！我可白担着一天二地的心呢！”

说着，又浅浅微笑，望着朱自华悄声道：

“告诉你一件事，你别生气好么？”

朱自华笑道：

“什么事，这等神秘，我又怎么要生气了？说吧。”

武钟谦舒了口气，说：

“你可晓得么？五年前，爹给公公治病回家，每一遭都夸你长得正，人品好，又好学。后来，舅舅去为你求亲，爹娘都喜欢得不得了。不久，听说有人要来暗中相看我，娘就担起了心。我小的时候，爹说缠足不合医道，也不合人道，有损健康，不许给我缠足，落了一双大脚。娘怕嫁不出去，正愁着，幸好，我的一个表姐来了。我这个表姐从小也缠过足，那两年已是放开了。虽放开了，到底比我的脚小得多，就叫我躲了起来，让她去顶替了我。事后，爹知道了，很不高兴，说，莫说将来是亲戚，就算一般认识，也不该欺瞒人。娘说也不算欺瞒，论长相人品，谦儿可比她表姐强！后来婆婆传话，叫缠缠足，可是，已长成了的，还怎么缠？幸亏不久便宣令禁止缠足，娘和我的心才放下了一点儿。如今我见你好，尤其爹爹又嘱咐必须找个时机将此事说开，我今晚便告诉了你——你生气么！”

朱自华笑着击掌道：

“好极了！好极了！幸亏了你表姐，也幸亏了你不是你表姐！有趣儿！有趣儿！”

武钟谦也笑得开心。笑着，却又有点担心地问：

“婆婆会不会看了不快活？”

朱自华笑道：

“娘么，有了你这如意的好儿媳，乐还乐不过来，还哪有什么不快活?”

武钟谦又问:

“那么你呢?人都说你跳了龙门，不嫌我么?”

朱自华道:

“嫌的，嫌的是你总信不着我!”

喜得武钟谦“嗯”了一声，伏在朱自华的肩上畅笑。虽极力压低了声音，却仍银铃般地甜脆。

不久，朱自华发现妻子不仅秀丽、爱笑，而且极是温婉柔顺。虽是父母包办，却感到甚是幸福，也自然感情日笃。武钟谦病故多少年后，朱自清仍刻骨地怀念。

很快，一个半月过去了，开学在即，朱自华连元宵节也不能在家里过，于正月十二（1917 年 2 月 3 日），辞别了父母、爱妻返校学习了。

北去的列车上，朱自华久久难抑恋恋之情，唯一的排遣，就是读书。幸好带回了几本书，又新买了一本《新青年》，埋头读起来，渐入其境，物我两忘，不知不觉间，已是两个日夜，猛抬头间，北京的一派庄严肃穆的红砖黄瓦已映入了眼帘。

一石击起千重浪

北大图书馆。

1917 年冬。

文科楼红楼，虽已砌起了主体，却没有峻工，因此，文理两科仍合着在马神庙上课，图书馆也仍设在公主楼。

入冬以来，这是最冷的一天，也是最坏的一天。冷，已够令人讨厌了，更讨厌的是，大冬天竟刮起了风。当时北京的风沙，是最恼人的，这一天的则格外恼人。图书馆里虽也阴冷，并不时袭进些沙粒，氛围却异乎寻常地热烈。昨日尚没几个人，今天自开馆至今，一直是座无虚席。尚有不少人站着。倘仔细看看，这许多人中，真正伏案读书的绝少，而是有的奋笔疾书，有的交头接耳，有的支颐案边凝目沉思，似在进行着什么，等待着什么。明眼人一看，便会意识到情况非常。可唯独有一个人却身在其间，朦然不觉。这个人，就是仍在东墙边背门坐于老座的、刚刚改名不久的朱自清。

年初归来，开学不久，朱自华的家就产生了变化：小坡公的差事交卸了，一时又无事做，赋闲在家，用今天的话说，就是失业了。本来稍见起色的家境，便由于办喜事花空，如今又失去了补充来源而重现捉襟见肘之形了。为怕分了自华学习之心，小坡公总是切嘱三子国华写信时，千万莫提家境（此时物华中学已将毕业，忙于学业，故信多是由国华来写）。可是一向心细的自华很快便从几封家信的字里行间中觉察了内情。很是着急，为了最大限度地减轻家庭的负担，他决心提前一年考入本科。更为示守贫洁行的决心，他取得父允，将名字改成了“自清”，又虑及自己的性格迟缓，为了激励、警策，特依《韩非子》：

“董安于之性缓，故佩弦以自急”句，改字为“佩弦”。遂日夜加紧攻读。不久，又到了新生投考、预科考本科的暑期。朱自清恳切地提请学校，准他提前一年投考本科。由于他一向沉默寡言，特别是近三个多月来又极少与人交谈，更未透露一点口风，所以，一旦提了出来，不但学友们，连校方与一些老师都感到意外得很。北大是明文规定，预科学生要读两年的，其实，一个初中毕业生，只读两年预科，便进大学本科，今天看来，也是很有成效的了。可朱自清硬是要学业减半，就难免有些师生持疑与反对了。以致都惊动了蔡校长。蔡校长不愧为开明的教育家，他很赞赏这个沉静的预科学生的勇气，又听得一些在预科中执教的甚有学识的教师对这学生的称道，便与文科学长陈独秀商讨，陈独秀更是极重有志的青年，一商便允，使朱自清得以破格投考。这件事引起了校内的些小波澜，有的赞这学生有志向，考上与否都是不错的；更多的人则是摇头，觉得学生请得浮躁，学校准得荒唐，更有人出于嫉忌，难免说三道四，静等着朱自清出丑：

“看他还有什么脸在咱们预科再念一年?”

不用了，朱自清考中了，而且在全国众多投考者中，成绩颇好。够格便可录取，何况颇好？于是，朱自清便以艰苦力学实现了他的决心，提前一年进入了本科——北京大学哲学系。

“颇好”，绝不是朱自清的目标，他要的是“最好”。而且不是为了给别人看，只求学有所得，多多益善。所以，他更精心，更勤奋地学习，图书馆自是最理想的场所。

此刻，朱自清正在全神地读着胡适的《文学改良刍议》，这是发表在《新青年》杂志第三卷第五期上的文章。要点是“八不主义”，提倡文学要有“高远思想”和“真挚之感情”，是早期文学革命的警号之一，影响与作用也是颇大的。

胡适博士于今年（1917 年）7 月回到国内，9 月即被蔡校长聘为教授，讲授英文学、英文修辞学及中国古代哲学三门课，朱自清听了胡博士的课，很是钦服，对这篇《刍议》也甚为重视。今天，他已是在读第二遍了。室外的风沙，室内的阴冷，氛围的反常都不曾有一点儿影响到他，他只是一味专注地读着。

突然，室内响起一个声音：

“学友们，李先生已来到楼下了！”

声音虽然不高，但是，在这肃穆的环境里，却很意外、响亮。可朱自清却根本没有听清，只觉得有人喊了一句什么，他微微皱了一下眉：

“怎可如此放浪？”

仍埋头去读他的书，连头也没有回。

仅过了几分钟，室内便响起了辟辟啪啪的热烈鼓掌声，夹杂着虽经压抑，却饱含娱悦的欢呼：

“欢迎！欢迎！”

“向李先生致敬！”

“向陈学长致敬！”

这么大的轰动，朱自清却仍不为所动，只是隐隐约约地听得似乎有人在喊“陈学长”——嗯？莫非就是主管他们哲学系的陈学长？他这才回过头来，可却只望见了离他极近的人墙。室内的人们均已恭敬地站了起来，气氛十分热烈。他只好站了起来。可是，因为个子不高，室内人又排得紧密，仍是无法望到门边的情形。只听得两个声音先后交叉着响起：

一个是宽和亲切的陌生的声音：

“多谢！多谢！”

“向学友们致敬！向学友们致敬。”

一个是豪阔友爱的熟悉的声音：

“大家好！大家好！”

“坐吧！坐吧！”

辨了辨，后一个正是学长陈独秀的声音。

可是，室内仍没有一个人坐，却静了下来，唯闻两个沉稳而有力的脚步声。急得朱自清四下一张，说来凑巧，一个立在他数步外，靠近借阅台的人，也恰一回首，当即向他笑着点起首来，正是朱自清同班且同桌的比朱自清小几个月的杨晦。朱自清便侧着身子小心地移了过去。一看，班里的同学多数都来了，且都立在这个角儿上。朱自清与杨晦相顾着略一颔首，杨晦即示意朱自清转望前方。因为恰立在借案的坡踏脚上，所以无形中高出了一头，自然也望见了前面的情景。只见两个人已将行近中央靠近借案前、临时设起的一个讲台了。稍前的一个，中等身材，显得周身有力，结实精悍，著一袭灰色的长衫，三十上下的年纪，戴一架近视眼镜，蓄一抹浓浓的上髭，目光亲切，一脸慈和，给人一种热情、诚实的印象。稍后偏左几乎与前者并肩而行的，正是额高、眉重，眼微凹，鼻挺直，嘴略长，目光坚毅，双唇紧抿，显得刚毅果决的陈学长陈独秀。

陈独秀引手示意请同行者立于讲台正中，他则立于台侧，以右手抚了下背头，接着微背起手，向众人说道：

“今天，大钊先生拨冗应邀来给咱们哲学系演讲，让我们再度竭诚欢迎！”

响起了整齐而热烈的掌声。

掌声过后，陈独秀又续道：

“蔡校长已决定诚聘大钊先生为本校图书馆主任，并兼历史经济系教授。稍一安置，即将就职，咱们也就变成了一家人，也就成了诸学友的师长。这也是选在图书馆为哲学系演讲的主要原因之一。现在，就请大钊先生演讲！”

又是一阵掌声。

乘李大钊尚未开口之际，杨晦微一偏头，附在朱自清的耳边，悄声说道：

“他就是名声响亮的李大钊！”

朱自清钦服而欢娱地点了点头。

李大钊的名字，朱自清是很熟的。在《新青年》、《晨钟报》、《甲寅旬刊》等刊物上都读过他的文章，只感到亲切、动人，深刻有理，且饱含着一种蓬蓬勃勃的青春生气。其实，李大钊比朱自清也只大九岁，此时，也只有不足二十九岁。河北乐亭人，1889 年生，1927 年遇害时只有三十八岁。字守常，1907 年入天津北洋政法学校；1913 年入日本东京早稻田大学政治本科学习；1915 年参加反对“二十一条”活动，转年（1916 年）归国投入反袁（世凯）斗争。常在进步刊物上发表文章，反君主，反封建，第一个提出“打倒孔家店”的口号，传播新思想。此时已决定应北大校长蔡元培之聘，到北大就职。后来，1921 年与陈独秀等人创建了中国共产党。顺便说一下陈独秀。陈独秀，生于 1880 年（也恰比李大钊大了九岁），逝于 1942 年，享年 62 岁。字仲甫，安徽怀宁人，清秀才。1898年入杭州求是学院，并参加反清的革命活动。1901年逃往日本，入东京高等师范学校。1904年任安徽公学教员和岳王会会长。1906年二次赴日，开始与同盟会发生接触。1912年任安徽都督府秘书长，二次革命后，再度流亡日本。1915年创办并主编《新青年》，1916年被聘为北大学长，1918年底与李大钊一道创办《每周评论》，1921年创建中国共产党。是新文化运动的主要发动者、推动者与斗士，是"'五四'运动的总司令"（毛泽东语）。对中华新文化起到了重大的积极而深远的推动作用。作为中国共产党的主要的，居于首位的创始人，前五届中央总书记，在党的革命史上占有重要地位。

待陈独秀绍介完毕，李大钊环视了一下四周，认真地鞠了一躬，然后客气而又热情地招呼：

"学友们请坐，学友们请坐！"

待学生们纷纷落座，李大钊从兜囊中取出一大迭讲义，交由学生主席一一地传发了下去。

乘发放讲义之际，朱自清举目四望，只见黑鸦鸦的一屋子，都是哲学系的学生。唯有靠近门边、坐在一张单凳上的人，显得甚是面生。这个人身著长衫，梳短分头，长方脸儿，宽额，挺鼻，圆腮，飞雁重眉，略长的明眸，乌珠蕴神，英唇含毅。最显眼的，是他左眉心边的那颗突出的黑痣。

一向好动、孩子气尚未退尽的杨晦，见朱自清很注意门边那人，便微微俯身，低低地对朱自清耳语道：

“他不是咱们系的。他也是今年考入本科的，在文学系，叫邓康，字仲澥，湖南宜章人。今天是经我们几个人鼓吹，特地到咱们系听李先生演讲的。”

从此，朱自清便对邓康有了印象，在后来的日子里，颇受他一些影响。

待发毕讲义，李大钊便打开讲稿，开始了讲课。声调虽然不高，十分沉稳，语音里还夹杂着浓重的乐亭（所谓“老奤”）味儿，却格外地有感染力，语气又是那样地亲切，饱含着关怀，令听者倍感新鲜，有力，句句入耳，事事铭心。他所讲的学习目的，国家、民族的兴亡，青年的方向，无不令人心服而鼓舞。特别是内中几段，他满怀激情，神情亢奋，语调激昂，令听者受到了极大的震撼，对包括朱自清在内的哲学系学生思想的变化，日后的行为，都产生了重大而深刻的影响。其中，更以唯一的一个旁听者为最。

这个旁听者，就是杨晦所说的1917年考入北大的邓康、邓中澥。他出身于破落地主家庭，父亲是前清的举人，辛亥革命后，做过省参议员、县长。旧学底子深厚，因此对邓康的影响很深，使邓康打下了踏实的古典文学基础，且练得一手好字。现已二十三岁。此前，也是一直埋头读书，不料经此次被人劝来听李大钊的演讲却发生了极重大的变化。课后，即请求李大钊指点，开始了往来，参加越来越多地组织与发起进步活动与革命运动。成了中国共产党早期的重要领导人之一，即邓中夏。

在听讲中，给包括朱自清在内的学生们印象最深的就是这样几段话，现就有关资料，录在下面，备读者参考：

“……一个新时代的青年，单是做到‘独善其身’、‘洁身自好’是不行的。现在的社会，是个黑暗的社会，是个遍体鳞伤的社会。到处充满了痛苦、悲惨、眼泪，我们一个新时代的青年，能够找一块不沾泥土的地方，偷着去享乐，享清福么？这种安乐，这种清福，能称得上是幸福么？”

“……我们要打起精神来，寻着那苦痛悲惨的声音走。我们要晓得痛苦的人，是些什么人？痛苦的事，是些什么事？痛苦的产生，究竟是什么原因？有的人说，这个痛苦悲惨的地方，我们真是不忍去，不忍看。但是，我们作为一个新时代的青年，却是不忍不去，不忍不看，不忍不去解救啊！……”

“青年啊，只要我们敢于斗争，敢于拿光明去照彻大千的黑暗，就是有时困于魔境，或竟作了牺牲，也必有良好的效果发生。只要我们有觉悟的精神，世间的黑暗终有灭绝的一天。努力呵，猛进呵，我们亲爱的青年！”

如雷般的掌声，回报了李大钊热情洋溢的演讲。

讲毕，许多学生拥上去，争着与李大钊讲话。唯有朱自清虽也起身致敬，却仍留在原地，不是他不想接近他所倾慕的名人，而是不善于在这种场合出头。家境维艰，惜时如金地抓紧学习以来，他更加沉默寡言，这里摘录一段话，以为佐证。这是前面提到的杨晦在《追悼朱自清学长》一文中的一段话。他写道：

“朱自清先生跟我是同班同学，我们都是民国九年北大哲学系毕业生……我们同课桌坐了一学期……大概没有谈过两三句话，然而，我对于他却印象清楚而且感觉很亲切。”

跟一个同桌，一学期只谈三两句话，可以想见他一年到头可有过半句闲谈？也足证他学习之抓紧与惜时如金。

待同学们陆续散去，朱自清又坐回了他室中旧座，回想着适才李大钊演讲的情景，回味着演讲的内容，仍很激动。恰在此时，一位校工匆匆地奔了进来，一眼望见朱自清，便快步地走过来，边走边扬起手里的东西，边说：

“朱君，你的电报！”

“电报?!”

朱自清悚然一惊。

当时的电报业还很不发达，更不普遍。通常，个人是不打电报的，何况朱家那等情形?

一看是发自徐州的，朱自清更急，及至急切地一看，眼泪不禁流了下来。原来是年已七十一岁的老祖母吴氏病故了。电报是到徐州任烟酒公司局长不久的小坡公发来的，约朱自清到徐州会齐，再一道儿奔丧。

与父一道赶回扬州安乐巷故宅，只见到处狼藉，满目凄凉，更思及祖母的疼爱，痛惜时不待人：记得新婚时，老祖母就笑开已无几颗牙的口说：

“好哇，好哇，总算比你爷爷有福，看到了大孙子娶媳妇!”

今年暑假末，发现武钟谦已怀了孕，老祖母更欢喜得不得了，眼中闪着殷切而期盼的光，连声说：

“好哇！好哇！天爷有眼，天爷真是有眼！我可要抱重孙子，看到四代人了!”

岂知，就差这么几个月，老人家殷切的愿望竟然无法实现了！

越思越想越为悲痛，朱自清不禁失声痛哭起来，而且愈哭愈悲，还是小坡公先止了哭声，反来劝儿子节哀。

真是一祸数灾：老人的丧事不能不操办得象样些，自是要一大笔花销；小坡公费了很大的周折谋到的一个收入颇丰的差使，却因奔丧、守服而丢掉了；物华的深造也被中辍了。物华眼看着就中学毕业了，一心要报考上海交通大学机电工程系，已做好了各方面的准备，并很有信心和把握，这一来，考得上，也供不起了。家里目前连办丧事的费用都拿不出了，只好典当家产。莫说已用了多年的巨大古钟，朱红胆瓶，碧玉如意，连郑板桥的手迹都进了当铺，除了几幅字画，一张旧竹帘，厅堂上真可谓“家徒四壁”了，院子里更是败落萧条。可仍不敷用，小坡公只好忍痛又借了一笔高利贷才算勉强地办了丧事。

目睹了这凄惨情景，望着几个未成年的弟、妹，思及日后家中日子的艰难，痛惜二弟的前程，顾念老迈父母的重负，想到即将降生的孩子，朱自清不知暗中流了多少泪，也痛下了多少次决心。临走，他叹息着，拉着三弟国华的手，再度重复他的决心，说：

“我一定要争取早一年毕业！”

为了生计，思来想去，小坡公决定仍去徐州碰碰运气，于是，父子俩又一道登上了火车。

到南京换车前，遇到了小坡公一位旧友，极力挽留。小坡公只好叫儿子单独北上，本欲叫茶房相送的，临行，小坡公又因不放心，改了主意，陪儿子渡江到浦口，进了火车站，还亲到车上为儿子拣了座位。看着儿子铺好座位，又千叮咛万嘱咐：睡时要警醒些，一路要小心些，千万不要受凉，千万不要出甚毛病。又去恳切地嘱托车上的茶房一路上多多照应。在朱自清一再催请下，仍恋恋不去，最后忽然又想起了路上的食用，说：

“我买几个桔子去，你就在此地，不要走动。”

买桔子要穿铁道，上月台，虽不太远，却很难走，何况小坡公年岁已大，又发了胖，行动起来很困难。朱自清望着父亲那因服孝戴起的黑布小帽，黑布大马褂，深青色的布棉袍，因而显得臃肿的躯体，蹒跚的脚步。心头阵阵发热，目不转瞬地盯着，见父亲下铁道时已很费力，攀月台时，更为艰难。只见他两手上攀，两脚很吃力地上缩数次，才勉强地爬了上去，眼泪不禁夺眶而出。

一路上，朱自清不时地凝望着父亲费了很大力气为他买的桔子，抚摸着铺在身下，尽管家境已落入贫寒，父亲仍坚持花了很多钱为他新制办的紫毛大衣。父爱之暖，深厚的父子之情，滚烫于心头，而且多年不已。后来，他终于写出了散文《背影》，震撼人心，轰动文坛。

为民而讲、而争

北京大学第三院的礼堂。

1918 年初，红楼交付使用，北大的文科各系，便迁到了红楼，朱自清所在的哲学系设在四楼，图书馆也由公主楼迁到了红楼的一楼，文理分开，图书馆迁近，这都对朱自清甚为有利，不但读书方便了，且有了更多更方便接触陈独秀、李大钊与胡适及一些进步教授的机会。近两年，朱自清虽说仍是那么老成持重，却日益地活跃起来，他不再只是埋头读书了，不但关心着而且参与着进步活动，这个“胖胖的，壮壮的，个子不高却很结实”的青年，在师友们的眼中，已由印象很深的谦和、沉默，变得活跃起来了。

迁到红楼不久，1918 年 3 月 7 日的校刊《北京大学旬刊》上载出一则消息：

本校学生邓康、廖书仓等近发起组织北京大学平民教育讲演团，以普及与平等为目的，以露天演讲为方法。

看了这则消息，朱自清当晚就去文学系找邓康。

自听了李大钊的演讲以后，朱自清便一有空闲就琢磨着怎样做一个像李大钊所说的那样的青年，有了这个机会，他岂能放过？何况在那次听讲中，他对邓康的印象又颇深呢？

找到邓康，刚一自我介绍，邓康即热情地握着朱自清的手说：

“听说过，听说过！能与佩弦兄相识真是荣幸！”

略一寒暄，朱自清便开门见山地说；

“仲澥兄，我是看了你与廖兄的启事来找你，请求加入讲演团的。”

邓康高兴地说：

“好啊！好啊！有佩弦兄这样学识渊博，忠厚老成的学友加入，讲演团更有希望了！”

朱自清做什么事都是认真踏实的，所以，他紧接着又向邓康道：

“仲澥兄，可不可以给我详细地讲一讲？”

邓康欣然道：

“好！咱们坐下来谈。”

待坐定后，邓康道：

“讲演团的宗旨是‘增进平民意识，唤起平民之自觉心’；目的则是‘欲期教育之普及平等’；主要方法就是露天讲演。题目最好事先议好。”

说着，目视着朱自清，微笑着含意颇明地说：

“这可要占用不少时间哪！”

朱自清自然明白邓康的话意，只是浅浅地一笑，回说：

“做正经事的时间，不是占得越多越好么？”

邓康笑着说：

“好，好！说得好！说得好！”

自此，两个人便经常接触，建立了深厚的友谊。

有一次在闲谈中，又说起新文学运动，邓康笑着说：

“错了，错了，完全弄错了：应该是你来学文学，我去学哲学才对！”

朱自清谦笑着说：

“论学文学，我也不如你的功底深厚。你虽不在哲学系，却在哲学方面比我学得还深透哩。”

邓康正色说：

“你我之间，何用客套？哲学方面么，我或者不差你多少，而文学方面你的确比我为强，我外冷内热，却偏于冷静；你外和内宽，却又重于感情。这不正好是学颠倒了么？”

朱自清点了点头。

邓康又进一步说：

“德国有个人，叫马克思，新近看了他一段话，忘记是怎么说的了，那大概的意思是：他本来一心想做个文学家，后来逐渐地发现了他过于冷静，只适合做一个政治家。果然做得十分出色。人的性格对事业可是影响不小呢!”

后来的事实证明，果如邓康所言：学文学的邓康成了著名的政治活动家，而学哲学的朱自清则成了著名的作家。

辛亥革命虽然令人瞩目地推翻了满清皇帝，结束了封建王朝的统治，然而，封建势力仍然十分强大与顽固，在袁世凯与张勋先后演出“称帝”与“复辟”的闹剧失败后，元凶虽死，余孽尚在，仍然把握着政权。北洋军阀、袁世凯的嫡系直系首领冯国璋做了总统。(1918 年10 月10 日后改为徐世昌)，皖系首领段祺瑞做了国务总理并操纵了实权，虽说几上几下，中间也换了些人，却是换汤不换药，都是日本帝国主义豢养的走狗。袁世凯与日本所签订的丧权辱国的二十一条，虽在人民强烈的反对下没有明目张胆地实行，但其中一些条款却变相地在实施。段祺瑞不但不向日本讨还强取的租界，还在 1917 年 9 月，与日本签订了济顺、高徐铁路的借款合同，条件苛刻，除经济主权外，领土主权也受到了重大损伤：协定日本驻兵济南、青岛。这年 11 月俄国发生了革命，转年，1918

年初，日本又借此勾结段祺瑞签订了《共同防敌军事协定》，为日本侵略中国张目。

1918年5月初的一天，十几个风尘仆仆、神色激愤的青年人来到了红楼校园。他们一进校园便大声疾呼：

"段政府卖国！同学们不能再坐下来读书了！"

喊了一阵，又自我介绍说：

"我们是刚从日本回来的学生！日本正在庆祝他们侵华的胜利！"

邓康、易克嶷等几个学生骨干闻声出面，将这些刚刚由日本回国的学生接进了饭厅。北大文科各系的学生闻讯后，纷纷来集，朱自清也在其中。

一个归国学生被邓康扶上了一张板凳，慷慨激昂地说：

"学友们！不久前，无耻的段政府竟应日本的要求，制订了个丧权辱国的《中日共同防敌军事协定》，规定日军可以'合法'地开进我国东北一带，准备对俄作战。还规定中国应该供应日军地图、情报与军用原料，控制中国军队，把中国军队当成他们的仆从军，在咱们国家内开辟战场！”

听讲的学生们都甚为愤怒，不断发出斥骂声。

那归国学生待众情稍缓，继续说道：

“这协定，由于做贼心虚，段政府一直不敢在国内公开，可人家日本已经在庆祝了！我们留日学生就在日本集会抗议，竟遭到了日本政府的镇压！同学们，不能再坐视了！反对卖国的段政府！”

紧接着，又响起了一片愤怒的口号声。

愤不可抑中，纷纷表示要罢课，要举行示威游行。

有邓康、许德珩等人奔走联络，有校长蔡元培、学长陈独秀、图书馆主任李大钊及大多数进步教授开导、影响与支持，学生们十分活跃，《北京大学日刊》已成了舆论阵地，宿舍的影壁上、墙上随时出现海报、布告，连厕所都出现了“厕刊”，说开会，就有人参加，饭厅成了活动的主要阵地，无论集会还是三五成伙，总有激烈的辩论，实际上，北大已成了当时反帝反封建的战斗堡垒，而学生们就是打头阵的急先锋。

很快，联络了几个学校，爆发了中国学生第一次的罢课请愿斗争。

1918年5月21日清晨，古老的北京街头涌现出两千余人的整齐而激昂的学生队伍，北京大学、高等师范、工专、法政……一面面大旗在空中飘扬，一声声整齐而响亮的口号在空际激荡，浩浩荡荡地向新华门涌去。

段祺瑞慌了神儿，总统府层层戒备，架起了机枪。但是，学生们毫无所惧，仍然排列整齐，高呼口号，强烈要求见当局首脑。

冯国璋无奈，只好硬着头皮出来接见，花言巧语地欺骗了学生。

这次请愿虽受了欺骗，冯国璋的许诺言犹在耳，第二天签约的消息就在报上公布了。可终于还是显示了学生们的斗争威力。

看了报，邓康，包括朱自清在内的许多同学都又气忿又有些泄气，觉得是上了当。陈独秀却笑着说：

"很了不起嘛，把他个总统都逼得战战兢兢地出来说假话，这就是斗争显示的威力嘛！说到欺骗，人怎么可以相信狼？就是要斗下去！”

这番话说得不止邓康，连朱自清也感到愉快，却也更认清了反动当局的本性，有了长期斗争的准备。也更加劲地带领同学到街头打着讲演团的旗子去讲演。

到了六月，一天朱自清正在图书馆读书，邓康过来，附在他的耳边说：

“有个王光祈，字若愚的先生与李大钊先生一道发起组建了个‘少年中国学会’，是专门研究新学与时政的组织，我和许德珩都参加了，你……”

朱自清毫不犹豫地说：

“我当然参加！你带我去报个名儿吧！”

自此，朱自清又参加了进步的“少年中国学会”。

这个学会由于组织得法，活动有力，很快便发展了不少会员，南京、成都，甚至国外巴黎都设立了分会，会员骨干到 1919 年 7 月初统计已达一百一十一人，许多历史名人，如毛泽东（润之）、张闻天、邓康（中夏）、许德珩（楚僧）、田汉（寿昌）、恽代英（子毅）、李劼人等，朱自清自然也在名单之中，连周佛海也参加了。

这个学会活动范围很广，影响也很大。至于在那剧烈斗争的大时代，大浪淘沙，后来的大分化、大改组也是必然的。作为会员之一，朱自清无愧于人，他积极参加活动，认真地遵章守纪，也因此使他认识更提高，风骨更坚冽。

为新文学而奋笔

1918 年的寒假又要到来了。

这一年，北京的冬天格外寒冷。考试已完，就等着放假了，因而，许多学子已做了归家避寒的准备，而北大的《平民教育演讲团》却仍顶着严寒热火朝天地进行着演讲活动。说来也怪，演讲的学生不怕冷倒也罢了，偏有那么多人也在缩着颈、袖着手，认真地听！这更激励了学生，特别是朱自清。

这天，朱自清刚演讲完，就又一头扎进了图书馆里。

还是在夏天的时候，就有人向他推荐，说周树人先生用鲁迅的笔名发表了一篇小说，叫《狂人日记》，实在是好极了。朱自清就急于一读。可那个推荐人却记不得在哪里见过了，再加上忙于学业，忙于活动，就一时没有读到。还是最近邓康告诉了他，他才晓得是刊载在《新青年》第四卷第五期上，今日抽空跑到图书馆，借到手就边走边读，很快就入了迷，走到他惯常坐的角落，竟忘了坐。

这是鲁迅先生第一次用“鲁迅”的笔名写的第一部小说，以崭新的白话形式，艺术而深刻地暴露了封建礼教与宗法制度吃人的本质，发出了“救救孩子”的强大呼喊。

很快，小说读完了，朱自清又从头再读。正读得入神，与朱自清同房间的一个姓查的同学，喜冲冲地奔进图书馆，走到朱自清身边，压抑不住喜悦地、抖动着手中的一张报纸叫道：

“佩弦！佩弦！你看这是什么？”

朱自清两眼仍紧盯着书，激忿地说：

“吃人！吃人！就是吃人！”

查同学惊诧地瞪大了两眼，困惑地问：

“吃人?! 什么吃人? 你在说些什么?”

伸过头望了望，说:

“哎呀，你又看什么着了魔!”

说着，夺过朱自清手中的《新青年》，又伸过他手中的报纸说:

“你醒醒神儿，好好看看这是什么?”

朱自清仍未醒过神儿来，仍痴着眼讷讷地说:

“是要救一救的，是要狠狠地好好地救一救的!”

待那报纸已触到了眼帘，他才一震，举目看清了与他说话的人，连忙致歉。

查同学故作气恼地说:

“人家好心来给你道喜，你却又要吃人又要救人的——行了，行了，快看看吧。”

朱自清接过报纸一看，是今日出版的《时事新报》。在那查同学的指点下，他在副刊《学灯》内看到一首题名为《睡吧，小小的人》的新诗，再急切地去细看那署名，果真是他为怕贻笑于人临时杜撰的笔名“余捷”!

呵，这是真的么? 一种初试锋芒、处女作便得到发表的不可名状的喜悦袭上朱自清的心头，连一向喜怒难形的脸也潮红了。忙忙地向那查同学连连道：

“谢谢你！谢谢你！真得好好地谢谢你！”

查同学笑着说：

“大作是你的，谢我干什么？我不过是随便地送你一幅画儿罢了！”

朱自清郑重而又有些急辩地说：

“什么话，什么话！倘不是你送给我那幅画着西洋女人抚婴入睡的画，我又哪儿来的这首诗？谢是要谢的，走，请你去吃茶！”

说着，便欲动身。

查同学却拦住朱自清，说：

“吃茶道谢什么的，日后再说吧。眼下却正有一个人急等着要见你呢？”

朱自清诧异地问：

“见我？是谁？”

查同学说：

“你该认识的——孙伏园。”

孙伏园，朱自清是见过的，却是没有谈过话，也是本校的一个颇有文采与名气的同学。

待随了查同学回到房里，孙伏园已等得有些急，正在地上转，一见朱自清已回来，便高兴地说：

“佩弦兄大喜！大作拜读了！写得好！写得好！”

朱自清实为不好意思。连说：

“谬奖！谬奖！习作而已，贻笑方家了！”

孙伏园正色道：

“我说的是真话，佩弦兄虽表面上不过是描摹一个抚婴入睡的场面，却倾注着无限的热情，向往自然的朴真跃然纸上，追求光明的厚望闪烁于字里行间，怎敢言见笑二字！”

理解，得人如此理解，感情不拉自近。

待相逊着坐定，略一寒暄，孙伏园开门见山地说：

“近日来，与一些志同道合的同学酝酿着要组办一个团社，出本杂志。陈学长知道了极力称赞，说愿为尽力，他不但可亲自指导，还要动员一些前辈大手笔相助，还可以募些款子，改、审些稿子。又经过深思，建议这个社团及杂志的名字，就叫‘新潮’。今日几个同道特叫我来敦请佩弦兄，不知尊意如何?”

朱自清喜得抚掌说:

“好！好！亏学友诸君看得起佩弦，又有陈学长如此热心大力支持，佩弦求之不得，愿附诸君骥尾!”

于是，朱自清便积极地投身于社团与杂志的筹备中。都是二十岁左右的青年人，热情奔放，对朱自清自有良好的影响，可他的作用却也不小。他除了踏踏实实埋头苦干为社团与杂志做了许多具体而繁琐的工作外，更由于他的谦和，他的老诚，从不冲动，从不使用猛烈刺激的语言，在社团中起到了不可忽视的宝贵的中和与调解作用。正因为都是青年，又讨论的是思想学术问题，易冲动，争论起来未免激烈过火，分歧难免尖锐。可是因有朱自清在，这些冲动、过火，便很快得到缓和与平息。这一点，在后来孙伏园的《悼佩弦》一文中，有明确的肯定。

由于忙，这个寒假，掐头去尾，朱自清只在家中住了几天。到了 1919 年月初，一本由北大部分学生组织的《新潮社》的新杂志《新潮》问世了，它提倡新文化，发扬批评精神，从事“革命理论”的研究，向封建礼教猛烈进攻，为新文化运动推波助澜，起了不可忽视的作用。当然，这也有朱自清的贡献。

《新潮》一问世，就在各界引起反响，除陈独秀外，尚有李大钊、钱玄同、鲁迅的大力支持，朱自清除社务外，还译了一些外文作品，其中的《心理的范围》一文，就载在《新潮》的第三期上。

投身于“五四”的行列中

北京。

1919年5月。

1919年的5月，是个意义重大、光照史册的5月。对朱自清来说，也是关系非常的5月：他除了要参加各项社会活动外，还全心全意地投入了这场伟大的斗争，而他为了实现提前一年毕业的决心，学业的分量又不知加重了多少，且必欲取得好成绩，那大考，也恰在明年的5月！

5月3日的夜呵，极不平常的不眠之夜！

早晨，校园的公告牌上便出现了措词激昂的当晚开会的通知，人们也在急切地等待着这个通知了。

1918 年 11 月，历时四年的第一次世界大战结束，不可一世的德国被协约国战胜。中国属于协约国的参战一方，自也是战胜国之一。胜利的喜悦，令国人鼓舞，特别是北京，全城沸腾，高举国旗，纵声欢呼的游行队伍一个接着一个，演讲台比比而立，中央公园更为热烈。陈独秀、李大钊，连校长蔡元培都登台做了热情洋溢、鼓舞人心的演讲，欢呼“庶民的胜利”、“劳工神圣”，热切地期盼着因胜利而得到的收回领土、强化主权的理所当然的结果。可是，盼来盼去，却盼来个更大的羞辱！

1919 年 1 月 8 日，巴黎和会召开了，是战胜国的决策会，中国虽以战胜国的身份出席了这个大会，可与会的列强却根本目无中国，仍把中国当成一头可任意宰割的羔羊，一块任其分食的肥肉！七项希望条件，被无理地否决了；取消“二十一条”的正当要求被粗暴地拒绝了；一利不沾还不算。连最起码的一点，即被德国强占的山东，竟也横霸地不得归还中国！日本恬不知耻公然提出占有山东的权益，而英美等国竟也默许并参与要挟。这哪里还把中国当成个战胜国——简直不当成了一个主权国！

5月1日，报纸一披露，人们由震惊而忿怒，于震惊忿怒中，更打破了曾一度抱有的“公理战胜强权”的幻想，奋起而反抗了。

开会的时间还没到，第三院的礼堂里已挤满了上千人，很快，高师、工专、法政等校所派的代表也到了。群情甚是激昂。

在拥挤的人群中，朱自清一眼望见了邓康，便一反他平时的沉稳，极力挤了过去，拉着邓康的手说：

“仲澥兄！事关国家民族的存亡大计，我，我可全指望你了！”

邓康望着朱自清很少如此急切激烈的面容，紧握了一下朱自清的手，神态严肃地说：

“佩弦兄放心，就算泼上这一腔热血，仲澥决无反顾！只是，仲澥一人算不得什么，要靠大家！”

稍一顿，又凑前耳语道：

“佩弦兄放心，陈学长、李主任亲自主持大计，特别是陈学长不但做了周详的安排与部署，还广泛地争取了民众的支持，虽说免不了会有意外，可胜利是必然的！”

朱自清听了，欣慰得直点头，说：

“这可太好了！太好了！这我就放心多了！”

邓康欲引朱自清同到前面去，朱自清摇了摇手说：

“出头露面我不当行，我要说的都在你心里——会比我想的还周全、还有力！我一定追随大家，虽死不谕！”

后一句说得斩钉截铁。

大会开始了，北大学生会主席易克嶷站在临时搭起的台子上，先沉痛地报告了巴黎和会上中国外交失败的经过，然后激愤地说：

“同学们，现在我们国家、民族的命运，已经到了千钧一发的时刻，如果我们再沉默、等待，我们的民族就只有灭亡，再也无法挽救了！北大是最高学府，我们应该挺身而出，把各校的同学发动起来，要不，我们就只有做亡国奴了……”

话尚未尽，礼堂里就响起了一片呜咽声，有的顿足捶胸，有的抱头大哭。朱自清的泪水也是扑簌而下。于泪眼模糊间，突见一个熟悉的身影跳上了台子，啊，是邓康！

邓康满脸涨红，有力地挥着手，大声地说：

“不要哭了！要用行动！我们要外争国权，内惩国贼！我们要要求政府，拒绝在巴黎和约上签字，要废除‘二十一条’。我们要抗议，要用实际行动反对帝国主义！我们要立即组织游行示威！”

台下纷纷响应，朱自清也与众一道喊：

“对！我们要游行示威！”

“坚决反对在和约上签字！”

“收回青岛和山东主权！”

不久，法科一个叫谢绍敏的学生（有的资料上作“林德扬”，本文从许德珩《五四运动六十周年》一文）。由于激动而步履跄踉地走上台，只说了一句“同学们……”便泣不成声，有人想去扶他，他“刷”地撕下一幅衣襟，咬破指头，当场写下几个鲜血淋漓的大字：

还我青岛

群情更为激烈，一致决议：明天在天安门举行全北京学生示威大游行。

为了筹备游行，为了向世界发通电，易克嶷动议捐款，当即得到了热烈响应。朱自清将他身上所有的几块银元、数个铜板都抛到了台上，想了想，又将一顶半新的帽子抛了上去，一时间，银元、铜板、钞票，夹杂着各种衣物纷纷飞到台上，转眼便堆成了堆。据后来概略统计，仅现金即一万多元。

5月4日早9点，学生们从四面八方涌到马神庙理科门前，正在集合中，突然跑来了个西服革履、道貌岸然的人，大声问：

“谁是带队的?”

易克嶷与邓康迎了上去。

那人盛气凌人地叫道：

“我是教育次长！你们不能这样上街去胡闹!”

易克嶷大声反驳说：

“什么叫胡闹？国都要亡了，作为中国人，难道不该过问么?”

那次长急得冒汗，又叫道：

“学生就该好好念书，国家大事可以交政府去办！”

邓康冷笑着接过话说：

“政府办？政府会办什么？——政府就会卖国！”

引起一阵痛快的哄笑。

那次长只好灰溜溜地走了。

中午刚过，十三个学校，三千多名学生，列着整齐的队伍，顶着呼呼的大风，高举着五彩缤纷的旗子，潮水般从四面八方汇往天安门广场。高昂激烈的口号声此起彼伏，如同巨浪一般在广场上滚动不已。虽说为了开会，为了制作旗帜、标语，为了起草与书写传单、宣言，足足紧张地忙了一夜，却个个毫无倦意，朱自清只觉得亢奋不已。

刚要开始游行，那个教育次长又满头大汗、气极败坏地跑来了——主子要拿他是问哩！

尚未到队伍前，就大声呼喊。

跑至切近，粗蛮地叫道：

“我是承教育部命令来的，请大家从速解散！有事可以派代表来办!”

邓康领着同学们高喊:

“我们今天的行动,教育部管不了!”

那次长听了,暴跳如雷,挥着胳膊大叫;

“你们眼里还有王法么?还有国家么?”

邓康揶揄地笑着,大声反问:

“什么?国家?国家对于你们又算什么?不就是能卖两个钱么?”

又引起一阵火爆的哄笑。

那次长被噎得张口结舌,气得唇青脸白,气恨恨却也仍是灰溜溜地走了。

听了邓康的话,看到这个场面,朱自清心下暗想:

“陈学长说得对,对于狼,唯有斗,邓康真是个了不得的政治家了,跟着他们,绝不会错!”

游行刚开始,步兵统领李长泰又率了一支军队赶到,气势汹汹,如狼似虎地咆哮:

“解散!解散!是大总统命令我来的,你们必须解散!”

不但没有吓住学生，反而激起更大的愤慨。学生们视虎视眈眈的军队如无物，高呼着：

“打倒卖国贼！”

“打倒帝国主义走狗！”

学生们喊着口号，一往无前地迈进！

在震天的口号中，在如潮的队伍前，在那一双双饱含义愤，似在探询：“你甘愿做卖国贼么？”“你甘愿做帝国主义的走狗么？”的目光盯视下，军士们垂下了头，让开路，李大统领枉自哀叫无济于事，眼睁睁看着浩荡的队伍从他身边走过，倒是他畏葸地、不自禁地向后缩开。

正气所至，邪氛难挡，继李长泰之后赶来的警察总监也只好搓着手、瞪着眼，任凭游行队伍浩荡而过。

北大的队伍走在前面，人们的手里都高举着昨夜赶制的挑在竹杆上的各色旗帜，旗帜上大书着各种口号：“中国是中国人的中国”、“中国的土地可以征服而不可以断送；中国的人民可以杀戮而不可以低头”、“还我青岛”、“取消二十一条”、“宁为玉碎，不作瓦全”等等。其中最引人注目的是一幅长达数米高挑着的大挽联。由于此时“大总统”已改为徐世昌，国务总理已改为钱能训（暂代），而这两个人无非是傀儡下的傀儡，直接奉命主持卖国的是当时的驻日大使章宗祥与大汉奸、当时任外交总长的曹汝霖。而历史上曹操（小字阿瞒）一直被视为奸雄；北宋时曾任尚书左仆射兼门下侍郎的章惇，被世人将其与蔡京、高俅等统称为“六贼”。故这幅挽联便巧妙地利用了“曹”、“章”二姓，写道：

卖国求荣，早知曹瞒遗种碑无字

倾心媚外，不期章惇余孽死有头

横幅：

卖国贼曹汝霖、章宗祥遗臭千古

下注：

北京学界同挽

游行队伍一路高呼口号，散发传单，浩浩荡荡而进，沿途，不断地有工人、店员、市民加入，声势愈来愈壮。朱自清暗暗点头：

“陈学长、李主任果是料得不差，也果事先动员了不少人!”

可是，队伍行到东交民巷西口，却受到了阻拦。外国巡捕、中国军警层层森立，借口使馆区受国际法保护，不许游行队伍通过。正在交涉中，又有几个不赞成游行的学生出面向使馆表示要用书面请愿。鉴于此，邓康决定引了队伍去赵家楼，揪卖国贼曹汝霖算帐。因为今天是礼拜天，想是曹汝霖定在家中。于是浩荡的队伍转变方向，沿着长安大街，再转经东单，向曹宅所在地赵家楼进发。

赵家楼，是座独立的楼院儿，坐落在东单稍北，一条拐尺形的胡同里，坐北朝南，西侧有几间临街的房子。想是早已得信，黑漆大门重拴紧闭，高高的窗口外也封着粗粗的铁栅栏，并布下了一大批军警。

学生队伍到了，军警们便出面阻拦。学生们却来了个“和平”反包围，几个学生拉住一个军警，很快便分割了开来，耐着性子向军警们宣讲爱国的道理。曹宅外的警卫，无形中瓦解了。

可是几经交涉，要曹汝霖及躲在楼内的几个官员出来讲理，楼内的人只是不理。气得学生们有的抛石头砸窗上的玻璃，有的用旗杆挑高房上的瓦，弄得“哗啦”、“噼啪”地响成一片，可是仍无动静。后面的人急了，直往前涌，大有破门而入的气势，吓得军警们架起了机枪。

正在此际，邓康领人绕到后面，发觉了一个小窗，便有了主意，将窗玻璃打碎，架起人梯，一个接一个地跳了进去。朱自清个子小，又不善于动手，只好留在外面，与大多数同学仍以宣传的方式缠着民警。眼睛却不时地回望院门，警觉地关切着院内的情形。

忽然，大门忽地一下开了，人们潮水般涌了进去，朱自清却只进得门边，一望，见地下已是一派狼藉，狼藉间跪着一个脸已吓得惨白、不断乞求饶命颇有姿色的女人。

原来，一冲进院子，由于气愤填胸，易克嶷将前厅四个带木架的大花瓶一脚一个踢得烂碎，不少人也跟着大砸厅里的玻璃与用具，跪地乞命的女人正是被吓得真魂出窍的曹汝霖的小老婆。

可是搜遍了全“楼”，也找不到曹汝霖，半晌，才寻到迹象，原来那奸贼已经于学生们闯进前，翻墙逃跑了。气得学生们大骂。

有人在洗澡间搜出了三个人。一个身穿西装，另两个留着小胡子，一看就是日本人。鬼鬼祟祟地躲起来，又是和日本人混在一处低语，学生们断定他们不是好人，有人抓起花盆向浴室内打去，穿西装的被打得头破血流，两个日本人出面保护，也挨了顿拳脚，三个东西屁滚尿流，狼狈地抱头鼠窜，总算逃了出去。

那三个刚逃不久，就有人在曹宅的照片中认出了那穿西装的真实身份，高呼道：

“那逃的家伙就是章宗祥！”

邓康当即率了几个人，沿途询问，追到一个杂货铺，再度捉住了章宗祥，一阵拳头打、鸡蛋砸，章宗祥变成了一条赖皮狗。

邓康带人去追拿章宗祥后不久，因目的已达天又要黑了，朱自清便随着人流散去。尚未走得几步，就听见有人喊：

“起火了！”

回头一望，赵家楼已陷入一片火海之中了。

望着那熊熊燃烧的大火，回味着日间豪壮的情景，朱自清激动地默默思忖，也暗下着决心：“这是个大时代，被这个大时代与大伙儿的蓬蓬勃勃的朝气紧逼着，也得有所作为！仲澥说得有理，我就从事文学事业吧！一定用新文学的呼喊，唤起国人，奋力救国！先用诗歌这个号角，吹奏一下自己的心曲吧！”

果然，不久他就写下了题为《光明》的诗。

在赵家楼解散不久，有些零散归去的学生就遭到大批赶来的军警的围追殴打，易克嶷和一些学生也在激斗中被捆捉了去。

邓康为此，回校连夜召开了会议。于是，朱自清又参加了第二天开始的全体总罢课的斗争。这一风暴，很快地席卷了全国，各地学生纷纷响应。朱自清随了大批北大学生走出校门，去宣传，去贴标语、传单。反动政府加紧镇压，各校门口都布满了全副武装的军警，冲突不断发生。

到了六月三日，斗争白热化，仅这一天，就有一千多名学生遭到了逮捕。监狱住满了，北大法科礼堂、理科教室都成了临时监狱，最后，连午门前的大空场都涌满了被军警荷枪实弹看押的学生！

领导运动的陈独秀、李大钊暗暗地安慰学生，鼓舞学生的斗志，全北京五千多名学生抱着坐牢、牺牲的决心，背起行李，提着衣服涌上街头，到处演说，连警察厅的门口都变成了演说场。

学生们的不懈的英勇斗争，反动政府残暴镇压，激起了全国人民的无限同情与愤怒，上海七八万工人大罢工；沪宁、沪杭两铁路的工人也罢了工，一时间交通中断；唐山、长辛店的工人示威游行；上海及全国一些重要城市的商人也罢了市。反动政府吓坏了，只好释放了学生，罢免了曹汝霖、章宗祥、陆宗舆这三个不容于众的大卖国贼。中国代表也终于拒绝了在巴黎和约上的签字。

朱自清欣喜地想：

"'五四'运动的基本目的终于经过艰苦的斗争达到了。可这胜利，没有大伙儿的共同奋斗，没有广泛的支持，是得不来的！"

向品学兼优又跨一步

北京街头。

1920 年 5 月。

5 月 2 日，老北京居然没有像往常般大发脾气，虽曾阴了一阵子，却很快开了晴，风也不大，只是有些凉意，中央公园游人如蚁。一个坡坎上竖起了一面旗子：

平民教育讲演团

旗子周围已站了数十人，多是市民打扮，也有几个工人、店员，还有一两个老人。

一支洞箫正吹奏着《苏武牧羊》，幽怨婉转而又分外悲壮。吹得好，听得也专注。

一曲方罢，早已准备好了，就站在吹箫者身边的朱自清，乘余音未尽，人们仍沉浸在那悲壮的氛围中时，向前跨了一步，微抬右臂，圆圆的脸上洋溢着激情，大而乌黑有神的眼睛放着景慕而亲切的光彩，大声说：

“同胞们！适才大家听了《苏武牧羊》，这是个好曲子！是个颂扬咱们的民族气节，鼓舞咱们中华正气的好曲子！两千多年前，苏武就有那样的气节，值得我们后世人骄傲！我们中国有许多许多气节高尚、大有作为的人，这是咱们中国人的特点。今天，我们‘平民教育讲演团’就是要讲一讲咱们中国人，特别是劳动者，应该怎样继承并发扬光大这优良的传统。我讲演的题目是《我们为什么要纪念劳动节》。昨天，就是‘五一’劳动节，这个节日本身就是来之不易的……”接着他便有声有色、节奏铿锵、极富感情讲起了“五一”劳动节的来由、意义以及劳动者的神圣义务和权利。

人们听得很专注，很有兴味，不时地发出低低的响应或赞赏，而且围听的人越来越多，以致阻断了一条小过道。

听众越多，越听得专注，朱自清越激奋，讲得也更生动，更有条理，更有感染力与说服力。

看了他此刻的神情，听了他此刻的讲演，不熟悉他的人，定会认为他是一个生性活跃、健于言谈的活动家，怎会想到他平时里的沉默寡言、老成内向呢——哦，是了，他是个惜时如金、惜言如珠的人：不当说或可说可不说的，他绝不置一词或尽量不说；当说的或值得说的，他一定要说或大说特说，而且要有声有色地说透。以往只是不太明显，今天便已成型，而且在他以后的生活中更加典型化。

本学期开学不久，三月初的一天，邓康来找朱自清，说：

“形势要求我们‘平民教育讲演团’得加紧活动了。为了便于开展这项革命工作，准备扩充人员，分组进行。我的意思想给你加点分量。讲演团准备分为四组，你就做第四组的书记怎样？”

朱自清目视邓康，说：

“你看我行么?”

邓康笑着说：

“你要是不行，我又何必来找你？你要不行，别人，起码是我也恐怕不行了！你的为人，你在学友中的分量，你的学识，你的口才，都是上上的人选。只怕你不是人不行，而且时间不行!”

朱自清正色道：

“时间固然宝贵，可也只有用在正当事业上才宝贵。用在这等重要的事业上，就更宝贵！你们要认为我行，我就挑起来就是!”

邓康欢快地笑着说：

“那就说定了！——这担子可是不轻呵!”

朱自清站起来，郑重地说：

“担子重才好！只怕我力所不及，不过我一定会尽全力的!”

自此，“平民教育讲演团”第四组便不时地出现在北京的街头与繁华热闹的场所，还有时下到郊区或邻近的城市甚至集镇。朱自清尽量发挥组员们的作用，调动他们的积极性，让他们有更多的演讲机会，真诚地辅助他们，帮他们改，甚至代写讲演稿。重大的课题，大家却是非要他出面不可的，他也不推辞，而且必要讲得生动、出色。依邓康的提示，参仿江湖艺人，先用有趣味的形式招徕听众：一支箫，一支笛，一把口琴吹奏起来满有味，有时，也唱唱歌儿。果然，讲了几次效果很好。其中通县的一次为最好，最令人难忘。

4 月 5 日，朱自清召集了他组里的一些骨干，开会说：

“已打听实了，明天是通县的大集，看天气，明天也会很好。咱们好好准备一下，多准备一些课题，分头赶写，有现成的也可。”

大家都很赞同。

于是，便拟定了八个课题，朱自清主动承担了两个，其余的六个分派了下去，有几个是讲过的，准备者就很省力了。

晚饭后，朱自清便埋头在教室里专心致志地准备他的讲演稿了。他一向专注起来，不顾时间的变化，直到一个同房的同学来找他，他才晓得已是深夜了。

那同学看了一眼朱自清尚未写完的稿子问：

“你这是要放弃你的学业计划，不准备提前毕业了？”

由于朱自清一向不愿多话，更不愿张扬，所以除这同学与一些必须知道的人外，了解他这一决心的还不多。那同学自是关心他。

朱自清笑了笑，说：

“哪个说要放弃了？下定的决心，怎么可以随便更改！”

那同学以目示意于讲稿，说：

“那你这么日夜地干，学业呢？”

朱自清站起身，请那同学坐下，然后指着讲稿说：

“这不就是学业么？咱们都是学哲学的，你比我还清楚，理论尚须事实验证啊！这讲，也对我是学习么！”

末了，又诚挚地说：

“谢谢你的关心！也请你放心；我是一定要使自己的决心实现的！”

4月6日，讲演团起得很早，提前用了饭，结队而行，迎旭日，冒春寒赶到北京车站，登车奔往通县。十时许到达，连休整带吃饭，连带分组、安排，不到一个小时，便分组在各热闹的地方演讲了。

这次演讲，共讲了六次，听众多达五百余人。朱自清讲的题目是《平民教育是什么》与《靠自己》。

这次演讲效果很好。1921年，在一份讲演团的总结材料里记录这次情况道：

“居民皆前呼后随，得以听讲为快。”

四月末，陈独秀、李大钊为了唤起劳工觉醒，为了加强劳工运动，经过充分而紧张的准备，于“五一”劳动节这天召开了盛大的纪念庆祝大会，参加大会的工人、学生多达五六百人。又恰好那天天气作美，晴朗朗，暖洋洋，人们更是热情如火。陈独秀、李大钊都亲自到会作了演讲，大大振奋了人心，也是对封建势力的一次大示威、大攻势。

会后，“少年中国学会”与“平民教育讲演团”等进步团体当即紧张的准备，积极配合。第二天一早，讲演团便纷纷奔向预先选好的地点，开始了热情洋溢的讲演。

朱自清为了准备他这篇《我们为什么要纪念劳动节》讲稿，又忙了大半夜，与他一道准备的几个同学都已知道了他欲提前毕业的决心，便劝他说：

“离大考没几天了，你这次就别参与了，放心，我们都会尽力讲好的！”

一个同学乘便说：

“其实，咱们组的实力很强，少去一两个人不算什么。佩弦就别去了，我还有两个课题没弄清，也准我请一回假吧。”

朱自清对那个同学说：

“那你就不用去了。我是必去的！这次讲演不同一般，本来讲演就是大事，这次就更重大！陈学长昨日的敦教与陈词时时在耳，我是不吐不快的！何况选题已定在我的身上，怎可推给别人？我坚信这只对我的学业有大好处！”

见那欲请假的同学听了他的话面有愧色，便宽慰道：

“你不同，没有讲演的课题，课又确实要补，你的事，我们就代做了吧！”

那同学激动地站起来，说：

“你大考在即都要亲往，我一个日常课程，又何必在这一天？你说得好，这对学业大有好处。我去，一定要去的！”

到了预先被分派定的中央公园，朱自清为了制造气氛，特地请一位箫工甚佳的同学吹了两度《苏武牧羊》，果然效果很好。

待朱自清演讲一完，组里的同学按预先准备好的，整齐划一而又饱含希望与激情地喊出了昨日陈独秀在大会上的号召：

“高举‘五一’节引路明灯，向着光明道路前进！”

“五二”讲演后不久，朱自清便全身心地投入了毕业大考。红五月给的回报是极为优厚的，他顺利地通过了毕业考试，终于实现了提前一年毕业的决心。

一个初中毕业生能考上北大预科已属难能。能进预科，也得吃力读二年再入本科修四年才得毕业，可朱自清不但考上了，而且预科、本科各提前一年，缩六年为四年，等于初中毕业后即以四年的本科时间取得本科文凭，且成绩优异，可见他的聪颖，特别是执著的学习精神是多么可贵！

文凭到手之时，恰逢家信到手：朱自清的长女采芷也恰在这个红五月里诞生了！

他将一颗赤心献给了红五月，红五月也回报了他一对硕果！

作家故事文库

主编／新禾

副主编／霍红　高玉兰

郭沫若的故事

邵秀樱/著

（下）

绍秀英／著

時代文藝出版社

作家故事文库·郭沫若的故事

作　　者:新　禾　主编
责任编辑:姚家余
责任校对:王旭玮
装帧设计:章桂征
出　　版:时代文艺出版社
(长春市泰来街1825号　邮编:130062　电话:86012927)
发　　行:时代文艺出版社
印　　刷:三河市灵山装订厂
开　　本:787×1092毫米　32开
字　　数:149千字
印　　张:70
版　　次:2011年5月第2版
印　　次:2011年5月第2版第3次印刷

书　　号:ISBN 978-7-5387-1075-5
定　　价:417.20元(全14册)

《女神》的诞生

郭沫若17岁那年，得了一次重症伤寒。由于高烧，两耳的鼓膜凹陷了，从此落下个耳鸣、重听的毛病。

一个听力有缺陷的人，要拿听诊器给人诊病，是很困难的。

1919年，“五四”运动爆发了，这时郭沫若正在九州帝国大学医学部读书，他受到新思潮的影响，更想用文艺促进群众的觉醒。过去他有过一次弃文学医；现在，他决心再来一次弃医从文。

正在这时候，他寄到上海的诗作，受到《时

事新报》副刊《学灯》主编宗白华的欣赏。白华认为沫若是个难得的诗歌天才，高兴为他的诗作提供发表的园地，这给沫若很大的鼓舞。

这一年，正是美国诗人惠特曼诞生一百周年，日本掀起了一股“惠特曼热”，沫若就从这时接触到惠特曼的作品。一本《草叶集》使他爱不释手，同他朝夕相伴。许多诗篇他都反复吟诵，能够倒背如流。

徒步开怀，我走上这坦坦大道，

健全的世界，自由的世界，在我面前，

棕色的长路在我面前，引导着我，任我要到何方去。

从今后我不希求好运——我自己便是好运的化身，

从今后我不再欷歔，再不踌躇，无所需要，

雄纠地，满足地，我走着这

坦坦大道。

他读着，读着，觉得有一股清新的风从诗行间吹过来。民主自由的思想，雄浑豪放的风格，还有“波涛滚滚”式的自由体形式，恰恰与“五四”新思潮合着一个拍节，郭沫若和它一拍即合。

郭沫若读了惠特曼的诗以后，刚刚点燃起来的创作欲望，像是受到一股强劲风暴的鼓荡，更加强烈地燃烧起来；长久郁积在胸中无法排遣的愤怒、仇恨、反抗的情绪，还有对黑暗的诅咒和对光明的向往，像火山岩浆一样，也在这里找到了“喷火口”，找到了“喷火方式”。

沫若就读的九州帝国大学，座落在九州岛的博多湾上。博多湾风景如画，气候宜人，溢彩流光的樱花比东京、西京还要早开一个月。

沫若在一首诗中，这样写到博多湾：

这是我许多思索的摇篮，

这是我许多诗歌的产床。

我忘不了那净朗的楼头，

我忘不了那楼头的眺望。

我忘不了博多湾里的明波，

我忘不了志贺岛上的夕阳。

我忘不了十里松原的幽闲，

我忘不了网屋汀上的渔网。

就是在这“诗歌的产床”、“思索的摇篮”里，郭沫若思索着，创造着。

1919年学校放年假的一天，郭沫若正在福冈图书馆看书，突然感觉创作的灵感袭上心头，奇特的具象、多彩的幻想纷至沓来。那股内心的冲动，使他坐立不安。他不得不放下手中的书，走出了阅览室。

沫若在铺满小巧鹅卵石的路面上踱来踱去。他有时脱下脚上的木底鞋，用脚掌贴地行走；有时又索性倒在路上，心里想象着用自己的体肤和“地球母亲”亲昵，去感受他的体肤，去和他拥抱。他就这样，时走，时卧，体味、思索、想象、构思，任凭思绪天马行空一般驰骋，终于孕育成一篇新的诗作。他急忙跑回宿舍，写在纸上：

地球，我的母亲！
天已经黎明了，
你把你怀中的儿来摇醒，
我现在正在你背上匍行。
……
地球，我的母亲！
我不愿在空中飞行，
我也不愿坐车，乘马，着袜，着鞋，
我只愿赤着我的双脚，永远和你相亲。
……
地球，我的母亲！
从今后我要报答你的深恩，

我知道你爱我还要劳我，

我要学着你劳动，永久不停！

他写完《地球，我的母亲》这首诗，就像自己获得了新生一样。他到一个广东同学的宿舍去，这个同学正要赶到横滨爱人那里去过年。有一只大皮箱，他拿不动，正要去雇人。

郭沫若接过来说："不要去雇人，我给你拿！"

同学看到他的神色感到非常惊奇，用怀疑的眼光对他说："这箱子好几十斤哩，你能拿得动？"

郭沫若说："没关系，拿得动。"说着便抱起皮箱，扛到肩上就走，心里想着：要报答母亲的深恩，"我要把自己的血液，来养我自己，养我兄弟姐妹们。"

他扛着那只大皮箱，走了两里多路，累得满头大汗，把同学送上了火车，他心里感到从未体验过的愉快。

有一次沫若独自一个人来到博多湾海边，看海的上空，有一个巨大的云团在冲撞、旋转、翻涌；海面上狂风呼啸着卷起层层巨浪，把巨浪摔向岸边，似乎要把整个地球打翻。

他觉得这是无穷力的呼啸，是力的组合，力的创造。

他把体会到的一切，构思为诗，就有了《立在地球边上放号》，诗中这样写道：

无数的白云正在空中怒涌，
哦哦，好幅壮丽的北冰洋的晴景哟！
无限的太平洋提起他全身的力来
　要把地球推倒。
啊啊！我眼前来了的滚滚的洪涛哟！
啊啊！不断的毁坏，不断的创造，
　不断的努力哟！
力的绘画，力的舞蹈，力的音乐，
　力的诗歌，力的律吕哟！

郭沫若把聚集在胸中的那雷霆万钧之力，用海涛般的节奏，编织成气魄宏大的诗篇，唱出不断毁坏和创造的力的赞歌。

又有一天，他正在煤炉前生火做饭，看炉膛里的煤球，化成一团团红红的火焰。

忽然，一种思念祖国的深情涌上心头，看着，看着，好像自己也变成了炉中的煤球。他拔出笔来，映着炉中的火焰写下了《炉中煤》：

啊，我年青的女郎！
我不辜负你的殷勤，
你也不要辜负了我的思量。
我为我心爱的人儿，
燃到了这般模样！

啊，我年青的女郎，
你该知道了我的前身？
你该不嫌我黑奴卤莽？

要我这黑奴的胸中，
才有火一样的心肠。
啊，我年青的女郎！
我想我的前身
原本是有用的栋梁，
我活埋在地底多年，
到今朝总得重见天光。

啊，我年青的女郎！
我自从重见天光，
我常常思念我的故乡，
我为我心爱的人儿
燃到了这般模样！

“五四”以后的中国，在沫若的眼里就像是一位俊俏有朝气的姑娘，简直就像是自己的爱人一样。

这首《炉中煤》，把“眷念祖国的情绪”，鲜明地展示了出来。

“喷火口”找到了，沫若的诗情一发而不可收。他觉得自己就像一座诗的工厂，诗的生产愈来愈旺盛。

从 1919 年末到 1920 年初的几个月里，他几乎每天都陶醉在诗里。

一旦诗的灵感爆发，他就像得了大病发高烧一样，浑身冷得发抖，有时提起笔来竟颤抖得写不出字来。

就这样，一篇篇精美的诗篇从博多湾不断传送出来，大都发表在《时事新报·学灯》上，后来集结为诗集。《女神》便从此诞生了。

北伐路上的悼亡诗

1926 年北伐前夕郭沫若来到广州。他一到这里，就感受到浓烈的革命气氛，国共合作胜利实现，农民运动如火如荼，人们沉浸在北伐出师前的感奋之中。

郭沫若由瞿秋白推荐，出任广东大学文学院的院长。在这里，他结识了不少共产党人。他同毛泽东、周恩来、林伯渠、阳翰笙、李一氓、叶挺，都常有接触，有的还是相交很深的朋友。他应毛泽东的邀请，给农民运动讲习所讲过课；他还经常在群众集会上发表演说，有鲜明的阶级观点和坚定的革命精神。

在北伐出征的前些天，阳翰笙和李一氓来找郭沫若，商量投笔从戎的事。阳翰笙对沫若说：

“北伐军快出发了，我们一起去参加吧，你看怎么样？”

郭沫若喜出望外，毫不犹豫地说：“我早就等着这一天呢，有你们同行，我万死不辞。”

他们被从军的激情鼓舞着，谈了很久、很久。

阳翰笙和李一氓从沫若那里回来，立即向周恩来作了汇报。周恩来面有喜色。他觉得郭沫若参加北伐是两全其美的大好事：对郭沫若个人来说，投入革命熔炉，是机会难得；对北伐队伍来说，有了郭沫若，人才难得。他对郭沫若寄予厚望。

考虑到各方面的微妙关系，周恩来对郭沫若的安排颇动了一番脑筋。想来想去，政治部是个理想的去处。政治部主任邓演达是国民党左派，同共产党的关系比较密切。蒋介石总想把自己的心腹派进政治部，排斥共产党，控制邓演达，都遭到了拒绝。

如果郭沫若进政治部，蒋介石、邓演达都容易接受。因为他是颇有名气的文人才子，蒋介石出于拢络人才，不好拒之门外；又因为他无党无派，邓演达也不戒备。再加上请国民党元老孙炳文出面推荐，这样就会更有把握。

周恩来把郭沫若请到住处，同他谈了自己的想法。两个人谈得很投机，从下午一直谈到晚上，大有相见恨晚的感觉。他们从此成为最亲密的好朋友，真诚的友谊一直持续到终生。

蒋介石见郭沫若不是共产党员，又是著名的文学家，就欣然同意他参加国民革命军。先是任命他担任总政治部宣传科长兼行营秘书长，后来又晋升为政治部副主任，授给他中将军衔。

1926 年 7 月 1 日，广东革命政府发表《北伐宣言》，9 日，国民革命军正式出师北伐。临行之前，四川革命同志会举行隆重会议为沫若一行人送行。阳翰笙在会上致辞说：

郭沫若同志由文学大家而大学教授文科学长，由学长而宣传科长，可以说他现在武装北伐，一支笔能够横扫千万军的！自从创造社成立以来，所发行的刊物，无人不受沫若同志的影响，而今沫若同志由东方的诗人，浪漫的文学家实行武装起来了，明日就道长征，大有还我河山之慨。这样，自然一般的群众一定要相继加入杀敌了，尤其是许多教师，文人，浪漫派，将来也能勇敢革命的。

郭沫若在致答辞中充满革命豪情，他幽默地说："你们此时欢送我们，倒不如我们打到武昌，打到北京再来开会欢迎你们！"

7 月 21 日，郭沫若离开广州，和总政治部的工作人员一道向湖南进发。8 月中旬，郭沫若一行到了长沙。24 日下午，正当他们筹备好庆祝攻克岳州的大会时，接到了北上的命令。

政治部的工作人员，包括后勤人员在内大约一千人左右，从中分出三分之一组成先遣队。当晚六点集合去车站，八点钟乘车北上。

郭沫若和他的秘书李一氓也编在先遣队里。到车站以后，他们看天色还不晚，离开车时间有两个小时，便利用这个空档，到附近的浴池去洗澡，冲冲身上三伏天带来的臭气。

从浴池出来已经七点钟了，他们拼命往车站跑。到车站门口的时候，俄国顾问铁罗尼的翻译纪德甫和政治部的几位干部跑过来，神色紧张地对沫若和一氓说：

“你们到哪里去了？邓主任大发雷霆，说要枪毙你们呢？”

郭沫若看看表，是七点半钟，离开车还有三十分钟，不知道邓主任为什么发这么大的火。

原来是出发的时间临时提前了。纪德甫跟邓主任、铁罗尼七点钟到车站，看到先遣队人员已经上了车，以为沫若、一氓一定在上面，就把开车时间提前半小时。他们不知沫若去洗澡，沫若也不知道火车准备提前开，结果闹了一场误会。

邓主任站在最后一辆车厢的门口，朝着站台上郭沫若这边一群人怒气冲冲地发问："到了吗？唉！"

下面的人打着圆场回答说："到了，到了。"邓主任听人说了郭沫若来迟的原因，心里的怒气已经消了几分，嘴里哼了几声，最后下令："好啦，我们开车啦。"

在车厢后面的一个角落里，郭沫若遇到了铁罗尼。他跑过来亲切地拉着郭沫若的手，和蔼地说："沫若同志，你是怎么了？"郭沫若用不地道的德语和他说了几句，心里觉得委屈，无心同他唠下去，便退到另一边去了。

不一会儿，火车在昏暗中开动，离开了长沙站。

火车跑了两个多小时，到了目的地汨罗。车

站没有电灯，天上没有月亮，没有星星。下车后摸不准方向，借着几盏马灯的光亮，人们随便找个地方，铺些草就睡下了。

纪德甫和郭沫若、李一氓，找到一处野草丛生的地方过夜。几棵大树的枝叶伸展开，像支出一把遮阳伞，罩在上方，既防雨，又遮光，营造出一个非常幽静的小天地。纪德甫解开自己的雨衣铺在草地上；李一氓从邓主任卫兵手里要来一张厚厚实实的草席铺在草丛中，让郭沫若躺在上面，就像睡到沙发床上一样。

纪德甫曾经参加过昨天下午的秘密军事会议。他告诉郭沫若，昨晚突然提前出发，是因为前线形势发展很快。他们要抄近路，走一条弓弦的路线，赶在唐生智部队前面，追上第四军，不要让武汉落到唐生智手里。

听纪德甫介绍了战局部署，郭沫若心里的一片乌云即刻散尽，顿时觉得敞亮起来，有了无限的生机。他想，北伐革命对每个人来说，也是一场有特殊意义的竞赛，他要做一个出类拔萃的赛跑选手。

25日清晨，部队来到汨罗江边，江面不怎么宽，水也很浅。沫若低头沉思，他不理解，那心中崇敬的屈原，怎么能死在这样窄而浅的江里面。这时，太阳升起来了，汨罗江面和附近一带的浅山都涂上了一层金色。郭沫若骑在马上感慨万千，不觉吟起诗来：

屈子行吟处，今余跨马过；
晨曦映江渚，朝气涂胸科。
揽辔忧天下，投鞭问汨罗：
楚犹有三户，怀石理则那？

郭沫若骑的是一匹老白马，跟不上邓主任那匹总放小跑的健马。他常常下来步行，用马驮行李，或让给别人骑。一路上，他说不清从哪里来那么多的力气。每天他都打前站，先到宿营地，替大家安排休息地点和住处，有时还要烧菜煮饭，精力总是那么旺盛。

9月5日，部队挺进到武昌城下，忙着做攻城准备，政治部的人考虑安排进城后的群众宣传工作。

晚上，纪德甫来见郭沫若，兴奋地说，他要参加敢死队，一会儿去攻城。在郭沫若的印象中，他只是个翻译、热血青年、白面书生，虽然从北上一直在一起活动，也不过相处十多天。要分手了，郭沫若禁不住对他细细地打量了一番：他个头高挑，身材有些瘦削，黄色的面孔中透出青春的朝气。上身穿着一件黄军服，从汨罗江北上一直没换洗过。除了背着一个文件包、扎着一条皮带之外，身上只有一只驳壳枪。他平时很少言语，这些天他和郭沫若形影相随，他们还没有机会敞开胸怀，谈谈自己的身世。郭沫若只知道他是山东人，二十四五岁，从中学毕业就去苏联留学，因革命战争需要提前回国，外语水平和理论水平都不错。

郭沫若看着眼前这位还稍稍有些腼腆的朋友，好像有许多话要对他说，但是时间已经来不及了。

纪德甫紧紧握住郭沫若的手，十分严肃地说："今晚上我们无论怎样也要打进城去，打不进城我不回来见你了！"

郭沫若也爽快地回答：

"谁要你回来？我们明天赶到武汉见。"

他们二人分手以后，纪德甫就跟随敢死队消逝在沉沉夜色中。他那种献身的精神，敢死的气魄，深深刻印在郭沫若的记忆里。

当天晚上，留守人员都相信夜里一定会攻下武汉，忙着准备进城的工作，谁都没有睡觉。敢死队走后两个多小时，隆隆的炮声不断从前方传来，异常猛烈，显然一场恶战展开了。炮声一直响到天亮才逐渐沉寂下来。

前边传来的消息变幻莫测，多数说已经攻占了武昌城。后续部队正陆续向城下进发。

当郭沫若所在的一支队伍走到离洪山不远的地方时，从对面来了一副担架，后面跟着一个挎匣子枪的士兵。

担架上的人用一件雨衣遮住了脸，两条腿是僵直的，一动也不动。沫若猜想，那负伤的人一定是个长官。

当那副担架临近身边时，沫若从伤员的衣着辨认出那人是谁了。他连忙上前揭开那件盖脸的雨衣，那张熟悉的面孔出现了。纪德甫的面孔已经由黄色变成苍白，没有一丝血色；两只眼睛还睁着，眼珠一动不动。郭沫若凭着自己的医学知识，断定他已经死了。

这时随行的护兵交给郭沫若一封信，是邓择生主任写来的：

攻城计划仍归水泡，敌人尚在顽强抵抗。德甫同志于今晨正七时阵亡于宾阳门外长春观内，哀痛至极。后事望兄从厚料理。

邓择生这几行手书像电流一样，流遍沫若全身，周围的空气仿佛凝结了。

后来，从护兵的口中，郭沫若得知纪德甫牺牲的经过。

昨晚敢死队的部分人已经到达城下，有的爬上城墙，但是寡不敌众，纷纷被守城的敌人打下城来。清早，纪德甫随部队撤至长春观，在那里凭借城墙的一角作掩护，同二三十丈以外的敌人交锋。在射击间歇中，纪德甫探头到墙外观察形势，被一枪射中了。

当时，邓主任和铁罗尼顾问马上过来看他的伤势，喊人救护，他却说："我不要紧，请你们留心着敌人。"说完这句话，他就停止了呼吸。

子弹是从后头骨的左侧打进去的，由于骨头阻挡，子弹折了个个儿，从后脖颈穿出来，一枪贯穿三个地方，头部和胸部都是致命伤。

他随身携带的物品，只有一块手表和一个皮制的钱包，钱包里只有两个铜板和两张当票。当票是广东当铺开的。那上面的字迹潦草不清，看不明白当的是什么东西，估计是打仗不便带走的被子和书籍。

看着烈士的遗物，郭沫若的心情久久不能平静。他留下了从烈士身上取出的弹片，那断成三个颗粒的弹片，作为永久的纪念。

泪水润湿了郭沫若的眼睛，他利用炮火暂时寂静的那一刻，写下悼念亡友的诗篇：

一棺盖定壮图空，身后萧条两板铜。
沉毅如君偏不禄，人间何处吊英雄？

回思夜袭临歧语：不破坚城矢不归！
今日成尸横马革，难禁清泪滴君衣。

患难相随自汨罗，阵中风露饱经过。
人生自古谁无死？死到如君总不磨。

一弹穿头复贯胸，成仁心事底从容。

宾阳门外长春观，留待千秋史管彤。

这是郭沫若随军北伐后，送走的第一个身边的战友，这首诗也是他北伐的第一首悼亡诗，此情此景让他终生记忆着。

写檄文声讨蒋介石

在北伐中，蒋介石想尽办法拢络郭沫若。1926年10月9日他致电国民革命军政治部主任邓演达，接受邓的提议，“准委郭沫若为副主任”。

攻克南昌以后，蒋让郭沫若和他一起去南昌，还对郭沫若说：“今后文字上的事情，我要多多仰仗你了，到了长江下游，还有许多宣言是要请你做的。”

郭沫若不得不敷衍着。开始他只觉得老蒋狡滑奸诈，反复无常，对他疑疑惑惑，同他拉开一定距离，还看不透他的葫芦里究竟卖的是什么药；

经过一段观察之后，郭沫若就逐渐看清楚了。

1927年开春的时候，赣州的国民党右派分子，破坏工会活动，激起了公愤。公众舆论要求追查直接策划人、新编第一师党代表倪弼的责任。

倪弼是蒋的亲信，他的活动是受蒋支使的，怎能追查得了。为了平息民愤，倪弼找手下一个团的党代表作为替罪羔羊，当作肇事者报上去，就算了结了。

郭沫若知道这里有鬼，坚持把倪弼调离，把赣州事件查个水落石出。他去找蒋介石，蒋当面应承，过后拖着不办。倪弼受到怂恿，有恃无恐，一不做二不休，接着又公开杀害了赣州总工会主席陈赞贤。

3月12日早晨，郭沫若拿着江西省政府要求严办倪弼的公函，又去见蒋介石，据理力争，他说："赣州事件的首恶是倪弼，从政府到民众没有不知道的，不严办没法平息舆论，会动摇军心民心。"

蒋介石不好明面袒护，只是敷衍地说了一句："那就免职查办吧。"

郭沫若穷追不舍："还要请总司令亲笔批示。"

"好的。"老蒋从嗓子眼里挤出这两个字，又在请示报告上批了"免职查办"四个字。

郭沫若想到光有批示还是空的，由谁承办是个关键，接着问老蒋："要怎样查办呢？这个命令怎么下发？"

蒋出于无奈，应付说："你用我的名字拿去登报好了。"说完又补充一句："可是，先不要忙着往赣州打电报。"

说到这里，沫若看清了蒋的所谓"查办"，是要个花招欺骗舆论。登报免职是虚的，不往赣州发电报，包庇倪弼才是实的。

3 月 15 日，南昌近 20 万群众在广场集会，纪念孙中山先生逝世两周年，蒋介石要在集会上讲话。当时没有扩音器，蒋就让郭沫若拿着铁皮传话筒，向会场传达他的讲话。这样，蒋讲一句，郭沫若就拿着话筒大声地复述一句。

传达一阵之后，郭沫若觉出味道不对，蒋介石的演说完全是一派反革命的论调。可是，这时郭沫若已经骑虎难下了，他只能硬着头皮违心地跟着喊下去。他觉得自己是在出卖人格，有苦难言，只能打掉门牙往肚里咽，恨不能把话筒丢在地上，砸个稀巴烂。

因为这次为蒋介石传话，郭沫若得了一个被人戏谑的雅号："吹号的"。

群众集会结束以后，蒋介石当晚就委任他为总司令部行营政治部主任，每月要发给他 300 元大洋津贴，还派人劝导他和武汉中央脱离关系。

这时，郭沫若看出了蒋介石叛变革命的意图，他马上给武汉国民党中央和总政治部主任邓演达发了一份密电，报告了蒋介石的动向。

3 月 18 日，蒋介石让郭沫若带着政治部的人员先到安庆去，说他自己随后也去那里。

3 月 22 日，郭沫若接到一份请柬，请他参加第二天上午举行的安庆市民欢迎蒋介石大会。沫若心里想：20号已经开过一次欢迎大会了，怎么还要开欢迎会，这可能又是一个阴谋。他派人出去调查。不出所料，反动团体已经张开罗网，只等“欢迎会”上动手。由一百多人组成的敢死队，准备把安徽省党部的人一网打尽。

郭沫若一面派人通知有关部门做好应变准备，一面又亲自去见蒋介石。

在总司令办公室门前，沫若看见一些军政要人急急慌慌，出出进进，大有临战前那种紧张、神秘的气氛。侍从官告诉沫若说，蒋总司令正在会客，请他到另外一间会客室里等一等。

郭沫若走进一个小会客室里等候接见。不一会儿进来一个矮小发胖的人，面色青灰，左眼斜视，他自我介绍说是安庆电业局长。

这位局长见郭沫若也是等候总司令接见的，就同他搭讪着唠起来，问了他一些熟人，郭沫若说都认识。局长觉得郭沫若出口不凡，大有来头，误认作同一个帮里的人，就压低声音，谈起秘密话来。

郭沫若抓住这个机会，想从这个局长嘴里证实一些情况，便把他拉到屋子的一个角落里，坐在一张长藤椅上长谈。

电业局长自以为遇到了知己，恨不能把自己知道的黑帮里的情况，一古脑都抖落出来。

他对沫若显示说："我们这次干得不错，三个星期前就把各种行帮的工头收买过来了，组织了总工会，还组织了农会、妇女协会、商民协会。我们把地盘占上了，党部里的赤色分子就站不住脚了。"

郭沫若顺势称赞几句，还引他往深里说："好是好，不过先搭起个空架子，捣乱分子要再捣乱，没有武力制裁还是不行。"

电业局长得意地说："有的，有的，我们昨天打了一次你是知道的，我们今天还要打呢。"

接着郭沫若又问："安庆的青红帮有多少?"

斜眼局长洋洋自得地说："不少，不少。我们早就联络好了，九江、安庆、芜湖、南京、上海一带，我们都和'老头子'联络好了，全靠特务处长杨虎大哥撑腰。"

说到这里，斜眼局长掌握的黑帮秘密，也许只道出了三四成，可是郭沫若觉得这些材料足以说明问题了。这时，沫若看到杨虎等人时进时出像鹰犬搜索猎物，不断用眼睛扫着他。

沫若赶忙把话刹住，推托要去见总司令，走出了小会客室。

沫若想到还要去找一个人，他叫陆福庭，是一位忠厚长者，在总部里他是沫若最喜欢的一个人，也是靠得住、能说些心里话的人。

陆福庭那张古铜色罗汉模样的脸上堆满了忧愁，他开口就对郭沫若说："安徽的事情糟透了，你是政治部主任，你应该拿出办法。"

郭沫若告诉他说："我能怎么办呢？总司令不要我办，你叫我怎样办呢？我今天就是要去向总司令请示办法的。”

陆福庭接着把他知道的情况，一五一十地都告诉了郭沫若：今天青红帮还要动武，要闹得一塌糊涂。将来到了南京一定要大流血。在暗中鼓动闹事的就是老蒋手下的特务处长杨虎。

沫若从陆福庭这里，把从电业局长那里得来的情况，核实得清清楚楚。他想，一定不能让青红帮葬送北伐、葬送革命，不论如何还要去见蒋介石，个人风险再大，也要把话说出来，要制止黑手伸向安徽省党部。

郭沫若从陆福庭那里出来，直接去见蒋介石。老蒋还在办公室里和一帮打手密谋。

老蒋见郭沫若进来，脸上流露出 恓惶不定的神色，略微有些惊异。

郭沫若作出探询的样子问他：“今天又要开欢迎大会了？”

老蒋故作姿态地说：“这是他们要这样干的，我是不出席的。”

郭沫若进一步询问："我们可不可以派点兵，去保护省、市党部呢？"

老蒋推托地回答说："你去向参谋长讲吧。"

郭沫若单刀直入地挑明说："像现在这样军事紧急时期，对这种捣乱的集会，我看总司令可以直接下一道命令，解散集会。"

老蒋决心已定，只是一味敷衍："你去向陈解元讲吧，他是负责维护这里治安的。"

郭沫若透过老蒋的谎言，看清了他的叛徒嘴脸。请求革命叛徒保护革命群众，等于同虎谋皮。郭沫若放弃了最后一丝幻想，毅然离开了老蒋的办公室。

郭沫若从老蒋那里回来不久，就得到了青红帮闹事的消息。省党部和各种群众团体都已经被捣毁，有六个人被打伤。由于事前有准备，许多同志都安全撤走了。

第二天，蒋介石去上海策划更大的阴谋。临走时还给郭沫若留下一封亲笔信。内容是：

沫若同志，等候不及，中正先赶赴下游，兄与一氓兄同来。

中正

郭沫若看过这张纸条，阴沉的脸上露出了笑容。几天来一直想摆脱蒋介石，总是没有机会，这次机会终于来了。

3月28日，郭沫若带着政治部的人，从安庆登上一只差船，假装去南京。船到江心以后，才让船掉转方向，开到九江去。

郭沫若让政治部的人大部分去武汉，向中央报告蒋介石的叛变行为；留小部分人留守九江。他自己赶赴南昌，撰写讨蒋檄文。

3月30日，郭沫若在南昌朱德同志家里写出了《请看今日之蒋介石》。

文章开篇就一针见血地指出：

蒋介石已经不是我们国民革命军的总司

令，蒋介石是流氓地痞、土豪劣绅、贪官污吏、卖国军阀、所有一切反动派——反革命势力的中心力量了。

接着，他用一件件亲眼所见的事实，揭露蒋介石的种种反革命行径。最后，郭沫若义正辞严地指出：

蒋介石叛党叛国叛民众的罪恶如此显著，我们是再不能姑息了。他在国民党内比党外的敌人还要危险。……同志们，我们赶快把对于他的迷恋打破了吧！把对于他的顾虑消除了吧！国贼不除，我们的革命永远没有成功的希望，我们数万战士所流的鲜血便要化成白水，我们不能忍心看着我们垂成的事业就被他一手毁坏。现在凡是有革命性、有良心、忠于国家、忠于民众的人，只有一条路，便是起来反蒋！反蒋！

这篇声伐蒋介石的檄文，在革命的紧要关头，以武汉《中央日报》的附刊单行本发表，揭去蒋介石所有美丽的面纱，还他以本来的面目。郭沫若觉得完成了历史交给他的一项使命，心里无比痛快，对于个人的安危，他完全置于度外了。

奔赴南昌

1927年4月，蒋介石发动了反革命政变，同年7月武汉汪精卫又和他同流合污。在革命的危机关头，共产党人在南昌举行“八一”起义。

郭沫若听到这个消息就像久处黑暗中遇到了光明，内心充满希望和力量，恨不能插上翅膀从九江飞到南昌去。

郭沫若当时担任第四方面军党代表和政治部主任，他去南昌之前要把自己的下属——一大批政工人员安排好。他想利用过去的私人友谊，求得第四方面军总指挥张发奎的帮助和允许，没有这个总指挥的同意，那是什么事情也办不成的。

郭沫若到张发奎的办公室，见到了这位总指挥。经过商量，两个人都同意解散政治部，对政工人员以礼放行。接着张发奎劝郭沫若能跟着他走。他准备偷偷地去上海，再转道去日本。他看重郭沫若是日本留学生、懂日语，给他当秘书是最理想的人选了。

郭沫若没有答应，他坚持要到南昌去。张发奎没有为难他，也算帮了一个小忙。

张发奎告诉郭沫若，要去南昌不能拖过当天晚上。马上就要下戒严令，当晚的口令和特别口令可以照发，明天就不能保险了。他还希望郭沫若去南昌能传达他的一些意见：希望南昌起义部队尽速退出南昌；如回广东，走东江别走赣南；避免与他的部队发生冲突；彼此互不相干，希望革命委员会不要再用他的名义；对政工人员一律以礼遣散，希望他们不要伤害张发奎的人。

郭沫若请他把这些话写成文字，张发奎很勉

强地用铅笔随便写在一张纸上，却不肯签字。尽管这样，郭沫若总算拿到了他的亲笔函件。

全部政工人员遣散以后，只有三个人当晚同郭沫若一同赶到南昌去。他们是李一氓、阳翰笙和梅龚彬。随行的还有两个勤务兵：小个勤务兵是李一氓的，大个勤务兵是沫若的。

他们是下午六点聚齐的。这时街上岗哨林立，戒备森严。哨兵枪上刺刀，一片肃杀气氛。

郭沫若这一行人都穿着军服，在天还没黑时，他们通行无阻；他们赶到车站天已经黑了，只听“口令!”“特别口令”的叫声一路不断，更增加几分紧张气氛。

这时，给郭沫若扛物件的大勤务兵，突然放下担子，当街跪下，满脸流泪，向他叩头。

郭沫若等人大吃一惊，莫名其妙。

大个勤务兵哭诉着说：“请饶恕我吧，我家里还有一位八十岁的老母亲!”

郭沫若没有想到这个貌似雄壮的勤务兵，竟

这样胆小，只好放他回去，并把被卷送给他，自己接过小皮箱。

到火车站以后，感到情况不妙。听说涂家埠以南有一座铁桥被炸断，铁路交通已经停止了。要去南昌只有坐手摇车。铁路工友们知道他们的来历以后，眼看劝阻不了，便自告奋勇，愿意送他们到南昌去。

手摇车是一种小型的木板车，下面有四个火车那样的轮子卡在铁轨上，车两边有两个发动机，摇车人站着摇动，车子便转动起来。车上有一把靠椅，可并排坐三个人。沫若一行五人连同随身携带物品，正好占了两辆手摇车。

当晚是漆黑的夜，没有月光，也没有星光。一路上只有“口令”和“特殊口令”的呐喊和扳机柄发出的轧轧声。

半夜过后近一点钟，手摇车到了德安车站。有一排士兵守卫着乱七八糟堆放的货物。应对过口令以后，士兵们要他们停下，不准通行。

郭沫若找到他们的排长，对他说："我是党代表，受总指挥的委托，有重要任务要赶到南昌去。"

那位排长用广东方言，毫不讲情面地说："不行，就是总指挥自己来，也不能过，一定要先看到营长的命令！"

士兵里也有四川籍的，对他们很同情，主动介绍情况。据士兵说，这德安是最后一道防线，不是轻易能放行的。即使过了这一关，前面十里以外还有一个尖兵站，还是过不去。郭沫若他们觉得事到如今，只好在这里过夜，天亮找到营长，再往前走。

营长住在德安城，离车站还有五六里路。第二天清早八点左右，郭沫若一行由两名荷枪实弹的士兵护送去城里见营长。

营长姓张，住在中学的一间教室里正在发疟疾。他脸色黑灰，躺在一张行军床上。

沫若拿出张发奎的亲笔函件给他看，并说明

来意。营长没有难为他们，当即令下属写了一张路条，写明“有某某长官四名，勤务一名，准予通行”的字样。

沫若他们就这样得到最后一关的通行证，内心感到特别轻松，这时才看到要张发奎写亲笔信的必要。如果没有这个函件，这一关就过不去了。

回到德安火车站，坐上手摇车，顺利通过了前面的尖兵站。沫若一行人心情无比畅快，觉得阳光特别明亮，青翠的田野特别妩媚，好像铁路的两条铁轨，专为他们而铺设，运他们去革命的乐园。

然而，在前面等着他们的却是无比的凶险。

涂家埠车站已经近在眼前了。真真切切地看到车站里停着一列火车，有三列车厢都挤满了兵，还有好多散兵拥挤在月台上。

这趟来历不明，去向不明的列车，引起一连串的问号。铁路不是被阻断了吗？怎么还能通车？车从哪里来，要往哪里去？

在月台上问过站长才晓得，火车是从牛行开来的，逼着车站加煤加水，要开往九江。

沫若心里想，不能让火车开往九江，这岂不等于送去一列火车和几厢士兵吗。

沫若同站长谈话时，便有士兵围在一旁。他们是些没配带符号的徒手兵，显然是在南昌被缴了械的程潜和朱培德的部队。

沫若走进站长室打电话，因为天热，脱上衣时露出了腰间的手枪。他让牛行车站转告南昌的贺龙和叶挺，报告郭沫若一行人已经到了涂家埠，并希望严密断绝铁路交通。这样一来，在窗外围观的散兵就看清了他们的身分。

当沫若走到月台时，那些散兵便一拥而上，把他紧紧围在当中。沫若两手紧握腰中的手枪，生怕被人夺走。

散兵们不容郭沫若喘息，他们一起上来，有的抢枪，有的夺表，有的摸自来水笔。郭沫若从月台被打翻到轨道上，眼镜也被打掉了，随后又被暴徒拉上月台。最后皮带被扭断，手枪被一个人抢了去。

那个夺枪的暴徒，手持已经上了子弹的手枪，对准仰在地上的沫若。

沫若面对这突如其来的打击，在生死未卜的瞬间，头脑却格外清醒起来。他想到：一年半前由广东出发时，霍乱病流行，许多士兵死在路旁，他却没有死；去年八月攻武昌城，跟士兵一道冲锋，德甫阵亡在宾阳门外，他也没有死；蒋介石叛变后通缉他，他走苏州进上海，没有被抓，更没有死……然而，想不到躲过这么多大灾大难，竟然会死在涂家埠这帮被缴了械的散兵手里。

可是，那个暴徒没有开枪，他终究没有机会开枪了。正当他举起手枪的时候，那群围攻沫若的士兵，又转过去争夺他手中的那支勃朗宁。

这真是千载难逢死里逃生的好机会。郭沫若拔腿就跑，一直穿过车站，跑到后面的一排工人家属房前，两手一按，跳进一扇开着的窗里，躲了起来。

不一会儿，站台上响起了哨子声，火车鸣响气笛，慢慢开出车站。这时，沫若才安然走出避难所。

一场风险过后，在月台上沫若又与一氓、翰笙和龚彬相聚。一氓挨了打，其他两位安然无恙。只是那个小个勤务兵下落不明，为沫若留下了终生的遗憾。

沫若看得非常清楚，当他被暴徒围攻时，小个勤务兵在月台南端，正要拔出驳壳枪来救他。可是另一群散兵围住了勤务兵，把他推上火车，是死是活不得而知。如果他真的死了，沫若觉得，那纯粹是为救自己而死的。

在这次风险中，沫若还丢掉了北伐中的一些日记，以及小皮箱里的二十七支驳壳枪。

沫若一行五人，失去一人及全部携带物品，成了名副其实的四个光棍。大家集中到一辆手摇车上，于上午十点离开涂家埠。

一路上，从对面仍有零星散兵擦身而过，因为弄不清车上人的身分，也就没人敢碰沫若这一行人。下午三点多钟手摇车到了牛行车站。

车站、月台和附近市镇街面不见人影。电话房上了锁，无法与外界通话。他们走到赣江边上，与南昌城隔江相望，但是喊话却传不过去。江面上不见一只小船，南昌城不时传来枪声。

沫若一行人在江边徘徊一个多钟头，突然晴朗的天空暗了下来，浓云密布，眼看一场暴风雨就要来临。他们急忙躲进一间草棚里。倾刻之间，倾盆大雨泼洒下来，下得天昏地暗，翻江倒海。

一场暴雨过后，江上仍然沉寂如初，不见人影，也不见船影。显然是有部队封江了。当大家几近绝望时，沫若一个人沿江岸向下游走去。突然，奇迹出现了。他发现江心有一只小船，打着一面红旗，在水面上摇来摆去。

郭沫若双手合拢在嘴边，朝小船方向高喊："请把船摇过来！请把船摇过来，我是郭主任，要进南昌城去!”

船果然应声摇了过来。船上有两个人，一个掌舵，一个坐在船头。

船头那位青年认识沫若。他说，他们是来收电线的，队伍今晚就要出发，早起就封了江，这是江面上最后一只船了。

当沫若一行四人上了船，他们仿佛觉得这只船是天外飞来的救星。沫若来南昌，遇着这位电信队的青年。正如同伍子胥过昭关，遇着江上渔父；楚霸王到乌江，遇着乌江亭长一样。

小船渡过江时，天已经黑下来。

沫若一行人被引到贺龙的军部，起义后大家相逢在这里，分外高兴。

“啊，你们来了，来了，大家关心你们，想得要命啦!”说着便把他们抱起来。

他们被留在军部吃晚饭。贺龙又派勤务兵送来了两套衬衣和短裤，作为洗换用。

不一会儿，周恩来也赶来了。他听说沫若一

行在路上的遭遇，特意拿来自己的一套蓝色军服，送给沫若。

郭沫若把张发奎写的四项要求交给周恩来看。周恩来看了一遍说：“都不成问题了。我们和他自然可以各不相干。我们的方针是缴械，不杀人，他也是应该知道的。‘八一’革命，我们只缴了第三军和第六军一部分的械，并没有杀一个人。”

“不杀人，有时也好像不大好。”沫若半开玩笑地说，“我们倒几乎被你们没有杀的人杀掉了。”

大家哄堂大笑，笑得痛快淋漓。

当时革命委员会里也有总政治部，沫若、一氓和翰笙被派到总政治部里面，明天就要踏上新的征途。

走出流沙

1927年8月5日，“八一”南昌起义部队按原定计划退出了南昌，陆续向福建、广东一带进发，郭沫若随部队南下。

南国的盛夏，白天娇阳似火，热浪扑面；夜晚蚊虫成群，难以入睡。战士们行进在崇山峻岭之中，十分艰苦。许多战士得了疟疾，部队不断减员。

途中，郭沫若得了痢疾，病痛折磨着他。政治部派安琳专门护理他，给他寻医找药，扶着他走路，他才没有掉队。

经过几天的紧张行军，部队到了抚州，决定

在这里作短暂停留。

党组织根据郭沫若在大革命和北伐中的实际表现，决定吸收他加入中国共产党。入党仪式安排在小学校的一间教室里。介绍人是周恩来和李一氓。郭沫若在党旗下宣誓，从此成为一名共产党员。

部队从抚州继续进发后，多次与敌人遭遇，在瑞金、会昌等地连续制服敌人，打了几次胜仗。9月底到达了潮州和汕头。

这时，由于战术指挥出现错误，政治工作抓得不紧，民众工作失利，又遇上优势敌军的围攻，部队在汤坑等地吃了败仗，损失严重。敌军又乘机向汕头进攻，革命军抵挡不住，从汕头退到了流沙。

革命军总部在流沙天后庙召开领导干部会议，总结南下的经验教训，分析当前形势，确定今后的战略大计。郭沫若也参加了会议。

会上，周恩来作了报告，他在总结了军事失利的原因之后，提出了下一步的战略方针，要集中整顿武装人员，带领部队向海陆丰撤退，今后要作长期斗争的准备。他说：

“现在，非武装人员，愿意留在部队的，可以留下，不愿意留下的，可以就地分散。一些农会会友愿意为我们作向导，我们要分头向海口撤退，再分头去香港和上海。

周恩来讲完以后，大家的视线都落到贺龙身上。贺龙向来是豁达乐观的人，可是这次，他却咬着牙沉默不语。

叶挺讲了话，他讲得很干脆。他说：

“如果我们再有一团人，就什么都不成问题了。可是，到了今天，也只有这样了，还有什么好说！”

最后，贺龙还是说了几句。他说：

“我被我自己的家族出卖了，连累了革命，对不住大家。但我不甘心，我要干到底。就让我回到湘西，从头干起。”他的声音带有几分愤怒。

一切商量妥当之后，已经到了下午两点多钟。就在这个时候，情报人员传来急紧情报，说村外的山头上，发现了敌人的尖兵。

部队匆忙整队集合，作行军部署，把仅剩下的一个营的兵力，分成前卫和后卫两个部分，非武装人员夹在中间。前卫部队由叶挺率领，去争夺西南山头。西南山头是部队走出流沙的必经之路。

队伍出发了，向西南山头进军。

政治部人员和其他非武装人员走在队伍的中间，里边有从武汉、南昌、上海、长沙和其他城市疏散下来的一些男女同志，有勤务和挑夫，人数比前卫和后卫的总和还多。这时，正是9月下旬，阴云浓重，天色晦暗。

队伍向前走着，快要走进一个小村落时，突然从前面传来几声尖锐的枪声。走在中间的人立刻慌乱起来，挑夫扔下担子乱跑，穿长短衫的人也乱跑起来。殿后的部队想往前冲，却被这些慌乱的人群给冲散了。

郭沫若和安琳跑到小村子里，和二十几个带枪的战士会在一起。他们又走出村子，在田地中一段浅浅的高地上，又遇见一百多战士。卢师长正在这里指挥，他命令战士们每10个人为一小队，每一小队隔10分钟相继出发，要以冲锋的姿势向山头进发。这时，卢师长正在发疟疾，冷得全身发抖。他把一百多名战士分遣完之后，随着最后一个小队出发了。

剩下的人，除了几个年轻卫兵，全是非武装人员了。冲上去的人一直没有消息传回来，天又渐渐黑下来，大家都很焦急。

周恩来也患着疟疾，发烧40多度。他对大家说：

“我们要往前走，即使冒着危险也要往前走。我们不能坐以待毙呀！”

正在大家整队的时候，在一片寂静中，背后不远处，又传来几声枪响，大家立即卧倒，郭沫若隐蔽在一个墓碑下。参谋团的几名年轻卫士很机敏地掉过头去伏在地上，向有枪声的方向射击。

枪声沉寂下来之后，郭沫若从墓碑下爬起来，这时他看见，有几位卫兵还端着枪向远处凝望，其余的人都已经撤走了。

沫若朝着撤退的方向追赶上去，走不多远遇上了安琳，她是由前面返回来找郭沫若的。他们一同往前走，走不多远，又遇见一位姓傅的和一位姓易的同志。他们俩也掉了队，正在那儿徘徊，看见沫若和安琳走过来，就像遇见了救星一样。

四个人由田间小路登上一条大堤道，从昏暗中看去，堤道下的水很深，要趟水过去是不可能的。他们只好继续往前走，猜想前边会有桥，走了很长一段路却没见到桥。这时安琳说：

“我们还是折回去找那几个卫兵吧，前边不一定有桥，也不会有我们的同志了。”

等他们四个人折回到原来的地方，卫兵已经不见了。他们孤零零地，被抛在黑洞洞的田野里。

他们四个人壮着胆子往上游走，摸索着由堤道走上一条大道。走着走着，突然看到道边的一片树林里漏出一些火光来，还听见有说话的声音，是湖南口音。他们靠近林边往里一看，只见林子里聚着好几堆人，都是没有武装的。看情形，他们是贺龙部队的伙夫，在汤坑附近掉队下来的。沫若他们四个，又转回到大道上，继续往前走。没走多远，迎面遇见一小队人，有30几个，都带着武器，胸前配戴着叶挺部队的符号。沫若他们四个人高兴极了，就排在队伍的后面跟着走。有一个军官模样的人走在后面，很年轻。沫若一打听才知道，他是一位排长，这一小队人是沿途聚到一起的，各军各师的都有。

队伍向前走着，没有向导，也不明方向，连懂潮州话的人都没有。沫若动员那个年轻排长到前面领队。在排长的带领下，队伍专拣大路走，拣有灯火的地方走。

他们正要向一个村落靠近时，突然，“轰隆，轰隆”两声土炮在耳边震响，战士们迅速隐蔽起来。这时沫若想起方才年轻排长说过的话，打了败仗的队伍是不容易组织起来的。他大声地对战士们说：

“我们是革命军，我们有枪有械，土炮有什么可怕，我们冲上前去！”

战士们受到鼓舞，端起枪，以散兵线的形式往前进。没走多远，大家看见前面不远处是一个用土墙围着的小村子，墙上有碉堡，土炮大概就是从碉堡里射出来的。

不多一会儿，他们看见有两个人从村子里走出来，一个魁梧，一个瘦小。那个魁梧的人向他们走来。他对战士们说，他懂广州话，也懂普通话，他愿意给战士们带路，领他们到要去的地方。

沫若仔细打量这个大汉，只见他头上打着黑沙的包头，身上穿着洗黄了的香云纱的短衫，乡下人的气息一点儿也没有。可是在这人生地不熟的地方，也只有让他带路了。

这个人领路让人感到奇怪，不走正路，一会儿跨沟，一会儿跳坎。跨水沟的时候，因为沟宽，郭沫若跌到水里，弄湿了衣裤。从水里爬上来以后，只得用竹竿挑着湿衣服，光着膀子走路。

大汉领着这一队人在黑夜里弯弯曲曲、高高低低、穿来穿去地走着。虽然是在南方，九月下旬夜半的气温也是很低的，郭沫若的湿衣裤还没有干，身上觉得很寒冷，只好用手浑身上下的摩擦，用来取暖。

大汉终于把大家带到一个地方，说等天亮以后再走。由于天黑，一开始，谁也看不清周围是什么样子，过了一会儿，眼睛习惯了，才看清，他们是停在一家瓦窑厂的前面，瓦窑的小孔里透出通红的火光来，给人一种温暖的感觉。

战士们在排长的指挥下，不顾饥饿和疲劳，就随便地在厂外的空地上睡下了。沫若他们四个人睡在了厂内的草堆里面。等安琳，傅、易他们三个都睡着以后，郭沫若起身，在厂里巡视了一下。他看见，在与瓦窑对称的另一面，有一座很长的灶头。上面放着几个锅，沫若的肚里早就饿了，他悄悄地揭开一个锅盖，看见里面有一碗菜粥，他真想把它喝下去。正要去端碗，他忽然想到，这碗粥也许是打更老人用来充饥的，他把锅盖好，离开了灶头。

等郭沫若从干草堆上醒过来时，其他三个同志还睡得正香。他走出厂门一看，他惊呆了，年轻排长和一队战士，还有那个大汉，全都不见了。

厂子里有不少做工的人，厂外也有几户人家，大家看郭沫若他们四个人都像文弱的书生，并不是什么匪类，就渐渐地对他们亲热起来。郭沫若最感到愉快的是，那个大汉走了，不用再担心什么了。

郭沫若对安琳说，咱们一定要走出这个地方，到甲子港去，或者到碣石港去。应该把身上穿的衣服换下来，这需要一些钱。安琳告诉沫若，她从汕头出发时，把40块银洋缝在了裤带里，可以拿出来用；姓易的同志是会计，主席团的伙食费在他身上带着，有这么多费用，郭沫若的心里也就有了底。

他们四个花了两块钱办了一顿丰盛的早餐，鸡肉猪肉盛了四大碗。正要开饭的时候，就像晴朗的天空突然冒出一朵乌云一样，那个大汉又回来了。村子里的人也都感到很吃惊。

大汉不客气地坐在桌子旁大口地吃起来。吃完饭，带着威胁的口吻对郭沫若说：

“你们几位呆在这儿很危险，地方当局知道了，会来拿人。我家离这儿不远，我把你们接去住一阵，听听动静再说。”

沫若对他说：“我们要出海口，到甲子港或碣石港去。”

“那也离不开我，我懂话，除我以外，没人懂。你们到我家去住一阵，我送你们去。反正你们有钱，晚走几天也不碍事。”

听到说钱，郭沫若和傅同志互相看了一眼。安琳接过话头说：

“我们几个是落难的，钱都丢光了。”

“我看得很清楚，”大汉说：“你们都是长官，当然有钱。没钱，你们还不着急？”

“这家伙确实没安好心。”郭沫若这样想着，同时也想着对付他的办法。

“就烦你老兄带路吧，我们要去甲子港，现在就动身。”郭沫若口气很干脆地说。

“我还得回家去照看一下啦。”魁梧的向导眨巴着眼睛说。

“对不住，你不是说我们呆在这儿很危险吗？我们就不等你了。”郭沫若一边说着，一边回过头去请同席的庄主人给找四根扁担，是出钱买。沫若想让四个人装成挑夫，路上也可以用扁担当拐杖。

大汉显出有点泄气的神情，他插上一句说：

“你们也走路吗？去甲子要走好几天，这位女官至少会吃不消。”

“你别看她是个女的，”沫若特别夸大地说，“她还打过仗呢！她从江西的南昌，一直走到汕头，难道还怕走不到甲子？”

“想快走也好，我还是要送你们。”大汉回答着，显然他又有了新主意。

主人去找扁担了，向导也出去了。沫若抓紧时间和安琳他们三个商量了对策，然后他到离瓦窑厂不远的一条小溪边去洗脚刷鞋。他洗完脚站起身子，正要转身往回走的时候，看见有一个年轻的乡下人从远处走来，渐渐走到了他的身边。那年轻人对他说：

“郭先生，你怎么在这里？”

郭沫若不认识这个年轻人，又摸不准他到底是什么人，就毫不踌躇地说：

“我不姓郭，你认错人了。”

“你不要怕。”那年轻人诚恳地说，“我认识你，我是农民协会的。昨天中午在流沙天后庙我见过你，在天井里我们擦身走过。我从你左胸前的符号知道了你的名字，你的额头特别宽，你给我的印象很深。”

这可是个救星，沫若心里这样想着。他对年轻人说：

“你来得正好，正有一个不可靠的人在缠着我们。”

“另外还有人吗？你怎么到了这儿？”

“随后再慢慢谈，我们是四个人，请你赶快和我一道去。”

年轻人像见到老朋友似的，亲热地告诉沫若，他本来想给部队带路，可是昨天下午等他赶回天后庙时，部队已经出发了。

沫若领着年轻人走进吃饭的那间屋子，那大汉已经回来了。年轻人一见到他就说：

“啊，是你啊！”

接着两个人说些什么，沫若一句也听不懂。说的一定是潮州的土话了。不多时候，那大汉就没精打采地走了。

年轻人回过头来对沫若说：

“走，我领你们到别的地方去。”

沫若把年轻人介绍给安琳、傅同志、易同志，大家都喜出望外。他们扔掉扁担，跟着年轻人离开了瓦窑厂。

年轻人领着他们向左手高地有树林的地方走去。又走了一段路程，沫若才开始同年轻人说话。他问年轻人：

“那个大汉究竟是什么人？”

“你们今天真是幸好遇见我呢。”年轻人很愉快地说，“他是一个土匪头子，加入了国民党。国共合作的时候，我们也合作过。后来分家，我们也分开了。他有30多条枪呢。”

“刚才他对你说些什么？”

“他说：‘我们讲交情，这笔生意就奉让吧’意思是有点双关的。”

“这一带叫什么名字？”

“大地名叫盐酸寮。”

“那瓦窑厂在什么地方？”

“那个地方叫瓦窑墟。”

“离流沙有多远？”

“二十几里。”

“才二十几里吗？”

沫若很吃惊，走了好像一整夜，才走出20几里。

天气很晴朗，他们在山林里走着，不断有微风吹送过来。时而有些不知名的鸟，在空中清脆地叫，空气中饱和着浓重的土香和木香。

真是清新得很。安琳一边走，一边低声地唱着《国际歌》。

年轻人把沫若他们领到盐酸寮一位老农会主席家里。

在老农会主席的掩护下，他们到了神泉。沫若要从这里出海口乘帆船到香港去。

在神泉等海风，等了十天。到第十天晚上，海上终于刮起了东南风。沫若他们上船的时候，有人送来老农会主席留下的赠言：

“大家努力吧，后会有期。我自己是不能离开土地的。我回去料理一下，便要到海陆丰去。”

船渐渐驶离海岸，沫若挥手与送行的人告别。

囚拘日本三日

1927年10月下旬，郭沫若从香港回到上海，这时蒋介石对他已经下了通缉令。沫若和家人只好暂时躲在窦乐安路小弄堂的一栋房子里。

上海不能久住，中国也没有他安身的地方，沫若决定带着全家人去苏联。在没有确定动身的日期之前，沫若用麦克昂的名字继续发表文章，还用自己的本名发表了译文《浮士德》第一部。

12月5日下午，有人通知沫若，轮船6日起航，由上海去海参崴，再经西伯利亚去莫斯科。动身前，有人来接他。

6号那天，一直等到吃晚饭的时候，才有人

来通知，说轮船发生了故障，开船日期只好再作通知了。

就在等候通知的时候，12 月 8 日晚上，郭沫若突然得了重病，头痛，高烧，浮肿，两眼充血，脸色发红。经过医生诊断，沫若得的是斑疹伤寒，不得不住进一家私人医院，经过两个星期的治疗，才渐渐好转，可是他两只耳朵的听力却差不多完全失掉了。

在沫若得病期间，去苏联的船于 12 月 12 日就已经开走了，这是从上海开往海参崴的最后一只船。苏联不能去了。

沫若决定和全家人一同去日本。为了不被人注意，沫若决定他一个人乘日本邮船，到神户登陆；安娜带四个儿女，乘上海到长岐的联络船，在长岐登陆，再改乘火车到神户与沫若聚齐。上船的日期定在 12 月 24 日。

上船的头一天晚上，有一个朋友到沫若家来告诉他，龙华司令部当天晚上就要到家里来抓人。沫若与成仿吾跑到内山书店。内山书店的老板把沫若送到一家日本人的旅馆，住了一夜，第二天，又送沫若到汇山码头，从这里上船。沫若在这里一个人孤单单地离开了祖国。开船时，沫若望着沉默中的祖国，不禁流下了热泪。

买船票的时候，沫若用的假名是吴诚，个人身分是南昌大学教授，去日本的目的是到东京考察教育。在轮船上，为了避免意外，他在船仓里足足闷了三天。

在神户下船的时候，没人检查他的护照，也没人检查他的行李，新闻记者也没有人打扰这个没有名气的教授的，沫若顺利地与安娜和孩子们在码头相会了。

去投奔谁呢？安娜想起了好朋友花子夫人。她虽然已经去世了，可是她的父母还健在。他们住在东京。

花子夫人的父母热情地接待了安娜一家人，为他们安排了住处。可是，沫若的处境仍然很困难，一些琐碎又闷人的问题烦恼着他。他决定去找村松，和他谈一谈，请他帮助。村松是日本大众文学作家，在北伐前，经内山老板介绍，他们曾有过一段交往。

第二天，安娜陪着沫若找到了村松。在村松的提议下，沫若一家在东京郊区市川租了三间旧平房，住了下来。

在市川住下以后，沫若开始和国内的朋友通信，到东京去会见驻日的中国朋友。有一个朋友告诉他：

“日本当局把你看作是‘左派的要人’，你和你家人的照片已经在报纸上登过了，在日本长期住下去是困难的。”

不久成仿吾从国内到日本，特意到市川来看沫若，告诉他国内谣传，他已经被押解回国，又被处以极刑了。北京的报纸也作了报道，题目是“郭沫若成了断头之鬼”。许多青年人表示哀悼，有人还作了长诗追悼他。

沫若听到这里很感动。他觉得国内国外的年青朋友关心他，是对他无上的安慰和鼓励。他表示，无论在怎样的环境中，他都要拿出勇气和耐心来，更坚毅地生活下去。他想到：虽然自己离开了祖国，离开了工作岗位，也不该只为保全妻子儿女而隐没下去。

住在市川的开头几个月，沫若埋头研究起《易经》来，他只用了六天工夫就写成了《周易的时代背景与精神生产》。这是一篇很有学术价值的文章。

8 月 1 日，文章写好的第二天，沫若正休息的时候，突然有六七个人气势汹汹地窜进了大门。安娜前去接应的时候，已经有二三个人闯进房里来了。沫若一看他们的穿着，就知道他们是便衣警察。其中一个警察说，他们是东京警视厅派来的，有事情要请郭沫若到东京去谈话。沫若是有精神准备的，便穿上鞋走出房门。

到了东京，沫若被带到桥区警察局的一个房间里。

一个脸色苍白类似绅士模样的人，据警察介绍说是什么课长，审问起沫若来。课长问沫若的历史，问安娜的履历，问来日本的经过，沫若都一一作了回答。

接着问为什么用吴诚这个假名。用假名可以证明沫若来日本有秘密使命，企图瞒过日本的警察。

沫若坦然回答，用假名是为了对付上海警宪，并不是对日本图谋不轨。住在市川是经过检事和警察局同意的。到日本近半年没有做过任何对日本不利的活动。

反反复复讯问了三个多小时，然后把沫若关押到三号监房里。这里正关着一个叫秃松的人，是个秃头。秃松看见沫若进来后，立刻给沫若腾出睡觉的地方，替他铺好毯子，用手比划着让他睡下。

沫若有生以来第一次遭受这么大的屈辱，愤怒的火焰在胸中翻腾。监舍里空气闷热，秃松的鼾声象闷雷一样，有规律地吼着。沫若没有睡意，一连串问题在脑子里闪过。

鬼子，你侮辱了我，我爱我的祖国，我爱我祖国的人民，这就是罪吗？如果这就是罪，你不单侮辱了我，你更侮辱了我的祖国。沫若越想越激动，眼里的泪水不知不觉地流了出来。

沫若一宿没合眼。早晨六点钟，看守来开监门，把人放出去洗脸和大小便，30 分钟之后，又被关进来。不一会儿，从房门下一个四方形的狗洞里，送进两盒饭来。饭是黝黑的，散发着酸味，菜是两片风萝卜。沫若不想吃饭，秃松一再劝他，鼓励他吃饭，说身体要紧。他叫沫若强硬起来，还两手撑着腰，挺直着，做出强硬的姿势给沫若看。

在 11 点钟的时候，看守又来提沫若。秃松向他表示祝贺，以为他可以自由了。

沫若又被警察送到昨天审讯的那间房子里。那个绅士派头的课长不见了，代替他的是个胖子，长的样子很像袁世凯。照例还是问昨天提过的那些问题。

这次还特殊问到了几个熟人，其中有成仿吾。沫若想到，可能仿吾的来信被他们搜去了。那封信里提到他经苏联去柏林一路的见闻，不客气地批评了苏联保留旧俄的一些坏习惯，对这一点，日本人也许会高兴的。为此，沫若把仿吾的情况详细讲了讲。

问了一个钟头，他们给沫若要了一份西餐。沫若吃完要付钱，他们说是请客，很出人意外。沫若以为，今天可以自由了。

不料，走出讯问室以后，沫若并未获释，又被送回拘留所。秃松显得很惊讶，在听过沫若叙述讯问经过之后，他认为沫若可能要被长期拘留下去。沫若的心情越发沉重了。

在沫若被关押到第三天的清早，看守突然把他调到斜对过的一间牢房里，房间比原来的大两倍。沫若离开秃松，被单独关押，精神受到很大刺激，情绪比刚进拘留所时还要坏。

沫若孤独地在牢房的地上兜圈子，看那四面墙壁上刻满的字画、口号和抒情诗，那里充满人间的愤怒、幽怨和无望的号叫，直刺沫若的每一根神经，让他无法镇静下来。

上午十点钟左右，看守开了门，喊了一声：

“喂，出来!”沫若应声出了牢门。在看守处他们把沫若的裤带、衣扣、钱包等交还给沫若。他以为是让他出去放放风，过一会再关回来。

走出拘留所，沫若依然被警察带进那间审讯室。除了那个“袁世凯”坐在桌头，还有三个人。那个“袁世凯”还是主讯，问的还是前两次的那一套，还做了详细记录，又把记录交给沫若看。问他有没有记录上的错误，并让他在记录上面签字。接着，又翻过来掉过去地照了几张相片。

这一切都办完，那“袁世凯”和颜悦色地同沫若说起话来了。他说：

“今天你可以回家了。”

这突如其来的释放，出乎沫若的意料。他心里明白，这一定是安娜在外边奔走的结果。沫若的内心并没有为此感到轻松，今天走出了小监狱，并不是获得真正的自由，而是进入了一个更大的监狱。

我是中国人

沫若在东京桥区警察局被拘留三天释放以后，马上想到，自己这次遭难，有可能会牵连到几位日本朋友，有的同他常来常往，有的在经济上帮助过他。

在拘留所有一次被警察提审时，沫若路过一段长廊，隔着木屏风，看到对面的监舍里有一个熟人，叫小原荣次郎。他在中国境内当过小贩，时常往来于东京和上海之间。创造社每月从国内寄给沫若的生活费，就是通过内山和他转递的。

沫若觉得很对不起朋友。出了监狱大门，他就走进对面街上一个叫京华堂的店铺里面去。这座店铺是小原开的。

看见沫若进来，小原老板娘连眼皮也没抬一下，表现得非常冷淡又不耐烦。

不出所料，小原因为同沫若有联系，也被警察局拘留过，而且比沫若还多拘留了两天。

老板娘终于开口了。她毫不客气地说："小原因为你遭了罪，还在埋怨你，希望你以后不要再从我们店里兑款了。"接着又把小原过去给安娜和孩子照的相片，通通交给沫若。很清楚，这是表示，从此一刀两断，免得惹事生非，再受牵连。沫若连连道歉，尴尬地离开了京华堂。

还有几位日本老相识、老朋友，见了沫若都像躲瘟疫一样，避得远远的，眼光里流露出戒备和轻视。

沫若十分明白，以后他的日子会很不好过，将要受到双重监视，一重是警察，一重是宪兵；在这两重之外，还有非警察、非宪兵的日本人的眼睛。

为了避开邻居们歧视的目光，减轻安娜心里

的压力，出狱不久，沫若就把家搬到了市川真间山去住。那里有松林、凉亭。新居有一间书房，一间正室，一间侧室，还有厨房和浴室，背靠真间山，座北向南。住宅大门内，有一片园地，篱笆墙边栽些樱花树和夹竹桃，还有空旷的地面可以辟成花园和苗圃。

这是一个很适于写作和休息的环境，可也并不是世外桃源。警察的监视并没有放松。沫若被拘留之后，他被警察局当成中国的“左派大人物”了，住宅旁边增设了一名警察监视哨，专门监视他。

这个警察时常不请自到，闯进屋里，同沫若扯些不咸不淡的话，毫无顾忌地占用他的时间。有时沫若去东京，警察也跟在后面。沫若想试探一下，便把自己的皮包交给他提。这个警察就接过皮包，跟在后面。也许他觉得有皮包在手，人跟不丢了，就更放心了。

有一次，新换了一个监视哨，是个宪兵中士。他竟不打招呼，私自跨过短墙，大摇大摆地闯进屋里来。沫若忍无可忍，申斥了他。

“怎么样!”那个宪兵大喊大叫：“我是奉命看管你的!”

“岂有此理，你管不着我!”沫若也用同样的声调回敬他，并揭露他：“你犯了你们的国法，私自闯入民宅。”

“哼，你是支那人，我们的国法不是为‘枪果老’（日本人蔑视中国人的称呼）设的。你有胆量就回你的支那去；我却有胆量在你支那境内横行，你能把我怎么样?”

沫若的脑袋都快要气炸了。站在面前的这个鬼子，确实是可以在中国境内横行的人；而自己呢，流亡国外，寄人篱下，又能把他怎么样呢?

宪兵中士蛮横的嘴脸，穿堂而过旁若无人的神态，邻人们戒备轻视的目光，这一切都深深地刻印在沫若的脑中。每当这些画面浮现出来，他感受到的不仅仅是流亡者的羞辱，而更多的却是激励，他暗暗告诫自己：

我是个中国人

无论在怎样环境中，你得拿出勇气和耐心来，更坚毅地生活下去。你虽然离开了祖国，离开了工作岗位，你不应该专门为全躯保妻子之计，便隐没下去的。

他时时提醒自己，在逆境中不能颓唐，要开辟新的事业，回报我的祖国。

马克思主义的辩证唯物论打开了沫若的视野。他逐渐萌动一种想法，用辩证唯物论研究中国思想的发展、中国社会的发展，也就是中国历史的发展。他自信是有这方面的功力和素养的。

研究中国古代社会，他开始是以《易经》、《诗经》和《书经》为资料的；后来发现，这些书经过几千年的传世注疏，夹杂了不少后人的伪作，也有一些被篡改的地方，难辨真伪。要作深入研究，就需要另辟蹊径，多方搜集资料。于是，他把注意力转向甲骨文和金文上来。

甲骨文是殷代记述帝王行动的书契文字，其中记载了当时祭祀、征伐、游牧、农业、天象、贡纳、婚丧等各方面情况。因为沉埋地下数千年，可以称得上研究历史的第一手资料，非常真实可靠。

在上野图书馆的藏书中，沫若意外地发现了《殷虚书契前编》，是罗振玉编著的。除了书前一篇简略的序言之外，内文完全是甲骨文的拓片。这就是1899年开始从河南安阳出土的刻在龟甲、兽骨上最早的文字，距现在已有三千年以上了。

这些拓片连一点考释也没有，除掉那些白色的线纹，可以表明是文字之外，其余几乎是一片墨黑。沫若当时是毫无所知的。

资料确实有了，而要读懂它，揭开殷代文字的秘密，就要深入挖掘其他资料，下一番苦功夫。

他在离上野图书馆不远的地方，找到一个专卖中国古书的“文求堂”书店。那是一座黑色大理石三层楼，纯西式建筑，而屋脊和大门顶上却点缀着一些中国式的装饰，有些不伦不类，近似中国的当铺。

这里的中国古书很多。两壁大书架和两旁书摊及小书架都堆满了线装书和洋装书，书橱里还陈列着一些线装影印的珍贵典籍。

店主人姓田中，名叫庆太郎，字叫子祥，把“文求堂”三字合并起来作为自己的别号，也叫作“救堂”，实际文求二字合写并不是救字，只不过求其近似罢了。这人不过小学文化，却有着丰富的中国版本知识，水平在大学教授和专家之上。

沫若向他请教，问他有没有研究“殷虚书契”入门的书。田中介绍一本《殷虚书契考释》，并告诉沫若：在小石川区的东洋文库，这一类书应有尽有。

东洋文库在小石川区的一条比较僻静的街上，也是三层楼的建筑，规模很大。它是日本财阀三轮系的私人图书馆，是属于川琦家的。这里搜藏了大批宋版书和中国地方志、县志、府志一类的书。这里丰富的甲骨文和金文为沫若提供了极为宝贵的研究资料。

沫若得到这些拓片，如获至宝。开始接触甲骨文时，只觉得那是一片墨黑的世界。他反复翻检、琢磨、辨认，只见拓片上形状各异的白色线纹，笔划纤细，摩人状物像似图画，又远离图画阶段，很难解读。可是，一旦找到门径，那些古怪、陌生的文字，都像似曾相识一样。他只用一两天时间，就初步探知了它的奥秘。

沫若从一条捷径走进甲骨文研究的殿堂，借助了已经故去的古文字学大师王国维的研究成果。过去沫若只看过他戏曲方面的著作，了解不多。这次看了他的《观堂集林》，就好像看到“一座崔巍的楼阁，在几千年来的旧学的城垒上，灿然放出了一段异样的光辉。”沫若正是借着这一段光辉登堂入室的。

沫若用了一两个月的时间，读完了东洋书库

所藏的一切甲骨文和金文，也读完了当时能搜集到的王国维的著作，他对中国古文字的研究更加自信，更有把握了。

他整天在甲骨文字中间遨游，如醉如痴。他发现，拓片上所有的臣字，都像一个竖目的人形。

为什么竖着眼睛的人，就称为臣呢？他深入思考下去。原来人只有低下头的时候，眼睛才会是竖着的。那么，臣就是俯首向着地面的人，是一种屈服者的形象。从这里他考证出，臣、民、宰都是古代的奴隶，从臣、民、宰的发展，看到商代社会是“一部阶级统治史”。

他在甲骨文中，还发现了岁字的存在，进而又有天文学的研究，弄清了十二支文字，本是黄道周天十二宫的星象，它来源于巴比仑。

他解读的字越来越多，涉及的领域也越来越广阔，写出了《释祖妣》、《释臣宰》、《释岁》、《释干支》等一批石破天惊的大文章。

接着，沫若把研究工作进一步拓宽，从释字

发展到商史的研究，由社会研究转向文化研究，取得了创造性的成果。

沫若开始流亡国外时，有国内创造社的朋友每月资助生活费一百元。1932 年 2 月 7 日创造社被封锁以后，断绝了这笔生活费，沫若不得不开辟新的经济来源。

为了维持一家人的生活，不能专注于古代的研究，他把力量又转移到其他体裁文字的写作翻译上。他在这时，写了《我的幼年》和《反正前后》，翻译了美国作家辛克莱的《石炭王》、《屠场》，以及稍后的《煤油》，还有德国考古学家米歇利斯的《美术考古学发现史》。

这些书都靠国内朋友，主要是李一氓帮助介绍推销出去，经济收入相当可观，比创造社资助时要增加一倍。

开始在国内发表文章时不敢用真名，用了杜衎衎和易坎人这两个假名。沫若的母亲姓杜，性格衎直，用杜衎作笔名是为了纪念母亲。沫若是个重听者，几近半聋。《易经》上的坎卦，其“于人也为聋”，据此又起了易坎人这个笔名。直到发表《中国古代社会研究》时，才用了真名。

《中国古代社会研究》于1930年底出版，大受读者欢迎，很快又重印两次。这部书的出版，说明甲骨文和金文的研究并不是不可以赚钱，更重要的还展示了沫若对中国古文化研究的重要贡献，肯定了它的学术价值。

上海大东书局在出这两部书时，大作广告，突破了纪录。它把沫若郁积在内心的苦闷和愤怒都宣泄出来了。

他觉得，那大规模的广告，是喊出了自己的心声：本国的市侩和日本帝国主义者的文化走卒们，请看！你们所不要的东西，竟有这么大的价值。

1931年初，大东书局把《甲骨文字研究》和《殷周青铜器铭文》各寄来20部样书。接到书的那个早晨，沫若高兴得流了泪。中午，安娜特意煮了红豆饭来庆祝。那天下午三点宪兵也来了。他们听说从中国寄来了大批东西，以为是宣传品。

宪兵老爷问：“听说有大批的东西送到了，是什么宝贝呀?”

安娜回答说：“是呀，是很好的‘宝贝’呀，无价之宝哩!”

安娜当他们的面拆开两包，宪兵一看是一些研究古董的书，就灰溜溜地走了。

又当投笔请缨时

1931 年“九·一八”事变以后，日本帝国主义加紧了对我国的侵略，东北沦陷，华北危机，中华民族面临生死存亡的关头。流亡日本的郭沫若时刻惦记着祖国，盼望能有机会回国参加抗战。他在一首诗里表达了自己回国的愿望：

信美非吾土，奋飞病未能。
关山随梦渺，儿女逐年增。
五内皆冰炭，四方有谷陵。
何当挈鸣犬，共得一升腾。

可是，蒋介石对他的通缉令还没撤消，日本警察宪兵对他的监视又越来越紧，他只好把回国的愿望埋藏在心底。

1936 年 11 月中旬，郁达夫到日本讲学，有机会和郭沫若见面。分别十年的老朋友在异国他乡相逢，真是百感交集，郭沫若写了一首诗赠送郁达夫。诗中写道：

十年前事今犹昨，携手相期赴首阳。

此夕重逢如梦寐，那堪国破又家亡。

诗中说，我不能坐视祖国的沦亡，我要回国去重上战场。

郁达夫很理解郭沫若的心情。他表示，回国后一定为郭沫若早日回国尽心努力。

郁达夫回国后，立即四处奔走，经过几个月的努力，南京政府终于表示郭沫若可以回国，郁达夫在给郭沫若的信中写道：

我以奔走见效，喜不自胜，随即发出航空信一，平信一。一面并电南京，请先取消通缉，然后多汇旅费去日，俾得早日动身。强邻压迫不已，国命危在旦夕，大团结以御外患，当系目下之天经地义……

1937年7月7日芦沟桥事变发生后，抗日战争全面爆发，郭沫若回国参加抗战的心情更加急迫了。他决定秘密回国。

但是要想回国，仍然困难重重。这时，恰巧有一位中国留学生来看望沫若。这个留学生叫金祖同，是浙江嘉兴人，祖父是清末民初上海的著名书画家，父亲是研究图书文物的专家。金祖同到日本研究甲骨文，常向郭沫若请教。

金祖同进屋时，郭沫若正在看报。祖同也很关心国内形势，想知道国内对卢沟桥事变的反映。他对沫若说：

“日本报纸不讲实话，不知道国内报纸是怎么讲的。”

沫若递给祖同一张晚报，谈了自己的看法。他说：

“事态有可能扩大，日本报纸天天宣传中国大批军队北上，鼓动战争情绪，正在调动军队，看来日本的野心很大，是想吞并华北。”

祖同听到这里很气愤，他说：

“我们在东京的留学生，正准备联合回国，参加抗战。”他的态度非常坚决。

“我也正准备回国。”沫若说。

“你现在回国正是时候，两国宣战以后你再想回国，就更困难了。”祖同诚恳地说。

“现在拉家带口的，要动身，也不是一件容易的事。”说到这里，沫若忽然想起应该写一份遗书交给祖同，就说：

“我写份遗书，你把它带回国内去。万一我遇到危险不能脱身，你就替我在国内发表，让政府和朋友们知道真相，免得日本人害了我，又借机造谣。”

说完，沫若就拿过一页稿纸在上面写起来。

大意是：

临到国家需要子民效力的时候，不幸我已被帝国主义者拘留起来。不过我决不怕死，决不辱及国家，帝国主义的侵略，我们唯有以铁血来对付他。我们的物质上的牺牲当然是很大，不过我们有的是人，我们可以从新建筑起来的。精神的胜利可说是绝对有把握的，努力吧！祖国的同胞！

沫若在这份遗书上签了名，还盖了图章。

金祖同把沫若写好的遗书收好，临走时又向沫若提起一位新朋友钱瘦铁。

过了两天，金祖同又来沫若家，告诉沫若，钱瘦铁过几天要来看他，回国的一些具体问题那时再商量。

沫若告诉祖同，近几天日本宪兵警察对他的监视更紧了。他对祖同说：

“要走就得赶快走，请你打听一下船票，看哪天有船，快来告诉我。”

祖同说：“我用明信片和你联系吧，船期用暗语写。”

第二天晚上，沫若就接到了金祖同的明信片，上面写着：

石沱先生：

青年会生已去看过，现有16、18、20、22、24等几间空室，俱西式，空气甚好。叔崖君愿为君在室中布置一切。合意哪间请来信告知，俾预先通知收拾。

生殷尘上7月18日

沫若看完后略微想了一下，在金祖同点到的16、18、20、22、24等五个船期中选了24这一天，并在一张明信片上写了一首五律作为答复。诗是这样写的：

廿四传花信，有鸟志乔迁。

缓急劳斟酌，安危费斡旋。

托身期岱岳，翘首望尧天。

此意轻鹰鹗，群雏剧可怜。

写完明信片以后，沫若觉得，这样寄出去还是没有十分把握，等金祖同他们来了以后再商量一下为好。

19号这天，金祖同和钱瘦铁果然来了。沫若向他们提出几个正在考虑的问题：如果国内的通缉令不取消，当局会不会乘机逮捕他；在外漂泊10年，如今无声无息地回去了，政府如果表示冷淡，是不是会被人耻笑。

钱瘦铁觉得沫若有些过虑了。他对沫若说：

“我在南京见到了一个很有权威的人，他姓王。他告诉我南京当局和蒋介石都提到过你的回国问题。王某会来电报的，我可以担保。”接着他催促沫若说：

“祖同已经把船期告诉你了吧？我想还是赶快走为好，不知你是怎么打算的？”

沫若拿出前两天写好的那张明信片，对金祖

同说："如果要走，我想还是24号吧，这样时间可以从容一些。"

钱瘦铁表示他回到东京就给王某打电报，并对沫若说："一切费用，你不用发愁，我和祖同会办理的。"

钱瘦铁交待完就先走了，让祖同15分钟以后再走，免得引起警察注意。

钱瘦铁走后，沫若问祖同："钱这个人靠得住吗？"

祖同回答说："不知你觉得怎样？我只觉得他和大使馆很熟，对你平时又很崇拜。他是过于殷勤了一些，这也不用多虑，谁不愿你早些回国？谁不愿你回去做出点轰轰烈烈的事来？"

沫若说："据我的观察，他叫我忍耐，叫我等待时机，全是站在中央政府的立场上讲的话，我怀疑他在大使馆里有职务，或者在国内拿津贴专来干这类事的。不然怎么会关心我到这种地步？"

金祖同说："即使这样也没什么，只要你能回去，你的志愿实现了，他的任务也完成了，我想这也是两全其美的事。”

沫若觉得祖同说得有理，表示不深究这些事情了，只是请他告诉钱瘦铁，尽量想法绕道欧美回国，这样会减少许多麻烦。还请大使馆对他回去的安全想些办法，并解决一些安家费和他两个大儿子官费读书的问题。

22号，金祖同一早又来沫若家，告诉沫若他和钱瘦铁到使馆见到了许世英大使，转达了沫若的要求，许大使都一一答应了，并且为沫若回国准备了200元钱。

过了一会儿，沫若对祖同说：

“好吧，你用这钱去买两张船票吧。”

金祖同走的时候，沫若让他第二天再来一趟，把他的衣服先带到东京去。

第二天，金祖同买好了船票，又给沫若送来了300元钱。他告诉沫若，国内已经发来电报，汇来500元钱，还大使馆200元，还有300元。这300元给他作安家费。钱瘦铁还给沫若印好了一张名片，上面写着：杨伯勉，中国湖南长沙人。”

直到这时，沫若才放下心来。他对祖同说：

“你为我的事东奔西走，受累了，谢谢你。”

送走金祖同，沫若一个人静下来。他想到，自己流亡日本 10 年，安娜为他付出了许多艰辛，现在儿女成行，要离别妻子儿女，那是最让人揪心的。

沫若一直没有告诉安娜他要回国，可是安娜几天来从人来人往中已经有所觉察。她用漫不经心的语气对沫若说：

“只要你是认真地做人，走是可以的。你走后就是有麻烦，我也能够忍受。让我最担心的，是你的性格不定。”

沫若临走的前一天夜里，怎么也不能入睡。第二天早晨四点半起床后，为妻子儿女写下了临别赠言，每人一份，连最小的六岁的鸿儿也用“片假名”给他写了两句，希望他无病无灾、平平安安地成长起来。

写完留言，沫若又回到寝室，看见安娜已经

醒来，正半躺在床上借着灯光看书，儿女们一个个睡得正香。他轻轻地揭开蚊帐，在安娜的额上亲了一下，然后穿上木屐走出房门。安娜以为他出去散步了，没想到这是诀别的一吻。

沫若走出房门时，东方刚刚现出一片鱼肚白，真间山的轮廓清晰地呈现在眼前。院子里一片静谧，栀子开着洁白的花，漾溢着浓郁的有甜味的香气，大莲花盛开着，金鱼在子午莲碧绿的叶子中间游动着，那养金鱼的小池子还是儿子们亲手修成的。沫若告别了栀子花，告别了大莲花，告别了金鱼，从栅栏的缺口处走上田陇。这时，迎面那璧圆的月离地平线已不太高，“今天大概是旧历六月十六吧。”这样想着，他转向了大道。他一步一回头地离开了家园，直到看不到家的最后一步。

沫若先从市川坐车到东京，在道灌山车站附近的一家小铺子旁边和赶来接他的金祖同、钱瘦铁会齐了。沫若又到钱瘦铁家脱下了和服、短裤和木屐，穿上了一件短袖衬衫，一套灰哔叽西服，还配上了领带，脚穿皮鞋，头戴草帽，拿了一个圆筒形的旅行袋。瘦铁夫人把他们送出门外，三个人便赶到街口上了汽车。

当天下午五点钟，他们到了神户，赶往码头，平安地登上了坎拿大公司的“日本皇后”号。

开船前，沫若在船舱里写了两封信，一封写给许大使，对他表示感谢；一封写给市川警察署和宪兵司令部，请他们照顾他的家里人。沫若拜托来送行的钱瘦铁把两封信寄出去。

晚上九点钟，轮船起锚，离开了神户港，向着茫茫的大海驶去。别妇抛雏的痛苦，请缨报国的壮志，在沫若胸中回旋、激荡，汇成了一首七律诗：

又当投笔请缨时，别妇抛雏断藕丝。
去国十年余泪血，登舟三宿见旌旗。
欣将残骨埋诸夏，哭吐精诚赋此诗。
四万万人齐蹈厉，同心同德一戎衣。

船到上海的前一天，在船上服务的广东水手和勤杂人员发起募捐活动，慰劳前线的抗日将士。一位身穿男装的广东女青年到沫若的船舱来募捐，还请他晚上参加募捐会。沫若捐了5元。他没有参加募捐会。

第二天清晨，沫若伏在枕上又写了一首诗：

此来拼得全家哭，今往还当遍地哀。

四十六年余一死，鸿毛泰岱早安排。

那位募捐的广东女青年又来了，她告诉沫若，船到上海，海关要来检查行李，要沫若把行李收拾好。

沫若告诉她，他没有带行李。

女青年把拿在手中的一本书展开来，对沫若说：

“请你给我签个名，好吗？”

沫若一看，原来这本书是自己写的《北伐》，就问：

“你怎样知道是我呢?”

“我看见过你的相片。昨晚我来募捐，就认出了你。我看见你用的是假名杨伯勉，猜想一定有什么缘故。可我没有对别人说。这《北伐》上也有你的相片，不过那时你很瘦，现在你胖多了。”

沫若在《北伐》的附页上，给她题了两句旧诗:“海内存知己，天涯若比邻。”并署上了自己的真实姓名。

7 月 28 日，船抵达上海。郭沫若从日本回国的消息很快就传开了，许多朋友赶来探望，记者也纷纷前来采访。郭沫若不畏危难献身祖国的崇高精神受到人们的赞扬。

郭沫若一回到上海，就立即投入了抗日救亡运动。

在上海抗日前沿

郭沫若“别妻抛雏”，于1937年7月27日从日本回到上海，那正是中国抗日战争拉开序幕的关键时刻，他投入了新的战斗生活。

到浦东去来

郭沫若从日本回国不久，张发奎将军就从嘉兴到上海去看他。张将军是沫若北伐时的老朋友，现任沪浙战区总指挥，住在嘉兴，他的总指挥部就设在南湖边上。

8月12日清晨，张将军又邀请沫若到嘉兴访问。这时上海、浙江一带战争的阴云密布，大有一触即发之势。就在三天前，有两名日本军官驾军车闯入上海虹桥机杨，被我守军当场打死。日本人以这个事件为借口，调遣几十艘军舰向上海逼来。

张将军的指挥所里还处在暂时的平静状态。张将军见郭沫若准时应邀来访，显得非常高兴，他身穿戎装，腰束皮带，浑身透出豪爽和自信，快步迎上前去，握住沫若的双手，高声大嗓地说：

“在军事指挥所里接待你这个大文豪，有些失敬，不过再迟几天，恐怕连这样忙里偷闲的机会也难得了。”

“我和将军是战火中的朋友，离开打仗就无缘相识，更不会有十多年的交情。”郭沫若很喜欢这个会面的场合。

“好，好！趁日本鬼子的炮弹还没打到这里，我陪文豪游游湖。”

“难得，难得。”

一位参谋引他们二人来到嘉定南湖边，登上

一艘小摩托快艇，在湖面上飞驰起来。

郭沫若只见湖面波光粼粼，像绿色的锦缎荡起花纹；湖心岛上的烟雨楼，像一位历史老人，面对游人诉说着江南四百八十寺的云雨。

像画一样的江南风光，勾起郭沫若的心思。他已经整整十年没有同祖国的湖光山色谋面了。这种宁静还能有几天？烟雨楼将要变成烽火楼，山峦云霭将要被战火硝烟染指。他心像刀绞，一种报国请缨的急切心情翻腾在胸，他当着张将军的面，吟诵了他的一首新作《有感》：

十年退伍一残兵，今日归来入阵营。
北地已闻新鬼哭，南街又听旧京声。
金台寂寞思廉颇，故国苍茫走屈平。
挈眷辇家何处走？蚩蚩叹尔众编氓。

张将军连连称赞：“好诗，好诗！‘北地已闻新鬼哭’，实情；过不几天，南街里那些不知亡国恨的人，恐怕想听也听不到京剧了，可能到处是哭声喊声、枪炮声。”

沫若默默无语。

张将军接着说：“南方的战事早晚是要发生的，仗一旦打起来，我就派汽车去接你。”

沫若答应说：“好！我一定带慰劳队去。”沫若只在嘉兴呆了半天，当天晚上乘车去杭州看妹妹，第二天早上就返回上海。想不到火车开到西站就停住，不能往前开了。北站已经戒严，火车不能进站台，去北站接沫若的人扑了个空。

沫若回到寓所，在飞机炸弹的轰隆声中度过了十天。8 月 24 号，张发奎果然派汽车接他到浦东去了。

十天不见，张将军更加精神焕发。他的战区指挥所已经搬到浦东，这里是名副其实的抗日前沿阵地。

他向沫若、夏衍、田汉、林林和慰劳队的人介绍说：

“日本鬼子从 8 月 13 号向闸北发动进攻，昨天又从吴淞口登陆。飞机整天狂轰乱炸。不过，日本兵真是怕死。我们光是在苏浙区内就打下日本飞机15架。凡是被抓到的驾驶员，全都磕头求饶，嘴里不断说愿意投降；凡是在浦东上岸的日本兵，一遇着我们追击，就四处逃跑，腿快一点的都跑回日本军舰上去了。现在浦东岸上已经没有一个日本兵了。”

慰劳队的人问张将军：“你们在前线究竟需要什么东西，告诉我们，马上就给你们送来。”

张将军回答说：“我需要把日本兵拿来给我打，请你们多多给我备来。”接着他又得意地说：“虽然日本兵不够我们杀，但有敌人的产业够我们炮轰。”他非常满意自己炮队发射炮火的准确。日本人在浦东沿岸码头上堆放的物资，全被他们给炸光了。晚间从外滩往浦东看，四处常有熊熊燃烧的大火，很有“火烧连营七百里”的气势。

听过张将军介绍战况，慰劳队很受鼓舞，田汉即兴作诗，称赞抗日队伍。

举酒捋髯咤战云，一时饮者尽输君。

浦山五月波涛壮，始信人间有铁军。

张发奎挽留沫若在浦东多住几天，还给他准备了西式洋房，被沫若婉言谢绝了。沫若随慰劳队一起回到上海。这时，日本飞机的轰鸣声、炸弹的爆裂声和高射炮的发射声搅成一团，响彻市区上空。

沫若回到住处以后，马上挥笔写下了《到浦东去来》这篇鼓舞人心的战地随笔。

在战地奔波

9月初一天的清晨，陈诚派人送来一封信，请沫若到昆山去商量事情；如果愿意去，就派车来接他。

陈诚现在担任江防总司令，沫若北伐时和他从武汉分手，已经十多年没见面了，很想见见他。

不过近几天沫若闹肚子，正在用饥饿疗法治疗；两天没有吃饭，身体很虚弱，担心长途奔波，身体吃不消。

这个念头只不过稍稍一闪，就被上前沿去的强烈愿望给打消了。沫若高兴地对来人说：“好的，我去。请你派车来好了。”

晚上5点钟，沫若乘车从寓所出发去昆山前沿。日本飞机三五成群地不时从空中掠过，尾巴上的红灯一闪一闪的，像魔鬼眨着眼睛。城里沿途市街全都熄了灯，一片漆黑，汽车如同在一座死城里行驶。

来到郊外，秋夜里田野一片朦胧，公路上调防的队伍和运输的卡车来来往往，有些路段拥塞着士兵和车辆，连一辆小汽车都很难开过去。

沫若看到这种车辚辚、马萧萧的场面，精神非常振奋，心里想到，武装起来的同胞，不是正以自己的血肉，书写民族解放的历史吗。

沫若一行赶到目的地时，已经是深夜了，陈诚离开司令部，去了前线。沫若不愿吵醒司令部的人，同随行人员商量一下，就在汽车里睡下了。

清晨一觉醒来，沫若才看清楚，自己睡觉的

地方原来是街道上的一片空地，正对着一家小吃店。他走进店里，买了一碗豆浆、两根油条。豆浆里没有糖，他却觉得比上海的牛奶味道还要好。说来也怪，几天来翻江倒海的肚子，吃下豆浆、油条以后，反倒平静下来。

沫若在找陈诚时，迷了路。对面有两位挎手枪的军官认识沫若，跑过来热情地同他打招呼，问他：

“郭先生怎么到这里来了，危险哪，鬼子的飞机常常光顾这里。”

“不怕，一回生二回熟，我和日本飞机是老相识了。你们知道陈诚司令长官在哪里吗？”

“知道，我们送您去。”

说话间，隐约听到天边有飞机的嗡嗡声。沫若听力差，听不真切，并没在意。两位武装人员却很机警，喊了一声：“不好！飞机来了。”说着，拉起沫若离开开阔地，向远处一座葡萄架下跑去。

他们刚刚隐蔽起来，还没把气喘匀，就听到

炸弹在不远处地动山摇般响起来，足足响了二十几声。

爆炸过后，沫若从地上起来，拍打着身上的尘土，对两位武装人员说："好险哪！多亏有你们护送，若不及时隐蔽，也许就见不到陈诚了。"

沫若来到了陈诚的战地指挥所，这里充满战时紧张的气氛。陈诚请沫若坐在一张铺满军用地图的方桌旁边，顾不得过多的寒暄，就向他介绍起战况来。他说：

"我们的飞机大炮不如敌人，全靠步兵冲锋怎么能镇住敌人？"他用询问的眼光看着沫若，接着问他：

"你看，飞机大炮怎么补充？"

沫若觉得当着军事专家的面谈打仗，等于班门弄斧，不便多说什么，只是专注地听着。他反而请教陈诚，问他：

"我倒要向陈司令讨教，面对强敌，怎么个打法？"

"屡败屡战！"陈诚毫不犹豫地回答。

沫若听到这个新鲜的说法，眼睛一亮。他联想到过去见到张发奎、冯玉祥的时候，他们也都这样说过。这“屡败屡战”，就是“愈挫愈奋”，宁折不弯，只有这样才能抗战到底。

陈诚问沫若对抗战有什么建议，沫若提出开展政治工作、民众运动、对敌宣传等五项建议。陈诚表示赞成，并说要把这五点电告南京。

司令部备了一部专车送沫若一行回上海，被他们谢绝了。他们随便搭乘童子军的一辆车返回上海。

这是一辆小巧玲珑的奥斯丁，它跑起来真像童子军一样欢快活泼。一路上，只见公路两旁弹坑累累，路面反而很少被炸。沫若暗想，看来敌人飞机投弹并不那么准。

小巧的汽车跑得很快，把沫若一行人从战地安全送回上海。

南京之行

8 月初国民党政府取消了对郭沫若的通缉令。一个多月之后，9 月 19 日陈诚转给沫若一份蒋介石的电报，邀他到南京去。

郭沫若同林林私下谈起这件事，觉得蒋介石主动邀请，是可以到南京去的。

沫若说："他要接见我，是他的美德；我去求见他，是我的附势。"

他可以接受"接见"，绝不主动去"求见"。

陈诚派人派车护送郭沫若去南京。

8 月 22 日早晨沫若到南京，住进首都饭店。有许多老友，到住处去看望他，大都是十多年没有见过面的，叙谈别后的变化，都有很多感慨。

24 日下午，张群请郭沫若到他的公馆作客。

张群穿一件蓝色的缎袍子迎出来，握着沫若的手寒暄说：

"十年不见了，整整十年啦。……过去想约朋友们多赠些书给你，供你研究。但是我担心，恐怕你不肯接受。……宝眷怎么样？近来有消息吗？”

接着他又同沫若谈起取消通缉令的事，他说：“今年5月，在庐山，和慕尹、公洽、淬廉几位谈起了你，大家都想把你请回来。但关于取消通缉的事情，不免踌躇了一下：因为如果取消了，恐怕你不能离开日本了。”

沫若听他把这件事的来龙去脉一说，觉得很开心，想不到有这么多的人关心他，不管出于什么目的，对他来说总是一种安慰。

从张群那里刚刚回到住处，某军驻京办事处的赵处长就打电话来，说蒋介石要找郭沫若去谈话，马上就派汽车来接。不一会儿汽车就到了。

天正在下雨，沫若一个人坐在宽敞的汽车里，十几年前前后后的事情，一幕幕从脑中闪过，真是别有一番滋味在心头。

看来，汽车司机是轻车熟路，他左一拐，右一拐，前后拐了不过几个弯，就把沫若拉到一处不太显眼的地方。

郭沫若被人引着刚进一座厅堂的门，蒋介石在陈布雷陪同下，远远地从左边迎出来。他们两个人都穿一件深灰色的长袍，脸上露着笑容。

老蒋一面和郭沫若握手，一面说："你来了。你的精神比从前更好。"说话时显出和霭的样子。

他们走进了一间宽敞明亮的客厅，蒋介石坐在正中一把大椅上，郭沫若因听力弱没有坐在桌对面的正首，就在左边沙发上坐下了。

"你的神采比从前更好"，蒋介石又重复了一遍，说他比从前更年轻了，并问到他的年令。

沫若回答说："是壬辰年生的，今年46岁。"

在沫若的印象中，蒋介石是让一般人望而生畏的，有好些人站在他面前不知不觉间手脚就打颤。而今天他对沫若依旧十分和霭，就像十年前北伐时见到他时一样。精神似乎比从前更好，不像西安事变以后那样憔悴不堪。他觉得，抗战以来，确实所有的人都更年轻了。从蒋介石的眼神里，似乎已经看到了抗战的决心。沫若这时确实对他抱着希望。

老蒋把话题一转，问郭沫若："今后对甲骨和金文的研究还有没有兴趣？"

沫若回答说："只要有材料和时间，仍然可以继续研究下去。"他随后又提出："关于那类古器物学的材料，很多散在欧美各国，将来有机会很想把它们收集起来。"

蒋介石答应说："将来可以想办法。"

接着老蒋又问郭沫若有没有朋友可以做宣传工作，希望他留在南京，多写一些文章，要给他一个相当的职务。

郭沫若再三思索，没有提出一个适合做宣传工作的人选。关于他自己，他说："文章我一定做，但名义我不敢接受。"

老蒋说："一切会议你都不必出席，你只消一面做文章，一面研究你的学问好了。"

郭沫若不好直接回答什么。

老蒋又问到郭沫若的家眷，问他为什么去日本？

郭沫若回答说："我没钱，在国内不能生活，又不能到欧美去，所以只好到日本。"他回避了讨蒋檄文和通缉令，老蒋也心领神会，换了话题。

郭沫若起身告辞时，蒋介石一直把他送到大门口。

9月26日，沫若离南京回上海。《救亡日报》先后刊登了蒋介石召见郭沫若的电报和《蒋委员长会见记》。经过这么公开宣传，国民党在上海的当权者潘公展，就不敢惹是生非了，在上海的工作就好开展了。

沫若傍晚回到上海住处，身体显得疲劳，心情却很愉快，他同夏衍讲起南京之行时，认为"这是一个胜利"。

“拍拖”于立群

“八·一三”上海抗战爆发以后，郭沫若日夜奔忙，为抗日呼号，又焕发出北伐时那种精神。

许多朋友见沫若只身一人，无人照顾，便为他个人的生活问题忧心。他在上海，安娜在日本，两国成了生死对头，战争什么时候结束难以预料，沫若同安娜的婚姻有没有维持的必要，朋友间都有不同看法。

有一位朋友对沫若说：“中日两国已经成了敌对国家，战争说不清要打多久，你总不能一个人这样过下去。我看还是在国内找一个知心人，生活上也好有个照顾。”

还有人同沫若讲了一个真实的故事，说的是十九路军一位吴师长和他日本夫人离婚的故事。

吴某是日本士官学校的毕业生，娶了一个日本夫人，中日战争爆发后，他们的夫妻关系无法维持下去了。

吴师长对夫人说：“我很爱你，但我必须到华北前线去，指挥部下对日本人作战。只有立场坚定，与敌人势不两立，才能取得战士信任，做到令行禁止。可是现在人人都知道我有一个日本夫人，在人们心目中就降低了做一个指挥官的威信。我去前线已经下了必死的决心，如果我们还维持这种关系，那必然增加你的牵挂，也会给你以后的生活带来麻烦。”

那位日本夫人觉得吴师长说得有理，就回答说：“亲爱的，你的话我完全明白。你是军人，正处在国难当头的时候，需要效命疆场。请你不要有顾虑，我同意和你离婚，让你更好地率领部队作战。我虽是一个日本女子，但日本军队的侵略兽行，我是特别痛恨的。今后，你的儿女我一定尽心抚养，要他们像你一样有志气，做一个中国的好儿女。”

朋友讲的这个吴师长，沫若认识，“一二·八”时他是十九路军的团长，广东人，比沫若年令小，两个月前他们在上海还见过一面。

沫若同吴师长一样，处于两难的境地，要离，想到安娜和孩子，于心不安；不离，敌对两国间的跨国婚姻，又有诸多难言之隐。

就在沫若思想游移不定的时候，又有一个年轻女子闯入他的生活里来。

有一天，他到法租界的国际收容所去视察，迎面遇上一个二十左右岁的姑娘。她面颊晒得黝黑，梳着两条小辫，双眼透出精明和灵气。给沫若的印象是：“凤眼明贞肃，深衣色尚蓝。人前恒默默，含意若深潭。”

在一旁的林林向沫若介绍说：“来，来！我给你们介绍介绍。”

沫若从她那双眼睛，已经认出了她是谁。不等林林介绍，他便脱口而出：“不用你介绍，我已经猜到了，她是于立忱的妹妹。对不对？”

林林连连称赞他眼力不错，那姑娘腼腆地笑了。

原来于立群的姐姐于立忱是《大公报》特派驻东京的记者，与沫若有着深厚的友谊。由于肺病久治不愈，精神又受到周围有势力人物的威胁，走投无路，在上海住所悬梁自尽了。遗言中写道："如此国家，如此社会，如此自身，无能为力矣！”满腔义愤，都在这几句遗言中喷射出来。

沫若看到这位于妹妹，禁不住想起她的姐姐，不免引起了伤感。

林林补充介绍说：“立群的艺名叫黎明健，拍过电影，演过戏，演技很好。”

沫若深情地握了握立群的手。

立群不止一次听姐姐生前提起郭沫若，深知他们之间的友谊，所以一见面就有一种好感，就好像多年没有见面的老朋友一般，和沫若谈得很投机。

从这以后，沫若与立群常常见面，两个人的

感情逐渐加深。

1937年11月27日，沫若在上海公和祥码头登上一艘法国的邮船，到香港去。

到香港后，沫若住在六国饭店。他内心特别烦闷。他想，此行要去南洋募捐，决心虽大，把握并不大。他站在骑楼上，面对烟雾迷茫的大海和对岸九龙的远山，一种怅惘的情绪油然而生。他懊悔没有和周扬一道去延安，偏偏要下南洋干什么？不知不觉地就把内心所想的吟咏了出来：

遥望宋皇台，烟云郁不开。
临风思北地，何事却南来。

第二天，他去九龙回来，在皇后大道一个十字路口，偶然遇到前几天来香港的林林、郁风、于立群等一群文化人。

立群在二十米以外就认出了沫若，她先喊起来：“啊，那不是郭先生吗？”

郁风打趣地说：“哦，我们还怕你要死守上

海哩!”

当时林林一行住在海陆通旅馆，沫若请他们搬过来，和他住在一起。他们欣然同意，就都住进了六国饭店。

沫若在大家的劝说下，放弃去南洋募捐的打算，决定把《救亡日报》先在广州恢复起来，使它成为华南的精神堡垒，同时解决许多朋友的工作问题。

几天后，他们便一起到了广州。不久，《救亡日报》复刊有了着落，除于立群之外，都留广州办报。

元旦那天，沫若突然接到陈诚的电报，电文称:“有要事奉商，望即命驾。陈诚。”

沫若决定先到武汉去一趟，以后再去南洋。于立群听说沫若去武汉，非常高兴，他们可以结伴而行了。沫若住在新亚酒楼等夏衍来主持《救亡日报》，立群也搬过来住，准备同沫若一同动身。

于立群整天在旅馆里读书写字。沫若见她写

的大颜体字，黑顿顿的，而且悬起肘来写，非常惊讶，便问她：“你是什么时候学过书法?”

立群说：“这是我们的家传。我祖父是写颜体字的，我母亲也是写颜体字的，我从小也就练颜体字。”

沫若连连称赞她的字有功夫，还要同她一起练字。

忽然，沫若想到立群的名字不俗，一定有讲究，便问她：“‘立群’二字出自什么典故呵？我倒要请教。”

立群笑而不答，一会儿送过来一张字条，请沫若照着书写。沫若一看，上面工工整整地写着：

立德立言乃是立功之本；
群有群享须从群治得来。

原来是一副嵌字联，是于立群为解释自己的名字而撰写的。沫若一边往宣纸上写，一边对立群说：“想不到你的名字会有这么深刻的含义呀!”

沫若给于立群写了一首《陕北谣》，其中有一句是“陕北陕北我心爱，君请先去我后来，要活总要在一块。”那种深深依恋之情蕴含在字里行间。等到夏衍从上海到广州时，沫若和立群已经成为难舍难分的恋人了。

沫若和于立群由广州去武汉时，有许多朋友到车站送行。火车开动了，沫若和于立群把头伸到车窗外面，同大家握手道别。夏衍握着于立群的手，半开玩笑地说：“到了那边，不要和别人‘拍拖’呀!”原来这“拍拖”两个字是广东的方言，是男女手挽手地在街上走的意思。

于立群不禁羞得满脸通红。沫若也随大家笑起来，他心里想，我在精神上已经把她紧紧“拍拖”住了。

到武汉之后，沫若没有去成南洋，立群也没有去陕北。后来他们一同在总政治部三厅工作。郭沫若担任三厅厅长。

1938 年春末夏初，郭沫若和于立群在重庆举行了正式婚礼。参加婚礼的共有 80 多人。周恩来、阳翰笙、田汉、洪深、冯乃超等都出席了。

郭沫若没有穿佩戴中将军衔的军装，贴身穿一件纺绸衬衫，外面穿一套浅灰色西装，打着领带，显得容光焕发。于立群身着浅花旗袍，满头秀发乌黑发亮，更是亭亭玉立，满面春风。

婚礼由周恩来主持，阳翰笙夫人代表介绍人讲话。沫若和立群连连感谢朋友们光临婚礼，鞠躬致意。

周恩来忽然从席位上站起来说：“朋友们，来宾们，今天是郭沫若先生的婚礼，刚才举行了新式婚礼，下面我们按照传统习惯进行旧式婚礼。”他边说边拿起两只酒杯，用红头绳从两头套上。酒杯里斟上酒，先让新郎、新娘分头喝，然后把酒倒在一起，再各斟半杯，各喝一口。

周恩来说：“这就是交杯酒嘛！”场内笑声不绝。

周恩来又提议：“下面要喝家族酒。”他请郭家、于家两族人分别站到两边。先请郭家人斟酒敬于家，再请于家人斟酒敬郭家。婚礼一直充满热烈喜庆的气氛，大家尽欢而散。

婚后，沫若和立群经常一起吟诗作赋，写字作画。立群听说沫若小时候学过画，执意让他画一幅画。沫若推迟不了，便铺开纸画了几株兰草。立群拍手称赞：“好一簇兰花。”其实，郭老不常作画，对自己的作品并不满意，便在兰草左上方写诗自嘲：

叶似茅草花似竿，
立群命之曰称兰。

1961 年于立群和郭沫若一同游泰山。沫若对经石峪的大字石刻特别称赞，觉得北齐人刻的大字被称为“大字鼻祖”是非常恰当的，并且当场赋诗：

经字大如斗，北齐人所书。
千年风韵在，一亩石砰铺。

于立群面对经石峪的大字，心潮起伏，难以平静，她想到："这样壮观的书法，前人能写，今人为什么不能写？男人能写得出，妇女为什么就不能呢？"她在这里暗下决心，要写出超过古人的大字。

一连练了三年，于立群常常提起超过两公斤重的大笔书写各种大字，最大的六尺见方。1965年3月8日，正当妇女节那一天，她想到过去所下的决心，便提笔小试锋芒，作了一件颜体大幅："不爱红装爱武装。"

于立群挥毫书写时，沫若一直站在一旁欣赏，赞不绝口，随手提笔写了一幅大颜体对联：

推翻经石峪；压倒逍遥楼。

称赞于立群的字，超过了泰山经石峪那如斗大字，也压倒了颜真卿在四川梓潼县武连驿所书"逍遥楼"三个大字，给"喜作大字"的于立群很大鼓励。

1964年夏天，郭沫若和于立群在北戴河避暑。一天，邓拓来看他们，正遇于立群挥动五六斤重的毛笔写字，便向她讨墨宝。立群马上书写一副对联送给邓拓：

乘风破浪；冒雪报春。

邓拓也当场赋诗，书赠于立群：

风动蛾眉左卷操，更将翰墨耀朋曹。
门临沧海诗心壮，目极云天笔调高。
几叶渔舟堪入画，一林蝉唱伴今骚。
往来多少幽燕客，不敌立群意气豪。

第二年春天，邓拓带着裱装好的于立群赠联，请郭沫若一同欣赏。沫若诗兴大发，马上用邓拓《赠于立群》原韵奉和一首：

喜临秦汉学觚操，拂素敢夸著作曹。

主席诗词卅七首，新天日月九重高。

俯视唐宗怜宋祖，奴看周颂隶兼骚。

一联一律钦趋步，大海屠鲸邓子豪。

郭沫若和于立群夫妇恩恩爱爱，同舟共济，夫唱妇和，在文坛留下了佳话。

唱和毛泽东

抗日战争进行到1945年8月，日本侵略者已经面临灭顶之灾，不得不竖起了白旗，无条件投降了。

消息传来，人们奔走相告，全国一片欢腾。白天锣鼓喧天，晚上彻夜不眠。有些学校的学生，把棉袄里的棉花掏出来，扎成火把，蘸上煤油点起来，举行火炬大游行。

蹲在峨眉山上的蒋介石，眼看时机已到，慌忙下山来摘桃子。他不准八路军、新四军受降；唆使闫锡山派兵进攻上党解放区……新的内战随时都有爆发的危险。

在这紧急关头，毛主席不顾个人安危，亲自坐飞机到重庆来，同蒋介石举行和平谈判。

8 月 28 日，重庆各界代表早早来到机场候机室大厅，准备欢迎毛主席。郭沫若和夫人于立群来到候机厅门口时，一个《中央日报》女记者采访沫若，问他对毛主席来重庆谈判有什么感想。

郭沫若反问女记者："我想先听听你的高见。"

女记者说："我原以为他不能来。他会抓住日本投降的机会，指挥手里的百万大军去抢地盘，哪里会有心思谈判。"

"那么，现在又怎么看呢?"

"现在吗? 他来谈判，是迫于全国人民的压力，是不是有诚意，还要拭目以待。"

沫若斩钉截铁地对女记者说："毛泽东先生作为一个政党的领袖，不顾个人安危，亲自来重庆谈判，难道这诚意还用怀疑吗?"问得那个女记者面红耳赤，哑口无言。

飞机降落了。毛主席走下飞机，同前来欢迎他的各界人士热烈握手。当他来到沫若面前时，两位老朋友都掩饰不住内心的激动，两个人的手紧紧握在一起，久久没有分开。

自从在武汉分手，两位老朋友只是靠书信往来，托人问候，中间整整18年没有见面。这次能够在历史转折的关键日子里见上一面，沫若觉得十分难得，内心很不平静，许多往事一幕一幕地浮现脑际。

20年前，那是1926年3月，沫若经瞿秋白推荐出任广东大学文学院长。他从上海来到当时的革命根据地广州，先在一家旅馆里落脚，接着就去拜访林祖涵（即林伯渠）。林祖涵不在家，沫若在这里却意外地遇见了毛泽东。

只见毛泽东留着人字形的短发自然分开向两鬓梳拢。眼神里透出谦和沉稳，脸色嫩黄，皮肤细腻，说话的声音低沉有力又娓婉动听。郭沫若初次见面就觉得这个人超群不凡，在一般革命党人中，用这种声调说话的很少见。他没有更恰当的比喻来形容这个人。就在这时候，他忽然想起司马迁赞扬留侯张良的一句话："余以为其人魁梧奇伟，至见其图，状貌如妇人好女”，毛泽东给沫若初次留下的印象就是非常美好的。

毛泽东同沫若谈到广东的形势。那一年3月26日，蒋介石刚刚制造了反革命的“中山舰事件”，不能不在广州引起震动。市面上虽然看不出明显征兆，然而他们两人却都预感到已经是“山雨欲来风满楼”的局面。

沫若这次在广州住了四个月。毛泽东曾专程到他住处，邀请他担任第六届农民运动讲习所的教员，还陪他去讲习所作报告，一道去广东东山青年会发表过演讲。

从这以后的几十年中，郭沫若与毛泽东一直保持着深厚的友谊。

大革命失败以后，毛泽东率领秋收起义队伍上了井岗山，郭沫若写诗《我想起了陈胜吴广》，欢呼：

在工人领导下的农民暴力哟，朋友，这是我们的救星，改造全世界的力量！

他满腔热情地预祝革命的胜利：

我已准备一杯鲜红的寿酒，朋友，这是
我的热血充满心头。要让出一片的腥风血雨
在这夜间，战取那新生的太阳，新生的宇宙。

这些从内心迸发出来的诗句，抒发了沫若对毛泽东诚挚的感情，肯定和赞扬了革命道路。

1937年抗日战争爆发以后，郭沫若投身抗日救亡运动，并没有放下手中的笔。这一时期他创作了《棠棣之花》、《屈原》、《虎符》等历史剧，揭露国民党反动派的卖国投降政策，激励人民的斗志和必胜信心。1942年《屈原》在重庆上演，在广大观众中引起强烈共鸣。毛主席在一封信中称赞“郭沫若在历史话剧方面做了很好的工作。”

1944年8月下旬，沫若收到了周恩来从延安托专人带到重庆的《屈原》和《甲申三百年祭》的单行本。他当天就给毛主席、周副主席写信，表示感谢。没过多久，沫若又收到了毛主席的复信。信中说：

大示读悉。奖饰过分，十分不敢当；但当努力学习，以副故人期望。武昌分手后，成天在工作堆里，没有读书钻研机会，故对于你的成就，觉得羡慕。你的《甲申三百年祭》，我们把它当作整风文件看待。小胜即骄傲，大胜更骄傲，一次又一次吃亏，如何避免此种毛病，实在值得注意。……你的史论、史剧有大益于中国人民，只嫌其少，不嫌其多，精神决不会白费的，希望继续努力。恩来同志到后，此间近情当已获悉，兹不一一。我们大家都想和你见面，不知有机会否？

毛主席在信中说大家都想和沫若见面，沫若更想念陕北，想念抗战堡垒，想念北伐的战友们。他在《陕北谣》一诗中写道：

陕北陕北朋友多，
请君代问近如何？
华南也想扭秧歌。

陕北陕北太阳红，
拯救祖国出牢笼，
新天镇日漾东风。

那时，国民党的特务日夜严密监视着沫若。就连他到重庆郊区去躲避日本飞机轰炸，特务们还放风说："郭沫若要逃跑。"他只能翘首北望延安，没有可能去那里和老朋友相聚。他伤感地说："此乃无望之望。"

这次，毛主席来重庆谈判，使沫若如愿以偿，他终于有机会同老朋友相聚了。

9月3日，毛主席要亲自到天官府看望沫若和重庆各界人士。因为街里举行胜利大游行，车辆无法通行，聚会地点临时改在毛主席的住处。沫若同夫人于立群步行赶到那里。毛主席穿着一身宽大的灰布制服，在门口热情亲切地接待他们。

当时参加会见的还有翦伯赞、邓初民、冯乃超、周谷城等先生。

落坐以后，周老先生操着湖南口音问主席：

“过去您写过诗，现在还写吗？”

主席很幽默地说：

“近来没有那样的心情了。从前是白面书生，现在成了‘土匪’了。”

这时大家还不知道，过不几天毛主席就会有新的诗作发表。

接着，毛主席就和大家畅谈起来。他转身对坐在左侧的沫若说：

“你写的《反正前后》，就像写我的生活一样。当时我们所到的地方，所见到的那些情形，就是同你所写的一样。”

毛主席和大家重点分析了抗战胜利后的时局，讲述了共产党的主张，并谦虚诚恳地征求各位先生的意见。他充满信心地说：和平总是要到来的，然而要达到目的是很不容易的。

沫若的听觉不好，他全神灌注地听毛主席的每一句话，并借助主席的手势去理解。沫若看到毛主席常掏出怀里的一块旧怀表看时间，会后便把自己的手表摘下来送给了毛主席。毛主席愉快地收下了。

9月9日，郭沫若和于立群在红岩村又见到了毛主席，还有周副主席。晚餐中间，大家谈起沫若在国统区文化界应该采取什么态度的问题。毛主席很赞成沫若的主张：态度应该强硬些，不要妥协合作，要有斗争。毛主席鼓励他说："前途是光明的，道路是曲折的。"

没过几天，同政治斗争相呼应，围绕毛主席的一首词，在重庆展开了一场论战。

在重庆谈判的日子里，毛主席多次会见爱国民主人士。柳亚子是国民党左派元老、南社爱国诗人，他写了一首七律热情地称颂毛主席，并向自己的老朋友"索句"。毛主席盛情难却，就把《沁园春·雪》书赠给他。

北国风光，千里冰封，万里雪飘。望长城内外，惟余莽莽；大河上下，顿失滔滔。山舞银蛇，原驰蜡象，欲与天公试比高。须晴日，看红装素裹，分外妖娆。

江山如此多娇，引无数英雄竞折腰。惜秦皇汉武，略输文采；唐宗宋祖，稍逊风骚。一代天骄，成吉思汗，只识弯弓射大雕。俱往矣，数风流人物，还看今朝。

毛主席和柳亚子唱和的词，先是在《新华日报》、《新民晚报》分别发表，后由《大公报》一起刊登出来。毛主席的《雪》，大气磅礴，具象独特，一时轰动山城。人们争诵“数风流人物，还看今朝”。

这时国民党当局坐立不安，暗中策动少数几个文人，在他们控制的报刊上攻击这首词，诬蔑毛主席有“帝王思想”，形成一种特殊围剿的局面。

沫若按捺不住自己的义愤，挥笔填词，驳斥少数人的无稽之谈，于12月11日在《新民晚报》上发表了和韵：

国步艰难，寒暑相推，风雨所飘。念九夷入寇，神州鼎沸；八年抗战，血浪天滔。遍野哀鸿，排空鸣鹏，海样仇深日样高。和平到，望肃清敌伪，除解苛娆。

西方彼美多娇，振仞金衣裹细腰。把残钢废铁，前输外寇，飞机大炮，后引中骚。一手遮天，神圣托付，欲把生民力尽雕。堪笑甚，学狙公茅赋，四暮三朝。

说甚帝王，道甚英雄，皮相轻飘。看古今成败，片言狱折；恭宽信敏，无器民滔。岂等沛风，还殊易水，气度雍容格调高。开生面是堂堂大雅，谢绝娇娆。

传声鹦鹉翻娇，又款摆扬州闲话腰。说红船满载，王师大捷；黄巾再起，蛾贼群骚。

叹尔能言，不离飞鸟，朽木之材未可雕。何足道！纵漫天迷雾，无损晴朝。

在第一首和词里，他首先揭露国民党当局勾结美帝国主义企图发动内战的阴谋；接着在第二首中抒发对国内政局的见解，直接评述眼前由少数人挑起的这场诗坛风波。高度赞扬毛主席的词不是刘邦的《大风歌》和荆轲的《易水歌》所能相比，它气度宏大，格调超群，表现了堂堂大雅之才，而没有丝毫柔靡气息。同时活画出少数反动文人的嘴脸，他们不过是“传声鹦鹉”，故作娇态，不过是向主子献媚罢了。

这两首词不是一般的唱和，它是投向反动文人的匕首，表达了沫若爱憎分明的感情。

郭沫若与毛泽东的诗词唱和，蕴含着时代风云，成为千古绝唱。

解开汉墓之谜

1968年夏天，在河北省满城县西南三华里的陵山上，发现了一座汉代古墓，引起了各方面的重视。

古墓是研究古代社会和古人生活的第一手资料和重要依据。建国后，考古工作者发掘了许多历代的古墓，取得了可喜的成果。陕西临潼秦始皇陵兵马俑丛葬坑，驰名中外。从那里发掘出陶质的兵马俑一两万个，那人、马都和真的一样大，让后人领略了秦始皇宿卫军的阵容，欣赏到秦朝的雕塑作品，是研究秦代军事、经济、美术、雕塑、工艺技术难得的资料。长沙马王堆汉墓的开掘，也为世人瞩目，出土文物三千多件，从帛书、帛画、竹简、漆器、陶器、木俑，到丝织品、农畜产品、中草药等应有尽有。其中那具完好无损的女尸，尤其令人注意。这些出土文物的研究和认识价值是无法估量的。

那么，满城这座汉墓会有多少古代遗存，能不能科学、完整地发掘出来，自然受到各级领导人的关注。消息传到中央以后，周总理极其重视。他在欢迎坦桑尼亚总统尼雷尔的宴会上见到沫若先生时，亲自把主持发掘汉墓的工作委托给他了。

那时，沫若先生已经是 76 岁高龄的老人了。接受周总理的重托以后，他马上投入了工作。他请秘书王廷芳同志召集有关人员，制定发掘方案，搜集资料．准备到现场考察。

这座汉墓是解放军战士在陵山顶上施工时发现的。有一天，几个战士在山顶上炸石头，没想到，炸石的炮声响过之后，炸碎的石头却不见踪影了。战士们很纳闷儿。后来他们在炸石的地方发现了一个洞，就缒人下洞里去看。原来山洞很大，里面有许多文物。

部队立即停止施工，并告知地方政府。

郭老经过初步了解情况之后，就同有关部门负责人商量，组织了一个考古发掘队，以考古所的研究人员为主力，着手发掘工作。

考古发掘队于6月25日从北京奔赴陵山，很快就有新的发现，负责人回北京向郭老汇报了初步考察情况。他们看到墓内几件铜器上都有“中山内府”、“中山内府……卅三、卅四”等字样的铭文；后室的棺木上，有一个由玉片缀成的人体形的器物。

考古队负责人说：“从铜器上的铭文来看，这座墓可能是西汉中山王刘胜的墓。因为在中山国存在的120年中，只有刘胜在位42年，其他几个国王在位的时间最多也只有21年。”

郭老表示赞同，他说：“你们说的有道理，如果能发现刘胜的一枚印章，就可以确定无疑了。有些问题还要换个角度，多想一想，等我到发掘现场实地看看，回来再深入研究。”

郭老决定在7月22日去陵山发掘现场。那里离保定市很近。当时保定“文革”中的“武斗”正打得不可开交，保卫部门很担心安全问题。周总理指示部队，要加强警卫工作，确保郭老的安全。

那天清晨，天上阴云密布，小雨淅淅沥沥下个不停。接着，又下起了瓢泼大雨。六点钟，所有去满城的人，包括部队首长、中科院的工作人员和警卫人员，都来到郭老的家里。大家劝郭老躲过这场雨再走。可是，郭老奔赴现场去的心情急切，他还是说服大家同他冒雨行车。

八九辆小车，组成了一个小小的车队，在烟雨迷蒙中，奔向陵山。十点半钟，车队到了满城，经过的街道，都有解放军战士沿街值勤。

从满城到陵山，还有三里左右的土路，郭老和大家改乘吉普车。早晨那场大雨，这里也没有躲过。吉普车行驶在坑坑洼洼、充满积水的土路上，颠簸得很厉害。上山时，由于路滑，车爬到半山腰就开不动了，人们只得弃车步行。

郭老的精神很好，一面观看山色，一面同年轻人一起轻松地登上了山顶。

当时墓门还没有打开，郭老由陪同人员引导着从洞口进入发掘现场。墓里边非常潮湿，地面很滑，光线又暗，很难行走，他却不让陪同人员搀扶。他一边看，一边听人介绍，很快就看清了墓内的结构。

这座墓是凿山建造起来的，布局完全模仿宫殿建筑，由墓道、车马房、库房、前堂和后室组成，形成一座地下宫殿。前堂修在岩洞里，是瓦顶木结构建筑，十分富丽堂皇，似乎主人死后还要在这里继续过花天酒地的生活。后室的门正对前厅和墓道，地上堆放着一些随葬品。后室又分石门、门道、主室和侧室。主室就相当于内寝了，里面设置着汉白玉石铺成的棺床。棺床上有一件金缕玉衣，下面显现出人身的形状，头、两臂、上身、两腿和两脚的样子都可以看得出来。头部还枕有一些兵器和玉器，只是不见尸体和残骸。因屋顶汉白玉石板脱落，掉在棺床上，金缕玉衣已经被砸变了形。

郭老在后室停留了很长时间，他仔细地看了金缕玉衣。他边看边同考古人员交流看法。为什么只有金缕玉衣，而不见尸骨？大家都感到迷惑不解。郭老只是凝眉思索，没有发表结论性的看法，他提醒大家，这正是一个值得认真考察的问题。

从墓里上来以后，郭老特殊仔细地察看了陵山汉墓周围的地形地貌。他看到，这座汉墓上面的山坡是经人工清理过的。一位考古人员告诉他，对面不远处的一片山坡也有人工清理的痕迹。郭老很感兴趣，似有所悟，马上过去察看。的确，这块尚未被人们注意的山坡，同正在发掘墓地上面的山坡一样，人工清理的痕迹特别明显，他觉得其中大有文章，很值得研究。

郭老指着周围的一些小山包，对考古人员说："这些都是陪葬的墓，里面很可能还有别的建筑。"

从满城回到北京之后，郭老一直在思考两个

问题，一个是汉墓中葬没葬人，如果葬了人，为什么没有尸骨；如果没葬人，人葬到什么地方去了。另一个是，正在发掘的那座汉墓附近，是不是另外还有大墓，是一座，还是几座。

郭老要解开这个谜。

他让王廷芳告诉考古队，继续勘察玉衣下面是不是还有一层墓穴埋葬着棺椁。几天以后，考古队明确回答："没有发现棺椁。"考古队已经发掘到原始岩层，没有发现尸骨。

又过了两天，郭老终于解开了这个谜。他高兴地告诉王廷芳说：

"现在我想通了，在已经发掘的那座汉墓的北面，100公尺左右那块清理过地表面石头的地方，还有一座大墓，尸骨可能埋在那里。"

7月28日，郭老把自己的判断报告给周总理，并请求用发掘过汉墓的原班人马再去挖掘那座大墓。

周总理作出指示，请有关部门的负责人与郭老一起研究行动方案。

科学院开会研究开掘方案时，郭老正患感冒，没能参加。他给与会同志写了一封亲笔信，提出12条具体意见，作为备忘录。秘书王廷芳代表他参加会议，在会上，宣读了12条备忘录。

这12条意见，对新墓的存在、墓内的形状、建筑特点、葬品和装饰作出了明确判断，对挖掘路线、挖掘方式等问题作了具体的指导。

考古发掘队于8月12日第二次到达发掘现场，13日开始发掘，不久就发现了新的墓道，找到了墓门。他们发现，墓门里外砌了两道砖墙，中间有五六寸的缝隙，从顶部灌入铁水，形成了一道砖墙铁壁。

9月3日，考古队负责人来郭老家汇报，告诉郭老，第二座汉墓已经发掘到墓室。墓室的规模和形制同第一座基本一样。棺床上也有一件玉衣，上面盖着一层大的玉片。发掘工作正在顺利进行。

9月20日二号墓里发现了人的颈椎骨、肋骨共4条，还有3颗牙齿，1串玛瑙和1串玉串珠，21枚印章，其中铜印19枚，玉印2枚。有7枚铜印刻有文字，有3枚刻着“印信”和“同欢”字样，有一枚两面刻字，一面刻着“窦绾”二字，另一面刻着“窦君须”三个字。同时还发现了40枚铜钱，其中20枚有铭文，20枚有数字。全部出土文物装了三大车。

二号墓发掘结束时，郭老听取了发掘队负责人卢兆荫等同志的汇报。他边听边思索，脑子里出现了一系列问号。他反复琢磨“窦绾”、“窦君须”为何许人也？他自言自语地说：“莫非这里葬的是‘窦太后’的后人？”

接着，他又同卢兆荫等人交流看法。兆荫同志说：考古队认为，一号墓葬的是西汉中山靖王刘胜，二号墓葬的是他的妻子窦绾。两件金缕玉衣下面应该都有尸骨只是都已经风化了。当时虽然作了防腐处理，墓道的墙还灌了铁水，想求尸骨不朽，但因处理不科学，深葬也难以保全尸骨不朽。郭老赞成他们的见解，肯定他们作出的结论。

郭老对那40枚不知做什么用的铜钱特别感兴

趣。这套铜钱中，有20枚一面没有字，另一面铸有阳文“第一”至“第廿”字样。另外20枚铜钱，一面也没有字，另一面铸着阳文韵语，每枚钱铸一句，每句三个字或四个字，一共20句。这套韵语“铜钱”出土时已经散乱，前后次序不明。

为了弄清“铜钱”的用途，弄清韵语的含义，排列出前后顺序，郭老把拓片摆到办公桌上，反复琢磨，摆来摆去，寻找铜钱之间的内在联系。一连研究好几天，他终于根据韵文的规律，排列出铜钱铭文的顺序，最后确定了一个比较满意的排列方法。

郭老认为这些铜钱是做游戏用的，并将它命名为“宫中行乐钱”。韵语的全文是：

第一、圣主佐，第二、得佳士，
第三、常毋苛，第四、骄次己，
第五、府库实，第六、五谷成，
第七、金钱沲，第八、珠玉行，
第九、贵富寿，第十、寿毋病，

第十一、万民番，第十二、天下安，

第十三、起行酒，第十四、乐无忧，

第十五、饮酒歌，第十六、饮其加，

第十七、自饮止，第十八、乐乃始，

第十九、田田妻鄙，第廿、寿夫王母。

这首韵语的内容虽然充满封建意识，但它却为汉代文献增添了一项新的资料。韵语被破译整理成章，其中饱含着郭老的心血。

考古所专门举办了满城一、二号汉墓出土文物展览，郭老兴致勃勃地前去参观。出土文物有金、银、铜、铁、玉、石、陶、漆等器物，共一万多件。有些艺术珍品，举世罕见。两套完整的金缕玉衣，是首次重大发现。葬服全是由玉片制成的，玉片间用金丝编缀。男玉衣用玉片 2498 块，金丝 1100 克；女玉衣用玉片 2160 块，金丝 600 克，属稀世之宝。

郭老非常欣赏那座长信宫灯。它高 48 厘米，通体镀金，作宫女跪坐执灯的造型，可以调节灯光的亮度和照射方向，烛燃烟灰可溶在灯内。他称赞说："这座灯造型奇特，设计科学，艺术精湛，确实是无与伦比。"

郭老还很推崇那个错金博山炉。这座熏炉高26厘米，炉身全是用金丝错出的精致纹饰。工作人员当场把香料放到炉内点燃起来，只见香烟通过炉盖若干小孔，袅袅升起，香气四溢。那炉盖设计别具匠心，重峦叠嶂的造型，象征海中博山。郭老又看又闻，赞不绝口。

郭老充分肯定开掘汉墓的重大价值，他写信给周总理，建议中央新闻纪录电影制片厂派人，到发掘现场拍片，纪录发掘全过程。后来他又陪同外国贵宾观看这部片子，受到外宾的赞赏。

满城汉墓在国内外引起轰动，但却很少有人知道郭老对解开汉墓之谜所作出的特殊贡献。

天涯海角留足迹

郭老在六十年代初，曾经先后两次到海南岛考察，一次是 1961 年二月，一次是 1962 年二三月。

郭老曾经遍游过五湖四海，但对海南岛的风光，他却情有独钟。当他第一次来海南时，正是初春季节。他站在海边，放眼望去，只见海天相接处海水一片湛蓝，而近处却是像翡翠一样墨绿。远处有三五只帆船，一动不动。他觉得自己好像站在一幅静止的风景画的面前。这如画的风光，激发出如画的诗情，他在《颂海南岛》的诗中写道：

欣逢调查研究年，北极飞临南海边。

兔尾岭前乘快艇，鹿回头上射飞鸢。

盐田日晒成银岭，揶实人蹬落碧天。

自古琼瑶称此岛，珠崖毕竟占春先。

有一次，郭老在海边，看见不少渔民正在拉网捕鱼。那是一面大网，由几艘渔船上的渔民逐渐往岸边收拢；岸上的渔民应声配合，海上、岸上，齐心协力拉网。其中有许多姑娘，头上扎着花头巾，边拉边唱，十分欢快。郭老受到渔民热烈情绪的感染，插到他们的行列当中，挽上衣袖，伸手和渔民一同拉起网来。只见网中鱼儿欢蹦乱跳，在阳光下泛起一片片银光。他吟诗记下了那难忘的一刻：

波清湾面阔，沙白磊石圆。

劳力同群众，雄心藐大千。

过了一年，郭老第二次来海南，又去天涯海角考察，回来的时候天快黑了。在路上，他又遇到一群青年男女渔民，每人左右两手都提着一条鲜鱼，有说有笑。郭老和他们同行，因语言不通，没有过多的语言交流。青年渔民好像认识郭老，含笑点头向郭老致意。郭老举起右手，用举手礼答谢他们，心中暗想："还记得吗？去年帮助拉网的人，今年又回来了。"这时，人群中含笑点头示意的人越来越多，笑得越来越甜，点头更加频繁。郭老曾写诗记叙此情此景："去年助曳网，今日来何迟"；"点头相向笑，举手不通辞"。这些诗句记下了他同素不相识的渔民群众的鱼水之情。

郭老游海南，忘不了九百多年前宋朝的苏东坡。超凡脱俗、历尽坎坷的大文豪苏轼，曾被贬到儋县，住了三年。初到海南时住在桄榔庵，后来要了一廛地，和他儿子苏过同耕种，自食其力，留下许多佳话。

郭老到儋县访问，路过那大镇时，专程驱车去东坡书院，仔细观看了书院的神位、塑像和墙壁上嵌着的《坡仙笠屐图》，引起他对苏轼的赞佩，吟成《儋耳行》一首，他驰骋奇思妙想，把苏翁拉到九百年后的今天，同他谈天说地，共话家常，那奇特的场面是：

东坡头戴斗笠，脚系木屐，斜拖黄子木手仗，微驼着背，漫步走来。

郭沫若下车赶忙向前问候："东坡先生你可好？沫若我生在西蜀峨眉山下，你我都在乐山县凌云山顶读过书，按理说我们还是校友，只是年代有先后罢了。"

坡老用手抚摩银髯，笑呵呵地说："我听你说话乡音没变，只要是乡亲就不分你我。平羌的江水还是那么平如镜吗？峨眉山的月儿还是那么明亮吗？那个石凿大佛还稳坐江边吗？"

沫若答道："江山俱无恙，人间却已换新样。"接着历数方方面面的变化，"黄河正使不再黄，四海东风常骀宕。"

但见坡翁听过似懂非懂，有口难开，只是轻轻摆动手仗。沫若想到时隔千载，已经失去共同语言，为不使他为难，忙转话题问道：“我还有一事要向先生请教：听说您和儿子斜川，在这里仅仅住了四年还不到，怎么能把西蜀的话传到今天？”

坡翁笑吟吟答道：“我们父子躬耕垄亩，自食其力，待农民如同亲兄弟一般。由于心心相通，言语自然随之相同，农民争着学西蜀话就成了风气。代代相传永无终止。

古人今人相见实为幻想，现实并不存在，可是郭老幻想中人物的神态、对话却活龙活现，真真切切，饱含着对坡翁人格和贡献的崇敬。

1962年春节期间，郭老接受海南人民的委托，利用休假时间，重新校订《崖州志》，循文标点，纠正错讹。为辨别真伪，他常常要去实地勘察。全书37万字，全部用新式标点，校正原书错讹多处。全部工作，郭老在十天之内圆满完成。

《崖州志》卷十九有《大小洞天记》，为了查清大洞天、小洞天的真相，郭老亲自踏查鳌山，攀山越岭，通过山崖小径，摸索查看七百多年前久经风化的《海山奇观》石勒。他认真查对石壁刻字，只见刻有“小洞天”，并没有所谓“大洞天”，于是在校订时订正过来了。

他在石刻中还发现有“屡于石船登赏，摩岩题名，以为绝胜”一句话，原书中漏记了，校订时也按石刻本来面目补了进去。

郭老过去常听人传说，海南“天涯海角”中“天涯”二字的石刻是苏东坡的字迹。这次在校订《崖州志》时，看到这里记载得知，“天涯”二字是雍正十一年州守程哲所写。郭老为了验正真伪，在一年之内三次去实地观赏查看，亲自爬上石岩，果然发现“雍正十一年”五字在“天”字的右面，“程哲”二字在“涯”字的左面，由此证实过去所谓“天涯”二字出于苏东坡的手笔，并不符合实际。他在《游天涯海角》一诗的附言中写道：“前后三游，时经一载，始获事物真相”。许多同志为郭老治学的求实精神所感动，有人写诗赞扬他三看“天涯”：“苏刻天涯成假话，沫若三来是与真。”

郭老两次游海南，不仅将足迹留在岛上，更把精神留在人们心里。

作家故事文库

主编/新禾

副主编/霍红　高玉兰

老舍的故事

于元/著

时代文艺出版社

作家故事文库·老舍的故事

作　　者:新　禾　主编
责任编辑:姚家余
责任校对:王旭玮
装帧设计:章桂征
出　　版:时代文艺出版社
（长春市泰来街 1825 号　邮编:130062　电话:86012927）
发　　行:时代文艺出版社
印　　刷:三河市灵山装订厂
开　　本:787×1092 毫米　32 开
字　　数:136 千字
印　　张:70
版　　次:2011 年 5 月第 2 版
印　　次:2011 年 5 月第 2 版第 3 次印刷

书　　号:ISBN 978-7-5387-1075-5
定　　价:417.20 元（全 14 册）

目 录

目　　录

老舍小传

老舍,原名舒庆春,字舍予,满族,1899 年生于北京。常用笔名为老舍,另有絜青、鸿来、絜予、舍、非我等笔名。

老舍出身于城市贫民家庭,父亲是满清皇城一名护军,牺牲于八国联军入侵北京的战争中。一家人的生活全靠母亲为人缝洗和当佣工的收入维持。

老舍降生的时候,母亲昏死过去了,多亏已经出嫁的大姐及时赶到,把刚出世的小弟弟揣在怀里,才免于冻死。事过之后,左邻右舍,特别是老太太们,都说这孩子"命大"。

那一年是戊戌年,清光绪二十四年,正是狗年,老舍是年底生的。于是,母亲给他起了个小名:小狗尾巴。

老舍降生的时候,母亲已经四十一岁了。老舍上面有四个姐姐、三个哥哥,加上这个"小狗尾巴",一共八个孩子。

老舍幼时,家里很穷。门上经常被人画上许多白道道,五道儿一组,颇象鸡爪子。这是赊帐的标志。到时候要按鸡爪的多少还钱。

为了养活儿女,母亲每天缝洗到半夜。在老舍的记忆中,母亲的手终年都是红肿的。

老舍的一家,祖祖辈辈都是文盲,哥哥姐姐都没有机会念书。母亲多么希望"小狗尾巴"能够上学读书啊!

1906 年,老舍在别人资助下进私塾读书。三年后,转入正式学堂。1912 年,进北京师范学校读书。1918 年毕业后,任京师公立第十七高等及国民小学校校长等职。

五四运动时期,老舍深受影响,1922年9月,到以开明著称的天津南开学校中学部任国文教员,并开始新文学创作。

1923年,老舍重返北京,任北京教育会文书,并在北京第一中学兼课,业余时间,老舍则到燕京大学旁听英文。

1924年,老舍赴英国任伦敦大学东方学院汉语讲师。在英国,老舍先后写成《老张的哲学》、《赵子曰》、《二马》三部长篇小说,因文笔流畅,富有北京地方特色,善于刻划市民生活和心理,引起人们注意。1926年,老舍加入文学研究会。

1930年,老舍回国到济南齐鲁大学任教,1934年改任青岛山东大学教授。1936年,老舍代表作《骆驼祥子》问世。

《骆驼祥子》是老舍创作中的优秀代表作,也是中国现代文学史上著名的现实主义长篇小说之一。它牢固地奠定了老舍在中国现代文学史上的地位。《骆驼祥子》出版后,又多次再版,极受欢迎。后来又被改编为话剧和电影,还被译成英文在美国出版。这使得老舍成为中外驰名的作家。

《骆驼祥子》具有鲜明的现实主义特色。它把城市底层社会的生活和贫苦百姓的命运写进作品,取得了重大成就。它滑稽幽默的笔调、真实细腻的叙述、精炼生动的描绘,再现了旧北京的风貌和民族传统文化。

1937年,老舍只身奔赴武汉参加抗日战争,出任中华全国文艺界抗敌协会理事兼总务部主任,为宣传抗日救亡,热心提倡通俗文艺。

老舍本来是小说作者。到武汉后,在周恩来的倡导下,他开始学习写话剧了。他还写相声和大鼓书等民间曲艺形式的作品,为的是用劳苦大众喜闻乐见的形式鼓动抗日。在周恩来的指导下,老舍积极参加抗日的社会工作,热心地为成立文艺界抗敌协会而奔走,为团结广大爱国作家做出了贡献。

1944年,老舍开始创作长篇小说《四世同堂》。此书包括《惶惑》、《偷生》、《饥荒》三部长篇。前两部写于抗战时期,最后一部写于解放战争后期。这套书是描写抗日时期沦陷区人民生活的重点作品,也是老舍继《骆驼祥子》之后又一部描写北京市民生活的杰作。

1946年,老舍应美国国务院邀请赴美讲学。

北京解放后,周恩来总理向日夜思念祖国的老舍发出了盛情的邀请书。在党和政府的帮助下,老舍排除了重重困难,于1949年底回到祖国,开始了新生活。1950年5月28日,北京文学艺术工作者联合会成立,周总理亲自出席了成立大会。会上,老舍被选为文联主席。7月14日中午,总理宴请老舍,鼓励他多为人民创作,多写自己熟悉的北京,写出北京的变化。

这次总理接见和热情洋溢的鼓励,像春风一样,使老舍感到无限温暖和喜悦,他获得了新的艺术生命。

回国后,老舍历任政务院文教委员会委员、中国文联副主席及书记处书记等职。

解放后,老舍给中国青年艺术剧院写了《西望长安》、《神拳》、《方珍珠》和《全家福》四个话剧,给北京人民艺术剧院写了《龙须沟》、《春华秋实》、《青年突击队》、《茶馆》、《红大院》和《女店员》六个话剧,给儿童艺术剧院写了《宝船》。这些话剧极受人民欢迎,上演后,场场满座。《龙须沟》反映了解放后北京的巨大变化,上演后,周总理看了多次。

周总理很喜欢《龙须沟》,特地向毛主席推荐。1951年春天的一个晚上,《龙须沟》在中南海怀仁堂演出,老舍一家都被邀请去观看。

为了让毛主席满意,在演出的前一天,总理亲自到剧团将全剧从头到尾审查一遍。演出那天,周总理和邓颖超很早就到了怀仁堂。毛主席入场后,总理拉着老舍走到毛主席面前,向主席介绍。毛主席很高兴地和老舍握了手。演出之后,总理先送走主席,然后上台和演员见面,代表主席向大家道谢。

“文化大革命”初期,老舍遭到迫害,于1966年8月24日在北京投太平湖自尽。

老舍是现代著名小说家和剧作家。他是中国现代长篇小说最早的作者之一，为开拓这一体裁作出了贡献。老舍也是现代中国作家中作品形式体裁最为丰富多样的一个，而且在各个领域中都取得了出色的成就。

老舍对北京下层市民生活十分熟悉，因而被称为用纯熟的北京话描写北京市民生活的“铁笔”和“圣手”。

“小狗尾巴”变成了龙

在北京的西城，有一个很小很小的小胡同，叫“小杨家胡同”，解放前叫“小羊圈”。

小羊圈在护国寺后面，由平安里往北走，一过护国寺大街就到了。

小羊圈最大的特点就是小，极其狭窄，而且曲折，最宽的地方也不过一米半。

在这个小胡同里住的都是穷人，三教九流都有。有当兵的、卖艺的、做小买卖的、糊棚的、卖苦力的、当伙计的、当仆人的。清朝末年，这是一个贫苦人聚居的地方。

清朝光绪二十五年(公元1899年)腊月二十三过小年那天，在小羊圈的一家小院里，一个男婴降生了。当时，母亲因失血过多，昏了过去。多亏已经出嫁的姐姐及时赶到，把小弟弟揣在怀里，才免于冻死。这时，当护兵的父亲正在皇宫值班哩!

按阴历算，这一年是戊戌年，是狗年，这孩子又是在年终岁尾生的，而且长得又瘦又小，于是母亲便给他起了个名字叫“小狗尾巴”。

“小狗尾巴”一家，祖祖辈辈都是文盲，没有一个人读过书。

七岁时，“小狗尾巴”在别人的资助下进了私塾，以后又转入小学，上了中学，长大后成了震惊世界文坛的名作家。当年的“小狗尾巴”竟然变成了一条龙!

这条龙是谁呢？他就是本书的主人公——老舍。

老舍是怎样由“小狗尾巴”变成一条龙的呢？别忙！读了这本书，自然就知道了。

父亲的故事

老舍长到四岁的时候,才会走路和说话。他一会说话,就问母亲道:

"奶奶,阿玛到哪去了?怎么总也不回家?"

满族将妈妈称为"奶奶",把父亲称为阿玛。老舍见别人家的孩子都有父亲疼爱,唯独他总也见不到父亲,因此这样问母亲。

母亲见儿子要父亲了,不忍刺痛他的心,只得哄他说:

"你阿玛外出当差去了。"

老舍眨了眨眼睛,好象明白了,于是追问道:

"那么,阿玛什么时候才能回来啊?"

这一问可把母亲难住了,母亲嗫嚅了半天,只得答道:

"当完差就回来了。"

于是,老舍天天盼望父亲早日当完差,早日回家。他还时常到院门外去守候,去张望,以便迎接当完差回家的父亲。每逢此时,母亲总是暗自垂泪。

老舍十岁的时候,已经懂事了,不再是个蒙昧无知的小孩子了。他见父亲一直没有回来,觉得其中定有隐情,便缠着母亲一再追问。

母亲见老儿子已经长大了,该是把详情告诉他的时候了,这才流着眼泪讲了起来。

老舍的父亲是个旗人,属于正红旗。

正红旗是清代八旗之一。八旗原是清代满族的军事组织和户口编制。八旗制将所有的满族人分为八大部分,每一部分打一种旗，共打八种旗：镶黄旗、正黄旗、镶白旗、正白旗、镶红旗、正红旗、镶蓝旗、正蓝旗。镶黄旗即镶有黄边的旗。正是“整”字的简写，正红旗即整个旗子均为红颜色的旗。后来，渐渐用八旗称呼大部分满族人了。

老舍父亲的职业是护兵，职务是保卫皇宫，每月领三两银子，加上春秋两季领的口粮，便是他的全部收入，当时称为“钱粮”。

老舍降生的时候，他正在皇宫里值班。他万万没有想到在他这世世代代只出武士的家里降生了一颗文曲星。

当时，这位未来的世界大文豪正赤身露体地躺在土炕上被冻得奄奄一息，大人们正为抢救母亲的生命而张罗奔忙。

清晨，老舍的父亲下班回家时，老舍的大姐含泪告诉他两个消息，一个好，一个坏：添了一个小弟弟，妈妈昏过去了，半夜才醒来。

不管怎么说，分娩的危险总算过去了。母子二人都活了下来。

老舍的父亲哭了。

老舍的父亲没有嗜好，既不抽烟，也不赌钱，只在过节的时候喝一两杯酒，还没放下酒杯，脸便红了。他最喜欢花草，每到夏季必以极低的价钱买几棵五色梅，栽在院中。至于洋麻绳菜与草茉莉等，则年年自生自长，甚至不用浇水，也能到时候就开花。到上班的时候，老舍的父亲便去上班。下班的时候，他直接回家，哪也不去。回到家中，他因识字不多，所以不去读书。家中只收藏着一幅《王羲之爱鹅图》，他也不随时观赏，只在除夕之夜才找出来挂在墙上，到了正月十九就摘下来了。他只是劈劈柴，莳弄莳弄五色梅，或刷一刷水缸。有人跟他说话时，他很和气，低声地回答几句。没人问他什么话时，他便含笑不语，整天一言不发。他对人很有礼貌，走在街上时，他总是目不斜视。如果不是友人们招呼他，他不会主动上前去请安。每当老舍母亲叫他去看亲友时，他便欣然前往。

不大工夫，他便回来了。老舍母亲问他“怎么这么快就回来了”，这时，他只是淡淡一笑，然后用布掸去鞋上的尘土。他没有和任何人打过架，吵过嘴。他比谁都老实。

但是，就是这样一个老实人，却被八国联军的炮火夺去了生命。

光绪二十六（1900 年），义和团运动在直隶一带蓬勃发展，推动了全国的反帝斗争。义和团烧教堂，驱逐外国传教士，扶清灭洋，把反帝爱国运动推向了高潮。于是，英、美、日、俄、法、德、奥、意八国派兵来华，组成八国联军，进攻北京。

八国联军攻打北京的时候，慈禧太后和光绪皇帝吓破了胆，扔下北京的老百姓不管，逃往西安，使北京遭到了一场震惊中外的大浩劫。

老舍的父亲负责保卫皇城，誓与皇城共存亡，他和他的伙伴面临着被八国联军全部歼灭的结局。那是一场实力悬殊的战斗，一场壮烈而毫无胜利希望的战斗。

那时，清兵使用的武器比八国联军落后了许多。老舍父亲的身上挎着生了锈的腰刀。

正阳门是通往皇宫的正门，老舍的父亲和他的伙伴们在这里和攻城的八国联军遭遇了。

八国联军向正阳门发射了烧夷弹。这种燃烧弹在当时是一种新式武器。正阳门的箭楼被烧掉了一半，燃起了大火。火星落在了守军的周围，引燃了他们随身携带的黑色炸药。老舍的父亲被火包围了。

后来，人们在一家粮店里发现了他，他的烧伤严重。他是自己爬到那里去的。这家粮店叫南恒裕粮店，坐落在南长街上。

当时，街上静悄悄的，一个行人都没有，能逃的都逃走了，不能逃的就堵上门在家里躲着，把命运交给了守城的清兵和义和团的勇士们。

由于力量悬殊，武器落后，清兵早已败下阵来。

一个败下阵来的士兵，路过南恒裕粮店，见店门半开着，想进去找点水喝。他刚迈进去，一低头，看见了老舍的父亲。

他们彼此相识，进来的清兵是老舍母亲的表侄。

老舍的父亲已经不能讲话了。他费了很大的劲儿，举起了一双布袜子和一双裤脚带，交给了表侄，托他带回家去报个信。

父亲的脚和腿已经肿得很粗了。表侄要背他走，他执意不肯。到家还有好大一段路，八国联军很快就会破城而入，他不愿意再连累第二个人了。

表侄抱着布袜子和裤脚带交给了老舍母亲，并讲述了老舍父亲的遭遇。

八国联军紧接着进了城。老舍母亲要车没车，要人没人，无法去寻找丈夫了。

老舍的父亲再也没有回来，不久便伤重而死。

就在老舍的父亲离开人世的时候，八国联军占领了整个北京城，一场震惊世界的浩劫开始了。

八国联军进城后，大肆烧杀淫掠。他们见了敢于反抗的男人就杀，见了女人就污辱，见了鸡就抓，见了狗就捅死。见了财物，只要稍微有点价值，不管是什么，统统拿走。

这些丧尽天良的洋匪成群结队，不管多小的胡同，多穷的住宅，他们都去抢掠。第一批刚走，第二批又来了，一遍又一遍，象篦头发一样，把百姓的东西篦得一干二净。

老舍的家刚蒙受了丧夫失父的巨痛，又遭到了持枪抢劫的大难。

第一批洋匪进了院，老舍心爱的大黄狗扑了上去。洋匪一刺刀下去，大黄狗便咽了气。

第一批洋匪抢足了东西走了，母亲索性不再关院门了。因为关也没用，一个手无寸铁的弱女子和几个又瘦又小的孩子，怎能挡住持枪挎刀的洋匪呢？她蹲在墙根里，等着第二批洋匪。

第二批洋匪比第一批搜得更细，他们搜遍了每个房间。

母亲的炕上放着两只大木箱，是两只用了多年的旧木箱，里面放了些旧衣服。一岁半的老舍就睡在这两只大木箱的旁边。洋匪发现了这两只大木箱，上去翻了个底朝天。

等洋匪走了之后，母亲赶忙进屋，这才发现一只大木箱扣在了老舍的身上。

母亲搬开了箱子，老舍还在熟睡之中。幸亏他睡熟了，否则他一出声，洋匪一定会捅他一刺刀。

过了几天，母亲给父亲做了一个小木盒子，盒子里面放了父亲的那双布袜子、那副裤脚带和一张纸，纸上写着父亲的姓名和生辰八字。就这样，全家哭成了一团，象征性地埋葬了父亲。

听了母亲的这段叙述，老舍泪流满面，泣不成声。

国仇家恨，冲击着他那幼小的心灵，反帝激情和爱国精神油然而生。从此，这种激情和精神伴随了他的一生。

父亲在反对帝国主义的战争中牺牲了。对此，老舍既感到悲痛，又感到自豪。

听了母亲的叙述，老舍好像一下子变成大人了。从此，他更懂事了，更勤奋了。这与他十九岁当小学校长、二十七岁成为作家、三十一岁当大学教授不无关系。

母亲的故事

老舍的童年既不美，也不甜，充满了苦和泪。

父亲去世以后，按清朝对阵亡士兵的抚恤规定，母亲每月只能领到一两五钱银子。而银子的分量又越来越少，发得也越来越不及时了。

为了养家活口，母亲不得不拼命给人家洗衣裳和做针线活儿。

母亲姓马，也是满族人，属于正黄旗。她的娘家在北京城外，距德胜门不远。那里立着一块石碑，碑上刻着"蓟门烟树"四个大字。碑下有一条西通大钟寺、南通西直门、北通清河的大车道。道旁有个小村子，叫"十间房村"。母亲的娘家就在十间房村。村子里一共住了四五户人家。有姓王的，姓马的，姓潘的。母亲的父母去世很早，母亲是在隔壁的姑姑家长大的。

十间房村的土地不十分肥美，村民也无钱买牲口，因此在农忙的时候，妇女也得下地干活儿。母亲出生在这样的农户人家，从小养成了勤劳的习惯和诚实的性格，身体也摔打得相当结实。

现在，父亲不在了，全家的生活重担落在了母亲肩上，她除了洗衣裳和缝补之外，还揽大批的衣裳回家做。当时，在北京做买卖的有许多是外省人。他们整年不回家，甚至三年也不回去一趟。他们要在北京做粗布袜子和衣裳穿。母亲的活儿就是从他们那儿揽来的。

老舍小时候长得很瘦弱。母亲没有足够的奶水，老舍是喝米汤和浆糊长大的。三岁时，老舍还不会讲话和走路。

父亲去世以后，小院里只住着母亲、哥哥、三姐、一个守寡的姑姑和年幼的老舍。

哥哥比老舍大九岁，小小年纪，为生活所迫，整天去学手艺，当学徒，没有时间和老舍玩。

老舍整天坐在炕上，很少动。母亲和三姐忙着干活儿，没有时间哄他、逗他，只得常常把一块棉花扔给他，叫他自己捏小鸡或小狗。一块棉花，一根做活的棉线，一片小小的布头，往往就能占去老舍半天的时间。

这些棉花块儿、棉线、小布头就是老舍儿时的伙伴。他用一双小手把这些东西按着自己的想象变成各种可爱的小动物和玩艺儿。这是一种创作。这种创作弥补了儿时老舍的清苦、单调和孤独，给他带来了特殊的欢乐和慰藉。他就这样消磨了儿时的大部分时光。

这和老舍日后沉默寡言而富于幻想，安静沉稳而内心奔放，终于成了一名思路敏捷的作家是有关系的。

在老舍的童年生活中，真正给他留下终身烙印的是母亲的影响。

母亲是个办事认真、一丝不苟的人。白天，她要洗一至两大盆衣裳。就是屠户送来的漆黑如铁的布袜，她也把它们洗得洁白如雪。由于成年泡在水里，母亲的手总是鲜红和微肿的。

晚上，母亲和三姐围着一盏小油灯，又缝又补，每天操劳到深夜，终年不休。

在老舍的记忆中，母亲从来没有闲着的时候，她常年哼哧哼哧地洗。那些做买卖的伙计们送来的臭袜子，象硬牛皮似的。母亲的手越洗越粗，起了一层鳞。

老舍从母亲那里继承了热爱美好事物、讲究卫生、喜爱整洁、遵守秩序的美德。

父亲活着的时候，喜欢养菊花。由于生活困难，每年只买两株价钱低廉的菊花放在小院中观赏。小院里种两棵枣树，还有几盆石榴和夹竹桃。父亲去世之后，不养菊花了。但石榴和夹竹桃仍然得到了母亲的爱护和灌溉，年年夏天开出许多花。母亲老是把院子收拾得干干净净。她擦得破桌面不留尘土，破柜门上的铜活儿闪闪发光，虽然那些铜活儿早已缺胳膊少腿了。

母亲浇花的时候，老舍就帮着她收土；母亲做活儿的时候，老舍就帮着打下手，递烙铁，添火，送水。

老舍长大成名后，一直坚持自己动手收拾屋子，自己打水浇花，象母亲那样，把桌子椅子、茶壶茶碗擦得干干净净。老舍衣着整洁，稿子写得清清楚楚，字迹工整。这些都是母亲留给他的。

老舍豪放好客，待人满腔热忱，有求必应。这些性格，也是母亲传给他的。

母亲会给婴儿刮痧，会给孩子剃头，会给小媳妇们绞脸。凡是她能做的，有求必应。客人来了不管手头多么紧，他也要设法弄点东西去款待。遇见亲友家有红白喜事，她一定亲自去庆贺或吊问。谁家有事需要帮忙，他总是跑在最前头。

母亲善良、要强、热情、豪爽，在兵荒马乱之中，在洋匪的刺刀之下，在饥馑之年，她挺身而出，为保护儿女承受了一切大悲大难。但母亲也最肯吃亏，从不跟别人吵架，有眼泪往肚里咽。她又是一个最温柔最贤惠的人。

母亲的这种性格也传给了老舍。

后来，老舍在纪念自己母亲的时候，说过这样的话：

“我对一切人和事，都取和平的态度，把吃亏当作当然的。但是，在做人上，我有一定的宗旨和基本法则，什么事都可将就，而不能超过自己划好的界限。我怕见生人，怕办杂事，怕出头露面；但是到了非我去不可的时候，我便不敢不去，正象我的母亲。从私塾到小学，到中学，我经历过起码有百位老师吧，其中有给我很大影响的，也有毫无影响的，但是我的真正的教师，把性格传给我的，是我的母亲。母亲并不识字，她给我的是生命的教育。”

人们常说：

“母亲是孩子未来命运的创造者。”

这句话用在老舍母子身上，是最恰当不过的了。

在旧北京，过年是最热闹的，讲究多，玩艺儿多。光是那些规矩，那些特别的食物，就足以写很厚一本书了。但在穷人家，过年就是过关。过不去这一关的，不知有多少人要上吊寻死。年关从来不是穷人所喜欢的。

为了过年，母亲和三姐要抓紧干活儿，以便增加收入。穷人也盼望在过年时能吃上一顿肉馅饺子，虽然菜多肉少。

每当老舍向母亲报告说，开当铺的刘家宰了两口猪，放高利贷的孙家请了两座供佛的蜜供，象小塔那么高时，母亲总是说：“咱们的饺子肉少菜多，但最好吃！”

母亲的话里包含着很深的道理：我们的饺子是自己劳动所得，是自己包的，自己亲手煮的，因此也是最好吃的。

到了年底，母亲把活儿交了出去，开始忙着过年了。扫扫房，贴上新对联，把《王羲之爱鹅图》找出来挂上，使小屋添了不少光彩。母亲虽然穷，但活得乐观、硬朗。

母亲又当爸爸又当妈，凭着自己的双手给大儿子娶了媳妇，把第三个女儿嫁了出去，送小儿子去念书。她自己咬着牙去给阔人家当了女仆，以后又到西直门大街高井胡同口上的北京第四女子小学当了工友。

老舍的哥哥娶媳妇时，老舍已经上小学了。表舅把他找了去，对他说，已经和你母亲说好了，愿意把女儿嫁给舒家，给你做嫂子，不图别的，只图你家名声好。

舒家虽穷，但名声极好，母亲的贤惠是远近闻名的。

三姐出嫁的时候，母亲几乎晕过去。她疼爱三姐，因为三姐是她的右手，家中的一切事情都是她和三姐共同操办的。三姐支撑着半个家。母亲舍不得三姐，不忍割去这只右手。但又必须割，她不能为了自己耽误女儿的青春。花轿来接三姐的时候，已是阴历四月，天气很暖了，但母亲两手冰凉，脸色煞白，一点血色都没有。她挣扎着，咬着嘴唇，扶着门框，看着花轿抬走了她的右手。

后来，姑姑也去世了。家里只剩下老舍和母亲相依为命。

一年，初次改用阳历，学校规定除夕之夜学生必须返校，不准请假。除夕这天，老舍于下午四点钟回到家中，见母亲正在房里发呆，没有把《王羲之爱鹅图》取出来。吃过晚饭之后，老舍不得不说自己今天必须返校。母亲愣了半天，什么也没说，默默地把儿子送出了家门。在门口，母亲从前兜里掏出了几个铜钱，交给老舍，说："儿子，拿着！"

老舍摸着衣兜里的铜钱，不知走了多久，才到了学校。街上的繁华景象和热闹场面，他什么也没看见，什么也没听见。他眼里噙满了泪水，他的耳朵失去了听觉。他心疼，心疼他那可敬可爱而又可怜的母亲。

到了学校，学监正在门口等他，学监告诉他说：

"你还是回去吧！"

原来，同学已把老舍家的情况对学校讲了，引起了校方的同情。

老舍一阵激动，转身回家，好象没有走就到了家。母亲仍然坐在屋子里，对着一支点燃了的蜡烛发呆。看见了儿子进了屋，她脸上露出了笑容。

母亲拿出了一个草纸包，递给老舍，说：

"给你买的杂拌儿，刚才一忙，忘了给你。"

母子这一夜早早地躺下，但谁也睡不着，听别人家放鞭炮，送走了除夕。

从此，老舍对过年变得很冷淡。每逢过年，他哪也不去，早早地关上门，什么也不吃，连酒也不喝。在床上，他用被子蒙上耳朵，连鞭炮声也不愿意听。他眼前总是浮现过去的苦境，总是浮现母亲慈祥的面容。

母亲活了八十四岁，直到 1942 年才去世。

求 学

前面说过,老舍的一家祖祖辈辈都是文盲。到他这一辈,哥哥姐姐也都没念过书。一个偶然的机会,老舍上了私塾。

原来,老舍的曾祖母曾在一家满清大员刘道台家帮过忙,虽然不是女奴,但也出过不少力。因此两家一直有来往。

刘道台曾被派往粤海任道台,那是很肥的外任官差之一。刘家非常富有,金银财宝,珍珠玛瑙,不计其数。刘家在西直门一带购买了大量地产。

现在刘家的主人是刘寿棉。到了他这一辈,弟兄三个只有他这么一个后代,全部财产都由他一人继承了。

刘寿棉为人乐善好施,把钱都办了慈善事业。他每年变卖两所房子,办粥厂,赈济贫民。

后来,他于1925年出家当了和尚,法号宗月,夫人和女儿也都削发为尼了。由于他善良无私,爱国爱民,不久就成了北方最有名望的大师之一。

单说老舍满七岁这年,刘寿棉来老舍家作客,见老舍聪明伶俐,口齿清晰,是个可造之才,便给老舍买了书本、笔墨和一块够做裤褂的蓝布,拉着他的手送他进了一家改良私塾,还为他交足了学费。

老舍在私塾念了近三年书,转入西直门大街北京市立第二两等小学校,插入三年级。三年之后,这所小学改为第四女子小学,老舍转入南草厂第十三小学,在那里念了近一年,便由小学毕业了。

老舍喜欢念书,但对学校的功课,并不一视同仁。他不大喜欢算术和绘画。因为这两门课是辛亥革命后新开的，师资水平差，教得不好。老舍把主要精力都用在语文课上了。

老舍喜爱文学，他能背诵许多古文和诗词，擅长作文和讲演。在同学中，他这方面的成绩是拔尖的，常常受到老师的夸奖。

南草场第十三小学当时办的是复式班，高年级的学生和低年级的学生同在一个教室里上课，老师给低年级学生上课时，另一半高年级生就上自习。遇到老师有事的时候，老舍常在高年级生中被指定为代课的小老师，领着低年级生念课文或者上体育。老舍举止庄重，落落大方，但谈话幽默，往往说得别人哈哈大笑，但他自己一点也不乐。老舍的讲解生动活泼，妙趣横生，对低年级学生的吸引力往往胜过老师。低年级生都喜欢这个才气过人的小哥哥。

老舍知道自己能够上学读书是来之不易的，因此他珍惜学习机会，发愤读书，从不把心思放在衣着、饮食、娱乐上。富家子弟的白眼和蔑视并没有使他自卑，相反更加振作了。他一门心思钻到书里去，别的什么也不想，书成了他的乐园。他在那里辛勤耕耘，硕果累累。

一天，大姐给老舍做了一双布袜子。他舍不得穿，也不想和别人比阔气。他仍然穿着那双补了许多补丁的旧袜子，而把新袜子珍藏起来。

老舍每天中午放学，进门便问："有吃的没有？"如果得到的回答是没有，他扭头便走，饿着肚子回学校去继续听下午的课。

三姐出嫁的时候，他执意不肯请假。母亲派人到学校去叫他，他回答说："凑这种热闹，去一天，回来后脑子要乱十天，影响学习。不去了！"

那时，八旗子弟一般都热衷于玩鸟、养鸽子、养鱼、放风筝、斗蛐蛐，而老舍对这些毫无兴趣。他爱书，爱幻想，爱听故事。有点钱的同学常请他一起去小茶馆听说书，这是他唯一的业余享受。这种业余享受使他对民间文艺产生了特殊的爱好。

小学毕业后,老舍于1913年1月23日考入了北京市第三中学。因不忍心给老母增加负担,只念了半年中学,他就偷偷地考上了北京师范学校。那时的师范学校,一切费用,包括制服、饭食、书籍、住处,都由学校提供。老舍考上了师范学校之后,才把自己愿意升学的打算告诉母亲。因为他知道,小学毕业之后,他应该去学手艺,象亲友们所希望的那样,帮母亲的忙,减轻母亲的负担,但是老舍太爱学习了,他求知若渴,爱书如命。他想继续深造。

母亲可跟那些亲友们不一样,她拼着老命也要供孩子读书。师范学校虽说是官费,但入学也要交十几元的保证金。这十几元对老舍家来说,真是一笔巨款。母亲忙了半个月,嫂子把结婚时陪嫁的两个木箱子也卖了,才凑足了十元钱。

在师范学校里,老舍有幸遇到两位好老师。一个是方还,一个是宗子威。方还是师范学校校长,有“江南文坛巨匠”的美称;宗子威是国文教员,诗词造诣很高。他俩,尤其是方校长,对老舍爱如己子,给了他无微不至的关怀和费尽心血的教育。

在知识的山峰上攀登得越高,眼前展现的景色就越壮阔。进了师范学校,老舍真是如鱼得水。他拼命地吮吸知识。这时,他更深深地体会到,没有钱财不是穷,没有知识才是真穷。

五年之后,十九岁的老舍以品学兼优的成绩由师范学校毕业,被派到方家胡同小学当校长。这天,母子两人激动得一夜没合眼,老舍对母亲说:“以后,您可以歇一歇了。”母亲听了,流下幸福的眼泪。

学习白话文

老舍好学不倦，自强不息。当白话文出现的时候，他闻风而动，迅速掌握了这种表达思想的最好语言。

老舍从师范学校毕业后，被聘到方家胡同小学当校长。方家胡同小学当时叫京师公立第十七高等及国民小学校，学校离著名的雍和宫很近，夜深人静时，可以隐隐约约地听见宫中传出的号筒声。学校的后面是孔庙和国子监。在这种环境和气氛中，人们很容易怀旧和返古。

和老舍一同到这所小学教书的，还有五位师范同学，这就构成了一次地道的大换班。以前把持小学的，大部分是旧一中毕业的。他们已经在学校经营多年，什么事都有一定之规。老舍等人的到来，给学校带来了生机和改革。

这位新校长，梳着分头，住在学校的东屋，门口放着盆花，还养着一大盆龙井鱼，由人到环境都透着精神。

老舍毕竟是洋学堂出身，又是正规师范学校的科班生，而且是穷小子，血气方刚，浑身有使不完的劲，正要找个地方施展其学识和才能，来此真是英雄有用武之地了。

老舍于 1918 年 6 月来到这所学校，不到一学期，学校面貌大变，学生成绩大幅度提高，学校荣登西城区最佳小学榜首。

那时，正是中国历史上大动荡大变革的时代。时代把老舍也卷进了大改革的旋涡。

次年五月四日，学校墙外发生了一起震撼整个中国大地的事件——“五·四”运动。这次运动决定了老舍的日后命运,为他成为作家提供了条件。

“五·四”运动时期,一些进步文人提倡新文学,反对旧文学,开展了文学革命。

文学革命是新文化运动的一个重要方面,是反封建的思想斗争在文学上的反映。新文化运动开始以后,《新青年》杂志打出了文学革命的旗帜,先后就此问题发表文章的有陈独秀、胡适、钱玄同、刘半农等人,而鲁迅则以其创作实践表现了文学革命的实际成就。

文学革命包括文学内容和文学形式两个方面。

关于文学内容,那时的旧文学是“文以载道”,“代圣贤立言”,宣扬封建伦理道德,阻碍新的发展。

关于文学形式,那时的旧文学是文言八股文。

文学革命从内容到形式都否定了旧文学。首先,胡适提出了以白话文代替文言文的主张,同时也涉及了文学的内容问题,指出文学“必须言之有物,不模仿古人,不作无病呻吟”。接着,陈独秀明确表示要打倒贵族文学,建设国民文学;打倒古典文学,建设写实文学;打倒山林文学,建设社会文学;改良中国文学,以白话文为正宗。不久,鲁迅用白话文写的《狂人日记》,把革命的内容和崭新的形式结合起来。

新文学的出现,白话文的兴起,使老舍一阵阵狂喜。

在师范学校里,老舍学的是文言文和旧体诗词,写的也是文言文和旧体诗词,而且造诣极深,有古人之风,几乎可以乱真。

受“五·四”运动影响,老舍开始偷偷用白话文写小说。不过,这些习作绝大部分没有发表过,他也没有想到去投稿,只是出于爱好,练练文笔。

老舍写着写着,写到高兴处,便把其中的佳句抄在扇面上,悄悄地拿给学生们看,共同分享其中的快乐。

老舍觉得用白话文写小说,字句中间再放些标点符号,是一件痛快而有趣的事。

老舍曾说：

“这文字解放的狂悦，在当时，使我与千千万万的青年不知花费了多少心血，消耗了多少纸笔。”

老舍不停地练，着了魔似地练，发了疯似地练，用白话文练写北京话。

北京话，发展到老舍这辈人的口中，已经到了丰富完美、生动活泼、炉火纯青、登峰造极的地步了。不论什么事物，如果用地道的北京话说出来，真是活灵活现，如见其物，如闻其声。老舍生于贫门，来自底层。在语言方面，他得天独厚，因为他就生长在北京话的创造者之中。他不用走大众化、通俗化的道路，因为他早已化在其中了。

白话文的兴起，使老舍的北京话有了用武之地。

老舍是个严肃认真的人。在母亲的影响下，无论做什么事，他都尽力去做好，而且一定要做好。不达目的，誓不罢休。

老舍在用北京话学写白话文的时候，每写一个字都力求精炼和准确，力戒拖泥带水和平摆浮搁，他争取用两三句话就把一个人的性格交待清楚，争取用洋车夫或糊棚匠的最俗浅的语言描写晚霞或秋风，使读者身临其境。

苍天不负苦心人。老舍终于炼出了一笔漂亮、精炼的白话文。

五年之后，二十七岁的老舍成了青年作家。由于老舍精通北京话，又熟悉北京底层市民的生活，因而被人称为用纯熟的北京口语描写北京市民生活的“铁笔”和“圣手”。

老舍说：

“白话已成为文学的工具。这就打断了文人腕上的锁铐——文言。不过，只运用白话并不能解决问题。没有新思想，新感情，用白话也可以写出非常陈腐的东西。新的心灵得到新的表现工具，才能产生内容与形式一致新颖的作品。‘五·四’给了我一个新的心灵，也给了我一个新的文学语言。”

老舍的新思想是怎样产生的呢？

老舍说：

假如没有“五·四”运动，我可能终身成为这样一个人——兢兢业业地办学，恭恭敬敬地侍奉老母，规规矩矩地结婚生子。如此而已。“五·四”运动使我的思想变了。“五·四”运动是反封建的。这样，以前我认为对的，现在变成了不对。“五·四”运动打乱了二千年来的老规矩。这可不简单。我还是我，可是我的心灵变了。“五·四”运动是反帝国主义的。它使我看见了爱国主义的具体表现，明白了一些救亡图存的初步办法。这两种认识是我后来写作的基本思想。

有了新思想，又掌握了白话文，老舍成功了。

在小学校长任上，老舍一边工作，一边练写白话文。两年后，也就是1920年秋天，老舍因工作勤奋成绩突出，赢得了大家的信任，被京师学务局提拔为北郊劝学员。

老舍告别了工作两年的学校，告别了天真无邪的学生，到德胜门外上任去了。

拂袖而去

德胜门外，大路东边，有座破庙，叫华严寺，里面常停些灵柩。起初北京郊外北区劝学事务所，也就是老舍办公的地方，就设在这座破庙里。

二十年代初，北京按教育行政区域划分为八个区，城里城外各有四个区。城外四区各设一名劝学员。北郊劝学员管辖的地段包括德胜门、安定门、东直门、朝阳门郊外四大片。老舍管理的对象是散布在这四个大片地面上的小学和私塾。

任命老舍为劝学员是提升，是对他工作的肯定和奖励。

劝学员的薪金很高，每月可以领一百多块大洋。比一般中学教员高出两倍还要多。

那时候，一份炒肉丝外加一碗馄饨，总共不过十一二个铜钱，而一百个铜钱才合一块银大洋。那时的巡警，每月只挣六块银大洋。照这些标准看，劝学员的收入是相当优厚的了。

但是，老舍只担任了两年劝学员，便断然辞职，拂袖而去了。

这是为什么呢？

原来，劝学员是个没有多少事的职务，忙和不忙全凭当事人的干劲。如果自己主动找事做，则忙都忙不过来；如果自己懒一点，也没人来找你的麻烦。但老舍是个热血青年，一上任就大刀阔斧地干了起来。经过详细调查，上任不久，老舍就向学务局打了三个报告：一是申请解散十七个私塾，二是请求支持北郊马甸的清真教徒在村内办一个公立国民学校，三是请求学务局和地方上出面维持被奸商破坏的东镇国民学校。

报告打上去之后，老舍殷切地等待学务局的批文。不久批文下来了。对头两个报告，学务局同意照办。但第三个报告却遇到了麻烦。学务局接到报告之后，犹豫再三，虽然明知老舍提得对，但却不敢得罪奸商。学务局在批文中说："学校已和商团和解，撤销起诉，以后不必再提此事。"

老舍碰了钉子，和地方劣绅的关系高度紧张起来。老舍面临着两个选择，要么同流合污，要么离开。同流合污，对于读书明理、自许甚高的老舍来说，是绝对不能接受的；离开吧，家中又有尝尽千辛万苦的老母。老舍左右为难，陷入了困境。

苦闷之余，老舍开始喝酒了。"抽刀断水水更流，饮酒浇愁愁更愁"，不久，老舍得了肺病。

正在这时，母亲给老舍订了婚。母亲要把一位佐领的小姐、自己拜把子姐妹的女儿娶过来当儿媳。这个姑娘长得胖乎乎的，挺讨老人喜欢，人们都叫她"傻妞。"

老舍听说这件事后，大感意外。他不愿意让旧世俗给束缚住，不能放弃时代给他的自由，不想同自己根本不认识的、毫无爱情的女人结婚。

在老舍的坚持下，母亲只得退了婚。

这件事使母亲伤透了心。母亲憔悴的神态使老舍心酸，他不敢多回家了。

老舍住进了翊教寺胡同的公寓里。

一天，老舍觉得身上发紧，知道不好，赶紧到街上去急步行走，想发点汗，但无济于事。老舍又急忙进了澡堂，又泡又洗，但还是不出汗。两天之后，老舍跌跌撞撞摸回家，刚进门，一头栽在土炕上。

母亲见状，忙把过去太医院的大夫请来，又是抓药，又是熬药，硬把儿子从死神手中夺了回来。

老舍能够下炕之后，满头黑发脱得精光。大病初愈，老舍一个人到西山卧佛寺静养了个把月。在暮鼓晨钟中，老舍把自己的过去思考了一遍。他决定重新安排自己的生活。

1921年春夏之交,老舍由西山养病回来,搬出了乌烟瘴气的公寓,到京师儿童图书馆去住,不再饮酒,不再熬夜了。

图书馆的业务负责人卢松庵,是老舍的师范同学。他是个热心助人的人。他把图书馆里的西屋收拾出来,让老舍安顿下来。

里院的南屋就是儿童阅览室。住在这儿,见孩子们进进出出,老舍的心里踏实了许多,孩子们的天真纯洁感染了他。除了劝学员的业务外,他开始往自己身上揽事,就是白尽义务也甘心情愿。

图书馆的对过就是慈善家刘寿棉的住宅。图书馆的旧址原是刘家的马厩。老舍搬到图书馆住的时候,正赶上刘寿棉在自己大宅子的西跨院里办了一所贫儿学校,没有可靠的人去经办。刘寿棉知道老舍精明强干,特地请老舍去经办,老舍爽快地答应了。于是,老舍白天又办公又教书,忙得不亦乐乎。但一到晚上,又无所事事了。老舍是个闲不住的人。听说缸瓦市基督教堂正在办英文夜校,一星期五次,每次两小时,每月交一块钱学费,老舍便去报了名。

这样,大病之后的老舍,生活节拍加快了。

在英文夜校,老舍认识了宝广林。

宝广林是英文夜校的主持人,是刚由英国回来的神学院毕业生,在缸瓦市基督教堂任职。

宝广林一下子就把老舍吸引住了。

宝广林除了办国民小学、英文夜校之外,正在酝酿一件大事,他要把教会由外国人手中接管过来改由中国人办。这件事顿使老舍对宝广林另眼相看了。一个英国留学生,要把英国教堂由英国牧师手中夺过来,宣布不再依靠英国,真有魄力,真有思想!老舍加入了宝广林组织的率真会和青年服务部。

率真会是个小团体,一共十几个人,除了宝广林是中年职业教育家外,其余全是青年知识分子,有信教的,也有不信教的，有大学毕业生，也有正在念书的大学生，还有像老舍那样的已经毕了业的中等学校毕业生。大家聚在一起，讨论教育、文学和宗教，更多的是讲如何改造社会和如何为社会服务。

圣诞节之夜，他们蹦着、唱着，穿过大街小巷，一直闹到宝广林家。大家比着说笑话，抢着讲故事，互相交流学习心得，介绍研究方法，倾吐豪言壮语。大家为彼此成为真诚的知己而兴奋不已。

宝广林请老舍帮他翻译文章，顺便练习英文，还委托他起草改组教堂的章程。为了便于商量事情，老舍由图书馆搬到教堂去住。

这期间，老舍担任了西城区服务团董事，同时受聘兼管该团附设的高等和国民小学的校务。

当时，老舍的全部社会服务工作，包括教会、地方服务团、小学的服务工作，都是在业余时间进行的。他的正式工作越来越成了他的包袱。

老舍和地方上的土豪劣绅水火不相容，和上司经常闹矛盾，和吃饱了混日子的同事没有共同语言。老舍终于决定辞职，宁愿安贫受穷，去探索新的道路。

于是，老舍于 1922 年 8 月，正式辞去了北郊劝学员的职务。

老舍的决定，是同世俗观点的一次大决裂，是不肯同旧势力同流合污的具体表现，从而决定了老舍的整个人生。

辞职后，老舍到天津南开中学校教了半年书。在那里，每月只挣五十块钱，而且很累，但老舍很快活，因为他每天摸的是书本，接触的是可爱的学生。

1923 年 1 月，老舍在《南开季刊》上发表了第一篇小说——《小铃儿》。

这也是他辞职后的第一个收获。

《小铃儿》写的是一个叫小铃儿的小孩，整天想着要雪国耻，要为父报仇，成立个儿童会，锻炼身体，互相练打，打疼了也不发火。后来，小铃儿打了洋教堂里的孩子，被学校开除了。

《小铃儿》是一篇短篇小说，它的主题是爱国。这是老舍向文坛迈出的第一步。

1923年2月，老舍回到北京，在北京教育会当文书。同时，他还在北京地方服务团当干事。他住在北长街雷神庙里，这儿是北京教育会所在地。大殿后面，靠东北角，有三间小北房，便是老舍的住地。

冬天的一个夜晚，老舍的师范同学罗常培路过北长街，顺便进雷神庙看看老舍。

罗常培见老舍守着空屋，挨着冻，正在读书，不禁问道：

“怎么不多穿点?”

老舍告诉罗常培：

“昨天已把皮袍卖掉，给老母买棉衣和米面了。”

罗常培埋怨道：

“为什么不早说？我还能拿出这几块钱，何必挨冻?”

老舍回答道：

“不！冷风更可吹硬我的骨头！等我支持不下去的时候，你再帮助我吧!”

这时，一阵西北风怒吼着卷过来，雷神庙大殿房檐下的铁马被吹得叮当乱响。望着铁骨铮铮的老舍，罗常培自愧不如，肃然起敬了。

北京地方团成立于1920年，办公地点设在灯市口。它是个服务机构，下设慈善、卫生、演说、学校四股。服务团办女工工厂，办贫民学校，为孕妇和儿童作体检，种牛痘，普及卫生常识，发放寒衣和救济粮，办理社会赈济事业。老舍担任服务团干事，外加一名助手，整天忙得不亦乐乎。

老舍在劝学员任上无法施展其才能，而在社会大舞台上找到了奉献自己的位置。

断然辞职，拂袖而去，老舍的这一果敢行动在当时的北京教育界传为佳话。

胃病特效药

老舍在伦敦的中国小饭铺里，吃了一碗汤面。刚吃完，胃就不疼了。这一发现使老舍大为惊喜。后来，每当老舍胃疼的时候，便跑到中国小饭铺吃碗汤面。老舍还给汤面起了个名字——胃疼特效药。可惜的是这样的灵丹妙药不能常吃，因为汤面一先令一碗，而老舍多花一先令也要算计算计。

原来，英国伦敦大学东方学院要聘请一位教华语的中国老师，经埃文斯教授推荐，老舍于1924年9月到了英国。

老舍和埃文斯在北京缸瓦市教堂有过交往，还在燕京大学随埃文斯学过英语。此时，埃文斯已回到英国当教授了。

在来英国之前，老舍和东方学院的代表在北京签了合同。合同规定：老舍受聘为伦敦大学东方学院讲师，教四书和中国官话，任期五年，年薪二百五十英镑，来往路费由学院负担。

母亲听说儿子签了合同，要去英国，不禁暗暗伤心落泪。她听说伦敦多雾，伙食又不一定是个什么样子，而儿子的身体一向单薄，这一去就是五年，她担心儿子能不能活着回来。但儿子已经大了，雄心勃勃，一定要到外面的世界去闯闯，她也不好拦阻，只得再三嘱咐儿子注意身体。

母亲对儿子说：

“飘洋过海，一去五载。异国他乡，人生地疏。发了薪水，要添饱肚子。”

老舍听了，忙说：

“放心吧，我已经不是小孩子了。”

母亲又说：

“你一向不会照顾自己，以后可要加倍小心。万一在英国病了，谁来管你？”

老舍听了，连声说：

“是，是！”

老舍把自己的老同学大部分都拜托到了：

“今有一事相求：希望大家常来看看老母，和老太太聊聊天，唠唠家常，给她些安慰。”

同学无不异口同声道：

“放心去吧，此事就包在我身上了。”

老舍用毛笔写了四个大字：笃信好学。然后裱成条幅，送给好友白涤洲，作为临别赠言。大字旁边附注一行小字：“读书达理，则心平识远，富贵名利无所乞求。旦夕警策，守之终身，便是真君子、大英雄。”老舍把不求富贵名利的原则恪守了一辈子。

老舍抱着这种全心全意探求真知的愿望，告别了老母和朋友，到了英国。到英国后，老舍的生活相当清苦。在英国，一个大学生一年要花三百镑，进牛津大学和剑桥大学一年则要四五百镑甚至五六百镑。老舍年薪二百五十镑，一个月不过二十镑零一点，只比小店铺的伙计工资略多一点。而老舍既要维持自己的生活，又要寄钱回国养活老母，自然是顾此失彼，难以兼顾，日子过得比一个穷大学生还要窘困。

勉勉强强对付了两年，实在无法将就下去了，老舍只得打报告要求增加薪水，理由之一是工作量超过了原有规定，理由之二是家有老母。学校认为老舍提得合情合理，说得实事求是，同意加薪到一年三百英镑。但这个数目仅仅达到一个普通大学生的标准，开支仍是入不敷出。

在英国，老舍一年四季总是穿一套青色哔叽西服，屁股、两袖肘部都已磨得光光的了。一件毛衣，冬天穿上，夏天脱下，将就着穿了五年。

英国靠着海，可是老舍没有到海里去洗过海水浴，偶尔到海边去看看，他也不肯下去。

他风趣地说：

“我脱了衣服，骨瘦如柴，如同晾排骨，丢到海里，马上就沉底，绝对漂不上来。”

周末，公寓里同住的人都出去游玩去了，中午吃饭时，饭厅里只有老舍一人，女招待十分不高兴。假如没有这个孤独的客人，她便可以自动放假了。老舍看在眼里，告诉女招待说：

“晚饭我不来吃了，我上街！”

女招待一听，乐坏了：

“太好了，太好了！”

由于手头拮据，包括伙食在内，老舍只得一切从简。结果是饥一顿饱一顿，得了严重的胃下垂。

一天，老舍胃疼得什么也吃不下去了。在从学院回公寓的路上，路过一个华人开的中国小饭铺。抱着试一试的心情，老舍进去花一先令买了一碗汤面。没想到，喝完之后，老舍的胃居然不疼了。于是，老舍每逢胃疼的时候，就到这家中国小饭铺来吃汤面。然而，由于老舍手头拮据，每次只吃一碗，舍不得吃两碗。

在伦敦的五年内，老舍过的就是这样的生活，但是，老舍在半饥半饱的情况下，却在事业上获得了可喜的成果。

首先，老舍热心教学，勤奋工作，为中西方文化交流做出了贡献。

还有，老舍在这五年内，写了三部小说：《老张的哲学》、《赵子曰》、《二马》。这三部小说在国内发表后，拥有大量读者，成了畅销书。老舍一跃跻入了作家之林。

还有，老舍帮助英国友人将中国古典名著—《金瓶梅》译成了英文。这本三十年代初在英国精装出版的《金瓶梅》，至今仍是很有权威性的英译本。

写小说

1926年7月开始,《小说月报》一摆到书店的售书架上就卖光了。原来书中的《老张的哲学》吸引了读者,轰动一时。

消息传到伦敦,老舍高兴得到中国饭馆吃了一顿“杂碎”,表示庆贺。原来,小说《老张的哲学》是老舍写的。

东方大学是伦敦大学的五十二个学院之一,位于城内一座叫芬斯波雷的私人小公园旁边,有二十间教室和一座漂亮的图书馆。学院学生有四百二十人左右,其中全年听课的只有九十人,学院有中文、波斯文、阿拉伯文、梵文、班图文、历史六大学系。

老舍在学院里教的课程除了官话即北京话和四书之外,还教《史记》、《诗经》、佛教、道教等。

东方学院的课一年分三学期,有寒假、春假、暑假三个假期,加起来有五个月假,每周还有两天不上课。

由于有较长的假期和一个安静而敞亮的图书馆,老舍有了写小说的条件。

老舍的经历使他肚子里装着数不清的故事、插曲、人物和情节,把这些写出来,正好就是小说。《老张的哲学》写的是老舍在北京北郊当劝学员的那段生活。书中的老张是被老舍解散了的十七个私塾的塾师们的化身,孙八是和老舍势不两立的土豪劣绅的化身,学务大人就是昏庸腐朽的学务局上司们的化身。老舍和他们之间的斗争,在小说中再现出来。

在《老张的哲学》里,老舍把人分成好、坏两类。一半篇幅尽情地挖苦坏人,一半篇幅热情地夸奖好人,爱憎十分分明。

小说的结尾是悲剧，坏人继续荣升，好人无辜受罪。老舍在小说中笑骂了那个可恶的社会，悲剧的本身就是对旧社会的反抗。

《老张的哲学》写好后，恰逢《小说月报》的主编郑振铎在伦敦小住，得知老舍刚刚完稿，便对他说："既然写好了，就拿给我看看吧！"

老舍让郑振铎看了原稿。郑振铎看罢，赞道：

"这不是很好吗？"

于是，从1926年7月开始，《老张的哲学》在《小说月报》上一气连载半年。一年之后，又合印成单行本，销路很好。

《老张的哲学》写得很成功，被列入文学研究会丛书，于是老舍也就成了文学研究会的正式成员。

不久，国内寄来了《老张的哲学》样本，老舍见自己写的小说用铅字印了出来，那份高兴劲就别提了。

高兴之余，老舍决定继续写下去。

一年之后，老舍在伦敦写的第二部小说又脱稿了。这部小说名叫《赵子曰》，讽刺了在北京念大学的乡下土财主的儿子赵子曰，写了他在京津鬼混的纸醉金迷的生活以及他后来的悔悟。这部小说写得滑稽幽默，笑话连篇。老舍写完这部小说后，请他的好友宁恩承先读一遍，看有什么错没有。宁恩承边读边笑，笑得错把盐当成了茶，放在早饭后的茶里。

《赵子曰》发表后，由于语言流畅，描写生动，讽刺深刻，脍炙人口，老舍获得了"幽默大师"的美称和"语言大师"的桂冠。

接着，老舍又投入了小说《二马》的创作。这部小说是写马氏父子从北京到伦敦去继承产业，表现了老马和小马两代人的思想差异和在资本主义社会所遭受的不同际遇。作品写了英国人对中国人的歧视、偏见、侮辱，像小马那样有作为的青年也不得不告别英国而去。这对人们认识资本主义是有意义的。

老舍在写这本书的时候，态度非常认真，像前两部小说一样，也用了一年的时间。每写几段，老舍便读给朋友们听，请他们批评。老舍经常去找好友祝仲谨征求意见，因为祝仲谨是北京人，老舍觉得他更能听出句子顺当与否，用词是否正确。全书写完之后，老舍又请好友郦堃厚通读一遍，把错字挑出来。

老舍于1929年6月动身回国前把这本书的书稿寄出。

老舍远在异国他乡，生活条件又那么差，他却能在四年多的时间里写了三本书，可称得上硕果累累。这和他的勤奋是分不开的。当然和他的谦虚也不无关系。

《二马》由1929年5月起开始在《小说月报》上连载，共连载了八个月。

1929年夏，合同期满，老舍离开伦敦，结束了五年的外教生涯。

《金瓶梅》

老舍在东方学院教汉语时,一天,一个叫埃杰顿的英国人对老舍说:

"先生,我有个主意,不知可好?"

埃杰顿在老舍所教的汉语班里学汉语,学得很刻苦,老舍对他的印象很好。

"说说看!"老舍鼓励他说。

埃杰顿说:

"先生,我们何不同租一处房子,住在一起?这样,彼此可以交换知识,我教你些英文,先生多教我些中文,岂不甚好?如果先生同意的话,并愿出房钱,我可以负责饭食。"

老舍略作考虑,点头同意了。

老舍初到伦敦时,经埃文斯教授介绍,住在城外十多英里的一个英国人家里。房主人是两个老姑娘。这时,老舍已在那里住了一冬了。

老舍同意合租房子后,埃杰顿在伦敦西城荷兰公园附近的詹姆斯广场旁找了三间房。正如讲好的那样,老舍出房租,埃杰顿夫妇管饭。

住到一起后,老舍才知道埃杰顿和他合租房子,是为了让老舍帮他把中国古典名著《金瓶梅》译成英文。

埃杰顿的父亲是个牧师,但他自己并不信宗教。当他还很年轻的时候,和一个姑娘由家乡逃出来,在伦敦结了婚,生了三四个小孩。埃杰顿非常聪明,喜欢读书。他学会了拉丁文、希腊文、德文、法文,程度都不坏。至于英文,他学得更好,还出过一两本论教育的书,其文字之美是众所公认的。老舍愿意同他住在一起，多半是为了向他学些地道的英文。

第一次世界大战时，埃杰顿报名参军，因心脏弱，未能如愿。他见报名不成，干脆硬冲进军营，见到军官，凭他的谈吐与学识，竟被留用了。后来，他升到中校，差不多等于中国的旅长了。

战后，他拿了一笔数目不小的遣散费，回到伦敦，重操旧业，又去教书。

《金瓶梅》是中国明代的长篇小说。作者借《水浒》中的一段家庭故事，写成长篇巨著，反映了明代的市民生活和官商的荒淫。通过西门庆一家的丑恶生活，表现了当时社会的黑暗面貌，是一部具有强烈暴露性的作品。

当时，《金瓶梅》还没有英译本。埃杰顿想把它译成英文，因此才到东方学院去学汉语。在学习过程中，他发现老舍不但精通汉语，具有渊博的知识，而且为人豁达大度，乐于助人。于是，他产生了请老舍帮助他翻译《金瓶梅》的念头。当他把这个想法说给老舍听的时候，老舍一口答应了。

老舍非常喜欢《金瓶梅》，常对人说：

“《金瓶梅》是中国古代最好的小说！”

在老舍的帮助下，历时四年之久，埃杰顿终于将《金瓶梅》译成了英文。

1939 年，英国乔治·鲁特利支父子公司出版了四大卷本的《金瓶梅》英译本。

埃杰顿在《译者注》中写道：

“我在此特别向舒庆春先生致谢。他是东方学院的中文讲师。在我完成这部书的译稿时，如果没有他的不屈不挠的慷慨帮助，我根本没有勇气接受这个任务。”

舒庆春是老舍的原名。

翻译《金瓶梅》是近代中外文化交流史上的一段插曲。老舍为中华文化的传播做出了巨大贡献。

《小坡的生日》

1929年夏天，老舍离开伦敦，在欧洲大陆旅游，长达三个月。

在这三个月里，老舍到过法国、荷兰、比利时、瑞士、德国、意大利，多半的时间是在巴黎度过的。

离开欧洲大陆后，老舍决定到南洋去看看，为开发南洋的中国功臣写部小说。

南洋即新加坡。

原来，过去白人曾经写过关于南洋的小说，但书中的主人公都是白人，东方人只是配角，有时只供作点缀而已。

老舍想：

南洋的开发，如果没有中国人能行吗？中国人能忍受最大的痛苦，中国人能克服一切困难。毒蛇猛虎盘踞的荒林被中国人开辟成耕地，不毛之地被中国人种满了菜蔬。中国人不怕死，他们晓得怎样改造环境，怎样活下去。中国人不悲观，他们不惜力气，懂得忍耐。他们不管坐着多么破的船，也敢乘风破浪向大海驶去。他们赤手空拳，只凭那口气和天赋的聪明。南洋之所以成为南洋，变得那么富饶，显然是中国人的成绩。我得把这些写出来，让世人知晓。

还有，国内的人对南洋不甚了解，甚至误解。

老舍想：

国内的人只知道在南洋容易挣钱，南洋的华侨都是财主。国内凡是有点势力的人都派个代表到南洋去募捐，只知道要钱，却不晓得华侨所受的痛苦，更不想如何去帮他们的忙，还有一些人以为华侨是在国内无法生存而到国外碰运气的,一伸手碰到了个金矿,马上便成为百万富翁了。这些人是因为轻视自己,所以才无视中国人的伟大。还有些人以为华侨漫无组织,因此认为他们今天暴富是富得不得其道,明天忽然失败是败得理所当然。说这样现成话的人是只看到了华侨的短处,而忘了国家对这些在海外冒险的人可曾有过帮助与指导。华侨的失败,也是国家的失败。我得把这些写出来,还华侨一个本来面目。

但是,老舍到了南洋后,找不到适当的事做,只得到中学里去教书。

老舍发现,要写南洋,必须先做三件事:一、得在城市中研究南洋的经济;二、必须到内地去观察老华侨的生活,并了解他们的历史;三、得学会广东话、福建话和马来话。

要做到这些,得花费几年的工夫。而教书的工作把老舍拴在了一个地方,时间和收入都不允许老舍到城乡去观察。

老舍的心凉了。

但是,老舍爱孩子,时时注意孩子的活动。在南洋,老舍虽然没有时间去看成人的活动,但是校里校外跑来跑去的都是孩子。老舍想:我就以孩子作为小说的主人公,写我了解的小南洋吧。

于是,老舍动笔写起童话式小说《小坡的生日》来。书中出场的全是有色人种的孩子——马来的,中国的,印度的,唯独没有白色人种孩子。老舍的寓意是联合世界上弱小民族共同奋斗,建设一个一律平等的大同世界。

老舍白天在中学上课,晚上回宿舍写作。南洋天气酷热,加上噪音、蚊子、老鼠、壁虎从四面向他围攻,严重地干扰了他的写作。但老舍仍是挥汗如雨地笔不停挥,把周围的一切全忘了,一门心思扑在纸上。这要通过顽强的努力才能做到。

经过四个月的艰辛劳动,老舍写了四万字。《小坡的生日》总共六万字,其余的两万字是在上海写的。

1930年春天，老舍回到了上海，住在郑振铎家里。在郑家写完《小坡的生日》后，将手稿交给郑振铎去发表。

老舍自己对《小坡的生日》很满意。儿童文学作家也都夸奖这本小说。

这时，老舍已能运用自如地驾驭白话文了。

老舍怀着这种满意的心情回到了阔别五年的北京，和老母重逢了。

孺子牛

在齐鲁大学和山东大学图书馆里，当年的大学生们常看到老舍忙着查资料，借书，阅读，编讲义。

一天，一个大学生问老舍道：

“先生，最近写什么小说了？”

当时，老舍已是闻名全国的作家了。大学生们都爱读他的作品，也极关心他的创作情形。

老舍见学生问他，便放下手中的钢笔，摘下近视镜，擦了又擦，答道：

“眼下没写什么，没有时间啊！”

那个学生奇怪地问；

“先生每天只教一节课，不是挺清闲吗？”

老舍解释说：

“时间倒是很充裕，但我得编讲义啊！”

原来，老舍从英国回来，到北京和家人团聚，小住一段时间之后，于 1930 年 7 月应聘到齐鲁大学担任文学院教授兼国学研究所文学主任，讲授“文学概论”、“近代文艺批评”、“小说作法”、“世界名著研究”，一边教书，一边写作，以教书为主，以写作为辅，一连教了四年。四年后，老舍曾想当职业作家，好写出更多更好的作品，于 1934 年向齐鲁大学辞职，到上海实地考察了一番，结论是光靠写作无法糊口，于是又去青岛，继续执教，在山东大学文学院当教授，教“欧洲文艺思潮”、“外国文学史”和“高级作文”。仍是一边教书，一边写作。两年之后，老舍终于下了决心，当了一年职业作家。由于“七七”事变之后，日寇疯狂侵华，出版业不景气，老舍入不敷出，又接受了齐鲁大学的聘请，回济南担任文学系主任。

在执教期间，老舍讲课极其认真。他自己搜集资料，编写讲义，印好后装订成整本的书发给大学生们。

老舍编写的讲义，观点上自成一家，不受任何约束，很有独到之处。老舍还年年往讲义里补充新的材料。

老舍编写的《文学概论》讲义，绝少教条的说教，观点上锋芒毕露，有很高的理论价值和实际参考价值。特别是对从事文学创作的中青年作家，帮助极大。在这本讲义里，老舍引用了140位古今中外名家的论著。

老舍执教这样负责认真，难怪他的时间不够用了。

老舍讲课时，非常严肃。一要点名，不许学生无故缺课；二不准学生上课时睡觉和搞副业，如有睡觉及搞副业者，一经发现，老舍立刻当面警告；三不准不领旁听证就来旁听，一切按照规定办事。

老舍讲课讲得生动活泼，妙语连篇，深刻细致，引人入胜。学生有时听得如醉如痴，哄堂大笑，对老舍佩服得五体投地。就连前来视察的教育部特派员在听课时都入了迷，在不知不觉中一节课就结束了，似乎还未听够。

在当时，齐鲁大学和山东大学都是国内名牌大学，教授中人才济济。例如：杨振声、闻一多、洪深、赵太侔、梁实秋、张怡孙、游国恩、肖涤非、丁山、赵少侯等人都先后在上述大学任过教。

老舍认为自己在教学上是个新手，不敢掉以轻心，宁肯耽误写作，也要把课讲好。在将近七年的教学生涯中，老舍孜孜不倦，循循善诱。事实证明，老舍在教学方面不逊于那些名教授。

专业作家

老舍在英国写的三部长篇小说，全是在业余时间写的。

1930 年春天，老舍回到北京之后，打算不再干别的，全神贯注从事小说创作，当一名专业作家。

朋友们听说后，纷纷劝老舍说世道艰难，还是先找个有固定收入的职业为好，保住饭碗要紧。

老舍虽然一心想当专业作家，但觉得朋友们的劝告也不无道理。于是，他接受了齐鲁大学的聘书，到济南教了四年书，后来又到青岛山东大学教了两年书。

在讲课的时候，老舍一门心思讲课。至于写作，全是利用寒暑假时间和个人休息时间。在山东大学的四年里，老舍写了《大明湖》、《猫城记》、《离婚》、《牛天赐传》等小说。

老舍说：

种田的叫农家，我是写家。

老舍对自己从来不用“作家”两个字。老舍肚里装满了苦水，只要如实地写出来就行，不必去“作”，因此他认为自己是“写家”。

农家不管烈日当空，不管刮风下雨，一年三百六十五天，都得下田，他们以此为生。老舍以写为生，和农家极其相似，但他是在稿纸上笔耕。

老舍生活极有规律，早起早睡，每天必写。规律性之强和按节气耕耘的农家没有两样：平时，老舍写短篇小说、散文和论文；寒暑假，老舍则集中时间写长篇小说。

老舍在写《离婚》和《牛天赐传》时，正赶上济南的奇热天气。早上一睁眼,室内的温度就已高达三十度,热得象火炉一样。小孩拒绝吃奶,拼命号哭;大人不肯吃饭,只能喝水。但老舍得赶着写小说,写得昏头胀脑,半睡半醒。左手挥扇兼打苍蝇,右手挥笔疾书。汗顺着手指流到纸上。不得已,老舍把手巾放在纸上当吸汗器。

老舍写累了,想活动活动,走一走,但不敢出去。院里的墙被太阳晒得能把人肉烤熟。在最热的二十多天里,每天街上都热死行人。

在这种艰难的情况下,老舍通过勤奋的劳动,仍取得了创作的丰收,其中包括量的丰收、质的丰收、品种的丰收。

同时,老舍也获得了思想上的大丰收,在文学创作上变得更加成熟了。

老舍对旧中国的各个方面,包括国家、政治、经济、文化、教育、道德,全面地进行了猛烈的抨击和深刻的暴露。

老舍已经成了家喻户晓的名作家了。人们都盼望能看到老舍的更多作品。

在这种情况之下,老舍衡量了自己,觉得根据自己的特长,还是放弃教书生涯,专门从事写作为好。

于是,老舍于 1934 年夏天辞去了齐鲁大学的教职,闭门著书。

这时,上海的朋友听说了此事,纷纷劝他到上海去,在上海从事写作。

老舍决定到上海去看看,于 8 月 19 日登上了南下的火车。

到了上海,通过实地考察,老舍才发现,在上海以写作为业,是无法养家活口的。

原来,两年之前,1932 年 1 月 28 日深夜,日本海军陆战队突然向上海闸北、吴淞一带进攻,驻守上海的十九路军,在全国人民抗日高潮的推动下,奋起反抗,开始了淞沪抗战。在中国共产党的领导下,上海日商工厂的工人举行了抗日总罢工,各界人民组织反日救国会,纷纷参加抗日义勇军、运输队、救护队等,积极支援前线。抗战坚持一个多月,打死打伤日本侵略军万余人。但国民党坚持不抵抗政策,破坏淞沪抗战,致使十九路军被迫撤离上海。同年5月5日,国民党政府同日军签订了卖国的《淞沪停战协定》。史称此次中日战争为"一二八事变"。

"一二八事变"之后,出版业很不景气,上海的文艺刊物明显减少,老舍认为不能去冒险当专业作家,否则,不但书写不成,妻儿子女也将挨饿了。

这时,老舍已经做了父亲了。

1931年,老舍经好友罗常培、白涤洲和董鲁安的介绍,和从师范大学中文系毕业的胡絜青女士结了婚。在济南,胡絜青生了一个女孩,取名舒济。家庭生活美满,对从小就缺少家庭温暖的老舍来说,得到了充分的补偿。

为了妻子,为了孩子,也为了创作得到保障,老舍离开了上海。恰在这时,青岛的山东大学聘请老舍去当教授,老舍接了聘书。

老舍在山东大学执教两年,使大学生们受益非浅。

两年之后,山东大学闹风潮,老舍随许多同事辞了职。

辞职后,老舍决定在青岛住下去,专凭写作的收入过日子。

这个决定,使老舍终于成了专业作家。从此,不管生活多困难,收入多么不稳定,除了在齐鲁大学当了三个月中文系主任外,再也没有找过事做或重返课堂执教,虽然朋友们不止一次地约他去教书。他把全身心都投入到写作中去了。

这个决定,给老舍的生活带来了大转机。从此,他天天写,月月写,年年写,笔耕不辍,成了名副其实的写家。

这个决定,使老舍第一年便获得了可喜的成果:传世之作《骆驼祥子》诞生了。

传世之作

《骆驼祥子》是老舍的优秀代表作，也是中国现代文学史上著名的现实主义长篇小说之一。它牢固地奠定了老舍在中国现代文学史上的地位。

《骆驼祥子》于 1939 年出版单行本后，又多次再版，倍受欢迎。后来，小说又被改编为话剧和电影，被陆续翻译成二十六种文字。它不仅是中国文学宝库中的瑰宝，也丰富了世界文学。

1945 年，《骆驼祥子》被译成英文在美国出版，立刻成为美国“每月佳作俱乐部”的选书和当年的畅销书，各种版本多达百万册。

《骆驼祥子》使老舍成了中外驰名的大作家了。

《骆驼祥子》具有严谨的现实主义特色。它把社会底层的生活和城市贫民的命运写进作品，并写得极其成功。

小说写的是一个名叫祥子的农村青年 18 岁时从乡下跑到了北京城。他身材高大，体格健壮，选中了拉人力车这一行。他不怕吃苦，不怕受累，不吸烟，不喝酒，不赌钱，没有任何嗜好，只有一个心思：自己买上一辆新车，拉自己的车。经过三、四年的苦干，风里来，雨里去，省吃俭用，终于凑足了钱，买了一辆新车，他高兴极了。一天，他拉车刚出西直门，遇到了败退下来的军队。十几个士兵将他连人带车抢了去。车丢了，他也被逼做了军中的苦力。军队逃到西山脚下时，祥子乘夜黑人乱之际，拉着三匹骆驼逃了出来。在途中，他卖了骆驼，又回到西直门内的人和车厂，继续租车拉。经过这次挫折，祥子虽然觉得世道并不那么公平，但他仍要实现拉自己车的理想。他整天出车，抢别人的生意，去曹先生家拉包月，一点一点地攒钱。曹先生追求进步，被特务盯了梢。为了保护曹宅，祥子被孙侦探抓住。孙侦探花言巧语，软硬兼施，将祥子辛辛苦苦积攒的财物全部勒索走了。祥子攒钱买车的愿望又一次落空了。

这时，虎妞的出现又加剧了祥子的悲惨命运。虎妞是人和车厂老板刘四爷的女儿，长得又老又丑，虎头虎脑，和男人一样。她看祥子勤快厚道，用引诱、欺骗的手段让祥子娶她为妻。祥子矛盾、痛苦，但又无力摆脱她，只得认命。婚后，他们住在大杂院里。祥子不听虎妞要他凭心计吃饭、改做买卖的劝告，仍喜欢拉车。他用虎妞积蓄的钱买了同院二强子卖出的车，仍在烈日和暴雨下靠拉车为生。但不久之后，虎妞难产而死，祥子只好卖掉了车，为虎妞办丧事。丧事办完后，同院的苦命女人小福子想和祥子一块过，但小福子一家四口人，祥子养不起，只好单身离开大杂院，又去过租车拉的生活了。祥子买车的理想破灭了，人也变了。他开始过一天算一天地混日子。只要有口饭吃，他就不肯出去拉车。遇有刮风下雨时，他也不去拉车。拉车时，他常跟顾客讨价还价。一向沉默寡言的祥子，被警察视为头等的刺儿头。他开始抽烟、喝酒、赌博。拉包月时，祥子被夏太太勾引，染上了脏病。他也不以为耻。他衣服破烂，蓬头垢面，拉车也混不下去。后来，他又见到了曹先生，曾一度想振作起来。但他寻找小福子时，发现她已在下等妓院受辱自尽，他又颓废下去了。从此，为了吃口饭，他替结婚的人打旗打伞，替出殡的人举花圈举挽联，甚至不惜出卖朋友，彻底堕落了。

《骆驼祥子》以20年代军阀统治下的北京为背景，以祥子为线索，描写一个人力车夫由顽强奋斗到失败堕落的一生遭遇，展示了悲剧形成的社会原因和个人原因，从而批判了暗无天日的旧社会，否定了个人奋斗的道路。

老舍在小说中使用滑稽幽默的笔调，通过朴实真切的叙述，简洁生动地描绘北京街头、茶馆、大杂院及其风土人情，反映出中华民族的传统文化，充满了浓郁的生活气息。

老舍在小说中运用了亲切、新鲜、恰当、活泼的北京口语，富有京腔京味，读起来朗朗上口，给人一种美的享受。

正因为《骆驼祥子》从内容到形式都达到了完美的顶峰，因而一出版就引起了轰动，获得了巨大的成功。

《骆驼祥子》成了老舍的传世之作。

这样一部好作品，是怎样产生的呢？

还是在1936年春天，山东大学的一位朋友同老舍闲谈，随便地谈到他在北平时曾用过一个车夫。这个车夫买了车，又卖掉了。如此三起三落，到末了还是受穷。

听了这几句简单的叙述，老舍当时就说：

"这颇可以写一篇小说。"

紧接着，老舍的那个朋友又说：

"还有个车夫被士兵提了去，哪知道，转祸为福，他趁着军队转移之际，偷偷地牵回三匹骆驼来。"

这两个车夫姓什么，哪里人，老舍没问过。他只记住了车夫和骆驼，于是这便成了《骆驼祥子》的故事核心。

从春到夏，老舍心里老在盘算，怎样把这一点点故事扩大成为十几万字的小说。

为了写小说，老舍先向好友齐铁恨先生打听骆驼的生活习惯。齐铁恨是在西山长大的，山下有许多养骆驼的人家。

看了齐铁恨的回信，老舍看出来在小说中应以车夫为主，骆驼不过是一点小陪衬。如果要以骆驼为主，那就必须到张家口外去一趟，看看草原与骆驼的情况。如果以车夫为主，则随时随地都可以观察到车夫。

于是，老舍决定把骆驼与祥子结合在一起，而骆驼只负引出祥子的责任。

怎样写祥子呢？

老舍想：

车夫有多种，应该先确定祥子属于哪一种。这件事确定下来之后，便可以把其他各种车夫顺手叙述出来。以祥子为主，以其他车夫为宾，既有中心人物，又有他的社会环境。这样，祥子就可以活起来了。换言之，小说中一时一刻也不能离开祥子。写别人是为了烘托他。

此外，老舍又想：

祥子应该租赁哪个车主的车？祥子都拉过什么人？这两件事确定之后，便可以把祥子的车夫社会扩大，也可以把比他地位高的人介绍出来。但是，这些比祥子地位高的人物也还是困为祥子而存在于小说中，决不允许任何人夺去祥子的主角地位。

有了人物，故事情节就不难编排了。人既然以祥子为主，故事情节当然也应以拉车为主。只要让一切人都和车发生关系，便能把祥子拴住，象把小羊拴在草地上的柳树下一样。

老舍又想：

人与人，事与事，虽经车来联系，但还是不容易写出车夫的全部生活来。刮风天，车夫怎样？下雨天，车夫怎样？如能把这些细节都写出来，我的主角就必定会成为一个真实的人了。祥子不但吃的苦，喝的苦，就连一阵风，一场雨，也能给他以无情的苦刑。

由这里，老舍又想到了祥子吃喝之外的问题。他应该有理想，有性欲，有家庭。这些问题，祥子怎样解决呢？能否解决呢？老舍这么一想，从朋友那儿听来的故事马上就变成一个大社会了。这样，老舍要观察的就不只是车夫的外表、语言与姿势那些小事情了，而是还要挖掘车夫的内心世界与外在社会，通过现象找到它的根源，从而写出万恶的旧社会。

由一九三六年春天，老舍入了迷似地搜集材料，把祥子的生活与相貌不知换了多少次，材料变了，人也就随着变。

夏天，老舍辞去了山东大学的教职后，开始写《骆驼祥子》。由于酝酿的时间长，搜集的材料多，老舍写起来左右逢源，如长江大河，一泻千里。

1936年9月，作为长篇小说，《骆驼祥子》开始在《宇宙风》刊物上连载，到1937年9月全部载完，每月载两节，全书共二十四节，恰好连载一年。

老舍刚刚写完《骆驼祥子》的时候，曾告诉《宇宙风》的编辑说：

“这是一本最使我自己满意的作品。”

后来，《骆驼祥子》刊印单行本时，书店将老舍的这句话嵌入广告中。

1945年，老舍特地撰文在《青年知识》第一卷第二期上谈了《骆驼祥子》的创作过程，并谈及《骆驼祥子》使他满意的地方。

老舍说：

“它使我满意的地方大概是：(一)故事在我心中酝酿得相当的长久，收集的材料也相当的多，所以一落笔便准确，不蔓不枝，没什么敷衍的地方。(二)我开始专以写作为业，一天到晚老想着写作这一回事，所以每天落在纸上的不过是一二千字，可是在我放下笔的时候，心中并没有休息，依然是在思索；思索的时间长，笔尖上便能滴出血与泪来。(三)在故事刚一开头的时候，我就决定抛开幽默而正正经经的去写。在往常，每逢遇到可以幽默一下的机会，我就必抓住它不放手。有时候，事情本没有什么可笑之处，我也要运用俏皮的言语，勉强的使它带上点幽默味道。这，往好里说，足以使文字活泼有趣；往坏里说，就往往招人讨厌。《祥子》里没有这个毛病。即使它还未能完全排除幽默，可是它的幽默是出自事实本身的可笑，而不是由文字里硬挤出来的。这一决定，使我的作风略有改变，教我知道了只要材料丰富，心中有话可说，就不必一定非幽默不足叫好。(四)既决定了不用幽默，也就自然的决定了文字要极平易，澄清如无波的湖水。因为要求平易，我就注意到如何在平易中而不死板。恰好,在这时候,好友顾石君先生供给了我许多北平口语中的字和词。在平日,我总以为这些词汇是有音无字的,所以往往因写不出而割爱。现在,有了顾先生的帮助,我的笔下就丰富了许多,而可以从容调动口语,给平易的文字添上些亲切、新鲜、恰当、活泼的味儿。因此,《祥子》可以朗诵。它的言语是活的。”

老舍的这些经验之谈,对青年作家和初学写作的人可谓价值千金。在老舍的指导下,好多有志于文学创作的青年走上了成功之路。

《骆驼祥子》这部小说成了学习写作的人的范本。

辞职之后

1936 年夏天，老舍辞去山东大学的教职后，仍然住在青岛，过起了专业作家的生活。

青岛从秋天到来年春天都非常安静，不象夏天时那样热闹。

安静才适于写作，这是老舍舍不得离开青岛的原因。

除了星期日或有病的时候，老舍每天都坚持写作，有时少至几百字，有时多过三千字，平均计算，每天写两千来字。细水长流，持之以恒，日子一多，成绩斐然。

地方安静，老舍的生活也渐渐有了规律。老舍差不多总是七点起床，梳洗过后便到院中去打拳，有时打一刻钟，有时打半个小时，从不间断。如果遇上雨天或雪天，老舍就在屋中练练小拳。

老舍练拳时，背上微微见汗，脸色微红，感到很舒服。日子一长，老舍的身体好了起来，因而也就有了足够的精力保证了写作的顺利进行。

打完拳，老舍便去浇花。老舍爱花，他用花点缀环境，让生活更加丰富多彩。

老舍浇完花，吃过早饭，再看看报，差不多就快九点了。

这时，老舍看看有没有该回的信。如果有，老舍就先写信，活动活动脑子；如果没有，就试着写点文章。老舍在上午写稿子，不易成功，脑子总是东一头西一脚地乱闹哄。勉强写一些，也多数是扔到纸篓里。但老舍不管脑子多乱，也一定要写，因为通过上午的试写，整个一天所要写的东西，多少也就有了谱儿，到下午再写时也就有辙可循，不至于拿起笔来发怔了，因此，老舍上午的写作，等于是打草稿。用老舍自己的话说“早半天的工作是抛自己的砖以便引出自己的玉来”。

十一时左右，外地的报纸和信件送到后，老舍便看报看信。

整个上午就这样过去了。

如果有朋友来访，老舍便同他们谈一会儿。如果天气特别好，就带小孩到公园去看猴，或到海边去拾贝壳。这得九点钟就出发，十二点左右才能回来。孩子是将一里路当十里路走的，看见地上有特别亮的沙石，他们也要研究老半天。

老舍特别喜欢小孩，重视小孩。

老舍认为，在没有小孩的时候，一个人的世界就象还未发现美洲新大陆似的。小孩是哥伦布，把大人带到新大陆去。这个新大陆并不很远，就在熟悉的街道和家里。在没有小孩的时候，街上似乎只有理发馆、饭馆、书店、邮局等。大人在这时想象不出儿童医院、糖果店、玩具店有什么意义。及至小天使自天而降，大人的眼睛似乎戴上了一双放大镜。街市依旧，但街上的东西一下子不知增加了多少倍。小孩使大人的世界扩大了，使隐藏的东西都显露出来。有了小孩之后，大人会学会很多东西，所得的知识比一张大学文凭所能给予的多得多。大学文凭是由课本里掏出来的。有了小孩之后，大人开始念起一本活书，没有头儿。

到青岛后，老舍又添了一儿一女，即舒乙和舒雨。

孩子使老舍的世界扩大了。这对老舍的创作很有益处。全家人于中午十二点钟吃午饭。吃完饭，老舍抢先去睡午觉，给孩子们示范。等孩子们学着父亲的样子闭上眼睛睡着了，老舍便急忙起来写作了。

三点半钟左右，孩子们醒来，老舍又急忙把墨水瓶盖好，去陪孩子玩。在孩子的指挥下，老舍得当牛作马，百走不厌。

晚上八点钟孩子们入睡后，老舍又可以投入写作了。

夜里九点半钟，老舍一定停止工作，本来，青岛的夜里最适于写作，静得一点声音都没有。但老舍从小受苦，体质太差，不能熬夜。如果工作超过九点半，老舍便整夜睡不好觉了。如果早睡些，便能安然入睡，睡得很香。但老舍不敢睡得太早，因为最后一次信须九点钟后才能送到。还有，老舍爱猫。家中养的一只花猫每晚必定出去活动，到九点钟后才能回来。

九点半时，老舍锁门上床。

有时候，老舍上床后睡不着，便读些书，直到困了为止。老舍认为，读书能引起倦意，写作却不能。读书是把别人的思想装入自己的脑子里，写作是把自己的思想挤出来。两者不是一回事，而写作更累些，更需提起精神。

星期六下午和星期日整天，家里很热闹。看朋友，约吃饭，理发都安排在这两天。有时也去看看电影。

这样的生活持续了一年，《骆驼祥子》便是在这种生活环境中产生的。

可惜好景不长。1937 年 7 月 7 日，卢沟桥一声炮响，日寇大举入侵中国，华北危急。影响所及，全国各地通货膨胀，物价飞涨，百业萧条，民不聊生。老舍家的生活费也入不敷出了，只得接受齐鲁大学的聘请，重返济南任中文系主任，举家离开了可爱的青岛。

临行时，老舍舍不得扔掉书籍，只把四大筐杂志卖掉。四大筐杂志只卖了四十个铜板。老舍感到心疼。老舍心疼的不是钱少，而是他所喜欢的杂志。

火炉、小孩子的卧车和老舍锻炼身体用的刀枪剑戟全部扔掉了。幸亏老舍在铁路上有朋友，总算把主要的家具和书籍全由青岛运到了济南。老舍爱书如命。保住了书，他感到很高兴。

出 走

“卢沟桥事变”之后，日军大举入侵中国，山东的形势越来越紧张，人们纷纷逃亡，各奔前程。齐鲁大学的学生渐渐走光，教员也走了一多半。

直到11月中旬，老舍还没有离开济南。因为不知道去哪里好。回北平老家吧，道路已经不通，而且北平早已沦陷在日寇手中，老舍曾写信劝北平的朋友逃出来，他自己怎能去自投罗网呢？到上海去吧，上海的朋友已告诉他千万不要去，老舍只好按兵不动。再说，从泰安到徐州，火车时常遭到敌机的轰炸，而老舍的幼女还不满三个月，大孩子也不过四岁，老舍实在不忍心去冒险。还有，老舍独自出走吧，把家属留在济南，又于心不忍；全家出走吧，那真是既麻烦又危险。

这时，齐鲁大学的院子里，只剩下老舍他们几家了，每天，只要是晴天，则必有警报，上午八时开始，直到下午四五点钟才结束。院子里静得可怕，卖青菜、水果的已不再来了，而一群群没主的猫纷纷跑来讨饭吃。

中国军队连连失利，日寇不断进逼，形势越来越紧张，老舍忧心如焚。

死，老舍不怕；丢失财产，老舍也不怕，反正也没有什么家当。老舍只怕济南忽然陷落，他被日寇捉去作了俘虏，被逼着去当汉奸，失去了民族气节，失去了读书人最珍贵的东西。

老舍想：

我不能等着敌人进来，把我最珍贵的东西夺了去。

老舍几次把一只小皮箱打点好，几次又把它打开了。看一看幼小的痴儿弱女,他的心就软了,他实在下不了决心独自逃走。

1937年11月15日,黄昏时分,天空忽然起了三道红闪,紧接着是三声惊天动地的爆炸,院子里的树木被震得叶如雨下。

老舍的夫人胡絜青是深明大义的。平日里,她的胆子并不大。这天,她见飞机整天在空中飞鸣,人心恐慌到极点,街上的铺子都关了门,便知道必须放丈夫走了。她把泪水咽在肚中,一言不发,沉静地给老舍打点小皮箱。儿女都小,不懂得离别之苦。舒乙还跑前跑后地帮助妈妈给爸爸收拾东西。

黄昏时分的那三声爆炸,是中国军队在破坏黄河铁桥,但当时没人知道,都以为敌人已到了城外。

三声爆炸后,老舍抚摸了几下孩子们的头,然后提起小皮箱极快地走出去。他不能再迟疑,不能不下狠心了,他知道,稍一踟蹰,自己就会放下箱子不能迈步了。

当时,老舍也不知道自己是否能走成,因此出门时对妻子说:

"到车站看看有车没有,没有车就马上回来!"

在老舍的心里,极希望车站里能有南下的火车。他宁愿在中途被炸死,也不愿坐待敌人捉去。同时,他又希望车站已经不通车,好能回来和家人共患难。这两个愿望在他心里矛盾着,反倒忘了离别之苦和抛妻舍子之痛。

老舍边走边想:

"走与不走全凭火车替我决定了。"

在路上,老舍找到了一位朋友,请他陪着去车站,万一能走成,好托他照应家中的妻儿。

到了车站,只见人山人海,到处都是准备逃难的人。

老舍挤到票房,买了一张到徐州的票。夜里八点,火车进站了。车上的人挤得满满的,连车顶都坐满了人。老舍虽然有票,却上不去车。

老舍生平从不争夺抢挤,处处以礼让为先。他看了看手中的车票,对友人说:

“算了,明天再说吧!”

友人主张再等一等。等来等去,已经快十一点了,火车还是不开,老舍也上不去。

老舍又要回家。友人说:

“如果能走,你还是走了好!”

友人走到末一节车箱旁,伸手敲了敲车箱的玻璃窗。窗子打开了,一个茶役伸出头来问了声:

“干什么?”

友人递给茶役两块钱,只说了一句话:

“一个人,一个小箱。”

茶役点了点头,先把小箱接过去,然后拉住老舍的肩臂。

友人双手将老舍托了一把,老舍顺势钻入车中。

老舍还没站稳脚,就听车里的人连声喊道:“出去!出去!没地方了。”

老舍定睛一看,原来车里都是士兵。老舍好不容易站稳了脚,说了声:

“我已买了票!”

士兵们看看老舍,见他一派教授风度,也就没再说什么。

老舍对窗外的友人说:

“请回吧!明天早晨请告诉家里一声,我已上了车!”

友人向老舍招了招手,表示听清了。

车里人多物杂,没有地方坐,老舍把小箱竖在一辆自行车旁边,然后用脚和身子客气地扩大自己的地盘。最后,老舍总算在小箱旁边蹲了下来。又过了一会儿,老舍由蹲而坐,坐在地上了。

火车直到夜半一点钟才开,天亮时到了泰安。老舍被嵌在人群中间,动弹不得,看不见外边,随口问道:

“外边是阴天,还是晴天?”

窗边的人回答道：

“是阴天。”

老舍心想：

感谢上苍，真是天从人愿，敌机无法奔袭轰炸。

火车由泰安开出后，又下起细雨来，车里的人都有了安全感。

晚上七点钟，火车到了徐州。一天一夜没吃什么，老舍饿极了，下车后，见了石头都想啃两口。恰巧遇见了卖烧饼的，买完拿过来就是一口，几乎噎死。老舍一边打着嗝儿，一边跑去买到郑州的火车票。

到郑州后，老舍先给家中和武汉的朋友打了电报，而后歇了一夜。

到汉口时，好友白先生刚接到他的电报，把他接到家中。至此，老舍出走成功，开始了八年的抗战生涯。

在武昌

1937年11月15日老舍离开济南时,只带了五十元钱,不是没钱,他把钱都留给夫人胡絜青女士了。

老舍知道自己有挣钱的本领,有挣钱吃饭的资本。这资本就是他自己。只要不闲着,大笔一挥就有饭吃。而家中的娇妻和儿女,张口等饭吃,不知道什么时候就要用钱。因此,老舍只带了五十块钱,把其余的绝大数钱都留给夫人了。

老舍从济南到武汉,从自己的家到了白先生的家,这五十块钱还没花了。他用剩下的钱给白太太买了一块衣料作为结婚礼物。那时,白先生刚刚结婚。

白先生是老舍中学时代的同学。在武汉,老舍还有两个同学,那是朱先生和蔡先生。不久,老舍就见到了他们。蔡先生还给老舍一件大衣。

老舍这时想:

朋友有了,住处有了,衣服有了,我该干些什么呢?这好决定,继续笔耕吧!

在汉口,老舍的第一篇文章是写给《大公报》的。紧接着,又有好几位朋友约老舍写稿。这样,老舍的生活就不成问题了。

老舍来到汉口的消息渐渐传开,一时传为美谈。因为老舍已是名闻海内外的大作家,一身系天下之观瞻了。

爱国将领冯玉祥还特地为此事做了一首诗:

老舍先生到武汉,

提只提箱赴国难；
妻子儿女全不顾，
蹈汤赴火为抗战。

老舍先生不顾家，
提个小箱撵中华；
满腔热血有如此，
全民团结笔生花。

的确，老舍的出走，不论是对他个人，还是对抗战文艺，都是至关重要的。

不久，国民政府决定迁都重庆，武汉人心浮动，惶惶不安。

老舍想：

我是继续留在汉口呢？还是到别处去呢？

老舍一时拿不定主意了。

这时，老舍的另一个好友游国恩先生正在武昌华中大学当教授。他听说老舍来到了汉口，立即把房子和床铺腾出，让老舍去住。他的寓所在武昌云架桥，地方安静，饭食也好，还有不少书籍。拿武昌和汉口比较，老舍喜欢武昌。老舍认为武昌是个静静的中国城市，而汉口是个不中不西的乌烟瘴气的码头。于是，老舍搬到云架桥去了。

游国恩还另有打算，如果时局不太坏，学校不至于停课，他很想请老舍每周在华中大学教几小时课。

不久，老舍的好友何容、老向也来到武昌，在千户街帮助冯玉祥将军办通俗读物《抗到底》。冯将军和好友都希望老舍到千户街去帮他们的忙。老舍痛快地答应了，由云架桥搬到了千户街。

当老舍还在济南的时候，因时局的紧张和宣传抗日的需要，老舍就已经想到用民间的文艺形式进行创作了。那时，他曾随热心宣传抗战的青年们去看白云鹏和张小轩两位先生，和他们讨论鼓书的作法。

在汉口，老舍遇见了富少舫先生、董莲枝女士和她的丈夫郑先生。这三人不但能读书写字，而且具有强烈的爱国心。他们的眼睛不完全看钱，只要有人提供新词，他们就肯下工夫去琢磨腔调，去演唱，即使因此而影响了生意。他们认为能在生意之外，多尽些宣传责任，是他们的光荣。

和他们认识之后，老舍也开始写鼓词了。

这时，冯玉祥正请几个画家画巨幅的抗战宣传画。以便放在街上，让老百姓们看。宣传画需要配上一些韵语，对画加以说明。老舍便按着百姓喜闻乐见的形式，给每张画作了一首通俗的诗歌。

老舍认为，在战争中，大炮有用，刺刀也有用。同样，在抗战中，小说、戏剧有用，鼓词、小曲也有用。我的笔既可是大炮，也可是刺刀。我不管什么大手笔，什么小手笔，只要对抗战有利，我就去学习，去试作。在抗战中。我不仅是个作者，也是个国民。既是国民，就应该致力于抗战。我不会开枪，好，那我就以笔代枪吧。既然以笔代枪，那就写什么体裁都好，我不因写鼓词或小曲而觉得有失身分。

后来，冯玉祥那里来了三个唱河南坠子的。他们原是在河南乡间的集市上唱书的，个个会拉会唱。他们正需要长歌词，至少要够唱半天的。老舍向他们请教了河南坠子的句法，用河南坠子写了三千多句。

老舍向日寇开火了。

老舍的作品象开了闸的水，奔腾而出。他不但写鼓书，还写诗歌、散文，快板书。这些作品很快上了街，上了报，上了杂志。

老舍有战斗的激情，有英雄的气概，在文化战线上一往无前，令日寇心惊胆战。

老舍象一滴水，汇入了抗日的洪流，从而掀起了滔天巨浪。

领导“文协”

在武汉，老舍天天都能遇到新的文友。

过去，老舍一直住在北方，又不爱到混乱嘈杂的上海去，因此他虽是一位名闻海内的大作家，但他认识的文艺界朋友并不多。至于戏剧界的名家，老舍一个也不认识。

现在情况不同了。

在武汉，老舍遇到了郭沫若、茅盾、胡风、冯乃超、艾芜、鲁彦、郁达夫，还认识了戏剧界的阳翰笙、宋之的和好多名导演、名演员。

原来，在老舍到达武汉的前后，全国的文艺界人士也都纷纷来到抗日的中心——武汉。武汉一时间成了文化界人士的集中地和大本营。他们为了抗日这一共同目的，走到一起来了。

一年前，“西安事变”和平解决，国共开始第二次合作，抗日民族统一战线初步形成了。接着，日本帝国主义发动全面侵华战争，爆发了“七七事变”、“八一三事变”，北平、上海、南京相继沦陷。国家危在旦夕，摆在中国人面前的只有一条路了：打倒日本侵略者。

在中国共产党抗日民族统一战线政策的影响下，文艺界人士迫切要求成立统一的作家联合组织。这时，周恩来同志代表中国共产党中央来到武汉，一面组织国共合作的新政治部，建立以郭沫若为首的第三厅，一面在民间积极推动成立“中华全国文艺界抗敌协会”，简称“文协”。

1937年10月，党员作家阳翰笙率先提出筹办“文协”的

骨头更硬了。

老舍对胡絜青讲起了他代表"文协"同国民党斗法的事：

"国民党宣传部长张道藩，专干挑拨作家团结、破坏抗战文艺的勾当。他事事扯肘，处处捣乱。有事我就去找中共办事处的周主任和他商量，有他的支持和协助，张道藩那一套不过是螳臂挡车，自找现眼。这几年，我别的长进也许不大，但是非曲直总算看清了，救中国还得靠这个——"

说到这里，老舍用手比划了一个"八"字。

正因为这样，国民党终于看出了他这个所谓的无党派人士，身上越来越明显地带有红颜色了。国民党对老舍的监视，越来越加紧了。

老舍每次出门，后面都有特务盯梢。

老舍随时作好被国民党特务机关逮捕的准备。出门办事的时候，老舍总让不到十岁的儿子舒乙在后面远远地跟着他，一旦出事好回家报信。

老舍定居北碚后，就不常到重庆去了。交通越来越困难，物价越来越高，进一次城仿佛留一次洋似地那么费钱。除了"文协"有要紧事，老舍很少进城。

一次，老舍去做讲演，开讲之前首先声明：

"我叫舒舍予，是无业游民。刚才迟到主要是因为车价太高，不宜坐车，才改为走路，但腿虽贱而鞋贵，亦不宜走快，故迟到了。希望能练习打赤脚走路，省车资而不费鞋袜，百无禁忌。"

老舍虽穷，但更加幽默。

不过，此时的幽默更加深沉，更加锐利，直接刺向时局的弊端。

在北碚，老舍把酒戒掉了。除了省钱之外，也是为了身体和写作。

老舍对友人说：

"酒，到此时才看明白，并不帮忙写作，而是使脑子昏乱迟钝。”

老舍也想戒烟,但戒了三个月,又吸上了。不行,没有香烟,老舍简直活不下去。

一天,何容从街上买回一种土产卷烟,很客气地让给老舍一支:

“尝尝这个,才一个铜板一支!有这个,似乎不必戒烟了。”

于是,两个人点上烟,细细地品尝起来。不料头一口就令人吃惊,冒的是黄烟。吸了四五口后,蚊子往外飞了。再吸两口,墙上发现了臭虫。吸到半支,老舍和何容都跑了出去。

老舍感叹说:

“看样子,还得戒烟!”

不管怎样,在北碚,老舍的生活总算相对地安定了些。尤其是家里有了妻子的照料,老舍已没有后顾之忧了。

在这种情况下,老舍开始创作长篇小说《四世同堂》——一部名满中外的杰作。

《四世同堂》

老舍夫人胡絜青在沦陷于日寇铁蹄下的北平当了四年多的中学教员，尝够了国破家亡的苦头。

南宋大诗人陆放翁说：

“遗民泪尽胡尘里，南望王师又一年。”

这两句话恰好表达了胡絜青当时度日如年的痛苦心情。

那时，老舍的孩子们也受了不少罪，在学校里受日本孩子的欺侮，回到家里吃难以下咽的橡子。他们不敢说自己是老舍的孩子，都改了姓，跟着妈妈姓胡。

北平成了好人遭殃、鬼蜮横行的活地狱。

胡絜青带着孩子来到北碚后，友人纷纷到老舍家来，听胡絜青讲日本侵略者残害中国人的罪行。他们问这问那，打听得非常详细。

每逢这个时候，老舍总是点着一支香烟，静静地坐在一边陪着听，一边听一边皱眉头。

在两三个月的时间里，胡絜青把四五年间在北平所见所闻以及他的感想和愤慨，对着一批一批的来访者反复地说了几遍。

渐渐地，朋友间关于这方面的话题不多了，老舍却开始忙碌起来。他仔细地向妻子询问日本侵略者在北平的所作所为和北平市民的反应，挨着个儿和妻子漫谈北平亲友和一切熟人的详细情况。胡絜青说某家死了人，大家怎样热心地去帮忙，老舍就把那家办丧事的一些细节绘声绘色地补充上去；胡絜青说某人当了汉奸，老舍就把那人吃什么，穿什么，见什么人说什么的神情,一一表演给胡絜青看,好象他在沦陷的北平住了四五年似的。胡絜青很佩服老舍对北平和北平人了解得那么深、那么细。

这种漫无边际的漫谈继续了很久,终于,有一天,老舍对胡絜青说:

"谢谢你。你这次九死一生地从北平来,给我带来了一部长篇小说,我从来未写过的大部头。"

胡絜青听了,又惊又喜。

老舍又说:

"抗战以来,'文协'号召作家'文章下乡'和'文章入伍',我不能'天桥把式——只说不练'。你看,前几年我是集中力量写通俗文艺和戏剧,这在抗战中,非常需要,今后还得写,写好通俗文艺也非常不容易。不过,我是写小说的出身,对写小说有瘾啊!"

说完,老舍笑了。

老舍从不乱吹想写这个,想写那个,而是有了十成把握才对人宣布,对妻子也是如此。如今他这么一说,胡絜青就知道"空前大部头"的长篇小说已经算是有了。

这部长篇小说就是近百万字的三部曲《四世同堂》。

在动手写这部小说之前,老舍先列了一张详细的书中人物关系表和一张各家各户的居室草图。人物关系表中列出了六七十个人,居室草图中把每个人物住的是东房还是西房,什么门,什么窗,哪里有树,哪里是花,什么树,什么花,都标注得一清二楚。

1944 年正月,老舍开始动笔写《四世同堂》。计划写一百万字,两年完成,每天写一千五百字。

北碚虽然比重庆清静,但夏天也和重庆一样热。老舍的卧室既兼客厅,又兼书房。它三面受阳光照射,到半夜热气还不散,墙上几乎可以烤面包。天气热得老舍睡不好,经常头晕。有时屋里坐不住,只好到外面去。而外面的蚊子又大又多，扇不停挥，它们还会乘机而入，把人咬得浑身起大包。老舍终于患了疟疾。在这种情况下，老舍仍日夜坚持写作，几乎是拼了命了。到年底一统计，共写出三十万字。老舍很不满意，认为这比计划要少二十万字。

1944 年这一年是抗日战争中战局最不利的一年，中原、广西的中国军队屡战屡败，日寇一直打到了贵州的独山和都匀，距四川已经不远。重庆一片哗然，好多人准备逃跑。

朋友问老舍打算如何。老舍说：

“我已下定决心，如果日寇从南边打来，我就向北边走，那里有嘉陵江，滔滔的江水便是我的归宿。”

老舍宁死也不肯做亡国奴！

天热头晕，体弱多病，忧虑战局，担心朋友的安全，这一切都影响了老舍的写作。

但老舍决定把《四世同堂》继续写下去，而且还要写好。

1945 年，老舍的身体特别坏。

年初，因为生了个小女孩，老舍睡不好觉，又犯了头晕的老毛病；春初，又打起了摆子；以前，头晕总是在冬天犯，今年夏天也犯了这个毛病；秋天，患了痔疮，还下痢不止。这些病痛时常使老舍放下笔。

在这种情况下，到 1945 年秋天，老舍又写出了三十万字。

老舍说：

“这简直不是写东西，而是玩命！”

为了集中精力，不受干扰，闭门著书，老舍谢绝了一切拉稿，包括朋友和各种编辑部的。为此，老舍还特地写了一篇短文，题名为《磕头了》。文中说：

请朋友不要向我索稿，我要写一部长篇小说，约一百万字，预计需两年写成。但是，去年只写了三十万字。今年一入春便头晕，停笔两个多月，今年大概也只能写三十万字。而百万字非三年多写不成了。朋友们，帮帮忙吧，别再向我索稿。在这里，我向肯帮忙的朋友磕头致谢！

正如老舍文中所说的那样，到1945年秋天，三部曲的《四世同堂》只写出了前两部：《惶惑》和《偷生》。而第三部《饥荒》则是1946年以后写出的。

这部书写成后，老舍的一个朋友一口气把它从头到尾读了两遍，不住地夸好，说书中几十个人物的刻画，生动逼真处可以和《红楼梦》媲美。

《四世同堂》是老舍花费力气最大、写作时间最长的一部作品。

《四世同堂》以抗战时期的北平为背景，通过沦陷于日寇铁蹄下的北平西城小羊圈胡同的市民生活遭遇，展示了北平市民充满血泪的亡国史，控诉了日本帝国主义的侵华罪行，再现了市民阶层由惶惑苦闷忍辱偷生到逐渐觉醒反抗的艰苦过程，从一个侧面显示了中华民族的不可征服。

小说以祁、寇两家为主，辅之以钱家和其他贫苦居民，共涉及了十七八个家庭，不同阶层、不同职业、不同性格的人物一百三十多个，画出了沦陷后北平市民的众生相。

在这些市民形象中，祁家四代是最有代表性的中心形象。

祁老人善良忠厚，认为日本人最多三天就会走。

钱默吟不问世事，作诗只给自己看，平日养花种草，消磨时光。家里的女人买街上小贩的东西，只开个门缝，伸出手去交钱取货。

祁天佑是祁家的第二代，老实本分，经商只凭努力挣衣食与家业，而把委屈放在肚里。

瑞宣是祁家的第三代长孙。他放弃了自由恋爱的理想，默默地接受了父母的包办婚姻。

洋车夫小崔有的是力气，只因信守好男不与女斗的原则，白白地挨了大赤包一巴掌。

马寡妇听说年轻人要去抗日时，忙说：

“咱们北平人不应该说这样的话呀！凡事都得忍。”

白巡长也提倡一个“忍”字，理由是好鞋不踩臭狗屎。

他们都主张“别管天下多乱，咱们北平人绝不能忘了礼节”。

凭着这些传统的文化思想，小羊圈胡同里除了寇家和丁约翰之外，其他的人家都能和睦共处，相安无事。人与人之间充满了友爱。

然而，北平人的礼节，却挡不住日本侵略者的炮火，保不住他们最低水平的生活。

日本侵略者的罪行，促使年轻、年老的北平人渐渐觉醒了。

瑞宣对中国人受侵略而不敢拿刀枪的现象，发出了深深的感慨。他深感中国人没有“刺”是一个弱点。

文化素养很高的钱默吟也羡慕起身强力壮的人了，认为三个读书人也不如一个会打仗的。因此，他希望孙子成为一个会打仗的人。

七十多岁的祁老人也开始反省了：

“我活了八十多岁，永远是屈己下人，先磕头，后张嘴。现在，我明白了，磕头说好话并不见得总有好处。”

这些人物的觉醒，反映了老舍思想的发展。他看出了只读书而不培养一种敢于抗争的民族性格，是不可取的。

北平人终于明白了：把所有的血流尽也比被征服强。他们开始抗争了。

《四世同堂》是老舍的代表作之一，结构庞大，人物众多，囊括了八年抗战的风风雨雨，有人说它是了解旧北平市民生活的百科全书。

《四世同堂》是老舍描写北平市民生活的系列小说中的一个高峰，在现代文学史上是一部重要的作品。

生　日

1944 年 4 月 16 日，春光明媚，鸟语花香，日本侵略者的魔爪也抹不掉大自然赐给人类的光和美。

重庆百龄餐厅的门口，人来人往；大厅里笑语喧哗，充满了友好和团结的气氛。

原来，这年，老舍四十五岁了。重庆各界人士在这里为老舍庆祝四十五岁生日和创作生活二十周年。因受战争影响，生日推迟到这天过了。《新华日报》特地发了短评，说：

“老舍是值得全社会尊敬的作家。他对新中国文艺的发展的确有他独特的贡献。他为文艺界团结所尽的力量是值得人们永远追忆的。”

郭沫若赋诗两首，其中一首是：

二十年文章入冠，
　　我们献给你一顶月桂之冠。

茅盾、胡风等几十位朋友发表了纪念诗文。

十多家报刊发表了社论，论述老舍对文艺事业的卓越贡献；好多报刊为了纪念老舍的生日和创作二十周年，特地开辟了专栏。

在百龄餐厅里，黄炎培、沈钧儒、郭沫若、茅盾、梅贻琦、邓初民、邵力子、杨云竹等人发表了即席讲话。白杨、张瑞芳、舒绣文、魏鹤龄朗诵了贺词。

这天，还来了许多艺人，为老舍表演了大鼓、相声、金钱板、武术、魔术和太平歌词。

轮到老舍致答词的时候，他早已激动得泣不成声了。面对这样隆重热烈、盛况空前的场面，平日出口成章、应对如流的老舍，突然变得拙嘴笨腮，良久不能成句了。他只是由衷地感谢大家，感谢各界朋友的厚爱。他说：

“二十年，历尽艰苦，很不容易。但是，拉洋车做小工二十年也很不容易，我定要用笔写下去，写下去。”

这次庆祝活动对老舍来说，无疑是一个很大的激励，好象打了一针强心剂，使老舍那瘦弱得几乎要倒下去的身体又振作起来了。

老舍在心里不停地对自己说：

“一定要对得起朋友，专心致志地去写作，而且写得更好。”

老舍不但这样想，而且真的这样做了。

《四世同堂》的第二部《偷生》，就是在这样的心境下写出来的。

美国之行

1945年8月,抗日战争胜利了。

老舍从北碚动身,到重庆去办理“文协”的善后事宜。老舍认为,“文协”既然是中华全国文艺界抗敌协会,就理当以抗战始,以胜利终。如今,抗日战争已取得最后胜利,“文协”已完成了它的历史使命,当然应该结束了。但朋友们一致愿意把“文协”办下去,只把“抗战”二字去掉,成为中华全国文艺界协会。于是大家开始筹备改组事宜。不久,得到国民党政府社会部的许可,发下了许可证。

1945年10月21日,“文协”在重庆张家花园举行了最后一次联欢会和告别会。到会的人很多,周恩来、郭沫若、叶圣陶、巴金等人都出席了。

老舍任大会主席。他讲完话,把周恩来同志请出来,介绍给大家说:

“八年前,‘文协’在武汉成立时,周先生曾经来过。今天,‘文协’改名,周先生恰好在城里,他又来了,就请他给大家介绍介绍延安的文艺概况吧!”

周恩来介绍完了之后,老舍举起酒杯,劝大家痛饮说:

“延安的‘文协’和这里的‘文协’,几年来都是很亲密的,合作的,这是可庆贺的事。希望大家能和北方的朋友见面,那一定更亲密了。”

老舍是多么向往延安啊!

但老舍未能去延安,而是去了美国,事情是这样的:

1946年初,老舍正在北碚写小说,突然接到通知,美国国务院邀请他和曹禺先生到美国去讲学。

这次邀请的背景相当复杂。从美国政府方面来说，因苏联已邀请郭沫若访苏，它觉得很被动，想摆平天平，争取均势，于是借着《骆驼祥子》在美国畅销的机会，邀请老舍访美，谋求中国进步知识界的好感，换得一些有利于美国的宣传。

再者，当时世界的民主舆论，反对蒋介石的内战政策和独裁政治的呼声日益增高，美国政府有鉴于此，不得不拿出一些表面公允的姿态，企图掩盖其支持蒋介石打内战的真实面目。邀请中国进步作家访美便是其姿态之一。

当时，中国的进步作家们对老舍和曹禺访美都很支持，都认为可以借此机会走向世界，扩大中国现代文学的影响，争取世界舆论对中国进步文化事业的同情和支持。

临出国时，文化界在重庆和上海都召开了盛大的欢送会。周恩来参加了重庆的告别宴会。会上，周恩来说：

“去吧，去为中国人争口气吧。去把中国文艺特别是抗战文艺，展示给世界。”

老舍想：

《骆驼祥子》英译本的封面上画着的中国人，居然还拖着一根大辫子！美国人对中国的了解竟如此贫乏和荒谬，冲这个，也得去！

1946 年 3 月，老舍和曹禺到了美国。在美国，老舍一边讲演，一边参观，一边抓紧时间从事写作。

他们先用大半年的时间，从西雅图开始，由西向东，又由东向西，转了大半个美国，访问了华盛顿、纽约、芝加哥、科罗拉多、新墨西哥、加利福尼亚、好莱坞，还到过加拿大的维多利亚岛、魁北克，最后在纽约定居下来。

这是一场特殊的斗争，他们走到哪里，宣传到哪里。他们宣传中国，宣传中国的文艺。

在华盛顿，在丹佛大学，在西雅图西北部作家协会，在费城国际学生总会，在哈佛大学，在哥伦比亚大学，在纽约州雅斗文艺创作中心以及其他著名高等院校，老舍作了多次公开讲演。他讲演的题目是《中国现代小说》、《中国抗战文学》。

当蒋介石向解放区大举进攻、中国内战全面开始的时候，老舍在美国大讲鲁迅、茅盾和郭沫若。

他说：

"鲁迅在中国现代文学中的地位，类似高尔基在俄罗斯文学中的地位。茅盾的长、短篇小说都很著名，意在使人民注意那些燃眉之急的社会问题。鲁迅之后，郭沫若是中国现代文学的巨匠了。他是当今有名的诗人兼作家，以写剧本著名，也是世界闻名的考古学家。"

在讲演中，老舍还公开抨击国民党政府。他以抗战文艺为例，揭露国民党政府刁难作家下乡、入伍、上前线。

老舍说：

"中国作家创作了新型歌曲、戏剧和其他各种形式的人民大众喜闻乐见的作品，用以鼓舞人民的斗志，但后来由于政府不鼓励这一类活动，他们的活动大大地受到了限制。"

在讲演中，老舍预言战后的中国文学将出现空前大量的作品，这些作品将是严肃的，将反映人民重建家园时面临的斗争、冲突和深刻变化。

本来，按原订计划，老舍和曹禺在美国讲学一年。但一年之后，中国内战爆发了。老舍有家难归，滞留美国，度过了三年半的流亡生活。

在一次招待会上，美国记者当众问老舍说：

"舒先生认为美国应该为中国做些什么？"

老舍不假思索，脱口而出：

"美国应赶快从中国退出去！"

这话对支持蒋介石打内战的美国政府无疑是当头一棒。招待会的气氛一下了变得紧张了。

在这种特殊的环境中，老舍决定另辟战场孤军奋战，加紧工作，用工作冲淡孤独和乡思，给国内的同伴一些实际的支援。

老舍在纽约租了两间小房，把自己锁在屋里，谢绝正式的社交，按自己的安排，开始了新生活。

老舍抓紧时间，阅读美国的文学作品，研究美国文学的不同流派。他大量地阅读福克纳的作品。在西方大多数作家追求意识流技巧和超现实描写手法的时候，老舍喜欢的是西方文学大师们的光荣传统——现实主义。

老舍抓紧时间，看美国的电影、歌舞和话剧，研究美国艺术的动向，并把他们拿来作比较。对好莱坞电影，老舍评价不高，他说：

“他们条件虽好，但拍不出深刻的作品，我都替他们着急。”

对美国歌舞，老舍很讨厌，觉得太嘈杂、刺耳、低劣。

对美国话剧，老舍持肯定态度，觉得比电影、歌舞要好。

老舍看了美国话剧后，又想到了中国话剧，写信给剧作家吴祖光说：

“老实说，中国话剧，不论在剧本上还是在演技上，已具有很高的成就。我敢说，我们的话剧绝不弱于世界上任何人。请把这句话告诉戏剧界诸友，请他们继续努力前进吧！”

在美国，老舍结交了美国和旅美进步作家，和史沫特莱、斯诺、布莱希特成了好朋友。老舍请美国朋友为中国贫困作家募捐。

与此同时，老舍抓紧时间，一边写作，一边翻译。

老舍在小屋里，写完了《四世同堂》的第三部《饥荒》，创作了另一部长篇小说《鼓书艺人》，把自己的短篇小说《断魂枪》改成话剧。

老舍一边写，一边交给美国人立即翻译成英文。其中《四世同堂》的翻译是在老舍的亲自参与下完成的。

老舍说：

“一部小说与一部剧本的介绍，其效果实在不亚于一篇政治论文。多介绍些现代文化,如抗战的话剧,一定会比宋词、康熙瓶更有价值,更受欢迎。”

老舍还组织了《离婚》的再译以及《牛天赐传》的翻译。这样,加上《骆驼祥子》,一共有五部长篇小说和一部话剧翻译成英文。这些,是第一批被系统地介绍给美欧的现代中国文学作品,成为美欧广大读者了解现代中国的窗口。

继《骆驼祥子》之后,《四世同堂》也被评选为“每月佳作俱乐部”的优秀新书,而且受到文学评论界的高度重视。

素有盛名的《星期六文学评论》称赞老舍的《四世同堂》不仅是第二次世界大战以来中国出版的最好小说之一,也是同一时期在美国出版的最好小说之一。

评论家康斐尔德说:

“在许多西方读者心目中,老舍比起任何其他西方和欧洲小说家,似乎更能承接托尔斯泰、狄更斯、陀恩妥耶夫斯基和巴尔扎克的‘辉煌的传统’。”

在美国三年半,老舍的创作硕果累累。

在这三年半里,老舍无时无刻不在想家,想“文协”,想祖国。他在写给冰心的信中说,他“好象是丧家之犬”。

一个爱国的游子,是没有不思归的。

北京和平解放后,作家云集北京,隆重地召开了全国第一次“文代会”。

周恩来在会上说:

“现在,就差老舍先生一个人了。”

于是,一封由三十多位老朋友联名签署的邀请信飞往美国,祖国在召唤游子归来。

在纽约,老舍平时和几位中国商人来往最密。老舍常常觉得纳闷:

这几位商人并不象商人,有文化,对时局特别敏感。我早晚得拿他们几位写一篇小说,叫“不是商人的商人”。

后来,大家都回到北京时,老舍才知道,他们几位都是共产党员。其中的一位，趁老舍不在家的时候，把三十多位老朋友联名签署的邀请信塞在老舍租住的房间的门缝里，然后闪在一旁，看着老舍开门进屋，拾起了信，才放心而去。

老舍开门时发现了那封信，连忙拆信，见信上写道：

"……老朋友已经聚在北京了，唯差兄一人，回来吧，朋友！祖国的文艺繁荣等着我们的笔，包括你的笔……"

老舍的眼睛模糊了，泪水不禁夺眶而出。亲人们啊！我也在想你们啊！

老舍拭了把泪，见信末有三十多位老朋友的签名，为首的是郭沫若、茅盾、周扬、阳翰笙、曹禺、洪深、郑振铎。

读完信，老舍把译完的手稿塞给出版社，带着未发表的两部手稿。毫不迟疑地让朋友架着他，跌跌撞撞地上了船。

原来，老舍的腿抬不起来了，刚动完大手术。

三年半的流亡生活，终于结束了。

回国

老舍乘坐的轮船是1949年10月13日启航的。

船上有22位回国工作的留学生。他们每天都在船上开讨论会,讨论回国后如何报效祖国,为人民服务,并报告自己专修过的课程,互相交换学习到的知识。

见到这些热血青年,老舍真是又羡慕,又高兴,顿觉自己也年轻了许多,浑身充满了力量。

18日,客轮抵达檀香山。放眼望去,到处都是花。街上,隔不了几步,便有出售鲜花的,因此,街上也是香的。此地称檀香山,老舍觉得可谓名副其实。

这里百分之四十八是日本人,百分之二十是中国人,但经济命脉却掌握在美国人手里。老舍觉得这里风景虽好,却不容乐观。

27日,客轮抵达横滨。美国军部组织了参观团,船上乘客可买票参加,去看东京。从横滨到东京,一路上原来都是工业区。现在,到处是败瓦残屋,工厂都被炸光了。

日本妇女穿着破旧的长裤短袄,儿童们一个个面黄肌瘦。

面对这些情景,老舍想:

日本侵略者不仅给中国人民带来了灾难,也给本国人民带来了灾难,真是罪大恶极!

三十一日,轮船抵达马尼拉。老舍在城里城外考察了一下菲律宾,途中听人纷纷传说蒋介石于前两天从台湾运来大批金银,这些金银都是蒋介石撤离大陆时偷走的,放在台湾又不放心,所以转移到菲律宾来。

老舍想：

蒋介石真是个不祥之物，无怪乎人人称之为蒋该死。

11 月 4 日，客轮到达终点——香港。

在香港，老舍遇到了三个英国人。他们异口同声地说：

“非承认中国不可了。”

老舍听了，心里涌起了一阵自豪感。祖国母亲再也不任人宰割了。

老舍还遇到了到广州去慰问解放军的青年男女们。他们告诉老舍说：

“他们的确有纪律，有本事，有新的气象！我们还想再去！”

这些，老舍当年到延安时就已深有感触了，此时听人们这样议论解放军，他感到由衷地高兴。

在香港等了二十四天，老舍终于买到了开往天津的船票。

11 月 28 日夜，客轮启航。为了免遭蒋军炮舰的袭击，客轮绕行台湾东部外海，不敢直入台湾海峡。

12 月 6 日，客轮抵达朝鲜仁川。美军不准旅客上岸，说是怕有人携带共产党的宣传品到岸上去散发。

老舍想：

美国真是纸老虎，这也怕，那也怕，到处防共限共。可见真理是无往而不胜的。

12 月 9 日早晨，客轮到达天津大沽口。海河中流着许多冰块，空中落着雪花。到处是一片繁忙景象。

老舍离开华北已经长达十四年之久了。今天，他忽然又看到冰雪和海河两岸的黄土地，不禁热泪涌上双眸。

因为潮水不够高度，客轮航行了一程，就停在海河中，直到下午一点钟才又启航。到天津码头时已是掌灯时分了。

客轮停稳后，海关上的工作人员上来了。他们一点也不象菲律宾和香港的税吏们。他们连船上的一碗茶都不肯喝，廉洁得很。

老舍感叹道：

"中国真的变了！"

老舍的腿不方便，又有几件行李，正愁如何下船时，茶房跑过来说：

"没有人来接吗？你的腿能走吗？我看，你还是先下去，我给你搬行李！"

茶房三劝两劝，老舍把行李交给他，独自慢慢地走下船来。

检查行李是在大仓房里，因为满地都是积雪，不便在露天里检查。

在大仓房里，行李一字儿摆开，纹丝不乱。海关人员依次检查，检查得很认真。外钞兑换人民券也是依次进行，秩序井然。

老舍又感叹道：

"谁说中国人不会守秩序！有了新社会，才会有新社会秩序呀！"

同船的两位青年扶老舍坐在茶房从船上搬下来的衣箱上，然后去找天津市政府的交际员。

一会儿，走过来两位年轻的、满脸笑容的交际员，他们是周恩来安排到码头来迎接老舍的。

交际员把老舍介绍给在场的工作人员，大家轮流过来和老舍握手，问寒问暖，并问了几句美国的情形。这时，老舍的一切都由交际员代为布置和办理了。

老舍心想：

啊！我刚进国门，就感到家庭一样的温暖。在抗战八年中，不论我到哪里，"招待"我的总是国民党特务。他们给我的是恐怖与压迫。他们使我觉得我是个小贼。现在，我又还原为人，在人的社会里生活了。

检查完行李后，交际员替老舍招呼脚行，搬运行李，一同到交际处的招待所去。

到招待所，已是夜间十点半了，但滚热的菜饭正等着老舍哩。

北京饭店

1949年12月11日,老舍由天津回到北京。他归心似箭,在天津只停留了两天。

老舍刚到北京,立即受到了周恩来总理的接见。由于家属尚在四川,总理安排老舍住在北京饭店里。

1950年1月4日,全国文联举行元旦联欢会欢迎老舍归来。茅盾主持会议,老舍在会上介绍了三年多的旅美生活及美国文艺动态,表示自己要为新中国做点事。

周扬、田汉、冯乃超讲话之后,老舍高兴地唱起刚刚写好的太平歌词《过新年》,唱得兴起,在众人的掌声中,又加唱了一段京戏《审李七》。

3月,中国民间文学研究会成立,郭沫若当选为理事长,周扬、老舍、钟敬文当选为副理事长。

在北京饭店里,老舍手不停挥,写了大量的文学作品。

回到北京后,老舍的创作闸门一下子打开了。文思如潮,汹涌澎湃,一泻千里。

老舍的又一个创作上的黄金时代开始了。

回到北京之后,老舍开始写话剧和曲艺作品,基本上放弃了小说。

老舍本来擅长写小说,喜欢小说,为什么要割爱呢?

老舍对话剧和曲艺是半路出家,没有多大把握,为什么要勉为其难呢?

原来,不论是话剧还是曲艺,都是活人表现活人,直接面对群众,收效很快。解放初期,需要告诉群众的新道理、新观点、新政策都很多，而群众中的文盲也很多。他们看不了小说。至于话剧和曲艺，却很适合于宣传普及工作。老舍热爱社会，渴望把自己领悟到的赶快告诉别人，使别人也能领悟。他看中了话剧和曲艺能够深入民间的特点，于是放下了小说，在北京饭店里开始写起剧本和曲艺作品来。

再者，写一出话剧，四五万字即可，曲艺作品更是短小得很，创作周期短而见效快。面对节奏明显加快的新生活，老舍有话要说，急于一吐为快。剧本和曲艺作品这两种形式，正好适合老舍的愿望。

还有，老舍回到北京后，走进了他梦寐以求、朝思暮想的新社会，心情特别振奋。因此，他兴高采烈地参加各种社会活动，这就相应地减少了他的写作时间。在北京饭店里，他忙得厉害。在这种情况下，话剧和曲艺前来救驾了。

老舍擅长写人。他能把可爱的人写得连缺点都是可爱的；他能把可憎的人写得自己觉得满有滋味，并不觉得自己该死。把这种写人的本事用在话剧上，正是英雄有了用武之地。老舍的每个剧本都能留下令人难忘的活生生的人物形象。

老舍北京话的幽默和语言技巧，使他的话剧台词锐利生动，别具一格。在他的笔下，一两句话就能把一个人物刻画得恰如其分。

这样，老舍适应社会发展趋势和客观需要，结合自己的特点，选择话剧和曲艺作品作为自己的创作形式，对人对己，都是有益的。

古人说：

“识时务者为俊杰。”

这句话用在老舍身上，可谓再恰当不过了。

老舍在北京饭店住了近四个月。在这短短的四个月里，除了社交活动之外，他专心埋头写作，给人民献上了丰富的精神食粮，真是硕果累累。

2 月 16 日，旧历除夕，老舍在日记里小结了回到北京后两个多月的写作成绩：

太平歌词 80 行	各报
别迷信（京音大鼓）130 行	《人民日报》
生产就业（鼓词）230 行	《说说唱唱》
美国人的苦闷（散文）	《文艺报》
从三藩市到天津（散文）	《人民文学》
写鼓词的经验（议论文）	《人民日报》
评《三打祝家庄》（议论文）	《戏剧月刊》
谈相声的改造（议论文）	《新建设》
逛隆福寺（相声）	《新戏曲》
菜单子（相声）	《说说唱唱》

过完春节，老舍又忙着写话剧《方珍珠》——一部描写艺人在新旧社会的不同命运的话剧。此剧上演后，观众报以热烈的掌声。演出时，台下的妇女，看着看着，每天都有情不自禁放声大哭的。艺人们的悲惨遭遇正是她们昨日的痛苦，而艺人们的翻身也正是她们今天的解放。

胡絜青

1950年3月的一天下午,老舍正在北京饭店伏案写作,服务员敲门而进,交给他一封寄自四川的信。一见信封上娟秀的字迹,老舍就知道是妻子胡絜青写来的,心里顿时涌上了一股暖流,及至拆信细读,心里更是一阵狂喜:妻子带着孩子已从四川动身,不日将到北京,一家人就要团圆了。

夜里,老舍因高兴,激动得久久未能入眠。回忆把他拉到了1930年。

1930年春夏之交,老舍由英国伦敦回到了北京。

那时,胡絜青还在北京师范大学读书,差一年毕业。她和几个爱好文艺的同学组织了一个小小的文学团体,名叫"真社"。"真社"的稿子都登在《京报》副刊上。胡絜青发表新诗和散文用的笔名叫"燕岩"。这都是受"五四"新文学运动影响的结果。

听说老舍回北京了,师大的同学想以"真社"的名义请他到师大做一次讲演,公推胡絜青去和他联系。因为胡絜青课余在北京师范学院兼点语文课,知道老舍住在北京师院教务长白涤洲先生家里,所以大家让胡絜青去联系。在白涤洲家里,胡絜青第一次遇见老舍,把"真社"同学请他去讲演的事说了。老舍没说什么就答应了,并订好了去讲演的日期。胡絜青又到后院去看了白夫人,然后就告辞了。

回家后,母亲问胡絜青道:

"见到老舍没有,他人怎样?"

胡絜青回答说:

"见到了。他又瘦又弱,人倒挺老实。"

说完后,胡絜青觉得很奇怪:

母亲一向思想守旧,不同意我去上大学,老嘱咐我不要和男同学来往,这次怎么和往常不同了?

后来,胡絜青才知道:母亲有意撮合她和老舍的婚姻。母亲早就为胡絜青的终身大事操心了。她见女儿老实腼腆,又不爱交际,怕把姑娘搁老了,就托胡絜青二哥的朋友罗常培给女儿留意合适的人家。罗常培是老舍小时候的同学,又是顶要好的知己。受托之后,他第一个想到的就是老舍。他觉得老舍和胡絜青两人的性情、爱好都很接近,又都是旗人,生活上也一定会合得来。罗常培跟胡絜青的母亲一提老舍,母亲立刻同意了,只瞒着胡絜青一人。偏巧此时“真社”公推胡絜青去找老舍,真可谓无巧不成书。

老舍到师大讲演的时候,胡絜青和他都蒙在鼓里,并不知罗常培正忙着为他俩牵线搭桥。

及至老舍到济南齐鲁大学当教授去了,母亲才把事情真象告诉女儿。这时,一直抱着独身主义的老舍觉得自己的经济状况已经好转了,不致因结婚影响母亲的生活,这才接受母亲和朋友的劝告,扔掉了独身主义。

1930 年年底,齐鲁大学放寒假时,老舍回到了北京。罗常培请老舍和胡絜青在家里吃了一顿饭。白涤洲和董鲁安也分别单请老舍和胡絜青去吃了饭。这几顿饭都是主人有意安排的。胡絜青和老舍心里也都明白。

吃过这几顿饭后,老舍给胡絜青写了第一封信。

老舍在信中说:

“咱们不能光靠吃人家的饭来见面,你我都有笔,咱们在信上把心里话都说出来吧。”

接着,老舍在信中说出了心里话,表达了爱慕之情。

寒假结束,老舍回到济南后,每天起码给胡絜青写一封信,有时写两三封。

1931 年,胡絜青从师大毕业了。暑假里,老舍回北京和她结了婚。

婚礼是在西单聚仙堂饭庄举行的，两家亲戚朋友到了一百多人，媒人是罗常培和白涤洲。

老舍和胡絜青的婚姻可称得上是半新半旧，既有父母之命、媒妁之言，又是两人自己愿意的，没有半点强迫。这在那时候，已经很不容易了。

在结婚安排上，按照老舍的意思，举行旅行结婚，两人到香山或颐和园租上一间房子，住上一段时间。这样，可以免去一切俗礼，免得结婚那天象猴似地被人捉弄。但胡絜青的母亲坚持要隆重地办一办，以便在亲友中能说得过去。老舍为了让老人高兴，立即同意了。

那年，老舍 33 岁，胡絜青 27 岁。

想起这些往事，老舍感到心里甜滋滋的。

接着，老舍又回忆起婚后的事来。

婚后，小天使一个个地来到人间，家里充满了天伦之乐。胡絜青安排生活，抚养孩子，使老舍有安静的心情从事写作。不料卢沟桥一声炮响，虎狼入室，日本侵略者不但破坏了中国人民的正常生活秩序，也拆散了老舍一家。

老舍出走，投身到抗日洪流中去。

胡絜青深明大义，甘挑重担，支持丈夫，孝敬婆婆，教育子女，辅导学生，受尽千辛万苦。

想到这里，老舍感到一阵内疚，觉得自己对不住胡絜青，仿佛这一切都是他自己造成的。

老舍想：

好在这一切都过去了。人民翻了身，过上了幸福生活。我也要拿出行动来，把欠妻子的都弥补上。

于是，老舍用稿费在北京城区灯市口西街丰富胡同买了一座小小的四合院，准备迎接妻子和儿女的到来。

丹柿小院

1950年4月,老舍和刚由四川回京的胡絜青及其子女舒济、舒乙、舒雨、舒立一起,搬进了丰富胡同19号。

那时,小四合院里空荡荡的,什么也没有。于是老舍和胡絜青就带领孩子在院里栽花种树,把四合院变成了一个可爱的小花园。

就在搬进四合院的那一年,胡絜青托人由西郊植物研究所买了两株柿子树,栽在院子里。甬路两边,一边一棵。

可喜的是,两棵树早早地就结了果,而且产量很大。

一到秋天,柿子成熟,挂满了枝头。整个小院红彤彤的,因此小院有了个新的名称——丹柿小院。

每年"十一"国庆节之后,老舍出去串门,手里总要提一包柿子。到了别人家,从包里掏出柿子来,老舍总是很自豪地说:

"瞧,我家的土特产,刚从树上摘下来的!"

有时,老舍也能得到回报,如北京产的名枣"老虎眼"或"蓬蓬籽"之类。当孩子们放学回来时,老舍便指着带回来的枣神秘地说:

"瞧,刚从树上摘下来的,又脆又甜!猜猜,是哪家的?"

过去,这种自家的土特产的交流,在亲友间是很盛行的。乡下的亲戚进城来,都不空着手,不是背一口袋新碾出来的小米,就是带些新掰下来的玉米棒子。城里的穷人之间,能拿得出手的不是两三个又红又大的石榴,就是大枣和柿子了。这些礼物代表人与人之间的情谊,可谓礼轻情谊重。

老舍不但好客,而且喜欢交友。

祖国获得解放,人民做了主人,家人终于团聚,这一切使老舍欣喜万分。

老舍常说:

“我爱,我爱这个新社会!”

老舍的爱,不只停留在口头上,而是拿出了实际行动来。

在丹柿小院里,老舍不停地写,只要在家里,老舍不让时间白白地过去。就连过春节的时候,他也把去别人家拜年的任务派给胡絜青,自己留在家里接待来拜年的客人,为的是能抽空写点东西。

由于老舍写作勤奋,作品很多。周扬曾经表扬过他,半开玩笑地称他为文艺界的劳动模范。而老舍自己却常常感到惭愧,总嫌自己写得少。他太爱这个社会了。新的生活和新的人物,给了他永远写不完的题材和灵感。老舍爱党、爱国、爱人民的深情,如长江大河,南洋北海,永不枯竭。

老舍的生活很有规律。每天,他起得很早,先在院子里绕着柿子树散散步,活动活动筋骨,整理整理花草。七点钟一过,他开始坐在屋子里从事写作。孩子们都大了,不再打扰他。朋友都知道他的生活习惯,上午不来找他。

一到下午,丹柿小院就开始热闹起来,简直就成了一个小社会。中国的、外国的文艺界同行,是老舍的常客。北京的、外地的各行各业的朋友,也爱到老舍家来串门。老舍的态度是多多益善,来者不拒。

凡是走进丹柿小院的人,不管他是大官儿,还是在街上卖大碗茶的,在老舍眼里,都是不分彼此的好朋友。

老舍常和卖菜的、理发的、退休工人、青年学生谈得火热,油盐酱醋,家长里短,国家大事,个人生活,唠得津津有味。

丰富胡同里的居民委员会有了什么事情,那些大妈大嫂们也往往推门进来,找老舍合计合计。

有个素不相识的四川小伙子,想回家却没路费了,也跑来找老舍求助。老舍和他唠了一阵子,就叫胡絜青把钱递到他手里。

老舍经常叫胡絜青亲自把钱送到需要救济的人家去。

老舍非常好客,特别喜欢交友。但有一样,他不许任何人说共产党和新社会的坏话。只要有人说起这一类的话,不管是谁,老舍立即扭过头去不再理他。

老舍和孩子

老舍非常喜欢孩子。

老舍的朋友不仅仅是同龄人，还有好多孩子。丹柿小院里，常常传出孩子们的笑声。

老舍和冰心是好友。当年，郑振铎先生带老舍去燕京大学教师宿舍看望冰心。冰心忙着沏茶款待客人。忙了半天，等端着茶水回来时，发现老舍不见了。仔细一瞧，不禁笑了。原来老舍正趴在桌子底下帮她的儿子找小狗熊呢。据儿子说，小狗熊是逃到桌子底下或椅子底下玩去了，儿子急得了不得，特请老舍帮忙。最后，老舍终于在椅子后面把小狗熊捉拿归案了。儿子高兴得跳起来，抱着老舍的脖子使劲地亲了一下。从此，老舍成了冰心家里最受欢迎的人。

抗战时，冰心住在重庆乡下，老舍常去看她。每次去时，手里总是拿着一包花生瓜子，因为那里还有几个年幼的朋友等着他哩。

刚一进院，老舍就喊：

“有馒头吗？有茶吗？客人来了！”

孩子们闻声飞奔而出，把老舍围在中间，跳呀，叫呀，抱呀，别提多高兴了。

冰心平日管教孩子比较严，给孩子分花生、蚕豆什么的，是按粒计算，每次只准吃五粒。老舍一来，打破了限制：

“咱们今天不数数儿，随便！”

孩子们问母亲：

“我们能吃几个？”

冰心说：

“两个！”

老舍马上插嘴说：

“不行！要说二十个，二百个！”

孩子们并非因为多吃几个花生、蚕豆而把老舍当成知己。他们觉得舒伯伯是最能平等对待他们的人。他和孩子们也同样打招呼，他听他们讲学校的事，关心他们的小猫和小狗。所以，孩子一见老舍来到，总要把他抢到手，拉他加入他们的一伙。

老舍常把自己的书签上名，送给小读者。对高小和初中的孩子来说，读老舍的书并不感到困难。因为老舍书中的语言极其口语化。

老舍常常把孩子懂不懂自己的语言当作检验标准。老舍认为，凡是不认识字的老妇和识字不多的孩子都能接受的东西，一定会拥有广大的读者。这样的东西，才能表现出作者的真本事。

复旦大学的马宗融教授有个女儿，长得又短又胖，也和老舍成了好朋友。老舍戏称她为“横姑娘”。因日寇入侵，横姑娘流离失所，随父亲来到重庆，所以缺课很多，学习很吃力，常有畏难情绪。

老舍听说后，每次见面，总要给她讲一个横姑娘的故事，讲完了，都加上一句“且听下回分解”。横姑娘的故事讲了好多回，有的叫“横姑娘进城”，有的叫“横姑娘上学”。听到最后，横姑娘恍然大悟，原来舒伯伯编了一套横姑娘如何不怕困难，不灰心、不丧气，坚持到底，持之以恒，终于度过难关的故事，是为了帮助、教育她。横姑娘深受感动，决心好好读书。后来，横姑娘学业有成，当了一名翻译家。

老舍总想用自己的行动给孩子们一些快乐，因此，不管有多大效果，只要他能做到的，他都努力去做。

在重庆北碚，人们常常可以看见老舍和孩子们一起放风等，一起下棋，一起猜谜语。老舍还给孩子们邮票，给孩子们看画，给孩子们读小说。在孩子们中间，老舍完全象个大孩子。

现在，老舍一家定居在丹柿小院里，过上了平静的生活，小朋友就更多了。

总理的关怀

1950 年 5 月 28 日，北京市文学艺术工作者联合会成立，周恩来亲自出席了成立大会。会上，老舍被选为北京市文学艺术工作者联合会主席。

7 月 14 日中午，周总理宴请了老舍，鼓励他多为人民创作，多写自己熟悉的北京，写北京的变化。

接着，总理关心地问老舍有什么创作计划。老舍说他打算写一部以北京龙须沟的今昔变化为题材的话剧，通过新旧社会的对比，歌颂毛主席、共产党和新政府。

总理听了很高兴。

老舍说：

“我已约好明天去龙须沟采访，争取快些把话剧写出来。”

总理说：

“对，对，一定要去！我等着看你的新剧。”

这次宴请和热情洋溢的鼓励，像春风一样，使老舍感到无限温暖和喜悦。他庆幸毛主席和共产党创立的新中国为他发挥才能提供了无限美好的前景，使他获得了新的艺术生命。

老舍带着无限感激之情，很快写完了话剧《龙须沟》。

《龙须沟》上演后，总理看了好几次。他很喜欢这个剧，特地向毛主席推荐，请毛主席也抽空儿看看。

1951 年春天的一个晚上，《龙须沟》在中南海怀仁堂演出。老舍全家都被邀请前去观剧。

为了让毛主席看好剧，在演出的前一天，总理亲自到剧团把剧从头到尾复查了一遍。

演出那天，总理和邓颖超很早就到了怀仁堂。

毛主席入场后，总理拉着老舍的手走到毛主席面前。老舍向主席问好，主席很高兴地和老舍握了手。

演出时，毛主席和观众一道频频拍手。老舍见了，感到无比幸福。

演出之后，总理先送走毛主席，然后上台和演员见面，代表毛主席向演员和导演致谢，祝贺演出成功。总理和大家一一握手，很有兴致地观看了布景和道具。听说导演和演员为了把剧演好，不怕脏不怕臭，到龙须沟去体验生活，交了许多朋友，收获很大，总理很满意，微笑地赞扬了大家。总理站在舞台布景中，风趣地说：

"今天我也来到了龙须沟。"

老舍解放后给中国青年艺术剧院先后写了《方珍珠》、《西望长安》、《神拳》和《全家福》四个话剧，给北京人民艺术剧院先后写了《龙须沟》、《春华秋实》、《青年突击队》、《茶馆》、《红大院》和《女店员》六个话剧，给中国儿童剧院写了《宝船》。这十一个话剧，总理都亲自看过，而且不止一次地做过重要指示。

每当一出新剧刚刚上演不久，常常可以听到老舍对剧院的同志们说：

"总理又给我出新题目了。"

于是，下一个话剧又在总理的关怀下动笔了，其中一个突出的例子是话剧《春华秋实》。

《春华秋实》对于老舍来说，是一次大胆的尝试。首先，对剧中的主人公，不论是资本家，还是工人，老舍都不熟悉。其次，老舍动笔写《春华秋实》的时候，"五反"运动刚刚开始，很难预知运动的全貌，也无法预知运动的全过程。还有，《春华秋实》是一出政策性很强的剧，光注意了政策，容易写成政治报告，或者像个活报剧；注意了故事，又容易忽视政策的完整性。尽管如此，总理看了《春华秋实》的初稿后，还是给予了鼓倡议,立刻得到各方面的热烈响应。在酝酿过程中,大家听说老舍已经到了武汉,立即派两个人前去请他参加“文协”的筹备工作。

老舍本来不是好事喜动的人。但他却是个热心肠的人。他知道成立“文协”可以把文艺界人士团结到一处,共同致力于抗战文艺,在文化战线上打败日本帝国主义。因此,当人们请他参加“文协”的筹备工作时,他表现得很积极,愉快地答应了。于是,成立了有老舍参加的“文协”临时筹备会。

临时筹备会共召开了六次大会。在1938年2月16日召开的第六次大会上决定成立正式筹备会。

1938年2月24日,正式筹备大会成立了。老舍、阳翰笙、冯乃超,胡风、王平陵等二十余人被推举为正式筹备员。

会上,老舍发表了热情洋溢的讲话:

“我们要振作起来,参加这大时代的斗争,各以全部的力量,向同一目标,作最大最高的发挥,老幼新旧一致携手,把青年的血液灌输到老年中去,把老年的经验交付青年,共同上前,打倒日本帝国主义。”

在成立“文协”的过程中,各派势力的注意力很自然集中在主要领导人的人选上。当时,国民党想抓“文协”领导权,但派不出有声望的作家;如果中共党员作家出面领导“文协”,又会受到国民党的刁难。在这种情况下,中共决定推荐老舍担任“文协”领导。周恩来和国民党左派冯玉祥将军共同商定,支持老舍出面组织文协。

在文艺界,老舍有很高的文学成就。他为人豪放正直,办事认真,热情高,任劳任怨,是个坚决的抗战派。他在同行中有威望,有人缘,大家都很拥戴他。

1938年3月27日,中华全国文艺界抗敌协会在汉口总商会礼堂正式成立。

这天早晨,老舍六点钟就起床了。天将降大任于斯人也,他很激动,忙着做各方面的准备工作,认真细致地考虑将要发生和进行的大会议事日程。上午八点钟，老舍赶到汉口，约上何容、老向一起来到总商会。

总商会门口扎着彩牌，一幅白布制成的巨大标语横跨马路，高高吊起，上面写着“文章下乡，文章入伍”八个大字。楼适夷早已站在门口，他发给每人一个缎带和一个布条。缎带中写着“庆祝成立大会”。布条上写上了自己的名字，以便彼此一握手就知道对方是谁。

在会场里，老舍第一次见到郭沫若、郁达夫、丰子恺和许多早已闻名而不曾谋面的朋友。大家热烈握手，鞠躬，互致问候，忙着谈工作，忙着约稿，忙着签名留念。

这天，作家和来宾到会极为踊跃，足有七八百人。

大会主席邵力子先生宣布开会，报告筹备经过之后，各派领袖讲话。周恩来、郭沫若、冯玉祥和日本作家鹿地亘都上台讲了话。

周恩来高度赞扬了作家的团结，他说：

“这种伟大的团结，不仅仅是在最近，即使在中国历史上，在全世界上，如此团结，也是少有的！这是值得向全世界骄傲的！”

周恩来号召作家们多多取材前线将士的英勇奋斗，多多接触人民生活，同时要继承祖先遗留下来的优秀文化传统，使我们的文艺在世界上有辉煌的地位。

讲完话，集体照相。中午，全体与会人员到普海春饭店聚餐。

饭后，即在普海春饭店继续开会。

老舍站在凳子上宣读了由他和吴组湘起草的成立大会宣言。

宣言中说：

“我们相信，我们的文艺力量定会随着我们的枪炮一齐打到敌人身上，定会与前线上的杀声一同引起全世界的义愤与钦仰。最辛酸、最悲壮、最有实效、最不自私的文艺，就是我们最伟大的文艺。它是被压迫民族的怒吼,在刀影血光中,以最深切的体验,最严肃的态度,发为和平和人道的呼声。”

接着,老舍又朗读了《告全世界作家书》原稿。

突然,空袭警报响了。

大家原地不动,继续讨论“文协”章程。普海春饭店不在租界,敌机可以肆无忌惮地狂轰滥炸,但大家不在乎。一个炸弹就可以炸死一大群中国作家,但大家面无惧色。

接着,紧急警报响了。大家仍然原地不动。

敌机到了普海春饭店上空,投了炸弹,高射炮响成一片,窗子震得哗啦啦乱响,大家还在讨论章程,继续开会。敌人的炸弹只能增强作家们的抗敌决心。

警报还没有解除,大家便开始选举理事了。

大会于五点多钟结束,但被推为检票及监票的,还要继续工作,一直忙到深夜。老舍也是检票者之一。

选举的结果,正是大家所期望的,不分党派,不管文艺主张如何,只顾及团结与抗战。

结果,老舍以最多选票当选为中华全国文艺界抗战协会第一理事。同时当选的还有郭沫若、茅盾、丁玲、邵力子、冯玉祥、田汉、郁达夫、成仿吾、巴金、张天翼、王平陵、胡风、冯乃超、张道藩、楼适夷、姚蓬子、吴组缃、陈纪滢、沈从文、曹禺、郑振铎、朱自清、朱光潜、许地山、夏衍、张恨水等四十五人。周恩来、于右任等人当选为名誉理事。

经过了半年时间的筹备,中华全国文艺界抗战协会终于成立了。文艺界的统一战线形成了,这和老舍的努力是分不开的。

第一次理事会是在冯玉祥那儿开的。“文协”没有钱,无法预备茶饭,大家便硬派冯玉祥请客。冯玉祥非常高兴地答应了,给理事们预备了最丰盛、最实惠的饭菜。

开会时,理事全部到会了,没有请假的。画师张善子闻风而至,愿做会员。大家告诉他说:

“这是文艺协会，不是美术协会。”

而张善子却另有解释：

“文艺就是文学和艺术。”

张善子虽然曲解了文艺，但大家可不好意思拒绝他。他为抗日而来，怎能拒绝呢？于是，张善子也成了“文协”会员。

后来，张善子给老舍画了一张精致的扇面，画的是秋山上站着一只工笔黑虎。为了这个扇面，老舍特意过江到荣宝斋，花了五元钱，配了一幅扇骨。这些都是后话了。

在第一次理事会上，选出了十五名常务理事。为了不使领导权落入国民党手中，决定不设会长，只设四个部：总务部、组织部、研究部、出版部。分别由常务理事担任各部正副主任。总务部主任对内总管会务，对外代表“文协”总会，是实际上的总负责人，即会长。在会上，老舍被公推为总务部长。

老舍为人谦虚礼让，力辞总务部长一职，表示只作常务理事。但大家无论如何不肯答应，甚至有人声明，如果老舍不担任总务部长，他们就不干了。老舍怕弄成僵局，只好点头答应，出任总务部长。

4月1日，老舍写了一篇入会誓词，公开发表：

“我是文艺界的一名小卒，十几年来日日操练在书桌上与小凳凳之间，笔就是枪，把热血洒在纸上。……在我入墓的那一天，我愿有人赠给我一块短牌，刻上：文艺界尽责的小卒，睡在这里。全国文艺界抗敌协会成立了，这是新的机械化部队。我这名小卒居然也被收容，也能随着出师必捷的部队去作战，腰间至少也有几个手榴弹打碎些个暴敌的头颅。你们发令吧，我已准备好出发。生死有什么关系呢？尽了一名小卒的职责也就够了！”

抗战八年，在每年一次的“文协”年会上，老舍连选连任，一直担任“文协”的常务理事和总务部主任，直到抗战结束，“文协”解散。

老舍以极大的毅力担负起“文协”实际领导的重担，在艰难复杂的环境中，苦苦地奋战。

在周恩来同志的领导下，在党员作家的积极参加下，在广大爱国作家的合作下，老舍把文协办得有声有色，成为广泛团结抗日文艺工作者的一面旗帜，为发展抗战文艺做出了巨大的贡献。

“文协”出版了会刊《抗战文艺》。它是抗战时期唯一的贯彻始终、坚持到底的刊物，在中国近代文学史上占有重要的地位。它从头至尾坚持了抗战、团结、进步的原则，赢得了广大读者的喜爱。老舍在《抗战文艺》上以个人名义发表各类作品三十篇，以总务部长名义发表会务报告二十五篇。老舍的会务报告写得既短小精炼，又详尽细致，充满了必胜的乐观主义精神，是值得一读的珍贵史料。这些报告不仅真实地记录了“文协”的战斗历程，也从侧面反映了老舍本人那认真负责的工作态度。

“文协”在各地组织了分会，其会员遍布全国各地，包括陕甘宁边区。襄樊、宜昌、长沙、成都、香港、昆明、延安、桂林、曲江、贵阳、晋察冀边区、内江等地，都先后成立了“文协”分会或通讯处。“文协”很快发展为团结抗日文艺工作者的最广泛的统一战线组织。成立一处分会，老舍总要致贺词。老舍还写信给外地的理事、候补理事或分会负责人，包括南洋的郁达夫、香港的许地山、延安的周扬，互相勉励，交换意见，切磋发展抗战文艺的指导方针。

“文协”经常组织文艺联谊会和各种座谈会，会上只备有清茶，还得自掏腰包。国难当头，人们自然不计较这些。座谈会包括戏剧座谈会、小说座谈会、诗歌座谈会、民族形式讨论会、文艺批评座谈会、中外作家交流座谈会等，为活跃民主气氛、联络感情、磋商技巧、繁荣创作做出了贡献。

在这些座谈会上，老舍有时担任主席，致完简短的开场白之后便静听大家发言，把自己的发言放在最后。

老舍的发言认真坦率，痛快诚恳，令人心悦诚服。

在余兴节目里，老舍最为活跃，成了核心人物。他朗诵自己的《骆驼祥子》，朗诵鲁迅的《阿Q正传》，朗诵高尔基的《海燕之歌》；他说相声，演双簧，唱京戏，讲故事，说笑话，对诗。老舍能使大家在精神上感到愉快，尝到团结的喜悦。

大家喜爱这样的聚会，也喜爱老舍，回回都让他加演。连叶圣陶先生都说，只要有老舍先生表演，他一定听，哪也不去。

“文协”发起建立诗人节，定为端午节那天；又建立文艺节，定为每年5月4日。老舍是发起者并主持大会。

“文协”参加并筹办每年的鲁迅纪念会、高尔基纪念会，老舍是历届纪念大会的主席团成员。

“文协”发起援助贫病作家、保障作家生活的运动和提高版税稿费、保护作家合法权利的运动。老舍亲自起草呼吁书，登门发送救济金、药品和滋补品。

“文协”组织作家战地访问团，老舍代表文协总会亲自参加北路访问团，历时六个月，行程二万五千余里。

“文协”组织作家为士兵编写通俗读物，老舍代头写鼓词。他写的鼓词《抗战一年》，在“七·七”周年纪念日那天，散发了一万多册，有的直接送到了前线。

“文协”举办通俗文艺讲习班，老舍担任教员，写讲义，并辅导青年作者写作。

为了抗战，老舍组织“文协”成员募捐献金，并带头献字献稿，在街头义卖。

“文协”为郭沫若、茅盾、洪深祝寿，老舍是祝寿活动的发起人之一，并写诗著文热情祝贺。

“文协”财力不足，老舍到国民党宣传部、政府教育部去坐索，到名流门上去化缘。

“文协”为抗日奋斗，支持了八年，使这八年成为“五四”运动以来文艺界团结得最好的时期之一。

“文协”所做的一切，老舍出力最大，流汗最多，这是大家的公论。

抗战八年,老舍立了大功,将永远载入史册。

茅盾在祝贺老舍四十五岁生日时写道:

“如果没有老舍先生任劳任怨,这一件大事——抗战的文艺家的大团结,恐怕不能那样顺利迅速地完成,而且恐怕也不能艰难困苦地支撑到今天。这不仅是我个人的私言,也是文艺界同人的公论。”

听了这样的话,老舍默默地落泪,喃喃地说:

“我还要象木匠和洋车夫那样做下去,走下去,尽力地做,尽力地走!”

这时,文弱的老舍已累得满身是病,面色苍白,驼背弯腰,离不开手杖了。但他仍然举着“文协”的大旗,艰难地前进着。

入 川

1938 年 3 月“文协”成立后，老舍一边写文章，一边办理“文协”的事务，忙得不亦乐乎。

那时，日寇的飞机时不时地夜袭武汉。老舍不怕敌机夜袭。每逢敌机夜袭时，老舍总要登高而望。

敌机在空中轰鸣时，我方的探照灯一下子把夜空划开，几条银光在天幕上寻找敌机的影子。找到之后，几条银光交叉在一处，照住那白亮的、几乎是透明的敌机。这时，红的、黄的曳光弹一齐打上去，紧接着高射炮也开了火。老舍觉得这种景象有声有色，实在壮观。

四月二十九和五月三十一日，敌机又来夜袭。看到敌机被我方战斗机打伤，拖着黑烟逃窜，飞着飞着，一团红火，翻了几个身，落了下去，老舍兴奋极了。

可是，一到七月，由于国民党的消极抵抗，敌机空袭得更凶了，再也没有空战了。

在老舍的住处附近，有个地洞，上下四壁都用木柱撑着，顶上还堆着沙包。

一天下午两点多钟，敌机又来空袭了。老舍和同伴进了地洞。一颗五百磅的炸弹落在距地洞十几米处，顿时飞沙走石。碎片打过来，院中的一口大缸被打得粉碎。老舍在地洞里，觉得地洞就象小盒子被巨人提起来疯狂地乱摇似的，感到阵阵晕眩。

老舍他们侥幸未被炸死。后来，再有空袭时，他们就跑过铁路，到野地的荒草中藏起来。天热草厚，一丝风也没有，等空袭过后,老舍的袜子都被汗水湿透了。

渐渐地,武昌已经被炸得不象样了,蛇山的山坡和山脚下,炸死了好多无辜的百姓。

武汉开始疏散人口了。

按照冯玉祥将军的意思,想把老舍送到桂林去。他对老舍说:

"那里风景好,还有很好的地方住。到那里写写文章很不错。"

老舍十分感激冯将军,但他不愿意离开武汉,就象不愿意当逃兵一样。

不久,形势越来越紧,冯将军把老舍他们从武昌的千户街送往汉口,继续坚持战斗。

老舍认为自己身为"文协"总务部主任,负责"文协"领导工作,非到万不得已时不能离开武汉。

老舍他们时常开会,还时常在夜里开会。遇上空袭时,他们便煮上一壶茶,熄掉灯光,在黑暗中一直开到空袭结束。

邵力子先生见战局失利,劝老舍说:

"到了最紧急的时候,恐怕你们会弄不到船位,想走也走不脱了!"

于是,"文协"召开了理事会议,讨论迁移问题。大家提出了四个理由,经过讨论,一致同意将总会迁往重庆:(一)总会是全国性的,不必死守。(二)理事与会员多数是有固定职业的,他们必须随着供职的机关迁往重庆。人走净了,武汉岂不只剩下空牌子了?(三)疏散人口,必须依靠车船,机关可以提供方便,个人却无能为力,要走必须赶快走。(四)政府已迁往重庆,"文协"不应与政府失去联系。

这样,7 月 30 日,老舍便带着"文协"总会的公章辞别了武汉,冯玉祥将军特地派副官去送行。同行的有好友何容和老向,还有"文协"干事肖伯青。

他们乘的船是中国的一家公司的,都插着意大利的旗帜。

船上设备齐全,但全不好使。舱门上有门轴,都关不上门;电扇不会转,衣钩掉了半截。开水是盛在大木桶里,老舍亲眼看见一个江北妇女把洗脚水用完,又倒在开水桶里。

老舍开始拉痢了。

一位军人带着紧要公文,要在城陵矶下船。船长不同意在那里停泊。那位军人见耽误了军机,便一头撞死在绕锚的铁柱子上。

船到宜昌,老舍他们下船住进了旅馆。老舍天天拉痢,还要天天躲空袭。想到重庆有好多工作等着他去做,他咬紧牙关坚持着不倒下。

在旅馆里等了七天,他们总算买到了去重庆的船票。但已没有铺位,要坐在甲板上。

船上的人多极了。不要说甲板上,连烟囱下也挤满了几十个难童。由于人多,船上昼夜不停地开饭。茶役端着饭穿梭似地走来走去,把脚上的泥垢全印在了老舍的被子上和枕头上。老舍因为拉痢,必须常上厕所,但直到夜里三点钟,厕所外边还排着长长的队。

8 月 14 日,他们总算到了重庆。

天气很热。重庆的热是出了名的。老舍从来没睡过凉席,这时也不得不买了一领。睡在凉席上,仍然是汗出如雨。墙壁和桌椅,到处都是烫的,人仿佛被投入到火炉里一样。只有在每天早晨四五点钟的时候,天气才稍微凉一点。其余的时间全是在热气团里。城中树少而坡多,顶着毒花花的太阳,一会儿一爬坡,真是苦不堪言。

更有甚者,老舍初到重庆时,因重庆早已人满为患,他们没地方住,只得住在青年会的小机器房内,光线又暗,噪音又大。

在这种环境里,老舍没有退缩,继续高举着"文协"的大旗前进。

"文协"的会员们渐渐地都来到重庆,老舍终于在临江门租到了会址，投入了紧张的工作。

不久，老舍他们由小机器房搬到青年会楼下一间光线很好的房间里去。过些日子，他们又移到对门一间光线好的房里。后来，他们终于搬到楼上去了。楼上屋子宽，光线好，开窗便可看见长江滚滚东流，南山郁郁苍苍。

老舍和何容先生各占一床。何容编《抗到底》，老舍写文章。何容每天十一点左右才起来。这时，老舍已写完一天该写的一两千字了。写完，老舍去吃午饭。等老舍吃过午饭回来，何容也出去吃东西，老舍正好睡午觉。晚饭，他俩在一块吃。晚间，老舍睡得很早，何容开始工作，一直到深夜。两人虽然同住一间房子，但谁也不妨碍谁。他们干劲十足。入川以来，直到这时，生活总算走入正轨了。

抗战文艺

现在,得回过头来介绍一下眼下老舍正忙着编辑出版《抗战文艺》的缘起。

“文协”在武汉成立时,老舍提议为文协出本会刊。大家一致表示同意。

于是会员们凑了点钱,凑了些文章,由老舍审稿编辑,于当年5月4日出版发行,定名为《抗战文艺》。

老舍认为5月4日这个日子选得好。它不只是新文化运动的生日,现在它又变成了《抗战文艺》的生日。新文化是社会革命的武器,现在的《抗战文艺》已成了民族革命、抵御侵略的武器。

《抗战文艺》最初是三日刊。由于三天时间太紧,出到第五期时就改成了周刊。老舍领着姚蓬子、楼适夷、孔罗荪等人昼夜不停地忙,保证了《抗战文艺》的正常出版。

《抗战文艺》虽然不是大型刊物,但它却给文艺刊物开创了一个新纪元。它是全国作家的,而不是一个人或几个人的。它在抗战的大前提下,容纳全体会员的作品,成为“文协”的一面鲜明的旗帜。它尽量避免了抗战以前刊物上那样的口角与近乎恶意的批评。它既稳健,又活泼;既集思广益,又不偏离抗战的目标;既宣传了抗日,又维持了相当高的文艺水准。《抗战文艺》自始自终都保持着它的本来面貌。

“文协”从武汉撤退的时候,有一部分会员仍然留在武汉。他们决定非到万不得已时不离开武汉。于是,在会刊编辑部西迁重庆期间,就由他们编印武汉特刊。特刊一共出了四期,最后一期于10月15日出版。武汉是10月25日失守的。连同这四期特刊,《抗战文艺》在武汉一共出了二十期。

老舍入川后,抓紧看稿、校对、排版、印刷,很快就在重庆出版了十七期《抗战文艺》。这些变动的痕迹可以由纸张上看出来:前十六期及特刊都是用白纸印刷的。从十七期起,就改用土纸了。重庆的印刷条件不如武汉好,即使是土纸也极缺乏。因此,从"文协"的周年纪念日起,《抗战文艺》由周刊改为半月刊。后来,又改成了月刊。因为经费不足,即使改成了月刊,也经常延期出版。但是,无论怎样困难,老舍也不灰心,千方百计寻找门路筹款,使《抗战文艺》始终没有停刊。老舍认为《抗战文艺》是"文协"的一面旗帜,无论如何也不能让它倒下去。

在武汉的时候,《抗战文艺》可以销到七八千份。如果武汉不失守,销量可达万份以上。销得多就不会赔钱,就可以解决编印方面的许多困难。武汉失守,《抗战文艺》在重庆编印出版后,只能行销于重庆、昆明、贵阳、成都几个大城市,连洛阳、西安、兰州都到不了。于是,每期只能出五千份,收支相抵已经不易,更谈不到赚钱了。但老舍仍然雄心勃勃地办刊,他知道《抗战文艺》的经济效益虽差,但其政治效益是无价的。它鼓舞着千军万马杀敌救国,它激励着热血青年冲上沙场。中国不亡,《抗战文艺》功不可灭。

到1945年8月日本投降时,《抗战文艺》出了七十期。老舍建议再出一期做为终卷,从而完成了它的光荣历史使命。

在香港、昆明、成都的《文协》分会,也都出过刊物,因人才的缺乏和资金的困难,都是时出时停。香港分会曾出过几期外文刊物,向国外介绍中国的抗战文艺。它是头一个向外国作宣传的文艺刊物,老舍十分重视它,充分肯定了它的历史意义。

《抗战文艺》是一部值得重视的文献。它不只发表了抗战时期的文艺创作,也发表了关于文艺的一切意见与讨论,并报告了许多文艺界人士的活动。它既是文,也是史。它已成为抗日战争时期的文学史的最重要的资料。

皖南事变后,国民党中宣部成立了文化运动委员会,由张道藩、潘公展领导,出版《文化先锋》、《文艺先锋》等杂志,加紧推行文化专制主义,要作家们与政府合而为一,要作家为国民党中宣部写稿,由中宣部为作家发行作品。

在周恩来的亲自关怀下,老舍等广大作家反控制、反吞噬,使国民党的企图未能得逞。《抗战文艺》终未夭折,与党的关怀和老舍的努力是分不开的。

空 袭

1939年5月4日,老舍正在赶写剧本《残雾》。这是老舍平生第一次写剧本。为了写好这个剧本,他已经好几天没出门了。

原来,“文协”成立以来,经费一直不足,为了筹点款,有人出了主意,说演话剧可以挣钱,编个讽刺剧吧。

这个主意一经提出,大家都说好,但找谁写呢?大家都说让老舍先生写吧,他会讽刺。

老舍没有写过话剧,但想为了给“文协”筹款,义不容辞;只要努力写,肯定没有错。于是就接受了写作任务,答应写出一本四幕话剧来,并保证半个月写完。

据说,一个好剧本,必须得花一两年的时间才能写出来,而老舍答应半个月交稿,完全是为了“文协”,因文协想把话剧安排在五月里演出。

老舍说:

“当我开始写小说的时候,我并不明白什么是小说,同样的,当我开始写剧本的时候,我也并不晓得什么是戏剧。文艺这东西,从一方面说,好象是最神秘的……;在另一方面,毫无写作经验的人,也并无须气短,把文艺看成不可捉摸的什么魔怪,只要有了通顺的文字,与一些人生经验,谁都可以拿起笔来试一试。”

老舍文笔过硬,人生阅历又很丰富,搞什么形式的文艺创作都是能够胜任的。何况他又肯于动脑,敢想敢干!

5月4日这天,老舍象每天一样,早早地就起床投入剧本的创作。他已经好几天没出门了，连昨天的敌机空袭也未能打断他的工作。老舍挥笔疾书，不停地写，写，写！军事战，经济战，文艺战，当时真是全面抗战。作为文艺战士，老舍拿起了笔，投入了文艺战。

下午四时，“文协”朋友来访，和老舍谈会中工作。

两人没谈多久，空袭警报响了。老舍到院中看看，又返回屋中和朋友继续谈工作。

五点钟时，警报又响了。老舍拿起《残雾》手稿，领着朋友进了防空洞。

老舍日夜奋战了半个月，今天又忙了将近一整天，总算把《残雾》写完了。

在防空洞里，老舍想把剧本从头再检查一遍，看看有没有什么需要修改的地方。但这是办不到的，洞里太黑了。

六点多钟，洞中起了微风，微风从人们的脚下撩过，洞外传来了咚咚的响声。

原来，重庆的房子，除了大机关与大商店的建筑之外，绝大多数都是以竹篾为墙，上敷泥土。因为重庆冬天不很冷，又没有大风，所以这种简单的建筑满可以将就。力气大的人，一拳能把墙砸个大洞。这种房子又盖得密密麻麻，一失火就是一大片。火灾是重庆的大患。日本鬼子已经了解了这种情况，所以在 5 月 4 日这天的空袭中投的是燃烧弹。他们蓄意要毁灭重庆，造成恐怖。

七点钟时，警报解除了。老舍从防空洞走了出来，一下子惊呆了。放眼望去，到处都起了大火，火光冲天，天空都变成红颜色了。

日本鬼子又一次犯下了滔天的罪行，成千上万的无辜者在这次空袭中葬身火海。周围全是大火，老舍怕《残雾》手稿被烧，带着它转移到冯玉祥将军的住处。

大火之后，“文协”迁到了南温泉，和张恨水先生为邻去了。

在这次大火之中诞生的《残雾》,上演后反映极好,老舍还得了三百元钱的报酬。

老舍用这钱把剧团的全班人马请来,喝了一次酒。这是老舍与戏剧界朋友交往的开始,也是他话剧创作的开端。

北 征

1939 年初夏,“文协”得到战地党政工作委员会的资助,派出去战地访问团,以王锡礼先生为团长,宋之的先生为副团长,率领罗烽、白朗、葛一虹等十来位先生,到华北战地去访问抗战将士。

与此同时,慰劳总会组织南北两个慰问团,函请“文协”派人参加。理事会决议让姚蓬子、陆晶清两人参加南团,老舍参加北团。

这年 6 月,老舍随北路慰问团出发,历时半年,直至 12 月才回到重庆。

这次北征走了半个中国,到过八个省:四川、陕西、甘肃、宁夏、青海、河南、湖北、绥远,前后用了一百六十四天,访问了当时的第一、第二、第五、第八、第十等五个战区,行程两万五千多里。

老舍穿着粗布衣服,带着简单的铺盖卷,参加了北征的队伍。因“文协”无钱,老舍自己出的盘缠钱。

在陕甘宁边区,老舍曾随团到革命圣地延安访问,和各界人士座谈联欢。

1939 年 9 月 10 日,延安各界人士在延安北门外大礼堂举行了隆重的欢迎大会,演出了抗日歌曲《黄河大合唱》。演出中,锣鼓齐鸣,口号声不绝,热闹非凡。

毛主席出席了大会。会上,毛主席发表了热情洋溢的讲话,号召全国上下坚持民族统一战线,实行全面抗战。

毛主席说:

“当此大敌当前国家危急敌机轰炸不分南北之际,全国应加紧团结,彻底抗战,力求进步。”

晚上,在招待北路慰问团的宴会上,老舍和毛主席、朱总司令并肩而坐,谈笑风生,极为欢洽。

总政治部代表致词之后,大家特地对老舍到达延安报以热烈的掌声,并欢迎他即席讲话。

老舍站起来,激动地说他是代表大后方的文艺界同人前来向驰名中外、深入敌后浴血杀敌的八路军进行慰问的。

老舍的话代表了亿万人民的心声,有力地驳斥了国民党对八路军的诬蔑,伸张了民族正义。

老舍热情地歌颂延安,赞扬延安已成为敌后的抗战中心。他说,一定要把抗战的精神由这里带回到大后方去。

最后,老舍振臂高呼:

“抗日战争胜利万岁!”

老舍讲得慷慨激昂。他的讲话一再被热烈的掌声和口号声打断。

招待会上,毛主席笑着和老舍碰杯,老舍一饮而尽,说道:

“毛主席是五湖四海的酒量,我不能比。我是一个人,毛主席身边是亿万人民群众啊!”话音刚落,大家鼓掌欢迎老舍出个节目,毛主席也站起来和大家一起鼓掌。

老舍立即站了起来,引吭高歌,给大家献上一段铿锵悲壮的京戏清唱。场内顿时掌声雷动,不断叫好。

老舍的光明磊落的大家风采,热情奔放的革命激情,坚定不移的必胜信念,给与会者留下了深刻的印象。

在这次慰问途中,老舍边走边写,写了一首长诗《剑北篇》。

在诗中,老舍描写了几乎被日寇炸平的延安:

就因这疯狂的一念,
炸弹呼嘘,毁灭了延安!

看,那是什么?在山下,在山间,
灯光闪闪,火炬团团?
那是人民,那是商店,
那是呀劫后新创的:
山沟为市,窑洞满山,
山前山后,新开的菜圃梯田;
听,抗战的歌声依然未断。
在新开的窑洞,在山田溪水之间,
壮烈的歌声,声声是抗战,
一直,一直延到大河两岸!
轰炸的威风啊,只引起歌声一片;
唱着,我们开山,
唱着,我们开田。
唱着,我们耕田,
唱着,我们抗战,抗战!

老舍写的这段延安颂,是四十年代初出现的最早的一批描写红色延安的作品之一。

由于《剑北篇》曾在大后方公开发表,所以传播很远,影响很大,极为可贵。

这篇长诗,被朱自清誉为抗战诗坛"有意在使诗民间化"的代表作。

这次北征,老舍曾三次遇险,幸免于难。

第一次是在河南陕县,炸弹就在身旁爆炸,老舍差点被炸死。

第二次是在过陕西黄龙山时,行车途中,桥面年久失修,突然断裂塌陷,汽车滚向山涧,幸而被密林中的老树枝干挡住,才得以脱险。

第三次是由陕西榆林返回宜川时,骑骡过河,刚走到河道中间,山洪突然爆发,水势凶猛,不大工夫,水已涨到牵骡民夫的胸口,吓得民夫弃骡而逃。骡子听到山洪的咆哮,浑身发抖,竖着耳朵,站在水中一动不动。走在前面的人已经上岸,看见老舍陷在河中,大声呼叫:

“勒紧缰绳,骡子腿软!”

因水声太大,老舍根本听不清他们喊些什么。老舍只好稳坐鞍上,听天由命了。此时,水已经浸湿鞍座了。

多亏骡子爱群,挤成一堆,被山洪冲上了河岸,老舍才免于一死。

回到重庆后,老舍除了陆续分段发表长诗外,还发表了三篇北征观感:《西北归来》、《归自西北》、《西北是块宝地》。此外,老舍还就西北之行做了公开讲演。

周恩来领导的《新华日报》曾经专门对老舍的报告发表了题为《积极加强战地文化工作》的社论,高度评价了老舍关于开发大西北加强大西北文化建设的意见和呼吁。

党的好朋友

1939年下半年的延安之行,对老舍的一生影响至深。他在延安看到的一切,在他心里留下了深刻的印象。革命圣地延安的潜移默化,中共领导人的身体力行,革命群众的埋头苦干,八路军战士的为国忘家,使老舍看到了中国的希望。

老舍决心要做党的好朋友。

1940年末至1941年初,“皖南事变”爆发后,郭沫若领导的第三厅被国民党解散。国民党还酝酿在文化界搞一个“皖南事变”。

老舍针锋相对,以他独特的方式对付国民党的倒行逆施。

国民党不按规定给“文协”拨款,老舍便故意不让“文协”干事出面,而是自己去领,面见那些党棍,不给不行。国民党派出文化特务监视老舍,随时汇报老舍的行踪。老舍大义凛然,毫不畏惧,并拜托朋友捎话给特务:

“告诉他,别再进我的房门!再来我就当面骂他们混蛋!”

国民党又派特务盯老舍的梢。

对盯梢的特务,老舍干脆回身迎上去说:

“老兄,你一个月拿几块钱?我替你写我的报告好不好?”

国民党文化头子张道藩说老舍被共产党包围了。老舍听说之后,立即给他写信说:

“我是中国人,我爱国,我要抗战,全中国老百姓都要抗战!我被谁利用?我当然听老百姓的,我只知道抗战,这没错!你的话倒是很不利团结,很不利抗战呢,请你收回!”

1942年2月,国民党不准“文协”召开鲁迅纪念大会。老舍在会上刚一谈话，特务们便一拥而上，架下老舍来。老舍怕其他会员受迫害，大叫道：

“我是主席，跟我一人说！不关别人的事，不许胡来！”

面对国民党的百般刁难，老舍终于喊出了久已埋在心里的话：

“你们要是不想要‘文协’，我就扛着‘文协’的牌子上延安！”

老舍经常到曾家岩中共办事处去找周恩来，聆听周恩来的指示和教导。

老舍每次从曾家岩中共办事处出来，浑身都好象注入了新的血液。他非常敬仰周恩来，逢人便说：

“这就是共产党；没有别的，就是大公无私，为国，为民！对每个人都热情关注，目光四射！”

周恩来同志也非常关心老舍，信任老舍，常常给他一些实际的帮助。他去看老舍编的话剧，给老舍的话剧提意见，介绍老舍认识许多戏剧界朋友。

周恩来同志常常对人说：

“文艺界的事要老舍来主持，别人都不如他合适，由他出面最好！”

周恩来每次回延安，都向延安的同志介绍老舍的近况，谈得很细，很具体。回重庆后，周恩来总要向老舍讲延安的新闻，介绍延安那边的新文艺动向。

周恩来还吩咐《新华日报》社，叫他们让报童夜里给老舍送报，免得给老舍添麻烦。

周恩来有时还邀老舍去吃四川面条。

在共产党和周恩来的关怀和帮助下，老舍成了一名党的好朋友了。

在重庆，老舍高举“文协”的大旗，有力地支持了全面抗战。

好人多

抗日战争时期，由于日寇入侵，中国的经济遭到了严重的破坏。

从1940年开始，重庆的生活越来越困难了。

过去，四川的东西是最便宜的。

老舍初入川时，一角钱能买十个很大的烧饼，一个铜板能买一束鲜桂圆。那时，天气虽热，但物价极低，生活容易，使人们的心中多少感到凉爽点。

现在，情形可不同了。四川的东西不再便宜了，而是成倍成倍地往上涨。

老舍为生活所迫，只得长年穿一套灰不灰蓝不蓝的清道夫穿的那种衣服。

过去，老舍吸的香烟是使馆牌，后来依次降为小大英牌、刀牌、船牌，现在干脆改吸四川土产的卷烟了。其他日用品及饮食也都降格了。

生活不单贫苦，而且也极不安定。

日寇为了逼迫国民党政府投降，绞尽脑汁，费尽心机，用各种花样轰炸重庆。有时候每天用一二百架飞机轰炸，有时候每天只用三五架甚至一两架。敌机从早到晚轮番进行疲劳轰炸，还常常在人们刚入睡时或睡得正香时来轰炸。

在这种情况下，老舍仍然在坚持写作。

但是一到了夏天，老舍就必须离开重庆了，因为又黑又热的防空洞实在不适于写作。

雾季刚过，老舍就准备下乡了。

这时，冯玉祥将军总是派人来接，对老舍说：

“上我这儿来吧，城里没法子写东西呀！”

1940 年夏天，老舍应邀住在陈家桥冯公馆的花园里。花园里只有两间茅屋，冯玉祥拨给老舍独住。

茅屋外面有很多树木。树上常常有各种小鸟为老舍唱歌。在这种环境里，老舍写完了《剑北篇》。

这年冬天，老舍因赶写剧本，开始患头晕病了。

生活太苦，营养不足，老舍先患了贫血病。但老舍仍坚持写作，于是就头晕了。

犯病时，一低头就天旋地转，只好静卧，工作完全停顿了，着急也没用。

1941 年夏天，老舍的中学同学罗常培和清华大学校长梅贻琦来到重庆。梅校长听说老舍的现状后，便邀他到昆明去住些日子，以便让老舍离开火炉一样的重庆，到昆明去透透风，换换气，恢复恢复体力和脑力。

梅校长对大家说：

“我们邀请舒先生到昆明去走一趟，不但对他好，对文艺界也好！”

老舍见梅校长为人诚恳，便爽快地答应了。但他预先声明：除了交通工具和珍贵的友情外，别的他什么也不接受。

8 月 26 日，老舍和罗常培一同住在昆明靛花巷三号的宿舍里。

这个宿舍一向是以静出名的。来过这里的孩子曾说：

“你们那里真不好玩！大伙儿除了睡觉就是念书，有时候简直连一点声音都听不见！”

自从老舍到这里以后，这里立刻充满了活气。老舍整天有说有笑，或庄或谐，偶尔还来几句京戏清唱，满够味儿。

老舍喜爱成都，因为成都许多地方象北京。现在，老舍到了昆明，发现论天气，论风景，论建筑，昆明比成都还要好。

老舍喜欢昆明那比什刹海还美的翠湖，更喜欢昆明池——它是真湖,不是小小的一汪水,不像北京颐和园里万寿山下那个人工湖。

昆明的土地是红的,松树是绿的,天空是蓝的,昆明的城外到处象图画,老舍置身其中,为祖国的大好河山而自豪,而振奋。

更使老舍高兴的是,在昆明遇见了好多老朋友。冯友兰、冯至、沈从文、闻一多等老朋友或邀老舍吃饭,或陪老舍出游。老舍觉得昆明之行真是快乐的日子。

在昆明城里,老舍做了六次讲演,听众很多。

老舍在师范读书时,学会了作旧体诗。后来虽不常作了,但偶尔兴起,也写一两首凑趣。在昆明宝台山住的时候,几个学生请他写字,他随手抄了两首近作给他们,被闻一多看到了。一天,老舍讲演前,闻一多在致词中表示不希望新文人作旧体诗,并请老舍把这个意思带给重庆的几个朋友。这本是闻一多的一贯主张,但他能在这种场合下提出来,众人无不感到惊讶,而老舍并不见怪,反倒十分佩服他的爽朗。

到昆明后,罗常培只陪老舍逛了一次金殿,回宿舍就病倒了。

老舍在城中讲演结束后,便陪罗常培下乡养病。

老舍提着小包,顺着河堤慢慢走,觉得风景既象江南,又不完全象江南,有点象北方,又不完全象北方,真是江南与北方的完美结合。老舍认为只有梦中才能偶尔看到这种境界。

罗常培养病的地方是龙泉镇宝台山。老舍陪罗常培住在乡下,举凡盥洗洒扫,老舍都亲自动手。遇有朋友来访时,老舍还泡茶敬客。

在乡下,老舍仍不闲着,居然把三幕六景的话剧《大地龙蛇》写完了。

老舍初次到昆明作客,梅校长自始至终都很够朋友。他曾设盛宴宴请过老舍,也曾用家常便饭款待过老舍。

一天夜晚,皎洁的月光笼罩着翠湖。堤上好象洒满了霜。

友人陪着老舍从街上回来,穿过湖滨,一边踏月,一边闲聊。大家指给老舍哪里是芭苍桥,什么叫无极路,何谓鬼打墙，让老舍知道翠湖月夜为什么值得流连。

众人刚转过玉龙堆，在翠湖北路转角处忽见一人在月下独行，提着一个布口袋。大家定眼一看，原来是梅校长。抗战时，好多大学都迁往昆明，梅校长在敌后办学，兢兢业业，颇有成绩。今天，他带来一瓶绍兴酒，准备到青园和老舍对酌。

这时，夜已深了，买不到下酒的菜了，仓促间只买到一点豆付干和花生米。

三杯两盏落肚，老舍的话匣子打开了，重庆之黑暗、延安之光明、“文协”之奋战都成了他的话题。

在昆明，通过罗常培的介绍，老舍还认识了一个新朋友——查阜西先生。

查阜西是学海军出身的，为人极其爽直热情。他多才多艺，弹得一手好古琴，也喜欢唱唱昆曲。他听说老舍很想一睹苍山洱海的风景，就主动提出要陪老舍去看看。

几天的工夫，查阜西便交涉好了，他们搭乘去畹町的运货车到大理去。他俩分别坐在两辆汽车的司机旁。两个司机都是北方人，听说搭车的是写《骆驼祥子》的鼎鼎大名的老舍，还特地请老舍吃了一桌酒席。

那时的大理，没有什么可看的，只有一条长街以及长街上许多卖大理石的铺子而已。但大理城外的苍山洱海，如同仙境。老舍坐在车中，左是苍山，右是洱海，如置身图画之中一样。

在大理，老舍顺便去了一趟喜洲镇。

喜洲镇虽是一个小镇子，却有宫殿似的建筑，小街左右都流着清清的活水。华中大学已从武昌迁到喜洲镇。老舍应邀在华中大学做了四次讲演，讲演题目是“谈抗战文艺”。

在华中大学，老舍遇见了老朋友游国恩。游国恩陪老舍游山泛水。临别时，老舍依依不舍。

回昆明途中，曾在下关小住，不少回教朋友来看老舍。他们都演过老舍编的话剧，对老舍极为崇敬。在昆明过完中秋节后，老舍乘飞机回到了重庆。

移居北碚

1942年夏天，老舍到北碚去写小说。

北碚是嘉陵江上的一个小镇，距重庆五十多公里。

北碚本来是个很平常的小镇，但经建设厅卢作孚厅长的经营，已变成一个试验区。抗日战争时期，有许多学校与机关迁到此处，它又变成了文化区。

北碚产煤，在众多煤矿中，天府公司拥有最新的设备与轻便的铁路。

北碚原有手工业是制造石器，如石砚及磨石等，也生产挂面。老舍来时，此地已添设了小型的面粉厂和染织厂。

这里的学校有复旦大学、体育专科学校、戏剧专科学校、重庆师范、江苏省立医院、兼善中学和勉仁中学等。迁来的机关有国立编译馆、礼乐馆、中工所、水利局、中山文化教育馆、儿童福利所、江苏医学院、教育电影制片厂等。有了这么多的机关和学校，北碚的市面也跟着繁华起来。旅馆、饭店、浴池、金店、银行也都出现了，公园、体育场、戏院也应运而生。还用上了电灯和自来水。北碚已不是个小镇，而是小城了。

1939到1940两年，日寇派飞机轰炸北碚，炸毁了好多房屋，也炸死了不少人。由于随炸随修，北碚变得更加整齐美丽了。

北碚是个理想的住家之处。大都市的东西，它应有尽有。它有水路和旱路直达重庆，各种物资可以源源不断地运到北碚。

北碚的整洁和安静远非重庆可比。

抗战时期，林语堂先生在北碚买了一所小洋房。他出国时，将这所洋房交给老向和“文协”看管着。一来这里有朋友，二来这里有地方住，因此老舍常到这里来。

1942年夏天，老舍又来到北碚，为的是写长篇小说《火葬》。

不料这一来，老舍竟不能再走了。

10月初，老舍得了阑尾炎，住进了医院。

抗日战争时期，阑尾炎在四川非常流行。由于前方和后方都忙于抗战，粮食供应很困难。人们吃的大米里面有很多稗子和稻壳。人们吃饭时一不留神把稗子或稻壳咽下去，进了阑尾，就会发炎。那时，空袭警报很多，往往人们刚端起饭碗，警报就响了，只好狼吞虎咽地三口两口把饭吃完，顾不得细细挑拣，于是阑尾炎就泛滥成灾了。

本来，6月初老舍来北碚，是和赵清阁女士合写剧本《春风桃李》的。剧本刚刚写完，热气团来了。老舍体弱多病，又是北方人，一想到火炉般的夏日重庆，真是不寒而栗。于是决定留在北碚写小说。

北碚也热得很，中午时分室内温度高达摄氏40度，根本无法写作。老舍便每天早晨五点起床，趁早凉写小说。原拟写个中篇，约四万字。但下笔之后，越写越长。到9月中旬，已写出八万多字了。秋老虎虽然厉害，但早晚到底有些凉意。老舍决定在双十节前后赶写完全书，于10月中旬回重庆。

9月末，老舍突然发现自己右胯与肚脐之间的腹部有点发硬，用手一摸，那里有一条小肉岗儿。

“坏了！”老舍惊道，“阑尾炎！”

老舍赶紧将此事告诉朋友，并把肿起的部位给朋友们看。朋友们都安慰他，劝他不要紧张，说可能是神经过敏。

过了两天，腹部的小肉岗儿仍然存在，还做了个动手术割阑尾的梦。老舍赶紧将此事讲给朋友萧伯青。

萧伯青说：

“这恐怕是下意识的警告吧!”

夜里,老舍一夜没睡好。小肉岗儿开始一剜一剜地疼,就象猛一直腰,把肠子或别处扯动了那样。

10 月 4 日,老舍去找赵清阁女士,征询她的看法。赵清阁曾得过阑尾炎,老舍想她一定会有个准确的判断的。

听了老舍的陈述,赵清阁说:

“最好是去看看医生吧!”

赵清阁领老舍到江苏医学院的附属医院去检查。正巧外科主任刘玄三在医院里,他马上给老舍做了检查。

检查完毕,刘主任说:

“是阑尾发炎了!”

老舍忙问:

“暂时还不要紧吧?”

他多么想先把小说写完再来动手术啊!

刘主任和蔼地说:

“不忙!是慢性的。”

刘主任为人真诚,乐于助人,人们都称他“刘好人”。

老舍高兴极了。在他的心目中,文艺第一,阑尾次之。

可是,当老舍告辞的时候,刘主任又把他叫住了:

“还是再看看白血球吧!”

化验员给老舍刺耳取血。化验结果,一万好几百!刘主任倒吸了一口气,严肃地说:

“立即割吧!”

手术进行得很不顺利。

由于老舍一个人离家在外,无人照顾,自己又整天忙于工作和写作,饥一顿饱一顿的,患了胃下垂,阑尾挪了位置。刘主任亲自动手,费了三个多钟头,累得汗如雨下,才找到阑尾。老舍受了不少苦,多次昏迷过去。

手术后,由于战时医疗器材缺乏,刀口缝线稍粗,老舍的刀口有点出血,又多住了几天院。

老舍出院之前，夫人胡絜青带着三个孩子由北平逃到了重庆。

五年前，也就是1937年，老舍一家五口人住在济南齐鲁大学的宿舍里。沧州沦陷的消息传到济南的那天晚上，老舍夫妻俩再也不能不商量出走的事了。但老舍仍然犹豫不决。他担心的是母亲的生活问题和妻子儿女的安置问题。

老舍用手抚弄着孩子们的头，半天说不出话，低着头，为的是不让妻子看到他那双湿润的眼睛。

胡絜青说：

"你放心地走吧！只要济南沦陷时我不被炸死，我一定坚强地活下去。我能教书，挣几个钱把孩子带大，给老太太送终，还不致成为大问题。我一定教学生认中国字，绝不给你丢脸。"

老舍走后，两个大孩子怎么也不肯上床睡觉。他俩一会儿一问：

"爸爸上哪儿去了？"

胡絜青让他俩去睡，他俩异口同声地说：

"我要等爸爸回来再睡。"

胡絜青抱着刚满三个月的舒雨，泪如雨下。

从那天起，一别就是五年。老舍走时把仅有的一点积蓄都留给了夫人，托她代为侍奉老娘。

老舍事母至孝。几年来，他一直惦记沦陷区的老娘。

他曾说：

"生命是母亲给我的。我之能长大成人，是母亲的血汗灌养的。我之能成为一个不十分坏的人，是母亲感化的。我的性格、习惯，是母亲传给的。"

他又说：

"人，即使活到八九十岁，有母亲便可以多少还有点孩子气。失了慈母便象花插在瓶子里，虽然还有色有香，却失去了根。有母亲的人，心里是安定的。我怕，怕家信中带来不好的消息，告诉我已是失了根的花草。”

老舍是个好丈夫。几年来，他一直惦记着家中的妻子。

1938 年，老舍在给友人的信中写道：

“我想念我的妻与儿女，我觉得太对不起他们。可是在无可奈何之中，我感谢她，我必须拼命地作事，好对得起她。”

老舍是个好父亲。几年来，他一直惦记着家中的儿女，关心他们的成长，他在给胡絜青的信中写道：

“接到信，甚慰！济与乙都去上学，好极！唯儿女聪明不齐，不可勉强，致有损身心。我想，他们能粗识几个字，会点加减法，知道一点历史，便已够了。只要身体强壮，将来能学一份手艺，即可以谋生，不必非入大学不可。假如看到我的女儿会跳舞演讲，有作明星的希望，我的男孩能体健如牛，吃得苦，受得累，我必非常喜欢！我愿自己的儿女都以血汗挣饭吃，一个诚实的车夫或工人一定强于一个贪官污吏，你说是不是？教他们多游戏，不要紧逼他们读书习字；书呆子无机会腾达，有机会作官，则必贪污误国，甚为可怕！

“至于小雨，更宜多玩耍，不可教她识字；她才刚四岁呀！每见摩登夫妇，教三四岁小孩识字号，客来则表演一番，是以儿童为玩物，而忘了儿童的身心教育甚慢，不可助长也。”

胡絜青也是个好妻子。几年来，她不仅服侍老舍的老娘，还抚养三个弱小的儿女。几年来，她一直惦记着体弱多病的丈夫。

1942 年，老舍的老娘以 84 岁的高龄病故了。胡絜青料理完老太太的丧事，立即带上三个孩子，历尽千辛万苦，偷越日军的封锁线，走了五十多天来到重庆。

一家人终于又团聚了。

老舍出院后，将家小安顿在北碚。胡絜青在编译馆找到了事干，每月可领一石平价米；老舍继续写作，忙着“文协”的事。

五年不见，胡絜青发现老舍比以前更瘦了，满脸病容，但

励，认为方向正确，可以改好。老舍自己的创作热情也很高，他克服了许多困难，经过和剧院同志的共同努力，终于把《春华秋实》搬上了舞台，和观众正式见面了。

《春华秋实》是老舍修改得最多的一个话剧，大拆大改达十次之多，先后用了十个月。一部《春华秋实》的手稿堆在一起，相当于十部其他同样长度话剧的手稿量。

在排练过程中，总理曾多次亲临现场直接指导。

一次，总理看完排练，特地把扮演资本家女儿的演员约去，询问所演的那部分剧编得如何。那位女演员说：

“有点别扭。”

经过细心观察和认真调查，总理才委婉地告诉老舍：

“资本家女儿的那场剧恐怕有点毛病。”

接着，总理提出了具体的修改意见。

这件事，使老舍感动极了。

在国民党统治时期，老舍的话剧遭到的往往是禁演和打击，而今天，国家总理亲自给了他无微不至的关怀和帮助，真是两个社会两重天。

总理对《春华秋实》提出了一个很重要的问题：民族资产阶级在社会主义时期是具有两重性的，不要因为强调了对它的斗争和限制的一面，而忽略了民族资产阶级经过斗争还有接受改造的一面。为此，总理专门约老舍和导演详谈了党在现阶段中对民族资产阶级的政策。

对于话剧的结尾，总理指出：

不能因为又斗争又团结而以一团和气来结束全剧，剧的结尾要给“五反”运动下个结论，要写出无产阶级的伟大胜利。

老舍心悦诚服地接受了总理的建议，把结尾反复重写了六次，使《春华秋实》有了正确的思想内容和圆满的结尾。

总理不但对剧的思想性、政策性提出中肯、重要的意见，就连布景、道具、灯光、服装也不放过。总理反对自然主义的描写，不主张把剧写成说理会、批判会或者报帐和材料的再现,提出要注意作品的艺术性。总理劝老舍放开胆子写,不要唯恐出毛病,连自己独特的风格和幽默的手法也藏了起来,要写出有血有肉、生气勃勃的艺术品来。

1956 年,总理看了《西望长安》之后说:

“我们国家内部就出现过大骗子,他们代表了阴暗面。对他们这些骗子就是要充分地暴露。”

对《茶馆》,总理最欣赏第一幕,说第一幕写得气魄大,艺术性高,演员也演得精采。还说,象《茶馆》这样的剧,应该演,应该叫新社会的青年知道旧社会是多么可怕。总理说:

“对青年,往往光讲道理还不够,要拿出形象的东西来给他们看,增加他们的感性知识,引起他们对旧社会的强烈愤恨。”

1963 年,《茶馆》第二次上演时,幕间休息和闭幕后,总理两次指出,《茶馆》应该告诉青年历史的动力是什么,什么人才能代表历史前进的方向。《茶馆》第二次上演时,虽然增加了学生运动的场面,但是总理认为还不够,还得加强。总理说:

“究竟在近代史中选哪几个大环节搬上舞台最有典型性,还得好好研究研究。”

老舍的长篇小说《骆驼祥子》经梅阡改编成话剧在北京上演后,总理曾看过三次。1957 年 12 月 8 日,总理还专门约老舍一道去看。总理还称赞扮演虎妞的舒绣文演得好,并关心地问她有徒弟没有。后来,青年演员演虎妞的时候,总理又约老舍到郊区剧场去专门看了一场。

总理看了浙江昆剧《十五贯》之后,建议老舍将这个剧改编成京剧。总理说:

“毛主席指示全国都要看这个剧。”

老舍愉快地接受了改编任务,很快写出了改编本,发表在《北京文艺》上。

1959 年的一天下午,总理到丹柿小院看望老舍。他亲切地向胡絜青询问老舍的健康情况。

胡絜青说：

“老舍前些日子得过一场严重的气管炎。”

总理常到丹柿小院和老舍聊天。这次听说老舍病了，忙问：

“老舍进过医院吗？现在痊愈了？”

胡絜青将老舍的病情向总理作了汇报，并说：

“总理不必担心！老舍现在好多了。”

总理说：

“我现在要批评你啦！发生了这样的事，为什么不向我报告？”

胡絜青不好意思地说：

“我没有想到这一点！”

总理很严肃地说：

“以后，不管老舍得了什么病，你都要马上向我汇报。”

这天，总理和老舍谈了很长时间，一直到吃晚饭的时候还没有离去。

胡絜青请总理吃晚饭，总理爽快地答应了。

由于事前没有准备，胡絜青不知拿什么招待总理好。总理看出了她的尴尬劲儿，笑着说；

“你不要准备。你们吃什么，我就吃什么。”

匆忙之中，胡絜青端上了一盘炒鸡蛋和一碟干鱼。总理见了，又笑着说：

“你也是知识分子出身，不会炒菜。”

吃过晚饭，总理和老舍又谈了些文艺方面的问题，才回中南海。

总理为贯彻执行毛主席的统一战线政策，做了大量的工作，常用一些巧妙的方法做一些爱国人士的思想工作。一次，总理宴请溥仪及其家族，因为老舍和胡絜青也是满族人，也被请去作陪。席间，总理语重心长地说：

“一个溥仪，一个老舍，都是满族人。过去，一个是皇帝，一个是穷旗人,非但不能坐在一起,就是见了面,大家也要给皇帝下跪。今天,我们三人都得学习,才能适应这翻天覆地的变化。我们都要活到老,学到老,改造到老啊!”

总理的关怀,使老舍深为感动。他忘记了自己的年龄,夜以继日地忘我写作,成了焕发革命青春的多产老作家。

老舍感到越活越年轻。他自信能活到八九十岁。他想写的东西多得很,象《茶馆》那样的作品,不过是他庞大的创作计划的一部分。

五十年代末,人民文学出版社请他将全部作品编成一套多卷本的《老舍文集》出版,他坚决不同意,说:

“我肚子里的许多作品还没有问世哩,干么现在就出全集?现在,我得集中精力写新的,再写二十年,那时候咱们编全集算总帐。”

总理听了老舍的豪言壮语,微笑地点了点头。

十八般武艺

在丹柿小院定居后，老舍曾到中山公园向一位姓李的皮厂经理学习太极气功，每天一早一晚都坚持练练。

写作是一种很艰苦的工作，需要一个好身体。老舍自幼受苦，身体瘦弱多病，为了坚持写作，给人民创造大量的精神财富，他不得不借助于气功这一中华民族的健身手段。

其实，老舍不但会气功，还会十八般武艺哩。

二十二岁那年，一场大病几乎夺走了老舍的性命。病好之后，老舍开始锻炼身体。从此，他和武术结下了不解之缘。

开始，老舍练的是剑术。老舍不但会舞剑，而且舞得颇有心得，还编写了一本舞剑图。

1921 年 5 月中旬，北京市举行全市小学联合运动会，这本《舞剑图》被刊印出来免费发放。插图由老舍念师范时的同班同学、画家颜伯龙绘制。此事，当时的《晨报》曾有过报导，说是运动会成立了宣传部，准备发放舒君和颜君著绘的资料。老舍编写《舞剑图》，是为了推动健身的普及。

老舍不愧为人师表，自己通过舞剑健身了，还惦记着其他人的身体健康。

1930 年，老舍从英国伦敦回到北京。

一天，《学生画报》的记者陈逸飞去看老舍，见他正在屋里跳一种奇怪的舞蹈。

陈逸飞坐下之后，仔细看老舍表演。见老舍一会儿学燕子飞翔的动作，一会儿学小动物落水后的样子，浑身乱颤。陈逸飞觉得奇怪，问老舍道：

“您练的是哪路活儿?”

老舍答道:

“这是昆仑六合拳。六合拳流派很多,常见的有峨嵋六合拳;还有内家拳,专重气功。”

陈逸飞又问:

“这昆仑六合拳有什么用处?”

他想,这样学小燕飞,学小猫小狗抖落水,能有多大用处?

老舍回答说:

“昆仑六合拳不仅能健身,还可以防身。”

陈逸飞说:

“我不信!”

说完,冷不丁挥起一拳,直向老舍胸口打去。老舍并不躲闪,只略一收胸,陈逸飞的拳头落了空。老舍就势将陈逸飞的胳膊一拨,陈逸飞顿时觉得胳膊象触了电似地,极其难受。陈逸飞服了,喊道:

“没得说,收我这个徒弟吧!”

老舍说:

“好!过几天我到老母那儿去取《拳谱》,你照着《拳谱》练就行了。不过有个条件,不得到外面去说我会打拳。”

陈逸飞高兴极了,并答应了老舍的条件。

老舍练昆仑六合拳的目的只是为了健身,没有其他用意,所以不愿陈逸飞到外面去说,以免惹事生非。

1933 年 4 月,老舍在山东济南齐鲁大学任教时,忽患背疼,疼得很厉害,害得他难以伏案写作。老舍到医院去医治,大夫们都束手无策。这使老舍下决心进一步加强锻炼。他拜济南著名拳师为师,开始系统地学习拳术、棍术和刀术。不久,背疼不治而愈。

从此,老舍不再间断武术锻炼了。

老舍随拳师学了少林拳、太极拳、五行棍、粘手等等,购置了刀枪剑戟。

1934年,老舍到青岛山东大学任教,在黄县路租了一套房子,和妻子儿女过上了比较安定的生活。

房前宽敞的院子,成了老舍练武的场地。前厅里打制了一副架子,上面十八般兵器一字儿摆开,使初次来访的客人困惑不解。老舍身体强壮起来,因而写出了《骆驼祥子》那样的优秀作品。

1935年春节前夕,老舍在山东大学的辞岁晚会上当众献艺,来了一段单人武术表演。

抗日战争爆发后,老舍把十八般兵器都丢在了山东,但太极拳始终没扔,走到哪打到哪。

1943年秋到1946年初,老舍定居于重庆北碚蔡锷路24号。住房前面有个大草坪,每天清晨,老舍都在草坪中央打太极拳,姿势优美,动作娴熟,功夫到家,人见人夸。

1949年夏天的一个早晨,流亡美国的老舍在打太极拳时,腿突然抬不起来了。经大夫检查结果,确诊为坐骨神经发炎,必须立即住院动手术。开刀后,老舍步履艰难,必须拄拐杖了,因而中断了长达十五年的练拳史。

回国后,为了保证写作正常进行,老舍这才改学气功。

1955年,为了创作话剧《西望长安》,老舍专程到西安参加对大骗子李万铭的审讯。采访过程中,由于长时间坐吉普车,颠簸不已,老舍腰病复发,回北京后几乎不能下床,大家都为他捏了一把汗。幸亏他有功夫在身,知道自己应该活动哪些部位,再加上名医的按摩,才转危为安。医生说:

“老舍先生的功底好,万幸!”

老舍虽然爱好武术,但很少对人谈起,只是偶遇懂行的人才肯深谈。因此,一般人只知道他是个瘦弱的文人,不知道他还是个功底深厚的武夫。

1965年,老舍访问日本时,遇到了一位叫城山三郎的日本作家。两人谈得很投机,谈着谈着谈到了武术上来。城山三郎无论如何也不相信眼前这位拄着拐杖的瘦弱老人会精于此道，一定要和老舍比试比试，哪怕试试手劲也好。老舍被逼无奈，只得和他交手。老舍猛出一掌，把城山三郎打了个趔趄，险些跌倒。城山三郎大叫道：

“真好功夫啊！”

此次比武，在日本文学界一时传为美谈。

武术和气功帮助老舍度过了许多小灾小病，给了他一副经得起岁月操劳的身子骨，使他顺利地写出了不少传世之作。

花　迷

老舍是个花迷，爱花，也爱养花。丹柿小院开满了花。

爱花和养花，本是北京市民的爱好。

在老舍小的时候，北京几乎家家都养花种树。在普通老百姓家里，三种植物是不可少的。它们是枣树、石榴和夹竹桃。枣树栽在院子里，而石榴和夹竹桃则养在盆里，以便冬天搬到屋里去。栽枣树是为了吃枣和遮荫；栽石榴是为了开花结果，红绿相间，喜庆吉祥；而栽夹竹桃则是为了观赏。夹竹桃那不大不小、粉红双瓣的花儿开放时，足以使小院生辉。

老舍的家里，也有这三种植物。那棵老枣树至今还奇迹般地活着，算来已有一百多年的历史了。

老舍的父亲在小院里养了些花草，如草茉莉、五色梅什么的。他很喜欢菊花，每到八月节，总要弄两盆菊花回来养着。因为穷，只养了两盆。

父亲去世后，家境窘困，不再养菊花了。而甜石榴和夹竹桃则得到了母亲的精心照料。在老舍家的小院里，红而大的石榴果和一朵朵长开不败的夹竹桃花成了最有生气的点缀品，伴随着瘦小的老舍长大成人。

在父母的熏陶和影响下，老舍自幼养成了爱花和养花的习惯。

花儿高洁，象征着崇高的品质；花儿美丽，代表着美好的事物；花作生气勃勃，隐含着人类的希望。

老舍从师范学校毕业后，当了小学校长。在校内外，他都教育孩子爱花。在他的校长办公室门外，放着大荷花盆，养着出淤泥而不染的荷花。他还常常带孩子们去中山公园，让孩子们排好队，向盛开的鲜花脱帽鞠躬。老舍认为，美好的事物能陶冶孩子的情操。

后来，老舍笔耕不辍，成了作家。不论走到哪里，每当他伏案写作的时候，案头总要摆上一瓶花，让花陪伴着他。

抗日战争时期，老舍曾住在重庆白象街《新蜀报》报馆里。斗室一间，只有前窗，还是开在小天井里，屋里黑黢黢的。一张破床，一张缺了腿的破方桌，一把椅子，是老舍的全部家具。大白天老鼠也敢在屋里窜来窜去，老舍说他整天和老鼠同居。即使是在这种环境里，老舍仍找了只酒瓶子摆在破方桌上，瓶里插着一两枝鲜花。在花下，老舍写了大量抗战文艺作品。有时实在无花可插时，老舍便弄些嫩绿的竹叶插在瓶中。

抗战胜利后，老舍出访美国，花瓶也跟着他到了美国。在公寓里，又是在花下，老舍完成了《四世同堂》第三部《饥荒》的创作。在他动身回国的时候，他把花瓶郑重地赠给了翻译家郭镜秋女士。

解放后，老舍一家住进了丹柿小院。

老舍带领妻子和儿女，通过辛勤的劳动，很快地把小院变成了四季鲜花常开、终年香气四溢的小花园。

小院的门口，原有一棵枣树。老舍又让胡絜青买了两棵柿子树栽在院子中央。剩下的空地，老舍决定养菊花。

老舍的哥哥叫舒子祥，比老舍大十岁，拉过洋车，当过工友，做过巡警，还种得一手好花，是个很有本事的花匠。在北京城内，特别是西直门一带，他是著名的养菊能手。

老舍有了小院子，自然想起了哥哥的绝技，于是请他担任技术指导，和家人在小院里养起菊花来。

到了秋天，老舍的小院简直可以举办菊花展览会了。

老舍养的菊花有黄的、紫的、绿的、圆瓣的、钩瓣的，总计一百多种，三百多棵。

养菊花，对老舍来说，是再好没有的一项活动了。菊花培养期长,要整整莳弄一年。浇水、换盆、捉虫、剪枝、上肥缺一不可,劳动量相当大。因此,老舍不得不天天摆弄花。

老舍伏案写作时,每写几十个字,就到院里浇浇水,搬搬盆,蹲下起来,起来蹲下,吸吸新鲜空气,活动活动腰腿,然后再进房间里去继续伏案写作。如此循环不已,有劳有逸,脑子和身体得以轮流休息,受益非浅。

老舍不只养菊花,还养别的花。他恨不得把一年四季的各种花草栽满小院。从名贵的昙花到最容易活的“死不了”,总计养了一百多种。鲜花不但招来许多蜜蜂和蝴蝶,也吸引了许多赏花者。

每到鲜花盛开时,特别是节假日,院外车水马龙,川流不息;院内高朋满座,热闹非凡。

老舍好客,喜欢把朋友们留下来吃饭。饭菜虽不名贵,但满有北京风味。大家对酒当歌,开怀畅饮,边饮边谈,交流信息。这样,老舍不出门,也知天下事了。

鲜花也吸引了许多非文艺界的朋友,如送牛奶的,送报纸的,修房子的,街道上的老大爷和老大娘们。他们一进门,总要失声喊道:

“好香啊!”

老舍闻声,一定要出来迎接他们,还要请他们进屋喝碗香茶,再让他们顺便看看屋里屋外的花。谁要是夸说花好,过几天,老舍十之八九会抱两盆送上门去。看到朋友们拿走自己的劳动果实,老舍心里特别高兴。

老舍是个“己之所欲,喜施于人”的人。他不但爱花,也爱把快乐和幸福送给别人,正如他把心爱的花送给别人一样。

画 迷

丹柿小院的客厅西墙上，是老舍挂画的地方。墙上虽然仅能并列四幅中国画，但老舍藏画甚丰，他总是将西墙上的画频繁地更换。因此，在文艺界的朋友中，这堵西墙获得了“老舍画墙”的美称。

热爱生活的人，谁不爱画呢？爱美之心，人皆有之啊！

老舍是个画迷。他爱画，爱欣赏画，爱和画家交往，爱买画，爱收藏画，爱挂画，爱讲赏画心得。

老舍热爱绘画，热爱美好事物，但他自己不会画画，所以对会画画的人羡慕得要命。

老舍收藏的第一张国画是齐白石老人的《雏鸡图》。

1933年，老舍的好友许地山住在北京西城，离齐白石居住的跨车胡同很近，而且和齐白石颇有交往。老舍便请许地山向齐白石求画，按当时的润笔付钱。齐白石很快画出了《雏鸡图》。

这幅《雏鸡图》是一张精品，老舍喜爱得不得了，如获至宝，特地精心托裱成长轴，只在家庭的重大节日里才张挂几天，平时由他自己亲手保管。

齐白石画此画时，七十岁刚过，用笔不象晚年那么粗犷。小鸡画得极其传神，呼之欲出。一只只毛绒绒的，活泼可爱。十几只，没有一只体态重样的。

此画传到五十年代，和齐白石的其他《雏鸡图》相比，大家一致认为是齐白石的代表作。每次举行齐白石画展，此画都被主办单位借去参加展示。

抗日战争时期，老舍到了武汉之后，和画家们来往渐多，藏画也渐渐多了起来。最早出现在重庆老舍居室墙上的有林风眠的山水、赵望云的乡间小景、徐悲鸿的雄鸡。

老舍先生爱看画展。每次举办画展,老舍必到。看过画展之后,老舍还要大发议论,写成短文,以抒己见。这已成了惯例。

看过赵望云的山水画展,老舍著文评论道:

“赵先生的山水画本来很有功夫,可是他不喜欢山水里那些古装老翁,所以就在乡间细细地观察,深深地揣摸,要把活人活事放在图画里,以求抓住民间的现实生活,使艺术不永远寄存在虚无缥缈之间。”

这篇文章把“艺术只是一种玩艺儿”的谬论驳得体无完肤。

老舍好客,又喜欢交友,因此和不少当代的大画家结为好友。其中有徐悲鸿、齐白石、傅雪斋、于非闇、陈半丁、李可染、叶浅予、傅抱石、黄宾虹、林风眠、丰子恺、关山月、关良。老舍得了一些他们所赠的画,又买了一些他们的作品。于是,“老舍画墙”就周转起来了。

老舍最爱挂的是齐白石、傅抱石、林风眠的作品。

在齐白石的作品中,老舍最珍惜的是两组各四张的名题画。两组诗句都是老舍选的,交给齐白石,请他按诗意作画。

第一组全是曼殊禅师的诗句,“手摘红樱拜美人”代表春,“红莲礼白莲”代表夏,“芭蕉叶卷抱秋花”代表秋,“几树寒梅映雪红”代表冬。四幅画合在一起,成为一组四季花卉配诗画。

齐白石画好后,老舍按高于标准的报酬答谢了他,又以高出市价的工钱请装裱师刘金涛精心装裱,赶在春节之前将这组画挂在西墙上。

前来拜年的友人被这一墙新画震惊了,连呼;

“好画！好画!”

不少人在画前留连忘返,拍手叫绝。

夏天,老舍又以四句诗向齐白石求画。这次,把齐白石难住了。他足足憋了三天,吃不好,睡不好,苦苦思索之后,才敢挥笔作画。

原来,这四句诗里有两句画起来难度太大。一句是查初白的诗句“蛙声十里出山泉”,一句是赵秋谷的诗句“凄迷灯火更宜秋”。诗句里面有无形的声音,有动作,有距离,而且是十里之遥,有时间,有地理环境。

齐白石真不愧为艺术大师,他超水平地把这两句诗变成了画面。

第二组画拿到老舍面前时,老舍的眼睛亮了。他知道,他得了几幅罕见的艺术珍品,老舍的确独具慧眼,《蛙声十里出山泉》那幅画后来被公认为齐白石最优秀的作品之一,曾被印成邮票,流传海内外。

齐白石的作品有此幸遇,与老舍的求画不无关系。

在齐白石的作品中。《寒鸦图》、《雨耕图》、《猫蝶图》也都是精品,也受到了老舍的珍视。其中的《寒鸦图》还被老舍装上了镜框,挂在固定的位置,基本上长年不动,属于非更换的展品。

在傅抱石的作品中,《美人图》、《洛神赋图》、《浓荫读书图》和《山雨图》都是精品,是傅抱石在不同时期赠给老舍的,有的是为了祝寿,有的是欢送出国的,有的是多日不见,邮画寄思念之情的。

《浓荫读书图》是傅抱石的随身之宝。他常常取出此画观看,回忆往事。

原来,抗日战争时期,傅抱石住在重庆西郊金刚坡下,长达七年。高树之下,一间小房,傅抱石读书作画于其中,朋友常来看他作画。一年夏天,他挥汗作了《浓荫读书图》记录了那段生活。

1953年,傅抱石因事进京,老舍和他谈起此事,向他求画。傅抱石大受感动,回去后将这幅珍藏多年、随身最久的《浓荫读书图》赠给了老舍。

每遇好友来访,老舍先泡上一壶香茶,然后就像取宝一样,由书房里一轴一轴地往外取画。客人看图,他做讲解。

老舍就是这样一个真诚无私的人,有什么好东西,他不肯独自占有,老是想着别人。

戏　迷

丹柿小院里，有时传出京戏的清唱声，字正腔圆，唱得很地道。不了解内情的人，还以为是哪个京剧团的演员来为老舍清唱哩。其实，那是老舍唱的。

老舍先生爱看戏，是个戏迷。他看过的戏极多，对京戏和昆曲有很深的了解。

老舍认为，京戏和昆曲都是国宝。

老舍学戏始于1920年，那时他21岁，刚从师范学校毕业，由小学校长晋升为北郊劝学员，薪金优厚，时间也很充裕。由于上司守旧顽固，老舍的改革措施不被采纳，他感到很苦闷，便常到戏园子去看戏解闷，久而久之，看出了瘾，开始学起京戏来。

老舍学的戏里，多是英雄豪杰，正气凛然者。老舍说，他那时是个悲观主义者，性格孤僻，内向，清高，总有一种压抑感，心里常常是苦闷的。

当然，老舍既然不肯与上司同流合污，又无能力改变客观现实，又怎能不苦闷？

于是，老舍借着唱戏，排解胸中的苦闷，喊出心中的不平。

在京戏里，老舍只唱黑头、老旦和老生，从不唱青衣、花旦和小生。在《黄鹤楼》里，他可以既唱孔明、周瑜，又唱张飞。只是在昆曲中，老舍才学旦角。

二十年代初，老舍曾在北京一中教国文、修身和音乐。他不仅在音乐课中把昆曲当作教材，而且在语文课中唱过京戏，使学生大为惊讶。

一次，老舍讲解诸葛亮的《出师表》。讲着讲着，老舍忽然大讲起《失街亭》里的诸葛亮，如何心胸开阔，严于律己，并学着当时红极一时的名演员谭鑫培的念白，说道：

“悔不听先帝之言，错用马谡，乃亮之罪也。”

接着，老舍告诫学生们说：

“以后听戏，不要只听那些味儿，要看有益身心的感人之处，诸葛亮就知错认错嘛！”

几句话，说得学生都笑了起来。

还有一次，老舍讲解骆宾王的文章，讲着讲着，突然唱起了昆曲《弹词》。他一板一眼地打着拍子，一本正经地唱下去。学生们听了，又惊又喜。他们从来没有上过这样生动的语文课。

一些爱好戏曲的学生不禁暗暗叫绝，因为他们知道昆曲是唱功中最高的艺术，难度极大，会的人极少。

老舍自幼丧父，事母至孝。1936 年，老舍专程由青岛山东大学回到北京，为老母祝贺八十大寿。白天，老舍请人给老母演了杂耍，唱了大鼓，放了电影。晚上，为了让老母高兴，老舍又唱了《捉放曹》。这一天，是老舍母亲一生中最高兴的一天。

抗日战争时期，老舍喜爱的戏剧派上了用场。

“文协”筹备阶段，老舍写了京戏《忠烈图》。

当时，“文协”主张“文章入伍，文章下乡”和“旧瓶装新酒”。《忠烈图》就是旧瓶装新酒，利用京戏旧唱腔编抗战新戏。

在“文协”第一次筹备大会上，老舍利用开会之前的间隙，给大家唱了他刚刚写完的《忠烈图》。他用一个指头敲着桌沿儿，有滋有味地唱着，大家深受感动。因为他唱得太悲壮了。

抗战的气氛和老舍的悲壮之歌十分合拍，因此他的京戏清唱次数也大为增加。那时，文艺界人士聚会频繁，茶会、晚会、朗诵会、讨论会、纪念会一个接着一个，大多数都有余兴节目。老舍的清唱成了余兴节目之一。

解放之后，看戏成了老舍的任务。他是北京戏曲改革小组的成员，经常和艺人们一起研究应该保留哪些有用的剧目。

老舍结识了许多京剧演员，并和著名的京剧表演艺术家梅兰芳、荀慧生、尚小云、马连良、郝寿臣结成了好友，来往甚密。

1953年，老舍参加赴朝慰问团，正好和梅兰芳、周信芳、马连良编在一个分团。一天，吃过晚饭，老舍见没有其他安排，就建议找附近的志愿军战士开个联欢会。大家都表示同意。于是，由老舍带队，大家一个个给战士们清唱。唱了几段须生戏之后，老舍说：

“该换换口味了，我来一段老旦！”

大家鼓掌欢迎。

老舍唱的是《钓金龟》。战士们听了，兴奋得很。几位名演员则夸奖老舍的腔调颇有二十年代著名老旦龚云甫的味儿。

1956年，老舍将昆曲《十五贯》改编成京戏。这是戏曲移植的初次尝试。老舍尝试成功了，因而受到了周总理的表扬。

老舍还新编了京戏《青霞丹雪》，改编了京戏《王宝钏》。

这三出京戏的移植、创作和改编将老舍对京戏的喜好推向了一个新高度。

老舍虽然是民族古老传统戏曲的崇拜者，但他的眼睛也紧紧地注视着时代的变化。

老舍与英文

在丹柿小院里，常常可以看到这样的情景：老舍在写作的间隙里，手捧一本英文书，坐在客厅的沙发里，大声地念，一念就是半个小时。

这是老舍的一种特殊的习惯。

老舍的这种习惯由来已久。当初，老舍在北京师范学校读书，偶尔回家一次，向母亲请安之后，便夹着一本英文书，坐在枣树下大声地朗读起来。

每当此时，老舍心爱的大黄狗总要“汪汪汪”地大叫起来。

老舍喜欢小猫小狗。这只大黄狗已不是八国联军进北京时刺死的那只了，而是老舍亲手养大的另一只大黄狗。

可能是大黄狗听了老舍念的英文后，觉得奇怪，怎么地道的北京话变成了这种腔调，所以汪汪大叫起来。

只要老舍一念英文，大黄狗必定扯着脖子大叫，左邻右舍的人见了，觉得很好笑。只要老舍心爱的大黄狗大白天一叫，邻家的大婶总要对媳妇说：

“舒家的小兄弟又念英文了！”

这种大声朗诵英文的习惯，老舍保持了整整一辈子。

为了进一步深造，老舍于 1921 年进了英文夜校。

1923 年，老舍又到燕京大学跟英国教授艾温士学习英文。艾温士发现老舍天资极高，肯于上进，学识渊博，又肯于吃苦，最难得的是他的敬业精神和奉献精神，因而认为老舍是个极有前途的青年。

1924 年，艾温士介绍老舍到英国伦敦大学东方学院去当讲师，教中国官话和四书五经。

在英国，为了学习英文，老舍开始读英文小说，最初读的是英国小说家狄更斯的《尼考拉斯·尼柯尔贝》和《匹克威克外传》。渐渐地，老舍的英文水平大大提高了，他又开始系统地读西方文学名著，由荷马的英译本《伊利亚特》和《奥德赛》开始，接着又读了希腊三大悲剧和阿里斯托芬的喜剧，还读了希腊短诗。对短诗和喜剧，老舍尤为喜爱。他喜爱短诗的简洁、轻松、秀美，他喜爱喜剧的幽默、诙谐、俏皮。

最使老舍受益的是但丁的《神曲》。他把所能找到的几种英译本《神曲》，包括韵文与散文的，都读了一遍，而且还搜集了许多关于但丁的论著。老舍说：

“读了《神曲》，我明白了何谓伟大的文艺，天才和努力的极峰便是这部《神曲》。”

老舍决定追随但丁，去探索文艺的真正深度，去创作真的文学。

在英国，老舍把近代英法小说中的名著，按第一流名家一人一本的原则，也都读了一遍。英国的威尔斯、康拉德、梅瑞狄斯等人的作品，法国的福楼拜和莫泊桑等人的作品，都在老舍的阅读之列。

从 1928 年至 1929 年，在一年多的时间里，老舍昼夜地读小说。读了一位名家的一本小说之后，往往还想读第二本，结果破坏了第一流名家一人一本的原则。

有人以为老舍作为作家来说，是个地道地“土包子”。其实，在老舍的老师中，西方文学的鼻祖、大师和巨匠倒占了很大的比例。老舍从这些老师那里学到了写实的态度、尖刻的笔调和许多可以借鉴的好形式。

老舍在东方学院工作的第三个学年开始时，校方通知他讲一讲《唐代爱情小说》，老舍慨然允诺，当即起草了一个讲演提纲交给院长。人们都担心他的英语水平。老舍说：

“没问题，我有办法：先把讲稿写出来，请英国朋友修改，再请院长审定。”

老舍的讲演于1926年11月17日下午5时举行，受到了听众的欢迎。后来，这篇讲演稿以学术论文的形式发表在哈佛燕京书社的论文集里。

五年的伦敦生活使老舍的英文达到了运用自如的程度。凭借他的英文程度和对西洋文学的了解，他在齐鲁大学和山东大学开的课程中，除了《文学概论》、《小说作法》、《近代文艺评论》之外，还开设了《欧洲文艺思潮》、《世界名著研究》、《外国文学史》。老舍讲学严肃，备课认真，常在图书馆里查阅资料。在他的《文学概论》讲义中，可以找到八十位西方著名文学家的论述。

当年山东大学研究生的英文试题，有些就是老舍出的。在山东，老舍还发表了许多译文，其中以丘奇的长篇论文《但丁》为最重要。

1938年初，在“文协”成立大会上，叶君健一人担任几种外文的翻译，时间一长，精力不够了。老舍走上前去对他说：“把英文让给我吧！”

老舍一口流利的伦敦标准音连英国人都为之叫好。

抗日战争初期，老舍的英文藏书全部遗失在济南之后，他只得从图书馆借英文小说看。遇见精采的部分，他便一边朗读，一边口译给旁人听。在重庆北碚，有一段时间，几乎每天晚上都要开这样的小型英文故事读译会。

抗战胜利后，老舍应邀访问美国，他的英文又发挥了作用。在美国，老舍直接用英语做周游讲演，并阅读了大量文学作品，观看了美国话剧和电影，考察了美国当代的文学活动，还帮助美国翻译家将中国现代文学作品译成英文。

老舍从美国回国时，几乎把所有的东西都送人了，只挑了六十多本英文书带了回来。他始终没有忘记大声朗读英文小说的爱好。

可惜的是，没人想到把他那流畅的、有腔有调的、浑厚自然的英文朗诵录下音来,实在是一件憾事。而老舍那一口清脆的、纯正漂亮的北京话,却响遍了全世界。

原来,老舍在英国伦敦东方学院任教时,为著名的“灵格风语言中心”录制了一套中文教学唱片,共三十课,课文是老舍编的,朗读也由老舍亲自担任。这三十面中文语言教学唱片,在世界各国广为流传,成为世界各国学习汉语的工具。

老舍与相声

老舍住进丹柿小院后，一天，正在伏案写作，相声演员侯宝林登门拜访来了。

原来，侯宝林老早就听说老舍不但会说相声，而且还会写相声，因此特地来向老舍求救来了。

提起老舍说相声和写相声，还得从他念师范时说起。

老舍在北京师范学校读书时，常常在讲演比赛中夺魁。

老舍从小喜欢听相声和评书，读书又多，久而久之，语言表达能力越来越强了。

老舍有几个朋友，都是说故事和讲笑话的能手。他们是罗常培、白涤洲、赵水澄、何容、许地山。他们多数并不是北京人，可是在一贯以说话风趣著名的北京人当中，他们的口才足以使北京人自愧不如。老舍和他们在一起，真是如鱼得水。一种对语言的共同爱好和超水平的驾驭本领，使他们常在语言上共同切磋。

这一切使老舍成了一个口才过人的人。他懂得在什么肯綮上找哏，懂得动用哪些规律和技巧使人听了发笑、惊异或啼笑皆非。譬如，“重复律”在老舍手里，就运用得得心应手，十拿九稳，百发百中。

于是，老舍成了一名写相声的能手。

老舍写相声始于1937年抗日战争爆发之后，是出于宣传抗日的需要。

老舍不但会写相声，而且还爱亲自登台表演相声。

在武汉时，老舍曾把脸涂白，把头发梳成“朝天锥”，把衣领塞起来和著名滑稽大鼓演员山药蛋——富少舫——上台演过双簧;在重庆时,老舍和相声演员小地梨——欧少久——当众表演过相声;在北碚,老舍分别和作家老向、梁实秋说过相声。这些,都是被传为美谈的趣闻。

老舍说:

"旧瓶装新酒给予我一种强烈的诱惑,以为这是宣传抗战的最锋利的武器。"

"旧瓶"指旧的相声表演形式,"新酒"指新的思想内容。

于是,老舍除了为相声写新段子,让艺人们去说"抗战相声"之外,他自己也穿上演出的布大褂,头上扎一块方巾,手中拿着折扇上了台。

对词的时候,老舍向没有上台经验的作家——他的捧哏伙伴——面授机宜:

"说相声的诀窍是,不管台下怎么笑,台上说相声的绝对不能笑,台下越乐得欢,台上的脸越要绷得紧。"

一次,在正式演出时,老舍按照老相声的章法用扇子骨打捧哏的梁实秋的前额,梁实秋躲闪不及,被打落了眼镜。梁实秋忙伸出两臂,正好接住眼镜,在空中接住不动,作亮相状。

观众以为这是一种绝活儿,没看过瘾,大喊:

"再来一个!"

抗日战争胜利后,老舍应邀到美国讲学,在纽约度过了五十岁生日。过生日那天,几位中国朋友为他举办了一个小型家庭宴会。宴会上,老舍表演了相声,他的搭当是耶鲁大学教授王方宇先生。

表演完毕,大家欢迎再来一个。王方宇自告奋勇,加说一段单口,刚说了几句,老舍站了起来,说:

"我也跟着胡诌几句吧!"

说完,老舍又和王方宇一起说起了相声。

1949 年 12 月,老舍从美国回到了北京。

解放初期,相声遇到了危机。相声演员一味地说老段子,和新社会的时代气氛相距太远,已经没有什么听众了。相声演员想说新段子,可又没有现成的本子。当时的相声演员绝大多数没有文化,自己动手写相声很困难。为了解决面临的危机,他们成立了相声改进小组,加入了大众文艺创作研究会。

听说老舍回到了北京,他们马上派了代表侯宝林、侯一尘、刘德智、孙玉奎到丹柿小院请老舍帮助写新段子。

老舍爽快地答应了,请他们回去选几个老段子,把本子送给他看一看。他们按老舍的嘱咐做了。

一个月后,老舍写出了三个新段子:《维生素》、《假博士》和《逛隆福寺》。他把新本子交给相声演员说:

"请先试着说说,听众要是喜欢,咱们接着往下搞;要是不成,咱们再改辙。上演的时候,一定先告诉我一声,我也去听听。"

第一次在曲艺场上演这三个新段子时,老舍如约赴会,坐在观众席里观察反应。

演出开始后,观众席里响起了一阵阵的笑声和鼓掌声。这时,台上的相声演员和台下的老舍都慢慢地放下心来。

老舍挽救了相声这一传统民间文艺表演形式。老舍使相声获得了新生。

后来,老舍又陆续改编了《绕口令》、《铃铛谱》、《对对子》等段子。他还在报刊上发表了《相声改进了》、《向相声小组道喜》、《介绍北京相声改进小组》等文章,热情鼓励相声演员推陈出新。相声这种人民群众喜闻乐见的民族文艺形式,开始走上了健康发展的道路。

老舍和相声演员们也结下了深厚的友谊。

公　仆

1950 年底,北京市文联成立,老舍当选为主席,梅兰芳、赵树理、李伯钊当选为副主席。

在文联主席的岗位上,老舍做了大量的工作,留下了许多感人的故事。

老舍常到天桥去,为的是了解那里的艺人们在生活上和工作上都有什么问题。

天桥是老舍过去很熟的地方。旧地重游,换了人间,老舍看什么都新鲜,快活得象个孩子。几乎是看见任何一个小吃摊,他都要停下来瞧瞧,还要亲口尝尝。看见乡下人卖土特产的地摊,他也过去打听打听:

“老乡,进一趟城能挣多少钱啊?”

老农诚实地说:

“倒腾点土特产,好进城看看戏,不挣钱。”

老舍每次去天桥,总要买他们一点东西,象干辣椒之类,顺手送给评剧演员新凤霞。

那时,新凤霞还很年轻,在天桥胜轩小戏园子唱评剧。老舍发现她唱得很有功底,便经常跑去听,还找她谈话,鼓励她学文化,告诉她许多作人的道理。

胜轩小戏园子斜对过有个兴盛旅店,里面是大通铺,一排能躺下十几个人。乡下人来城里看戏,晚上回不去时便住在那儿。

老舍去胜轩小戏园子看戏之前,总要到兴盛旅店去休息休息,在大通铺上倒一会儿,和乡下人唠唠家常。

一天晚上,老舍到戏园子后台,看见演员们正在凑份子,

有交两元的,有交四角的,便问:

"这是干什么?"

演员回答说唱彩旦的大姐的丈夫得病住了院,家里有困难,大家帮着凑点钱。老舍说:

"我也凑一份吧!"

说完,从皮夹子里掏出二十元钱递过去。收钱的管事先生问:

"叫什么名字?写上你的名字吧!"

老舍连忙摆手说:

"不,不,甭写了!"

管事说:

"得写,这是规矩。"

老舍说:

"那就写'一龙套'吧。"

于是,管事先生在帐本上写了"一龙套——二十元"。他们大多数人不知道这位"一龙套"就是北京文联主席。他们都把老舍当成了自己人。

是的,老舍从来不认为自己和别人有什么区别,一直认为自己是为人民跑龙套的,一直把自己当成人民的公仆。

丹柿小院的对过,有一座破庙,里面住着许多盲人。一天,老舍在马路上看见几位拿着简单乐器的盲人互相搀扶着赶路。老舍便走上前去搭话:

"生活怎么样啊?还过得去吧?"

几位盲人回答说:

"解放了,翻身了,没人再敢欺侮我们了,心里很痛快。可是,没人再需要我们这一行了。"

原来,他们都是以算命为生的。

过了几天,老舍带领一个干部来到盲人居住的破庙。老舍对盲人说:

"我和大家都是街坊,我就住在对过的小胡同里。我常常听到你们吹拉弹唱。我今天来，想给大家办个讲习班。大家在班里一边学政治，学文化，一边学新词，唱新词，好为人民服务，为自己挣饭吃。你们琢磨琢磨，好不好？”

同来的干部也代表文联讲了话，还向盲人作了介绍，说这位就是老舍先生。

盲人听了，都很感动。在老舍的倡仪下，盲艺人讲习班成立了。老舍主持了开学典礼，并带头讲课。

经过学习和训练，两年之后，有专业水平的盲人加入了各种文工团。剩下的一百多人，经过和民政局协商，办起了盲人橡胶厂，都走上了自食其力的道路。

后来，盲人橡胶厂发展成为拥有一千多名职工的香山橡胶制品厂，许多原厂的盲人都成了骨干。厂长刚振华就是当初讲习班里的一个班长。这位班长在学习过程中和派去管理学习班的一位姑娘产生了爱情。老舍和市文联的干部为他们在北京市劳动人民文化宫举办了简单而热闹的结婚典礼。老舍为他们证婚，说：

“我这一辈子，当过好多回主婚人，可是给一位盲人和一位明眼人当主婚人，还是生平第一回。”

这天，全城的盲人差不多都来了，大家鼓掌呀，唱呀，别说有多高兴了。

听了老舍的讲话，许多人都感动得流出了泪水。

老舍在国画家中有许多老朋友，交情很厚。

老舍从美国回到北京后，经人介绍，又认识了很多新朋友。

这些画家经常到丹柿小院来拜访老舍，和他谈心。时间一长，老舍发现绝大多数国画家生活相当贫困。因为他们没有固定的工作岗位，没有固定的收入。

身为文联主席，老舍觉得自己有责任帮助他们。开始，老舍采取了救济的办法，逢年过节，派胡絜青登门拜访，给他们每家送去一点钱，用红纸包着；或者把他们的画作为私人藏画买下来。

后来，老舍建议他们组织起来，承揽作画任务，开办国画展销门市部。从此，画家们有了谋生之路。

为了提高国画的地位，更好地继承和发扬国画的优秀传统，老舍向政府建议成立北京中国画院，由政府出资办理，使优秀的国画艺术家们能够毫无后顾之忧地、静下心来从事绘画创作。

老舍的建议受到了周总理的赞扬，北京中国画院成立了。

在画院里，著名的北京国画家们创作了一大批优秀的美术作品，多次在国内外举行画展，受到了热烈的欢迎，获得了很高的评价。

老舍参观这些画展，多次写文章热情地给予评价。他为中国画的新生感到由衷的高兴。

裱画工人刘金涛经徐悲鸿介绍认识了老舍。老舍常请他裱画，并亲切地称他为“伙计”。

每当刘金涛来取活儿，老舍总要和他聊上一会儿。碰上吃饭，老舍还要留他吃饭。如果有重要的画随身带着，老舍总是雇车送他回去，并亲自送他出门，替他预付车钱，还给他加倍的工钱，小声地嘱咐道：

“直接回家吧，哪儿也别去！”

一天，刘金涛又来取画，老舍对他说：

“裱画是一门技术性很高的手工业，绝对不可小瞧，要多带点徒弟，将这门手艺发扬光大。裱画工人应该走组织起来的道路，互相切磋技艺，决不能让这门有优秀民族传统的手艺绝了种。”

刘金涛听了老舍的活，成立了裱画合作社。老舍约上齐白石到合作社参加成立典礼，兴致勃勃地当场题字，表示祝贺，使小店名气大振。

身为文联主席，老舍不知做了多少事。为了繁荣民族文化，他出了很多点子。

解放后的文化事业得以蓬勃发展，老舍功不可没。

身后之“热”

1966年,“文化大革命”开始了。

一小撮钻进党内的阴谋野心家企图篡党夺权,首先在思想意识形态里发难。早在1963年,他们就把几位德高望重的老作家内定为资产阶级作家,江青暗中点了老舍的名。

江青和老舍早在1934年都曾在山东大学工作过。那时,老舍在山东大学文学院当教授,江青在山东大学图书馆工作。两人之间本没有什么过节儿。但老舍之所以被视为眼中钉,是因为老舍在整个文艺界的地位、威望、成就和他的文学主张。老舍对江青谋求文艺界霸主地位,无疑是个严重的障碍。

不过,老舍不知厄运正在向他步步走来,他还蒙在鼓里。

1966年入夏以来,老舍的身体渐感不适,一天夜里突然大口大口地吐血,总量竟有半痰盂,当即被家人送往北京医院。

老舍在北京医院住了半个月院。出院时,医生一再嘱咐他要在家多休养一些日子。

但老舍回家后,怎么也呆不住,他一向是个关心国家大事的人。

8月23日,老舍急着上班去参加运动了。

恰好这天红卫兵在成贤街的孔庙破“四旧”,焚烧戏装,老舍和市文联以及市文化局的几位领导也被绑架到孔庙去挨斗。

红卫兵把戏装放在孔庙内的甬路上,燃起熊熊大火,勒令挨斗的领导围跪在大火四周,并将他们一个个打得头破血流。

老舍单独被先期接回市文联,被等在那里的数百名红卫兵继续批斗。

皮带、拳头、皮鞋、唾沫全砸向老舍一人。无知的少年被唆使向老舍提出一些挑衅性的问题,老舍严肃地作了实事求是的回答,却反倒招来了更加残酷的肉体折磨。

老舍见他们不可理喻,存心迫害,便不再理他们,抬起了尊严的头。

红卫兵怒吼道:

“低头,举起牌子来。”

老舍不肯低下高贵的头,他使足了最后的微弱的力量,愤然地将写着“资产阶级作家”的牌子向地下摔去。

无知的、被人利用的红卫兵见状,立即给老舍扣上“现行反革命”的帽子,送往附近的派出所,毒打至深夜。

凌晨,老舍才回到丹柿小院的家。

离开派出所时,他被通知早上必须拿着“现行反革命”的牌子到市文联报到。

早晨,老舍按时从家里走出来。不过,他没有去市文联,他失踪了。

一天一夜过去了。

25 日清晨,老舍的尸体被人在德胜门外太平湖的后湖中发现。

一颗璀璨夺目文坛巨星就这样陨落了。

老舍突然去世的消息不胫而走,在社会上引起了极大的震动,许多老朋友为他暗暗落泪。

日本进步作家甘冒得罪“四人帮”和不许到中国来的风险,发表了一批纪念老舍的文章。其中,井上靖的《壶》、水上勉的《蟋蟀葫芦》、开高健的《玉碎》都成了名扬四海的祭文,在世界上引起了极大的反响。

人们一致认为,老舍的死是一个可不挽回的巨大损失。

老舍的死是个惊天动地的大悲剧。他那舍身反抗的精神,终于被人理解了。

十二年后，1978 年 6 月 3 日，人们聚集在八宝山，为老舍举行了隆重的骨灰安葬仪式。

来自全国各地的几百名最知名的作家向老舍的遗像深深地鞠躬，由衷地哀悼。

前来参加安葬仪式的还有教授、演员、学者、专家、学生、儿童。

参加安葬仪式的人人山人海，挤不进会场的就站在场外。

真理自在人心，人们没有忘记老舍。

接着，在全世界范围内出现了“老舍热”。

在中国，各大出版社以空前的规模、空前的速度、空前的印数出版了老舍的著作。从 1978 年开始，新编的老舍著作集和第一次出版的老舍作品已达数十种，计有《老舍文集》、《老舍剧作全集》、《老舍选集》、《正红旗下》、《鼓书艺人》、《老舍散文集》、《老舍曲艺文集》、《老舍诗选》、《老舍新诗选》、《老舍幽默文集》、《老舍文艺评论集》、《老舍论创作》、《老舍创作生涯》、《老舍创作生活自述》、《老舍小说集外集》、《文学概论讲义》、《读与写》、《老舍论剧》、《老舍生活与创作自述》、《老舍和朋友们》。

面对这些新书，在第三次全国老舍学术讨论会上，北京的中年满族作家赵大年深有感触地说：

“老舍先生生前就是我们的模范，直到现在，在他去世之后二十年，作品质量不用说，论出版著作的数量，他仍然是我们的冠军！”

在国外，从七十年代开始掀起了老舍作品翻译高潮。翻译的数量多，文种多，质量高。

俄罗斯著名汉学家索罗金教授说，七十年代末，苏联翻译出版了《老舍选集》，发行七万多册，很快就售光了。八十年代初再版，又发行十万册，但作为译者之一的索罗金本人，竟一本也没有买到。

到八十年代中期，世界各国翻译的老舍作品已达五十五种之多。其中日本文学研究社出版的十卷《老舍小说全集》和美、苏分别翻译的《猫城记》最具特色。

此外，还出现了一些老舍著作的中外文对照本，是作为学习汉语的范本而出现的。

从七十年代开始，一些研究老舍的专著也陆续出现了。如《老舍评传》、《老舍和他的作品》、《老舍和中国革命》、《老舍——小说家》、《老舍小说分析》、《老舍早期创作》、《老舍在战争时期的创作》、《老舍研究论文集》、《老舍研究资料》、《〈茶馆〉舞台艺术》等。

此外，人们还为老舍举行了多次大规模的纪念活动和多次学术讨论会。

老舍，这位杰出的作家不但属于中国人民，也属于整个进步人类。人们永远不会忘记他。